Texte détérioré — reliure défectueuse

NF Z 43-120-11

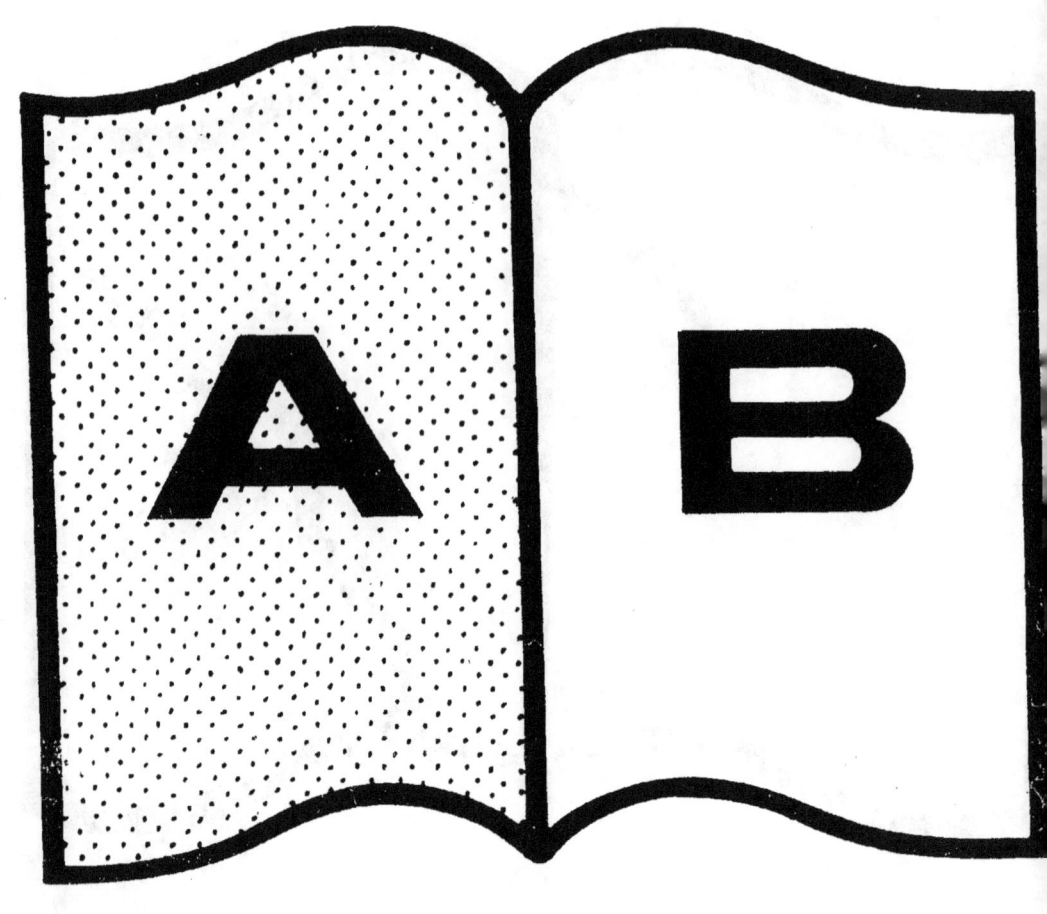

Contraste insuffisant

NF Z 43-120-14

ANNALES DE L'UNIVERSITÉ DE LYON
NOUVELLE SÉRIE
II. Droit, Lettres. — Fascicule 5.

ÉZÉCHIEL SPANHEIM

RELATION
DE LA COUR DE FRANCE
EN 1690

Nouvelle Édition

ÉTABLIE SUR LES MANUSCRITS ORIGINAUX DE BERLIN, ACCOMPAGNÉE D'UN
COMMENTAIRE CRITIQUE, DE FAC-SIMILÉS ET SUIVIE DE LA

RELATION DE LA COUR D'ANGLETERRE EN 1704

PAR LE MÊME AUTEUR

PUBLIÉE, AVEC UN INDEX ANALYTIQUE

PAR

Émile BOURGEOIS

MAÎTRE DE CONFÉRENCES A L'ÉCOLE NORMALE SUPÉRIEURE,
PROFESSEUR A L'ÉCOLE LIBRE DES SCIENCES POLITIQUES

PARIS
LIBRAIRIE A. PICARD et FILS
82, Rue Bonaparte

LYON
A. REY, IMPRIMEUR-ÉDITEUR
Rue Gentil, 4

1900

Lyon. — A. REY, Imprimeur de l'Université, 4, rue Gentil. — 22663

ÉZÉCHIEL SPANHEIM

RELATION
DE LA COUR DE FRANCE

INTRODUCTION

En 1781, l'archiviste prussien, ami et collaborateur de Mirabeau, Christian Dohm publiait dans une *Revue d'histoire moderne*, recueil que les Français d'alors ne consultaient guère, un document de la plus haute importance pour leur histoire : la *Relation de la Cour de France en 1690*, d'Ezéchiel, baron de Spanheim, envoyé de l'électeur de Brandebourg auprès de Louis XIV [1].

Depuis longtemps la trace des missions diplomatiques de Spanheim s'était perdue en France, quoiqu'il y fût demeuré, avec des intervalles et pour des motifs différents, près de vingt ans. Ce qu'on se rappelait de lui, et encore dans un monde assez restreint de savants, c'étaient ses travaux et ses talents de numismate et de philologue. La publication de Dohm aurait dû ramener l'attention sur son rôle et ses qualités d'observateur et de diplomate. L'éditeur allemand s'en flattait. Son édition passa inaperçue, à la veille de la Révolution, et pendant un siècle resta comme nulle et non avenue.

En 1872, le regretté M. Schefer, directeur de l'Ecole des langues orientales vivantes, dont la curiosité inépuisable comme sa bienveillance a retrouvé tant de documents précieux, mit la

---

[1] Dohm, *Materialien für die Statistik und neuere Staatengeschichte*, t. III, Lemgo, 1781, p. 101-286; t. V, 1785, p. 5-218.

main sur un manuscrit complet de la *Relation de Spanheim* et le publia, sous les auspices de M. de Boislisle pour la Société de l'histoire de France[1]. Cette seconde édition ne reçut pas encore en France tout l'accueil peut-être qu'elle méritait. A quoi bon Spanheim, puisqu'on avait Saint-Simon ? Les deux tableaux de la Cour de Louis XIV, celui de l'envoyé prussien, celui du duc et pair, ne sauraient, en effet, pour le style et la verve, se comparer. Pour leur vérité, c'est une autre affaire. Le témoignage de l'étranger impartial et clairvoyant que Saint-Simon lui-même appelait une des *bonnes têtes* de son temps, demeure, après examen, l'un des plus solides que nous ayons sur Louis XIV, son entourage et les ressorts de son gouvernement.

C'est avec l'espoir de l'établir que je publie à mon tour une troisième édition. D'autres motifs que je dirai plus loin, la certitude d'apporter de cet ouvrage important le véritable texte que M. Schefer n'a pas connu, le désir de le présenter sous sa forme complète et définitive m'ont déterminé d'abord à le reprendre. Mais j'ai bien vite constaté à l'étude que les moyens d'informations de cet observateur sagace de la monarchie de Louis XIV n'avaient pas été appréciés à leur vraie valeur, qu'il fallait un nouvel effort pour mettre ses jugements à leur place, presque à la première dans l'historiographie du xviie siècle. C'est parce que Spanheim n'a pas été un des grands acteurs de cette histoire, que longtemps il n'a pas été considéré comme un des principaux témoins. Sa vie cependant, ses missions en France, son caractère et peut-être même son rôle secondaire lui ont permis de tout voir et de bien voir, parfois dans les coulisses d'une scène sur laquelle il n'est monté que par intervalles.

[1] *Relation de la Cour de France en 1690 par Ezéchiel Spanheim, envoyé extraordinaire du Brandebourg*, publiée pour la Société de l'histoire de France par M. Ch. Schefer, membre de l'Institut, Paris, Renouard, 1872, in-8°.

I

Ezéchiel Spanheim naquit à Genève le 7 décembre 1629, d'un professeur calviniste qui avait pour mère une Française, Renée Tossan, et d'une Française également, Catherine du Port[1]. Ce professeur avait conservé des relations dans le Palatinat, sa patrie. Il fut appelé en 1642, par la princesse Elisabeth, reine de Bohême, l'amie de Descartes, à l'Université de Leyde : Ezéchiel, à l'âge de treize ans, suivit son père dans ce centre des fortes études. Il était capable d'en sentir le prix. Les leçons de Saumaise et d'Heinsius décidèrent de ses goûts et de sa vie.

Ce fut par une controverse théologique qu'il établit sa réputation. Son père était mort : Amyrault, qui avait engagé contre celui-ci une discussion *sur la Grâce*, n'avait pas fait trêve devant la mort. Spanheim soutint la doctrine paternelle en publiant une réponse aux critiques d'Amyrault, *Appendix Vindiciarum*, qui fut très remarquée dans le monde protestant. Le Conseil de Genève l'appela aussitôt à une chaire de philosophie. Mais dès 1651 Spanheim l'échangeait contre une chaire d'éloquence plus conforme à ses goûts. L'enseignement des lettres classiques appuyé sur la connaissance profonde qu'il avait déjà de l'antiquité

---

[1] Les sources d'une biographie de Spanheim auxquelles nous aurons recours pour cette notice sont d'abord : la *Vita Spanheim* d'Isaac Verburg, publiée en tête du 1er volume de l'édition d'Amsterdam (1717) de l'ouvrage : *De præstantia et usu numismatum antiquorum*. Elle contient quelques lettres de l'érudit. — Ensuite Bodemann, *Briefwechsel der Herzogin Sophie von Hanover*, Leipzig, 1885. — *Lettres d'Elisabeth Charlotte duchesse d'Orléans*, édit. Jaeglé. — *Urkunden und Akten zur Geschichte des grossen Kurfüsten*, vol. II, pp. 13 et 14. — Bayle, *Dictionnaire*. — Moréri, *Dictionnaire*, édit. de 1702, avec les additions de Jean Leclerc qui, dans sa *Bibliothèque choisie* (t. XXII), a donné aussi une assez bonne notice biographique. — La *Gazette d'Amsterdam*, 1698-1710. — Le *Journal des Savants*, 1711, et enfin le père Nicéron, *Mémoires pour servir à l'histoire des hommes illustres de la République des lettres*, t. II, 1725. — La *Relation* elle-même, telle que nous la publions, fournit d'assez nombreuses indications. — Enfin, il faut consulter l'introduction de M. Schefer et l'*Allgemeine deutsche Biographie*, article de M. H. v. Petersdorff, au mot Spanheim.

lui procurèrent un succès complet. Trois ans après (1654),
l'électeur Palatin Charles-Louis l'invitait à venir à Heidelberg
où il lui confiait l'éducation de son fils[1].

Dans cette première période de sa vie, assez courte puisqu'elle se terminait à vingt-cinq ans, Spanheim, érudit et déjà
maître dans les études de l'antiquité, se fit remarquer par son
désir de prendre aux événements de son temps une part
active. Professeur à Genève, il faisait dans cette petite république son apprentissage d'homme d'Etat au Grand Conseil.
Dans sa longue carrière, il devait ainsi toujours associer à ses
recherches savantes sur le passé la pratique des affaires et le
souci du présent. Il ne fut pas plus tôt à Heidelberg qu'il prit en
main, avec l'éducation du Prince électoral, les intérêts politiques
de l'électeur. Ce devait être toujours son originalité et sa marque.

Les traités de Westphalie avaient rendu à Charles-Louis la
dignité électorale et ses Etats, moins le Haut-Palatinat. De
l'extrême misère où la guerre de Trente ans avait réduit la
maison palatine, l'électeur passait, par une transition brusque
et heureuse, à un degré d'indépendance et d'autorité que
n'avaient pas connu ses ancêtres. Emancipé de l'Empire et de
l'Empereur, à l'abri des rancunes catholiques ou des trahisons
luthériennes, maître absolu des consciences et des biens de ses
sujets, de ses alliances avec l'étranger, le souverain calviniste
du Palatinat, entrait, comme les autres princes allemands, dans
la société des Etats européens. Il se préparait par une politique
active à fortifier ses droits et son domaine, à les reconstituer
d'abord, à les étendre même. Par la plume d'abord, Spanheim
fut le serviteur de cette politique. Il composa des mémoires
contre l'Empire ou la Bavière, qui disputaient au Palatin le vicariat impérial (1657)[2]. Ces recherches de droit public l'initiaient
à la diplomatie allemande ; elles le préparaient de loin à servir

---

[1] « J'étais chargé en ce temps-là de l'éducation en chef du prince Électoral. » (*Relation,* p. 147.)

[2] *Discours sur les affaires d'Allemagne et le vicariat d'Empire* (mai 1657), dé-

le souverain qui pratiqua avec le plus de résolution et de bonheur, entre les Bourbons et les Habsbourg, la politique allemande des princes souverains, le grand électeur de Brandebourg.

Pour le moment, elles éclairèrent l'électeur palatin sur l'emploi qu'il pouvait faire de cet érudit appelé d'abord par lui comme professeur à Heidelberg. En mai 1661, Charles-Louis confia à Spanheim, la mission de porter aux princes d'Italie ses compliments[1]. Le prétexte fut le mariage de la fille de Gaston d'Orléans, cousine de Louis XIV avec Côme de Médicis, prince héritier de Toscane ; le véritable motif, les conseils que donnait à Charles-Louis, avec l'autorité d'une personne très adroite à servir sa maison, Anne de Gonzague, veuve du palatin Charles-Edouard, princesse de la famille de Mantoue[2]. Nous savons qu'elle engageait vivement son beau-frère à se créer des relations en Italie, à surveiller celles que les princes catholiques d'Allemagne, ses rivaux, y formaient avec l'appui de la papauté. Et puis, l'Electeur, devenu prince souverain, était bien aise d'apprendre auprès des princes italiens la manière de régler et de tenir la cour d'Heidelberg, d'affirmer avec eux, chez eux, sa nouvelle dignité[3]. Spanheim fut chargé d'inaugurer cette diplomatie sans traditions, et s'en tira fort bien. Il s'assura d'abord à Mantoue de son terrain ; puis, sur une scène plus vaste, à Florence, il représenta son maître dans toutes les cérémonies, fêtes et réjouissances auxquelles donna lieu le mariage du grand-duc[4]. Son séjour dans cette ville fut assez long ; il y fut témoin des efforts de la

---

dié au duc de Gramont. — *Traité du Palatinat et de la dignité électorale contre les prétentions du duc de Bavière* (1657).

[1] Lettre de Spanheim citée par Leclerc, *Bib. choisie*, t. XXII, p. 175. — *Relation*, p. 169, 173 et p. 429.

[2] Moreri, Nicéron, Leclerc, etc.

[3] Leibniz appelle l'Italie « fons cæremoniarum » : chapitre 55 du *Tractatus de jure supremalus ac legationis principum Germaniæ* (Œuvres, édit. Klopp, 1864, t. IV, n° 49).

[4] 22 juin 1661 (*Gazette de France*, 1661, p. 675). *Relation*, 429.

nouvelle duchesse pour s'instruire. Il la vit apprendre facilement l'allemand et s'en félicita[1]. De là Spanheim s'en fut à Rome, y remit les lettres de son maître à la reine Christine et aux cardinaux les plus influents. Nous le suivons alors à Naples, en Sicile et à Malte ; puis nous le retrouvons à Rome au mois de novembre 1664, revenant de Lorette en compagnie de la sœur de l'électeur, Sophie de Hanovre, qui lui rendait ce témoignage : « Je le trouve tout à fait agréable en conversation et en grande estime de tout le monde, très fidèle à son maître, qu'il préfère devant tous les princes du monde[2]. » Ce fut avec cette princesse que Spanheim regagna l'Allemagne, au début de 1665. Après un léger détour par Venise, ils revinrent ensemble de Milan à Bâle. L'aimable érudit abrégeait à la princesse, très gauloise quoique très allemande, l'ennui de la route des Alpes par des commentaires qui n'avaient rien de pénible : « Rabelais, disait-elle, nous a servi d'entretien, par la faveur du sieur de Spanheim qui en a été le lecteur[3]. »

Cependant, le long séjour de quatre années que l'envoyé du Palatin venait de faire en Italie n'avait pas été pour lui simplement un voyage agréable, ou utile à son maître. Il y avait fait d'autres études que celle du cérémonial, de la politique, ou des compliments et usages diplomatiques. A un homme comme lui nourri de l'antiquité, nulle ambassade ne pouvait être plus précieuse. Elle lui permit d'approfondir les connaissances qu'il avait acquises sur l'antiquité dans les livres et les universités. A Rome en particulier, ce qu'il vit, ce qu'il apprit dans les monuments, inscriptions, médailles, fonda et fixa sa carrière d'érudit. Une sorte d'Académie savante s'était formée autour de Christine de Suède, que Spanheim avait déjà eu l'occasion

---

[1] *Relation*, p. 173.
[2] *Corresp. de l'Électrice Sophie de Hanovre* (éd. Bodemann, p. 79). — Spanheim dit dans la *Relation* (p. 125) qu'il eut l'occasion de voir à Rome le duc de Créquy. Celui-ci y résida jusqu'en décembre 1662 une première fois, et une seconde, du mois d'août 1664 à avril 1665. Cela indique les époques où Spanheim s'y trouva lui-même.
[3] *Corr. de l'Électrice de Hanovre*, p. 85 ; — *Relation*, p. 4290.

le connaître et de célébrer dans un panégyrique prononcé à Genève en 1652. Il fut aussitôt l'un des membres les plus assidus, les plus laborieux, de ce petit cercle d'érudits qui applaudit vivement à son premier ouvrage de numismatique dédié à cette reine : « *De usu et præstantia numismatum antiquorum* », paru à Rome en 1664[1]. Le public savant de l'Europe ratifia leur jugement : ce livre, plusieurs fois remanié par l'auteur et chaque fois mieux accueilli, lui fit une réputation presque universelle[2].

Au retour, et près de la cour d'Heidelberg, son meilleur titre fut l'amitié de la princesse de Hanovre et le crédit qu'elle y avait. Spanheim devint l'homme de confiance du Palatin, au moment où il avait le plus besoin de bons serviteurs. En 1665, Charles-Louis, pour une question d'apparence aujourd'hui bien petite, celle du *Wildfang* ou droit d'aubaine, s'était attiré d'assez méchantes affaires. Sous prétexte d'exercer ce droit sur les Allemands établis dans les pays dévastés par la guerre qui séparaient assez vaguement ses États de ceux de ses voisins, l'électeur palatin, depuis 1655, levait des impôts, étendait pour s'enrichir sa souveraineté à leurs dépens[3]. Il avait d'abord publié, avec l'aide de Spanheim, de belles dissertations sur le

---

[1] Lettre de Spanheim, citée par Leclerc *(Bibliothèque choisie*, t. XXII) : « J'avais l'honneur de voir la reine toutes les semaines, et ce fut elle qui donna lieu à la 1re édition de mon ouvrage sur les Médailles, qui fut imprimé avant mon départ de Rome et qui lui fut dédié. »

[2] Bayle, *Projet d'un Dictionnaire critique* (1692), p. 709 : « Jamais la science de l'antiquariat, l'étude des médailles... n'a été cultivée comme à présent... Le public s'en moque, mais les préjugés n'ont pas empêché un *grand homme aussi consommé dans les affaires de l'État que dans l'étude des belles-lettres* de publier un gros livre sur l'excellence et l'utilité des médailles. »

[3] Voici la Question du *Wildfangiat*, d'après deux témoignages contraires, un Mémoire palatin, qui semble de la main de Spanheim (juin 1665) *(Aff. étr. Palatinat*, 8, fo 286), et le factum de l'évêque de Mayence, « *Vindiciæ electorum contra Palatinum Wildfangiatum* (1665) (*ibid..* fo 388). Un diplôme de Maximilien autorisait le Palatin et ses successeurs à considérer comme hommes lui appartenant « *homines proprios* », les *bâtards et étrangers* qui n'ont pas de maître qui les réclame : *Wildfangi vel adscriptitii*, établis dans leur principauté, nés ou installés dans les provinces voisines ecclésiastiques ou séculières. Armé de ce diplôme, l'électeur Charles-Louis mit la main sur

droit d'aubaine, puis il fit entrer, en janvier 1665, ses soldats dans la ville de Ladenburg, aux confins de l'évêché de Mayence[1]. Nul n'était d'ailleurs plus violent que lui, surtout contre les prêtres. On raconte qu'aux négociations de 1658, il avait jeté un encrier à la tête de l'envoyé bavarois qui lui contestait ses droits au vicariat de l'Empire[2]. Tous les électeurs ecclésiastiques prirent fait et cause pour l'évêque de Mayence, contre lui. Une assez forte ligue, où les villes d'Empire, Spire, Worms et Strasbourg entrèrent, se constitua : le Palatin, se trouva menacé surtout quand le duc de Lorraine, se prétendant lésé à Falkenstein dont il n'était que suzerain, mit ses troupes et ses connaissances militaires au service des électeurs. Véritable condottiere, ne sachant comment faire vivre une armée dans ses États que Louis XIV surveillait, ce prince l'envoya sur le Rhin « piller, ronger ». L'électeur palatin était mal préparé à lui tenir tête[3]. Écarter ce danger, dissoudre cette ligue fut l'œuvre de Spanheim pendant deux années : 1665-1667. Sa

des hommes habitant les villages de *Horcheim, Oppenheim, Morsch, Neckerhausen, Rhein, Turckeim, Statten* et *Eich*, dépendant de l'évêché de Mayence, du *Comté de Falkenstein*, dépendant de la Lorraine ; sur *Kirveiler, Odesheim, Marienstraut, Lauterburg, Deidisheim* dépendant de Spire, enfin, sur le Munsterthal. Il y installa aussitôt des préfets qui levèrent des impositions, emprisonnèrent les récalcitrants, firent des enquêtes. Les seigneurs voisins réclamèrent en 1655 et 1661, et dirent que c'était un prétexte du Palatin, « réduit dans ses biens par le traité de Munster, pour retrouver des biens où il peut ». Ils envoyèrent des troupes sur les lieux. L'électeur, en janvier 1665, en envoya aussi pour garder les *13.000 hommes* « *proprii* » qu'il s'était adjugés, sur les 15.000 habitants des territoires contestés.

[1] Sur l'affaire du *Wildfang* encore, voir *Relation*, p 231 ; la *Correspondance de l'Électrice Sophie*, p 89, et suivantes ; Kocher, *Geschichte von Hanover*, p. 38 ; Hausser, *Geschichte der Pfalz* et les *Mémoires de Pomponne*, II, p. 315-316 ; 328-329. — Enfin *Aff. étr. Palatinat*, t. VIII et IX.

[2] Voici un témoignage de Courtin, dans une lettre à de Lionne : « Le Palatin a des lumières, mais il a trop d'action, et le caractère en est périlleux pour ses sujets. » (*Aff. étr. Palatinat*, IX, f° 199).

[3] Dans la même lettre de Courtin à de Lionne, on lit : « Que peut-il faire avec ses 400 chevaux, ses 400 hommes de pied et ses garnisons très faibles de Manheim, de Frankendal, sans argent ? » — « Ce prince, dit un autre agent en parlant du duc de Lorraine (*Palatinat*, VIII, 323), trafique de ses troupes, comme un marchand de marchandises. Il trouve doux d'avoir à sa disposition des troupes entretenues aux dépens d'autrui. »

diplomatie fut employée à réparer les suites « de l'imprudente fierté » de son maître. Par la médiation de l'Empereur et du Brandebourg, il obtint une trêve à Spire en avril 1665. Mais le duc de Lorraine souhaitait la guerre, et la fit. Charles-Louis appela à l'aide les électeurs protestants, ses parents ; Sophie de Hanovre, sa sœur, lui fit envoyer 900 chevaux. L'évêque d'Osnabruck lui expédia 100 dragons : « on maudissait les prêtres » (août 1665). Grâce à ces secours, le Palatin chassa les Lorrains jusqu'aux portes de Mayence. L'électeur de cette ville prit peur et consentit à un accommodement que son adversaire désirait aussi, et qui fut réglé à Oppenheim par notre diplomatie (31 octobre 1665). C'était une trêve de deux mois qu'on devait transformer par un arbitrage en un traité définitif.

Spanheim proposa alors à son maître, jusque-là plutôt mal avec Louis XIV, de lui demander son concours en lui offrant une alliance. Le roi de France inclinait, il est vrai, pour les électeurs ecclésiastiques. Mais il n'aimait pas le duc de Lorraine : il n'avait pas intérêt à lui sacrifier le Palatin, dont l'alliance dans l'Empire pouvait lui servir. Au début de l'année 1666, Spanheim partit pour la France en mission extraordinaire, adjoint au résident ordinaire à Paris, de Pauwels-Remmingen. Il passa par Nancy, où il ne put convaincre le duc de Lorraine d'accepter l'arbitrage de Louis XIV. En février, il négociait avec de Lionne à Saint-Germain ; il avait alors à moitié réussi et provoqué la médiation de la France, qui s'exerça en mai 1666 à Heidelberg, par les soins de Frischmann, agent du roi à Strasbourg. Il n'avait pas obtenu, au mois d'avril, à son départ, une alliance qu'il souhaitait fort[1].

L'affaire du *Wildfang* même n'était pas terminée : bien qu'on négociât, l'électeur palatin recommençait à exercer ses droits sur les territoires contestés. L'évêque de Mayence faisait de

---

[1] *Relation*, p. 68, 179, 297 : « Dans mes envois passés à la cour de France en 1666, 1668. » — Spanheim de Nancy le 26 janvier 1666 *(Aff. étr. Palatinat, IX, f° 7)* ; *Lettre de créance* à Spanheim *(ibid., f° 20)* ; *Lettre du Palatin à Louis XIV (ibid., f° 28)*. — Sur les résultats de toute l'affaire *(ibid., f° 53-55)*.

nouvelles chicanes et, mécontent de la France, se tournait vers l'Empereur. Enfin l'occasion parut bonne au duc de Lorraine de faire une « *nouvelle cavalcade* » dans le Palatinat, à Gemersheim, à Philippsbourg (juin 1666). Ce n'était pas « une guerre sanglante : plutôt contre les bêtes que contre les hommes ». Mais, les généraux du Palatin, Chauvet et Saint-Paul, deux anciens lieutenants de Schomberg, ne purent fermer aux Lorrains le passage du Rhin : le Palatinat se trouva ruiné et ravagé.

Ce fut la Suède qui tira le Palatin de ce mauvais pas. Elle menaça les électeurs catholiques d'une invasion armée de Wrangel. Pour éviter une guerre religieuse, Louis XIV se décida à envoyer à Heilbronn (21 septembre 1666), en le chargeant enfin d'exercer son arbitrage, un ambassadeur extraordinaire, Courtin : le Palatin et bientôt l'évêque de Mayence acceptèrent, à Heilbronn, toutes les décisions de l'arbitre (30 octobre 1666). Désavoué, remercié par les évêques, le duc de Lorraine fut obligé par un ordre de Louis XIV, que lui donna, le 31 octobre 1666, M. de Choisy, de rappeler ses troupes. Et Spanheim en régla avec M. de Risaucourt le départ, qui de Gemersheim s'effectua, par le « chemin des écoliers », avec de nouveaux pillages (15 novembre 1666)[1].

La retraite des Lorrains, le compromis d'Heilbronn définitivement établi en février 1667[2] étaient vraiment l'œuvre de Spanheim, après deux ans d'efforts qu'il paya d'une maladie grave. A peine rétabli, il reprenait sa tâche. Nous le trouvons en 1667, avec les premiers diplomates de l'Europe, aux conférences de Bréda[3].

---

[1] Dépêches de Courtin (*Palatinat*, IX, f° 180 à 226); dépêches de Pauwels-Remmingen (*Ibid.*, f° 227); Pomponne, *Mémoires*; *Gazette*, 1667, p. 294.
[2] *Relation*, p. 231.
[3] *Correspondance de Sophie de Hanovre*, 25 novembre et 1er décembre 1666 (Bodemann, pp. 109 et 110.) — (*Relation*, p. 356, 382, 424) : « je l'avais connu familièrement aux conférences de Bréda ». Il s'agit de Courtin qui était l'âme de ces négociations et *l'oracle* d'un cercle d'esprits cultivés où Spanheim rencontrait Gourville, Saint-Evremont, de Guiche, l'abbé de Villiers, « un *joyeux compère* » (Gourville, *Mémoires*, édit. Lecestre, I, 226-227).

Si, en général, sa place était marquée parmi les diplomates européens, son rôle à Bréda, où Louis XIV négociait pour terminer la guerre entre l'Angleterre et la Hollande, semblait moins indiqué. Mais Charles-Louis et son ministre savaient, par les manifestes mêmes de la France, que le roi escomptait le concours des puissances maritimes, réconciliées par ses soins, pour disputer aux Hasbourg l'héritage du faible roi d'Espagne. La paix de Bréda devait être la préface d'une entreprise très vaste, où les princes d'Empire pourraient être intéressés. Quoique le Palatin fût demeuré, depuis 1648, en très bons termes avec l'Autriche, il inclinait alors vers la France, qui avait pour clients ses rivaux, les électeurs de Cologne et de Mayence. Il écoutait les suggestions de sa sœur Sophie : « l'Empereur n'est bon à rien. Il vaudrait mieux, quoiqu'on n'en fût pas aise, être esclave de Mayence et de ses confédérés[1]. » Il recherchait depuis un an l'alliance de Louis XIV, par l'intermédiaire d'Anne de Gonzague et du prince de Condé. Au mois de novembre 1667, Charles-Louis se rapprochait de Louis XIV qui lui avait fait l'honneur de l'insérer dans les actes de Bréda, et de ce rapprochement il retirait un profit presque immédiat. L'amitié du roi de France obligeait le duc de Lorraine à cesser la guerre qu'il avait reprise en septembre 1668 contre le Palatinat victorieusement, en s'emparant de Horneck et de Landstuhl. D'Aubeville à Nancy, Colbert de Croissy en Alsace, étaient chargés, en vertu du compromis d'Heilbronn, de rétablir la paix « dans les quartiers du Rhin ».

Cette évolution décisive et utile de la politique palatine fut en grande partie l'œuvre de Spanheim : à moitié français de naissance par les origines de sa famille, par sa mère et par l'éducation qu'il avait reçue d'elle, par la réputation que ses travaux et son esprit lui avaient faite à Paris, par ses relations enfin avec la diplomatie française à Bréda, il était désigné pour être le trait d'union entre les cours d'Heidelberg et de Ver-

---

[1] *Lettre de Sophie de Hanovre*, 8 juin 1667 (éd. Bodemann, p. 120).

sailles. On put croire même qu'un mariage négocié par ses soins scellerait l'entente : Anne de Gonzague en avait formé le projet. Méprisée par les courtisans, tant qu'elle n'avait été « que la veuve assez pauvre d'un sire de palatin », elle avait depuis 1663 rétabli son crédit et sa fortune par un coup de parti, le mariage de sa fille avec le duc d'Enghien. Les Condé, et surtout Gourville leur fidèle intendant, lui offrirent d'établir la cadette, Bénédicte-Marie-Henriette, avec le concours du roi. Le Palatin entrait dans leurs vues, et acceptait cette princesse pour son fils aîné, le prince électoral[1]. Spanheim suivit, à Bréda, avec Courtin, deux affaires : le mariage et l'alliance[2]. Mais la tournure qu'elles prirent exigea de lui, après son retour de Bréda (août 1667), plus de tact encore et de savoir-faire. Tout à coup une difficulté accrocha l'affaire. Anne de Gonzague et Louis XIV se mirent en tête d'obtenir du pape des dispenses pour la princesse qui épousait un protestant. La Cour de Rome, par ses exigences, irrita le Palatin, qui renonça au mariage au moment où les contrats allaient être signés[3]. Et Spanheim fut

---

[1] L'affaire avait été concertée à Paris entre Spanheim et Anne de Gonzague au début de 1666. La Palatine, à cette condition, avait fait espérer à son beau-frère l'alliance française. En septembre 1666, Charles-Louis se déclarait prêt à marier le Prince électoral à la princesse palatine Bénédicte (*Aff. étr. Palatinat*, t. IX, f° 145). Il alléguait, il est vrai, la difficulté de faire immédiatement le mariage, faute d'argent : « Les richesses de Pologne, lui écrivait Sophie de Hanovre, rendront votre maison opulente en pierreries, en meubles. » (*Corr.*, p. 121.) Anne de Gonzague pressait son beau-frère, en janvier 1667, « s'il voulait avoir une liaison très avantageuse avec la France » (*Aff. étr. Palatinat*, IX, f° 17). Elle le décida : mais au mois de septembre 1667, l'affaire était « accrochée » et bientôt rompue (*Corr. de Sophie de Hanovre*, p. 127); *Relation*, p. 240.

[2] « Vous qui avez Spanheim à Bréda », écrit Sophie de Hanovre dans une lettre où elle exprime l'espoir que le mariage du Prince électoral « se consomme sous une bonne étoile » (13 juillet 1667, édit. Bodemann, pp. 121-122).

[3] *Pouvoir de Louis XIV à Anne de Gonzague* pour obtenir les dispenses. — *Lettres de l'envoyé du palatin Pauwels* sur le même sujet (janvier 1667, mai 1667, *Aff. étr. Palatinat*, IX, f° 37-278). — *Lettre de Sophie de Hanovre* (septembre 1667, p. 127) : « Ce n'est pas le pape qui a fait cela, mais Anne de Gonzague qui a quelque autre dessein en tête. » Et en effet, au mois de mars 1668, le duc Jean-Frédéric de Brunswick-Hanovre envoyait à Paris le savant Chevreau (*ibid.*, p. 133) pour négocier son mariage avec la princesse Bénédicte. Le mariage eut lieu en novembre 1668 (*ibid.*, p. 136, et *Relation*, p. 182, note 2; p. 240).

envoyé en France pour rompre en douceur, sans mécontenter Louis XIV (janvier 1668)[1].

Il passa par Dijon, comme il en avait reçu l'ordre, afin de rencontrer, à la veille de la conquête de la Franche-Comté (février 1668), le prince de Condé, le premier auteur de la négociation[2]. Puis il arriva à Saint-Germain. Le roi, après un court séjour à l'armée, y revenait le 19 février. Spanheim avait pris comme prétexte, afin de pouvoir suivre la cour, l'offre de médiation dont il avait été chargé par son maître. Ce maître, qui ne lui ménageait pas les voyages, ne le récompensait pas toujours de sa peine. Il le frappa même durement à cette époque : fort entêté des droits de son rang, il lui reprocha de ne pas les soutenir à la Cour de France, et l'accusa de les avoir trahis pour une pension que Louis XIV lui aurait faite. Sur ce soupçon, Spanheim perdit son emploi et ne l'aurait point recouvré sans l'intervention énergique de la princesse Sophie qui plaida avec succès et chaleur sa cause à Heidelberg : « Je suis témoin, dit-elle à Charles-Louis de la vénération et du zèle qu'il a toujours eus pour votre personne. Et si les plus zélés sont chassés de la sorte, je ne m'étonne pas que vous ayez peu de bons serviteurs[3] » (juillet 1668). Spanheim apprit à ce moment combien il était malaisé de concilier l'orgueil des petits souverains allemands avec les prétentions arrogantes d'un roi tel que Louis XIV[4]. Après cette crise, il resta à Paris tout le printemps :

---

[1] Sur cet envoi la *Relation*, pp. 351, 356, et surtout la phrase p. 240 : « *cette affaire faisait le principal sujet de mon envoi en France* ». On prit un prétexte : Spanheim passa en France avec les autres envoyés allemands, que leurs maîtres, craignant la puissance et les desseins de Louis XIV contre l'Empire, lui envoyèrent en 1667, à Bréda, à Cologne et à Saint-Germain (*Arch. de Berlin, Corr. de Spanheim*, I, f° 42). Voir les pouvoirs de Spanheim (31 décembre 1667), « adjoint aux délégués des princes qui ont offert leur médiation » (*Aff. étr. Palatinat*, X, f° 344-348).
[2] *Relation*, p. 179, et une *lettre de Courtin au prince de Condé*, 29 nov. 1667 (*Palatinat*, IX, f° 356).
[3] *Correspondance de Sophie de Hanovre*, juillet 1668, p. 134.
[4] Déjà, en 1666, aux conférences d'Heilbronn, Spanheim avait eu à défendre l'honneur chatouilleux de son maître. Il avait refusé à Courtin l'ambassadeur de France, de recevoir et de transmettre à l'électeur une lettre qui ne portait

il vit partir pour les conférences d'Aix la-Chapelle Colbert de Croissy, plénipotentiaire du roi[1]. Quoique l'électeur lui reprochât trop d'humilité, les ministres français se plaignaient qu'il défendît avec fermeté la politique et les intérêts de son maître. Ce ne fut pas sans peine que l'envoyé palatin suivit son chemin et se maintint sur la ligne que lui avaient tracée ses instructions. Lorsque Louis XIV le recevait, lorsqu'il traitait avec lui directement, l'entente se faisait encore. Spanheim rendait justice à sa tenue, à son tact : « Il s'exprime avec justesse et dignité, et se ménage dans les rencontres d'éclat ou d'audience qu'il donne, pour s'y enfermer dans les bornes qu'il se prescrit, sans rien qui lui échappe qui puisse lui faire tort ou donner aucune prise[2]. » Avec les agents du roi, la conduite d'un envoyé de l'électeur palatin, petit prince à leurs yeux, était plus délicate. Charles-Louis reconnut que celle de Spanheim était irréprochable et, à son retour de Paris, il le garda auprès de lui (mai 1668[3]). L'érudit, d'ailleurs, se consolait des tracas de la diplomatie par ses études. Dans le commerce des érudits français à Paris, il avait repris ses travaux de numismatique et préparait la seconde édition, très augmentée, de l'ouvrage qui avait fondé sa réputation. Elle parut à Amsterdam en 1671, et confirma décidément l'opinion des premiers juges.

A cette époque, Spanheim avait quitté la France, vers la fin de 1668 ; la paix était faite à Aix-la-Chapelle : sa mission n'avait plus d'objet. Ce ne fut pas lui qui prépara le mariage, très glorieux pour son maître, de la princesse palatine avec le propre frère de Louis XIV, le duc d'Orléans. Anne de Gonzague

---

pas la suscription : « à Son Altesse électorale, *Monseigneur l'Électeur Palatin* ». Courtin prétendait que sa qualité d'envoyé extraordinaire le mettait sur le même pied qu'un prince d'Allemagne *(Aff. étr. Palatinat*, IX, 228).

[1] *Relation*, p. 356.
[2] *Relation*, p. 70.
[3] 10 mai 1668 (voir *Corresp. de Pauwels, Aff. étr. Palatinat*, X, f° 380). Spanheim avait calmé Louis XIV sur l'affaire du mariage. Mais il ne rapportait pas le traité d'alliance que depuis deux ans son maître essayait d'arracher à la France (*Lettres de Pauwels*, en mars 1669 ; *Palatinat*, XI, f° 57).

avait encore mené cette négociation, et seule. Comme d'ailleurs Spanheim, calviniste fervent, se fût mal prêté à la comédie imaginée par la Cour d'Heidelberg de refuser officiellement la conversion de Madame au catholicisme et de l'y pousser en secret, le rôle fut confié à un autre conseiller de l'électeur, érudit aussi, mais catholique, le sieur Chevreau, engagé, semble-t-il, pour cette tâche spéciale. Ce mariage était de nature à rapprocher définitivement les cours d'Heidelberg et de Versailles. Dans la pensée des diplomates français, il faisait partie de ce vaste système d'alliances qui devait permettre à Louis XIV la conquête des Pays-Bas, interrompue en 1668. Mais ce système même inquiétait les cours allemandes : les princes du Rhin redoutaient le débordement de cette conquête. L'électeur palatin, en établissant sa fille en France, avait entendu surtout se ménager une sauvegarde[1]. Et en même temps, il négociait avec les autres princes d'Empire, pour se garantir sur le Rhin. Tandis que Madame arrivait à Versailles, Spanheim, son ancien précepteur, recevait l'ordre de s'installer à Cologne, en 1671, pour surveiller la politique française : il n'accordait qu'à regret la neutralité de son maître au roi de France[2]. En 1673, il était encore dans cette ville, et cette fois pour protester, au nom de l'électeur et de l'Empire, contre les opérations militaires des Français sur le Rhin. La situation de l'envoyé palatin était aussi délicate alors que celle de son maître. Si Charles-Louis ne se déclarait pas contre la France, il était exposé aux colères de l'Allemagne, et, s'il se déclarait, à celles de Louis XIV[3]. Ce fut pour les mêmes motifs que son envoyé à Cologne protesta avec l'adversaire le plus acharné de la France, le baron de l'Isola, consentit à représenter l'électeur de Brandebourg[4], et

---

[1] Sur ce mariage consulter les *Lettres d'Anne de Gonzague*, (éd. Bodemann, p. 449 et suivantes), et surtout celle du 10 octobre 1671 (p. 459). — Spanheim, *Relation*, p. 145, n. 2 ; 146 : « je ne parle pas pour en avoir été le témoin ».
[2] *Relation*, p. 146, 273.
[3] *Lettre de l'électeur*, (éd. Bodemann), 31 déc. 1675.
[4] *Relation*, p. 372.

pourtant essayait de séduire les agents de Louis XIV, le duc de Chaulnes. Courtin, Verjus.

Sa diplomatie, pas plus que le mariage de Madame, n'épargna en définitive au Palatinat la nécessité de rompre avec la France, ni les conséquences cruelles de cette rupture. Le long séjour que Spanheim avait fait à Cologne n'avait pas été, du moins, perdu pour ses études et sa réputation scientifique. L'une de ses meilleures dissertations, *de Vesta et prytanibus Græcorum*, fut alors composée pour le *Traité des médailles* de Pierre Seguin (1672). A propos d'une monnaie de Smyrne, il montrait l'usage que la science des religions antiques devait faire des monuments figurés, et donnait sa mesure ainsi comme savant. Sa méthode était large et sa curiosité toujours en éveil. De toute l'Europe, on recherchait ses avis : les numismates les plus connus, Laurent Beger, de Berlin ; André Morel, de Berne, l'interrogeaient sans relâche. Et ses négociations lui laissaient le temps de leur répondre avec autorité [1].

En revanche, lorsque la guerre eut éclaté, en 1674, entre le Palatinat et la France, Spanheim n'eut plus un moment de loisir. Plus que jamais, son maître fit appel à son dévouement pour sauver ses États, les protéger contre la vengeance de Louis XIV. Dès que le roi d'Angleterre, Charles II, pressé par son Parlement, en 1675, fit mine de vouloir s'interposer entre les belligérants, bien vite Spanheim partit pour Londres et sollicita le roi Stuart de prendre en main les intérêts du Palatin à la paix. Mais Charles II était un politique difficile à convaincre, plus rebelle encore aux engagements qu'aux prières. « De belles lettres, une belle bague, mais pas un sou pour lui ni une promesse pour son maître [2] », l'envoyé de Charles-Louis ne rapporta rien, pas plus que d'un voyage à la Haye [3], réduit à entendre au retour les lamentations de son souverain :

---

[1] Leclerc, *Bib. choisie*, t. XXII.

[2] *Corresp. de Sophie de Hanovre*, 30 janvier 1675 (p. 218, p. 246). Celle du 15 octobre 1676 (p. 277) indique le retour de Spanheim dans le Palatinat.

[3] *Relation*, p. 373.

« Le roi de France prendra tout au delà du Rhin. Toutes les puissances sont d'accord pour que la pauvre Allemagne soit le théâtre de la guerre et par conséquent de la misère[1]. » Ces années troublées apportèrent au moins à Spanheim le bonheur domestique. Quoique âgé de quarante-huit ans, il épousa, en 1676, une fort jolie personne que Madame avait, d'Heidelberg, emmenée en France comme dame d'honneur, Mlle Colb. L'érudit avait fait un bon choix, en prenant une femme instruite « en beaucoup de langues et en toutes sortes d'études », dont les contemporains appréciaient l'esprit philosophique. La communauté des goûts entre eux compensait l'inégalité des âges. Leur voyage de noces fut d'ailleurs un nouveau voyage d'affaires[2].

Des conférences pour la paix s'étaient enfin ouvertes à Nimègue sous la médiation de l'Angleterre. Louis XIV y envoyait Croissy et d'Avaux ; les princes allemands, leurs agents. Spanheim y arriva des premiers, au début de 1677, pour tenir tête énergiquement aux exigences du vainqueur. Il n'hésitait pas, au bout de six mois, à faire une nouvelle démarche à Londres pour réclamer une intervention efficace de Charles II[3]. Son énergie, son zèle à défendre les intérêts des princes allemands, à leur procurer des soutiens et des défenseurs, le mettaient au premier rang des diplomates de l'Empire. Le grand électeur de Brandebourg, qui l'avait déjà employé, lui confia comme l'électeur palatin ses affaires à Londres[4]. Aussitôt après la paix de Nimègue et de Saint-Germain (1679), il le prit entièrement à son service et le désigna pour son envoyé extraordinaire à Versailles (16 février 1680)[5].

[1] *Lettre de l'électeur*, 18 janvier 1676. (Corr. de Sophie de Hanovre, p. 263).
[2] *Lettre de Sophie de Hanovre*, août 1677, p. 299. — Moréri : **Spanheim**.
[3] *Relation*, p. 313, surtout pp. 373, 441 ; *Lettre de l'électeur*, avril 1678 *(Ibid.*, éd. Bodemann), p. 321. — Spanheim remplaçait bientôt à Londres le baron Schwerin, envoyé du Brandebourg. Il négociait le mariage de la princesse Anne avec un prince protestant.
[4] Pendant l'intérim que fit Colbert entre la disgrâce de Pomponne (novembre 1679) et l'arrivée aux affaires de Colbert de Croissy (mars 1680). Spanheim dit, *Relation*, page 313 : « J'étais encore employé en Angleterre. »
[5] L'acte de nomination aux Archives de Prusse *(Corresp. de Spanheim,*

En passant ainsi du service du Palatinat dans la diplomatie prussienne, Spanheim s'élevait en dignité, en considération : il devenait le collaborateur d'un prince assez fort pour prendre dans l'empire la place des Suédois. Au lendemain de la glorieuse victoire de Fehrbellin, Frédéric-Guillaume s'était incliné devant Louis XIV et avait consenti à restituer Stettin à la Suède. Mais il avait été le dernier à désarmer devant la France, et ne capitulait point. Il entendait bien que celle-ci lui rendrait ses pays et forteresses de Clèves et de Wesel. Si, sur l'avis de son ministre Fuchs, il envoya Spanheim à Versailles, ce fut avec la conviction qu'il saurait opposer aux exigences des Français sa fermeté habituelle, et qu'il ferait respecter son nouveau maître. Les ministres de Louis XIV avaient tout fait pour empêcher la nomination de Spanheim à cet emploi, et l'accueillirent très mal. C'était la meilleure justification du choix de l'électeur, et pour son envoyé l'occasion de montrer ce qu'il valait[1]. Conserver la paix entre la Cour de Berlin et la Cour de France infatuée de sa puissance, sans démentir la récente fortune de la Prusse, arracher à la mauvaise volonté de Colbert de Croissy les satisfactions auxquelles son maître prétendait, sans rupture, constituait une œuvre délicate qui mérita en somme à Spanheim la confiance du Grand Electeur, l'estime et presque le respect du Cabinet français.

En arrivant de Londres à Paris, en avril 1680, il se concilia tout de suite le roi par une rare exactitude à s'acquitter de ses devoirs envers la famille royale et les ministres[2]. Il n'oublia

t. I, f° 4). Une lettre de Sophie de Hanovre (18 avril 1680, p. 415) indique que c'est à ce moment-là qu'il quitta le service du Palatinat. Dans sa première audience à Croissy, Spanheim dit « que sa charge était à présent son *unique* dépendance et son application tout entière pour l'avenir » *(Corr. de Spanheim aux Arch. de Prusse*. I, f° 26).

[1] *Relation*, p. 372-374. Consulter Bulard, *Traité de Saint-Germain* (1679) (Paris, Picard, 1898), pour connaître la situation de la France et du Brandebourg en 1680.

[2] Sa première visite officielle à Colbert de Croissy « pour lui rendre ses premiers devoirs en compagnie du marquis d'Espense », fut le mardi 23 avril 1680. Ce n'était pas encore l'audience proprement dite du roi, qui fut retardée jusqu'au 5 mai (Arch. de Prusse. — *Corresp. de Spanheim*, I, f° 25, 29)

personne, ni le Dauphin, ni la Dauphine, ni Monsieur, ni Madame, heureuse de retrouver son ancien maître, ni Condé, ni Croissy, ni Créquy, ni le duc de Saint-Aignan[1]. Plus tard il suivait la cour à Fontainebleau, accompagnait Louis XIV dans ses voyages en Alsace en 1683, à Valenciennes en 1684[2]. Son éducation française et sa réputation de savant, son amitié ancienne avec Huet[3] le faisaient admettre dans les cercles de la Cour, où il rencontrait les personnes qui approchaient le plus près du roi. C'est ainsi qu'il fréquenta régulièrement chez le duc d'Aumont, premier gentilhomme de la chambre : ce seigneur, quoique sans lettres et sans savoir, se piquait de favoriser la recherche et l'étude des antiquités romaines. Des assemblées savantes se tenaient chaque semaine dans son hôtel, où les érudits travaillèrent deux ans à éclairer l'histoire de Rome par les inscriptions et les médailles. Spanheim ne manquait pas une séance ; son érudition contribuait au travail de cette petite Académie, qui passa, au bout de ce temps, chez le président Lamoignon[4]. L'érudit allemand en fit toujours partie. Le duc de Verneuil, bâtard de Henri IV, qui avait aussi le goût des antiquités, une belle collection de médailles et du savoir, l'invitait à son château[5]. Le duc de Montausier le consultait sur son projet de composer un recueil de textes classiques à l'usage du Dauphin[6]. Pour le plaisir qu'il trouvait à s'en-

---

[1] *Relation*, p. 125-133. Voir le récit de ces audiences et visites dans les *Lettres de Spanheim à sa Cour*, publiées par M. Schefer, Introd., p. vii et suiv. — Voir aussi Joret, *Pierre et Nicolas Formont* (Paris, Picard, 1890, p. 14).
[2] *Relation*, p. 86 et les lettres citées par M. Schefer, p. xviii.
[3] *Mémoires de Huet*, trad. Nisard, p. 224 : « J'avais été très lié dans ma jeunesse avec Ezéchiel Spanheim. Nous cultivions les mêmes études, et je m'étais efforcé, par toutes sortes de bons offices, de mériter de plus en plus les bontés de cet excellent homme. Ni le temps, ni l'éloignement, ni la différence radicale de nos occupations ne troublèrent cette pure et sincère union de nos cœurs, que rompit seule la mort de Spanheim. » — Voir d'autre part les lettres de Spanheim à l'abbé Nicaise, où il parle avec des éloges et une affection infinie de Huet (Caillemer, *Lettres de divers savants à l'abbé Nicaise*, p. 110-111).
[4] *Relation*, pp. 262-263-425.
[5] *Id.*, p. 212.
[6] *Id.*, pp. 133-114.

tretenir avec lui de médailles, le père de la Chaise, grand amateur, mettait au service de Spanheim son crédit auprès du roi. Son ami Chevreau, neveu de son maître Saumaise, attaché à l'éducation du duc du Maine, après avoir servi comme lui l'électeur palatin, l'introduisait dans un cercle d'hommes d'étude groupés par Mme de Maintenon autour du jeune prince[1].

Enfin, Spanheim était toujours accueilli dans la société des princesses allemandes établies à Versailles. Son arrivée coïncida avec le mariage de la dauphine de Bavière : après l'avoir saluée officiellement au nom de son maître, il demeura un familier de sa petite cour, où Croissy, le négociateur du mariage, venait souvent, où grandissaient les petits-fils de Louis XIV[2]. La gouvernante de ces enfants, Mme de la Mothe, dans ce commerce, devint l'amie intime de l'ambassadrice de Prusse, jusqu'à pleurer quand elle partit. Elle ne tarissait pas sur le compte du duc de Bourgogne, du duc d'Anjou, répétait leurs reparties, disait leurs goûts, marquait leur caractère. Spanheim profitait de ces récits : il s'amusait du refus que lui fit un jour l'aîné de le saluer « comme l'ennemi du roi[3] ». Naturellement, il avait ses entrées chez la duchesse d'Orléans, cette princesse électorale qu'il avait instruite avec son frère à Heidelberg, et qui savait tout de la Cour, par son mari qu'elle méprisait[4]. Il retrouvait aussi Anne de Gonzague la palatine, la belle-sœur de son ancien maître, demeurée fidèle aux princes allemands; on le chargeait d'ajuster les différends conjugaux du duc de Mecklembourg et de sa femme, sœur du maréchal de Luxembourg, « l'une des princesses du plus bel esprit qu'il y eût en France[5] ». Dans ces sociétés de grands seigneurs, d'érudits et de femmes d'esprit, Spanheim

---

[1] *Relation*, pp. 425-426. — p. 209 note 1.
[2] *Ibid.*, p. 133.
[3] *Ibid.*, p. 138.
[4] *Ibid.*, p. 147.
[5] *Ibid.*, p. 243.

acquérait presque un droit de cité que consacrait un long séjour de neuf années.

De 1680 à 1689 il quitta, en effet, la France très rarement. L'alliance étroite du Brandebourg et de Louis XIV de 1680 à 1684 servait à Colbert de Croissy à maintenir la paix en Europe, surtout avec l'Allemagne irritée par la politique des Chambres de Réunions. Le grand électeur se faisait payer cher le service qu'il rendait à l'ambition du roi de France et cultivait une amitié qui faisait sa grandeur et remplissait ses coffres. A la suite du dernier traité (février 1684), Spanheim allait à Berlin, en 1684, recevoir la patente de ministre d'État qui faisait de lui un serviteur intime de la maison de Brandebourg. C'était la récompense et la preuve de son zèle[1]. En 1685, au mois d'avril, il passa quelques jours à Londres pour féliciter Jacques II sur son avènement, et revint bien vite à Paris. Il semble qu'il se fût attaché, sans faire le moindre tort à son maître, à cette société française qu'il fréquentait depuis bientôt vingt ans, et qu'elle le payât de son attachement par une attention et une estime particulière : « Il était bien, écrivait le marquis de Sourches en 1687, le plus sage, le plus habile ministre : il n'en était pas venu en France depuis vingt ans, de la part des princes étrangers, qui eussent meilleure tête que lui[2]. » Rien ne semblait devoir altérer cette confiance réciproque, pas même la Révocation de l'édit de Nantes.

Cependant Spanheim était un protestant plus que convaincu, fervent. On a conservé dans ses manuscrits des méditations chrétiennes, des prières qu'il composait chaque jour pour son édification ou pour celle des siens[3]. Les rigueurs de Louis XIV contre la religion réformée l'atteignaient dans sa foi, dans

---

[1] *Gazette*, 13 janvier 1685. — Sur les traités de la France et du Brandebourg de 1679 à 1683, consulter le résumé qu'en a donné Bulard, *Traité de Saint-Germain* (1679), p. 117-121, et la *Relation*, p. 362 et 363, note 3.

[2] *Mémoires du marquis de Sourches*, 1688, t. II, p. 183 : « D'ailleurs, il avait beaucoup d'érudition. »

[3] Leclerc, *Bibl. choisie*, t. XXII.

ses affections même. Parmi les familles protestantes persécutées, il retrouvait des parents très proches, du côté de sa mère ou de sa grand'mère. Courageusement, au risque de se compromettre, il leur vint en aide, fit agir ses amis pour les tirer des geôles royales, leur facilita la fuite. Pour tous ses coreligionnaires en général il fit des démarches analogues ; l'édit de Postdam, qui offrait aux réfugiés un asile à Berlin, fut par ses soins porté à leur connaissance, et la maison de l'envoyé de Prusse servit plus d'une fois de retraite et d'abri aux malheureux que leur santé ou leur âge ne mettaient pas en état de profiter immédiatement des faveurs de l'électeur. Les ministres du roi le savaient, surveillaient les démarches et l'hôtel de Spanheim, lui faisaient de vifs reproches[1]. Aussi ferme qu'habile, dans ces circonstances difficiles, il résista en ayant l'air parfois de céder. Après quelque nouvel effort en faveur des protestants, il se disait malade en 1686, en 1687, pour s'excuser d'aller aux eaux de Spa, d'Aix-la-Chapelle : il revenait bientôt continuer son emploi et sa tâche sans trop d'embarras.

Son habileté toutefois, comme son amitié pour la France, allait être mise, en 1688, à une épreuve trop rude pour l'une et pour l'autre. L'Europe et les princes d'Empire se soulevaient contre l'orgueil et les prétentions de Louis XIV. Il eût fallu, après l'invasion du Palatinat, au mois de septembre 1688, un effort bien puissant pour empêcher une rupture que des deux parts on semblait chercher. Spanheim jugeait avec raison cette rupture redoutable pour l'Allemagne et pour la France elle-même : il intervint de son mieux pour la prévenir[2]. Il eut le courage de reprocher à Colbert de Croissy ses entreprises au delà du Rhin. Jusqu'au dernier moment, il demeura à la Cour et fit entendre la voix de la raison. Pour l'obliger à se taire, Croissy dut lui remettre ses passeports : « le Rubicon fut franchi » (24 janvier 1689)[3]. Dans l'audience de congé que l'envoyé de

[1] *Relation*, p. 388-389 et les notes.
[2] *Ibid.* p. 367.
[3] *Ibid.*, p. 375.

Brandebourg eut à Versailles, il trouva le moyen de joindre à l'expression très correcte de sa gratitude et de ses regrets, des reproches discrets, presque une leçon. Le roi, la veille de la guerre, entendit Spanheim souhaiter « qu'une vie aussi abondante en actions héroïques se trouvât couronnée par une action qui portât avec elle le caractère le plus auguste des véritables héros, et *surtout des héros très chrétiens* ». Après un compliment, Louis XIV, se retira « contre sa coutume fort réfléchi en lui-même[1] ». Sa conscience ratifiait-elle d'avance le jugement que l'envoyé étranger allait porter sur lui devant l'histoire, « d'avoir trop aimé la gloire » aux dépens de sa véritable grandeur?

Spanheim quitta la France au mois d'avril 1689[2]: sa mission n'était point encore achevée. Qui pouvait mieux que lui renseigner le nouvel électeur sur les risques et les chances d'une guerre où la France, qu'il connaissait si bien, allait combattre sur terre et sur mer, sans alliés, toute l'Europe? Pour motiver son avis, Spanheim écrivit et remit en 1690 à son maître la *Relation de la Cour de la France* qui se termine par un tableau très exact de la puissance française, par des conseils utiles et des espérances. L'opinion était si impartiale qu'elle déplut: un Français, de passage à Berlin, notait en 1694 qu'on reprochait à Spanheim des sympathies justifiées pour la France. L'électeur devait reconnaître plus tard « le mérite de ses portraits du roi et des principaux personnages de la cour de France », mais en 1704 seulement[3]. Son ministre favori, Dankelmann, et lui-même pendant toute la guerre, ne lui donnèrent aucune part aux affaires[4]. Spanheim avait de quoi se consoler de cette demi-disgrâce. Dans les sociétés savantes de Paris, où ses confrères

---

[1] Le récit de cette audience a été publié par M. Schefer, introd. p. xxiv.
[2] Il dit *(Relation,* p. 122) qu'il entendit « avant son départ » Madame se plaindre au Dauphin de l'éxécution de Manheim et d'Heidelberg, détruites malgré une capitulation en forme. Or, cette destruction n'eut lieu et ne fut connue en France que du 12 au 20 mars 1689.
[3] Ordre royal du 7 août 1704 à Spanheim *(Archives de Prusse).*
[4] Voir un texte curieux de la Bibliothèque de M. Schefer: *Relation de la Cour de Brandebourg,* par un secrétaire de l'abbé de Polignac. M. Schefer a publié l'extrait qui concerne Spanheim, dans l'Introduction de son édition, p. xxx.

renouvelaient par les monuments la connaissance de l'empire romain, il avait pris l'idée de publier avec des notes une traduction de la *Vie des Césars* de l'empereur Julien. Il revint alors à cet essai et prépara une édition complète des œuvres de Julien, dont il fit paraître en 1696, à Leipzig, la préface accompagnée d'un précieux appareil critique. Il reprit aussi son ouvrage de numismatique pour l'enrichir, en vue d'une troisième édition plus complète qu'il donna à Amsterdam en 1706. Une dissertation enfin sur les *Hymnes de Callimaque*, analogue à celle qu'il avait envoyée à Grævius sur le *Culte de Vesta*, préparait à la philologie allemande la voie où elle devait s'engager cinquante ans plus tard, pour renouveler par l'étude des mythes et des monuments figurés l'antiquité classique [1]. Ce n'étaient pas d'ailleurs les travaux seulement de Spanheim qui devaient faire époque dans la vie scientifique de l'Allemagne, mais la faveur même qu'ils rencontraient à la Cour de Berlin. On négligeait l'homme d'État; on gardait au savant l'estime qu'il méritait. Le règne de Frédéric III a marqué pour l'avenir l'alliance des Hohenzollern et des savants : Puffendorf et Leibniz appelés à Berlin, l'Académie des sciences et l'Université de Halle fondées de 1694 à 1700, sont des actes du premier roi de Prusse, trop oubliés par ceux qui ont raillé sa passion de l'étiquette et de la dignité royale. Spanheim fut l'un des témoins et des fondateurs de cette alliance entre la science et la politique prussienne [2]. Il fut adjoint à M. de Wartemberg comme intendant de la Bibliothèque électorale [3]. Il avait amassé en France une belle bibliothèque de livres rares et de manuscrits : lorsqu'il

---

[1] Moreri : *Spanheim*.— Dans une lettre à son correspondant et ami, le savant abbé Nicaise, Spanheim traçait lui-même ainsi le tableau de son activité scientifique (22 août 1693). (Caillemer, *Lettres de divers savants à l'abbé Nicaise*, Lyon, 1885, p. 107.)

[2] Dans le même recueil, on peut juger avec quel respect le célèbre Leibniz parlait de Spanheim, un *personnage illustre* à qui, pendant la durée de la guerre, il fit passer les lettres de ses amis de France, Huet, l'abbé Nicaise. (*Ibid.*, pp. 36, 37, 50.)

[3] OElrichs, *Entwurff einer Geschichte der Kœniglichen Bibliothek*, Berlin, 1752, p 137.

quitta Paris, le déménagement fut très laborieux et plein de risques. Les caisses expédiées de Rouen à Hambourg furent ouvertes, et faillirent être pillées par la police française[1]. L'Electeur, de cette collection par bonheur sauvegardée fit en 1702 une propriété royale[2] : mais s'il l'acheta à l'érudit 12.000 thalers, il eut la délicatesse de lui en laisser l'usage, la fit placer dans un local réservé où Spanheim retrouvait son cabinet de travail, où elle faisait, au xviiie siècle, l'admiration des savants de passage à Berlin. C'était là une attention aussi précieuse au moins pour l'érudit que le titre de baron conféré au diplomate le 18 janvier 1701, à l'occasion du couronnement de l'Électeur devenu roi de Prusse.

Ce titre, en même temps que la preuve de la satisfaction générale du nouveau roi, était la récompense méritée des efforts que Spanheim fit à la Cour de France pour la lui procurer. La paix lui avait de nouveau ouvert la carrière politique. Il fut renvoyé à Paris à la fin de 1697, et s'en alla loger rue Saint-Dominique, vers Belle-Chasse, faubourg Saint Germain, malgré « la cherté des maisons à louer dans ce quartier[3] » : la tâche ne lui était pas plus aisée que dans ses précédentes missions. Il n'avait plus seulement à faire respecter son maître par une Cour qui faisait peu de cas des princes allemands. Il fallait bientôt qu'il la préparât et l'amenât à accepter la glorieuse métamorphose de Son A. R. en roi de Prusse[4]. Et comme le prix exigé

---

[1] Wilken, *Geschichte der Kœniglichen Bibliothek*, Berlin, 1828, p. 188-189.
[2] Id., *ibid.*, p. 54-55.
[3] *Lettre à l'abbé Nicaise*, 5 juillet 1698 (Caillemer, p. 118). — Il eut son audience à Versailles le 18 février 1698 (*Gazette*, n° 12). — La duchesse d'Orléans annonce à la Rangrave Louise, le 4 février 1698, l'arrivée très prochaine de Spanheim à Paris : il était porteur d'une recommandation de son maître, au service duquel était Charles-Maurice demi-frère de Madame. L'Électeur priait Louis XIV de laisser à ces princes palatins une indemnité pour leurs biens, ruinés par la guerre (édit. Jæglé, I, 164) : « Présentement, écrivait-elle, on a besoin de l'électeur de Brandebourg : on fera donc tout ce qu'il voudra. » Louis XIV comptait sur le Brandebourg pour le règlement de la succession d'Espagne. Portland, le confident de Guillaume III, arrivait alors à Paris pour négocier les traités de partage.
[4] *Bayle*, t. III, p. 2627, note 2.

par l'Empereur pour ce changement était la promesse de soutenir ses droits à la succession d'Espagne contre ceux de Louis XIV, on pouvait prévoir que le roi de France n'y serait pas favorable. Toujours attentif à atténuer les difficultés entre les deux cours, « orateur de bon sens aussi bien que de beau langage », selon les expressions de Gregorio Leti[1], Spanheim ne ménagea point sa peine pour plaider chaudement à Versailles la cause de Frédéric III. Mais comment reconnaître à la fois les droits de la France à l'héritage d'Espagne, ou tout au moins promettre la neutralité du Brandebourg comme l'exigeait Torcy, sans trahir la promesse que l'électeur avait faite aux Habsbourg de soutenir leurs droits? « C'est un cas bien embarrassant[2] », disait Spanheim. Il ne put le résoudre. Au moins il manœuvra de façon à éviter un refus, s'obstina, attendit, causa longtemps avec Torcy[3]. Le 4 janvier 1701, tandis que son maître le rappelait et envoyait un contingent militaire à l'Empereur, Spanheim avait encore une audience de Louis XIV et le sollicitait une dernière fois en faveur du nouveau roi de Prusse[4]. Son départ même, au mois de mars[5], ne fut pas une rupture. Le motif allégué et conservé par Bayle fut que le « changement de cérémonial provoqué par la création de la royauté en Prusse n'avait pas encore ses règles à la Cour de Versailles[6] ». Spanheim ne quittait la France, où il ne devait plus revenir, qu'à regret, et encore avec l'espoir d'éviter entre son maître et Louis XIV une rupture définitive. A soixante-dix ans passés, il reprenait sa vie errante ; il s'en allait à la Haye, à

---

[1] *Journal*, p. 274.
[2] Archives de Berlin, *Corresp. de Spanheim*, 26 nov. 1701.
[3] Sur ces négociations, voir Waddington, *l'Acquisition de la couronne royale de Prusse*. Lyon, 1888, p. 242-247.
[4] L'ordre de rappel de l'Électeur est du 3 janvier (*Arch. de Berlin*). Le 4 janvier 1701 eut lieu l'audience dans laquelle Spanheim remit à Louis XIV la lettre de son maître du 29 novembre 1700, par laquelle celui-ci sollicitait la confirmation de son titre royal (*Spanheim à l'électeur*, 7 janvier 1701).
[5] Il prit son audience de congé les 19 et 25 janvier 1701 (Dangeau, *Journal*), mais ne partit que deux mois plus tard.
[6] *Bayle*, t. III, p. 2627, note E.

Londres auprès de Guillaume III, l'instigateur de la coalition européenne contre la France. Au mois de décembre 1701, son maître, obligé par l'Angleterre d'adhérer à la grande alliance, le chargeait de ses intérêts auprès des Alliés, qui lui firent bon accueil.

Spanheim était arrivé au terme de ses voyages (1704). A Londres, il fit un séjour aussi long qu'à Versailles autrefois. Il y fut neuf années, estimé pour son grand savoir et sa courtoisie. La cour de la reine Anne lui marqua les mêmes égards que celle de France. Il y retrouvait les protestants français que son intervention courageuse avait récemment sauvés des violences de Louis XIV. Sa fille, qui à vingt ans avait toute la beauté de sa mère, et, si l'on en croit la duchesse d'Orléans, un goût très vif, excessif même pour les hommages qu'elle lui méritait[1], tenait dans cette société protestante une très grande place. Elle y trouva en 1710 un mari, le petit-fils du jurisconsulte Pithou, le marquis de Montendre, feld-maréchal de la cavalerie, maître de l'artillerie, conseiller d'Irlande, gouverneur de Guernesey, un vrai gentilhomme dans la force de l'âge et du talent[2]. Le témoignage de Bayle établit d'autre part la situation qu'il se fit, là comme à Paris, dans les cercles d'érudits : « C'est un homme consommé dans la science des médailles et dans toute sorte de littérature[3]. » Enfin, on raconte qu'en 1707 le roi de Prusse ayant pensé à le rappeler, ce fut la reine Anne elle-même qui demanda son maintien. Sa verte vieillesse ne se lassait pas des tâches multiples que toute sa vie il avait soutenues, ni de ses fonctions diplomatiques, ni de ses travaux d'érudition, ni de ces essais d'histoire contemporaine si précieux aujourd'hui. Il envoyait de Londres, en 1704, encore un

---

[1] *Correspondance de Madame*, éd. Jaeglé, 1890, I, 281.
[2] Agnew, *Protestant exiles from France in the reign of Louis XIV*, II, pp. 122-125.
[3] *Bayle*, t. III, pp. 26, 27, note E; — *Gazette d'Amsterdam*, 1710, n° 97 : « il était estimé généralement pour son intégrité, son grand savoir et ses autres beaux talents. »

tableau de la Cour d'Angleterre, récemment retrouvé et publié[1]. En 1709, il était chargé par tout le corps diplomatique, qui lui attribuait « le rang glorieux parmi les hommes d'État », dont parle Bayle, de défendre auprès des autorités anglaises les franchises des ambassadeurs.

Spanheim ne comptait même pas avec l'âge. Sa mort le prouva. Ce fut une indigestion qui l'emporta, le 14 novembre 1710, pour trop de raisins frais absorbés sans prudence[2]. Les journaux savants s'accordèrent à constater la perte que faisait le monde scientifique, et ses regrets. Ce que les *Mémoires de Trévoux*, le *Journal littéraire*, le *Journal des savants*, la *Bibliothèque de Jean Leclerc* dirent surtout, en énumérant les travaux de Spanheim[3], c'était l'admiration de tous pour l'homme qui, en faisant ses fonctions de ministre avec tant d'exactitude, parmi tant de voyages différents, avait trouvé le loisir de travailler comme un érudit dans son cabinet et parmi ses livres[4]. La plupart des biographes hésitaient d'ailleurs à juger le diplomate, soit par incompétence, soit, comme Jean Leclerc, parce qu'ils eussent voulu ne l'apprécier que sur ses œuvres, sur ses négociations mêmes[4]. Spanheim attend encore, comme homme d'État, le biographe qui le ferait connaître d'après sa correspondance avec Sophie de Hanovre ou avec les électeurs de Prusse. L'éloge de Saint-Simon a son prix, mais il est bien sommaire : « Spanheim, si connu dans la république des lettres et qui ne l'a pas moins été par ses négociations et ses emplois, mourut à Londres à l'âge de quatre-vingt-

---

[1] *English Historical Review*, Londres, t. II, 1887, p. 757-773. (L'éditeur est M. Doebner.) — Nous le publions, à notre tour, en appendice

[2] *Biographie de Spanheim*, par Isaac Verburg, en tête du 2ᵉ vol. de l'édition d'Amsterdam (1717 in-f°) de son ouvrage le plus célèbre, le *De præstantia et usu numismatum*.

[3] *Journal des savants*, année 1711, p. 386; *Journal de Trévoux*, p. 174 ; Leclerc, *Bibliothèque choisie*, t. XXII ; *Gazette d'Amsterdam*, 1710, n° 97. Tous ces témoignages ont été réunis par le père Niceron, *Mémoires pour servir à l'histoire des hommes de lettres*, t. II, p. 1725.

[4] Leclerc, *Bibliothèque choisie*, t. XXII, p. 175.

quatre ans, avec une aussi bonne tête que jamais et une santé parfaite jusqu'à la fin[1]. »

La diplomatie que le ministre du Palatinat et du Brandebourg a servie pendant cette moitié de siècle, lui constituait une tâche en somme ingrate. Il fut toute sa vie l'ouvrier d'un travail obscur d'ébauche qu'il appartenait à l'avenir de décider. Il travailla aux fondations d'un monument que ni lui, ni ses contemporains ne devaient voir. Au lendemain des traités de Westphalie, un électeur allemand devenu souverain, faisait figure de parvenu auprès des vieilles et grandes souverainetés de l'Europe ; les princes italiens lui donnaient le ton, et lui disputaient la préséance. Bourbons et Hasbourgs, sans négliger son concours, l'humiliaient ou l'écrasaient. Il lui fallait, simplement pour rester neutre au milieu de leur conflits et n'être pas à la fois battu et ridicule, beaucoup de prudence. Et cependant cet électeur, réduit à affirmer son pouvoir avec plus d'orgueil que de force, allait être bientôt roi en Prusse ou en Pologne, en Angleterre, en Danemark, en Suède, empereur en 1742 déjà, empereur plus solidement et maître de l'Allemagne deux siècles plus tard. Mais il n'était encore au XVIIe siècle, aux yeux des Français, qu'un de ces « petits princes qui ont des ambassadeurs[2] ». Par sa valeur et sa réputation scientifique, Spanheim releva la fonction. Personnellement et comme savant, il était d'un autre rang, supérieur à sa position officielle. La considération que les courtisans avaient pour son esprit lui épargnait les reproches et parfois le ridicule des prétentions qu'il lui fallait soutenir et sur lesquels ses maîtres allemands ne transigeaient pas. Si, pour ménager l'avenir, il se voyait obligé d'opposer ses instructions et une résistance personnelle aux exigences des ministres de Louis XIV, les liens nombreux qui l'attachaient à la société

---

[1] *Saint-Simon*, édition 1873, VIII, 164.
[2] Sur cette situation et ces ambitions des princes allemands, consulter les pages excellentes de M. Waddington, ouvrage cité, pp. 40 à 44.

française, et qui paraissent même lui avoir tenu à cœur, empêchèrent souvent une rupture, aussi fâcheuse qu'une capitulation. Et ainsi, la temporisation de Spanheim préparait les victoires que les princes allemands, et ceux de Prusse en particulier, devaient remporter trente ans à peine après sa mort.

II

Cette double existence de Spanheim, tout entière partagée entre la diplomatie et l'érudition, peut seule expliquer le caractère particulier du jugement qu'il a porté sur la France en 1690, œuvre d'histoire et de politique très contemporaine à la fois.

La *Relation* n'est pas un tableau de la monarchie de Louis XIV composé à loisir, dans le recueillement du cabinet, pour la satisfaction de son auteur et l'instruction de la postérité. A ce point de vue, comme à beaucoup d'autres, elle diffère totalement des *Récits* où Saint-Simon s'essayait alors dès 1690. Spanheim l'a écrite par ordre, à la requête de son maître, le nouvel électeur de Brandebourg, qui voulait être éclairé sur l'organisation, les ressources de la France, les moyens de la combattre, les chances de la vaincre [1].

Pour savoir à quel point le récit de Spanheim est une œuvre de circonstance et presque de combat, il suffit d'établir quand et comment il a été rédigé. C'est sans doute au début de l'année 1690 et probablement au mois de février que l'auteur a commencé d'écrire. Dans les premières pages, qu'il consacre à Louis XIV et à Mme de Maintenon, il mentionne, à propos de la fondation de Saint-Cyr, la confirmation par le *nouveau* pape Alexandre VIII, élu en octobre 1689, de la décision royale qui affectait à cette maison les revenus de l'abbaye de Saint-Denis. Cette confirmation, longtemps sollicitée par le roi, ne lui

---

[1] *Relation*, p. 1: « |Puisqu'on a désiré de moi une relation de la cour de France, etc... »

parvint qu'au premier janvier 1690[1]. Un peu plus loin, mais encore dans les premiers chapitres, où Spanheim décrit, étudie le duc d'Orléans et ses enfants, il parle d'un « mariage possible entre la fille de Monsieur, la petite Mademoiselle, et le fils de l'Empereur, roi de Hongrie, *à présent* roi des Romains ». Cette dignité ne fut conférée par les électeurs allemands au prince Joseph que le 26 janvier 1690[2]. Si l'auteur connaît, au début de sa *Relation*, les nouvelles de janvier 1690, c'est qu'il l'a commencée au plus tôt en février, mais pas beaucoup plus tard. Car il ignorait encore, lorsqu'il consacrait à la Dauphine des pages très élogieuses dans ses premiers chapitres, la mort de cette princesse, qui survint le 20 avril 1690[3].

On peut restreindre et préciser plus encore : le portrait de Lauzun est parmi les premiers que Spanheim ait tracés des courtisans ; il l'a laissé inachevé, au moment où, sorti enfin de prison et rentré en grâce par la protection du roi d'Angleterre, Lauzun eut permission de revenir à Versailles[4]. Le 20 février 1690, Lauzun quittait Versailles, mais en pleine faveur, chargé par Louis XIV de conduire en Irlande une flotte et une armée de secours[5]. Ce détail important, l'auteur ne le connaissait pas quand il écrivit la première partie de son récit, au mois de février. Il le connut plus tard, à mesure qu'il composait : « M. d'Amfreville conduit, dit-il au milieu de sa *Relation*, le convoi de France en Irlande. » Spanheim sut alors le départ de cette flotte qui a eu lieu le 17 mars ; mais il ignorait encore le débarquement de l'expédition à Cork[6]. La nouvelle n'en parvint à Versailles que le 5 avril[7], et plus tard en Allemagne. Au début

---

[1] *Relation*, p. 90 ; *de Sourches*, III, 181 : 6 janvier 1690. — Quelques pages plus haut (p. 86.) Spanheim, disant l'âge de Mme de Maintenon, écrit : « elle doit avoir présentement « *savoir en 1690*, etc... ».
[2] *Relation*, p. 160-161 ; *de Sourches*, 11 février 1690, III, 196.
[3] *Relation*, p. 133 et suivantes.
[4] *Ibid.*, p. 100 à 103.
[5] *De Sourches*, 20 février 1690, III, 197.
[6] Spanheim, *Relation*, p. 489 ; *de Sourches*, 20 mars 1690, III, 213.
[7] *De Sourches*, III, 225.

d'avril. Spanheim poursuivait ainsi rapidement son récit. Ce fut vers le 16 avril qu'il fit, dans la dernière partie, le tableau des ressources militaires, les notices des généraux de Louis XIV. Il enregistrait la promotion toute récente du comte de Soissons au grade de maréchal de camp (3 avril 1690[1]). Il ignorait la mort du marquis de Monclar, gouverneur d'Alsace, qui ne fut connue à Paris que le 11 avril[2].

La conclusion de son récit fut écrite un peu plus tard, dans les derniers jours d'avril, dans les premiers jours de mai. Il y examinait assez longuement le parti que la diplomatie française pouvait tirer d'un nouveau mariage du Dauphin, veuf seulement depuis le 20 avril 1690[3], les conséquences d'une victoire remportée par l'Empereur à Canischa en Hongrie le 13 avril[4], et surtout celles de la mort toute récente du meilleur général de l'Empire, le duc Charles V de Lorraine (27 avril 1690[5]). D'autre part, dans ces dernières pages remplies d'événements tout récents, l'expédition de Guillaume III en Irlande, du 4 juin, n'est annoncée que comme prochaine. Le départ même du Dauphin pour l'armée d'Allemagne (du 17 mai) n'est point mentionné, ni l'envoi de l'électeur de Bavière à la tête des armées impériales, du 14 mai. Spanheim a certainement terminé son œuvre en apprenant presque à la fois, au début de mai, la mort de la Dauphine et celle du duc de Lorraine. C'est sur ce double événement de la fin d'avril qu'il a conclu[6].

Ces trois mois, de février à mai 1690, ont été, pour toute

---

[1] *Relation*, p. 518 ; *de Sourches*, III, p. 226.

[2] Le maître de camp général *est* le baron M. de Monclar (*Relation*, p. 506). Le baron de Monclar qui *commande* en Alsace (*ibid.*, p. 539). Sur le manuscrit [A], Spanheim a corrigé et mis en note au premier passage : « il vient d'y mourir, à ce qu'on apprend par les avis de France ». Il n'a pas rectifié dans le second. Cela était donc écrit avant le 16 avril : car ce fut le 11 qu'on apprit à Paris la mort de Monclar (*de Sourches*, III, 226).

[3] *Relation*, p. 577.

[4] *Id.*, p. 575.

[5] *Id.*, p. 583.

[6] « Ces deux morts qui viennent d'arriver sur le point que j'allais finir cette Relation » (*Relation*, p. 577).

l'Europe unie contre les Français par la diplomatie de Louis XIV et pour la France, une époque d'attente fiévreuse, une immense veillée d'armes. La guerre avait commencé sur le Rhin, en 1688, par le siège de Philippsbourg, l'occupation des Électorats ecclésiastiques. Elle s'était continuée par une nouvelle dévastation du Palatinat, et l'effort des troupes allemandes contre les armées de Louis XIV : elle avait commencé en Irlande et en Flandre. Mais ce fut seulement à l'été de 1690 que, de tous côtés, sur mer et sur terre, la France et son unique allié, le roi d'Angleterre détrôné, durent subir l'assaut de toute l'Europe.

Le nouvel électeur de Brandebourg, Frédéric III, avait la plus forte envie de prendre part à cette grande affaire. De tout temps il avait été l'ennemi de la France. C'était contre elle qu'il avait fait, dans la guerre de Hollande, ses premières campagnes. Son gouverneur, le prince Jean-Georges d'Anhalt, l'avait entretenu dans ces sentiments de jalousie et de haine, très répandus depuis 1673 dans les petites cours allemandes. Il avait blâmé la politique de son père, quand celui-ci s'était rapproché de Louis XIV, de 1680 à 1684. Il attendit avec impatience que la révocation de l'édit de Nantes les eût brouillés [1]. Il avait alors un motif de plus de maudire la France, de travailler à réunir contre elle, comme il le souhaitait, le Brandebourg et l'Autriche, pour la défense du protestantisme et de l'Allemagne. A la fin de 1685, il y avait réussi : son père demandait à l'empereur Léopold, pour prix de cette alliance, la cession du cercle de Schwiebus en Silésie. Pour faciliter l'accord, le prince électoral avait secrètement promis à l'envoyé impérial de restituer à l'Autriche, dès son avènement, ce domaine moyennant 100.000 thalers d'Empire [2]. Comme le

---

[1] Pribram, *OEsterreich und Brandenburg*, 1688-1700, Prague, 1885, p. 3, d'après la dépêche de l'envoyé d'Autriche à Berlin (15 oct. 1686). — Consulter aussi Ermannsdörfer, *Deutsche Geschichte vom Westphalischen Frieden*, Berlin, 1892, p. 771, et Bulard, *le Traité de Saint-Germain*, p. 107.
[2] Pribram, *Ibid.*, pp. 4 et 5.

traité du 22 mai 1686 fut le premier acte de la coalition formée en juillet 1686 à Augsbourg et le fondement de la politique agressive de l'Empereur et de l'Empire contre la France, Frédéric avait accueilli en 1688 avec joie une guerre dont il était l'un des principaux auteurs[1].

Puis la dévastation du Palatinat, la croisade protestante entreprise par Guillaume III en Angleterre étaient venues doubler sa haine et son ardeur.

Frédéric ne s'était pas, sans doute, depuis 1688, engagé aussi à fond que sa passion l'y poussait. Il prétendait que cette vengeance allemande fût en même temps une bonne affaire. Son père lui avait laissé une belle armée. Il la risqua timidement, d'abord à la défense de la Gueldre (en 1688[2]), puis à l'attaque de Neuss, de Kayserwerth, de Bonn et de Mayence en 1689[3]. Il la garda longtemps immobile entre la Meuse et la Moselle : ce fut seulement au mois de juillet 1690 qu'il se décida à conduire 12.000 hommes en Flandre, au secours du prince de Waldeck, vaincu par Luxembourg à Fleurus. Il voulait le prix de son armée, n'étant pas de ceux qui attendent la fin d'une guerre pour se payer sur les vaincus. A l'Empereur il refusait de rendre le cercle de Schwiebus ; à l'Espagne il demandait un territoire aux Pays-Bas comme garantie de ses avances en troupes ; à Guillaume III et à la Hollande, le remboursement immédiat de ses frais[4]. Joueur prudent, il cal-

---

[1] Legrelle, *la Diplomatie française et la succession d'Espagne*, I, 298 ; Droysen, *Preuss. Politik*, t. III, p. 537.

[2] Voir *Relation*, p. 352, note 3 ; p. 377, note 1 ; p. 493.

[3] Affaire de Kayserwerth (mars 1689) ; évacuation de l'électorat de Cologne, sauf Bonn (avril) ; prise de Kaiserwerth (juin), de Mayence (9 septembre), de Bonn (10 octobre) (*de Sourches*, III, 55, 74, 112, 156, 164).

[4] Pour les négociations de Frédéric III avec l'Empereur, voir Pribram, *OEsterreich und Brandenburg*, pp. 20 à 69 ; pour les négociations avec l'Espagne, voir une note très complète dans le même livre, p. 11, note 3 ; pour les relations avec Guillaume III et Waldeck, consulter cette lettre de Waldeck (édition Muller, la Haye), 6 février 1690 : « chacun est désireux de l'argent qui n'est pas à trouver. J'ai peur que M. l'Electeur de Brandebourg ne fasse des demandes difficiles à résoudre ».

culait sa mise, et prenait des assurances ou en cherchait[1].

Les Alliés se plaignaient. Louis XIV conserva jusqu'en 1690 l'espoir de détourner l'électeur d'une ligue à laquelle il n'adhéra qu'au mois de mai 1691[2]. Les Alliés et Louis XIV avaient tort également. Les calculs de Frédéric III retardaient son élan, mais nul plus que lui ne souhaitait la défaite des Français, la victoire du protestantisme et de l'Allemagne. Si, par la même prudence, il invitait Spanheim, le plus capable de le renseigner, à lui exposer l'état et les ressources de la France, il espérait de lui une réponse qui encourageât son patriotisme et satisfît sa haine, analogue au mémoire qu'il rédigeait trois mois plus tard au camp d'Alost, pour son conseiller Danckelmann (août 1690[3]).

Spanheim a obéi avec l'empressement d'un bon serviteur. Sa réponse a été aussi complète qu'elle devait l'être, aussi prompte qu'il pouvait la faire avec les proportions qu'il lui donna. Ce zèle, cette disposition à servir les passions et les intérêts de son maître, les vœux qu'il formait pour le succès de la ligue d'Augsbourg, la rapide exécution de son ouvrage enfin, ne semblent pas des titres de recommandation auprès de la postérité. Et pourtant, œuvre de circonstance et de politique, la *Relation de la Cour de France* réunit toutes les conditions d'une œuvre d'histoire, l'exactitude, l'impartialité, la clairvoyance.

Dans ce travail, achevé en trois mois, ce qui frappe d'abord, c'est le nombre des renseignements et des détails. Qu'il s'agisse du caractère de Louis XIV et de sa politique, des membres de la famille royale, des courtisans, de leurs alliances, de leur carrière particulière, rien d'essentiel n'est oublié, ni personne.

---

[1] Cette impression se trouve dans les *Mémoires* de de Sourches, III, p. 98 : « M. de Brandebourg a eu l'appréhension que le siège de Bonn ne ruinât toutes ses troupes. »
[2] Voir Pribram, ouv. cité, p. 16, note I ; Prutz, *Frankreich u. Brandenburg* dans Raumer, *Taschenbuch* : VI Folge, Band IV, p. 251 ; enfin, une dépêche du 15 oct. 1689, citée par Pribram, p. 51, note I.
[3] Droysen, *Preuss. Politik*, IV, 96.

Le budget de la monarchie française, si difficile à préciser pour qui n'appartenait pas à l'administration et même pour un administrateur de cette époque, les multiples affaires, même les plus petites, où la diplomatie de la France était mêlée à travers toute l'Europe, le détail de ses armées et de ses flottes ne présentent guère plus de lacunes qu'un tableau de la France dressé aujourd'hui avec les documents d'archives par Mignet, Clément, ou Rousset. Sans doute, Spanheim a beaucoup emprunté à l'État de la France, aux Gazettes de Paris et d'Amsterdam. Sa bibliothèque était admirable, et il l'enrichissait si bien, qu'il se trouva un beau jour endetté et dut la vendre [1]. Mais c'est un bon signe qu'il ait composé son mémoire sur des livres, plus que de souvenir ou d'inspiration. Il y a mieux : toutes les fois qu'il trouvait une mention, une nouvelle plus récente de nature à modifier ce qu'il avait écrit, il reprenait son texte, le corrigeait, l'étendait. Ces corrections, ces additions sont fréquentes; elles se présentent à l'ordinaire sous cette forme : « J'apprends par des avis de Paris ; aux dernières nouvelles, etc... » Elles indiquent une méthode de travail et de recherche qui n'est pas compatible avec la précipitation apparente de ce livre rédigé en trois mois.

Ce n'est pas dans des livres contemporains, cependant, que Spanheim aurait pu recueillir en si peu de temps tout ce qu'il a réuni : évaluation des biens du clergé, nombre des troupes royales, compte des bâtiments et de la flotte, précis de négociations. S'il a construit si vite, c'est qu'il avait d'ailleurs à sa disposition des matériaux constitués, réunis antérieurement et à loisir. Homme de goût et d'érudition, il apprenait en causant dans des milieux très différents, au cours de ses voyages diplomatiques et de ses séjours en France. Il ne faut pas oublier qu'à Bréda, par exemple, il rencontra Gourville, l'un des hommes

---

[1] Wilken, *Geschichte der Kœniglichen Bibliothek zu Berlin*, 1828, p. 188-189. On y trouve des extraits des mémoires présentés par Spanheim à ce sujet au roi Frédéric Ier : « *Considérations qui me portent à me défaire de ma bibliothèque.* »

les plus entendus en matière de finances, qu'on désignait pour successeur à Colbert, Lepelletier de Souzy, le frère de celui qui succéda au grand ministre, intendant et financier[1]. Il y voyait et entendait aussi un abbé qui le mettait au courant de la diplomatie de la France et des Condés en Pologne[2].

Le père de la Chaise oubliait que Spanheim était protestant, quand il avait envie de parler de médailles avec lui : comme ce père avait la disposition de la feuille des bénéfices, nul n'était mieux en situation de l'instruire sur l'état du clergé[3]. Le président Bignon, un autre amateur d'antiquités, le renseignait sur les conseils royaux[4] ; le premier commis des affaires étrangères, Bergeret, pour les mêmes motifs fut son intime ami[5]. Les princesses allemandes, Madame qu'il connaissait depuis son enfance, la Dauphine de Bavière chez qui il fréquentait assidûment, dans l'intimité, lui rapportaient chaque jour les bruits et les histoires de Cour, les détails de la vie du roi[6]. A toutes ces sources Spanheim puisait d'avance des éléments directs de connaissance. C'est un fait tout à fait significatif que, sur beaucoup de points, sa *Relation* supporte la comparaison et se trouve en parfait accord avec les mémoires si complets, si exacts du Marquis de Sourches. Sans s'astreindre, comme le grand prévôt, à tenir registre chaque jour des événements, l'envoyé du Brandebourg ne laissait pas de consigner dans des notes ce qu'il apprenait sur la France et son roi, ce qui lui paraissait intéressant à étudier ou à relever. Ce n'est pas une hypothèse : le neveu de Spanheim, Bonet, par qui la *Relation* est parvenu à M. Schefer, trouva dans les papiers de son oncle un certain nombre de notes qu'il a heureusement copiées, et qui éclairent la méthode d'information de notre auteur. Elles n'ont pas été publiées ; mais les titres seuls suffisent à donner

---

[1] *Relation*, pp. 382, note 2, 399, 424.
[2] *Ibid.*, pp. 183, note 1, 184.
[3] *Ibid.*, p. 425.
[4] *Ibid.*, p. 263.
[5] *Ibid.*, pp. 360, note 2, et 370.
[6] *Ibid.*, pp. 132, note 3 ; 133, 153, 161.

une idée des matériaux que toute sa vie Spanheim s'est constitués et qui forment l'assise solide de son œuvre : *Mémoires de MM. les députés du commerce ; Mémoires sur les revenus du Roi ; Réflexions politiques de M. de Pomponne sur les négociations avec la Cour de Savoie ; Cérémonies qui s'observent à la réception des commandeurs et chevaliers des ordres*[1]. Détails d'administration, de finances, de commerce, de négociations, s'accumulaient ainsi sous forme de notes ou de mémoires dans les portefeuilles de l'érudit. Aux événements de son temps il appliquait les mêmes procédés de recherche et d'étude qu'au passé. Ces enquêtes par notes étaient dans ses habitudes d'esprit et de travail. Le diplomate n'eut qu'à les mettre en ordre pour faire d'un rapport à son gouvernement une œuvre d'histoire documentée.

Une information exacte et riche, c'est beaucoup pour un livre de ce genre ; ce n'en est pas cependant le principal mérite, ni le moins surprenant quand on songe au temps où il a été écrit et à la condition de son auteur. Protestant très fervent, fils et petit-fils de réformés français, Spanheim venait de défendre contre la Révocation sa foi, ses coreligionnaires, sa propre famille. Il assistait, dans les conseils du souverain allemand qui l'avait chargé de venir en aide aux réfugiés français, à la grande lutte engagée par l'Europe, depuis 1688, contre le persécuteur de sa religion[2].

Dans cette crise, par devoir envers son prince et envers lui-même, il fut l'ennemi de Louis XIV et de la France, et il faisait des vœux pour le succès de la cause à laquelle il ne pouvait demeurer indifférent[3]. Mais en politique, en religion surtout, les ennemis équitables et justes sont rares : et Spanheim a été de ceux-là. Il a su trouver à Louis XIV des excuses ; il a jugé et ca-

---

[1] Le manuscrit de M. Schefer a été tout récemment acquis par la Bibliothèque nationale. Le recueil demeure encore utile à consulter, même après l'édition de l'érudit que la France regrette, pour les mémoires qu'il renferme et que M. Schefer n'avait pas publiés. (Voir la table dans l'édition Schefer, p. xxxix.)

[2] Voir plus haut dans l'*Introduction : Biographie de Spanheim*, pp. 22 et 23.

[3] Dernière partie de la *Relation : Considérations sur la situation présente*.

ractérisé ceux de ces actes qu'il détestait le plus avec une indulgence et un sens critique que donnent seuls, d'ordinaire, le recul du temps et l'apaisement des haines mutuelles. Il a fait la part de ce qu'il y avait chez ce roi d'amour du travail, de vrai courage, de droiture et de justice; de la mauvaise religion, toute de forme et de pratiques, qu'il avait acquise par une éducation étroite; de son instruction négligée, de l'influence détestable des flatteurs sur son tempérament porté à l'excès vers la gloire; des entreprises enfin de son clergé et de ses ministres[1]. Ce portrait, moins vivant que les pages célèbres du Parallèle de Saint-Simon, est plus près de la vérité : il est à lui seul un des plus beaux exemples d'impartialité que puisse fournir la littérature historique. J'en citerai pourtant un autre qui l'égale presque, celui de Mme de Maintenon, contre laquelle, dans les Églises du Refuge et depuis, les protestants, irrités de trouver parmi leurs persécuteurs la petite fille d'Agrippa d'Aubigné, se sont le plus emportés ; Spanheim a connu ces colères et leur motif : il ne les a pas partagées. Il a épargné à Mme de Maintenon le reproche d'une cruauté préméditée. Il a expliqué sa participation aux violences par le désir de faire des conversions et sa cour au roi, par son impuissance à empêcher le mal, sa crainte surtout de déplaire, lorsque le « *grand dessein* » aboutit à une persécution[2]. Pieuse, adroite et ambitieuse, avec un esprit solide, doux et agréable, qui procurait au roi le repos après les orages de la passion et des maîtresses, sans rien de dur ni de cruel, ni d'hypocrite à l'excès, telle est la figure, au regard de Spanheim[3], de cette femme célèbre, qu'on a si longtemps jugée par les caricatures à la manière noire de Saint-Simon. Le protestant, en 1690, a mieux vu, plus fidèlement que l'ami de l'abbé de Rancé cinquante ans plus tard. Son sens critique et judicieux l'a préservé des passions contemporaines au moment où elles étaient le plus excitées.

[1] *Relation*, pp. 66 à 70, et 93 à 97.
[2] *Ibid.*, p. 92.
[3] *Ibid.*, pp. 86 à 88.

Chez un savant de cette trempe, chez cet érudit qui contribuait à renouveler les études de l'antiquité, il y avait, comme chez les bénédictins dans un autre genre, une vertu de détachement presque instinctif de tout ce qui peut obscurcir le jugement, un besoin de vérité absolue plus fort que les sentiments de ses amis ou que les ordres de son maître. A chaque instant, dans sa relation, on note ce souci, le vrai souci du sage ou du savant, de bien prouver avant d'affirmer. Mme de Soubise passait aux yeux de la plupart, à la Cour, pour avoir été la maîtresse de Louis XIV, et pour en avoir fait profiter son mari : par une déclaration très franche, très ferme, Spanheim lui rendit aussi bien que la critique moderne ses titres d'honnête femme[1]. Il a cru à la mort naturelle d'Henriette d'Angleterre comme à la vertu de Mme de Soubise, parce qu'après un examen méthodique, le contraire lui paraissait l'effet de préventions mal fondées[2]. Il a rendu justice à Louvois lui-même, l'auteur de l'incendie du Palatinat, qu'il a flétri pour cet acte en termes très forts[3], et loué de son application infatigable, de sa grande activité, de sa pénétration[4]. Et là, par surcroît, sa critique, son respect de la vérité étaient bien la meilleure manière de rendre service à son maître au moment où, d'instinct, il hésitait à risquer ses troupes contre l'armée de Louis XIV et de Louvois. Spanheim en avait conscience : « La fidélité, l'exactitude, la sincérité sont inséparables, disait-il, de ces sortes de relations, et sont particulièrement requises dans la conjoncture de la guerre présente[5]. » S'il y a des serviteurs qui doivent surtout la vérité à leur gouvernement, ce sont les diplomates, à la veille d'une guerre surtout. Ce devoir fut facile à Spanheim : préciser, rechercher, discuter, c'était, depuis plus de trente ans, la besogne et l'habitude de toute sa

---

[1] *Relation*, p. 76 et les notes.
[2] *Ibid.*, p. 144, note 4.
[3] *Ibid.*, p. 345.
[4] *Ibid.*, pp. 339-345.
[5] *Ibid.*, p. 59.

vie. Qu'il s'agît du passé ou du présent, de l'empereur Julien ou du roi de France, d'une grande question ou d'un détail, il cherchait le vrai et l'atteignait, par une même méthode de doute et d'examen qui excluait la passion et les préjugés. En définitive, la *Relation de la Cour de France*, composée par un serviteur du Brandebourg, dans une cour peuplée de réfugiés, par un de leurs parents et pour la lutte de l'Allemagne protestante contre Louis XIV, demeure le premier essai vraiment historique, antérieur à l'œuvre de Voltaire et parfois supérieur pour le fond, que nous ayons sur la France du xvii siècle.

Les Français, que Spanheim a jugés avec cette clairvoyance et ce détachement, n'ont pu connaître son jugement, ni l'en louer. Du moins, ils appréciaient à sa valeur le savoir et la conscience qui dirigeaient en tout ses opinions et ses travaux. Quand Spanheim revint à Paris, en 1698, ils lui firent le même accueil que s'ils avaient pu lire sa *Relation* : « il y eut de la joie à la Cour, en particulier parmi les gens de lettres, à cause de l'estime générale qu'il y avait acquise[1] ». Son départ de nouveau en 1701, et sa mort au milieu d'une lutte plus acharnée de la France et de l'Empire effacèrent ces sympathies. Saint-Simon donna à Spanheim un dernier éloge[2], et le temps fit son œuvre d'oubli.

Il nous a paru que l'érudit allemand et son œuvre si utile pour notre histoire méritaient plus d'attention, que c'était justice d'établir d'abord le texte authentique de la *Relation*, puis la valeur de ce témoignage, par une étude critique réglée sur la même méthode de recherche et d'histoire, de juger Spanheim enfin comme il nous avait autrefois jugés. La direction des Archives royales de Prusse, et M. Bailleu que je

---

[1] *Gazette d'Amsterdam*, 1698, n° 13. — A l'appui de cette note de journal, voir la lettre que Spanheim écrivait à l'abbé Nicaise le 31 mai 1698 (Caillemer, p. 111) : ses relations aussitôt reprises avec d'habiles et savants amis, l'abbé Bignon, l'abbé Renaudot, l'orientaliste Vaillant, le regret de ne plus retrouver d'Herbelot. (*Ibid.*) — Leibniz écrivait de son côté à l'abbé Nicaise que Spanheim avait été infiniment ravi de revoir l'évêque d'Avranches (p. 72).

[2] *Saint-Simon*, édition 1873, viii, 164.

veux remercier particulièrement, me l'ont permis de toutes
les manières, par la communication des manuscrits de
Spanheim et de sa correspondance diplomatique. J'ai trouvé
aux Archives du Ministère des affaires étrangères, au Dépôt de
la guerre, à la Bibliothèque nationale, les moyens les plus sûrs
et les plus variés d'accomplir la tâche que je m'étais donnée. Je
n'oublierai pas combien cette tâche si lourde a été simplifiée
par le concours précieux de mon maître et ami M. Monod ;
non content de donner à ses élèves le goût et la méthode du
travail historique, il les soutient, au cours de leurs recherches,
de ses conseils et de ses propres recherches. Tandis que je
faisais enfin cet examen critique de la *Relation*, M. de Boislisle
nous donnait chaque année un nouveau volume de son édition
de Saint-Simon. Cette œuvre fait honneur à l'érudition française. Elle a été pour moi, au cours du travail plus modeste
que j'avais entrepris, un trop utile exemple, une trop précieuse
ressource, pour que je n'exprime pas à l'auteur ma reconnaissance du profit que j'ai trouvé à manier sans relâche cet incomparable instrument de recherche.

III

La publication que je fais aujourd'hui du texte de Spanheim, pour la troisième fois depuis Dohm, portera les
éditions de cette *Relation de la Cour de France* au même
nombre que les manuscrits actuellement à notre disposition.
Ces manuscrits sont, en effet, au nombre de trois : deux sont
conservés aux archives de Prusse à Berlin. La Bibliothèque
nationale possède, depuis la mort de M. Schefer, celui qui a
servi de motif et de base à la publication de la *Société d'histoire de France*.

Les deux manuscrits de Berlin diffèrent essentiellement,
par leur forme d'abord. L'un d'eux, que pour plus de clarté

j'appellerai désormais [A][1], est un volume relié en veau brun qui, en 243 folios, contient le texte tout entier et ne contient que lui ; une note inscrite sur la couverture indique que le volume est entré aux archives en 1712, deux ans après la mort de Spanheim. L'autre manuscrit, que j'appellerai [B][2], est formé par la réunion de deux cahiers non reliés, revêtus d'une couverture rouge, où la *Relation* ne se trouve pas tout entière. Le premier cahier, de 101 folios, s'arrête à la page 227 de notre édition, à la fin du chapitre consacré à la *Duchesse douairière de Guise*. Le deuxième cahier, de 259 folios, ne reprend qu'à la page 294 : *Seconde partie de la relation*, et contient toute cette seconde partie. Le manuscrit de M. Schefer, le manuscrit [C], diffère également des deux précédents : s'il est plus complet que les cahiers [B] de Berlin, il est aussi composé de beaucoup d'autres morceaux encore que la *Relation*, qui, à elle seule, constituait le manuscrit [A]: *Recueil du caractère de diverses personnes de la Cour de France, Tableau généalogique de la Cour de France*, etc. M. Schefer a donné à la page xxxix de son Introduction, la table des matières de son manuscrit, qu'il a décrit avec toute la précision souhaitable, et dont il a fait ou essayé d'établir l'histoire. Ce volume, relié en basane fauve, et portant l'ex-libris de *L. Fred. Bonet* avec, au-dessous, le nom de E. H. Gaullieur, serait pour M. Schefer un « manuscrit en partie autographe de Spanheim, un recueil formé par l'érudit, passé après sa mort à son neveu, qui fut héritier de son emploi à Londres, Louis-Frédéric Bonet, et retrouvé par le journaliste et professeur suisse Gaullieur, lequel en publia quelques pages dans l'*Athenæum français* ». C'est ainsi que M. Schefer, ayant acquis ce manuscrit à la mort de Gaullieur, crut pouvoir établir qu'il venait directement de l'auteur, et constituait une *mise au net* dirigée par Spanheim lui-même de sa *Relation*[3].

[1] *Archives de Prusse*, R. 94 VII a° I.
[2] *Ibidem*, R. XI, Conv. 27 B.
[3] Édition de la *Société de l'histoire de France*, introd. xlj à xlv.

L'histoire des manuscrits [A] et [B] est plus difficile à fixer : Lorsque Dohm publia, à la fin du xviiie siècle, l'ouvrage de Spanheim pour la première fois, il déclara que « même aux archives royales de Berlin, la *Relation* faite pour l'électeur Frédéric III ne se trouvait pas complète[1] ». Il ne vit donc pas le manuscrit [A] qui s'y trouve aujourd'hui, contient la *Relation* tout entière et ne contient qu'elle. Le manuscrit incomplet que Dohm signalait, le seul qu'il ait vu aux Archives de Berlin, est évidemment le manuscrit [B], dont les lacunes, soixante-dix pages environ, sont encore aujourd'hui importantes. Lorsque Dohm faisait, il y a un siècle, dans ces archives, l'enquête que nous y avons reprise, il trouva déjà l'un des deux manuscrits qui y sont conservés. L'autre, le plus complet, lui échappa. Et cependant, la mention que le volume renferme, *1712 ad Archiv*, ne laisse aucun doute qu'il n'y fût. Ranke l'y consultait plus d'un siècle après, en 1854, ainsi que le prouve une seconde mention du prêt : *Geheimes Staats Archiv., 21 novembre 1854*, portée à l'intérieur même de la reliure. Nous dirons tout à l'heure de quels manuscrits Dohm a dû se servir : il ne connut pas le manuscrit [A], avec lequel son texte présente des différences notables. Et s'il n'avait connu que le manuscrit [B], il est certain qu'il n'aurait pas été en état de publier, dès 1783, les soixante-dix pages qui n'y figurent point. Ce qu'il importe de rectifier, c'est l'erreur dont on serait victime, si on s'en tenait à la déclaration de Dohm, si l'on croyait avec lui qu'il n'y avait, au xviiie siècle, aux Archives de Prusse, aucun texte complet de la Relation. Dès 1712 il y en avait un, authentique, et nous l'avons.

Les correspondances d'ambassadeur, dans tous les fonds d'État, sont généralement établies de la même manière. Elles comprennent d'une part les pièces originales que les agents adressaient à leur Cour avec les minutes des réponses ou des instructions de leur Gouvernement, d'autre part les minutes des

[1] Dohm, *Materialien*, etc.., t. V, préambule.

dépêches qu'ils expédiaient et les originaux de celles qu'ils recevaient du souverain où des ministres. La première série entrait immédiatement au fur et à mesure aux archives ; la seconde n'y rentrait qu'après leur mort, quand l'on prenait soin que les papiers des envoyés revinssent à l'Etat. En bonne règle, la *Relation* de Spanheim devait donc se trouver en original aux Archives de Berlin, en minute ou en copie dans les papiers qu'après la mort de son envoyé le roi de Prusse dut se faire remettre. Nous savons de source certaine, par le *Journal des Savants*, que Frédéric Ier porta une attention spéciale aux manuscrits de l'érudit qui, depuis trente années, servait le Brandebourg à Paris et à Londres[1]. Spanheim, dans son testament, avait destiné ses livres chargés de remarques, à la bibliothèque dont il devait la conservation à la sollicitude de son maître. Comme il n'avait rien dit de ses manuscrits, le roi offrit de les acheter aux héritiers, qui résolurent de lui en faire hommage. Cette offre ne s'appliquait pas aux papiers d'Etat, possession de la couronne, et qu'elle reprit. Ils revinrent à Berlin, avec les dissertations d'érudition destinées à la bibliothèque, et la date de 1712 que porte le manuscrit [A], est sans doute celle où la minute de la *Relation* conservée par l'ambassadeur entra dans les archives de l'Etat. Il en résulte que l'autre manuscrit, de ces mêmes archives, [B], doit être l'original remis par Spanheim à la Cour, et reçu par elle, au moment même où le texte fut composé, c'est-à-dire vers 1690. Ce qui semble confirmer la mention portée sur le premier cahier, « Frankreich : 1690, *von Spanheim Relation de la cour de France* ».

La comparaison des deux volumes fournit une preuve matérielle des caractères qui les distinguent. Le manuscrit [A] est écrit de plusieurs mains, par des copistes et parfois à la hâte : on y rencontre de nombreuses ratures, des additions, des suppressions, des surcharges. Les marges portent d'assez nombreuses corrections, écrites toutes d'une façon négligée et par

---

[1] *Journal des Savants*, année 1711, p. 386.

une même main, celle de Spanheim. Ces corrections mêmes qui contiennent des ratures et des surcharges, attestent le travail d'un auteur qui cherche sa forme, et ne prendrait pas cette liberté sur un texte destiné à un usage officiel. Les cahiers [B], au contraire, sont d'une écriture de copiste qui s'applique, régulière, large, sans aucune surcharge ni rature; et si l'auteur, dont on reconnaît la main, a fait des corrections, c'est en marge, en s'appliquant lui-même, et d'ailleurs rarement. C'est bien là l'état d'un manuscrit préparé et revu avec soin pour être soumis au souverain.

Le fait que ce texte a été composé de cahiers différents, dont l'un s'est perdu, atteste son caractère officiel. Spanheim, au fur et à mesure de la rédaction qu'il acheva dans les quatre premiers mois de l'année 1690[1], fit faire la copie et la remit en trois fois sans doute à l'électeur. La preuve enfin que ces cahiers sont les pièces officielles dont il se dessaisit sur l'heure même, pour s'acquitter envers son maître, c'est qu'elles ne contiennent pas une note insérée par lui même au folio 38 du manuscrit [A], de la minute qu'il s'était conservée : « *Je viens d'apprendre par des avis de Paris que le marquis d'Arcy a été honoré de la charge de gouverneur du duc de Chartres*[2]. » Ce fut au mois de septembre 1689 que cette charge fut donnée au marquis d'Arcy. L'ayant appris trop tard pour en parler dans la première partie de sa *Relation*, remise au roi sans doute dès le début de 1690, Spanheim l'ajouta en note sur la minute qui était demeurée du moins en sa possession. On prend là sur le vif la manière dont se sont constitués les deux manuscrits de la *Relation* demeurés aux archives de Prusse : le *manuscrit* [B], *mise au net du texte* faite pour le roi et donnée immédiatement; le *manuscrit* [A], *minute de ce texte*, restée aux mains de Spanheim jusqu'au lendemain de sa mort, jusqu'à ce qu'elle fît retour, comme toutes les minutes de la correspondance, à l'État. On prend pour ainsi dire les deux textes à leur naissance,

[1] Voir plus haut, p. 30 à 32.
[2] *Relation*, p. 158, note 2.

C'est dans cette même veine, qu'il se rendit ve-
ritablement Maître de toutes les graces;
qu'il sceut les dispenser sans profusion, en
surprendre même agréablement ceux qu'il en
honnoroit, et enfin les ménager avec adresse.
~~Aussi n'a paru-t-il de ~~ ... ~~ que~~
~~pour l'un se réjouissant ~~ ... ~~ porté, ou le~~
~~besoin des affaires, ~~ ... ~~ rendre les uns~~
~~et les autres, ~~ de favoris ou des Maîtresses,
que pour s'en delasser l'esprit, ou satisfaire à sa
passion, sans leur donner plus d'empire sur ses
volontés, ou de part dans le Gouvernement.

(marge :) P affecte-t-il de
~~duquel plus de~~
~~Ministres, ni de~~
~~Gouverneurs, que~~
s'est porté près des
Ministres ou de
Gouverneurs, dont
il sera fait
mention cy-après,
de nevoir de

Man. A (Arch. de Prusse. R. 94 VII a^b 5). Corrections en marge de la main de Spanheim.

et le porter enfin au poste, qu'il remplit au-
jourdhui, de Ministre d'Etat. Pour ne rien dire
ou de la Duchesse de Chevreuse, soeur dudit Seignelay,
et sa bonne amie, d'ailleurs devote, qu'elle a
sceu mettre dans une consideration particuliere
auprès du Roy; ou du Duc de Beauvilliers, Mari
d'une autre fille du Ministre Colbert, lequel elle
a sceu elever au poste de Chef du Conseil Royal
des Finances, et recemment, de Gouverneur du Duc
de Bourgogne. Je devrois ajouter icy quelques
reflexions sur la part funeste, qu'on ~~luy~~ a attribué
(marge :) à Madame de Maintenon, dans la malheureuse et cruelle persécution, jus-
~~te~~ aux gens de la Religion en France. Ce qui pa-
roit d'autant plus étrange, qu'elle et toute sa

Man. B (Arch. de Prusse. R. XI Conv. 27 B). Correction en marge de la main de Spanheim.

et l'on s'explique *par leurs origines* leurs différences. Ils représentent le double exemplaire que, selon la bonne règle, on doit trouver, dans les archives, de toute relation d'ambassadeur. Ils sont l'expression la plus parfaite de la pensée de Spanheim, officielle ou intime.

Comment, par malheur, l'un des cahiers de la *Relation* remise au roi s'est-il égaré et ne se retrouve-t-il plus aux Archives? On est réduit sur ce point aux conjectures. Ce ne peut être l'effet d'un accident de transmission. Spanheim a écrit son ouvrage à Berlin où la guerre de 1689 l'avait ramené. Faut-il supposer que le second cahier qui contenait les détails les moins utiles pour l'électeur et pour sa politique, des notices sur les princes du sang et les légitimés, sur les charges et la tenue de la Cour a été négligé comme secondaire, et qu'on a gardé le premier consacré à Louis XIV et à sa famille, le second surtout, d'un intérêt capital pour la guerre présente, où Spanheim traitait du Gouvernement, des ministres, de leurs projets et des forces de la France? Ou, au contraire, ne vaudrait-il pas mieux croire que Frédéric III, déjà préoccupé d'être roi, mit de côté, pour le jour où il lui servirait, ce cahier consacré particulièrement à la façon dont Louis XIV tenait sa cour, et que ce cahier s'est ainsi trouvé séparé des autres? On sait l'attention du premier roi de Prusse, « dont les cérémonies furent une des grandes occupations », à copier les modes et le ton de Versailles. Il demandait à Spanheim de le renseigner sur les formes et la dimension des perruques de Louis XIV. A plus forte raison devait-il attacher de l'importance à être instruit par lui sur l'étiquette, les charges, la tenue générale de Versailles, à conserver dès 1690 ce qu'il jugeait utile à sa royauté prochaine. J'inclinerais à le penser.

Venons enfin au texte de Dohm. Puisque cet érudit ne s'est pas servi des deux manuscrits [A] et [B] de Berlin, il faut qu'il en ait existé d'autres qu'il a employés. Il a déclaré, en 1785, avoir eu entre les mains pour sa publication, d'abord une copie tronquée de la première partie, qui s'arrêtait au milieu de la notice consacrée à la duchesse de Mecklembourg, puis un manuscrit renfermant le tout. Quel était le second manuscrit complet, il ne le dit pas[1]. Heureusement des contemporains nous l'ont appris. Les auteurs de *Mémoires pour servir à l'histoire des réfugiés français*, parus en 1782, Erman et Reclam[2], ont conservé deux indications importantes sur l'origine des manuscrits employés par Dohm. Dans son livre, Erman disait que Dohm les avait reçus d'Œlrichs, conservateur de la Bibliothèque de Berlin, lequel les tenait lui-même de Pérard. Reclam, dans une note du même volume rectifiait ainsi[3] le renseignement d'Erman : c'était bien Œlrichs qui avait fourni le manuscrit ; il le tenait, il est vrai, non de Pérard, mais de Schott, dont le père, Jean-Charles, avait été longtemps secrétaire de Spanheim, et dont Œlrichs était lui-même le parent et l'héritier. Reclam ajoutait en 1782 qu'Œlrichs en avait retrouvé d'autres analogues, sans doute le texte complet, qui permit à Dohm de fournir en 1785 l'édition totale de la *Relation*.

Nous voici éclairés sur cette nouvelle série de manuscrits. Elle appartient comme la précédente à Spanheim. Elle était l'œuvre et demeura la propriété d'un de ses secrétaires, Jean-Charles Schott. Ce Schott était le neveu du numismate Beger, qui d'abord au service de l'électeur palatin, puis conseiller en 1685 de l'électeur de Brandebourg, paraît avoir suivi la fortune et mis à profit l'amitié de Spanheim. Ce ne fut qu'après 1697 que le neveu de Beger devint premier secrétaire de l'envoyé de Brandebourg à la place d'un certain Scultetus, alors en possession du titre. Mais il avait fait son stage antérieurement, pendant le séjour à Paris de Spanheim, dont il était déjà le secrétaire : il le priait alors de présenter au roi le *Thesaurus de Brandebourg*, de son oncle Beger (1686). Schott était lui-même un érudit, un

---

[1] *Materialien* : t. V. Préface « Un hasard heureux m'a mis en possession d'un manuscrit renfermant le tout. » .

[2] Erman et Reclam, *Mémoires pour servir à l'histoire des réfugiés français dans les États du roi de Prusse, 1782*, t. I, p. 181.

[3] *Ibid.*, p. 375.

lettré qui avait eu part à la rédaction de la *Relation*, et qui sans doute en prit copie : il devint, en effet, bibliothécaire et garde des médailles du premier roi de Prusse[1].

Ce qui est important, c'est de noter la ressemblance de la copie qu'il prit sur la première partie de la *Relation*, publiée par Dohm en 1781 avec le manuscrit [B], le texte remis à l'Electeur ; ses différences, d'autre part, avec le manuscrit [A], la minute conservée, puis corrigée par l'auteur. Voici par exemple dans le portrait de Louis XIV le résultat de cette comparaison : « De là vient, disait Spanheim dans le cahier [B], une suffisance du roi assez bornée dans le fonds des affaires, qui se contente d'en savoir les dehors sans les approfondir, suffisament aisée par là à être préoccupé par les personnes en qui il prend confiance[2]. » Sur sa minute, le manuscrit [A], l'auteur a ainsi corrigé : « De là vient une capacité du roi assez bornée dans le fond des affaires, qui le rend aisé à être préoccupé par les personnes. » Le texte de Dohm reproduit le texte [B] avant la correction de Spanheim. — Même remarque sur un autre passage de ce portrait. Le cahier [B] donne ce texte : « Aussi ne parut-il pas avoir des ministres que pour s'en servir suivant leur portée et le besoin des affaires, sans les rendre les artisans et les maîtres, et des favoris et des maîtresses que pour s'en délasser l'esprit[3] ». Dans le manuscrit [A], ces lignes ont été rayées et peuvent se lire encore sous la rature ; elles ont été remplacées, en marge et de la main de Spanheim, par ces mots : « Aussi affecta-t-il, sans parler ici des ministres et des généraux dont il sera fait mention cy après, de n'avoir de favoris ou de maîtresses... » Le texte de Dohm n'a pas reproduit cette correction. Il lui est évidemment antérieur. Si, dans le manuscrit [A], Spanheim a complété des dates qu'il laissait en blanc dans le manuscrit [B], faute de les connaître, Dohm laisse à son tour la date en blanc, comme

---

[1] Ancillon, *Mémoires sur les gens de lettres*, p. 45.
[2] *Relation*, p. 71, note 3.
[3] *Id.*, p 67, note 1.

dans le premier état. C'est évidemment ce premier état que Schott a eu sous les yeux quand il fit sa copie, plus tard éditée par Dohm. Et cela donne à la copie une grande autorité, qu'on y puisse retrouver par une identité presque certaine le texte officiel de la *Relation*. Si Dohm, en la publiant, n'avait pas commis de grossières fautes de lecture, son édition de 1782 aurait constitué, quoique la première en date et de deuxième main, un véritable profit pour l'histoire.

La seconde partie du texte de Dohm, au contraire, s'écarte notablement du manuscrit [B] pour se rapprocher de la minute [A]. En voici quelques preuves : « *Des quatre Ministres d'Etats vivants*[1] » disait le texte [B] rédigé et remis au roi de Prusse avant la mort de Louvois (juillet 1691). La minute [A] a supprimé *vivants*, après la mort de ce ministre évidemment. Le texte de Dohm ne porte pas non plus le mot. — Dans l'article des *Revenus du Roi*[2], une phrase du manuscrit [B] : « se résolvent en premier lieu dans le Conseil royal, se publient ensuite et donnent lieu aux enchères », a été omise dans la minute [A]. Le fait qu'elle ne se trouve pas dans le texte de Dohm établit clairement que cette minute [A] a été le modèle employé par lui. — Un peu plus loin : « Dans le Languedoc le don gratuit est annuel et va ordinairement à deux millions de livres[3]. » A ce passage du manuscrit [B], Spanheim ajoutait sur sa minute [A], en marge : « est annuel et allait ci-devant à quinze ou dix-huit cent mille livres et depuis quelques années va ordinairement à deux millions ». Cette addition, importante au point de vue de la précision, est entrée dans le texte de Dohm. Le passage sur la Paulette fournit une remarque du même genre : « On ne manquera pas, disait Spanheim à propos des *Ressources extraordinaires*, en 1690, de multiplier ces sortes d'impôts qui ne pourront après tout que tourner à la charge du peuple ».

[1] *Relation*, p. 327, note 2.
[2] *Ibid.*, p. 439.
[3] *Ibid.*, p. 462, note 1.

INTRODUCTION 51

Sur sa minute, sur le manuscrit [A] il effaça cette phrase. Le texte de Dohm ne la contient pas[1].

Ce n'est donc pas sur l'original [B], mais sur la minute A que le second manuscrit de Schott, celui que publia Dohm, avait été établi. Nous pouvons même dire à peu près vers quelle époque le secrétaire de Spanheim prit cette copie. Deux ou trois lacunes de son texte nous en instruisent assez clairement. Ce ne fut pas un oubli, si Schott négligea le chapitre entier des *Sentiments de Croissy à l'égard de la maison électorale*[2], ou le paragraphe *Du premier aumônier*[3] ; et ces mots : « je toucherai la conséquence d'autant plus grande qu'on en peut tirer dans la guerre présente[4] », et surtout, à la fin de la *Relation*, les *Considérations sur la guerre présente*. Tous ces passages paraissaient inutiles depuis que le 28 juillet 1696 Croissy était mort, que le premier aumônier du roi, Pierre de Coislin, ayant été nommé en 1697 cardinal, avait cessé ses fonctions, depuis que la guerre, enfin, était terminée. Ce fut donc après 1697, pendant le second séjour de Spanheim à Paris comme envoyé du Brandebourg, que Schott, devenu alors son premier secrétaire, établit l'exemplaire complet de la *Relation*, qui permit à Dohm en 1785 de la donner tout entière. A cette date, Schott ne pouvait plus employer l'original resté à Berlin ; mais comme il avait commencé à en prendre copie en 1690, il se remit à l'œuvre après la guerre et copia le tout sur la minute [A] conservée par Spanheim.

Telle est l'histoire et la nature des manuscrits qui ont fourni à Dohm l'occasion de faire connaître, pour la première fois, l'ouvrage de Spanheim. Ils forment une série qui double les manuscrits venus directement de Spanheim ; reproduisant, pour la première partie, le texte original, et pour le tout, la minute de l'auteur. Par le fait que Dohm a employé en 1781 une copie

[1] *Relation*, p. 463, note 4.
[2] *Ibid.*, p. 371.
[3] *Ibid.*, p. 428.
[4] *Ibid.*, p. 479.

incomplète du texte original et en 1785, pour compléter, une copie de la minute, il se trouve que son édition manque singulièrement d'unité. Elle manque aussi en beaucoup d'endroits d'exactitude. Elle fourmille de fautes de lecture. Elle n'a plus d'autre utilité aujourd'hui que d'aider à reconnaître la série des copies de Schott, conservées sans doute, ainsi que le manuscrit Bonet, dans une collection particulière.

L'édition de M. Schefer a remplacé, depuis le jour où elle parut, celle de Dohm. Et ce fut presque une révélation : la publication de ce texte important avait passé presque inaperçue à la fin du xviiie siècle. Le mérite de l'avoir fait connaître revient donc surtout à M. Schefer. Aussi, nous en coûte-t-il d'avoir à dire que l'édition même de la *Société de l'histoire de France*, faite avec soin, ne nous a procuré qu'un texte incomplet. Elle s'appuie tout entière sur le manuscrit de tous le plus imparfait[1], le manuscrit [C], propriété de M. Schefer, aujourd'hui de la Bibliothèque nationale.

Ce manuscrit a une histoire que M. Schefer, à un point près, a fort bien établie[2]. Il était la propriété de Louis-Frédéric Bonet, fils d'une sœur de Spanheim, qui le remplaça à Londres peu de temps après sa mort, de 1712 à 1720. Il y était venu sans doute auprès de son frère aîné, Frédéric, simple chargé d'affaires du Brandebourg en Angleterre de 1685 à 1696, collaborateur et successeur immédiat de Spanheim en 1710. Lorsque son aîné quitta le service de la Prusse et se retira à Genève, en 1712, pour s'y consacrer à la littérature et à la science, Louis-Frédéric demeura à Londres dans le même emploi. Si M. Schefer a très bien éclairé la destinée de ce manuscrit, de la bibliothèque de Louis-Frédéric Bonet dont il porte la marque jusqu'à la sienne, il s'est mépris, en revanche, tout à fait sur l'origine et la composition du recueil que le hasard avait mis entre ses mains.

[1] Ce défaut grave a été signalé par Kocher dans un article de l'*Historische Zeitschrift* de Sybel (t. LV, p. 316), et par Doebner dans un article de l'*English Historical Review* (t. II, p. 757).
[2] Edition de la *Société d'histoire de France*, introd., p. xi et xii.

Relation de la Cour de France,
faite au Commencement de l'année 1690.
par E. S.

De Louis XIV. Roy de France

De la consti- Les avantages de sa personne se peuvent tirer de
tution sa taille, du port, de l'air, de la bonne mine, & d'un
dehors plein de grandeur & de majesté. Et la
constitution d'un corps propre à soutenir les fatigues, &
le poids d'un si grand poste. Son regime de vie a esté
reglé & uniforme dés sa jeunesse, ce qui a affermit
la bonté de la constitution, ce aussi la moderation
dans les divertissemens, à la reserve des attachemens
connus.

En 1686. il fut atteint d'une fâcheuse fistule au
fondement, dont il fut gueri par une operation qu'il
souffrit avec beaucoup de courage. La soir l'operation
se fit le matin, & le soir on tint conseil devant son
lit, de mesme que les jours suivans, jusques à ce
qu'il fut gueri. Il a eu depuis des atteintes
de goute, & des accés de fievre intermittente, dont
il se guerit par le quinquina, pris par un

Il crut avoir trouvé un manuscrit qui aurait appartenu à Spanheim, un recueil formé par l'érudit de pièces souvent écrites de sa main, paginé par lui et dans lequel la *Relation* écrite sous sa dictée par des secrétaires, aurait pris la valeur d'une « mise au net » définitive. Bonet l'aurait ainsi reçu et conservé des mains de son oncle.

L'examen de ce manuscrit [C] m'a conduit à le juger tout autrement. Dans les diverses pièces du recueil, on reconnaît sans doute à beaucoup d'endroits une même main, quoiqu'il soit composé dans l'ensemble de diverses écritures. C'est la même personne qui a écrit au folio 1 les *Remarques de l'Etat de la France et le recueil des Caractères*, et tenu la plume jusqu'au folio 6 ; la même encore qui a fait le *tableau généalogique* (f°s 32 à 38) ainsi qu'une petite fiche fixée par une épingle pour l'usage des abréviations. La même main a copié toute la première page de la *Relation* (f° 95), fait des corrections (f°s 111, 229), ajouté des notes, et aussi un certain nombre de pièces à la fin. Elle se reconnaît encore dans la table générale des matières et à la table alphabétique des personnes. Il n'y a pas de doute qu'un même auteur a formé ce recueil, pris la plume pour commencer chacune des pièces qui le composent, dressé la table, revu et corrigé l'ensemble. Mais cette personne, selon moi, n'était pas Spanheim. L'écriture du diplomate est droite, saccadée, à angles accentués ; celle de l'auteur du recueil ferme, large, et plutôt arrondie.

Les F majuscules, les *ff* au milieu des mots, les G, les P surtout, au début, écrits par Spanheim, diffèrent du tout au tout des mêmes lettres dans le manuscrit [C][1]. L'indication que porte le recueil Schefer : « manuscrit *autographe de Frédéric Spanheim* » est absolument et doublement fautive. On y reconnaît la main très postérieure de Gaullieur qui était mal renseigné. Son erreur a entraîné celle de M. Schefer.

[1] En dehors des trois reproductions que nous donnons, l'écriture de Spanheim peut être très aisément consultée, examinée par des Français dans une lettre conservée aux Affaires étrangères (*Palatinat*. t. X, f° 373).

Si, après avoir comparé l'écriture de ce recueil, dans les passages où se trouve la trace d'une même main, à l'écriture authentique de Spanheim, on aborde l'étude du texte lui-même, si on le compare au manuscrit [A] conservé à Berlin, l'opinion que le recueil [C] ne vient pas de Spanheim s'établit plus fortement encore. Une des différences les plus notables des deux textes, c'est la suppression partout des souvenirs et des mentions personnels à l'ambassadeur. Toute la première partie : « puisqu'on a désiré de moi une relation de la Cour de France, il est juste que j'y satisfasse [1] » a disparu de la Relation dans le manuscrit [C] qui débute d'une manière impersonnelle : « Louis XIV roi de France[2] ». — « Le Dauphin, disait Spanheim, n'avait jamais été appelé au Conseil jusqu'à mon départ de Paris au commencement de l'année 1689. » Le copiste a corrigé : « jusqu'en l'année 1689[3] ». — Tout un passage relatif aux compliments que l'envoyé de Prusse fit à la Dauphine, lors de son mariage, a été de même supprimé, ainsi que l'hommage rendu par lui à sa façon de recevoir les ministres : « ayant eu souvent l'occasion de m'en acquitter [4] ». Une foule de souvenirs personnels sur la Dauphine et les enfants de France ont aussi disparu. — Si, nommant quelque part l'électeur palatin, l'auteur ajoutait « mon ancien seigneur et maître », le manuscrit [C] efface cette mention, comme le rappel des ambassades de Spanheim à Cologne au service de ce prince, ou de l'éducation de ses enfants à Heidelberg [5]. Le procédé apparaît clairement par le nombre même des suppressions. On dirait que l'auteur du recueil [C] a cherché à faire disparaître du texte les témoignages trop directs, à faire de ce mémoire une histoire impersonnelle.

Il y en a une preuve concluante : des personnages auxquels Spanheim ajoutait les mentions de : « *encore en vie* ou âgés *de*

[1] Voir notre édition, p. 59.
[2] Voir l'édition de la Société de l'histoire de France, p. 1.
[3] Comparer les deux éditions, p. 117 et p. 44.
[4] Voir notre édition, p. 125, et l'édition Schefer, p. 49.
[5] Comparer notre édition, pp. 146, 147, et l'édition Schefer, pp. 60, 61.

quatre-vingt-ans » étaient morts depuis l'époque où fut écrite sa *Relation* : le dernier duc de Longueville et la duchesse d'Elbeuf par exemple. Le manuscrit [C] supprime ces mentions : la suppression n'a pu être faite par Spanheim, ni en sa présence, puisque plusieurs de ces personnages ne moururent qu'après lui [1].

Le plus curieux, c'est que toutes ces suppressions opérées dans le recueil [C], qui dénaturent le caractère de la Relation originale, ont laissé une trace sur la minute conservée aux Archives de Berlin. Tous les passages qui ont disparu figurent encore sur ce manuscrit [A], mais entourés de deux crochets [ ]. C'est donc cette minute que l'auteur des remaniements a eue sous les yeux. C'est avec le manuscrit [A] que le manuscrit [C] a été formé. J'en donnerai un dernier témoignage : le texte de la Société de l'histoire de France renferme d'assez nombreuses fautes de lecture, auxquelles la sagacité de l'éditeur a souvent porté remède. En comparant ces fautes au manuscrit [A], on s'aperçoit fréquemment qu'il les faut attribuer à la reliure de ce manuscrit qui a caché au copiste, en ces endroits, le texte très correctement écrit d'ailleurs.

Toutes ces observations permettent de conclure sûrement que le manuscrit [C] n'est pas de Spanheim, qu'il a été établi postérieurement à sa mort, sur sa minute il est vrai, mais avec des remaniements tels que ce manuscrit diffère de tous les autres. Il est aisé de retrouver l'auteur du recueil à la fois et du remaniement, dans son secrétaire et neveu, Louis-Frédéric Bonet. C'est de sa bibliothèque qu'il nous est venu ; et il n'y a que lui qui, se trouvant à Londres à la mort de son oncle, ait pu consulter, annoter et remanier les minutes de l'ambassadeur avant leur entrée aux Archives de Prusse. Le manuscrit

---

[1] *Relation*, p. 228 (édit. Schefer, p 115). La troisième duchesse d'Elbeuf mourut en 1717 seulement, après Spanheim. — Pour le duc de Longueville, *Relation*, p. 217, note 1 (édit. Schefer, p. 107). Comparer aussi toute une suppression importante relative à la princesse de Carignan (*Relation*, p. 204, édit. Schefer, p. 99).

Bonet, qui a fourni à M. Schefer l'occasion et le texte de son édition, constitue donc une troisième sorte de transcription de la *Relation*, une copie de secrétaire, comme celles de Schott, et la moins bonne, celle qui s'éloigne le plus par sa forme et par sa date de la rédaction originale. Le tableau suivant, où nous résumons les recherches précédentes, permettra aisément d'en fixer les conclusions :

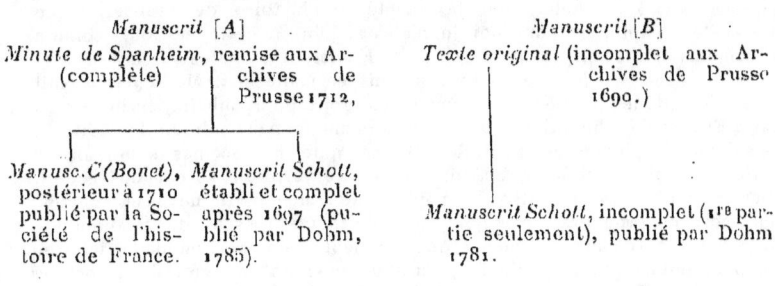

Ainsi, selon moi, à l'heure présente, les seuls textes publiés de la *Relation de la Cour de France*, à un siècle d'intervalle, ne l'ont été, que sur des copies de secrétaires, incomplètes. La série des manuscrits venus de Schott a été la base de l'édition Dohm ; et le manuscrit de Louis-Frédéric Bonet, celle de l'édition Schefer.

L'importance historique de cet ouvrage, l'un des meilleurs témoignages que nous ayons sur Louis XIV et sa Cour, la présence aux Archives de Prusse des manuscrits authentiques, constitués par les soins et sous le contrôle de l'auteur lui-même, exigeaient une nouvelle édition conforme enfin à la pensée et aux volontés de Spanheim.

Pour l'établir, nous avons eu à choisir entre le manuscrit [A], la minute que Spanheim a conservée et corrigée jusqu'à sa mort, et le manuscrit [B], le texte qu'il remit officiellement à l'Électeur. Outre que ce dernier manuscrit est gâté par une grosse lacune, le premier, la minute, qui représente le plus complètement l'effort du diplomate pour être vrai, renseigné, exact, nous a paru, avec ses additions et ses corrections au texte de 1690, le manuscrit le plus digne d'être publié définitivement, le meilleur exemplaire de ce tableau de la Cour de France. Le lecteur en pourra d'ailleurs juger par les leçons des deux manuscrits, que nous avons constamment mises en présence [1].

[1] Après ce que je viens de dire sur l'origine et la valeur du manuscrit employé par M. Schefer pour la Société de l'histoire de France, il me sera facile d'expliquer pourquoi je n'ai pas joint à cette édition, comme M. Schefer, les *Remarques sur l'État de la France*, et les notes sur *Les personnages de la cour de France* contenues dans ce manuscrit. M. Schefer avait cette raison de les publier qu'il pouvait les croire de Spanheim, écrites de sa main. Et plus d'un historien, égaré de très bonne foi par l'opinion de l'éditeur, les a depuis employées comme telles. Or, ces notes ne sont pas de la main de Spanheim, mais de celle de Frédéric Bonet, le véritable auteur du recueil. Elles ont pu être trouvées dans les papiers de l'oncle par le neveu et copiées, mais cela ne prouverait pas que ces *Remarques* fussent de Spanheim ; M. Schefer a reconnu lui-même que c'étaient des copies ou de la Relation d'Erizzo, ambassadeur de Venise, ou d'un ouvrage anonyme de *Caractères* paru en 1702. Il a même hésité à attribuer à Spanheim ces copies et le remaniement dont elles ont été l'objet dans son manuscrit, parce qu'il n'y retrouvait ni la forme, ni l'esprit de l'érudit (p. LIV, LVI). Il y a seulement incliné, se croyant en face d'un manuscrit de Spanheim et de son écriture. Du moment que le manuscrit est de Bonet et de sa main, rien ne nous permet plus de considérer la *Relation* et ces *Remarques* comme les productions d'un même auteur, ni, en les publiant une fois de plus ensemble, de perpétuer une erreur regrettable. Ces *Remarques* ont leur intérêt : on pourra les consulter dans l'édition de M. Schefer, mais comme on consulte et comme on cite les *Caractères de la famille royale*, publiés en 1702, à Villefranche chez Pinceau, et réédités par M. Ed. de Barthelemy (*Revue française*), ou les *Caractères du Musée Britannique de 1703*, retrouvés et cités par M. de Boislisle, ouvrages anonymes et curieux qu'il serait peut-être utile de réunir un jour et de rapprocher.

En revanche, si j'ai supprimé les appendices de l'édition de M. Schefer, j'en donne un autre, qu'il m'a paru plus utile de réunir à la *Relation de la cour de France*. C'est le texte d'une *Relation de la cour d'Angleterre*, commandée en 1704 à Spanheim par le roi de Prusse, sur le modèle de la première qui lui avait beaucoup plu. Les deux ouvrages se complètent. Ils portent aux Archives de Berlin, d'où M. Doebner a tiré la seconde pour la publier dans l'*English historical Review*, la marque authentique du diplomate. Ils constituent la série complète de ses études d'histoire contemporaine.

RELATION
DE LA COUR DE FRANCE

DIVISÉE EN DEUX PARTIES

FAITE AU COMMENCEMENT DE L'ANNÉE 1690

Puisqu'on a désiré de moi une Relation de la cour de France après un emploi public de neuf années que je venais d'y remplir[1] de la part de Leurs Altesses Electorales de glorieuse mémoire et aujourd'hui régnante, il est juste que j'y satisfasse et que je rappelle à ce sujet les idées qui m'en doivent encore être présentes par le long séjour que j'y ai fait et par les occasions que j'ai eues de m'en éclaircir : ce que je ferai autant qu'elles me sont connues, avec toute la fidélité, l'exactitude et sincérité qui doivent être inséparables de ces sortes de relations et qui peuvent être particulièrement requises dans la conjoncture de la guerre présente de l'Empire, de l'Angleterre, de l'Espagne et des Provinces-Unies avec la France.

L'état présent de la cour de France peut être considéré en premier lieu dans la personne du Roi, dans toutes les personnes de la famille royale, dans les princes et princesses de son sang et enfants légitimés de France, dans les princes étrangers

---

[1] Spanheim fut nommé envoyé extraordinaire de Brandebourg en France, le 16 février 1680. Il arriva en France au mois d'avril 1680 ; ce fut au mois de janvier 1689 qu'il reçut ses passeports du Gouvernement français, le 24 janvier 1689. Ce fut donc bien un emploi de neuf années exactement au service du Grand Électeur qui mourut au mois de mai 1688, puis de son successeur Frédéric III : *Leurs Altesses électorales* (voir Introd. p. 17, note 5; p. 22 et 23).

et autres grands seigneurs ou principaux officiers de la cour de France, et enfin dans quelques réflexions générales sur ladite cour ;

En second lieu, dans les Conseils et ministres du Roi en détail, dans les directeurs de sa conscience, dans les cardinaux et autres prélats de cour ou de clergé, dans l'état de ses finances, revenus et dépenses, dans ses forces par mer et par terre, et enfin dans la situation de la cour de France à l'égard du dedans et du dehors du royaume et des conjonctures de la guerre présente.

DU ROI

Pour la personne du Roi, qui mérite sans doute des réflexions particulières, elle peut être considérée dans sa constitution, dans ses qualités bonnes ou mauvaises, ses inclinations, ses maîtresses et ses favoris.

De la constitution du roi. Le roi Louis XIV aujourd'hui régnant, et qui se trouve dans la cinquante-deuxième année de son âge et dans la quarante-sixième de son règne[1], pourroit fournir une ample matière aux réflexions qu'il y auroit lieu d'en faire ; mais comme on n'attend pas de moi que je fasse icy son histoire, il me suffira d'en remarquer les traits qui ont tant de part aux révolutions de nos jours et aux conjonctures présentes.

Aussi sa naissance assez extraordinaire, et qui lui attira le nom de *Deodatus* ou de *Dieudonné*, pour être venu au monde après la stérilité d'un mariage de vingt-trois années de Louis XIII

---

[1] La cinquante-deuxième année de Louis XIV, né le 5 septembre 1638, était du 5 septembre 1689 au 5 septembre 1690. La quarante-sixième année de son règne, qui connença en mai 1643, était du 14 mai 1688 au 14 mai 1689. Les deux années de règne et d'âge indiquées ici ne peuvent concorder. Il s'en faut de cinq mois. Comme Spanheim au mois de mai 1689 avait à peine quitté la France et qu'il écrivait en février 1690, il est certain que c'est la date de l'année du règne qui est fausse. Il faut lire : « *quarante-septième année de son règne* ».

et de la feue reine sa mère, sembla déjà être un présage des événements divers dont elle seroit un jour suivie.

Cette même naissance parut heureuse par les avantages extérieurs de sa personne, qui redoublèrent avec l'âge et parurent avec tout l'éclat qu'on peut tirer de la taille, du port, de l'air et de la bonne mine, enfin d'un dehors plein de grandeur et de majesté[1].

A quoi se joignit la constitution d'un corps qui parut propre à soutenir les fatigues et le poids d'un si grand poste, et à fournir aux diverses fonctions où elles pourroient l'attirer ou l'engager, soit par le besoin des affaires, soit par le penchant de son tempérament. Le régime de sa vie assez reiglé et uniforme, auquel il s'accoutuma, ou qu'il s'imposa dès sa jeunesse, ne put encore que contribuer à entretenir ou affermir la bonté de sa constitution ; ensuite, qu'on l'a toujours vu reiglé dans son manger et dans sa boisson, modéré dans les divertissements et sa conduite particulière[2], hors des attachements connus à quoi il s'est laissé entraîner par l'âge, le tempérament, les mauvais exemples et les occasions qui ne pouvoient lui en manquer dans une cour aussi galante et aussi soumise aux volontés de son roi. Mais c'est de quoi il y aura lieu de faire plus de réflexion dans la suite.

Ce ne fut que dans le commencement de l'année 1686 que, hors des vertiges où il auroit été quelquefois sujet, sa santé fut attaquée d'une fâcheuse indisposition qui en fit appréhender les suites[3]. C'est à quoi ne pouvoit que contribuer la nature

De ses maladies.

---

[1] Voir Saint-Simon, *Parallèle des trois rois Bourbons*, édition Faugère, p. 85 : « Une taille de héros, etc... » ou les *Mémoires*, éd. 1873, XI, 349, XII, 1 et suivantes ; voir aussi les portraits de Rigault, Mignard, Lebrun, Nanteuil dans Emile Bourgeois : *le Grand Siècle* (Paris 1893).

[2] Saint-Simon, *Parallèle* p. 87, « rien de plus exactement réglé », et *Mémoires* éd. 1873, XII p. 75-76.

[3] Sur la santé de Louis XIV et ses maladies beaucoup plus nombreuses que ne le croit Spanheim, sur ses vertiges qui ne le quittèrent guère depuis 1662 et leur nature, consulter le *Journal de la Santé du Roi par ses médecins*, édition Le Roi, Paris, 1862.

d'un mal qui a fait trop de bruit dans le monde pour n'en point parler et qui semblait procéder d'une méchante disposition du dedans, et assez difficile à guérir entièrement, soit par la qualité de la maladie, soit par la nature des remèdes à y appliquer. D'où vient aussi qu'il fut déguisé quelque temps et ignoré de tout le monde, hors de son médecin, de ses premiers valets de chambre, et des personnes qui, quoique par différents égards, étoient honorées de toute sa confidence, comme le marquis de Louvois et Mme de Maintenon.

Cependant il fallut cesser d'en faire un secret, et les retraites fréquentes jointes au régime à quoi ce mal contraignit le Roi, ne purent en dérober plus longtemps la connoissance aux courtisans et au public[1]. Et ce qui fit d'autant plus d'éclat que, comme le mal s'augmentoit sans être soulagé par les remèdes palliatifs qu'on y apportoit, on prit la résolution d'en aller chercher la guérison dans l'usage des bains de Barèges, au fond des Pyrénées. La résolution en fut prise subitement et surprit assez tout le monde, qui ne manqua pas d'en juger que le mal dont on alloit chercher si loin le remède devoit être plus considérable qu'on n'avoit cru jusque-là. Mais, comme la chaleur se rendit extraordinaire dans le même temps, et au delà même de la saison, qui étoit encore du mois de mai, ceux qui n'approuvoient pas ce voyage ou en craignoient les suites fâcheuses pour la santé même du Roi prirent occasion d'en détourner l'effet. Le marquis de Louvois fut des premiers à le dissuader fortement et à s'y faire seconder du chirurgien de Paris le plus estimé, nommé Bézières, qui, à cette occasion ayant été appelé à Versailles pour consulter de la maladie du Roi avec son premier médecin et le valet de chambre (qui étoit en même temps le chirurgien ordinaire de S. M., et qui étaient

---

[1] Louis XIV s'alita le 5 février 1686 : dès le 23 février, Dangeau marquait dans son *Journal* qu'on avait fait une première incision à l'abcès dont il souffrait. De Sourches a très exactement noté aussi toutes les opérations préliminaires (février 1686, I, p. 357-361 ; mars 1686, I, p. 365-372). Pendant l'été, les courtisans ne surent plus rien et crurent le roi guéri jusqu'à l'opération qu'ils apprirent le 18 novembre (de Sourches, I, p. 476).

jusque-là les seuls à l'en traiter), opina fortement contre le voyage de Barèges, s'y appuya sur les inconvénients de la saison et d'un si long voyage, qui ne pourroit, à son avis, que redoubler le mal et mettre la santé du Roi dans un danger évident, et enfin, en se faisant fort d'en guérir le Roi par les remèdes de son art et par le régime qu'on lui ordonneroit[1]. Ce qui fit tomber tout à coup le dessein d'aller à Barèges, et en révoquer les ordres et abandonner les préparatifs qu'on avoit déjà commencé d'en faire. Cependant le mal ne laissa pas de continuer, et sans se laisser surmonter par les remèdes palliatifs qu'on y apportoit jusque-là. Et ce qui dura jusques au voyage de l'automne suivant à Fontainebleau, où la cour a coutume de se rendre, et où, enfin, avant que d'en sortir pour retourner à Versailles, le Roi y prit exactement la résolution d'essayer la *grande opération*, ainsi qu'on l'appelle en France, dès son retour audit Versailles, comme le seul remède qu'on jugeait le pouvoir guérir. Il n'y eut que Mme de Maintenon et le marquis de Louvois, outre son premier médecin et son valet de chambre chirurgien[2] qui furent dépositaires du secret, et qui aussi se trouvèrent présents à l'opération qui s'en fit à Versailles par le susnommé chirurgien de Paris, Bézières, peu de jours après le retour de Fontainebleau, en novembre 1686. Le roi souffrit avec beaucoup de fermeté ladite opération, qui se fit

---

[1] Spanheim est d'accord avec de Sourches (*Mémoires*, I, 385, 21 mai) : le voyage de Barèges avait été désiré et décidé par le roi, malgré beaucoup d'avis contraires. C'était un de ces remèdes nombreux qu'on proposa au roi quand on connut sa maladie, emplâtres, eaux de Bourbon, onguents, élixirs. Louvois les fit tous essayer sur des patients, à titre d'expérience : quatre malades furent envoyés à Barèges sous la conduite de Gervais chirurgien de la Charité, tandis que *Bessières*, joignant son avis à celui de Félix, recommandait l'intervention chirurgicale à Louis XIV lui-même. Le 27 mai il rompit le voyage (d'après le *cours d'opérations de Dionis* (1716) et le *Mémoire* cité par Le Roi : note 5 du livre précédemment cité).

[2] En 1686, le chirurgien du roi n'était nullement valet de chambre. Les chirurgiens formaient avec les médecins et les apothicaires, les uns au-dessus, les autres au-dessous, le corps des officiers de santé, laissé en dehors de la Chambre: un premier chirurgien, Charles Félix de Tassy qui fit la *grande opération* (voir *Etat de la France*, 1686), un chirurgien ordinaire et huit chirurgiens dont l'un, Lortet, assista Félix.

par plusieurs incisions réitérées à la partie et des tentes ensuite qu'on y appliqua. On ne laissa pas même de tenir, vers le soir, le Conseil du Ministère dans sa chambre et devant son lit, le même jour de l'opération qui s'étoit faite le matin, et suivant qu'on continua de le tenir devant lui durant tout le cours de ce mal[1]. Aussi comme la nature du remède l'obligea à garder le lit quelque temps, il s'y fit voir aux courtisans et aux ministres étrangers qui se présentaient aux heures qu'il prenoit ses repas. Et, comme il parut soulagé au bout de quelques semaines, il commença peu à peu à reprendre ses fonctions ordinaires, ainsi que de se lever et de manger en public, d'assister à la chapelle du château, et de se promener en carrosse ou en calèche[2]. Enfin, dans la suite, on le tint entièrement guéri de ce fâcheux mal, contre l'opinion de bien des gens, surtout dès lors qu'on le vit monter à cheval. Il ne laissa pas de sentir des commencements de goutte, qui l'obligèrent à garder la chambre de fois à autre[3] et ensuite d'avoir, à diverses reprises, des accès de fièvre intermittente dont il ne s'est guéri que par l'usage redoublé qui avoit pris grand cours à Paris depuis quelques années, et qu'on appeloit le *remède du médecin anglois*, qui l'y avait introduit et préparé à sa manière, à savoir : du quinquina[4]. Tout cela cependant, joint à la nature du mal dont le Roi avoit été atteint, fit douter de fois à autre qu'il en fût entièrement

[1] Voir les livres cités à la note précédente et de Sourches (*Mémoires*, t. I, p. 456).
[2] Ce fut le 22 décembre 1686, selon de Sourches (I, 467), que le roi sortit de sa chambre pour aller à la messe.
[3] La goutte s'était manifestée chez le roi pour la première fois en 1682 (de Sourches, I, 105). Après l'opération, le 24 novembre 1686, forte attaque de goutte (de Sourches, *Mémoires*, I, p. 459); mais ce fut surtout en avril 1688 que Louis XIV eut les accès les plus violents (de Sourches, I, 154).
[4] Quant à ces accès de fièvre tierce le Roi les eut, très caractérisés, le 23 avril 1688 (de Sourches, I, 159), puis en juin (I, 171, 172). Il n'était pas le seul, mais M. le duc, le duc du Maine, Vendôme, le duc de Bourgogne. Toute la famille royale prenait du quinquina, remède nouveau et encore si discuté que la Dauphine de Bavière refusait de le laisser administrer à son fils (*Ibid.*, I, 152, 153). Le roi donnait le bon exemple et se guérit; Louvois refusait énergiquement d'en prendre (*Ibid.*, I, p. 167).

guéri comme on vouloit qu'on crût, ou au moins ne fût sujet à des rechutes.

Quoi qu'il en soit, on ne peut nier que, soit l'âge ou les affaires, ou quelque suite même ou reste de l'incommodité susdite, qu'il ne paroisse de fois à autre quelque abattement dans son air et dans son visage, et qu'il ne l'eût même depuis quelque temps, et à mon départ de Paris, plus réfléchi et plus sérieux que ci-devant.

DE SES QUALITÉS PERSONNELLES

A l'égard des qualités personnelles du roi, on ne peut disconvenir qu'il n'en ait de grandes et de recommandables, et qui ont paru avec plus d'éclat depuis la mort du cardinal Mazarin, lequel, malgré les guerres civiles, durant la minorité du roi par l'ambition des grands et la haine des peuples contre ce ministre, recouvra bientôt toute l'autorité du gouvernement, et la conserva jusqu'à sa mort, qui arriva dans l'an 1661. Ce fut aussi depuis ce temps-là que le roi commença de régner par lui-même, après avoir régné jusque-là par le cardinal. Aussi, quoique le changement que S. M. apporta dans les affaires des finances par la disgrâce et l'emprisonnement de M. Foucquet, qui en disposait en maître plutôt qu'en surintendant, fut une suite des conseils que ce même cardinal donna au roi avant sa mort, la conduite cependant que le roi y apporta surprit la France et le public par la profonde dissimulation qu'il y fit paroître et par les biais dont il s'y prit, et qui firent tomber dans le piège[1] un ministre d'ailleurs habile, lorsqu'il se croyoit au comble de sa faveur, et qui avoit eu soin de se faire autant de créatures et de pensionnaires qu'il y avoit presque de courtisans considérables et de principaux officiers de la couronne. On vit par là et par ce

---

[1] « Le roi, dit Voltaire, usa d'une dissimulation peu nécessaire. On eût dit que le monarque, déjà tout-puissant, eût craint le parti que Fouquet s'était fait. » Le piège dont parle Spanheim, c'est évidemment le conseil donné par Colbert à Fouquet de vendre sa charge de procureur général au Parlement, avec l'espoir de devenir chancelier. Cette charge était « un obstacle insurmontable » à un jugement en dehors du Parlement.

Univ. de Lyon. — Bourgeois

qui suivit dans la réforme des finances que le roi était maître de son secret, que sa première application allait à redresser les mêmes finances, à remplir son Trésor qu'il trouvait vide ; à établir son autorité et, dans cette dernière vue, à abaisser celle des grands et des Cours souveraines dont il avait été insulté durant sa minorité, enfin à faire connaître de ne vouloir plus vivre dans la dépendance d'un premier et absolu ministre.

Il y joignit en même temps, et dans un âge peu avancé comme celui de vingt-trois ans, une grande application aux affaires, une assiduité aux Conseils, un secret dans les délibérations, et beaucoup de fermeté dans l'exécution des résolutions prises. Ce qui a paru, entre autres, par celle avec laquelle il a maintenu jusques ici la défense des duels, et été inflexible à faire grâce à ceux qui en étoient convaincus, malgré le poids et la considération des intéressés ou les sollicitations pressantes, et de la part des plus grandes puissances de l'Europe, en leur faveur[1]. On peut dire qu'il fût aidé à tout cela par un tempérament naturellement rassis, qui n'avoit rien de brusque ni d'emporté, qui le rend assez maître de soi-même et de ses mouvements, qui tient plus d'un naturel grave, sérieux et réservé[2] que d'une humeur libre, enjouée et ouverte. C'est par là que son génie, qui, naturellement, n'a rien de fort brillant ni de fort élevé, dont les connoissances d'ailleurs étaient fort bornées, par

[1] Il est assez difficile de savoir à quel événement précis Spanheim fait allusion. Louis XIV publia des édits sévères, notamment celui du 25 août 1679 sur les duels, mais il n'y eut pas d'exécution capitale comme au temps de Louis XIII : les mœurs s'étaient adoucies, l'exil suffisait. Et encore le roi fermait-il les yeux sur le retour en France des coupables. Les puissances étrangères n'intervinrent qu'une fois et une seule, le Saint-Siège, qui en 1670 intervint en faveur du chevalier de Saint-Aignan, exilé après le fameux duel des quatre (1663). Le roi permit qu'il revînt sous un nom différent, ainsi que les deux Lafrette ses tenants. Il est possible qu'il y ait eu ici une allusion au duel de juin 1688 (de Sourches, II, 172), entre le prince d'Elbeuf et le prince Philippe de Savoie, frère du comte de Soissons. Le procureur général du Parlement lança un décret de prise de corps, et le roi, n'entendant pas raillerie, déclara que « si c'était son propre fils, il ne l'épargnerait pas ». — « Mais on ne trouva pas de preuves », dit Saint-Simon.

[2] *Réfléchi*, manuscrit [B] : leçon reproduite par Dohm, corrigée par le manuscrit [A].

le peu de soin qu'on avoit pris de les cultiver dans sa jeunesse, et par la dépendance dans laquelle on l'avoit tenu, où il s'étoit tenu lui-même durant la vie du cardinal, que ce génie, dis-je, prit de nouvelles forces et parut assez grand dans la suite pour soutenir par lui-même le poids des affaires et du gouvernement, ou au moins pour s'en conserver au dedans et au dehors tout l'éclat et toute l'autorité. C'est par là que toutes les factions passées se dissipèrent, que les grands rentrèrent dans leur devoir, les cours souveraines dans la dépendance, les peuples dans l'obéissance, et que les prétextes des désordres et des troubles passés contre le gouvernement furent retranchés. C'est dans cette même vue qu'il se rendit véritablement maître de toutes les grâces, qu'il sut les dispenser sans profusion, en surprendre même agréablement ceux qu'il en honoroit, et enfin les ménager avec adresse. Aussi affecta-t-il, sans parler ici des ministres et des généraux, dont il sera fait mention ci-après, de n'avoir de favoris ou de maîtresses que pour[1] s'en délasser l'esprit ou satisfaire à sa passion, sans leur donner plus d'empire sur ses volontés ou de part dans le gouvernement[2].

En sorte qu'on peut déjà recueillir de ce que je viens d'en dire que Sa Majesté, sans avoir rien ni de brillant, ni de vaste, ni de fort éclairé dans l'esprit, en a cependant assez pour remplir les devoirs d'un grand[3] roi; qu'il est reiglé dans son assiette, qu'il a du choix, du discernement et de la pénétration suffisante pour ne

Suite des bonnes qualités du roi.

---

[1] Le manuscrit [B] donnait la leçon suivante : « *Aussi ne parut-il avoir de ministres que pour s'en servir suivant leur portée et le besoin des affaires sans les en rendre les artisans et les maîtres, et des favoris et des maîtresses que pour, etc...* » Dohm a reproduit cette leçon (p. 3). Spanheim, après l'avoir transcrite dans le manuscrit [A], l'a rayée et a corrigé en marge comme ci-dessus, de sa main.

[2] Pour tout ce chapitre et le précédent, comparez Voltaire, *Siècle de Louis XIV*, anecdotes, ch. XXVI et XXVIII ; Saint-Simon, *Parallèle des trois rois Bourbons*, pp. 85 et 205, — Pélisson, *Mémoires de Louis XIV* ; La Bruyère, *du Souverain*, — Saint-Simon, *Mémoires*, passim, mais surtout XII, édit. 1873, p. 1 et suivantes. — Choisy, *Mémoires*, édition Lescure, 1898, passim.

[3] Le manuscrit [B] donne *véritable*, qui est la leçon de Dohm. Le manuscrit [A] a corrigé ce mot et l'a remplacé par *grand*.

se laisser pas aisément surprendre, et pour faire justice au mérite où il en trouve. Aussi n'est-il naturellement ni chagrin, ni emporté, ni railleur, ni même qui prenne plaisir qu'on raille en sa présence aux dépens du prochain : ce qui est d'autant plus rare dans une Cour et nation pleine d'ailleurs de gens de ce caractère. Sans être savant ni s'appliquer à la lecture ou s'y être jamais attaché, il écrit bien et juste ; il aime les beaux-arts et les protège ; il se connoît particulièrement en musique, en peinture et en bâtiments. Il juge sainement et équitablement des choses et des personnes, autant qu'elles lui sont connues. Maître, comme j'ai déjà dit, de son secret et jaloux qu'on lui le garde, il s'en est heureusement servi comme d'un des principaux instruments du succès de ses entreprises : d'où vient qu'il n'a point eu de retour pour ceux qu'il honorait de son affection, et qui, par indiscrétion ou par foiblesse, se sont trouvés avoir manqué à sa confidence. C'est par où il a su fixer en quelque sorte l'humeur volage et indiscrète des courtisans, imprimer de la retenue et de la circonspection à ceux qui, par leur charge ou par l'amitié du Roi, approchent le plus de sa personne. Aussi parle-t-il peu, mais à propos ; s'exprime avec justesse et avec dignité, et se ménage dans les rencontres d'éclat ou d'audience qu'il donne, pour s'y renfermer dans les bornes qu'il se prescrit, sans s'étendre au delà et ainsi sans que rien lui échappe qui puisse lui faire tort ou donner aucune prise ; ce que j'ai pu remarquer, entre autres, en tant d'audiences publiques et particulières, et en des matières et conjectures bien différentes, durant non seulement mes deux ans passés en France, de la part de feu l'électeur palatin Charles Louis, en 1666 et 1668, et qui furent de peu de durée, mais particulièrement dans mon dernier emploi et séjour de neuf années, de la part de feu Son Altesse Electorale, de glorieuse mémoire, et de Son Altesse Electorale régnante[1]. A quoi on peut ajouter qu'il sait heureusement garder le mélange de grandeur et de familiarité dans

[1] Sur les audiences de Spanheim à la Cour de France, voir l'Introduction pp. 13, 14, 19, 23, 39.

ses conversations particulières, et s'y conduire également sans hauteur et sans bassesse.

Pour les inclinations, on peut dire qu'elles sont naturellement portées à la droiture, à la justice et à l'équité, lorsqu'elles ne sont pas détournées ou prévenues par de mauvais conseils et par les motifs d'intérêts, de gloire, ou, en un mot, de grandeur de son règne : qu'il se plaît à faire du bien de son choix ou pur mouvement ; quelquefois en ami, comme il en a pris la qualité en certaines rencontres à l'égard de quelques-uns de ses favoris, d'autres fois en amant, mais le plus souvent en maître. Aussi le désordre qu'il trouva dans ses finances à la mort du cardinal Mazarin lui laissa quelque penchant pour amasser de l'argent et pour n'en être pas prodigue, hors des occasions d'éclat, comme en bâtiments, ou en des engagements d'honneur et de passion, comme envers des créatures affidées et des maîtresses. Comme il aime l'ordre, la dépendance et la sobriété, qu'il est attaché aux devoirs de sa religion et fort régulier à les pratiquer, aussi a-t-il une cour réglée, des courtisans soumis, et il a su en éloigner des vices qui n'y étoient que trop fréquents, les querelles, la débauche, l'impiété, le libertinage et l'irrévérence en matière de culte divin. Il s'est aussi déclaré hautement contre des vices criants où la première jeunesse de la cour et de son propre sang s'étoit malheureusement portée et n'a pas épargné d'en punir ou d'en corriger ceux qui en étoient suspects ou atteints, comme le duc de Vermandois, fils du Roi et de Mme de la Vallière[1], le prince

[1] Légère erreur, mais témoignage très important : Louis de Bourbon, le dernier né de Mlle de la Vallière (2 octobre 1667) légitimé en février 1669 et la même année pourvu de la charge d'amiral rétablie en sa faveur, était non pas *duc*, mais *comte* de Vermandois. L'histoire d'un châtiment, que pour ses vices lui aurait infligé Louis XIV, avait été racontée par Mlle de Montpensier (t. IV, p. 594) : « Lorsque Vermandois partit pour le siège de Courtrai (où il mourut, nov. 1683), il y avait peu de temps qu'il était revenu à la Cour, que le roi n'avait pas été content de sa conduite, que le roi ne voulait pas le voir, qu'il s'était trouvé dans des parties de débauche, de ces choses que l'on ne sait pas et que l'on ne voudrait pas savoir. » Le père Griffet avait accueilli ce témoignage (*Traité des différentes sortes de preuves*) (le masque de fer) et s'en était

de Conti, prince du sang[1] ; en sorte qu'on ne peut refuser au Roi le témoignage qu'il est naturellement ennemi du vice, hors celui peut-être où il a été entraîné par son tempérament et par les mauvais exemples, et dont il sera parlé dans la suite; qu'il est d'ailleurs modéré dans ses passions, maître de ses mouvements, peu accessible à la colère et à l'emportement, d'une conduite de vie reiglée et uniforme dans ses divertissements et dans les affaires, et ainsi sans se dissiper ou s'oublier dans les premiers, ou se relâcher trop dans celles-ci. Il n'a pas fait paroître moins de fermeté d'âme et d'une assiette peu commune, dans l'atteinte d'une fâcheuse maladie dont il a été parlé, et dans l'usage des remèdes sensibles qui ont été employés pour l'en guérir.

MAUVAISES QUALITÉS DU ROI

Mais, parmi ces bonnes et belles qualités du Roi, et qui d'ailleurs ont tiré et tirent beaucoup d'éclat des avantages extérieurs de sa personne et des heureux succès de son règne, il y en a d'autres qui ne lui sont pas également avantageuses. On peut mettre en premier lieu celle d'un génie naturellement borné, peu cultivé d'ailleurs, comme j'ai déjà dit, dans sa jeunesse, par ceux qui avoient intérêt

servi pour établir la légende qui courut jusqu'au temps de Louis XVI d'une mort simulée seulement de ce prince, de son emprisonnement perpétuel à Pignerol. Depuis on a récusé le témoignage de Mlle de Montpensier, mais de Sourches parle des débauches ultramontaines, de la sodomie où Vermandois fut entraîné (I, 140, juin 1682). Le récit de Spanheim donne à ces deux témoins une autorité singulière : il était à la Cour et parle de la disgrâce et des débauches de ce prince, comme de faits très connus. Ce fut une exécution générale : la palatine, Mme de Maintenon, ont parlé aussi de ces scènes de débauches dans les bains de Diane à Fontainebleau avec le chevalier de Lorraine et M. de Marsan. (Voir Lair, *Louise de la Vallière*).

[1] François-Louis de Bourbon Conti, d'abord prince de la Roche-sur-Yon, fut (du 30 avril 1664 au 22 février 1709) le seul qui portât ce titre en 1690, son frère aîné étant mort en 1685. Saint-Simon, qui loue son esprit et sa valeur, parle de ses prétendus rapports avec César au point de vue des mœurs, de son ivrognerie : « Il n'avait jamais pu se concilier le roi, c'est de cette haine implacable qu'il mourut » (Edition 1873, VI, 272, 277). De Sourches ne le nomme, en 1682 (I, 110), que sous le titre de prince de la Roche-sur-Yon.

à le tenir éloigné des affaires[1]. Il ne s'est tiré depuis de cette médiocrité que la naissance lui avoit donnée, et que l'éducation lui avoit laissée, que par les changements qu'il trouva à faire dans le gouvernement, et les désordres à réparer après la mort du cardinal Mazarin, et ensuite[2] par les longs et heureux succès de son règne : d'où il s'est fait un art de régner, moins par science et par réflexion, que par les conjonctures et par habitude, en sorte qu'on peut dire, sans offenser le Roi, et malgré les éloges outrés de ses panégyristes, que ce n'est pas un de ces génies de premier ordre qui voit, qui pénètre, qui résout, qui entreprend tout par lui-même, qui en forme le plan et en exécute le projet, et ce qui fait le véritable caractère des héros donnés pour la gloire de leur siècle et pour la félicité publique. De là vient aussi une suffisance du Roy assez bornée dans le fonds des affaires, qui se contente d'en savoir les dehors, sans les approfondir suffisamment, aisée par là à être préoccupée par les personnes où il prend confiance et qu'il en croit aucunement instruites[3] et, après tout, un attachement, ou, pour mieux dire, un entêtement, qui n'est pas moins grand, pour l'exécution des desseins ou des projets formés[4] ou conseillés par un ministère violent ou artificieux. On y peut joindre une jalousie

[1] Spanheim, qui n'a pu juger par lui-même de l'éducation et des éducateurs de Louis XIV, a reproduit ce qu'on disait de son temps là-dessus à la Cour. Ses reproches à Mazarin sont ceux de Saint Simon, de la Porte (édit. Petitot, p. 232). Ils sont en partie injustes : Mazarin avait donné à Louis XIV une éducation de fait, une éducation pratique de roi, que Bossuet a rappelée dans le panégyrique de sainte Thérèse (1657). Consulter Chéruel, *Ministère de Mazarin*, II p. 96 et suivantes, et particulièrement la lettre de Mazarin (29 juin 1659) dans laquelle le cardinal expose au jeune roi les motifs de l'éducation qu'il lui a donnée (Aff. étrangères, t. CCLXIX f° 298 ; Chéruel, *ibid.* II, p. 93).

[2] Toute la partie de la phrase depuis « *par les changements...* » jusqu'à « *par les longs et heureux* » ne se trouve ni dans le manuscrit [B], ni dans le texte de Dohm.

[3] Nous adoptons ici la leçon du manuscrit [B], plus développée à la fois et plus précise, et reproduite dans Dohm. Le texte du manuscrit [A] est : « de la vient aussi une capacité du roi assez bornée dans le fond des affaires, qui le rend aisé par là à être préoccupé par les personnes, etc... »

[4] Le manuscrit [B] ajoute : *légèrement*.

ou une aversion véritable, mais cachée, pour tout ce qui peut entrer en concurrence de grandeur, de puissance et de mérite, ou être l'objet d'ailleurs de l'estime et de la vénération publique : d'où il arrive encore qu'il règle plus souvent ses desseins et ses opérations par ses forces et par sa convénience que par la bonne foi et par la justice. C'est qu'en effet il juge moins des affaires et des intérêts publics par ses propres lumières que par celles qu'on lui en donne, que l'idée qu'il a de sa grandeur le prévient aisément et l'occupe, et qu'il réfléchit bien plus sur les succès passés de son règne que sur les prétextes et les voies dont on s'y est servi, ou bien sur les favorables conjonctures qui, d'ailleurs, y ont eu le plus de part[1]. Après tout, s'il a assez de talent pour comprendre les grandes affaires, on peut dire qu'il ne s'en occupe pas assez pour les digérer et pour les envisager par tous les biais qu'elles peuvent avoir : en sorte que son assiduité qu'on lui voit aux Conseils et sa grande application est bornée le plus souvent à donner lieu au rapport intéressé ou altéré qu'on lui fait, aux délibérations conformes qui s'en prennent en sa présence, et au choix qui s'y résout des moyens ou des personnes pour les faire réussir. Jaloux au dernier point de son autorité, sensible outre mesure à tout ce qui la regarde ou qui la peut blesser, il s'en laisse entraîner aisément à embrasser les conseils qu'on lui donne et les mesures qu'on lui propose pour la soutenir, et ainsi à réfléchir davantage si on s'en peut raisonnablement promettre une heureuse issue, que si l'entreprise est accompagnée de toute l'équité et de la bonne foi requise[2]. C'est là la fatale source, et dont il sera parlé

---

[1] Le manuscrit [*B*] donne cette phrase ainsi : « il réfléchit bien plus sur les succès passés de son règne que sur les faibles prétextes et les voies violentes, ou bien sur les conjonctures qui d'ailleurs y ont eu le plus de part ». C'est aussi le texte de Dohm. La leçon que nous adoptons se trouve sur le manuscrit [*A*] de la main de Spanheim.

[2] Le manuscrit [*B*] termine ainsi la phrase : « *accompagnée d'équité et de bonne foi* ». C'est le texte de Dohm. La correction a été faite par Spanheim en marge du manuscrit [*A*]. — Pour tout ce passage, très important et très

plus amplement ci-après, des calamités et des guerres qui ont surpris et affligé l'Europe en plusieurs rencontres, et qui la désolent encore aujourd'hui. D'ailleurs, comme il est plus porté à se faire considérer de ses peuples en maître qu'en père, il se paye plutôt de leur soumission et de leur dépendance que de leur inclination, et qu'il n'est touché du véritable désir de les soulager : aussi peut-on dire que, s'il aime à donner, il aime encore plus à amasser, que sa bénéficence ou sa libéralité est d'ordinaire intéressée, qu'il donne même autant et plus par ostentation que par choix : d'où vient qu'il est également ami du faste et de l'épargne, qu'il y a souvent de la profusion là où il pourroit y avoir du ménage, et trop d'économie là où la dépense seroit mieux employée. Il ne faut, en tout cela, que réfléchir : d'un côté, sur les quatre-vingts millions que le château, les jardins et les eaux de Versailles lui coûtent[1], sur l'ouvrage commencé de l'aqueduc de Maintenon, où plus de trente mille hommes ont travaillé, trois ans durant[2], pour conduire depuis la distance de seize lieues

équitable, comparer Saint-Simon (*Mémoires*, édition 1873, XI, 347, XII, 16, et le *Parallèle*, p. 217, 232, 233).

[1] Le chiffre exact d'après les *Comptes des bâtiments du roi* (édition Guiffrey, Imprim. nat. 1881, t. I à III) des dépenses de Versailles, eaux et jardins (y compris la dépense de la machine de Marly, 3.276 347 l.) fut de 1664 à 1690 : 52.420.010 livres. Spanheim se trompe donc de près de 30 millions. Il est vrai qu'aux dépenses de Versailles, on pourrait ajouter, de 1664 à 1690, celles de Trianon, 2.208.742 livres; de Clagny, 1.986.209 livres; de Marly enfin, 4.218.044 livres, véritables annexes de Versailles : au total 8.412.995. Ce qui ne ferait encore qu'un peu plus de 60 millions pour l'ensemble : 60.833.000 livres. L'erreur de Spanheim serait encore d'un quart en trop.

[2] *Beaucoup plus de trois ans.* Le projet en effet fut mis à l'étude le 19 octobre 1684; l'exécution commença en avril 1685 avec trente bataillons appelés au camp de Maintenon La plupart de ces troupes, ayant alors été fort éprouvées, furent rappelées pour ce motif et par les nécessités de la guerre, au mois d'août 1688, ce qui semblerait justifier Spanheim. Une lettre de Chamlay, collaborateur de Louvois laisse voir qu'on crut à la cessation des travaux à la suite de la levée du camp. Mais les travaux continuèrent jusqu'en 1695 au moins. On en trouve la preuve dans les Comptes royaux en 1696. Jusqu'en 1690, au moins, l'œuvre fut même poussée activement encore. — Il s'agissait de détourner la rivière d'Eure, depuis Pontgouin, au delà de Maintenon, à 25 et non à 16 lieues de Versailles (Dangeau, *Journal*, octobre 1684; Roussel, *Hist. de Louvois*, t. III, p. 384-411).

de France l'eau d'une rivière dans les réservoirs dudit Versailles ; de l'autre, sur la misère du petit peuple et des gens de la campagne, épuisés par les tailles, par les logements de gens de guerre et par les gabelles[1] ; et enfin sur le peu de soin de ménager ses amis et ses alliés, et de satisfaire aux obligations où il a pu entrer à leur égard.

Suite du même sujet et des mœurs du Roi. Mais il a surtout des attachements qu'il a fait trop éclater, et qui ont eu et ont encore des suites trop funestes pour la religion, pour l'état de l'Europe, ou même pour celui de la France, pour n'en rien dire ; à savoir : une dévotion, ou, pour mieux dire, une superstition aveugle, une passion démesurée et sans bornes pour la gloire, et une autre passion criminelle, à laquelle il n'a été que trop sensible, et qui a fait assez de bruit dans le monde pour n'en pas faire quelque mention en cet endroit[2].

Pour la nièce du cardinal Mazarin. Et pour commencer par celle-ci, qu'il a fait aussi éclater la première, ce fut la MANCINI, une des nièces du cardinal Mazarin, qui, dans la grande jeunesse du Roi et avant son mariage, fut le premier objet de son inclination. Elle pensa même aller si loin, qu'il aurait consenti à l'épouser, si la Reine mère, quelque considération ou prévention même qu'elle eût témoignées jusque-là pour le Cardinal, ne l'en eût détourné et si le Cardinal lui-même ne fût entré dans ces sentiments[3], ce qui fit résoudre l'oncle à marier la nièce, hors du royaume, au connétable Colonne, porta le Roi, encore sensible à sa première flamme, à accompagner de ses larmes le départ de sa maîtresse, et donna lieu à celle-ci de lui faire là-dessus ce reproche connu de toute

---

[1] Le man. [*B*] et le texte de Dohm donnent : *par les tailles, les logements des gens de guerre et les gabelles.*

[2] « Le penchant de Louis XIV pour le sexe », selon les expressions de Spanheim, plus loin.

[3] Cette dernière partie de la phrase : « *et si le Cardinal,* etc. » ne se trouve ni dans le manuscrit [*B*], ni dans l'édition Dohm ; elle a été ajoutée de la main de Spanheim à la marge du manuscrit [*A*].

la France : « Sire, vous pleurez, je pars, et vous êtes roi[1] ! »
Le mariage de Sa Majesté, qui se fit quelque temps après avec
l'infante d'Espagne en 1660, qui fut précédé et un gage de la
paix des Pyrénées, et suivi de la naissance du Dauphin l'année
d'après[2], et ensuite encore de celle[3] de quelques autres enfants
de France de l'un et de l'autre sexe, mais qui furent enlevés
dans leur enfance[4], tout cela, dis-je, ne fut pas capable de fixer
comme il devoit l'inclination du Roi et son penchant pour
le sexe[5].

Il eut, en premier lieu, des passions passagères[6] pour quelques belles dames de la cour, mais qui n'y répondirent pas comme il souhaitoit, ainsi que Mlle d'Elbeuf, d'une branche

Pour autres dames de la cour de France.

---

[1] L'addition précédente de Spanheim à son texte primitif (voir note 3) est importante. Spanheim avait d'abord cru, comme le raconte Mme de Motteville, que le mariage de Louis XIV et de Marie Mancini se serait fait avec le consentement de Mazarin, sans la volonté expresse d'Anne d'Autriche. — Il a ensuite atténué son erreur sans atteindre la vérité aujourd'hui prouvée, l'initiative que prit Mazarin et qui lui appartint en propre de séparer les amants. C'est à cette première séparation, et non au départ définitif de Marie devenue la Connétable Colonna qu'il faut rapporter ce propos, ou plus exactement les paroles conservées par celle-ci dans son *Journal* « Pourquoi, si V. M. est si résolue, cède-t-elle sur cet ordre d'exil. » Lucien Pérey, *le Roman du Grand Roi*, Paris, 1894.

[2] 1er novembre 1661.

[3] « De *celle* » ne se trouve ni dans le manuscrit [*B*], ni dans le texte de Dohm.

[4] Exactement *cinq enfants* : *Philippe* de France, duc d'Anjou, né en 1668, mort le 10 juillet 1671. — *Louis-François* d'Anjou, né le 4 juin 1672, mort le 4 novembre. — *Anne-Élisabeth*, née le 18 novembre, morte le 30 décembre 1662. — *Marie-Anne*, née le 16 novembre, morte le 26 décembre 1664 (Madame). — *Marie-Thérèse*, née le 2 janvier 1667, morte le 1er mars 1672, celle qui des cinq a vécu le plus longtemps.

[5] La phrase au début est assez obscure : Le mariage de Sa Majesté qui (ici une longue enclave) et la naissance de ses enfants, tout cela ne fut pas capable de fixer le penchant du roi pour le sexe. — « Le roi était galant, mais souvent débauché, dit la duchesse d'Orléans (lettre du 24 décembre 1716) ; tout lui était bon, pourvu que ce fussent des femmes. » Voir sur ce sujet la *Corresp. de Bussy* et de Mme *de Sévigné*, 1676-1681 (VII, 147) : « Les duels étaient défendus, mais les rencontres étaient permises, dit l'une ». « C'est un chemin, dit Bussy, pour les belles filles de passer par les mains du roi. »

[6] C'était ce qu'on appelait des *passades* (Dangeau, *Journal*, addition à Saint-Simon, XVI, 52). — Saint-Simon (édit. de Boislisle), V. p. 255.

cadette de la maison de Lorraine et qui a épousé depuis le prince de Vaudémont[1], Mlle DE TOUCY[2], fille de la maréchale de la Mothe et gouvernante alors du Dauphin, et depuis duchesse d'Aumont, mais qui ne voulurent pas ruiner leur vertu ou leurs vues pour un mariage légitime. La princesse de SOUBISE, fille de la duchesse de Rohan et du duc Chabot de Rohan[3], et femme dès lors d'un prince de la même maison de Rohan, de la branche de Montbazon, eut aussi la même destinée, à savoir[4] de plaire au Roi, d'en être poursuivie et de n'y pas répondre, en femme vertueuse et qui étoit attachée à son devoir et qui aimoit son mari. La princesse de MONACO, fille du feu maréchal duc de Gramont et femme du prince de Monaco, génois et de la maison Grimaldi, d'ailleurs d'humeur galante et d'une réputation moins entière, se trouva aussi plus facile, ou par tempéra-

---

[1] Anne-Elisabeth de Lorraine, dont le père, duc d'Elbeuf, était descendant de Claude de Lorraine, le fondateur de la dynastie des Guises, par René marquis d'Elbeuf (voir plus loin l'article sur la *branche d'Elbeuf*), née le 6 août 1649, mariée le 27 avril 1669 au prince de Vaudemont, Charles-Henri de Lorraine, dont la carrière au service de l'Espagne est très connue.

[2] « Mlle de Toussy », manuscrit [B] et Dohm. Françoise Angélique de la Mothe Houdancourt, marquise de Toussy par sa mère, qui avait hérité ce titre de son père, Louis de Pric. La mère était gouvernante, depuis 1664, des enfants de France. La fille fut mariée en 1669, en deuxièmes noces, à Victor, duc d'Aumont, veuf d'une sœur de Louvois, ami et hôte de Spanheim (Jal. *Dictionnaire hist. et crit.* : Aumont).

[3] « Chabot Rohan », manuscrit [B] et Dohm. — Anne de Rohan-Chabot, née en 1648, mariée en 1663, par les soins de Mme de Chevreuse, à M. de Soubise, qui était veuf depuis 1660 d'une femme fort riche, Catherine de Lionne. Dame du palais en 1673, et fort belle (musée de Versailles, n° 2110), elle attira l'attention du roi. Et contrairement à ce que dit Spanheim, les courtisans prétendirent qu'elle ne le rebuta pas : voir Saint-Simon *add.* à Dangeau, XVI, 52; *Mémoires*, édit. de Boislisle, V, 255 ; édition 1873, XII, p. 88; Mme de Sévigné, V, 535-544, v. 25-26 et suivantes; *Recueil Capmas*, I, 436; Mme de Caylus, *Souvenirs*, p. 486; *Gazette de Hollande*, 1675, p. 120. — On attribuait à ce commerce la naissance d'un fils qu'on affirmait ressembler à Louis XIV, l'abbé de Soubise, né le 14 juin 1675. — Mais les courtisans prétendaient que la duchesse était si habile qu'elle cacha son jeu, ne voulut pas être maîtresse en titre, ni affichée, pour mieux ménager son crédit qui dura toujours. M. Livet, dans son annotation à l'*Hist. amour. des Gaules* (IV, p. 1-122 et préface vi); M. de Boislisle, comme lui, dans un article substantiel (Saint-Simon, V, p. 539), ont conclu, par d'excellentes preuves qui justifient l'opinion de Spanheim, à l'amour de Louis XIV, mais à la vertu de Mme de Soubise.

[4] « A savoir » manque dans le manuscrit B et dans Dohm.

ment, ou par habitude, ou par intérêt, à satisfaire au premier penchant que le Roi lui fit paroître, mais dont aussi il se dégoûta bientôt, et qui fut de peu de durée[1].

Aussi, comme ces attachements n'eurent point de suite ou qu'il en fut bientôt rebuté, il n'en fut pas de même de sa passion pour Mlle DE LA VALLIÈRE, fille d'honneur de feue Mme la duchesse d'Orléans, et qui, avec une naissance et une beauté médiocres, et un esprit assez borné, sut inspirer au Roi la plus forte inclination dont il a été capable. Elle sut l'y engager et l'y retenir par un air tendre et réfléchi, par une délicatesse particulière d'humeur et de sentiments, par le combat d'une pudeur qui lui étoit naturelle, et d'une véritable et sensible inclination dont elle se trouva fortement prévenue pour la personne du Roi. Cette amour tendre et réciproque, quoique peu légitime, accompagnée de tous les ménagements qu'elle est capable d'inspirer à deux amants passionnés, donna le premier lieu aux retraites de Versailles, et ensuite aux divertissements et aux fêtes galantes qu'on y inventa pour flatter la passion d'un Roi amant[2]. Aussi dura-t-elle environ deux ans dans toute sa chaleur, jusques à ce qu'elle fit place à une nouvelle inclination pour Mme de Montespan[3], qui, avec plus de naissance et de beauté, avoit joint un esprit plus vif, plus brillant, plus éclairé, mais aussi plus

Pour mademoiselle de la Vallière.

[1] Sur Catherine de Gramont voir Daniel de Cosnac, II, 63-64 ; Choisy, II, 60-92 et *Correspondance de Madame* (édit. Brunet, p. 254). — Il faudrait encore ajouter à cette liste comme *doublets* de Mme de Montespan, Mlle de Ludres et peut-être Mmes de Thiange et de Heudicourt. Spanheim n'a peut-être cité que les princesses.
[2] De Nolhac, *Histoire du château de Versailles*; Paris, 1900. — De Marigny : *Divertissements que le Roi a donnés aux Reines dans le Parc de Versailles* ; Paris 1664 in-12.
[3] La phrase de Spanheim laisserait croire que dès 1663 (deux ans : 1661-1663) Mme de Montespan remplaçait la Vallière. Or ce fut justement le 5 mai 1664 que Louis XIV offrait à la marquise de Versailles les fameuses fêtes dites *les Plaisirs de l'Ile enchantée* où fut jouée *la Princesse d'Elide*. En 1665, de Vardes et le duc de Navailles furent punis encore d'avoir conspiré sa perte. En 1666, malgré quelques infidélités du roi, le crédit de la marquise était encore intact. Ce fut alors qu'on la créait duchesse (mai 1667), et à la fin de cette année seulement, qu'elle vit s'établir la faveur de la Montespan.

artificieux, et qui arriva enfin au but qu'elle s'était proposé, de détacher le Roi de l'amour pour la duchesse de Vaujours, qualité dont la Vallière se trouvoit alors revêtue[1], et d'en prendre la place. Celle-là, qui aimait sensiblement le roi par lui-même, qui, hors ce foible et le malheureux engagement où il l'avoit jetée, avoit naturellement de l'honneur et de la retenue, pénétrée vivement de l'inconstance de son amant, s'en fit un heureux retour et, malgré tous les obstacles que le roi même y voulut apporter, et la tendresse pour les deux enfants, une fille et un fils qu'elle en avoit, et dont il sera parlé en son lieu[2], abandonna la cour et le monde avec une fermeté d'âme et une résignation qui a peu d'exemples dans une personne de son âge et de son sexe et qui avoit été prévenue d'un aussi grand et tendre engagement, le tout[3] pour embrasser une vie aussi austère que celle dans laquelle elle se jeta, y a vécu jusques ici, et vit encore aujourd'hui en véritable pénitente et en bonne religieuse[4].

Pour Mme de Montespan.

Pour Mme DE MONTESPAN, elle étoit fille du duc de Mortemart, gouverneur de Paris et de l'Ile-de-France[5], sœur du duc

[1] Le texte du manuscrit [B] et de Dohm porte : pour *la duchesse de la Vallière (suivant qu'elle avait été honorée de cette qualité)*. Cette correction, que Spanheim a faite (man. A) à sa première rédaction, indique son souci de la précision. Louise-Françoise de la Baume-le-Blanc, était la Vallière simplement, du fief de son père érigée en châtellenie en 1650. Devenue, le 9 mars 1661, fille d'honneur d'Henriette d'Angleterre, elle devint la même année, maîtresse du roi et *marquise de la Vallière*. La duché-pairie qui lui fut constituée en mai 1667 se composait de la terre de Vaujours avec la seigneurie de Château, la première baronnie d'Anjou et celle de Saint-Cristophe, la première de Touraine, sous le titre de duché de *Vaujours et la Vallière*.

[2] Ni dans le manuscrit [B] ni dans Dohm, on ne lit ces mots : « Et les deux enfants un fils et une fille qu'elle en avait et dont il sera parlé en son lieu. » Sur le manuscrit A, Spanheim, après cette addition, a encore ajouté en marge ces mots : « la tendresse pour ». Cette addition de l'auteur a son prix quand on la rapproche de la lettre écrite le 8 février 1674, trois mois avant sa conversion, par la duchesse au maréchal de Bellefonds : « Je ne tiens plus qu'à un fil, aidez-moi, je vous prie, à le rompre. Je n'ai plus qu'un pas à faire, mais j'ai de la sensibilité et l'on a eu raison de vous dire que Mlle de Blois m'en a beaucoup inspiré. » (Lettres publiées à Liège, 1767.)

[3] Les mots *le tout* manquent dans [B] et dans Dohm.

[4] Elle mourut aux Carmélites en 1710.

[5] Créé duc et pair en 1650, premier gentilhomme de la chambre.

de Vivonne, général des galères, et mariée déjà depuis quelques années au marquis de Montespan, gentilhomme de Guyenne, dont elle avoit un fils, qui s'appelle le marquis d'Antin, qui a épousé dernièrement la fille du duc d'Uzès et petite-fille du duc de Montausier, et est un des *Menins*[1], comme on les nomme, et favoris du Dauphin. L'amour du Roi pour cette dame, quoique plus criminelle, comme avec une femme mariée et enlevée à son mari, qui en conçut et fit éclater hautement son juste dépit, dura cependant plus longtemps dans toute sa force que celle pour la duchesse de la Vallière[2] et à quoi elle contribua autant par les charmes de son esprit et de son entretien, que par ceux de sa beauté. Et, comme la vie et le ressentiment du mari contre sa *déffunte femme*, comme il l'appeloit, et dont il prit le deuil, aussi bien que son chagrin contre la cour, faisoit un obstacle à la déclarer duchesse, le Roi trouva moyen de la contenter d'ailleurs par la grande et belle charge qu'il lui donna de surintendante de la maison de la Reine, et par les prérogatives du tabouret ou autres qui y étoient attachées : en sorte que l'attachement du Roi et sa complaisance pour cette maîtresse se renforçaient de plus en plus, malgré les raisons d'honneur et de conscience qui l'en devoient détourner[3]. Mais, comme

---

[1] *Menins*, « mot venu depuis peu d'Espagne », *menino*, enfant de qualité que l'on met auprès des princes. *Puer honorarius (Dict. de Trévoux,* 1771). — Les premiers *Menins* furent : Honoré de Sainte-Maure, Hélie de Laurière, Jean d'Estrées, Louis de Vitry, le marquis de Bellemare. Puis les deux princes de Conti (1672), le marquis d'Antin et le marquis de Créquy. En 1680, la duchesse d'Orléans donne une autre liste (Ed. Lœglé, I, 21). — Emmanuel II, duc d'Uzès (1642-1692), qui avait épousé, en 1644, Marie-Julie de Sainte-Maure-Montausier et marié sa fille, Mlle de Crussol, le 21 août 1686, au marquis d'Antin. *(Etat de la France 1689,* II, 6 ; *de Sourches.* I, 432.) Cette dernière union, celle de d'Antin, fut un mariage d'amour.

[2] Saint-Simon, édition 1873, XII, 85. — La séparation légale n'eut lieu qu'en 1674, le 7 juillet, par ordre du roi.

[3] Les dix dernières lignes de cette page depuis « *Mais comme la vie* » manquent dans le manuscrit [B] et dans le texte de Dohm. On passe immédiatement à ces mots : « *Mais comme elle y avait joint une humeur fière, impérieuse, pleine d'artifice et capable d'emportements, elle s'accoutuma insensiblement à la faire ressentir au Roi, à lui faire de fois à autre de sanglants reproches et par là,* etc..... L'addition au manuscrit original [B] a son importance

tous les attraits de la beauté et de l'esprit de cette même maîtresse se trouvoient accompagnés d'une humeur fière, impérieuse, pleine d'artifice et capable d'emportement, aussi s'accoutuma-t-elle insensiblement à la faire ressentir au Roi, à lui faire de fois à autre, et sur le moindre refroidissement qu'elle croyoit lui trouver, de sanglants reproches, et, par là, ou par autre dégoût, ou par inconstance, ou par remords secrets d'un tel attachement, contribua elle-même à affoiblir peu à peu l'inclination du Roi pour elle, et à le rendre susceptible d'autres impressions. La chose passa même assez avant pour faire conseiller[1] à Mme de Montespan la retraite hors de la Cour, et à faire la due pénitence[2] de sa faute. C'est à quoi elle fit mine quelquefois de vouloir se résoudre, mais dont elle revenoit bientôt, et sans même avoir pu jusques ici être portée à embrasser et à exécuter avec fermeté une si salutaire[3] résolution. Il est vrai que, la passion du Roi s'étant entièrement ralentie par les considérations susdites, il cessa, au bout d'environ dix ans de leur commerce, de la voir en particulier et comme amant[4], et en se contentant, en considération de leurs enfants communs que le Roi avoit fait reconnoître et légitimer, de la visiter cependant assez régulièrement, et en présence d'au-

---

rapprochée de ce passage de Saint-Simon (1873), XII, 86 : « Sa femme eut de la comtesse de Soissons (en 1679 seulement : Voir l'état de la France 1676), forcée par sa disgrâce à la démission de la charge créée pour elle de surintendante de la maison de la Reine, à laquelle on supposa le tabouret attaché, parce qu'ayant un mari elle ne pouvait être faite duchesse. » Sur ce mari, Saint-Simon dit de même (édit. 1873 V, 259) : « Il mourut toute sa vie amoureux d'elle, sans avoir jamais voulu la revoir ni la cour. » Voir Montpensier, Mémoires IV, 435. Il est vrai qu'ailleurs Saint-Simon accuse le mari de vivre en cachette de la fortune de sa femme : c'était une calomnie de Mme de Rochefort (edit. 1873, XII, 87).

[1] *Conseiller de fois à autre* Man. [B].
[2] *Pénitence due* Man. [B].
[3] *Louable* Man. [B].
[4] Le dernier enfant de Louis XIV et de Mme de Montespan fut le comte de Toulouse, né le 6 juin 1678. Comme Mlle de Fontanges fut affichée en 1679, Spanheim a raison : la faveur effective de la marquise dura, de 1668 à 1678, dix ans. (Comparez Saint-Simon, edit. 1873, XII, 88; Voltaire, *Siècle de Louis XIV*, ch. xvi).

tres courtisans, dans l'appartement qu'elle avoit dans les maisons du Roi, comme de Saint-Germain, de Versailles et de Fontainebleau : ce qui, joint enfin aux attraits d'une nouvelle et jeune beauté qu'on vit briller à la cour avec beaucoup d'éclat, acheva de faire éclater ce changement du Roi aux yeux de toute la cour et de la France, et enfin de lui faire succéder une autre rivale.

Ce fut M{{lle}} DE FONTANGES, fille du comte de Roussille, gentilhomme considérable d'Auvergne, laquelle vint à la cour, dans l'année 1679[1], en qualité d'une des filles d'honneur de Madame, et avec le dessein formé et les espérances, fomentées même par ceux de sa famille, de faire du Roi son amant. Sa jeunesse, sa beauté fort au-dessus de tout ce qu'on avait vu depuis longtemps à Versailles, accompagnée d'une taille, d'un port et d'un air capables de surprendre et de charmer une cour aussi galante, quoique d'ailleurs avec un esprit médiocre et qui tenait encore d'une véritable provinciale[2], produisit bientôt tout l'effet qu'elle s'étoit promis. Le duc de la Rochefoucauld, un des courtisans, comme nous dirons ci-après, des plus accrédités dans les bonnes grâces du Roi, fut l'entremetteur de sa passion, et n'eut pas de la peine[3] à y faire répondre agréablement la dame. Sa complaisance réciproque fut bientôt récompensée du rang et de la qualité de duchesse, qu'elle avait mis dans son marché[4], et qu'elle soutenoit avec tout l'éclat d'une belle et jeune maîtresse de son Roi, et qui par là se voyoit arrivée au comble de ses désirs, mais aussi, de son côté[5], avec une

Pour M{{lle}} de Fontanges.

---

[1] En 1679 [manuscrit B]. — Marie-Angélique de Scoraille de Roussille (terre et seigneurie du Cantal), née en 1661, fille d'honneur de la duchesse d'Orléans qui disait d'elle, « on ne peut rien voir de plus merveilleux ».

[2] *D'une fille de province* [manuscrit B] : « Belle comme un ange, sotte comme un panier. » (Choisy, édit. Lescure, II, 35.)

[3] *N'eut pas la peine d'y...* [manuscrit B]. Voir Saint-Simon, édit. 1873, VI, 379.

[4] Avril 1680. Ce fut vers le mois de mars 1679 que la passion du Roi commença à se déclarer. Voir Lorot et Sury : *Précis historique de Saint-Germain.* — *Lettres de M{{me}} de Sévigné*, des 6 avril et 9 juin 1679, et *Correspondance de Bussy-Rabutin.*

[5] *De son côté* manque dans le man. [B.]

dépense si excessive, qu'elle n'auroit pu, à la longue, que déplaire au Roi et lui donner lieu de la retrancher, comme on avoit déjà commencé. Mais son règne fut de peu de durée, ayant été enlevée au monde, à la cour et à sa faveur en l'an 1681 [1], par une fâcheuse maladie qui lui resta de sa première couche, et qu'un bruit assez public, quoique peut-être sans fondement, attribua à un breuvage qui lui auroit été donné par les ordres secrets de Mme de Montespan [2]. Cet attachement du Roi par cette mort ou autrement changea de nature, et laissa la place entière à un autre qui se fit remarquer plus sensiblement qu'il n'avoit fait jusque-là, et qui est assez extraordinaire pour mériter qu'on y fasse quelque réflexion particulière.

Pour Mme de Maintenon.

On peut bien juger que je parle de Mme DE MAINTENON, petite-fille de M. d'Aubigny [3], qui est assez connu pour un des courtisans de Henri le Grand, dont il avait été page étant roi de Navarre [4], mais plus connu par l'histoire qu'il a composée des événements qui sont arrivés sous le règne de ce roi et les précédents, par le livre des *Aventures du baron de Foeneste*, qui est une satire contre le vieux duc d'Epernon [5], et qui enfin, durant ce cours de guerres civiles pour la religion, se retira à Genève, s'y maria en secondes noces, et y mourut. Son fils d'un premier lit, resté en France, mais assez mal partagé des biens de la fortune, et d'ailleurs embarrassé en de mauvaises affaires, prit le parti, pour s'en mettre à couvert, de s'aller établir en Canada,

---

[1] 28 juin 1681, au monastère de Port-Royal.
[2] Sur les projets de la Montespan contre Louis XIV et Mlle de Fontanges, formés de complicité avec la Voisin, voir le récent livre de Funck Brentano, *le Drame des poisons*, p. 189 et suivantes, d'après les dépositions de la fille Monvoisin et les papiers de la Reynie. Fontanges, d'ailleurs, mourut naturellement d'une pleuro-pneumonie à la suite de couches. Mais Mme de Caylus, Bussy, et Madame croyaient toujours au poison.
[3] Théodore Agrippa d'Aubigné.
[4] Il était déjà d'un certain âge, avait vécu en Saintonge, à Genève, quand il s'attacha, après la paix de la Rochelle, à Henri de Navarre et devint non son page, mais son écuyer, et gentilhomme de sa chambre.
[5] Dans le manuscrit [B], au lieu de « *le vieux duc d'Epernon* », on lit « *les Gascons et Fanfarons de cour* ».

dans l'Amérique[1], où il mena sa famille, et ainsi dont sa fille, encore enfant, qui est aujourd'hui Mme de Maintenon, étoit du nombre[2]. Etant revenu en France[3], et sa fille depuis sa mort, conduite à Paris[4], avec beaucoup de beauté et d'esprit, mais sans bien et sans fortune, s'y vit réduite à épouser le poète Scarron, célèbre par ses ouvrages burlesques, de même que par ses infirmités, qui l'attachoient comme cloué dans un lit, en *cul-de-jatte*, comme il s'appela lui-même et en porta aussi le nom[5]. Comme d'ailleurs il ne subsistoit que par des pensions

[1] Manuscrit [B] en marge : « à la Martinique ». — Spanheim a hésité entre le *Canada* ou les *Iles* pour y faire voyager Constant d'Aubigné. Et cette hésitation est très naturelle : la Fare dit le *Canada*. Voltaire et d'autres parlent de la *Caroline*. Peut-être y a-t il eu deux voyages de Constant, l'un dans l'Amérique continentale qui se placerait vers 1619, alors que Constant d'Aubigné, brouillé avec son père et sans ressources, venait de tuer sa première femme, surprise avec un galant, et avait fui pour échapper au châtiment. En effet, s'il fut emprisonné en 1627, à Bordeaux, ce ne fut pas qu'il fût arrêté ; « *il se remit prisonnier* », dit l'auteur d'une note conservée par la Bibliothèque nationale, publiée par de Boislisle (*Revue des Quest. hist.*, t. LIV, p. 127), Cabart de Villermont, ancien lieutenant aux îles et ami de Scarron. Madame de Caylus dit : « Je crois avoir entendu dire qu'il avait fait deux voyages » (*Souvenirs*, édit. Raunié, p. 6). Le second voyage est bien établi par un document communiqué par M. Margry (Voir Lavallée, *la Famille d'Aubigné*, p. 77). En 1645, Constant d'Aubigné, mis en liberté après la mort de Richelieu, fut alors agréé comme gouverneur de Marie-Galante dépendant de la Guadeloupe, où, faute de rien trouver, il se retira, et dont il revint en 1647 (voir *Lettres de la Beaumelle*, VI, 31).

[2] Mme de Maintenon était née le 28 novembre 1635 (de Boislisle, *ibid.*, p. 89). Elle avait deux frères aînés : Constant, né en 1629, et Charles, né en 1634. Elle avait dix ans quand elle partit pour les Iles.

[3] Spanheim est mieux renseigné que beaucoup de contemporains et de biographes qui font mourir Constant d'Aubigné aux Iles. Il mourut cherchant toujours fortune, dans le Midi, auprès des protestants, à Orange, 31 août 1647. (*Intermédiaire des chercheurs*, année 1875, col. 619.)

[4] Elle fut conduite à Paris par Mme de Neuillan, une parente du Poitou, qui la recueillit pour la convertir, pendant que sa mère poursuivait un procès à Paris, et qui la lui ramena vers 1649. La mère, qui n'avait pas gagné son procès, confia sa fille, faute de pouvoir la nourrir, aux Ursulines de la rue Saint-Jacques. (Lavallée, *Corresp. génér. de Mad. de Maintenon*, I, 33, 96 ; de Boislisle, *ibid.*, p. 95-97.)

[5] Sur le mariage, qui eut lieu le 19 février 1652, d'après l'acte aujourd'hui retrouvé et publié ; sur la situation de Scarron, pauvre comme sa femme, le *Burlesque* ou le *Cul-de-Jatte*, dit le Père Léonard dans ses portefeuilles (Arch. Nat. M. 631, n° 1) ; sur les causes enfin du mariage et la part qu'y eut Mme de Neuillan, consulter l'article substantiel et nouveau de M. de Boislisle, *ibid.*, p. 97-144.

et des revenus de sa poésie, sa veuve, depuis sa mort, se trouva réduite à de grandes extrémités et à avoir besoin de l'assistance des personnes de sa connoissance[1]. Mme de Montespan qui étoit alors dans le comble de sa faveur[2] et à qui on la fit connoître dans la suite, la prit en amitié, et la retint chez elle pour gouvernante des enfants qu'elle avoit du Roi : ce qui donna lieu au Roi de la connoître, de se plaire à son entretien, de s'accoutumer dans les visites qu'il rendoit tous les jours à l'appartement de Mme de Montespan, et, peu à peu, d'en faire une considération particulière[3]. Cela augmenta à mesure que son inclination pour Mme de Montespan s'affoiblissoit de plus en plus, et que l'humeur fière et les manières hautaines et artificieuses de sa maîtresse commencèrent à le fatiguer et à se joindre, comme j'ai dit, au dégoût et au remords de la jouissance d'une maîtresse qu'il avoit enlevée à son mari, qui en avoit témoigné beaucoup de ressentiment, qui vivoit encore, et dont elle avoit un fils[4].

[1] Scarron, après un long procès, avait recouvré, le 2 juin 1652, une partie de son patrimoine, les domaines de la Rivière et des Fougerets, près Amboise. Il gagnait bien sa vie avec ses poésies et son théâtre (Morillot, *Paul Scarron*). Mais il avait et sollicitait des pensions de Mazarin, de Fouquet, de Gaston d'Orléans, et mendiait véritablement tout ce qui pouvait se demander. C'est qu'il était dissipé et surtout aventureux, dépensant ses ressources en spéculations de toute sorte. Quand il mourut, 7 octobre 1660, il avait 10.000 francs de biens et 22.000 francs de dettes. Sa femme n'eut que 4 à 5000 francs quitte et franc (Lavallée, *Corr. génér.*, I, 96. — de Boislisle, *Rev. des quest. hist.*, t. LIV, p. 397-443). Elle se retira chez les Hospitalières de Notre-Dame, puis chez les Ursulines (de Boislisle, Saint-Simon, III, 168).
[2] *Fortune*, manuscrit [*B*].
[3] Sur les rapports de Mme de Maintenon et de Mme de Montespan, voir *Souvenirs de Caylus*, p. 485-493 ; Saint-Simon, édit. de Boislisle, III, p. 217 et les notes. Ce fut le maréchal d'Albret qui mit la veuve de Scarron en relation avec Mme de Montespan, sa parente, vers 1668.
[4] Tous ces événements se sont passés en l'espace de quatre années, de 1674 à 1679 : c'est au mois d'avril 1675 que la grande crise éclata entre la Montespan et Louis XIV. Devant un refus d'absolution confirmé par Bossuet, que reçut Mme de Montespan d'un curé de Versailles, elle dut quitter la Cour pour un mois (du 11 avril au 11 mai) (*Histoire de Bossuet*, par l'abbé le Dieu). Mme de Maintenon suivit la marquise et tâcha de rompre son commerce avec le roi (23 avril 1675, lettre à l'abbé Gobelin), mais la Montespan préféra consulter les sorcières et revint à la Cour (Funck-Brentano, *le Drame des poi-*

Le duc de Maine, fils du Roi et de cette dame, et élève de Mme de Maintenon, étant venu en âge d'avoir plus besoin de gouvernant que de gouvernante, le Roi, déjà fort prévenu en faveur de Mme de Maintenon, et dans la vue, comme il a paru depuis, de la faire éclater davantage, sous prétexte de récompense de ses services, lui fit donner un appartement dans le château de Versailles, séparé de celui de Mme de Montespan[1]. Il l'éleva même peu à peu au rang d'une des deux dames d'atour de Madame la Dauphine, qui vint alors en France, et dont l'autre était Mme la maréchale de Rochefort.[2] Sa faveur commença à s'établir et à éclater de plus en plus, par l'attachement et la considération particulière que le Roi témoigna ouvertement d'avoir pour elle, par les visites assidues qu'il lui rendoit et les longs entretiens qu'il avoit avec elle, par le dégagement

---

sous p. 176). En 1676, nouvelle crise, parce que le Roi prend d'autres maîtresses, terminée par leur disgrâce (*Mme de Sévigné*, lettre du 2 septembre 1676 : « Le Roi, dit-elle, n'a plus d'amour »). Dans cette seconde crise, l'étoile de Mme de Maintenon se lève décidément. Le 6 mai (lettre de Mme de Sévigné), « elle est plus triomphante que Mme de Montespan. Tout est comme soumis à son empire ». Puis, la Montespan revient en faveur. Et le 11 juin 1677 (lettre de Mme de Sévigné), elle paraît en pleine fortune, jusqu'à ce que la menace du retour du mari (11 juin 1678) et la faveur de Mlle de Fontanges lui fissent de nouveau tort. Ce n'était pas encore l'heure de Mme de Maintenon, mais cette heure était proche (lettres de Mad. de Maintenon, mars 1679) à l'abbé Gobelin, dans *Geoffroy*, I, 101, et de Mme de Sévigné, 13 septembre 1679).

[1] C'était généralement vers l'âge de six ans que les enfants étaient retirés des mains des femmes et confiés à des gouverneurs ; le duc du Maine était né en mars 1670 ; ce serait donc vers 1676-1677. Mme de Maintenon, d'ailleurs, élevait d'autres enfants encore : il est peu vraisemblable *qu'à cette date* on l'en ait séparée. Voir Saint-Simon, édition 1873, XII, 99 : Ce fut après le mariage secret (1684) « qu'éclata sa faveur par l'appartement qui lui fut donné à Versailles en haut du grand escalier, vis-à-vis celui du roi et de plein pied. » ; c'est plus vraisemblable. On trouve des paiements dans les Comptes des bâtiments à partir de 1681 pour *l'appartement de Mme de Maintenon*.

[2] « Sa faveur était telle au mariage de Monseigneur que le roi n'eut pas honte de la faire dame d'atours de la dauphine » (la dauphine de Bavière, dont le mariage eut lieu le 28 janvier 1680). (Saint-Simon, édit. de Boislisle, I, 86.) La nomination de Mme de Maintenon eut lieu le 8 janvier 1680. Le 13 décembre 1679, Mme de Sévigné écrivait : « Il y en a qui disent que Mme de Maintenon sera placée de manière à surprendre. Ce ne sera pas à cause de *Quanto* (la Montespan), car c'est la plus belle haine de nos jours. Elle n'a besoin de personne que de son bel esprit »

entier de ses habitudes passées avec Mme de Montespan, et même de tout autre attachement[1] pour le sexe, depuis la maladie et la mort suivie de la duchesse de Fontanges. L'âge d'ailleurs de Mme de Maintenon qui passoit déjà les cinquante ans et en doit avoir présentement[2], savoir en 1690, soixante ou environ ; d'autre part, son esprit solide, doux, agréable, et enfin sa qualité de veuve de Scarron, firent d'abord considérer cet attachement plutôt comme un commerce d'amitié, de confidence, et d'une estime particulière pour la dame que pour l'effet d'une passion plus tendre qui pût venir de ses charmes et être compatible avec son âge ou avec celui du Roi[3]. Cependant, comme il ne passoit plus aucun jour sans de longs et particuliers entretiens avec elle, sans la mettre de toutes les parties de promenade et de voyage, comme j'ai été témoin dans le voyage du Roi en 1683, en Alsace, et en 1684, à Valenciennes, durant le siège de Luxembourg[4], ou lui faisait donner place dans son carrosse quand il étoit avec la feue Reine, ou

---

[1] *Inclination,* manuscrit [B].

[2] Exactement, la marquise étant née le 27 novembre 1635, avait, au début de 1680, quarante-quatre ans, et au début de 1690, cinquante-quatre ans, trois ans de plus que Louis XIV.

[3] « Nul autre ami n'a tant de soins et d'attention que le roi en a pour elle, et ce que j'ai dit bien des fois, elle lui fait connaître un pays tout nouveau, je veux dire le commerce de l'amitié et de la conversation, sans chicane et sans contrainte. Il en paraît charmé » (Mme de Sévigné à Mme de Grignan, 17 juillet 1680).

[4] En 1683 (fin mai) Louis XIV quitta Versailles pour aller inspecter ses camps de Bellegarde en Bourgogne, Molsheim, Bouquenon et Sarrelouis, comme pour menacer l'Allemagne et l'empereur mécontents de l'occupation de Strasbourg. Il revint dans le courant de juillet. La reine mourut au retour de ce voyage, 30 juillet 1683. — En avril 1684, tandis que Créquy investissait Luxembourg, Louis XIV alla se mettre à Valenciennes à la tête de 40.000 hommes pour menacer Mons et Bruxelles.

La phrase de Spanheim est mal faite : la reine était morte lorsqu'eut lieu le deuxième voyage. Au premier, Mme de Maintenon fut avec la reine, non pas à titre de dame d'atour de la Dauphine, parce que cette princesse était enceinte de son deuxième fils et ne voyageait point. Le *Mercure galant* qui décrit tout au long le deuxième voyage, nomme les dames d'honneur de Mme la duchesse d'Orléans, et néglige la Dauphine et sa suite. Nous savons que, néanmoins, Mme de Maintenon y fut invitée, par sa correspondance même (Dangeau, 22 mai 1684) (*Corresp.* édition Lavallée, II, 298).

avec Madame la Dauphine, Mme la duchesse d'Orléans et quelqu'autre princesse, et sans y admettre plus, comme autrefois, Mme de Montespan, aussi la jalousie de cette dernière dame contre une personne qui lui étoit en tout inférieure, dont elle avoit fait l'établissement, et pour ainsi dire la fortune, ou au moins les acheminements de sa faveur, ne put qu'éclater en plusieurs rencontres; mais on aperçut[1] en même temps, que cela[2] ne servait qu'à faire d'autant plus paraître le crédit de sa rivale, dont la faveur, par là, brilloit toujours davantage, et qui savoit s'y maintenir par l'assiette d'une humeur plus égale, plus réfléchie et plus soumise. Et, comme on vit le Roi même, depuis la mort de la Reine, dans la vigueur, on peut dire, de l'âge, renoncer à ses inclinations passées pour les belles de sa cour, et malgré les avances qu'on ne manquoit de lui en faire, éloigné d'ailleurs de toute pensée d'en venir à un second mariage qui donnât une nouvelle reine, et, outre cela, dans un grand penchant à la dévotion, tout cela, dis-je, ne put que faire réfléchir davantage sur la nature et sur les suites de cette conduite qu'il gardoit et redoubloit de plus pour Mme de Maintenon. Enfin, ce commerce, qu'on n'attribua longtemps, comme j'ai dit, qu'à une pure estime et aux seuls agréments de l'esprit et de l'humeur de la dame, a paru si grand et si particulier dans la suite, que le bruit sourd se répandit que le Roi l'avait épousée secrètement, sans autres témoins que le père La Chaise, son confesseur, et l'archevêque de Paris. Cette créance, qui fut prise d'abord pour une de ces chimères de cour à tourner en ridicule un attachement aussi extraordinaire, dans la suite n'a point paru mal fondée à la plupart des gens, mais[3] avoir même d'assez grands préjugés pour l'affermir. Ceux

---

[1] *Aussi aperçut-on :* manuscrit [*B*]. — Voir dans l'édition Geoffroy, I, 102, de quelle manière Madame de Maintenon expliquait aux demoiselles de St-Cyr sa brouille avec Mme de Montespan. — Et dans Lavallée *(Corresp.*, II, 123) les lettres si importantes adressées à Mme de Frontenac sur ce sujet.

[2] *Ne faisait que :* manuscrit [*B*].

[3] *Et d'avoir :* manuscrit [*B*].

qui en sont persuadés, et qui ne peuvent l'attribuer ni à la jeunesse, ni à la beauté, ni à la grande naissance de la dame et qui y trouvent d'ailleurs tant de raisons opposées à un pareil engagement d'un grand roi, et si jaloux d'ailleurs de sa gloire, ceux-là, dis-je, ne peuvent que l'imputer au penchant susmentionné du Roi à la dévotion, à une mortification de ses sens, à une pénitence de ses amours criminelles, et à une conduite particulière par où elle[1] a su engager en premier lieu toute l'amitié et la confidence de Sa Majesté, et ensuite, par crainte de retomber en ses foiblesses passées, ou par la considération même de ses infirmités suivies, le porter (si ces bruits sont véritables) à en faire non seulement sa confidente, mais sa femme légitime[2] : à quoi j'ajouterai, pour ne rien taire sur le sujet d'une aventure ou d'une personne aussi extraordinaire, que cette dame a un frère d'un mérite assez médiocre, mais que sa faveur n'a pas laissé d'attirer à la cour, sous le titre de marquis d'Aubigny, et de lui procurer le cordon bleu dans la dernière promotion, le gouvernement de Cognac en Guyenne, et, outre d'autres bienfaits, une pension annuelle de vingt-quatre mille livres de rente[3]. Elle eut soin aussi de prendre auprès

[1] Elle : Mme de Maintenon.
[2] Sur ce mariage secret, mais aujourd'hui certain, voir Voltaire, *Siècle de Louis XIV*, qui le place à tort en 1686 (chap. xxvii); Saint-Simon, le fixant à l'hiver qui suivit la mort de la reine (édit. 1873, xii, 99, et viii, 42, édit. de Boislisle). Les auteurs ne s'accordent pas sur les noms des témoins qui y auraient assisté. Parmi les preuves qui confirment le mieux l'opinion si motivée et si mesurée de Spanheim, noter cette réponse conservée par Dangeau, d'un courtisan à Louis XIV qui désapprouvait les secondes noces : « Sire, ce n'est que pour les particuliers. » (12 août 1684); et surtout la lettre de Godet des Marais engageant Mme de Maintenon à remplir ses devoirs d'épouse (septembre 1705. — Voir Taphanel, *la Beaumelle et Saint-Cyr*, Paris, 1898, p. 219).
[3] Les renseignements de Spanheim sont rigoureusement exacts. Charles d'Aubigné, qui signa d'abord Aubigny, n'était en 1668 qu'un officier sans avenir, enseigne en 1655 dans le régiment Mazarin, capitaine au Royal cavalerie. Il avait vécu toujours aux crochets de sa sœur, empruntant 4000 livres à Scarron en 1659 (de Boislisle, *Revue des questions historiques*, LIV, p. 409). La faveur de sa sœur lui procura de l'avancement pendant la guerre de Hollande, où il servit mal et pilla beaucoup (voir *Corresp. de Louvois* dans *Rousset*, III, 357). Il eut le gouvernement de Cognac en 1677, à la fin de cette guerre; celui d'Aigues-

d'elle, et successivement, trois nièces, filles de trois diverses sœurs, et, après les avoir obligées à se rendre catholiques romaines, les marier avantageusement, l'une au marquis de Caylus, l'autre au comte de Mailly, et la troisième au marquis de Mornay, fils unique de M. et de Mme de Montchevreuil[1] dont celle-ci étoit déjà l'amie et la confidente particulière de Mme de Maintenon, et par qui elle a aussi obtenu le cordon bleu pour son mari.

D'ailleurs, comme elle a eu en vue de se rendre considérable et au Roi même et à la France par un établissement qui eût de l'éclat, et fût en même temps une preuve de sa piété, de son zèle et de sa charité, elle porta le Roi à fonder la Maison[2] de Saint-Cyr, dont elle seroit comme l'abbesse et la directrice, et à faire bâtir la maison, qui est très belle et très commode, et peu éloignée des jardins et du parc de Versailles[3].

De l'établissement de la maison de St-Cyr, par Mme de Maintenon.

Mortes dès 1688, le cordon du Saint-Esprit la même année, et en plus 24.000 livres de pension. Il mourut en 1703 à Vichy, gouverneur du Berry.

[1] Toutes ces relations de famille sont très inexactes, Mme de Maintenon n'a eu qu'une nièce proprement dite : la fille de son frère, plus tard duchesse de Noailles. Les jeunes femmes dont il s'agit là n'étaient pas des filles de ses sœurs, mais des petites-filles de sa tante, Louise-Arthémise d'Aubigné, Mme de Vilette, qui avait veillé sur elle dans son enfance. L'une, mariée au marquis de Caylus en 1686, l'auteur des *Souvenirs*, était Mlle *de la Vilette-Mursay*, fille de son cousin germain le marquis de Vilette, lieutenant-général des armées navales ; l'autre, Mlle *de Sainte-Hermine*, fille de sa cousine germaine, Anne-Madeleine de Vilette qui avait épousé un seigneur de ce nom. Mlle de Sainte-Hermine devint demoiselle d'atour de la duchesse de Bourgogne, quand elle fut mariée à Louis, comte de Mailly. Quant à la dernière, elle n'était nullement parente de Mme de Maintenon : c'était une demoiselle Françoise-Renée de Cœtquen, qu'en 1685 la marquise maria non pas au fils unique, mais à l'aîné des huit enfants de son amie intime et presque sœur par l'amitié, si l'on veut, la marquise de *Mornay-Montchevreuil*.

[2] *L'abbaye* : manuscrit [*B*].

[3] La fondation de Saint-Cyr est exactement du 29 août 1686, date à laquelle, dit Dangeau, « les demoiselles qui sont à Noisy, commencèrent à en partir pour les beaux bâtiments, mais très insalubres » que, sur l'ordre et avec les fonds de Louis XIV, Mansart avait construits sur les terrains achetés à M. de Saint-Brisson, de juin 1685 à août 1686. — Mme de Maintenon n'en fut pas l'abbesse, quoique les papes, et surtout Clément XII, lui adressassent directement des brefs. La supérieure fut Mme de Brinon, qui avait eu l'initiative

pour y recevoir et élever en toutes sortes d'exercices de piété, et convenables à une pareille jeunesse, deux cents jeunes demoiselles de sept à quatorze ans, dont les familles avoient besoin de ce secours, et qui ensuite, passé l'âge de vingt ans, en seroient tirées, suivant leurs diverses inclinations ou leur destinée, soit pour être mariées à des partis sortables qui se présenteroient, soit pour embrasser la vie religieuse et se retirer en des couvents, soit, à défaut de l'un et de l'autre, pour être renvoyées à leurs parents[1]. Elle fit même ensuite que le Roi affecta les revenus de l'abbaye de Saint-Denis[2], qu'on tient de cent vingt mille livres de rentes, à l'entretien de la dite abbaye de Saint-Cyr, et en obtint les bulles de la cour de Rome, ainsi qu'elle en a obtenu du moins, depuis, la confirmation du nouveau pape.

Et comme elle a contribué et contribue par là au soulagement de plusieurs familles considérables par la naissance ou par les services, elle a pris aussi d'ailleurs à tâche d'entretenir et de varier même les divertissements de la cour, en portant le Roi à y donner fréquemment des fêtes galantes, magnifiques, accompagnées même de circonstances nouvelles, surprenantes

---

de cette institution charitable à Montmorency en 1680, l'avait porté à Rueil en 1682, et bientôt l'installa à Noisy. — Les lettres patentes de Louis XIV pour l'institution de Saint-Cyr sont du 2 juin 1686 (*Archives de Seine-et-Oise*. — Lavallée, *la Maison royale de Saint-Cyr*. — A. Taphanel, *Mémoires de Manseau, intendant de la maison royale de Saint-Cyr* (Revue de l'histoire de Versailles, février 1899).

[1] Les conditions sont énumérées d'une manière générale par Dangeau (8 juin 1682) et plus précisément par l'acte cité dans la note précédente : il fallait faire preuve devant le généalogiste du roi de quatre degrés de noblesse du côté paternel, et établir sa pauvreté (Mme de Caylus, *Souvenirs*, I, 122). Les jeunes filles avaient à choisir ou de devenir dames et maîtresses de Saint-Cyr ou de rentrer dans le monde avec une dot de 3000 écus.

[2] *Saint-Germain* : manuscrit [*B*]. C'est bien Saint-Denis qu'il faut lire. Dangeau dit : « pour partie de la fondation le roi donna 50.000 écus de rente. Il y a uni la manse abbatiale de Saint-Denis qui va a peu près à 100.000 livres ». C'était, avec la différence entre la valeur nominale et réelle des bénéfices, à peu près 200.000 livres. Le brevet de Louis XIV qui supprima la manse abbatiale parut le 2 mai 1686. Le pape nouveau donna sa bulle de confirmation le 6 janvier 1689. De Sourches, III, 1683.

et agréables, comme des loteries, des[1] boutiques assorties de toutes sortes d'étoffes et de bijoux ou curiosités de prix, et données aux dames qui y étoient conviées, quelquefois en pur don, d'autre fois jouées par les dames et les courtisans, à plus bas prix de leur valeur, et dont le surplus étoit aux dépens du Roi[2].

C'est ainsi par où Mme de Maintenon a tâché et tâche de faire également deux personnages assez différents, mais tous deux conformes à son état, à sa fortune, et au dessein de s'y maintenir, avec l'approbation même d'une cour d'ailleurs aussi galante. A quoi on peut joindre encore l'adresse particulière avec laquelle elle a su balancer le crédit et l'ascendant du marquis de Louvois sur l'esprit du Roi, et empêcher qu'il ne restât seul maître des affaires et du gouvernement. C'est dans cette vue qu'elle a su relever la famille Colbert, qui parut d'abord déchue de considération par la mort du ministre de ce nom, soutenir le marquis de Seignelay, son fils, lui conserver la direction en chef des affaires de la marine, et le porter enfin au poste qu'il remplit aujourd'hui de ministre d'Etat[3]. Pour ne rien dire, ou de la duchesse de Chevreuse, sœur dudit Seigne-

---

[1] *Et :* manuscrit [B].

[2] La loterie de Marly (Voir Dangeau, janvier 1686 ; — Voltaire, *Siècle de Louis XIV*, chap. xxvii. De Sourches, I, 354). Sur les fêtes de cette époque, consultez les gravures du cabinet des Estampes : la loterie royale (1679). Bal et mascarade donnés par le Dauphin et les courtisans (1683). — De Sourches, enfin, t. I et II *passim* qui décrit les bals, les carrousels tout au long.

[3] Il y a une grande part de vérité dans ces remarques : Louvois s'accommodait mal de travailler en présence de Mme de Maintenon. « Ma présence gêne Louvois, écrivait celle-ci (4 novembre 1688) à son amie, Mme de Saint-Geran qui était l'amie de Seignelay et le renseignait. (Lavallée, III, p. 149). Les duchesses de Beauvillier et de Chevreuse contribuèrent à ce revirement. La capitulation de Mayence, connue à Versailles le 13 septembre 1689, peu de temps après que Seignelay eut fait figure de grand organisateur à Brest, fut l'occasion du complot contre Louvois et du retour des Colbert. Lepelletier, ami de Louvois, quitta les finances (20 septembre 1689). Seignelay fut fait ministre d'Etat (4 octobre 1689). Torcy son cousin, dont Spanheim ne parle pas, reçut le 25 septembre la survivance de son père, Croissy aux Affaires étrangères. — Voilà la preuve que Spanheim écrivait sa Relation après le mois d'octobre 1689 et enregistrait à Berlin toutes les nouvelles de France.

lay et sa bonne amie, d'ailleurs dévote, qu'elle a su mettre dans une considération particulière auprès du Roi, ou du duc de Beauvillier, mari d'une autre fille du ministre Colbert, lequel elle a su élever au poste de chef du Conseil royal des finances, et récemment de gouverneur du duc de Bourgogne[1].

Je devrois ajouter ici quelques réflexions sur la part funeste qu'on lui[2] attribue dans la malheureuse et cruelle persécution suscitée aux gens de la Religion en France : ce qui a paru d'autant plus étrange qu'elle, et toute sa famille, étoit née et élevée dans la même religion ; que son grand-père, dont il a été parlé, y a signalé son zèle, sa plume et son courage ; que presque toute sa parenté s'y trouvoit encore, et qui n'a pas été à l'abri de ces mêmes persécutions. On n'en sauroit rien dire, ni deviner autre cause sinon qu'elle a tout sacrifié au penchant du Roi et à la résolution qu'il en avoit prise de longue main ; qu'elle a voulu s'en faire un mérite particulier auprès de lui ; qu'elle a pu même se flatter quelque temps qu'on viendroit à bout de ce grand dessein sans y employer des moyens aussi extraordinaires et aussi violents que ceux dont on s'y est servi dans la suite ; qu'elle n'a pas eu alors ou le pouvoir ou la volonté de les détourner, et que la bigoterie enfin est venue au secours de la prévention, et d'ailleurs de son entière résignation aux volontés et à l'engagement du Roi[3]. Voilà l'état où les choses

---

[1] *Jeanne-Marie Colbert, duchesse de Chevreuse*, mariée le 3 février 1667, dame du palais, morte le 26 juin 1731. Sur la considération du roi pour elle et les preuves qu'il en donnait, voir Saint-Simon, édit. 1873, IX, 387 — *Henriette-Louise Colbert duchesse de Beauvillier*, deuxième fille du ministre, mariée le 21 janvier 1671, dame du palais (26 avril 1680), morte le 19 septembre 1733. — Elles tenaient à elles deux « un sanctuaire qui avait toute la cour à ses pieds, le premier crédit, les plus intimes privances avec le roi et Mme de Maintenon. » — Le duc de Beauvillier, né le 24 octobre 1648, avait trente-sept ans quand il fut placé, le 6 décembre 1685, à la mort du maréchal de Villeroi, à la tête du Conseil royal des finances. Le 16 août 1689, il fut nommé gouverneur du duc de Bourgogne.

[2] Manuscrit [*B*], dans la marge : *A Madame de Maintenon*, addition de la main de Spanheim.

[3] Le jugement de Spanheim sur la participation de Mme de Maintenon à la Révocation est d'une mesure qui, de la part de ce protestant étranger, a une valeur singulière : « On est bien injuste, écrivait-elle en 1686, de m'attribuer

s'en trouvoient à mon départ de France, il y a un an, et en sont encore, autant qu'on sait. Ce qui, après tout, d'une simple demoiselle, vieille, pauvre, veuve d'un auteur burlesque et aussi infirme, la suivante de la maîtresse du Roi, dans la cour d'ailleurs la plus galante de l'Europe, en a fait la confidente, la maîtresse, et, comme on croit, l'épouse même d'un grand monarque, et lorsqu'il se trouvoit encore dans la vigueur de l'âge et dans le comble de sa gloire.

Ce qui ne put[1] que paroître d'autant plus étrange qu'en effet la gloire est l'autre passion du Roi qui le domine et le possède jusques à l'excès, et qui aussi a eu le plus de part aux événements fatals de nos jours[2]. Comme les qualités personnelles du Roi, les heureux succès de ses établissements ou de ses entreprises, l'état florissant de son règne dans ses finances, dans ses armées, dans ses généraux, dans ses conquêtes, joint aux flatteries ordinaires des courtisans et au génie soumis de la nation envers son prince, l'élevèrent bientôt au-dessus non seulement des monarques ou des souverains de son temps, mais de ceux même des règnes précédents, il s'accoutuma

De la démesurée passion du Roi pour la gloire.

---

tous ces malheurs; s'il était vrai que je me mêlasse de tout, on devrait bien m'attribuer *quelques bons conseils*. Ruvigny est intraitable, il a dit au roi que j'étais née calviniste et que je l'avais été jusqu'à mon entrée à la Cour. Ceci m'engage à approuver des choses qui sont fort opposées à mes sentiments. » La Beaumelle, *lettres* (édit. de Nancy, I, 168). Spanheim lui, n'est pas intraitable : il tient compte de la répugnance de Mme de Maintenon aux mesures de violence, prouvée par cette autre lettre du 13 août 1684 : « Le roi a des conférences sur la conversion avec MM. de Châteauneuf et Le Tellier où l'on voudrait me persuader que je ne serais pas de trop. M. de Châteauneuf a proposé des moyens qui ne convenaient pas. Il faut convertir et non persécuter » (Lavallée, *Corresp. génér.*, II, 380) La conversion, Mme de Maintenon l'encouragea par bigoterie et pour faire sa cour. « Le roi, écrivait-elle le 28 octobre 1679, pense sérieusement à la conversion des hérétiques; sous peu *on y travaillera pour tout de bon* ». (*Id., ibid.)* La persécution en fut la suite : Mme de Maintenon l'accepta comme une dévote, pour obéir au roi, et pour faire oublier ses origines et attaches protestantes. (Comparez Saint-Simon, édit. 1873, XII, **108**).

[1] *Peut* : manuscrit [*B*].

[2] « Cet éclat de gloire dont il était idolâtre en toutes choses » (Voltaire, *Siècle de Louis XIV*, ch. XXXVI, édit. Bourgeois, p. 704).

insensiblement à prendre goût à ces éloges et à croire qu'ils
n'étoient pas sans fondement. On s'attacha à le faire seul
l'auteur et le mobile[1] de tous les heureux succès de son règne,
à les attribuer uniquement à ses conseils, à sa prudence, à sa
valeur et à sa conduite, bien plus qu'à ses forces, à ses
ministres, à ses généraux et aux conjonctures. On ne garda
même point de mesures à s'écrier sur toutes ses paroles et sur
toutes ses actions, et à ériger des monuments à sa gloire, qui
l'élevoient non seulement au-dessus des héros de sa race ou de
ceux des autres peuples, mais bien au delà de la portée et des
bornes de la condition mortelle[2]. Il s'en fit aussi une confiance
qui lui inspira une autre opinion de ses entreprises et de ses
forces, et du mépris de celles de ses ennemis, et qui passa si
avant qu'à lui faire considérer comme injure tout ce qui sembloit vouloir traverser ses desseins ou diminuer aucunement
sa considération ou son autorité dans l'Europe. On peut même
dire que c'est là son grand foible, fatal au repos de la même
Europe, et la principale et véritable source des révolutions
malheureuses, soit à l'égard des affaires de la Religion suscitées
dans son royaume, soit à l'égard des affaires étrangères et
des guerres passées depuis la paix des Pyrénées, et renou-
velées malheureusement contre l'Espagne, contre la Hollande
et contre l'Empire. C'est sur quoi il y aura lieu de faire
quelques réflexions dans la suite, puisqu'il n'est question en
cet endroit que de s'arrêter à la personne du Roi, et d'en toucher
les traits qui font son véritable caractère et qui, de là, se
répandent sur les actions de son règne. Aussi ne peut-on
disconvenir que ce ne soit ce même attachement à la gloire et à
la grandeur du monde, qui lui a fait passer par-dessus les lois

[1] *Moyenneur* : manuscrit [B].
[2] M*me* de Sévigné, *Lettre à M*me *de Grignan* (13 juin 1685) : « On nous mande que les Minimes de votre province ont dédié une thèse au roi où ils le comparent à Dieu, de manière qu'on voit clairement que Dieu n'est que la copie. On l'a montrée à M. de Meaux qui l'a portée au roi en disant que Sa Majesté ne le pouvait pas souffrir. Le roi a été de cet avis. *Trop est trop.* »

divines et humaines, pour reconnoître à la face de l'Europe et faire légitimer par des cours souveraines des fruits clandestins de ses amours criminelles, pour leur procurer un rang plus élevé qu'il ne s'étoit vu en pareil cas, sous d'autres règnes, et dont il sera encore plus parlé dans la suite[1].

C'est à quoi on peut ajouter un penchant à la dévotion où on le voit se porter de plus en plus, et qui ne pourroit que mériter un éloge particulier, s'il étoit conduit par plus de connaissance et moins par la direction de son confesseur, s'il n'avoit endurci son naturel, au lieu de l'amollir[2] dans les rencontres, et enfin s'il ne s'en étoit formé ce grand et terrible orage qui est tombé sur ses bons et fidèles sujets de la Religion. Ce n'est pas qu'on ne puisse croire que la dévotion du Roi ne soit sincère, fondée sur les principes de sa religion autant qu'on la lui a fait connoître, et ainsi qu'il ne soit attaché de bonne foi aux objets de son culte et de sa créance ; aussi lui voit-on une grande régularité et beaucoup de soumission dans toutes les fonctions ou exercices qui y ont du rapport[3]. En sorte même que, comme j'ai déjà touché ci-dessus, l'impiété et la profanation des choses sacrées, les blasphèmes, le libertinage, qui ont eu cours sous d'autres règnes, et peut-être sous celui-ci durant sa minorité, sont bannis de sa cour, sont punis quand on les connoît, et au moins font un obstacle invincible aux avancements des prétendants, pendant que les dévots, ou qui sont en réputation de l'être, y trouvent leur compte et leur fortune[4]. Le choix, touché déjà

De la dévotion du Roi et de ses effets.

[1] Comparez Voltaire *(Siècle de Louis XIV*, édition Bourgeois, p. 553-555) qui essaie de trouver des excuses à Louis XIV, et les *Mémoires de Louis XIV*, édit. Dreyss, II, 394 dans le même sens. — Voir aussi Saint-Simon, dans le *Parallèle des trois rois Bourbons* et les *Mémoires* (édit. 1873 : II, 216; VI, 116; XII, 15, 23; III, 243. Lorsqu'il parle « des fadeurs vomitives qu'il acceptait avec délectation », il est plus sévère au contraire que Spanheim.
[2] Le manuscrit [*B*] et Dohm ajoutent ces mots : « *l'amollir et le porter à la pitié, s'il ne s'en était formé*, etc... »
[3] Sur la vie et les exercices religieux du roi, voir Saint-Simon, édit. 1873, XII, 183; sur son confesseur, Voltaire, *Siècle de Louis XIV*, ch. xxviii.
[4] Voir Saint-Simon (édit. 1873, VII. 193), et les conseils qu'il donne au duc d'Orléans de se rapprocher du roi par la dévotion.

ci-dessus[1], du duc de Beauvilliers pour la charge de chef du Conseil royal, qui vint à vaquer par la mort du maréchal duc de Villeroy, et encore du même duc[2] choisi nouvellement, et depuis mon départ de France, pour gouverneur du duc de Bourgogne, en a été et est une preuve éclatante, puisque du su et aveu des courtisans, c'est la seule qualité ou réputation de dévot qui lui a pu donner cette préférence pour l'un et pour l'autre emploi par-dessus d'autres compétiteurs plus accrédités d'ailleurs et plus en passe pour les remplir[3]. Tout cela sans doute pourroit mériter beaucoup de louange, et d'ailleurs avoir un véritable rapport aux obligations d'un roi très chrétien. Mais, comme les choses en apparence les plus saintes et les meilleures intentions ont de fâcheux revers et produisent des choses funestes quand l'entendement n'est pas assez éclairé pour le garantir d'erreur ou de surprises[4], on peut dire aussi avec vérité que la dévotion du Roi n'a pu éviter ces deux fâcheux écueils, causés par l'ignorance, entretenus par la prévention, et fortifiés par les illusions de s'en faire un véritable mérite. C'est ainsi que, d'un côté, la crainte de la mort, à quoi le Roi est naturellement sensible, les réflexions sur les désordres de sa vie passée, l'envie de les expier, l'appréhension des jugements de Dieu, et là-dessus sa résignation aveugle aux directeurs de sa conscience, ont été capables de lui faire prendre des résolutions et d'en faire suivre de tristes effets. Je n'ai pas besoin, là-dessus, de retoucher ici la cruelle persécution suscitée

---

[1] Page 92, note 1.

[2] Le mot *duc* manque dans le manuscrit [*B*].

[3] Quoique les contemporains, de Sourches (I, 338) et Mme de Sévigné (VII, 480), parlent du mérite de Beauvillier, on sent que tous louent le choix de Louis XIV, surtout pour la vertu rare chez « un homme de cet âge qu'il avait su distinguer ». Les étrangers disent comme Spanheim : Veniero par exemple, envoyé de Venise en 1695, juge que l'étude a peu développé chez Beauvillier l'intelligence, qu'il a un certain bon sens, et qu'il doit son autorité à ses manières affables. — C'est aussi l'avis d'Erizzo, en 1699 (*Relazioni*, série Francia, t. III, p. 513).

[4] Une « *dévotion ignorante* », dit Saint-Simon, édit. 1873, VII, p. 193. Voir aussi le *Parallèle des trois rois Bourbons*, p. 222.

et poussée à bout dans son royaume, et par ses ordres
sanglants, contre ses fidèles sujets de la Religion, et dont il y
aura lieu de parler encore dans la suite. Je dirai ici seulement[1]
qu'on ne peut que l'attribuer à ces deux sources malheureuses
dont je viens de parler : l'une, de la gloire du Roi qu'on y a
su intéresser à résoudre et à exécuter une entreprise qui
paroissoit au-dessus des forces royales et de toute apparence
d'y réussir, et ainsi à en faire la plus grande et la plus éclatante
action de son règne ; l'autre d'un zèle aveugle, prévenu par de
fausses idées et intéressé à s'en faire un mérite devant Dieu,
capable même de contribuer à l'expiation de ses crimes passés[2].
C'est d'où aussi on peut juger qu'il n'y a guère l'apparence
(à parler suivant le cours du monde et sans toucher aux
ressorts admirables et cachés de la Providence) que cette disposition du Roi à une dévotion superstitieuse change avec
l'âge et le temps ; qu'il y en a plutôt à croire que les mêmes
vues et considérations susmentionnées de l'état et de l'humeur
du Roi, d'ailleurs peu susceptible de réflexions sur sa créance
plus solides et plus fondées, joint à l'intérêt qui s'y trouve
de son confesseur et de la dame qui le possède entièrement,
soit en femme, soit en confidente, que tout cela, dis-je, contribuera plutôt à l'y entretenir et à l'y affermir. Ce qui est remarquable, et qui se recueille même assez de ce que dessus, c'est
qu'on peut dire hardiment, sans blesser la vérité, que ce même
esprit de dévotion ne se trouve point accompagné jusques ici
de l'humilité, de la charité, de la compassion, ou enfin de la
modération qu'on attribue à saint Louis, l'un de ses plus
glorieux ancêtres. Aussi n'a-t-elle pas laissé, cette même
dévotion, de commettre le fils avec le père, je veux dire de

[1] Manuscrit [B] : *Je dirai seulement*.
[2] Comparez Saint Simon : « on toucha un dévot de la douceur de faire aux
dépens d'autrui une pénitence facile, qu'on lui persuada sûre pour l'autre
monde. On saisit l'orgueil d'un roi en lui montrant une action qui passait le
pouvoir de tous ses prédécesseurs. On le détermina, lui qui se piquait si vivement de gouverner par lui-même, d'un chef-d'œuvre à la fois de politique et de
religion. » (Édit. 1873, XII, 106.) Voir Voltaire, *Siècle de Louis XIV*, ch. xxxvi.

brouiller le Roi avec le défunt pape et le saint-siège, comme ils l'appellent, et de le porter à l'attaquer et à l'insulter en plusieurs manières. La Cour de Rome, aussi bien que le parti du roi Jacques, peut encore attribuer à cette même dévotion le détrônement de ce roi, la ruine de ses affaires et de celles de la religion romaine dans l'Angleterre, et la grande révolution qui y est arrivée. C'est à quoi on ne peut nier que les exemples, la conduite, les conseils, les intelligences de la cour de France, l'appui au besoin qu'on s'en promettoit, n'aient donné le plus grand branle à y engager et précipiter le roi Jacques, et par là porter la nation à y chercher le seul remède qu'on y pouvoit apporter[1]. Cette dévotion n'a pas eu plus de crédit ou de suites pour détourner le Roi de renouveler une guerre injuste, de rompre la foi des traités solennels, de n'en alléguer même ou y faire valoir[2] que des motifs et des prétextes vains et frivoles de précaution, de hauteur et de gloire; à y faire suivre immédiatement des ravages terribles, des désolations inoüies, contre des princes et États de même religion, sans épargner ni églises, ni monastères, ni tombeaux, ni ainsi tout ce qui peut être de plus sacré et de plus privilégié par les lois divines et humaines; et le tout au lieu de tant de restitutions à faire, à l'exemple d'un prince de son sang[3], qui avoit bien moins

---

[1] Sur Jacques II et sa religion, voir Voltaire, *Siècle de Louis XIV*, ch. xv ; M*me* de Sévigné, *Lettres* des 28 février 1689, 14 janvier 1689, 5 octobre 1690; Hamilton, *Œuvres* (édit. 1812). « Il est beau, écrivait M*me* de Maintenon, de voir un roi confesseur (9 janvier 1689; Lavallée, III, p. 169).

[2] Manuscrit [*B*] : *Voir*.

[3] En marge, manuscrit [*A*] : « *Le feu prince de Conti, père du prince vivant de ce nom et du dernier mort* ». — Dans le manuscrit [*B*] : « *Le prince de Conti, père du prince vivant de ce nom* ». Le frère du grand Condé auquel Spanheim fait ici allusion ne mérite peut-être pas à ce point d'être comparé et préféré à Louis XIV (voir Saint-Simon, édit. de Boislisle, I, 78). Armand de Bourbon-Conti, petit, bossu, avait été destiné à l'Eglise par son frère. Il avait quitté l'Eglise en 1654, pour prendre à la Cour la place que, par sa trahison son frère dont il était jaloux, laissait vacante. Par ambition aussi, il épousa Anne Martinozzi, la nièce de Mazarin (1654). Il est vrai que retiré, en 1660 dans son gouvernement du Languedoc, il se livra à la dévotion, écrivit un Traité de la comédie *selon les traditions de l'Eglise*, en 1667 des *lettres sur la grâce*. Peut-être aurait-il mieux fait d'écrire, selon Voltaire : « un traité

sujet d'en faire, et qui en prit et exécuta une résolution généreuse et chrétienne, après un heureux retour à soi et une sérieuse réflexion sur sa conduite passée. Ajoutez le peu de rapport d'une véritable dévotion d'un roi très chrétien avec la conduite à se rendre volontairement, par cette même guerre, l'appui et l'associé de l'ennemi du nom chrétien ; au moins, et dont on ne peut disconvenir, à l'y servir d'une puissante diversion, lui donner lieu par là de faire de nouveaux ravages dans les pays chrétiens, et enfin à le détourner, par cette même diversion, de conclure une paix stable et avantageuse à la même chrétienté ; c'est-à-dire que la gloire, dont j'ai parlé, l'emporta encore sur la dévotion, que la vue de demeurer arbitre des affaires de l'Europe, d'en prescrire les conditions et d'en usurper les droits, d'y donner la loi quand il lui plaît, sans qu'on soit en droit d'y trouver à redire ou en état de s'y opposer, d'arriver enfin à ce but et de s'y maintenir par toutes sortes de moyens, que tout cela, dis-je, l'emporta sur toutes autres considérations, ou chrétiennes, ou morales, ou même de bonne et saine politique, qui l'en auraient dû détourner, et ce qui peut-être seroit arrivé, si on eût donné lieu au Roi, et à temps, d'y faire les réflexions convenables, et, au contraire, s'il n'y eût été aidé et porté par des conseils violents, artificieux, et surtout par des préventions prises de son foible susmentionné pour la gloire du monde et pour une dévotion aveugle, ou au moins peu éclairée.

Mais, pour achever le portrait du Roi, ou en particulier celui de ses inclinations, il reste à parler de celles qu'il a fait paroître jusques ici, non seulement pour la dévotion telle que je viens de dire, pour la gloire fausse ou véritable, et pour ses maîtresses ou ses confidentes, dont il a été fait mention, mais aussi pour ses favoris, ou au moins ceux pour qui on lui a vu

Des favoris ou ou seigneurs les plus accrédités auprès du Roi

contre les guerres civiles ». Ses deux fils étaient Louis-Armand né en 1661, qui était mort depuis le 9 novembre 1685 ; l'autre François-Louis né en 1664, qui paraissait destiné à être le digne neveu de son oncle, le grand Condé.

jusques ici plus de penchant et de distinction. Et, comme on ne peut mieux reconnoître que par là le génie d'un prince, son *fort* et son *foible*, comme on parle, puisqu'ils sont plus les objets de son choix et de son inclination que les ministres, portés souvent à ce poste ou par les conjonctures, ou par le besoin des affaires, ou par reconnoissance de leurs services passés, on ne peut aussi que réfléchir sur ceux qui se trouvent élevés à un degré, apparent ou véritable, de faveur et de confidence particulière de leur prince. Sur quoi on peut dire jusques ici que le Roi n'en a point eu dans ce haut point de faveur qu'on en a vu sous d'autres règnes, et, sans aller plus loin, tels que le connétable de Luynes l'étoit sous le feu roi son père.

Du Comte de Lauzun.

La faveur du comte de Lauzun, qui a paru celui pour qui le Roi a eu le plus de penchant, et qui l'a porté le plus haut, surprit d'autant plus par les courtisans qu'elle avoit été précédée d'un emprisonnement du même comte pour punition des paroles hautaines avec lesquelles il traita le Roi et maltraita sa maîtresse, qui étoit la princesse de Monaco[1], dont il a été parlé, fille du feu maréchal de Gramont, et l proche parente du même comte. D'ailleurs, ce dernier, qui étoit

---

[1] Le père de ce duc de Lauzun, alors comte de Lauzun, fils d'une Gramont, était le cousin germain du *maréchal de Gramont* mort en 1678, en Navarre d'où il était originaire (comme les Lauzun de Guyenne). La fille du maréchal, *Catherine Charlotte de Gramont* mariée à Pau le 30 mars 1660, à Louis Grimaldi prince de Monaco, duc de Valentinois, morte en 1678, était l'amie intime d'Henriette d'Angleterre, surintendante de sa maison. Elle faisait partie de ces réunions où Louis XIV passa les premières années de la jeunesse, chez Madame, en compagnie de la comtesse de Soissons et des filles de la duchesse, où il prit ses premières maîtresses, occupé à faire mille folies, à se jeter du vin à la tête, à se marcher sur les mains, à Saint-Cloud et ailleurs (Saint-Simon 1873, XIX, p. 60-75). *Lauzun, marquis de Puyguilhem*, capitaine des gentilshommes au bec de corbin était de ces parties. Jaloux de Mme de Monaco, « il écuma qu'elle eut des passades avec le roi ». Il leur joua un tour plaisant que raconte Saint-Simon (1873, XIX, 175). Il avait été emprisonné trois fois, une première fois, en 1665, à la suite sans doute de l'intrigue où son cousin de Guiche et la comtesse de Soissons furent compromis. La seconde disgrâce, qui fit plus de bruit, fut celle de 1669 : elle avait été provoquée par l'irritation de Lauzun de s'être vu refuser, par l'opposition de Mme de Montespan, la charge

un gentilhomme de Guyenne sans biens et sans appui, hors
celui du maréchal susdit, son oncle, brave véritablement,
vif et entreprenant, mais fier à excès, paroissoit d'un caractère
assez opposé à celui du Roi. Il[1] n'avoit rien non plus dans
l'extérieur qui pût gagner ou attacher l'inclination d'un prince
d'un naturel rassis, modéré et sérieux, et le faire préférer à
d'autres courtisans d'un tempérament et d'un génie plus conforme à celui de Sa Majesté[2]. Cependant, ou l'*étoile* dudit
comte, comme on parle, ou l'opinion que le Roi conçut de l'intrépidité et de l'attachement à lui seul de son favori, et ainsi
l'envie de se faire une créature particulière, tant de son pur
choix que d'un homme incapable, vu son humeur altière,
d'autre dépendance que de son maître et de son bienfaiteur,
tout cela, dis-je, engagea sensiblement Sa Majesté à l'honorer
de sa confidence, de ses bienfaits, et à lui en donner des marques[3] d'éclat et de distinction : ce qui parut d'autant plus
extraordinaire, que ce même comte ne gardoit aucun ménagement avec le marquis de Louvois, avec lequel il étoit fort
brouillé, et en avoit peu d'ailleurs pour la maîtresse de
Sa Majesté, qui étoit alors Mme de Montespan. Cette faveur,
qui dura trois ou quatre ans malgré le pouvoir de la maîtresse
et le crédit du ministre, se perdit par l'endroit qui pensa l'élever au comble du bonheur, enfin à une fortune aussi extraordinaire pour un gentilhomme que celle d'avoir été sur le point
d'épouser une cousine germaine du Roi et de devenir, par ce
mariage avec Mlle de Montpensier, un des premiers princes de

---

de grand maître de l'artillerie que le roi lui avait d'abord promise (voir Saint-
Simon, édit. 1873, XIX, 171-175)

[1] « *A celui du roi, et n'avait* » ; manuscrit [B].

[2] Voir le portrait de Saint-Simon (édit. 1873, XIX, 169).

[3] Des « *marques particulières* » : *manuscrit* [B.] En 1667, après la première
disgrâce, il devint maréchal de camp; colonel général des dragons en
1668 — puis, pendant la deuxième disgrâce, au moment même où il était à la
Bastille, le roi le consola de la perte de l'artillerie par une compagnie des
gardes du corps et le gouvernement du Berry (1669). En 1670, il était lieutenant général et commandant en chef de la maison du Roi (Saint-Simon, édit.
1873, XIX, 177.)

son sang, et des plus grands et riches seigneurs du royaume. Il eut le malheur d'y échouer par l'obstacle imprévu qui y survint lorsqu'il s'y attendoit le moins, qu'il ne tint même qu'à lui de prévenir, qu'il se tenoit sûr de son affaire, et lequel obstacle lui fut suscité[1] par les sérieuses remontrances faites au Roi par le duc d'Orléans, son frère, et par le prince de Condé. Aussi le dépit que ledit comte en conçut et en garda, malgré les bontés avec lesquelles Sa Majesté tâcha de lui en adoucir le refus, celui qu'il eut encore dans la suite de ne parvenir pas à la charge de colonel de l'infanterie françoise, dont il fit sonder le roi par M*me* de Montespan[2], les emportements qu'il eut là-dessus contre la même dame, qui étoit encore la maîtresse favorite du Roi, et toutes les injures atroces qu'il lui dit, tout cela, dis-je, entraîna enfin la disgrâce[3] de ce comte et son emprisonnement à Pignerol. Il n'en fut tiré, après une prison étroite de près de dix ans, que par la cession que M*lle* de Mont-

---

[1] Dans le manuscrit [B] : « *L'obstacle imprévu qui y survint lorsqu'il s'y attendait le moins, qu'il ne tint même qu'à lui de le prévenir, qu'il se tenait sûr de son affaire, et qui ne lui fut suscité,* etc... »

[2] Manuscrit [B] : « la *charge de colonel... vacante alors par la mort de M. de Turenne* ». — C'est une double erreur de Spanheim : il s'agissait de la *grande maîtrise de l'artillerie* qui appartenait depuis 1648 au duc de la Meilleraye-Mazarin, devenu à peu près fou, brouillé définitivement avec sa femme en 1668, résignant l'année suivante toutes ses charges (1669). Turenne n'est mort qu'en 1675.

[3] Spanheim confond cette troisième disgrâce avec la deuxième, comme il a confondu la deuxième avec la première, M*me* de Montespan avec M*me* de Monaco. L'affaire qu'il raconte ici, les démêlés de Lauzun avec M*me* de Montespan et Louvois fut réglée en 1669. Lauzun était ensuite en 1670 en pleine faveur ; ses ennemis avaient été obligés de céder, lorsqu'il s'exposa à leur revanche en voulant épouser M*lle* de Montpensier, « la plus riche héritière de l'Europe ». En décembre 1670, il avait obtenu l'autorisation du roi : cette faveur incroyable ligua toute la Cour, les princes, la maîtresse royale avide de se venger de lui. Il fut enfermé, après avoir été arrêté brusquement, et conduit à Pignerol (nov. 1671). Il avait touché déjà, le 17 décembre 1670, le prix de son mariage : Eu, les Dombes, et le duché de Montpensier, et fait figure presque de prince royal à l'armée de Flandre *(Mémoires de M*lle* de Montpensier*, édit. Chéruel, IV, 308). — Ravaisson, *Archives de la Bastille*, II, 433, 452). Le 25 novembre, craignant que dans la guerre de Hollande Lauzun ne s'emparât de l'esprit du roi, M*me* de Montespan le fit arrêter sur les indignités qu'il disait d'elle (voir *Mémoires de Séguier*).

pensier, avec laquelle on le tenoit marié secrètement, fit de la principauté souveraine de Dombes et autres terres au duc du Maine, fils du Roi et de Mme de Montespan. Il est vrai que la liberté et le retour à Paris dudit comte, qui arriva durant mon séjour en France, en l'an 1684[1], ne fut pas suivi du retour de sa faveur, que celui-là ne lui fut même accordé qu'à condition qu'il ne se tiendroit point à Versailles, et n'approcheroit de la personne du Roi qu'il n'y fût appelé : ce qui a duré jusques à la part qu'il a eue, dans le mois de décembre 1688, à la retraite en France de la reine épouse du roi Jacques, avec son fils réputé prince de Galles[2]. C'est ce qui lui donna lieu de se présenter au Roi à Versailles, d'en être bien reçu, d'avoir permission d'y rester, et qui a été suivie d'un appartement qu'on lui a donné audit château de Versailles, comme aux autres seigneurs de la cour, et d'ailleurs de l'ordre de la Jarretière, que le roi Jacques lui a conféré avant son départ pour l'Irlande[3]. Il n'y a pas apparence, après tout, que sa faveur revienne jamais au point où elle a été, tant par le naturel du Roi, peu porté à ces sortes de retour, et arrêté d'ailleurs par d'autres attachements qui l'en éloigneront, que par le mérite présent du comte de Lauzun, dont le brillant de l'esprit a été fort affoibli par sa disgrâce et sa prison.

Le duc de la Rochefoucauld, appelé prince de Marcillac du vivant du feu duc son père, avec un esprit et un mérite

Du Roch

---

[1] 2 février 1681 : la date de la donation de Dombes et d'Eu au duc du Maine fut celle de la mise en liberté de Lauzun. L'affaire fut réglée en 1680 aux eaux de Bourbon, où Mlle de Montpensier obtint la permission de faire conduire Lauzun. Il eut la liberté de la Touraine et de l'Anjou, et s'y ennuya. En 1684, Mademoiselle obtint pour lui la liberté de Paris, où Spanheim le vit. Sa mise en liberté et son retour à Paris ne se produisirent donc pas la même année (Saint-Simon, édit. 1873, XIX, p. 181-183). Il demanda à passer en Angleterre vers 1687.

[2] Il fut chargé par Jacques II de veiller sur la reine et sur son fils et de les ramener en France.

[3] Au mois de novembre 1689, Lauzun recevait de Jacques II l'ordre de la Jarretière et le commandement des secours que Louis XIV envoya, en mars 1690, au roi détrôné.

fort médiocre et fort inférieur à celui de ce duc, de son vivant un des plus beaux esprits et des plus heureux génies de la France, ne laissa pas[1] de gagner l'inclination du Roi dès qu'il eut occasion de s'approcher de sa personne, d'en être tiré du nombre des courtisans de son rang par les traitements et par la confidence, honoré par là de plusieurs bienfaits, et, entre autres, des charges considérables de grand maître de la garde-robe du Roi[2], et ensuite de celle de grand veneur, dès qu'elle vint à vaquer par la disgrâce et la mort du chevalier de Rohan, en 1679[3]. Sa Majesté même ajouta une manière fort agréable et peu commune au présent qu'elle lui[4] fit de la première de ces deux charges, en lui mandant par un billet de sa main « qu'il le félicitoit comme son ami de ce qu'il lui donnoit comme son maître » : en quoi on ne peut dire ou juger autre chose sinon que l'*étoile*, comme on parle, vint au secours du mérite, ou plutôt qu'un naturel éloigné ou incapable d'intrigues, d'irrégularité, de hauteur, tint lieu à ce seigneur de qualités plus solides et plus éclatantes[5], et que la pesanteur et quelque rudesse même du génie furent prises pour un sang froid et rassis. Il conserve encore ces charges et les bonnes

---

[1] « *Ne laissa pas, il y a déjà 20 ans, de gagner* » : manuscrit [B].

[2] Charge considérable en effet, créée le 26 novembre 1669, attribuée en 1672 à François VII duc de la Rochefoucauld qui donnait droit au titulaire d'être placé tout près du roi dans les grandes cérémonies. (Saint-Simon, de Boislisle, III, p. 80-81.)

[3] La fin de la phrase depuis « *dès qu'elle vint à vaquer* » est supprimée dans le manuscrit [B]. Spanheim a ajouté cette indication sans doute pour être plus précis. Elle est inexacte. La disgrâce de Rohan et sa mort sont de novembre 1674. Sa charge de grand veneur fut attribuée alors au marquis de Soyecourt, ancien aide de camp du roi qui, vendit pour l'acquérir une charge de maître de la garde-robe, et mourut le 12 juillet 1679. Alors la Rochefoucauld l'obtint (Saint-Simon, de Boislisle, V, 298).

[4] « *Qu'elle lui en fit* » dans le manuscrit [B]. La suite : « *de la première de ses deux charges* » se trouve naturellement supprimée.

[5] Voir le portrait de Saint-Simon (1873, X, 118-127), qui confirme en tous points celui de Spanheim. La faveur de la Rochefoucauld paraît avoir tenu à ce qu'il appartenait comme Lauzun au cercle d'amis et de jeunes femmes où le roi fréquenta dans sa jeunesse. Quant au bon mot célèbre on le retrouve partout. Voltaire (*Siècle de Louis XIV*, ch. xxviii, p. 539) le discute et le trouve désobligeant. Il l'attribue à Rose, secrétaire du Roi. Mme de Sévigné conte l'anecdote (1671) : « La manière vaut mieux que la chose » conclut-elle.

grâces de son maître, quoi qu'avec moins d'éclat que dans le temps qu'il les a obtenues[1] : à quoi on peut ajouter l'appui qu'il chercha au poste où il se trouvoit par une alliance avec le marquis de Louvois, en faisant épouser à son fils qu'on appelle le prince de la Rocheguyon, la fille dudit marquis, ce qui cependant n'a pas empéché que ledit fils de ce duc, et gendre du ministre, n'ait été exilé, il y a environ trois ans, et enveloppé en la même disgrâce que d'autres jeunes seigneurs de la cour, au sujet des lettres interceptées et fort licencieuses contre le Roi et Mme de Maintenon, et où le beau-père même, M. de Louvois, n'étoit pas épargné par son gendre[2].

Le maréchal de Bellefonds, gentilhomme de Normandie, du nom et famille de Gigault, a été un des seigneurs et officiers de la cour qui, durant quelques années, parut d'avoir le plus d'ascendant sur l'esprit du Roi. La charge de premier maître d'hôtel de sa maison, qui l'attachoit à un service actuel et régulier auprès de Sa Majesté, lui donna lieu de s'insinuer dans les bonnes grâces du Roi par les manières et la conduite d'un esprit vif, droit et régulier, d'un

Du maréch Bellefon

---

[1] Saint-Simon note aussi ce déclin de faveur (édit. 1873, X, 121) : « à force de prodiguer ses services, il fatigua et lassa le roi, mais ce ne fut que dans les derniers temps ». La cause fut peut-être que la Rochefoucauld ne voulut jamais s'incliner devant le crédit de Mme de Maintenon. En 1698, le roi lui faisait encore un gros présent pour payer ses dettes (Dangeau, VI, 332). C'était la seconde fois et ce ne fut pas la dernière (ibid., IV, 223, XV, 33). En 1699, le Roi accrut la charge de grand veneur de 42.000 livres de revenu. (Saint-Simon, de Boislisle, V, 129.)

[2] *François VIII de la Rochefoucauld*, né le 17 août 1663, colonel de Navarre en 1683. Son mariage avec Elisabeth Le Tellier, fille ainée de Louvois au comble de la faveur (novembre 1679) fut un événement à la Cour : « magnificence, illuminations, toute la France », dit Mme de Sévigné (10 et 29 novembre). Fouquet et Lauzun de leur prison en félicitèrent le tout-puissant ministre. Le roi donna au gendre de Louvois la survivance immédiate des charges de son père et l'autorisa à ériger en duché pairie la terre de la Rocheguyon (1679). Les la Rochefoucauld désiraient le rang de *prince étranger*. — Saint-Simon (1873, IX, 401, X, 126-127) parle de cette affaire des lettres, et la précise, sans donner la date : « Les lettres interceptées, qui avaient été écrites à Conti et qui avaient perdu les écrivains quoique fils de favoris, avaient allumé une haine de Mme de Maintenon et une indignation dans le roi que rien n'avait pu effacer. »

grand attachement à son devoir et auprès de la personne de Sa Majesté, et d'ailleurs par la réputation d'un homme fort entendu dans le métier de la guerre. Il quitta ensuite cette charge de premier maître d'hôtel pour une autre plus considérable, de premier écuyer de Mme la Dauphine, à son arrivée en France. Cependant la conduite qu'il tint dans la guerre passée de Hollande, où il commanda l'armée en place de M. Turenne, à n'obéir pas d'abord aux ordres du Roi pour l'évacuation des places conquises dans les Provinces-Unies, la disgrâce[1] qu'elle lui attira, la dévotion dans laquelle il se jeta[2], et qui contribua à le tenir plus longtemps dans la retraite et l'éloignement de la cour, accoutuma aussi le Roi à se passer de lui. A quoi se joignit le peu d'intelligence entre ledit maréchal et le marquis de Louvois, et ensuite le malheureux succès du siège de

[1] *Bernardin Gigault* (en Normandie), *marquis de Bellefonds*, était le fils d'un homme qui avait rendu de grands services à la royauté pendant la Fronde. Le père, Henri-Robert, avait, en 1649, empêché la Normandie de se soulever. Le fils, nommé mestre de camp pour ce service en 1650, se distingua sans cesse jusqu'en 1659 dans toutes les armées royales et fit sa fortune. En 1659, il devint lieutenant général et maître d'hôtel du roi (Chéruel), *Minorité de Louis XIV*, t. IV, p. 26). Plusieurs fois chargé de missions extraordinaires en Espagne à propos de la mort de Philippe IV (1665), en Angleterre après celle de Madame (1670), il était devenu maréchal de France en 1668, au lendemain de la guerre de Flandre où il fut huit fois blessé. Il constituait, avec Villeroi et quelques autres, un groupe de serviteurs de la première heure, dont Louis XIV n'oublia jamais la fidélité et les mérites. Cela donnait au maréchal le droit de conseiller le roi sur un ton parfois très rude. — En 1672, première disgrâce pour avoir refusé de se soumettre hiérarchiquement avec Créqui et d'Humières au maréchal de Turenne. — En 1674, il fut placé à la tête de l'armée de Hollande, où il succéda non à Turenne, qui était sur le Rhin, mais à Luxembourg. Celui-ci avait dû rançonner les villes de Hollande pour les soumettre. Bellefonds reçut l'ordre de les évacuer. Louis XIV se préparait à la conquête de la Flandre. Comme le prince de Condé, Bellefonds trouvait déshonorant pour le roi de piller l'adversaire et de reculer devant lui : il voulut rester en Hollande et conserver le pays conquis en le ménageant. Louvois le fit remplacer par le maréchal de Lorges (23 mai 1674), mais Louis XIV lui fit presque des excuses affectueuses. Bellefonds se retira sur sa terre de Bourgueuil, en Touraine : ce ne fut jamais une vraie disgrâce (Rousset, *Louvois*, II, 717).

[2] Voir les lettres adressées au maréchal par Bossuet, son guide et son ami, notamment celle du 30 juin 1672, et les lettres de Mlle de la Vallière dont il favorisa et assura la retraite.

Girone, en Catalogne, en 1684[1], où il commandoit l'armée françoise, et ce qui confirma l'opinion qu'on avoit déjà de lui, comme d'un homme fort entier dans ses sentiments, entêté de ses avis, et peu soumis naturellement aux ordres de la cour et aux volontés du ministère : ce qui a aussi contribué à le tenir éloigné jusques ici de l'emploi dans la direction des finances à quoi plusieurs le destinoient depuis la mort de M. Colbert, et même de celui de chef du Conseil royal, qu'on appelle, où il se traite des finances, qui vint à vaquer par la mort du maréchal de Villeroy, et dont on le jugeoit plus capable à s'en acquitter que le duc de Beauvillier, qui lui a été préféré, et dont il a été parlé ci-dessus[2].

Le duc et maréchal de la Feuillade, connu ci-devant sous le nom du duc de Roannez, par son mariage avec l'héritière de cette maison[3], est encore un de ceux qui, à mon départ de France, avoit beaucoup de part, et qu'il conserve, autant que je sais, dans les bonnes grâces du Roi. A quoi il a eu aussi l'adresse ou le bonheur de se pousser de lui-même, sans obligation ou attachement à aucun ministre ou à la faveur des maîtresses de Sa Majesté, et au contraire par une indépendance affectée de toute autre que de la seule personne du Roi. C'est par où aussi il sut s'insinuer et faire comprendre à Sa Majesté qu'il lui importoit d'avoir une créature et un officier de guerre auprès d'elle, détaché entière-

Du duc et maréchal de la Feuillade.

---

[1] 24 mai 1684. « C'est une nouvelle fort désagréable, mais qui ne surprendra pas Votre Majesté », écrivait Louvois à Louis XIV, le 5 juin 1684. Le mécontentement et la rancune du ministre se traduisent dans ces quelques mots.

[2] Voir p. 92, note 1.

[3] *Charlotte-Gouffier* reçut l'héritage de son frère, *marquis de Boisy, duc de Roannais* (Roannez), du vivant de celui-ci, qui avait imité la retraite de Pascal, son ami. Ce fut en 1667 qu'elle épousa *François, duc d'Aubusson*, lieutenant général, à la condition que ce duc, en recevant le duché de Roannez, en donnerait le titre à ses enfants. François d'Aubusson porta six ans (1667-1673), lors de la première ambassade de Spanheim *(ci-devant)*, le titre de duc de Roannez. Il le quitta quand il devint duc et pair de la Feuillade. (Voir Saint-Simon, de Boislisle, III, 317.)

ment de la dépendance et des ordres du ministre qui en avoit d'ailleurs toute la direction. A quoi joignant, malgré l'humeur et le procédé qu'il a naturellement brusque et impétueux, toutes les qualités d'un courtisan assidu, vif, pénétrant, et un attachement particulier à étudier l'humeur de son maître, à s'y conformer, et à ne perdre aucun moment de l'entretenir et de lui plaire, et d'ailleurs la réputation de beaucoup d'intrépidité et de valeur, il en obtint le poste de colonel du régiment des gardes françoises, l'an 1672, et dont il dispose absolument, sans en dépendre des ordres et recevoir la paye (comme font tous les autres corps et troupes de la maison du Roi ou du royaume), du commissariat de la guerre du marquis de Louvois [1]. Le Roi a encore, de son pur mouvement et durant mon dernier emploi en France, honoré ledit maréchal du gouvernement du Dauphiné, dont il est originaire et qui vint à vaquer par la mort du duc de Lesdiguières, arrivée en 1681 [2]. Pour ce qui regarde la guerre, il y a trois occasions où il s'est le plus signalé : l'une, parmi les chefs des troupes que le Roi envoya en Hongrie, au secours de l'empereur contre le Turc, et en la bataille de Saint-

[1] Cette phrase tendrait à faire croire que ce fut là une exception en faveur de la Feuillade ; c'était le cas de tous les officiers de la maison militaire du roi, les gardes du corps, les Suisses, qui constituaient une petite armée à part, 5000 hommes environ, sous le commandement direct du roi. Les charges y étaient achetées fort cher. Un capitaine aux gardes payait 80.000 livres et recevait par décision du roi, en 1691, malgré Louvois, le titre de colonel. On comprend ce qu'était la charge du colonel en titre, de ces capitaines colonels, un maréchal, comme la Feuillade (1675) ou comme Boufflers, son successeur, le maréchal de l'armée le plus indépendant, le principal officier de la maison du Roi. Les gardes françaises avaient pour elles seules six commissaires des guerres spéciaux, et trois trésoriers généraux affectés à leur service et à leur paie. (Voir *État de la France 1690*, t. II.)

[2] 3 mai 1681. Ce duc de Lesdiguières était Créqui, cousin germain de Charles III, marquis de Créqui, ambassadeur à Rome, et du maréchal de Créqui. Les Créqui avaient reçu par mariage, à partir de 1626, à la fois le duché de Lesdiguières et le gouvernement du Dauphiné qu'ils conservèrent de père en fils. Charles de Créqui-Blanchefort, mort en 1638 ; son fils, François de Créqui, mort en 1677, et celui-ci François de Créqui, mort à trente-six ans, en 1681 furent gouverneurs du Dauphiné. (Voir dans Saint Simon, 1873, IV, p. 57, son portrait.) A cette époque, son fils, marié à Mlle de Duras, garda le duché de Lesdiguières, mais perdit le gouvernement du Dauphiné.

Gothard, en 1663, au gain de laquelle les troupes prétendent qu'il eut beaucoup de part[1]; l'autre, au siège de Candie, où il se rendit à la tête du secours qui y fut envoyé en 1668, et y donna toutes les preuves d'une valeur intrépide, quoiqu'avec peu de succès pour le besoin de la place[2]; et la troisième, à retirer les Français hors de Messine, où, sous prétexte d'en être le vice-roi, il fut envoyé comme à une expédition qui vouloit beaucoup d'intrépidité et de résolution, et qui lui réussit[3]. Il y a d'ailleurs quelques années que, pour flatter la gloire du Roi et montrer combien il en étoit zélateur particulier, il prit le dessein de faire faire à ses dépens une statue colossique du Roi, en bronze, couronnée par la Victoire, avec d'autres ornements, soit du piédestal, soit de bas-reliefs élevés en pyramide aux quatre coins de la place, où étoient gravées les actions les plus éclatantes arrivées sous le règne de Sa Majesté, embellies de devises magnifiques, et laquelle place où elles sont en porte depuis le nom de *la Victoire*. La dédicace s'en fit solennelle-

---

[1] L'expédition est de l'année 1664. La Feuillade y était maréchal de camp sous le commandement de Coligny. Par un premier mouvement, il arrêta les Turcs vainqueurs des Allemands. Son audace, à la fin, décida de la victoire. L'intendant de l'armée, Robert, et les courtisans firent honneur de tout à la Feuillade, tandis que Coligny, par ses dispositions, avait été le véritable organisateur de la victoire. Voici le témoignage de Montecuculli : « on doit surtout la louange de cet heureux succès aux deux généraux français : MM. de Coligny et la Feuillade, le premier s'étant porté partout, pour donner les ordres nécessaires pour charger l'ennemi; le dernier, qui commandait la cavalerie, ayant mis pied à terre pour aider l'infanterie qui fit des mieux (2 août 1664). » (Roussel, *Louvois*, I, pp. 54 et suivantes.)

[2] *Pour le besoin de la place*, supprimé dans le manuscrit [B]. L'expédition de la Feuillade était une expédition de volontaires dont faisait partie le fils de Mme de Sévigné (voir sa lettre à Bussy, 18 août 1668). Il ne faut pas, comme ici, confondre ce corps libre avec l'armée de secours envoyée par Louis XIV sous les ordres de Beaufort et de Navailles qui arriva trop tard (avril 1669). La place fut prise, en effet, au mois de septembre 1669.

[3] Il s'agissait de faire croire aux Siciliens et à l'ennemi que la Feuillade était envoyé pour assurer la possession de la Sicile, afin de l'évacuer plus sûrement. A voir arriver ce seigneur « bouillant, plus soldat que politique », les Messinois et les ennemis ne se méfièrent pas. La Feuillade feignit de vouloir porter son armée à la conquête d'autres places de la Sicile, l'embarqua sans avoir causé d'émotion et la ramena saine et sauve (7 avril 1677) à Toulon. (Voir la *Relation de la Feuillade* au Dépôt de la Guerre, 610, n° 109.)

ment, il y a bientôt trois ans passés, avec l'assistance[1] de toute la cour, qui s'y rendit de Versailles, la présence du régiment aux gardes, dont ce duc est colonel, et de plus d'une cavalcade du prévôt des marchands, des échevins et du reste du Magistrat de la ville de Paris. Au reste, ce duc est du nom et de la maison d'Aubusson, le grand maître de Malte qui défendit l'île de Rhodes contre le Turc dans l'an (1480[2]), et a pour frère l'évêque de Metz, ci-devant archevêque d'Embrun et ambassadeur en Espagne au temps de la rupture de la paix des Pyrénées par la guerre faite en Flandres en l'an 1667[3].

FAMILLE ROYALE

La considération de la famille royale ne peut que suivre celle du Roy et là dessus que donner lieu à réfléchir premièrement sur le Dauphin, son fils unique et l'héritier de cette monarchie.

---

[1] *L'assistance non seulement de toute la Cour* : manuscrit [*B*]. Sur cette statue qui coûta un million à la Feuillade, voir Voltaire, *Siècle de Louis XIV*, édit. Bourgeois, p. 353, avec l'estampe : « Vue de la place des Victoires où le « maréchal a dressé un monument le *28 mars 1686*. Spanheim a voulu dire : « il y aura bientôt *quatre ans* passés. »

[2] La date est restée en blanc dans les manuscrits [*A*] et [*B*]. Pierre d'Aubusson, grand maître de l'ordre de Malte, en 1476, vainqueur des Turcs à Rhodes, en 1480, mort en 1505. Il y avait plusieurs branches de la maison d'Aubusson descendant toutes de Raymond VI, vicomte d'Aubusson : celle de Monteil, de laquelle était le grand maître ; celle de la Feuillade, plus récente, en faveur de qui fut rétablie la vicomté.

[3] Georges d'Aubusson, frère aîné du maréchal, promoteur du clergé de France en 1645, en 1649 sacré archevêque d'Embrun, après s'être démis de l'abbaye de Solignac en Limousin. Il entra dans la diplomatie comme envoyé auprès des princes d'Italie, 1659 ; au mois de juin 1661, fut ambassadeur en Espagne, où il resta jusqu'en 1667. En 1663, le roi voulut le nommer archevêque de Bourges : il n'accepta que la riche abbaye de Saint-Remi-de-Reims. Il la céda, en 1668, à Guillaume de Furstenberg, à qui il succéda à l'évêché de Metz. Il céda l'archevêché d'Embrun, alors, à M. de Genlis, qui lui laissa l'abbaye de Joyeuval, près Chartres. Au moment où Spanheim écrivait, il fut fait conseiller d'Etat ordinaire (1690). (Morel Fatio et Léonardon, *Recueil des instructions aux ambassadeurs d'Espagne*, I, 162.)

DU DAUPHIN

Le Dauphin, né dans l'année 1661, et ainsi qui se trouve dans la 29e année de son règne [1], est d'une taille au-dessous de la médiocre, ramassée, d'un visage plein, beau, et qui a également de la douceur et de la majesté. Il a été élevé en premier lieu par les soins de la maréchale de la Mothe, sa gouvernante [2], et ensuite, dès qu'il eut atteint l'âge de sept ans, par ceux du duc de Montausier, qu'on lui donna pour gouverneur [3] et qui fut préféré à d'autres compétiteurs tant par la faveur de la duchesse sa femme, dame d'honneur de la Reine et alors la confidente des amours du Roi pour Mme de Montespan, que par la considération de la probité et du mérite particulier de ce duc, de son esprit droit, rigide, fort opposé à la foiblesse et complaisance ordinaire des courtisans [4]; il étoit d'ailleurs également recommandable par son courage, qu'il avoit signalé dans sa jeunesse et en des emplois et occasions considérables durant la grande guerre d'Allemagne [5], sous le règne passé, et par ses

---

[1] *Louis de France*, né à Fontainebleau, le 1er novembre 1661, par conséquent du 1er novembre 1689 au 1er novembre 1690, dans sa vingt-neuvième année.

[2] Sa première gouvernante fut Mme de Montausier qui reçut cette charge et la quitta après être devenue, en 1664, première dame d'honneur de la Reine : c'était la fameuse Julie d'Angennes. Elle était fort bien en cour auprès de Marie-Thérèse : ce qui lui valut cette première fonction contre l'avis d'Anne d'Autriche (*Mme de Motteville*, II, p. 523). Ce fut très probablement la reine mère qui la fit remplacer (3 septembre 1664) par la maréchale de Lamothe, petite-fille de Mme Lansac, gouvernante de Louis XIV. (Voir Druon, *l'Éducation des princes Bourbons*, t. I, pp. 223.).

[3] Le 21 septembre 1668.

[4] Gui Patin (lettre du 28 septembre 1668) cite les personnes à qui Montausier fut préféré : les ducs de la Rochefoucauld, de Chaunes, le maréchal de Bellefonds, et il conclut : « La brigue des femmes l'a emporté, par le moyen de la reine dont Mme de Montausier est la dame d'honneur. » — Mme de Caylus *(Souvenirs*, p. 490) dit d'autre part que la faveur de Mme de Montespan y contribua. Le témoignage de Spanheim n'est pas le moins important, car il reconnaît à la fois la vertu de Montausier et l'intrigue qui servit sa fortune.

[5] Les Montausier, en 1644, n'étaient encore que barons. A cette date, Charles fut créé marquis, après avoir été fait, pour ses services à la guerre, lieutenant général. Sa conversion au catholicisme ne fut pas étrangère à ses succès.

connoissances et ses lumières, particulièrement dans les belles-
lettres : ce qui le rendoit, sans contredit, le seigneur le plus
savant et le plus éclairé, comme il étoit d'ailleurs le plus vertueux, de la cour [1]. Tout cela fit aisément déterminer le Roi à
lui confier l'éducation du Dauphin, et d'autant plus qu'il jugea,
par quelques traits d'une humeur opiniâtre et revêche de ce
prince encore enfant, qu'il avoit besoin d'être tenu en bride et
élevé avec plus de sévérité que de relâchement [2]. Le duc de
Montausier ne manqua pas d'y répondre à ce qu'on s'y attendait de lui, et d'y apporter tout le soin et l'attachement qu'une
charge aussi importante que celle de former les mœurs et l'esprit d'un héritier de la couronne pouvoit exiger [3]. Il s'y adonna
aussi tout entier, et dans la vue de le faire également instruire
dans la piété et dans les sciences dignes de l'application d'un
grand et jeune prince, et de réparer par là le défaut qu'on avoit
apporté à l'éducation du Roi, qui depuis s'en étoit plaint souvent [4].

Le duc, à cet effet, se servit de l'aide de l'évêque de Condom,
aujourd'hui évêque de Meaux, choisi pour précepteur, et de
l'abbé Huet, à présent évêque de Soissons, pour sous-précepteur du Dauphin, l'un et l'autre déjà célèbre et recommandable

[1] *Nouvelles de la République des Lettres*, octobre 1684 (Bayle) : « Il est tellement connu par toute l'Europe pour être d'un profond discernement et d'un
esprit juste et solide et rempli de science ». Voir aussi les curieux *Mélanges
de Philibert de la Mare (Bibliothèque Nationale* fonds Bouhier, n° 34). Le
jugement de Spanheim est prévenu peut-être par la faveur que Montausier
accordait aux érudits.
[2] Voir sur le brevet de nomination du gouverneur dans Floquet, *Bossuet
précepteur du Dauphin*, p. 180 : « le droit de correction pour le cas où les remontrances auraient été inefficaces ».
[3] Consulter le manuscrit de Dubois, valet de chambre du Dauphin dans le
même ouvrage de Floquet, et la *Vie du duc de Montausier*, par Nicolas Petit,
ainsi que les *Mémoires* de Jean Rou, son secrétaire (édit. Waddington,
2 vol. in-8).
[4] Lire dans la *Vie de Montausier*, un mémoire très curieux de celui-ci au
roi, où, s'excusant d'être sévère, il dit que c'est par son ordre et pour satisfaire à son désir de procurer à son fils le savoir qui lui avait manqué (II, 81,
105). Un passage des *Mémoires de Louis XIV* lui-même (éd. Dreyss, I, 99, 101)
confirme cette préoccupation, qui fut le point de départ de l'éducation impo-
sée au dauphin.

par leur vertu, par leur esprit et par leur savoir, quoique dans un divers genre d'érudition[1]. Leur occupation particulière, et à des heures diverses où ils y vaquoient séparément, fut d'instruire le Dauphin dans la religion et dans les devoirs qu'elle exige, de lui donner, à mesure qu'il se fortifioit par l'âge, les principes de la langue latine, de lui en lire et expliquer les bons auteurs, de lui apprendre l'histoire ancienne et moderne, et de l'accoutumer à y faire de bonne heure des réflexions convenables à un prince qui les doit un jour mettre en pratique, ou qui doit s'en garantir[2]. C'est dans cette même vue que le duc de Montausier prit le dessein, en l'an 1668 qu'il venoit d'être élevé à ce poste de gouverneur du Dauphin, je veux dire de faire publier les principaux anciens auteurs latins en prose et en vers, avec des paraphrases et des notes qui s'attachassent uniquement[3] à en rendre et expliquer le sens littéral et la force, sans s'y étendre sur des remarques hors du sujet ou purement critiques, qu'il croyoit moins nécessaires pour l'étude d'un jeune prince[4], et être cependant la tâche ordinaire des commentateurs modernes sur les mêmes auteurs, et qu'on publioit entre autres en Hollande, sous titre de *Notæ variorum*. Ce dessein, en soi qui ne pouvoit

---

[1] Bossuet ne fut pas tout de suite chargé de cette éducation. Ce fut d'abord M. de Périgny, conseiller d'État, qui à partir de 1665 fut placé auprès du Dauphin. Fléchier nous a conservé son plan d'études (édit. Boiste, V, 9, p. 433). Périgny refusa la collaboration de Huet, qui, à sa mort (août 1670), faillit être préféré à Bossuet. Huet était le candidat de Montausier, qui appréciait ses connaissances philologiques : c'est là ce qu'indique très nettement Spanheim.

[2] Spanheim se trompe : les provisions de Huet comme sous-précepteur le destinaient seulement à « être appelé quand besoin serait pour le soulagement de l'évêque de Condom, sur sa demande, et le suppléer en cas d'absence et de maladie ». Il n'y avait partage ni de leçons, ni d'attributions. Bossuet resta presque toujours seul chargé de l'enseignement. Spanheim exagère le rôle de Huet, philologue comme lui (voir Druon, *l'Éducation des princes*, I, p. 255).

[3] *Purement*, manuscrit [B].

[4] Comparer les *Mémoires de Huet*, édit. Nisard, p. 80. C'est bien Montausier qui eut cette idée. Il se plaignait d'avoir toujours été arrêté dans ses lectures d'auteurs anciens par deux difficultés, la première qui venait de l'obscurité des mots, l'autre de son ignorance de l'antiquité. Il ne s'agissait donc pas, comme le remarque Spanheim, d'éditions critiques, mais classiques, quoique savantes. Dacier fut chargé de Pomponius Festus, et

être que très louable et très utile, et qui, dans la suite, a produit ce grand nombre d'anciens auteurs publiés en France sous le titre spécieux : *cum interpretatione et notis in usum Delphini*, n'a pas eu tout le succès qu'on s'en pouvoit promettre, ni répondu à l'attente publique, par le choix peu heureux des personnes (si l'on en excepte un fort petit nombre) qui y ont travaillé, et par la manière dont ils s'en sont acquittés [1]. C'est ce que le même duc de Montausier n'a pas dissimulé plus d'une fois pendant mon dernier séjour en France, non plus que le déplaisir qu'il en avait. Mais, pour en revenir au Dauphin, on ajouta dans la suite, et à mesure qu'il se rendoit capable, ces instructions des habiles maîtres dans les mathématiques, particulièrement pour lui enseigner celles qui sont le plus requises pour l'instruction et l'usage d'un prince, telles que la géographie ancienne et moderne, les principes de la géométrie, et l'architecture civile et militaire, outre l'art de dessiner, à quoi il prenoit beaucoup de goût [2].

de Verrius Flaccus ; *sa femme*, d'Aurélius Victor, Eutrope ; *Dufay*, de Lucrèce et Manilius ; *Donjat*, de Tite Live ; *Desprez*, d'Horace, Juvénal, Perse ; *Crespin*, de Salluste et d'Ovide ; *Danet*, de Phèdre et d'un dictionnaire d'antiquités ; *Dubois* de Catulle, Tibulle, Properce, *Le Tellier*, de Quinte Curce ; *Hardouin*, de Pline l'Ancien ; *La Rue*, de Virgile ; Mlle *Lefèvre*, de Florus. La majorité de ces éditions parurent entre 1674 et 1691 ; le Dictionnaire des antiquités en 1698.

[1] Nous avons l'aveu décisif de Huet *(Mémoires*, p. 282) conforme à la critique de Spanheim : « Quels qu'aient été mes soins dans le choix des savants, plusieurs moins instruits ou plus paresseux trompèrent mes espérances. Pourquoi ne le dirais-je pas? Il s'en faut de beaucoup que toutes les parties de cette collection soient d'un mérite égal. » — Dans une lettre à Vossius, Huet dit encore : « Il s'agit en cette conjoncture non point de l'éducation du fils du roi, mais *de l'éducation de tous.* » Spanheim savait que l'éducation du Dauphin était un prétexte *(titre spécieux)* et le véritable objet de ce grand travail, l'occasion qu'avaient trouvé les philologues de faire une collection de classiques.

[2] Voici les maîtres dont il s'agit : le physicien *Rohant* mort en 1675, *Olaüs Rœmer*, l'astronome qui faisait devant le Dauphin des expériences (lettre de Bossuet à Innocent XI, § 10). *Couplet* lui expliqua la mécanique et l'hydraulique. *Blondel* (Nicolas) lui enseigna les mathématiques, les fortifications, l'architecture. Il avait reçu un brevet en forme le 18 avril 1673, et composa pour le Dauphin un cours de *mathématiques*, paru en 1680, *un manuel sur l'art de fortifier les places*. Le professeur de dessin, logé au Louvre, fut *Isaac Sylvestre*, à partir de 1673. On a conservé du Dauphin des dessins à la plume. Il

Tout cela, et le grand soin qu'on y apportoit par les ordres et l'application particulière de son gouverneur, ne pouvoit que rendre le Dauphin fort éclairé, et au delà même de ce qui s'étoit vu jusque-là dans les princes de son sang et de sa nation, et ce qui apparemment auroit eu aussi plus de succès, et lui en auroit laissé des impressions plus avantageuses, si on l'y avoit plus ménagé, si on se fût autant attaché à lui rendre l'étude agréable que nécessaire, à la lui faire goûter plutôt par inclination que par devoir, et ainsi à lui donner plus de relâche et moins de dégoût[1]. Ce qui a paru dans la suite, et dès qu'il est sorti, comme on dit, de *tutelle* par son mariage arrivé en 1680, et en la dix-neuvième année de son âge [2]. On lui vit dès lors une assez grande adversion pour tout ce qui ressentait l'étude, peu d'inclination pour la lecture, et ainsi un éloignement visible à cultiver ou à approfondir davantage les diverses lumières et connoissances qu'on avait tâché de lui donner jusque-là, et, ce qui surprit davantage, peu de marques même d'en avoir profité[3]. Son esprit, dont on avoit publié ou attendu des mer-

s'exerçait à graver (voir *Mercure Galant*, septembre 1677). Un maître de géographie, *Boyer*, lui enseignait cette science, sous la forme aride, sèche d'alors. Bossuet la lui enseignait lui-même d'une façon plus vivante, comme on peut le voir dans sa lettre à Innocent XI (§ 3). Il est très remarquable que Spanheim néglige entièrement l'enseignement donné par Bossuet : philosophie, histoire, lettres.

[1] « M. de Montausier, écrivait Mme de Maintenon, était la vertu même, mais d'une humeur si âpre et si sévère que je crois qu'il *intimidait* trop son disciple » *(Corresp.*, édit. Geffroy, II, 316). C'est là la vraie note : le Dauphin, sous l'influence de cette éducation austère, se renferma. Il avait peu de goût pour l'étude. Il était indolent, inappliqué (voir *Mémoires* de Montausier au roi dans la *Vie* de celui-ci et l'écrit de Bossuet sur l'*incogitantia*, t. XXXIV, p. 55, édit. de Versailles.) Il opposa aux réprimandes l'inertie, le silence, puis s'en fit une seconde nature.

[2] Le cri du Dauphin à ce moment d'émancipation est devenu classique : « Nous allons voir si M. Huet me fera encore étudier l'ancienne géographie. »

[3] *Mémoires de Sourches*, I, 11, témoignage contemporain de celui de Spanheim : « Monseigneur ne songeait qu'à ses plaisirs et se reposait sur le roi son père des soins de la couronne. On trouvait à redire qu'à vingt ans il ne songeât à rien ». « Il refusait, écrit Madame, le 16 janvier 1719, de se mêler d'affaires d'État pour n'être pas obligé d'assister au Conseil » ; et c'était par *indolence*, « de peur de mener une vie plus occupée, de n'avoir pas assez de temps à donner à sa paresse et à la chasse ».

veilles, ne brilla par aucun endroit[1]. Il paroissoit surtout bien médiocre dans les audiences des ministres publics, où il ne faisoit que prêter de l'attention, sans y répondre que par des signes de tête et deux ou trois mots prononcés d'un air timide, embarrassé, et sans même qu'on les pût bien entendre[2]. Sa conversation familière ne paroissoit pas moins contrainte, peu libre ou accompagnée d'un air et d'un entretien qui répondît à son rang et à son éducation. Il parut même, assez longtemps après son mariage, et dans une cour d'ailleurs aussi galante, peu attaché ou sensible à aucun divertissement particulier, hors le penchant qu'on lui vit pour la chasse, et qui s'est augmenté de plus en plus. Ce qui étoit attribué par les uns à défaut de génie, et par d'autres à la grande contrainte dans laquelle il avoit été élevé, au profond respect qu'il avoit pour le Roi, et à quelque défiance où il étoit pour ceux qui l'approchoient, et qu'il croyoit gagés à veiller sur ses discours et sur ses actions. A quoi ne put encore que contribuer l'éloignement où on le tenoit des affaires, en sorte que, jusqu'à mon départ même de Paris, au commencement de 1689[3], il n'avoit jamais été appelé au Conseil du ministère, le seul où se traitent toutes les grandes affaires, et n'y avoit que le Conseil des finances, qui se tient aussi devant le Roi, deux fois la semaine, où il avoit pouvoir de se trouver quand il vouloit, de même qu'à celui des dépêches, qu'on ne tient qu'une fois dans la quinzaine[4]. D'ailleurs,

---

[1] Moins dur que Saint-Simon, Spanheim ne dit pas que « l'intelligence du Dauphin fût nulle, absorbée dans sa graisse et ses ténèbres ». (Édit. 1873, VIII, p. 282.) Il dit qu'elle *ne brilla* point. Il est tout près ainsi de la mesure juste, que donne un témoignage plus sûr que les Gazettes ou les rapports au roi sur son fils, celui d'un conseiller au parlement de Dijon, Gouz de Saint-Seine cité par Floquet (p. 12) : « Monseigneur a beaucoup d'esprit, mais son esprit est caché. » Voir aussi les lettres de Mme Desnoyers, Londres, 1752, t. II, p. 3, et la lettre de Madame, du 16 septembre 1699 : « Il n'est pas sot du tout. »

[2] *Et sans même qu'on les entendît :* manuscrit [B].

[3] Dans *l'année passée de 1689*, manuscrit [B].

[4] *De même qu'à celui des dépêches* et la fin de la phrase manquent dans le manuscrit [B]. — Ce fut le 27 juillet 1691, deux ans après le départ de Spanheim, que le roi « appela le Dauphin à tous ses conseils » (de Sourches, *Mémoires*, III, 442). Pour les Conseils cités ici (voir plus loin, *Relation*,

il vivoit fort régulièrement avec Madame la Dauphine, et en témoignant beaucoup d'égard et de considération pour elle. Ce n'est aussi que trois ou quatre ans en çà[1] qu'on commença à s'apercevoir de quelque penchant qu'il avoit pour une de ses filles d'honneur nommée Mlle de Rambures, qui, sans avoir une grande beauté, avoit un tour d'esprit adroit, insinuant, porté à l'intrigue, et ainsi capable d'entretenir l'inclination d'un amant de cet âge et de cette importance : ce qui fit prendre le parti, dans la suite, de la marier à un jeune gentilhomme de Guyenne, nommé le marquis de Polignac, et de l'éloigner de la cour, où on ne l'a vue depuis que très rarement[2]. Le Dauphin, de son côté, fit succé-

2e partie). — Comparer à tout ce passage les lettres de Madame, qui appelle le dauphin « le chasseur » (18 janvier 1699 et 23 juillet; 11 janvier, 18 avril 1717; 13 et 16 janvier 1719) : « Il aurait, dit-elle dans cette dernière lettre, préféré sa chère paresse à tous les royaumes du monde. »

[1] *En çà*, c'est-à-dire vers 1685-1686. Nous avons la date précise, qui concorde avec celle donnée par Spanheim. Ce fut six ans après son mariage, où il était arrivé naïf et presque niais (Mme de Sévigné, lettre du 24 janvier 1680), que le Dauphin commença à se déranger. De Sourches note, le 20 mai 1686 (I, 385) que le Dauphin qui avait coutume de se coucher de bonne heure commença à se promener dans les jardins jusqu'à minuit avec la princesse de Conti et les dames, ou seul : « Cela ne plaisait guère à la Dauphine, mais sans rien de déclaré sur des fondements certains. » Cette remarque est postérieure au mariage de Mlle de Rambures (23 avril 1686). Comparer aussi une lettre de Mme de Sévigné du 29 juin 1686 : « vous dit-on des nouvelles de ce pays-ci, que l'amour a repris ses droits sous la protection de Monseigneur, que tout est promenade, rendez-vous, billets doux ? ».

[2] Il y avait deux demoiselles de *Rambures*, d'une famille de Picardie qui s'éteignit avec Louis-Alexandre marquis de Rambures, tué en 1676, et elles : l'une mariée au duc de Caderousse morte en 1710 (Saint-Simon, 1873, VIII, 405); l'autre, celle-ci : « une créature d'esprit et de boutades, qui ne se mettait en peine de rien que de se divertir ». Son aventure avec le Dauphin fut certainement postérieure à son mariage. L'éclat eut lieu en décembre 1686 (de Sourches, I, 468, Dangeau, I, 428). Louis XIV avait jusque-là marqué une faveur particulière à Mlle de Rambures, qu'il emmenait dans son carrosse, à qui il envoyait en cadeau un miroir d'argent (Dangeau, février 1686). L'eût-il fait, si elle avait été la maîtresse de son fils, et s'il l'eût su? Le Roi avait refusé de la marier en mars au marquis de Polignac : ce fut le Dauphin qui proposa ce mariage, et y fit consentir son père. Celui-ci leur donna 50.000 écus de dot et malade, se leva, le 23 avril, pour assister aux fiançailles (Dangeau, I, 322-324). De Sourches dit nettement qu'avec deux de ses familiers dont Créqui, Monseigneur avait imaginé de marier cette demoiselle, dont « la vivacité d'espri

der à cette première inclination une seconde, pour une autre fille d'honneur de Madame la Dauphine, qui avoit plus de jeunesse, plus de beauté et moins d'esprit : ce fut Mlle de la Force, fille du duc de ce nom, née et élevée, comme le reste de sa famille, dans la religion réformée, mais qui, ayant suivi l'exemple d'une sœur aînée, laquelle avoit embrassé la religion romaine en bigote, prit aussi le parti d'une véritable convertie, quoiqu'il n'en fût pas de même du duc son père, qui, après une longue résistance et des traitements assez rudes pour un seigneur de ce rang, avoit bien eu la foiblesse de *signer*, comme on parle en France, mais nullement d'abandonner par là sa créance, ou de consentir à aucun acte qui en pût servir de préjugé. Il ne put cependant empêcher que, comme on lui avoit enlevé ses enfants en assez bas âge, qu'il avoit de la duchesse vivante, sa seconde femme, et demeurée ferme jusques ici dans la profession de la religion réformée [1], cette fille qu'il avoit du

suppléait au défaut de beauté », pour en faire sa maîtresse (I, 468) Le mariage est du 23 avril, et c'est le 20 mai que le dauphin néglige la Dauphine, au mois de décembre que le roi chasse de la Cour Créqui et Mlle de Polignac. Le mari, complaisant ou plutôt « un pauvre petit Bilboquet qui n'avait pas le sens commun » (Saint-Simon, édit. 1873, XIII, 421), était non de Guyenne, mais de Languedoc : *Scipion Gaspard de Polignac, fils de Louis Armand gouverneur du Puy-en-Velay* mort en 1692, et de *Jacqueline de Beauvoir du Roure* mêlée à l'affaire des poisons (de Sourches, I, 367). Il fut colonel en 1684 du régiment d'Aunis après avoir été capitaine des gardes. Sa femme, à qui « il eut des égards jusqu'au ridicule », grosse joueuse, le ruina à Paris avec des amants, et s'en alla mourir en 1706 au Puy (Saint-Simon, éd. 1873, IV, 448). Remarié en 1709 à Mlle de Mailly, dont il aurait pu être le grand-père, il se « laissa conduire et nourrir » par le cardinal de Polignac, son frère, et compromettre dans la conspiration de Cellamare.

[1] En racontant si simplement cette histoire du duc de la Force, Spanheim, protestant, donne une belle preuve de modération. Car il n'est pas d'histoire plus navrante. Jacques Nompar de la Force, pair de France, arrière petit-fils du maréchal de la Force qui reçut pour ses services, en 1637, la pairie, de Louis XIII, était au moment de la Révocation « presque le seul grand seigneur huguenot de France » (de Sourches, I, 257). C'était d'un mauvais exemple. Le 22 avril 1685 on mit près de lui un lieutenant de la maréchaussée pour l'empêcher de s'évader (Dangeau, 1, 150). Deux ans après il tomba malade : on lui dépêcha le duc de Duras pour le convertir à l'article de la mort. On avait projeté, s'il mourait, d'enlever à sa femme, Suzanne de Beringhen qu'il avait épousée en 1673, ses deux fils, ses quatre filles, âgés de sept ans et moins. (de Sourches, I, 257). Il ne mourut pas, et fit ses conditions pour se conver-

premier lit ne fût prise pour fille d'honneur de Madame la Dauphine, dont on lui donna le poste avec une pension considérable[1]. Le Dauphin, dans la suite, ayant conçu ou marqué de l'inclination pour elle, et dont il ne se cachoit guère, cela joint à quelque intrigue qui se passa avec deux autres filles d'honneur de la Dauphine et filles du comte de Gramont, et où le Dauphin étoit mêlé avec le marquis de Créqui, fils du maréchal de ce nom et qui en fut exilé, cela, dis-je, joint à une autre aventure d'ailleurs peu considérable, donna lieu, il y a environ deux ans[2], sous un autre prétexte et du consentement de

tir. On l'exila dans ses terres à la Boulaye près d'Evreux, et on lui prit alors ses enfants (janvier 1686, Dangeau, I, 283) « pour les instruire dans la religion ». Irrité de son obstination, le Roi le fit venir, essaya de le convertir et l'enferma au couvent de Saint-Magloire (18 avril 1686). Pour en sortir, le duc abjura le 25 mai (Dangeau, I, 322, 339). En 1688, on lui permit comme à sa femme de revoir leurs plus jeunes enfants, au mariage de leur fille aînée : ils s'évanouirent en les voyant (Dangeau, II, 117). La brutalité dont ils souffraient les excitait, la femme surtout, dans leur résistance ; en 1688, le roi refusait à M de la Force le collier de l'Ordre. Puis, l'accusant de complot avec Schomberg et les Anglais, il le fit enfermer à la Bastille (14 juillet 1689), où il resta jusqu'au 17 juillet 1691 pour revenir à la Cour, converti une deuxième fois, mais sans sa femme, condamnée à rester en forteresse à Angers. Quand il tomba malade, à la Boulaye, des suites de la grande opération (Dangeau, III, 337), « on mit des gens près de lui pour l'affermir dans sa religion » ; on écarta sa femme « huguenote très opiniâtre », pour qu'il mourût bon catholique (21 avril 1699, Dangeau, VIII, 70,). Cette pauvre femme, passée en Angleterre, mourut presque de faim. Son fils aîné, converti et zélé, se fût fait tort en l'aidant. C'était « un grand convertisseur », à qui le Roi donnait des pensions pour son zèle et que son amour de l'argent compromit honteusement à l'époque du Système. Les quatre petites filles, sauf l'une, Magne, qui mourut jeune, Charlotte, Suzanne et Jeanne étaient devenues religieuses, l'une à Issy, l'autre à Saint-Sauveur d'Evreux, la troisième aux Visitandines de Saint-Denis.

[1] Le duc de la Force, d'un premier lit avait eu deux filles, *Jeanne de Caumont*, qui en 1682 se convertit, se maria à Claude-Antoine Saint-Simon de Courtomer et reçut du roi 1000 écus de pension. Elle convertit sa seconde sœur, *Marie-Anne-Louise de Caumont de la Force*, à qui le roi donna 1000 écus aussi, une place de demoiselle d'honneur de la Dauphine, et 2000 écus pour avoir des habits : c'était le prix de sa conversion (Dangeau, I, 359).

[2] L'aventure des filles d'honneur est distincte de celle de Mlle de la Force : ce fut en janvier 1688, que la Chambre des filles fut supprimée (Dangeau, II, 96 ; Saint-Simon, édit. de Boislisle, II, 136). L'histoire est tout au long contée, sans déguisement par la duchesse d'Orléans qui a connu les premiers incidents (28 octobre 1687, Ed. Jœglé, I, p. 60). Elle datait de trois mois et le duc de Créqui n'y fut pour rien. Il était exilé de la Cour depuis 1686.

Madame la Dauphine, de lui ôter les filles d'honneur, qui furent renvoyées chez leurs parents, et sans qu'il y en ait plus qui occupent ce poste depuis ce temps-là. Et, comme Mlle de la Force étoit cependant restée à la cour, chez la duchesse d'Arpajon, dame d'honneur de la Dauphine, et ainsi dont la présence entretenoit l'inclination du Dauphin, on trouva moyen de la marier au comte du Roure [1], fils du lieutenant du roi de ce nom, de la province du Languedoc, et avec la survivance de la charge du père, qu'on donna au fils en considération de ce mariage.

D'ailleurs outre ces inclinations susdites que le Dauphin fit paroître successivement, depuis trois ou quatre ans en ça, et une autre intrigue qui fut découverte par son premier valet de chambre, avec une des femmes de chambre de la Dauphine, et dont celle-là fut bientôt exilée, son plus grand attachement redoubla pour la chasse, et, entre autres, celle du loup, pour laquelle il se donnoit peu de relâche [2]. A quoi succéda, dans

---

C'était M. le Duc qui avait tout amené. Mlle de la Force n'en fut pas victime ; le Roi la prit même sous sa protection et la fit placer, sur les instances du Dauphin, chez Mme d'Arpajon (de Sourches, II, 427).

[1] Le Dauphin voulut refaire avec Mlle de la Force ce qu'il avait fait avec Mlle de Rambures. Il la maria au cousin germain du marquis de Polignac, *Louis-Scipion, marquis de Roure,* capitaine des chevau-légers, fils de Pierre-Scipion, comte de Roure, qui était lieutenant-général du Languedoc, gouverneur de Pont-Saint-Esprit (de Sourches, II, 135), tué à Fleurus en 1690 (Dangeau, II, 103). Le mariage eut lieu le 4 février 1688. Le marquis du Roure ne fut pas plus heureux en ménage que son cousin *(Chansonnier français,* manuscrit 12691, pp. 29, 40, 298). Sa femme fut la maîtresse du Dauphin, dont elle eut un fils ou une fille, et de beaucoup d'autres (Saint-Simon, t. II, p. 137, note 3 et 501 — et les notes de M. de Boislisle). Mais l'éclat qui l'éloigna de la Cour ne fut qu'en 1694 (Dangeau, V, 46). — Créqui n'y fut pour rien : exilé depuis 1686, il reçut la permission le 25 septembre 1688 de rentrer, mais pour servir à l'armée, à la condition de ne pas approcher de Monseigneur (de Sourches, II, 232). L'erreur que fait Spanheim, de lui attribuer l'aventure de Mlle de la Force au lieu de celle de Mlle de Rambures, a aussi été commise par Saint-Simon (éd. Boislisle, II, 137). Elle peut venir de ce que le marquis de Polignac s'appelait Scipion comme le marquis du Roure, étant son cousin germain et du Roure par sa mère.

[2] C'est ce qui donna lieu au roman satirique publié à Cologne en 1693 : La *Chasse au loup de Monseigneur le Dauphin.* « Le Dauphin, écrit Madame le 11 août 1686, ne se soucie de rien au monde, il cherche son divertissement et son plaisir où il peut, et se débauche horriblement. » (Ed. Jœglé, I, 153.)

l'automne 1688, la campagne du siège de Philisbourg, où il fut
envoyé après l'épreuve que le roi fit du secret qu'on lui avoit
confié de ce dessein quelques semaines auparavant, et qu'il avoit
su garder religieusement. On lui donna pour surveillant de sa
conduite le duc de Beauvillier, un des quatre premiers gentilhommes du roi et chef du Conseil royal des finances, dont il a
été parlé ci-dessus, et ce, en considération du caractère de ce
seigneur, que j'y ai touché, d'homme dévot, régulier et ennemi
du vice. Le succès de ce siège, conduit d'ailleurs par les ordres
du maréchal de Duras, et encore plus par ceux de l'intendant
Vauban, ne manqua pas d'attirer au Dauphin les applaudissements inséparables des premiers exploits qui se font sous le
nom et avec la présence des jeunes princes[1]. Ce qu'on loua le
plus en lui fut l'attachement qu'il y fit paroître à apprendre le
métier de la guerre, à se trouver dans les ouvrages et les
approches autant qu'on le lui permettoit, à rendre un compte
exact et de sa main au Roi, presque par chaque jour, de tout
ce qui se passoit au siège, mais encore plus son humeur généreuse et libérale à assister d'argent, de son pur mouvement, les
officiers qu'il crut ou apprenoit en avoir besoin, et en soulager
les troupes : ce qui aussi lui avoit gagné l'affection de l'armée,
et n'a pas peu contribué peut-être à n'avoir pas continué à lui
en donner le commandement[2]. La conduite qu'on apporta

---

[1] « Notre Dauphin est devenu guerrier, écrit Madame : Il est parti hier pour
prendre et assiéger Philippsbourg »(26 septembre 1688) (édit. Jœglé, I, 65). —
Sur le secret dans les préparatifs de ce siège, voir Roussel, *Louvois*, IV, p. 118,
d'après la correspondance de ce ministre : Vauban avait commencé les travaux
quand le Dauphin arriva le 6 octobre. La ville prise le 29 octobre, on eut la
nouvelle le 1er novembre à la Cour, où le prédicateur de la Toussaint en profita pour célébrer les vertus du Dauphin.

[2] Voir la lettre de Vauban du 23 octobre 1688 (Roussel, *Histoire de Louvois*,
IV, 135) : « Monseigneur a demeuré trois ou quatre heures dans la tranchée du
Bas-Rhin : il ne tient pas à lui qu'il n'y aille tous les jours, mais le canon y a
été si dangereux que je me suis cru obligé de faire toutes sortes de personnages pour l'en détourner. Je n'ai osé vous mander que la seconde fois qu'il
y a été, aux grandes attaques un coup de canon donna si près de lui que M. de
Beauvillier et moi en eumes le tintouin : ce qui n'arrive jamais que quand on
se trouve dans le vent du boulet. Jugez du reste. » — Comparer la lettre de

depuis son retour à ne point tenir les capitulations solennelles faites sous son autorité et en sa présence, à la réduction de Heidelberg et de Manheim, et au contraire à les enfreindre avec autant de violence et de barbarie qu'on a fait, ne lui donna pas lieu d'en demeurer ou d'en paroître satisfait, comme il donnoit assez à connoître dès lors que Madame lui parla des menaces ou premières vexations qu'on en faisoit avant mon départ de France [1]. Après tout, le grand et profond respect dans lequel il a été élevé et qu'il conserve pour le Roi, le peu de part qu'on lui donne des affaires du gouvernement, joint à son humeur naturellement posée et éloignée de tout emportement, ne lui a guère donné lieu d'aller plus loin et d'en venir là-dessus à des reproches et des marques de ressentiment, quoique justes, tels qu'on l'a publié quelquefois dans les nouvelles. Au reste, il a toujours bien vécu, comme j'ai déjà dit, avec Madame la Dauphine, malgré les attachements sus-mentionnés, ou plutôt le penchant qu'il en faisoit paroître[2], et a d'ailleurs une particulière liaison d'amitié et de confidence avec la princesse de Conti,

---

Montausier qui circulait à la Cour, et qui nous a été conservée par Mme de Sévigné, 1er décembre 1688 : « Monseigneur, je ne vous fais point de compliments sur la prise de Philippsbourg : vous aviez une bonne armée, des bombes, du canon, et Vauban. Je ne vous en fais point aussi sur ce que vous êtes brave, c'est une vertu héréditaire dans votre maison. Mais je me réjouis de ce que vous êtes libéral, généreux, humain, et de ce que vous faites valoir les services de ceux qui font bien. » Spanheim ne fait que reproduire cet éloge. Quant au reproche qu'il insinue à l'adresse de Louis XIV d'avoir rappelé son fils par jalousie, Dangeau y répond en disant que dès le 2 novembre la Dauphine prioit le roi de faire revenir son mari, et que le roi exigea qu'il parût encore au siège de Manheim. Il reparut, d'ailleurs, en 1692, 1693 et 1694 à l'armée de Flandre.

[1] Le Dauphin s'était servi du nom de Madame pour décider les habitants du Palatinat à céder et pour obtenir la capitulation de Manheim (12 novembre 1688). Le 4 mars 1689, après une intercession de la Palatine, Manheim était rasée au moment où Tessé détruisait le château d'Heidelberg (voir Roussel, *Hist. de Louvois*, p. 144, 166). — *Lettres de Madame* (édit. Jœglé, I, p. 67). — *Les Soupirs de la France esclave*, treizième mémoire.

[2] Ces réserves sont plutôt singulières après les récits donnés ci-dessus et très contraires à ce mot de la Palatine: « La Dauphine est malheureuse » (éd. Jœglé, I, p. 53).

fille du roi et de la Vallière[1]. A l'égard de ses favoris ou des seigneurs de la cour qu'il fréquente le plus, on peut mettre le duc de Vendôme et son frère le Grand-Prieur, arrière-petit-fils naturels de Henri IV, qui le régalèrent entre autres magnifiquement et avec le concours de toutes sortes de passe-temps de jeux, de chasse et de comédie, d'opéra, de bonne chère, qu'on faisoit succéder les uns aux autres, et ce, durant quelques jours, dans leur maison de campagne à Anet, il y a deux ans[2], et ce qui fut suivi, peu de temps après, par le prince de Condé d'aujourd'hui, dans la maison et parc de Chantilly[3]. Enfin, il est difficile de répondre précisément par le peu d'occasion qu'on lui en donne ou qu'il en affecte, je veux dire de ce qu'on peut attendre ou se promettre du Dauphin au cas qu'il vienne un jour à la couronne[4]. Ce qu'on en peut dire ou recueillir jusques ici, c'est le caractère d'un grand fond de bonté, de douceur, de débonnaireté, d'une humeur libérale et bienfaisante, comme

[1] Marie-Anne de Bourbon, née en 1666, veuve en 1685 du prince de Conti qu'elle avait épousée en 1680 : « la grande princesse de Conti ». — « Le Dauphin dîne et soupe avec la princesse de Conti, il y est fourré tout le jour. » (*Lettre de Madame*, 6 septembre 1696, édit. Jœglé, I, p. 135). Sur le ton de cette société, voir même recueil, I, p. 119, et Saint-Simon, édit. 1873, VII, 425.

[2] Sur ces fêtes d'Anet, consulter les *Mémoires de la Fare*, p. 293, et Desnoiresterre, *les Cours galantes*, I, 181, 185, 205, 206; III, 192, 197. Ces fêtes eurent lieu le 10 août 1685, trois mois après que Vendôme avait été obligé de vendre l'hôtel de Vendôme et le duché de Penthièvre (Dangeau, I, 146; de Sourches, I, 292). L'insouciance de celui-ci pour sa santé et pour ses biens dont il confiait la gestion à son frère et à l'abbé de Chaulieu, son amour du plaisir et des lettres l'entraînaient à ces fêtes, le calcul aussi. Gaignières, dans un commentaire sur le *Chansonnier (Bib. Nat.*, 12.692, p. 221, 222), prétend que Chaulieu et Vendôme escomptaient le règne du Dauphin. Madame écrit le 14 juillet 1697, que M. de Vendôme et le prince de Conti se disputaient la faveur de Monseigneur et que toute la Cour avait pris parti pour l'un ou pour l'autre : « moi seule suis restée neutre » (I, 152, édit. Jœglé). — Il y eut encore d'autres fêtes le 6 septembre 1686 (de Sourches, I, 438).

[3] Monsieur le Prince, monsieur le Duc d'abord, Henri-Jules, fils du grand Condé qui prit son titre à la mort de son père le 16 décembre 1686. « Il est en grande faveur », dit la Palatine (15 mai 1692, I, p. 292).

[4] Il y a là une ellipse de Spanheim : il lui est venu à l'esprit cette pensée, non exprimée, après cette énumération des favoris, de savoir qui gouvernerait le Dauphin et comment il gouvernerait. Il dit dans ses conclusions encore qu'on s'attendait, si Louis XIV mourait, à des changements d'influence.

j'ai dit cy-dessus, peu emporté, et à quoi je puis ajouter peu remuant et inquiet, d'ailleurs d'un esprit médiocre et réservé plutôt que vif et fort enjoué, d'un attachement insatiable pour la chasse et d'une indifférence assez grande et peu réfléchie pour d'autre occupation sérieuse.

DE LA DAUPHINE

Mme la Dauphine, sœur de l'électeur de Bavière, née à Munich en novembre 1660, et ainsi à présent dans la trentième année de son âge, fut mariée en janvier 1680[1]. Le marquis de Croissy, deux ou trois mois auparavant, et au retour de l'ambassade de Niemegnen, y fut envoyé pour en faire la demande et ajuster les conditions, dont l'une ne lui réussit pas, qui était d'engager un mariage réciproque, à savoir de l'électeur de Bavière avec Mademoiselle, fille du duc d'Orléans frère du roi, et laquelle a été mariée depuis au duc de Savoie[2]. Le duc de Créqui, pre-

---

[1] *Marie-Anne-Christine de Bavière*, née à Munich le 28 novembre 1660 (*Gazette de France*, 1690, p. 192), fille de Ferdinand-Marie, électeur de Bavière mort le 26 mai 1679, et sœur de son successeur Maximilien-Emmanuel II. Le mariage eut lieu le 28 janvier 1680 par procuration à Munich, effectivement à Châlons le 7 mars (*Gazette*, 1680, p. 64 et 230).

[2] Les *Instructions de Colbert de Croissy allant en Bavière* sont du 18 octobre 1679 (voir *Recueil et Instructions en Bavière, Palatinat*, etc., publié par A. Lebon, 1889, p. 54). Deux points : « conclure le mariage de Mgr le Dauphin avec Mme la princesse de Bavière et négocier celui de l'électeur qui approchait de sa majorité (11 juillet 1680) avec Mademoiselle » *Conclure* le premier, parce que c'était affaire entendue depuis un traité très secret conclu en 1670, renouvelé ensuite par les envoyés du roi, le duc de Vitry et le cardinal d'Estrées, en échange d'une promesse faite par l'électeur à la France « en vue de la mort du roi d'Espagne ou de l'élection de l'empereur ». Le commentateur de ce texte, M. Lebon, dit que Mlle d'Orléans devint la reine d'Espagne. C'est une erreur corrigée par Spanheim. La première Mademoiselle fut mariée en Espagne le 31 août 1679. Aussitôt sa deuxième sœur (Mlle de Valois) prit le titre de Mademoiselle « à la grande bouche » comme disait sa belle-mère ; on voulait l'établir en Bavière. Mais elle n'avait que onze ans. Ce fut l'excuse dont la Cour de Bavière colora son refus, quoique Louis XIV eût ordonné à Croissy de tout faire pour lier les deux mariages, et par la conclusion de l'un obtenir la promesse de l'autre. Ce fut le Dauphin qui, pressé de se marier, força son père à passer outre : voir la curieuse lettre de la duchesse d'Orléans, 15 décembre 1679 (édit. Jœglé, I, p. 17. 58-60), et aux Affaires étrangères. *Corresp. Bavière*, t. XXX.— Le 11 juillet 1680, l'électeur Maximilien, étant

mier gentilhomme de la chambre du Roi et connu d'ailleurs par l'affaire des Corses suscitée durant son ambassade à Rome sous le pape Alexandre VII, où je l'ai vu [1], fut chargé d'aller porter les présents à l'épouse et de l'épouser au nom du Dauphin; mais la difficulté qu'il trouva à faire agréer à la cour de Bavière qu'en qualité d'ambassadeur extraordinaire, qu'il prendroit le jour du mariage, et dans cette fonction, il pût précéder l'Électeur, et qui ne put être surmontée, fit prendre le parti d'en laisser faire la cérémonie au duc Maximilien, oncle de l'Électeur et de la Dauphine [2]. Le départ de cette princesse suivit bientôt son mariage, en sorte qu'elle arriva au commencement de mars suivant, 1680, à Châlons en Champagne, où la cour de France s'étoit rendue, et où le mariage fut renouvelé et s'accomplit. Comme je vins en France, dans le mois suivant, par l'ordre de feu Son Altesse Electorale, de glorieuse mémoire, je fus chargé, entre les autres points de mes instructions, de faire le compliment requis sur ce mariage. A quoi je satisfis dans la première audience que j'eus à Saint-Germain du Roy, de la Reine, du

devenu majeur et maître de ses décisions, Croissy, revenu à Paris comme ministre dirigeant, chargea encore notre résident à Munich, la Haye Vantelet, de reprendre ce projet de mariage et ne réussit pas mieux. L'Electeur épousa en 1685 Maria-Antonia, fille de l'empereur Léopold Ier. Mademoiselle avait été mariée le 10 avril 1684 à Victor-Amédée II, duc de Savoie. Elle fut la mère de la duchesse de Bourgogne.

[1] Charles de Blanchefort de Bonne, duc de Créqui et prince de Poix, petit-fils de la fille du connétable de Lesdiguières, lieutenant général, premier gentilhomme de la Chambre, duc à brevet en 1652, duc et pair en 1663, que Louis XIV avait chargé de même de porter à Marie-Thérèse, à Fontarabie, ses présents de noce. Déjà alors une question d'étiquette avait été soulevée : représentant de Louis XIV, Créqui refusa d'avoir l'air de porter le premier les compliments au roi d'Espagne, et d'entrer dans sa maison. Il ne vit pas la jeune reine. — A Rome, autre question d'étiquette avec les neveux du pape : « Je visiterai qui me visitera » (Créqui au roi, 12 juin 1662 ; Aff. étr., *Rome*, IV, 145). Ce fut le préliminaire de l'affaire dite des Corses (août 1662). (Voir sur Créqui et le pape Alexandre VII, le comte de Mouy : *Ambassade du duc de Créqui*, 1893, t. I, et notre Introd, p. 6, note 2). « Il était, dit d'Artagnan (*Mémoires*, III, 249), superbe avant d'être ambassadeur et le devint encore plus après. » — Pour sa mission en Bavière, consulter la *Correspondance de Colbert*, t. VII, p. 20.

[2] Maximilien Philippe, oncle paternel de l'Electeur, administrateur de l'Etat pendant sa minorité (mai 1679 à juillet 1680).

Dauphin et de la Dauphine. Je trouvai dès lors que toute la Cour était déjà fort prévenue du mérite particulier de cette princesse, et ses manières, jointes à sa réponse dans cette même audience, me persuadèrent aisément que ce n'était pas sans sujet [1]. J'y fus d'autant plus confirmé dans la suite et que les lumières de son esprit, jointes aux charmes de son entretien et à d'autres attraits de sa personne, suppléaient abondamment à ce qui pouvoit manquer aux agréments du visage, ou, pour mieux dire, aux traits d'une beauté régulière. On ne laissoit pas de lui voir la taille belle et aisée, l'air noble, quoique moins brillant, le teint vif, bien que sans éclat, les yeux grands et non sans pénétration, quoique l'entre-deux qui les sépare, comme d'ailleurs le nez et la bouche, n'eussent pas les mêmes agréments; en échange, de beaux cheveux d'un clair brun, et en grande quantité ; enfin, tout le maintien digne d'une grande princesse. On peut même ajouter que le séjour de la cour de France lui donna insensiblement un air plus adouci et plus ouvert qu'elle ne l'y avait porté [2]. Quoi qu'il en soit, elle plut et surprit même la

---

[1] Le 5 mai 1680, Spanheim eut, comme l'envoyé de Bavière, une audience séparée de la reine et de la Dauphine après celles qu'il avait eues du roi et du Dauphin *(Archiv. de Prusse, Spanheim*, 6 mai 1680, 1ᵉʳ volume, fᵒ 35). — La duchesse d'Orléans ne l'appelait que la « bonne Dauphine ».

[2] Le portrait de la Dauphine tracé par Croissy à son arrivée à Munich, (8 octobre 1679) (Affaires Etrang., *Bavière*, t. XXX) : « Quoiqu'elle n'ait aucun trait de beauté, il résulte de ce composé quelque chose qu'on peut dire très agréable. Sa taille m'a paru d'une moyenne grandeur, parfaitement proportionnée. La gorge assez belle, les épaules bien tournées, le tour du visage plutôt rond que long. La bouche ne peut être dite ni petite, ni grande, les dents fort blanches et assez bien rangées ; les lèvres rebordées assez régulièrement. Elles ne sont pas véritablement fort rouges, mais on ne peut pas dire qu'elles soient pâles. Le nez est un peu gros par le bout, mais on ne peut pas dire qu'il soit choquant et fasse une grande difformité. Les joues sont assez pleines, les yeux ni petits, ni grands; la prunelle de la couleur des cheveux qui sont châtains. Son teint m'apparut un peu brun et de la manière que l'on voit les filles qui ne savent ce que c'est que polir la nature. Enfin, dans ses manières, sa contenance et son entretien, je n'ai rien remarqué qui ne soit digne de l'honneur auquel Votre Majesté la destine : quand elle aura pris vos instructions, ce sera une personne parfaite, plus capable de plaire à Monseigneur que de plus belles personnes. »

« Le roi parle souvent de la princesse de Bavière, écrit la duchesse d'Orléans.

Cour, dès son arrivée, par la noblesse de son port, par la justesse et la vivacité de ses compliments ou de ses reparties, par les traits d'un esprit également délicat et éclairé, et enfin par les manières qui n'avoient rien de contraint ou de trop libre, et ainsi par des qualités que les courtisans ne s'attendoient pas de trouver à ce point-là dans une princesse qui venoit d'un climat aussi opposé, comme on croyoit, à l'air, à l'esprit et aux manières polies et aisées de la Cour de France. On lui trouva d'ailleurs le discernement fort fin et juste, un goût exquis et accompagné de beaucoup de lumières pour les beaux-arts ou pour les ouvrages d'esprit, et en particulier pour la musique et pour les pièces de théâtre, beaucoup d'agrément et de disposition pour la danse, et d'ailleurs une facilité, jointe à une justesse d'expression et de langage en françois et en italien, qui ne pouvoit être plus grande dans une princesse née et élevée dans l'un ou dans l'autre de ces deux pays : ce qui étoit, en même temps, soutenu par un entretien raisonné [1] et agréable, qui avoit du brillant et du solide et qui lui faisoit toujours beaucoup d'honneur dans les audiences qu'elle donnoit aux ministres publics et dans les réponses qu'elle leur adressoit [2]. J'en puis rendre témoignage non seulement comme ayant assisté souvent à ces devoirs de pure cérémonie, comme on ne peut que les appeler, mais ayant eu surtout l'occasion moi-même de m'en acquitter durant un employ et séjour de neuf années et en diverses rencontres où je n'ai pu chaque fois qu'admirer la facilité, la justesse, et la dignité de ses reparties [3]. Elle sut même conser-

Dernièrement encore il disait : « Si elle a de l'esprit, je la plaisanterai sur sa « laideur. » Du moment qu'il a pris son parti de sa laideur, on tient le mariage pour certain. Il a demandé à M. le Dauphin s'il pouvait se résoudre à épouser une femme laide, à quoi celui-ci a répondu que cela lui importait fort peu, pourvu que sa femme eût de l'esprit et qu'elle fût vertueuse. Il serait satisfait, quelque laide qu'elle fût » (28 octobre 1679, édit. Jœglé, I, p. 16).

[1] *Sensé* : manuscrit [*B*].
[2] *Faisait* : Manuscrit [*B*].
[3] Il faut rapprocher de Spanheim ce passage de la correspondance de la Palatine : « Quand nous arrivâmes, la Dauphine et moi, nous fûmes trouvées merveilleuses. Mais bientôt on se lassa de nous. » (Edit. Jœglé, I. p. 140.)

ver partout son rang, sa dignité et la considération qui leur est due, et en rendre par là d'autant plus sensibles et agréables les manières obligeantes et distinguées dont elle honoroit les personnes qu'elles en jugeoit dignes et pour qui elle témoignoit quelque penchant. Tout cela répara aisément, comme j'ai dit et qu'on le croira sans peine, quelques traits moins délicats et un tour moins régulier du visage, surtout lorsqu'on lui vit joindre de plus en plus une grande et exacte régularité dans toute sa conduite, une vertu solide et chrétienne, une humeur réfléchie sur ses actions et sur ses discours, entre autres un attachement particulier à s'insinuer dans les bonnes grâces et dans l'estime du Roi et à gagner ou conserver celles [1] du Dauphin. Aussi n'eut-elle pas de peine à y réussir par une route aussi propre à y atteindre [2]. Ce qui ne put encore que redoubler par son heureuse fécondité qui, après une fausse couche [3] dont on appréhenda les suites, a donné trois princes et dont il sera encore fait mention : les ducs de Bourgogne, d'Anjou et de Berry ; ce qui fut encore suivi de quelques fausses couches. Mais aussi eut-elle le malheur d'en prendre et d'en conserver des incommodités fâcheuses qui ont ruiné sa santé, changé et altéré sa constitution, et gâté sa taille, et ainsi qui commençoient à lui enlever une partie des avantages extérieurs, et dont il a été parlé, de sa personne. C'est aussi ce mal qui l'a engagée, depuis quelques années en çà qu'il a commencé sans que le public des courtisans s'en aperçût ou fût instruit, qui l'a engagée, dis-je, à aimer encore plus la retraite qu'elle ne faisait auparavant, à garder fréquemment le lit et la chambre, et ainsi à prendre moins de part dans les divertissements de la Cour, surtout des parties de promenade, enfin à se mettre dans les remèdes, et à les changer suivant le besoin ou

[1] *Celle* : manuscrit [*B*].
[2] Cette phrase ne se trouve pas dans le manuscrit [*B*].
[3] « Madame la Dauphine a été très malade d'une fausse couche suivie d'une très forte fièvre » (26 juin 1681, *Lettres de la duchesse d'Orléans*, édit. Jœglé, I, 25).

les occasions qui s'en présentoient : ce qui ne put d'ailleurs qu'éclaircir mieux les courtisans et les dames qui l'ignoroient jusque-là [1] des véritables motifs des fréquentes retraites et du peu d'intérêt qu'elle prenoit dans les plaisirs susdits, et particulièrement à l'égard de ceux qui vouloient de l'exercice et du mouvement incompatible avec son état; et ainsi à les convaincre de l'injustice qu'on lui avoit faite de l'attribuer assez longtemps à une humeur trop retirée, trop particulière, ou même trop hautaine [2]. Et comme ces incommodités et leurs suites inévitables, qu'on croyoit quand je partis de France il y a un an, tenir déjà de l'hydropisie, redoublèrent de plus en plus et n'en devinrent par là que trop visibles, aussi la compassion qu'on eut des souffrances et du danger de cette grande princesse prit la place des autres sentiments susmentionnés qu'on avoit auparavant sur son sujet.

Cependant, comme il est bien difficile de trouver le secret de plaire indifféremment par des endroits plus ou moins conformes au génie d'une cour aussi grande et aussi difficile à contenter, et composée de personnes qui y sont dans une situation assez différente et assez opposée d'esprit, d'humeur et de conduite, il en est aussi arrivé que toutes ces grandes et belles qualités de Madame la Dauphine n'ont pas toujours eu le même applaudissement ou le même succès. En sorte que des personnes de la cour, de l'un et de l'autre sexe, qui n'auroient pas eu sujet de blâmer ses retraites, ne laissoient pas de blâmer son indifférence ou son peu d'application pour contribuer à les divertir, à lui désirer à ce sujet plus de penchant pour la joie et pour les plaisirs, plus de familiarité et moins de distinction dans son abord et dans son entretien, plus d'ou-

---

[1] *Jusque-là*, n'est pas dans le manuscrit [B].

[2] C'est le cas de Saint-Simon, qui a recueilli les regrets des courtisans, et se montre équitable avec la pauvre Dauphine (1873, IV, 58). « Madame la Dauphine, dit-il, qui a passé les dix années qu'elle a vécu en France grosse, en couche, ou malade de la longue maladie dont elle mourut en 1690, ne sortit point de Versailles et ne visita point. »

verture et d'enjouement dans son humeur et dans le commerce du monde, moins de régularité, ou dans les devoirs qu'elle exige, ou dans ses attachements pour le Dauphin, et ainsi qui la portoient, par l'effet de sentiments à leur dire trop scrupuleux et trop délicats, à vouloir lui retrancher les occasions conformes d'ailleurs à l'âge et aux inclinations de ce prince[1].

On peut ajouter à ces sortes de préjugés d'une partie de la cour touchant l'humeur ou la conduite de cette princesse la confidence particulière et sa manière qu'elle prit, et qu'elle garde jusqu'ici, avec une de ses filles, nommée Mlle Besola. C'est une fille piémontoise, dont le père, en qualité de médecin, suivit l'électrice de Bavière, mère de Madame la Dauphine, et laquelle, lui ayant servi de femme de chambre dès le bas âge de sa maîtresse, est aussi la seule qui lui est restée des femmes qu'elle avoit amenées avec elle de Munich en France. Cette considération, jointe à l'attachement connu de cette fille, à son zèle et dévouement entier pour sa maîtresse, à l'amitié particulière dont celle-ci étoit déjà prévenue en sa faveur, à l'habitude qui s'en étoit formée entre elles dès le jeune âge de la Dauphine, ne put que donner lieu à redoubler dans ce nouveau séjour de la cour de France, et où cette princesse ne se trouvoit environnée que de personnes du sexe qui lui étoient

---

[1] Saint-Simon confirme et garde l'opinion des courtisans, mais atténue leurs critiques (1873, t. IV, 198). Il raconte que Louis XIV, regrettant les *cercles* de sa mère que la « bêtise » de Marie-Thérèse avait interrompus, voulut « les relever du temps de Mme la Dauphine ». Elle avait l'esprit, la grâce, la dignité et la conversation très propres à cette sorte de cour. Mais les incommodités de ses fréquentes grossesses, celles de ses longues suites de couches, la cruelle maladie qui dura depuis la dernière jusqu'à sa mort interrompirent bientôt ces réunions. — De Sourches la défend plus énergiquement encore, et, comme Spanheim, il raconte (I, 448) que la Dauphine, « ayant appris plusieurs galanteries de Monseigneur qui auraient dû lui faire de la peine, prit son parti en femme de bon esprit, et au lieu de s'amuser à faire la grondeuse dit franchement à Monseigneur qu'elle était avertie de tout ce qui se passait et que, pourvu qu'il lui conservât son cœur, il lui ferait plaisir de ne pas se contraindre et de se divertir, comme il le jugerait à propos (octobre 1686). » Il est vrai que de Sourches ajoute : « On disait que c'était par le conseil du roi. »

nouvelles et étrangères, et ainsi pour qui elle devoit avoir
nécessairement plus de réserve et de précaution : ce qui, joint
encore à la bonne et sage conduite de cette fille, fit aussi que
sa maîtresse la choisit pour lui tenir compagnie assidue dans
les heures de retraite et qu'elle pouvoit dérober aux yeux et à
la foule de la cour, et des dames mêmes ou demoiselles de sa
suite, à ne s'y entretenir qu'avec la seule Besola, à en faire
l'unique dépositaire de ses pensées, de ses réflexions et de sa
conduite, et même à n'en faire pas un mystère[1] : ce qui, sans
doute, n'avoit garde de se trouver entièrement du goût de la
nation et d'une cour qui, en tout cas, auroit voulu une confidente ou une favorite françoise et de plus d'éclat, et d'ailleurs
qui eût cherché ou été d'humeur à en faire valoir le poste ; car
on peut dire, à la louange de cette fille, qu'elle n'en abuse point,
qu'elle ne fait point par là d'affaires à sa maîtresse ou à
d'autres, qu'elle n'entre en rien que dans le seul et particulier
attachement à lui plaire, à la divertir ou à la soulager dans les
maux ou dans les déplaisirs inséparables des conditions les
plus élevées et, en apparence, les plus heureuses du monde, et
qu'enfin toute cette faveur et cette distinction, qui d'ailleurs
ne sauroit être plus grande et plus connue, se réduit après
tout au commerce particulier, domestique et innocent entre la
maîtresse et la confidente. Cependant il n'a pas laissé d'attirer
de la considération pour cette fille, de faire rechercher son
amitié aux personnes qui ont envie de plaire à Madame la

[1] Pendant tout le mois d'avril 1686, époque des premières trahisons du
Dauphin, Dangeau répète : « La Dauphine passa toute l'après-midi chez la
Bezzola. » Mme de Caylus, dans ses *Souvenirs*, prétend que ce fut la présence
de cette fille qui détourna de sa femme le Dauphin, las de les entendre
parler entre elles l'allemand, sans les comprendre. — De Sourches confirme
d'ailleurs le jugement de Spanheim (III, 231) : « A la mort de la Dauphine, le
Roi lui fit remettre des pierreries par Seignelay, l'assura de sa protection et
d'une pension de 4000 livres. Elle n'avait, dit de Sourches, nul bien. Son
père, qui était italien, était venu s'habituer en Bavière. Elle voulait se retirer
dans un couvent. Elle méritait cette grâce, car elle s'était gouvernée fort
sagement dans des temps fâcheux où Mme la Dauphine n'avait pas contenté
tout à fait le roi, et l'on aurait pu attribuer cela aux conseils de sa favorite. »
De Sourches l'appelle Mlle de Bezzola.

Dauphine, de la distinguer d'ailleurs du rang de ses femmes de chambre, et dont elle ne faisoit plus les fonctions : ce qui parut[1], entre autres à la *toilette*, comme on en parle en France, de cette princesse, où on a coutume de la voir, et où la Besola se trouve présente et à côté d'elle, à l'entretenir pendant que ses femmes de chambre l'habillent ou la coiffent, et d'où elle se retire ensuite dès que le cercle se remplit et que les filles d'honneur de la Dauphine s'y trouvent. Aussi a-t-elle un train et un appartement séparé à Versailles, au-dessus de celui de sa maîtresse où on peut la voir[2], mais où elle évite sagement de donner beaucoup d'accès aux visites des gens de la cour de l'un et de l'autre sexe, pour ne laisser aucune prise sur elle et pour se donner tout entière à sa maîtresse. Elle n'a pas laissé, malgré toute cette conduite, de croire qu'une maladie de consomption et de langueur dont elle a été atteinte depuis quelques années venoit d'être empoisonnée, et l'a même dit plus d'une fois à des personnes en qui elle avoit quelque confiance.

Au reste, je me suis un peu étendu sur le sujet[3] et le caractère de Madame la Dauphine, et de ce qui y a du rapport, comme s'y agissant d'une princesse allemande et de maison électorale, qui, depuis la mort de la reine de France, en remplissoit[4] déjà comme le poste, et en devoit[5] porter un jour la qualité, si le

---

[1] *Paraît :* manuscrit [B].

[2] *Visiter :* manuscrit [B]. Dangeau (I,327), note que la Dauphine va toutes les après-dînées chez la Bezzola, « *quand elle n'a pas eu la fièvre* » (avril 1686).

[3] Spanheim confesse naïvement la disproportion de ces détails et ses raisons. Les princesses allemandes formaient un petit cercle à part de la Cour, et la critiquaient entre elles. Madame parut en avoir été l'âme, comme on le voit à chaque instant dans sa correspondance. On y médisait ferme. Farouches et particulières, comme dit Saint-Simon (1873, IV, 58), avec leur couche de gloire, les princesses allemandes blâmaient la vie et les intrigues des Françaises. Mme de Maintenon était particulièrement maltraitée : « la vieille ordure » (voir Saint-Simon, édit. de Boislisle, VIII, 354). La Dauphine le lui avoua un jour. Dans ce petit cercle médisant et fermé, Spanheim, comme Allemand, fut admis avec sa femme et s'en est souvenu. (Voir les *Souvenirs de Mme de Caylus*.)

[4] *Remplit :* manuscrit [B].

[5] *Doit :* manuscrit [B].

mauvais état de sa santé n'abrège ses jours[1] et qui, d'ailleurs, se trouve et l'épouse et la mère des héritiers de la couronne. Outre que, sans parler de la circonstance sus-mentionnée de mon envoi en France, pour l'emploi que j'y commençai immédiatement après son arrivée, et qui, durant un séjour de neuf années n'a pu que me fournir assez d'occasions de m'éclaircir au juste de ce qui la regarde, outre cela, j'ose bien dire icy qu'elle y a encore donné lieu par les accès obligeants et même distingués que nous avons eu le bonheur de trouver auprès d'elles toutes les fois que nous avons eu celui de nous présenter, et avec des marques visibles, et qui étaient même assez connues à la Cour de France, d'une bonté particulière dont elle nous honorait. Ce qui était d'autant plus agréable qu'on la voyait d'ailleurs réservée dans ses manières et son procédé, et n'être nullement prodigue d'un accueil et d'un entretien aussi obligeant. Mais ce qui, après tout, ne m'a pas ébloui ni préoccupé pour en faire ici un portrait flatteur et pour rien dire dans cette relation que je ne croie ou ne sache même très véritable, et qui ne soit aussi entièrement conforme aux justes idées qu'on en peut avoir. A quoi j'ajouterai seulement celle qu'on put prendre de son bon naturel, et que je ne dois pas taire ici ; je veux dire les larmes qu'elle versa en présence de la Cour, sur le récit que le Roi même lui fit des circonstances d'une mort aussi héroïque et aussi chrétienne que celle de feu S. A. É. de glorieuse mémoire, et particulièrement des derniers adieux qu'il fit, à Potsdam, la veille de sa mort, à son sérénissime successeur, à sa famille et à son Conseil. Cela s'étoit bien répandu à la cour de France et m'avoit été redit[2], savoir : de la manière que cette

[1] Elle mourut le 10 avril 1690. Quand il écrivait ces lignes, Spanheim n'en avait pas encore la nouvelle.
[2] L'électeur *Frédéric Guillaume* de Brandebourg mourut à Potsdam le 9 mai 1688. Le 16 mai, Dangeau inscrivait dans son journal cette mention : « l'Électeur est mort avec beaucoup de fermeté. » On en avait donc parlé à la Cour. (Voir de Sourches, II, 164, 16 mai.) Le récit qu'on fit de cette mort dut être à peu près celui de la *Gazette de France*, Postdam, 9 mai : « le 7 de ce mois, l'électeur de Brandebourg, nonobstant l'extrémité de sa maladie, se fit porter

princesse s'étoit trouvée sensible à ce récit, mais de plus me fut confirmé obligeamment par elle-même au sujet de la notification que je lui faisois de cette mort de Sadite A. É., et ensuite de ce qu'il lui plut de m'y répondre dans l'audience publique que j'en prenois. C'est où, après avoir satisfait aux formalités ordinaires de la réception et à ses reparties toujours justes, sensées et honnêtes, elle se leva de son siège comme je me retirois, et, en s'avançant vers moi, voulut elle-même m'apprendre, et le dire tout haut au milieu d'une grande assemblée, savoir : « les larmes que lui avoit causées le récit susdit que le Roi lui avoit fait des circonstances de la mort et des derniers adieux de M. l'Électeur[1]. » On put même assez recueillir, aussi bien que de ce que dessus, qu'elle a un bon et un grand cœur, une âme droite et sensible, des sentiments nobles et généreux, qu'elle en a conservé de fort obligeants, et même de tendres pour sa patrie, pour sa maison, pour les électeurs ses frères en particulier. Et ainsi d'où on peut juger qu'elle a vu à regret[2] l'engagement où la France est entrée au sujet de l'élection de Cologne contre l'un de ses frères, et en faveur d'un compétiteur qui étoit, de même que ceux de sa famille, aussi obligé et attaché ci-devant aux services des princes de sa maison : en sorte qu'elle ne put qu'avoir été touchée du sujet que la France en a pris pour faire la guerre à l'Empereur et à l'Empire, la

au Conseil, et après avoir dit à ses ministres que ce serait pour la dernière fois, il les remercia de leurs bons et fidèles services, les exhortant de la continuer au prince électoral auquel il donna plusieurs belles instructions, lui recommandant ses fidèles serviteurs et bons sujets. Ensuite il se fit porter dans sa chambre où, après un long entretien qu'il eut avec son fils, il lui donna sa bénédiction. Aujourd'hui il est mort à 9 heures, ayant témoigné jusqu'aux derniers soupirs une tranquillité extraordinaire et cette fermeté et grandeur d'âme qu'il avait fait paraître en tant d'importantes occasions. » (Voir Puffendorf, *De rebus gestis Frederici Wilhelmi*, Berlin, 1695.) Le témoignage de Spanheim est curieux, et utile pour faire connaître les *sentiments allemands de la Dauphine.*

[1] *Gazette de France*, Versailles, 4 juin 1688 : « Le 29 du mois dernier, le baron de Spanheim envoyé extraordinaire eut audience du roi. Il y fit part à Sa Majesté de l'avis qu'il avait reçu de la mort de l'électeur. Il eut aussi audience de Mgr le Dauphin et de Mme la Dauphine. »

[2] *Et ainsi, pour avoir vu à regret,* dans le manuscrit [B].

faire même d'une manière aussi cruelle, et s'y porter à toutes les extrémités qui ont suivi cet engagement, et qui durent encore. Mais, après tout, je n'ai point ajouté foi aux bruits répandus dans les gazettes depuis mon départ de France : je veux dire[1] de quelque prétendue et entière disgrâce de cette princesse au sujet de ses lettres interceptées qu'elle adressait en Bavière, et de ce qu'on prétendoit s'y trouver contraire aux intérêts du Roi et de la couronne[2]. Car, outre que je n'ai point

[1] *Je veux dire* ne se trouve pas dans le manuscrit [B].
[2] Il s'agit ici de l'affaire de l'électorat de Cologne qui fut le signal de la guerre entre Louis XIV et l'Europe (19 juillet, 3 octobre 1688, Rousset, *Histoire de Louvois*, IV, p. 66). Les deux candidats en présence étaient 1, prince *Clément de Bavière*, frère de la Dauphine et de l'Electeur, né en 1671 alors âgé de dix-sept ans, et quoique n'ayant pas reçu les ordres, évêque de Freisingen et Ratisbonne; l'autre, le cardinal *Guillaume-Egon*, prince de Furstenberg, né en 1629, évêque de Strasbourg, et, depuis janvier 1688, coadjuteur de l'archevêché de Cologne. Les Furstenberg avaient longtemps servi la Bavière; ils étaient trois frères : *François-Egon*, grand doyen et grand prévôt de Cologne, né en 1626, mort à Cologne le 1er avril 1682 après avoir été le ministre principal de l'électeur de Cologne, prince bavarois, Maximilien-Henri (1650-1688), l'un des promoteurs de la ligue du Rhin; l'autre, *Hermann Egon*, landgrave de Furstenberg, né en 1627, puis prince en 1654, grand maître et principal ministre de l'électeur de Bavière, Ferdinand-Marie, père de la Dauphine. Il avait contribué à l'engager à fond dans l'alliance de la France. Il mourut en 1674. Les Furstenberg, comme le dit Dangeau, étaient en somme des serviteurs de la Bavière, dont la fortune, grandissant par la protection de la France, commençait à empiéter sur les domaines de leurs maîtres Comme à partir de 1679, et surtout après son mariage autrichien, l'Electeur en 1685 se détournait de la France, et servait les Habsbourg, Louis XIV soutint l'ambition des Furstenberg. Il les vit avec joie transformer l'électorat, presque bavarois, de Cologne en un domaine pour leur famille. Maître avec eux de Cologne, il coupait toute relation entre Guillaume d'Orange et l'Empire Le triomphe momentané des Furstenberg fut une grande humiliation pour les princes de Bavière, pour la Dauphine. Le pape les consola en soutenant Clément de Bavière Pour le combattre, Louis XIV ne s'embarrassa pas qu'il fût le frère de sa bru. Il fit avertir que ceux qui s'engageraient à soutenir le prince Clément, dans l'espérance qu'il n'aurait point pour désagréable qu'un frère de Madame la Dauphine devînt Electeur de Cologne, « seraient avec le prince d'Orange et parmi ses ennemis » (Louvois à d'Asfeld, 1er septembre 1688; Rousset, IV, 90).
Mme de Caylus dans ses *Souvenirs* (p. 106-108), Mme de Sévigné (*Lettres*, VI, p. 322), Saint-Simon (édit. de Boislisle, XII, p. 332) expliquent très bien comment on a pu croire à une disgrâce de la Dauphine vers la fin de sa vie. Louis XIV, qui aurait voulu un cercle de la Reine à sa Cour et n'avait pu décider Marie-Thérèse à en tenir un, s'était imaginé, après la mort de celle-ci, de rele-

vu ou appris que cela fût marqué ou confirmé depuis dans aucun avis de Paris ou de Versailles, la suite de l'état où Mme la Dauphine continue d'être à la Cour, autant qu'on sait, sans qu'il y ait eu de l'interruption ou du retour, n'y a pas répondu; outre cela, dis-je, je ne trouve rien dans ces bruits qui ait du rapport avec son véritable caractère de princesse éclairée, sage et avisée, qui d'ailleurs a toujours fait paroître un grand respect pour le Roi, un véritable attachement pour le Dauphin et la due considération pour le rang qu'elle tient en France, et celui qui la regarde comme les enfants de France qui sont les siens, et ainsi pour rendre au fond ses intérêts inséparables de ceux du poste et de la condition où elle se trouve.

<small>Des Enfants de France.</small>

Les enfants de France comme on les appelle, et qui sont ceux du Dauphin et de la Dauphine dont on vient de parler, sont les ducs de Bourgogne, d'Anjou et de Berry, qui sont[1] tous trois élevés par les soins de la maréchale de la Motte, leur gouvernante et qui l'a déjà été autrefois, comme il a été dit, du Dauphin leur père.

Le duc de Bourgogne, né en août 1682, est à présent dans sa huitième année, et à qui on vient de donner pour gouverneur, et ainsi depuis mon départ de France[2], le duc de Beauvilliers, un des quatre gentilshommes de la chambre du Roi et chef du Conseil royal des finances. Ce jeune prince est bien fait de toute sa personne, grand pour son âge, d'un visage plein et beau, les yeux bruns et grands, le teint admirable, mêlé de blanc et d'incarnat, d'une constitution forte et robuste, la taille

---

ver cet usage : « La Dauphine avait l'esprit, la grâce et la conversation très propres à cette sorte de Cour », dit Saint-Simon. Mais sa mauvaise santé, son peu d'efforts pour soutenir ce cercle, éloignèrent Louis XIV et les courtisans sans qu'il y eût véritablement disgrâce. Spanheim juge exactement cette situation.

[1] *Qui sont* ne se trouve pas dans le manuscrit [*B*], ni dans Dohm.

[2] Le duc de Bourgogne, né le 6 août 1682, reçut pour gouverneur Beauvilliers, le 6 août 1689, à sept ans comme c'était l'usage.

aisée, la contenance assurée, et, pour mieux l'exprimer, d'un
air et d'un port vif et hardi et qui témoignoit déjà de se ressentir de son rang, de sa naissance, et à quoi elle le destine un
jour. Ce qu'il faisoit encore plus remarquer par les manières
fières, les saillies d'une humeur altière, difficile à ployer aux
volontés de sa gouvernante et à ce qu'on pouvoit exiger de lui
ou dans sa nourriture ou dans d'autres circonstances de son
éducation, et enfin par les réparties impérieuses et hautaines.
D'ailleurs, il n'en faisait pas moins paroître une conception
vive et prompte, une facilité merveilleuse à réussir dans les
choses où il s'applique, une pénétration au delà de la portée
de son âge, et enfin tous les traits d'un génie martial, autant
qu'on le peut déjà recueillir. Je toucherai sur ce dernier, une
circonstance qui en donnera quelque idée. C'est que Madame la
Dauphine, se trouvant un jour au cercle, environnée de ses trois
enfants sus-nommés, se prit à dire qu'elle ne connoissoit point
encore les humeurs de ses trois enfants : qu'il lui sembloit que,
pour le duc d'Anjou, le puîné, il seroit ivrogne et aimerait le
vin ; le duc de Berry, qui est le plus jeune, aimeroit les dames ;
mais, pour le duc de Bourgogne, qui est l'aîné, elle ne savait
pas ce qu'il aimeroit. A quoi ce dernier, qui étoit présent à ce
discours de la Dauphine sa mère, prit la parole, dit sur le
champ, et d'un air un peu outré de ce qu'on le croyoit sans
inclination : « Il aimera les armes, Madame ; voilà ce qu'il
aimera. » J'ajouterai à cela une autre circonstance, et qui peut
encore servir de quelque préjugé d'une partie de ce que je
viens de dire touchant l'humeur[1] et la portée de ce jeune
prince : c'est que, dans les audiences d'adieu que je pris à la
Cour de France il y a un an, et en m'acquittant, suivant la coutume, de celle auprès des[2] enfants de France, et ainsi du duc de
Bourgogne en premier lieu, en présence de sa gouvernante la
maréchale de la Motte, et conduit par les introducteurs des
ambassadeurs, il témoignoit beaucoup de répugnance à me

---

[1] *De l'humeur :* manuscrit [*B*].
[2] Le texte [B] porte : *les*, et Dohm également.

saluer de son bonnet, comme il se pratique, et même à répondre quelque mot à mon compliment, à mesure que sa gouvernante susdite l'y vouloit porter, et qui fut contrainte de le faire pour lui. Au sortir de là, la même gouvernante, qui nous honoroit de son amitié, voulut m'excuser le procédé de ce jeune prince, et en m'apprenant et souriant que, sur ce qu'elle l'exhortoit à me saluer, à me remercier de mon compliment, et me souhaiter bon voyage, il lui avoit répliqué d'un air brusque : « Non, *mama* (c'est ainsi qu'il l'appelle); non, *mama*, c'est l'ennemi du Roi »; ce qu'elle attribuoit, comme on le peut aisément croire, à quelque discours qu'il auroit ouï faire, dans les conjonctures d'alors, à ceux qui l'approchent, que M. l'électeur de Brandebourg, comme elle disoit (pour lequel nom d'ailleurs ce jeune prince avoit témoigné dans les rencontres d'avoir quelques égards), et au nom duquel je m'acquittois du compliment, s'étoit déclaré contre le Roi et un des ennemis de la France[1].

Le duc d'Anjou, second fils de France, né en décembre 1683, et ainsi qui vient d'entrer dans la septième année de son âge, est beau et blond qui a le plus de ressemblance avec le Dauphin son père. Au reste d'un visage et d'une constitution plus délicate que son aîné, de plus petite taille pour son âge, et

---

[1] Ce portrait du duc de Bourgogne à sept ans, lorsqu'il passe des mains des femmes à celles de Beauvilliers et de Fénelon, a un véritable intérêt historique. Il confirme ce que dit Saint-Simon de l'enfance de son ami (1873, IX, p. 210) : « le visage long et brun, avec les plus beaux yeux du monde, une physionomie agréable, haute, fine, spirituelle jusqu'à inspirer de l'esprit. Il avait les plus belles jambes et les plus beaux pieds qu'après le roi j'ai jamais vus à personne, mais trop longues aussi bien que ses cuisses pour la proportion de son corps ». Plus tard, il devint bossu ; mais Spanheim ne le vit pas : « il sortit droit des mains des femmes ». Saint-Simon a dit de lui : « Il naquit terrible. Sa première enfance fit trembler. » Saint-Simon prodigue les traits : « livré à toutes les passions, dur et colère jusqu'aux derniers emportements, farouche naturellement, porté à la cruauté, altier. » Il y a sans aucun doute un excès voulu dans ces jugements, destiné à faire valoir les difficultés que rencontra Beauvilliers et le mérite exceptionnel du gouverneur. Le portrait de Spanheim, moins excessif, plus vrai, où l'on trouve ce détail : « un tempérament martial », a l'avantage de faire comprendre comment cette nature se transforma par l'éducation et devint celle d'un lettré, d'un penseur, d'un dévot.

d'ailleurs d'une humeur plus souple et plus ployable à ce qu'on veut de lui, et même qui témoigne jusqu'ici beaucoup d'égard et de déférence pour le duc de Bourgogne, son frère aîné[1].

Pour le duc de Berry, qui est né en 1685 et ainsi se trouve dans la cinquième année de son âge[2], il est fort beau de visage, blond comme le duc d'Anjou, mais d'ailleurs sans lui ressembler, plus grand et plus fort pour son âge, et ainsi qui, à cet égard, a plus de rapport avec son aîné le duc de Bourgogne ; on lui voit d'ailleurs l'air plus adouci qu'à son aîné, et l'humeur plus complaisante, en sorte qu'il fait aussi l'inclination de la Dauphine sa mère[3].

DU DUC D'ORLÉANS, FRÈRE DU ROI[4]

Le duc d'Orléans, frère unique du Roi et qu'on appelle en France du seul nom de Monsieur, né en septembre 1640 et ainsi dans la cinquantième année de son âge est d'une taille mé-

[1] Les derniers traits de ce portrait ont aussi beaucoup d'importance. Saint-Simon dit (de Boislisle, XI, p. 229) que, pour établir la paix entre les frères, le duc d'Anjou « fut par l'éducation duit à toute patience et dépendances ». Sa nature, on le voit, s'y prêtait. Louis XIV lui reprochait plus tard son défaut de volonté (Œuvres, t. VI, p. 77, 180). — Son confident, Louville, dit qu'il ne pouvait prendre une décision : « Dieu lui a donné un esprit subalterne, et si je l'ose dire subjugué. » (Lettre à Torcy, du 15 août 1703, Saint-Simon, édit. de Boislisle, XI, 526.) Le témoignage de Spanheim confirme ces jugements.
[2] La date : 1685, et « dans la cinquième année », en blanc dans le manuscrit [B] et dans Dohm.
[3] Il était « tout bon et tout rond » : toute sa famille, toute la Cour l'aimait. Il était le favori de Monseigneur (Saint-Simon, 1873, X, 173).
[4] Pour ce portrait, comparer les Relations des ambassadeurs vénitiens 1688 et 1695, de P. et de J. Veniero (série Francia, t. III, p. 453 et 537); le recueil intitulé Caractères de la Cour de France, à Villefranche chez Paul Pinceau, 1702-1703; la Correspondance de Madame, édit. Brunet, t. 1er, p. 204 (8 janvier 1716); le recueil du British Museum ; Man. Addit., 29.507 : Caractères inédits des personnes les plus illustres de France, f° 7. Tous ces portraits ont été heureusement réunis par M. de Boislisle (Saint-Simon, t. VIII, p. 628 et suivantes). Nous ne pouvons mieux faire, d'ailleurs, que de renvoyer à ce volume (p. 333), où les notes et les indications les plus précises, les plus précieuses abondent.

diocre, fort au-dessous de celle du Roi[1], d'un visage et d'un teint plus délicat, dont il prend aussi plus de soin, d'une taille plus déliée et enfin qui, dans tout l'extérieur, a peu de rapport avec celui de Sa Majesté[2]. Il n'y a pas moins de différence dans leur humeur, leur procédé et leurs inclinations. Celle de Monsieur, comme on l'appelle, est toute portée aux plaisirs, éloignée d'aucune application sérieuse, et ainsi plus caressante, plus ouverte et plus insinuante que celle du Roi : d'où lui vient un procédé civil, obligeant et fort régulier même envers les personnes qui l'abordent ou qui lui font la cour[3]. Aussi se plaît-il qu'on la lui fasse, et à n'être pas négligé par les courtisans, ou même par les ministres étrangers qui fréquentent la Cour, et ainsi qui aime qu'on se trouve à son lever qui est d'ordinaire assez tard et quelques heures après celui du Roi[4]. Comme il est curieux à l'excès de sa parure et de son ajustement, aussi met-il en usage tout ce qui peut y contribuer, jusqu'à porter

---

[1] « C'était un petit homme ventru, monté sur des échasses, tant ses souliers étaient hauts. » (Saint-Simon, éd. de Boislisle, VIII, 348.) Il avait les deux tiers de la hauteur de son frère, c'est-à-dire de fort petite taille, mais très grosse *(Caractères inédits).* Il était fort petit *(Lettres de Madame,* éd. Brunet, I, 204).

[2] Voir cette comparaison dans Brunet, *Lettres de Madame,* I, 204.

[3] « Il met naturellement de la dignité et de la grâce dans ses actions les plus ordinaires » (Saint-Simon, VIII, p. 345). « Il aimait le grand monde, il avait une affabilité et une honnêteté qui lui attirait la foule, et la différence qu'il savait faire et qu'il ne manquait jamais de faire des gens suivant ce qu'ils étaient y contribuait beaucoup. A sa réception, à son attention plus ou moins grande ou négligée, il faisait toute la différence qui flattait, de la naissance et de la dignité, de l'âge et du mérite et de l'état des gens, et cela avec une dignité naturelle en lui et une facilité de tous les moments qu'il s'était formée. Il avait appris et bien retenu de sa mère l'art de tenir une cour : aussi la voulait-il pleine et y réussissait par ce maintien. » (Voir les *Mémoires de Mademoiselle*, III, 345-346 ; les *Relations des ambassadeurs vénitiens* et ce mot des *Caractères* de la Cour de France : « C'était un prince de l'ancienne roche. »

[4] « Il était extrêmement glorieux, mais sans hauteur, fort sensible et fort attaché à ce qui lui est dû. » (Saint-Simon, VIII, 346. Voir aussi p 338.) — « Sa seule ambition est d'obtenir un léger succès, c'est-à-dire l'estime et l'empressement de chacun à lui faire la cour » *(Relat. de l'ambassadeur vénitien, 1688, Francia,* III, p. 453.) Il réglait lui-même, en 1698, les entrées chez lui comme chez le roi.

dans les bras des bracelets de pierreries[1], et à ne rien omettre de ce qui peut entretenir la fraîcheur ou l'éclat de son teint. Il aime assez à parler, et d'où vient que, dans les repas, qu'il prend d'ordinaire avec le Roi et le reste de la maison royale, on n'entend presque que lui durant les mêmes repas[2]. Ses entretiens, après tout, ne partent pas d'un génie fort éclairé, ni rempli d'autres idées que de celles qui se peuvent trouver conformes au train ordinaire de la Cour de France et aux conjonctures qui s'y présentent[3]. Et, comme on ne le tient pas propre à garder un secret, il arrive qu'on ne lui en confie guère : aussi n'a-t-il aucune part aux affaires d'État ou du gouvernement[4], ni même entrée ou séance dans aucun Conseil, que purement dans celui qu'on appelle *des dépêches*, qui s'assemble une fois tous les quinze jours, où il ne se traite que des affaires particulières des provinces, et dont il sera parlé ci-après[5].

D'ailleurs, on ne peut disconvenir que les inclinations de Monsieur ne soient naturellement douces[6], bienfaisantes, du reste éloignées des occupations ou des divertissements qui sont accompagnés de peine et de fatigue, jusques à n'avoir aucun penchant pour le plaisir de la chasse et à ne prendre aussi point de part dans les parties qui s'en font. Il s'attache plus à celles

[1] Sur ces pierreries voir la vente de ses bijoux *(Arch. Nat.*, KK 388) qui produisit 500.000 livres. — (Sophie de Hanovre, *Corresp.*, édit. Bodemann, 116, 119, et *Mémoires de Mademoiselle*, III, 127, 261) : « Il était toujours, dit Saint-Simon, paré comme une femme, plein de bagues, de bracelets, de pierreries partout, des rubans partout où il en pouvait mettre, plein de toutes sortes de parums, et en toutes choses la propreté même. » On l'accusait de mettre imperceptiblement du rouge (éd. de Boislisle, VII, 74, VIII, 349).

[2] *Correspondance de Madame*, édition Brunet, II, 96 : « à souper chez le roi, on ne proférait pas une parole. »

[3] Daniel de Cosnac, *Mémoires*, II, 55, 56. « Il était impossible de trouver un moment fixe pour raisonner avec lui. » — « Monsieur, dit Saint-Simon (édit. de Boislisle, 11, 209), était la plus sotte femme du monde. » Addition à Dangeau, édit. de Boislisle, VIII, p. 381.

[4] Saint-Simon, édit. de Boislisle, III, 164, 166 : « Le secret n'était pas le fort de Monsieur. »

Le roi l'avait fait entrer à ce Conseil en 1667 pour sa belle conduite devant Tournay (de Cosnac, *Mémoires*, I, 60 ; 1, 341-346).

« Monsieur était doux, le meilleur homme du monde », dit Saint-Simon (édit. de Boislisle, VIII, 333).

des fêtes galantes, et à en donner quelquefois dans sa belle maison de Saint-Cloud[1], ou même dans le Palais-Royal, qu'il occupe à Paris, où il aime à se rendre de fois à autre, et à y faire un séjour de quelques semaines de suite : ce qui n'a pu aussi que lui attirer l'inclination des Parisiens. Et comme, au reste, suivant qu'on le peut déjà assez recueillir de ce que dessus, le génie de Monsieur n'est pas naturellement martial, et est même assez éloigné de tout ce qui y a du rapport[2], il n'a pas laissé cependant de se signaler, ou au moins de faire du bruit dans le monde, à la prise de Saint-Omer et à la bataille de Mont-Cassel, arrivée en 1677, où il commandoit l'armée de France, et ainsi dont on lui attribua la victoire[3].

Il seroit de vrai à souhaiter que le bruit public lui attribuât des inclinations moins criminelles qu'on ne fait, et[4] que sa conduite eût contribué à détruire ce bruit, plutôt qu'à l'autoriser. Il est arrivé même qu'il en a été brouillé plus d'une fois avec le Roi son frère, fort ennemi d'un vice aussi haïssable, qui eût voulu l'en détourner, mais ce qui, après tout, n'a pas

---

[1] Dès 1660, Saint-Cloud est indiqué par la Muse historique comme une délicieuse maison. Louis XIV avait donné les moyens à son frère de l'embellir sans cesse. Sur les fêtes qui s'y donnaient, Dangeau, II, 15, 362, 19, VI, 393, et la *Gazette de France*, 1673, p. 112 — Voir aussi le tableau d'Allegrain au musée de Versailles (Saint-Cloud en 1700).

[2] *Et* au lieu de *il* dans le manuscrit [B].

[3] On voit par ce paragraphe que Spanheim fait des réserves sur les prétendus exploits de Monsieur : « Il n'était pas naturellement martial ; on lui a attribué la victoire. » Le fond de sa pensée, c'est qu'il y avait lieu de se défier des éloges de convention. « Il s'est signalé ou du moins il a fait du *bruit dans le monde.* » Du bruit, il en a fait en effet beaucoup (voir la *Gazette*, le *Mercure* de 1677, la *Correspondance de Bussy*, III, 242, les Mémoires de Choisy et l'excellente note de M. Boislisle sur ce sujet (Saint-Simon, VIII, 339). L'*Etat* de la France rappelait chaque année ces exploits. Les oraisons funèbres en 1701 renouvelèrent le récit. Dans la façon d'exalter le courage de Monsieur, il y avait peut-être quelque reproche à l'adresse du roi qui ne s'exposait pas.

[4] « *Ce que sa conduite* » dans le manuscrit [B]. La Cour et les Mémoires sont là-dessus unanimes, Saint-Simon, éd. de Boislisle, VIII, 370 : « le *goût de Monsieur opposé à la galanterie.* » — La Fare, *Mémoires* p. 268 : « il n'était pas destiné à n'aimer que les femmes. » — La duchesse d'Orléans (I, 204, éd. Brunet) : « Le duc de sa vie n'a pas été amoureux. » — « Sa tendresse n'était pas pour les dames » (*Caractères de la Cour*, 1706).

eu à cet égard le crédit et le succès qu'il devoit avoir[1]. On en donne principalement la faute au chevalier de Lorraine, frère puîné du comte d'Armagnac, grand écuyer de France, et qui est considéré depuis assez longtemps[2], savoir ledit chevalier, comme le favori et l'arbitre absolu des volontés et des inclinations de Monsieur, aussi bien que de toute la conduite de sa maison, dont il dispose à son gré[3]. Mme de Grancey, fille du maréchal de ce nom, élevée d'ailleurs dans la maison de Monsieur, et qui accompagna en Espagne la Reine et sa fille, d'où elle revint bientôt en France, passe encore pour la maîtresse, comme on tient, et du maître et du favori, et ainsi pour entrer dans un commerce peu honnête, sur lequel il n'est pas besoin de réfléchir ici davantage[4]. Le pouvoir et le commerce susdit de ce favori, qui avoit déjà pris pied du vivant de feu Madame, fille

---

[1] Voir, dans Saint-Simon, les efforts des confesseurs poussés par le roi (VIII, 312), et la *Correspondance générale* de Mme de Maintenon (IV, 89, 276, 315). Là-dessus le P. Trevou réussit « à lui retrancher d'étranges plaisirs », mais seulement à la veille de sa mort. La duchesse d'Orléans se plaignait que son mari rendît son fils odieux au roi en lui donnant l'exemple et l'habitude du vice (*Recueil Roland*, p. 155).

[2] Depuis 1667 que sa faveur éclata. « Il était fait comme on peint les anges » (de Cosnac, II, 211).

[3] Philippe de Lorraine, dit le chevalier, puis le prince, était le second fils né en 1643 du célèbre comte d'Harcourt, le général de la guerre de Trente Ans qui par le duc d'Elbeuf descendait des Guise. Grand écuyer de France en 1643, il laissa cette charge et le comté d'Armagnac à son fils aîné, « Monsieur le Grand » (1641-1708). Dans sa haine pour les Lorrains, et les princes étrangers Saint-Simon n'a pas ménagé le chevalier : « de tout temps il gouvernait Monsieur (I, 60) très *salement et honteusement* ajoute-t-il dans une addition.» « Il avait l'esprit des Guise avec Monsieur en croupe » pour faire sa fortune. Sur les détails de cette fortune, voir les notes de M. de Boislisle (I, 60 ; VI, 274 ; VIII, 342).

[4] La famille de Grancey était tout entière dans la familiarité de Monsieur. La mère, Charlotte de Mornay-Villarceaux, mariée en 1643 au maréchal de Grancey-Médavy, gouvernante en 1666 de Mademoiselle qui mourut reine d'Espagne, puis du Régent jusqu'en 1694, était, dit Saint-Simon, « fort bien avec Monsieur et mieux avec le chevalier de Lorraine ». Remarquons qu'elle avait alors près de cinquante ans. Ses deux filles, élevées dans la maison d'Orléans, qu'on y appelait « les anges », étaient de mœurs suspectes. La seconde, dont Bussy a raconté les amours avec M. le prince, Mme de Marly, éleva jusqu'en 1710 les enfants du duc de Chartres. L'aînée fut nommée dame d'atour de Mademoiselle quand elle devint reine d'Espagne, et revint aussitôt après sa mort : on lui avait fait donner cette charge pour que, n'étant pas

du défunt roi d'Angleterre Charles Ier, mariée[1] avec Monsieur en 1661, joint à l'esprit beau et délicat et à l'humeur enjouée et galante de cette princesse, et à quelque éclat que fit dans le monde une intrigue galante entre elle et le comte de Guiche, fils aîné du feu duc et maréchal de Gramont, et qu'on avoit rendu public par l'imprimé qui s'en fit en Hollande, tout cela, dis-je, ne put que causer du trouble et de la désunion, et enfin de la jalousie entre Monsieur et feu[2] Madame. Ce qui alla même si loin, que la mort assez subite de cette princesse, arrivée en 1670 et en suite d'une limonade à la glace qu'elle prit à Saint-Cloud et d'une colique fâcheuse et mortelle que ce breuvage lui causa, donna lieu aux soupçons, et aux preuves même qu'on crut avoir assez fortes, savoir[3] que sa mort n'étoit point naturelle[4].

DE MADAME, SECONDE FEMME DU DUC D'ORLÉANS ; DE SON MARIAGE[5]

Cette mort ne laissa pas d'être bientôt suivie d'un second mariage de Monsieur avec la princesse palatine Charlotte-Élisabeth, fille du feu électeur palatin Charles-Louis, mon

---

mariée, elle pût être appelée *Madame*. Saint-Simon, son parent, dit « qu'elle gouverna le Palais Royal sous le stérile personnage de maîtresse de Monsieur qui avait d'autres goûts ». Spanheim est plus sévère. Elle mourut en 1711 (Saint-Simon, éd. 1873, IX, 130); son frère enfin fut premier aumônier du Régent, tué à Turin en 1706. « Médiocre prêtre mais fort brave et bonhomme » (Saint-Simon, V, 36)

[1] *Et mariée* : manuscrit [*B*].
[2] *Feu* n'est pas dans le manuscrit [*B*].
[3] *Savoir* n'est pas dans le manuscrit [*B*].
[4] Pour cette question tant de fois discutée, et sur laquelle Spanheim garde, en présence de tant d'affirmations tranchées, une réserve qui lui fait honneur, il faut se reporter à l'excellente étude que M. de Boislisle a publiée en appendice dans le tome VIII, p. 636 de son édition de Saint-Simon. Pendant la mort d'Henriette, le chevalier de Lorraine était en disgrâce à Rome : ce qui fait dire à Voltaire, « il est bien difficile à un chevalier de Malte qui est à Rome d'acheter à Paris la mort d'une grande princesse ». Comparer avec Spanheim le récit très important de Daniel de Cosnac qui était le familier de la princesse. C'est également le livre qu'il faut consulter pour la brouille de Monsieur et Madame (*Mémoires*, II, 82-83). Voir aussi les *Mémoires* de Choisy, et les notes de M. de Boislisle (Saint-Simon, VIII, 272-275).
[5] *De son mariage* n'est pas dans le manuscrit [*B*].

ancien seigneur et maître [1], et lequel se fit, l'année suivante, en décembre 1671, par la négociation de la princesse palatine de Nevers, veuve du feu prince Édouard palatin, oncle de Madame d'aujourd'hui. Comme cette princesse palatine avoit été de tout temps fort attachée aux intérêts de Monsieur, et d'ailleurs d'un esprit merveilleusement adroit et insinuant, il ne lui fut pas difficile de le porter à donner lieu à ce mariage moyennant le changement préalable de religion de la future Madame ; ni, d'autre côté, à y disposer l'Électeur son père, plus attaché aux intérêts politiques et aux avantages de sa maison qu'il prétendoit recueillir de cette alliance, que prévenu d'un grand zèle et attachement pour sa religion [2]. Il en voulut néanmoins sauver les apparences, et à ce que ce changement, dont il convint secrètement avec cette princesse sa belle-sœur, la médiatrice de ce mariage, se fît hors de l'étendue de ses États et à l'arrivée en France de la duchesse d'Orléans sa fille [3]. Il y eut plus de peine à y faire résoudre cette même princesse, et

[1] C'était en 1679 que Spanheim avait quitté le service de l'électeur palatin pour passer à celui du Brandebourg (voir INTRODUCTION, p. 17).

[2] Spanheim a été très bien renseigné. M. Bodemann a publié en 1886 la correspondance échangée entre Anne de Gonzague, veuve du palatin Edouard mort en 1663, et son beau-frère le Palatin régnant. On y voit cette princesse dont Mazarin disait « qu'elle n'avait de repos qu'elle n'eût servi ceux qu'elle aimait », dont Bossuet « loue la fertilité infinie d'expédients » prouver au palatin l'une et l'autre. Elle était à Francfort, quand elle apprit la mort de Madame. Elle commença à penser que « Monsieur est un bon parti ». Très liée avec lui, elle lui propose, dès son retour, sa nièce « Lotte ». Elle l'empêche d'accepter les propositions du roi, notamment la grande Mademoiselle. Le roi fait obstacle alors de la religion de la princesse palatine. Anne répond « qu'on ajustera les moyens ». Le 7 août 1671, Louis XIV et Monsieur la chargeaient d'une offre formelle, Anne et son beau-frère trouvèrent que ce serait un grand malheur « *si un tel avantage manquait sur une chose indifférente* » (éd. Bodemann, p. 451).

[3] Voir les détails de ce petit complot dans les lettres d'Anne de Gonzague (éd. Bodemann, p. 452). Il fut convenu que le Palatin mènerait sa fille à Strasbourg, hors de ses États, pour y rencontrer Anne de Gonzague, qui lui parlerait de la religion et la convertirait, secondée d'un docteur déguisé. Nul embarras pour son père, « qui ne paraîtrait en rien sur ce sujet de la religion ». Et de même il était entendu que la conversion publique aurait lieu hors du Palatinat, à Metz, le jour même où le mariage se ferait. Très prudent, d'ailleurs, le Palatin exigea que ce voyage à Strasbourg fût précédé d'un contrat de mariage en bonne et due forme (p. 455).

tout l'éclat qu'on lui faisoit valoir de ce mariage et du rang qu'elle alloit tenir dans la plus belle et plus florissante cour de l'Europe ne se trouvoit pas capable de la faire condescendre de bon gré à ce changement de religion, qu'on lui proposoit avec tous les adoucissements possibles, et qu'on lui rendoit d'ailleurs indispensable. En sorte qu'elle s'y laissa enfin entraîner par sa destinée et par la profonde soumission qu'elle avoit pour les sentiments de l'Electeur son père, plutôt que par son choix et un consentement véritable qu'elle y apporta [1]. Je ne parle pas cependant pour en avoir été témoin, puisque déjà avant la négociation de ce mariage, j'avais été envoyé à Cologne de la part dudit électeur sur les remuements qu'on y voyait, et qui éclatèrent bientôt après. Quoi qu'il en soit, le changement de religion de cette princesse, malgré le peu de penchant qu'elle y avoit, ne laissa pas de se faire dès son arrivée à Metz, au commencement de janvier 1672, où il lui en fallut subir toute la cérémonie, et dont il paroissoit assez, par l'air et les manières dont elle s'y prit, qu'elle s'en acquittoit par pure déférence de ce qu'on exigeoit d'elle, et au reste peu persuadée ou convaincue d'autre raison qu'elle en eût[2]. Ce qu'elle a témoigné aussi, pour le

---

[1] Dans le manuscrit [B] on lit après *qu'elle y apporta* : « Ce changement de religion ne laissa pas de se faire, *dès son arrivée à Metz.* »
Quoique Spanheim fût, comme il le dit plus loin, absent de la Cour alors, on croirait qu'il a lu cette lettre de l'Electeur relative aux sentiments de sa fille : « On l'estimerait peu dévote, si elle changeait de religion pour avoir un mari, de quelque qualité qu'il fût (éd. Bodemann, 31 juillet 1671, p. 451). » — Sur les conseils d'Anne de Gonzague, l'œuvre de la conversion fut confiée secrètement au Français Chevreau, ancien secrétaire de la reine Christine, qui passa à cet effet du service du duc de Hanovre à celui du Palatin (voir Bodemann, p. 459, et *Chevræana*, Amsterdam 1700, p. 186).

[2] C'est bien ce que semble indiquer Chevreau dans cette lettre à l'électeur du 16 novembre 1671 : « on fit hier la première cérémonie qui devait précéder le mariage : toutes les choses se *sont passées agréablement et sans contrainte* » (éd. Bodemann 467). La comédie fut achevée par une lettre que Madame envoya à son père de Metz pour solliciter son pardon de s'être convertie « dans l'intérêt de son salut » (Bodemann, *Einleitung*, p. xvii, d'après le manuscrit du British Museum). La même correspondance établit que ce fut le 15 novembre que Lotte arriva avec sa tante à Metz, et le *16 novembre 1671* non au début de 1672 qu'elle y épousa Monsieur, par procuration du maréchal duc du Plessis.

dire ici en passant, par toute la suite de sa conduite, par le peu
de bigoterie qu'elle y a fait paroître jusqu'ici, par divers discours
et usages peu conformes aux sentiments et à la pratique d'une
véritable convertie à la religion qu'on lui avoit fait embrasser,
ou au moins qui vouloit encore garder quelques ménagements
pour sa première créance [1]. Son arrivée d'ailleurs à la cour de
France qui fut précédée de ce changement susdit, lui attira
bientôt d'un côté la considération de Monsieur ou duc d'Orléans,
son époux, de l'autre l'amitié du roi et l'estime de toute la cour.

Sur quoy, et pour en servir mieux de préjugé, il ne me
doit pas être difficile de faire ici le portrait de cette princesse,
pour avoir eu l'honneur de la connoître au château d'Heidelberg dès son enfance, et même pour en avoir eu d'autant plus
d'occasion que j'étois chargé en ce temps-là de la conduite en
chef de l'éducation du prince électoral, son frère unique (qui
est le dernier électeur Charles, décédé en 1685), qu'ils prenoient
ensemble leurs repas et leurs divertissements à quoi j'assistais
avec la gouvernante de cette princesse [2]. C'est de quoi aussi
Madame se ressouvient fort obligeamment, et en donna même
des marques assez éclatantes et agréables pour moi, déjà à mon
dernier envoi en France en 1680, et à la première fois que peu
de jours après, je me trouvai présent à la belle fête dont Monsieur régaloit à Saint-Cloud Mme la Dauphine, avec la présence
de toute la cour. Elle a continué depuis, dans toutes les rencontres de mon séjour et emploi de neuf années en France, de
me donner des marques obligeantes de bonté, de support et de

[1] *Pour sa première créance* n'est pas dans le manuscrit [B,] : cinquante ans plus tard, la duchesse d'Orléans exprimait à sa sœur son regret d'avoir été mariée contre son gré et sa conscience (voir lettre à la Rangravine Louise, *Public. des litterar. Bundes*, Stuttgart, n° 132, p. 346).

[2] Le manuscrit [B,] et l'édition de Dohm portent : « *sous la conduite et avec l'assistance de sa gouvernante et la mienne* ». Cette gouvernante était une vieille demoiselle, Mlle de Kolb-Wartenberg, parente sans doute du ministre de l'électeur de Brandebourg de ce nom et dont Spanheim épousa lui-même une parente. L'électrice Sophie de Hanovre nous a décrit la méthode d'édu-cation « méchante », de cette femme : « car elle se fait haïr et mépriser. Elle fait des remontrances depuis le matin jusqu'au soir, où un mot *spoken in season* serait plus convenable » (26 déc. 1669 : éd. Bodemann, p. 145).

bienveillance, et ce tant par la familiarité de son abord que par celle de ses entretiens.

Pour la personne de Madame, elle porta en France avec l'âge de dix-neuf ans, une taille belle et libre, un port dégagé, un air ouvert et aisé, un visage qui, sans avoir les traits d'une beauté délicate et régulière, ne laissoit pas d'avoir de l'agrément, de la noblesse et de la douceur. Elle y joignit des manières franches, libres, honnêtes, éloignées entièrement d'affectation et d'artifice, d'ailleurs peu portées à vouloir plaire par sa parure ou le grand soin de son ajustement. Son esprit tenoit aussi du même caractère, vif, prompt, aisé, commode, ennemi sur toutes choses de la contrainte et de la dissimulation. Ses inclinations s'y trouvèrent entièrement conformes, douces, bienfaisantes, incapables d'intrigue, ou d'un penchant également opposé et à son naturel et à son devoir. Aussi s'aperçut-on bientôt qu'elle avoit le meilleur cœur du monde, droit, sincère, sensible à l'amitié pour les personnes qu'elle en jugeoit dignes, à la tendresse pour ses proches et pour sa maison, et à une considération particulière pour les gens de sa nation et de son pays. Au reste, insensible à des commerces et attachements d'ailleurs assez ordinaires dans la cour et la condition où elle se trouvoit. On ne lui en vit même de véritable, et auquel elle prit un goût particulier, que pour les parties de chasse, où elle accompagnoit toujours le Roi, et faisoit également paroître son adresse et sa vigueur à courre le cerf et à en soutenir toutes les fatigues, durant un jour entier[1]. Aussi ces qualités suppléèrent aisément à celles assez différentes de feu Madame, qui, avec un air plus fin et plus engageant, des manières plus polies, un esprit plus éclairé, plus délicat et plus occupé dans le commerce du monde, y avoit joint aussi, comme il a été touché ci-dessus, plus de pen-

[1] A ce portrait de Madame, comparer le jugement identique et fort avantageux de Saint-Simon (1873, XI, 204). Chacun louait déjà dans son enfance son bon naturel. Sur l'emploi de ses journées, sa retraite à la Cour « comme dans une solitude », ses chasses une ou deux fois la semaine, voir sa lettre du 17 juin 1698 (recueil Brunet I, 31).

chant à l'intrigue et à la galanterie, à inspirer et entretenir des sentiments qui y avoient plus de rapport. En sorte que Monsieur n'eut point de peine à se trouver plus satisfait de la conduite et des sentiments de sa nouvelle épouse, qu'il n'avoit été de ceux de la première. Elle eut encore le bonheur d'en redoubler le contentement et la confiance par la naissance d'un prince qu'elle lui donna dès l'année suivante de son mariage, en 1672[1], et dont la perte, qui survint l'année d'après, fut réparée par un second prince, dont elle accoucha en 1675[2], qui vit encore, et dont il sera parlé dans la suite, de même que de Mademoiselle, comme on l'appelle[3], née dans l'année suivante 1676. Tout cela ensemble ne pouvoit qu'affermir de plus en plus la joie et la satisfaction de Madame, la confiance et l'affection de Monsieur, et la considération particulière de toute la Cour à son égard.

Cependant ce que j'ai déjà touché ci-dessus ou des inclinations de Monsieur fort opposées à celles si légitimement dues à son épouse, ou du crédit et de la conduite de son favori, et de celle entr'autres qu'il tenoit à affoiblir l'affection ou la considération de son maître pour Madame, à entretenir à ce sujet des divisions, des cabales, ou des intrigues secrètes parmi les domestiques et créatures de l'un ou de l'autre, tout cela, dis-je, ne put que faire de la peine et causer[4] des dégoûts sensibles à une princesse vertueuse, d'un cœur bon et noble, attachée à son devoir, et qui aimoit son mari de bonne foi. Aussi lui

---

[1] Le duc de Valois, né, non pas en 1672, mais le 2 juin 1673, à Saint-Cloud (*Gazette*, p. 531) et mort le 16 juin 1676, trois ans après.

[2] Le 2 août 1674, et non 1675.

[3] *Mlle de Chartres* : manuscrit [B]. Cette fille de la Palatine, née le 13 septembre 1676 prit le nom de *Mademoiselle* tout court, en 1684 après le mariage de Mlle de Valois, deuxième fille du premier mariage de Monsieur, qui devint la femme de Victor Amédée II, duc de Savoie. On l'appelait aussi la Petite Mademoiselle (Dangeau, 30 janvier 1687).

[4] Causer *dans la suite* : en interligne dans le manuscrit [B]. — Le chagrin de la Palatine se traduisait encore dans des lettres de 1719 et de 1721 à sa sœur la Rangravine Louise : « Heureux, disait-elle, qui ne se marie pas. Quelle joie c'eût été pour moi si l'on m'avait permis un bon célibat ! Voilà cinquante ans que j'ai pris le mauvais chemin contre ma volonté. »

donna-t-on le chagrin, il y a quelques années et durant mon séjour en France, de lui ôter sa fille d'honneur, qui avoit toute sa faveur et sa confiance, et s'appeloit Mlle de Théobon, sous prétexte qu'elle entretenoit les préventions de Madame contre Monsieur[1] et étoit là-dessus d'intelligence avec le marquis de Bevron[2] un des deux capitaines des gardes de Monsieur, qui en fut aussi disgracié, et avec lequel ladite demoiselle s'est depuis mariée. Il est vrai que le Roi contribua à adoucir là-dessus le déplaisir de Madame, en faisant doubler la pension de sa favorite malgré sa sortie hors de la cour et du service actuel d'auprès d'elle[3]. Cependant on n'en demeura pas là du côté du favori de Monsieur, de sa maîtresse et de ses créatures : je veux dire à renouveler, de fois à autres, les déplaisirs de Madame, à tourner même en ridicule ou ses actions ou ses discours. On passa même plus avant à décrier sa conduite auprès de Monsieur, à la lui rendre suspecte par l'endroit dont elle paroissoit le plus à couvert, et ainsi à prétendre qu'elle fût capable de quelque penchant ou considération particulière pour un gentilhomme

[1] Saint-Simon, son ami (de Boislisle, VIII, 364-365, et édition 1873, VI, 172), parle des intrigues du Palais Royal et de la disgrâce de Mlle de Théobon : cette demoiselle, Lydie de Rochefort de Théobon était venue à la Cour comme fille d'honneur de la reine, puis passée au service de Madame, quand on décida de ne plus laisser de filles d'honneur auprès de la reine. La principale raison de sa faveur auprès de Madame venait de ce qu'elle était protestante, et qu'à son arrivée Charlotte avait été obligée de renvoyer les Allemandes protestantes amenées d'Heidelberg en 1671. Elle s'était mariée, (1678) secrètement à M. de Beuvron et ne déclara ce mariage qu'en se convertissant (1686). Monsieur l'accusa d'avoir encouragé l'intrigue de sa femme avec le chevalier de Saint-Saens. Voir Lettres de la Palatine, 1862 éd. Jœglé, I, 27, 44; de Sourches, I, 118, 119 et 137.

[2] *Charles d'Harcourt, chevalier de Beuvron*, puis comte en 1679, maître de camp du régiment de Monsieur (1668-1670), capitaine de ses gardes, mort en 1688, accusé par Saint-Simon (addit. à Dangeau, VIII, 328) et Mlle de Montpensier d'avoir empoisonné Henriette d'Angleterre : Spanheim le confond avec son frère, le marquis de Beuvron.

[3] Mlle de Théobon reçut du roi 8000 livres, le droit de suivre Madame à Marly, des appartements à Versailles. Le ménage touchait en 1686 20.000 livres (voir Saint-Simon, de Boislisle, VIII, 365, note 2).

de la cour nommé le chevalier de Saint-Saëns [1], qui étoit grand écuyer du prince de Condé et officier dans le régiment des gardes du Roi. Et, quoique tout cela n'eût aucun fondement légitime, Madame ne fut pas moins outrée quand elle s'aperçut de l'injustice qu'on lui faisoit, et crut là-dessus que sa conduite et son humeur assez connue la devroit mettre hors d'atteinte de ce côté-là, sans avoir la complaisance ou la contrainte d'éviter les occasions et les rencontres innocentes que ce courtisan, qui paroissoit d'ailleurs d'un extérieur froid et passoit pour homme sage et sensé, ne pouvoit qu'avoir par ses charges à la cour, je veux dire, à se trouver dans les lieux où elle étoit. Quoi qu'il en soit, cette bonne princesse a eu le malheur de se voir exposée par tous les fâcheux endroits susdits à des déplaisirs sensibles, qui aussi, quelque bonne mine qu'elle tâche de faire, ont troublé et troublent tout le repos et toute la douceur de sa vie. A quoi se sont joints en dernier lieu ses regrets et ses larmes pour la cruelle désolation du pauvre Palatinat, de l'ancienne demeure de ses ancêtres et où elle avoit pris naissance, sans avoir pu rien contribuer pour les détourner, et au contraire en voyant, pour surcroît d'affliction, que ses droits prétendus en servoient malheureusement de prétexte, ainsi qu'elle m'a fait l'honneur de me le témoigner plus d'une fois avec toutes les marques d'une douleur extrême. C'est déjà le fâcheux état où je la laissai il y a un an à mon départ de France et qui n'a pu que redoubler par l'exécution suivie avec tant de fureur, des menaces qui s'en faisaient seulement dans ce temps-là [2].

---

[1] *Sainsans*, dans les manuscrits [A] et [B] : le chevalier de Saint-Saens, enseigne aux gardes du corps dans la Compagnie de M. de Duras *(Etat de la France,* 1690).—Voir les explications si franches, si complètes et la défense si éloquente de la Palatine dans sa lettre à la duchesse de Hanovre du 19 septembre 1682 (édit. Jœglé, I, p. 29 et suivantes).

[2] Le père de la duchesse d'Orléans, l'Electeur Charles-Louis, étant mort en 1680, sans laisser d'autre héritier mâle que son fils et successeur Charles II, mort à son tour en 1685, l'Electorat était passé aux mains de Philippe-Guillaume de Bavière-Neubourg, par la faveur de l'empereur Léopold son gendre. De ce qu'une femme ne pouvait être électrice, il ne s'ensuivait pas qu'elle dût

Elle a eu même le malheur, pour comble de ses infortunes, qu'elle supporte néanmoins ou dissimule comme elle peut, de voir diminuer la considération particulière que le Roi avoit eue assez longtemps pour elle, soit que ce soit un effet des mauvais offices qu'on lui a rendus auprès de Sa Majesté, et en particulier sur sa conduite et son humeur peu portée à déguiser ses sentiments dans les rencontres et à se contraindre, soit encore en suite de tout le chagrin et mécontente-

être dépouillée entièrement de la succession paternelle. Elle avait droit à certains biens meubles « qui allaient fort loin » (Saint-Simon, de Boislisle, X, 125 et les notes), à des alleux ou fiefs féminins comme le duché de Simmern et le comté de Sponheim. Louis XIV les réclama au nom de son frère et de son neveu : l'Empire protesta (Gazette, 1685, p. 517, 1686, p. 221). Louis XIV offrit l'arbitrage du pape Innocent XI qui ne se pressa pas de décider. On atteignit ainsi 1688 : au mois d'août de cette année Louis XIV commença par menacer Kaiserlautern dans le Palatinat transrhénan. (Lettre de Louvois à la Grange, 29 et 30 août 1688. Dépôt de la Guerre 807). Il offrit dans son manifeste du 25 septembre de rendre cette place si l'Electeur consentait à indemniser Madame (Rousset, Louvois, IV, p. 112). Puis, sur son refus, le marquis de Boufflers occupa les villes du Palatinat rhénan (octobre-novembre 1688), Frankenthal et Mannheim même. Alors, pour garder le Rhin contre l'offensive des Allemands (Rousset, Louvois, IV. p. 161), il fit dévaster les Etats et les villes du Palatin. On prit les meubles et les tableaux de famille de la maison palatine pour les remettre « à Madame et lui en faire une honnêteté quand elle sera détachée de la désolation de son pays natal » (Lettre de Tessé à Louvois 17 mars 1689, D. Guerre 875). Madame ressentit une très vive douleur (Lettre du 20 mars 1689) : « dût-on m'ôter la vie, il m'est impossible de ne pas déplorer d'être, pour ainsi dire, le prétexte de la ruine de ma patrie..... Chaque nuit, aussitôt que je commence de m'endormir, il me semble être à Mannheim, ou à Heidelberg et voir les ravages qu'on y a commis. Je me réveille en sursaut et je suis plus de deux heures sans me rendormir. Je considère aussi dans quel état je suis moi-même et je ne puis m'empêcher de pleurer à chaudes larmes. Ce qui me désole surtout, c'est que le roi a précisément attendu pour tout dévoiler que je l'eusse imploré en faveur de Mannheim ou d'Heidelberg. *Et l'on trouve encore mauvais que je m'en afflige.* » Ces derniers mots sont évidemment la trace des reproches de Louis XIV à sa belle-sœur. De Sourches dit aussi la douleur de Madame (III, 52) et n'ose ni la blâmer ni l'approuver. Sur le règlement de la succession palatine en 1702, consulter de Boislisle (Saint-Simon, X, 126 et les notes.)

Bientôt il y eut de nouveaux ordres de Louvois à M. de Duras, d'achever la ruine du Palatinat « que M. de Monclar a trop épargné » (26 juin 1689. Dép. de la Guerre, 872); puis une seconde destruction du Palatinat en août 1689, Sinzheim, Bade, Bruchsal, Offenbourg (Rousset, Hist. de Louvois, IV, 228-230); enfin de nouveaux ordres encore sur le rasement d'Alzey (6 octobre 1689, Dépôt de la Guerre, 935).

ment qu'elle n'a pu ni voulu cacher sur les sujets des premiers
malheurs, et, bientôt après, de la désolation susdite de sa
patrie et de son pays[1]. Aussi n'y a-t-il guère d'apparence que
sa condition devienne plus heureuse avec le temps, et ainsi
que Monsieur change d'inclination ou de conduite à son égard,
ou que le Roi, assez incapable de retour dans ses premiers sentiments quand il les a une fois quittés, lui redonne toute la
même considération qu'il avoit témoignée assez longtemps
pour elle[2]. Du reste, elle vit dans une assez grande intelligence avec Madame la Dauphine, et qui, étant moindre dans
les premières années de leur commerce, ou par quelque émulation entre des princesses allemandes et de même maison,
ou par la supériorité du poste de la dernière, ou par quelque
différence même de leurs caractères, s'est augmentée dans la
suite par la confidence réciproque de leurs intérêts ou de leurs
déplaisirs, ou par le rapport même qui s'y trouvoit en plusieurs
rencontres[3]. Enfin je ne puis m'empêcher d'ajouter ici et en
ancien serviteur palatin cette dernière réflexion sur le sujet
de Madame, savoir : qu'il a plu à la Providence divine de
confondre hautement les vues de la politique humaine dans le
mariage de cette princesse. C'est qu'au lieu des suites avantageuses que l'Électeur son père avoit cru d'y trouver pour la
sûreté de ses États et l'agrandissement de sa maison, et en y
sacrifiant d'ailleurs les intérêts de la conscience et de la religion, il est arrivé que ce même mariage en a causé la ruine
totale, et une désolation d'autant plus funeste et mémorable
à tous les siècles, qu'il a été le flambeau fatal qui a allumé

[1] Voir la *Correspondance de Madame* (éd. Brunet, Lettre du 17 juin 1698,
I, 31, et d'autres, I, 140-146), Saint-Simon déclare que c'est faute de la pouvoir plier à une vie plus humaine que Monsieur l'abandonnait (Saint Simon,
VIII, 336, 337, éd. de Boislisle et les notes).

[2] En 1692, le mariage du duc de Chartres avec Mlle de Blois, que Louis XIV
imposa encore à sa belle-sœur, devait provoquer de celle-ci de nouvelles
plaintes et déterminer des relations plus froides encore (Saint-Simon, éd. de
Boislisle, I, 67 et ss.). Quand Louis XIV mourut, Saint-Simon dit que
Madame n'avait pour lui que « crainte et bienséance » (éd. 1873, XII, p. 187).

[3] Sur le cercle des princesses allemandes (voir plus haut, p. 132, note 3).

ces feux malheureux qui ont embrasé et réduit en cendres la plus belle province d'Allemagne, et le palais même où cette princesse avoit pris naissance et où son mariage et son changement de religion avoit été agréé ou résolu par le même Electeur son père[1].

Les enfants du ~~c~~ d'Orléans.

~~e~~ la feue reine d'Espagne.

Les enfants de Monsieur et de feu Madame ne furent que deux filles : l'aînée, MARIE-LOUISE D'ORLÉANS, née en mars 1662, mariée au roi d'Espagne en automne 1679, l'année après les traités de Niemeguen[2]. Le marquis de los Balbazès, qui y étoit premier ambassadeur d'Espagne, en concerta dès lors les premières ouvertures avec les ambassadeurs de France, et, l'année suivante, fut chargé de son roi d'en venir faire la demande en France[3]. Cette princesse, qui, durant quelque temps, s'étoit flattée d'épouser le Dauphin, d'ailleurs étoit d'un tempérament vif, gai, enjoué, fait pour les plaisirs et les manières d'une cour de France, eut de la peine à se résoudre d'en sortir, malgré l'éclat des couronnes qui en étoient le prix, pour aller mener un genre de vie fort opposé à celui auquel elle étoit accoutumée et qui étoit conforme à son humeur[4]. Madame n'eut pas moins de regret de la perdre, qui

[1] Spanheim a déjà donné son opinion sur cette conversion politique, qu'il blâmait comme protestant, et dont il vit les effets dans la destruction du Palatinat, comme un châtiment de Dieu (voir plus haut, p. 146, notes 1 et 2).

[2] *Marie-Louise d'Orléans* (Mademoiselle) née à Paris le 27 mars 1662, mariée par contrat le 30 août 1679, par procureur à Fontainebleau le 31 août 1679 *(Gazette*, 1679, p. 433) et en personne le 19 novembre à Quintana Pelha près de Burgos *(Gazette*, p. 638), était le premier enfant de Monsieur. Il eut ensuite un fils, *Philippe-Charles*, né le 16 juillet 1664, mort le 8 décembre 1666 *(Gazette*, 1664, p. 712; 1666, p. 1263).

[3] D. Pablo Spinola Doria, troisième marquis de los Balbazès, né le 24 février 1632, petit-fils du célèbre Spinola, membre du Conseil d'Etat espagnol, gouverneur du Milanais, plénipotentiaire à Nimègue *(Hispania illustrata*, 1703, Londres, p. 260), chargé le 17 janvier 1679 de venir comme ambassadeur extraordinaire demander la main de Mademoiselle, reçu en audience le 1er mai 1679 et le 18 juin. Il repartit au mois de septembre. Les Espagnols qui enviaient ses richesses lui reprochaient d'être plus italien qu'espagnol et toujours trop porté vers la France *(Instructions d'Espagne*, t. I, p. 509).

Spanheim est bien renseigné sur le caractère de cette princesse que sa mort a rendue célèbre. Les Mémoires du marquis de Villars comme ce pas-

vivoit avec elle plutôt en sœur qu'en belle-mère. Aussi, depuis le départ de ladite reine sa belle-fille, elles entretinrent ensemble un commerce de lettres fort régulier, et dont j'ai ouï faire quelquefois lecture à Madame. Monsieur l'aimoit aussi tendrement, et d'où on peut assez recueillir que la mort de cette même reine sa fille, arrivée à Madrid il y a un an[1], lui aura été fort sensible, de même qu'à Madame, pour ne pas dire à toute la cour de France, où cette princesse avoit laissé des impressions d'elle fort vives, et qu'elle entretenoit agréablement par des marques obligeantes et réelles de fois à autre, suivant les personnes qui lui avoient été chères, du tendre souvenir qu'elle en conservoit[2]. Je laisse à part celle que la politique et les intérêts publics de la France ne pouvoient que prendre dans cette mort imprévue, qui rompoit

sage le restituent au vrai (voir ces *Mémoires de la Cour d'Espagne*, Paris, 1893, pp. 106, 243, 272 ; Morel Fatio et Léonardon, *Introduction aux Instructions d'Espagne*, I, p. xviii).

[1] Marie-Louise mourut le 12 février 1689. Le roi en eut avis par un billet de Rébenac envoyé à 10 heures du matin et une plus longue dépêche de l'ambassadeur du même jour *(Aff. Etr., Espagne*, t. LXXV, f° 446-448-450), Dangeau enregistra l'événement le 20 février (II, 334). De Sourches, en même temps insinua l'idée d'un empoisonnement (III, 40). « Cela sent le fagot », écrivait le 24 Mme de Sévigné (VIII, 479). — (Voir Legrelle : *la Mission de Rébenac à Madrid et la mort de Marie-Louise*, Paris, 1896.)

[2] « Il arriva, écrit l'envoyé de Turin le 21 février 1689 avant-hier soir un courrier à Sa Majesté dépêché par M. de Rébenac qui lui apporta la nouvelle de la mort de la reine d'Espagne... Elle ne voulut pas la faire savoir à Monsieur ce même soir pour lui épargner une si fâcheuse nuit, différant au lendemain qu'elle entra seule dans sa chambre et lui en annonça la nouvelle. La douleur qu'il en ressentit fut si vive qu'on ne sauroit bien l'exprimer, et le roi, qui en avait été déjà vivement touché, le fut davantage par le rapport et l'étroite liaison de ses sentiments avec ceux de Monsieur. » L'envoyé de Savoie venu le 20 porter ses doléances à Monsieur, constata par lui-même sa douleur extrême *(Archivio di Stato*, Turin, Lettere ministri Francia, 122).—(Voir Lettres de la palatine « la bonne reine d'Espagne » (éd. Iœglé, I, 76, 80, 152). — Pietro Veniero, envoyé de Venise, écrit à la République que la nouvelle fut reçue « con universale doloroso sentimento » (23 février 1689. *Archivio di Stato*, Turin, *Francia*, 179). Tous ces envoyés comme la plupart des courtisans crurent, par la promptitude de cette mort, à un empoisonnement, soupçon qui ne s'est pas fait jour chez Spanheim, qui a été plus d'une fois discuté, et le plus complètement par M. Legrelle (ouv. cité, p. 67, note 5). (Voir aussi de Boislisle, Saint-Simon, IV, 287, note 6 ; IX, 73, note 3).

tout d'un coup toutes les mesures prises jusque-là ou ménagées par cette princesse et de concert avec les ministres du roi son oncle[1]. Ce qui lui fut un contretemps d'autant plus fâcheux que cette mort arriva dans une conjoncture où on s'y attendait le moins en France, et qui fut en effet bientôt suivie de la rupture ouverte et déclarée entre les deux couronnes[2].

De la Duchesse de Savoie.

L'autre fille de Monsieur et de feu Madame est ANNE D'ORLÉANS née en août 1669, et à présent duchesse de Savoie en suite du mariage qui s'en fit à Versailles, en avril 1684[3], et où le Dauphin l'épousa au nom du duc de Savoie. Il y eut d'abord quelque

---

[1] L'influence de la reine d'Espagne sur Charles II et la façon dont elle en usait pour servir la France et lui préparer la succession de son mari sont également incontestables. Rébenac était presque obligé de calmer parfois l'excès de son zèle (au roi, 16 janvier 1688, *Aff. Etr., Espagne*, t. LXXV, f° 360). Un an avant, le 8 avril 1688 elle disait à Vasseur, notre agent à Madrid qu'elle était assurée de plusieurs des plus considérables d'Espagne et qu'assurément « le parti de France se trouverait aussi fort que celui d'Allemagne » (*ibid.*, t. LXXIV, f° 94). L'envoyé de Turin à Madrid constatait la « *cordiale amorevolezza* » des deux époux (*Archives de Turin, Spagna*, t. XXXIV, 17 février 1689). Celui de Paris aussi, dans la dépêche citée plus haut : « l'ascendant qu'elle s'était acquis sur l'esprit du roi ». L'utilité de sa mort pour les Allemands, dont elle combattait l'influence et les ligues à Madrid en 1689, a précisément confirmé le soupçon de l'empoisonnement. Est-ce pour cette raison que Spanheim n'en parle pas? Les contemporains accusèrent Mannsfeld, l'ambassadeur d'Autriche (Dangeau, *Journal*, V, 460; Montpensier, *Mém.*, IV, 390 ; Torcy, *Mém.*, I, 9, 10).

[2] Dès le 27 février 1686, Louis XIV, prévoyait l'adhésion de l'Espagne à la ligue formée contre lui (*Aff. Etr., Espagne*, t. LXXV, f° 451). Le 1er mars, los Balbasès, de la part des ministres, remettait à Rébenac un mémoire pour expliquer que l'Espagne s'était décidée à la neutralité (*Espagne*, t. LXXV, f° 493), et le 5 mars le roi Charles II se mettait d'accord avec Guillaume d'Orange pour l'imposer à Louis XIV. Le 10 mars Rébenac prenait son audience de congé (*Espagne*, t. LXXV, f° 504).

[3] *En 1685 :* man. [B]. — Anne-Marie, appelée *Mademoiselle*, en 1679 après le mariage de la reine d'Espagne, née à Saint-Cloud le 27 août 1669 (*Gazette*, p. 860), mariée par procuration à Versailles le 10 avril 1684 (*Gazette*, p. 176), et en personne à Chambéry le 12 mai (*Gazette*, p. 179) à Victor Amédée II duc de Savoie. La demande en mariage avait été faite, à la fin de 1683, par Mme Royale, la mère du Duc, avec l'espoir de garder sur le Piémont un pouvoir qui lui échappait en retardant le mariage. Louis XIV, pour gagner le Duc lassé de sa mère, lui accorda le mariage immédiat (24 janvier 1684, Rousset, *Louvois*, III, 201, 203). De ce mariage naquit, le 6 décembre 1685, *Marie-Adélaïde*, duchesse de Bourgogne.

difficulté, pour le cérémonial des lettres et dans la signature du contrat, entre ce duc et Monsieur, son beau-père, qui fut bientôt levée à l'avantage et préférence du dernier. Le feu électeur palatin, père de Madame d'aujourd'hui, sut mieux garder les droits de son rang en pareille occasion, n'ayant jamais voulu consentir qu'il y eût la moindre inégalité de titres entre lui et Monsieur dans le contrat du mariage de sa fille, ni accepté d'autre parti, en s'écrivant l'un à l'autre, que par manière de billets de leur main, et avec la même égalité entière[1].

A l'égard des enfants de Monsieur et de Madame d'aujourd'hui, il n'en reste que deux, dont il a été déjà fait mention dans ce qui a été dit de cette princesse, savoir : le duc de Chartres et *Mademoiselle*, comme on l'appelle.

LE DUC DE CHARTRES, né en août 1675, et ainsi dans sa quinzième année[2], est un prince fort accompli pour son âge, bien fait et agréable de sa personne, d'un air noble et plein d'attraits, d'une taille aisée, quoiqu'au-dessous de la médiocre, adroit dans les exercices du corps ; d'ailleurs d'un esprit vif, insinuant qui témoigne déjà beaucoup de pénétration, de justesse et de discernement. Ce qui paroît entr'autres dans les audiences des ministres étrangers et les réponses qu'il leur fait, pleines

Du Duc de Chartres.

[1] Pour éviter toute inégalité de rang entre Monsieur et le Palatin, Anne de Gonzague proposa que le roi signât d'abord, puis Monsieur et la palatine ensuite « comme parties » enfin le palatin. « Cela ne tirerait pas à conséquence » (*Lettres de Sophie de Hanovre*, éd. Bodemann, p. 457). L'Electeur répondit que le roi et Monsieur devaient signer d'un côté, lui et sa fille de l'autre (23 septembre 1671, *ibid*., p. 458). Il eut satisfaction mais pas ainsi : on fit deux contrats, l'un à Heidelberg, l'autre à Paris ; sur l'un l'Electeur signa le premier, le roi et Monsieur les premiers sur l'autre (*ibid*., p. 460).

[2] *Philippe d'Orléans*, duc de Valois, de *Chartres* et de Nemours, né à Saint-Cloud le 2 août 1674 (*Gazette*, p. 746), alors dans sa seizième année qui se terminait en août 1690. La Palatine avait eu avant lui un fils : *Alexandre-Louis d'Orléans*, duc de Valois, né le 2 juin 1673, mort le 16 mars 1676 (*Lettres de la Palatine*, éd. Brunet, I, 322. — *Gazette*, 1676, p. 220).

d'esprit, d'honnêteté et de bon sens[1]. Comme on a eu soin de bonne heure à mettre auprès de lui des personnes propres à lui former les mœurs et l'esprit, à l'instruire dans toutes les connoissances dignes de l'application d'un prince de cette naissance, et qui y apportèrent un attachement particulier[2], aussi ont-ils eu le bonheur[3] de voir que le beau et heureux génie de

[1] Voir le portrait complet et analogue de Saint-Simon (1873, XI, 65, 69); le portrait tracé par la duchesse d'Orléans même, qu'il nous a conservé (ibid., p. 181), et la Correspondance de Madame, passim.

[2] Ce témoignage de Spanheim vient s'ajouter à tous les témoignages que le comte de Seilhac a déjà réunis sur l'excellente éducation intellectuelle et morale que reçut le duc de Chartres (l'Abbé Dubois, I, 206). Il infirme les accusations de Saint-Simon : « ce prince, si heureusement né pour être l'honneur et le chef-d'œuvre d'une éducation, n'y fut pas heureux » (éd. 1873, XI, p. 172). Le gouverneur du prince, à partir d'août 1680, fut Louis Brûlart, marquis de Sillery que la protection du chevalier de Lorraine ne recommandait peut-être pas (Corresp. de Bussy, éd. Lalanne, t. V, p. 162). Il mourut d'ailleurs en 1694. Depuis 1683 il avait abandonné sa charge, confiée au duc de Navailles (août 1683), puis à plusieurs autres, et en 1689 au marquis d'Arcy. D'ailleurs Brûlart ne fut gouverneur qu'en apparence : l'autorité appartint à de Saint-Laurent, sous-introducteur des ambassadeurs, « l'homme le plus propre à former un grand roi » (Saint-Simon, de Boislisle, I, 62, et les notes) qui s'adjoignit M. Saunier, remplacé le 15 juin 1683 par l'abbé Dubois que recommandait le principal du collège Saint-Michel, Antoine Faure, un érudit connu de Spanheim (le père Léonard, Recueil : Arch. Nat. M, 762, f° 31). Le 2 août 1687, Saint-Laurent connu et estimé de Racine et de Boileau (Œuvres de Racine, t. VI, 575, 579) étant mort, l'abbé Dubois recueillit sa succession auprès du duc de Chartres et à la tête du collège Saint-Michel (30 septembre 1687). Dubois continua l'éducation en s'entourant d'hommes compétents (Saint-Simon, de Boislisle, I, 66, note 2) et à la satisfaction de Madame et du roi qui le mit en 1690 sur la feuille des bénéfices (Dangeau, II, 476). Peut-être Spanheim assistait-il à ces conférences de Saint-Laurent et Dubois : il paraît en avoir gardé un souvenir très net. (Voir aussi M*me* de Caylus, Souvenirs, pp. 509, 510, et la Lettre de Madame au duc de Chartres, 21 août 1691, éd. Rolland, p. 95).

[3] « *Je viens d'apprendre par des avis de Paris que le marquis d'Arcy, qui a été durant quelques années envoyé de France aux cours de Lunebourg, et depuis ambassadeur à la cour de Savoie, a été honoré à son retour de la charge de gouverneur du duc de Chartres. Elle étoit demeurée vacante depuis la mort du duc de Vieville (sic), décédé en 1688, qui avoit succédé au maréchal d'Estrades, et celui-ci au duc de Navailles. Le marquis de Béthune, qui est encore envoyé en Pologne, et le marquis de Villars, qui a été ambassadeur à Turin, en Espagne et en Danemark, étoient sur le tapis pour remplir cette charge, et qui aura été donnée au marquis d'Arcy en considération non seulement de son mérite, mais de ce qu'il a été autrefois de la maison de Monsieur et frère du feu comte de Claires*, capi-

leur élève y a répondu hautement, et a surpassé même leur attente et celle du public. En sorte que ce jeune prince fait justement les délices de Monsieur et de Madame, et s'attire déjà une considération particulière de toute la cour.

MADEMOISELLE, comme on l'appelle, née en septembre 1676, et ainsi d'une année plus jeune que son frère susdit le duc de Chartres[1], est d'assez petite taille et ramassée pour son âge, d'une beauté médiocre, d'un tour de visage plus carré que rond ou ovale, avec de beaux yeux, la bouche moins belle et le nez un peu camard ; d'ailleurs d'un abord riant et honnête,

Mademoiselle.

laine de ses gardes. » Cette note écrite sur un feuillet séparé du manuscrit [A], avec renvoi à la page 88, est de la main de Spanheim. Comme elle ne se trouve pas dans le manuscrit [B], nous avons la preuve que ce manuscrit [B], dès 1690, n'était plus entre les mains de Spanheim. La manière aussi dont l'auteur du manuscrit [C] (Bonet) a corrigé cette note, substituant des dates : « *en 1690* », aux souvenirs personnels de Spanheim au lieu de : « Je viens d'apprendre, etc. » prouve jusqu'à l'évidence que cette note, alors, subit un remaniement ultérieur et étranger. — Les gouverneurs du duc de Chartres furent successivement le *marquis de Sillery*, août 1680 — août 1683 ; le duc de *Navailles*, mort le 5 février 1684 (Saint-Simon, de Boislisle, VII, 27) ; le *maréchal d'Estrades*, l'auteur des Mémoires, janvier 1685 — 26 février 1686 (Saint-Simon, de Boislisle, III, 241) ; Charles, duc de Vieuville mort en février 1689 (Saint-Simon, 1873, t. XI, 173). — *René Martel, marquis d'Arcy*, fils de François Martel et de Jeanne de Clères, né en 1634, mort à Maubeuge en 1694, envoyé du roi à Mayence (1673), en Savoie (1675), à Brunswick (1680), ambassadeur à Turin (novembre 1684), rappelé par Louvois en novembre 1689 (Rousset, III, 260-290). Le gouvernement du duc de Chartres était une compensation (septembre 1689). Consulter sur ce personnage et ses mérites Saint-Simon (de Boislisle, I, 91 ; II, 205 ; éd. 1873, XI. 173) ; le *Mercure de France*, (juin 1694, p. 211) ; Seilhac, *l'Abbé Dubois*, I, 218.—Son frère cadet, *Henri de Fontaine Martel*, fut premier écuyer de la duchesse de Chartres et mourut perdu de goutte le 28 avril 1706. Son frère aîné, *Charles Martel*, comte de Clères, dès le temps de la Fronde, était capitaine des gardes du corps du duc d'Orléans *(État de la France 1657*, p. 191). Il fut fait en 1661 chevalier des ordres du roi, à la prière de son maître, et mourut en 1669, après avoir fait entrer son frère au service du duc d'Orléans, où toute la famille, originaire de Normandie, fit fortune.

[1] *Elisabeth-Charlotte d'Orléans* : Mlle de Chartres, née à Saint-Cloud le 13 septembre 1676, par conséquent de deux ans plus jeune que son frère *(Gazette*, 1876, p. 684). On l'appela *Mademoiselle*, à partir du jour où sa sœur du premier lit épousa le duc de Savoie (voir plus haut p. 156), mais on prit, à cause de son âge, l'habitude de dire *la petite Mademoiselle*, sans doute aussi pour la distinguer de Mlle de Montpensier (de Sourches, I, 221, 222).

d'un air vif et animé, et dont l'esprit est à peu près de même caractère : aussi lui trouve-t-on déjà les reparties justes et heureuses, et les inclinations belles et élevées[1]. Ce qu'on recueilloit, entre autres, de ce qu'elle répondit un jour à Madame la Dauphine, qui, lui proposant, par manière de discours ou de caresses[2], et au temps qu'on parloit du mariage de la duchesse de Savoie sa sœur, qu'elle seroit peut-être un jour sa belle-sœur, savoir : de ladite Dauphine, en épousant le prince Clément de Bavière, frère de l'Électeur, cette petite *Mademoiselle*, comme on l'appelle, répartit sur le champ, à la Dauphine : « Je ne suis pas faite, Madame, pour un cadet[3]. » A quoi on peut ajouter le plaisir particulier qu'on lui fait de lui parler de la marier un jour au roi de Hongrie[4], à présent roi

---

[1] Voir les lettres de la duchesse d'Orléans *(passim)* à cette princesse, devenue duchesse de Lorraine, sa fille.

[2] Par *manière de raillerie* : manuscrit [B].

[3] Il s'agissait de *Joseph Clément*, fils puîné de l'électeur Ferdinand-Marie, père de la Dauphine, et frère cadet de Maximilien « son successeur », né en 1671 et par conséquent âgé de treize ans en 1684. Trois ans après, la France se préoccupait du mariage du prince et chargeait son agent à Munich d'empêcher qu'il n'épousât une princesse d'Autriche, peut être de suggérer discrètement l'idée de ce mariage français *(Instr. de Bavière*, p. 88, novembre 1687). Au mois de janvier 1688, ce jeune prince, qui n'était pas dans les ordres, fut pourvu des évêchés de Freisingen et Ratisbonne. Et en juillet il obtint du pape Innocent XI une dispense d'âge et un bref d'éligibilité, pour se présenter à l'élection du chapitre de Cologne contre Furstemberg et la France. Il eut 9 voix contre 13, le 3 octobre 1688 : au risque d'une guerre avec la France, le pape lui donnait alors les bulles d'investiture (Dangeau, 28 septembre 1688).

[4] Joseph, né en juillet 1678, roi de Hongrie depuis 1687, n'était encore âgé que de douze ans, lorsqu'il fut couronné roi des Romains le 26 janvier 1690. Il ne se maria que le 15 janvier 1699, par l'influence de son gouverneur le prince de Salm, avec la nièce de celui-ci, Amélie de Hanovre (voir p. 192, note 5). — De nombreux projets de mariage, dont celui-là, furent agités dans l'entourage de Madame pour sa seconde fille. Mais ils ne paraissaient pas aboutir. Elle écrivait en 1693 (Jœglé, I, 164) : « Je suis convaincue que ma fille va coiffer Sainte-Catherine; votre roi d'Angleterre (Jacques) épousera la princesse de Danemark; le roi des Romains, à ce que j'imagine, la seconde princesse de Savoie; le duc de Lorraine, la fille de l'Empereur. Donc, il ne restera rien pour la mienne. » Il resta le duc de Lorraine, Léopold, qui, à Ryswick, pour rentrer dans ses Etats et faire la paix avec Louis XIV, épousa sa nièce. Il fit la demande le 31 décembre 1697. Le mariage eut lieu à Bar, le 25 octobre 1698 *(Gazette,* 1668, p. 503, 540).

des Romains. Le comte et la comtesse de Lobkowitz, durant leur séjour en France, où le premier étoit envoyé extraordinaire de l'Empereur[1], quoique d'ailleurs l'un et l'autre peu portés d'inclination pour les intérêts de la France ou bien vus à la cour, ne laissoient pas d'affecter, dans les rencontres et auprès des personnes qui pouvoient le redire à Monsieur ou à Madame, à faire paroître de souhaiter ce mariage et de croire qu'il pourroit un jour avoir lieu. On peut bien juger que ce n'étoit pas faire mal sa cour à Monsieur et à Madame, laquelle dit même un jour là-dessus à la comtesse de Lobkowitz que, si on craignoit à Vienne l'éducation de la cour de France, on n'avoit qu'à y prendre dès à présent sa fille et la faire élever à l'allemande. Aussi y a-t-il sujet de croire que, malgré la guerre présente, on ne perd pas encore de vue ce mariage à la cour de France, et d'en faire un jour, si on peut y réussir, une des conditions ou des gages de la paix avec l'Empereur et sous des offres de quelque dot fort avantageuse, dont le roi, qui aime d'ailleurs tendrement cette jeune princesse, ne ferait pas difficulté de se charger. Mais il y a plus sujet de douter si la Cour de Vienne y fera quelque réflexion et aura du penchant ou trouvera de l'intérêt solide à donner lieu à ce mariage. Ce qui, en tout cas, ne peut que dépendre de la suite des conjonctions publiques et des événements de la guerre présente.

[1] Le comte de Lobkowitz était le neveu du principal ministre de Léopold Ier, le prince de Lobkovitz, qui avait subi en 1675 une retentissante disgrâce au moment où, dans la guerre de Hollande, l'Empereur s'éloigna de Louis XIV et le combattit. En se déclarant hostile à la France, ce second Lobkovitz avait regagné quelque faveur à Vienne. En octobre 1685, après la trêve de Ratisbonne, l'Empereur le chargea d'aller renouer, à titre d'envoyé extraordinaire, les relations avec la France (*Instr. d'Autriche*, p. 105). Il eut son audience le 15 décembre 1685 (de Sourches, I, 344). « C'était, dit-il, un homme fort petit et fort gros. » En 1687, au mois de janvier, il était encore à Paris, où il était venu faire part au Roi de la mort de l'impératrice Éléonore, belle-mère de Léopold (*Inst. d'Autriche*, p. 114). De Sourches, à propos de cette mort, dit que l'Empereur ne prit pas le deuil, « grande marque de sa pauvreté » (I, 470) (décembre 1686). C'eût été ce besoin d'argent qui, sans doute, aurait pu pousser, comme le dit Spanheim, Léopold à une alliance de famille si contraire à sa politique. Le 19 mai 1688, le comte de Lobkowitz prit son audience de congé; il devait être remplacé par le comte de Serka, qui, en réalité, ne vint pas. C'était la préface de la rupture de 1689 (de. Sourches, II, 166).

Des princesses, filles du feu duc d'Orléans.

Après les enfants de Monsieur suivent les filles du feu duc d'Orléans, oncle du roi, qui font encore aujourd'hui partie de la maison royale et sont trois princesses, issues de deux mariages : MADEMOISELLE D'ORLÉANS OU DE MONTPENSIER, seule du premier lit ; et du second, la GRANDE-DUCHESSE DE TOSCANE et la DUCHESSE DOUAIRIÈRE DE GUISE ; sans parler maintenant d'une troisième princesse du même lit, mariée au duc de Savoie en 1663 et morte l'année suivante, ni d'un fils du même feu duc d'Orléans qui mourut en bas âge [1].

De la Grande Mademoiselle.

Mademoiselle d'Orléans ou de Montpensier, et qu'on désigne le plus souvent à la cour de France par le nom de la GRANDE MADEMOISELLE, eu égard à sa taille et à la petite Mademoiselle, fille de Monsieur et de Madame, dont il a été parlé, naquit en mai 1627, et ainsi se trouve dans la soixante-troisième année de son âge [2]. Comme la duchesse d'Orléans sa mère, fille et unique héritière de Henri de Bourbon, duc de Montpensier, mourut peu de jours après la naissance de cette princesse, et l'année d'après son mariage [3], elle resta de même fille unique et héritière des belles terres et principautés, et entre autres de la sou-

[1] Voici la généalogie précise : Gaston d'Orléans avait épousé : en premières noces (1626), *Marie de Bourbon*, duchesse de Montpensier, qui mourut le 4 juin 1627, après avoir donné naissance à *Anne-Marie-Louise* d'Orléans, duchesse de Montpensier (29 mai 1627) ; en deuxièmes noces (1632), *Marguerite* de Lorraine, dont il eut cinq enfants : *Marguerite-Louise* (1645), mariée au grand-duc de Toscane le 22 juin 1661, morte en 1721 ; *Elisabeth*, née le 26 octobre 1646, mariée le 15 mai 1667 à Louis-Joseph de Lorraine, duc de Guise, morte le 17 mars 1696 ; *Françoise-Madeleine*, née le 13 octobre 1648, mariée le 3 avril 1663, à Charles-Emmanuel II, duc de Savoie, morte à Turin le 14 janvier 1664 ; *Jean d'Orléans*, né le 17 août 1650, mort le 10 août 1652 ; *Marie-Anne*, née le 9 novembre 1652, morte le 17 août 1656.

[2] Ce passage de la relation indique que Spanheim écrivait ici en avril 1690, pas plus tard. La naissance de la grande Mademoiselle est du 29 mai 1627. La 63ᵉ année de cette princesse devait donc être révolue en mai 1690.

[3] Cette phrase « *la naissance de cette princesse et l'année d'après son mariage* », a été omise dans le manuscrit [A]. Elle est indispensable au sens et se trouve heureusement dans le manuscrit [B]. Les dates sont bien celles-là. Le mariage de Gaston eut lieu en avril 1626 ; la naissance de la Grande Mademoiselle, le 29 mai 1627 ; la mort de sa mère, le 4 juin.

veraineté de Dombes, des duchés de Châtellerault, de Montpensier, comté d'Eu et plusieurs autres, qui lui revenoient de l'héritage de la susdite duchesse sa mère[1]. Ce qui, joint à sa naissance, au rang et à la considération du feu duc d'Orléans son père durant la minorité du roi d'aujourd'hui, et qui mourut en 1660[2], fit regarder longtemps cette princesse pour un des plus avantageux partis de l'Europe : ce qui était encore soutenu par une taille avantageuse[3] et un port digne d'un si haut rang, par une beauté mâle, par un esprit qui parut élevé, par des inclinations nobles, un grand courage, et capable même de vues et de résolutions hardies pour attirer de la considération et pour parvenir à son but[4]. Ce qui parut en premier lieu par la pratique qu'elle introduisit et fomenta secrètement, dans l'année 1648, et au fort de la guerre entre la France et l'Espagne, je veux dire de son mariage avec l'archiduc Léopold, alors gouverneur et capitaine général du Pays-Bas espagnol. Le regret qu'elle eut que la cour de France en eût rompu le coup, dès qu'on en pénétra le projet, l'anima de ressentiment, et contre la cour, et en particulier contre le cardinal Mazarin qui, en ce temps-là, avoit tout le pouvoir du gouvernement[5]. Aussi entra-t-elle dès

---

[1] Elle était exactement duchesse de Montpensier, de Châtellerault et de Saint-Fargeau, princesse des Dombes, de la Roche-sur-Yon et de Joinville, dauphine d'Auvergne, marquise de Mézières en Brenne, comtesse de Mortain, de Bar-sur-Seine et d'Eu, vicomtesse d'Auge, de Domfront, baronne de Beaujolais : « la plus riche princesse particulière de l'Europe », dit Saint-Simon, (I, 122, édition de Boislisle). Des actes de baptême publiés par Jal *(Dict. historique)* l'intitulent *Première demoiselle, première princesse de France.*

[2] 2 avril 1660.

[3] *Avantageuse* ne se trouve pas dans le manuscrit [B].

[4] Consulter Chéruel, *Mémoires de Mlle de Montpensier*, 4 vol., Paris, 1858-1860. — Sainte-Beuve, *Causeries du lundi*, III, 389-406. — A. Barine, *Revue des Deux-Mondes*, années 1899-1900.

[5] Mademoiselle a elle-même raconté cette aventure dans ses Mémoires : un capitaine des gardes, de Saujon de Campet aurait pris l'idée, sans y être autorisé, de la marier avec l'archiduc Léopold qui avait conduit son armée en 1647 devant Armentières. Il aurait, jusqu'au mois de mai 1648, poursuivi les négociations pour enlever Mademoiselle ; Anne d'Autriche et Mazarin se seraient émus de ce projet et en lui-même, et pour la crainte de voir se constituer une souveraineté aux Pays-Bas, indépendante. Ils firent arrêter et enfermer

lors dans toutes les intrigues et les cabales qui se formèrent bientôt après, et à Paris et dans le royaume, contre la cour et le ministre, et s'y rangea toujours du parti des mécontents, pour en augmenter le crédit et la considération [1]. Ce qu'elle redoubla avec plus d'éclat dans la guerre suivie des Parisiens contre la cour, en 1652, où elle ne se contenta pas de se tenir à Paris, à y assister le parti, et à lui donner du courage et de la chaleur, mais même, au temps de l'approche de

de Saujon à Pierre-Seize, adressèrent de vifs reproches à Mademoiselle qui soutint « qu'elle n'était pour rien dans l'affaire ». C'est sa version dans les *Mémoires* (I, 167). Olivier d'Ormesson raconte aussi l'histoire à la date du 6 mai 1648 : « Saujon est à la Bastille. Elle a été traitée par la reyne d'insolente. On lui a donné des gardes chez elle. Elle dénie hardiment le fait, désavoue Saujon et ses lettres, et parle fort courageusement » (p. 487). D'Ormesson ne conclut pas cependant : « chacun en parle diversement ». On ne voit pas d'après qui Spanheim a pu conclure le contraire. Mademoiselle, en général, est très franche dans ses *Mémoires* : il est vrai qu'après la mise en liberté (1650) de Saujon, elle lui donna le gouvernement des Dombes. Ce pouvait être pour le dédommager de l'avoir désavoué. Elle dit ailleurs (avril 1649) que « véritablement cet établissement lui a toujours plu et que j'ai écouté avec plaisir les personnes (il s'agit là de Mme de Chevreuse) qui me disaient que l'on m'y souhaitait » (I, p. 214). Enfin, plus tard, en 1650, Saujon fut chargé, cette fois d'accord avec Mazarin, d'une mission matrimoniale en Allemagne : Mademoiselle désirait épouser l'Empereur (I, 250).

En tout cas il est impossible d'attribuer à cette affaire la cause de la brouille entre Mademoiselle et Mazarin, qui ne se produisit qu'à la fin de 1651, au début de 1652, près de quatre ans après. — L'archiduc Léopold, dont il est ici question, est Léopold Guillaume, deuxième fils de l'empereur Ferdinand II, né en 1614 à Graz, destiné d'abord à l'état ecclésiastique : il avait fait campagne depuis 1639 en Allemagne avec les conseils de Piccolomini. En 1648, il passa avec lui, après la paix, au service de l'Espagne, qui l'avait fait, depuis le 16 septembre 1646, lieutenant-gouverneur des Pays-Bas espagnols.

[1] Ce jugement est tout à fait inexact. Il suffit, pour le constater, de voir le peu de place que tient Mademoiselle dans l'histoire de la Fronde, jusqu'en 1651. Elle suivait la Cour et restait attachée à Anne d'Autriche, hors de la capitale et dans les provinces, sinon toujours volontiers, du moins fidèlement. C'est vers la fin de l'année 1651 que Mademoiselle commença de travailler contre Mazarin. Saujon, qui alors l'espionnait pour le compte du Cardinal, informait celui-ci que Mademoiselle empêchait son père d'écouter les conseils de Madame favorables au rappel du ministre exilé : « *Elle veut la condition de son côté.* » Elle voulait épouser Louis XIV, ayant perdu l'espoir d'épouser l'Empereur. Condé lui promit de l'y aider, désirant qu'elle fût reine de France (mars 1652). Alors elle se décida à sa fameuse équipée d'Orléans et fit la guerre, mais alors seulement. *(Mémoires de Mademoiselle*, I, 337. — Lettre à Mazarin, 18 novembre 1651 aux *Aff. Etr., France, Mém. et Doc.*, t. CXXXV, f° 117.)

l'armée royale jusques aux faubourgs de Saint-Antoine, à se transporter en personne au château de la Bastille, qui y est contigu, faire dresser des batteries sur les remparts, y transporter et tirer les canons [1], et où elle mit elle-même le feu, contre l'armée royale. Tout cela ne donna pas au Roi des impressions fort avantageuses pour sa cousine, et ce qui, joint à ses grands biens dans le royaume, ne put aussi que continuer dans la suite à éloigner, du côté de la cour, tous les partis sortables et avantageux pour elle [2] qui se présentoient ou qu'elle croyoit pouvoir être portés à l'épouser, comme, entre autres : l'Empereur règnant, sur lequel elle avoit eu ses vues, après avoir manqué celles pour l'Archiduc son oncle; Monsieur ou le duc d'Orléans, frère unique du Roi et son cousin germain, avec lequel elle entretenoit d'ailleurs des liaisons particulières ; ensuite, le duc de Savoie, auquel on aima mieux donner sa sœur cadette du second lit, et, en dernier lieu, feu Son Altesse Électorale, de glorieuse mémoire, dont le mariage avec cette princesse fut mis sur le tapis en France, et auroit trouvé plus d'approbation du côté de ladite cour que ceux dont je viens de parler [3]. Elle eut encore le déplaisir de voir le

---

[1] Le manuscrit [B] porte : « faire *dresser des batteries et tirer les canons.* »

[2] Saint-Simon (édition de Boislisle, I, 126) : « Le roi ne lui avait jamais bien pardonné la journée de la Bastille et je l'ai ouï lui reprocher une fois à son souper en plaisantant, mais un peu fortement, d'avoir fait tirer le canon de la Bastille. »
Ce récit classique est confirmé par Mademoiselle (II, p. 109) : « Je m'en allai à la Bastille où je n'étais jamais allée. Je fis changer le canon qui était pointé du côté de la ville. J'en fis mettre du côté de l'eau pour défendre le Bastion. » Elle s'en alla, et « l'on tira de la Bastille deux ou trois volées de canon comme je l'avais ordonné » (II, p 111). Il est bien certain d'ailleurs, comme l'indique Spanheim, qu'on fit tout ce qu'on put à la Cour pour empêcher le mariage de Mademoiselle, afin de recueillir ses biens.

[3] Il serait trop long de faire l'historique des projets de mariage que forma Mademoiselle. Elle ne parle point qu'elle ait songé au roi de Hongrie, l'Empereur Léopold, autrement que sous forme d'un propos que lui tint Monsieur en 1659 (III, 346). Spanheim a voulu dire l'Empereur « *régnant en 1650* », l'empereur Ferdinand III, à qui, de 1644 à 1647, elle songea très souvent. — A partir de 1654, on lui attribue sans cesse le dessein d'épouser Monsieur, son compagnon de jeu depuis l'enfance, à défaut de Louis XIV (I, 75 ; III, 125).
— Quant au duc de Savoie, Emmanuel, son cousin, elle l'eût accepté, mais,

mariage de ses deux autres sœurs du second lit[1], et dont il sera bientôt parlé, sans se voir plus en passe, par les traverses du côté de la cour, de trouver en France ou hors de France un parti digne de son rang, de sa fortune et de son courage[2]. Ce qui la porta insensiblement à en abandonner les vues et à prendre le parti de retraite, qu'elle cherchoit de fois à autre, et qu'elle pouvoit varier à son choix dans ses belles et diverses maisons de campagne[3] qui lui appartenoient, et où elle témoignoit de se plaire à la lecture et à l'entretien des gens d'esprit et de mérite de l'un et de l'autre sexe, dont elle s'y faisoit accompagner[4]. C'est aussi le genre de vie qu'elle mena assez longtemps, jusques à ce que, sortant de ce calme, elle se rengagea mal à propos dans l'orage, par une forte inclination dont elle se laissa prévenir pour un simple gentilhomme, qui

lorsqu'il fit une demande ferme en 1658, ce fut pour sa sœur. En 1662, elle demanda à Louis XIV de l'établir à Turin et se vit refuser. Sa sœur, Mlle de Valois, épousa le Duc le 4 mars 1663. — On ne trouve pas trace dans ses Mémoires d'un projet de mariage avec le grand Electeur. Ce projet ne pourrait être que de 1667-1668, quand ce prince fut devenu veuf, et avant qu'il n'eût épousé sa seconde femme, Dorothée de Holstein-Glücksbourg. Il est possible : car Louis XIV songeait, en 1670, à marier sa cousine en Allemagne au prince de Lorraine.

[1] *Du même lit* : manuscrit [*B*]. — Sur ces sœurs et leur mariage, voir plus loin, p. 169 et 173.

[2] Ce jugement très équitable est la confirmation de ce passage des *Mémoires de Mademoiselle* (IV, 96) : « J'aime mon pays. J'y suis si grande dame que mon ambition s'y peut borner et quand on a de la raison, on en doit être content et y chercher le bonheur de la vie. »

[3] Ses maisons de campagne, c'étaient *Saint-Fargeau*, en Orléanais, d'abord ; c'était ensuite le *château d'Eu*, acheté en 1657 à Mlle de Guise, qu'elle embellit après 1660 et où elle écrivit ses *Mémoires* (III, 460) ; une maison à *Trévoux*, sa capitale des Dombes dont elle a fait une jolie description (III, 339) ; *Champigny* en Touraine. En 1680, elle acheta et fit décorer magnifiquement le château de *Choisy* qu'elle a décrit très curieusement (IV, 428), construit par Gabriel. Le jardin fut dessiné par Le Nôtre : elle y constitua une belle galerie.

[4] Voici comment, en 1663, Mademoiselle décrit ses occupations à Eu : « Force gens de qualités : ma Cour était grosse. Il vint des comédiens s'offrir. Mais je n'étais plus d'humeur à cela. Je commençais à m'en rebuter. Je lisais, je travaillais. Les jours d'écrire emportent du temps » (III, 576). — Sur la vie qu'elle menait antérieurement, beaucoup plus gaie, à Saint-Fargeau vers 1657, et le cercle des beaux esprits dans lequel Mademoiselle composa ses ouvrages galants, présidé par Segrais, qui fut depuis 1648 à son service, il faut consulter ses *Mémoires*, II, p. 1 et suivantes.

est le comte de Lauzun, dont il a été assez parlé ci-dessus[1]. Comme cette inclination alla même[2] assez avant pour la porter à consentir à l'épouser, pour en demander elle-même et en obtenir le consentement du Roi, elle ne put aussi en apprendre bientôt après la révocation, lorsqu'elle s'y attendoit le moins, sans en témoigner un ressentiment et un déplaisir extrême[3]. Il fut bientôt suivi de celui que lui causa la disgrâce et l'emprisonnement à Pignerol dudit comte, avec lequel on la tenoit secrètement mariée, et qui cependant ne sortit de prison, au bout de dix ans, que par la rançon ou le prix de la souveraineté de Dombes et d'autres terres dont cette princesse se défit en faveur du duc du Maine, fils du roi et de Mme de Montespan[4]. Mais elle ne jouit pas longtemps de la douceur que lui donna

---

[1] Voir pages 100 et 101 la situation et les origines de Lauzun.

[2] *Cette inclination étant même allée* dans le manuscrit [B]. Ce texte avait d'abord été reproduit dans le manuscrit [A] : Spanheim a corrigé et raturé comme ci-dessus.

[3] Mlle de Montpensier a expliqué dans ses *Mémoires* (IV, p. 90), comment et pourquoi elle aima Lauzun : « il était l'empereur du monde : cet amour la consolerait de n'être pas reine. » Elle trouvait en outre un plaisir très grand à ôter l'espérance à ses héritiers d'avoir son bien. Elle ne consentit pas d'abord à épouser Lauzun : elle le lui proposa seulement, le deuxième dimanche de mars 1670. En novembre 1670 elle écrivit au roi (IV, 182) pour lui demander l'autorisation. Le 15 décembre, elle l'avait obtenue *(Mme de Sévigné*, 15 octobre 1670). Le 18 au soir, le lendemain du jour où elle avait fait, par contrat, donation de ses biens et fixé le mariage au vendredi 19, le roi fit appeler Mademoiselle et son fiancé, et retira son autorisation. Tous les témoignages s'accordent avec celui de Mademoiselle pour établir que ce furent Monsieur et la belle-mère de Mademoiselle, princesse de Lorraine, duchesse douairière d'Orléans, qui se récrièrent contre cette mésalliance, invoquèrent l'opinion publique et eurent gain de cause (Voir Mme de Sévigné, *Lettres* des 19, 24, 31 décembre 1670). Le *Journal d'Olivier d'Ormesson* dit : « tout le monde a loué le roi de cette action : ce mariage tournait à sa honte ». Voir enfin la *Lettre de Louis XIV* à ses ambassadeurs publiée par Chéruel *(Mémoires de Mlle de Montpensier*, IV, p. 626) d'après le manuscrit de l'Arsenal, où le roi déclare avoir rompu le mariage, « pour ce que sa gloire était intéressée à ne pas avoir l'air de favoriser Lauzun à ce point ».

[4] Sur les causes et l'histoire de cette disgrâce, voir p. 101 et les notes. — Quant au mariage secret, consulter Dangeau, *Journal*, IV, 261. Mademoiselle dit elle-même que le bruit en courut et que la *Gazette de Hollande* l'annonça (IV, p. 279). Ce qui parut l'établir, ce fut que Lauzun resta en possession des biens cédés par contrat. Cependant Mademoiselle raconte qu'il y eut plus tard (IV, 280) des projets de mariage entre elle et le duc d'York.

la liberté de ce comte et son retour à Paris, qu'elle avoit racheté à si haut prix, et dont il lui étoit entièrement redevable, de même que d'autres bienfaits qu'il en recevoit, et de belles terres et seigneuries dont elle lui avoit aussi fait présent[1]. Tout cela ne fut pas capable de fixer l'humeur ou l'inclination de son amant[2], ou de régler sa conduite à la faire uniquement dépendre des volontés et des faveurs de sa bienfaitrice. Il commença à s'en ennuyer, à n'en cacher pas son dégoût, à se plaindre et à se lasser de la contrainte de vie dans laquelle elle prétendoit le tenir, à se rebuter des emportements que la jalousie de cette princesse, qui s'augmentoit avec l'âge, lui inspiroit assez fréquemment. C'est enfin d'où il se forma entre eux un dépit et un chagrin réciproque, qui dégénéra dans la suite dans une aversion et une rupture entière[3]. Ce sont les termes où ils en étaient encore l'un et l'autre à mon départ de France, et en sorte que cette même princesse ne vouloit plus ouïr parler de lui, ni se trouver même à Versailles, dès qu'elle apprit qu'il y étoit bienvenu et qu'on lui donna même un appartement pour y loger, en récompense de la part qu'il avoit eue à la sortie et conduite en France de la reine d'Angleterre et de son fils appelé le prince de Galles. Ce qui alla même si avant, qu'elle se seroit fait entendre de vouloir faire jeter le comte hors des fenêtres du château de Versailles, s'il se trouvoit où elle seroit[4]. Je n'ai point appris depuis s'il y a quelque retour entre ces deux amants, et pour lequel même l'âge, les incommodités et l'humeur présente de cette princesse, non plus que le génie ou l'intérêt même de ce comte, ne laisse guère de préjugé.

---

[1] *Mémoires de Mademoiselle*, IV, 452. — Saint-Simon (éd. de Boislisle, I, 125). Lauzun avait conservé Thiers et Saint-Fargeau, qui valaient 20.000 livres de revenu et qu'il vendit au financier Crozat, en plus 10.000 livres de rente environ.

[2] Ce *comte* au lieu de *son amant* dans le manuscrit [*B*]. Le manuscrit [*A*] donnait d'abord ce texte : Spanheim a rayé et corrigé de sa main.

[3] Pour l'histoire de ces démêlés, voir les *Mémoires de Mademoiselle* (IV, p. 460 et suivantes). Dangeau (I, p. 490) raconte la rupture à la date du 4 mai 1684.

[4] La phrase, depuis « *ce qui alla même si avant* », ne se trouve pas dans le manuscrit [*B*].

Outre même que, de la plus riche princesse de l'Europe pour une sujette, elle se trouve à présent réduite, par les seigneuries et biens dont elle s'est dépouillée de son vivant, par d'autres libéralités et dépenses qu'elle a faites et par le peu de ménage qu'elle y a apporté, à n'avoir plus qu'un revenu assez médiocre. Au reste, c'est une princesse fort civile, honnête au dernier point, et qui, dans les rencontres de deuil ou de joie de la sérénissime maison Électorale, a toujours fait paroître d'y prendre part en bonne parente, comme elle me le témoignait dans les occasions, et à en prendre régulièrement le deuil quand il y en avait lieu.

La GRANDE-DUCHESSE DE TOSCANE est[1] sa sœur aînée du second lit, née en juillet 1645, du second mariage du feu duc d'Orléans avec une princesse sœur du feu duc de Lorraine. Celle-là fut mariée au prince de Toscane, à présent grand-duc, en avril l'année 1661, et conduite à Florence au mois de juin suivant, où je me trouvai à son arrivée, et à toutes les fêtes et réjouissances qui s'y firent pour la solennité de ce mariage et sur lequel je fus chargé à cette occasion de faire des compliments au Grand-Duc le père, de la part du feu Electeur palatin Charles-Louis, par les ordres duquel je faisais ce voyage et en portais des lettres et des compliments pour les cours et princes d'Italie. On put juger, dès les premières solennités de ce mariage, qu'il ne seroit pas fort heureux dans la suite, par le peu de rapport qu'on voyoit déjà visiblement[2] d'humeur, de génie, d'inclination et de manières entre ces deux nouveaux mariés. Ce qui venoit, entre autres, d'une éducation aussi opposée que la leur, et d'une manière de vivre aussi différente que celle des cours de France et de Florence. Cette princesse étoit dans la fleur de la plus grande jeunesse, d'une beauté extrême, d'une humeur enjouée, aimant la joie et le plaisir,

De la grande-duchesse de Toscane.

---

[1] *Est* a été omis dans le manuscrit [A] et dans le manuscrit [C].
[2] *A l'œil* : manuscrit [B]. — Voir INTRODUCTION, p. 5.

nourrie d'ailleurs avec peu de contrainte, et, la plupart du temps, avec une assez grande liberté, dans le séjour de Blois, où le feu duc son père passa les dernières années de sa vie et étoit mort dans la précédente[1]. Le prince de Toscane, en échange avoit été élevé dans une grande contrainte à l'égard du Grand-Duc son père, et dans une entière dépendance de la Grande-Duchesse sa mère, qui vit encore et le gouvernoit à sa mode. D'où il avoit pris, ou par tempérament, ou par habitude, ou par le procédé ordinaire de cette cour-là et de la nation, un air sombre, des manières contraintes, un esprit sérieux, en un mot plus de gravité et de connoissance que d'enjouement et d'ouverture d'esprit[2]. Ce qui, joint aux

[1] Tous les renseignements de Spanheim sont absolument précis comme dates et comme observations, Cosme III ne devint grand-duc de Toscane qu'à la mort de son père Ferdinand II, le 23 mai 1670.
On connaît exactement, par les *Mémoires de Mademoiselle*, les habitudes de cette petite Cour de Blois, qui vint, aussitôt après la mort de Monsieur, s'installer chez elle au Luxembourg en juillet 1660. Autour des jeunes princesses, tout un cercle de petites filles, Mlles de Saint-Remy, de la Vallière ; des gouvernantes « à qui l'on faisait mille niches », une mère « qui laissait tout faire » (III, p. 496). Avant que le bout de l'an de leur père fût venu, ces princesses ne songeaient qu'à sauter, qu'à danser. Elles se préparaient à aller à l'église en lisant des romans toute la nuit. Puis, tous les jours, c'étaient des parties de chasse, parfois jusqu'à la nuit, d'où elles revenaient la robe déchirée, ayant planté là leurs gouvernantes, en compagnie de jeunes gens (III, p. 510) : « On s'étonnait que Madame souffrît tout cela. » — La princesse dont il s'agit ici est *Marguerite-Louise*, deuxième enfant du second mariage de Gaston, née à Paris le 28 juin 1651, morte le 17 septembre 1721 (*Gazette*, p. 472), mariée le 22 juin 1661 en personne à Florence.
[2] Le témoignage de Spanheim sur le prince de Toscane et cette Cour qu'il avait fréquentée est important. Il concorde avec celui de Mademoiselle, qui vit son beau-frère en France en 1669 : « Il était d'entre deux tailles, un peu gros pour un homme de son âge, n'ayant que vingt-cinq ans, une fort belle tête, des cheveux noirs et bouclés, de gros yeux noirs, une grosse bouche vermeille, de belles dents, le teint vif et de santé, rien qui déplaise; beaucoup d'esprit, agréable en conversation. Il parlait admirablement bien de tout » (IV, p. 79). Saint Simon dit seulement « qu'il ne sut pas apprivoiser sa femme ». Mais Mademoiselle note encore qu'elle n'avait pas « l'air de dignité et de gravité italiennes » (III, 514). — Le père de ce prince, Ferdinand II, avait régné de 1621 à 1670 : fils d'une princesse autrichienne, il avait épousé sa cousine Vittoria de la Rovère, de la famille des ducs d'Urbin, dont il ne put, comme il l'espérait, recueillir en 1631 le duché. — Sur la contrainte de cette Cour et ses usages, le témoignage le plus curieux est celui de l'électrice Sophie de Hanovre : elle

mauvais conseils et à la conduite peu judicieuse des François ou Françoises que cette princesse avaient amenés avec elle, et qui lui restèrent les premières années de son mariage, et à la résolution qu'on prit à la cour de Florence de les renvoyer en France contre le gré et à l'insu de leur maîtresse [1], cela, dis-je, causa en premier lieu la désunion, et l'augmenta ensuite entre ces deux mariés, en sorte qu'elle devint même assez grande pour porter en premier lieu, le prince son époux à s'éloigner d'elle et aller voyager par toute l'Europe[2], et elle ensuite à prendre brusquement la résolution de s'éloigner entièrement de lui et de se retirer en France, comme elle a fait [3]. C'est aussi

était à Florence en 1664 : « il ne couche qu'une fois par mois avec sa femme et cela sous la correction d'un médecin qui le fait lever du lit afin qu'il n'altère sa santé pour y demeurer trop longtemps » (éd. Bodemann, p. 70). Le jour où la princesse d'Orléans arriva à Florence, les parents de son mari le lui prirent pendant trois jours : « Ce peu d'empressement la cabra », dit Mademoiselle (III, p. 543).

[1] Bonzi, l'évêque de Béziers, raconta, au retour de son ambassade, les mêmes faits *(Mlle Montpensier*, III, 542). Il les avait écrits à Fouquet dès le 18 juillet 1661 (lettre très curieuse dans Chéruel, *Mémoires de Fouquet*, II, 154). Il y notait les railleries des femmes françaises sur l'accoutrement du fiancé. Il semble bien que ces femmes aient eu d'autres torts plus graves. On fit savoir à Fouquet, le 28 juin 1661, que la jeune princesse, ayant laissé en France un amour inconsolable, celui du prince Charles de Lorraine, elle demeurait en correspondance avec lui et recevait par ses femmes « des poulets du Cavalier ». La Cour de Toscane se fâcha (Saint-Simon, *Mémoires*, éd. 1873, III, pp. 510, 517) quand elle eut les preuves. Parmi ces femmes, il y avait une certaine Mme du Deffant, intrigante, vrai type de duègne, qui à Paris faisait la dévote, et à Florence servait les amours de la Duchesse.

[2] Ce fut vers la fin de 1663 que commença la séparation. En 1664, le prince était à Venise : il voyageait dans toute l'Italie, à Venise, puis à Parme. Au début, M. de Créquy, ambassadeur de France à Rome, passant à Florence, fut chargé de réconcilier les époux. Mais il n'y parvint pas : déjà la Cour de Toscane était en instances auprès du Pape pour obtenir l'annulation du mariage. Le Grand-Duc fit voyager son fils jusqu'en 1670, époque à laquelle celui-ci lui succéda. — *Lettres de l'élect. Sophie de Hanovre* (mai 1664, p. 69), et *Mémoires de Mademoiselle* (III, p. 78).

[3] Le retour de la Grande-Duchesse en France eut lieu en juin 1675 *(Mémoires de Mademoiselle*, IV, p. 377). Le Grand-Duc, qui paraît l'avoir aimée, se rapprocha d'elle quand il fut le maître, en 1670. Mais, dès 1673, elle résolut de s'enfuir. Le duc la retint de force à la fin de cette année : « Ayez compassion de moi et de mes enfants », écrivait-il à sa belle-sœur *(Mémoires de Mademoiselle*, IV, p. 352). Louis XIV envoya Forbin-Janson (août 1673) pour les réconcilier. (*Œuvres de Louis XIV*, V, 711). La séparation, en 1675, se fit par consente-

où elle se trouve encore à présent, sans avoir jamais pu être portée à retourner à Florence, auprès de son mari et de ses enfants, dont elle a un prince qui fut[1] marié, l'an passé, à la princesse de Bavière, et une princesse, à ce qu'on dit, fort belle, et à qui on a déjà destiné plusieurs partis d'importance[2]. Au reste, cette Grande-Duchesse vit à Paris, dans une assez grande retraite, dans le monastère de Montmartre, où elle a son habitation ordinaire où on la va voir[3], et d'où elle se rend fréquemment à l'hôtel de Luxembourg, où elle est née, et la demeure ordinaire de Mlle de Montpensier dont il a été parlé, et de la duchesse douairière de Guise, ses sœurs, et d'où, avec cette dernière, elle va s'acquitter fréquemment des devoirs de charité et d'une espèce d'anéantissement, dont il sera encore parlé, de leur rang et état. Elle va assez rarement à Versailles[4], et, quand elle s'y trouve, y tient et garde le rang qu'elle y a par sa naissance. Elle conserve encore des traits et des restes agréables de sa première beauté ; d'ailleurs, des

---

ment mutuel, et avec la permission de Louis XIV. On dit à la Cour « qu'elle aimait fort *la maison du Roi* (Louis XIV) qui n'était pas à louer » *(Mme de Sévigné*, lettre du 3 juillet 1675). Mais il paraît plutôt qu'elle revint avec l'idée fixe d'obtenir de Louis XIV la faveur de revoir le prince Charles de Lorraine avec qui elle resta en relations *(Mademoiselle*, IV, 520) jusqu'à ce qu'il se mariât.

[1] Les mots *qui fut* ne se trouvent pas dans le manuscrit [B]. Spanheim les a inscrits en interligne dans le manuscrit [A].

[2] Ce prince était Ferdinand de Médicis, marié le 21 novembre 1688 à Yolande-Béatrice de Bavière, sœur de la Dauphine de France, et mort avant d'avoir régné, le 31 octobre 1713 *(Mémoires de Mademoiselle*, IV, p. 434). Sa sœur épousa l'Electeur-palatin de Neubourg, Jean-Guillaume (1690-1726), veuf en 1689 d'une fille de Léopold I, Marie-Anne-Joséphine.

[3] Le monastère de Montmartre, dirigé par une belle-sœur de Gaston d'Orléans, Françoise-Renée de Lorraine, abbesse de Guise depuis 1654 : « Le Grand-Duc y avait fait bâtir une maison fort belle » *(Mémoires de Mademoiselle*, IV, 377).

[4] Sur toute cette vie, décrite ici très exactement, consulter les *Mémoires de Mademoiselle* (IV, p 378). La Grande-Duchesse en aurait préféré une autre. Le roi lui fit savoir qu'il avait promis au Grand-Duc qu'elle ne sortirait point, ou peu. Quand Louis XIV la voyait à Versailles, il lui disait : « Vous voilà encore. » Sa piété fut donc un peu contrainte, et l'effet aussi des exemples que lui donnait sa sœur, la duchesse de Guise *(Mémoires de Mademoiselle*, IV, pp. 378, 526 ; *Lettres de Mme de Sévigné*, III, 481 ; IV, 555).

manières fort civiles, honnêtes, et, ce qui est assez particulier pour une princesse françoise et mariée en Italie, elle s'est appliquée, dès son séjour à Florence, à y apprendre l'allemand, qu'elle entend et parle fort bien.

La duchesse douairière de Guise, ci-devant Mlle d'Alençon, est la seconde fille du second mariage du feu duc d'Orléans son père, née en décembre 1646, et ainsi une année plus jeune que la Grande-Duchesse sa sœur ; d'une taille moins belle et aisée, d'un visage qu'on peut dire ni beau ni laid [1], d'une humeur fort charitable, et d'un esprit entièrement tourné, depuis son veuvage, à une dévotion outrée. Ce qu'elle a affecté, entre autres, de faire paroître dans la conversion prétendue des gens de la Religion qui se trouvoient dans les lieux de son domaine ou patrimoine, comme à Alençon ou d'ailleurs, qui étoient de sa connoissance. Je laisse à part le zèle et la charité qui la porte à visiter régulièrement les hôpitaux, y panser les malades, leur donner à manger, ensevelir les morts, et y faire d'autres fonctions pareilles, où elle est souvent accompagnée de la Grande-Duchesse sa sœur, et qui les partage avec elle [2].

De la Duchesse de Guise.

[1] *Elisabeth d'Orléans*, née à Paris le 26 décembre 1646, morte à Versailles le 17 mars 1696 *(Gazette*, p. 143) : *Mademoiselle d'Alençon*, mariée le 15 mai 1667 *(Gazette*, 1667, p. 488) à Saint-Germain, à Louis-Joseph, duc de Guise, qui mourut à Paris le 30 juillet 1671. Elle mourut elle-même à Versailles.
« Bossue et contrefaite à l'excès », dit Saint-Simon (éd. de Boislisle, III, 60). C'était d'ailleurs une nature aimante et bonne, de l'avis de ses sœurs et de Saint-Simon. Elle fut si affligée « de la mort de son mari qu'elle en oublia son Pater » (Saint-Simon, *ibid.*, p. 63).

[2] Saint-Simon (de Boislisle, III, p. 63). Elle passait tous les ans six mois à Alençon, de l'Ascension à la Saint-Martin d'hiver *(Mémoires de Mademoiselle*, IV, p. 529). Elle avait eu ce domaine à la mort de sa belle-mère, la seconde femme de Gaston d'Orléans (3 avril 1672). Elle régentait l'intendant « comme un petit compagnon » et l'évêque de Séez. Elle était en relations constantes avec l'abbé de la Trappe, le célèbre abbé de Rancé, premier aumônier de son père, qui était son directeur, et qui écrivit pour elle sa *Conduite chrétienne* (1697). Elle fit nommer par le roi son successeur (Saint-Simon, III, 64-65). Elle emmenait souvent avec elle sa sœur, la Grande-Duchesse *(Mémoires de Mademoiselle*, IV, 529-530).

Elle avoit épousé, en 1667, le duc de Guise, chef des branches[1] de la maison de Lorraine en France, qui mourut en 1671, et dont elle avoit eu un fils, qui décéda aussi en 1675[2]. Au reste, elle avoit conservé, malgré son mariage avec un prince françois et sujet du Roi, son rang et les prérogatives considérables qui sont[3] attachées aux princesses de la maison royale, et qu'elle conserve encore à présent.

Ainsi, voilà toutes les personnes qui composent présentement ladite maison royale, qui tiennent un rang en France fort au-dessus et distingué, non seulement d'autres princes ou princesses, mais encore de celui des princes et princesses *du sang* qu'on appelle, et des enfants légitimés du Roi. Les prérogatives sont entre autres que les carrosses des personnes qui les vont voir dans l'hôtel du Luxembourg n'entrent point dans la dernière cour, comme étant maison royale, que ceux qui ont *l'entrée du Louvre*, comme on parle en France, ou chez le Roi ; qu'elles ne donnent point le pas chez elles aux princes et princesses du sang ; qu'elles seules ont droit de manger avec le Roi et la Reine, ou Dauphin ou Dauphine, aux repas ordinaires, et aussi qu'elles s'y trouvent toujours lorsqu'elles sont où le Roi est et à la suite de la Cour[4].

---

[1] *De la Branche* : man. [*B*]. — Le 15 mai 1667, elle avait épousé son cousin germain, *Louis-Joseph* de Lorraine, petit-fils de Charles de Lorraine, quatrième duc de Guise (1571-1640). Par la mort de son père, Henri II (1664), qui avait fait l'expédition de Naples, ce prince restait le seul représentant des Guise.

[2] Louis-Joseph de Guise mourut de la petite vérole le 30 juillet 1671 *(Gazette,* 1671, 737, 756, 830, 854). Sur ce personnage et son mariage, consulter *Mémoires de Mademoiselle,* IV, 44-45 ; de Sourches, I, 13 ; Saint-Simon, éd. de Boislisle, III, p. 62. Son fils, François-Joseph, dernier représentant mâle des Guise, né le 28 août 1670, mort le 16 mars 1675, était un enfant très débile. (Dans les *Mémoires de Mademoiselle,* IV, 370, le récit de sa mort.)

[3] *Qui sont* : ces mots ne se trouvent pas dans le manuscrit [*B*]. Ils ont été inscrits par Spanheim dans le manuscrit [*A*] en interligne.

Sur le prix qu'elle attachait à ses honneurs, au risque d'humilier son mari « qui n'avait qu'un ployant », consulter Saint-Simon (éd. de Boislisle, III, 62).

[4] Spanheim indique ici très justement qu'entre les fils, filles et petit-fils

DES PRINCES ET PRINCESSES DU SANG ET DES ENFANTS DU ROI LÉGITIMÉS

Les princes et princesses du sang qui sont présentement en France se réduisent aux enfants des deux frères, les feus princes de Condé et de Conti, dont le dernier, père de celui d'aujourd'hui et de feu son frère aîné du même nom, mourut dès l'an 1666[1], et à la princesse de Carignan, veuve

de France d'une part, les princes du sang et légitimés de l'autre, les membres des deux familles d'Orléans avaient à la Cour de Louis XIV un rang intermédiaire, à part, plus rapproché des premiers que des seconds : « Ils n'étaient pas fils de France mais en approchaient fort, très élevés au-dessus des princes du sang », dit Saint-Simon (éd. 1873, V, 183). Les ducs d'Orléans avaient droit au fauteuil en présence des Rois. Leurs enfants avaient le privilège de ne voir les souverains étrangers qu'avec des fils ou des filles de France, pour avoir l'air de ne céder le fauteuil qu'à ceux-là. Ils ne donnaient pas la main et ne rendaient pas les visites aux ambassadeurs étrangers, aux ducs et pairs qui les traitaient de *Monseigneur* et d'*Altesse Royale*. Ils écrivaient aux rois, excepté à celui de France : *Monseigneur* et non *Sire*. Même pour leurs parents, les plus proches, s'ils n'étaient pas de la famille royale, ils ne portaient que petit deuil, point de crêpe, ni de serge (*Mémoires de Mademoiselle*, III, 586). Dans les villes où ils entraient, la garnison prenait les armes ; on tirait le canon ; les corps présentaient leurs hommages, comme pour des souverains.

Sur un point, Spanheim se trompe : les fils et filles d'Orléans ne mangeaient point au grand couvert, hormis dans les festins de noce et dans des cérémonies fort rares ou en voyage, à Versailles régulièrement jamais (Saint-Simon, éd. 1873, V, 334). — L'hôtel du Luxembourg était la demeure des filles de Gaston d'Orléans : il était habité par Mademoiselle et sa sœur, la duchesse douairière de Guise, par moitié en 1690. L'autre famille d'Orléans, Monsieur, son fils et sa fille, demeuraient au Palais-Royal. C'est donc particulièrement aux princesses de la première maison d'Orléans que Spanheim pense dans ce paragraphe. Les avantages furent plus grands encore pour les fils de la deuxième famille d'Orléans (voir Saint-Simon, de Boislisle, t. VIII, p. 360, note 2, et *Lettres de Madame*, éd. Brunet, I, 97).

[1] La phrase de Spanheim est assez obscure et s'explique par la généalogie. Il n'y avait, en 1689, que trois princes du sang vivants, *chefs de famille* : 1° *Henri-Jules de Bourbon, prince de Condé* depuis la mort de son père, le grand Condé, 1686 (il avait d'ailleurs une fille mariée le 29 juin 1688 au prince de Conti, une autre mariée au duc du Maine en 1692, une autre non mariée, Mademoiselle de Condé, et son fils, Monsieur le duc de Bourbon); 2° *François-Louis II de Bourbon, prince de Conti*, qui fut *prince de la Roche-sur-Yon* jusqu'à la mort de son père, *Armand de Bourbon Conti*, mort à Paris le 21 février 1666, et de son frère aîné *Louis-Armand, prince de Conti*, mort à Fontainebleau sans enfants le 9 novembre 1685 (Il n'avait encore aucun enfant).

du prince Thomas de Savoie et sœur du comte de Soissons mort à la bataille de Sedan, en l'an 1641.

Du feu prince de Condé.

Pour le feu prince DE CONDÉ, comme il n'est mort que vers la fin de 1687[1], j'eus l'honneur, après mon arrivée en France, de le voir et de le saluer à Saint-Germain en mai 1680 de la part de feu S. A. Electorale de glorieuse mémoire, suivant les ordres exprès que j'en avais. Ce qu'il reçut avec toutes les marques d'une estime et d'une considération particulière envers Son Altesse électorale[2]. J'ai encore eu plus d'une fois depuis l'occasion de lui rendre mes hommages, lorsqu'il quittait sa belle retraite de Chantilly pour venir de temps en temps faire sa cour au Roi à Versailles ou à Fontainebleau, ce qu'il a toujours reçu avec les marques d'une bonté particulière. Au reste,

C'était, en 1689, le seul Conti vivant ; 3° Enfin, des cinq enfants qu'avait eus Charles de Bourbon, comte de Soissons, fils de Louis Ier prince de Condé, une seule fille vivait en 1689 : *Mademoiselle de Soissons*, mariée en 1625 à Thomas-François de Savoie, prince de Carignan, la *princesse de Carignan*, dont le fils prit le titre de comte de Soissons quand mourut son oncle, le dernier représentant mâle de la famille, à la bataille de la Marfée (1641). Il mourut lui-même en 1673. Il avait un fils qui aurait pu relever le titre. Mais ce fut le fameux prince Eugène. — Les deux premiers Bourbons étaient les arrière-petits-fils de Louis Ier de Condé par *Henri II de Bourbon Condé* (1588-1646), père du grand Condé et du prince de Conti. La princesse de Carignan était la cousine germaine du père du grand Condé. Elle était directement la petite-fille du fondateur de la maison, Louis Ier de Bourbon, assassiné à Jarnac en 1569.

[1] Erreur d'un an : le grand Condé mourut le 11 décembre 1686.

[2] Comparer la lettre ci-jointe de Spanheim aux Archives de Berlin *(Corresp. de Spanheim,* I, f° 42, 10 mai 1680). « Je fus à l'appartement du prince de Condé, qui se trouvait encore à Saint-Germain, où j'eus l'occasion de m'acquitter des *Curialia regis* envers lui et dans les termes qui puissent le plus lui marquer la haute et particulière estime que V. A. E. fait de sa personne et de l'amitié dudit Prince. Il y répondit de son côté avec toutes les assurances réciproques de la sienne et en témoignant combien il y était sensible et à la gloire qu'elle s'était justement acquise durant le cours de cette dernière guerre. Il pensa à s'informer des nouvelles de sa santé et, sur le sujet des atteintes de goutte auxquelles il apprenait que V. A. E. était parfois sujette, il toucha le soulagement qu'il avait trouvé jusques icy dans l'usage du lait auquel il s'était réduit. Du reste, ce Prince voulut bien de lui-même se ressouvenir de l'honneur que j'avais eu autrefois de le voir, comme ministre Palatin, particulièrement au sujet de mon envoi à Dijon près de lui en 1668, à l'occasion de mon passage de ministre Palatin avec les autres envoyés. »

ce grand prince est assez connu par les actions éclatantes de valeur et le gain des batailles qu'il remporta dès sa jeunesse, à la gloire et à l'avantage de la France, ensuite par le sort agité de sa vie, qui l'engagea dans les troubles et les factions de la guerre du royaume, par le malheur, qui suivit, de sa prison avec le prince de Conti et le duc de Longueville, frère et beau-frère, et, depuis sa liberté, par la nécessité où il se crut réduit à embrasser le parti opposé à la cour et au ministère, et enfin à se jeter dans celui des ennemis de la France, et dont même il ne se dégagea que par la paix des Pyrénées entre les deux couronnes. Je laisse à part les occasions qu'il eut depuis de signaler de nouveau son zèle et sa valeur pour la gloire et les intérêts de la France, comme à la première prise de la Franche-Comté, dans les mois de janvier et février 1668 ; après, dans la première campagne de la guerre contre la Hollande, en 1672, et au fameux passage du Rhin ; ensuite, dans la bataille de Seneff, en l'an 1674, et, l'année suivante, à commander l'armée d'Allemagne après la mort de M. de Turenne, et pour arrêter les progrès de celle de l'Empereur, commandée par le général-lieutenant Montecuculli. Ce fut là la dernière expédition de sa vie, et depuis laquelle il se tint dans sa belle maison de Chantilly et s'y adonna tout entier, autant que ses infirmités de goutte, assez grandes et fâcheuses le permettoient, s'y adonna, dis-je, ou à embellir ce beau lieu par tout ce que l'art pouvoit suppléer à la nature pour les eaux, canaux, jardins, parc, etc., et où il eut le plaisir de voir que le succès répondoit hautement au plaisir qu'il en prenoit, ou à s'attacher à la lecture de tout ce qui lui en paroissoit digne et pouvoit contribuer à le divertir ou à l'instruire, dont il faisoit ses principales délices, et en jugeoit sainement, sans entêtement ou prévention sur les différents partis de religion ou de politique dont il y étoit traité. A quoi il joignoit encore la conversation des personnes qui lui étoient chères ou considérables par leur valeur, par leur esprit, par leur mérite ou par leur affection, et qu'il y attiroit fréquemment, ou qui se faisoient honneur de lui aller rendre leurs devoirs. En sorte que ses allées et venues en cour ne furent, depuis ce temps-là, que d'une durée chaque fois de peu de jours, et dans la seule vue de s'y présenter et de faire sa cour au Roi, qui, d'un côté, le recevoit toujours avec marques d'une considération, et même d'une inclination particulière, mais d'ailleurs sans l'admettre à aucune part du gouvernement, ni au secret des affaires, que quand elles se sont trouvées d'une nature à avoir besoin de ses avis et de ses lumières[1]. Le dernier voyage en cour de cette nature que fit ce prince fut à Fontainebleau, où le Roi se trouvoit en automne 1687, et où étant resté malade après le retour de la cour à Versailles, il y mourut bientôt après[2]. Il ne demanda au Roi pour toute faveur, avant sa mort, que le retour en grâce du prince de Conti, son neveu, par la lettre soumise et touchante qu'il en écrivit à Sa Majesté[3], et qui eut

[1] Sur la vie de Condé à Chantilly, et sur Chantilly en 1686, consulter l'*Histoire des princes de Condé* du duc d'Aumale (VII, p. 701). Les fêtes en étaient célèbres « et ce goût exquis qui, en ce genre, est l'apanage particulier aux Condés » (Saint-Simon, V, p. 70). Voir l'*Oraison funèbre de Condé* (p. 518, éd. Rébelliau), surtout la note 1 où l'éditeur établit comment les ambassadeurs et les étrangers de marque s'étaient fait une règle de visiter Condé à Chantilly. Sur les qualités d'esprit du Prince, *ibid.*, p. 533-535 et les notes
[2] Spanheim se trompe encore de date ici : Louis XIV, qui était alors malade de sa fistule, était venu en octobre 1686 à Fontainebleau : mais il résolut subitement de revenir à Versailles pour s'y faire opérer. Le 18 novembre, la Cour était de retour à Versailles et l'opération faite.
Huit jours auparavant, vers le 10 novembre, Condé avait quitté Chantilly pour être à Fontainebleau auprès du roi et de sa petite-fille, la duchesse de Bourbon, âgée de treize ans, qui était atteinte très gravement de la petite vérole. Il y arriva pour tomber malade, le 15 novembre. Il allait mieux et avait renvoyé son fils à Versailles, lorsqu'il mourut le 11 décembre *(Gazette de France*, 1686, p. 724 ; Mlle de Montpensier, IV, 528 ; Bossuet, éd. Rébelliau, p. 541 ; Dangeau, novembre 1686, Saint-Simon, VI, 284).
[3] Sur les fautes et le châtiment de ce prince, voir p. 70. Elles datent de 1683 environ. Exilé de la Cour, il paraît s'être retiré à Chantilly en 1685, « où il s'instruisit auprès du grand Condé et écrivit sous lui beaucoup de choses curieuses ». M. le Prince ne se cachait pas pour lui d'une prédilection *au-dessus de ses enfants* (Saint-Simon, de Boislisle, VI, 272 ; Mlle de Montpensier, IV, 526). Il « le rendait le plus honnête homme du monde ». — Oraison funèbre de Bossuet : « *Son second fils* », p. 549.
Son frère venait de mourir justement de la petite vérole aussi à Fontainebleau, le 9 novembre 1685. Ce fut alors que, destiné à être le chef de la famille, il alla faire auprès de Condé une pénitence agréable et utile *(Mémoires de Montpensier*, IV, 526, et la lettre de Condé à Louis XIV, du 10 décembre dans Lanson, *Lettres du* xviie *siècle*, p. 293 ; le duc d'Aumale, *Histoire*, VII, p. 761).

aussi son effet.[1] Le roi fut touché de la perte de ce grand prince, qui avoit réparé les égarements de sa jeunesse et le malheur des engagements où il étoit entré ensuite, contre les intérêts du Roi et de la couronne, par la faction des partis et la haine du ministère ; il avoit, dis-je, tâché de les réparer depuis son retour en France, d'un côté par un heureux retour à soi et une conduite régulière à l'égard de la vie et des mœurs, et de l'autre par un attachement fort soumis pour le Roi, et dévoué pour les intérêts de sa monarchie, suivant même les preuves susmentionnées qu'il en a données, et qu'on a exigées de lui depuis ce temps-là[2]. Et ce que j'ai eu l'occasion d'en reconnaître non seulement durant mon dernier emploi en France, mais dès mon envoi dans l'an 1668, de la part de feu Electeur Palatin Charles-Louis, avec lettres de créance et ordres de sa part pour aller trouver ledit prince à Dijon, en son gouvernement de Bourgogne, avant que de me rendre à la cour de France. C'est ainsi, par ces occasions susdites que je fus fortement persuadé que, s'il étoit grand dans le monde par sa valeur et par un génie tout extraordinaire pour la guerre, il n'a guère moins brillé, surtout durant les années de sa retraite, par la beauté, le fond et l'étendue de son esprit, par les belles et diverses lumières dont il avoit tâché et tâchoit incessamment de le remplir, par le bel usage qu'il en faisoit, et en un mot par un abord et un entretien qui soutenoit admirablement la haute réputation des grandes et rares qualités de ce prince[3].

Le PRINCE DE CONDÉ, son fils unique, et qui, de son vivant, portoit la qualité de duc d'Enghien, est né, dans l'an 1643, du

Du prince de Condé vivant.

---

[1] La veille de sa mort, Condé apprit par son fils le pardon accordé par Louis XIV au prince de Conti (voir le post-scriptum de la lettre précédente dans Lanson, *ibid.*).

[2] Ce sont les termes même de sa lettre : « J'ai tâché de réparer ma faute par un attachement inviolable à Votre Majesté et mon déplaisir a toujours été de n'avoir pu faire de ces grandes actions qui montrassent les bontés que vous aviez eues pour moi. »

[3] Comparer l'*Oraison funèbre* de Bossuet (éd. Rébelliau, p. 532 et suivantes).

mariage du prince son père avec la fille du maréchal de Brezé et nièce du cardinal de Richelieu[1]. Comme il avoit été attaché à la fortune et aux disgrâces du prince son père, et ainsi à son engagement dans le parti d'Espagne contre la France il fut aussi compagnon de son retour et compris dans les conditions de l'accord qui s'en fit par le traité des Pyrénées, conclu, dans l'année 1659, entre les deux premiers ministres des couronnes de France et d'Espagne, le cardinal Mazarin et don Luis d'Haro[2]. Ce fut même, comme on sait, le rétablissement dudit prince de Condé père dans ses biens et dans ses charges qui fut l'article de tous le plus contesté dans cette importante négociation de ces deux grands ministres[3], et qui enfin ne fut emporté que par l'opiniâtreté de celui d'Espagne à s'en faire un point d'honneur et d'intérêt pour la gloire de cette monarchie, et à n'en point relâcher. C'est à quoi le Cardinal, qui craignoit d'ailleurs le retour d'un puissant et implacable ennemi dans la personne du prince de Condé, se vit finalement contraint de ployer sous les deux conditions spécieuses qu'il demanda en échange, et qu'on lui

---

[1] Ce fut le premier des Condé, qui s'appela *Monsieur le Duc*. Il était né le 29 juillet 1643 (*Journal d'Ormesson*, I, 87) et fils de Claire-Clémence de Maillé qui était elle-même fille d'Urbain de Maillé, marquis et maréchal de Brézé et de la sœur de Richelieu, Nicole du Plessis.

[2] *Traité des Pyrénées*, articles 53, 84, 88 et articles secrets n°7. Le duc d'Enghien fut investi de la charge de grand maître et son père recouvrait la Bourgogne. Lenet (III° partie, p. 360) raconte que, au moment des négociations, Condé avait envoyé son secrétaire Caillet à Madrid pour réclamer comme condition *sine qua non* cette faveur pour son fils. Il se déclarait prêt à tout abandonner pour lui, s'il le fallait.

[3] Il ne s'agit pas des *biens* de Condé dont, dès le mois de juin 1656, la Cour chargeait de Lionne d'offrir au prince la restitution : six cent mille écus de rente (Chéruel, *Ministère de Mazarin*, III, 18). Le roi de France avait alors refusé la paix pour ne pas lui rendre *toutes ses charges*, les gouvernements de Bourgogne et de Berry, de Guyenne, celui de Champagne au duc d'Enghien. Le Berri et la Guyenne ne furent pas rendus, ni la Champagne, que le roi échangea avec le duc d'Enghien contre la Grande Maîtrise (Lettre de Mazarin, 22 novembre 1659 (Chéruel, *ibid.*, III, 248). Dans le projet de traité signé le 4 juin 1659 entre Pimentel et Mazarin, la France ne s'engageait qu'à la restitution des biens aux princes rebelles. Mais le roi d'Espagne écarta Pimentel des conférences où Don Luis de Haro reprit la question (Valfrey, *Hugues de Lionne*, ch. IV).

accorda, savoir : la cession à la France par l'Espagne de la place d'Avesnes dans les Pays-Bas, et la restitution au duc de Neubourg de celle de Juliers[1]. Et, comme un des articles qui fut accordé, du rétablissement du prince de Condé dans ses charges qu'il avoit eues en France avant sa retraite, emportoit celui de grand maître de la maison du Roi, qui est la première charge de la cour, qui a le pouvoir et une espèce de juridiction sur tous les officiers de la maison du Roi[2], le prince de Condé, qui aimoit d'ailleurs tendrement son fils, n'eut pas de peine, après son retour, d'accepter le parti qu'il eût cette charge avec sondit fils le duc d'Enghien, en survivance l'un de l'autre, et que ce dernier même l'exerçât dès lors actuellement[3]. Il se contenta d'aller prendre possession du gouvernement du duché de Bourgogne, qu'il avoit eu avant la guerre civile, et qu'il avoit changé avec le duc d'Epernon, dans l'an 1651, contre celui de Guyenne[4].

Pour le duc d'Enghien son fils, il obtint aussi dès lors, sans peine, la survivance dudit gouvernement de Bourgogne, et en exerça même la charge dès que les fréquentes indispositions du

[1] Mazarin a lui-même rendu hommage à la ténacité de Don Luis de Haro. Philippe IV lui faisait écrire, dès le 11 août, que « le Roi, par la seule considération de son honneur et de sa réputation, voulait, aux yeux de toute l'Europe, mettre les intérêts du Prince au-dessus des siens propres » (Valfrey, p. 263). Mais la vérité est que Don Luis se relâcha. Le 2 septembre, il était découragé (p. 295) : « Après mille contorsions, il offrit Avesnes et bientôt Juliers, contre la Bourgogne et la charge de Grand Maître seulement » (4 septembre 1659). Sur la valeur de ces conditions que Spanheim appelle spécieuses, voir la lettre de Mazarin (22 novembre, Chéruel, ibid., III, 248).

[2] Condé avait eu cette charge à la mort de son père (1647). C'était en effet la première de la cour, la grande aumônerie qui la précédait n'étant pas office royal, mais le comble des honneurs ecclésiastiques (État de la France, 1657). Elle lui rapportait 115.000 livres de gages et pensions, 42.000 livres de livrée. Le Grand Maître avait sous ses ordres les sept offices, y disposait de la plupart des charges, recevait le serment des officiers, avait juridiction sur eux, réglait la dépense de bouche de la maison du roi, source de profits encore.

[3] Condé reprit sa charge, mais il en laissa l'exercice à son fils pour l'indemniser de la perte du gouvernement de Champagne.

[4] Lorsque Condé, en 1651, sortit de prison, il se réconcilia avec la Cour au prix de cet échange, par l'intermédiaire de la Palatine (avril-mai 1651). On répétait alors partout qu'il avait excité la sédition de Guyenne pour dépouiller le duc d'Epernon (Chéruel, Minorité de Louis XIV, IV, 312, 330).

prince son père le portèrent à la lui résigner pour aller faire sa retraite et demeure ordinaire à Chantilly[1]. D'ailleurs, ce même duc son fils, dans l'année 1663, se maria avec la seconde des trois princesses palatines filles du prince Edouard palatin, frère de l'électeur Charles-Louis et de la princesse de Nevers sœur de la reine de Pologne alors régnante[2]. Ce fut aussi ensuite que cette reine qui n'avoit point d'enfants, adopta cette fille en faveur de ce mariage, la déclara son héritière, et même dans la vue de lui procurer, après sa mort, et à son époux, la couronne de Pologne[3]. Mais, comme la mort de cette reine prévint l'effet de ses vues[4] à la renonciation que le roi Casimir son époux fit ensuite de ladite couronne pour aller devenir abbé de Saint-Germain en France[5], le parti resté en Pologne de ladite reine, et appuyé sous main de celui de France, pendant qu'il travailloit en apparence pour le duc de Neubourg, ne manqua pas, dans l'année 1669, de se remuer et d'agir pour mettre cette couronne sur la tête du prince de Condé ou du

[1] Ce fut le 22 janvier 1670 que Condé résigna cette charge à son fils.

[2] La *princesse de Nevers* dont il est ici question est *Anne de Gonzague-Clèves*, sœur de Marie-Louise reine de Pologne (1612-1667). Elle avait épousé le prince palatin Edouard (1645), fils de Frédéric V, électeur palatin, frère cadet de l'électeur *Charles-Louis*, que Spanheim a servi. Elle vécut avec lui, on sait comment. Elle avait eu trois filles, l'aînée *Marie*, qui fut mariée en 1671 au prince de Salm, établi à Vienne; la seconde *Anne*, palatine de Bavière; la troisième, *Bénédicte*, qui épousa en 1668 Jean-Frédéric, duc de Hanovre. Ce fut la seconde fille, Anne, qu'épousa, le 11 décembre 1663, le fils du grand Condé, alors duc d'Enghien.

[3] Le mariage de cette princesse coïncida avec le projet qu'avaient formé sa tante, la reine de Pologne et Louis XIV, de l'appeler avec son mari au trône de Pologne occupé par Jean-Casimir qu'on poussait à abdiquer, (1663). (Salvandy, *Histoire de Sobieski*; Saint-Simon, éd. de Boislisle, III, 302, note 1, et appendice sur *Mortszyn*, p. 520-521, documents curieux); *Mémoires de Pomponne*, I, 357, 360; Walizewski, *Relations diplomatiques de la France avec la Pologne*, de 1644 à 1667).

[4] Par deux lettres curieuses publiées par M. de Boislisle (Saint-Simon, III, 521), du Polonais Mortszyn, venu à Paris en 1667 pour négocier à Chantilly encore à cette date avec les Condé, on voit que la mort de la reine de Pologne fut « un coup qui abattit la négociation » (10 mai 1667).

[5] Jean-Casimir, en abdiquant (juin 1668), reçut de Louis XIV huit abbayes : St-Germain-des-Prés, Fécamp, Saint-Taurin d'Evreux, Bonport, 200.000 livres. (Voir Saint-Simon, de Boislisle, XI, 567, et Farges, *Instructions de Pologne*, I, p. 150.)

duc d'Enghien son fils[1]. Mais ce qui ayant manqué par l'opposition du parti qui tenoit pour le prince Charles, aujourd'hui duc de Lorraine, et ensuite par l'élection tumultueuse qui, en dépit des grands du royaume, se fit par la noblesse à cheval du duc Michel, duc de Wiecnowiecki, le prince de Condé et le duc son fils n'y attachèrent plus leur espérance et leurs vues[2]. Ils y

[1] Spanheim est admirablement renseigné. Les recherches précieuses de M. de Boislisle (Saint-Simon, III, 523, XI, 566) n'ont fait que confirmer son récit. Sa source, qu'il cite, est importante : c'est un abbé qui avait été employé à ces négociations secrètement et que Spanheim avait rencontré au Congrès de Cologne en 1673 dans la suite du duc de Chaulnes, le sieur *Jean de Paulmier*, abbé d'Horchagras, envoyé en mission secrète par le duc de Longueville. Ce jeune prince ayant été tué le 12 juin 1672, l'abbé revenait de mission quand le duc de Chaulnes l'emmena au Congrès à la fin de 1673 *(Affaires étrang , Pologne,* t. XXXVIII, f° 281). Ses souvenirs étaient donc tout récents quand il les transmit à Spanheim. Voici l'affaire. Aussitôt après la mort de la reine de Pologne, Louis XIV, qui avait besoin du duc de Neubourg pour empêcher l'Allemagne de se déclarer contre ses entreprises en Flandre, abandonna Condé et soutint la candidature de ce duc en faveur de qui Jean-Casimir abdiqua. Louis XIV paya très cher cette abdication (Voir Farges, *Inst. aux amb. de Pologne,* Introd., pp. 86, 102) ; le traité fut signé à Varsovie le 9 mars 1668. Condé se désista le 15 décembre 1668 *(ibid.,* Introd., p. 87). Dans l'intervalle de ces deux dates, le parti français, le grand maréchal *Sobieski,* marié à une française, et également le grand trésorier *Mortszyn* (voir Boislisle, Saint-Simon, III, 523), le grand chancelier de Lithuanie *Paé,* craignant que le duc de Neubourg fût trop faible pour sauver la Pologne, insistèrent pour faire revenir Louis XIV sur sa décision, réclamèrent l'envoi de Bonzi, l'évêque de Béziers qui avait négocié jusque-là pour les Condé. Louis XIV se laissa en effet aller à leurs conseils. Il renvoya Bonzi le 15 octobre 1668 pour appuyer publiquement le duc de Neubourg, mais en secret servir encore Condé, s'il le fallait (voir Farges, *ibidem,* I, p. 84 et suivantes).

[2] Le prince Charles de Lorraine, fils du duc Nicolas-François (1643-1690), était le neveu du duc régnant de Lorraine, Charles IV. Il vécut jusqu'en 1662 en France, courtisant les princesses françaises, Mlles d'Orléans, de Nemours (Mlle de Montpensier, *Mémoires,* III, 531). Lorsqu'il apprit que son oncle Charles IV avait fait cession de son duché à la France par le traité de Montmartre (5 février 1662), il s'enfuit secrètement à Vienne et y demeura sous le nom de Charles V (1643-1690). Il était le candidat de l'Autriche au trône de Pologne, appuyé « sur les grands de quelques palatinats et sur l'armée » (Farges, *Instructions,* I, 93). Louis XIV voulait absolument l'empêcher de réussir ; il y serait parvenu, si, à la fin de 1668, il ne se fût encore ravisé pour soutenir le duc de Neubourg dont personne ne voulait en Pologne.—Il se fit alors un mouvement national, indépendant des grands officiers de la couronne, parmi la noblesse militaire, en faveur de *Michel Koribut Wiesnowecki,* qui descendait du Grand Zamoiski et fut élu roi le 9 juin 1669. « Le roi n'y veut plus repenser », écrivait de Lionne à notre résident (11 avril 1670 : Farges, I, p. 117), ni les Condé (Pomponne, *Mémoires,* II, 419-421).

renoncèrent même dans la suite en faveur du jeune et brave duc de Longueville, fils d'une sœur du prince susdit, et qu'on travailla sous main, en Pologne, du côté de la France, de faire élire en place du roi Michel, qu'on décrioit incapable de soutenir le poids de cette couronne et trop attaché aux intérêts de la maison d'Autriche par son mariage avec la sœur de l'Empereur[1]. Mais la mort survenue de ce jeune prétendant au fameux passage du Rhin, dans la guerre de Hollande, en 1672, rompit tout à coup cette pratique, et de laquelle je me souviens, pour le dire en passant, d'avoir ouï faire un récit assez particulier à un abbé français qui y fut employé en Pologne, y courut bien des hasards dans une négociation aussi dangereuse que celle qui tendait, par une intrigue étrangère, à détrôner un roi vivant et soumis aux lois de la République : ce que j'ai ouï raconter audit abbé qui se trouvait aux traités de paix de Cologne, en 1673, à la suite du duc de Chaulnes, premier ambassadeur de France auxdits traités[2]. Mais, pour en revenir au duc d'Enghien, aujourd'hui prince de Condé, comme il est encore plus à propos de le connoître par lui-même que par ses charges, par son mariage, par sa qualité de premier prince du sang de France[3] ou bien par sa destination passée à la couronne de Pologne, on peut dire en premier lieu que ce prince est d'une

[1] Sur le règne de Wiesnowecki, marié le 16 juillet 1670 à l'archiduchesse Eléonore, sœur aînée de l'Empereur, consulter les *Mémoires de Pomponne*, II, 419. Les partisans des Condé conspirèrent contre lui L'âme et le banquier du complot était le grand trésorier Mortszyn (de Boislisle, Saint-Simon, III, 524). Les Condé l'appuyaient et songeaient à faire roi le neveu du grand Condé, comte de Saint-Pol, fils du duc de Longueville, qui eût épousé la fille du duc de Neubourg (1669). Louis XIV traita cela de chimère toujours. Mortszyn fut, en juillet 1670, chassé de Varsovie. Mais il parait que le complot reprit avec la complicité de la reine Eléonore, qui eût voulu épouser le jeune duc (Saint-Simon, de Boislisle, t. III, p. 524). Celui-ci envoya un agent à la reine. Sa mort, au passage du Rhin à Tollhuis, le 12 juin 1672, mit fin à cette intrigue où le gouvernement français ne fut pour rien.

[2] Voir plus haut p. 183, note 1.

[3] Spanheim se trompe : le prince de Condé ne reçut qu'à la mort de Monsieur le traitement de premier prince du sang, et les cinquante mille écus qui en étaient la pension (14 juin-19 juillet 1701). Il ne les avait pas eus à la mort de son père ; il ne les avait pas en 1690 (Voir Saint-Simon, de Boislisle, VIII, 360-361 ; Dangeau, 14 juin 1701 ; Recueil Cangé, *Bib. Nat.*, 1, 34, f° 53).

taille au-dessous de la médiocre et assez déliée, d'un port assez vif et dégagé, mais, après tout, qui n'a rien dans l'extérieur de sa personne, ni dans tout son air, qui réponde à celui du feu prince son père, ou remplisse à la vue le grand et glorieux nom qu'il porte[1]. Il n'en est pas de même du côté du cœur[2] et de l'esprit[3], qu'il a également bien rempli des qualités requises à s'y distinguer et à les faire valoir. On peut croire qu'il doit le premier à son heureuse naissance, à l'exemple et à la valeur d'un père aussi illustre, et aux occasions qu'il a eues de signaler de bonne heure son courage et d'en faire l'apprentissage sous un si grand maître[4]. Ce fut en premier lieu dans les engagements de son père avec les ennemis de la France jusques à la paix des Pyrénées[5], ensuite dans la guerre de Flandres suscitée en 1667 sous

---

[1] Ce n'est pas tout à fait le portrait de Saint-Simon (édit. 1873, VI, 327) : « C'était un petit homme très mince et très maigre dont le visage, d'assez petite mine, ne laissait pas d'imposer par *le feu et l'audace de ses yeux.* »

[2] Le mot cœur est ici synonyme de courage, comme on le voit par la phrase suivante, ce que Saint-Simon appelle « une valeur franche et naturelle, une grande envie de faire ». Car affectueux, il ne l'était ni avec ses filles qui « regrettaient la condition des esclaves », ni avec sa femme qui était sa continuelle victime, ni avec ses domestiques. Saint-Simon a certainement exagéré son défaut de sentiment (VI, 327) : il lui reprochait des torts personnels faits à sa famille, que jamais il ne pardonnait. Spanheim dit plus loin qu'il n'était ni aimé, ni aimable, sauf quand il le voulait. Voir les plaintes de la Bruyère (*des Grands*, p. 237, éd. Rébelliau) qui paraissent s'appliquer à ce prince (Sainte-Beuve, *Causeries du Lundi*, t. IX).

[3] Pour *l'esprit*, ce témoignage concorde avec celui de Saint-Simon (*ibid.*, VI, 327) : « Personne n'a eu plus d'esprit ni de toutes sortes d'esprits, avec un goût exquis et universel ».

[4] Saint-Simon parle de cet apprentissage militaire auprès du grand Condé avec beaucoup de détails et comme n'ayant pas réussi : « il n'aurait pu ni par la théorie, ni par la pratique lui faire comprendre les premiers éléments de son grand art » (édit. 1873, VI, 333). Bossuet en parle également et se rapproche davantage de Spanheim : « Non content de lui enseigner la guerre, comme il a fait jusqu'à la fin par ses discours, le prince le mène aux leçons vivantes et à la pratique. Que pouvait penser le prince si ce n'est que pour accomplir les plus grandes choses, rien ne manquait à ce digne fils que les occasions ? » (*Oraison funèbre de Condé*, éd. Rébelliau, p. 513.) Cette dernière parole de Bossuet, bien curieuse, paraît conforme à l'opinion de Spanheim, que Louis XIV ne tenait pas à voir le duc d'Enghien à l'armée, au premier rang.

[5] Il n'a pas pu servir longtemps aux Pays-Bas avec son père : né le 29 juillet 1643, à la fin de 1657 il avait à peine quatorze ans, et faisait encore ses classes chez les jésuites de Namur : ce fut à la bataille des Dunes qu'il fit ses

prétexte des droits prétendus de la Reine[1], et, au commencement de l'année suivante, dans l'expédition de la conquête de la Franche-Comté, où il accompagna le prince son père, qui en étoit chargé, et eut grand part aux actions et aux événements qui y furent le plus remarquables[2]. Il ne s'est pas épargné non plus dans la guerre qui suivit en 1672 contre la Hollande, où il fit la première campagne avec le même prince, qui commandoit une des armées royales[3], non plus que dans la bataille de Seneff, qui arriva en 1674, où il donna encore toutes les preuves de son intrépidité et de son courage; le tout cependant sans y avoir eu autre emploi que de lieutenant général sous le prince son père[4]. Aussi n'y a-t-il guère d'apparence qu'on lui confie

débuts, tout à fait à la fin de la guerre (juin 1658 : *Mém. du duc d'York*, p. 606 ; *Mém. de Coligny Savigny*, p. 57).

[1] Aux sièges de Tournai 24 juin 1667 ; Douai, 6 juillet, Lille, 27 août ; promu brigadier de cavalerie le 2 février 1668.

[2] Ordre de campagne du 31 janvier 1668 : le 6 février, prise de Besançon qui vaut au duc d'Enghien sa promotion de brigadier; le 12 février prise de Dôle; le 18, prise de Gray.

[3] Spanheim omet une campagne du duc d'Enghien, celle qu'il fit le 18 janvier 1669 comme brigadier commandant la cavalerie dans le corps de Créquy, chargé d'occuper les Etats du duc de Lorraine, Charles IV (Rousset, *Louvois*, I, 297). Puis il suivit son père au passage du Rhin, dans l'armée principale commandée par Louis XIV. Il avait été nommé maréchal de camp le 10 avril 1672 à la veille de la campagne. Ce ne fut que le 3 avril 1673 qu'il fut promu lieutenant général : il accompagnait alors de nouveau son père en Hollande d'où celui-ci, réduit à ne pas agir, se retirait en octobre à Chantilly. — Au passage du Rhin, il se signala avec les jeunes gens qui coururent les premiers à l'ennemi. Condé fut blessé en allant les secourir : « si M. le Duc va encore à l'armée, écrivait Mme de Sévigné, il sera cause de la mort de M. le Prince » (20 juin 1672) (Rousset, *Louvois*, I, appendice p. 515,).

[4] En 1674 le Duc, assisté de Vauban, commande en chef l'armée de Franche-Comté : avant l'arrivée du roi avec qui il correspond (Rousset, II, p. 22), il assiège (30 avril) Besançon prise le 21 mai, puis Dôle (6 juin). Son père devait préparer pendant ce temps les sièges de Flandre pour Louis XIV. On lui envoya son fils le 23 juin, avec le droit de commander sous lui à tous les autres lieutenants généraux, Navailles, Luxembourg, Rochefort. Et il fut blessé en cherchant à réparer par sa bravoure le mauvais engagement de Seneff (11 août 1674). En 1675, Louis XIV retourna en Flandre, assisté de Condé qui, pour rester près du roi, laissa son fils diriger le siège de Limbourg et recevoir le 22 juin la capitulation (Rousset, II, p. 149). Celui-ci alla, le 3 août 1675, avec pouvoir de général d'armée, commander sous son père, qui avait repris la succession de Turenne en Alsace. Il servit ensuite, quand son père se retira de l'armée, tous les ans auprès de Monsieur ou du

un poste pour la guerre plus proportionné à son rang et à sa naissance, ni ainsi le commandement en chef d'une armée[1], quelque impression qu'il ait donnée d'ailleurs de sa valeur et de sa capacité, même dans le métier des armes[2]. Il n'est pas moins partagé des dons de l'esprit que le prince son père prit grand soin de faire cultiver et instruire dès son enfance dans tout ce qui pouvoit contribuer à le rendre habile et éclairé au delà de la portée d'un prince de sa naissance et de sa nation. Il en confia, à ce sujet, la première éducation aux jésuites du Pays-Bas espagnol, dans le parti duquel il étoit alors, et trouva que ce fils surpassa même son attente par les grands et surprenants progrès qu'il fit dans tous les genres d'étude et d'instruction où il s'appliqua. On n'oublia pas même de lui faire apprendre la langue allemande, qu'il parle et écrit bien. En sorte que le père fut charmé de l'habileté et des lumières de son fils et commença dès lors à en faire ses principales délices[3]. Aussi continua-t-on depuis de reconnoître, et comme on s'aperçoit encore aujourd'hui, que l'esprit de ce prince étoit non seulement vif et brillant et d'une conception aisée et prompte, mais encore

roi. Ce que Spanheim ne remarque pas, c'est que, parvenu au grade de lieutenant général, il ne pouvait plus occuper d'emploi supérieur. Il n'y en avait pas. Il avait suivi la voie : « Les princes du sang passent du commandement de la cavalerie à celui des armées » *(Etat de la France)*.

[1] Erreur de Spanheim : le duc d'Enghien avait commandé des armées. «Monseigneur, Monsieur, M. le Prince, dit Saint-Simon, commandaient l'armée du roi, tous par degrés l'un sous l'autre. » Le prince avait eu une patente avril 1692). Et il alla commencer seul le siège de Namur et prit la ville avec Vauban (Saint-Simon, éd. de Boislisle, I, pp. 36, 37).

[2] Voir une lettre de Louis XIV au duc d'Enghien, 5 octobre 1670 (Lanson, *Lettres du xviie siècle*, p. 300) : « Mes sentiments pour vous sont soutenus par une estime que le mérite propre et votre application à mon service augmentent tous les jours. »

[3] « Ses tendresses se redoublaient avec son estime », c'est la même note dans l'*Oraison funèbre* de Bossuet (éd. Rébelliau, p. 514). Condé avait reçu et donné à ses enfants une éducation solide « qui dépassait de beaucoup l'instruction jugée alors suffisante pour un homme d'épée » (duc d'Aumale, III, 318 ; IV, 176). Spanheim le remarque avec beaucoup de justesse : c'était une tradition dans la famille des Condé. Après son fils, le grand Condé entreprit d'élever son petit fils (voir Rébelliau, p. 539, note 2). Il se plaignait au précepteur de l'excès qu'il faisait des plaisirs et des exercices physiques : « Prenez-y garde ; cela l'empêche d'étudier » (Allaire, *La Bruyère*, II, 493).

fort éclairé et rempli de mille belles connoissances, d'un discernement exquis pour en juger, et d'une grande facilité à les débiter et à les faire valoir dans les occasions [1]. D'ailleurs, comme on lui trouva dès sa jeunesse beaucoup de penchant pour la fierté, l'humeur naturellement altière et défiante, et un procédé et les manières assez conformes à cette humeur, et dont, par l'indulgence ou la préoccupation du père envers ce cher fils, on ne prit pas assez soin de le corriger, il n'a pu que s'y fortifier avec l'âge, et s'en être fait une habitude dont il n'aura pas lieu aisément, ni même envie de se défaire [2]. Ce qui se rendit d'autant plus visible par les manières assez opposées du père dans l'abord et dans l'entretien, qui, surtout depuis son retour en France, ne témoignèrent que de l'honnêteté, de la douceur et de la distinction pour les personnes qu'il en jugeoit dignes [3]. Cette fierté de naturel et de manières du fils, et qui d'ailleurs n'étoit pas soutenue par un grand extérieur, ni la haute réputation du père, ne lui gagna pas l'inclination des courtisans [4]. Il ne put même s'empêcher de faire ressentir cette fierté à ses maîtresses, dont il en traita quelques-unes, comme la marquise d'Olonne, avec assez de hauteur et de dureté [5]. Cependant il ne laisse pas d'avoir un procédé assez

---

[1] « Il s'amusait aux ouvrages d'esprit et de science ; il en lisait volontiers, et en savait juger avec beaucoup de goût, de profondeur et de discernement. Il se divertissait aussi quelquefois à des choses d'art et de mécanique auxquelles il se connaissait très bien » (Saint-Simon, éd. 1873, VI, p. 332).

[2] Voir le portrait de Saint-Simon (éd. 1873, VI, 327) et ces mots : « fort difficile, plein d'humeur et de caprices ».

[3] Spanheim confirme les belles pages de l'*Oraison funèbre du grand Condé* : « Reconnaissez le héros qui, toujours égal à lui-même, sans se hausser pour paraître grand, sans s'abaisser pour être civil et obligeant, se trouve naturellement tout ce qu'il doit être envers tous les hommes... Sans envie, sans fard, sans ostentation, toujours grand dans l'action et dans le repos, il parut à Chantilly comme à la tête des troupes. » (Bossuet, éd. Rébelliau, p. 517.)

[4] « Qui que ce soit, ni domestiques, ni parents, ni autres ne regretta M. le Prince. » (Saint-Simon, éd. 1873, VI, 338.)

[5] Parmi les maîtresses de M. le Prince, Saint-Simon nomme la marquise de Richelieu (VI, 332), Marie-Charlotte de Meilleraye Mazarin, de cette race demi-mazarine, comme il dit (1873, IV, p. 297), dont la vie fut toute d'aventures et de débauches (voir édit. de Boislisle, XII, p. 616). « Elle ne vaut pas la peine d'être

honnête et obligeant pour les personnes qu'il en croit dignes, ou en faveur de qui il est prévenu, et, entre autres, d'en bien user avec les ministres publics qui ont occasion de l'aborder ou de l'entretenir[1]. A l'égard du Roi, Sa Majesté se contente de témoigner de la considération pour lui et pour son rang de premier prince de son sang, outre que, par sa charge de grand maître, il a toujours les occasions, quand il veut, de se trouver auprès de la personne de Sa Majesté, ou à son lever ou aux heures de repas et des parties de promenade et de fête[2]. D'ailleurs, il n'entre dans aucun conseil, ni ne paroît point jusques ici de la confidence particulière du Roi, soit pour les affaires, soit pour les plaisirs. En sorte que ce prince, content en apparence et de son poste à la cour, et de son rang, d'ailleurs de grands biens qu'il possède et qui le rendent le plus riche aussi bien que le premier prince du royaume, ne brille guère à la cour que par ces endroits[3] et même sans faire

tue », dit-il. Spanheim a pu confondre : car il n'y avait pas de marquise d'Olonne, mais une comtesse d'Olonne, Catherine-Henriette, fille aînée de Charles d'Angennes, baron de la Loupe, mariée en 1651 à Louis de la Trémoille, comte d'Olonne (1626-1686), morte sans enfants en 1714. C'était une personne aussi peu recommandable que la première dont les déportements avaient fait grand bruit (Saint-Simon, de Boislisle, X, 142), et fort riche, peut-être des bienfaits de M. le Prince, puisque sa sœur, la maréchale de la Ferté était fort pauvre ; elle avait beaucoup d'esprit. — Comme d'autre part la marquise de Richelieu ne se maria qu'en 1682 et vécut par ses aventures le plus souvent hors de France, c'est peut-être Saint-Simon qui se trompe : les relations entre le prince et Mme d'Olonne seraient plus vraisemblables (voir Montpensier, Mém., II, 79, 430, III, 214.)

[1] « Personne au monde n'a jamais si parfaitement fait les honneurs de chez soi. Toute sa politesse et ses soins avaient un air d'aisance et de liberté merveilleuse. » (Saint-Simon, VI, 331.)

[2] « Il n'eut les entrées chez le roi et encore non les plus grandes qu'avec les survivances de sa charge, en se mariant à la bâtarde du roi. » (Saint-Simon, 1873, VI, 329.) Il y avait toutes sortes d'entrées, les entrées par *derrière* réservées à la famille, les *grande* entrées, les *premières*. C'étaient celles dont jouissait M. le Prince à partir de 1685 : un petit lever, et un petit coucher « qui donnaient lieu à une cour facile et distinguée et à parler au roi à son aise et sans témoins » (Saint-Simon, 1873, XIX, pp. 100, 101).

[3] L'ambassadeur vénitien Foscarini dit du grand Condé qu'il était devenu « servil partigiano del ministero ». Il parle ensuite de la fortune qu'il avait amassée. En 1669, les biens de Condé qui, par l'héritage des Montmorency, étaient très grands, étaient fort dissipés, en très mauvais état (duc d'Aumale,

paroître aucun attachement particulier à s'introduire plus avant dans la confiance du Roi et à se faire des créatures. Du reste, il a eu plusieurs enfants, de l'un et de l'autre sexe, issus de son mariage susmentionné avec la princesse palatine, et dont il ne lui en reste que trois, un fils et deux filles, dont nous allons bientôt parler.

De la princesse de Condé mère.

Je dirai seulement ici en passant que la princesse DE CONDÉ, mère dudit prince de Condé susdit et nièce, comme il a été remarqué du feu cardinal de Richelieu, est encore en vie, mais en retraite, et ainsi sans être visible depuis longues années[1]. Sa disgrâce suivit d'assez près son mariage et la mort du cardinal son oncle, dont la seule considération avoit porté le prince de Condé, grand-père de celui d'aujourd'hui, à consentir à une alliance qui étoit d'ailleurs assez au-dessous de celle qui pouvoit être requise pour son fils aîné le duc d'Enghien[2], comme on l'appeloit alors, tout brillant déjà de la gloire acquise à Fribourg et à la bataille de Nordlinguen, et d'ailleurs l'héritier de la qualité de premier prince de sang de France[3]. Aussi ce fils, dans la suite, n'eut pas les mêmes égards pour une femme qu'il n'avoit épousée que par une espèce de sacrifice que son père fit à la faveur de l'oncle, et laquelle ayant cessé par la mort de ce grand et tout-puissant ministre, il ne se crut plus obligé bien-

VIII, 276). Ils se reconstituèrent par les revenus de ses charges, et une bonne administration. (Voir Bossuet, *Oraison funèbre d'Anne de Gonzague*, p. 330, note 6, éd. Rébelliau.) Condé et son fils étaient les premiers bénéficiaires du royaume.

[1] *Claire-Clémence de Maillé*, fille du maréchal de Brézé et de Nicole du Plessis, née vers 1620, morte à Châteauroux le 16 avril 1694.

[2] Mlle de Montpensier a conté toute l'histoire de ce mariage. Le père du grand Condé « avait demandé la nièce de Richelieu à genoux » (I, 49), pour pousser son fils auprès du premier ministre, afin qu'il en fit sa *créature* (duc d'Aumale, III, 449), Condé détestait Richelieu qui avait exécuté Montmorency son oncle. Il aimait sa cousine Mlle du Vigean passionnément. La fiancée était petite, sans beauté, ne savait ni lire ni écrire (Montpensier, *Mém*, I, 151). Condé, le 9 février 1641, se résigna à l'épouser, en insérant des clauses de dissolution dans le contrat de mariage (Rébelliau, *Oraisons funèbres*, p. 474) et garda ses rancunes (d'Aumale, III, 477).

[3] C'est une grosse erreur : Fribourg est de 1644, Nordlingen de 1645. Le mariage de Condé du 9 février 1641.

tôt après à dissimuler le mépris qu'il avoit pour cette princesse, d'un esprit d'ailleurs et d'un génie fort médiocre [1], à quoi se joignit encore la jalousie qu'il en conçut au sujet de quelque démêlé qui éclata entre deux pages de cette princesse, et ainsi à perdre entièrement toute considération pour elle [2]. En sorte qu'elle se vit réduite à de longs et fâcheux ennuis, à vivre dans un éloignement continuel de son mari, d'ailleurs à le savoir attaché de fois à autre à des engagements fort opposés à quelque reste d'affection pour elle, et ce qui tout ensemble contribua à lui affaiblir l'esprit, et à se voir même contrainte de vivre en personne renfermée, et ainsi hors de tout commerce du monde. C'est l'état où elle se trouvait encore à mon départ de France, sans qu'elle ait paru en Cour il y a longues années, ni même sans qu'on y parle d'elle non plus que si elle n'était plus au monde il y a longtemps. Elle eut même le déplaisir, pour surcroît de toutes ces infortunes, de ne trouver pas moins de dureté du côté de son fils, le prince de Condé d'aujourd'hui, que du feu prince son mari.

Pour la princesse DE CONDÉ femme dudit prince son fils, et née de la maison palatine, comme il a été dit, je n'ai rien d'autre à en

De la princesse de Condé d'aujourd'hui.

---

[1] Aussitôt après la mort de Richelieu (1642), Condé, dont l'amour pour Mlle du Vigean se trouvait plus libre, fit tous ses efforts pour l'épouser. Il n'avait pourtant pas délaissé totalement sa femme, dont il eut un fils, en juillet 1643. En 1647, Mlle du Vigean entrait aux Carmélites. Condé se dissipa à la Cour, puis en 1650, revenait à sa femme et eut une fille en 1653, l'emmenait en Flandre et en eut une deuxième en 1657. A partir de ce moment, il reprit l'idée de divorcer et délaissa la princesse (d'Aumale, VI, 65) presque constamment.

[2] « Ce fut une aventure assez mal agréable », écrit Mlle de Montpensier (IV, 254). Un valet de pied congédié serait entré chez la Princesse pour la voler : il trouva dans sa chambre un gentilhomme, Rabutin, qui dégaîna pour la défendre. Elle fut blessée, le valet de pied fut pris et condamné aux galères. Rabutin, le page, s'enfuit et fit fortune en Autriche. D'Ormesson, dans son Journal (13 janvier 1671), raconte que pour sauver l'honneur des Condé on dit que la querelle avait eu lieu dans l'antichambre. Il y avait en réalité un page dans la chambre de la Princesse. Les Condé la mirent en prison à Châteauroux où elle mourut gardée : « on blâma fort M. le Duc de traiter ainsi sa mère » (Montpensier, IV, 257). Saint-Simon prétend qu'elle ne connut même pas la mort de son mari (Saint-Simon, de Boislisle, XIII, p. 32).

remarquer sinon qu'avec les avantages de sa naissance, qui est de maisons souveraines de père et de mère, et la qualité de nièce et d'héritière de la reine de Pologne sa tante[1], elle se trouva douée de toutes les qualités d'une femme douce, commode, vertueuse, charitable, éloignée même des vanités du monde et de la cour, n'en aimant guère le commerce ou les plaisirs que pour y garder son rang et en remplir les obligations[2] et enfin attachée à son devoir et à l'éducation de sa famille dès qu'elle eut le bonheur d'avoir des enfants. Elle supporta même en femme sage les divers engagements de galanterie où le prince son époux se trouva sensible, et qui, après tout, ne lui laissoit guère à son égard que le rang et la considération due à sa naissance ou acquise par son mariage[3]. Ce fut d'ailleurs un assez grand sujet de contentement et de consolation pour elle que l'arrivée en France de Madame, sa cousine germaine et de même nom et maison, comme étant filles de deux frères[4]. Ce qui depuis a été suivi du retour en France de sa sœur cadette, qui avoit épousé le feu duc de Hanover, et dont il y aura lieu de parler dans un autre endroit[5]. Pour sa sœur aînée, comme elle

[1] Sur la situation de cette princesse, voir plus haut, p. 182, note 2, et l'*Oraison funèbre d'Anne de Gonzague*, éd. Rébelliau, p. 330.

[2] « Elle était laide, bossue, un peu tortue et sans esprit, mais douée de beaucoup de vertu, de piété et de douceur dont elle eut à faire un pénible et continu usage tant que son mariage dura. » (Saint-Simon, 1873, XIX, 93.) — « Sa douceur, sa soumission de novice, dit-il encore (VI, 330), qui ne la garantirent ni des injures, ni des coups de pieds et des coups de poings. » (Voir *ibidem*, *Oraison funèbre*, p. 330).

[3] Si l'on en croit Saint-Simon, tout en la négligeant, son mari était jaloux et exigeant (VI, 330). Comparer le témoignage de M. de Lassay (Sainte-Beuve, *Lundis*, IX) : « Elle était sa continuelle victime. »

[4] *Charlotte-Elisabeth de Bavière*, duchesse d'Orléans, fille de l'électeur palatin, Charles-Louis, frère aîné du mari d'Anne de Gonzague. (Voir *Corresp. de Madame*, éd. Iœglé, *passim*, et plus haut p. 144).

[5] *Bénédicte Henriette*, mariée au duc Jean-Frédéric de Brunswick-Zell Hanovre. Le duc, en 1668, quand elle l'épousa, avait quarante-trois ans et était hydropique : il mourut en 1679. Elle revint en France avec ses deux filles, dont l'une, Amélie, devait être impératrice d'Allemagne, femme de Joseph Ier. Elle n'allait pas à la Cour, ne voyait sa sœur qu'en particulier. Une querelle de préséance avec les Bouillon, la rancune de n'avoir pas marié sa fille au duc du Maine qui épousa Mlle de Charolais, fille de la princesse de Condé, la brouilla avec celle-ci et le roi (1693). Elle quitta la France de dépit (Saint-Simon, éd. de Boislisle, I, 110).

avoit quelque défaut de taille, elle avoit été destinée au couvent par la princesse sa mère, et, dans cette vue, mise auprès de l'abbesse de Maubuisson[1], sa tante et sœur du feu prince Édouard palatin, son père, et de l'électeur Charles-Louis, mais où elle ne put être persuadée de finir ses jours et de renoncer au mariage : en sorte que, contre le gré de la princesse sa mère, qui ne l'aimoit guère, il l'en fallut tirer pour la marier au prince de Salm, qui a été fait depuis gouverneur du jeune archiduc, depuis roi de Hongrie, et à présent roi des Romains[2].

Le duc DE BOURBON, fils du prince et de la princesse de Condé dont je viens de parler, et le second prince du sang de France, d'une taille encore plus petite que celle du prince son père, et qui a donné lieu à ce dernier de dire que sa race dégénérera enfin en nains[3]; il n'a pas non plus la mine haute, ni l'air fort noble, quoiqu'il l'ait assez dégagé. On

Du duc de Bourbon.

---

[1] *Maubusson*, dans le manuscrit [A].

[2] *Marie-Louise de Bavière*, l'aînée des filles de la Palatine, était plus contrefaite encore que la princesse de Condé. — Sa tante, *Louise Hollandine*, était née en 1622, fille du palatin Frédéric V, que la guerre de Trente Ans avait chassé de son Électorat. Tandis que son frère épousait Anne de Gonzague, elle se convertissait au catholicisme à Port-Royal, et fit du couvent de Maubuisson (Saint-Ouen, Pontoise), un monastère janséniste qu'elle dirigea comme abbesse, en 1644. D'après Saint-Simon, c'était une vraie religieuse (1873, VI, 258), qui mourut en 1709. Sa nièce, n'ayant pas la même vocation, épousa, le 10 mars 1671, le prince Charles-Théodore de Salm, maréchal général et conseiller intime de l'Empereur Léopold Ier, gouverneur et grand maître de Joseph Ier. — Ce prince, né en juillet 1678, fut roi de Hongrie en 1687, couronné roi des Romains le 26 janvier 1690. Le prince de Salm maria sa nièce, Amélie de Hanovre, le 15 février 1699, à son maître Joseph Ier, quelques jours avant la mort de sa femme (Saint-Simon, de Boislisle, I, 112 ; voir aussi Moréri, t. IX, 2e partie, page 99, pour le prince de Salm).

[3] Louis III de Bourbon-Condé, né le 11 octobre 1668, appelé, à partir de 1686, *Monsieur le Duc* : « C'était un homme très considérablement plus petit que les plus petits hommes, qui, sans être gras, était gros de partout, la tête grosse à surprendre et un visage qui faisait peur. » On disait qu'un nain de Mme la Princesse en était cause. Il était d'un jaune livide, en tout temps fier et audacieux (Saint-Simon, édit. de 1873, VII, 287). Saint-Simon dit que son *portrait n'est pas chargé*. Celui de Spanheim, qui s'en rapproche, est sans aucun doute la vérité même. — Voir encore Mlle de Montpensier, (*Mémoires*, IV, 526) : « Il était laid, petit, gros, la taille gâtée. »

n'a rien négligé d'ailleurs pour lui former l'esprit et pour lui faire apprendre tout ce qui pouvoit convenir à un prince d'une si haute naissance; cependant il n'a guère brillé jusques ici, ni marqué même des inclinations fort élevées, ou même fort régulières pour sa conduite[1].

De la Duchesse de Bourbon.

Ce qui n'a pas empêché que, eu égard à son rang et à sa naissance, le roi n'ait été bien aise de lui faire épouser sa fille aînée, de lui et de Mme de Montespan, qu'on appeloit Mademoiselle DE NANTES, et d'en obtenir le plein agrément du feu prince de Condé et de celui d'aujourd'hui, père du duc de Bourbon susdit. Aussi ce mariage s'en célébra à Versailles, du vivant encore du premier, dans l'année 1686, quoique l'époux n'eût encore que dix-sept ans et la jeune épouse treize[2]. Pour celle-ci, elle n'avoit pas laissé de briller déjà dans la cour de France et de paroître fort aimable pour son air vif et ouvert, des manières libres et aisées, une humeur enjouée et qui aime la joie et les plaisirs, un port noble et dégagé et une grâce merveilleuse à la danse : ce qui, malgré sa grande jeunesse, l'avoit déjà mise de tous les ballets qu'on avoit dansés à la cour depuis quelque temps. Aussi n'a-t-elle rien perdu de ces mêmes agréments depuis son mariage et à mesure que l'âge

[1] C'était l'élève de la Bruyère : voir Allaire, *Vie de la Bruyère*, t. I; Rébelliau, *Oraisons funèbres*, p. 539. — « Il avait, dit Saint-Simon de lui en 1710, les restes d'une excellente éducation, de l'esprit, de la lecture, de la politesse quand il voulait, mais il voulait rarement » (éd. 1873, VII, 287). C'est à lui qu'on reprochait faussement d'avoir empoisonné le poète Santeul avec du tabac d'Espagne versé dans son verre (voir Saint-Simon, de Boislisle, t. IV, appendice x). Saint-Simon parle de ses mœurs perverses, de ses vengeances, de sa férocité. Il ne l'aimait pas, cela était vrai.

[2] Le mariage eut lieu le 24 juillet 1685 (*Gazette*, p. 440, etc., et registres de Notre-Dame de Versailles). — Le mari, né en octobre 1668, n'avait pas dix-sept ans encore. La mariée, née le 16 juin 1673, *Louise-Françoise de Bourbon*, Mlle de Nantes avait douze ans. Elle apportait en dot un million d'argent comptant, 100.000 écus de pierreries, une pension de 100.000 livres, une pension égale et la survivance de la grande maitrise et du gouvernement de Bourgogne pour son mari, avec des honneurs pour les Condé (de Sourches, I, 280). Ainsi, il leur parut qu'on pouvait accepter la bâtarde « du premier des mortels ». (Bossuet, *Or. funèbre d'Anne de Gonzague*, p. 331.)

contribue à les former et à les faire briller davantage[1]. Elle eut seulement le malheur de voir, en quelque sorte, diminuer les beaux traits du visage et du teint par la petite vérole, dont elle se trouva atteinte la même année de son mariage, et par les marques assez visibles qu'elle lui en a laissées[2]. Après tout, elle n'en parut pas moins aimable, comme j'ai dit, par les charmes susdits de l'air, du port, des manières et de l'humeur.

Le prince DE CONTI d'aujourd'hui, troisième et dernier prince du sang, est le second fils du prince de Conti mort dès l'an 1666, et d'une Martinozzi, sa mère, nièce du feu cardinal Mazarin. Ce prince, né en 1664, et qui portoit le nom de prince DE LA ROCHE-SUR-YON du vivant de son frère aîné, appelé prince de Conti, en prit aussi le nom et le rang dès la mort de ce dernier, décédé à Fontainebleau, en automne 1686 d'une maladie, qu'il y prit à assister la princesse sa femme, fille du roi et de la duchesse de la Vallière, alors atteinte des petites véroles[3]. Le prince de Conti d'aujourd'hui, son frère, se trouvoit au temps de cette mort, en disgrâce auprès du roi, retiré à Chantilly auprès du prince de Condé, encore vivant, son oncle, et sans avoir la permission de venir en cour et de se présenter devant le Roi : ce que ce même prince appelé alors, comme j'ai

Du prince de Conti.

---

[1] Elle était « belle comme les anges », dit Mlle de Montpensier qui la vit à Clagny chez sa mère (IV, 526). « Sa figure était formée par les amours, la *Sirène des poètes* », dit Saint-Simon (IV, 105), qui fait d'elle un portrait délicieux, quoique sévère. — Voir aussi le portrait de 1703 de la série des Portraits du *Musée Britannique*, qui parle de son esprit, de ses railleries, chansons et satires contre ses sœurs (Saint-Simon, éd. de Boislisle, II, 182). Elle était trop jeune pour que Spanheim connût la légèreté de ses manières. En 1694, elle en était encore aux gamineries ; elle se plaisait aux ballets et mascarades.
[2] Ce fut cette maladie qui fut cause de la mort du grand Condé (décembre 1686). Elle ne fut donc pas de l'année de son mariage.
[3] Sur ce prince, sa généalogie, sa naissance, voir les notes des pages 70 et 98. Spanheim commet ici une erreur : le frère aîné du prince de Conti mourut à Fontainebleau le 9 novembre 1685, et non en automne 1686 *(Gazette,* p. 685, Dangeau). A cette date, Mlle de Montpensier donne des détails bien précis (IV, 520). Spanheim confond la maladie de Mlle de Blois, princesse de Conti, en 1685, et celle de Mlle de Nantes, duchesse de Bourbon, en 1686, toutes deux filles de Louis XIV, toutes deux atteintes de la petite vérole.

dit, duc de la Roche-sur-Yon, s'étoit attiré par la réputation d'un vice infâme auquel il s'étoit laissé entraîner par des débauches conformes, et qui avoient fait de l'éclat avec de jeunes seigneurs et courtisans de même humeur [1], et d'ailleurs par des lettres interceptées, fort licencieuses, et où le Roi même n'étoit pas épargné, non plus que Mme de Maintenon[2] : ce qui tout ensemble avoit causé un grand éloignement du Roi pour ce prince, et avoit porté même Sa Majesté à s'en expliquer d'une manière à faire croire qu'il n'y avoit plus de retour pour lui. Aussi ce ne fut qu'en considération de la prière soumise et touchante que le feu prince de Condé en fit en son lit de mort, par sa lettre au Roi, pour recevoir ce prince son neveu en grâce, que Sa Majesté ne crut pas le pouvoir refuser, et en voulut même faire assurer ce prince mourant par son fils, aujourd'hui prince de Condé[3]. Ce qui fut en effet suivi du retour en cour de ce prince de Conti, et peu après de son mariage avec sa cousine germaine, la petite fille du même prince de Condé son oncle, et fille du prince de Condé d'aujourd'hui[4]. On l'avoit destiné

---

[1] Voir plus haut, p. 70. (De Sourches, I et III, 156, 231.)

[2] Saint-Simon a souvent parlé de cette affaire, comme du voyage de Hongrie et l'a exposée dans une addition au Journal de Dangeau (II, 203). Voir aussi Saint-Simon (éd. de Boislisle, II, 288, 407). Les deux princes de Conti étaient partis au début de 1685, puis définitivement le 22 mars, faire campagne en Hongrie malgré les ordres du roi qui les accorda à regret. En Hongrie, le duc de la Roche-sur-Yon et son frère se faisaient envoyer des lettres fort vives contre Louis XIV, Mme de Maintenon, par leurs amis et compagnons de débauches restés à la Cour, le petit-fils du vieux maréchal de Villeroy, marquis d'Alincourt, et les fils de la Rochefoucauld, la Rocheguyon, et de Liancourt. Les lettres furent interceptées en 1685 (juillet), les jeunes gens mis en prison. Quand les Conti revinrent à Chartres, en septembre 1685, ils se jetèrent aux pieds du roi et demandèrent leur pardon. Ils ne l'obtinrent pas. L'aîné mourut « en disgrâce ouverte »; le second se retira à Chantilly (voir aussi Mlle de Montpensier, IV, 518, 519). Ce que Spanheim est seul à nous apprendre, c'est que cette affaire de Hongrie et des lettres était la conclusion de plusieurs années de mauvaise conduite de cette jeunesse qui fait pressentir la Régence (voir p. 70).

[3] Voir p. 179, note 1. La lettre de Condé et le post-scriptum annoncent l'arrivée du duc d'Enghien apportant le pardon de Conti (Lanson, *Lettres du* XVIIe *siècle*, Hachette, p. 293. Duc d'Aumale, VII, 760; 761).

[4] Voir le chapitre suivant : *la princesse de Conti*, p. 199.

auparavant pour épouser l'infante de Portugal, du vivant de la reine sa mère, et ainsi dans la vue de lui voir un jour cette couronne sur la tête. Ce fut aussi le principal motif du choix et de l'envoi en Portugal de l'abbé Saint-Romain en qualité d'ambassadeur extraordinaire de France, personnage consommé dans les négociations et ambassades, et qui en avoit déjà autrefois fait une en Portugal. Mais ce qui après tout n'eut point de suite, par les obstacles qu'on y trouva, et particulièrement par la mort suivie de la reine de Portugal, et qui y changeoit les affaires de la cour, et surtout la condition de l'infante, par les secondes noces qu'on prévoyait déjà du roi son père[1]. Au reste, le prince de

[1] La négociation dont il s'agit est de 1683. Elle fut confiée à Melchior de *Harod de Sénevas, marquis de Saint-Romain*, appelé aussi l'abbé à cause de ses abbayes de Préaux et Saint-Léonard de Corbigny, né en 1614, envoyé auprès d'Oxenstiern (1643), résident à Hambourg (1645), employé à Munster, puis en Suède, en Portugal une première fois (1665), en Suisse pendant la conquête de la Franche-Comté (1671); puis, après Nimègue, envoyé extraordinaire de France à Francfort, 1681 (Moréri, éd. 1759). « J'aurais pu vous informer de lui en peu de paroles, écrivait Chapelain à M. de Verjus (9 octobre 1666, éd. Tamizey de Laroque, 1883, t. II, p. 486), en vous disant que c'est la nourriture de M. de Saint-Chamont et le second de M. d'Avaux dans leur grande négociation d'Allemagne. » Le témoignage de Spanheim est ainsi confirmé. L'objet de la négociation de Saint-Romain en Portugal, en 1683, était de retenir dans la clientèle de la France le Portugal qui, si longtemps ennemi de l'Espagne, s'en rapprochait par l'influence anglaise, depuis 1668. Louis XIV y avait installé une reine française, *Marie-Françoise-Elisabeth*, ou Isabelle de *Savoie-Nemours*, Mlle d'Aumale, mariée d'abord (18 juin 1666) à Alphonse VI qui devint fou, puis à son frère Pierre, régent du royaume, 28 mars 1668 (Montpensier, *Mém.*, IV, 36). C'était la petite-fille de Gabrielle d'Estrées et d'Henri IV, par sa mère, Mlle de Vendôme, sœur du duc de Beaufort, femme de Charles-Amédée de Savoie, duc de Nemours. Elle eut, en 1669, une fille unique, héritière du royaume, dont Louis XIV fut le parrain. En 1683, on se préoccupa du mariage de cette jeune princesse. Louis XIV fit tous ses efforts pour la donner au prince de la Roche-sur-Yon (25 mai 1683). Le rival le plus dangereux était le prince de Neubourg, Charles Philippe, fils de celui qui devint électeur palatin en 1685, parent de la reine d'Espagne. Deux événements rompirent cette négociation : la mort de la reine de Portugal (27 décembre 1683). Puis surtout, comme l'indique bien Spanheim, celle d'Alphonse VI, dont le frère Don Pedro devint roi (12 septembre 1683). Ce prince, veuf à trente-cinq ans, pouvait se remarier et avoir un fils. Son mariage, plus que celui de l'Infante, avait de l'importance désormais. Louis XIV s'en occupa aussitôt, et envoya, le 25 janvier 1684, le marquis de Torcy proposer Mlle de Bourbon. En 1687, les Neubourg l'emportaient : Don Pedro épousa *Marie-Sophie*, fille de l'électeur palatin. Philippe-Guillaume (voir Cayx de Saint-Amour,

Conti d'à présent est de belle taille et assez déliée, d'un esprit qu'on jugea d'abord plus vif et plus brillant que celui de son aîné, avec lequel d'ailleurs il vivoit dans une parfaite union et un commerce inséparable d'intérêts [et de conduite, ce qui parut, entr'autres, par leur subite retraite hors de France en 1685 et leur voyage en Hongrie, à l'armée de l'Empereur, d'où ils ne revinrent qu'après être rappelés par des ordres sévères du Roi[1]. Ce prince d'ailleurs, qui, de même que son aîné y témoigna du courage et de la valeur[2], l'a fait encore paroître en d'autres rencontres, et voulut aussi accompagner le Dauphin dans l'expédition du siège de Philipsbourg, en automne 1688.

De la princesse de Conti

La princesse DE CONTI, son épouse, et fille, comme je viens déjà de dire, du prince de Condé d'aujourd'hui, née en 1666, n'avoit pas le bonheur d'avoir joint une grande beauté à une grande naissance, ayant le teint basané et les traits d'une mauresque, l'air un peu hagard, quoiqu'avec de beaux yeux, le nez camard et la taille assez petite[3]. Mais, en échange, elle se trouve ornée d'un esprit vif et éclairé, de senti-

Instr. aux ambassadeurs de France en Portugal, 1886, p. 147 et suivantes ; et Saint-Simon, éd. de Boislisle, VIII, 125 et les notes).

[1] Voir, par Saint-Simon, le portrait célèbre de ce prince « aimable, charmant, délicieux » (1873, VI, p. 272). Mme de Sévigné, *Lettre* du 13 décembre 1686. — C'est à Mlle de Montpensier (IV, 492) qu'il faut demander le portrait du frère aîné : « Beau, bien fait, quoiqu'on vit à sa taille qu'il était fils d'un bossu ; il avait beaucoup d'esprit, mais un esprit savant, contraint, distrait. » C'est bien l'opposition que signale Spanheim. Louis XIV proposant le prince de Conti à la reine de Portugal, faisait valoir par deux fois « ses qualités de l'esprit et du corps ». (*Instructions en Portugal*, p. 157, 160.)

[2] Montpensier (*Mém.*, IV, 519). « Ils revinrent après avoir été à un siège (Neuhausen, août 1625), à une bataille (Gran) : l'histoire dira les faits, mais je dirai seulement qu'ils firent merveille. » (Voir duc d'Aumale, *Histoire des Princes de Condé*, VII, 752).

[3] *Marie-Thérèse de Bourbon*, Mlle de Bourbon, née le 1er février 1675, mariée le 29 juin 1688 à *François-Louis de Bourbon Conti*. Elle avait les défauts et le type physique de son frère, *M. le Duc*, petit, gros et, comme elle, *jaune livide* (Saint-Simon, 1873, VII, 287) : voir p. 193. C'était l'héritage mauvais de leur mère, la fille d'Anne de Gonzague. En revanche, elle avait eu le bon esprit de conserver la douceur et la bonté de celle-ci (Saint-Simon, édit. 1873, XIX, 93). Elle aimait son mari et souffrit de le voir aimer sa belle-sœur, la duchesse de Bourbon et d'en être aimé (Saint-Simon, 1873, VI, 277).

ments et d'inclinations fort nobles et bienfaisantes, et d'une humeur douce et engageante, qui charme les personnes qu'elle aime et avec qui elle s'entretient. On la destinoit en premier lieu, et durant mon séjour en France (par la même destinée dont je viens de parler du prince son époux), au roi de Portugal, dès la mort de la reine sa femme, et on en fit même ouverture à l'envoyé de ce roi qui vint de sa part en France notifier la mort de cette reine, outre l'ordre conforme qui en fut donné au ministre de France en Portugal[1]. Cependant cette affaire n'eut point de suite. Après quoi, le bruit de la cour la destinoit au prince de Pologne, mais sous la condition d'en être un jour la reine, et ainsi que ce prince fût auparavant assuré de la succession à la couronne : ce qui n'ayant pas trouvé les sûretés ni les dispositions requises du côté de la cour polonoise[2], ou par autre raison, fit qu'on changea aussi de vue pour cette princesse, et qu'on lui donna pour époux, en 1688, le prince de Conti, son cousin germain, et pour lequel elle témoigne toute l'affection d'une femme sage, vertueuse et qui aime véritablement son

[1] Sur les négociations de ce mariage avec Don Pedro, roi de Portugal, dont il a été parlé plus haut, voir les Instructions du marquis de Torcy, 25 janvier 1684, et surtout celles du marquis de Gournay, 1685. Ce dernier devait proposer Mlle de Bourbon pour Don Pedro et le prince de la Roche-sur-Yon pour l'Infante encore *(Instruct. aux Ambassadeurs de Portugal*, p. 172). Après avoir dû être séparément roi et reine de Portugal, les deux cousins s'épousèrent. L'envoyé dont il s'agit là est le sieur *Salvador Taborda*, qui a laissé des Mémoires et que Spanheim a dû connaître de très près.

[2] Le prince de Pologne dont il s'agit est Jacques Sobieski, né en 1667, fils aîné d'un premier lit du grand Sobieski. Son père voulait lui assurer l'élection : c'était son idée fixe, traversée par l'aversion de la belle-mère, *Marie de la Grange-d'Arquien*, et la répulsion des Polonais (Salvandy, *Histoire de Sobiesky*, II, 360).

En 1686, Sobiesky, après avoir cherché un appui pour son fils auprès des Allemands et de l'Empereur dont il avait sauvé en 1683 la capitale, après s'être brouillé avec Louis XIV dont l'ambassadeur Vitry fut insulté à Varsovie en 1683, Sobieski, abandonné, revenait à la France. L'ambassadeur de France, M. de Béthune, exploita ses ressentiments (voir Farges, *Instructions de Pologne*, I, pp. 179-180). Ce fut alors qu'il put être question de mariage pour Mlle de Bourbon. Mais un peu en l'air : car Jacques Sobieski n'avait aucune chance d'être élu, et il épousa une sœur de l'impératrice d'Allemagne, Hedwige de Neubourg, fille du palatin Philippe-Guillaume, 25 mars 1691 (Saint-Simon, éd. de Boislisle, III, 304-305).

mari. Je ne parle pas ici d'une jeune sœur qu'elle a, née en 1675, qui n'a guère paru à la cour jusques ici, et dont aussi il n'y a rien à dire sinon qu'elle tient de même et tiendra le rang de princesse du sang de France[1].

<small>la princesse Conti veuve.</small>

Il y a encore une autre princesse DE CONTI, veuve du feu prince de ce nom et frère aîné de celui d'aujourd'hui. Cette princesse mérite bien qu'on en parle, puisqu'elle fait depuis quelque temps un des plus beaux ornements de la cour de France. Elle est fille, comme il a déjà été dit en passant ci-dessus[2], du Roi et de la Vallière, duchesse de Vaujours, naquit en octobre 1666 et ainsi se trouve dans la vingt-quatrième année de son âge. Elle fut mariée au feu prince de Conti en janvier 1680, âgée seulement de quatorze ans, mais déjà avec tous les agréments d'une taille, d'un port, d'un air et d'une beauté qui charmoit toute la cour. Aussi peut-on dire que sa taille, grande dès lors pour une personne de son sexe et de son âge, pour ne pas dire de sa nation, et qui s'est accrue depuis au delà même des belles tailles, n'en est pas moins la plus belle, et la plus aisée, et la plus noble qu'on puisse voir. Le port surtout qui l'accompagne a quelque chose de si grand, de si dégagé et de si particulier, qu'on n'en vit peut-être jamais un qui eût tout ensemble plus de majesté et plus d'agrément, qui fût aussi plus distingué de celui des autres femmes qui sont d'ailleurs les mieux partagées du côté de la taille et du port : ce qui se trouve accompagné en même temps d'un air et de

---

[1] *Mlle d'Enghien, Anne-Louise*, née (d'après les registres de *Notre-Dame de Versailles*) le 11 août 1675, appelée à la fin de décembre 1690 *Mlle de Condé* (Dangeau, 30 décembre 1690), morte le 25 octobre 1700. Son portrait a été fait par Saint-Simon (1873, VII, 233), qui explique comment la tyrannie paternelle l'éloignait de la Cour. Il y avait deux autres sœurs encore : *Louise-Bénédicte* de Bourbon, née en 1676, et *Marie-Anne*, née en 1678, les duchesses du Maine et de Vendôme.

[2] Voir p. 195, notes 2 et 3. On l'appelait depuis son veuvage la *Princesse douairière de Conti* et avant son mariage *Mlle de Blois*, née à Vincennes, le 2 octobre 1666. On la surnommait la *Grande Princesse*, à cause de sa haute taille, dont Spanheim va parler.

manières si hautes, si belles, si assorties d'un charme nouveau, qu'elle ne peut qu'attirer les yeux sur elle et l'admiration de toute la cour. Elle brilla, entr'autres, par tous ces endroits dans les divertissements de cette même cour, et surtout dans les bals ou les ballets qui s'y faisoient, et où sa grâce et son adresse merveilleuse à la danse se joignit à tous ces avantages susdits de sa personne[1]. La blancheur et la beauté du teint n'y répondoit pas entièrement, mais après tout qui ne laissoit pas d'avoir de l'éclat; et, comme elle fut depuis atteinte de petite vérole, durant le séjour de la cour à Fontainebleau, en automne 1686, son teint en a conservé quelques marques, surtout plus de rougeur qu'elle n'y avoit auparavant[2]. Pour les qualités de l'esprit, on peut dire, sans leur faire tort, qu'elles tirent plus d'éclat des agréments ou avantages susdits de sa personne, que d'un grand brillant qu'on y trouve, ou d'une imagination fort vive et remplie. Aussi, comme les lumières en sont assez bornées, elle s'y conduit, après tout, et s'y ménage en sorte qu'elle ne donne point de prise sur elle par quelque affectation hors de saison à les faire paroître, et ainsi n'affoiblit point par là les grandes idées qu'elle ne peut qu'inspirer par son abord[3]. Ce qu'elle soutient encore par une humeur commode, douce, aisée, des manières honnêtes et engageantes, et par un entretien qui s'y trouve assez conforme. Sa conduite, dans ce grand éclat

[1] Cette princesse, « le *modèle de la beauté* », dit le président Hénault (*Mémoires*, p. 124).
[2] Pour cette erreur de date précédemment rectifiée (automne 1686), voir plus haut, page 195, note 3, et pour le récit de la maladie, les *Mémoires de Mlle de Montpensier* (t. IV, p. 520).
[3] Spanheim est évidemment plein d'indulgence pour cette princesse, Saint-Simon plus sévère : il insiste sur son manque d'esprit. Quand la duchesse sa sœur, Mlle de Nantes, qui avait hérité de l'esprit de Mme de Montespan sa mère, la raillait, « elle n'avait pas, dit Saint-Simon, d'armes » (de Boislisle, II, p. 371). Elle ne trouvait qu'à l'appeler « sac à vin », par allusion à son ivrognerie. Et quant à ses manières honnêtes, il faut la voir sortant de Monseigneur, s'enfermant « pour fumer des pipes qu'elle avait envoyé chercher chez les gardes suisses ». Voir aussi ce que dit une note du chansonnier Gaignières (Saint-Simon, éd. de Boislisle, II, 571) : « La princesse, qui était naturellement aigre et avait peu d'esprit. »

qui l'environne par tant d'endroits, et qui l'expose, ce semble
à tant d'embûches dans une cour aussi galante, n'en est pas
moins sage, régulière, hors d'atteinte, et même de vues qui
puissent en donner le moindre préjugé ou la contraindre. Et
comme le Dauphin, fils d'un même père, a beaucoup de considération pour elle, ils ont aussi ensemble une assez grande
liaison d'amitié, de confidence et de commerce. Elle ne peut
aussi, faite comme elle est, qu'avoir grande part dans les bonnes
grâces du roi son père, et qui fait assez paraître la considération
qu'il a pour une fille aussi aimable [1]. D'ailleurs, comme elle s'est
trouvée veuve depuis la mort du prince son époux, décédé,
comme il a été dit, en automne 1686, d'ailleurs sans enfants, et
dans la fleur de l'âge et de la beauté, on a parlé, de fois à autre,
de la voir passer à un second mariage, et, entr'autres, avec
quelque prince souverain d'Italie, comme le duc de Modène [2].
Mais comme cela n'a point eu de suite, qu'on la croit même trop
attachée à la cour de France, et par sa naissance, et par le rang
qu'elle y tient, et par l'éclat qu'elle lui donne, et enfin par la satisfaction qu'elle y trouve et qu'elle y tire de tous ces avantages,

[1] Saint-Simon raconte longuement (de Boislisle, II, pp. 183 et 370) une aventure de la princesse qui fit grand bruit. Elle fut aimée et trompée pour la Choin, sa demoiselle d'honneur qu'on poussait auprès du Dauphin, par Clermont Charte. Le roi saisit les lettres qu'ils échangeaient, lui fit honte de sa conduite en lui apprenant son abandon (1694). On en fit des chansons. Tous les auteurs du temps en parlent (Mme de Caylus, *Souvenirs*, p. 506 ; *le Chansonnier Gaignières*, pp. 351, 412 ; Mme de Sévigné, 27 août 1694). Dangeau fait allusion au renvoi de la Choin qui fut la conséquence de l'histoire (V, 62). Sur ce, sa propre sœur l'aurait appelée publiquement : *Sac à guenilles*, etc.
Et ce n'était pas la première aventure : elle avait déjà eu en 1685, lors de sa maladie, son pardon à demander à Louis XIV (*Mémoires de Mlle de Montpensier*, IV, 520). Ses querelles, ses impertinences donnaient fort à faire au Roi (Saint-Simon, de Boislisle, II, 371), qui cependant l'aimait et le lui marquait. Sa principale faveur était auprès du Dauphin, « qui ne bougeait de chez elle ». Mais à partir de la faveur de la Choin, l'amitié se refroidit (Saint-Simon, de Boislisle, II, 282 ; 1873, VII, 441 ; de Sourches, II, 186).

[2] François II d'Este, duc de Modène (1662-1694), mort sans enfants, fils d'une nièce de Mazarin, Laure Martinozzi et d'Alphonse IV. Il se maria en 1692 à une fille de Ranuce II, duc de Parme (Saint-Simon, 1873, XVI, p. 332).

sans parler des grands biens qu'elle y possède [1], il y a apparence qu'elle est destinée à n'en point sortir, et qu'elle pourra, malgré quelque différence d'âge, épouser un jour le duc de Chartres, fils unique de Monsieur et de Madame, et même que la chose seroit déjà comme arrêtée par l'aveu du Roi et le consentement desdites Altesses Royales [2].

Il y a encore la princesse DE CARIGNAN, qui porte le nom, par sa naissance [de] Bourbon Soissons et tient un rang parmi les princesses du sang de France. Elle est sœur du feu comte de Soissons, qui fut tué à la bataille de Sedan en 1641 [3], et dès l'année 1624 fut mariée au prince Thomas [4], de

De la princesse de Carignan.

---

[1] Pour juger de cette fortune il suffit de lui voir acheter en 1713 l'hôtel de Lorges, en 1716 le château de Choisy, passé de Mlle de Montpensier aux Louvois, le château et toutes les terres de Champs en 1718 (voir Saint-Simon, 1873, X, 11; XIII, 43; XIV, 118)

[2] Spanheim a été trompé par un bruit de Cour. Saint-Simon raconte avec précision que depuis 1688 (de Boislisle, I, 59) Louis XIV avait formé le projet de marier son neveu, le futur Régent, avec sa fille naturelle, Mlle de Blois, la dernière des filles de la Montespan, née en 1677, et qui avait reçu ce titre quand la fille de la Vallière l'avait quitté pour devenir princesse de Conti (1680). Le duc de Chartres était né en 1674. On ne pouvait songer à le marier à la princesse de Conti qui avait huit ans de plus. La confusion des deux titres a entraîné l'erreur de Spanheim, mais cette erreur confirme le récit de Saint-Simon.

[3] Saint-Simon appelle aussi de cette manière (de Boislisle, II, p. 225) la bataille de la Marfée.

[4] *Marie de Bourbon*, fille de Charles de Bourbon (3 mai 1606), sœur de M. le Comte (de Soissons) tué à la Marfée 6 juillet 1641, qui ne laissa qu'un fils naturel, le chevalier de Soissons, fut mariée le 6 janvier 1625 (et non 1624) au prince *Thomas-François* de Carignan Savoie, mort au siège de Pavie en 1656. Ses trois enfants furent : 1º *Emmanuel-Philibert*, prince de Carignan, né en 1631, mort le 23 avril 1709, sourd-muet, mais prince fort intelligent, instruit, bon politique, consulté à Turin où il demeura avec sa petite Cour, marié en novembre 1684 à une fille d'*Este Modène* (Saint-Simon, 1873, VI, 395); 2 *Eugène-Maurice*, comte de Soissons, né en 1635, mort en 1674, marié le 20 février 1657 à Olympe Mancini, dont il eut deux fils, le comte de Soissons, né en 1657, tué dans l'armée autrichienne à Landau (1702), après avoir été élevé et marié en France à Mlle *de la Cropte-Beauvais*, fille de l'écuyer du prince de Condé, et le *prince Eugène*, 1663, le fameux général (Saint-Simon, de Boislisle, X, 257), et d'autres enfants; enfin 3º *Louise-Chrétienne*, née en 1627 (l'aînée), mariée le 15 février 1654 à Paris avec Ferdinand-Maximilien, marquis de Bade, qui mourut en 1669. La marquise de Bade, femme d'esprit, était dame du palais de la Reine, habitait avec sa mère, et mourut le 15 juillet 1689 (Saint-Simon, de Boislisle, VI, 72).

Savoie, fils de Charles Emmànuel, duc de Savoie, et frère de Victor-Amédée, son successeur. Elle eut deux fils de ce prince : Emmanuel-Philibert, et Eugène-Maurice, comte de Soissons, et une fille, qui fut mariée ou feu marquis Ferdinand de Bade, et duquel mariage est né le marquis de Bade, qui, après avoir signalé son courage et sa valeur dans les campagnes passées en Hongrie contre le Turc, s'y est encore signalé davantage cette dernière campagne, qu'il y a commandé en chef l'armée impériale [1]. Pour la princesse de Carignan susdite, sa grand'mère, comme elle est née en 1606, elle se trouve présentement dans la quatre-vingt-quatrième année de son âge. Aussi garde-t-elle ordinairement le lit sans en sortir que très rarement, et d'ailleurs où elle ne laisse pas de faire bon accueil et bonne chère aux personnes de qualité qui la viennent voir. Il ne se peut même rien de plus galant, de plus propre et de plus singulier que son appartement où elle les reçoit, et où il y a de quoi satisfaire agréablement les sens par tout ce qui peut flatter la vue, l'odorat et le goût. Elle vouloit aussi, malgré son grand âge, se trouver avec la marquise de Bade, sa fille, qui étoit encore en vie et n'est morte que l'an passé, au régal que le comte de Lobkowitz, envoyé de l'Empereur, donna chez lui à Paris, en automne 1686, au sujet de la prise de Bude, et où elle assista, et au repas du soir et au bal qui le suivit[2]. Au reste, c'est une princesse, qui a témoigné beaucoup de courage dans les

---

[1] Ce fils, *Louis de Bade*, filleul de Louis XIV, né le 8 avril 1655, élevé en France d'abord, puis emmené par son père « médiocrement content de sa femme » en Allemagne (1658), engagé par son oncle Hermann, « la meilleure tête de l'Empire » (Saint-Simon, éd. 1873, p. 116), au service de l'Autriche dont il devint, à son école, l'un des meilleurs généraux. Ses victoires de Hongrie commencèrent avec les campagnes de 1687, la prise de Bude, la victoire de Mohacs (août 1687), se continuèrent par la campagne de Bosnie (1688), par celle de 1689 surtout, où il eut le commandement en chef et remporta, le 29 août, la victoire de Jogodina, celle de Nissa (septembre) et de Widdin (octobre 1689) qui ouvrirent à l'Autriche les Balkans.

[2] La princesse de Carignan était une grande amie de Mlle de Montpensier, qui a fait son portrait. Il faut le comparer à celui-ci : « laide, mais de grande mine, de l'esprit, bonne femme et très libérale. » — « Elle avait conservé, dit Saint-Simon *(Ecrits inédits*, VII, 264), jusqu'à la fin une grande santé, un appétit

divers événements de la vie et de la fortune du feu prince Thomas, son mari, qui fut conduite en Espagne et y resta quelque temps prisonnière, ensuite que le prince son époux eut quitté le parti et le service de cette monarchie et fut passé à celui de France. Depuis sa délivrance et son retour, elle fut envoyée en France comme en ôtage, pendant que le prince son mari commandoit l'armée de cette couronne en Italie, et où il mourut en 1656, durant le siège de Pavie [1]. Son second fils, le comte de Soissons,

qui tenait du prodige et toujours uniforme, toute sa tête et beaucoup d'esprit, de grandeur et de considération. » Elle avait 400.000 livres de rentes (Dangeau, t. VI, 205). Elle vivait à Paris à l'hôtel de Soissons ou à sa maison de Bellechasse. Elle y conservait les traditions des Soissons, « de cet élixir de cour, centre de la galanterie, de l'esprit, des modes et des fêtes » (Saint-Simon, 1873, X, 120, 125, 195). Nous savons qu'elle y avait des tableaux italiens de prix, une Sainte-Famille du Véronèse, une Vierge du Titien (minutes du notaire Arouet, 1694). Avec sa fille, elle éleva presque tous les enfants d'Olympe Mancini, qu'elle soupçonnait d'avoir empoisonné son fils *(Arch. de la Bastille*, IV, 70, 73) et qui les avait abandonnés. Spanheim, de 1684 en 1688, la connut dans sa disgrâce, dont Dangeau (I, 71 et 257), le marquis de Sourches (t. III, 115), Mme de Sévigné (VII, 322), ont conté les détails. Il est difficile, en revanche, d'en connaître les causes. Au même moment, le prince de Carignan se mariait contre le gré du roi, novembre 1684 (Rousset, *Louvois*, III, 282). Le prince Eugène, son neveu, passait en Savoie, fuyant la France. Sa grand-mère était exilée de la Cour. Sa tante fut reléguée en Bretagne. Le duc de Savoie même fut menacé par Louis XIV, s'il songeait à voyager à Venise (Rousset, *ibid.*). C'était peut-être un complot italien dont Gênes, au début de 1685, paya les frais, formé par l'Espagne avec la comtesse de Soissons, qui vivait depuis 1680 en Flandre et à Madrid.

[1] Le *prince de Carignan* avait eu une vie de condottiere. Contre les Français, en Bavière d'abord, il avait commandé l'armée de son père quand celui-ci, en 1630, essaya de fermer ses Etats à Louis XIII et à Richelieu. Lorsque son frère, Victor-Amédée 1er, beau-frère de Louis XIII, duc le 26 juillet 1630, conclut la paix avec la France en lui cédant Pignerol (19 octobre 1631, mai 1632), le prince Thomas se mit au service de l'Autriche (avril 1635) et fit la campagne d'Avein (mai 1635) et de Corbie (1636), où il commandait assisté de J. de Weert et de Piccolomini. En 1638-1639, à la mort de Victor-Amédée, il disputait la régence de son neveu Charles-Emmanuel II à sa mère, fille d'Henri IV, et le duché, la capitale même, avec l'aide de l'Espagne. Alors l'Espagne le soutint mal; la France lui offrait des pensions, des apanages, un commandement d'armée. Il rendit Turin à d'Harcourt (novembre 1640). Mais la Cour d'Espagne refusa de lui rendre sa femme et ses enfants : il rompit encore en février 1641 avec Louis XIII. On avait maltraité sa femme à Madrid pour l'empêcher de le rejoindre en 1642, ce qu'elle fit malgré tout. Alors, cédant aux instances de Mazarin, il passa à la France définitivement (14 juin 1642). Il fut, à partir du ministère de Mazarin, le principal instrument des plans formés sur l'Italie

qui étoit resté en France, épousa l'année suivante une des Mancini, nièce du cardinal Mazarin ; en a eu des enfants : le comte de Soissons d'aujourd'hui, et les princes ses frères. C'est dont il sera parlé ci-après, et en son lieu, dans l'article des princes étrangers en France[1].

Après les princes et princesses du sang suivent les enfants légitimés du Roi, selon le rang et la condition où il les a élevés, avec peu de différence même des premiers, et au-dessus de tous les autres *princes étrangers*, ainsi qu'on les appelle en France, qui sont issus de maison souveraine, comme de Savoie et de Lorraine.

DES ENFANTS LÉGITIMÉS DU ROI

Les enfants légitimés du Roi sont de lui et de deux différentes maîtresses, la duchesse de la Vallière ou de Vaujours, et Mme de Montespan.

Du duc de Vermandois.   De la première, il n'y a eu que deux[2] : la princesse de Conti, dont je viens de parler et qui a le rang de princesse du sang par son mariage, et le feu DUC DE VERMANDOIS, son

---

par Mazarin, qui lui donna, en 1643, le duché de Tortone et le chargea en 1646 de la direction de l'entreprise sur les Présides de Toscane avec l'espoir d'une royauté à Naples. Consulter Chéruel (*Minorité de Louis XIV*, t. II, p. 174), qui a publié le premier ce traité important. Sa femme servit d'abord d'otage à la France après l'Espagne, mais elle s'attacha bientôt aussi bien que lui à Mazarin pendant la Fronde. Le Prince obtint ainsi la grande maîtrise du Palais enlevée à Condé (1654). Puis il maria son fils à la nièce du cardinal sur la confiance que Mazarin avait en eux (Voir Chéruel, *Ministère de Mazarin*, I, 74-75).

[1] Voir plus loin, DES PRINCES ÉTRANGERS ; p. 222.

[2] Spanheim se trompe : La Vallière eut de Louis XIV cinq enfants, dont les trois premiers morts, il est vrai, en bas âge : 1° *Charles*, né à Paris le 19 décembre 1663 (Olivier d'Ormesson, *Journal*, II. 69). Son acte de baptême a été publié dans la *Revue rétrospective* (1re série, IV, 251) ; 2° *Philippe*, né le 7 janvier 1665 ; 3° une fille morte aussitôt (Lefèvre d'Ormesson, *Journal*, II, 463). Le quatrième était Louis de *Bourbon*, *comte* et non pas *Duc de Vermandois*, né à Saint-Germain le 2 octobre 1667 (*Etat de la France*, 1677, I, 487), légitimé en février 1669 (*ibid.*), mort à Courtrai.

frère. Ce dernier, né en octobre 1667, et ainsi un an plus jeune que ladite princesse sa sœur, quand je vins en France en 1680, était déjà revêtu de la charge importante de grand amiral de France. Il étoit d'une taille médiocre, mais bien prise, et d'ailleurs fort aimable dans tout l'air, le port et les manières de sa personne. Les agréments de l'esprit et de l'humeur y répondoient, aussi bien que la noblesse et les sentiments du cœur, et ce qui tout ensemble donnoit déjà de grandes et de belles espérances de ce qu'on en pouvoit un jour attendre. Il n'y eut qu'un endroit malheureux dans sa conduite, au sujet de l'engagement d'un vilain commerce entre de jeunes seigneurs de la cour, où, sortant à peine de l'enfance, on trouva qu'il avoit été entraîné, et dont il fut châtié sévèrement par ordre du Roi son père [1]. En sorte que cette correction, la crainte de retomber dans la disgrâce de Sa Majesté, jointe à des réflexions d'un âge plus capable d'en faire sur son devoir et sur sa conduite, et à la beauté d'ailleurs de son naturel, donnoit lieu de croire qu'il répondroit hautement à la bonne opinion qu'on en avoit conçue sur des fondements assez plausibles. Mais ce qui fut retranché tout à coup par sa mort suivie [2] à Courtray, en Flandres, sur la fin de l'an 1683, où il avoit accompagné les princes de Conti et [de la] Roche-sur-Yon frères, au sujet des exécutions militaires qui s'y firent par ordre du Roi contre les sujets d'Espagne, et où ce jeune duc fut atteint d'une fièvre chaude qui l'emporta en peu de jours. La princesse de Conti, sa sœur unique de mère, resta, par sa mort, héritière du duché de Vermandois et d'autres grands biens qu'il possédoit déjà.

Les enfants légitimés du Roi et qui sont issus de lui et de Mme de Montespan sont, outre la duchesse de Bourbon, dont

Les enfants légitimés du Roi et de Mme Montespan.

---

[1] Voir plus haut p. 69, note 1 et les textes.
[2] *Gazette*, 1683, p. 671. Il mourut dans la nuit du 17 au 18 novembre et fut enterré dans la cathédrale d'Arras. Sur ce siège de Courtrai, voir Rousse (*Louvois*, III, 241). Sur la douleur de La Vallière, Saint-Simon (1873, VIII, 43).

il a été parlé ci-dessus,, le duc du Maine, le comte de Toulouse, son frère, et Mlle de Blois, leur sœur [1].

Le Duc du Maine.

Le duc DU MAINE, né en mars 1670, vint au monde avec un corps infirme, les jambes tournées et estropiées, en sorte qu'il en conserve un marcher fort incommode, une petite taille et mal aisée, sans que l'usage des bains de Barèges, aux Pyrénées, où on lui fit faire quelques voyages, l'en ait pu soulager [2]. En quoi il est d'autant plus à plaindre que d'ailleurs il est beau de visage, d'une physionomie heureuse, d'un abord agréable, et d'un esprit dont les charmes et les lumières sont peu communes. Le soin particulier qu'on eut, dès son bas âge, à mettre auprès de lui des personnes habiles et capables de l'élever et de l'instruire en tout ce qui pouvoit attacher ou mériter son application, eut aussi tout le succès qu'on en pouvoit souhaiter. Celui-ci fut même d'autant plus grand, qu'il s'y adonna autant par inclination et par un penchant qui l'y portoit, que par devoir ou par bienséance. En sorte qu'il fit bientôt un grand progrès, et assez rare pour un seigneur de son rang, dans toutes les connoissances des belles-lettres, de l'histoire, de l'antiquité et des mathématiques. Comme j'ai eu assez souvent occasion de lui rendre mes devoirs et que j'étais connu particulièrement d'un gentilhomme français neveu du célèbre Saumaise, et qui était joint au précepteur de ce jeune duc pour contribuer à lui former l'esprit, je puis dire aussi que j'ai été surpris de tout le brillant et le solide qu'on lui trouvait également, et dans une aussi grande jeunesse

---

[1] Spanheim néglige trois enfants de la Montespan : 1° l'aînée, une fille, née en 1669, morte en 1672 (Clément, *Louis XIV et Mme de Montespan*, p. 16). 2° *Louis-César*, comte de Vexin, abbé de Saint-Denis et de Saint-Germain des Prés, né au château de Livry le 20 juin 1672, mort à Paris le 10 janvier 1683 (Clément, *ibid.*, — Mme de Sévigné, éd. Hachette, III, p. 55, et *Gazette*, 1683, p. 36). Enfin 3° *Louise-Marie de Bourbon*, *Mlle de Tours*, née à Saint-Germain le 12 novembre 1674, légitimée en janvier 1676, morte le 15 septembre 1681 aux eaux de Bourbon (*Gazette*, 1681, p. 600).

[2] Sur cette éducation et ces soins confiés à Mme de Maintenon, consulter *Louis XIV et Mme de Montespan*, par Clément, et la *Correspondance générale de Mme de Maintenon*, t. 1er.

que la sienne[1]. D'ailleurs, il n'est pas mal partagé non plus du côté des établissements et de la fortune, comme on parle, puisque, outre le rang qu'il tient à la cour immédiatement après les princes du sang et le titre d'Altesse que les courtisans lui donnent, il est revêtu de deux importantes charges, et dont il tire de gros appointements : l'une est celle du colonel général des Suisses et Grisons, que le Roi lui donna presque dès son bas âge [2]; l'autre est le meilleur gouvernement de France, qui est celui de la province du Languedoc, que le Roi lui conféra en 1682, dès la mort du duc de Verneuil, fils naturel de Henri IV, et en lui donnant pour commandant, ou gouverneur-lieutenant et sous lui durant sa minorité, le duc de Noailles, le premier des quatre capitaines des gardes de Sa Majesté[3]. A quoi il faut ajouter la souveraineté de la principauté de Dombes que Mlle de Montpensier lui a cédée, et dont elle ne s'est gardé que l'usufruit sa vie durant, et qui fut une des conditions avec quoi, comme il a été dit ci-dessus[4], elle racheta la liberté du comte de

---

[1] Les éloges que Spanheim décerne au jeune duc du Maine lui ont été inspirés par le précepteur qu'il indique ici sans le nommer et qu'on peut aisément retrouver : *Urbain Chevreau*, neveu de Claude Saumaise, érudit comme son oncle, dont les ouvrages sont aujourd'hui oubliés. Né à Loudun en 1613, hésitant dans sa jeunesse entre la profession des armes et l'érudition, il fut appelé en Suède pour remplacer son oncle auprès de la reine Christine (1652) qui le fit secrétaire de ses commandements. Il revint en France en 1656. Puis il s'engagea au service des princes allemands à Cassel en 1663, à Copenhague en 1664, à Hanovre ensuite, d'où il passa au service de l'Electeur Palatin, qui lui confia la difficile conversion de sa fille, duchesse d'Orléans, au catholicisme. Il vint avec elle jusqu'à Metz. En 1678, il était chargé de l'éducation du duc du Maine et composa comme Bossuet des livres historiques pour cet objet, une *Histoire du monde* en deux volumes, Paris, 1686. (*Chevroeana*, Paris, 1657. — Ancillon, *Mémoires concernant la vie de plusieurs modernes*, Amsterdam, 1709.)

[2] Le 1er février 1674, le comte de Soissons étant mort en juin 1673 (voir plus loin p. 223), le duc du Maine reçut sa charge de *Colonel des suisses*, corps de la maison du Roi qu'il ne faut pas confondre avec les Cent-Suisses. Il n'avait pas encore quatre ans.

[3] Le 29 mai 1682, le duc du Maine eut le gouvernement du Languedoc, vacant par la mort du duc de Verneuil, survenue le 28 mai (voir *Gazette*, 1682 p. 310). Le titre du duc de Noailles était : *Commandant en chef pour le roi et son lieutenant général*, titre qui servait à le distinguer des trois lieutenants généraux en Languedoc, ses inférieurs (*Etat de la France*, 1689, II, p. 427).

[4] Ci-dessus, pp. 103, note 1, et 167, note 4.

Lauzun. A quoi je dois ajouter que Mme de Maintenon, en reconnoissance de ce qu'elle devoit au poste qu'elle avoit eu de gouvernante desdits enfants du Roi et de Mme de Montespan, a pris à tâche de contribuer aux grands établissements susdits de ce duc son élève, et de s'en attirer tout le gré[1].

Du comte de Toulouse.

Le comte DE TOULOUSE, frère du duc du Maine et autre fils du Roi et de Mme de Montespan, est en sa dixième année[2] revêtu déjà de l'importante charge de grand amiral de France, que le Roi lui donna dès la mort touchée ci-dessus du duc de Vermandois, fils de Sa Majesté et de la duchesse de la Vallière[3]. Ce jeune comte de Toulouse a encore eu depuis mon départ de France le gouvernement de la province de Guyenne, pour en confier le soin durant sa minorité au maréchal de Lorge[4]. Par

---

[1] Il faut ajouter à ces établissements encore le régiment d'infanterie de Turenne (13 août 1685) et la charge de général des galères (15 septembre 1688) vacante par la mort du duc de Mortemart.

[2] Louis-Alexandre, comte de Toulouse, duc de Damville, de Penthièvre, de Châteauvilain et de Rambouillet, né à Versailles le 6 juin 1678 (*Gazette*, 1737, p. 588), légitimé en novembre 1681. Il était par conséquent, en avril 1690, dans sa *douzième année*.

[3] En novembre 1683, voir p. 206, note 2. Cette charge à laquelle Spanheim ajoute le qualificatif d'*importante* toutes les fois qu'il en parle, avait été rétablie par Louis XIV en 1669 (Édit de Saint-Germain du 12 novembre). Elle avait été supprimée en 1626 par Richelieu, comme trop importante en effet. L'édit qui la rétablit ne lui restitua pas ses anciennes et trop fortes prérogatives. L'Amiral n'eut plus le choix et la provision des officiers de guerre et de finances, ni l'entretien de la flotte, ni celui des arsenaux, ni le contrôle des dépenses. L'amiralat ne resta plus qu'un honneur lucratif et, particulièrement, le centre des tribunaux maritimes, avec le droit au commandement d'une flotte (*État de la France*, 1689, II, 236).

[4] Spanheim s'est ici assez gravement trompé. Ce n'est pas après son départ de France, après 1689, mais dès mars 1683, que le duc de Toulouse fut nommé, à la mort du duc de Roquelaure (11 mars 1683), gouverneur de la Guyenne. Il avait cinq ans : le pouvoir effectif appartint au maréchal de Lorges, « commandant, dit l'*État de la France* (II, 418, 1689), jusqu'à la majorité du comte de Toulouse », époque à laquelle de Lorges reçut le gouvernement de Lorraine. Ce qui est vrai, c'est que le 11 mars 1695 le comte de Toulouse échangea la Guyenne contre la Bretagne, qui était au duc de Chaulnes depuis 1670, pour réunir à ses profits d'Amiral ceux de l'amirauté spéciale de Bretagne, la « pluie d'or » de Saint-Malo, comme dit Mme de Sévigné (V. 246). Saint-Simon a raconté tout cela avec une précision plus grande : ami du duc de Chaulnes, gendre de Lorges, il était à la source des renseignements (Ed. de Boislisle, II, pp. 179-254).

où on voit, pour le dire en passant, l'intention et les maximes du gouvernement présent de remettre les plus importantes charges de la couronne et la conduite des provinces les plus considérables et les plus éloignées de la cour entre les mains des enfants du Roi, tant pour leur donner par là des établissements capables de soutenir le haut rang où ils sont élevés, que pour avoir lesdits emplois en des mains d'autant plus sûres et d'une confiance entière[1]. Au reste, ce jeune prince de Toulouse est d'une extrême beauté, et qui promet beaucoup pour son âge.

Il avoit un frère avant lui et après le duc du Maine, nommé de son vivant le duc DE VEXIN, mais qui mourut durant mon dernier séjour en France, en janvier 1683[2].

A l'égard des filles du Roi et de Mᵐᵉ de Montespan, outre la duchesse de Bourbon, appelée auparavant Mˡˡᵉ de Nantes, et dont il a été parlé, il y a encore en vie Mˡˡᵉ DE BLOIS, sa sœur, âgée d'environ neuf ans et qui ne manque pas d'agrément du visage et de taille[3].

[1] « Le Roi, tout occupé de la grandeur solide de ses enfants naturels », dit Saint-Simon *(ibid.*, p. 254). Il n'admet pas, avec l'équité de Spanheim, que la politique eût une part dans ces faveurs.

[2] Louis-César de Bourbon, *comte* de Vexin, abbé de Saint-Denis et de Saint-Germain-des-Prés, né le 20 juin 1672 au Génitoy, terre proche de Lagny, qui appartenait au sieur de Livry, premier maître d'hôtel du Roi (Clément, *Mᵐᵉ de Montespan et Louis XIV*, p. 16 ; Mᵐᵉ de Sévigné, *Lettres*, III, p. 55, note 9). Il mourut à Paris le 10 janvier 1683 *(Gazette*, p. 36).

[3] Le manuscrit [*B*] ajoutait : « Le bruit de la Cour la destine au duc de Chartres, fils unique de Monsieur et de Madame. On comprend que ce mariage, tout en n'étant qu'éloigné, la..... répugnance que Monsieur et Madame y ont fait paraître durant quelque temps. » Spanheim a rayé lui-même cette phrase.

Il est assez singulier que Spanheim ait, dès 1690, dans la première forme de sa relation, enregistré ce bruit et cru ensuite devoir le démentir par son silence. Madame le note dans une lettre du 14 avril 1688 (Ed. Roland, p. 86). Saint-Simon dit (éd. de Boislisle, I, p. 39) : « il y avait quatre ans (en 1692) qu'il le roulait dans son esprit et avait pris ses premières mesures » : en 1688, par conséquent. Spanheim a l'air de dire que Monsieur et Madame avaient alors cédé et vaincu leur répugnance. Ils comptaient sans doute sur le temps et n'y croyaient plus en 1689, lorsque, confident de Madame sans doute, Spanheim quitta la France, persuadé par elle que le mariage n'aurait pas lieu. Dès que Françoise-Marie de Bourbon, née le 4 mai 1677, atteignit ses quatorze ans, en mai 1691, Louis XIV reprit et poussa l'affaire, à la fin de 1691 et en janvier 1692 (Saint-Simon, I, 67 et suivantes). Le mariage eut lieu le **18 février 1692.**

DES ENFANTS LÉGITIMÉS ET DESCENDANTS DE HENRI IV

On peut ajouter aux enfants légitimés du Roi régnant, ceux de Henri IV, son grand-père, ou qui en descendent.

Du duc de Verneuil.

Le duc DE VERNEUIL, fils de ce grand roi et de la marquise de Verneuil, sa maîtresse, était encore en vie quand je vins en mon dernier envoi en France, mourut sans enfants en 1682, âgé de plus de quatre-vingts ans. Il avoit été destiné à l'Église dès sa jeunesse, fait à ce sujet les études qui y pouvoient être requises, et eut assez longtemps la riche abbaye de Saint-Germain, qu'il résigna, âgé de plus de soixante ans, pour se marier[1] et épouser, comme il fit, la duchesse douairière de Sully, fille du chancelier de France[2]. Au reste, comme j'eus l'honneur de le voir un mois ou deux avant sa mort, à sa belle maison de Verneuil où il me fit convier obligeamment, je puis rendre ce témoignage que c'était un seigneur d'un naturel doux, affable, civil au dernier point, qu'il avoit de l'étude et surtout beaucoup de connoissance de l'histoire et de l'antiquité, qu'il étoit curieux entre autres des médailles antiques et en avoit un très beau cabinet qu'il prit plaisir de me faire voir en détail. Ce qui est passé depuis sa mort au cabinet du Roi, par l'achat qu'on a fait de tout ce qui en valait la peine et n'était pas dans celui de Sa

---

[1] *Henri de Bourbon Verneuil*, fils naturel de Henri IV et de Henriette de Balzac, marquise de Verneuil, né le 3 novembre 1601, marquis de Verneuil ou Gaston de Foix, destiné à l'Église, pourvu en 1608 de l'évêché de Metz, qu'il conserva, quoique laïque, jusqu'en 1652, en 1623 de l'abbaye de Saint-Germain-des-Prés qu'il céda en 1668 au roi de Pologne, beau-frère d'Anne de Gonzague. Il mourut à Verneuil le 28 mai 1682. Marié le 29 octobre 1668 et depuis 1663 duc de Verneuil, il avait en outre Bonport, les Vaux de Cernay, Tiron, Orcamp, Fécamp, Saint-Taurin-d'Evreux qu'il abandonna également au roi de Pologne en 1668. Il devint alors gouverneur et vice-roi de Languedoc (voir Farges, *Instructions de Pologne*, sur cette négociation avec Jean-Casimir. I, p. 103), Jal, *Dictionnaire critique de biographie et d'histoire* : VERNEUIL.

[2] Charlotte Seguier, fille de Pierre Seguier, chancelier de France, née en 1622, veuve depuis 1661 de Maximilien de Béthune, duc de Sully, morte à Paris le 5 juin 1704. Le roi, après la mort de son mari en 1685, puis en 1692, commença de la traiter dans les cérémonies comme la dernière des princesses du sang (Saint-Simon, édit. de Boislisle, I, 94, note 3).

Majesté[1]. D'ailleurs, ce seigneur vivait avec éclat, aimoit passionnément la chasse, avoit à ce sujet une très belle écurie, et faisoit grand chère et bon accueil à ses hôtes. Comme sa maison et terre de Verneuil n'étoit qu'à deux lieues de Chantilly, maison et retraite, comme il a été dit, du feu prince de Condé, ils se voyoient fort souvent et familièrement ensemble[2].

Comme ce duc est mort sans enfants, aussi il ne reste aujourd'hui, des descendants légitimés et reconnus de Henri le Grand, que le duc DE VENDOME et le GRAND PRIEUR, son frère. Ils sont fils du feu duc de Mercœur et cardinal en dernier lieu[3], et petit-fils du duc de Vendôme né de Henri IV et de la belle Gabrielle d'Estrées, duchesse de Beaufort. En sorte que ces deux frères susdits, duc de Vendôme d'aujourd'hui et le Grand Prieur, sont arrière-petit-fils de Henri IV. Le premier est gouverneur de la Provence, et en particulier des tours du port de Toulon[4] et l'autre, chevalier de Malte, d'où il est

Les Vendôme.

[1] Cette opération se fit sous la direction de Camille Le Tellier, intendant des médailles et garde de la Bibliothèque du roi depuis avril 1684. Les médailles avaient été enlevées au « bonhomme » Carcavy et confiées à Rainssant. L'achat de la collection Verneuil se fit tout à fait au début. Elle était composée d'une très belle suite de médailles en bronze et en or et fut sans doute payée un très bon prix, « le roi payant plus cher que les particuliers ». (Lettre de Pontchartrain au lieutenant civil, 12 octobre 1699. Clément, *Corresp. administrative*, IV, 614.) Ce qui est certain, c'est que la Duchesse, très satisfaite, voulut offrir au roi « la pièce la plus belle et la plus rare, une médaille d'or à quatre têtes de Posthumes, pesant six louis d'or » *(Essai historique sur la Bibliothèque du Roi,* Paris, Belin, 1782, p. 276)

[2] Verneuil, commune de l'Oise, arrondissement de Senlis, canton de Pont-Sainte-Maxence, à 7 kilom. au sud-ouest de ce bourg, à 5 kilom. au nord de Creil, sur des coteaux qui dominent l'Oise. Il ne reste rien de la belle demeure que Henri IV avait fait construire pour Henriette d'Entragues et à laquelle Spanheim fait allusion ici.

[3] *Louis, duc de Vendôme*, Mercœur, Etampes et Penthièvre, seigneur d'Anet, pair de France, duc de Mercœur jusqu'à la mort de son père *César,* fils de Gabrielle d'Estrées et de Henri IV (1665). Il avait épousé le 4 février 1651 Laure Mancini, nièce de Mazarin, dont il eut trois fils, un mort en bas âge à trois ans. Quand Laure Mancini mourut à la naissance du dernier, 8 février 1657, son mari, le duc de Mercœur embrassa l'état ecclésiastique et devint en 1667 cardinal duc de Vendôme. Il mourut à Aix en Provence (6 août 1669).

[4] Louis-Joseph, duc de Vendôme, est né à Paris le 30 juin 1654. Ses titres précis étaient : grand Sénéchal et gouverneur du pays et comté de Provence (1669), gouverneur particulier des Tours de Toulon, colonel d'un régiment

monté à la dignité de grand prieur de France[1]. Ils vivent tous deux dans une parfaite union et dans une espèce de communauté de biens, de séjours et de plaisir, l'aîné n'étant point marié et, le cadet ne pouvant l'être par sa profession[2]. Ce dernier n'en est pas plus régulier à l'égard des femmes, entretenant depuis quelque temps une des musiciennes françoises de l'Opéra, et pour laquelle il fait beaucoup de dépense. D'ailleurs leur genre ordinaire de vie, et quand ils sont à la cour, est sans l'éclat et sans les suites ou les marques extérieures du rang qu'ils y tiennent après les fils légitimés du Roi régnant et avant les princes étrangers[3]. Ils sont au reste fort aimés et considérés du Dauphin, comme il a été remarqué ci-dessus[4].

d'infanterie, lieutenant général des armées du Roi (1688). Son second, en Provence, était le comte de Grignan qui résiduit, et à Toulon, M. de Courcelles.

[1] Philippe, chevalier de Vendôme, né à Paris le 23 août 1655, chevalier de Saint-Jean-de-Jérusalem : ce fut en 1678 qu'il eut le *grand prieuré de France*. L'ordre de Malte était divisé en huit langues, Provence, Auvergne, France, Italie, Aragon, Castille, Angleterre, Allemagne. La France avait les trois premières provinces auxquelles étaient attachées les dignités suivantes : Grand Prieur de Provence et Grand Commandeur de l'ordre; Grand Prieur d'Auvergne et Grand Maréchal; Grand Prieur de France et Grand Hospitalier. Outre cette dignité, Philippe de Vendôme avait de nombreuses et riches abbayes, la Trinité de Vendôme, Saint-Victor de Marseille, Saint-Honorat de Lérins *(État de la France,* 1689. II, 399).

[2] « Leur union se pouvait appeler identité », dit Saint-Simon (éd. de Boislisle, VI, p. 197), qui raconte comment elle cessa. Le duc de Vendôme, dit Dangeau (I, p. 146), fort riche, avait donné le soin et la disposition de ses affaires au Grand Prieur et à son confident, l'abbé de Chaulieu, par une procuration générale. En 1685, Vendôme avait dû vendre son hôtel patrimonial de Vendôme et le duché de Penthièvre. En 1699, le roi l'engagea à cesser cette communauté où il se ruinait. Les séjours communs des deux frères étaient à Paris, le *Temple,* l'hôtel de Boisboudran où se réunissait une joyeuse société, Chaulieu, la Fare, Courtin; ou *Anet,* le beau château de Diane de Poitiers, qui venait à Vendôme de sa grand'mère (voir Desnoireterres, *les Cours galantes,* I, III, IV). C'était enfin *la Ferté Alais.*

[3] Le rang des princes de Vendôme n'avait pas été bien défini. Henri IV, le 15 avril 1610, avait donné à ses enfants naturels le rang immédiat après les princes du sang et avant les princes étrangers et pairs du Royaume. La déclaration fut enregistrée le 4 mai 1610. Dix jours après, Henri IV mourut, et les Lorrains obligèrent, en prétendant nulle cette déclaration, les Vendôme à n'avoir rang que de ducs et pairs à leur ancienneté de pairie. Et il parut bien que leurs droits leur furent contestés jusqu'en 1694, où les services militaires des deux frères et le désir de Louis XIV de faire un rang au duc du Maine le décidèrent à régler la place de tous ces bâtards (Saint-Simon, de Boislisle, II, 103).

[4] P. 123, note 4.

Les ducs DE LONGUEVILLE, qui descendent du fameux comte de Dunois, fils bâtard du duc d'Orléans, frère du roi Charles VI, tenoient encore le rang des princes légitimés [1]. Le feu duc de Longueville, qui étoit gouverneur de Normandie, avoit commandé l'armée de France en Allemagne dans la grande et longue guerre passée, et été ensuite premier ambassadeur et plénipotentiaire de France aux traités de Münster, et mourut en 1663 [2]. Il n'eut qu'une fille de sa première femme, mariée au feu duc de Nemours et qui est encore en vie, et deux fils de la seconde, sœur du feu prince de Condé [3], dont le cadet, connu sous le nom de comte de Saint-Pol, d'un

Les ducs de Longueville.

[1] Le rang des ducs de Longueville était quelque chose de tout à fait exceptionnel. Ils étaient princes du sang légitimés, quoiqu'ils ne fussent pas de la *famille royale*, c'est-à-dire de la *Branche régnante* (Bezenval, II, 202). L'*Etat de la France* leur reconnait ce rang, pour « les beaux exploits de Jean, fils naturel de Louis de France, contre les Anglais ». Le fils aîné s'appelait toujours comte de Dunois (*Etat de la France* de 1661). Un droit plus précis, plus récent était venu aux Longueville d'ailleurs, du mariage (1563) de Léonor de Longueville avec Marie de Bourbon de Conti, qui leur valut) avril 1571) le rang de prince du sang (voir *Mém.* de Fontenai Mareuil, pp. 290-291).

[2] Henri II d'Orléans, duc de Longueville et d'Estouteville, prince de Neuchâtel, connétable héréditaire et gouverneur de Normandie, né le 27 août 1595, mort le 11 mai 1663. Nommé en 1643 ministre d'Etat par Anne d'Autriche, premier plénipotentiaire en 1645 au Congrès de Münster, où il représenta brillamment la France, tandis que Servien et d'Avaux étaient particulièrement chargés des négociations. Il y emmena l'historien Priolo. (Voir *Journal d'Ogier*, édit. Boppe, Paris, 1893, et Joly, *Voyage de Münster*, 1671.) Sur son rôle pendant la Fronde, dont Spanheim ne parle pas, consulter Chéruel (*Minorité de Louis XIV*, passim ; Duplessis-Besançon, *Mémoires*, éd. H. de Beaucaire, p. 92; Floquet, *Hist. du parlement de Normandie*).

[3] Il avait épousé en premières noces, le 30 avril 1617, Louise de Bourbon-Soissons, sœur de la princesse de Carignan et du dernier comte de Soissons tué à la Marfée (contrat du 5 mars, Héroard, II, 209). Il en eut une fille, Marie d'Orléans-Longueville, née le 5 mars 1625, mariée en 1657 à Henri de Savoie, duc de Nemours, morte le 16 juin 1707. Cette fille fut, de 1694 à 1707, la dernière souveraine française de Neuchâtel (voir Emile Bourgeois, *Neuchâtel et la politique prussienne*, Paris, 1887, p. 11 et ss.) Henri II de Longueville avait épousé en secondes noces, après que sa femme fut morte (9 septembre 1637), la fameuse duchesse de Longueville, Anne-Geneviève de Bourbon-Condé, sœur du grand Condé (1619-1679). Ce mariage (2 juin 1642) lui donna deux fils : Jean-Louis-Charles, comte de Dunois né le 12 janvier 1646 ; Charles Paris, comte de Saint-Pol, né à l'Hôtel-de-Ville le 29 janvier 1649, qu'on disait fils de la Rochefoucauld, alors prince de Marsillac (*Journal de Dangeau*, IV, 446).

rare mérite et d'une valeur extrême pour son âge, fut tué au fameux passage du Rhin en 1672, et dans le temps, comme il a été remarqué ci-dessus, qu'on travailloit sous main, du côté de la France, à le faire élire roi de Pologne en place du roi Michel[1]. Ce même comte de Saint-Pol, et qui portoit déjà le nom de duc de Longueville, depuis la vie religieuse que son aîné avoit embrassée, a laissé un fils naturel de lui et de la maréchale de la Ferté, né durant la vie du maréchal son mari, mais qui, par ses infirmités, n'avoit plus aucun commerce depuis assez longtemps avec sa femme : en sorte que l'aventure fut assez extraordinaire, de voir que le fils dudit duc de Longueville et de cette maréchale, et du vivant de son mari, n'a pas laissé d'être reconnu et légitimé en Parlement sous le nom de chevalier de Longueville[2].

[1] « Il était, dit Saint-Simon, d'une grande espérance (édit. de Boislisle, II, 124); et ailleurs : « On ne vit point d'homme si aimé, si applaudi dans cette jeunesse, si instruit de tout et d'une plus grande réputation de valeur. » Il avait servi en Franche-Comté en 1667, à Candie en 1668, où il était parti comme volontaire avec le duc de Roannez et le fils de Mme de Sévigné (Mme de Sévigné, *Lettres* du 18 août 1668) —Sur son élection au trône de Pologne par les intrigues du parti français contre le roi Michel (voir plus haut p. 184, note 1). Il n'était pas « roi de Pologne élu », comme on l'a dit parfois. Il travaillait à remplacer, quoique ce fût contre le gré de Louis XIV, le roi Michel élu en 1669, appuyé par l'Autriche (Farges, *Instructions aux ambassadeurs de Pologne*, I, 117). Il était devenu duc de Longueville quand son frère, se faisant prêtre en 1669, lui céda l'ainesse et devint l'*abbé d'Orléans*.

[2] Tous les contemporains signalent, comme Spanheim, l'histoire assez étrange de ce chevalier de Longueville. Il était fils de la maréchale de la Ferté Madeleine d'Angennes de la Loupe, née en 1633, morte en 1714. Celle-ci avait épousé en 1656 Henri de la Ferté Saint-Nectaire pair et maréchal de France (1655), gouverneur des Trois Évêchés, de Metz et de Vic, marié alors en secondes noces, et lui avait donné quatre enfants de 1657 à 1665. Pour quelle raison cessa-t-elle un commerce si fécond : fut-ce par les infirmités du maréchal qui avait soixante-dix ans en 1670 ou par la mauvaise conduite de la mère qui n'avait à cette date que trente-six ans? Ce qui est certain, c'est que la sœur de la maréchale était cette comtesse d'Olonne qui faisait grand bruit par ses débordements et sa liaison avec le duc d'Enghien : « C étaient deux femmes les plus décriées pour la galanterie. » Enghien et le comte de Saint-Pol étaient camarades de plaisirs et d'armes, tués ou blessés tous deux au passage du Rhin. C'est peut-être l'explication. (Saint-Simon, édition 1873, X, p. 142 ; *Hist. amoureuse des Gaules*, éd. Livet, II, 413, et la *Relation*, plus haut, p. 184, note 1) Par son testament, le jeune duc de Longueville pria sa mère de

Le frère aîné du défunt, étant d'un esprit imbécile, avoit pris la résolution de se retirer entièrement du monde et d'embrasser la vie religieuse, ce qu'il fit aussi dans l'an 1669, qu'il se retira parmi les Pères de l'Oratoire, en prit l'habit quelque temps après, et l'ordre de prêtrise[1], et y vit encore ; en sorte que, par la mort depuis survenue de son frère cadet sans enfants légitimes, tous les grands biens de cette maison, et parmi lesquels il y a une souveraineté du comté de Neuchâtel en Suisse, doivent passer, après le décès du frère aîné[2], à des familles

faire légitimer son fils naturel, *sans nommer la mère*, dont le mari, maréchal de la Ferté, mort seulement le 27 septembre 1681, vivait encore (Mlle de Montpensier, *Mémoires*, IV, 358). Le Parlement le fit *le 7 septembre 1672*, et Saint-Simon prétend, comme Mlle de Montpensier, que cela *servit ou donna la planche* à la légitimation, en décembre 1678, des enfants de Louis XIV et de la Montespan, qui étaient dans le même cas que le chevalier de Longueville (Saint-Simon, éd. de Boislisle, II, 56 ; VI, 256). Ce chevalier mourut à Philippsbourg en 1692, mais pas aux sièges, qui eurent lieu en octobre 1688 et en 1696. Louis XIV donna ses biens à Condé : Spanheim, en 1690, le cite comme vivant encore, avec raison.

[1] Voir *Gaz. d'Amsterdam* 1694, p. 52. Il y est dit que « ce prince avait eu l'esprit troublé au sortir de la maison des Jésuites où il s'était voulu faire recevoir dans la Société ». Rien ne prouve, comme l'affirme Spanheim, que sa vocation fut un effet de son imbécillité. C'était en 1666 qu'il était devenu novice à Rome : « Le pape le fit prêtre » en 1669, dit Saint-Simon (de Boislisle, II 125). C'est en 1672 qu'il fut enfermé fou à l'abbaye de *Chezal Benoît*, de là transféré à *Saint-Georges* (canton de Ducler près Rouen), où il mourut le 3 février 1694, seulement. Ses biens étaient administrés par le prince de Condé et la duchesse de Nemours, qui se disputèrent la régence de Neuchâtel (voir Em. Bourgeois, *Neuchâtel et la politique prussienne*).

[2] Ce que Spanheim ne pouvait savoir, c'est que le 1er octobre 1668, revenant de Rome, ce frère aîné avait fait à Lyon un testament en faveur de son frère cadet, ou, à son défaut, des princes de Conti, Louis-Armand, premier prince de Conti mort en 1685, et François-Louis, ses cousins germains. Quand ce dernier Longueville mourut en 1694, Conti, le cadet, réclama ses biens contre la duchesse de Nemours et les obtint, en 1696, après un procès célèbre, où elle avait invoqué un testament postérieur de trois ans (26 février 1671, Daguesseau, *Œuvres*, III, 249), en sa faveur. (Voir Saint-Simon éd. de Boislisle, II, 124-226 et le récit du procès, auquel il assista, III, p. 6). Ce que Spanheim savait bien, c'est que d'après la doctrine des jurisconsultes neuchâtelois, la principauté, étant *souveraine*, était *inaliénable*, *successive* et non *patrimoniale*, ne pouvait se transmettre par testament. Elle revenait, à la différence des autres biens des Longueville, aux collatéraux des anciens souverains de la principauté. — Neuchâtel était entré dans la famille d'Orléans-Longueville en 1503, avec François VI, mort sans enfants en 1551, qui la laissa à son cousin Léonor, marquis de Rothelin, duc de Longueville, mort en 1601. Celui-ci eut, de

alliées et parentes de la maison de Longueville, et dont les principales sont celles de Rothelin et de Matignon, en la province de Normandie, et de laquelle, savoir : la dernière, est issue la marquise de Seignelay, femme du ministre d'Etat de ce nom. Et comme ladite maison de Longueville avoit prétendu de succéder dans les droits et l'héritage de la maison de Châlons, de laquelle les princes d'Orange avoient hérité la principauté d'Orange, qui est située au milieu de la France, et autres grandes terres et considérables dans le comté de Bourgogne, dit autrement Franche-Comté, appartenant alors à l'Espagne, de là vinrent les procès que les princes de la maison de Longueville intentèrent là-dessus aux feus princes d'Orange, et qui furent remis sur le tapis depuis quelques années et durant mon dernier séjour en France[1] au nom du duc de

son mariage avec Marie de Bourbon, trois enfants : 1° Henri Ier dont venaient les souverains éteints en 1694; 2° Antoinette d'Orléans, mariée à Charles de Gondi, et dont les descendants étaient, d'une part, Catherine, duchesse de Retz, avec sa fille la duchesse de Lesdiguières, et, de l'autre, le duc de Villeroi, son neveu ; 3° Eléonore d'Orléans, mariée à Charles de Matignon, dont les petits enfants étaient Jacques de Matignon Torigni, né en 1644, et ses filles mariées, la cadette, le 6 septembre 1679, à Seignelay qui l'épousa étant veuf et la laissa veuve le 5 novembre 1690, l'aînée au chevalier de Matignon leur oncle (Mme de Montpensier, *Mémoires*, IV, 516, sur ces mariages). Il y avait en dehors des familles de Gondi et de Matignon, d'autres Rothelin : Henri d'Orléans Rothelin et ses fils. Mais Saint-Simon déclarait, malgré d'Hozier, qu'ils descendaient d'un bâtard de François de Rothelin Orléans Longueville. Le fait est établi. (Le père Anselme, *Hist. généalogique*, I, 224, Saint-Simon, éd. de Boislisle, V, 201.) Tous les droits sur Neuchâtel venaient aux Longueville de ce prince François VI, fils d'un Longueville et de Jeanne de Rothelin, morte le 25 octobre 1548 et dernière héritière de la maison de Baden Hochberg qui posséda le comté de Neuchâtel de 1457 à 1543 (voir Boyve, *Annales historiques de Neuchâtel*; pour toutes ces généalogies, v. p. 134), — et pour le droit à la succession, la consultation du jurisconsulte, chancelier de Neuchâtel, Montmolin, dans Emile Bourgeois (ouv. cité, p. 147).

[1] Ce n'était pas directement de la maison de Chalon-Orange que les princes d'Orange avaient hérité d'Orange et des biens en Franche-Comté et Charolais, mais de cette maison par l'intermédiaire des Nassau. Lorsque *Philibert de Chalon-Arlay*, dont les ancêtres par leur alliance avec la maison des Baux avaient acquis Orange, mourut, dernier mâle de sa race, vice-roi de Naples en 1530, sa sœur Claudine, qui avait épousé Henri III de Nassau mort en 1538, constitua un droit à la succession de Chalon au fils qu'elle avait eu, René de Nassau, mort à Saint-Dizier en 1544. — Mais le droit n'était plus le même,

Longueville susdit, et de la part de son tuteur le feu prince de Condé.

Mais c'est de quoi il y aura lieu de parler plus à fond dans un autre endroit de cette relation, ou dans une information séparée des droits, biens et procès susdits qui concernent la succession du prince d'Orange, aujourd'hui roi de la Grande-Bretagne, et qui regarde S. A. E. et ses sérénissimes descendants à défaut d'enfants qui naissent dudit roi et prince[1].

DES PRINCES ÉTRANGERS ET AUTRES GRANDS SEIGNEURS DE LA COUR DE FRANCE

Les PRINCES ÉTRANGERS, comme on les appelle en France, sont ceux qui, quoique nés François et sujets du Roi, sont issus de maison souveraine hors du royaume, et dont il n'y a plus en France que les princes sortis des deux maisons de Savoie et de Lorraine.

Les princes de Savoie ont été connus en France, dans le siècle passé et dans celui-ci, sous le nom de ducs DE NEMOURS, depuis que Philippe de Savoie, comte de Genevois et fils de Philippe, duc de Savoie, s'établit en France sous François Ier

Des princes de Savoie en France.

lorsque le neveu de René, Guillaume le Taciturne, qui ne tenait en rien aux Chalon, étant Nassau simplement, réclama et reçut leur héritage, Orange et un dixième de la Franche-Comté. Les représentants des maisons qui avaient régné à Neuchâtel, les Fürstenberg, héritiers des anciens comtes de Fribourg; les Longueville, représentants des Rothelin, firent valoir leurs droits, sans succès, mais ne les abandonnèrent jamais. En 1684, le prince d'Isenghien, contre une créance qu'il avait sur les princes d'Orange, acquérait les terres de Franche-Comté, et son fils devait épouser en 1700 une petite nièce de Furstenberg pour recueillir leurs droits (Saint-Simon, éd. de Boislisle, X, p. 138). En 1702, la principauté d'Orange fut attribuée par Louis XIV au prince de Conti.

[1] Il est intéressant de voir Spanheim, dès cette époque, serviteur du Brandebourg, se préparer et préparer son maître, neveu de Guillaume III, à recueillir l'héritage de Neuchâtel, Orange et Franche-Comté, que le roi d'Angleterre allait lui attribuer par acte du 23 octobre 1694. (Voir Em. Bourgeois, *Neuchâtel et la politique prussienne en Franche-Comté*, p. 23.)

Des ducs de Nemours.

et en fut investi du duché de Nemours[1]. Mais cette branche se trouve à présent éteinte depuis la mort des deux derniers ducs de Nemours frères, dont l'aîné, qui fut tué en duel par le duc de Beaufort, son beau-frère, à Paris, en 1652, ne laissa que deux filles : l'aînée, qui est encore en vie, épousa le feu duc de Savoie, et la cadette successivement les deux rois de Portugal frères[2]. Pour l'autre, frère du duc susdit, et qui porta le nom de duc de Nemours depuis la mort de son aîné, il avoit épousé la fille du feu duc de Longueville [3], laquelle est encore en vie, sous le nom de duchesse douairière de Ne-

---

[1] Philippe de Savoie était le troisième fils de Philippe de Savoie et de Claudine de Brosse, né en 1490, frère de Charles III, duc de Savoie, et de Louise de Savoie, mère de François Ier. Pourvu à cinq ans de l'évêché de Genève, et servant cependant dans les armées de Louis XII à Agnadel, il résigna son évêché en 1510 pour devenir comte de Génevois (Annecy). En 1528, François Ier qui voulait s'attacher son oncle, lui remit le duché de Nemours qui avait été réuni à la couronne après la mort de Gaston de Foix (1512). Philippe de Savoie avait épousé Charlotte d'Orléans, fille du duc Louis de Longueville : le fils de ce mariage né en 1531, général au service de la France, y fit fortune pendant les guerres de religion, dans le parti des Guise.

[2] Charles-Amédée de Savoie-Nemours, né en avril 1624, marié le 11 juillet 1643, à Elisabeth de Vendôme, petite-fille de Henri IV et de Gabrielle d'Estrées, sœur du duc de Beaufort qui le tua en duel, le 30 juillet 1652, pour une question de préséance (Mlle de Montpensier, *Mémoires*, II, 129). Il laissait deux filles : 1° Marie-Jeanne-Baptiste, Mme *Royale*, mariée le 11 mai 1665 à Charles-Emmanuel II, duc de Savoie, mort le 22 juin 1675. (Sur cette princesse, consulter Roussel, *Louvois*, III, 75.) 2° Marie-Françoise-Elisabeth, Mlle *d'Aumale*, mariée successivement (18 juin 1666) à Alphonse VI de Portugal, ensuite, comme il était fou et qu'il n'y avait pas eu mariage, à son frère Don Pedro (28 mars 1668), régent de Portugal, puis roi à la mort d'Alphonse VI (12 septembre 1683). (Mlle de Montpensier, *Mémoires*, IV, 36, et plus haut, p. 197, note 1.) Par ces deux mariages, la branche aînée de Nemours retourna en Savoie et en Portugal pour y constituer des familles royales « dont (de Gabrielle d'Estrées) descendent, dit plaisamment un auteur, presque tous les souverains d'Europe et Louis XV ».

[3] La mort de Charles-Amédée changea la vie de son frère Henri, né en 1625. Il avait étudié pour être homme d'Eglise. Cela convenait à sa santé qui était faible. Il était devenu en 1651 archevêque de Reims, *M. de Reims*. Il quitta l'Eglise pour recueillir le duché de son frère, épousa Marie d'Orléans-Longueville, belle-fille de la fameuse duchesse de Longueville, la plus riche héritière de France après Mlle de Montpensier (22 mai 1657). Il prit la fièvre le lendemain de son mariage et n'eut pas un moment de santé jusqu'à sa mort (1659). (Montpensier, *Mémoires*, III, 94). — Il y avait eu deux autres frères de ces deux princes, morts tous deux en bas âge.

mours¹, et mourut sans enfants en 1659 : en sorte que cette branche des ducs de Nemours, comme je viens de dire, se trouve entièrement éteinte.

Mais il y en eut un autre de la même maison de Savoie qui s'établit en France sous la fin du dernier règne, et qui y subsiste encore : ce fut le prince THOMAS DE SAVOIE, fils de Charles-Emmanuel, duc de Savoie, et de la duchesse, fille de Philippe II, roi d'Espagne, et frère du feu duc de Savoie grand-père de celui d'aujourd'hui, et qui avoit épousé, dès l'an 1624, une princesse du sang de France, sœur du comte de Soissons tué en la bataille de Sedan, en 1641, et qui a été connue depuis sous le nom de princesse de Carignan, dont il a été parlé ci-dessus². Ce prince Thomas, son époux, après avoir porté les armes en Italie pour les intérêts de l'Espagne, s'en étant détaché et ayant embrassé le parti de la France, en obtint, entre les autres conditions, celle qu'il tiendroit le premier rang en France après les princes du sang, sous le nom de prince de Carignan, qu'il a porté depuis, et que son second fils porteroit le nom de comte de Soissons, qu'il tiroit du côté de la princesse de Carignan, sa femme qui étoit, comme on a vu ci-dessus, princesse du sang de France. Il fut honoré ensuite de la charge de grand maître de la maison du Roi, dont le feu prince de Condé se trouvoit alors dépouillé par sa retraite dans le parti d'Espagne et les armes qu'il y portoit actuellement contre la France³. Le prince Thomas susdit ou de Carignan étant mort en 1656, au siège de Pavie, où il commandoit l'armée de France, il laissa deux fils : l'aîné, Emmanuel-Philibert, né sourd et muet, et qui est

Du prince Thomas de Savoie ou de Carignan.

---

¹ Sur cette duchesse de Nemours, morte en 1707 qui fut la dernière des Longueville, comme son mari était le dernier des Nemours, voir plus haut, p. 215, note 2. Sur sa vie, ses procès, sa mort qui donna lieu à la succession de Neuchâtel, consulter Saint-Simon (éd. de Boislisle, II, 225, III, p. 6. — éd. 1873, V. p. 279 et ss.). Elle a laissé des *Mémoires sur la Fronde* publiés en 1709.

² Ci-dessus, p. 203.

³ Sur ce prince, consulter p. 205, note 1.

resté à Turin, à la cour de Savoie où il n'a pas laissé de se marier, contre l'attente de ceux de sa famille qui sont en France, même à l'insu de la cour de France, et d'épouser une princesse de la maison de Modène depuis quelques année en ça. Le Roi se crut en droit d'en témoigner quelque ressentiment, et d'obliger le duc de Modène d'éloigner pour quelque temps, de sa cour et de sa faveur, un prince de sa maison qui avoit été l'entremetteur de ce mariage [1].

Des comtes de Soissons descendants du prince Thomas.

Le comte DE SOISSONS Eugène-Maurice, second fils du prince Thomas susdit, resta en France et fut revêtu des charges de colonel général des Suisses et Grisons et du gouvernement de Champagne [2]. Il épousa en 1657 une Mancini, nièce du cardinal Mazarin, et qui se trouve présentement à la cour d'Espagne, après avoir été obligée de sortir de la cour de France au sujet d'une intrigue où elle entra, dès l'an 1668, avec le marquis de Vardes, capitaine alors des Cent-Suisses, dans la vue de brouiller le Roi avec sa maîtresse, qui étoit alors la duchesse de la Vallière, et de mettre une autre à sa place [3]. Au reste,

---

[1] Sur les enfants de la princesse de Carignan, consulter plus haut p. 203, note 4. Pour le portrait d'Emmanuel-Philibert, sa vie, l'histoire de son mariage avec une *Este Modène*, fille du marquis de Scandiano, consulter Saint-Simon (éd. 1873, VI, 394; de Boislisle, X, 260, note 5 (et surtout Roussel), *Louvois*, III, 283; 11 nov. 1684).

[2] Sur ce prince et son mariage, sa mort qui fut attribuée à un crime de sa femme, voir p. 203 (note 4).

[3] Les histoires d'Olympe Mancini seraient trop longues à conter. Son mariage avec le comte de Soissons était du 20 février 1657. En 1661, elle avait une véritable cour de jeunesse joyeuse, où le roi fréquentait assidûment. Jalouse en 1662 de l'autorité que prenait Mlle de la Vallière, elle imagina, avec de Vardes, de fabriquer une lettre que de Guiches traduisit en espagnol, et qu'on expédia comme d'Espagne à la reine, pour l'informer des infidélités du roi. La reine dit tout à Louis XIV, qui ne put découvrir les auteurs et frappa le duc et la duchesse de Navailles sur un soupçon (1663). En 1665, Henriette d'Angleterre, qui paraît avoir trempé dans le complot, s'étant brouillée avec la comtesse de Soissons, la dénonça au roi. De Vardes fut envoyé à Montpellier, obligé de se démettre de sa charge. La comtesse de Soissons fut chassée en 1665 et non en 1668, mais il ne semble pas qu'elle soit alors sortie de France définitivement. Elle resta jusqu'en 1680 surintendante de la maison de la reine, après avoir été accusée d'empoisonnement sur son mari (1674). Ce fut

ledit comte en a eu plusieurs enfants, et dont l'aîné se trouve appelé de même comte de Soissons depuis la mort du père, décédé en 1673[1].

Ce dernier, qui est à présent le chef de la branche des princes de la maison de Savoie en France, et qu'on y appelle assez souvent du seul nom de MONSIEUR LE COMTE, s'est contenté d'épouser par inclination une simple demoiselle qui étoit fille d'honneur de Madame et s'appelle Mlle de Beauvais, et dont il a déjà des enfants[2]. Ce mariage, qui se fit en cachette et à l'insu de la cour et de la princesse de Carignan, sa grand'mère, fut enfin déclaré, et avec le consentement du Roi, en 1684, malgré toute l'opposition de ladite princesse, qui, jusqu'à mon départ de France, n'a jamais voulu recevoir en grâce ledit comte son petit-fils, ni abandonner en apparence le dessein de le déshériter. Ce qui fait que ce même comte est assez mal partagé jusques ici des biens de la fortune, n'a pas de quoi soutenir la dignité de sa naissance et de son rang, ne subsiste que par quelques pensions que le Roi lui donne et dont même il est assez mauvais ménager[3]. Il ne laissa pas, dans la dernière promotion de chevaliers de l'ordre du Saint-Esprit, qui fut faite sur la fin de l'année 1688, de refuser honnêtement d'en être,

pour avoir été impliquée dans l'affaire des poisons qu'elle se sauva et passa à Bruxelles et à Madrid (*Journal d'Olivier d'Ormesson*, 15 mars 1665, le plus clair pour l'histoire de la première intrigue. — Mlle de Montpensier, *Mémoires*, IV, 119, pour la seconde; et enfin Mme de Sévigné, Lettre du 30 janvier 1680; Rousset, *Louvois*, II, 568).

[1] 7 juin 1673, à Unna en Westphalie : sur sa mort, voir Saint-Simon, éd. de Boislisle, X, 259, note 8.

[2] La liste de ces nombreux enfants, dans Saint-Simon, (*ibid.*, X, p 508).

[3] Sur la vie de ce prince, qui, depuis son mariage avec Uranie de la Cropte-Beauvais, fut un vrai roman, et sur ses querelles avec sa grand'mère, consulter la longue et substantielle notice de M. de Boislisle (Saint-Simon, X, 539). Mme de Sévigné l'appelle le chef d'une de ces petites branches « qui n'avaient pas de souliers » (*Lettres*, VI, 231). Sa pauvreté s'était accrue par l'exhérédation (3 mars 1683) de son aïeule, la princesse de Carignan : le jeu et la débauche avaient mis beaucoup de désordre dans ses affaires (Saint-Simon, *Écrits inédits*, VII, 286) (voir dans Boislisle la liste des gratifications royales, pp. 555, 558, 559). Telle était sa vie jusqu'au temps où Spanheim la décrivait si exactement, plus aventureuse encore après : il était alors brigadier d'infanterie, colonel du régiment de Carignan.

pour n'être pas obligé de marcher après le duc de Vendôme en suite du règlement qui a été fait sous ce règne en faveur des enfants légitimés de France ou de leurs descendants, d'avoir rang et séance avant les princes étrangers, et suivant qu'il en a été parlé ci-dessus[1]. Au reste, ce comte de Soissons a encore deux frères : l'un qui est resté en France, et qu'on appelle le prince PHILIPPE, et l'autre, le prince EUGÈNE DE SAVOIE, qui, s'étant attaché à la disgrâce de la comtesse sa mère, passa en Espagne, où elle étoit, et de là à Vienne, au service de l'Empereur, où il est encore, et où il a su s'y faire distinguer par sa valeur et par son attachement audit service. Il en a donné encore des preuves récentes l'an passé, au dernier siège de Mayence, où il fut dangereusement blessé et en sorte qu'on ne croyoit pas qu'il en réchapperoit comme il a fait.[2]

Des princes de la Maison de Lorraine.

Les princes de la Maison de Lorraine qui se trouvent aujourd'hui en France y sont bien déchus de l'état et de la considération où y étoient leurs prédécesseurs dans le siècle passé, qui, après y avoir tenu les premiers postes et dans la cour et dans l'Etat, et dans l'Eglise et dans les armées, y

---

[1] Mme de Sévigné a raconté cette scène (*Lettres*, VII, 296, 297) en parlant comme Saint-Simon, non de Vendôme, mais des ducs d'Elbeuf. Saint-Simon écrit d'après les registres de l'Ordre (additions à Dangeau, t. I, n° 6, p. 321). Dangeau parle, comme Spanheim, des Vendôme (II, 221). La scène était du 2 décembre 1688, toute fraîche encore dans la mémoire de notre auteur.

[2] Sur ces frères qui étaient plus nombreux, le chevalier de Soissons, mort en 1683 à Vienne d'une chute de cheval, le comte de Dreux mort en 1676 à quatorze ans, voir plus haut, p. 223, note 3. — Le prince Philippe, né en 1661, filleul de Monsieur, chevalier de Malte et pourvu d'abbayes, Saint-Pierre de Corbie, Saint-Médard de Soissons, quoique très débauché, était sorti de France en 1680, mais il y était revenu en 1688, par la faveur de son frère, le comte de Soissons (Dangeau, I, 242-257). Il y mourut en 1693. — Le prince Eugène, titré *abbé de Savoie* en 1679, resta d'abord après la disgrâce de sa mère à Paris, mais n'obtenant pas de Louis XIV le droit d'acheter une compagnie, il alla en demander une à l'Empereur le 7 juillet 1683. En 1684, il visitait à Turin le duc de Savoie, qui l'équipa ; il y retourna pour le détacher de la France en 1687-1689. — Le siège de Mayence (17 juillet, 9 septembre 1689), qui se termina par la capitulation du maréchal d'Huxelles, fut la revanche de la prise de Philippsbourg (Rousset, *Louvois*, IV, 224).

devinrent les chefs de la Ligue, les compétiteurs de leur roi, et les prétendants à la couronne, qu'ils disputèrent et furent sur le point d'enlever au grand-père du Roi d'aujourd'hui. Ce qui ne put aussi que porter le Roi son fils et le Roi régnant, Louis XIV, de même que leurs premiers ministres, à abaisser les princes de cette maison et les mettre hors d'état de se rendre à l'avenir redoutables à leurs rois et de faire plus renaître de pareilles prétentions[1]. A quoi a concouru[2] la conduite du feu duc de Lorraine, chef et le souverain de cette maison, et le sujet ou le prétexte que la France en a pris de le dépouiller de ses Etats, de se les approprier, et qu'elle retient encore sur son successeur, le duc de Lorraine, son neveu. Ce qui n'a pu que contribuer à diminuer l'appui et la considération que les princes de cette maison, d'ailleurs nés françois et sujets du Roi, ne pouvoient que tirer du voisinage du chef et du souverain de leur maison. Il est vrai que la considération des princes susdits pensa se rétablir par l'accord fait à Paris avec le feu duc de Lorraine, depuis son rétablissement et la paix des Pyrénées, par lequel, en récompense de la cession qu'il offroit de son duché de Lorraine, entre les autres conditions, on promettoit du côté du Roi aux princes de sa maison et établis en France de les reconnoître pour princes du sang, leur donner le premier rang après ceux de la maison et du sang de Bourbon,

---

[1] Tout ceci s'applique à la famille des Guise dont Spanheim va parler comme de la première branche des *Lorrains*. C'est l'expression courante aux XVIe et XVIIe siècles pour les désigner : « Pour les Lorrains, dit Saint-Simon *(les Duchés de Guise et de Mayenne : Ecrits inédits*, t. V, et III, p. 284, 294); ils triomphaient ». Il dit aussi les Lorraines, *Ibid.*, VI, p. 14. Sur leur puissance, voir encore Saint-Simon, de Boislisle, V, 270.

[2] C'est-à-dire l'attitude du feu duc de Lorraine, qui contribua à abaisser ce qui restait de Guise en France, Charles IV de Lorraine, 1624-1675, ami de tous les partis, fidèle à aucun, souvent dépouillé de ses Etats, puis les reprenant, tantôt en France avec les rebelles, puis à la Cour, etc. (Saint-Simon, de Boislisle, IV, p 332). Dès le début de son règne, il avait pris parti contre Richelieu et Louis XIII avec Gaston d'Orléans, et provoqua la vengeance de la France qui convoitait d'ailleurs ses Etats (1625-1632). Prisonnier, délivré, il reprit la guerre en 1634 jusqu'en 1644. Le traité des Pyrénées lui avait rendu ses Etats, à condition qu'il démantelât ses forteresses et licenciât ses troupes. La convention de Vincennes (1660) lui avait en outre rendu le Barrois.

et les déclarer habiles à succéder à la couronne au défaut que ceux-là vinssent à manquer[1]. Mais, comme ce traité n'eut point de suite, la condition susdite, qui trouvoit d'ailleurs bien des obstacles, et qu'on jugeoit tirer après soi de grands inconvénients pour la France et la maison royale, n'eut aussi aucun effet. A quoi on peut ajouter en dernier lieu que d'un côté la mort et l'extinction des princes de la première branche de cette maison de Lorraine qui étoit établie en France et y avoit toujours le plus brillé, savoir : des ducs de Guise, et d'autre part le nombre des princes qui y restent encore de deux autres branches, avec peu de biens que ceux qu'ils tirent des bienfaits du Roi ou de Monsieur, que tout cela, dis-je, ne peut encore que contribuer à en affoiblir le crédit et la considération où on a vu leurs prédécesseurs en France.

De la branche du duc de Guise.

A l'égard de la branche aînée susdite, appelée des ducs de Guise[2], elle se trouve éteinte par la mort du petit duc de Guise, décédé en 1675, et né en 1670 du mariage du feu duc de Guise son père[3], le dernier prince de cette branche, avec Mlle d'A-

---

[1] Le traité de *Montmartre* (6 février 1662) a été très bien défini par Spanheim : on y a vu une singulière faiblesse de Charles IV. Il sacrifiait ses héritiers, a-t-on dit : cela n'est point exact. Il les plaçait au premier rang en France. Il leur rendait les espérances que les Guise avaient formées au xvi siècle. Il leur préparait peut-être la fortune qu'ils allèrent chercher et qu'ils trouvèrent au xviii° siècle en Autriche. Ce fut l'opposition des princes du sang, des princes étrangers représentés par Turenne, alors en pleine faveur, qui empêcha l'exécution de ce traité dont les conséquences eussent été si considérables (voir d'Haussonville, *Réunion de la Lorraine à la France*, t. II; Rousset, *Louvois*, I, pp. 295-296). Spanheim a bien vu la portée et l'histoire de cette négociation, capitale pour les Lorrains et pour la France. Le traité de Montmartre avait été vérifié au Parlement, mais il ne fut pas exécuté.

[2] Dans l'*Etat de la France* (1689, p. 765), la première branche est celle de Lorraine proprement dite, la branche de Guise ne vient qu'au second rang. Spanheim, employé au service de l'Allemagne, considère que cette maison de Lorraine n'était plus comme on disait : « *habituée en France* », mais une maison souveraine d'Empire. La différence est importante à noter.

[3] Louis-Joseph de Lorraine, duc de Guise, né le 7 août 1650, marié le 15 mai 1667 (Mlle de Montpensier, *Mémoires*, IV, 44), à Elisabeth d'Orléans fille de Gaston d'Orléans, *Mademoiselle d'Alençon*, mort à Paris de la petite vérole, le 31 juillet 1671, au retour d'un voyage en Angleterre. De ce mariage étaient nés un fils

lençon, fille du feu duc d'Orléans, et de laquelle il a été parlé ci-dessus parmi les princesses de la maison royale[1], et lequel duc mourut en 1671. Mlle de Guise, sa tante, qui restoit la seule princesse en vie de la même branche, et ainsi l'héritière de ses terres et de ses biens, mourut en 1686, et par où toute cette branche aînée de la maison de Guise se trouve présentement entièrement éteinte, tant du côté des princes que des princesses qui en étoient sortis[2]. Il est arrivé la même chose d'une autre branche sortie de la maison de Guise, et éteinte aussi par la mort du duc de Chevreuse, décédé en 1657[3].

Après quoi, il ne reste maintenant en France que des princes des deux branches cadettes de la maison de Lorraine, savoir : d'Elbeuf et d'Armagnac, et dans lesquelles sont compris ceux

François-Joseph, le 28 août 1670, et un autre enfant, avant terme, quelques jours avant la mort du père (Mlle de Montpensier, *Mémoires*, IV, 302). « C'était, disait sa tante, un enfant malsain, tout misérable, qui se soulevait à peine. » Il mourut le 16 mars 1675, Mademoiselle a raconté ses derniers moments, et l'âpreté de Mademoiselle de Guise à réclamer les biens des Guise (IV, 271).

[1] p. 173 et les notes.
[2] Sur cette princesse, née le 15 août 1615, de Louis de Lorraine, comte de Joyeuse, grand chambellan, qui mourut en 1654, et de la duchesse d'Angoulême, sœur de ce duc de Guise qui espéra un moment être roi de Naples et a laissé des Mémoires, morte le 3 mars 1688 et non 1686, « qui avait vécu fille avec tant de splendeur », consulter Saint-Simon, de Boislisle, II, 196, et surtout III, p. 61. « C'était une personne de beaucoup d'esprit et de desseins, fort digne des Guise, ses pères. Elle avait perdu ses quatre frères, qui ne laissèrent que ce pauvre enfant misérable, mort en 1675. » (Voir Saint-Simon, *Écrits inédits, Duchés-pairies éteintes*, t. V.) « Elle s'était soumis, dit encore Saint-Simon, toute la maison de Lorraine » (III, 61).
[3] Ce fut le second mari de la duchesse célèbre de Chevreuse. Il était le quatrième fils, né le 5 juin 1578, du duc de Guise, Henri Ier le Balafré : Claude d'abord prince de Joinville, duc de la pairie de Chevreuse, qu'il avait reçue de son oncle le cardinal de Lorraine et fait ériger lui-même en 1612 en pairie. Il avait épousé le 19 avril 1622 Marie de Rohan Montbazon, veuve du connétable de Luynes. Grand fauconnier, grand chambellan, ambassadeur extraordinaire en Angleterre (1625), il avait suivi sa fortune et subi la domination de ses intrigues. Elle ne lui donna que des filles, Mlle de Chevreuse (1627-1652), la maîtresse du cardinal de Retz, l'abbesse de Pont-aux-Dames, l'abbesse Henriette de Lorraine, de la Ferté-sous-Jouarre, qui vivait encore en 1690. — Elle paraît avoir préféré son fils du premier lit, Albert de Luynes, né en 1620. Quand son mari fut mort, 24 janvier 1657, la pairie et la branche s'éteignirent. Mais en 1663, le duché de Chevreuse, comme reprise de la duchesse, lui fut attribué et passa à la maison de Luynes (Saint-Simon, *Écrits inédits*, t. VI).

qui portent le nom de princes, de comtes, de chevaliers et d'abbés[1] d'Harcourt.

De la branche lorraine d'Elbeuf.

La branche d'Elbeuf se réduit aujourd'hui au duc d'Elbeuf, au prince d'Harcourt, son neveu, fils de son frère puîné, au prince de Lislebonne, son frère cadet, et à leurs enfants.

Le duc D'ELBEUF, qui se trouve chef à présent de la maison de Lorraine en France, âgé d'environ soixante-dix ans, gouverneur de Picardie et du comté d'Artois, a des enfants de trois femmes qu'il a eues de suite, et dont la dernière, fille du feu duc de Navailles, et qu'il épousa en 1685, est encore en vie[2]. La princesse de Vaudémont est sa fille du premier lit, et le prince d'Elbeuf, son fils du second, qui a la survivance du gouvernement de Picardie[3]. Mais ni le père, ni le fils ne sont guère

---

[1] Ces quatre titres sont ainsi au pluriel dans le manuscrit [*A*].

[2] CHARLES III DE LORRAINE, duc d'Elbeuf, était le petit-fils de Gabrielle d'Estrées et d'Henri IV par sa mère, Catherine-Henriette de Vendôme, mariée en 1619 à Charles II, duc d'Elbeuf, qui descendait lui-même du fondateur de la maison de Guise, Claude de Lorraine. Il était né en 1620 et s'était marié trois fois : 1° Le 7 mars 1648 avec *Anne-Elisabeth de Lannoy*, veuve du comte de la Roche-Guyon, morte en 1654 des mauvais traitements de son mari. De ce mariage, deux enfants vivants : la princesse de Vaudémont, née le 6 août 1649, dont il a été parlé plus haut (p. 76, note 1); un fils né en 1650, Charles de Lorraine, chevalier de Malte, qui mourut en 1709; « il avait tremblé toute sa vie et s'était retiré au Mans » (Saint-Simon, 1873, VI, 248); — 2° En mai 1656 à *Elisabeth de la Tour-d'Auvergne*, sœur du duc de Bouillon, la nièce de Turenne, morte en 1680. De ce mariage il eut : Marie-Éléonore, née le 24 février 1658, religieuse au faubourg Saint-Jacques et qui vivait encore en 1718 (Saint-Simon, éd. 1873, XIV, 334) ; Françoise-Marie, née le 5 mai 1659, religieuse aussi; Henri de Lorraine, né le 7 août 1661 et devenu par la renonciation de son aîné, duc d'Elbeuf et chef de la maison; Louis de Lorraine, né le 8 septembre 1662, abbé d'Orcamps, l'abbé de Lorraine; enfin Emmanuel-Maxime, né en décembre 1677, destiné à l'Eglise, le dernier duc d'Elbeuf, mort en 1763 seulement (Saint-Simon, éd. de Boislisle, XIII, 333); — 3° le 25 août 1684 et non 1685, à *Françoise Montaut*, Mlle de Navailles, fille d'honneur de la Dauphine, morte en 1717 seulement (Dangeau, I, 46). De ce mariage il eut : Suzanne-Henriette, née le 1er février 1686, mariée le 8 novembre 1704 à Charles IV, duc de Mantoue, et une autre fille, abbesse de Saint-Saens. Charles III d'Elbeuf mourut enfin, le 4 mai 1692, après ces trois mariages.

[3] Le duc d'Elbeuf, le père, tenait depuis longtemps le gouvernement de la Picardie, héréditaire dans la famille. Son mariage avec la fille du comte de Lannoy lui procura le gouvernement particulier de Montreuil. Il y joignit plus

considérés à la cour de France par leur mérite personnel, ni par une conduite qui soutienne la grandeur de leur naissance, quoique le fils ne manque pas de courage, mais qu'il n'emploie pas comme il faut. Le père vient rarement en cour et n'y est en aucune estime[1].

Le prince D'HARCOURT, neveu du duc d'Elbeuf[2], est bien fait

tard les gouvernements d'Artois et de Hainaut (Saint-Simon, éd. 1873, VI, 247). Sur l'*État de la France* (1679), le père et le fils sont nommés comme gouverneurs tous deux de Picardie, et de même, quand celui-ci fut mort, son fils, et son petit-fils en 1705 (Saint-Simon, éd. 1873, IV, 236). *Henri d'Elbeuf*, le fils, était en outre entré au service et allait être fait maréchal de camp en avril 1691 et lieutenant général en 1696 (voir Saint-Simon, édition de Boislisle, I, 46). On le voit, comme le dit Spanheim, toujours au service depuis 1690 et prêt à toutes les besognes difficiles.

[1] Le père et le fils avaient très mauvais caractère. Ils étaient d'humeur querelleuse, en lutte dès 1658 avec le duc d'Aumont, à qui ils disputaient le gouvernement du Boulonnais (Montpensier, *Mémoires*, III, 268). Ils le lui disputaient encore en 1705 (Saint-Simon, éd. 1873, IV, 236), toujours prêts aux duels, qui déplaisaient à Louis XIV. Saint-Simon raconte une anecdote qui prouvait la brutalité du père : il battit sa première femme, enceinte, au point qu'elle en faillit mourir et que son fils « le Trembleur » en resta malade toute sa vie (éd. 1873, VI, 247). C'était un sauvage. Le fils, toujours querelleur, avec Vendôme, Montmorency *(ibid.*, II, 102); Villeroi *(ibid.*, II, 245), feignait d'être amoureux de Mme de Villeroi, nouvellement mariée, pour irriter le mari (1695). « C'était un homme dont l'esprit audacieux se plaisait à des scènes éclatantes », et avec cela de très mauvaises mœurs. « Il était le fléau des familles », dit Mme de Caylus *(Souvenirs*, p. 489). Son plus jeune frère, Emmanuel-Maurice, fut encore pire : en 1706, Louis XIV le fit pendre en effigie (Saint-Simon, éd. de Boislisle, XIII, 333). Ce qui déplaisait le plus à Louis XIV dans le duc d'Elbeuf, c'était les relations de sa famille avec l'Espagne : son gendre, le prince de Vaudémont, son fils, étaient passés au service de l'Espagne et combattaient la France. Ce fut la raison principale de sa retraite : il tenait trop à la Fronde et la rappelait au roi.

[2] On ne voit pas pourquoi Spanheim ne nomme pas le père de ce prince, *François de Lorraine*, comte d'Harcourt, de Rochefort, frère du précédent duc d'Elbeuf et fils comme lui de Charles II d'Elbeuf, petit-fils de Gabrielle d'Estrées, né en 1623, mort le 27 juin 1694.— Quant au prince *Alphonse-Henri-Charles*, né en 1648, il n'avait pas d'emploi parce que, de la même humeur que les autres Elbeuf, il avait eu de bonne heure des démêlés avec la justice royale. En 1666, il faillit être saisi par les Grands Jours de Languedoc : « un vrai bandit », dit Saint-Simon; en 1667, il débutait au siège de Lille. Il avait suivi le roi en Franche-Comté et aux Pays-Bas, dit Saint-Simon (édition de Boislisle, X, 362). En 1679, le 19 septembre, le roi lui confia l'honneur de conduire, en qualité d'ambassadeur extraordinaire, la jeune reine d'Espagne Marie-Louise d'Orléans à Burgos (Morel Fatio et Léonardon, *Instructions aux ambassadeurs d'Espagne*, I, 295). Sa relation a été publiée par de Barthélemy,

de sa personne, et qui a fait paroître son adresse dans les exercices et les courses de bagues. D'ailleurs, comme il se trouvoit sans emploi considérable en France depuis ces dernières années, il est passé au Levant, au service des Vénitiens, et a signalé son courage au dernier siège de Négrepont, où il fut blessé. Il se trouvoit encore dans ce service à mon départ de France où je viens d'apprendre qu'il est retourné. La princesse d'Harcourt, sa femme, est de la maison de Brancas, y étoit restée[1], a été une des dames du palais de la feue Reine, et suit ordinairement la cour, où elle est bien vue par son mérite particulier et la réputation où elle est de femme dévote et régulière.

Le prince DE LISLEBONNE, frère cadet du duc d'Elbeuf susmentionné, s'est fait considérer dans les guerres passées de la France contre l'Espagne, et où il a encore servi en qualité de lieutenant général dans la campagne de Lille, en 1667[2]. Il venoit aussi de commander les troupes du feu duc

les *Amis de M*^{me} *de Sablé*, pp. 377-381. Au retour il eut de nouveau des ennuis en Normandie avec la justice royale (octobre 1682. De Sourches, I, 151), revint servir comme aide de camp de Monseigneur et s'engagea alors au service des Vénitiens en 1688 (Dangeau, II, 148, 198, 229). Il s'illustra et fut en effet blessé au siège de Négrepont : il arriva quand la Morée était déjà conquise par Morosini et l'aida à occuper la Grèce continentale. Suivant Saint-Simon, il ne serait revenu en France qu'en 1699, à la paix (Saint-Simon, éd. de Boislisle, X, 363). Dans le même passage, Saint-Simon le peint comme « un homme bien fait, mais grand dépensier, grand escroc et d'une crapule obscure » (Saint-Simon, *Écrits inédits*, t. VIII).

[1] *Marie-Françoise de Brancas* avait été mariée au comte de Montlaur, prince d'Harcourt, le 21 février 1667. Elle avait fait beaucoup parler d'elle par sa beauté et sa conduite (Choisy, *Mémoires*, éd. Lescure, II, 112 ; Mme de Motteville, II, 178) avant son mariage qui fut très malheureux. « Elle y reste », dit Spanheim, c'est-à-dire dans la maison paternelle, où son mari l'abandonna presque toujours, attachée par son père à Mme de Maintenon : *cette furie blonde*, comme l'appelle Saint-Simon (X, 367). Elle profita de la faveur de Mme de Maintenon, fit *la dévote* (Mlle de Montpensier, *Mémoires*, IV, 488) et par sa piété apparente (Caylus, *Souvenirs*, 500) fut de « toutes les Marlys, intrigante et brutale ». Saint-Simon a fait d'elle un portrait peut-être chargé (X, 365 et suivantes). Il fallait pourtant qu'elle eût un mérite particulier, comme dit Spanheim, pour « s'être fait craindre à la cour et ménager jusque par les princesses et les ministres ».

[2] *François-Marie de Lorraine*, comte et prince de Lislebonne, damoiseau de Commercy, né le 4 avril 1627, encore un petit-fils de Henri IV, étant le dernier

de Lorraine au Palatinat, et qu'il y avoit menées en suite de l'association de ce duc avec les électeurs ecclésiastiques et autres ligués contre l'électeur palatin Charles-Louis, au sujet de l'affaire de Wildfang[1]. Et, quoiqu'elle parût vidée par le Laudum suivi à Heilbronn au commencement de l'an 1667, et par l'évacuation qui l'avoit précédé des troupes lorraines hors du Palatinat; au sujet de quoi j'avais eu la commission de la part de l'Électeur susdit d'en traiter et convenir à leur camp près de Gemersheim avec ledit prince de Lislebonne et même de les conduire, comme je fis, hors du Palatinat avec un commissaire de guerre de l'Électeur qui m'y était adjoint[2]; la guerre ne laissa pas de recommencer entre le même électeur et le duc de Lorraine vers la fin de l'été de l'an 1668, qui fut suivie d'un combat, proche de Bingen, entre les troupes palatines et lorraines, celles-là commandées par le général Chauvet, et celles-ci par ledit prince de Lislebonne, qui en remporta l'avantage[3]. Comme cette guerre n'eut pas de suite,

---

fils de Charles II d'Elbeuf. Il était lieutenant général en 1651. Il avait alors été chargé de commander les troupes de Charles IV de Lorraine dont il avait épousé (7 octobre 1660) la fille naturelle, *Anne de Lorraine Cantecroix*, qui lui apporta une grosse dot. S'il servit dans la campagne de Lille (mai 1667), ce fut à la tête de ces troupes lorraines que Louis XIV avait engagées. Il quitta alors le service de la France (Saint-Simon, éd. de Boislisle, I, 253; Rousset, *Louvois*, t. I, 296).

[1] L'électeur palatin Charles-Louis a été le premier maître de Spanheim. (Voir Introd. p. 7-10, ainsi que pour le détail des relations entre la Lorraine et le Palatinat qui vont suivre.)

[2] En novembre 1666, la retraite des troupes lorraines, qui allèrent rejoindre l'armée de Louis XIV à Lille (Rousset, *Louvois*, I, 296), fut réglée par l'intermédiaire d'un envoyé de France, M. d'Aubeville, à Gemersheim, chef-lieu d'un bailliage que le Palatinat commençait à réclamer à l'électeur de Mayence. Le 31 octobre 1666, Courtin, envoyé extraordinaire de France, faisait signer entre les adversaires, à Heilbronn, un compromis par lequel ils s'engageaient à accepter la sentence arbitrale *(Laudum)* qui serait prononcée par les envoyés de France et de Suède. Cette sentence de *Laudum* fut rendue le 17 février 1667, comme dans un procès, sur les mémoires et plaidoyers des parties.

[3] Après la paix d'Aix-la-Chapelle, Charles IV de Lorraine avait repris ses troupes (2 mai 1668). Comme il désirait les conserver sur pied, quoique la paix des Pyrénées lui interdît d'avoir une armée, il les employa contre le Palatinat, où il occupa la place de Landstuhl. La victoire de Bingen ne fut pas suivie d'effet (juillet 1668). Nous verrons pourquoi dans la note suivante

que le feu duc de Lorraine fut chassé de ses États par la France dès l'année 1670[1], ce même prince de Lislebonne, qui étoit resté auprès de lui en sa résidence de Nancy, le suivit, avec la princesse sa femme, dans la retraite de ce duc à Cologne, où il resta auprès de lui jusques à l'an 1674, qu'il prit le parti de retourner en France, après en avoir eu l'agrément du Roi, et où il est demeuré jusques ici sans emploi. Il a trois enfants[2] de la princesse susdite sa femme, savoir :

(Rousset, *Louvois*, I, 297).—Jérémie Chauvet était un protestant qui avait servi à la solde de la France sous les ordres de Frédéric de Schomberg en Portugal, où il commandait un des régiments de troupes étrangères contre l'Espagne (Cayx de Saint-Amour, *Instructions de Portugal*, p. 96). Il y avait intrigué pour prendre le commandement de ces troupes, si Schomberg s'en allait : « C'était, disait Louis XIV, un très bon officier de guerre et bien entendu au métier » (*ibid.*, p. 99). En 1663, peut-être par dépit de n'y pas réussir ou voyant la paix prochaine en Portugal, il avait pris le commandement des troupes palatines, qu'il dirigea avec succès contre les Lorrains (1666). « On loue fort, écrivait Sophie de Hanovre, ce M. Chauvet. On dit que les belles actions qu'on attribue à M. Schomberg ont été faites par luy » (9 décembre 1666, édition Bodemann, p. 112). En 1670, l'électeur palatin n'ayant plus besoin de lui, Chauvet chercha du service à Berlin et fut chargé d'organiser les troupes du duc Georges-Guillaume de Brunswick. Dans la guerre de Hollande, il les conduisit tantôt dans le Palatinat (1674), tantôt à Guillaume d'Orange (1677). En 1694, il finit comme feld-maréchal au service de la Saxe (voir Sophie de Hanovre, *Corresp.*, passim. et v. d. Decken, *Feldzüge des Herzoges Georg Wilhelm* ; Hanovre, 1838).

[1] Louis XIV, garant de la paix du Rhin depuis le *Laudum* d'Heilbronn, s'interposa et fit cesser les hostilités (octobre-décembre 1668). En janvier 1669, Louis XIV avait envoyé d'Aubeville à Charles IV pour le sommer de licencier son armée. Le 30 janvier, le duc feignait d'obéir. Mais il garda près de lui le prince de Lillebonne et remit en garde secrètement ses troupes à l'Espagne, qui les entretint sur ses frontières, en Luxembourg et en Lorraine. C'est alors qu'au mois d'août 1670, Louis XIV mit la main sur la Lorraine : le duc, qu'il aurait voulu prendre, s'échappa avec le prince de Lillebonne et sa fille et protesta auprès de l'Empereur (janvier 1671). Après avoir espéré que le Congrès de Cologne écouterait ses plaintes (octobre-novembre 1673), il avait contribué à entraîner l'Empire à la guerre contre Louis XIV, pendant laquelle, vaincu par Turenne (1674), vainqueur de Créqui (1675), il essaya de rentrer dans son duché. Il mourut le 17 septembre 1675 à Lahrbach, près Birkenfeld. Quand il eut pris les armes contre Louis XIV, le prince de Lillebonne l'abandonna, mais ne fut pas rétabli par Louis XIV dans son grade de lieutenant général (*Etat de la France*, 1676).

[2] Cinq vivants en 1690 : outre les trois qui sont ici cités, *Elisabeth de Lorraine*, née le 4 avril 1664, dont on a fait à tort la princesse de Commercy ; *Jean-Paul* de Lorraine, né le 10 juin 1672, pourvu par Louis XIV d'un régiment qui fut acheté par Saint-Simon quand ce prince fut tué à Nerwinden (1693).

e prince de Commercy, né en 1661, et deux princesses, appelées Mademoiselle de Lislebonne et la princesse de Commercy, toutes deux bien faites de corps et d'esprit, et d'une bonne et sage conduite. Aussi ne font-elles pas un des moindres ornements de la cour de France[1]. Pour le prince de Commercy, leur frère, ne voyant pas lieu de s'avancer en France conformément à sa naissance et à son courage, il prit subitement le parti il y a quelques années de quitter ce service, et, sans prendre congé ou en avoir l'agrément du Roi, ni se mettre au hasard d'en avoir le refus, se rendit en Hongrie auprès du duc de Lorraine, le chef de sa maison, et où il a eu les occasions, dans les campagnes suivies contre le Turc, de faire valoir son courage et son zèle, d'y acquérir la confiance particulière de ce duc, et la considération due de la cour impériale : ce qu'il a encore fait paroître dans le siège passé de Mayence, et dans tout l'engagement qu'il a continué d'y témoigner au sujet de la guerre présente contre la France[2] : en sorte qu'il

[1] Béatrix de Lorraine, née en juin 1662, Mlle de Lillebonne ; Thérèse de Lorraine, née en mai 1663, *princesse de Commercy*, mariée plus tard (8 octobre 1691), au prince d'Epinoy. La première passait pour secrètement mariée au chevalier de Lorraine. Cependant elle faillit épouser en 1686 le duc de Modène (de Sourches, I, 456 ; Saint-Simon, éd. de Boislisle, VIII, 39). Saint-Simon a souvent parlé de ces deux princesses, et de leur mère notamment (Ed. de Boislisle, t. IX, p. 40). Quoiqu'il déteste les Lorrains, il est obligé de dire que « sur ces deux sœurs étaient les yeux de toute la cour, que la princesse de Conti était honorée de les recevoir, de les nourrir, que Monseigneur les avait prises en confiance et les amenait à Marly » (voir Dangeau, *passim*). « A Meudon elles étaient les reines. Le Roi les traitait avec une considération très marquée, les ministres les estimaient. C'étaient deux personnes qui n'étaient qu'un cœur, qu'un esprit, qu'une âme, naturellement polies et obligeantes. » Voir des témoignages conformes dans les *Souvenirs de Caylus* (p. 115). « Elles étaient sûres » (voir une lettre de la Feuillade, dans Saint-Simon, éd. de Boislisle, X, p. 43).

[2] Ce fut en 1684 que Charles-François de Lorraine, prince de Commercy, âgé alors de vingt-trois ans, alla prendre du service en Hongrie sous les ordres de Charles V de Lorraine, qui lui fit donner le grade de général-major en 1686 (de Sourches, I, 451-456). Dangeau raconte qu'on l'avait enfermé à Metz pour être parti sans congé. Il s'échappa (I, p. 12).
C'était une fièvre alors parmi les jeunes princes de la Cour. En 1683. c'est le prince Eugène, abbé de Savoie ; en 1684, celui-ci ; à la fin de l'année et en mars 1685, les princes de Conti. Le siège de Mayence est celui où s'illustra également le prince Eugène (p. 224, note 2). En 1696, le prince de Commercy

n'y a guère d'apparence qu'il songe à y retourner tant qu'elle durera, et d'autant moins qu'il n'y perd pas de grands établissements du côté des biens ou de la fortune, comme on parle, dont sa famille est assez mal partagée[1].

De la branche lorraine d'Armagnac.

L'autre branche présente de la maison de Lorraine, en France, qui est celle d'Armagnac, quoique la cadette, se trouve la mieux partagée du côté des établissements et de la faveur. Le comte D'ARMAGNAC, qu'on appelle, et fils aîné du feu comte d'Harcourt célèbre par ses exploits à Casal, à Turin et dans la guerre civile, où il commanda l'armée royale contre celle des princes ligués, en 1650[2], est aujourd'hui chef de cette branche et revêtu de la belle charge de grand écuyer de France, outre celle de gouverneur du pays d'Anjou[3]. C'est un seigneur bien fait de sa

---

combattait la France en Italie comme feld-maréchal et fut tué à Luzzara le 15 août 1702) voir Saint-Simon, *Ecrits inédits*, III, p. 303, et surtout *Mémoires*, éd. de Boislisle, X, p. 227, pour l'énumération de ses états de service). C'était le meilleur compagnon d'armes du prince Eugène, qui était seul au-dessus de lui.

[1] Saint-Simon a décrit d'un mot expressif la situation de la famille ruinée par les négligences et le désordre du père, nourrie par Louvois, la princesse de Conti, Monseigneur : « Cela avait renversé leur marmite » (éd. de Boislisle, IX, p. 40). Cependant il faut noter que, par son départ, le prince perdit le duché de Joyeuse, que Mlle de Guise lui avait légué, confisqué pour trahison par le Parlement (Dangeau, 1690, II, 98-141).

[2] Henri de Lorraine, comte d'Harcourt, chef de la branche Lorraine d'Armagnac, Brionne et Marsan, était le frère cadet (1601-1666) de Charles II d'Elbeuf, qui fit la branche d'Elbeuf. Tous deux étaient fils de Charles I d'Elbeuf, qui descendait de Claude de Guise, le fondateur de la maison. Il n'était qu'un cadet, mais il se fit remarquer dans la guerre de Trente ans, en Bohême d'abord, où il apprit son métier, et d'où il vint se mettre, au Pas-de-Suze, comme volontaire, au service de Louis XIII (1629). Il eut presque aussitôt la charge de lieutenant général des mers du Levant (1636), fut vainqueur à Casal (1640), à Turin, servit en Flandre, en Catalogne (1646), prit le parti de la Reine mère et battit Condé (1651). Ses services, « grands et importants », lui avaient valu de nombreux profits, le titre de vice-roi de Catalogne, en 1643 la charge de grand écuyer, en 1645 le comté d'Armagnac que la Régence lui donna (Ormesson, *Journal*, I, 95),, le gouvernement d'Alsace (1648) qu'il échangea en 1660 contre celui de l'Anjou.

[3] Ce fut en avril 1658 que le fils du précédent, comte d'Armagnac, obtint la charge de grand écuyer que son père lui cédait. Il n'eut qu'en 1666, à sa mort, le gouvernement d'Anjou. — Le grand écuyer, ou *M. le Grand*, était un

personne, d'une rencontre agréable, d'un procédé fort civil et affable, d'ailleurs fort assidu auprès de la personne du Roi, et par où il a su s'insinuer dans les bonnes grâces de Sa Majesté et y tenir un des premiers rangs[1]. Il fait d'ailleurs une belle dépense, tenant toujours bonne table en cour, et ses appartements également ouverts au jeu et à la bonne chère et à la conversation des courtisans et dames[2]. A quoi contribuent beaucoup la conduite, le bon accueil et les agréments de la princesse sa femme, sœur du duc de Villeroy d'aujourd'hui[3], et dont il a des enfants des deux sexes : trois fils, dont l'aîné, comte DE BRIONNE, est déjà reçu à survivance de la charge de grand écuyer de France[4], et deux filles déjà mariées, l'une en

---

des premiers titulaires de la maison du roi : il disposait de toutes les places vacantes dans les écuries, ordonnait toutes les dépenses des écuries, des haras, et toute la livrée de la maison du Roi, marchait à côté du Roi, devant lui dans les entrées solennelles, avait place dans son carrosse (voir *État de la France*, 1689). Il avait 3600 livres de pension, 20.000 de livrée et beaucoup de revenants-bons, comme tous les chevaux et harnais du Roi à sa mort.

[1] Son portrait par Saint-Simon a été tracé de main de maître et ressemble assez à celui-ci, quoique avec des intentions haineuses. « Il aurait eu l'âme digne de la Ligue, avec plus d'esprit » (éd. 1873, XIV, 396). « Son assiduité est la plus puante flatterie » (*ibid.*, p. 397). Pourtant, il avait des avantages physiques que Saint-Simon reconnaît, un grand art de se conduire, avec un air de grandeur naturelle qui imposait à tous les ministres. Au fond, « bonhomme qui avait de l'honneur, aimait à servir et avait en affaires d'intérêt les plus grands et les plus nobles procédés » (voir aussi éd. 1873, t. XII, 292). — Ce prince, *Louis de Lorraine*, était né le 7 décembre 1644 et ne mourut qu'en 1718.

[2] « Monsieur le Grand tenait soir et matin une grande table à la Cour et un grand jeu toute la journée, où la foule de la Cour entrait et sortait comme d'une église » (Saint-Simon, de Boislisle, II, p. 247). En 1698, le Roi lui donnait, pour soutenir son rang, 40 000 écus (14 août, Dangeau, VI, 396).

[3] Saint-Simon a également tracé un portrait de cette grande dame, plus sévère que celui de Spanheim, mais qui s'en rapproche pourtant. Catherine de Neuville-Villeroy, née en 1639, mariée le 7 octobre 1660 à M. le Grand, morte le 25 décembre 1707, « était la plus belle femme de France, avait conservé et mérité toute sa vie une réputation sans ombre sur sa vertu. Altière et entreprenante, avare et magnifique, impérieuse et dure, elle menait toute sa maison, tenait haut les ministres et leurs femmes. » C'était un type de grande dame très simple et très fière que Saint-Simon a peint au naturel (édit. 1873, V, 365). « Elle passait sa vie à tenir le plus grand état de Cour. »

[4] *Henri* de Lorraine, comte de Brionne, né le 15 novembre 1661, pourvu le 25 février 1677 de la charge de grand écuyer, en 1684 du gouvernement d'Anjou. Il commandait en outre un régiment de cavalerie remis sur pied en 1688, qui

Portugal, au duc de Cadaval, premier seigneur de ce royaume[1], l'autre au prince de Valentinois, fils du prince de Monaco, génois et de la maison Grimaldi. Cette dernière, dès son enfance, brilloit déjà dans les divertissements de la cour par une grâce et une adresse à la danse au-dessus de son âge, et qui se trouve accompagnée de tous les agréments d'une belle et jeune personne[2].

portait son nom ; chevalier de l'ordre en 1688, « son mérite se serait borné aux jambons, si son père en avait vendu » (Saint-Simon, édition 1873, IX, p. 287). Saint-Simon parle de cinq autres fils du comte d'Armagnac. Outre le dernier, *Charles de Lorraine*, né en 1684, colonel en 1702, officier général en 1710 et en faveur de qui, en 1712, son père se démit de ses survivances, gouverneur de Picardie en 1715, c'étaient :

1° *François-Armand*, né le 17 février 1665, l'*abbé de Lorraine*, abbé des Chateliers, 1676, de Saint-Faron près Meaux, 1686, de Royaumont, 1689, que sa mère, pour ses mœurs, fit enfermer à Saint-Lazare et qui devint plus tard évêque de Bayeux (Saint-Simon, éd. 1873, V, 360) ;

2° *Camille*, né le 26 octobre 1666, qui paraît avoir été un misanthrope « solitaire par son goût au milieu de son monde, un fagot d'épines », vivant avec une pension sur l'archevêché d'Auch, pauvrement. Il mourut en 1715 à Nancy, où il avait espéré trouver à la cour du duc, réintégré dans ses Etats, une charge de grand maître. Il était maître de camp de cavalerie en France depuis novembre 1689, et servit en 1702 comme maréchal de camp sous Villars (Dangeau, VIII, 334 ; Saint-Simon, de Boislisle, X, 109 ; 1873, XII, 396) ;

3° *Louis-Alphonse de Lorraine*, né le 25 août 1675, garde marine en 1690, chef d'escadre en décembre 1702, le *bailli de Lorraine*, mort glorieusement (1703) à Malaga (Saint-Simon, de Boislisle, XII, 218) ;

4° *Anne-Marie*, comte de Charny, l'*abbé d'Armagnac*, né en 1682, mort en 1712 pourvu de grosses abbayes et qu'on espérait faire cardinal (Saint-Simon, édit. 1873, IX, p. 378).

De ces six fils, Spanheim n'en a connu que trois, avec l'*Etat de la France*.

[1] *Marguerite*, née le 17 octobre 1662, mariée le 25 juillet 1675 à M. de Cadaval, qui était veuf depuis 1674 d'une Française, *Marie-Angélique d'Harcourt*, épousée en deuxièmes noces en 1671. Mme de Sévigné la dit *jolie* et belle (*Lettres*, III, 531). — Quant à *Nuno Alvarez, marquis de Fereira, duc de Cadaval*, seul duc qu'il y eût en Portugal, grand maître de la maison du Roi, il fut, sous le règne de Jean IV, premier ministre (voir Saint-Simon, de Boislisle, VII, 126 ; Dangeau, IX, 176 et 235 ; Cayx de Saint-Amour, *Instructions aux ambassadeurs de Portugal*, passim).

[2] *Marie de Lorraine*, née le 14 janvier 1662, mariée le 13 juin 1688 à Antoine Grimaldi, alors duc de Valentinois comme fils aîné du prince de Monaco, qui ne mourut qu'en 1701 (voir Saint-Simon, de Boislisle, IV, 22). Sur sa beauté, ses succès à la Cour, consulter Mme de Sévigné, *Lettres*, VIII, 158 ; les *Mémoires de Lafayette*, p. 241, et surtout l'anecdote de Saint-Simon (Boislisle, IV, p. 28-29). Ajoutez à cette liste une fille encore, *Charlotte, Mlle d'Armagnac*, née le 6 mai 1678, que Saint-Simon songea à épouser, morte fille en 1757 (Saint-Simon, de Boislisle, II, 260).

Ledit comte d'Armagnac a d'ailleurs trois frères : le chevalier de Lorraine, l'abbé d'Harcourt et le comte de Marsan, qui jouissent encore des prérogatives des princes étrangers, outre un quatrième qui est mort et qu'on appeloit le chevalier d'Harcourt[1].

A l'égard du chevalier DE LORRAINE, il en a été parlé ci-dessus dans l'article de Monsieur[2], et d'où on peut déjà assez recueillir son caractère, les établissements et la considération qu'il tire de la faveur et du pouvoir absolu avec lequel il gouverne la maison dudit frère unique du Roi. Sa conduite peu régulière, pour ne dire pis, et la réputation où il est à cet égard, l'a tenu quelque temps assez éloigné des bonnes grâces du Roi, qui enfin, par pure complaisance pour sondit frère, lui en a redonné les apparences et même une pension[3].

A l'égard de l'abbé DE LORRAINE, autre frère, il n'y a rien à en dire de particulier[4].

[1] *Philippe* de Lorraine, Chevalier, puis prince de Lorraine, maréchal de camp, né en 1643. — *Alphonse-Louis* de Lorraine, né en 1644, *chevalier d'Harcourt*, général des galères de Malte, abbé de Royaumont et de Noisy-le-Sec. — *Raymond Bérenger*, né le 4 janvier 1647, abbé de Saint-Faron de Meaux, de Saint-Benoît-sur-Loire, mort vers 1685. — *Charles de Lorraine*, né en 1648, comte de Marsan, chevalier des ordres en 1688. Spanheim se trompe, c'était l'abbé et non le chevalier d'Harcourt qui était mort en 1635. L'abbé de Lorraine, fils du comte d'Armagnac, son neveu, avait hérité de son abbaye de Saint-Faron.

[2] Voir p. 143, note 2.

[3] Saint-Simon et tous les contemporains ont beaucoup parlé de ce chevalier de Lorraine, de ses mœurs italiennes, de son influence sur Monsieur. « Il était fait comme on peint les anges », dit Choisy (*Mémoires de D. Cosnac*, II, 211). Maréchal de camp en 1668, il dut à la faveur du duc d'Orléans qu'il gouverna de tout temps, même après avoir été accusé d'avoir empoisonné Madame, de 1672 à 1679, les riches abbayes de Saint-Benoît-sur-Loire, de Saint-Jean-des-Vignes, de Saint-Père, de Tiron. Sa disgrâce, qui l'avait tenu éloigné de la Cour, fut de très courte durée (30 janvier 1670-février 1672). C'était Madame qui avait exigé son arrestation, puis son exil, parce qu'il poussait le duc d'Orléans à une séparation (Cosnac, I, 401-402). Voir l'excellente notice de M. de Boislisle (Saint-Simon, t. VIII. appendice p. 644). Suivant Mme de Sévigné, le Roi aurait dit à son frère : « Je vous le redonne. Je le fais maréchal de camp dans mes armées » (II, 501). Le Roi aimait dans le chevalier de Lorraine sa bravoure indiscutable (Saint-Simon, de Boislisle, VIII, 664 ; X, 379), ses allures magnifiques. On citait son admirable galerie du Palais-Royal, ses belles réceptions à Ris, près Corbeil, ses meutes renommées. En octobre 1678, il avait obtenu une pension de 20.000 livres.

[4] Il était mort en 1689.

Pour le comte DE MARSAN, quoique petit et d'une taille mal aisée, il a su se faire valoir par un esprit vif et hardi et par la réputation de beaucoup de courage ; mais, comme il avoit joint un esprit dangereux et porté à l'intrigue, il se rendit aussi par là suspect au Roi et donna lieu, de fois à autre, de le croire entièrement disgracié et éloigné de la cour. Cependant il a eu l'adresse ou le bonheur de se tirer d'affaire, de se remettre et de se maintenir jusques ici à la cour, du moins jusqu'à mon départ de France, dans le poste et le rang que sa naissance lui y donne[1]. Aussi eut-il le cordon bleu dans la dernière promotion des chevaliers de cet ordre, conjointement avec ses deux frères, le comte d'Armagnac et le chevalier de Lorraine, et son neveu, le comte de Brionne, dont il a été parlé. D'ailleurs, comme il étoit assez mal partagé du côté des biens de la fortune, il a eu lieu de se mettre à son aise par son mariage qu'il a fait avec une veuve du feu maréchal d'Albret, et qu'on croyoit riche de 50 à 60,000 livres de rente[2].

Des princesses françoises mariées à des princes souverains.

On peut ajouter au nombre des princes étrangers qui sont sortis de maison souveraines hors de France, et dont il a été

[1] Il s'était signalé de bonne heure, en 1664, comme volontaire à Gigeri ; en 1665, il était cornette aux mousquetaires. En 1673, il suivait le Roi comme aide de camp. Il avait été disgracié en avril 1670, après son frère, pour avoir donné de mauvais conseils au duc d'Orléans *(Mémoires de Cosnac*, I, 407-414) « qui croyait en lui », et avoir travaillé au retour de son frère. Il alla à Rome, où il fut l'amant d'Hortense Mazarin ; mais à bout de ressources, il réclama du service dans les armées (voir ses lettres : *Archives de la Bastille*, VI, 32, 33, 41, 44, 55). Il revint en mai 1672. En avril 1675, il obtenait le justaucorps brodé, avec 20.000 livres de pension. Il eut, en 1688, les ordres du Roi ; en 1697, une nouvelle pension de 11.000 livres ; le Roi lui dit qu'il l'aimait fort, « parole qu'il n'avait jamais dite à personne » (de Sourches, V, 274). Il avait de la valeur, du monde, beaucoup de politesse et du jargon de femme. Saint-Simon cite un de ses mots (édit. 1873, VIII, 286) et fait son portrait (VI, p. 172).

[2] Saint-Simon a parlé de ce mariage (éd. 1873, VI, p. 172). Il ne s'agissait pas de la veuve du maréchal d'Albret, mais de sa bru, Marie d'Albret, princesse de Pons, qui avait épousé en premières noces (2 mars 1662) son cousin Charles, *marquis d'Albret*, fils unique du maréchal, maréchal de camp tué à Penon le 5 août 1678. Elle épousa en deuxièmes noces, dame du palais de la Reine, le comte de Marsan (décembre 1682). Comme son premier mari avait la fortune et l'hôtel des Guénégaud, trésoriers de l'Epargne, et elle, celle de la duchesse de Richelieu, elle était fort riche.

parlé, deux princesses qui sont nées françoises, demeurant à Paris et sont femmes ou veuves de deux princes souverains de l'Empire, assavoir : la duchesse douairière de Hanover et la duchesse de Mecklenbourg. Il y avoit encore de ce rang-là et durant mon séjour à Paris deux autres princesses : l'une, la princesse Palatine, fille du duc souverain de Mantoue et veuve du prince Édouard palatin, frère de l'électeur Charles-Louis ; l'autre, la marquise de Bade, fille, comme il a été dit en passant, du prince Thomas de Savoie et de la princesse de Carignan, veuve du feu marquis de Bade Ferdinand, et mère du marquis de Bade régnant. Mais comme la première de ces deux princesses est morte à Paris, il y a déjà quatre ou cinq ans[1], et la dernière l'an passé, depuis mon départ de France[2], elles ne laissent aussi plus lieu d'en parler.

Pour la duchesse douairière DE HANOVER, troisième fille de la princesse palatine susdite et du prince Edouard palatin, et veuve du feu duc de Hanover, Jean-Frédéric, elle retourna en France après sa mort, en 1674, avec trois princesses ses filles, pour passer le reste de ses jours dans son pays natal et auprès de la princesse sa mère, qui était alors encore en vie, et de la princesse de Condé, sa sœur[3]. Elle y perdit, il y a trois ans, la seconde des prin-

De la duchesse douairière de Hanover.

---

[1] Anne de Gonzague, princesse palatine morte à Paris le 6 juillet 1684 (voir le *Mercure galant* à cette date, et plus haut p. 182, note 2).

[2] Sur la marquise de Bade, voir plus haut p. 99, note 1. Elle était morte le 15 juillet 1689 (Saint-Simon, de Boislisle, VI, 72). Son mari, Ferdinand de Bade, lui avait pris son fils *Louis* pour le faire élever en Allemagne et lui laisser en 1677 le margraviat de Bade (*ibid.*, p. 99).

[3] Sur cette princesse, voir plus haut p. 182, note 2, et 192, note 5. Son mari, Jean-Frédéric de Brunswick-Zell, duc de Hanovre, était entré en possession de ce duché après un partage du 15 août 1665. Il mourut subitement à Augsbourg, le 28 décembre 1679 et non 1674 (voir *Correspondance de Sophie de Hanovre*, édit. Bodemann, p. 397). Sa femme, suivant la loi, n'eut rien de sa succession qu'un douaire de 6000 écus (*ibid.*, p. 409). Le plus clair de l'héritage pour ses filles fut, par la volonté du duc Ernest-Auguste, l'attribution d'une créance que le Duc disait avoir sur la France de 600.000 écus, et 2000 écus par an pour leur entretien (p. 426). Elle partit d'abord pour le château de Hertzberg ; « mais *son cœur était en France* », où elle alla à la fin de 1680. Elle perdit sa deuxième fille, Henriette-Marie, née en 1672. Les deux filles qui lui restaient étaient

cesses ses filles. Je dirai, en passant, au sujet de cette princesse, qu'avant son mariage avec le feu duc d'Hanover, elle avoit été destinée au feu électeur palatin Charles, son cousin germain, alors Prince Électoral. J'en puis parler comme d'une affaire qui faisoit le principal sujet de mon envoi en France de la part de l'Electeur son père au commencement de l'an 1668 : c'est sous ce prétexte de toute la commission et le pouvoir même dont j'étais chargé pour conclure en apparence ce mariage, après la négociation qui en était sur le tapis depuis près d'un an et les conditions réciproques dont on étoit déjà tombé d'accord de part et d'autre, et de concert avec la cour de France, qui s'y intéressait. Mon envoi susdit avait cependant plus en vue, de la part dudit électeur, d'en accrocher la conclusion et d'en rompre la pratique, comme il arriva. Ce qui donna lieu ensuite au duc d'Hanover de la demander et de l'obtenir, par l'envoi en France dans le même temps de M. de Groot, aujourd'hui Président et Ministre à Hanovre, et qui y avoit ordre de son maître de s'y régler suivant le succès de ma négociation, et ainsi, en cas que le mariage en eût été conclu avec le Prince Électoral, de demander la sœur aînée, qui a été mariée, comme il a été dit ci-dessus, au prince de Salm[1]. Au reste, cette duchesse douairière de Hanovre demeure à Paris dans un hôtel qu'elle y loue. n'y voit pas grand monde, va assez rarement en cour, et ne s'y

---

Charlotte-Félicité, née en 1671, mariée au duc de Modène (1695) et *Wilhelmine-Amélie*, née le 26 avril 1673, qui épousa, le 15 janvier 1699, l'archiduc, puis empereur Joseph Ier.

[1] Voir p. 182, note 2. — On lit dans le manuscrit [C] : « Cette princesse avoit été destinée au feu électeur palatin Charles, son cousin germain, alors prince électoral, en 1668 ; mais cela ayant été rompu par Charles-Louis son père, cela donna lieu ensuite au feu duc de Hanovre de la demander et de l'obtenir : ce qui se fit par l'envoi en France, dans le même temps, de M. de Groot, ensuite résident et ministre de Hanovre. Si cette princesse eût été mariée audit prince électoral, M. de Groot devoit demander la sœur aînée, mariée depuis au prince de Salm. » Ce paragraphe, ajouté en marge par Bonet, avec la mention : « *Vid. supra* p. 188 » (p. 182 de notre texte), nous montre bien comment celui-ci a remanié le texte primitif de Spanheim, lui ôtant, pour ne conserver qu'un fait historique, le caractère précieux de souvenirs et de notes personnelles.

trouve jamais dans les fêtes qu'on y fait ou dans les occasions de cérémonie, au sujet du traitement qu'elle n'y auroit pas conforme à tout celui qui seroit justement dû à la veuve d'un prince souverain de l'Empire[1].

On peut dire à peu près la même chose de la duchesse de MECKELBOURG, bien que celle-ci ne puisse prétendre le rang de princesse souveraine, ou même étrangère, que du côté du duc de ce nom, son mari, étant fille du comte de Bouteville, d'une branche cadette de la maison de Montmorency (et qui, à cause de ses duels en dépit des défenses de la cour, fut décapité en Grève, à Paris, en 1629), et veuve du duc de Châtillon, qu'elle avoit eu pour premier mari. Ce dernier ayant été tué à la bataille de Charenton, durant la guerre de Paris, en 1652, et, peu de temps après, le seul fils qu'elle en avoit étant mort, et dont elle hérita le duché de Châtillon, [elle] se trouvoit veuve sans enfants[2], et bien avant dans les intrigues de la cour et de la ga-

De la duchesse de Meckelbourg.

---

[1] Spanheim a reçu évidemment les confidences et les regrets de cette princesse qui donnèrent lieu à un éclat raconté par Saint-Simon et Dangeau (Boislisle, I, p. 3; Dangeau, IV, pp. 4 et 6 : 5 janvier 1692). Elles n'avaient aucun rang, n'allaient pas à la Cour, voyaient peu de monde. Elles ne laissaient pas d'usurper de marcher avec deux carrosses, force livrées, et un faste qui ne leur convenait pas. Leurs gens forcèrent un jour à se ranger les carrosses de Mme de Bouillon qui se vengea en maltraitant quelques jours après sa livrée et ses voitures publiquement. Furieuse de n'être pas soutenue auprès du Roi par le prince de Condé, son beau-frère, elle quitta Paris et retourna en Allemagne (Voir Madame, *Correspondance*, passim. et Mme de Maintenon; *Correspondance générale*, II. 265 ; III, 321-326).

[2] Elisabeth-Angélique, née en 1626, baptisée le 28 mars 1627. Son père, François de Montmorency, seigneur de Bouteville, était le fils de Louis de Montmorency, amiral d'Henri IV, qui était le petit-fils de Claude de Montmorency, baron de Fosseux en Artois, descendant des Fosseux-Montmorency, déshérités de leur droit d'aînesse par Jean II de Montmorency (1402-1447). Ce n'était donc pas une branche cadette. — Le seigneur de Bouteville était le duelliste célèbre qui fut décapité pour s'être une troisième fois battu publiquement à Paris avec Bussy d'Amboise (22 juin 1627 et non 1629). Sa fille avait été enlevée par Gaspard IV de Coligny avec le concours du duc d'Enghien, en 1645 (Mme de Motteville, *Mémoires*, I, 224-231). Le duc d'Enghien procura à son ami qu'il maria le brevet de duc de Châtillon, après la mort de son père, Gaspard III de Coligny (janvier 1646). Attaché à ce prince, Gaspard de Coligny servit auprès de lui dans l'armée qu'il dirigea contre la Fronde, comme lieutenant général et fut tué à l'attaque du pont de Charenton,

lanterie [1] ; épousa ensuite le duc de Meckelbourg, qui en devint amoureux dans un voyage qu'il fit en France en 1661 [2]. Mais, comme leur humeur et leur génie avoient peu de rapport, leur union ne fut pas de longue durée ; en sorte qu'ils ne demeurèrent pas longtemps ensemble, et que, malgré même les voyages et le séjour que le duc son époux faisoit à Paris, et toutes les avances qu'elle faisoit de son côté pour se raccommoder, ils n'en demeuroient pas moins séparés l'un de l'autre et sans se voir ni se parler. Ce qui dura jusques à l'emprisonnement de ce duc, au château de Vincennes, en 1684 [3], jusqu'à

(8 février 1649 et non 1652). Mme de Motteville plaisanta la douleur de sa femme. Saint-Simon et plus d'un contemporain prétendent qu'elle était alors déjà la maîtresse de Condé (édit. de Boislisle, II, 330, II, 391).

[1] Il serait trop long de faire l'histoire de cette grande dame de la Fronde qui a fourni tout un volume publié en 1699 à Cologne : « *Histoire véritable* ». On la trouvera dans les mémoires de Mlle de Montpensier (avec un appendice par M. Chéruel, t. II, app. VIII), ou dans les Mémoires du même auteur sur *Fouquet*, I, p. 341 et suivantes, dans ceux de Mme de Motteville. « Elle était belle, galante et ambitieuse, hardie à entreprendre et à tout hasarder pour satisfaire ses passions. Le don de la beauté et l'agrément qu'elle possédait au souverain degré la rendaient aimable aux yeux de tous. Elle savait obliger de bonne grâce et joindre au nom de Montmorency une civilité extrême qui l'aurait rendue digne d'une estime particulière, si on n'avait pas vu en ses actions et ses paroles un caractère de déguisement (1649). » Ses galanteries et ses intrigues étaient un mélange de calcul et d'intérêt et de passion. (Voir aussi Saint-Simon, de Boislisle, II, 33).

[2] *Christian-Louis*, duc de Mecklembourg depuis 1658, marié en 1650 à sa cousine Christiane de Gustrow, séduit par Louis XIV dont il prit le nom, divorça en 1663, se fit catholique et épousa en 1664 la duchesse de Châtillon.

[3] Quelle fut plus tard la cause de leur rupture ? Peut-être l'amour de la duchesse pour le ministre de son mari, Bernstorff, qu'elle établit en 1673 à la Cour de Zell par l'intermédiaire de Gourville. « Elle l'aimait, dit la palatine, jusqu'à en mourir ». Le duc, pour rester en France, avait négocié l'échange de ses États avec le Grand Electeur de Prusse qui aurait cédé Clèves au roi de France : l'Electeur finit par refuser. — Au mois de juin 1684, le 21 (Dangeau, I, 24), Louis XIV fit arrêter le Duc, son admirateur, parce qu'il lui avait promis par un traité négocié avec Gourville, signé de sa main, de livrer Denitz aux troupes du Danemark alors allié à la France, et n'avait pas tenu parole. Le 11 septembre, le Roi le remit en liberté et lui donna une audience particulière (I, 55). Sa femme avait intercédé pour lui : ils terminèrent leur querelle, mais demeurèrent séparés. La guerre de 1688 obligea le duc à passer à La Haye où il mourut en 1692. Sa femme, qui n'avait jamais été familière à la Cour, mourut à Paris en 1705 (consulter Lisch, *Mecklemb. Jahrbücher*, XII, 111-122 ; IX, 244 ; *Deutsche Allgemeine biographie*).

ce qu'elle prit le parti de solliciter en cour sa liberté, qu'elle en tira occasion de le voir dans sa prison, et depuis qu'il en fut délivré, et qu'au sujet des ordres que j'avais eus de feu S. A. E. de m'y intéresser de sa part, et ainsi d'en être connu de l'un et de l'autre, j'en fus requis également de tous deux de tâcher à les raccommoder et surtout d'ajuster l'affaire d'une pension annuelle que la Duchesse prétendait du duc son mari, quoiqu'elle fût séparée de biens d'avec lui ; et ainsi sans qu'il eût de son côté aucune part à ceux de ladite duchesse, et qui étoient d'ailleurs assez considérables. J'eus le bonheur d'y réussir, malgré tous les obstacles qui s'y trouvaient et qui avaient accroché depuis longtemps leur réunion et de les faire consentir de gré à gré l'accord que j'en dressai à leur prière et qu'ils voulurent que je signasse après eux. Ce qui n'a pu que me donner lieu de connaître cette duchesse par elle-même, après l'avoir connu par ce qui en était assez public et ainsi de me persuader que l'âge qu'elle a présentement de soixante ans passés, joint à la petite vérole dont elle fut atteinte, il n'y a que huit à neuf ans, en ruinant les traits de cette grande beauté de visage qui a brillé longtemps et fait bien du bruit en France, sous le nom de la « belle duchesse de Châtillon », n'a rien diminué des avantages de sa taille et de sa bonne mine[1], ni d'ailleurs de la beauté de son esprit et des charmes de son entretien. En quoi on peut dire, sans la flatter, qu'il n'y a rien encore à la cour de France qui l'égale[2]. Elle est sœur du duc de Luxembourg, et dont lui ou ses enfants seront les héritiers[3].

[1] Mlle de Scudery, qui la connait davantage, en 1673 encore, la disait « plus charmante que tout ce qu'il y a de jeune à la Cour ».

[2] Mme de Sévigné, parlant d'un voyage qu'elle fit en Flandre au mois d'octobre, compare le charme de sa beauté à celui d'Armide au milieu des guerriers *(Lettre du 12 octobre 1678)*. — La duchesse avait aussi gardé tout son esprit : « elle a de l'esprit à revendre », disait Sophie de Hanovre, qu'elle avait amenée à Paris pour lui faire connaître la Cour (28 août 1679, édit. Bodemann, p. 373). Mais avec l'âge elle avait pris un défaut grave, une avarice extrême, accumulait or, argent, pierreries, et ne croyait à rien qu'à ses trésors (Mme de Sévigné, *Lettre du 3 février 1695*. Voir d'autres lettres, X. 234, 237, 239).

[3] Le maréchal de Luxembourg était son frère puîné : Saint-Simon a raconté

D'autres maisons en France qui ont rang de prince.

Prérogatives des princes en la cour de France.

Après tous les princes et princesses susdites de maisons souveraines ou qui y sont entrés par leur mariage, il y a encore trois maisons en France qui jouissent des privilèges et prérogatives de princes, comme les maisons de Bouillon, de Rohan et de Monaco. Ces prérogatives consistent en ce qu'ils ont droit de se couvrir devant le Roi aux audiences des ambassadeurs qui ont le même privilège ; que leurs filles ont le tabouret ou droit de s'asseoir chez la Reine, la Dauphine et Madame, et que, dans les voyages à la suite de la cour, les maréchaux et fourriers de logis, en marquant leur logement, y ajoutent le mot de *pour Monsieur le prince un tel*, ce qui ne se pratique pas à l'égard des autres seigneurs de la cour, ni même des ducs et pairs, pour lesquels on ne met point le *pour*. Cette distinction, qui en elle-même paroit de peu d'importance, ne laisse pas d'en mettre une bien grande entre ceux qui l'ont et qui ne l'ont pas [1].

comment la duchesse servit ses débuts auprès de Condé (éd. de Boislisle, II, p. 40), le maria à l'héritière de Piney Luxembourg. Ils moururent à quelques jours d'intervalle, lui le 4 janvier, elle le 24 de pleurésie. Elle laissa quatre millions dont quelques parties allèrent à sa mère et à ses neveux. Le principal héritier, de la terre de Châtillon surtout, fut le comte de Luxe, brigadier, grand maréchal de Poitou. C'était le troisième fils de Luxembourg, né en 1664 ; les deux aînés, le duc de Beaufort-Montmorency, Charles-François, né le 28 février 1662 étant gouverneur de Normandie en 1691 ; le second, Henry-Pierre Thibaut, né en 1663, étant d'Eglise, abbé de Montiéramey ; le quatrième, Christian-Louis, né le 9 février 1675, était chevalier de Malte, et futur prince de Tingry, puis maréchal de Montmorency. (Sur cette mort et cette succession, voir Dangeau, V, 142 et l'addition de Saint-Simon ; Saint-Simon, édit. de Boislisle, II, 234).

[1] Cette note sur les prérogatives est empruntée à l'*Etat de la France (1676,* t. II, p. 517). « Il tire à part des maisons ducales, celles que le Roi fait jouir de quelques honneurs particuliers *au-dessus des Ducs.* » Par les colères de Saint-Simon, on connaît bien la question (voir *Mémoires,* édition de Boislisle, III, 21 et IX, 260 ; et en outre la comparaison *des ducs et grands d'Espagne* ; le mémoire sur les *rangs étrangers à l'Etat (Ecrits inédits),* enfin le *mémoire sur les changements arrivés dans la dignité de duc et pair (Ibid.,* III, 155).

Le premier privilège était d'être couvert, les ducs étant découverts aux audiences des ambassadeurs qui, eux, se couvraient.

Depuis Henri III, les Ducs et pairs se découvraient devant le Roi, contrairement aux anciens usages (Marillac, traité sur le conseil du Roi, *Arch. Nat. Manusc. U.,* 945, A. f° 54, v°. — msc. Clairambaut, 721, p. 181-185. Boislisle.

À l'égard de la maison de Bouillon, ou plutôt de la Tour-d'Auvergne, dont elle porte le nom et les armes[1] elle n'a eu part à ce rang de prince en France que depuis la cession de la souveraineté de Sedan, qui se fit premièrement au feu roi, en 1642, par le feu duc de Bouillon, frère aîné de M. de Turenne, et ensuite se renouvela sous ce règne, en 1651, par l'échange avec d'autres terres et seigneuries, comme les duchés d'Albret, et Château-Thierry, les comtés d'Auvergne et d'Évreux, qu'on donna en place au duc susdit. A quoi on ajouta, et eu égard à ses droits qui lui furent réservés sur la souveraineté de Bouillon, qui dépendoit alors de la principauté de Liège, on ajouta, dis-je, les prérogatives qui sont attachées aux princes, telles que je viens de dire[2]. Ledit duc

De la maison de Bouillon.

Saint-Simon, V, 14, note 1). Ensuite, Henri IV ayant à recevoir le duc d'Ossune qui se couvrait comme tout grand d'Espagne, voulut que quelques Français se couvrissent, mais limita ce privilège aux *princes* (Fontenay-Mareuil, *Mémoires*, p. 51-52) et la coutume s'établit ainsi (Mémoire de Sainctot, *Cérémonial des Ambassadeurs;* dans Dumont, *Corps diplomatique*, IV, 6, 48, 57 et Saint-Simon avec ses protestations, V, p. 11). — Un autre privilège, c'était que les honneurs de Princes appartinssent à tous les membres de leur famille. Les enfants, frères et sœurs des ducs n'étaient pas associés aux leurs. Voilà pourquoi Spanheim dit : *leurs filles* ont le tabouret comme les duchesses. Là est le privilège (Saint-Simon, III, 21). — Quant au *Pour*, cela s'appelait réellement ainsi (*Etat de la France*, 1676, II, p. 529). — Il faut enfin noter les Princes portant ce titre qui n'avaient pas *rang de princes* : alors ils comptaient *pour ducs et pairs* à leur rang. Les Monaco ne l'avaient que depuis 1688 où une princesse d'Armagnac, entrant dans la famille, le leur avait procuré.

[1] Dans l'*Etat de la France* (II, 518), il y a *Maison de la Tour-d'Auvergne*. Les armes sont qu' « elle porte écartelée, en premier et quatrième, semé de France à la tour d'argent, maçonée de sable qui *est de la Tour*. Au deuxième, d'or à trois tourteaux de gueule qui est de *Bologne*. Au troisième, cortiçé d'or et de gueule de huit pièces qui *est de Turenne*. Sur le tout d'or au gonfanon à trois pointes de gueule, frangé de sinople qui est *d'Auvergne*, parti de gueule à la fasce d'argent, qui est de *Bouillon*.

[2] Saint-Simon parle souvent des honneurs acquis à la maison de Bouillon par l'échange de Sedan. La noblesse ne s'y résigna que difficilement (voir *Mémoires*, éd. de Boislisle, V, 250 et *Ecrits inédits : Mémoires sur la maison de la Tour*, t. III). — Le duc de Bouillon dont il est ici question est Frédéric-Maurice de la Tour d'Auvergne, fils de Henri de la Tour d'Auvergne, vicomte de Turenne et d'Elisabeth d'Orange fille de Guillaume le Taciturne; né le 22 octobre 1605, mort le 9 août 1651. Son père avait épousé en premières noces Charlotte de la Marck qui lui légua en mourant, en 1594, ses principautés souveraines de Bouillon et Sedan. Quand celui-ci mourut, il se déclara prince

de Bouillon, étant mort bientôt après, en 1652, a laissé plusieurs enfants de l'un et de l'autre sexe, entre autres trois fils encore en vie : le duc de Bouillon, le comte d'Auvergne et le cardinal de Bouillon.

u duc de Bouillon.

Le duc de Bouillon d'aujourd'hui est revêtu depuis l'an 1658 de la charge de grand chambellan de France[1], qui est la seconde de la maison du Roi (savoir : après celle de grand maître), qui l'approche de plus près de sa personne, et est au-dessus des gentilshommes de la chambre et des officiers de la garde-robe du Roi[2]. Ce duc, qui n'a pas l'extérieur fort

souverain à Sédan (1623) et duc de Bouillon et servit d'abord en Hollande. Mais en 1635 il passa au service de la France et devint catholique en 1637. Il fit reconnaître après sa révolte de 1641 (la Marfée) en 1642 par Louis XIII, ses droits, prérogatives et dignités. Il commit alors encore la faute de s'associer en 1642 aux menées de Gaston d'Orléans et de Cinq-Mars, fut arrêté à l'armée d'Italie (juin 1642). Pour sortir de prison, menacé d'exécution capitale comme Cinq-Mars, il céda au roi, par un traité que négocia Mazarin (14 septembre 1642), Sedan avec l'espoir d'avoir ailleurs un duché-pairie. De 1642 à 1647 il réclama à la Régence cet équivalent. Un brevet du 21 mars 1647 enfin lui donna à lui et à son frère le rang « de Princes étrangers habitués en France. » (Baluze, *maison d'Auvergne*, II, 820). Mais le Parlement refusa d'enregistrer : alors le duc de Bouillon soutint les Parlementaires contre Mazarin (janvier 1649) avec l'espoir de reprendre Sedan, à défaut d'équivalent. A la paix de Saint-Germain, il obtint un nouveau brevet (2 avril 1649) : mais cette fois ce fut la noblesse qui fit opposition, s'assembla en corps aux Augustins (4 octobre 1649, Saint-Simon, V, p. 251). Alors Bouillon entra avec Condé dans la Fronde des princes. Un an après Mazarin cherchait à le gagner (octobre 1650, Chéruel, *Minorité de Louis XIV*, IV, p. 178) en lui proposant cet échange dont le contrat fut établi le *20 mars 1651* et définitivement confirmé par un brevet du 15 février 1652 et un arrêt du Conseil, du 5 mai 1652 (A. N. K., 118, A. n°s 9 ter, 30 et 43).

[1] *Godefroy Frédéric-Maurice*, duc souverain de Bouillon, duc d'Albret, vicmte de Turenne, etc., né en 1641. Saint-Simon dit que ce fut (édit. de Boislisle, t. XIV) en 1654 à la mort du duc de Joyeuse blessé à Arras et mort en septembre 1654, qu'il fut pourvu de la charge de grand chambellan par les soins de Turenne qui prit pour lui la charge de colonel général de la cavalerie et donna celle-là à son neveu. La mort du duc de Joyeuse laissa bien ces deux charges vacantes. Mais celle de grand chambellan passa alors à son frère Henri de Guise : ce ne fut qu'en *avril 1658* qu'elle fut donnée au duc de Bouillon.

[2] Il figure à ce rang sur *l'Etat de la France* (1676, I, p. 64) : « Ils ont l'honneur d'approcher le plus près de la personne du roi pendant sa vie et de l'ensevelir après sa mort ». En règle il devait coucher près du roi : il lui donne

avantageux, ni la mine fort haute, ni d'ailleurs les qualités du côté de l'esprit fort éclatantes ou qui répondent à celles des ducs son père et grand-père, ou de son oncle le feu prince de Turenne, cependant ne laisse pas d'être assez considéré par Sa Majesté, comme ayant celle d'un bon sujet, affectionné à son Roi et à sa patrie [1] : aussi a-t-il recouvré par le crédit et les offices du Roi la ville et terre de Bouillon en l'an 1679, et qu'il possède en souveraineté. Ce fut déjà en vertu de ce droit, et avant que d'en avoir l'entière possession, que, dès l'an 1677, et durant mon séjour au traité de Nymèguen, on y vit paroître une déclaration de guerre dudit duc de Bouillon contre l'Espagne, et par laquelle il ordonnoit à ses sujets de ladite principauté de courre sur ceux du roi d'Espagne. Ce qui donna plus de matière d'en rire, que d'en craindre de fâcheux effets contre cette monarchie [2]. Au reste, comme la disgrâce de la duchesse sa femme, qui est une des Mancini, nièce du car-

---

la chemise et ne cède cet honneur qu'aux princes du sang. Il le sert à table et lui donne la serviette. Dans toutes les audiences, il a à sa droite le *premier gentilhomme de la chambre* de service dans l'armée, à sa gauche, le *grand maître de la garde-robe*, les deux principaux officiers sous ses ordres de la *chambre* et de la *garde-robe*.

[1] Voir le mémoire de Saint-Simon sur la maison de la Tour (Saint-Simon, de Boislisle, t. XIV) : « le roi qui aimait le duc à peu près de son âge. »

[2] Le duc de Bouillon avait en 1641 cédé aux Etats de Liège son château de Bouillon. Lorsqu'en 1673 Louis XIV eut parmi ses ennemis l'évêque de Liège, l'occasion lui parut bonne de reprendre cette place forte, « utile, disait Vauban pour mettre Sedan à couvert, occuper les avenues principales des Ardennes, grosse et vieille gentilhommière des siècles passés qui sent assez sa petite souveraineté, dont on peut faire une excellente place » (Lettre à Louvois 24 décembre 1676; *Dépôt-Guerre* 515). Depuis 1674, Louvois se mit en relations avec le gouverneur, le comte de Poitiers qui offrit de la rendre « après un siège réglé » contre une gratification. C'est ainsi que le maréchal de Créqui l'occupa (octobre 1676, Rousset, *Louvois*, II, p. 270). Louis XIV le rendit dans le courant de l'année 1677 au duc qui fit acte de prince souverain en déclarant la guerre à l'Espagne. Mais quand on vint à la paix de Nimègue, les Allemands refusèrent de laisser dépouiller l'évêque de Liège : Louis XIV se présenta comme protecteur de son chambellan. Le traité avec l'Empire fut suspendu par cette affaire, au delà du délai qui expirait le 30 janvier 1679 et retardé par là jusqu'au 5 février (*Hist. du traité de Nimègue* chez Guy, Amsterdam 1754, I, 291, 314, art. 28). Louis XIV y tenait d'ailleurs un gouverneur comme on peut le voir par *l'Etat de la France*.

dinal Mazarin, celle de son fils le prince de Turenne et du cardinal de Bouillon, son frère, qui arriva durant mon dernier séjour en France en 1685, a contribué à tenir ce duc éloigné de la cour, aussi n'y est-il pas retourné depuis. Ce n'est pas que le Roi, en faisant donner l'ordre de l'éloignement susdit, ne fit en même temps dire à ce duc que ce n'étoit pas pour aucun sujet de mécontentement particulier à son égard, mais uniquement pour celui que Sa Majesté avoit de la conduite de sa femme et de son fils, et d'ailleurs de son frère le cardinal. On ne déclara point même du véritable sujet de leur disgrâce, si ce n'est qu'on l'attribua à l'humeur, aux discours et aux lettres trop libres et hautaines de la duchesse et du prince son fils, qui, sans cela, n'étoient déjà pas bien en cour, et où cette duchesse, qu'on tenoit du même caractère de ses trois sœurs, la comtesse de Soissons, la connétable Colonne et la duchesse Mazarin, où, dis-je, elle venoit très rarement avant cette dernière disgrâce, qui n'est pas encore finie, autant que je sache [1].

[1] L'histoire de cette disgrâce est en effet assez obscure. *Marie-Anne Mancini*, née en 1646, était la plus jeune des nièces de Mazarin, la protectrice de Lafontaine. Elle avait épousé le 20 avril 1662 le duc de Bouillon. Vive, spirituelle, elle parait avoir tenu à Paris une petite Cour de lettrés et de femmes d'esprit, indépendante de Versailles. « Elle était une des reines de Paris », dit Saint-Simon (de Boislisle, V, p. 33). — « Un Tribunal avec lequel il fallait compter » (édition 1873, t. X, p. 196). Cela devait fort déplaire à Louis XIV : aussi n'hésita-t-il pas à la laisser traduire à la Chambre de l'Arsenal « pour avoir demandé un peu de poison à la Voisin pour faire mourir un vieux mari qui la faisait mourir d'ennui » (Mme de Sévigné, *Lettres*, VI, 230). Dans Ravaisson (*Arch. de la Bastille*, VI, 107, suivantes) se trouve son *interrogatoire*. Consulter Voltaire, *Siècle de Louis XIV* (édit. Bourgeois, p. 498). Elle se disculpa, fut reléguée cependant au couvent de Montreuil, puis en février 1680 à Nérac. Elle en revint bientôt. Ce fut alors une autre affaire : à Paris, les Bouillon faisaient de l'opposition au roi, en débauchant son fils, le grand Dauphin à peine marié. C'était une conspiration au Temple et à Anet avec les Vendôme où le *prince de Turenne*, né le 18 avril 1665, colonel du régiment de Turenne, grand chambellan en survivance, 24 janvier 1682, fils aîné de la duchesse, parait avoir joué le principal rôle, pour brouiller le dauphin et la dauphine. Celle-ci se plaignit : le prince de Turenne fut exilé de la Cour, perdit son régiment sans doute vers 1684 (Mlle de Montpensier, *Mémoires*, IV, 517). Les Bouillon prirent fait et cause pour lui : tandis qu'il partait mécontent pour la Hongrie avec les Conti (22 mars 1685), le cardinal son oncle refusait de donner la bénédiction nuptiale au mariage de Mme la duchesse de Bourbon, fille naturelle de

Pour le cardinal de Bouillon, grand aumônier de France et frère cadet du duc de ce nom[1], il s'est attiré la même disgrâce. On l'attribua à deux raisons : l'une, de trop de hauteur à trancher d'un air de souverain dans ses discours et dans ses manières, qui déplurent fort au Roi; l'autre, la réputation d'être atteint du même vice infâme qui prenoit pied parmi la première jeunesse de la cour, et en suite de quelques indices qu'on en eut[2]. Quoi qu'il en soit, il fut relégué à son abbaye de Cluny, dans le duché de Bourgogne, où il est resté une couple d'années, et eut permission ensuite de passer de là à une autre abbaye qu'il avoit en Provence[3]. Aussi, quand je partis de France il y a un an, on ne jugeoit pas

<small>Du cardinal de Bouillon.</small>

Louis XIV, le 24 juillet 1685. Il était exilé à l'abbaye de Tournus (août 1685): son frère, le duc et sa belle-sœur au château de Navarre. La duchesse voyagea en Angleterre surtout auprès d'Olympe Mancini où, en novembre 1687, Lafontaine se plaignait « qu'elle fût depuis trop longtemps » (voir Lanson, *Lettres du xviie siècle*, p. 339). Il semble bien que la disgrâce ait fini en 1689 : le cardinal de Bouillon fut envoyé en mission à Rome et revint en 1690. Le prince de Turenne fut autorisé à servir en 1689 et, quand il mourut à Steinkerque en 1692, il était déjà *brigadier*.

[1] *Emmanuel-Théodore de la Tour d'Auvergne* né le 24 août 1643, abbé de Cluny, de Saint-Vaast d'Arras, de Tournus, de Saint-Ouen, de Rouen, de Saint-Martin de Pontoise, cardinal 5 août 1669, grand aumônier de France depuis 1671, charge très importante qu'il dut à la protection du maréchal de Turenne son oncle (*Dict. des bienfaits du roi, de l'abbé Dangeau, Bib. Nat.* : Manusc. français, 7655, f° 135). *Mémoires de l'abbé de Choisy*, édition Lescure 1888, II, p. 163 et au livre X, surtout toute une biographie du cardinal que Choisy accompagna à Rome en 1689).

[2] « L'air de souverain était dans toute la famille ». C'était ce que Saint-Simon appelait *leur princerie* et Louis XIV des *extravagances*, Saint-Simon en a donné plus d'un exemple (II, p. 202 ; VIII, p. 75, VII, p. 6) « jamais homme ne se montra si glorieux et si petit ». Et ce fut la cause que lui et les contemporains donnent de sa disgrâce en juillet 1685 : il avait refusé de marier la duchesse de Bourbon parce qu'on ne l'avait pas invité au festin royal avec les princes du sang, comme prince aussi (Saint-Simon, de Boislisle, I, 96, Montpensier, *Mémoires*, IV, 526 : « ce fut une folie », — quant à ses mœurs, c'est sans doute une allusion à l'entourage du cardinal, à ses amitiés avec les Vendôme, les Conti, à sa parenté avec le prince de Turenne, le chevalier de Bouillon, ses neveux, à toute cette jeunesse qui débauchait le comte de Vermandois, essayait de débaucher le dauphin (voir plus haut, p. 69, note 1; p. 248, note 1). Voir surtout le portrait de Saint-Simon (édit. 1873, t. XI, p. 101).

[3] Spanheim veut sans doute parler de l'abbaye *de Tournus*, où le cardinal de Bouillon fut relégué en août 1685 (Dangeau, t. I à III, *passim.*)

qu'il y eût apparence de le voir rentrer de longtemps en grâce de Sa Majesté[1]. Cependant, comme la mort du dernier pape donna lieu à son voyage à Rome avec les cardinaux de Bonzi[2] et de Fürstenberg[3], pour assister au conclave et à l'élection d'un nouveau pape qui fût plus porté pour les intérêts de France que le défunt, aussi apprend-on, par les avis de Rome et par ceux qui en viennent, que non seulement le cardinal continuoit d'y faire séjour, mais même qu'il étoit dans une considération particulière auprès du nouveau pape. En sorte que les affaires qu'il pourra y ménager, dans les conjonctures présentes, pour les intérêts de la France, pourront bien contribuer avec le temps, surtout suivant le succès qu'il en

---

[1] Au mois d'août 1688, forcé de s'incliner devant Furstenberg, puis profitant de ce que Louis XIV ne réussissait pas à faire évêque de Liège et de Cologne ce même cardinal, il avait intrigué pour être élu évêque le 17 août 1688. Mais Louis XIV négociant avec le doyen de la cathédrale, Jean d'Eldern et les Liégeois avaient obtenu leur neutralité en faisant du premier l'évêque de Liège contre Bouillon (Dangeau, II, 291 ; Sourches, III, 20). Bouillon se soumit de bonne grâce et rentra en faveur, en soutenant à Rome le duc de Chaulnes pendant l'élection d'Alexandre VIII (août-octobre 1689). (Roussel, *Louvois*, IV, 246 ; Choisy, II, p. 175, *édit. Lescure*). Il s'unit à l'ambassadeur de France pour régler avec le nouveau pape l'affaire des bulles et des franchises, en 1690 (*Mémoires, de Coulanges*, p. 201-203-207). Il avait déjà l'espoir d'être chargé des affaires de France à Rome, poste qui fut donné au cardinal Forbin-Janson (juin 1690). — Ainsi, au moment où Spanheim écrivait, le cardinal Bouillon était déjà rentré en grâce ou à peu près. A la fin de 1690, il revenait en France, sa disgrâce effacée.

[2] Bonzi (Pierre de), né à Florence en 1631, diplomate et évêque de Béziers, abbé d'Aniane (1659), archevêque de Toulouse (1669), grand aumônier de la Reine (1670), cardinal en 1672, archevêque de Narbonne et véritable gouverneur en fait du Languedoc. Saint-Simon a fait l'histoire de ses missions et son portrait, l'histoire de ses amours et de sa mort (édit. de Boislisle, XI, pp. 137-147).

[3] Guillaume Furstenberg prince et cardinal de Furstenberg, abbé de Saint-Arnould de Cluny 1658, chargé de missions en Allemagne, pourvu d'abbayes, de 1660 à 1673. Il fut enlevé à Cologne contre le droit des gens par l'Empereur. Il devint évêque de Strasbourg (1682) qu'il contribua à réunir à la France ; abbé de Stavelot en 1683, il fut désigné et soutenu par Louis XIV pour l'évêché-électorat de Cologne jusqu'à faire la guerre à l'Empire et au pape (1688). Cardinal depuis 1686, il étaitalléau conclave pour l'élection d'Alexandre VIII, où « il fit peu de figure et d'où il revint vite sous l'artificieux prétexte que l'Empereur lui voulut tendre un nouveau guet-apens » (voir Saint-Simon, édit. de Boislisle, VII, 86, 467, 477).

suivra, à remettre bien ce cardinal dans l'esprit du Roi[1]. Aussi a-t-il d'ailleurs des qualités recommandables, soit du côté de l'esprit, qu'il a assez vif et brillant[2], soit du côté du savoir, qui n'est pas commun, dans les matières de théologie qu'il a étudiées en Sorbonne[3], outre les avantages qu'il tire de la naissance, et vu son humeur à se faire assez valoir, pour attirer, dis-je, par tous ces endroits et par la dépense qu'il est en état de faire, l'estime et la considération de la cour de Rome. Il s'étoit flatté, assez longtemps avant sa disgrâce et du vivant du feu électeur de Cologne, d'avoir bonne part après sa mort à l'élection de prince et évêque de Liège, étant déjà revêtu, dans cette vue, de la qualité de grand prévôt de ce chapitre[4]. Mais c'est une espérance dont il se vit entièrement déchu par la circonstance de la mort de cet électeur et prince de Liège,

---

[1] Spanheim a bien deviné, s'il ne l'a pas su certainement, le retour en faveur du Cardinal de Bouillon (voir page 250, note 1).

[2] Mlle de Scudéry en 1672 louait « la distinction et la richesse de ses manières. Il était le plus joli de la Cour » *(Corresp. de Bussy Rabutin*, II, 87).

[3] Les récits de Saint-Simon, (édit. de Boislisle, V, 285) et de Choisy (édition *Lescure*, p. 652), feraient croire que la faveur et la conversion de Turenne, l'amitié de Péréfixe proviseur de Sorbonne auraient plutôt procuré au futur cardinal ses grades en Sorbonne que ses études. Cependant il paraît s'être soumis au temps d'études exigé par les statuts de l'Université *(édition de 1715*, p. 21): Deux ans pour sa thèse de philosophie passés au collège de Navarre le 16 juillet 1661 *(Gazette*, p. 600). Trois ans pour les premières thèses de théologie qui procuraient le baccalauréat *(Gazette 1664*, 28 février). Deux ans pour les thèses de licences, 5 mars, 30 juillet 1666, 14 mai 1667 *(Gazette 1666*, p. 292). Puis soutenance sur l'Ecriture sainte ou *vespertine*, le 19 septembre 1667 et le 20, enfin la grande séance à Notre-Dame ou l'*aulique* où il reçut le grade de docteur. Il était alors qualifié duc d'Albret. Comme il était le premier prince étranger à paraître en Sorbonne, on régla comment il y serait reçu, avec des honneurs spéciaux qui irritèrent fort la noblesse (voir Saint-Simon, édit. de Boislisle, v. 267 ; Baluze, *Hist. généalogique de la maison d'Auvergne.* Preuves, II, pp. 838-842).

[4] On ne comprendrait pas bien la phrase de Spanheim si l'on ne se rappelait que le feu électeur de Cologne, Maximilien-Henri de Bavière, né en 1621, était à la fois évêque de Cologne, d'Hildelsheim, de Munster et *prince évêque de Liège*. Tandis que le futur cardinal de Furstenberg escomptait l'évêché de Cologne où il se faisait nommer prévôt et coadjuteur du Chapitre et de l'Electeur, le cardinal de Bouillon était devenu prévôt de Saint-Paul de Liège et grand prévôt du chapitre *(Recueil héraldique des bourgmestres de Liège*, 1720, pp. 405-409).

arrivée au fort de sa disgrâce[1], et des engagements où le Roi étoit entré pour faire élire le cardinal de Fürstemberg, et auquel même le cardinal de Bouillon eut ordre exprès du Roi de donner son suffrage et celui de ses créatures qu'il avoit dans le chapitre de Liège. On prétendit même le rendre en quelque façon responsable du peu de succès qui ensuivroit pour le cardinal susdit de Fürstenberg.

Du comte d'Auvergne.

Il y a encore le comte d'Auvergne, second frère du duc de Bouillon et plus âgé que le cardinal, gouverneur du Limousin et colonel général de la cavalerie légère de France, qui ne fut point enveloppé dans la disgrâce du reste de sa famille[2]. Il a épousé une princesse de Zollern, dont il a des enfants des deux sexes, et qui lui porta en mariage le marquisat de Bergen-op-Zoom, situé dans la partie du Brabant qui appartient aux Provinces-Unies et où elles ont toujours eu garnison[3]. Ce seigneur est resté à la cour, mais

[1] Cette mort survint le 3 juin 1688. Le cardinal de Bouillon était en disgrâce depuis août 1685 : aussitôt Louvois avait décidé la candidature du cardinal de Furstenberg aux deux sièges de Cologne et de Liège, 8, 16 et 19 juin (Rousset, *Louvois*, IV, p. 70). Il enjoignit au Cardinal de Bouillon de voter pour Furstenberg et même, quand on perdit l'espoir d'installer celui-ci à Liège, il l'obligea à voter pour le baron d'Eldern, doyen du chapitre, 20 juillet (*Louvois*, IV, p. 83). Un envoyé du roi à Liège déclarait alors aux chanoines que le roi ne consentirait jamais à l'élection du Cardinal. (Choisy II, 178).

[2] *Frédéric-Maurice* de la Tour, dit le comte d'Auvergne, né le 15 janvier 1642 (le cardinal était né en août 1644), maréchal de camp en 1674, élève et héritier de Turenne dans la charge de *colonel général de la cavalerie légère* (14 septembre 1675), lieutenant-général d'armée, (mai 1677). Sur cette charge sans cesse diminuée voir Saint-Simon (de Boislisle, I, p. 131, note 5).

[3] Le comte d'Auvergne avait épousé le 1er décembre 1661 (Baluze, *Hist. de la maison d'Auvergne*, II, 848), Henriette-Françoise de Hohenzollern princesse douairière de Zollern, marquise héritière de Berg-op-Zoom qui avait hérité tous ces biens de sa mère, Elisabeth mariée à Edel Frédéric, fils aîné du comte Jean-Georges de Hohenzollern Sigmaringen (mort en 1662). Le comte d'Auvergne n'avait droit à ces biens que conjointement avec ses enfants ici indiqués : *Emmanuel-Maurice*, né le 3 décembre 1690, chevalier de Malte en 1692 (Saint-Simon, éd. 1873, IV, 17); un second, grand prévôt de Strasbourg ; deux autres nés en 1672 et en 1674; le *marquis de Berg* plus tard prince d'Auvergne, un cinquième, *Frédéric-Constantin*, né vers 1680 (*Hist. généal. de la maison d'Auvergne*, IV, 544). *L'Etat de la France* ajoute trois filles. — D'ailleurs, il faut

d'ailleurs sans y être dans une haute considération. Il eut même le déplaisir de voir qu'à la dernière promotion des chevaliers de l'Ordre, Sa Majesté n'y voulut point avoir égard à la prétention de ce comte d'y avoir rang parmi les princes et sur le pied de celui dont sa maison est d'ailleurs en possession, et ainsi avant les ducs et pairs, ni même le lui accorder qu'après lesdits ducs et dans le rang des gentilshommes honorés du cordon : ce qui fit aussi que ledit comte s'abstint d'y prendre part[1].

La maison de Rohan est encore en possession des honneurs et prérogatives de princes, comme descendue des anciens ducs de Bretagne et du sang royal de Navarre, outre les grandes alliances qu'elle a eues avec les maisons royales d'Espagne, d'Angleterre et d'Ecosse, et des maisons souveraines dans l'Empire[2].

De la maison de Rohan.

remarquer que ces propriétés n'avaient aucune valeur politique : c'est ce qu'indique Spanheim L'acte du traité de Nimègue qui les restitua à la Maison d'Auvergne, après la confiscation faite par le prince d'Orange pendant la guerre de Hollande, stipule (art. 6) : « le *marquisat* de Berg-op-Zoom, les droits et *revenus* qui en dépendent, les biens et terres appartenant au comte d'Auvergne qui sont sous le pouvoir des Etats généraux ». *Ce n'était rien qu'un revenu*, dit Saint-Simon, (édit. de Boislisle, X, 249). Quand la comtesse mourut en octobre 1698, Saint-Simon fit son portrait et raconta ensuite les querelles auxquelles donna lieu sa succession, (de Boislisle, IV, 31 ; Dangeau 19 octobre 1698).

[1] Saint-Simon a parlé de cette affaire : (édit. de Boislisle, V, p. 361 et dans un fragment inédit cité par le même auteur (même volume, p. 567). Le roi avait pour la première fois donné dans la promotion la préséance à tous les maréchaux de France, ducs à brevet, grands officiers sur les autres gentilshommes promus. Cette nouveauté donna lieu à MM. de Soubise et d'Auvergne de demander alors la préséance sur les maréchaux et ducs. Le roi refusa : ils s'excusèrent d'accepter l'Ordre. Alors Louis XIV déclara qu'on inscrirait sur les registres qu'ils n'avaient pas été faits chevaliers « pour ne l'avoir voulu recevoir dans le rang où leurs frères étaient honorés de le prendre ». Saint-Simon prétend que Châteauneuf modifia la mention et nota simplement : « que le comte d'Auvergne s'était excusé parce qu'il croyait pouvoir prétendre un autre rang que celui que le roi leur avait destiné ». Ce qui se rapproche bien plus de l'indication de Spanheim. — Saint-Simon dit très nettement qu'il ne s'agissait nullement « de préséance sur les ducs et pairs » (*Ibid.*, p. 576. — Voir de Sourches, également, II, 296).

Pour les origines et les alliances de cette maison, voir l'*Histoire généalo-*

Des deux branches de la maison de Rohan.

Mais, comme il y a aujourd'hui deux branches de cette maison, celle de Guémené ou Montbazon, et l'autre de Rohan-Chabot[1], il n'y a que la première qui est en possession du rang et des prérogatives de prince, depuis que celle-ci est passée à la maison de Chabot par le mariage de la fille unique et héritière du duc Henri de Rohan, fameux par ses exploits en Valteline et à la défense du parti de la Religion en France[2], mariée à Henri Chabot, qui en prit et porte le nom de duc de Rohan-Chabot, comme fait aujourd'hui son fils, le père étant décédé dès l'an 1655[3].

De la branche de Montbazon.

Pour la maison de Rohan-Montbazon, les princes de Rohan d'aujourd'hui de cette branche sont ceux qu'on appelle en France de Guémené, de Montauban[4], de Soubise, dont le plus

gique du Père Anselme; t. IV. p. 550, un acte de Louis XIV dans le *Traité des preuves qui servent à établir la vérité de l'histoire du père Griffet* (1769); une *Réponse* de l'abbé Georgel en 1771. Consulter aussi une *Généalogie inédite* de Dom Morice aux *Archives* (MM, 758, 759); Saint-Simon, édit. de Boislisle, V, 181 et les notes; édition 1873, V, 61-83; *Ecrits inédits*, III, 255, V, 497.

[1] Ces deux branches descendaient du double mariage de JEAN Ier, vicomte de Rohan, mort en 1395, 1° avec Jeanne, princesse de Léon dont il eut un fils Alain VIII; 2° avec Jeanne, sœur de Charles de Mauvais, roi de Navarre dont il eut un fils, Charles de Rohan né en 1378, seigneur de Guémené et de Gyé. Au début du XVIe siècle, les deux dernières filles de la branche aînée portèrent leurs droits, l'une, Anne, en 1515, à Pierre de Rohan, fils du maréchal de Gyé; l'autre à Louis IV, seigneur de Guémené. Les deux branches furent dès lors Gyé et Guémené.

[2] Saint-Simon dit dans les mêmes termes : « ce grand homme qui se signala tant à la tête d'un parti abattu, et qui réconcilié avec la Cour s'illustra encore davantage par les négociations dont il fut chargé en Suisse et ses belles actions à la tête de l'armée du roi en Valtelme où il mourut en 1638 (édit. de Boislisle, V, 217 et les notes). » Il avait perdu huit enfants en bas âge.

[3] La dernière fille, Marguerite princesse de Léon se maria, au château de Sully, le 16 juin 1645, par l'influence du duc d'Enghien, à Henry Chabot, seigneur de Saint-Aulaye, mort le 27 février 1655 à trente neuf ans. Elle garda jusqu'à sa mort (1684) son rang et son titre de princesse (contrat de mariage dans Saint-Simon, de Boislisle, V, 218, note 3), mais son mari n'eut qu'une duché-pairie de Rohan Chabot, à la prière de Gaston d'Orléans, dont il était le serviteur (décembre 1648. Le Père Anselme, *Hist. Généal.*, IV, 550). Son fils Louis de Rohan-Chabot, né en 1647, est celui dont il est question ici. Il recommença à donner à son fils, né en 1679, le titre de *prince de Léon*.

[4] Les Guémené-Montauban avaient failli avoir un sort semblable aux Rohan. Pierre de Rohan (1567-1622), prince de Guémené, comte de Montauban, fils

considéré est le dernier de nom, appelé prince de Soubise, qui est gouverneur de la province de Berry et qui commande la compagnie des gens d'armes du Roi[1]. Il est bien fait de sa personne, civil et honnête, et dont la princesse sa femme, fille du feu duc de Rohan-Chabot, conserve encore une assez grande beauté pour avoir été mariée dès l'an 1663[2]. Et comme elle a fait éclater sa vertu pour n'avoir pas répondu, ainsi qu'il a été dit en parlant ci-dessus des inclinations du Roi, à celle qu'il témoigna d'avoir pour elle, elle n'en est pas moins bien en cour, et où elle étoit une des dames d'honneur de la feu[e] Reine[3]. Le fils aîné de ce prince de Soubise et d'elle, et qui promettoit beaucoup pour son âge, est mort à Paris cet hiver

aîné de cette branche n'avait qu'une fille, Anne de Rohan. Mais cette fille épousa son cousin Louis VII, duc de Montbazon en 1616 : ses enfants continuèrent les titres de prince de Guéméné, prince de Montauban *(Etat de la France,* 1689, I, p. 790). La branche de Soubise-Montbazon, venait d'un second mariage du duc de Montbazon, frère du prince de Guéméné dont Anne de Rohan avait épousé le fils : le fils ce duc marié (1628) à la célèbre duchesse de Montbazon, François de Rohan, gouverneur du Berry reçut le titre de prince de Soubise.

[1] Le titre exact est : *Capitaine lieutenant des Gendarmes du roi,* c'était le corps de cavalerie qui suivait immédiatement la maison du roi, troupe d'élite dont le roi était le capitaine en titre. Soubise n'en était que le lieutenant depuis 1673 (voir Rousset, *Louvois,* I, p. 219) Soubise, était en outre *Lieutenant-général des armées royales,* depuis 1677, après avoir servi très honorablement en Hollande (voir Pinard, *Chronol. Militaire).*

[2] Le portrait du prince dans Saint-Simon, (édition 1873, IX, 332) : « le plus beau gendarme et un des hommes les mieux faits de son temps ». — « Fort brave homme et bon lieutenant général ». Mais Saint-Simon lui reproche d'avoir fait sa fortune en fermant les yeux sur le commerce de sa femme et de Louis XIV, comme un mari trop complaisant *(Ibid.,* et édit. de Boislisle V, 252). Veuf d'une bourgeoise, Catherine de Lionne, qui lui avait laissé ses biens après un an de ménage (27 avril 1660; 11 avril 1661), il avait épousé par les soins de l'abbé de Rancé le 16 avril 1663 *(Gazette,* p. 371), *Anne de Rohan-Chabot,* fille aînée de la dernière princesse de Rohan qui l'avantagea en la mariant. Le roi fit du mari alors comte de Rochefort, un prince de Soubise (1667, *Arch. Nat.* K., 617, n° 25) et de la femme, en 1673, une dame du Palais : « c'était une beauté rousse avec le plus beau teint du monde, et de petits yeux » (addit. à Dangeau XII, 324, Saint-Simon *Mémoires,* édit. 1873, VI, 249). Son portrait est à Versailles, n° 2110. Sur le mariage même, voir Saint-Simon, édit. de Boislisle, V, 254 et les notes.

[3] Sur la vie de la princesse de Soubise (consulter nos notes. Relation p. 76, note 3) et la notice de M. Boislisle, dans son édition de Saint-Simon, (V, 539).

passé des blessures qu'il reçut à la rencontre de la dernière campagne en Flandre, entre un détachement de l'armée du maréchal d'Humières et un du prince de Waldeck[1].

Du prince de Monaco.

Il y a encore le prince DE MONACO, qui est de la famille de Grimaldi, génoise[2], et jouit des honneurs de prince à la cour de France, comme prince souverain de Monaco, forteresse située en Italie, dans le pays de la république de Gênes, et en récompense de ce que feu son père[3] y reçut garnison françoise et passa en France avec les établissements de terres et de la qualité de duc et pair qu'on lui donna[4]. Le prince susdit, son fils[5], y épousa la fille du feu duc et

[1] *Louis de Rohan Soubise*, prince de Rohan, né le 11 mars 1666, baptisé le 16 février 1675, filleul du roi, maître de camp de cavalerie, d'un régiment de son nom, blessé le 26 août 1689 à l'affaire de *Valcourt*, où la cavalerie de d'Humières, puis son armée se heurtèrent à l'armée de Waldeck retranché sous cette place (Roussel, *Louvois*, IV, 218). Le prince de Rohan mourut le 5 novembre 1689; son frère, *Hercule*, destiné à l'Église, reprit son régiment et son aînesse sous le titre de prince de Soubise (Saint-Simon, édit. de Boislisle, V, 232).

[2] Sur la situation des Grimaldi à Gênes, consulter un mémoire de Saint-Simon : *la principauté de Monaco*; une note de Charles-René d'Hozier; un mémoire sur la principauté dans les manuscrits Clairambault, 719, p. 49; 1226, f° 164-165. Les trois auteurs contestent aux Grimaldi du XVᵉ siècle, le titre de prince qui ne leur est pas accordé en Italie (Saint-Simon, édit. de Boislisle, III, 381). Pour eux, cette qualité de *prince souverain* n'a été reconnue aux Grimaldi que par la France, lorsque Honoré II Grimaldi traita avec la France et Louis XIII.

[3] Le prince dont veut parler Spanheim est Honoré II Grimaldi fils d'Hercule I, assassiné en 1604, à qui il succéda, chevalier de la Toison d'or et des ordres du roi, pair de France le 19 février 1643, mort le 9 janvier 1662. Il n'était pas le père du prince régnant en 1690 (voir note 5).

[4] Le traité dit de *Péronne* fut signé lorsque le seigneur de Monaco renvoya la garnison espagnole établie chez lui depuis 1625, et reçut une garnison française qu'il put commander (8 juillet 1641). Perdant ses biens de Naples et de Milan, il eut de Louis XIII le duché-pairie de Valentinois (de Luynes, *Mémoires*, XI, 258. Saint-Simon, Boislisle, III, 23 et édit. 1873, t. X, p. 416. — Metivier, *Monaco et ses princes* (1862, t. I, 365).

[5] *Louis Grimaldi*, *prince de Monaco*, né le 25 juillet 1642 n'était pas le fils mais le petit-fils d'Honoré II. Son père était *Hercule II*, marquis de Baux, né en 1624, marié à *Marie-Amélie Spinola* en juin 1641 et tué par accident en 1651 avant d'avoir possédé la souveraineté de Monaco, ce qui explique l'erreur de Spanheim. Les parrains et marraines de Louis furent Louis XIV et Anne d'Autriche *(Gazette*, 1643, pp. 941-946).

maréchal de Gramont, et de laquelle il a été parlé ci-dessus sous le nom de princesse de Monaco et dans l'article des maîtresses du Roi et du comte de Lauzun[1]. Le prince susdit en a eu un fils qui porte le titre de duc de Valentinois et a épousé depuis deux ans[2], comme il en a déjà été parlé, la fille du comte d'Armagnac, grand écuyer de France.

Mais, quoique ledit prince de Monaco, de même que les princes de la maison de Bouillon et de Rohan, dont je viens de parler, jouisse au reste du rang et des prérogatives que j'ai touché ci-dessus[3], attachés aux Princes à la cour de France, c'est pourtant avec quelque différence d'avec les *princes étrangers*, qu'on appelle, ou issus de maisons souveraines, de Savoie et de Lorraine. Ce qui parut dans la dernière promotion des chevaliers de l'ordre du Saint-Esprit, où il n'y eut que ceux-ci qui y furent reçus, et marchèrent, dans la procession, avant tous les ducs et pairs honorés du même ordre, et ainsi

---

[1] Pour cette princesse *Catherine-Charlotte de Gramont*, fille du *maréchal de Gramont*, qui mourut la même année que son père (1678), consulter plus haut les pages indiquées par Spanheim, p. 77, note 1 ; p 100, note 1. — Le mot *y épousa* veut dire *épousa en France*, à Pau, où eut lieu le mariage le 30 mars 1660.

[2] 13 juin 1688 (Dangeau, V, 350, voir *Relation*, p. 236, note 6). Le prince dont il est question était *Antoine Grimaldi* duc de Valentinois, né le 27 janvier 1661.

[3] Voir *Relation*, p. 244. Nous avons déjà expliqué dans cet autre passage ce qu'était le *pour*, le tabouret, le droit de couverture réservé aux princes. Spanheim a raison de faire cette distinction, puisque, après avoir parlé des princes étrangers, l'*Etat de la France en 1677* dit (I, p. 517) :« il faut tirer à part des maisons ducales celle des princes dont le roi fait jouir de quelques honneurs particuliers », et ce recueil range le duc de Bouillon parmi les princes étrangers, Monaco et Rohan parmi les *princes seulement*. Il y avait bien des différences en effet : Saint-Simon dit et répète que le duc de Monaco n'obtint le tabouret pour sa belle-fille et sa femme que par la protection de M. le Grand, au mariage de 1688 (Saint-Simon, édit. de Boislisle, III, p. 23, IV. p. 28, VI, 124). Une autre différence était que les secrétaires d'Etat refusaient d'écrire aux Monaco et aux Rohan *Monseigneur*, comme à des Altesses : voir l'affaire de 1699 où, à propos de l'ambassade d'un Grimaldi à Rome, la question se posa (Dangeau, VII, p. 25, Saint-Simon, VI, 124 et le Recueil du père Léonard (*Arch. nat.*, M 757, p. 172). Il y avait enfin la différence de rang dans l'ordre du Saint-Esprit dont va parler Spanheim.

où le prince de Soubise, qui avoit eu la même prétention, n'eut point de part et aima mieux s'en passer que d'y marcher parmi les ducs et pairs. Ce fut ensuite que le Roi se déclara de trouver que les seigneurs de la maison de Rohan n'avoient point eu d'autre rang, en pareille promotion, que celui que leur donnoit le rang de duc et pair du royaume. A l'égard de la maison de Bouillon, j'ai touché ci-dessus[1] ce qui se passa au sujet du comte d'Auvergne, et ce qui étoit encore moins avantageux aux seigneurs de cette maison. Pour le prince de Monaco, comme il étoit absent, à Monaco, en Italie, au temps de cette promotion, il fut à couvert par là d'y paroître dans le rang de duc et pair de France, et non de prince étranger[2]. Après tout, il ne fit pas de difficulté de recevoir l'Ordre dans le rang qui l'y[3] fut destiné parmi les ducs, et qu'on lui donna à son retour.

[1] Nous avons déjà parlé de cette promotion et des difficultés que firent le prince de Soubise, et le comte d'Auvergne d'accepter l'honneur de l'Ordre aux conditions exigées (voir p. 129, note 2). Ce qui fit la discussion, ce ne fut pas la prétention des princes de passer *avant les ducs et pairs honorés de l'ordre*, mais une décision du roi qui parut une nouveauté (Saint-Simon, *Mémoires*, éd. de Boislisle, V, 263, *Ecrits inédits*, V, 327) : les maréchaux eurent pour la première fois un rang, ainsi que les ducs à brevet et les officiers de la maison du Roi, avant les gentilshommes. C'était une promotion de fonctionnaires. Les princes se trouvèrent humiliés d'être alors rangés parmi des gentilshommes, ainsi disséminés : ils demandèrent à précéder non pas ceux des promotions antérieures, mais de cette promotion seulement (voir dans Clairambault, Manuscrit 1160, f. 64 une estampe qui représente la procession du 2 février 1689, indiquée par Spanheim, et le rang de chacun).

[2] Ce détail est confirmé par un passage de Saint-Simon, cité par de Boislisle, V, 574 : « M. de Monaco qui était alors à Monaco fut de cette promotion ». Il en était même le dernier (Saint-Simon, VI, 124).

[3] Germanisme pour « *qui lui* » — Selon Saint-Simon, M. de Monaco aurait d'abord accepté le cordon bleu, qu'il reçut de Paris avec l'avis qu'il aurait à prendre son rang de duc. Quand il vint à la cour, il figura à ce rang à la première cérémonie vers 1689. Puis deux fois de suite, il ne parut plus aux cérémonies. Le roi se fâcha quand il sut la raison et lui dit en termes très forts de se trouver en son rang de duc à la cérémonie prochaine Il obéit sans répliquer (Saint-Simon, éd. de Boislisle, V, 575). Cette résistance se produisit vraisemblablement après le départ de Spanheim, en 1690. Le récit de Spanheim confirme celui de Saint-Simon sur la première soumission du prince de Monaco.

Après les princes étrangers susdits ou autres dont je viens de parler, qui jouissent des prérogatives de prince à la cour de France, et ainsi qui y tiennent des premiers rangs, il y a encore d'autres seigneurs, considérables par leur naissance et par leurs charges, qui s'y font distinguer et y sont les plus assidus. On peut mettre en ce rang les quatre premiers gentilshommes de la chambre du Roi, les quatre capitaines des gardes du corps, le gouverneur et premier gentilhomme du Dauphin, le gouverneur du duc de Bourgogne. Et ce, outre le grand maître de la maison du Roi, le grand écuyer de France, le grand chambellan, le grand maître de la garde-robe et le colonel du régiment des gardes françoises, dont les charges sont remplies, comme on a déjà vu, par le prince de Condé, le comte d'Armagnac, le duc de Bouillon, le duc de la Rochefoucauld et le maréchal duc de la Feuillade.

Quant aux premiers gentilhommes de la chambre du Roi, ce sont quatre ducs et pairs de France qui en sont à présent revêtus et qui servent par année, savoir : les ducs de la Trémoïlle, de Saint-Aignan ou Beauvillier, d'Aumont et de Gèvres.

Des premiers gentilshommes de la chambre.

Le duc de la Trémoille[1] en avoit la charge en survivance du duc de Créquy, dont il avoit épousé la fille unique et héritière, et l'exerce à présent de son chef depuis la mort de ce duc, décédé en 1686. Il est fils du feu prince de Tarente et d'une princesse de Hesse-Cassel, sa femme, par où il se trouve cousin germain de Madame, fille de feue l'électrice palatine, sœur puînée de ladite princesse[2]. Comme cette mai-

[1] *Charles, Belgique-Hollande,* seigneur de la Trémoille, né en 1655, duc de Thouars, prince de Tarente, avait épousé le 3 avril 1675 Madeleine de Créquy, fille unique de M. de Créquy, duc et pair, ancien ambassadeur à Rome. Créquy avait obtenu en 1680 la survivance de sa charge pour son gendre, qui l'exerça, quand il mourut à Paris non en 1686, mais le 13 février 1687 (Saint-Simon, *Mémoires,* éd. de Boislisle, I, 152, éd. 1873, V, 68. — *Ecrits inédits,* VI, 149-160).
[2] Voici exactement l'histoire et la généalogie de ces deux princes : le père et le fils. Henri-Charles de la Trémoille né en 1621, mort à Thouars en 1672,

son de la Trémoïlle est une des plus illustres du royaume en alliances et en nombre de vassaux, surtout depuis qu'elle devint héritière par mariage de la maison de Laval[1], elle jouit aussi des prérogatives du premier rang entre les ducs et pairs de France[2], et ce qui parut dans la dernière promo-

ne fut toute sa vie que prince de Tarente, son père qui était duc de la Trémoille étant mort après lui, en 1674. Il avait fait sa carrière militaire en Hollande, où il devint général de la cavalerie, gouverneur de Bois-le-Duc. Protestant, il vécut loin de la Cour jusqu'en 1669; sa famille était alliée aux princes protestants étrangers ; son grand-père avait épousé une fille de Guillaume le Taciturne. Il épousa lui, par les soins de sa mère qui était de la Tour d'Auvergne, Emilie, fille de Guillaume V de Hesse-Cassel. La sœur de cette princesse, Charlotte, avait épousé l'électeur palatin, Charles-Louis. l'ancien maître de Spanheim, le père de la deuxième duchesse d'Orléans. Saint-Simon, qui confirme ces détails, dit que Madame avait pour le fils du prince de Tarente une grande amitié et ne l'appelait jamais que « mon cousin ». Ils étaient « Germains ». La duchesse d'Orléans traitait sa tante avec toutes sortes d'égards dans les courts intervalles qu'elle passa à Paris. Au moment où Spanheim parle d'elle, elle s'était retirée en Allemagne pour y mourir en 1693 (Saint-Simon, 1873, V, 360). Sur cette princesse, qui, pauvre vécut longtemps de son douaire à Vitré, voir Mme de Sévigné, Lettres (passim).

[1] Ce mariage fut celui d'*Anne de Montfort-Laval*, seconde fille de Guy XVI. dernier comte de Laval-Montfort, gouverneur et amiral de Bretagne, mort en mai 1531, et d'une fille de Frédéric d'Aragon, roi de Naples. Elle avait épousé François de la Trémoille, vicomte de Thouars. En 1531 l'héritage des Montfort-Laval passa d'abord à un fils d'un troisième mariage, Guy XVII, mort en 1547, puis à la sœur ainée du premier mariage, Catherine dame de Rieux, comtesse d'Harcourt, dont la fille Claude mariée à François de Coligny, frère de l'amiral, transmit à son fils Guy XVIII ses droits, éteints dans la personne de son petit-fils Guy XIX, tué en Hongrie en 1605. Alors l'héritage des Laval-Monfort revint aux héritiers de la seconde fille *Anne*, issus du mariage de cette princesse avec un la Trémoille. Ce fut Henri de la Trémoille, duc de Thouars, pair de de France, prince de Talmont, qui eut cette bonne fortune de succéder à l'heureuse maison qui, *Laval Montmorency* d'abord (1250-1413), puis *Laval Montfort* (1413 à 1605) « avait atteint, dit Saint-Simon, toutes les grandeurs en charges, emplois, distinctions, alliances et grandes terres » (*Mémoires*, éd. 1873, XIII, 400-409). — Les *alliances*, c'était avec la maison de Bretagne, de France, de Bourbon, d'Anjou, de Provence et d'Aragon au xve siècle (Saint-Simon éd. 1873, V, p. 354) Les *terres*, c'étaient le comté de Laval, la baronnie de Vitré, la vicomté de Rennes, la seigneurie de Montfort, de Kergorlay, de la Roche-Bernard (voir le *Chartrier de Thouars* publié par le duc de la Trémoille, 1871 ; l'*Histoire généalogique*, t. III, et VII ; André du Chesne, *Histoire généalogique de la maison de Laval* (1669).

[2] L'*Etat de la France* (1689), I, p. 794, range même la maison de la Trémoille, comme celle de Rohan, parmi les maisons princières qui sont « à part des ducs et pairs » : on ne voit pas pourquoi Spanheim accorde aux Rohan ce

tion des chevaliers de l'Ordre, où le duc de la Trémoïlle, quoiqu'il n'eût pas encore accompli l'âge requis par les statuts de l'Ordre, y marchoit le premier après les princes de la maison de Lorraine et avant les autres ducs et pairs. La fille aînée de cette maison a aussi le privilège du tabouret, et ainsi d'être assise au cercle devant le Roi et la Reine : ce qui ne s'accorde d'ailleurs qu'aux filles des princes étrangers ou reconnus pour princes[1]. Au reste, le duc de [la] Trémoïlle susdit est plus avantagé du côté de la taille que des agréments du visage, et brille plus par son adresse dans les exercices du corps, comme de course à cheval, à la danse et pareils, que du côté de l'esprit. Après tout, c'est un seigneur doux et honnête.

Le duc DE BEAUVILLIER, fils du duc de Saint-Aignan, en avoit aussi la charge en survivance du père, mort en 1686. Il l'exerce seul à présent, et à quoi Sa Majesté y a joint, comme il a été déjà remarqué, la charge de chef du Conseil royal des finances, et nouvellement depuis mon départ de France, celle de gouverneur du duc de Bourgogne. J'ai déjà touché les motifs qui y ont donné lieu et qui sont pris de son caractère d'homme dévot et régulier, comme d'ailleurs de son mariage avec une des filles de feu M. Colbert[2].

qu'il ne donne pas aux La Trémoille, sinon parce que Saint-Simon dit que les Bouillon firent refuser en 1651 aux La Trémoille le rang de princes (1873, V, 359). Mais Spanheim s'est certainement trompé : dans la promotion de 1688 qui figura dans l'*Etat de la France* (1689, II, 133), le duc d'Uzès est indiqué comme « *premier pair de France* », et le duc de la Trémoille avant lui, en effet, comme « *prince de Tarente* ». Saint-Simon a donné l'explication plus loin : dans la maison de la Trémoille, l'aîné *seul avait rang de prince* (V, 359).

[1] Sur ce privilège refusé aux filles de Duchesses, accordé à toutes les Princesses étrangères, voir plus haut, p. 244, note 1. Il résulte que les la Trémoille étaient d'une condition intermédiaire entre les princes et les ducs : Princes, puisque leur famille participait à leur rang, mais princes dont les aînés seulement avaient cet avantage.

[2] Sur *Paul de Beauvillier*, duc de Saint-Aignan, puis de Beauvillier le 17 décembre 1679, pourvu de cette charge de premier gentilhomme en survivance depuis le 10 décembre 1666 et l'exerçant à la mort de son père le 16 juin 1687 et non en 1686; sur ses charges, enfin, consulter p. 92, note 1. Sur sa dévotion, p. 96, note 3.

Le duc d'Aumont, qui a été ci-devant capitaine des gardes du corps, et appelé alors le marquis de Villequier du vivant du duc son père, outre la charge de premier gentilhomme de la chambre, est gouverneur du Boulonnois[1]. C'est un seigneur qui a des biens considérables[2], un hôtel à Paris des plus magnifiquement meublés qui s'y voient[3], et lequel, depuis quelques années en çà, quoique sans lettres ou savoir, se mit dans la curiosité de la recherche des antiquités romaines, ou plutôt dans la réputation de protéger ceux qui s'y adonnoient. Ce fut aussi à l'occasion d'un maître d'hôtel qu'il avoit, curieux des médailles antiques et qui en avoit un assez beau cabinet, que ce duc établit une assemblée chez lui pour y discourir une fois la semaine sur de pareilles médailles et en tirer les usages ou les connoissances qui y auroient du rapport. Comme cette assemblée se trouva composée de plusieurs personnes considérables par leur rang, leur dignité ou

---

[1] *Louis-Marie-Victor d'Aumont* de Rochebaron, marquis de Villequier, seigneur de Bois-la-Mothe, était né le 9 déc. 1632, de Antoine, duc d'Aumont, maréchal de France; il devint duc d'Aumont à la mort de son père (1669). Il avait hérité de ce père la charge de capitaine des gardes du corps. Mais aussitôt il la revendit au marquis de Rochefort, le 11 mars 1669, pour occuper la charge de premier gentilhomme de la Chambre, que le duc de Mortemart, criblé de dettes, lui vendit 800.000 livres. C'était un arrangement des Le Tellier : le marquis de Villequier avait épousé Madeleine le Tellier, sœur de Louvois. Le marquis de Rochefort, ami intime des le Tellier, dont la femme était cousine de Louvois et peut-être sa maîtresse, fut établi par eux. (Voir Saint-Simon, éd. de Boislisle, I, 84.— Montpensier, *Mémoires*, IV, 67.— *Journal d'Ormesson*, II, 564.) Le gouvernement de Boulogne et pays boulonnais que le duc d'Aumont avait hérité aussi de son père était un gouvernement de places frontières enclavé dans la Picardie et l'Artois, ce qui donnait lieu sans cesse à des conflits entre les Aumont et le duc d'Elbeuf, gouverneur de ces provinces. Il y eut duel en 1658 (Mlle de Montpensier, *Mémoires*, III, 268), puis procès en 1705 (Saint-Simon, éd. de Boislisle, XII, p. 418, et plus haut p. 228, note 3).

[2] Le gouvernement du Boulonnais rapportait à lui seul près de soixante mille livres.

[3] L'hôtel d'Aumont fut construit par François Mansart sur la fin de sa vie, pour le Duc, père de celui-ci, qui était gouverneur de Paris et qu'à cause de son luxe et de son orgueil on nommait *Tarquin le Superbe*. On voit encore cet hôtel rue de Jouy *(Pharmacie centrale)*. Le goût paraît avoir été un privilège de cette famille. Au XVIIIe siècle, le duc d'Aumont, le petit-fils, fit la plus belle collection de meubles, de bronzes et d'antiques qu'il y ait eu, dans son hôtel, transporté alors place Louis XV, vers 1766.

leur savoir, je ne pus que prendre à honneur d'être convié de m'y trouver. On y imposa la tâche d'illustrer en particulier l'histoire romaine par les inscriptions et par les médailles anciennes, et, à ce sujet, de décrire la vie des empereurs en y rapportant toutes les médailles qui s'étoient battues sous leur règne ; et auquel sujet chacun des membres de cette assemblée fut chargé de faire la vie d'un empereur sur ce modèle, et ensuite d'en faire la lecture dans l'assemblée, pour s'y prévaloir des avis des assistants, savoir : au sujet des additions ou des corrections à y faire. Le tout dans le dessein de dresser par là un corps d'histoire romaine, au moins de celle des empereurs[1], plus complète et plus exacte que celle qu'on a jusques ici. Et comme cette assemblée dura près de deux ans, j'eus occasion d'y entendre de fois à autre la lecture de plusieurs vies d'empereurs romains décrites dans cette vue par ceux qui en avoient eu la commission. Ce qui cependant ne pouvoit qu'être d'un succès assez divers, suivant le différent talent de ceux qui s'en mêloient. Cette assemblée vint ensuite à se séparer par les attachements du duc d'Aumont à ses emplois en cour et par les voyages du Roi. En sorte que ce grand dessein est demeuré imparfait, sinon que le président Bignon, qui étoit un des curieux et des assistants à

---

[1] Ce passage de Spanheim est fort important pour l'histoire des origines de l'Académie des Inscriptions et Belles-Lettres, réunion particulière qui se tint chez des amateurs éclairés avant de devenir l'Académie des Médailles renouvelée, en 1701 par Louis XIV, en vue de l'étude de l'antiquité. Le rôle des assemblées scientifiques qui se tenaient chez le duc d'Aumont et qui lui valurent d'être de l'Académie renouvelée, a été défini dans l'*Histoire de l'Académie des Inscriptions* (Eloges, I, 335). Une notice a été consacrée au duc d'Aumont dans les *Mémoires* de la Compagnie. L'Assemblée se tint ensuite ou chez *le Président* du grand Conseil, Thierry Bignon, gendre d'Omer Talon, oncle de l'abbé Bignon, ou chez le *Président* au Parlement, Chrétien Lamoignon, qui, comme son père, tenait assemblée d'érudits, surtout à Bâville en automne, et qui succéda au duc d'Aumont à l'Académie des Inscriptions, en 1704. (*Hist. de l'Acad. des Inscriptions*, Eloges, I, p. 380, 386.) Ce qu'il y a de certain, c'est que la parenté des Pontchartrain et des Bignon les unit dans la création, par l'ordre de Pontchartrain, d'une véritable Compagnie d'érudition, en 1701. (Voir Maury, l'*Ancienne Académie des Inscriptions*, p. 21 et suivantes. — Abbé de Broglie, *Mabillon*, t. I, 83.)

cette assemblée, a pris depuis à tâche de la continuer chez lui. Mais ce qui, après tout, n'aura pas grand suite pour l'accomplissement du dessein susdit et pour l'instruction du public. Au reste, le duc d'Aumont avoit épousé en premières noces la fille du feu chancelier [le] Tellier et sœur du marquis de Louvois[1], dont il a eu un fils, le marquis de Villequier, qui a la survivance de la charge de premier gentilhomme de la chambre[2], et deux filles mariées, l'une au marquis de Béringhen, premier écuyer du Roi[3], l'autre au marquis de Créquy, fils aîné du feu maréchal de Créquy[4]. Il a épousé en secondes noces Mlle de Toucy, fille aînée de la maréchale de la Motte, gouvernante des enfants de France[5], et qui, malgré la réputation de dévote où elle s'est mise, eut le malheur il y a quelques années d'être décriée par le fils susdit du duc son mari du premier lit, comme vivant en commerce scandaleux avec l'archevêque de Reims[6] frère

---

[1] *Madeleine Fare*, fille du chancelier Michel le Tellier, née en 1646, mariée le 20 novembre 1660, au marquis de Villequier, morte le 22 juin 1668. Elle avait eu le temps d'avoir trois enfants.

[2] Le dernier de ces enfants, Louis d'Aumont, marquis de Villequier, né le 19 juillet 1667, pourvu de la survivance de son père, en avril 1683, et d'une pension de six mille livres, baron de la terre de Montfaucon que son père avait payée à Condé cinq cent mille livres, en 1666, avec droit d'y substituer le nom de Villequier, maître de camp de cavalerie, en mars 1690 (voir son portrait, son luxe et son goût excellent dans Saint-Simon, Édit. 1873, IX, p. 429.)

[3] *Marie Madeleine Elisabeth Fare d'Aumont*, née en 1662, l'aînée, mariée le 14 octobre 1677 à M. de Béringhen, dite *Madame de Béringhen*. Saint-Simon, qui eut des démêlés avec elle, en fait un portrait peu flatteur (Édit. 1873, XI, 224, XII, 295): « Méchante, intrigante, avec beaucoup d'esprit, fausse et dangereuse, qui gouvernait son mari et son père. »

[4] *Charlotte Fare d'Aumont*, née en 1665, mariée le 4 février 1683 à François Joseph, fils unique du maréchal de Créquy, mort le 4 février 1687, le marquis de Créquy, brave, spirituel, mais porté « *à la vilaine débauche* ». Il venait d'être exilé de juin à décembre 1682, avec Vermandois, Conti et Turenne. On le maria pour le ranger ; mais à la fin de décembre 1686, il se faisait exiler pour une intrigue avec le Dauphin et Mme de Polignac (voir plus haut, p. 117, note 3). Il était revenu à l'armée en décembre 1688 (de Sourches, II, 232). — Le portrait de sa femme a été aussi fait par Saint-Simon (éd. 1873, XIV, 360).

[5] Sur cette personne et son mariage, voir plus haut, p. 76, note 2. Le mariage eut lieu en 1669.

[6] *Charles-Maurice* le Tellier, fils puîné du chancelier Le Tellier, né le 4 juillet 1642 à Turin, coadjuteur en 1668, puis archevêque de Reims en 1671,

du marquis de Louvois et d'ailleurs propre oncle maternel dudit marquis de Villequier : ce qui fit assez de bruit à Paris et à la cour, et avec une mortification sensible du duc d'Aumont, père et mari, et beaucoup de ressentiment qu'il en témoigna contre son fils, comme calomniateur de sa belle-mère[1]. Et, comme il n'y a que le temps qui efface ces sortes d'impressions, il commençoit à faire cet effet quand il s'est fait un nouveau bruit d'une intrigue à peu près pareille entre le même archevêque et la marquise de Créquy, sa nièce et fille du même duc d'Aumont[2].

Le duc DE GÈVRES est encore premier gentilhomme de la chambre, qui a été de même ci-devant capitaine des gardes du corps et, depuis la mort du duc de Créquy, a eu le gouvernement de Paris et de l'Ile-de-France[3]. Il n'y a rien de particulier à dire de ce seigneur, qui a un mérite fort médiocre,

---

conseiller d'Etat en 1679. Il sera parlé de lui plus loin, au chapitre du *Clergé*. Saint-Simon dit que la seconde duchesse d'Aumont était « une terrible dévote qui haïssait fort son beau-fils » (éd. 1873, IX, p. 429).

[1] Etait-ce une calomnie : nous aurons occasion de discuter plus loin les mœurs de l'archevêque de Reims. Ce qui est certain, c'est que Villequier était un « panier percé qui vivait d'industrie », que son père était fort dur et que sa belle-mère le haïssait, qu'elle essaya, en 1704, de faire passer l'héritage au fils du second lit, né d'Humières, toujours en litige avec lui. Elle avait voulu l'empêcher de faire, le 28 décembre 1690, un mariage d'amour avec Olympe de Piennes (Saint-Simon, éd. de Boislisle, II, 207). Ces tracasseries ont pu provoquer les calomnies du marquis de Villequier, qui était, dit Saint-Simon (éd. 1873, IX, 429), « sans foi, sans âme ».

[2] Le bruit a été recueilli aussi par Saint-Simon. « Son amitié pour la marquise de Créquy n'était pas sans scandale. Il défrayait sa maison toute l'année et lui en avait donné une toute meublée. » Il dénatura ses biens pour lui laisser deux millions par un testament « qui ne contribua pas à lever le scandale ». (Ed. 1873, VII, p. 282.) Mais la calomnie pouvait venir aussi, comme l'indique Saint-Simon, de questions d'intérêts, « de la grande jalousie de tous ses autres héritiers, les Louvois. » La dame, d'ailleurs, était suspecte et paraît avoir aimé l'abbé d'Estrées, qui fut en Espagne auprès de Mme des Ursins (Saint-Simon, éd. 1873, XIV, 360, 361).

[3] Léon Potier, comte de Sceaux, duc de Gesvres, capitaine des gardes du corps (juin 1666), charge qu'il vendit à Lauzun, le 28 juillet 1669, quand il devint duc et pair à la mort de son père. Il acquit de M. du Lude sa charge de premier gentilhomme ; il était gouverneur, depuis 1651, de Laval et du Perche, qu'il échangea en achetant le gouvernement de Paris au duc de Créquy (sur cette vente, consultez Mme de Sévigné, *Lettres*, VIII, 18, 21, 22).

l'humeur brusque et peu de considération à la cour, hors celle que sa charge et son rang lui donne[1]. Son fils aîné, le marquis de Gèvres, a la survivance de la charge de premier gentilhomme, qu'il exerce aussi en l'absence du père, est fort civil et honnête dans les manières, mais du reste fort borné du côté de l'esprit, et en sorte qu'on en fait de bons contes parmi les courtisans[2].

es capitaines des gardes du corps.

Les capitaines des gardes du corps sont encore des principaux officiers de la cour, et ordinairement du nombre et du rang des seigneurs ou officiers considérables du royaume. Ils sont quatre, au sujet des quatre compagnies dont le régiment des gardes du corps à cheval est composé[3], servent par quartier, et suivent immédiatement le Roi partout où il va quand ils sont en service. Ce qui leur donne un accès particulier auprès de Sa Majesté, et les occasions de s'y insinuer dans ses bonnes grâces, s'ils en savent profiter, ou, au besoin de servir leurs amis[4]. Ceux qui remplissent aujourd'hui cette

---

[1] Saint-Simon l'appelle (1873, II, 2) « le gros duc de Gesvres ». Il le représente (éd. de Boislisle, VI, 414) comme un mari cruel, un père dénaturé, d'une brusquerie d'allures qu'il nous peint par deux anecdotes pleines de couleur et de vérité. — La Bruyère l'a peint aussi (II, 18), comme les *Caractères inédits* du *Musée britannique* (Man. addit. 29507, f° 24) : « Personne ne lui fait la cour que ceux qui dépendent de lui pour son emploi. » — Saint-Simon conclut de même (édit. de Boislisle, VI, p. 411).

[2] Bernard-François Potier, marquis de Gesvres, né le 15 juillet 1655, survivancier de la charge de gentilhomme de la Chambre, où il remplaçait son père le soir, depuis 1670; maître de camp de cavalerie (1675), brigadier en 1690. — « Le plus honnête homme du monde », dit Saint-Simon (éd. de Boislisle, VI, 411), mais « un profond ignorant »; et il cite de lui précisément une *lourde bêtise :* il se piquait de lecture et s'étonnait que tous les tableaux des cabinets du Roi fussent d'un même peintre : « *Inri* ». (Boislisle, VI, 43).

[3] Quoique ce corps fût à l'origine destiné *au dedans du Louvre*, Spanheim a raison de l'appeler un « corps à cheval ». Les capitaines étaient « tous grands seigneurs et généraux d'armée » (Saint-Simon, édit. 1873, V, 422). Ils étaient soumis néanmoins à l'ordre d'un major, Brissac, qui les avait mis sur le pied militaire où on les voyait : quatre compagnies de 360 hommes chacune. Sur cette organisation, voir l'ordonnance de 1664 et la circulaire de 1676 (Rousset, *Louvois*, I, 218).

[4] Voir *État de la France*, 1689, I, 324 et suivantes.

charge sont : le duc de Noailles, le maréchal duc de Duras, le maréchal duc de Luxembourg et le maréchal de Lorge[1]. Il y aura lieu d'en dire quelque chose en détail, dans l'article des *généraux et principaux officiers de guerre en France*; j'ajouterai seulement que le capitaine des gardes qui est en quartier tient à la cour la table du grand maître, et qui lui est affectée[2].

La charge de gouverneur du Dauphin, de même que celle aujourd'hui de gouverneur du duc de Bourgogne son fils, est encore une des plus belles et plus considérables charges de la cour; aussi ne voit-on guère que des seigneurs honorés de la qualité de ducs et pairs qui en soient revêtus[3].

Des gouverneurs du Dauphin ou duc de Bourgogne.

Le duc DE MONTAUSIER, qui étoit gouverneur du Dauphin[4], et l'est d'ailleurs de la province de Normandie, a fait depuis la charge de premier gentilhomme de sa chambre, et, en cette qualité, continue d'être présent aux audiences qu'il donne aux ministres publics, et de tenir le premier rang à son service[5]. Il n'est pas besoin d'ailleurs de répéter ici ce que j'ai déjà touché ci-dessus en parlant du Dauphin, je veux dire du caractère et du mérite particulier de ce duc. Outre qu'il est assez public,

---

[1] En janvier, le duc de Noailles, né le 5 février 1650, comte d'Ayen, gouverneur du Roussillon, commandant en chef et lieutenant du roi en Languedoc, capitaine de la Compagnie écossaise, la première en rang et en date. En avril, Henri de Durasfort, maréchal et duc de Duras, gouverneur de Besançon et de la Comté. En juillet, François-Henry de Montmorency, maréchal de Luxembourg, pair de France, gouverneur de Champagne et de Brie. En octobre, Guy de Durasfort, comte et maréchal de Lorges, père du duc de Duras.

[2] De même que le premier maître d'hôtel tenait la table dite du *grand chambellan*, celui-ci tenait la table du *Grand Maître de la maison du roi*, le premier officier de la couronne et toujours prince du sang : « Table, comme on dit, entretenue chez le roi. »

[3] Voir plus haut p. 111 et 112, à quels grands seigneurs il fut préféré précisément.

[4] Il a cessé de l'être au mariage du Dauphin, en 1680, voir plus loin, note 5.

[5] Spanheim ne s'explique pas bien : depuis le 22 septembre 1668, le duc de Montausier avait prêté serment au roi comme *gouverneur*, premier gentilhomme et maître de la garde-robe du Dauphin. Ses fonctions de gouverneur cessèrent à la majorité du Dauphin, en 1680. Il garda les autres.

j'en puis mêmes assez parler, comme ayant eu l'avantage de voir et de pratiquer ce seigneur assez familièrement durant mon séjour et employ en France, et même d'en être connu, il y a assez longtemps, dès mes premiers envois en France. Tout ce qu'on lui peut trouver à redire, c'est un peu trop d'entêtement et de prévention dans ses jugements, trop de roideur dans sa conduite et trop peu de réflexions sur les mouvements ordinaires des cours et les biais qu'il est souvent question d'y prendre pour s'y régler avec prudence, sans blesser pourtant, ni y intéresser même les devoirs de l'honneur et de la conscience[1]. Il est même assez extraordinaire qu'avec autant de vertu, de probité, de droiture, et avec aussi peu de complaisance, de souplesse et d'indulgence, et ainsi sans qualités qu'on requiert ordinairement des courtisans, il ait su s'élever, dans une cour pareille à celle de France, aux premières charges et dignités de la cour et du royaume, comme de duc et pair, de gouverneur de l'Angoumois, d'où il est originaire, ensuite de la province de Normandie, dont le gouvernement ne s'étoit guère donné qu'aux princes du sang ou plus grands seigneurs du royaume; après, de gouverneur du Dauphin, dont il a exercé la charge dès l'âge de sept ans jusques à son mariage, et enfin de celle de premier gentilhomme de sa chambre, qu'il exerce encore, comme j'ai déjà dit[2]. D'ailleurs, comme en cette qualité de gouverneur du Dauphin, il avoit 30.000 livres annuelles du Roi pour tenir table, il l'a aussi toujours tenue, et la tenait encore à mon départ de France, fort bonne et

[1] Sur ce portrait voir plus haut p. 111 à 113 et les notes.
[2] Charles de Saint-Maure, né en octobre 1610, marquis de la Salle, maréchal de camp en 1643, gouverneur en 1645 de Saintonge et d'Angoumois, charge qui lui venait de son oncle, le comte de Brassac; gouverneur de Normandie le 11 mai 1663, à la mort du duc de Longueville; duc et pair de Montausier en 1665, gouverneur du Dauphiné de 1668 à 1680 et premier gentilhomme de la chambre, depuis 1662 commandeur des Ordres du roi, mort le 17 mai 1690. Spanheim a écrit avant cette date cette partie de sa relation qui le concerne. D'après la vie de Montausier parue en 1729 (in-8, à Paris), le duc se serait (p. 121) retiré de la cour après la naissance du duc de Bourgogne vers 1683. Peut-être ne se retira-t-il qu'en partie, quand il vit la charge de président du Conseil des Finances, attribuée à Beauvilliers (1685).

ouverte à ceux qui s'y présentoient. Ce qui ne pouvoit même que contribuer à lui attirer de la considération de la part des courtisans. Au reste, c'est un seigneur âgé d'environ soixante-seize ou soixante-dix-sept ans[1], qui n'a qu'une fille[2], mariée au duc d'Uzès, qui passe pour premier duc et pair de France, et auquel il a résigné, avec la permission du Roi, le gouvernemet d'Angoumois[3], et a retenu jusques ici celui de Normandie.

Je n'ai rien à dire de particulier du gouverneur du duc de Bourgogne, dont la charge doit avoir été conférée, depuis mon départ de France, au duc de Beauvillier, comme il a été remarqué et par les motifs que j'en ai allégués. Cette charge ne pourra que lui donner les mêmes prérogatives et avantages qu'avoit celle de gouverneur du Dauphin[4].

Il y a encore la charge de chevalier d'honneur de Madame la Dauphine, qui, de même que celle de chevaliers d'honneur des Reines, quand il y en a, se trouve ordinairement remplie par des ducs et pairs[5]. Le duc de la Viéville[6], gouverneur du Poitou,

Des chevaliers d'honneur de la Reine ou de la Dauphine.

---

[1] C'est une erreur qu'il faut corriger d'après la note précédente. Il allait avoir 80 ans.

[2] *Julie-Françoise de Sainte-Maure*, née en 1647 et qui allait perdre son père (1690) et son mari (1692) presque en même temps. Sur sa jeunesse, voir Tallemant des Réaux, *Historiettes*, II, 532, 536.

[3] *Emmanuel II*, encore comte de Crussol, quand il épousa le 16 mars 1664 la fille du duc de Montausier. Son père, mort en 1680, s'était démis en sa faveur de la duché-pairie d'Uzès, la première du Royaume, en avril 1674 (*Etat de la France, 1689*, II, p. 6). En 1668, son beau-père s'était démis du gouvernement d'Angoulême qui resta dès lors dans la famille d'Uzès. Brave et spirituel, chevalier des Ordres en 1688, le comte de Crussol n'avança pas en proportion de son mérite parce qu'il ne voulut jamais, très fier de son rang, se soumettre à Louvois (Saint-Simon, éd. de Boislisle, I, 94, note 5). Il resta et mourut, le 1er juillet 1692, colonel du régiment de Crussol. Si Spanheim dit : « Sa pairie passe pour la première », c'est qu'il a dit plus haut que le premier rang appartenait aux la Trémoille. C'est une erreur où il persévère.

[4] C'était au mois d'août 1689 que cette charge avait été conférée à Beauvillier : p. 92, note 1 et p. 134, note 4.

[5] De droit le *Chevalier d'honneur* donnait toujours la main droite à la reine, ou à la Dauphine partout : il était comme un grand maître de leurs maisons.

[6] *Etat de la France, 1676*, I, p. 353 : maréchal de camp et gouverneur de Poitou, chevalier d'honneur depuis 1670, mort le 2 janvier 1689.

étoit chevalier d'honneur de la feue Reine quand elle mourut en 1683, et le duc de Richelieu[1] celui de Madame la Dauphine dès son arrivée en France. Mais, comme la mort de la duchesse sa femme, qui étoit en même temps dame d'honneur de la Dauphine[2], et le mauvais état de ses affaires par son grand attachement au jeu, lui donna lieu de songer à se défaire de la charge susdite de chevalier d'honneur de cette princesse, le marquis DE DANGEAU, quoique d'un rang assez inférieur à celui de duc et pair, eut permission du Roi d'en traiter avec le duc susdit, et, par là, d'être revêtu de cette belle charge moyennant la somme de 300.000 livres qu'il lui en paya[3]. Ledit marquis l'exerce encore à présent, et doit un si grand établissement, de même que celui du gouvernement de la province de Touraine, qu'il avoit acheté, assez longtemps auparavant, du feu duc de Saint-Aignan[4], il les doit, dis-je, uniquement à sa bonne for-

---

[1] *Jean-Armand du Plessis Vignerod*, pair de France, chevalier des Ordres, marquis du Pont de Courlay, prince de Mortagne, général des galères, grande charge cédée en 1661 à François de Créqui, probablement pour un motif d'argent déjà. Mme de Maintenon lui avait procuré « pour rien » en 1680 cette nouvelle charge de chevalier auprès de la Dauphine afin de rétablir ses affaires.

[2] Sa première femme appartenait à la famille d'Albret, qui avait protégé, recueilli et aidé Mme de Maintenon. C'était Anne *Poussart de Fors du Vigean*, veuve (1644) d'un premier mari, *Alexandre d'Albret* frère aîné du maréchal d'Albret, remariée en 1649 au duc de Richelieu, dame d'honneur de la reine (1671), puis de la Dauphine (décembre 1679), morte le 28 mai 1684. Quoique remariée, elle resta dans la plus intime liaison avec le maréchal d'Albret (Saint-Simon, éd. de Boislisle, III, 218). Les deux hôtels d'*Albret* et de *Richelieu* étaient voisins, rue des Francs-Bourgeois.

[3] Sur cet achat, consulter Saint-Simon (éd. de Boislisle, III, 186 et 221), Dangeau (I, 126). Dès le mois de janvier 1684, par conséquent avant la mort de la duchesse, la *Gazette* annonçait la permission obtenue par le duc de vendre sa charge (p. 36). Le 24 janvier 1684, le marché eut lieu par l'intermédiaire de M. de Monchevreuil : Dangeau paya non pas 500.000 francs, comme dit Saint-Simon, mais 350.000 francs, ce qui se rapproche du chiffre donné par Spanheim. « Cette charge, dit Saint-Simon, faisait de lui une espèce de seigneur », au lieu d'un gentilhomme tout uni, le Pamphile de la Bruyère « qui veut être grand et n'est que *d'après un grand* » (éd. *Servois* I, 549, 553).

[4] Philippe Courcillon, marquis de Dangeau, né en 1638, avait été d'abord capitaine de cavalerie en Flandre. En 1663, Louis XIV le fit lieutenant-colonel, puis colonel en 1665 de son régiment d'infanterie. Ce fut en 1667 qu'il acheta le gouvernement de Tours où il allait de temps en temps faire la

tune au jeu, qui lui donna lieu d'y gagner peu à peu de grandes sommes dès son avènement à la cour, où il étoit venu avec un patrimoine assez médiocre [1], d'ailleurs avec un esprit vif et hardi [2], un génie assez heureux et facile pour les vers, avec quoi il sut s'introduire et s'insinuer même insensiblement dans les bonnes grâces du Roi [3]. Il a épousé en secondes noces [4] une jeune comtesse de Levenstein, qui étoit une des filles d'honneur de la Dauphine, et nièce du cardinal de Fürstenberg [5]. Comme ledit marquis de Dangeau y eut principalement en vue de s'illustrer encore davantage par ce mariage et par les alliances où il entroit par là, puisque d'ailleurs la demoiselle ne lui apportoit point de dot, et qu'en échange il lui fallut constituer

« roue et le Monseigneur » (Saint-Simon, fragment inédit, Boislisle, III, append. 17). Il fut, en 1680, menin du dauphin, et de là il passa, en 1685 auprès de sa femme, la dauphine.

[1] C'est le témoignage unanime des contemporains (Saint-Simon, éd. de Boislisle, III, 183, et append. 17 ; édit. 1873, t. XVII, 135. — *Caractères du Musée britannique*, *ibid.*; p. 182 note 5. Toutes les clefs de la Bruyère (*édit. Servois*, I, 504), le désignent parmi « ceux que le gain et le jeu ont illustrés ».

[2] L'éloge de Spanheim est plus net que celui de Saint-Simon : « il ne manquait pas d'un certain esprit, surtout celui du monde et de conduite, (de Boislisle, III, 182), et ailleurs : « Il avait plus d'esprit qu'on ne pensait » (*Ibid.*, p. 453). Saint-Simon avait des raisons personnelles de détester Dangeau, un parvenu auquel son Journal, sec et aride par un excès de politique, a fait tort.

[3] Voir de ces vers dans la vie de Dangeau (Journal, I, p. 35). Consulter aussi : Barthélemy, *Philippe de Courcillon, sa vie*, Paris, 1862 ; d'Argenson, *Mémoires*, édition Janet, I, 75-76. Spanheim oublie que Dangeau était depuis 1668, de l'Académie française ; « *un des beaux esprits de son temps*, aimé du roi ». Sur sa facilité à rimer qui lui procura un logement d'abord refusé à Versailles, voir Saint-Simon (de Boislisle, III, 184-185).

[4] Toujours préoccupé de s'enrichir, Dangeau avait épousé d'abord le 21 mai 1670, Anne-Françoise Morin, fille d'un traitant assez décrié, mais riche, dont la sœur épousa le comte d'Estrées. Quand il fut devenu veuf et riche, le 22 mars 1682, il put se marier une seconde fois, plus à son goût.

[5] *Sophie-Marie de Bavière*, comtesse de *Levenstein*. Les orthographes varient : nous adoptons avec M. de Boislisle (Saint-Simon, III, 188, note 2), celle de sa signature confirmée ici par Spanheim. Elle était née à Wertheim vers 1664, de *Ferdinand-Charles de Bavière*, comte de Levenstein-Rochefort, et d'*Anne-Marie* de Furstenberg, sœur du cardinal de ce nom, mariés en 1651. Le cardinal de Furstenberg l'avait amenée avec lui en France, lui procura en juin 1684 la charge de fille d'honneur de la Dauphine à la place de Mlle de Laval (Dangeau, I, 24). Elle épousa Dangeau le 31 mars 1686.

un grand douaire[1], cette même vue susdite pensa presque lui être ruineuse par la vanité qu'il eut, ou à laquelle il consentit, de faire prendre le nom de Sophie de Bavière à son épouse, dans le contrat de mariage et dans la proclamation qui s'en fit par le prêtre qui les épousoit dans la chapelle de Versailles[2]. Madame la Dauphine ne l'apprit pas plus tôt, qu'elle en fit éclater un dépit et un ressentiment extrême, et qui ne put être apaisé qu'en rayant ce nom de Bavière du contrat susdit, d'ailleurs par les soumissions du cardinal de Fürstenberg, auquel on en attribuoit la principale faute, et enfin par les larmes de l'épouse[3]. Elle est d'ailleurs fort aimée du Roi et de Mme de

[1] « Elle n'avait rien vaillant, comme toutes les Allemandes », dit Saint-Simon, (Boislisle, III, 189) : son oncle cherchait à la marier. Mais ce que Spanheim ne dit pas, c'est qu'elle était une des beautés de la Cour « la plus belle, la plus jolie, la plus nymphe de la Cour » (Mme de Sévigné, *Lettres*, VII, p. 491). — « belle comme les anges » dit Choisy. — « beauté connue de tous », disait le Mercure. Dangeau a donc pu avoir pour l'épouser d'autres motifs que l'ambition, l'amour : « un amour, dit de Sourches qui surmonta tous les obstacles ». Et les obstacles, c'était la fierté de cette demoiselle allemande à ne pas vouloir se mésallier pour être riche (Saint-Simon, Boislisle, III, 190. — Bussy, *Correspondance*, V, 508).

[2] Le récit de Spanheim, témoin oculaire et bien renseigné par les princesses allemandes, est important pour confirmer l'anecdote que Saint-Simon (Boislisle, III, 192) n'a pour ainsi dire qu'indiquée, mais que Mme de Sévigné *(Lettres* du 3 avril 1686) a contée *(Lettres,* VII, 492-493) : « l'endroit le plus sensible était de jouer du *nom de Bavière*, d'être cousin de Mme la Dauphine et de porter tous les deuils de l'Europe. » Choisy *(Mémoires,* p. 601) et de Sourches (II, 31) racontent aussi l'aventure. « Le *nom de palatin* », dit seulement Saint-Simon, fut mis sur le contrat et les armes à la chaise et au carrosse (de Boislisle, III, p. 460). L'idée peut être venue à Dangeau de l'ambition, et aussi de la résistance qu'avait opposée la marquise à l'épouser. C'est ce qu'indique cette réserve si précise de Spanheim : « la vanité à laquelle il consentit ». Le fait que longtemps après la marquise signait encore un acte en 1719 « Sophie *de Bavière — Levenstein* » excuse dans une certaine mesure Dangeau. Elle était *Bavière*, par son père descendant à la sixième génération de Louis le Barbu, Électeur palatin, qui avait épousé en 1462 une simple demoiselle, *Claire de Tettingen*. De ce mariage, de cette mésalliance vint une branche non bâtarde, mais en partie déchue, celle des Levenstein (Moréri, *Bavière*, II, 207). Or la maison palatine était Bavière depuis la fin du xiiie siècle.

[3] La scène, d'après Choisy, fut que la Dauphine se fit apporter le registre tenu par le curé de Versailles et voulut le jeter au feu. Le cardinal de Furstenberg sollicita le pardon de sa nièce, avoua qu'elle était d'une branche rabaissée par de mauvaises alliances (Sévigné, *Lettres*, VII, 492). Le roi fit

Maintenon[1], et y a contribué par la bonne conduite qu'elle a tenue depuis son mariage, et par tout l'attachement pour son mari en d'aussi longues et fâcheuses maladies que celles dont il a été atteint depuis[2], et qui l'ont obligé d'essuyer en premier lieu, et à l'exemple du Roi, la *grande opération*, comme on l'appelle, et ensuite à être taillé de la pierre, comme il l'a été heureusement.

Voilà à peu près les plus grandes et plus considérables charges de la cour, et ainsi qui y attachent presque ordinairement les princes, seigneurs ou autres personnes qui en sont revêtues.

On pourroit y joindre celle de capitaine des Cent-Suisses de la garde du corps, qui est encore une des belles charges de la cour, quoiqu'inférieure aux précédentes[3] et qui donne lieu à celui qui la possède de marcher, dans les jours de cérémonie ou autrement, immédiatement devant le Roi[4]. Le marquis DE TILLADET, assez proche parent de la maison le Tellier, et ainsi du feu chancelier et du marquis de Louvois son fils, à leur faveur et de l'argent du dernier, avait eu lieu d'acheter cette belle charge, et

De la charge de capitaine des Cent-Suisses.

arracher des registres les feuillets 27 et 28 et rétablir le nom : « comtesse de Rochefort-Levenstein ». L'épouse fut désormais *ci-devant Bavière* : « il n'aurait tenu qu'à elle de rendre son mari ridicule » (Sévigné, *Lettres*, VII, 497).

[1] Sur cette amitié, voir les souvenirs de Mme de Caylus.

[2] Saint-Simon, éd. de Boislisle, III, 192 : « un mariage dans lequel elle vécut comme un ange ». La duchesse d'Orléans, qui n'était pas indulgente, dit de son côté : « Elle vit fort bien avec son mari » (éd. Jaeglé, II, 197).

[3] Voir l'*État de la France* (1689, I, p. 344), pour la composition des Cent-Suisses, leur costume (p. 349), leurs privilèges, leur logement.

[4] *Les jours de cérémonie*, dit l'*État de la France*, le capitaine des gardes du corps marche derrière Sa Majesté, le capitaine des *Cent-Suisses* devant, si bien que d'un côté et de l'autre ils couvrent le corps de Sa Majesté. En certaines cérémonies, à la Fête-Dieu, la compagnie tout entière marche devant le carrosse du roi, le capitaine à cheval, au milieu. *Ordinairement* leurs escouades sont réparties entre des services divers, gardes du palais, service chez la reine, etc. (p. 337 à 347). — « Après les grandes charges de la maison du roi, c'est sans contredit la première et la plus belle. » (Saint-Simon, IV, 1873, p. 317). Le revenu était, suivant Dangeau (I, 90), de 40.000 francs de rente.

d'en avoir l'agrément du Roi [1]. Aussi l'exerçoit-il seul jusqu'à l'année 1688, que le fils du marquis de Louvois, qu'on appelle le marquis de Courtenvaux, fut déclaré pour son adjoint en l'exercice de ladite charge, et, comme on peut aisément juger, jusques à ce que ledit marquis de Tilladet fût pourvu de quelque autre emploi considérable qui lui donnât lieu de résigner cette charge entière au fils susdit du marquis de Louvois [2]. Ce qui doit être arrivé à présent que j'apprends par les avis publiés de Paris comme de Hambourg que ce marquis de Tilladet a quitté la Cour pour embrasser une vie religieuse [3].

[1] Le Marquis de *Tilladet* (Jean-Baptiste de Cassagnet), fils d'une des six sœurs du chancelier Le Tellier, mariée au marquis de Tilladet que l'on trouve gouverneur de Brisach en 1652. Il était un peu plus jeune que Louvois et lui servit de bonne heure d'homme de confiance comme Saint-Pouenge, un autre de ses parents. En 1673 (14 juin), après des services notables qu'il lui avait rendus à l'armée pour surveiller les Condé (Rousset, *Louvois*, II, p. 35), le chevalier de Tilladet acquit, pour 50.000 écus, la charge de maitre de la garde-robe, de M. de Nogent (Montpensier, *Mémoires*, IV, 334). Puis, en 1678, il alla négocier avec de Vardes, qui souffrait d'un long exil, l'abandon de sa charge de capitaine des Cent-Suisses en échange de son pardon, l'y décida, et put acheter cette charge (Saint-Simon, éd. 1873, IX, p. 371.) Il céda alors celle qu'il avait à la garde-robe, à la Salle dont il sera parlé plus loin. Il fut ensuite, le 2 février 1689, chevalier des Ordres. Il était gouverneur de Cognac et lieutenant général des armées depuis 1677. Jusqu'au dernier temps, il resta le confident de Louvois dans ses affaires d'État ou de famille. Louvois, par exemple, l'envoie auprès de son fils Courtenvaux, secrétaire d'État en survivance, et très insuffisant, pour qu'il abandonne cette charge et l'espérance du ministère (Dangeau, 21 octobre 1685). Courtenvaux s'y résigna : on le fit voyager. Au retour de ce voyage, Tilladet le dédommagea en lui laissant sa charge de capitaine des Cent-Suisses (21 juin 1689). Il surveillait également Courtenvaux et Souvré à la guerre, et leur servait de mentor. C'est à Tilladet encore que le tout-puissant ministre, menacé de disgrâce en 1688, confiait ses inquiétudes. (L'anecdote de la fenêtre de Trianon, Saint-Simon, éd. 1873, IV, p. 264.) Comparer sur la valeur de ces charges Saint-Simon (1873, VI, p. 164).

[2] *Michel-François le Tellier, marquis de Courtenvaux*, né en 1663, avait reçu par exception la survivance de la charge des Cent-Suisses, le 12 mars 1688. Tilladet eut en 1685 le gouvernement de l'Artois. Spanheim aurait pu savoir que le 14 avril 1689 il avait vendu son beau régiment de cavalerie au deuxième fils de Louvois, M. de Souvré.

[3] Tilladet continua à servir, et même glorieusement, en 1690 et 1691 ; il allait passer maréchal quand il fut blessé à Steinkerque et mourut le 22 août 1692. Spanheim le confond avec Jean-Marie de Marca de Tilladet, né dans le Gers en 1650, qui, se trouvant trop pauvre pour servir, vendit ses charges vers 1680 et se fit oratorien. Il fut ensuite, avec l'abbé Bignon, l'un des fondateurs de l'Académie des inscriptions réorganisée, et ne mourut qu'en 1715 à Versailles.

On peut ajouter encore aux grandes et belles charges qui attachent ceux qui les ont auprès de la présence du Roi, du Dauphin et de la Dauphine : celle de *premier écuyer du Roi*, possédée par le marquis DE BÉRINGHEN, dont il a été parlé ; de *premier écuyer de la Dauphine*, occupée par le maréchal DE BELLEFONDS, et dont le marquis, son fils aîné, a la survivance [1] ; *item*, celles ou de *premier maître d'hôtel du Roi*, qui tient la table du grand chambellan et est toujours auprès du Roi quand il prend ses repas [2], ou de *grand prévôt de l'hôtel*[3], ou de *grand maréchal des logis* [4] ou enfin de *maître de la garde-robe*, dont les charges d'ordinaire tirent après soi l'honneur de chevalier de l'ordre du Saint-Esprit, quand il y a eu lieu d'en faire. Cependant ceux qui sont revêtus de ces trois premières charges[5], savoir : le marquis DE LIVRY, le marquis DE CAVOYE, et le marquis DE SOURCHES, contre l'attente de toute la cour et la leur propre, eurent le malheur de n'avoir point de part à la grande et dernière promotion qui se fit des chevaliers de l'Ordre à la fin de l'année 1688 [6] ; il n'y eut, entre ces quatre charges susdites, que le maître de la garde-robe, le marquis DE LA SALLE, qui fut plus heureux et honoré de l'Ordre [7].

D'autres charges considérables de la Cour.

[1] Voir *État de la France*, 1689, I, 618 : Le fils du maréchal de Bellefonds, en survivance, le marquis Louis de Bellefonds, gouverneur de Vincennes, colonel du Royal Comtois.

[2] *Ibid.*, I, 46 : Louis Sanguin, marquis de Livry depuis 1676. Sur la table qu'il a acquise et dont il a la desserte, *ibid.*, p. 47.

[3] *Grand prévôt de l'hôtel*, *ibid.*, I, 48 ; 1, p. 375 et ses fonctions : Louis-François du Bouchet, marquis de Sourches, chef de la police royale, juge de la Cour.

[4] *Grand maréchal des logis*, qui fait marquer les logements dans les maisons royales, et en ville : Louis Oger de Cavoye, conseiller et correspondant intime de Louvois en 1680 (Rousset, *Louvois*, III, 514).

[5] La phrase de Spanheim n'est pas claire : « Les trois premières charges ». Il veut dire : les trois premières des quatre charges qu'il vient d'énumérer depuis « celles ou de *premier maître d'hôtel* ». Et il n'en énumère pas les titulaires dans l'ordre où il a mentionné ces charges : il faudrait M. de Livry, M. de Sourches, M. de Cavoye (voir notes 2, 3 et 4).

[6] Voir *État de la France*, 1689, II, p. 132.

[7] Cette promotion, nous l'avons vu plus haut, fut surtout une promotion militaire (Saint-Simon, éd. de Boislisle, V, 567). Ceux des membres de la maison du Roy qui avaient rendu des services à l'armée, le marquis de Tilla-

De quelques autres Seigneurs ordinairement en Cour.

Il y a d'ailleurs quelques autres seigneurs et officiers de la couronne qui, sans être attachés à la cour par leurs charges et emplois particuliers, ne laissent pas d'y être assez assidus, tels que : le duc DE GRAMONT, d'ailleurs d'un génie peu élevé et sombre, d'une manière de vivre réservée et bien éloignée de celle du feu maréchal-duc son père [1] : le duc DE VILLEROY, d'un air et d'un génie plus ouvert, plus engageant, et qui a tous les dehors d'un courtisan agréable [2]; le maréchal D'HUMIÈRES, quand il n'est pas à la tête d'une armée ou dans son gouvernement de la Flandre conquise [3] ; et le maréchal D'ESTRÉES, qui a joint à beaucoup de valeur et à son expérience dans la marine beaucoup d'acquit et de connoissance du côté de l'esprit [4].

det, de la Salle (Louis de Caillebot de la Salle), un des meilleurs officiers des Gendarmes, « qui rêvait d'être maréchal, et fut forcé, étant pauvre, de prendre cette charge où il plut au roi » (1678), furent de cette promotion avec préséance sur les gentilshommes. Il y eut d'ailleurs pour ces choix une influence réelle de Louvois. Saint-Simon dit (1873, X, 246) que le grand prévôt, marquis de Sourches, n'eut pas l'Ordre que son père avait eu dans cette charge en 1661, parce que Louvois ne voulut pas laisser Cavoye, ami de Seignelay, l'avoir aussi, et que le roi le refusa dès lors à tous les deux.

[1] Saint-Simon ne fait pas tout à fait le même portrait de Antoine-Charles de Gramont, second fils du maréchal de Gramont : « le plus beau visage que l'on peut voir, le plus mâle » (éd. de Boislisle, XII, 80). Il avait été dans toutes les parties du roi avec de Guiche, son frère ainé. Mais la disgrâce de celui-ci, qui dura jusqu'à la mort d'Henriette d'Angleterre, obligea le maréchal de Gramont et le duc son fils à vendre leurs charges à la Cour. Le maréchal mourut dans une sorte d'exil volontaire, dans le gouvernement de Bayonne dont son fils avait la survivance. Cela peut expliquer la réserve du duc de Gramont devenu prudent : il était aussi assez méprisé des courtisans. Mais il fut l'aide-de camp du roi en 1684 et son partenaire au billard (Saint-Simon, éd. de Boislisle, VI, 294), reçut une pension en 1691, et finit par obtenir du roi en 1704 l'ambassade d'Espagne : « glorieux, ambitieux, aime le plaisir, le vin, les femmes, emporté, brutal », disent les Notes sur la Cour attribuées à Spanheim (Relation de la Cour de France, édit. Schefer, p. 419). Sur le fils, consulter Baudrillart, Philippe V et Louis XIV, I, p. 177 et sur le père, voir Saint-Simon, Boislisle, XII, 81, note 1.

[2] François de Neuville, duc de Villeroi, fils du maréchal, né le 7 avril 1644. Il allait être attaché prochainement à la Cour par une charge de capitaine des gardes à la mort de Luxembourg (1695), et il avait grande situation déjà depuis la mort de son père (1685), lieutenant général depuis 1677, gouverneur alors du Lyonnais, Forez et Beaujolais, chevalier des Ordres en 1688 (voir son portrait achevé dans Saint-Simon, éd. 1873, IX, 248 et surtout XI, 218).

[3] Voir plus loin : Des Maréchaux de France.

[4] Voir plus loin : Des Généraux ou Officiers de marine en France.

Je ne parle pas à présent des charges du Ministère, du Conseil, de la Justice, des Finances, ou sur les Bâtiments qui attachent à la suite de la Cour ceux qui les possèdent, ou qui en occupent les premiers postes et dont il sera parlé par la suite.

RÉFLEXIONS GÉNÉRALES SUR LA COUR DE FRANCE

Après avoir parlé en détail des principaux personnages de la cour de France, il n'est pas hors de propos de passer à quelques réflexions générales sur ladite cour et sur l'état présent où elle se trouve.

DES DIVERSES ENTRÉES AU LEVER DU ROI[1].

La première qui se présente est que la coutume y est introduite que les courtisans assidus s'y rendent[2] tous les matins au lever du Roi ; qu'il y a néanmoins divers degrés qu'on observe à y être admis, n'y ayant d'abord que ceux qui ont droit de se trouver au *petit lever* qu'on appelle, qu'on laisse entrer, et qui sont des gens de la chambre comme le premier gentilhomme de la chambre en service, le grand maître de la garde-robe, le premier valet de chambre en quartier et les *lecteurs du Roi* qu'on appelle, s'il y en a de présents. Ce privilège ou droit de la *première entrée*[3] rend cette dernière charge

---

[1] Sur les entrées, voir Saint-Simon, éd. 1873, XIX, p. 100 ; sur la Cour et la vie publique du roi, voir Saint-Simon, *ibid.*, XII, 172, et enfin *l'État de la France*, passim.

[2] Pour l'assiduité obligatoire des courtisans, Saint-Simon, *Parallèle des Trois Rois Bourbons*, p. 290. — Le manuscrit [A] donne « *présentent* ».

[3] Cela ne s'appelait pas la *première entrée*, mais les *grandes entrées* (Saint-Simon, éd. 1873, XIX, 98). « La première sorte s'appelait les *grandes entrées*. Les charges qui les donnaient sont celles de grand chambellan, des quatre premiers gentilshommes de la Chambre, du grand maître de la garde-robe et du maître de la garde-robe en année. Sans charge, elles furent toujours très rares : je ne les ai vues qu'aux bâtards, aux maris des bâtardes, et aux principaux valets ». A huit heures (Saint-Simon, éd. 1873, XII, 172), le premier valet de

considérable, et dont il y en avoit deux[1] de ma connoissance qui l'avoient ; l'abbé de Dangeau[2], frère du marquis de ce nom chevalier d'honneur de Madame la Dauphine, dont il a été parlé[3] et le sieur de Breteuil, qui a été, durant quelque temps, envoyé de France[4] en Italie[5], auprès du duc de Mantoue. En sorte que, quoiqu'il y ait même des princes du

chambre en quartier qui couchait près du roi l'éveillait ; au quart on appelait le chambellan, en son absence le premier gentilhomme de la Chambre, puis avec eux les *grandes entrées*. On ouvrait les rideaux et tendait l'eau bénite. « C'était le moment de parler au roi : les autres s'éloignaient ». Alors le roi disait l'office du Saint-Esprit, et on assistait au *petit lever*. Louis XIV recevait une robe de chambre des mains du grand chambellan. Pendant ce temps-là même, étaient reçus ceux qui avaient les *premières entrées*, et la faveur moindre d'un petit lever fort court (Saint-Simon, éd. 1873, XIX, p. 100) : le précepteur ou les précepteurs du Dauphin et de ses fils, le prince de Condé, le maréchal de Villeroy, le duc de Béthune, le premier écuyer, Beringhen, les deux *lecteurs* du roi, dont la charge était fort peu de chose, « sinon parce que ces premières entrées leur constituaient un privilège ». La différence essentielle entre ces deux sortes d'entrées, c'était le droit que conférait les premières, les *Grandes Entrées* « d'entrer à toute heure dans le cabinet du roi quand il n'y avait point de travail de ministre ». Les titulaires des charges qui avaient les grandes entrées étaient en 1689, Godefroy de la Tour d'Auvergne, duc de Bouillon, grand chambellan depuis 1658 ; les quatre gentilshommes de la Chambre servant par année, le duc de Beauvilliers (1666), le duc d'Aumont (1669), le duc de Gesvres (1669), le duc de la Trémoille ; le grand maître de la garde-robe, le duc de la Rochefoucauld ; deux maîtres de la garde-robe servant par année, Louis de Caillebot, marquis de la Salle (1687), le marquis de Lionne (1671) ; les quatre premiers valets de chambre servant par quartier, Alexandre Bontemps, M. de Nyert, M. Blouin, Quintin, sieur de la Vienne (voir p. 259 et p. 275).

[1] « *Deux qui l'avaient* » rayé dans le manuscrit [A].
[2] *D'Angeau :* manuscrits [A] et [C].
[3] Voir ci-dessus, p. 270-271.
[4] *Envoyé de France* ajouté par le manuscrit [A] en interligne.
[5] Les lecteurs du roi étaient en 1689, le Tonelier, baron de Breteuil envoyé extraordinaire du roi à la Cour de Mantoue en 1682, où il ne put réussir *(Gazette* 1682, p. 661) et Bonrepaus (de Sourches, V, 245, 246). Breteuil avait acheté sa charge, le 23 février 1677, 118.000 francs, et la revendit en 1696 pour devenir introducteur des ambassadeurs. Il était ignorant et ridicule (Saint-Simon, éd. de Boislisle, VI, p. 40). — L'abbé Dangeau, et non Dangeau lui-même comme dit par erreur Saint-Simon (éd. de Boislisle, III, p. 185), avait acheté sa charge en 1671. Il l'avait revendue en 1685 à François d'Usson, sieur de Bonrepaus, intendant de la marine, ami de Seignelay, homme riche et très cultivé (Saint-Simon, éd. Boislisle, IV, 279). Mais il avait gardé les Entrées, ce qui explique la demi-erreur de Spanheim.

sang[1], cardinaux ou autres grands seigneurs présents dans l'antichambre, et qui n'ont pas ce droit de la première entrée, il arrive que la porte de la chambre du lever du Roi, et à Versailles l'appartement entier où le Roi se couche et s'habille leur demeure fermé, comme je l'ai vu pratiquer souvent envers le feu prince de Condé, envers celui d'aujourd'hui[2], et pareils. Les courtisans ne s'y assemblent pas moins en foule, attendant que l'entrée en soit ouverte. La *seconde entrée* est ordinairement des princes et seigneurs susdits du premier rang, du capitaine des gardes du corps en quartier et du premier maître d'hôtel, que l'huissier appelle par nom, et à qui on ouvre la porte à mesme qu'ils se présentent, et qu'on referme à l'instant[3]. Ce qui dure encore quelque temps avant qu'on l'ouvre et qu'on donne l'entrée libre aux courtisans, dont même on appelle souvent quelques-uns par préférence, suivant la considération où ils sont en cour, avant que d'y admettre les autres présents[4]. A l'égard des mi-

---

[1] Il faut remarquer qu'il s'agit ici des *princes du sang* et non des *membres de la famille royale*. Ces derniers avaient une entrée spéciale, supérieure encore aux *grandes* et aux *premières* entrées : les entrées *par les derrières*, ce qu'on pourrait appeler les entrées intimes. Mansart, d'Antin, les gouverneurs des bâtards, Montchevreuil et d'O avaient aussi cet accès dans l'intimité. Ce n'était pas, à proprement parler, une entrée, une réception, mais le droit de voir le roi à toute heure, en dehors du Conseil. Quant aux princes du sang, de trois rangs au-dessous, Spanheim a raison : ils n'avaient pas même les *premières* entrées (Saint-Simon, éd. 1873, XIX, 99).

[2] Voir dans Saint-Simon, pour Condé et son fils Monsieur le Prince, un passage qui confirme ce paragraphe de Spanheim (édition 1873, VI, 329) : « Tandis que son fils, *gendre du roi*, était dans le cabinet avec le roi et la famille royale, il dormait le plus souvent sur un tabouret au coin de la porte où je l'ai vu maintes fois ainsi, attendant avec tous les courtisans. »

[3] Cette seconde entrée était « encore fort agréable », sinon très distinguée, comme dit Saint-Simon des trois premières. C'était ce que l'on appelait l'Entrée de la Chambre, pour un instant, avant le reste de la Cour, ou du Cabinet à l'heure où, le lever achevé, le roi donnait l'ordre pour la journée. Outre les princes du sang et les cardinaux, Saint-Simon ajoute : « toutes les charges chez le roi ont les deux entrées ». Par conséquent, ce n'étaient pas seulement les charges qu'indique ici Spanheim (Saint-Simon, édition 1873, XII, 173 ; XIX, 98-100, et de Luynes, *Mémoires*, II, 413).

[4] C'était l'entrée générale : elle se faisait au moment où le roi commençait à s'habiller. C'était le *grand lever*. On trouvait le roi se chaussant, se rasant, faisant tout lui-même avec adresse. Il tenait une conversation générale et parlait souvent de chasse : « quelquefois quelque mot à quelqu'un ». (Saint-

nistres étrangers, tant ambassadeurs qu'envoyés, et ainsi du premier et du second ordre, ils n'y ont aucune préférence, ni aucune part dans la première ni seconde entrée susdite, et n'y sont admis qu'à mesure que les courtisans les plus connus et considérés y ont part[1], et ainsi dans la foule et dans la presse qui se fait alors pour entrer. Ce qui a rebuté souvent des ambassadeurs des têtes couronnées, et qui s'en sont plaints, suivant des exemples que j'en ai vus ; mais ce qui, après tout, n'a point été changé ni remédié, sur ce qu'on prétend sans doute que les ministres publics n'y sont point appelés, n'y ont aucune fonction à faire, ne s'y présentent d'eux-mêmes que pour faire leur cour, et ainsi n'y sont considérés que comme des courtisans[2]. On ne laisse pas d'entrer assez à temps pour trouver, autant qu'il y a lieu d'approcher, que le Roi s'habille *de pied en cap*, comme on dit, en présence des assistants ; que la chemise lui est donnée par un prince du sang, s'il y en a, ou par le grand chambellan, s'il est présent, ou, à son défaut, par le premier gentilhomme de la chambre qui est en service. En suite de quoi, et que le Roi est presque habillé, on lui fait le poil devant les assistants, aux jours qui y sont destinés ; il

---

Simon, édition 1873, XII, 172.) C'était une dernière sorte d'audience ou de conversation privée pour toute la Cour. — Après quoi, le roi déjeune et s'habille : un prince de la famille ou un prince du sang lui tend la chemise. Habillé, il va prier Dieu à la ruelle officielle de son lit, les évêques et les cardinaux autour de lui. Comme l'indique Spanheim, il y avait des degrés encore dans cette réception générale : « l'huissier de la chambre laisse entrer la noblesse, selon le discernement qu'il fait des personnes plus ou moins qualifiées » *(Etat de la France,* année 1685, pp. 198-199).

[1] « *Y sont admis* » rayé et corrigé ainsi par Spanheim en marge du manuscrit [A].

[2] Le regret de Spanheim se conçoit ; mais ce dont il se plaint, s'explique. Il donne d'ailleurs lui-même la vraie raison. Le lever du roi était ce qu'on pourrait appeler les audiences des courtisans. Il était réservé à leurs affaires, et les affaires d'Etat n'y avaient aucune part. Les ministres étrangers avaient leurs audiences un peu après, entre le lever et la messe : « audiences secrètes en présence du ministre des affaires étrangères » (Saint-Simon, édition 1873 XIX, 173). Encore le roi « pour n'être pas pénétré ni engagé » ne traitait-il pas véritablement avec eux, mais les renvoyait à son ministre *(ibid.,* XI, p. 354). Spanheim l'indiquera lui-même plus loin, à la fin du paragraphe où il parle des audiences, *publiques,* il est vrai, des ambassadeurs.

déjeune et après quoi il va dans la chambre voisine, à son Prié-dieu, qui est à côté de son lit, et y fait ses prières à genoux, à la vue des courtisans et accompagné des évêques ou chapelains, présents qui sont aussi à genoux derrière lui et sur la même estrade[1]. Ce qui étant fait, le Roi se retire dans la chambre où il a coutume de tenir Conseil[2], à moins qu'il n'y ait quelque audience publique à donner à des ministres étrangers ou à des députés du clergé et des provinces, qui sont chargés de l'haranguer dans les rencontres[3].

Il y a aussi le *petit coucher du Roi*, qu'on appelle, mais qui est moins fréquenté que son lever, et où, vu d'ailleurs que le Roi se couche toujours fort tard, il n'y a ordinairement qu'un petit nombre de courtisans qui s'y trouvent[4]. On doit seule-

[1] Description précise du grand lever qu'on peut contrôler avec l'*Etat de la France*, 1685, p. 146, note 3 et p. 198 et suiv. Spanheim suit visiblement ce texte.

[2] La *Chambre du Conseil*, c'était son nom, était une chambre contiguë à la Chambre actuelle du roi « qui date de 1701 », appelée alors le *Grand cabinet* ou cabinet du roi dont les fenêtres donnaient sur la Cour de marbre. Cette chambre du Conseil réunie, au temps de Louis XV, à la chambre des Perruques forme le cabinet actuel. Elle communiquait avec ce qu'on appelait alors, les *Derrières*, l'aile gauche de la cour de marbre. Saint-Simon (édition 1873, XII, p. 182) dit : « le cabinet du Conseil, qui précédait celui où était le roi à Versailles ou ailleurs, sauf à Fontainebleau où il n'y avait qu'un grand cabinet ».

[3] Il y avait trois sortes d'audiences pour les ambassadeurs : 1° *privées* ou *secrètes* dont Saint-Simon parle (XIX, 173) ; 2° *publiques*, soit dans le cabinet du roi, soit dans la chambre du roi ; 3° *extraordinaires, comme celles de l'ambassadeur de Gênes ou de Siam*, alors dans le salon d'Apollon ou *chambre du trône*, ou dans la galerie des glaces dans lesquelles on entrait par l'escalier des Ambassadeurs. Les députations et les harangues des Compagnies souveraines étaient reçues de même. Pour le cérémonial dans la chambre du roi, voir la tapisserie conservée au garde-meuble, et reproduite au château de Versailles : la *réception du légat Chigi* en 1664, à Fontainebleau. Saint-Simon a parlé de cette tapisserie plusieurs fois (éd. de Boislisle, V, 16). Sur ces audiences, consulter l'*Etat de la France* (1685, I, pp. 210-211). On trouve le récit d'une audience dans le cabinet du roi, « où le marquis de Bedmar fut reçu toutes portes ouvertes », dans Dangeau *(Journal,* VI, 278-285). Nous savons enfin que c'était en général le mardi que les envoyés étrangers étaient reçus en audience publique : « le jour des étrangers » (Dangeau, *ibid.*, XVII, 463).

[4] L'*Etat de la France* en 1685 donne encore deux couchers, le *grand* et le *petit*, et les décrit (I, p. 232 et suiv.). Saint-Simon, qui les décrit aussi (édition 1873, XII, p. 182), dit que le grand coucher avait cessé, qu'au coucher

ment remarquer que le Roi a coutume d'y donner le *bougeoir*, qu'on appelle, à celui des assistants qu'il lui plaît, et qu'il n'y donne guère qu'à des gens d'un certain rang et d'une qualité distinguée : ce qui tient lieu également d'honneur et de faveur à celui qui le reçoit.[1]

De la soumission et affluence des courtisans.

L'autre réflexion est que la Cour de France, sur le pied où elle est sous ce règne, est dans une grande soumission pour son roi, en sorte qu'on ne sauroit voir ni plus d'empressement à lui marquer son zèle et à lui faire sa Cour, ni plus d'attachement à s'y acquitter, avec une régularité entière et exacte, des fonctions où chacun est appelé. Ce qu'on n'avoit pas vu sous les règnes précédents, ni même sous celui-ci durant sa minorité et lorsque le pouvoir absolu du gouvernement étoit entre les mains d'un premier ministre, comme du cardinal Mazarin, et du cardinal de Richelieu sous le règne passé. En sorte que tous les courtisans, jusques aux moindres, se font une application particulière de voir le Roi et d'en être vu dans toutes les occasions qui s'en

seulement assistaient les premières et secondes entrées « depuis dix ou douze ans quand Louis XIV mourut ». Le texte de Spanheim nous renseigne plus sûrement : elles avaient cessé dès 1689, et pour d'autres raisons que celle de la maladie du roi donnée par Saint-Simon. Le roi se couchant tard, l'exigence était trop grande pour les courtisans de les « faire attendre que le roi eût quitté Mme de Maintenon et sa famille avec qui il restait et travaillait jusqu'à minuit » (Voltaire, *Siècle de Louis XIV*, éd. Bourgeois, p. 617). « Rarement, dit enfin Saint-Simon à propos de Portland, ambassadeur d'Angleterre, qui était venu au coucher du roi, les ambassadeurs se familiarisent à faire leur cour à cette heure-là » (édition de Boislisle, V, 66).

[1] Cette cérémonie du *Bougeoir* était un usage qui se conserva du grand coucher, après qu'il fût tombé en désuétude. En 1698, Portland recevait le 29 avril le *bougeoir du roi*, distinction rare que Dangeau (VI, 339), Saint-Simon (éd. de Boislisle, V, p. 66) et Portland lui-même notaient (*Recueil Grimblot*, I, p. 443) : « faveur, dit Saint-Simon, qui ne se fait qu'aux gens les plus considérables et que le roi veut distinguer ». Le roi, rentré dans sa chambre, après avoir fait sa prière « pendant laquelle l'aumônier tient le bougeoir », marque à qui donner le bougeoir : « un bougeoir spécial au roi à deux bobèches et deux bougies » (*Etat de la France*, 1685, I, p. 233). Les envoyés étrangers pouvaient être honorés de cette faveur, ce qui explique la mention de Spanheim. Sur cette faveur qui se compte et dont Saint-Simon se souvient, consulter les *Mémoires* (éd. de Boislisle, X, 62-63), et ce qu'il dit ailleurs : « cette misère d'être nommé à tenir le bougeoir » (*Parallèle des trois rois Bourbons*, p. 290).

présentent[1], comme à son lever, quand il sort du Conseil et va à l'église, ou quand il prend ses repas, et ce qu'il fait ordinairement en public[2]. Et ce qui, outre le génie de la nation, assez portée naturellement, ou par devoir, ou par intérêt, ou par curiosité, à voir leur roi[3], ce qui, outre cela, dis-je, ne peut venir que de ce qu'il s'est rendu maître de toutes les grâces, et ainsi de tout ce qui a du rapport à l'état politique, ou militaire, ou ecclésiastique. Ce qui tout ensemble ne peut aussi que contribuer à rendre la cour de France fort grosse et remplie ordinairement de toutes sortes de gens, surtout de ceux qui ont des prétentions ou des affaires en cour, et ainsi qui là

[1] Sur cette assiduité des courtisans comparer le chapitre de la Bruyère, *De la cour* (p. 225, édition Rébelliau) : « qui est plus esclave qu'un courtisan assidu, si ce n'est un courtisan plus assidu, etc... » — « Mille gens à peine connus (les moindres dont parle Spanheim) font la foule au lever pour être vus du prince » (p. 226). Ce chapitre de la Bruyère est une critique surtout, comme les passages de Saint-Simon souvent cités (édition 1873, XII, p. 66) : « la cour fut un autre manège de la politique du despotisme : il voulait être vu souvent » (p. 70); particulièrement cette phrase du *Parallèle* (p. 290) : « Roy partout, roy dans tous les moments, qui tenait tout en crainte et en haleine ». Spanheim note la soumission des courtisans, mais avec une certaine admiration qu'éprouvaient les étrangers, comme les hommes du xviie et du xviiie siècle pour « cette cour qui effaçait toutes les cours de l'Europe ». Ce sentiment, utile à noter, se retrouve dans le *Siècle de Louis XIV* de Voltaire : « c'était entre lui et sa cour un commerce continuel de tout ce que la Majesté peut avoir de grâce sans se dégrader et ce que l'empressement de servir et de plaire peut avoir de finesse sans l'air de bassesse (p. 148). » La note la plus juste est peut-être cette lettre de la protectrice de Spanheim, Sophie de Hanovre (édition Bodemann, p. 378) : « Ce qui me plaît le plus, en France, c'est que le souverain y a tout et qu'il y est assurément le plus à son aise de toutes les manières. La vie que les courtisans mènent ne serait pas mon fait : la nécessité les rend esclaves. On brigue la faveur par mille intrigues pour nourrir la vanité. » — « Le roi aime à être riche et n'aime pas ceux qui le sont plus que lui. Il ne doute pas que les grandes richesses des autres ne lui sont volées. »

[2] Spanheim n'indique qu'assez sommairement la journée du roi : conseils, messe, appartements, promenades, grand et petit couvert pour les repas du roi. Il faut compléter par Saint-Simon (édition 1873, t. XII), Dangeau, *passim*; Dussieux, *Histoire du château de Versailles*, 1881, ch. iv, p. 102 et suiv.; enfin, Émile Bourgeois, *le Grand Siècle*, Hachette, 1896.

[3] Sur le culte ou la curiosité de la nation pour son roi, comparer Voltaire, *Siècle de Louis XIV* (édition Bourgeois, p. 523) : « une nation qui sait aimer aussi ». Comparer encore le passage célèbre de la Bruyère à la fin du chapitre de la Cour : « Ces peuples ont leur dieu et leur roi » (édition Rébelliau, p. 227).

suivent, ou qui se rendent là où elle est, pour ne point parler à présent de ceux que les divertissements qu'on y a de fois à autre, ou l'habitude qu'on s'en est faite, y attire[1].

De l'ordre et de l'économie dans la dépense, et des tables de la Cour.

La troisième réflexion à faire sur la cour de France est que, sous ce présent règne, il y a beaucoup d'ordre et d'économie dans la conduite du dedans et dans la dépense, au milieu de l'éclat et de la parade qu'on y voit[2]. Ce qui vient de ce qu'on a tâché de remédier à la source des désordres qu'il y avoit dans l'administration des finances sous le règne passé et sous la minorité et les premières années du présent règne. D'où il arrivoit que les fonds destinés, ou qui auroient dû être appliqués à l'entretien ordinaire de la cour, de ses tables, de ses officiers, et autres besoins requis, étoient détournés à d'autres usages par la profusion ou la conduite des surintendants et des trésoriers de l'Epargne, qui se prévaloient pour entretenir leur luxe et leur dépense[3]. Ce qui ayant été entièrement réformé depuis la

[1] De ces différentes sortes de courtisans que Spanheim a su classer en une phrase, les portraits les plus vrais sont au chapitre de la Bruyère.

[2] Même éloge dans Voltaire (Siècle de Louis XIV), qui, après avoir décrit l'éclat de la Cour, en admire l'ordre « qui dure encore ». Et Voltaire ajoute qu'on a reproché à Louis XIV, à tort (p. 481), l'avarice. Spanheim s'en est expliqué (p. 73). « Si le roi aime à donner, il aime plus encore à amasser, etc. Il donne plus par ostentation que par choix. » C'est une note juste et curieuse confirmée par ces paroles de la reine mère transmises à Fouquet par un de ses agents, en août 1661 (Chéruel, Mémoires de Fouquet, II, p. 218) : « Le roi aime à être riche et n'aime pas ceux qui le sont plus que lui. Il ne doute pas que les grandes richesses des autres ne lui sont volées. »

[3] Comme l'indique Spanheim à la phrase suivante, c'est une allusion à la ruine et aux prévarications de Fouquet : « Ses voleries m'étaient connues », dit Louis XIV (Mémoires, I, p. 33). Comparer Choisy, (édition Petitot, t. LXIII, p. 235) et Voltaire, Siècle de Louis XIV, p. 455. L'Etat de la France de 1656 définit l'Epargne : « L'Epargne est comme la mer où viennent se rendre toutes les recettes du roi et dans laquelle les officiers, établis tant pour la dépense de la maison du Roy que pour le paiement de la Gendarmerie, etc., viennent prendre les deniers dont ils ont besoin. Louis XIII a fait l'office de Trésorier de l'Epargne triennal. L'office se vend 1 million; il vaut 12.000 livres de gages et, en outre, 3 deniers pour livre de tout l'argent qu'on manie, « ce qui monte à des sommes excessives ». — Le surintendant des Finances dispose absolument des finances du roi « sans être obligé d'en rendre compte ». Il fait l'état du revenu du Roy et de la dépense. Ce n'est point un office, c'est une simple commission (p. 273, 278).

prison de feu M. Fouquet, surintendant des finances, et celle des trois trésoriers de l'Epargne, et en suite du nouvel ordre que feu M. Colbert mit dans les finances donna lieu aussi à le rétablir dans l'entretien requis pour la maison du Roi, et pour tout ce qui pouvoit en même temps y apporter de l'économie et faire paroître de la magnificence. On eut soin surtout que l'un et l'autre eût lieu dans les tables de la maison du Roi, comme : en premier lieu, celle de Sa Majesté ; ensuite, celle du grand maître, qui est tenue, comme il a été dit, par le capitaine des gardes du corps en quartier ; celle du grand chambellan, que tient le premier maître d'hôtel du Roi ; celles du premier maître d'hôtel de la Reine et de celui de Madame la Dauphine[1] ; sans parler d'autres tables[2] inférieures, qui sont toutes entretenues aux dépens du Roi, et qui servent en même temps pour faire honneur à la cour et plaisir aux courtisans qui sont en quelque considération, et qui y trouvent ordinairement leur place. La table du grand chambellan, qui est tenue, comme il a été dit, par le premier maître d'hôtel du Roi, le marquis de Livry, étoit entre autres destinée, tous les mardis, pour les ministres publics, comme le jour ordinaire de leur

[1] Le rapprochement entre les réformes de Colbert et l'ordre des Tables est très précis. C'est en 1664 que se juge définitivement le procès de Fouquet. C'est en septembre 1664 que l'on crée le *Petit commun* pour servir la *Nouvelle table du Grand maître*, tenue par un maître d'hôtel dont la charge a été créée plus tard, en 1667, et appartient en 1689 à Gille du Carroy, et la table du *Grand Chambellan* avec un maître d'hôtel aussi, le sieur Claude le Comte. Sous leurs ordres *quatre écuyers et deux aides* pour les viandes, un *faiseur d'Eaux*, un *porteur et son garçon*, deux *gardes vaisselles* pour fournitures de verres et carafes *(Etat de la France*, 1676, I, p. 437). La Table du grand maître de la reine était approvisionnée par les sept offices spéciaux de celle-ci et ses domestiques (*Etat de la France*, 1676, p. 367). Le premier maître d'hôtel de la Dauphine, M. de Chamarande, avec cinq autres maîtres d'hôtel sous ses ordres, avait sa table fournie aux *sept offices* de la Dauphine (*Etat de la France*, 1689, I, 626). « Il fit cette charge au gré de la Cour et eut toujours la meilleure compagnie à sa table ». (Saint-Simon, éd. de Boislisle, II, 212)

[2] « *Tables* » ajoutées en marge par le manuscrit [A]. — Voltaire (*Siècle de Louis XIV*, p. 476) : « Il y en eut douze services avec autant de propreté et de profusion que celles de beaucoup de souverains. » Nous en avons compté quatre : Spanheim en indique encore trois, cela ne ferait que sept; mais il ne nomme que celles des seigneurs qu'il connaissait particulièrement. Il y avait en outre des tables qui dépendaient de la maison de Monsieur, de Madame, etc

entrevue à Versailles avec le marquis de Croissy[1]. On peut mettre encore au nombre des bonnes tables de la cour celle du gouverneur du Dauphin, le duc de Montausier, ou de la gouvernante des enfants de France, la maréchale de la Motte, ou de la dame d'honneur de la Reine, et celle à présent de la Dauphine, qui est la duchesse d'Arpajon, qui entretiennent lesdites tables de l'argent que le Roi leur donne pour ce sujet, et ainsi pour en faire encore honneur à la cour, et suivant le plus ou moins de ménage qu'il dépend de ces personnes susdites d'y apporter. Je ne parle pas à présent des tables que quelques seigneurs de la cour ou les ministres d'Etat y tiennent pour leur compte particulier et à leurs frais. Parmi les premiers, il n'y a presque que le comte d'Armagnac, grand écuyer de France[2], et le duc de la Rochefoucauld, grand veneur et grand maître de la garde-robe, et le maréchal duc de la Feuillade, colonel du régiment des gardes françoises, qui en tiennent ordinairement à Versailles ou ailleurs où la cour se trouve. Je ne touche ces circonstances que parce qu'elles ne contribuent pas peu à l'éclat d'une cour royale et à la commodité des courtisans qui s'y trouvent.

Du bon ordre dans la police, et de la régularité présente des dames de la Cour.

La quatrième réflexion qu'on peut encore faire sur ladite

[1] Le *mardi* était le jour de la venue des ambassadeurs à Versailles ou à Fontainebleau pour avoir audience du roi ou de ses ministres C'était « *le jour des Etrangers* » (Dangeau, XVI, 463 ; Luynes, *Mémoires*, V, 176, VIII, 422). Ils mangeaient au château et couchaient souvent à Versailles, mais jamais au château. Une salle d'attente leur était réservée au rez-de-chaussée, dans l'aile gauche, près de la Chambre du Conseil d'Etat.

[2] La maison du comte d'Armagnac, dont il a été parlé plus haut (p. 235, note 2), était l'une des mieux tenues de la Cour. Saint-Simon l'a décrite (de Boislisle, II, 247), et il attribue (éd. 1873, V, p. 365) ce grand luxe si bien soutenu aux qualités d'ordre de sa femme « avare et magnifique ». La bourse du roi y entrait bien aussi pour quelque part. Mais cela est surtout vrai de M. de la Rochefoucaud, dont le roi paya souvent les dépenses *(Relation,* p. 103 et 104 et les notes). — Quant à la Feuillade, qui avait épousé une riche héritière, Mlle de Roannez et avait toujours eu de grandes charges, comme son frère l'archevêque d'Embrun également très riche, il avait une grosse fortune et très grand air. Il prouva l'une et l'autre par l'érection qu'il fit faire d'une statue du roi qui lui coûta un million (voir plus haut, p. 109).

cour de France, c'est que, par la salutaire défense des duels et la rigueur avec laquelle elle s'observe, on n'y voit plus les désordres, les querelles et leurs suites funestes, qui faisoient tant de bruit et de ravage, et avec autant d'impunité, sous les règnes passés. A quoi on peut ajouter l'ordre rétabli dans la police, comme, entre autres, dans la sûreté du séjour de Versailles ou d'autres lieux où la cour se trouve, dans celle des chemins qui y mènent[1], dans la commodité régulière et diverse des voitures pour les allants et venants en cour, et autres effets qu'on ressent du bon ordre susdit. Ce qui ne se trouvoit pas non plus sous les autres règnes[2]. Mais ce qui ne

[1] Saint-Simon, dans le *Parallèle des rois Bourbons* (p. 288) et dans les *Mémoires* (éd. 1873, XII, 72), fait une rude critique de cette organisation de la police, « œuvre, selon lui, de despotisme et d'espionnage » surtout. Il est vrai qu'ailleurs dans les *Mémoires*, il reconnaît au premier lieutenant de police, la Reynie, le mérite d'avoir ennobli cet emploi par son équité, sa modestie, sa vertu (Ed. de Boislisle, IV, 11. — Ed. 1873, VI, p. 397). L'ordre et l'organisation de la police cependant, au temps de Louis XIV, ont été justement vantés par Voltaire dont il faut opposer le témoignage, à ce que disait de Paris en 1660 Boileau dans sa 6me satire (*Siècle de Louis XIV*, p. 566, 568, 582). Il faut noter aussi l'éloge de la Bruyère : « Paris une ville merveilleuse » (*Discours sur Théophraste*, p. 10). — Pour cette œuvre, consulter PEUCHET, *Mémoires tirés des Archives de la police*, I, 82 ; CLÉMENT, *la Police sous Louis XIV*, p. 62, 239. — Comme Paris, la Cour avait aussi son lieutenant de police (Saint-Simon, *Parallèle*, p. 289) : « c'était le premier des quatre valets de chambre gouverneur de Versailles ». En réalité, M. Bontemps qui ne fut longtemps que second valet de chambre, jusqu'en 1680, et était déjà intendant des châteaux de Versailles, Trianon et Marly *(Etat de la France*, 1675-1689*)*, était chargé de l'administration proprement dite. Confident intime du roi, il savait beaucoup de choses, avait une grande influence (Saint-Simon, Boislisle, VIII. 43). Mais c'était le *grand Prévôt de l'hôtel* et les gardes qui faisaient la police du château (*Etat de la France*, 1689, I, p. 222) : le marquis de Sourches. Cette police était très nécessaire : Dangeau raconte qu'on a volé un diamant au roi, une bourse à un de ses officiers (18 janvier 1687, 21 décembre 1699) ; « qu'on a mis sur pied cinquante Suisses pour chasser du château les gens qui gueusaient » (2 juillet 1700). Il y avait des marchands, des libraires établis sur les degrés du château, et la foule y entrait.

[2] Voltaire attribue au siècle de Louis XIV l'usage plus fréquent des carrosses et des coches « ornés de glaces et suspendus par des ressorts (p. 568).» Il s'agit ici des voitures de louage, ou «*fiacres*», l'entreprise de M. de Givry, établie en 1668, dont les stationnements furent fixés par règlement de 1688, et le prix par un autre de 1696 ; ou *services publics* partant à des heures régulières et qui tendaient à devenir de plus en plus rapides : *diligences*, nom appliqué depuis lors au service de Lyon, *enragés* pour le service de Paris à Versailles. » *Régu-*

paroitra pas moins louable, et que j'ai eu déjà lieu de toucher ci-dessus en parlant du Roi, c'est que les débauches, les dissolutions, les blasphèmes ou autres vices scandaleux, et ci-devant assez ordinaires dans la cour, n'y sont plus tolérés, ni impunis, et au moins font un obstacle invincible à la fortune de ceux qui en sont atteints[1]. Il n'y a pas même jusques à la galanterie pour les dames, ou à celle des dames mêmes, qui n'y est plus en vogue et en crédit comme elle l'a été de tout temps en la cour de France, et laquelle en servoit même comme de modèle et d'instruction au reste du royaume et aux cours étrangères. Ce qu'on peut attribuer à la dévotion où le roi s'est jeté depuis quelque temps, au choix qu'il fait d'une confidente, ou d'une femme, de l'âge et du caractère dont il a été parlé ci-dessus, d'ailleurs[2] à la piété de la feue Reine, à la vertu et à la sagesse de Madame la Dauphine, à l'indifférence de Madame[3], à la bonne conduite de la belle princesse de Conti, et aux choix des dames régulières, qui y sont considérées[4], qui occupent

lière et diverse », ces deux mots de Spanheim sont intéressants et renferment ces catégories diverses.

[1] Spanheim a déjà dit plus haut les mesures prises contre une jeunesse débauchée qui appartenait à l'entourage royal (p. 69). On sait les reproches que Louis XIV faisait à la duchesse d'Orléans de s'expliquer trop crûment, trop librement. La *Gazette* du 6 juin 1681 dit d'autre part : « Le roi a renouvelé ses ordres pour la punition des jureurs et des blasphémateurs. Le 29 du mois dernier, le nommé François Amiot, convaincu de blasphème, fit amende honorable et eut la langue percée. » Ces mesures atteignaient-elles leur effet ? on en peut douter par le passage de La Bruyère déjà cité. « L'on parle d'une région où les vieillards sont galants, polis, civils; les jeunes gens au contraire, durs et féroces, sans mœurs ni politesse; ils se trouvent affranchis de la passion des femmes dans un âge où l'on commence ailleurs à la sentir. Ils leur préfèrent des repas, des viandes et des amours ridicules. Celui-là chez eux est sobre qui ne s'enivre que de vin. Ils cherchent à réveiller leur goût déjà éteint par des eaux-de-vie : il ne manque à leurs débauches que de boire des eaux fortes » (éd. Rébelliau, p. 226, 246). Ce qui est confirmé par la duchesse d'Orléans : « Les jeunes gens, dit-elle en 1702, ne songent qu'à d'horribles débauches. » Et l'on sait comme elle cherchait à en préserver son fils.

[2] *D'ailleurs* ajouté par le manuscrit [A] en interligne.

[3] Le manuscrit [B] portait : *Madame d'aujourd'hui. D'aujourd'hui* a été rayé dans le manuscrit [A]. « Elle s'attire l'estime du roi par sa conduite, car elle n'est infectée d'aucune coquetterie », écrit sa tante Sophie de Hanovre (éd. Bodemann, p. 376).

[4] *Qui y sont considérées*, ajouté par Spanheim en marge du manuscrit [A].

aujourd'hui les premiers postes à la cour, ou qui la fréquentent le plus. On peut même juger de ce que dessus par la résolution avec laquelle on a congédié les filles d'honneur de Madame la Dauphine, et pour n'en plus avoir en leur place, le tout[1] au sujet du penchant de quelques-unes d'entr'elles à ne paroître point insensibles à l'inclination du Dauphin, ou pour avoir été trouvées à des lectures peu honnêtes pour une fille, ce qui fut en effet le prétexte qu'on prit pour les congédier et pour n'en plus avoir[2]. Il est vrai que tout cela paroît d'ailleurs avoir peu de rapport avec la présence en cour de Mme de Montespan et le rang élevé qu'y tiennent aujourd'hui les enfants nés d'un commerce aussi illégitime que celui du Roi avec cette dame[3]. Outre qu'on ne prétend nullement, par ce que dessus, garantir l'honnêteté de toutes les dames de la cour de France, ou en faire autant de vestales[4], mais bien donner à entendre que les femmes galantes, ou les coquettes déclarées, n'y sont plus en règne, ni même souffertes comme autrefois ou sous d'autres règnes et qu'il n'y a que les dames régulières et qui ont la réputation d'une bonne conduite qui y sont bien vues et qui y ont de la considération. Ce qui fait, à cet égard, une idée

---

[1] *Le tout*, ajouté par Spanheim au manuscrit [*A*]. — Le renvoi des filles d'honneur de la Dauphine est de janvier 1688. (Dangeau, II, 96, et *Relation*, p. 119, note 2).

[2] Voir plus haut, pour la Cour du Dauphin et de sa femme, p. 119, 120. Pour les livres qu'on trouva chez une fille d'honneur, affaire qui servit de prétexte au roi, consulter les lettres de la Duchesse d'Orléans et particulièrement celle du 28 octobre 1687 (éd. Jaeglé, I, 60).

[3] Ce ne fut en effet qu'en 1691 que Mme de Montespan quitta la Cour pour se retirer au couvent Saint-Joseph, rue Saint-Dominique, qu'elle avait fondé (Clément, *Louis XIV et Mme de Montespan*, 1868). Selon Saint-Simon (Edit. 1873, V, 262), qui dit qu'elle avait conservé son extérieur de reine et une petite Cour « *où toute la France allait* », ce serait le duc du Maine, et Bossuet (XII, 114) qui auraient déterminé sa retraite de la Cour. Voir les *Lettres* de la duchesse d'Orléans qui refusa toujours de la voir, et « trouvait cela fort étrange ».

[4] Ou « *en faire autant de vestales* » a été ajouté en marge par Spanheim et de sa main sur le manuscrit [*A*]. Dans cette mesure, la réserve de Spanheim est juste. On en peut juger par qui Louis XIV appelait à Marly, et par la constitution de la maison de la duchesse de Bourgogne et du duc (Saint-Simon, éd. de Boislisle, III, p. 162).

de la cour de France assez éloignée de celle qu'on en prend ou qu'on en a ordinairement au dehors faute de la fréquenter ou de la connoître assez à fond, par elle-même et par une assez longue habitude, pour en bien juger. En sorte qu'on peut assurer, sans aucune prévention [1], que les règles ou au moins tous les dehors de la modestie et de la bienséance du sexe y sont mieux gardés que dans la plupart des grandes cours qui passent d'ailleurs pour régulières ou plus réservées dans l'honnête liberté du commerce du monde et de l'entretien.

De la contrainte et autres ménagements presents de la cour de France.

La dernière réflexion que je puis ajouter, c'est qu'après tout ce que je viens de dire de l'état présent de la cour de France, il n'est pas moins vrai qu'il y a beaucoup de contrainte ou de dissimulation dans la conduite que bien des gens y tiennent. Comme la plupart ne s'y règlent que par les vues d'intérêt ou d'ambition, il faut aussi [2] qu'ils s'éloignent, ou en effet, ou en apparence, de tout ce qui peut s'y opposer ou les y traverser, et au contraire ne paroissent avoir de l'inclination ou de l'attachement que pour les choses qui leur y peuvent servir et se trouver conformes à l'humeur et au goût du présent règne. Ce qui est fortifié par l'humeur naturellement soumise de la nation, pour ne pas dire assez esclave envers leur roi, quand on croit qu'il gouverne par lui-même et ainsi en vue de toute l'autorité [3] que les heureux succès de son règne et de ses établissements passés, et les grandes idées qu'on avoit prises là-dessus de sa conduite et de son bonheur y ont attachée. En sorte qu'il y a bien lieu de croire qu'un changement ou qu'une révolution contraire des intérêts publics et des avantages de la France, en diminuant ou perdant peu à peu ces mêmes idées, viendroit aussi à diminuer et

---

[1] « *Qu'on peut assurer sans aucune prévention* » a été ajouté en marge du manuscrit [*A*], par Spanheim et de sa main.

[2] « *Aussi* » ajouté en interligne au manuscrit [*A*].

[3] Le manuscrit [*A*] portait : «*vu l'autorité particulière* », qui a été corrigé ainsi par une rature.

à affoiblir la considération pour le gouvernement, et par là pourroit avoir d'autres suites moins agréables au présent règne, et avantageuses à ses ennemis. On peut même dire sur ce sujet que, parmi l'affluence des courtisans qu'on voit ordinairement à la cour de France, il n'y en a pas beaucoup peut-être dont les acclamations et les hommages y soient fort sincères, et partent autant des sentiments du cœur que de ceux de l'intérêt ou de la crainte[1]. Le respect y a sans doute plus de part que l'inclination, et la joie même et les plaisirs ne s'y goûtent plus avec cet épanchement visible qu'on a vu sous d'autres règnes, et même autrefois sous celui-ci. Tout y est plus concerté, plus réservé, plus contraint, et aussi moins libre, moins ouvert, moins réjouissant, que ne porte le génie ordinaire de la nation et surtout celui des courtisans[2] : en sorte même que les parties de divertissement, ou les fêtes assez fréquentes que le Roi y donne aux principales dames de la Cour[3], font d'autant moins un agrément sensible, qu'elles paroissent concertées pour en attribuer le gré à Mme de Maintenon, et que la contrainte ne

---

[1] Toute cette page sur la psychologie du courtisan est fort intéressante. Il faut la rapprocher du chapitre de La Bruyère, « la Cour ». Il s'y trouve surtout un passage curieux, par sa date, où l'écrivain remarque que l'autorité de Louis XIV et son crédit pourraient diminuer par la suite et dans les revers. Cela fait penser à la sourde opposition qui va se former dix ans plus tard, à la Cour même, dans l'entourage du duc de Bourgogne, chez Fénelon, Beauvilliers, Chevreuse, Saint-Simon.

[2] Saint-Simon *(Parallèle,* p. 406) regrette « l'honnête liberté et l'aise à tous » qui existait du temps de Louis XIII. La duchesse d'Orléans se plaint du silence contraint qu'on observait à la Cour (édition Jaeglé, I, 263 ; II, 70, 1, 43), et déjà sa tante Sophie de Hanovre, venue à Versailles en 1679, plaignait et critiquait la vie des courtisans. « On ne danse même plus à la Cour » (Duchesse d'Orléans, *Lettres,* I, 124).

[3] On voit que, dès 1686, le roi est obligé « pour donner quelque amusement à sa Cour de faire recommencer les appartements et d'y jouer lui-même très gros jeu » *(Mémoires de Sourches).* « Ici en France, dit Madame, aussitôt qu'on est réuni, on ne fait rien que jouer au lansquenet » (édition Jaeglé, I, 225 (1695). Il y avait des bals ordinaires, ou de la musique, des bals extraordinaires en temps de carnaval *(Mercure,* 1683, p. 309). Mais tout cela était monotone : le jeu seul avait de l'intérêt. Le plaisir auquel il est fait allusion là, c'est la loterie, mise à la mode par Mme de Maintenon (Voltaire, *Siècle de Louis XIV,* p. 510; Dangeau, *Mémoires,* janvier 1686).

laisse pas de régner. Cet attachement même du Roi pour une dame de cet âge et du caractère dont il a été parlé ; la mort de la Reine, qui, avec peu de génie et beaucoup de dévotion, ne laissoit pas d'aimer le jeu, les spectacles et la compagnie, et d'y donner lieu ; et au contraire le penchant de Madame la Dauphine pour la retraite, et qui est accru par ses indispositions[1], l'indifférence de Madame pour d'autres plaisirs que ceux de la chasse[2], tout cela, dis-je, n'a pu encore que contribuer à donner un air moins gai, moins vif et moins familier à la conduite présente de la Cour de France. On peut même ajouter, en dernier lieu, l'état particulier des grands seigneurs et des courtisans qu'on y voit, qui, pour la plupart et hors un fort petit nombre comme le prince de Condé[3], n'y subsistent presque que des bienfaits du Roi et des appointements de leur charge, et ainsi qui en sont plus réservés dans la dépense, moins élevés dans les manières, et d'ailleurs dans une dépendance soumise et aveugle pour les volontés de la Cour[4]. Il n'en étoit pas de même sous le feu règne et au commencement de

[1] Voir *Relation*, p. 128 et 129, et, dans Voltaire, *Siècle de Louis XIV*, p. 524, une note très juste et très précise.

[2] Il est assez curieux de trouver ici cette appréciation sur Madame. Elle est confirmée par une lettre de sa tante Sophie de Hanovre (éd. Bodemann, p. 372, 1679) : « Son habit de chasse lui va bien. Elle n'aime pas trop à se mettre bien d'une autre manière, quoiqu'on en fasse une affaire ici. »

[3] « Hors un fort petit nombre comme le prince de Condé » a été ajouté au manuscrit [A] par Spanheim en marge.

[4] Pour se convaincre de ce fait, il suffit d'écouter les plaintes constantes de Saint-Simon sur la déchéance de la noblesse réduite à vivre du roi, de consulter le recueil de l'abbé Dangeau, « *Dictionnaire des bienfaits du roi* » et le *Journal* de Dangeau lui-même à toutes les pages. « Un noble, dit La Bruyère, s'il vit chez lui, dans sa province, y vit libre, mais sans appui ; s'il vit à la Cour, il est protégé, mais il est esclave. Le meilleur de tous les biens, s'il y a des biens, c'est le repos, la retraite et *un endroit qui soit son domaine.* » (*Caractères*, p. 225.) Sophie de Hanovre écrit cette lettre en 1679 : « Pour avoir une garniture plus magnifique que son camarade, toutes les souplesses et lâchetés sont permises. Pour moi, j'estime les Allemands, qui aiment mieux se donner plus de repos et qui aiment mieux s'accommoder selon leur revenu, que de se donner tant de peine en espérant devenir plus riches et d'être plus en faveur » (éd. Bodemann, p. 378). Les Condé eux-mêmes étaient surtout les premiers bénéficiaires du royaume.

celui-ci, qu'il y avait[1] de grands seigneurs en France, et d'un grand air, comme entre autres (et sans parler du feu prince de Condé), le feu duc de Longueville, le duc de Guise, le duc d'Epernon, et après eux le duc de Candalle, son fils, et le duc de Beaufort, qui, ou par l'élévation de leur génie et la fierté de leur naturel, ou par le nombre de leurs créatures et de leurs pensionnaires qu'ils avoient soin de s'attirer et d'entretenir, ou par les grands biens qu'ils possédoient, ou enfin par la faveur des peuples et les agréments particuliers de leurs personnes, soutenoient avec hauteur et avec fierté dans les occasions la dignité de leur rang, de leurs emplois ou de leur naissance[2]. Ce qui a cessé après leur mort, par le défaut d'héritiers ou de descendants qui puissent remplir leur place et satisfaire aux mêmes engagements. Il n'y a eu, après eux, et d'ailleurs avec quelque différence, que le feu prince de Turenne et le maréchal duc de Gramont, et en dernier lieu le feu duc de Lesdiguières, qui surent se distinguer à la Cour et s'y attirer une considération particulière par les manières, par la dépense et par le bon accueil qu'ils faisoient également aux François et aux étrangers. Le comte d'Armagnac, dont il a été parlé[3], est le seul qui y brille aujourd'hui par les mêmes endroits, et en qui on voit encore des traces de la générosité, et de la civilité ancienne des princes de la maison de Lorraine en France.

[1] Par erreur le manuscrit [A] donne : *aurait.*
[2] Cet éloge des grands seigneurs de la Fronde est curieux à rapprocher des plaintes de Saint-Simon *(Parallèle des Rois Bourbons,* p. 217 et surtout p. 223 et 286) : « Ce reste de grands seigneurs qui avaient figuré dans les troubles des premiers temps de sa vie lui avait donné une aversion de la naissance et des dignités dont il ne revint jamais. Il fallut servir ou tomber dans la disgrâce. »
[3] Ci-dessus, p. 235.

RELATION DE LA COUR DE FRANCE

ACHEVÉE SUR LA FIN D'AVRIL 1690[1]

La Cour de France ne doit pas être considérée seulement dans tous les principaux personnages qui la composent et dans les réflexions qu'il y a lieu d'y faire, mais aussi[2], et ce qui sans doute n'est pas moins important, dans la forme de son gouvernement présent et dans le véritable état de sa conduite, de ses forces et de ses intérêts, c'est-à-dire, suivant que je l'ai touché dès l'entrée de cette relation, dans ses Conseils et ses ministres d'État ou de l'Église, dans ses finances, ses revenus et ses dépenses, dans ses forces par mer et par terre et dans la situation présente de ses affaires à l'égard du dedans, et du dehors du royaume.

DES CONSEILS ET DES MINISTRES D'ÉTAT ET D'ÉGLISE[3]

Pour commencer par les Conseils, il n'est ici question que de parler de ceux où le Roi a coutume de se trouver, qui embrassent aussi tout le gouvernement de l'État, et ainsi qui se tiennent en son appartement et en sa présence, et qui se

---

[1] Tel est le titre de la *Deuxième Partie* de la Relation. (Voir INTRODUCTION, p. 32.)
[2] Manuscrit [B] : « mais aussi » ; Manuscrit [A] : « mais ».
[3] Ce titre a été omis dans les manuscrits [A] et [B]. Nous le rétablissons pour l'intelligence générale de l'œuvre.

réduisent à quatre : le Conseil secret, ou de Ministère, comme on ne peut que l'appeler ; le Conseil royal ou des finances ; le Conseil des dépêches, et le Conseil de conscience[1].

DU CONSEIL DU MINISTÈRE ET DES MINISTRES EN GÉNÉRAL

Le Conseil secret ou du Ministère est celui où se trouvent seulement ceux qui sont honorés de la qualité de ministres d'État, et qui se tient devant le Roi régulièrement trois fois par semaine, depuis les dix heures du matin ou environ jusqu'à midi, assavoir : le dimanche, le mercredi et le jeudi ; et de plus le lundi tous les quinze jours, c'est-à-dire quand il ne se tient pas le Conseil des dépêches, dont il sera parlé[2].

---

[1] Pour commenter ce chapitre sur les Conseils, nous nous servirons constamment du travail excellent publié par M. de Boislisle en appendice aux *Mémoires de Saint-Simon*, t. IV, 377-439 ; V, 437-481 ; VI, 477-512 ; VII, 405. Spanheim mentionne les Conseils qui sont indiqués à l'*Etat de la France* de 1689 (II, p. 218). Il a soin d'indiquer que ce sont ceux seulement qui se tiennent en la présence du roi. Il sait qu'il y en a d'autres : le *Conseil d'Etat privé ou des parties*, que le chancelier présidait, réservant un fauteuil de velours rouge au roi, s'il venait. Dans ce cas, la délibération portait : « Sa Majesté y étant (Saint-Simon, éd., 1873, XI, 53). Il se tenait hors des appartements du roi, au rez-de-chaussée de l'aile gauche. Le *Conseil de la religion réformée* « qui fonctionne depuis 1684, le lundi après dîner : le roi n'y assiste point. » (Dangeau, I, 89.) Il paraît avoir été réorganisé après l'édit de Nantes (Jal, *Dictionnaire critique*, p. 1007). Le *Conseil des prises* qui siégeait le jeudi, depuis le 23 septembre 1676, sous la présidence de l'amiral, comte de Toulouse, et chez lui (Saint-Simon, de Boislisle, VII, p. 413). Le *Conseil du commerce* fut supprimé à la mort de Colbert. Spanheim n'ignore pas l'existence de ces conseils, mais il parle de ceux que le roi préside. Il met au premier rang le *Conseil secret* que Dangeau appelle *Conseil royal*, d'autres *Conseil d'en haut*, souvent *Conseil d'Etat*. Spanheim lui a trouvé, et l'on voit qu'il l'a cherché, un titre très heureux, précis, qui le distingue des autres, *Conseil du Ministère*, pour les raisons qu'il a données de la présence des ministres d'Etat (Saint-Simon, de Boislisle, V, p. 438, 439).

[2] L'*Etat de la France* dit : le Conseil d'Etat *royal*, c'est-à-dire le Conseil d'*Etat* où *le roi siège* avec les trois ministres d'Etat qui assistent : *Mercredi, jeudi et dimanche*, et tous les quinze jours, le *lundi* (1689, I, p. 219). La séance du jeudi était peut-être facultative. En tout cas elle était rare. Il pouvait y avoir, dans certains cas, des Conseils extraordinaires (de Sourches, III, 297 ; Dangeau, VII, 43, 45, 426 ; XIV, 178). Si les affaires n'étaient pas terminées le matin, il y avait conseil encore, ou l'après-dînée, ou le lendemain (Dangeau,

De la nature du Conseil du Ministère.

C'est dans ce Conseil du Ministère que se traitent toutes les grandes affaires de l'État, tant de paix que de guerre, que les ministres qui y entrent y font rapport de celles de leur département particulier suivant qu'il en sera bientôt parlé, qu'on lit les dépêches des ministres du Roi dans les cours étrangères, les réponses qu'on y fait et les instructions qu'on leur donne, qu'on y délibère sur les traités, les alliances et les intérêts de la couronne avec les puissances étrangères, enfin qu'on y propose et qu'on y résout tout ce qui regarde le gouvernement et qui peut être de quelque importance pour le Roi, pour la cour, pour l'État, en un mot pour le dedans et pour le dehors du royaume[1].

Des ministres d'État depuis la mort du cardinal Mazarin.

D'où on peut assez juger quelle réflexion mérite, à l'égard de l'intérêt public et de la France et des étrangers, surtout des puissances voisines, le choix des personnes qui sont appelées à ce Conseil, et chargées par là de tout le secret et de toute la direction des affaires de la nature et de l'importance de celles dont je viens de parler[2]; et d'où aussi on peut déjà recueillir

---

XV, 264, 269). Le Conseil commençait le matin, quand le roi avait fini le lever et les audiences, s'il en avait. Il disait : « *Au Conseil* », appel que les huissiers répétaient. Le Conseil se terminait à midi et demi pour la messe *(État de la France*, 1689, I, 219, 221. — Saint-Simon, de Boislisle, V, p. 457, 458).

[1] Après avoir défini le Conseil par ses membres, les *Ministres d'État seulement*, en 1689 M. de Louvois, M. de Croissy, le contrôleur général Le Peletier, Spanheim le définit par ses attributions aussi clairement. « *Conseil d'en haut*, dit le Dictionnaire de Trévoux (II, 823) : *Conseil où sont traitées les affaires d'État, de la paix, de la guerre, et autres dont le roi veut prendre connaissance en personne : consilium sanctius, secretius.* » — l'Académie répète en 1694 : « *le Conseil où se traitent les affaires d'État et quelquefois les affaires entre particuliers.* » Louis XIV a lui-même défini : « *Les intérêts les plus importants de l'État et les affaires secrètes.* » *(Mémoires*, édition Dreyss, II, 388.) Spanheim a raison d'indiquer qu'on s'y occupait surtout de la politique étrangère (voir *Écrits inédits* de Saint-Simon, IV, 35, 36 et *Mémoires*, éd. de Boislisle, V, p. 442). Il est d'ailleurs assez piquant de noter que de tous les contemporains, c'est un étranger, Spanheim qui a le mieux indiqué la portée de ces attributions.

[2] « *Le seul Conseil suprême à l'égard duquel les autres ne sont que purement consultatifs.* » Saint-Simon, *Projets de gouvernement du duc de Bourgogne*, p. 61. Louis XIV considérait ce Conseil comme lui tenant lieu de premier

que l'emploi s'en est trouvé par là comme attaché aux deux secrétaires d'État qui sont particulièrement chargés de la direction et de l'expédition, l'un des affaires étrangères, l'autre de celles de la guerre, et d'ailleurs au chef des finances sous les divers titres, autrefois de surintendant, et depuis de contrôleur général, qu'on lui a donné[1]. Aussi, depuis que le gouvernement sous ce règne-ci, eut changé de face par la mort du cardinal Mazarin, et que le Roi voulut gouverner par lui-même et par son Conseil, il n'y eut que les trois personnes qui se trouvoient revêtues de ces postes susdits, qui par là eurent l'entrée dans le Conseil, et auxquelles[2] fut attaché, comme j'ai dit, le titre et la charge de ministre d'État, à savoir : M. le Tellier, secrétaire d'État pour la guerre, M. de Lyonne, secrétaire d'État pour les affaires étrangères, et M. Colbert, contrôleur général des finances, et depuis surintendant des bâtiments et directeur du commerce et de la marine. Aussi n'y avoit-il encore que ces trois ministres d'État dans mes envois passés en France, en 1666 et 1668, de la part du feu électeur palatin Charles-Louis, et auxquels les ministres étrangers rendissent leurs devoirs ou qu'ils informassent par occasion des sujets de leurs commis-

---

ministre. « Il en a partagé la charge et sa confiance entre trois, sans la donner tout entière à pas un. » *(Mémoires,* édition 1873, II, 385.) Le petit nombre lui paraissait meilleur qu'un plus grand (voir plus loin dans la *Relation).* Spanheim note tout de suite l'importance de ces hommes « à qui Louis XIV n'avait pas dessein de partager son autorité ». (Saint-Simon, *Mémoires, ibid.)*

[1] « *L'emploi s'en trouve attaché,* etc , » en 1689 et le plus souvent, c'est exact en fait. En droit, non. Les secrétaires d'État ne faisaient pas de droit partie du Conseil. Torcy, secrétaire d'État des Affaires étrangères à la mort de son père, resta trois ans sans être ministre d'État (1696-1699). Pomponne, son beau-père, qui n'étant plus rien depuis 1679 avait été rappelé au Conseil le 25 juillet 1691, y siégea à sa place, et Torcy n'y entra que quand Pomponne fut près de mourir (janvier, septembre 1699). Seignelay, secrétaire d'État de la marine depuis 1683, fut admis au Conseil, et n'y fut admis que six ans après son entrée au secrétariat. Lepeletier, il est vrai, contrôleur le 6 septembre 1683, fut, le 7 septembre, nommé ministre d'État. Mais Barbézieux, qui succéda à son père, Louvois, à la guerre, ne le fut jamais et en mourut de chagrin (Saint-Simon, édition 1873, II, 218). Enfin Beauvilliers fut nommé membre du Conseil en 1691 et n'était pas secrétaire d'État (voir la liste dans Saint-Simon, de Boislisle, V, 454).

[2] *Auquel,* dans les manuscrits [A] et [B].

sions[1]. Le maréchal duc de Villeroi, en considération de ce qu'il avoit été gouverneur du Roi, et fait d'ailleurs chef du Conseil royal des finances, fut bien honoré du même titre de ministre d'État, mais cependant sans en faire la fonction, ni être appelé au Conseil du Ministère qu'en des cas extraordinaires[2]. Il n'en fut pas de même du marquis de Louvois, fils de M. le Tellier, qui, ayant eu en survivance et exercé déjà actuellement la charge de son père de secrétaire d'État pour la guerre, par la faveur du Roi et la confiance particulière qu'il avoit commencé d'y prendre, eut aussi dans la suite l'entrée dans le Conseil du Ministère, et ainsi fut adjoint pour quatrième ministre d'État[3]. M. de Lyonne étant mort en 1671, il eut pour successeur M. de Pomponne, qui demeura dans ce

[1] Dans ces deux phrases, Spanheim a généralisé, et érigé en principes les faits qu'il avait eus sous les yeux. Ce qui explique et corrige l'erreur signalée, p. 297, note 1. L'ambassadeur vénitien Grimani a bien marqué que Louis XIV avait pris ces trois hommes pour confidents, parce que Mazarin les lui avait légués «les plus habiles, les plus capables de concourir cordialement au bien de l'État» (*Relazioni*, III, 82). Et son successeur Giustiniani, en 1668, dit (on croirait que Spanheim rappelle des souvenirs communs à tous les deux) : « C'est sur ces trois hommes que repose toute la masse du manège et la charge des évolutions, non seulement de la France, mais je dirais volontiers de l'Europe tout entière : c'est une image sur terre de la céleste Trinité. » (*Ibid.*, p. 179, 189.) Comparer aussi les *Mémoires de Gramont*. « Tout le gouvernement de l'État fut renfermé en la personne du roi et en trois ministres dont il forma son Conseil *étroit* : M. Le Tellier, de Lionne et M. Colbert » (p. 328). Consulter enfin les *Mémoires de Louis XIV* (II, 388). Ce fut le fait, mais ce ne fut pas un droit.

[2] Le maréchal de Villeroy avait reçu le titre de *ministre d'État*, dès le mois de décembre 1648. Mais le roi ne l'ayant pour ainsi dire jamais appelé à en exercer la fonction, les contemporains ne lui reconnurent plus le titre. Saint-Simon (*Écrits inédits*, IV, 439). Dangeau (XV, 237) disait « *qu'il ne fut jamais ministre* ». Son acte mortuaire (Jal, *Dictionnaire critique*, p. 1272), *l'État de la France* (II, 1682, 27) ne le mentionnent pas. Spanheim est plus précis en disant « *qu'il n'en fît pas fonction* », mais il se trompe en croyant que le titre lui fut donné comme chef du Conseil royal des finances. C'est une preuve de plus que Louis XIV respecta les désignations de Mazarin.

[3] Louvois fut nommé ministre d'État le 4 février 1672, et fut un quatrième, parce que Louis XIV, ayant appelé au Conseil d'État Pomponne qui remplaçait de Lionne, le 26 janvier 1672, et n'avait pas autant de services auprès de lui, voulut ménager l'amour-propre du fils de Le Tellier (voir *Relation* plus loin ; *de l'établissement de M. de Louvois*).

poste de ministre d'État des affaires étrangères[1] jusques vers la fin de l'an 1679, qu'on prit prétexte de le lui ôter et qu'on le donna à M. Colbert de[2] Croissy, frère de M. Colbert susdit.

Tellement que, quand je vins en France de la part de feu Son Altesse Électorale, en avril 1680, il y avoit alors ces quatre ministres : M. [le] Tellier, devenu chancelier de France peu d'années auparavant, M. Colbert, le marquis de Louvois et le marquis de Croissy. C'est-à-dire que ce Conseil du Ministère, et généralement la direction de toutes les affaires du gouvernement de l'État, de la justice, de la guerre, du commerce, des bâtiments, en un mot du dedans et du dehors du royaume, étoit partagée entre deux seules familles nouvelles : d'un côté, le père et le fils, MM. [le] Tellier et [de] Louvois ; et de l'autre, deux frères, MM. Colbert et [de] Croissy[3]. La mort qui survint

Des ministres d'Etat durant mon dernier emploi en France.

---

[1] Spanheim emploie là une expression fausse, mais qui montre bien comment peu à peu le nom de *ministre* s'est substitué à celui de *secrétaire d'Etat*. On disait « *ministre* » tout court, ou *secrétaire d'Etat des Affaires étrangères*. Le *Dictionnaire de Trévoux* dit « que peu à peu l'habitude s'est prise de dire *ministre des Affaires étrangères*, parce qu'il est *ministre né* » ; mais ce fut au xviiie siècle seulement. De Lionne était mort le 1er septembre 1671. Pomponne, retenu en Suède, ne prêta serment comme secrétaire d'Etat qu'en janvier 1672, le 15. Le 25 janvier, il fut nommé ministre d'Etat (voir sa lettre à son père du 26 janvier 1672 dans les *Mémoires de Coulanges*, édition Monmerqué, p. 449-450). Il fut disgracié le 18 février 1679. Mais il ne perdit pas son titre de ministre, comme semble le croire Spanheim. Ce fut sa secrétairerie d'Etat seulement qui fut donnée à Colbert de Croissy, le 18 février 1679 : Colbert de Croissy ne fut ministre d'Etat qu'en novembre 1679, presque un an après. Et bientôt, à partir du 25 juillet 1691, ils allaient siéger tous deux, comme ministres, au Conseil, pendant cinq ans (Saint-Simon, Boislisle, VI, 350). Sur les causes de la disgrâce de Pomponne, voir plus loin, la *Relation : Colbert de Croissy.*

[2] *De* supprimé dans le manuscrit [B], rétabli dans le manuscrit [A].

[3] Sur les deux familles, en 1679-1680, leur puissance, leur rivalité, leur alliance, voir les lettres de Mme de Sévigné (1679, novembre, décembre). Sa lettre la plus importante est celle du 8 décembre 1679 (VI, 136). Mme de Sévigné avait expliqué que Le Tellier et Louvois avaient espéré installer Courtin à la place de Pomponne disgracié. « On bat les buissons et les autres prennent les oiseaux. C'est un *mat* qui a été donné, lorsqu'on croyait avoir le plus beau jeu et réunir toutes ses pièces ensemble. Faites un peu réflexion à toute la puissance de cette famille (des Colbert), joignez les pays étrangers (le

de M. Colbert en automne 1683, n'y apporta autre changement, sinon que sa charge de directeur en chef des finances, sous le titre de contrôleur général, avec celle de ministre d'État, fut donnée à M. [le] Peletier, parent et ami intime du chancelier [le] Tellier, et à sa seule recommandation[1]. Et ainsi par où le parti de M. de Louvois, se trouva renforcé : en sorte que, des quatre ministres d'État, il y en avoit trois d'un parti, et le seul M. de Croissy de l'autre. Et comme le chancelier [le] Tellier vint à mourir deux ans après, dans l'automne de l'an 1685, sa charge de ministre d'État ne fut point remplie par celui qui lui succéda dans celle de chancelier[2]. En sorte qu'il n'y eut depuis, jusqu'à mon départ de France, au commencement de l'an passé 1689, que trois ministres d'État qui composoient tout ce Conseil du Ministère, assavoir : MM. de Louvois, [de] Croissy et [le]Peletier. Ce n'est que depuis quelques mois en ça que le même poste a été donné au marquis de Seignelay, fils de feu M. Colbert et qui avoit déjà exercé, en survivance du père, les charges de secrétaire d'État et directeur des affaires de la marine[3]. C'est ainsi par où le ministère se trouve de nouveau partagé entre deux partis égaux en nombre[4] : celui de

ministère à Colbert de Croissy) à tout le reste, et vous verrez que tout ce qui est de l'autre côté où l'on se marie (de Louvois qui venait de marier sa fille au fils de la Rochefoucauld) ne vaut pas cela. » La faveur des Louvois et des Colbert s'équilibrait après la chute de Pomponne dont ils avaient espéré la succession (Saint-Simon, Boislisle, VI, p. 340 et suivantes).

[1] Ministre d'État le 7 septembre 1683, *Claude Le Peletier*, conseiller d'État en 1677 (Saint-Simon, Boislisle, V, 259), après avoir rempli avec distinction les fonctions de prévôt des marchands de Paris, avait des titres, une grande réputation d'habileté comme administrateur. Il est certain d'ailleurs qu'étant dès 1660, « singulièrement attaché à M. le Tellier, son parent, il avait par lui cherché à établir sa fortune ». (Depping, *Correspondance administrative*, II, 58). Il y réussit à la recommandation de Le Tellier, dont son père avait été le tuteur et dont il écrivit la vie (Rousset, *Louvois*, t. I). Il ne fut pas d'ailleurs exclusivement l'homme de Louvois; il était ami de Pomponne. « Tout le monde est ravi de le voir où il est » (*Mme de Maintenon, Corresp.* II, 324).

[2] *Boucherat* (Louis), qui succéda, le 1er novembre 1685, à Le Tellier et mourut le 2 septembre 1699, ne fut jamais ministre d'État.

[3] *Seignelay* fut nommé ministre d'État le 4 octobre 1689, c'est-à-dire *quelques mois* en effet avant la rédaction de la *Relation*.

[4] En *nombre, mais non en influence*. Spanheim, d'ailleurs s'est expliqué plus

MM. [de] Louvois et [le] Peletier, son parent et créature du feu chancelier son père, et celui de l'oncle et du neveu, MM. de Croissy et de Seignelay.

Tellement, et ce qui est la dernière réflexion que je ferai en général sur ces ministres d'État, qu'on peut recueillir de ce que dessus que, depuis la mort du cardinal Mazarin et la nouvelle forme que prit le gouvernement, ils n'ont point passé jusques ici le nombre de trois ou de quatre, auquel s'est trouvé et se trouve encore restreint le titre et la charge de ces ministres, et ainsi le poids de tout le gouvernement de l'État[1]. Et, ce qui est à remarquer, sans qu'on eût même admis jusques ici audit Conseil, au moins jusques à mon départ de France, ni l'héritier de la couronne, à savoir : le Dauphin, quoiqu'âgé de vingt-huit à vingt-neuf ans, ni d'ailleurs le duc d'Orléans, frère unique du Roi, ni aucun des princes du sang ou autres grands seigneurs du royaume et officiers de la couronne[2]. En quoi on peut juger que le Roi a eu trois ou quatre vues principales : l'une d'abaisser l'autorité des grands de son royaume, dont quelques-uns lui avoient fait la guerre et suscité de méchantes affaires durant sa

Du petit nombre des ministres d'État et pourquoi.

---

loin. Louvois, en face de Seignelay jeune (p. 183), de Croissy sur qui il empiétait, successeur de Colbert à la surintendance des bâtiments, était le seul ministre de 1683 à 1688 : « il faisait souvent les charges de ses confrères » (Saint-Simon, éd. 1873, VI, p. 302). Il est vrai qu'au début de l'année 1689, appuyés sur Mme de Maintenon, les Colbert revenaient en faveur. Croissy donnait à son fils Torcy la survivance de sa charge (4 octobre 1688). Seignelay avec la guerre de mer se faisait apprécier. Des complots se formaient à la Cour contre Louvois à la fin de 1689 (Rousset, *Louvois*, IV, p. 251 et ss.).

[1] L'observation de Spanheim est juste et confirmée par les *Mémoires de Louis XIV* (II, 385) : voir p. 298, note 1.

[2] Sur l'admission du Dauphin au Conseil, voir *Relation*, p. 116, note 4. Quant aux princes du sang et seigneurs, et à leur exclusion, il suffit de comparer à la composition du Conseil sous Louis XIV, ce même Conseil à la majorité de Louis XIV d'après le *Journal d'Olivier d'Ormesson* (II, 674) et les *Mémoires de Grammont*, (p. 328) : « Il était rempli de beaucoup de grands seigneurs. » Il faut noter encore les plaintes de Saint-Simon (éd. 1873, VI, 1873, p. 441. — Addition à Dangeau, XVI, 25) : « éloigner du ministère tout homme qui pouvait y ajouter du sien ».

minorité¹ ; l'autre, de conserver et de ménager le secret dans la direction des affaires et les délibérations importantes de l'État, qui ne se trouvoient confiées qu'à deux ou trois personnes, ou quatre tout au plus, d'ailleurs d'une fidélité éprouvée ²; la troisième, d'en paroître d'autant plus, et au dedans et au dehors du royaume, le maître des affaires et revêtu de toute l'autorité du gouvernement³, en n'y admettant au maniement et à l'expédition des mêmes affaires qu'un si petit nombre de personnes, qui ne tiroient d'ailleurs tout leur éclat et leur considération que des bienfaits, des bonnes grâces et de la confiance de leur roi⁴ ; enfin pour éloigner d'autant plus par là et les apparences et l'effet, je veux dire de retomber sous le pouvoir d'un premier et absolu ministre, comme avoit été le cardinal de Richelieu sous le feu roi son père, et le cardinal Mazarin durant et après sa minorité et jusques à la mort de ce cardinal⁵. C'est-à-dire que l'amour-propre, les sentiments de la gloire, la défiance, la jalousie, l'esprit de vengeance, d'épargne et de précaution se joignirent ensemble, ou eurent au moins leur part dans cette

¹ Comparer les *Mémoires de Mme de Motteville*, IX, 236 et 243, et le *Parallèle* de Saint-Simon : « ce reste de grands seigneurs, etc. », p. 232.

² Dangeau loue le Dauphin, quand il entra au Conseil, de s'être montré aussi *impénétrable sur les secrets que le roi* (XII, 348). L'abbé de Choisy également (p. 579). On sait l'importance que Louis XIV apportait au *secret*. Il le considérait presque comme son premier devoir de roi.

³ Les contemporains donnent tous cette raison : « Il était trop jaloux de son autorité et de sembler tout faire. » (Saint-Simon, de Boislisle, IV, 7677). — « Il avait la crainte de toute apparence de premier ministre », dit Gourville (éd. Petitot, p. 579.) Louis XIV lui-même l'a dit : « Il n'était pas de mon intérêt de prendre des sujets d'une qualité plus éminente, ni trop nombreux. *Il fallait avant tout établir ma réputation* et faire connaître que mon dessein n'était pas de partager mon autorité avec eux. »

⁴ « Il m'importait, dit Louis XIV, qu'ils ne conçussent pas de plus hautes espérances que celles qu'il me plairait de leur donner, ce qui est difficile aux gens d'une grande naissance. » *(Mémoires,* II, 392.) — « Nul rang, ajoute Saint-Simon, que celui de la considération et du besoin qu'on a d'eux, qui ne consiste qu'en attention et en politesse, sans office, sans charge, sans titre, sans solidité quelconque, sans aucune base sur laquelle puisse porter un aussi grand privilège que celui d'être associé aux grands de l'État ». *(Écrits inédits,* II, 277-278, voir aussi le *Parallèle,* p. 232.)

⁵ Voir plus haut, la note 3.

forme du gouvernement et du ministère qui s'établit, et qui subsiste depuis la mort de ce cardinal, et ainsi il y a près de trente ans[1].

DES MINISTRES D'ETAT EN PARTICULIER

Mais, après avoir parlé en général du Conseil du Ministère, il est à propos de dire quelque chose en particulier des ministres qui le composent, et en premier lieu de deux qui méritent bien qu'on en parle, quoiqu'ils ne soient plus en vie, mais qui l'étoient encore durant les premières années de mon dernier envoi en France, à savoir : M. Colbert et le chancelier [le] Tellier, et dont d'ailleurs le fils ou le frère occupent encore aujourd'hui le poste du ministère.

Je commencerai par feu M. Colbert, quoique le second en rang[2], puisqu'il est mort le premier et environ deux ans avant ledit chancelier. Je ne m'arrêterai point là-dessus au commencement de sa faveur et de ses établissements, dont il étoit, comme on sait, uniquement redevable au feu cardinal Mazarin, son maître, auprès duquel il étoit intendant de sa maison. Comme ce grand ministre se reposoit entièrement sur lui du soin de ses affaires domestiques et de ses finances, il en fut persuadé, et même convaincu, de l'habileté, de

De M. Colbert, de sa conduite dans le règlement des finances et autres établissements.

---

[1] Il est bon de noter que Spanheim, sans formuler de critique, n'attribue comme Saint-Simon *(Parallèle,* p. 232-233), ou Jurieu, cette forme de gouvernement qu'à des motifs personnels et intéressés : la gloire, la jalousie, l'avarice.

[2] Y avait-il un rang parmi les ministres d'Etat ? Dangeau parle d'un rang d'ancienneté au Conseil (VII, 148). Mais Choisy (éd. Petitot, p. 579), dit formellement le contraire. Un rang eût constitué une sorte de premier ministre, dont Louis XIV ne voulait à aucun titre. Ce qui est vrai, c'est que sa charge donnait au Chancelier un rang supérieur aux secrétaires d'Etat ; elle semblait « lui procurer une prééminence qu'il aurait pu ne pas borner à la séance du Conseil » (Sénac de Meilhan, *du Gouvernement de la France avant la Révolution*, édition 1862). Ainsi, le chancelier avait une préférence de rang au Conseil, mais nulle prééminence réelle de droit.

l'exactitude et de la fidélité de son intendant[1]. Ce qui, joint au grand désordre où ce cardinal laissoit à sa mort les finances du Roi, et à quelque remords là-dessus de conscience, d'ailleurs aux ressentiments dont il étoit prévenu contre le surintendant Foucquet, qui en avoit alors l'entière direction, fit qu'entre les autres instructions qu'il donna au Roi en son lit de mort, une des principales fut d'ôter cette direction audit sieur Foucquet et de la confier à M. Colbert[2] ; ce qui fut aussi bientôt exécuté comme on sait, après la mort du Cardinal, donna lieu à la détention, au procès, ensuite au jugement rendu contre le sieur Foucquet, à la peine de son exil, convertie par ordre du Roi dans une prison perpétuelle, et d'ailleurs à la détention des trois trésoriers de l'Épargne, à l'abolition de leurs charges[3] et à la

---

[1] Sur les débuts de Colbert auprès de Mazarin, et d'abord de 1640 à 1650, auprès de le Tellier, dont son oncle, de Saint-Pouange, était le beau-frère, consulter Lavisse, *Colbert intendant de Mazarin* (*Revue de Paris*, septembre-octobre 1896, p. 1). Ce fut au mois de juillet 1651 que Colbert reçut la procuration de Mazarin : on peut voir jusqu'à quel point il s'occupait de ses affaires domestiques, et des moindres. Les trois termes dont se sert Spanheim sont admirablement choisis : *habileté* pour la méthode; *exactitude* pour l'ardeur qu'il apportait à ce travail, ses qualités maîtresses, *fidélité* (voir un autre article de Lavisse, *ibid.*, p. 818). On en trouve encore des preuves dans Clément, *Histoire de Colbert* (I, p. 180, édition 1874).

[2] Sur le passage de Mazarin au service de Louis XIV, Spanheim rapporte l'opinion des contemporains que résume ce mot de Choisy : « je crois m'acquitter envers vous en vous donnant Colbert ». Et, dans la mesure où le dit le testament du Cardinal : « je *prie le roi de se servir de M. Colbert, étant fort fidèle* », l'opinion est fondée. Il en est de même de ses remords prouvés par ses legs à Louis XIV qui étaient presque des restitutions *(Aff. Etr., France.* vol. CLXXI, pièce 32). Quant aux *ressentiments* de Mazarin, le mot est mauvais ; Spanheim l'avait d'abord écrit et a corrigé ailleurs par les *réflexions dont il était prévenu*. Colbert, Hervart et l'abbé Fouquet reprochaient à Fouquet ses dilapidations *(Mémoires de Colbert*, 1652-1659. Cheruel, *Fouquet*, II, p. 7 à 84). Mazarin en était informé : cela ressort d'avis anonymes parvenus à Fouquet le 4 mars 1661 (Chéruel, II, p. 85, p. 219) : « le Cardinal a dit au roi que si l'on vous pouvait ôter les bâtiments et les femmes de la tête, vous étiez capable de grandes choses, mais que surtout il fallait prendre garde à votre ambition. »

[3] La détention de Fouquet, l'arrestation par d'Artagnan se firent le 4 septembre 1661 : Mazarin était mort le 9 mars. Le jugement eut lieu du 2 mars 1662 au 20 novembre 1664. La commutation de la peine se fit, le 22 décembre 1664 (Chéruel, II, 235 à 411). —Les trois trésoriers de l'Epargne étaient la Basinière, Jeannin de Castille et Claude de Guénégaud (Lavisse, *ibid.*, p. 443). Ils furent

restriction[1] de celles des intendants des finances et enfin à un changement entier qui se fit dans la direction et dans la distribution des mêmes finances. Celles-là n'en passèrent pas moins toutes entières entre les mains de M. Colbert, quoique sous un titre moins spécieux de contrôleur général, au lieu de celui de surintendant, qui avoit eu lieu jusque-là[2]. Et comme il trouva les trésors du Roi vides, les fonds des finances ou épuisés, ou engagés, ou dissipés par la profusion et par le mauvais ménage de ceux qui en avoient eu jusque-là la recette ou la distribution, son premier soin fut de faire saisir et condamner tous les *comptables*, comme on les appelle, et qui avoient eu quelque part dans le maniement des finances, ou en particulier des fermes, des gabelles, des partis et autres sortes d'impôts ou revenus du Roi, et qu'on désigne ordinairement

dépossédés de leurs charges par arrêt de la Chambre de justice (décembre 1661), avant le procès de Fouquet. Ils furent ensuite menacés de poursuites criminelles, dont on les dégagea moyennant restitution en 1661 *(Journal d'Olivier d'Ormesson*, II, 2 et 400). Leurs charges ne furent pas supprimées. Celle de Guénégaud fut même achetée par Colbert en 1669 *(Journal d'Ormesson*, 11 février 1669). Ce ne fut qu'en 1689 qu'ils furent remplacés par les *Gardes du Trésor*.

[1] Le manuscrit [A] ajoute en marge : *à la restriction*, ce qui est une correction de Spanheim excellente. Les charges *d'intendants des finances*, celle que Colbert avait depuis le mois de mars 1661, ne furent pas supprimées, mais réduites *(Etat de la France, 1657*, p. 278) de huit à deux. Il n'y en avait que trois en 1689 *(Etat*, II, p. 276).

[2] La Surintendance fut remplacée, dès le 15 septembre 1661, par un *Conseil de finances*, selon un plan qu'avait proposé Colbert en octobre 1659. Colbert, intendant en 1661, y fut appelé comme membre et *contrôleur général*, charge dont il fut pourvu en décembre 1665 seulement *(Lettres*, t. VII, appendice, 492-493), mais qui ne fut pas créée pour lui. Le *contrôle général* existait déjà sous la régence d'Anne d'Autriche, après avoir été longtemps exercé à tour de rôle par les intendants, qui tenaient registre de toutes les finances *(Etat de la France, 1657*, p. 277). Le contrôleur général était donc le premier des intendants, mais un intendant, et pas un surintendant. Colbert cependant était l'âme du Conseil. Le discours-programme qu'y prononça Louis XIV est de la main de Colbert : « Toutes les mesures de mise en train procèdent de Colbert » (Lavisse, article cité, p. 845). L'abbé Dangeau, dans son *Dictionnaire des Bienfaits du roi*, dit que Louis XIV lui permit d'ordonner de beaucoup d'affaires sans la participation des autres conseillers *(M. F.*, n° 579). L'important est de noter que les premières réformes du Conseil avaient été, dès 1659, proposées par Colbert à Mazarin.

en France sous le nom de *gens d'affaires* : ce qui ne put que remplir bientôt les coffres de Sa Majesté, amasser tout à coup de grandes sommes dans le Trésor, et donner lieu au rachat de ses domaines, qui se trouvoient pour la plupart aliénés ; le tout dans ces commencements, sans la charge ou oppression du peuple, qui, au contraire, applaudissoit à la ruine de ces sangsues publiques[1].

M. Colbert y joignit en même temps le bon ordre et l'économie qui avoit manqué jusque là dans la dépense de la maison royale, en prenant un soin particulier de tout le détail de tout ce qui y étoit requis, et n'en confiant l'administration qu'à des personnes qu'il y jugeoit propres et qui lui en pouvoient rendre bon compte[2]. Il s'attacha ensuite, et dans les mêmes vues, à

---

[1] Cette situation financière et ses causes ont été exposées de part et d'autre, par Fouquet dans ses célèbres *Défenses* (éd. à la sphère, 14 volumes in-18) et dans les *Mémoires* de Colbert. Il paraît bien que la royauté vivait depuis longtemps d'emprunts onéreux ; mais il est certain aussi que les emprunts étaient plus onéreux encore par les dilapidations de Fouquet et de Mazarin qui prélevaient leur commission (Chéruel, *Mémoires de Fouquet*, I, 263, 283 ; 329-233). — Le texte de Spanheim n'est pas clair : *comptables* ou *gens d'affaires* sembleraient pour lui la même chose. Les *comptables* étaient les *trésoriers de l'Epargne* « qui ont pouvoir de faire recette et dépense jusqu'à l'exercice de leur compte », les *receveurs généraux de provinces* qui payaient les dépenses et leurs dettes et envoyaient le surplus. Les *Gens d'affaires* prenaient à ferme par traités les aides et gabelles : d'où leur nom de *traitants ou partisans*. Ils se payaient ensuite sur le peuple. Il est vrai que les *comptables* faisaient des affaires, grâce au système employé par la Royauté de vivre sans cesse sur les années à venir, au moyen d'*assignations*, *billets de l'Epargne*, etc., délivrés en particulier aux fournisseurs, et que les comptables trouvaient l'art, selon leur bénéfice, de faire payer ou non (Clément, *Colbert*, I, p. 139). Et, d'autre part, les *gens d'affaires*, affermant et levant eux-mêmes les aides, étaient en quelque manière des officiers de finance. Cela peut expliquer la confusion que fait Spanheim entre eux. — Les restitutions furent arrêtées par la *Chambre de justice*, en octobre 1665, à la somme de 110 millions, 2 millions comptant, 20 millions payables en cinq ans, 38 millions en effets, 50 millions en rentes, droits. Il rentra donc peu d'argent comptant, et non pas « de grandes sommes au trésor ». Mais cela fit un certain effet sur l'opinion publique (Ol. d'Ormesson, *Journal*, II, 40c-425).

[2] Règlement du 15 septembre 1661 sur le paiement des dépenses ; du 25 avril 1669 sur la vérification de la gestion des comptables par les intendants (Clément, *Colbert*, I, p. 227, 230). Voir le témoignage de Choisy (éd. Petitot, t. XLIII, p. 215) et celui de Voltaire *(Siècle de Louis XIV*, éd. Bourgeois, p. 502). Consulter encore un mémoire de Colbert au roi, pour le supplier

rétablir et à faire fleurir le commerce, qui avoit été assez négligé jusque-là, et qu'il considéroit avec raison comme un des meilleurs fonds et une des vives sources des finances[1]. C'est à ce sujet qu'on établit, par ses soins et par des privilèges qu'on y attacha, des Compagnies du commerce, non seulement pour l'Amérique et les provinces que les François y occupoient, mais encore pour les côtes d'Afrique et pour les Indes orientales, et dont il avoit toute l'intendance et la direction[2]. Il fit établir, dans ce même dessein, des manufactures de toutes sortes d'ouvrages exquis, comme en tapisseries, en orfèvrerie, en points de France, en glaces, et pareils, pour ôter le commerce et le débit dans le royaume de ce qu'on y portoit en ce genre des pays étrangers, et en tiroit l'argent au dehors[3]. A quoi on pourvut par des défenses expresses du transport et du débit susdits en France de pareilles marchandises de fabrique étrangère[4]. Il

d'économiser sur les dépenses de sa maison (1666)(Clément, *Colbert*, I, p. 234).

[1] Dès 1659, Colbert indiquait à Mazarin comme mesure urgente, après le rétablissement de l'ordre, « d'établir le commerce dans le royaume et les voyages de long cours » (Clément, *Colbert*, I, p. 94). Le document capital est son discours à la première Assemblée du commerce (3 août 1664), vers la fin du procès Fouquet. Auparavant s'était faite la reconstitution de la Compagnie des Indes-Occidentales (mai 1664); la même année, celle des Indes-Orientales (août 1664). Noter aussi les mesures pour Marseille, déclaré port franc (12 décembre 1664); l'ordonnance du mois de septembre 1664 sur les créations d'entrepôts; les primes à la construction, du 5 décembre 1664. Ce sont là des paroles et des actes antérieurs à l'époque où Colbert reçut le titre de contrôleur général.

[2] Sur ces compagnies, consulter Pauliat, *Louis XIV et la Compagnie des Indes-Orientales*, Paris, 1886; Chailley Bert, *Compagnies de colonisation sous l'ancien régime*, Paris, 1878, p. 46. Voir dans le premier de ces livres le procès-verbal de l'élection simulée des actionnaires qui, par ordre du roi, firent de Colbert le directeur et *président de la direction générale*, avec le prévôt des marchands comme vice-président, et les sieurs Berryer et de Thou comme adjoints (20 mars 1665, p. 192). — Consulter enfin Clément : *Colbert et les colonies*, I, 494, 517.

[3] Spanheim, quoiqu'il décrive rapidement le système industriel de Colbert, trouve le mot juste et précis pour en caractériser l'esprit et la méthode. « Les peuples ne gagnent rien et il sort beaucoup d'argent du royaume » (Mémoires de 1663). Comparer l'édit. du 16 août 1664 pour l'établissement de la manufacture de Beauvais *(Lettres de Colbert*, éd. Clément, t. II, 1re partie, annexes, p. CCLVII).

[4] Il s'agit évidemment du tarif de 1667, qui fut un tarif de combat contre les Hollandais autant qu'une mesure de protection (Clément, *Colbert*, I, p. 274).

eut soin aussi de faire fleurir les beaux-arts, particulièrement la peinture et la sculpture, d'en faire établir à Paris une Académie royale, dont il se déclara le protecteur, d'y donner des pensions et de quoi gagner considérablement à ceux qui excelloient, comme entre autres au fameux peintre M. le Brun[1]. Quoique le même M. Colbert eût peu d'étude[2] et eût passé même la plupart de sa vie en des occupations et des emplois qui y avoient peu de rapport, et eût encore moins de loisir, dans l'âge et dans le poste où il se trouvoit, de s'y adonner, il ne laissa pas, par une louable ambition, de s'ériger en protecteur et en *Mecenas* des lettres et des savants[3]. C'est dans ce dessein qu'il désira d'être un des membres de l'Académie françoise, fondée, comme on sait, par le feu cardinal de Richelieu, et qu'il y fut agrégé[4] ; qu'il établit à Paris l'Académie des

[1] Moins compétent que sur les questions littéraires, Spanheim s'est trompé sur la date et le caractère de la création de l'Académie des beaux-arts antérieure à Colbert, et due à Lebrun (1648), qui ne fut pas son pensionnaire, mais son conseiller *(Mémoires sur la vie des membres de l'Académie,* publiés par Dussieux. — *Histoire de la fondation,* par Henri Testelin (publiée par Montaiglon, *Bibl. elzévirienne).* En 1663, le 8 mars, Lebrun était nommé premier peintre du roi et directeur des Gobelins, dont Colbert prépara la réorganisation définitive, lorsqu'il reçut, le 1er janvier 1664, la *surintendance des bâtiments.* Ensemble ils constituèrent un *Conseil des bâtiments* (1665), dont Perrault fut le secrétaire avec Lebrun et Levau. Ce Conseil se transforma en une *Académie d'architecture,* installée le 31 décembre 1671, comme l'Académie de peinture, dans une galerie du Palais Royal sous la présidence de Colbert (voir Clément, *Colbert,* II, p. 258 et suivantes).

[2] « *Peu d'étude* ». Nous avons là-dessus le témoignage de deux contemporains : Choisy, qui dit que Colbert était obligé d'apprendre par cœur des citations latines pour se donner l'air savant, et d'Ormesson, qui rappelle ses études au collège de Reims, « où il était toujours le dernier » *(Journal,* II, 487). Après avoir étudié chez les jésuites (Clément, *Colbert,* I, p. 5), il fut de bonne heure mis aux affaires, chez un banquier, puis chez un notaire.

[3] « *Colbert, le Mécène de tous les arts* » (Voltaire, *Siècle de Louis XIV,* éd. Bourgeois, p. 649). Voir les éloges que lui décerne le *Mercure galant* (1677, septembre) et cette mention qu'en dehors des *Académies* où il va, dont il est fier d'être membre, il tenait avec les savants et lettrés, à Sceaux, une Académie intime « où il s'entretient fort souvent sur les plus hautes matières ». Cela est confirmé par une anecdote que l'on trouve dans Boileau, *Œuvres,* éd. Saint-Marc, I, p. 414.

[4] 21 avril 1667 *(Gazette de France,* 30 avril ; p. 1964). Il devint vice-protecteur, plus tard, en 1671, de l'Académie, qu'il fit installer au Louvre.

sciences, où on s'y attachoit particulièrement à l'architecture, aux démonstrations de mathématique et aux expériences de physique[1]. Aussi il ne se contenta pas d'agrandir la Bibliothèque du Roi, mais prit[2] un soin particulier du beau cabinet des Médailles de sa Majesté, d'en augmenter considérablement le nombre et la valeur par l'achat de tout ce qu'il y avoit de plus rare en France dans ce genre, et même par les recherches qu'il fit faire en Italie et au Levant, et par l'envoi de personnes expresses et entendues de tout ce qui pouvait[3]

[1] Spanheim confond deux créations, l'*Académie d'architecture*, dont nous avons parlé, et l'*Académie des sciences*, constituée dans la Bibliothèque du roi, le 22 décembre 1666, par les médecins Cureau de la Chambre et Cl. Perrault, le chirurgien Gayant, les chimistes Bourdelin et du Clos, le botaniste Nicolas Marchand, le physicien Mariotte, le physiologiste Pecquet (Maury, *l'Ancienne Académie des sciences*; Voltaire, *Siècle de Louis XIV*, p. 615, 616, et Fontenelle, *Histoire de l'Académie des sciences*, Préface). Sur les démonstrations dont parle Spanheim, on peut consulter deux gravures instructives de Sébastien Leclerc : *Louis XIV à l'Observatoire*; *une Séance de l'Académie des sciences*; reproduites par Em. Bourgeois, *le Grand Siècle*, p. 283, 285.

[2] *Encore*, manuscrit [*B.*] — Colbert n'était encore qu'intendant de Mazarin qu'il faisait nommer son frère Nicolas Colbert, plus tard évêque de Luçon, *garde de la librairie du roi* (20 novembre 1656), alors installée aux Cordeliers, rue de la Harpe. Il travaillait aussitôt à enrichir cette librairie de la bibliothèque Dupuy (1656), de celle de Gaston d'Orléans (*Lettres*, I, pièce 257), du fonds Béthune (1663) donné, du fonds Brienne acheté, d'une partie des collections de Fouquet, etc. En 1666, il installait la Bibliothèque près de lui, rue Vivienne. Il y plaçait Pierre de Carcavy et Nicolas Clément de Toul, comme bibliothécaires. D'après l'inventaire de 1684, la bibliothèque du roi fut ainsi portée de 16.000 volumes à 50.000 (Leprince, *Essai sur la bibliothèque du roi*, éd. Paulin-Paris; Franklin, *Recherches historiques sur les bibliothèques de Paris;* Delisle, *le Cabinet des manuscrits* (collection de l'*Histoire de Paris*, in-4°).

[3] *Qui pourrait*, manuscrit [*B.*] — Le Cabinet des médailles fut d'abord constitué, avant 1660, avec les médailles et pierres gravées qui se trouvaient dans les maisons royales, au Louvre, et enrichi, en 1666, par la collection que Gaston d'Orléans avait formée à Blois. La garde en fut confiée, en 1664, au bibliothécaire du duc d'Orléans, l'abbé Bruneau, qui mourut assassiné en 1666. Alors, sur les instances de Colbert, elle fut portée à la bibliothèque royale et confiée à la garde de Nicolas Colbert. Les achats destinés à l'enrichir furent ceux de la collection Seguin, doyen de Saint-Germain-l'Auxerrois (48.000 livres), la collection Ferrier, la collection Brienne, la collection le Charron, auditeur des comptes (médailles des papes), la collection Trouenne, intendant de M. d'Ormesson (Suite des Rois), la collection d'agathes du procureur général de Harlay, de M. Oursel, etc. Tous ces achats furent faits de 1667 à 1672. — Quant aux

contribuer à l'ornement de cet incomparable cabinet. Il donna même à un de ses fils la garde de l'un et de l'autre, savoir : de la Bibliothèque et des Médailles du Roi [1]. Il n'en demeura pas là, et voulut faire pour lui-même et pour sa postérité, et d'ailleurs pour l'utilité qui en reviendroit au public, l'amas de ces deux trésors de l'antiquité, savoir : d'une grande et rare bibliothèque, et qui fût exquise, tant en livres imprimés qu'en anciens manuscrits de toutes sortes, comme aussi d'un cabinet d'anciennes médailles. Il n'eut pas de peine à y réussir, et en sorte que la bibliothèque, qu'il a laissée au marquis de Seignelay, son fils, excelle dans le nombre et dans le choix et le prix de livres imprimés et de manuscrits anciens qu'on y trouve [2]. Le public s'en est déjà prévalu en plus d'une rencontre, et surtout par l'application et la diligence du savant M. Baluze [3] auquel M. Colbert en confia le soin, et qui en est encore chargé. Il ajouta enfin, pour comble de ses bienfaits susmen-

missions, les plus importantes furent celles de *M. de Monceaux* dans le Levant (1667), puis surtout celles du célèbre numismate Vaillant, en Grèce, en Italie, Sicile, « dont la première moisson doubla le Cabinet du roi », puis surtout celles de 1675 dans le Levant jusqu'en Perse, et dans le Levant encore celles de Vanslet, Paul Lucas, Pétis de la Croix. (Leprince, *Essai historique sur la Bibliothèque du roi*; Huet, *Mémoires*, traduction Nisard, p. 168; Clément, *Colbert*, II, p. 266.)

[1] En 1676, Nicolas Colbert étant mort, ses charges passèrent au fils du contrôleur, *Louis Colbert*, prieur de Nogent-le-Rotrou, comte de *Linières*. L'administrateur véritable demeura d'ailleurs Carcavi.

[2] On voit que Spanheim a fréquenté ces collections « *incomparables, excellentes, exquises, trésors* ». La bibliothèque de Colbert, administrée par Baluze, fut dispersée par une vente en 1728; mais les manuscrits furent acquis après quatre ans de négociations, en 1732, par Louis XV pour cent mille écus. — Les missionnaires de la Bibliothèque nationale travaillaient aussi pour Colbert, qui acquit en outre les fonds Chandelier et Hardy, reçut en don les manuscrits d'André Duchesne et ceux du chapitre de Metz (1674), de Vivonne. Les intendants lui en envoyaient pour faire leur cour (voir Leprince, *fonds Colbert*). Il en fut de même pour le Cabinet des médailles. « Dans le but d'enrichir le Cabinet du roi et aussi de garnir son propre médaillier », écrivait Huet (*Mémoires*, p. 168). Consulter enfin une lettre de Colbert dans Clément (II, p. 453).

[3] Baluze (Etienne) entré au service de Colbert en 1667, et qui y resta jusqu'au jour où les services rendus à la maison de Bouillon lui attirèrent, en 1710, les colères de Louis XIV.

tionnés envers les beaux-arts, les lettres et les savants, des
pensions qu'il fit donner de la part du Roi, non seulement à des
François illustres par leur esprit et par leur savoir, mais encore
à des étrangers établis dans leur patrie, Italiens, Hollandois,
Allemands, qui étoient en réputation d'exceller dans les belles-
lettres et dans les sciences, et qui furent agréablement surpris
de ces libéralités non attendues de la part d' un grand Roi, et
par le soin de M. Colbert[1]. Tout cela ensemble ne put que
donner un grand éclat à ce ministre, lui attirer de tous côtés
des acclamations et des panégyriques, et surtout redoubler la
confiance et la considération de Sa Majesté par les endroits
susmentionnés; je veux dire du rétablissement de l'ordre et de
l'économie dans les finances, du visible succès des expédients
pratiqués pour les augmenter, et aussi du bon et sensible effet
qu'elle en voyoit dans ses trésors remplis et suffisants pour
fournir abondamment, non seulement aux besoins de la cour
ou de l'État, mais encore à tout ce qui pouvoit flatter la gloire
ou les désirs d'un roi dans la fleur de l'âge et dans la force des
passions[2]. C'est aussi ce qui parut dans les ameublements
nouveaux et superbes des maisons royales, dans les bâtiments et
les jardins d'une beauté et d'une dépense immense[3], dans les fêtes
galantes et magnifiques qu'on y voyoit fréquemment, d'ailleurs
dans l'entretien somptueux et réglé tout ensemble, ou des officiers, ou des troupes de la maison du Roi, ou des armées sur pied
pour la gloire et la sûreté de l'État, dont le tout cependant
dépendoit de l'assignation des fonds qui y étoient requis, et

[1] Pour le détail, voir *Siècle de Louis XIV*, éd. Bourgeois, p. 477, et
Clément, *Histoire de Colbert*, II, p. 278. Spanheim remarque à peine, plus
discret que Voltaire ou même M. Clément, que l'objet de ces libéralités était
intéressé, qu'elles formaient le salaire destiné aux éloges qu'attendaient ou de-
mandaient le roi et son ministre. Il l'indique pourtant dans la phrase suivante.

[2] Ce témoignage de satisfaction du roi dans la fleur de l'âge, « heureux de
trouver toujours de l'argent », se lit notamment dans une lettre de Louis XIV
à Colbert, du 1ᵉʳ janvier 1673 (Clément, I, p. 192).

[3] Le meilleur commentaire de ce passage serait les *Cartons pour la suite
des Châteaux royaux*, qui ont été conservés dans l'attique sud du château
de Versailles, et qui donnent la vue d'ensemble du mobilier, des jardins et
même des fêtes.

qui ne manquoient point par les soins infatigables de ce ministre. Mais ce qui parut encore davantage par la confiance entière qu'on y prit, et qui en fut même la source, ou au moins le fondement : je veux dire les guerres qu'on entreprit du côté de la France, ou contre l'Espagne, ou contre la Hollande, ou contre l'Empereur et l'Empire, ou qu'elle soutint, dans la guerre passée, contre ces trois puissances ensemble, sans parler du Danemark, qui s'y étoit joint, et dont tout le faix, pour y fournir aux frais immenses qui s'y consumoient, ne rouloit[1] uniquement que sur le crédit, les diligences et l'habileté de M. Colbert. C'est aussi de quoi M. de Louvois lui laissoit volontiers tout le soin et tout l'embarras, se contentant pour lui de la recette que M. Colbert étoit obligé de lui faire remettre d'environ soixante millions de livres, pour être employée ensuite par ses ordres pour l'extraordinaire des guerres, et à quoi on montoit la dépense annuelle durant la guerre passée dont je viens de parler[2]. Ce qui donnoit lieu aussi de croire que ce dernier ministre trouvoit mieux son compte dans une guerre dont les succès se trouvoient d'ailleurs avantageux à la France et redoubloient par là son autorité et son crédit, que non pas M. Colbert, qui avoit seul toute l'endosse de trouver tous les fonds extraordinaires qui étoient requis, et à cet effet restoit à Paris, sans accompagner le Roi dans l'expédition et les campagnes où Sa Majesté se rendoit de fois à autre. Au lieu que, dans la paix, le besoin des fonds susdits s'en trouvoit beaucoup moindre, la dépense notablement diminuée, et que, par la charge qu'il avoit d'ailleurs de surintendant des bâtiments du

---

[1] « *Ne roulaient* » : Manuscrit [*B*].

[2] C'est le chiffre qu'indique, sur 100,000 livres de dépenses couvertes par 80.000 livres de recettes seulement, un mémoire de Colbert au roi trouvé dans les papiers de Luynes et publié par Clément (*Lettres de Colbert*), 1re partie, annexes, *Finances*). On lit aussi dans les *Mémoires de Charles Perrault* (livre IV), qu'en 1676 Louis XIV menaça Colbert d'une disgrâce s'il ne trouvait pas soixante millions pour la dépense annuelle de la guerre. — Voir, pour 1693, les *Oisivetés de Vauban* (Bib. nat. — *Fonds français; supp.*, 1877, t, III : *Mémoires des dépenses de la guerre*, p. 120 et suivantes).

Roi et de directeur, comme il a été dit, du commerce et de la marine, outre celle de la direction des finances et de ministre d'État, il avoit plus d'occasions et de moyens de faire valoir au Roi et devant ses yeux, sa présence, son assiduité, son application, et d'ailleurs de faire fleurir les divers établissements dont j'ai parlé ci-dessus [1]. Aussi, dès la paix de Nimeguen faite en 1679, vit-on bientôt après un effet visible de son crédit par le poste important de ministre et secrétaire d'État pour les affaires étrangères qui fut ôté subitement, et par l'intrigue de ce ministre, à M. de Pomponne, sur un prétexte assez léger, et donné à M. de Croissy, frère de M. Colbert et alors absent en Bavière pour y conclure le mariage de la Dauphine [2]. M. Colbert se trouva même chargé d'en exercer l'emploi durant l'absence et jusqu'au retour de sondit frère, et ainsi de donner les audiences aux ministres [3], et d'y satisfaire aux réponses et aux expéditions que cet emploi du ministère des affaires étrangères tiroit après soi. Et, quoique je fusse encore employé en Angleterre dans ce temps-là, pour n'en pouvoir parler par expérience que j'en aie faite, je n'en puis pas moins rendre témoignage, sur le rapport des ministres publics qui étoient alors en France [4], que M. Colbert, malgré tous ses autres grands et divers emplois susmentionnés, qui n'étoient déjà que

---

[1] Sur cette rivalité de Colbert et Louvois dont Spanheim a nettement indiqué les causes, consulter les lettres et les anecdotes citées par Clément (*Colbert*, II, pp. 433-443). On verra dans d'autres lettres, citées d'ailleurs par le même auteur, que Colbert ne désapprouvait pas les guerres entreprises par Louis XIV pour sa gloire (II, 428). Il regrettait seulement les expédients auxquels on le réduisait, et aurait souhaité que Louis XIV fît des économies en proportion. Je citerai notamment la lettre de 1680, publiée par Clément (I, 234) : « Si quelque occasion glorieuse au roi se présentait pour faire la guerre, les suites en deviendraient fâcheuses ». Loin d'abuser du crédit de sa charge pendant la paix, Colbert en usait pour déterminer le roi aux économies qui lui auraient permis de réserver des fonds pour la guerre.

[2] Voir plus loin l'article *Colbert de Croissy*.

[3] « *Publics* » : manuscrit [B].

[4] La disgrâce de Pomponne fut du 18 novembre 1679. Colbert de Croissy nommé à sa place était parti un mois avant, le 18 octobre, pour Munich. Il venait de rentrer en mars 1680 en France, où son frère avait fait l'intérim, lorsque Spanheim y arriva comme envoyé du Brandebourg et fut reçu par lui

suffisants pour l'occuper tout entier, ne laissa pas de satisfaire amplement, et au delà, à tout ce que pouvoit requérir celui du ministère susdit des affaires étrangères qu'il exerçoit par intérim, et en y faisant paroître une présence et une netteté d'esprit, une suffisance et des lumières non communes [1]. Comme par le retour, qui suivit bientôt après, de M. de Croissy, son frère, au commencement de l'an 1680, il fut déchargé de ce soin-là, il n'en eut pas moins la satisfaction de voir le crédit de M. de Louvois et du chancelier [le] Tellier, son père, balancé par là dans le poste du ministère, qui étoit restreint, comme il a été dit, à eux quatre, et même où les conjonctures de la paix faite et des alliances que la France avoit envie de faire pour l'affermir ou pour ses vues de Réunions qu'elle méditoit, donnoient le plus de part à lui et à son frère [2]. Les affaires demeurèrent aussi dans cette situation jusques au mois d'octobre de l'an 1683 [3], que, ledit ministre Colbert se trouvant à Fontainebleau, à la suite de la cour, et la nouvelle y étant venue de quelque partie d'un appartement nouveau du château de Versailles renversé par la faute de ceux qui avoient été chargés de l'ouvrage, Sa Majesté ne put s'empêcher de lui en témoigner quelque chagrin, comme celui sur lequel elle se reposoit uniquement de tout ce soin-là et qui en étoit chargé par son emploi de surintendant des bâtiments. M. Colbert, peu accoutumé au mauvais visage de son maître, conçut de son côté un déplaisir sensible de ce reproche, vint à Paris sur le champ, en fit éclater son ressentiment contre les entrepreneurs de l'ouvrage,

---

le 23 avril 1680 à Saint-Germain (Correspondance de Spanheim, *Arch. de Prusse*, I, f° 25). Spanheim venait d'Angleterre où il avait servi à la fois le Palatinat encore et le Brandebourg. Depuis le 16 février 1680, il était passé au service exclusif du grand Electeur.

[1] Tout ce passage est curieux : Il marque nettement combien C. Rousset s'est trompé en faisant de Louvois, depuis le mois de novembre 1679, le chef de la diplomatie française *(Histoire de Louvois*, III, ch. 1 et 11). Voir Emile Bourgeois, *Revue historique*, 1885.

[2] Voir page précédente, note 4, et plus loin l'article *Colbert de Croissy*.

[3] Le manuscrit [B] donne *septembre* : Colbert mourut, non pas au mois d'octobre, mais le 6 septembre.

auxquels il s'en étoit confié, et par là échauffa sa bile, en tomba malade, et mourut bientôt après [1]. Cette mort, dont le Roi n'avoit point paru aussi touché comme on auroit cru, fut suivie d'un côté du refus honnête que le Roi fit au marquis de Seignelay, son fils, de succéder au père dans la charge de ministre d'Etat[2] et dans celle de surintendant des bâtiments, qu'il ôta au second fils de feu M. Colbert, qui l'avoit exercée en survivance, pour la donner à M. de Louvois[3], et enfin du choix de

---

[1] Le récit de Spanheim a une extrême importance. Il confirme avec beaucoup de mesure le récit d'une difficulté qui certainement se produisit entre le roi et Colbert à propos des bâtiments de Versailles, fait au même moment par l'ambassadeur vénitien Foscarini *(Relazioni,* éd. Barrozzi: *Francia,* t. III, p. 380) : « Le chagrin qu'il ressentit joint à son tempérament bilieux (biliosissimo, melancolico) lui causa de vives douleurs qui le mirent au lit ». Colbert, malade de la pierre, puisqu'il en mourut *(Gazette de Leyde,* 16 et 21 septembre 1683), s'était déchargé de ses fonctions sur son quatrième fils, le marquis d'Ormoy, futile, inappliqué, « qui *galopait les bâtiments* » (Clément, *Colbert* II, 475 ; *Lettres de Colbert* t. VII). Déjà en 1682, il lui prédisoit qu'il l'obligerait « à se défaire de sa charge ». Ce fut la cause certaine qui provoqua les reproches de Louis XIV, le chagrin et la mort de Colbert. Sur cette mort même voir Racine, *Œuvres historiques* (éd. Aimé Martin, IV, 48).

[2] Sur les sentiments plutôt froids de Louis XIV, en effet, voir les lettres de Louis XIV à Seignelay, à Mme Colbert, datées de Fontainebleau les 4 et 12 septembre 1683 (Clément, *Colbert,* II, 490, 494). Seignelay n'eut pas en effet le titre de ministre d'Etat et ne garda de la succession paternelle que ce qu'il avait auparavant : il resta secrétaire d'Etat de la marine, directeur-président des compagnies commerciales en survivance depuis février 1669, grand trésorier des ordres depuis 1675 : « M. de Seignelay, écrivait Mme de Maintenon à Mme de Saint-Geran, le 10 septembre 1683, a voulu envahir tous les emplois de M. Colbert et n'en a obtenu aucun. Il a si fort exagéré les qualités et services de son père qu'il a convaincu tout le monde qu'il n'était ni digne, ni capable de le remplacer. »

[3] La surintendance des bâtiments avait été donnée en survivance, dès 1672 à Jules Arnaud, *marquis d'Ormoy et de Blainville,* qui était né le 7 décembre 1663, le quatrième et non pas le deuxième fils de Colbert. A partir de 1679, il avait commencé de s'en occuper si mal, qu'il mécontenta le roi. Le jour même de la mort de Colbert, il fut obligé de s'en démettre pour une somme de 900.000 livres que Louvois lui compta. Seignelay aurait voulu l'avoir et fut obligé de la délivrer lui-même au rival de son père (12 septembre 1683, (Rousset, *Louvois,* III, 361, note 2). Quant à son frère, d'Ormoy, il alla à l'armée avec une compagnie du régiment de Picardie qu'il acheta, eut le régiment de Foix en 1684, le grade de brigadier en 1693 et, après une carrière brillante et rapide, il mourut glorieusement à Hochstett en 1704. En 1685, il avait acheté la charge de grand maître des cérémonies (Saint-Simon, Boislisle, I, 92). En sorte qu'il y eut pour les Colbert non disgrâce, mais diminution d'autorité.

M. [le] Peletier, parent et créature intime du chancelier [le] Tellier, pour remplir le grand emploi de la direction des finances. Ce qui tout ensemble fit croire assez généralement que tout le crédit de la famille de Colbert étoit mort avec celui qui l'avoit établi[1]. Ce qui[2] néanmoins n'arriva pas comme on le croyoit, et dont il y aura lieu de parler encore dans la suite[3].

Ce que je dois ajouter ici sur le sujet de M. Colbert, c'est que, par tout ce que j'en ai remarqué ci-dessus, on ne peut qu'en prendre l'idée d'un grand et habile ministre, comme il l'étoit en effet, et à qui le Roi est uniquement redevable du rétablissement de ses finances, de l'abolition des désordres qui avoient eu cours avant lui, de l'usage et des divers expédients pratiqués pour les augmenter, et en conséquence du succès de toutes les grandes choses qui, à la faveur du bon état des mêmes finances, ont été entreprises et exécutées pour l'avantage de la France, pour la gloire du Roi, l'entretien de ses armées ou de ses places, l'embellissement des maisons royales, la restitution dans ses domaines, et enfin pour les divers établissements, beaux et utiles dont il a été parlé.

Le véritable caractère de M. Colbert.

Cependant, comme la mort de ce ministre fut suivie de sentiments assez partagés sur son sujet, et sa mémoire attaquée par des reproches sanglants de la part d'une bonne partie des peuples, et entre autres des Parisiens[4], il ne sera pas hors de propos, pour mieux juger du fondement qu'ils peuvent avoir, de toucher ici le véritable caractère de ce ministre.

Les deux fils de Colbert que Spanheim a négligé, étaient *Jacques-Nicolas*, archevêque de Rouen en 1691, né en 1655; *Antoine Martin*, brigadier d'armée, né en 1666, mort en septembre 1689.

[1] Voir plus haut, p. 300, note 1.
[2] « *et ce qui :* » manuscrit [B.].
[3] Voir plus loin le chapitre sur *Seignelay*.
[4] Le fait est confirmé par de nombreux témoignages, celui de l'ambassadeur vénitien Foscarini : « il fallut des gardes pour protéger son enlèvement » ; et le récit de Lamarre dans ses *Mélanges* conservés au fonds Bouhier (Bib. nat., t. XXXIV, p. 511).

Sur quoi je dirai en premier lieu, de sa personne, qu'il étoit grand et d'une taille avantageuse, que son air et son extérieur n'avoit rien qui ne marquât de l'habileté, du recueillement, et d'ailleurs un penchant à un peu de rigueur et d'austérité. Aussi ses manières, quoiqu'honnêtes et composées, ne laissoient pas, pour peu qu'on y réfléchît ou qu'on eût à faire avec lui, de tenir de la hauteur et de la dureté du naturel. Celle-ci lui venoit de la naissance, et l'autre de l'habitude qu'il en avoit déjà prise par la nature des emplois et par la confiance dont il avoit été honoré de la part et auprès du premier ministre et qui étoit le maître absolu des affaires et de la faveur [1]. Ce qui ne put que redoubler à mesure de l'élévation de la fortune du même M. Colbert, et du poste où il se trouva ensuite auprès du Roi avec l'entière direction des finances et une particulière confiance de Sa Majesté [2]. Aussi

[1] Ce portrait de Colbert est fait d'une étude attentive du caractère et des emplois de Colbert. Les contemporains l'ont jugé en général par son extérieur froid : le *Nord* comme l'appelle Mme de Sévigné (*Lettres*, III, 331) ; c'est le *Ministre bourru*, dit-elle encore (VI, 150). « Il avait, dit Choisy, le visage naturellement renfrogné, des yeux creux, des sourcils épais et noirs qui lui faisaient une mine austère » (éd. Lescure, I, 90). Spanheim pose un problème plus intéressant. N'était-ce qu'une apparence? et ces dehors rudes étaient-ils en rapport ou en contradiction avec son naturel ? Les apologistes de Colbert, Voltaire, Clément, admettent chez lui un fonds de bonté naturel, une réelle sympathie pour les misérables, qui en serait l'indice. Spanheim pense que son naturel *était dur de naissance*, et tel il apparaît dans sa correspondance depuis les premières années. La lecture de cette correspondance que nous ne pouvons citer, a inspiré le portrait récent tracé par M. Lavisse conformément à celui de Spanheim (*Revue de Paris*, 1896, p. 17, 819 et 829). Spanheim ajoute que cette dureté s'est augmentée par son emploi, et l'on ne peut s'empêcher de penser au mot célèbre de le Tellier, quand Louis XIV choisit Lepeletier pour succéder à Colbert. « Il n'a pas l'âme propre à cet emploi. Il ne l'a pas assez dure » (Voltaire, *Siècle de Louis XIV*, p. 598).

[2] Cette haute idée que lui avait donnée de son autorité la confiance de Louis XIV se retrouve partout dans sa correspondance, dans sa façon de parler aux intendants, aux courtisans. Au témoignage de Mme de Sévigné, il faut joindre l'anecdote de Mme Cornuel conservée par le *Menagiana* (éd. 1815, I, 27). Un jour d'audience péniblement obtenue, elle disait au ministre : « Monseigneur, au moins faites-moi signe que vous m'entendez. » — Sur son autorité, voir Saint-Simon, *Parallèle*, p. 216, et les réponses du roi fréquemment faites à ses propositions sous cette forme : « Je vous ordonne de faire ce que vous jugerez le meilleur. »

n'oublia-t-il rien pour s'y établir et pour s'y maintenir aux dépens de ceux qui avoient été chargés du soin des finances ou qui y avoient eu quelque part avant lui. Il n'y garda pas même toutes les mesures requises dans le procès et la perte qu'il avoit résolue du surintendant Foucquet, dans les moyens qu'on y employa ; et le tout dans la crainte que ce dernier ne pût un jour se remettre dans l'esprit du Roi et dans les affaires[1]. Il s'y prit d'ailleurs par une route et une conduite assez opposées à celles que ce ministre y avoit tenues, bannissant de chez lui le luxe, la pompe, les divertissements, l'affluence des courtisans, pour se donner tout entier à un emploi de cette importance et pour faire voir en même temps qu'il n'y cherchoit autre gré, ni but que l'intérêt et le service du Roi et de l'État[2]. Aussi ne se contenta-t-il pas, à l'exemple de ceux qui l'avoient précédé dans cette direction, de prendre connoissance du gros des affaires, et ensuite de s'y faire soulager par des commis, intendants, contrôleurs ou autres gens des finances qu'on avoit coutume d'y employer. Il se voulut charger lui seul de tout ce soin-là, entrer dans tout le détail, tant des recettes que des dépenses, aussi bien que des expédients pour y fournir à l'avenir, ne voulut s'en rapporter qu'à ses propres lumières, aux informations précises qu'il en put prendre, et, là-dessus, aux règlements qu'il trouva lieu d'y faire, enfin aux registres exacts et particuliers qu'il en tenoit lui-même[3]. En sorte qu'il

---

[1] Cette haine perfide, cette persécution de Colbert contre Foucquet sont des faits acquis à l'histoire d'après tous les contemporains, d'après les lettres et mémoires de Colbert lui-même (Clément, chap. v, t. 1 ; Chéruel, *Mémoires de Fouquet* ; Lavisse, articles cités, *Revue de Paris*, 1896, p. 842 et ss.).

[2] « *Colbert*, dit M. Lavisse (*ibid.*, p. 841), marquant l'attention de l'intendant à se faire petit, *fut un très bon psychologue.* » Mme de Sévigné l'appela longtemps *Petit*. On raconte que le comédien Poisson le prit même pour type du bourgeois, pourpoint et manteau noir avec un collet de point et le chapeau uni, et que Colbert se plaignit (*Œuvres de Boileau*, éd. Saint-Marc, II, 139). Ajoutons que ce fut un moyen de parvenir et non une règle, puisque Colbert, plus tard, eut à Sceaux grande maison et grand luxe, ce qui confirme encore davantage l'opinion de Spanheim.

[3] Là encore Spanheim note le trait essentiel qui contribuait à l'austérité, à la

y apporta une application et un travail infatigable et qui ne lui laissoit aucun relâche, surtout à mesure ou à proportion des besoins de l'Etat et de la conjoncture des affaires[1]. Mais, comme tout cela n'avoit en vue que de faire entrer dans les coffres du Roi tout l'argent qui se trouvoit auparavant répandu dans Paris et dans le royaume par le luxe et les dépenses des gens de finances et des partisans[2], et que cela même, pour en venir à bout, n'avoit pu qu'être accompagné de plusieurs réformes, diminutions et suppressions de charges, de dépenses[3], ou même de rentes de l'hôtel de ville qui faisoient le fonds des particuliers, et surtout des Parisiens, aussi le gré qu'en eut le ministre n'eut garde d'être universel, ni d'empêcher qu'il ne fît bien des mécontents et des misérables[4]. A quoi se joignit le chagrin et la dureté qu'il faisoit paroître à l'égard de ceux qui avoient recours à lui pour en être soulagés[5], ou d'ailleurs avec qui il avoit à traiter pour les entreprises, soit des bâtiments des maisons royales,

---

rudesse de Colbert : le travail, le soin du détail où il s'absorbait et par où il plut à Louis XIV. En juin 1659 il disait à Mazarin « le peu de disposition naturelle qu'il a à faire sa cour auprès des dames après avoir passé toute sa *vie dans un travail presque continuel* ». « Esprit solide, né pesant, et principalement pour les calculs, il débrouilla tout », dit Choisy (I, 91). — Voir le tableau et cette passion de travail dans Lavisse *(ibid.*, p. 7), dans la correspondance du Ministre avec ses agents et ses fils, qu'il invitait à l'imiter dans cette étude du détail (Clément, *Colbert*, I, p. 225, II, p. 470).

[1] Choisy raconte (éd. Lescure, I, 107) que Mazarin avait recommandé Colbert « comme prêt à tout et capable de régler *l'Etat comme une maison particulière* ».

[2] C'est la conclusion même à laquelle l'étude des lettres de Colbert a conduit le plus récemment M. Lavisse. On lit dans ces lettres des mots comme ceux-ci : « Les bâtiments et les meubles n'étaient que pour les gens de finances ». — « Les muses mêmes et toutes les sciences risquaient de tomber dans la nécessité de ne louer que la corruption. » Et encore ce mot dit par un des courtisans à Louis XIV qui leur montrait le trousseau préparé par Colbert pour son mariage : « on croirait, sire que c'est Monnerot, *un partisan*, qui se marie ».

[3] Sur ce programme en partie exécuté, consulter le Mémoire adressé par Colbert à Mazarin le 1er octobre 1659 *(Lettres de Colbert*, t. I).

[4] Clément, *Colbert*, I, p. 150-161 ; *Archives de la Bastille*, III, 465.

[5] Voir la déclaration du 9 décembre 1664 pour la dureté de la répression, et le Mémoire au roi sur la suppression de la vénalité des charges *(Lettres*, t. VI, appendice, p. 490).

soit d'autres ouvrages qui dépendoient de ses ordres et de sa direction, et où il avoit bien plus d'égard à l'épargne et au ménage, et à le procurer par toutes sortes de moyens, qu'à l'équité et à la bonne foi qui s'y trouvât. Ce qui, tout ensemble, fut aussi la source et l'occasion des satires sanglantes avec lesquelles on déchira sa mémoire dans Paris après sa mort[1]. Il est vrai qu'il en porta lui-même la peine, savoir de cette dernière conduite, par le chagrin que lui causa la chute susmentionnée d'une partie des appartements nouveaux de Versailles, à quoi il avoit donné lieu par le trop de ménage qu'il y avoit cherché, et contraint par là les entrepreneurs de s'y soumettre sans en considérer les suites, et ce qui fut cause, comme il a été touché ci-dessus, du reproche que le Roi lui en fit, et, là-dessus, du dépit, de la colère et de la maladie qu'il en prit et dont il mourut. En sorte qu'on peut assez recueillir de tout ce que je viens d'en dire qu'on auroit pu lui souhaiter plus d'humanité, plus de modération, plus d'équité dans la direction des finances et dans sa conduite particulière, plus de penchant à faire du bien qu'à en amasser pour sa famille et pour en remplir les trésors du Roi par toute sorte de moyens[2], enfin plus de réflexion sur les nécessités publiques de la France et le besoin des particuliers. Il gardoit d'ailleurs la même rigueur et dureté de nature dans sa famille, dont le marquis de Seignelay, son fils, a éprouvé souvent les effets, et qui le rendoit redoutable à ses proches, comme, entre autres, au marquis de Croissy, son frère[3]. Mais, en échange, il avoit tout le soin requis pour leur établissement, et ils lui étoient uniquement

---

[1] Voltaire, *Siècle de Louis XIV*, (éd. Bourgeois) chap. xxx, p. 590.

[2] « *Sorte* » a été oublié dans le manuscrit [B]. — Sur les biens de Colbert, et son avidité, consulter Lavisse *(Ibid.,* p. 13 à 17) et Clément, *(Histoire de Colbert*, II, p. 479).

[3] L'étude de la correspondance de Colbert avec son fils et ses frères ne témoignent pas de la dureté, comme le croit Spanheim, mais de la sévérité de Colbert. Il les servit en tout, mais il exigeait d'eux qu'ils se montrassent dignes de sa faveur (voir Clément, I, 89, 114 ; II, 467).

redevables de toute leur fortune et des postes avantageux où ils se trouvoient élevés par son crédit et à sa recommandation[1]. Il eut aussi le bonheur de marier trois de ses filles à trois ducs et pairs du royaume, les ducs de Chevreuse, de Beauvillier[2] et de Mortemart[3], de faire épouser de riches héritières à deux de ses fils, le marquis de Seignelay, l'aîné, et un troisième qu'on appelle M. de Blainville, et d'ailleurs de leur procurer les survivances de ses charges[4] : au premier, de secrétaire d'État et directeur du commerce et de la marine, et à l'autre, de surintendant des bâtiments ; pour ne parler du second de ses fils, destiné à l'Église, et qui se trouvoit déjà coadjuteur de l'archevêché de Rouen[5]. A quoi il faut joindre les grands biens qu'il leur a laissés après sa mort[6] et le

[1] Voir les articles *Seignelay* et *Colbert de Croissy* plus loin.
[2] Sur les deux premières, voir *Relation*, p. 92, note 1.
[3] *Marie-Anne Colbert*, née le 17 octobre 1665, mariée le 14 février 1679 à Louis de Rochechouart, duc de Mortemart, fils du maréchal de Vivonne, général des galères en survivance, mort le 13 avril 1688. Selon Mme de Caylus, Louis XIV dépensa pour la marier 140.000 livres. Elle était du petit troupeau de Mme Guyon, où elle se rencontrait avec la fille de Fouquet, la duchesse de Béthune (Saint-Simon, éd. de Boislisle, II, 345).
[4] Sur ces deux fils et sur Blainville ou d'Ormoy, que Spanheim appelle plus haut son troisième fils, en réalité son quatrième, voir, pour les survivances de leurs charges, p. 315, note 2 et 3. Seignelay avait épousé en premières noces (8 février 1675) Mlle d'Alègre par le crédit de Mme de Montespan : le mariage était si brillant qu'on les avait fiancés trois ans à l'avance pour l'assurer. La marquise mourut en mars 1678. Seignelay se remaria le 6 septembre avec Catherine-Thérèse de Matignon, « belle, bien faite, magnifique », alliée par ses origines aux Bourbons et riche de 75.000 livres de rente *(Mémoires de Mlle de Montpensier,* IV, 516) : « c'était la splendeur », selon le mot de Mme de Sévigné *(Lettres,* IX, 533). — Quant à Blainville, il avait épousé le 25 juillet 1682, Gabrielle de Rochechouart, fille du comte de Tonnay-Charente, petite-fille de Particelli d'Emeri « immensément riche » (Saint-Simon, XIII, 310) ; mais elle *devint folle à lier*, et vécut enfermée au couvent de Notre-Dame de Lys près Melun *(ibid.,* 160). La fille unique de ce mariage, Marie-Madeleine Colbert de Blainville, épousa en 1706, son cousin le comte de Maure, deuxième fils du duc de Mortemart.
[5] Il s'agit de *Jacques-Nicolas*, né en 1655, archevêque titulaire de Carthage, coadjuteur et archevêque de Rouen en 1691, membre de l'Académie française.
[6] D'après Montyon, *Particularités sur les ministres des finances (Colbert,* p. 68), ce furent 10 millions environ dont Seignelay eut la plus grosse part. L'inventaire de ses biens, fait à sa mort, a été conservé.

crédit et la considération qui se trouve encore attachée présentement à ses descendants et à sa famille, et dont il y aura lieu de faire mention dans la suite en parlant du marquis de Croissy et du marquis de Seignelay.

Du foible ou de la vanité de M. Colbert.

Je toucherai seulement, à cette occasion, une circonstance qui peut servir d'une preuve du foible des grands hommes, et assez ordinaire à ceux qui, d'un bas lieu, se voient élevés à une haute fortune. C'est que, quoique la naissance de M. Colbert fût assez connue pour être fils d'un marchand de drap établi à Reims en Champagne et qui ensuite eut un office dans les rentes sur l'hôtel de ville de Paris [1], il eut cependant la foiblesse ou la vanité de vouloir tirer sa généalogie des grands seigneurs d'Ecosse et alliés à la maison royale du même pays [2]. En sorte que, lorsqu'il fut question de recevoir un de ses fils cadets pour chevalier de Malte, et que l'ambassadeur de France de cet ordre voulut lui insinuer qu'en considération

---

[1] Nicolas Colbert, sieur de Vaudières, après avoir quitté le commerce des serges de Reims, vint s'établir à Paris où il se fit payeur des rentes de l'Hôtel de Ville (*Mémoire généalogique de d'Hozier sur Torcy*, Clément, I, p. 531). Le titre exact était : receveur payeur des rentes sur les aides. Un document des Archives de Reims nous montre en 1603 le père de Colbert plaidant avec les drapiers contre les tondeurs. En 1630 il était secrétaire du roi, et toute la famille était déjà entrée dans les offices : l'oncle du ministre, Charles Colbert, qui signa à son baptême en 1619 (voir Louis Pâris, *Remensiana*, p. 358), était *conseiller au siège présidial de Reims*. Son oncle maternel, Henri Pussort, seigneur de Cernay, arrivait déjà en 1641 à être conseiller d'Etat. En 1646, Nicolas Colbert le père avait acheté une charge à la Cour, considérable. Il était maître d'hôtel du roi et mariait alors sa fille, une sœur du ministre, à Jean Desmarets, depuis douze ans trésorier de France à Soissons (*Cabinet des titres*, dossier bleu, 5167, f°s 704 et 768).

[2] Cette faiblesse, en effet, est établie par tous les efforts de Colbert pour se rattacher à une famille écossaise. Et ces efforts sont prouvés par les pièces de recherches généalogiques conservées au Cabinet des titres (Biblioth. nation. *Carton Colbert*, f° 693). Choisy raconte que le ministre fit substituer à la tombe de son père une pierre tombale de « *Pieux chevalier Richard Colbert Ecossais* » (édit. Lescure, I, 96). La pierre a encore été vue à Reims en 1719 (Clément, I, p. 524). D'autre part, la famille Colbert invoquait un acte de Jacques II (21 mai 1687) certifiant la noblesse écossaise des Colbert : et Saint-Simon raconte que Louis XIV fit des démarches, à la prière de Colbert, pour obtenir cet acte (*Addition au Journal de Dangeau*, 5 novembre 1690; *Mémoires*, éd. 1873, V, 329). « Il fit passer les mers à cette chimère » dit Choisy.

du mérite et du rang du père, on exempteroit le fils de faire les preuves requises pour entrer dans ledit ordre, cet ambassadeur fut assez surpris de voir que son compliment fut fort mal reçu de M. Colbert, et qui lui repartit brusquement et avec fierté que son fils n'avoit besoin d'aucune dispense et feroit les preuves dans toute la plus grande rigueur et exactitude qu'on y pouvait apporter[1]. A quoi on pourroit ajouter encore un autre foible du même ministre, et qui tiroit encore après soi celui de se méconnoître assez soi-même : *quid valeant humeri, quid ferre recusent;* c'est que, quoique tous ses emplois, et avant et après son élévation, eussent été dans un genre d'occupation assez différente de celui des charges de judicature, qu'il n'eût fait dans sa jeunesse ni les études qui y étoient requises, ni acquis depuis aucune expérience dans ce métier, et qu'il eût d'ailleurs un poste important et assez relevé pour l'occuper tout entier et pour le satisfaire ; que, malgré tout cela, dis-je, et vu le grand âge où se trouvoit le chancelier [le] Tellier, il eut en vue de lui succéder dans cet emploi en cas de mort dudit [le] Tellier, et par là de se voir le chef de la justice et le premier officier de robe du royaume. En sorte que, dans l'âge avancé où il se trouvoit lui-même, et au milieu des grandes et continuelles distractions que ses grands postes lui donnoient déjà, il prit chez lui et à ses gages des *gens de lois*, comme on les appelle, pour s'en faire instruire dans les principes et la pratique de la jurisprudence et dans les formes ou la manière qu'elle se rend en France[2]. Mais ce projet

---

[1] La même anecdote dans Choisy (I, 97) : « Les parchemins étaient de trois cents ans plus moisis qu'il ne fallait. » La famille Colbert en maintenait la valeur en ce siècle encore contre Eugène Sue *(Hist. de la marine française)* et citait les preuves faites le 1er août 1667 pour l'ordre de Malte du fils Colbert. Ce fils était le troisième fils du ministre : *Antoine Martin*, né en 1657, colonel en 1679 du régiment de Champagne, en 1681 chevalier de Malte et bientôt bailli ou général des galères de l'ordre, en septembre 1688 brigadier d'infanterie, tué en septembre 1689.

[2] Spanheim est à peu près le seul qui signale cette ambition de Colbert. Il s'est d'ailleurs trompé en croyant que ce fut seulement à la fin de sa vie qu'il s'entoura de gens de lois et s'occupa de la justice. Olivier d'Ormesson écrit en 1672 *(Journal,* II, 626) : « Depuis dix ans M. Colbert fait la principale partie

qui auroit pu lui manquer d'ailleurs, échoua par sa mort, qui prévint de deux ans celle du chancelier [le] Tellier, auquel il avoit dessein de succéder. Au reste, je me suis un peu étendu sur le sujet de M. Colbert vu d'ailleurs la grand'part qui lui est due dans les changements et les succès arrivés sous ce règne, dans l'état présent où il se trouve, et enfin par la considération qu'il n'est pas inutile de connoître la portée et le génie, ou, pour tout dire, *le fort et le foible* des ministres qui sont à la tête des grandes affaires et au timon d'un grand royaume.

<small>Du feu chancelier (le) Tellier.</small>

Le chancelier [LE] TELLIER, mort en novembre 1685 et dans la quatre-vingt-unième année de son âge[1], avoit passé par tous les emplois qui peuvent donner également de l'habileté et de l'expérience dans l'exercice de la justice et dans les affaires publiques. Il avoit commencé par celui[2] de conseiller, puis de procureur du roi au Châtelet, après de conseiller au Grand Conseil, ensuite de maître des requêtes et d'intendant dans les armées[3]. On le tira de ses emplois pour lui confier la charge

de la charge de conseiller. ». Il avait en effet écouté et suivi les avis de son oncle Pussort, un des hommes du Conseil qui avait le plus d'autorité. Olivier d'Ormesson fait allusion à la confection du Code civil (1667) et du Code criminel (1670) destinés à « *raccourcir les griffes de la chicane* ». Il ajoute (II, 531) que Colbert s'opposa au remplacement du chancelier Séguier par Le Tellier « *qu'il trouverait contraire à tout ce qu'il voulait* ». De ce qu'en 1672 Colbert empêchât Le Tellier d'avoir les sceaux, que celui-ci eut après d'Aligre, s'ensuit-il qu'il eût voulu les prendre à son tour? Il est plus probable qu'il les réservait à son oncle Pussort, qui brigua la succession de le Tellier en 1685. Pussort ne l'obtint pas, étant rude, bourru, dur et glorieux, « trop porté pour les Colbert », et dont Louvois craignait l'ambition (Saint-Simon, *addition à Dangeau*, I, 242).

[1] Michel le Tellier, fils de le Tellier seigneur de Châville, maître des Comptes, ancien ligueur, et de Claude Chauvelin, né le 19 avril 1603, mort le 30 octobre 1685, était, quand il mourut, dans la quatre-vingt deuxième année de son âge.

[2] *Celle*, dans les manuscrits [A] et [B].

[3] Spanheim se trompe : le Tellier fut d'abord, ce furent ses débuts, conseiller au Grand Conseil (1624); puis, par la protection de l'oncle de sa femme, le chancelier d'Aligre, procureur du roi au Châtelet (28 novembre 1631). Ce fut par l'animosité du lieutenant civil, de Laffemas, qu'il quitta le Châtelet et se fit maître des requêtes au Conseil d'Etat, où son beau-père était conseiller

de secrétaire d'État pour la guerre, que la[1] Reine-mère[2] lui fit donner et qu'il exerça durant sa régence et la minorité du Roi, et ainsi dans le fort des guerres et des dissensions civiles qui agitèrent dans ce temps-là le royaume. Comme il y demeura entièrement attaché au parti de la cour, aussi en conserva-t-il la confiance entière de la Reine-mère, de même que celle du cardinal Mazarin, ce qui dura jusques à la mort de ce cardinal[3] et lui procura ensuite le premier rang dans le Conseil du Ministère, avec MM. de Lyonne et Colbert, qui y furent appelés par le Roi, et ainsi les trois seuls ministres, comme il a été dit ci-dessus[4], qui se trouvèrent chargés du soin de l'État et de l'expédition des affaires. Il eut la consolation de voir que le marquis de Louvois, son fils, après avoir eu sa charge de secrétaire d'État pour la guerre en survivance[5], fut aussi déclaré ministre d'État dans la suite, et qu'enfin, la charge de chancelier de France étant venue à vaquer en 1677, le Roi, en récompense de ses services, l'honora de cette première charge de la justice[6], qu'il a exercée jusqu'à sa mort, arrivée en automne 1685, conjointement avec celle de ministre d'État.

Aussi avoit-il toutes les qualités requises pour remplir digne-

---

(1638). En 1639, le chancelier Séguier l'emmena comme adjoint, quand il fut chargé de réprimer la révolte des *Va-nu-pieds* en Normandie, et l'année suivante (12 septembre 1690) il était nommé intendant de justice et de police en Piémont (voir Caron, *Michel le Tellier, intendant d'armée*).

[1] « Feue », ajouté en interligne, manuscrit [B].

[2] *Mère* ne se trouve pas dans le manuscrit [B], ajouté en marge.

[3] Aussitôt après la mort de Richelieu, Sublet des Noyers, secrétaire d'État de la guerre, ayant refusé de continuer ses fonctions, Mazarin, qui avait vu et apprécié le Tellier à Turin, lui donna cette commission (11 avril 1642). Il prêta serment le 1er mai 1643 en qualité de suppléant, douze jours avant la mort de Louis XIII. Ce fut donc ce roi et Mazarin, non la reine, qui l'appelèrent (voir Le Peletier, *Vie de M. le Tellier*, Biblioth. nation., manuscr. fr., 2431; — Pinard, *Chron. histor. et militaire*, I. p. 35). Il n'eut définitivement sa charge, par la démission et la mort de Des Noyers que le 22 octobre 1643. Sur son rôle pendant la Régence, consulter Bossuet *(Oraisons funèbres*, p. 420, 434, édition Rébelliau).

[4] Pages 296 et 297, et les notes.

[5] Dès le mois de décembre 1655 Louvois avait eu la charge de secrétaire d'État en survivance et le titre de conseiller d'État.

[6] Le 27 octobre 1677, à la mort d'Étienne d'Aligre.

ment l'une et l'autre : une présence et un abord agréable, des manières honnêtes et insinuantes, un esprit doux, souple, d'ailleurs fort net et fort éclairé, une expérience consommée et dans les emplois de la justice et dans les affaires du cabinet, un discernement juste et une pénétration exquise à les démêler [1]. Il y avoit même joint une vertu assez rare dans un tel poste, et qui lui étoit particulière, savoir beaucoup de modération et d'égalité et dans son humeur et dans sa conduite, un éloignement naturel de tout ce qui ressentoit la fierté : en sorte que toute son élévation, ni la faveur du marquis de Louvois, son fils, ne le tira jamais de cette assiette pour lui faire prendre un autre train de vie, hors ce qui se trouva indispensablement requis pour soutenir le poste et la dignité de chancelier, quand il en fut revêtu dans un âge déjà bien avancé [2]. Aussi il ne lui

[1] Ce portrait est d'une manière si frappante le portrait élogieux de Bossuet qu'on peut se demander si Spanheim ne l'a pas eu sous les yeux : « Dans une si haute capacité et une si belle réputation, qui a jamais remarqué sur son visage un air dédaigneux ou la moindre vanité dans ses paroles? » (Rébelliau, *Oraisons funèbres*, pp. 419, 438 et suiv.). Aux éloges de Bossuet, Spanheim n'a ajouté qu'une note : « *esprit souple, habile courtisan* ». Et l'on ne peut trouver dans cette façon d'apprécier le persécuteur des protestants qu'une preuve éclatante de son impartialité singulière. Chez tous les contemporains, cette note d'*habileté*, de *fausseté*, est celle qui domine (voir Gourville, édition Michaud, p. 589). Choisy écrit dans ses *Mémoires* (édition Lescure, I, 89) : « toujours maître de ses passions, régulier et civil dans le commerce de la vie où il ne jetait que des fleurs, mais ennemi dangereux et frappant toujours en secret par la peur de se faire des ennemis. » Saint-Hilaire (dans Clément *Colbert*, I, 9), dit aussi : « il excellait en patelinage, dangereux et vindicatif comme un Italien ». De Sourches : « le plus *habile courtisan de son temps* » (I, p. 14). Voir aussi La Bruyère (chap. du jugement, éd. Rébelliau, p. 374). Spanheim, protestant, qui ne fait pas un panégyrique comme Bossuet, est pourtant plus près de son jugement que de ceux-là. Il faut remarquer que Choisy dit encore « qu'on le croyait toujours plus habile qu'il n'était » (I, p. 87).

[2] « Son *honnête et frugale opulence* », dit Fléchier, « *Modeste sans affectation* dit Choisy (I, 88),il ne *fit jamais vanité d'une belle et fausse généalogie* ». Etait-ce sincérité ou calcul? l'un et l'autre sans doute. Le Conseil donné par le Tellier, quand Le Peletier eut le contrôle à la mort de Colbert (22 mai 1684) , à celui-ci de tenir à son château de Villeneuve une situation modeste semble l'indiquer : « L'affluence de monde qui allait à Sceaux ne plaisait pas au maître ». (25 mai 1684. *Dépôt de la Guerre*, 723). « Il cachait, dit Choisy, sa faveur avec autant de soin que son bien », ayant laissé 10 millions à sa mort (*Mémoires de d'Artagnan*, III, 315, 316).

fut pas difficile, avec cet heureux assemblage des qualités d'un sage courtisan, d'un habile ministre et d'un vénérable magistrat, de se conserver jusqu'à la fin la bienveillance et la considération particulière de Sa Majesté[1]. Il n'y a eu que la fâcheuse conjoncture de la persécution suscitée contre les sujets de la Religion, où il se laissa entraîner, soit par complaisance aveugle envers le Roi, soit par les préjugés que le temps étoit venu de ne souffrir plus qu'une religion dans le royaume. Quoi qu'il en soit, non seulement il autorisa les édits qui se publièrent de fois à autres, et avec si peu de justice ou d'équité, contre les gens de Religion, mais encore témoigna de sceller avec joie, et peu de jours même avant sa mort, celui qui portoit la révocation de l'édit de Nantes. Tant il est vrai que les plus grands hommes et les esprits les plus modérés ne sont pas toujours à l'épreuve de la prévention ou de la foiblesse que l'âge et une habitude formée de longue main à s'accommoder aux volontés de la cour peut[2] tirer après soi.

DES QUATRE MINISTRES D'ÉTAT[3]

Mais, sans m'arrêter davantage sur ces deux grands ministres, qui sont morts durant mon dernier emploi en France, il est temps de passer à leurs fils, frère ou parent qui occupoient dès lors ou occupent aujourd'hui le poste du ministère et leur en sont redevables, savoir : MM. de Louvois, de Croissy, [le] Peletier et [de] Seignelay.

---

[1] « Quel bonheur surprenant a accompagné ce favori pendant tout le cours de sa vie? Quelle autre fortune mieux soutenue, sans interruption, sans la moindre disgrâce. Les premiers postes, l'oreille du prince, une santé parfaite, d'immenses trésors, et une mort douce » (La Bruyère, édit. Rébellian, p. 374). Les clefs inscrivent le nom de le Tellier.

[2] Le manuscrit [B] donne « peuvent » ajouté en surcharge. — Sur la participation à l'acte de 1685 de le Tellier, qui fit plus que « s'accommoder aux ordres de la cour », consulter l'excellente notice de Rébelliau, Introd. à l'or. funèbre de le Tellier (p. 397, 402).

[3] Le manuscrit [B] donne : des quatres ministres d'Etat vivants. Vivants a été rayé dans le manuscrit [A]. C'est la preuve que l'un, [B] est antérieur, et que les corrections de l'autre sont postérieures à la mort de Louvois (1694).

DU MARQUIS DE LOUVOIS

Le marquis de Louvois, fils aîné du chancelier susdit, y tient le premier rang, moins par ancienneté de sa réception que par la faveur du Roi son maître, par la considération, le crédit et le pouvoir que les conjonctures des guerres passées, la mort suivie de M. Colbert et l'état présent des affaires joint à son habileté, à son application et à son ascendant sur l'esprit du Roi, lui en acquirent et lui en donnent encore aujourd'hui. Aussi a-t-il trop de part dans ce même état présent et passé des affaires publiques, et ainsi des suites qu'elles ont eues ou qu'elles peuvent avoir, pour ne point donner lieu à en toucher le véritable caractère et le plus naïvement qu'il me sera possible[1].

De l'établissement et de la conduite de M. de Louvois.

Sur quoi, et sans m'arrêter beaucoup à son extérieur, je me contenterai seulement d'en dire qu'il n'auroit pas promis toute l'activité, la vigilance et l'habileté qu'on lui connoît, et qu'on n'auroit pas attendues d'un corps aussi pesant et chargé de matière, ni d'un air naturellement rude et en apparence peu réfléchi, ni des manières hautaines, brusques et emportées qu'on lui voyoit[2]. En quoi aussi il paroissoit d'un tempéra-

---

[1] La « naïveté », l'impartialité du portrait de Louvois seront entièrement justifiées par la suite.

[2] Nous avons peu de portraits de Louvois dans sa jeunesse. Et cela donne du prix à celui de Spanheim. Par quelques traits recueillis dans les Mémoires ou les correspondances, on en peut noter la justesse. C'est Louvois qui se plaint lui-même en 1665 de ne pouvoir plus se livrer à la chasse : « Mes occupations m'ont ôté le temps d'aller à la chasse Le gibier attend les gens avec effronterie » (25 décembre 1665, Rousset, *Louvois*, I, 88). La lettre était adressée au marquis de la Vallière, un compagnon de plaisirs à qui Louvois promet « de se porter caution auprès des dames que le jeune homme ne perdra pas dans la guerre sa douceur pour les demoiselles » (*Ibid.*) Et Louvois, quoique marié en 1662, ne paraît pas dans le mariage avoir oublié davantage. Sa hauteur, sa dureté, qu'il réprima pour réussir, subsistèrent également : en 1667 Vittorio Siri, dans le *Mercurio*, l'appelle « le *plus grand commis et le plus grand brutal que l'on puisse voir* », et dit que Condé était obligé « de lui faire sa cour avec mille bassesses ». Choisy raconte qu'il déplaisait à Henriette d'Angleterre, par exemple, parce qu'il avait le malheur de porter dans

ment, d'un génie et d'un procédé fort opposés à celui[1] du chancelier son père, et ainsi qui ne sembloient nullement promettre des succès pareils, ni des suites aussi avantageuses pour la fortune et l'élévation du fils. Mais c'est en quoi les apparences se trouvèrent bientôt trompeuses et à quoi contribua d'abord, ou *l'étoile*, comme on parle, dudit fils, ou le rapport de son âge avec celui du Roi[2], l'habitude que ce rapport, joint au poste et à la considération de M. le Tellier, son père, lui donna auprès de Sa Majesté[3], et quelque conformité même de génie ou d'humeur dans leurs inclinations et dans un certain éloignement de complaisance, d'ouverture et de familiarité de la part du Roi à l'égard du reste des courtisans[4]. Et

toutes ses décisions un air de dureté. Nous avons enfin, par Saint-Simon, ce témoignage curieux que Claude Le Peletier, protégé de le Tellier, était l'arbitre « des débats particuliers du père et du fils, qu'il eut toujours le bon esprit de cacher sous le dernier secret » (éd. de Boislisle, IV, 261). Le contraste que signale Spanheim entre les deux caractères éclatait donc jusque dans la famille. Bossuet le note finement dans l'Oraison funèbre de M. le Tellier (éd. Rébelliau, p. 419) : « Il n'eût jamais donné son fils au roi, s'il ne l'eût senti capable de le bien servir, après qu'il eut reconnu que le nouveau secrétaire d'Etat savait, etc... »

[1] *Ceux*, dans le manuscrit [*B*].

[2] On a généralement fait naître Louvois en 1641, mais nous avons son acte de baptême daté de la paroisse de Saint-Benoît de Metz : 18 janvier 1639 (Michel, *Biographies du parlement de Metz*). Louvois était donc, à quelques mois près, du même âge que Louis XIV.

[3] Le Tellier, comme secrétaire d'Etat de la guerre, avait mis son fils au travail avec lui. Il lui faisait rédiger en 1658 des rapports pour Mazarin. Dès le mois d'octobre 1661, le roi donnait à Louvois un bénéfice, le privilège des transports entre la Provence et l'Italie « en considération des services qu'il nous rend avec beaucoup d'assiduité et de zèle ». (Rousset, *Louvois*, I, p 20 ; *Dépôt de la Guerre*, 171, n° 348). C'était très probablement la récompense d'une mission dont il avait été chargé pour examiner l'état de l'armée et des places fortes du Nord (juin 1661).

[4] Voir Saint-Simon, *Parallèle*, p. 233 : « Ce reste de grands seigneurs qui avaient figuré dans les troubles des premiers temps de sa vie lui avaient donné une aversion de la naissance et des dignités dont il ne revint jamais. Il ne se plut jamais que dans le tremblement devant lui : c'est ce qui a valu à des enfants les survivances des charges de secrétaires d'Etats, tandis qu'il refusait celle des charges les moins importantes, et qu'il mit dans le ministère des gens sans notion d'affaires, qu'il se piquait d'instruire et de former. Louvois fit les plus grands progrès et parvint à rendre toute seigneurie et toute noblesse peuple. »

comme M. de Louvois, dès l'année 1655, se trouva honoré de la survivance de la charge du père, savoir de secrétaire d'État pour la guerre, il commença aussi à l'exercer de bonne heure et à l'y soulager. Aussi l'assiduité et l'attachement particulier qu'il fit paroître dans l'exercice de cet important emploi, à en entrer dans tout le détail, et d'ailleurs à s'y prévaloir des lumières et de l'expérience de M. le Tellier, son père, ne purent qu'augmenter la considération du fils et redoubler la confiance que le Roi s'accoutumoit déjà d'y prendre[1]. Ce qui porta Sa Majesté à lui donner entrée dans le Conseil du Ministère, et ainsi à y joindre la qualité de ministre d'État, dont il fut revêtu dès l'année 1669, qui suivoit la paix d'Aix-la-Chappelle, et qu'on tramoit déjà la guerre contre la Hollande[2]. D'ailleurs, M. de Lyonne, ministre et secrétaire d'État pour les affaires étrangères, étant mort en 1671, M. de Louvois en exerça la fonction par *intérim* et jusqu'à ce que M. de Pomponne, que le Roi avoit choisi pour la remplir, fût de retour de Suède, où il se trouvoit en ambassade[3]. Les

---

[1] Voici les états de service de François-Michel le Tellier, sieur de Chaville, d'abord conseiller d'Etat ordinaire, puis, le 13 décembre 1655, admis à la survivance de son père; en 1656, marquis de Louvois, d'une terre achetée à M. de Conflans; juin 1657, docteur en philosophie; 1659, conseiller au parlement de Metz. Le 24 février 1662, il devenait secrétaire d'Etat effectif de la guerre, en même temps que son père qui le demeura jusqu'en 1677. Sur la collaboration peu connue du père et du fils (voir Jung, un Ministre de la guerre méconnu; *Rev. politique*, 1875, 2ᵉ semestre). Les qualités du père comme ministre de la guerre sont justement celles qu'on appréciera dans Louvois et qui plaisaient à Louis XIV : 1° *l'ordre et l'exactitude;* 2° *une prompte résolution et exécution.* « qualités qui plaisent le plus à ceux qui font profession des armes, sans lesquelles il est bien difficile de se démêler d'avec eux ».

[2] Spanheim se trompe de date sur ce fait important de la fortune de Louvois. Ce fut le 4 février 1672, et non en 1669 que Louvois fut appelé au Conseil d'Etat ou *Conseil d'en haut* « où l'on agite les affaires importantes qui regardent le secret », au *Conseil étroit* dit-on encore, ou au « *seul Conseil suprême* », dit Saint-Simon (voir Spanheim, *Relation*, p. 295). Dès qu'on avait entrée à ce Conseil, on était *ministre d'Etat*. « Ils y entrent sans patente et sans serment » (Saint-Simon, *Mémoires sur la renonciation*). « Cette entrée leur donne ce nom de ministre d'Etat » *(Ecrits inédits*, II, 277; Dangeau, XII, 268).

[3] Ce fait explique l'entrée de Louvois au Conseil. De Lyonne était mort le 1ᵉʳ septembre 1671. Pomponne, retenu en Suède, ne prêta serment comme secrétaire d'Etat que le 15 janvier 1672 (intérim de Louvois, 5 mois). Le

ministres étrangers qui étoient alors à Paris ont rendu ce témoignage à M. de Louvois qu'il s'acquitta de cet emploi dont il étoit chargé provisionnellement, avec beaucoup d'habileté et d'application. Le retour en France de M. de Pomponne et la guerre qui suivit bientôt après contre la Hollande ne purent que donner d'autre occupation à M. de Louvois et l'attacher entièrement à la direction des affaires de la guerre, et ainsi de tout le grand détail qui y étoit requis. C'est de quoi le Roi se reposoit entièrement sur lui, savoir pour tout ce qui pouvoit regarder la disposition, les préparatifs et les besoins requis pour une expédition de cette importance[1]. Ce qui donna lieu aussi à M. de Louvois de faire un tour dans l'archevêché de Cologne dès l'année 1671, et s'y aboucher avec cet électeur et le feu évêque de Strasbourg, qui étoient entrés dans le complot de cette guerre; de passer de là à Coblenz, pour y traiter avec le feu électeur de Trèves pour les mesures à prendre à l'égard du passage des troupes par son archevêché[2]. Je ne m'arrê-

26 janvier 1672, Pomponne était admis à remplir la place de Lyonne en toutes choses, c'est-à-dire devenait ministre d'État; cette faveur, nécessaire à son emploi, était assez humiliante pour Louvois qui avait peut-être encore les Affaires Étrangères. Immédiatement Louis XIV lui en donnait une analogue.

[1] Sur les préparatifs de cette guerre, voir les *Mémoires de Louvois* du 3 et du 4 février 1672 (Biblioth. du Dépôt de la Guerre : N° *266* et *Tiroirs de Louis XIV : États des troupes*, cités par Rousset, *Louvois*, I, 346, 347).

[2] Ce voyage de Louvois eut lieu fin décembre 1671 : il était à Brühl le 1er janvier 1672 et s'y rencontra avec un représentant de l'électeur de Cologne, Maximilien-Henri de Bavière, le prince Guillaume de Furstenberg, évêque de Metz; l'évêque de Munster, Bernard de Galen, l'ancien adversaire des états généraux, et l'évêque de Strasbourg « irrésolu, ignorant et avide », François Egon de Furstenberg, qui eut l'évêché de Strasbourg, de 1663 à 1682 *(Gazette de 1663*, p. 140 ; et *Gazette* de 1682, p. 234, 235). Cette ligue d'évêques avait été formée par les Furstenberg (voir Rousset, *Louvois*, I, p. 342; Saint-Simon, éd. de Boislisle, VII, 89). Elle avait pour prétexte un différend entre l'Electeur de Cologne et la ville. Spanheim signale ce voyage et cette négociation, parce que, dans le courant de 1671, son maître, l'Electeur palatin, toujours inquiet des intrigues de ces ecclésiastiques turbulents et avides avec Louis XIV, l'avait envoyé à Cologne pour les surveiller (voir *Relat.*, p. 147). De Brühl, Louvois s'en alla à Trèves pour voir l'électeur archevêque, sur les terres duquel devaient passer les 4000 hommes de troupes françaises envoyées vers le Rhin, puis à Metz où elles devaient se rassembler sous la direction du duc de Luxembourg : « *pour faire marcher les troupes* », écrit Louvois à Le Tellier, 8 janvier

terai pas ici aux événements divers de cette guerre, qui commença dès l'été suivant 1672, et ne finit que par les traités de Nimeguen, sur la fin de l'été 1678, ni ainsi à toute la part que M. de Louvois ne put qu'y avoir par tous les endroits susmentionnés, et qui accompagna Sa Majesté dans toutes les campagnes et expéditions où elle se trouva. Je toucherai seulement là-dessus deux ou trois circonstances qui peuvent également servir à faire mieux connoître le génie et le crédit tout ensemble de ce ministre. L'une, c'est qu'il empêcha le Roi de conclure une paix aussi glorieuse pour la France que préjudiciable et honteuse pour les Etats, et que M. de Pomponne, qui étoit alors ministre et secrétaire d'Etat pour les affaires étrangères, conseilloit d'accepter sur les conditions qui en étoient offertes au Roi par les ambassadeurs des États, qu'ils lui envoyèrent à Utrecht, sur la fin de l'été en 1672. En sorte que la Providence de Dieu[1] permit, pour le salut des Provinces-Unies et pour le bien général de l'Europe, que les conseils violents de M. de Louvois l'emportèrent sur d'autres plus modérés, et que l'envie et l'espérance de tout engloutir, fortifiée par la rapidité inespérée des premiers succès de cette campagne, donna lieu à voir changer bientôt après la face des affaires et à délivrer dans la suite ces provinces du joug sous lequel elles étoient partie déjà tombées, partie prêtes à tomber[2]. L'autre considération est que,

---

1672 (Rousset, I, 344). Cette mission, qui fut terminée rapidement (fin janvier 1672), fit honneur à Louvois : « Ces commencements, a dit Louis XIV, furent un peu délicats et ne me donnèrent pas peu d'inquiétudes. » (*Mémoires inédits*, cités par Rousset, I, 521.)

[1] Le manuscrit [B] portait *Providence divine*. Le manuscrit [A] a rayé *divine* et l'a remplacé par *de Dieu*. L'auteur du manuscrit [C] n'ayant pas lu la rature a écrit : *la Providence divine de Dieu* (voir l'*Edition Schefer*, p. 186).

[2] Ce moment tournant de la guerre de Hollande, que Spanheim a nettement indiqué, a été l'occasion de nombreuses critiques contre Louvois. Il est certain que Louvois, s'opposant aux avis de Pomponne, qui conseillait d'accepter les propositions des Hollandais apportées par leurs députés à Utrecht, le 22 juin 1672, excita l'orgueil et l'ambition de Louis XIV pour les faire rejeter. On en a la preuve dans un *Mémoire de Louis XIV* cité par Rousset (I, p. 532) : « L'ambition et la gloire sont toujours pardonnables à un prince », etc., et dans une lettre de Louvois à son père, du 2 juillet (*Ibid.*, I, 378). « Je suis bien trompé ou ils viendront signer tout ce qu'on leur a demandé. » Le 25 juillet.

quoique le commandement des armées de France, durant le cours de toute cette guerre, fût confié à des généraux de la considération ou du prince de Condé, ou de M. de Turenne, ou d'ailleurs des maréchaux de Créquy, de Schomberg et autres d'une capacité assez reconnue dans cette profession, que cependant ils n'étoient ordinairement chargés que du soin de l'exécution, et ainsi de ne faire des opérations et démarches que celles qui leur étoient comme prescrites par les ordres de M. de Louvois, qui se trouvoient autorisés par le Roi, et qu'il leur falloit attendre souvent avec perte des conjonctures dont ils auroient pu se prévaloir [1]. Ce qui aussi ne put que brouiller ce ministre, en premier lieu avec le feu prince de Condé, et ensuite avec M. de Turenne, qui supportoient fort impatiemment l'un et l'autre cette subordination dans un métier qu'ils croyoient assez bien entendre pour n'avoir pas besoin de s'y régler par les avis de M. de Louvois et d'y dépendre de ses ordres [2]; à quoi se joignoient souvent d'autres dégoûts sur le détail de l'entretien et de la subsistance des armées qu'ils avoient à commander, et du choix des officiers généraux dont ils avoient à s'y servir. En sorte qu'à l'égard du prince de Condé, il fallut que le chancelier [le] Tellier, père de M. de Louvois, fût l'entremetteur pour le

---

Guillaume d'Orange, porté à la dictature par la Révolution, signait une première ligue avec l'Empereur et le Brandebourg. « *L'envie et l'espérance de tout engloutir* », dont parle Spanheim, furent bien les mobiles qui déterminèrent Louis XIV et Louvois.

[1] Cela ressort très nettement de la correspondance de Louvois avec Condé et Turenne pendant la guerre de Hollande (Rousset, I, p. 400 et suivantes). Voici, par exemple, une lettre de Louvois où il parle « des ordres envoyés à Turenne, si positifs qu'il n'y a pas d'apparence qu'il se dispense de les exécuter » (13 novembre 1673); une autre où il lui dit que « s'il n'exécute pas les ordres du roi, il ait à s'expliquer fort au long sur les raisons qui l'en empêchent » (10 novembre 1673). Comparer Saint-Simon (édit. 1873, XIII, 342). Louvois plaçait auprès de Turenne des intendants pour épier ses désobéissances et en rendre compte, Caruel, Beaulieu, etc. (Rousset, I, p. 492).

[2] Par exemple, cette lettre de Turenne à Louvois (Rousset, I, p. 492, 9 septembre 1673) : « Vous me permettrez de vous dire que je ne crois pas qu'il fût du service de Sa Majesté de donner des ordres précis de si loin au plus incapable homme de France. »

raccommoder avec ce prince ; et pour M. de Turenne, comme il s'étoit plaint assez hautement de M. de Louvois, et en des conjonctures où on avoit le plus besoin de ce général, il fallut que ledit ministre prît aussi le parti de ployer devant lui et de l'aller voir à son retour à la cour, l'année qui précéda celle de sa mort[1]. Mais, comme les choses ne laissoient pas de continuer d'aller leur même train, et que d'autre côté M. de Turenne ne se croyoit pas obligé à garder beaucoup de ménagements avec M. de Louvois pendant que la fortune se trouvoit comme appuyée à sa conduite, il est à croire que cela auroit pu avoir d'autres suites suivant le cours des affaires, et ainsi que la mort du premier délivra ce ministre d'un ennemi redoutable, ou qu'il pouvoit craindre pour tel[2]. Et ce qu'il eut d'autant moins à appréhender dans la suite, qu'il en tira occasion de faire succéder à M. de Turenne des généraux qui étoient entièrement de sa dépendance, comme les maréchaux d'Humières et de Créquy et le duc de Luxembourg[3]. Ce qui dura jusqu'à la

[1] Ces détails sur l'opposition de Turenne et de Condé à Louvois se rapportent, comme l'indique Spanheim, à la fin de 1673. Courtin, ami de Louvois, lui écrivait, le 13 janvier 1674, de Cologne où il rencontrait alors Spanheim, que le bruit de sa disgrâce courait parmi les diplomates étrangers qui escomptaient sa chute : « Je ne vous dis rien sur tous les bruits qui vous regardent et qui sont extrêmement répandus dans les pays étrangers. » On sait par une lettre de Turenne (*Mémoires et lettres*, II, 144) comment se régla cette crise : au début de janvier 1674 il se fit un accommodement entre M. le Prince et M. le Tellier où le marquis de Louvois entra « pour les raisons qu'on (son père) lui a dites ». Deux jours après, il vint faire visite à Turenne et lui donna beaucoup de détails « avec honnêteté et dissimulation ». Il avoua que, s'il lui avait donné cinq mille hommes à temps, Turenne eût sauvé Bonn. Mais Turenne, tout en assurant qu'il en userait civilement avec lui, se défiait et disait à Louis XIV : « ces le Tellier n'ont jamais pardonné ». Ce fut évidemment par Courtin, à Cologne, que Spanheim a été si bien renseigné sur le détail et sur les suites de cette crise. Son témoignage est très précieux.

[2] Dans la campagne de 1674, l'armée de Turenne fut sacrifiée à l'armée de Flandre (Lettres de Louvois, 23 mai 1674). Mais Turenne était vainqueur à Sinzheim (16 juin 1674), engageait l'action, prenant sur lui les responsabilités, et, vainqueur encore à Ensheim, le 4 octobre 1674, il manœuvrait pendant l'hiver pour dégager l'Alsace par des opérations qui lui valurent, en janvier 1675, l'admiration et les acclamations de tous.

[3] Ceci n'est pas absolument exact : le maréchal d'Humières, lieutenant général des armées du roi depuis 1656; le maréchal de Créquy, lieutenant

paix de Nimeguen, après laquelle ce dernier se brouilla avec
M. de Louvois, ne s'est pas bien remis depuis avec lui,
et s'est aussi trouvé par là hors d'emploi pour quelque
commandement d'armées[1]. Il n'en fut pas de même des
deux autres, et qui aussi en ont tiré l'avantage d'être
employés dans les occasions qui s'en sont depuis présentées,
comme le maréchal de Créquy au siège de Luxembourg, en
1684, et qui mourut deux ans après, en 1686[2], et le maréchal d'Humières, qui vient encore de commander en Flan-

général depuis 1655, avaient été faits maréchaux à quarante ou quarante-cinq
ans, en 1668, et pour des services antérieurs à l'administration de Louvois. Ils
étaient désignés par leur ancienneté pour succéder à Turenne, MM. de Schomberg, La Feuillade, Duras, de Luxembourg n'ayant été faits maréchaux qu'en
1675, et de Lorges qu'en 1676. Au début même Créquy avait résisté, comme le
maréchal de Bellefonds, à l'influence, aux ordres de Louvois de 1670 à 1672 (Rousset, I, 303 et 349) : « Je tremblerai jusqu'à ce que je vous aie vu prendre le bon
parti », lui écrivait Louvois en 1672. A partir de ce moment, Créquy se soumit
à Louvois, espérant qu'il lui ferait une part de sa victoire sur Turenne, s'il
était vainqueur. Il rappelait à Louvois, le 5 août 1675, qu'il avait fait des
démarches, en 1673, pour avoir le commandement de l'armée du Rhin « sur
les divers incidents qui pouvaient ôter M. de Turenne du service » (Rousset, II,
173). Il aurait pu attendre ; il avait préféré se mettre dans la dépendance du
ministre. Quant à d'Humières, il avait attendu moins encore : dès le 23 juin
1672, il écrivait à Louvois « qu'il comptait exclusivement sur sa protection ».
(I, 351). Il ne semble pas que cette servilité ait avancé leur carrière. On le disait
pourtant à la Cour. « Ami particulier de M. Louvois, qui contribua extrêmement
à sa fortune et ne le fit pas attendre », dit Saint-Simon (éd. de Boislisle,
II, 175,) de d'Humières. Pour Luxembourg, ce fut une autre affaire ; de très
bonne heure, il s'était attaché intimement à Louvois et tira de lui les éléments
d'une fortune rapide. Dès 1668 il espérait être maréchal, et le fut en 1675 par
sa protection (Rousset, I, passim).

[1] Louvois et Luxembourg s'étaient brouillés dans l'affaire des poisons, qui
conduisit le maréchal à la Bastille pour avoir recherché par des sortilèges le
mariage de son fils avec la fille du ministre (Rousset, II, 562). Mais ils s'étaient
vite réconciliés, dès le mois d'octobre 1680. Ce fut surtout Louis XIV qui, par
ressentiment contre le maréchal de sa campagne de 1676, assez mauvaise
en Allemagne, de son échec à Philippsbourg, ne lui donna pas de commandement en 1688. Au début de 1690, il prit le commandement de l'armée
de Flandre.

[2] Les instructions pour Créquy, chargé du siège de Luxembourg avec
Vauban, sont du 1er janvier au 1er avril 1684 (Rousset, III, 246). Au lendemain
du siège, il avait demandé qu'on rétablît en sa faveur la charge de maréchal
général qu'avait eue Turenne, dont il avait toujours envié l'héritage. Il n'obtint
pas cette grâce et mourut peu de temps après d'une fluxion de poitrine, le
4 février 1687 et non 1686.

dres à la campagne dernière[1]. C'est-à-dire que M. de Louvois a su s'établir et se maintenir maître absolu de son département des affaires de la guerre, que le Roi s'en rapporte entièrement à lui, et suivant qu'il y aura lieu d'en parler encore dans la suite. Mais, comme M. de Louvois crut que, par la paix de Nimeguen, cet emploi lui donneroit moins d'occasion de se rendre nécessaire, ou même assez de loisir pour s'acquitter encore de celui de ministre des affaires étrangères, surtout par le rapport qu'il pourroit y avoir avec celles de la guerre, et que, dans ce dessein, il garda peu de ménagements avec M. de Pomponne, et contribua sous main à donner au Roi des vues de lui en ôter le poste[2], il fut bien surpris d'apprendre que

---

[1] Cette campagne fut celle que le maréchal d'Humières fit du 15 mai au 15 septembre 1689, auprès de Charleroi, contre le prince de Waldeck : elle se termina par l'échec des Français à Valcourt, 24 août 1689 (Rousset, IV, 218). Le mot *encore* est une allusion aux commandements précédents de d'Humières depuis 1675: septembre 1677, en Flandre (siège de Dixmude) ; 4 janvier 1678, en Flandre (siège de Gand) ; en 1683, août-décembre, contre l'Espagne, tandis que Créquy assiégeait Luxembourg. Mais il faut noter, pour corriger légèrement Spanheim, que ces ordres étaient la conséquence pour d'Humières et Créquy de ce qu'ils gouvernaient et défendaient des provinces frontières, l'un la Flandre et l'autre la Lorraine, *les nouvelles conquêtes*. — Voir *l'Etat de la France*, II, 436.

[2] Quelle fut la part de Louvois dans cette disgrâce dont il a déjà été parlé, dont Spanheim reparlera encore? Le désir de Louvois de se mêler d'affaires étrangères était ancien. Il semble que la nomination de Pomponne lui ait, dès le premier moment, été désagréable. Il poussait alors Courtin, qui avait des titres et qui n'eut que la succession de Pomponne en Suède (*Lettres de M*^{me} *de Maintenon*, éd. Geffroy, I, 28, 30). Alors, avec ce même Courtin, qui fut envoyé à Cologne en 1673, il fit de la diplomatie secrète opposée à celle du ministre. Il y a de lui des lettres décisives. Le 17 décembre 1673 (Rousset, I, 511), Louvois écrit à Courtin : « Il y a du temps que M. de Pomponne est travaillé de la maladie de faire sa charge et d'empêcher que personne ne s'en mêle. Il est devenu fort fâcheux sur cela. » Et il engageait Courtin du même coup à être prudent, mais il continuait. Quand celui-ci fut passé comme ambassadeur en Angleterre, il discutait avec lui les ordres de Pomponne, il lui faisait connaître les délibérations du Conseil. Nul doute (Rousset, II, p. 279), que ce fût une conspiration entre eux pour remplacer Pomponne. On cherchait à le prendre en défaut pour prouver à Louis XIV qu'il tenait mal sa place. Gourville (*Mémoires*, p. 591), qui eut les confidences de Courtin, nous montre Louvois relevant les omissions de Pomponne au Conseil. Mme de Sévigné rapporte les bruits de cour : que Louvois le gâtait auprès du roi, qu'on lui reprochait d'aller trop à sa terre de Pomponne et d'*y perdre l'exactitude* (VI, 119). Louis XIV le dit

M. Colbert, à son insu, et durant qu'il se trouvoit à sa maison de Meudon, sut se prévaloir auprès du Roi d'une occasion qui s'en présenta pour ôter en effet subitement la charge à M. de Pomponne et la faire donner sur-le-champ à M. de Croissy, son frère, quoiqu'absent alors en Bavière[1]. Ce qui ne put que faire balancer davantage le crédit de M. Colbert avec le sien. Mais c'est de quoi il eut lieu de se venger, ou d'être récompensé par la mort dudit sieur Colbert, qui arriva, comme il a été dit, dans l'automne de l'an 1683, tant par le successeur qu'on lui donna dans la direction des finances, le parent et ami intime de la maison [le] Tellier, par le refus fait à M. de Seignelay de succéder à son père dans la charge de ministre d'Etat, que par celle de surintendant des bâtiments ôtée au fils de M. Colbert qui l'avoit eu en survivance, et que le Roi donna à M. de Louvois immédiatement après la nouvelle de la mort de M. Colbert, moyennant quelque remboursement pour le fils susdit. Et de laquelle nouvelle charge M. de Louvois tiroit deux grands avantages[2] : l'un, des profits considérables qui y étoient joints ; l'autre, d'avoir une occupation par là, en temps de paix, qui l'attachoit auprès du Roi, et même qui lui donnoit lieu, par les grands et continuels ouvrages qu'il étoit question de faire encore à Versailles sous les yeux de Sa Majesté, de lui faire

---

aussi (Œuvres, II, 520) : « J'ai souffert plusieurs années de sa faiblesse, de son inapplication. » Saint-Simon déclare qu'on exploita aussi contre lui son jansénisme (éd. de Boislisle, VI, 340). C'est aussi l'avis de l'abbé Legendre dans ses Mémoires (p. 137 et ss.). Gérin a adopté cette conclusion dans un article de la Revue historique (1er janvier 1878). C'était certainement un complot formé entre Louvois et Courtin.

[1] Le témoignage de Spanheim est capital : il établit que, si Louvois eut le dessein de perdre Pomponne, ce fut Colbert qui, le prévenant, recueillit le profit de l'affaire : un coup de poignard pour Louvois, dit la Fare (Mémoires, 296). Le récit de Spanheim est confirmé par Gourville (p. 591), par Mme de Sévigné et Bussy (VI, 87, 136, 140). Mais il est plus complet : « Louvois était à Meudon » ; c'est un détail important, qui montre que Colbert précipita la chute de Pomponne pour ne pas laisser le profit aux Le Tellier (voir Saint-Simon, éd. de Boislisle, VI, 343, et son erreur sur ce point).

[2] Voir plus haut Relation, p. 315, note 3. Le remboursement de la charge de surintendant constituait une somme plus considérable que ne dit Spanheim : 900.000 livres.

valoir son industrie, sa vigilance et son économie au delà de celle que M. Colbert y avoit pu apporter [1]. D'autant plus qu'en effet ce dernier ne s'y étoit pas autant appliqué qu'à [2] d'autres fonctions de ses charges, qui d'ailleurs ne lui en laissoient pas du loisir de reste, et s'en étoit souvent rapporté à des entrepreneurs malhabiles ou trop intéressés. En sorte que toutes ces conjonctures ensemble firent croire quelque temps que M. de Louvois alloit être chargé lui seul de toute la faveur, mais encore de tout le faix du gouvernement de l'État, et que les affaires étrangères, de même que celles de la marine, qui étoient encore entre les mains de la famille Colbert, savoir : de MM. [de] Croissy et de Seignelay, passeroient dans les siennes. Mais ce qui n'arriva pas néanmoins à l'égard de ces deux derniers postes, qui demeurèrent à ces deux messieurs. A quoi se joignit dans la suite le recours que cette famille Colbert eut à Mme de Maintenon, qui crut aussi de son intérêt (comme il a été déjà touché ci-dessus [3] en parlant de cette dame) de soutenir ladite famille, de balancer par là le pouvoir déjà bien grand de la famille [le] Tellier, et en particulier celui de M. de Louvois. Ce qui néanmoins n'a pas empêché que ce dernier, et même depuis la mort du chancelier son père et jusques à mon départ de France, ne continuât d'avoir, sinon l'entière, au moins la principale part dans la direction des grandes affaires, que surtout il ne demeurât encore maître de son département des affaires de la guerre et de ce qui y a du rapport, et qu'il ne l'exerçât avec bien plus d'autorité et d'indépendance que M. de Croissy n'en usoit dans le sien des

---

[1] Sur Louvois surintendant des bâtiments, son œuvre et son autorité ; sur ses auxiliaires, et Villacerf qui fit une partie de la charge sous le titre d'inspecteur général des bâtiments, consulter Rousset (*Louvois*, III, 372 et suivantes). Cette charge rapportait au titulaire environ 150.000 livres. (Voir *Dangeau*, VII, p. 6 ; XII, 134, et un état cité par M. de Boislisle (*Saint-Simon*, VI, p. 528, note 4.)

[2] Manuscrit [B] : à ; Manuscrit [A] : en. Pour tout ce détail, voir plus haut, p. 315, note 3.

[3] Voir ci-dessus, p. 91, note 3.

affaires étrangères. Et ce qui, entre autres, n'a que trop paru dans les fatales résolutions qu'il fit prendre au Roi, contre l'avis de M. de Croissy, sur la fin de l'été en 1688 et à son retour des eaux de Forges, je veux dire de soutenir de vive force l'élection du cardinal de Fürstenberg à l'électorat de Cologne, ensuite d'entreprendre le siège de Philisbourg, et par là de rompre la trêve avec l'Empire, et enfin de pousser en même temps les choses à toutes les extrémités qu'on a vu, soit dans le Palatinat, soit dans l'électorat de Trèves, et enfin dans tout le haut et le bas Rhin, dans la Franconie même et dans la Souabe. Je n'entrerai pas ici dans le détail des considérations dont M. de Louvois se servit pour engager si avant les affaires et y porter le Roi, et dont il y aura lieu de parler plus à fond dans un endroit particulier de cette relation[1]. Je me contenterai seulement de remarquer ici qu'il est constant, que personne aussi ne révoque en doute, à la cour de France, et dont j'ai d'ailleurs des preuves incontestables : je veux dire que c'est aux seuls conseils de M. de Louvois que le public doit imputer l'engagement de la guerre présente et de toutes les suites funestes qu'elle peut avoir eues jusqu'ici et pourra avoir dans la suite pour la France même[2]. Et ce qui pourra en même temps servir de préjugé du bon ou du mauvais gré que la France lui en aura.

Cependant on peut déjà, ce semble, et de ce qui a été dit jusques ici, on en peut, dis-je, assez comprendre le véritable caractère de ce ministre. Mais, comme il s'y trouve un mélange de qualités peu communes et qui peuvent ou servir à faire

Des bonnes qualités de M. de Louvois.

---

[1] Nous reviendrons sur cette question des rapports de Louvois et de Croissy à l'article *Croissy*. C'est une exagération de dire que depuis 1680 Louvois dirigea les affaires étrangères, comme l'a écrit M. Rousset (*Louvois*, II, 573). Il s'en est mêlé par des agents secrets, comme ministre chargé des provinces frontières. Il a débordé sur le département de Croissy. Il n'en a pas fait un département à lui. La note de Spanheim est la note juste.

[2] Cette question sera examinée plus loin et avec plus de détails au chapitre *Croissy*.

honneur à son maître et à son pays, ou attirer bien des calamités à sa patrie, à son prince et au public, il est à propos de les démêler pour ne s'y pas méprendre. Sur quoi on peut mettre dans le premier rang l'avantage que M. de Louvois tire de sa naissance, savoir : d'être fils d'un père employé dans les plus grandes affaires et les premiers postes de la couronne, et ainsi d'où il n'a pu qu'en tirer occasion de se former de bonne heure et de s'instruire, particulièrement dans ce qui étoit requis pour le département des affaires de la guerre. D'autant qu'il fut reçu dans un âge peu avancé à en exercer la charge en survivance; qu'il s'y adonna tout entier, comme il a déjà été touché ci-dessus, et qu'ainsi, tant par les lumières et les aides domestiques que par son assiduité et son application, il suppléa bientôt à ce qui sembloit lui manquer du côté de l'expérience, du génie ou du tempérament. Et comme il eut le bonheur, par là et par les rencontres ou les considérations dont j'ai aussi déjà parlé, de s'insinuer dans la familiarité du Roi et d'en gagner sa confiance, il eut aussi celui de s'y maintenir et de l'augmenter même à mesure des occasions qu'il trouvoit de faire valoir ses services et des heureux succès qui les suivirent[1].

En effet, il étoit difficile de remplir un poste pareil au sien avec plus de vigilance et d'application particulière pour tout ce qui pouvoit en dépendre ou y avoir du rapport. L'habitude qu'il s'en étoit faite dès sa jeunesse lui en acquit et la facilité et les lumières, qui ne purent encore qu'en devenir plus grandes par les conjonctures et l'état des affaires, qui lui en donnoient plus d'occasion et lui en laissoient d'ailleurs peu de relâche. Il s'y trouva aidé particulièrement par le grand ordre qu'il apporta dans la revue et dans l'expédition des affaires de son département, dans le choix de ses commis qu'il y employoit, et dans la distribution des fonctions et des emplois particuliers qu'il leur y donnoit suivant leur portée, et dont ils avoient à lui

[1] Voir plus haut, p. 329-330 et les notes.

rendre compte[1]. Aussi tiroit-il l'avantage, de cette régularité et de cette exactitude particulière, que la peine du travail lui en étoit diminuée, que rien ne se négligeoit, et que ceux qui avoient à faire à lui, qui n'étoient pas en petit nombre, savoient bientôt où ils en étoient et ce qu'ils en[2] devoient attendre ou espérer. C'est à quoi contribua encore l'air décisif qu'il s'accoutuma de prendre et de faire paroître dans les réponses qu'il donnoit sur le champ, ou dans les résolutions qu'il étoit question de prendre sur les mémoires ou les requêtes qu'on lui adressoit, et qui ne demeuroient jamais sans réplique, comme il arrivoit souvent dans les bureaux des autres ministres d'État[3]. En sorte qu'on le trouvoit plutôt peu favorable qu'irrésolu dans les choses qu'on avoit à lui demander. Et ce qui d'ailleurs étoit soutenu par l'autorité du poste où il se trouvoit, par le pouvoir, comme j'ai dit, assez absolu qu'il exerçoit dans les affaires de son département ou d'ailleurs dans lesquelles il vouloit prendre part, et enfin par la confiance particulière du Roi. Aussi y avoit-il joint, ou par coutume, ou par appli-

---

[1] Toute cette administration était en effet admirablement centralisée. A la tête de tous les bureaux, un premier commis qui était un confident absolu, Colbert de Saint-Pouenge, cousin germain de Louvois : il avait succédé dans ce poste, en 1663, à son père, Jean-Baptiste Colbert, beau-frère et premier commis de le Tellier depuis 1643. C'était un « sous ministre », un homme d'esprit qui connaissait les officiers et les troupes parfaitement. Il remplaçait Louvois à l'armée ou, quand Louvois y allait lui-même, auprès du roi avec qui il travaillait en son absence (Saint-Simon, fragment inédit, éd. de Boislisle, VI, 579). Au-dessous de lui (voir *État des bureaux*, dans Rousset, III, 323, note 2), un secrétaire intime, M. de Bellon, puis des commis principaux : pour les vivres, la solde, M. de Tourmont ; pour les ordres, M. Dufresnoy, dont la femme était la maîtresse du ministre ; pour les routes et étapes, M. Charpentier, M. Bourdon et M. Renaudier ; les intendants des guerres, enfin, Beaulieu, Caruel, Carlier, Robert. Le marquis de Chamlay, depuis 1670, maréchal des logis des armées du roi, n'était pas un commis, mais il avait une sorte de direction des plans et projets de campagne qu'il soumettait directement au roi, travaillant avec lui comme Saint-Pouenge et rédigeant souvent sous sa dictée : c'était *une carte vivante*. (Voir Rousset, II, 172 et 516.) — Vauban avait enfin une direction du même genre pour les fortifications et les sièges.

[2] Man. [*B*] ; *en* supprimé.

[3] Sur ces qualités de décision, voir les *Mémoires* de Chambly Landrimont, *Dép. de la guerre* (Man. 77, supplément), cités par Rousset *(Louvois,* I, 177).

cation une grande facilité et présence d'esprit à démêler d'abord ce qu'il y[1] avoit à faire ou à rejeter dans ce qui lui étoit proposé, à y prendre bientôt son parti, et à n'en guère démordre ensuite de l'idée qu'il s'en étoit une fois faite ; outre qu'il ne se soucioit guère d'y garder beaucoup de ménagement et de s'attirer le bon ou le mauvais gré de ceux avec lesquels il avoit lieu de s'en expliquer[2]. Il lui suffisoit de croire que l'intérêt et le service du Roi, ou la conjoncture des affaires, ou bien la prévention qu'il s'en étoit faite, le vouloient ainsi. Et comme il étoit assez réservé dans le choix des personnes en qui il prenoit confiance ou sur qui même il pût se reposer de l'exécution des affaires ou des entreprises qui vouloient du secret, du ménagement ou de la vigueur, aussi savoit-il les engager par les bienfaits qu'il étoit en état de leur procurer, et les attacher par la confiance qu'il leur témoignoit. Et en effet on peut dire qu'il y a trois qualités que ce ministre a su pratiquer par lui-même et y accoutumer ceux qu'il emploie : une application infatigable, une grande activité et un ménagement particulier d'un petit nombre de personnes affidées pour l'exécution de ce qui leur étoit commis. Par la première de ces qualités, il a toujours eu pour but que rien n'échappât à sa pénétration ; par la seconde, à ne perdre point d'occasion et ne rien négliger ; et par la troisième, à s'assurer du secret aussi bien que de la facilité de l'entreprise. Aussi s'est-il toujours appliqué à ce que les moyens d'y réussir en prévinssent les engagements, et qu'ainsi ce qui paroit être requis dans le temps de guerre et de campagne pour la marche, le logement et la subsistance des troupes, pour l'érection des magasins, pour le transport de l'artillerie, pour le choix des quartiers, pour les feintes qu'il étoit question d'y apporter suivant les conjonctures, pour

---

[1] « Y », ajouté par le manuscrit [A] en interligne, se trouve dans le manuscrit [B].

[2] Voir à l'appui de cette opinion la correspondance de Louvois avec ses agents dans Rousset (passim et t. I., p. 178, particulièrement). Il réclame « des raisonnements qui éclairent son ignorance, pour prendre ses décisions sûrement, et s'y tenir ».

la subordination et la soumission due à l'autorité souveraine et aux ordres de ceux qui en sont chargés, ou d'ailleurs pour les autres besoins requis pour l'opération, surtout en cas de siège, que tout cela, dis-je, fût non seulement bien et dûment concerté auparavant que de s'y engager, mais même autant que préparé et en état de ne faire point faute[1]. On peut dire en effet que c'est là le fort de ce ministre, et ce qui a aussi le plus contribué aux heureux succès des guerres passées que la France a entreprises, et qui a donné même le plus de confiance à les entreprendre. Il faut encore y ajouter ses vues et son application particulière pour assurer les frontières de la France par les forts ou les citadelles qu'il a eu soin d'y faire construire ou d'y fortifier, et sans épargner ni peines[2], ni frais, ni diligence pour en venir à bout[3].

En sorte que M. de Louvois peut mériter autant d'éloges par tous ces endroits comme il y en a d'autres qui ne lui font pas le même honneur, ni à la France, et qui peuvent aussi avoir

Des mauvaises qualités de M. de Louvois.

---

[1] Ce passage est à rapprocher de celui de Saint-Simon dans le *Parallèle* (p. 219) : « un des plus grands ministres qu'il y ait eu pour le détail, la discipline, la subsistance, le service, la connaissance intérieure des corps et de leurs officiers, pour former les plus grands et les plus beaux projets, pour l'art, le secret, le concours de leur préparation et pour la justesse et la sûreté de leur exécution ». Si le duc et pair, hostile aux bureaux, aux institutions militaires de Louvois, si le ministre d'un adversaire de Louis XIV s'accordent à ce point pour reconnaître et proclamer le génie de Louvois administrateur, c'est qu'il fut alors pour tous les contemporains indiscuté. (Voir Voltaire, *Siècle de Louis XIV.)*

[2] *Peine* dans le manuscrit [*B*].

[3] Il est assez curieux que Spanheim ne nomme même pas Vauban. Sa réputation et son œuvre étaient aux yeux des étrangers absorbées dans l'œuvre de Louvois. Alors qu'il était, en 1688, commissaire général des fortifications et lieutenant général, Spanheim le qualifie *d'intendant (Relation*, p. 121). Il ne faut pas oublier qu'en 1667 Vauban, *pauvre gentilhomme*, comme il s'appelait, n'était que capitaine au régiment de Picardie, et ne devint mieux que par la protection du ministre tout-puissant à qui il écrivait : « Ce 23 novembre 1698, j'ai l'honneur d'être votre créature. Je ne suis rien que par vous, je vous dois tout ce que je suis » (Rousset, I, 280). Un autre ingénieur, Choisy, cousin de l'auteur des *Mémoires* (II, 910), fut longtemps simple intendant, jusqu'au jour où le premier siège de Maestricht lui permit de se signaler.

des suites peu avantageuses pour la même couronne. Je ne m'arrêterai pas, là dessus, à son humeur naturellement brusque, impérieuse et emportée, surtout qu'il ne ménageoit guère et qui ne se rendit que trop visible dans les premières années de sa faveur et de son ministère. Il est vrai que, comme ce procédé ne put que faire de la peine à un père d'un tempérament et d'un génie à cet égard fort opposé au sien, et déplaire même au Roi, d'une assiette d'esprit de même assez différente, auquel ce procédé de son ministre n'étoit pas inconnu, aussi se fit-il un effort pour s'en corriger, ou au moins pour y apporter plus d'égard et de retenue. Ce qui, au fond, en est demeuré à sauver, comme on dit, *les dehors et les apparences*, et ainsi à le porter à avoir un peu plus de ménagement qu'il n'avoit eu auparavant dans l'extérieur de son abord, de ses entretiens et de sa conduite. Mais, comme il n'est pas aisé de renoncer à un défaut de tempérament fortifié par l'habitude et soutenu d'ailleurs par l'autorité du poste où il se trouvoit, aussi peut-on dire qu'il conserva tout le fond de cette même humeur, et ainsi dont ceux qui ont le plus affaire à lui ne peuvent que ressentir des effets dans les rencontres [1].

Mais, après tout, ce qui importeroit peu pour le public, s'il n'y avoit lui-même sa bonne part, et s'il n'en résultoit à son égard une influence peu favorable dans les conseils de ce Ministre et dans la conduite des affaires dont il est chargé ou dont il se charge. Et ce qui est d'autant plus dangereux que son génie n'a pas d'ailleurs toute l'étendue, la force ou la patience requise pour être à la tête des affaires d'un grand royaume, pour en comprendre et envisager d'un sens rassis tous les biais, tous les ressorts et toutes les suites, et là dessus pour en former un plan sur les vues d'une prudence sûre dans ses réflexions et consommée par l'expérience. Plus attaché par la nature de ses emplois au détail qu'au gros des affaires,

---

[1] Voltaire *(Siècle de Louis XIV,* p. 520) parle « des mouvements de colère que l'humeur brusque de Louvois inspiroit quelquefois à son maître ». Saint-Simon décrit une de ces scènes (édition 1873, XII, p. 31).

il en regarde plus les moyens que la fin : en sorte que ses vues sont ordinairement plus prévenues par la facilité de l'exécution, qu'arrêtées suffisamment sur les réflexions, pour la résoudre. Plein d'ailleurs d'une présomption qu'il a tirée des succès passés, il s'en est formé une idée sur laquelle il fonde ceux pour l'avenir, savoir : une grande confiance sur les forces de la France et sur la foiblesse de ses ennemis. Ce qui a eu en même temps deux suites : l'une, de ménager peu les alliés en temps de paix, ou même de ne se soucier pas beaucoup d'en avoir ; l'autre, d'être toujours prêt à rompre les paix ou les trèves pour peu de convénience ou de prétextes qu'il avoit d'y trouver. Plus jaloux par là de conserver à son Roi l'autorité d'arbitre des affaires de l'Europe, d'y donner la loi quand il lui plaît, et d'en flatter ou d'y intéresser sa gloire, que non pas de lui faire garder sa parole, ses serments, ses traités, et le porter à se[1] régler sur toutes choses par la justice, par l'équité et par la bonne foi. Mais, s'il s'en met en peu de peine[2] pour la nature des entreprises où il l'engage sous les couleurs vaines ou spécieuses qu'il y apporte, il le fait encore moins pour les moyens qu'il y emploie et pour atteindre le but qu'il s'y propose. Tout lui devient alors licite pour y parvenir et pour n'en avoir pas, comme on dit, *le démenti* : exactions injustes, contributions sans mesure, violement des droits divins et humains, profanation des choses les plus sacrées, saccagements, incendies, désolation, traitements plus que barbares, et exemples d'une inhumanité sans exemples. Quand la guerre passée contre la Hollande ou la conduite qu'on a tenue contre les Pays-Bas espagnols depuis la paix de Nimeguen, et surtout vers la fin de l'année 1683, n'en auroit fourni tant de funestes preuves, les terribles effets que le pauvre Palatinat et les villes voisines en ont ressentis dès les commencements de l'infraction des traités de trèves et ressentent encore tous les

---

[1] *S'y régler*, dans le manuscrit [B].
[2] Manuscrit [B] : *s'il s'en met peu en peine*.

jours, en seront un triste et éternel monument à la postérité.

En sorte qu'il n'y a pas lieu de s'y étendre ici davantage ou de chercher d'autres preuves pour recueillir de tout ce que je viens d'en dire, savoir que si, d'un côté, M. de Louvois a toute l'habileté d'un Ministre merveilleusement vigilant, actif, ferme, appliqué, entrant dans tout le détail des choses qu'il entreprend ou fait entreprendre, et n'épargnant ou ne négligeant rien pour y réussir, que, d'autre part, il a peu de droiture dans ses intentions, peu de maturité ou de toute la réflexion due dans ses conseils, peu d'équité dans ses projets, peu de modération dans sa conduite, et, en un mot, qu'il y apporte plus de violence et de prévention que de justice et de bonne foi. J'en parle ainsi sans passion, et d'autant plus que, pour ce qui me regarde, j'ai tout sujet de me louer des honnêtetés et des distinctions que j'ai reçues de M. de Louvois durant mon séjour en France, et même des jugements trop favorables dont il s'est expliqué plus d'une fois sur mon sujet. Mais, après tout, voilà sans doute les justes idées qu'on ne peut qu'avoir de ce Ministre, et qui peuvent servir aux occasions pour plus d'éclaircissement de ce qu'on en peut attendre dans les conjonctures des affaires présentes[1].

De la constitution, enfants et biens de M. de Louvois.

Aussi n'y a-t-il guère d'apparence qu'elles contribuent à le faire tomber du poste où il est, où il s'est rendu entièrement nécessaire, et qui d'ailleurs ne pourroit être rempli par personne en France d'une habileté, d'une exactitude et d'une expérience pareille à celle qu'il y a acquise, je veux dire à moins d'une

---

[1] Ce portrait de Louvois, où l'on trouverait de l'équité même sans l'avis que nous donne Spanheim de son absence de passion, est judicieux et conforme au jugement de tous les contemporains et des biographes. Dans un fougueux réquisitoire contre Louvois, Saint-Simon (édition 1873, XII, p. 23 et suivantes) se rapproche parfois de Spanheim quand il dit : « le ministre le *plus éminent pour les projets et les exécutions, mais le plus funeste pour diriger en premier* ». Mais il est injuste et passionné quand il l'accuse de « n'avoir voulu la guerre que pour ruiner Colbert et l'État avec lui, par intérêt particulier ». Les reproches de Spanheim sont plus mesurés et plus fondés.

révolution bien grande et des circonstances ou des changements qu'on ne peut pas aisément prévoir. Il est vrai que l'état de sa santé, qui a été assez mauvaise depuis quelques années en çà, pourroit bien y donner lieu par les suites qu'elle peut avoir. Au moins a-t-il été sujet, outre une indisposition à la jambe, à des atteintes et rechutes fréquentes de fièvre, même continue, et dont, jusques à mon départ de France, il ne s'est tiré que par le fréquent et réitéré usage du quinquina. Mais comme, au fort du mal ou des remèdes, il se donne même peu de relâche pour les affaires, qu'il n'est pas d'ailleurs fort réglé dans son manger, et surtout dans l'usage des melons et de fruits dans leur saison, sans y avoir aucun égard à son état, et que d'ailleurs il a un corps rempli d'humeurs et dont il échauffe aisément la bile, tout cela peut donner lieu ou à abréger ses jours, ou à le retirer des affaires par l'impossibilité à remplir tous ses devoirs et à y vaquer comme il a fait jusqu'à présent [1]. Aussi y avoit-il eu des avis depuis mon départ de France, mais qui n'ont point eu de suite, autant que je sache, je veux dire comme s'il s'étoit déjà défait de la pénible charge de surintendant des

---

[1] Ce passage est fort important pour établir la situation de Louvois à la veille de sa mort. Spanheim a recueilli des bruits de cour sur une retraite prochaine de Louvois. Les auteurs de Mémoires contemporains, la Fare (chap. x), Saint-Simon (édition 1873, XII, 33-34) les ont acceptés, ont prétendu que Louis XIV voulait se délivrer de lui quand la mort s'en chargea, et même qu'il auroit aidé et hâté le dénouement par un empoisonnement. La famille elle-même crut un instant au poison (Rousset, IV, p. 499-500). Spanheim, avec son bon sens, réfute ces propos sans fondement, aussi bien que Voltaire *(Siècle de Louis XIV*, p. 520) a fait des histoires conservées par la Beaumelle (III, 273). Il ne croit ni à la disgrâce, que ne justifie pas cette lettre écrite par Louis XIV à Jacques II : « J'ai perdu un bon ministre » (Rousset, IV, p. 503), ni au crime. Les renseignements qu'il donne sur la santé de Louvois en 1689 sont précieux : « trop de nourriture et de travail ». Ils sont confirmés par le témoignage oral du propre médecin du ministre, qui le soignait et fit l'autopsie ; témoignage recueilli par Voltaire (p. 520). Ce médecin avait dû prescrire à Louvois les eaux de Barèges, après un accident de la jambe qui l'avait laissé boiteux (1680), puis les eaux de Balaruc en lui recommandant de ne pas travailler quand il les prendrait. Il combattait par cette médication, et avec une poudre des Chartreux de son invention, le rhumatisme et les congestions. Tout cela concorde avec les indications de Spanheim d'une façon très précise.

bâtiments [1]. Pour celle de [2] secrétaire d'Etat pour les affaires de la guerre, son second fils, qu'on appelle le marquis de Barbesieux, y est déjà reçu en survivance depuis quelques années en çà, et en suite que [3] le marquis de Courtenvaux en avoit été revêtu dès la fin de l'année 1681, mais qu'il ne garda guère, pour n'y être pas trouvé propre [4]. Aussi a-t-il pris depuis le parti de l'épée, ayant été adjoint au marquis de Tilladet, son parent, pour la charge de capitaine des cent Suisses, et pour l'exercer seul dès que l'autre seroit pourvu de quelque autre emploi [5]. Pour le marquis de Souvré, troisième fils de M. de Louvois, il suit de même la profession des armes et a fait en Hongrie deux ou trois campagnes jusqu'au temps du siège de Philipsbourg [6].

[1] Villacerf (Colbert de) avait été nommé déjà inspecteur général des bâtiments pour décharger Louvois, le 2 août 1686, mais ce ne fut qu'à sa mort qu'il reçut la surintendance, le 28 juillet 1691 (Dangeau, III, 372), fonction si pénible qu'on la divisa à cette époque pour alléger la besogne de Villacerf lui-même (Saint-Simon, éd. de Boislisle, t. VI, p. 7).

[2] *Du* : manuscrit *B*.

[3] *Son aîné* le marquis : manuscrit *B*.

[4] Michel François le Tellier, *marquis de Courtenvaux* par sa mère, né le 15 mai 1663, avait été reçu à la survivance de son père le 7 décembre 1681. Son père avait essayé de le former aussitôt à sa charge (Rousset, *Louvois*, III, 363, 368) en lui faisant étudier sous un gouverneur les fortifications et les camps. Mais c'était une nature ingrate, nulle au collège (voir Mathieu Marais. *Mémoires*, II, 133), incapable d'efforts et de discipline, un fort sot homme, avare, obscurément débauché (Saint-Simon, XIII, 152.— *Caractères de la Cour*, 1702, p. 28). Son père n'en pouvant rien tirer, Gourville, si on l'en croit (*Mémoires*, II, p. 169), proposa de lui substituer Barbezieux, qui épousa, du même coup, Mlle d'Uzès qu'on destinait d'abord à Courtenvaux.

Barbezieux (Louis le Tellier, marquis de), né le 23 juin 1668, quatrième enfant de Louvois, et non le second fils, avait d'abord été destiné à l'ordre de Malte, dont il était commandeur lorsqu'on l'appela à la survivance de son père pour remplacer Courtenvaux, le 13 novembre 1685. D'après le beau portrait qu'a tracé de lui Saint-Simon (éd. de Boislisle, VIII, p. 7 et 8), il avait, au contraire de Courtenvaux, hérité de son père la pénétration, la facilité au travail, l'orgueil aussi et la brusquerie. Voir une chanson citée par M. de Boislisle (*Ibid.*, p. 9, note 5) : « Barbezieux est un brutal ». Voir aussi d'Argenson (*Loisirs*, éd. Jannet, I, 7 et 8.).

[5] Voir plus haut, p. 274, note 1. Il n'entra en fonction définitive qu'à la mort de Tilladet (août 1692), et s'en acquitta très mal (Saint-Simon, éd. de Boislisle, XIII, 150).

[6] *Louis-Nicolas*, *marquis de Souvré*, grand maître de la garde-robe (3 mai 1688), était non pas le troisième fils, mais le troisième enfant de Louvois, l'aîné de Barbezieux d'un an. Né le 25 janvier 1667, abbé de Bourgueil, il

A l'égard des filles, il en a marié l'aînée au duc de la Rocheguyon, fils du duc de Rochefoucauld, dont il a été parlé dans la première partie de cette relation [1]. Au reste, les enfants de M. de Louvois ne pourront qu'en hériter un jour des grands biens, vu ceux qu'il possède déjà, qu'on fait monter à des sommes immenses et qui le font passer pour le plus riche particulier de l'Europe [2]. On le recueille moins des grandes et belles terres qu'il a acquises, comme de la baronnie de Meudon, entre Paris et Versailles, avec un château magnifique qu'il y a réparé ou bâti, avec un grand et beau parc qui l'environne [3], ou d'autres seigneuries en Champagne et dans le duché de Bourgogne [4], que d'ailleurs des grandes sommes d'argent comptant qu'il auroit mis en rente sous des noms empruntés, et qui lui reviennent ou de l'héritage du chancelier [le] Tellier, son père, ou des

---

avait servi en Allemagne, en Pologne, avait pris part au siège de Bade, puis était rentré dans l'armée royale, en 1688, et fut nommé colonel.

[1] *Relation*, p. 105, note 2.

[2] La fortune de Louvois était en effet très grande : le partage procura à chacun de ses enfants (Papiers du père Léonard, M. 828, f° 25) 700.000 livres. Comme il en avait six, la part de tous, sans celle de la mère, fut de 4.200.000 livres. L'ensemble était de près de 10 millions. Mme de Louvois resta donc fort riche : en 1694, elle mariait sa dernière fille magnifiquement et lui donnait 50.000 livres d'habits et de meubles (Mme de Sévigné, *Lettres*, 141-142). En 1695, elle vendait Meudon au roi 1 million (Saint-Simon, éd. de Boislisle, II, 283). Elle tenait grande maison ; ce qu'elle faisait d'aumônes était immense (*Ibid.*, édition 1873, XII, 395). Ce qui faisait attribuer à Louvois une fortune plus forte encore, c'était tous les héritages qu'il aurait pu recueillir ; sa mère, la femme du chancelier le Tellier, qui ne mourut qu'en 1698, lui devait laisser 1 million 200 000 livres que les petits-enfants se partagèrent (Saint-Simon, édition 1873, VI, 55). La mère de Mme Louvois, Mme de Boisdauphin, qui mourut en 1704, laissa 50.000 livres de rente qui devaient revenir aux enfants également. Les Louvois escomptaient aussi l'héritage de l'archevêque de Reims, près de 3 millions, que la marquise de Créquy, en soignant le vieillard, leur enleva.

[3] Sur le *château de Meudon*, bâti par Ph. Delorme, voir Piganiol (*Description de Paris*, VIII, 57-95). Saint-Simon dit que Louvois y entassa des millions (éd. de Boislisle, II, 283). C'est excessif. Sa veuve le reprit dans la succession pour 500.000 livres. Cela pourtant valait mieux. Le roi le lui acheta contre Choisy, et en plus pour 900.000 livres d'argent comptant (Dangeau, 1er juin 1695. — Mme de Sévigné *Lettres*, X, 173, 270, 274). Louvois l'avait acquis en 1680 du surintendant Servien ou de ses héritiers, et l'avait embelli. (Voir sa *Corresp. avec la Thuillière*, dans Rousset (*Louvois*, III, 529).

[4] La terre de *Champagne* était le château et marquisat de *Louvois*, érigé en 1625 pour Claude Pinart de Comblisi, qui le vendit à Michel le Tellier pour

acquêts certains de ses importantes et lucratives charges, comme de maniement de tout l'argent requis pour le département de la guerre, de celui qui est destiné pour les bâtiments et jardins des maisons royales et de ce qui en dépend, et des droits qui lui en reviennent, et enfin de son emploi de surintendant général des postes [1]. Je ne parle pas ici du seul frère qu'il a, et qui est ecclésiastique, savoir l'archevêque de Reims, et ainsi dont les grands biens qu'il a de sa famille passeront aussi un jour aux enfants de M. de Louvois et à ceux de leur sœur, la feu duchesse d'Aumont [2].

DU MARQUIS DE CROISSY

De son département des affaires étrangères.

Le marquis de Croissy, second ministre en rang, est celui dont je devrois avoir le plus à dire, comme le ministre d'Etat des affaires étrangères, et ainsi avec lequel j'ai eu toutes mes relations durant mon dernier séjour et emploi en France. Aussi n'y a-t-il que lui qui donne audience aux ministres étrangers, auquel ils rendent compte de leur commission, qui se charge d'en faire le rapport au Roi et au Conseil du Ministère, qui leur en rend les réponses ou explique les intentions de Sa Majesté, et ainsi comme le seul commissaire avec lequel ils ont à faire durant tout le cours d'un pareil emploi à la cour de France. C'est aussi le seul ministre qui se charge de leur procurer les audiences du Roi dans les occasions; qui l'en informe du sujet par avance, et qui

---

son fils. Dans le partage, à la mort de Louvois, il passa au marquis de Souvré. — La terre et le château d'*Ancy-le-Franc, en Bourgogne*, construit au xvie siècle, sur les dessins du Primatice, avaient été achetés par Louvois en 1683, et, dans sa succession, furent la part de Barbezieux. Spanheim aurait dû mentionner aussi l'*Hôtel Louvois* à Paris, acheté le 8 juin 1669 à l'abbé Fouquet, et que le ministre agrandit avec des maisons voisines des rues Richelieu et Sainte-Anne. Il fut la part de Courtenvaux, son fils aîné.

[1] La *surintendance des postes* était, outre ses appointements : 12.000 francs, une charge si lucrative, donnée à Louvois en 1668, que le roi à sa mort n'en donna, et, dit-on, sur sa prière, qu'une *Commission* à Le Pelletier. Et cette Commission rapportait encore 32.000 livres (*Annales de la Cour*, II, 397. — Dangeau, 1er janvier 1692, III, 368. — *Aff. étr. Documents France*, 1056).

[2] Voir plus haut, p. 349, note 2, et Saint-Simon (éd. 1873, VII, p. 281, 283).

aussi se trouve présent auxdites audiences de Sa Majesté. Ce qui, tout ensemble, s'est trouvé encore plus établi sous le ministère dudit marquis de Croissy que sous les ministres précédents dans le même poste, durant lesquels les autres ministres ne [1] faisoient point de scrupule de donner audience aux ministres étrangers quand on la leur demandoit, et d'en être informés aux occasions de ce que ceux-ci trouvoient à propos de leur représenter, ainsi que je l'ai vu pratiquer et ai pratiqué moi-même dans mes envois passés à la cour de France, en 1666 et 1668. Ce fut M. Colbert qui, en suite de la charge de ministre d'Etat pour les affaires étrangères qu'il procura à M. de Croissy, son frère, et après le retour de celui-ci de la cour de Bavière, lui en voulut laisser tout l'honneur, et, sous prétexte de ses grandes distractions, qui ne lui en laissoient point de loisir, se déclara que les ministres étrangers n'avoient plus à l'avenir à s'adresser à lui pour l'informer de leurs commissions, et dont il seroit au besoin assez instruit par le rapport que M. de Croissy, son frère, à qui cela appartenoit, en feroit au Roi et au Conseil. M. de Louvois, pour ne donner point de jalousie à la famille Colbert, prit aussi le même parti, et en sorte que les ministres publics qui se trouvèrent depuis à la cour de France, tant du premier que du second ordre, comme nonces ou ambassadeurs, Envoyés, Résidents, ne prirent et ne prennent plus d'audience que du seul marquis de Croissy, et même auquel M. de Louvois les renvoyoit quand ils trouvoient occasion de lui vouloir parler d'affaires. En quoi, pour le dire ici en passant, il se trouve un grand désavantage dans la négociation des ministres étrangers à la cour de France, puisqu'ils sont exclus par là de donner, aux occasions et suivant le besoin, les informations requises de leurs commissions et des intérêts de leurs princes aux autres ministres d'Etat, qui cependant ne laissent pas d'avoir le droit d'en connoître et d'en délibérer dans le Conseil, et qui même, par leur crédit et la nature des affaires, y peuvent

---

[1] *Sic* dans les manuscrits [A] et [B].

avoir le plus à dire [1]. J'ai bien tâché d'y suppléer dans les occasions en prenant celle d'aller dîner chez M. de Louvois, qui tient ordinairement table ouverte, et, au sortir du repas, de l'entretenir de ce dont je croyois à propos qu'il fût informé, et comme d'une affaire qui pouvoit même dépendre de son département, et dont je puis alléguer ici, pour exemple, celui des ordres donnés avant mon départ de France pour exiger les contributions du pays de Clèves [2]. Mais, après tout, et quoiqu'en

[1] Ces deux pages ont un réel intérêt pour l'histoire de la Monarchie administrative au XVIIe siècle. La concentration de tous les rapports avec l'étranger entre les mains du secrétaire d'Etat des affaires étrangères, signalée ici, explique ce que d'Argenson appellera au XVIIIe siècle « la superexcellence de sa charge sur les autres départements » (*Mémoires*, t. II, p. 301). Suivant une expression de Dangeau, il fut chargé « de rapporter au Conseil toutes les affaires étrangères et mettre par apostille tout ce qu'on aura résolu de répondre » (V, 443, 445). Il était décidé que les ambassadeurs iraient désormais chez le ministre secrétaire des affaires étrangères (Saint-Simon, éd. de Boislisle, III, 143) et qu'il les mènerait ensuite aux audiences. Le registre de ces audiences se trouve au Dépôt des affaires étrangères (France, *Documents*, 298 à 304) et ne commence qu'avec lui, à la date de 1680. Cette organisation nouvelle fut certainement faite pour défendre Colbert de Croissy contre l'ingérence de Louvois. Ainsi, dans l'affaire des Réunions, nous voyons Louvois transmettre à Croissy régulièrement les mémoires des intendants d'Alsace et de Lorraine (Dépôt de la guerre, 637, 809). Si Louvois garde un agent secret en Savoie, il lui écrit le 13 février 1681 (Rousset, III, 130) : « Je ne vous écris point de lettres ostensibles, parce que je ne dois point avoir de commerce dans les pays étrangers et que je ne voudrais pas que cela, revenant à ceux qui en sont chargés, leur donnât lieu de croire que j'entreprends sur leur emploi. » Il jetait au feu les lettres qu'il recevait d'eux (*Ibid.*, III, p. 148).

[2] Quoique, depuis le 2 août 1688, l'électeur de Brandebourg eût conclu avec Guillaume d'Orange un traité d'alliance et envoyé à la fin de l'année, sous la direction de Schomberg, 3000 hommes à Cologne, et 5000 hommes sous Schoning à Clèves, les hostilités n'étaient pas encore commencées entre lui et la France au début de 1689. La France avait encore son envoyé Gravel à Berlin. L'électeur de Brandebourg n'était pas à la tête de ses troupes. Cependant, pour faire vivre les détachements français qui occupaient l'électorat de Cologne, sous le commandement du lieutenant général, marquis de Sourdis, Louvois les laissa ravager, comme faisait l'armée du Palatinat, les pays voisins. Des partis de cavalerie atteignirent ainsi le pays de Clèves, sans que Louis XIV, qui avait résolu de se tenir sur la défensive, poussât encore sa conquête vers le nord : pendant l'hiver de 1688, il fit lever des contributions sur le pays de Clèves. Mais à la demande de l'électeur, qui manquait de troupes suffisantes pour attaquer, il consentit à rappeler ses troupes. La rupture se fit en janvier 1689. Ce ne fut que le 12 mars que le général prussien prit l'offensive, attaqua à Nerdinguen dans le pays de Juliers, le corps de Sourdis,

mon particulier j'aie toujours été traité fort honnêtement de M. de Louvois et, si j'ose dire, avec quelque distinction, il en demeuroit pourtant ce grand inconvénient, ou qu'il y avoit bien des affaires dont il eût été à propos de l'entretenir pour le bien des mêmes affaires et le service de Son Altesse Electorale, dont il n'y avoit cependant pas lieu, et ce qui même eût donné bien de la jalousie à M. de Croissy, ou, en tout cas, qu'on ne le pouvoit pas faire assez à fond ou avec assez de loisir, ni d'ailleurs y venir à la recharge pour en donner à M. de Louvois toutes les informations requises et en éclaircir au besoin les difficultés. J'ai cru devoir insinuer ceci en cet endroit, comme une circonstance assez importante pour ne la pas oublier.

Mais, pour en revenir à M. de Croissy, je n'ai pas besoin de répéter ici qu'il est redevable de son poste de ministre d'Etat pour les affaires étrangères à feu M. Colbert, son frère, comme il l'étoit déjà d'autres importants emplois qu'il a exercés ci-devant, soit de judicature et de police dans le royaume, soit de négociation au dehors dans les affaires publiques[1]. On peut compter parmi ceux-là ses emplois

De ses emplois précédents.

le battit et occupa Neuss (de Sourches, III, 55, 57, 58, 74). C'est à ces négociations préliminaires que Spanheim fait ici allusion (consulter Droysen, *Geschichte der preussischen Politik* et le livre du Dr Muller : *Wilhelm von Oranien und Georg Friedrich von Waldeck*, t. II, la Haye 1880. — enfin Waddington, *Instructions de Prusse*, p. 235, 236.)

[1] On verra plus loin comment Colbert appela son frère aux Affaires Etrangères. Ce que nous indiquerons ici, c'est la façon dont, n'étant encore qu'intendant de Mazarin, il prépara avec la sienne la fortune de Croissy, et celle de tous ses frères plus jeunes, Colbert de Vandières né en 1634, et l'abbé Colbert né en 1627. Croissy (Charles marquis de) était né en 1625. Colbert lui écrivait dès le 8 août 1659 ; « Je vous avoue que je brûle d'envie de voir notre famille s'élever par les voies d'honneur et de vertu et que tout le monde demeure d'accord que la fortune que nous avons nous est due. Nous sommes quatre frères : les trois autres sont en assez bon chemin de parvenir ainsi que je vous souhaite, et je fais encore plus de fondement sur vous » (Clément, I, 106). Les débuts, où Colbert soutenait son frère, étaient bien de *judicature et de police* : d'abord dans les bureaux de la guerre où il avait servi le Tellier comme Jean-Baptiste, et peut-être l'avait remplacé quand celui-ci passa au service de Mazarin (1651), puis comme intendant de l'expédition de Naples en 1654. Il avait au retour acheté une charge au parlement de Metz (20 mai 1656), et

passés de Président dans le Conseil souverain d'Alsace et du parlement de Metz, d'Intendant dans les provinces de Poitou, de Provence et en Catalogne ; en dernier lieu, celui de Président à mortier au parlement de Paris, dont il eut permission du Roi d'acheter la charge qui vint à vaquer durant qu'il étoit employé au traité de Nimeguen, et qu'il retient encore[1]. A l'égard des négociations, il accompagna dès l'année 1657, les ambassadeurs et plénipotentiaires de France, le duc de Gramont et M. de Lyonne, qui furent envoyés à Francfort à l'assemblée destinée pour l'élection de l'empereur aujourd'hui régnant, et y fut même chargé de commissions particulières du cardinal Mazarin durant le cours de cette assemblée[2]. Il passa

depuis ce moment, tout en restant dans la magistrature où il avait avancé, il fut chargé de missions administratives ou diplomatiques.

[1] Voici la liste exacte des emplois judiciaires et administratifs de Colbert de Croissy : il fut détaché du parlement de Metz en 1658, pour organiser la justice et les finances de l'Alsace, comme président *du Conseil souverain et intendant* en résidence à Ensisheim. Par les services qu'il rendit, par les soins que son frère lui recommandait d'avoir pour Mazarin (« il me semble avoir ouï parler du vin d'Alsace, envoyez-en tous les ans du meilleur au cardinal »), Croissy devint en 1662 président à mortier du Parlement de Metz. Pour continuer régulièrement sa carrière administrative, « pour être assez heureux que d'être attiré à Paris », il lui manquait d'avoir été maître des requêtes. Il le devint en 1663 (25 mai), puis fut envoyé par son frère comme intendant pour la recherche des faux nobles en Touraine, Anjou, Bretagne et Poitou 1663,1664 (voir ses rapports publiés par Dugast Matifeux, par Sourdeval (Tours), par Marchegay (*arch. d'Anjou*), puis à Soissons (1665) et Amiens (1666). Il fut nommé alors intendant de la généralité de Paris. Il resta à Paris de 1668 à 1679. D'ailleurs il ne remplit guère que des commissions temporaires quoiqu'il fût titulaire de ces charges, toujours occupé par des missions à l'étranger. Ainsi à Paris il fut presque toujours remplacé par un subdélégué (consulter *Croissy* par Delavaud, *Grande Encyclopédie*, t. XI, p. 890 et de Boislisle, *Mémoires de la généralité de Paris*, p. 79 et 378). En 1669 il devint conseiller d'État, d'août 1679 à 1689, président à mortier du parlement de Paris, « dont il exerça peu la charge » (Saint-Simon, éd. de Boislisle, III, 140). En 1690, Il échangea sa charge de Président contre celle de *Trésorier des ordres du roi*, vacante par la mort de Seignelay (novembre 1690). Spanheim ne pouvait pas encore le savoir.

[2] Dans les instructions de Colbert allant à Vienne (1660) on lit (Sorel. *Instructions d'Autriche*, p. 42) : « Le sieur Président a longtemps assisté à la dernière diète de Francfort. » Croissy avait pris de Gramont et de Lyonne à leur arrivée à Francfort quand ils y allèrent pour combattre l'élection de Léopold Ier (8 août 1657) (Valfrey, *de Lionne en Allemagne* p. 89). Il y resta

en Pologne quelques années après, par ordre de la Cour, et durant que la reine Marie, épouse du roi Casimir, y avoit le plus de part au Gouvernement[1]. Dans l'année 1666, il fut envoyé extraordinaire de France à feu Son Altesse Electorale, à Clèves, pour y moyenner l'accommodement entre les Etats généraux et l'évêque de Münster, qui étoient alors en guerre[2].

jusqu'en 1658 (Affaires étrang. *Correspondance d'Allemagne*, t. CXXXVI à CXLI), comme agent de Mazarin, avec qui il correspondait en dehors du ministre Brienne. Spanheim est renseigné à merveille. Il ignore pourtant qu'en août 1659 Croissy fut renvoyé en mission aux assemblées d'Augsbourg et de Nuremberg pour consolider l'alliance du Rhin. De là ce ne fut pas en Pologne qu'il alla d'abord, mais à Vienne où Mazarin l'envoya, le 16 février 1660, pour déterminer l'Empereur à renoncer à l'entreprise qu'il avait formée avec le Brandebourg contre la puissance suédoise. Cette entreprise empêchait la paix du Nord, dont Mazarin voulait donner l'honneur à la France. Il avait décidé l'Espagne, au traité des Pyrénées, à agir avec lui sur la cour de Vienne ; de Croissy devait joindre ses efforts à ceux de l'ambassadeur espagnol, la Fuente : « négociation urgente, de grande importance et de confiance », puisque le Président correspondait directement et par un chiffre particulier avec le Cardinal (Sorel, p. 40, 64). Sa mission fut vite terminée : l'Autriche, par son envoyé Lisola, obligeait à Danzig le Brandebourg à la paix, en février 1660 ; et Charles-Gustave mourait au même moment. La minorité de son fils rendit les Suédois plus traitables aussi. En mai la paix était signée à Oliva (mai 1660). — Restait la Pologne dont le roi, Jean-Casimir, voulait prendre sa revanche des victoires de Charles-Gustave. Sa femme, Marie-Louise, sœur d'Anne de Gonzague, le poussait à la paix. Elle servit la politique française, à condition que Mazarin placerait sa nièce Marie, mariée au duc d'Enghien, sur le trône de Pologne. Ce fut Croissy qui fut chargé d'aller pour la première fois à Danzig, en mai 1660, régler l'affaire avec elle (Haumant, *la Paix du Nord*, Paris 1891 ; Pribram : *die Berichte Lisolas*. — Prag.)

[1] *Le 12 octobre 1660* à son retour de Danzig, Croissy fut envoyé à Rome pour régler une autre conséquence de la paix des Pyrénées, l'accommodement entre le Pape et le duc de Parme à propos de Castro, et celui avec le duc de Modène pour les vallées de Commacchio. Il resta à Rome très peu de temps, n'eut que deux audiences et n'obtint rien (voir Hanotaux, *Instructions de Rome*, I, p. 39, 40 et ss.).

[2] En guerre avec les Hollandais, le roi d'Angleterre Charles II avait jeté sur leurs frontières le corps de l'évêque belliqueux de Munster, *Bernard von Galen*. Louis XIV, qui ne voulait pas faire la guerre à Charles II malgré son alliance avec les Provinces-Unies, avait imaginé de la faire à l'évêque de Munster. Il envoya le 21 octobre 1665 une petite armée sous le commandement de M. de Pradel. Elle prit Loccum, mit en déroute aisément les troupes de l'évêque. Les ducs de Brunswick souhaitaient cette guerre. Mais le grand électeur de Brandebourg, qui avait d'abord paru se joindre à l'évêque de Munster, s'allia par les offices de Croissy à la Hollande, le 18 février 1666. En vertu de ce traité, il menaça l'évêque de Munster et lui imposa avec la

Deux années ensuite, savoir : en 1668 il fut ambassadeur de France au traité d'Aix-la-Chapelle, pour la conclusion de la paix entre les deux couronnes de France et d'Espagne, et, par la faveur de M. Colbert, son frère, fut préféré pour cet emploi à M. Courtin, illustre dès lors par plusieurs ambassades, qui se croyoit destiné à celle-ci et en recevoit déjà les compliments. J'en puis parler comme étant à Paris dans ce temps-là et l'un des envoyés électoraux pour la même affaire de l'accommodement entre les deux couronnes, et ainsi auxquels M. de Croissy voulut rendre visite et les informer de sondit envoi avant son départ[1]. Dans l'année suivante, 1669[2], il passa en Angleterre en qualité d'ambassadeur extraordinaire de France et dans la vue de détacher entièrement la Cour d'Angleterre de la part qu'elle avoit prise dans la triple ligue avec la Suède et les Etats généraux, et l'engager dans une guerre contre ces derniers. Ce qui arriva, et fut particulièrement aidé par le voyage que feu

France sa médiation (février 1666). Il se fit confirmer par le traité de Clèves (19 avril 1666) ses possessions du Rhin, autour de Munster, que le traité de Xanthen avait donné au Brandebourg (Droysen, *Preussische Politik*, III, 3, 84, Kocher, *Geschichte des Hanovers*, p. 445, 455).

[1] Le 21 janvier 1668, Spanheim recevait de son maître, le Palatin, une lettre pour Louis XIV et l'ordre de lui offrir sa médiation avec l'Espagne, d'accord avec les autres princes allemands. Il devait associer ses efforts à ceux du baron de Lecrod, envoyé du duc de Neubourg, du sieur Pawels de Remmingen résident ordinaire de l'électeur palatin (Affaires étrangères, *Palatinat*, t. X). C'était l'exécution des mesures que les princes d'Empire avaient décidé de prendre pour empêcher une guerre décisive entre la France et l'Espagne. Au mois de mars, Louis XIV, résolu à s'entendre directement avec le gouverneur des Pays-Bas comme il le fit à Saint-Germain le 15 avril, donnait cependant satisfaction à l'Europe en acceptant un congrès à Aix-la-Chapelle. Il désigna comme plénipotentiaire Colbert de Croissy qui, en cette qualité, signa les traités des 30 avril et 2 mai 1668 (voir Bib. nat. *manuscrits Franc.*, *10664-10665*). — Courtin, à qui Croissy fut préféré, était en effet, selon l'expression de Gourville, « un homme de très bon esprit et de très longue expérience » (*Mémoires*, p. 543). Il avait débuté dans la diplomatie en 1650, auprès de d'Avaux, son parent, continué auprès de Mazarin en 1659 ; il avait eu à Londres une ambassade extraordinaire (10 mai, 10 décembre 1665) et paru comme plénipotentiaire aux conférences de Breda. Spanheim l'y avait connu et apprécié de près. Son témoignage met en valeur l'influence de Colbert à cette époque. Courtin se rapprocha alors très nettement des Le Tellier.

[2] Il arriva à Londres le 16 août 1668, fit son entrée solennelle le 27, et reçut à dîner le roi Charles le 11 septembre suivant (*Gazette 1868*).

Mme la duchesse d'Orléans, sœur du feu roi d'Angleterre et du roi Jacques d'aujourd'hui, fit à Douvres dans l'année suivante, 1670, et où elle acheva d'engager cette cour-là dans le complot de cette guerre. M. de Croissy resta dans ce poste d'ambassadeur en Angleterre jusques à ce que la même cour se vit obligée par le parlement à prendre d'autres mesures et à se départir de la guerre avec la Hollande[1]. Ce qui donna lieu audit M. de Croissy d'être rappelé de cet emploi vers la fin de l'an 1673[2]. Et comme, dans la suite, on convint d'une assemblée à Nimeguen pour les traités de paix, il y fut nommé second ambassadeur et plénipotentiaire de France, avec le maréchal d'Estrades, qui étoit le premier, et le comte d'Avaux le troisième, et où ils s'acheminèrent vers la fin de l'année 1676[3]. Il n'en sortit aussi qu'après la paix faite et les traités conclus avec la Hollande et avec l'Espagne, ensuite avec l'Empereur et l'Empire ; le tout avant la fin de l'année 1678[4]. En 1679 le mariage ayant été mis sur le tapis entre le Dauphin et la princesse sœur de l'électeur de Bavière, il fut envoyé à Munich pour en traiter et pour le conclure, comme il fit.[5]. Ce fut aussi durant son séjour susdit à la Cour de Bavière que le délai d'un jour ou deux que M. de Pomponne apporta à donner part au Roi du contenu des dépêches qui étoient arrivées de M. de Croissy sur le sujet de ladite négociation, donna lieu à M. Colbert d'informer le Roi de ce qu'il en savoit par les lettres de son frère, et servit de sujet ou de prétexte à ôter à M. de

---

[1] Sur ces négociations, consulter Mignet, *Succession d'Espagne* (IV, pp. 43, 224-225).

[2] Plus exactement à la fin de janvier 1674.

[3] Vers la fin de l'année 1675. Les conférences de Nimègue, au milieu de la guerre, furent décidées au mois d'août 1675. Louis XIV fit aussitôt partir ses plénipotentiaires et continua la guerre en laissant la porte ouverte aux négociations (consulter le *Recueil des dépêches de d'Estrades*, où se trouvent aussi celles de Croissy, édition 1710).

[4] Spanheim indique ici deux séries de traités signés à Nimègue ; il y en eut trois : le 10 août 1678, entre la France et la Hollande — le 17 septembre, entre la France et l'Espagne — le 5 février 1679, entre la France, l'Empereur et l'Empire. Tout ne fut donc pas terminé avant la fin de l'année 1678.

[5] Sur ce mariage consulter la *Relation* p. 124-125 et les notes.

Pomponne la charge de ministre et secrétaire d'Etat pour les affaires étrangères, et pour la donner à M. de Croissy[1].

de sa conduite et de ses vues dans son emploi.

J'ai cru qu'il n'étoit pas hors de propos de toucher en passant ce que dessus, pour donner lieu d'en mieux connoître un ministre qui est seul chargé de la direction et de l'expédition des affaires étrangères[2], et aussi avec lequel, de même que les autres ministres publics en France, je n'ai pu qu'avoir toutes mes relations durant le cours de neuf années de mon dernier emploi en ladite cour. On en peut aussi assez recueillir que la seule faveur du frère ne l'a pas élevé tout d'un coup à ce poste et qu'il avoit passé auparavant par bien des emplois qui y pouvoient avoir le plus de rapports. Aussi, ne put-il qu'y apporter une information suffisante des affaires de l'Europe et de la constitution et des intérêts des Etats qui la composent[3]. Et, comme son ministère se rencontra dans la conjoncture de la paix rétablie entre la France et les puissances alliées contre elle, en premier lieu par les traités de Nimeguen, en 1678, avec la Hol-

---

[1] Spanheim cite ici seulement l'accident qui détermina la disgrâce de Pomponne, dont il a donné plus haut les causes et les auteurs (p. 299, note 3). Cet accident pour tous les contemporains est le même : une dépêche arrivée de Bavière dont Pomponne eut le tort de ne pas donner connaissance immédiate au roi et que Louis XIV connut par une autre voie. C'est sur cette voie que les témoignages diffèrent. Pour Saint-Simon (éd. de Boislisle, VI, 343) et de Sourches (I, 443), ce serait Louvois. Gourville, toujours bien informé des choses d'Allemagne *(Mémoires,* p. 591), Mme de Sévigné et Bussy-Rabutin, amis de Pomponne, déclarent que ce fut Colbert l'aîné qui informa le roi. Le récit de Spanheim concorde avec celui des témoins les plus autorisés, de Pomponne lui-même.

[2] Ce passage est en contradiction absolue avec l'opinion répandue surtout par les travaux de M. Rousset. C'est par une fausse interprétation des textes que cet historien attribuait à Louvois, dès 1680, la direction de la politique étrangère (Rousset, *Louvois,* III, 574. — Emile Bourgeois. *Revue historique 1887,* t. XXXIV, p. 413-418).

[3] L'abbé de Choisy, ordinairement exact, confirme ce jugement : « Il avait plus de capacité qu'on ne l'a cru dans le monde ; son air grossier lui a fait tort. Personne n'écrivait mieux, et toutes ses dépêches, qu'il dictait lui-même sans le secours de ses commis, étaient admirables » (p. 556). C'est l'avis de Gourville aussi *(Mémoires,* p. 593). Nul plus que Spanheim n'était autorisé à réfuter cette opinion mondaine « que Croissy n'eût été rien sans son frère ».

lande, l'Espagne, l'Empereur et l'Empire, et après, par ceux qui se firent en 1679, à Zell, avec la maison de Brunswick et Lunebourg, et enfin, à Paris, avec le Danemarck et feu Son Altesse Electorale [1], il tira occasion des premiers traités, où il avoit été employé et avoit eu bonne part, de mettre sur le tapis et d'appuyer sur des clauses indécises qui y étoient restées, le plan des réunions dans l'Alsace et les dépendances prétendues, tant de cette province que de la Lorraine et des trois évêchés, Metz Toul et Verdun [2]. Ce fut dans cette vue que la connoissance et la juridiction en fut attribuée, partie au Conseil souverain d'Alsace, partie au parlement de Metz [3] ; qu'on

---

[1] Ces deux traités avaient pour objet le règlement des affaires suédoises. De ces affaires, Louis XIV avait d'abord fait une condition de la paix générale. La Suède l'autorisa en août 1678 à signer, sans que son sort fût assuré. Le roi de France la soutint, après la paix, contre la coalition du duc de Lunebourg, de l'évêque de Munster, du roi de Danemark, appuyée par la puissance militaire du Grand Electeur, fier de sa victoire de Fehrbellin. Le duc de Lunebourg rendit Brême à la Suède, entre les mains de M. de Rebenac, notre envoyé extraordinaire (5 février 1679, traité de Zell), et cela avant la guerre que Louis XIV dut faire au Brandebourg. L'évêque de Munster l'imita (Nimègue, 29 mars 1679). Vaincu enfin, le Grand Electeur restitua à la Suède la Poméranie par le *traité de Saint-Germain*, non de Paris (29 juin 1679). Enfin, le roi de Danemark fut obligé par Feuquières, le 2 septembre 1679, d'évacuer la Scanie et l'île de Rugen (traité de Fontainebleau) ; ce fut le salut de la Suède, la paix du Nord assurée. (*Histoire du traité de Nimègue*, Amsterdam 1754, 2 vol. in-12. — Waddington. *Instructions de Prusse*, p. 212, 213).

[2] Spanheim indique ici d'une façon toute nouvelle l'origine de l'affaire des Réunions. Croissy, et Croissy seul, l'aurait imaginée aux négociations de Nimègue, et l'y aurait préparée, pour la commencer dès son arrivée au ministère (décembre 1679). Suivant Spanheim, Croissy aurait voulu utiliser « les clauses indécises qui y étaient restées sur l'Alsace ». L'Empereur avait essayé, en effet, de faire préciser à Nimègue les clauses confuses et contradictoires du traité de Munster relatives à la cession de l'Alsace. Louis XIV et ses plénipotentiaires refusèrent toute explication ou arbitrage et déclarèrent que l'Alsace leur avait été cédée en toute souveraineté. Le fait que les Allemands furent obligés de signer la paix, parut l'équivalent d'un aveu. C'est en ce sens que Croissy l'interpréta (Bardot, *la Préfecture des dix villes impériales d'Alsace*, Lyon 1899. — Legrelle, *Louis XIV et Strasbourg*, p. 420. — Voir notamment, dans le livre de M. Bardot, l'analyse d'un travail de Verjus : « Remarques sur les conférences de Nimègue, pour servir à la preuve de ce qui est contenu dans la dépêche du roi du 10 octobre 1680 »).

[3] Le conseil souverain d'Alsace avait été institué en septembre 1657 à Ensisheim, d'où il fut transféré, en 1679, à Brisach, pour donner la justice aux

s'y servit, entre autres, du procureur général du roi audit parlement, jugé fort propre à pousser loin une telle affaire[1], et qu'outre cela, M. de Croissy prit à son service et pour son premier commis, M. de Bergeret, qui étoit avocat général audit parlement, et dont il se sert encore[2]. Ce que je touche ici comme une circonstance qui a eu le plus de part à engager du côté de la France ladite affaire des réunions dans l'Europe, et à la pousser et la soutenir dans la suite, vu celle que M. de Croissy y prit d'en faire le premier mérite de son ministère et de s'y croire suffisamment instruit ou autorisé par la part qu'il avoit eue, comme je viens de dire, au traité de Nimeguen, et par l'explication et l'étendue qu'il se crut en droit d'y donner. Ce fut aussi dans cette vue principale, d'un côté, qu'il forma ou appuya le plan des alliances plus étroites avec les puissances qu'il crut pouvoir le plus contribuer à y apporter de l'obstacle et à engager là-dessus une nouvelle guerre, et, de l'autre,

---

sujets alsaciens, et faire droit tout d'abord au roi dans ses nouveaux domaines. C'est à cette dernière tâche que s'attacha le premier Président, intendant de la Province, Colbert de Croissy, aidé du procureur général, son cousin, Charles Colbert. Ils rédigèrent, dès 1658, un mémoire sur les Réunions, qui a été publié par Pfister (*Revue d'Alsace*, 1895, p. 200). Ce système était donc une pensée ancienne des Colbert, à laquelle Louis XIV ne donna pas suite alors, mais qu'ils reprirent ensemble, estimant que la paix de Nimègue avait précisé leurs droits (Bardot, *ouv. cité*, p. 135, 140). — Le 6 janvier 1680, une Chambre analogue fut instituée à Metz, au Parlement, composée de treize juges pour cet objet spécial, à la demande des évêques de Metz, Toul et Verdun. Ce qui a fait croire que Louvois avait l'initiative de ces mesures, c'est qu'il avait dans sa secrétairerie d'État les provinces frontières, la Lorraine, les Trois Evêchés et l'Alsace, et qu'à ce titre, il organisa les pouvoirs des agents et dut correspondre avec eux (Émile Bourgeois, *Revue historique*, art. cité).

[1] Il s'appelait Ravaux et, pour ses instructions, recevait les ordres de Louvois (voir Rousset, III, p. 23, 24).

[2] Jean-Louis Bergeret, avocat général à Metz, fut appelé comme premier commis aux Affaires étrangères par Colbert de Croissy (décembre 1680). En 1682, il racheta à Verjus, occupé en Allemagne, la charge de secrétaire du Cabinet du roi. Cette charge lui procura, comme à Toussaint Rose, à Verjus et plus tard à son successeur Caillières, l'accès de l'Académie française en 1684. Il mourut premier commis de Torcy en 1698 (voir *État de la France, 1684*, et Baschet, *Histoire des Affaires étrangères*). Bergeret fut un de ces hommes de mérite qui, dans l'obscurité du second rang, furent en partie l'âme de l'ancienne diplomatie.

qu'il se rendoit difficile dans les négociations ou conférences avec les ministres publics qui avoient des intérêts opposés à cette réunion ou d'ailleurs tâchoient de les arrêter et de les détourner. C'est dont je puis rendre quelque témoignage sur les occasions que je pouvois prendre de moi-même d'en parler à mesure qu'elles se présentoient ou que j'en étois chargé de la part de feu son Altesse Electorale. Ce qui particulièrement ne pouvoit que le brouiller de fois à autres avec le comte de Mansfeld, ministre alors de l'Empereur à la Cour de France [1], et d'ailleurs avec celui de Suède, l'ambassadeur Bielke, au sujet de la réunion du duché de Deux-Ponts [2]. Il y avoit encore, à l'égard de ce dernier et des intérêts de son roi, deux circonstances qui les mirent mal ensemble, et dont il y aura lieu de parler sur le sujet des intérêts présents de la France avec la Suède. Et comme ce que je viens de dire contribua peu à peu à porter les affaires sur le penchant d'une grande guerre avec l'Empire et à l'engager d'ailleurs avec l'Espagne [3], et

[1] Henri-François, comte de Mansfeld, d'une famille prussienne au service de l'Empereur, envoyé extraordinaire à Paris, de septembre 1680 au mois de février 1683, puis ambassadeur à Madrid, où il fut accusé d'avoir inspiré le crime de la Cour d'Espagne sur la personne de la reine, nièce de Louis XIV. Commissaire général de l'Empereur en Italie jusqu'en 1696, maréchal de ses armées et son ministre de la guerre en 1701, il fut partout et toujours l'adversaire implacable de la France.

[2] Le comte Sten Bielke, sénateur du royaume de Suède, et l'un des plus considérables, était le chef du parti opposé à Lagardie et à la France, lorsqu'il fut désigné pour occuper en 1679 l'ambassade de Paris. Louis XIV l'avait « radouci » par une pension de 24.000 francs. Il fut cependant obligé de réclamer avec insistance, sur l'ordre de sa cour et du chancelier Oxenstiern, contre l'annexion du duché de Deux-Ponts, déclaré fief de l'évêché de Metz par la Chambre royale de Metz et dont Charles XI réclamait l'héritage (avril 1681). Louis XIV lui en offrit le domaine utile : Bielke protesta, quoique au fond, toujours vénal, il se préparât à remplacer Lagardie comme chef du parti français en Suède (voir Instr. de Feuquières et Bazin, 1672-1682, dans Geffroy, Instructions de Suède, p. 136, 147, 158).

[3] La Suède et l'Empereur, dans le courant de 1681, poussèrent l'Empire à la guerre. Déjà la Diète de Ratisbonne paraissait décidée à la reprise des hostilités, lorsque, dans une assemblée réunie à Francfort (septembre 1681), les envoyés de France, Saint-Romain et Harlay, appuyés sur l'électeur de Brandebourg et habiles à exciter les rivalités des princes, réussirent à écarter le danger. L'Empire resta étranger à la ligue de septembre 1681-mai 1682, formée

ensuite à en arrêter le cours par les traités de trêves qui suivirent avant l'été en 1684, et où feu Son Altesse Electorale eut autant de part, aussi M. de Croissy, de son côté, y eut toujours deux vues : l'une, d'appuyer et d'assurer à la France les Réunions faites comme un ouvrage procédé de ses conseils et négociations susmentionnées ; l'autre, de n'en détourner pas moins, et autant qu'il dépendoit de lui, les engagements de guerre qui en pouvoient résulter. A quoi il étoit porté, tant par la considération des événements douteux qui en pouvoient naître, que pour y trouver moins son compte par le crédit et l'autorité du Gouvernement qui en redoubloit pour M. de Louvois en temps de guerre. C'est aussi dans cette dernière vue que, dès le commencement de son ministère, il s'appliqua à appuyer le dessein de procurer à la France des alliés qui pussent concourir au même but d'éloigner la guerre. A quoi il ne jugea rien de plus convenable qu'une alliance plus étroite avec feu Son Altesse Electorale, et d'en faire commettre, comme on fit, toute la négociation au comte de Rebenac, envoyé de France auprès d'elle[1]. Ce qui donna lieu ensuite, et dans la même vue, d'y faire entrer le roi de Danemarck. Il travailla de même pour traiter avec la maison de Lunebourg ; mais ce qui trouva des obstacles au sujet des engagements que le duc d'Hanover avoit déjà pris avec le

entre la Hollande, la Suède et l'Espagne, et aux effets de cette ligue, la guerre déclarée par Louis XIV une fois de plus à son beau-frère Charles II, guerre qui aboutit à l'occupation de Courtrai et Luxembourg (1684). Louis XIV la cessa lui-même le premier, à condition qu'on lui laisserait ses conquêtes. Mais il ne les obtint que par une trêve valable pour vingt années et non par un traité définitif, la *trêve de Ratisbonne* (11 et 15 août 1684).

[1] François de Pas-Feuquières, comte de Rébenac, fils du diplomate, marquis de Feuquières, était lieutenant général de l'Evêché de Toul quand il débuta, par la protection de Pomponne, dans la diplomatie par une mission à l'armée de Suède, en 1677. Il avait vingt-huit ans. Le roi l'envoya, en 1679, conclure à Brunswick le traité de Zell. De là, il fut, en 1680, envoyé à Berlin, où Croissy l'employa à une mission dont l'importance sera exposée plus loin. Il y réussit de telle manière, qu'en 1688 on lui donna une ambassade de premier ordre, celle d'Espagne. Il y succédait à son père (Saint-Simon, éd. de Boislisle, IV, 321.— Morel-Fatio, *Instructions d'Espagne* I, p. 361. Sur l'homme et son œuvre à Berlin, consulter surtout Waddington, *Instructions de Prusse*, p. 213, 221, 222).

prince d'Orange et même avec la cour impériale. La conduite de la Suède, par le traité d'association qui fut fait bientôt après à la Haye [1], ne put que donner à ce ministre et à la Cour de France tant plus d'éloignement pour ladite couronne, et à tâcher à s'y précautionner par toutes sortes de moyens. On crut dans la suite y avoir assez pourvu par le traité de trêves qui assuroit à la France, pour le terme de vingt ans, les réunions faites dans l'Empire, sans parler de la possession [2] de Luxembourg qu'on venoit d'enlever aux Espagnols. D'ailleurs, comme cette affaire des réunions tenoit fort à cœur à M. de Croissy pour les raisons que j'en ai déjà touchées, aussi prenoit-il aisément ombrage de tout ce qu'il crut en pouvoir traverser un jour la possession à la France [3]. C'est dont il crut

[1] C'est le titre exact du traité dit *d'association*, signé le 30 septembre 1681 entre la Suède et les Provinces-Unies, auquel l'Empereur accéda le 28 février 1681, le premier germe de la future ligue d'Augsbourg, œuvre de Guillaume d'Orange. Dans une instruction donnée le 11 avril 1682 au sieur Bazin, conseiller du roi, envoyé à Stockholm par Louis XIV et Croissy, on peut voir comment, à cette époque, ils jugeaient l'ingratitude de la Suède et s'éloignaient d'elle. De 1682 à 1691, la France n'entretint plus d'agent officiel à Stockholm (Geffroy, *Instr. de Suède*, p. 142, 143).

[2] Possession « de la ville de » a été ajouté par le man. [B] en interligne.

[3] L'exposé de la diplomatie de Croissy de 1680 à 1684, contenu dans ces deux pages, est rigoureusement précis. Conserver les Réunions, en évitant la guerre, tel était son programme. Spanheim était à même de savoir comment il fut réalisé, puisque ce fut surtout par le concours de son maître, l'électeur de Brandebourg. Lorsque, à Saint-Germain, il avait été obligé de s'humilier devant la France, le grand électeur s'était du moins fait payer cette humiliation et les frais de la guerre : trois cent mille écus payables de trois en trois mois pendant deux ans. Spanheim eut soin que la Cour de France s'acquittât et l'obtint aisément. Croissy lui avait dit « que S. M. avait la passion de cultiver l'amitié de l'électeur par toutes sortes de moyens et de preuves qui seraient en son pouvoir ». Ce n'était pas une passion désintéressée : quand la Suède excita les Allemands à la guerre, Croissy eut recours à toutes les puissances qu'il avait, en 1679, combattues pour la sauver, et en première ligne au Brandebourg. Après un traité secret du 25 octobre 1679, M. de Rébenac eut ordre (1er décembre 1679) de poursuivre une alliance plus étroite avec le Grand Electeur. Ce ne fut pas Spanheim qui fut chargé des négociations, Croissy le jugeait « mal intentionné » (Aff. étr. *Brandebourg* 1679). Mais il les connut par Meinders, le ministre du Grand Électeur. Elles aboutirent au traité d'alliance du 11 janvier 1681, renouvelé en 1682, qui stipulait une pension de 100.000 thalers à l'électeur, et la confirmation de ses droits à l'héritage d'Orange. L'alliance, devenue en mars 1683 plus

qu'on ne pouvoit mieux s'assurer qu'en tâchant de faire convertir la trêve en paix et d'en prendre prétexte, tantôt de la ligue d'Augsbourg, tantôt des vues et des menaces qu'on affectoit d'attribuer à la cour impériale, et à mesure de ses progrès en Hongrie, à savoir : de vouloir conclure la paix avec le Turc pour tourner ses armes contre la France. Et c'est aussi là-dessus qu'il en fit entamer la négociation à la cour de[1] Rome, par le cardinal d'Estrées, dès la fin de l'année 1686[2].

active encore, avait pour objet ou d'entraîner la Prusse ou de l'empêcher de nuire au duc de Brunswick-Lunebourg et de menacer la Suède (Arch. de Berlin, Corresp. de Spanheim, R. XI, 23 septembre 1683, mai 1684). « Le roi souhaite d'entrer avec M. l'Electeur dans des mesures plus étroites. Le comte de Rébenac est assez instruit pour avoir l'honneur de l'entretenir conformément aux intentions du roi. » Le traité fut signé le 25 octobre 1683. Le traité avec le Danemark, négocié dès 1680, et que cette Cour fit traîner, avait le même objet : mettre la Suède à la raison. Il aboutit en 1683. Cette diplomatie fut féconde en résultats : s'excusant de faire la guerre sur son grand âge, l'Electeur, satisfait du moins des offres de Louis XIV, « empêcha avec le plus d'ardeur possible tout ce qu'on voulait entreprendre contre les intérêts de la France et s'y opposa vivement ». La trêve de Ratisbonne fut en grande partie son œuvre et un succès pour la France (Archives de Berlin, ibid., et Aff. étrang. Brandebourg (1680-1684), t. XIV à XX. Waddington, Instr. de Prusse, p. 222, 223).

[1] La cour de supprimé dans le manuscrit [B.]

[2] Cette négociation, dont l'histoire n'a point été faite et que Spanheim a très bien connue, marque une deuxième période dans la diplomatie de Croissy. Les moyens qu'il avait employés pour empêcher l'Empereur de lui faire la guerre lui manquèrent brusquement par l'effet de la Révocation. Dès le 17 septembre 1685, l'électeur de Brandebourg échappait à la France, qui essaya d'acquérir le Brunswick coûte que coûte (Lettre de Louvois, dans Rousset, IV, 2). Le 10 février, l'électeur de Brandebourg accédait à l'association formée pour la religion par la Suède ; le 22 mars 1686, il s'accordait avec l'Empereur pour maintenir l'intégrité du territoire germanique. Il entraînait la Saxe, le Palatin. « J'apprends, écrivait Louis XIV à d'Estrées, que les ministres de la Cour de Vienne et ceux du roi catholique ne souhaitent rien plus passionément que de conclure la paix avec les Turcs pour la recommencer contre moi. L'association d'Augsbourg n'a d'autre objet que d'attaquer mes Etats, sous prétexte de prétendus griefs de l'Empereur et de ceux de quelques protestants qui sont dans l'étendue de sa souveraineté » (20 décembre 1686, Affaires étrangères, Rome, t. CCCII). Pour empêcher cette guerre, à défaut des princes d'Empire, Louis XIV eut recours au pape Innocent XI, qu'il savait « touché des avantages de la chrétienté ». (Instructions de Rome, I, 360). Il lui offrit des subsides en plus de ceux que ce pape faisait tenir à l'empereur pour continuer la guerre contre les Turcs. Il lui demandait, en échange, de transformer la trêve de Ratisbonne en une paix définitive. Sous prétexte d'aider Léopold Ier à défendre la chrétienté, il voulait le paralyser. En janvier 1687, son ministre à Ratisbonne, Verjus, proposait à

qu'il eut quelque chagrin que l'affaire y fût négociée autrement qu'il ne s'attendoit, et de tout l'éclat qu'elle fit. C'est dont j'essuyai aussi ma part sur les remontrances que je me crus en droit de lui en faire dès que je l'appris ; et qu'enfin, ce coup ayant manqué, on ne perdit pas cependant le dessein de le faire réussir dès les premières ouvertures qu'on en trouveroit. Je n'en parle ici que par la part que M. de Croissy prenoit en tout cela et pour en faire mieux connoître sur quoi rouloient en effet toutes ses vues : l'une, d'assurer, comme j'ai déjà remarqué, les réunions à la France ; l'autre, d'en venir à bout par la voie des traités et des conjonctures à y donner lieu, plutôt que par celle des armes. Ce fut aussi dans la même pensée qu'il appuya, dans la suite, d'un côté l'élection du cardinal de Fürstenberg pour l'électorat de Cologne et pour l'évêché de Liège ; et d'ailleurs que, l'un[1] et l'autre ayant manqué, quelque déplaisir qu'il en eut[2], il ne fut pas cependant d'avis d'y faire engager plus avant l'autorité royale et d'entamer là-dessus une guerre, mais bien d'employer tous les offices, et les menaces au besoin, à la cour de Rome et envers le pape, pour le porter à y changer de conduite. Ce qui d'abord fut d'autant plus facile à ce ministre, savoir : qu'on s'en tînt encore là du côté de la France, que M. de Louvois se trouvoit alors absent aux eaux de Forges mais qui, à son retour, prit l'affaire sur un autre ton et vint aux prises là-dessus, et devant le Roi, avec M. de Croissy, porta Sa Majesté à y prendre d'autres mesures et à soutenir de vive force l'élection de Cologne en faveur du cardinal sus-

---

l'Empire un traité de paix définitif (Rousset, IV, p. 31). Au moment où cette négociation se préparait, le duc d'Estrées, ambassadeur à Rome, mourut (30 janvier 1687). Son frère, le Cardinal, était obligé de se brouiller avec le pape sur l'affaire des franchises, qui se termina par les violences et l'excommunication de l'ambassadeur Lavardin.

[1] *L'une* : manuscrit [B].

[2] Spanheim témoigne que, si l'affaire de l'électorat de Cologne fut la cause de la guerre, ce fut malgré Croissy, dont tous les efforts allaient depuis huit ans à empêcher toute rupture avec l'Allemagne. Sur Furstenberg et pour son élection à Cologne et à Liège, voir la *Relation* p. 250, note 3; p. 251, note 4.

dit, aussi bien que par la négociation à la Cour de Rome, et ainsi à envoyer des troupes dans les places de l'archevêché sur le Rhin et s'en rendre maître[1]. Ce qui ensuite est allé plus loin par les conseils du même M. de Louvois, sans que M. de Croissy ait eu le crédit ou la force de l'empêcher, ou même dans les vues, dont il a pu se flatter, que la conjoncture de la guerre qui duroit encore avec le Turc pourroit faire accepter au Conseil de Vienne le parti porté dans le manifeste qui fut publié par la France en même temps du siège de Philipsbourg, et qui fut dressé dans le bureau de M. de Croissy[2].

[1] Les lettres de Louvois, en partie publiées par Roussel, et les travaux de cet auteur confirment sur tous les points le récit de Spanheim. Le 6 juillet 1688, Croissy avait fait une suprême tentative pour négocier secrètement avec le pape la paix de l'Europe et pour régler les différends de Rome et de la France : régale, franchises. Il lui avait envoyé, sous un faux nom, Chamlay (Dépôt de la guerre, 1183). Quand l'élection se fut faite à Cologne, défavorable à Furstenberg, Croissy rédigea pour Chamlay, le 23 juillet, une nouvelle instruction, où, par quelques menaces, il espérait décider le pape en faveur du candidat français : « Je n'en ai vu de ma vie une plus froide. J'en ai joint une à ma mode, et comme cela pourrait affliger M. de Croissy, je n'en ai rien mandé au roi. » Louvois commençait, cette lettre du 23 juillet le prouve (Roussel, IV, 77), à préparer la guerre par une diplomatie secrète, pour laquelle il avait sans doute obtenu l'envoi de Chamlay à Rome. De Forges où il était en effet, il poussait aux hostilités. « Nous paierons chèrement le repos dont nous avons joui depuis cinq ou six ans. » C'était la critique du système pacifique de Croissy. L'échec total de Chamlay à Rome, qui eut soin d'exagérer les refus assez cassants et les mauvaises dispositions du pape, fournit à Louvois le moyen de convaincre Louis XIV qu'il fallait régler l'affaire de Cologne par les armes. Le 16 août, Croissy dut s'exécuter et rappeler Chamlay.

[2] La correspondance de Louvois du 21 au 28 août 1688 indique une fiévreuse activité pour mettre l'armée de France en campagne sur le Rhin (Roussel. Louvois, IV, 88, 110). Mais on y sent en même temps qu'il n'est pas tout à fait le maître et que Louis XIV subit encore l'influence pacifique de Croissy. Il offre Philipsbourg et Fribourg rasés aux Allemands, « si l'Empire veut consentir à convertir la trêve en une paix solide » (Roussel, IV, 111). Le 25 septembre, dans le manifeste dont Spanheim parle ici, œuvre de Croissy assurément, Louis XIV renouvelait ces propositions, y ajoutait l'offre de restituer Kaiserlautern à l'électeur palatin, et de procurer la coadjutorerie de Cologne au rival de Furstenberg, le prince Clément de Bavière. Il parlait d'un délai de trois mois. Le 27 septembre, Philipsbourg était investi. La guerre était inévitable, et pourtant, à la Cour, on gardait encore l'espoir et le désir de l'éviter : « Si nous pouvions faire la paix en Allemagne et en Italie ! » écrivait Mme de Sévigné à sa fille (29 décembre 1688). Cet espoir, déçu par l'incendie du Palatinat et les premières victoires des Allemands, se tourna en haine et en reproches contre Louvois.

Aussi me parut-il assez aheurté là-dessus dès la première fois que je lui en parlai et que je venois d'apprendre la résolution susdite, que je tâchois d'un côté de lui remontrer tous les justes griefs qui s'y trouvoient, et de l'autre de combattre les vues dont il pouvoit s'y flatter. Mais, comme le Rubicon en fut franchi, qu'on ne s'en tint pas même, du côté de la France, au projet du manifeste, et que les choses furent bientôt portées à de plus grandes extrémités par le même génie et la conduite du ministre qui les avoit engagées, savoir : M. de Louvois, et qui en donnoit seul les ordres, aussi M. de Croissy ne fut plus en état d'y garder de son côté beaucoup de mesures, et, de gré ou de force, a suivi le torrent où elles ont été entraînées.

Mais, comme je ne parle ici des affaires publiques que par rapport à la part que M. de Croissy y peut avoir surtout par son département de ministre pour les affaires étrangères, et ainsi pour en faire mieux connoître ses vues et sa portée, c'est aussi pour en mieux juger, et pour avoir assez eu d'occasions de m'en éclaircir, que j'ajouterai ici quelque chose de plus particulier sur son sujet. Sur quoi je lui dois rendre en premier lieu ce témoignage qu'il a naturellement de la droiture et de l'équité, et ainsi qu'il apporte ordinairement de bonnes intentions dans les affaires qui lui sont commises. Aussi a-t-il assez de routine et de lumière pour les démêler et pour y prendre le parti le plus sûr et le plus convenable. Quoique son génie ne soit pas des plus forts ni des plus élevés, il ne manque cependant ni de pénétration, ni de vues, ni d'application pour remplir le poste où il se trouve [1]. Il s'exprime avec facilité et

Son véritable caractère.

---

[1] Ce portrait est le plus complet que nous ayons de ce ministre de Louis XIV, ordinairement négligé. C'est une réhabilitation, un éloge qui ont leur valeur, parce qu'ils viennent d'un ennemi, sont mesurés, et concordent enfin avec les autres témoignages, assez rares d'ailleurs : « C'était un homme d'un esprit sage, dit Saint-Simon (éd. de Boislisle, III, 139), mais médiocre, qu'il réparait par beaucoup d'application et de sens. » — « L'esprit fort pesant, mais de grand travail », disait d'Ormesson, en 1667, de Croissy, alors magistrat (II, 488). Voir aussi les mémoires de Choisy et Gourville cités plus haut. — Il avait les qualités des Colbert et leurs défauts aussi.

avec justesse quand il est dans son assiette naturelle, et ce tant
dans les conférences qu'on a avec lui, que dans les dépêches
qu'il fait en acquit de son ministère. Aussi est-il fort régulier à donner de l'audience [1] aux ministres publics, et surtout à
n'y manquer point dans les jours de la semaine qu'il y a destinés. Il y garde même, dans l'accueil et dans les manières,
toute l'honnêteté et les bienséances requises, à moins que la
nature des affaires qu'on a à traiter avec lui, ou quelque autre
prévention ne lui fasse prendre quelque travers. Ce qui lui
arrive assez souvent, par le défaut d'un tempérament qui le
rend sujet à s'emporter aisément et à ne garder pas alors tout
le flegme et toute la modération qui seroit requise dans un
emploi pareil au sien. A quoi se joint le penchant qu'il a à prendre les affaires avec trop de hauteur et sans ménager assez ce
qu'il en dit, ni les personnes avec qui il en parle [2]. C'est ce qui
l'a brouillé plus d'une fois avec les ministres de l'Empereur
qui se trouvoient à la cour de France depuis son présent emploi,
et avec d'autres ministres publics, qui croyoient avoir lieu de
s'en formaliser [3]. Et en effet c'est cette même conduite qui le
rend difficile à traiter d'affaires qu'il ne croit pas conformes au
gré de son roi et aux intérêts de son royaume, et ainsi plus
propre à conférer avec des ministres des amis et alliés de la
France, et sur des vues communes et agréables à celle-ci, que
d'en avoir avec eux à débattre d'autre nature, ou d'ailleurs à
négocier avec des ministres de puissances ennemies ou suspectes à cette couronne. Il est vrai qu'il revient assez aisément
de ses emportements, et s'en rend après plus traitable pour

[1] Le manuscrit [B] porte : *donner audience.*
[2] « Fort défiant, peu ouvert, altier et colère » (d'Ormesson, *Journal*, II, 488). — « Son air grossier, pour ne pas dire brutal, lui a fait tort » (Choisy, p. 556). Ses qualités « étaient gâtées par l'humeur et la brutalité naturelle de sa famille » (Saint-Simon, éd. de Boislisle, III, 140).
[3] De Sourches raconte le démêlé qu'eut M. de Croissy, le 15 mai 1690, avec l'ambassadeur des Vénitiens, Veniero. Celui-ci lui disait que de la manière que les choses allaient « il fallait que la France eût une alliance avec les Turcs ». — « Tous ceux qui le disent, répondit Croissy, en ont menti. » L'ambassadeur de Venise avait aussitôt demandé son rappel (III, p. 257).

peu qu'on ait soin de s'en prévaloir. Il ne manque pas même de docilité, pour ainsi dire, à donner lieu aux informations qui peuvent servir à le désabuser ou à le mieux instruire des choses ou des faits dont on a à lui parler, et ainsi à n'être pas toujours entêté de ses premiers sentiments. Il se laisse aller quelquefois à les découvrir trop facilement là où il y auroit lieu à les ménager davantage, et par conséquent où il n'apporte pas toujours toute la circonspection que requerroit le poste où il se trouve. Son application d'ailleurs pour les affaires ne laisse pas d'être assez grande pour y satisfaire aux obligations de ce même poste, et principalement à tout ce qu'il croit important pour le service du Roi et le bien de l'Etat. Après tout, elle pourroit être ou plus réfléchie sur le détail de ce qui y est requis, et à s'en décharger moins sur les commis dont il se sert pour les expéditions des affaires de sa charge. D'ailleurs, il n'est pas assez maître de son département, ni assez autorisé auprès du Roi ou dans le Conseil, pour soutenir aux occasions et faire réussir au besoin ce qui en dépend et ce qu'il en juge. La concurrence ou les obstacles qu'il y trouve de fois à autres du côté de M. de Louvois ne peuvent[1] que lui faire de la peine, dont il ne peut même pas se cacher dans les rencontres, et ainsi être un contre-temps fâcheux pour les affaires qu'on n'a cependant à traiter qu'avec lui seul[2]. Il s'y joint encore de ses indispositions de goutte, qui se rendent plus fréquentes et plus fâcheuses, et qui ne peuvent que contribuer à redoubler ou entretenir son chagrin[3]. Il a d'ailleurs ce malheur particulier de passer dans l'esprit de la plupart des gens de la cour et de Paris pour moins habile et éclairé, et d'ailleurs plus difficile à ménager, qu'il ne l'est en effet. Ce qui vient de ce qu'on en juge plus par les dehors, par la considéra-

---

[1] « *Peut* », dans les manuscrits [*A*] et [*B*].

[2] Il faut rappeler ici l'aveu de Louvois déclarant lui-même qu'il négocie à l'insu du Roi et de Croissy à Rome : « *pour ne pas affliger* » ce dernier (lettre du 23 juillet 1688 ; Rousset, *Louvois*, IV, 77).

[3] Saint-Simon parle « de la décadence de santé de Croissy perdu de goutte » (éd. de Boislisle, III, 145).

tion du peu de pouvoir qu'il a ou qu'il se donne dans son poste, et par son foible à ne se posséder pas assez dans les rencontres, que par une connoissance suffisante de la portée de son esprit et de ses lumières [1]. En sorte que, pour ne m'étendre pas ici davantage sur le caractère de ce ministre, on peut déjà assez recueillir de ce que je viens de dire qu'il est bon et bienfaisant par inclination, chagrin ou emporté par tempérament ou par accident, traitable ou difficile par intervalle et par la nature des affaires, et ainsi commode ou fâcheux par les mêmes endroits; d'ailleurs appliqué par devoir, habile par routine, jaloux de son poste, et enfin fort soumis aux volontés du Roi. Aussi est-il fort régulier à lui rendre compte exact, et sans en attendre les jours de Conseil, de tout ce qu'il croit en valoir la peine et qu'il apprend dans les dépêches qu'il reçoit par l'ordinaire ou à l'arrivée des courriers exprès. En quoi aussi il ne peut qu'avoir en vue de ne tomber point dans le défaut touché ci-dessus [2] de son prédécesseur, M. de Pomponne, et par là dans la disgrâce qui lui est arrivée, ou au moins dont on prit le prétexte. M. de Croissy prit même occasion de suppléer au besoin à ce devoir, et surtout dans les temps de ses indispositions de goutte, ou par son premier commis, M. de Bergeret, et qui est aussi secrétaire du cabinet du Roi, ou même par son fils aîné, le marquis de Torcy, pour donner lieu à celui-ci de s'instruire dans les affaires de son département et de se faire connaître du Roi. C'est dans la même vue qu'il lui a procuré des envois au dehors, de la part de Sa Majesté, comme en Danemark, il y a quelques années, pour y faire les compliments de condoléance sur la mort de la reine mère; ensuite en Portugal, sur celle de la feue reine; depuis en Angleterre, au roi Jacques [3];

---

[1] C'est ce que Choisy avait noté : « Il avait plus de capacité qu'on ne l'a cru dans le monde » (*Mémoires*, p. 644). Choisy l'avait éprouvé personnellement, et son témoignage a d'autant plus de valeur qu'il était l'intime ami du premier commis Bergeret, très renseigné et très puissant alors aux Affaires étrangères (éd. Lescure, I, p. 218).

[2] *Relation*, pages 337, 357.

[3] Jean-Baptiste Colbert, marquis de Torcy, né le 14 septembre 1665, n'avait

outre les voyages qu'il lui a fait faire par les mêmes occasions susdites, comme en Suède, dans les principales cours de l'Empire, à Ratisbonne, à Vienne, de même qu'en Espagne et en Italie. C'est par où aussi il a atteint le but qu'il s'étoit proposé, qui est de faire recevoir son fils susdit en survivance de sa charge de secrétaire d'Etat pour les affaires étrangères, comme il est arrivé depuis quelques mois en çà [1], et ainsi après mon départ de France, suivant ce qu'en ont porté les avis publics.

Je dois seulement [2] ajouter en dernier lieu, sur le sujet du père, le marquis de Croissy, que, dès l'entrée à son ministère, il témoigna beaucoup de disposition à faire prendre des liaisons particulières avec feu Son Altesse Electorale, tant par la considération des avantages qu'il jugea que la France ne pouvoit qu'en retirer dans la suite, et surtout dans les vues susmentionnées d'en détourner la guerre au sujet des réunions [3], que d'ailleurs par quelque penchant qui lui étoit resté pour Sadite Altesse Électorale depuis son premier envoi public et sa négociation à Clèves en 1666 [4], et au contraire avec peu

De ses sentiments à l'égard de la sérénissime maison électorale.

que dix-neuf ans quand son père l'envoya en Portugal, le 25 janvier 1684 féliciter le roi Don Pedro II de son avènement (sept. 1683) et, du même coup, faire des compliments de condoléance de la mort survenue au même moment de la reine mère. « C'était son premier employ », disent ses instructions (*Instructions de Portugal*, p. 164). En 1685, il fut envoyé en Danemark; en Angleterre, enfin, en 1687. Dans l'intervalle de ses missions et de ses voyages, il travaillait avec son père et le soulageait quand il était malade (Voir Baschet, *Histoire du Dépôt des affaires étrangères*, p. 93-161, et la *Vie* inédite de Torcy par sa fille (*Bib. nat., ms fr.*, 10668).

[1] Le 25 septembre 1689 (*Arch. nat.*, O^k. 274, fol. 31).
[2] Tout ce paragraphe n'est pas dans l'édition de Dohm. Il a été supprimé par le secrétaire de Spanheim, Schott, sur le manuscrit dont se servit Dohm.
[3] Voir plus haut, p. 363, note 3.
[4] Cette mission de Croissy à Clèves n'était pas son premier envoi public, comme on a pu le voir dans l'énumération que nous avons donnée de ses missions en 1660 (354, note 2). — L'ambassade de Croissy à Clèves eut lieu de janvier à mai 1666 (*Affaires étrangères, Brandebourg*, t. IV, fol. 350 et suivants). Elle eut un double objet : 1° détourner l'électeur de Brandebourg de s'unir aux princes qui menaçaient la Hollande, lui procurer du même coup Orsoy et l'acquit des dettes que l'Electorat avait contractées avec les *États*

d'inclination pour la Suède, et surtout pour le Ministre qui commençoit à y paroître au timon des affaires, le comte Benoît Oxenstiern, depuis leur connoissance aux traités de Nimeguen[1]. C'est aussi dans cette même vue susdite que, sur ce qu'il plut à feu Son Altesse Electorale, et avec des vues conformes, de me destiner de son mouvement pour son envoyé extraordinaire à la cour de France au commencement du ministère dudit marquis de Croissy et de [2] l'année 1680, celui-ci, que j'avois connu aux traités de Nimeguen en qualité que j'y avois de Ministre palatin, prit quelque ombrage du choix de ma personne sur ce que j'avois été obligé d'en venir quelquefois aux prises avec lui, durant lesdits traités, pour les intérêts du prince qui m'y avoit envoyé. Outre d'ailleurs que j'avois eu le bonheur d'être honoré d'une confiance assez particulière des Ministres du parti contraire à la France, comme du feu marquis de Grana, baron d'Isola et pareils [3], et

généraux en 1616 : ce traité se fit le 18 février 1666; 2° l'employer à faire la paix dans les quartiers du Rhin (traité du 19 avril 1666). Le 6 mai 1666, l'électeur écrivait à Louis XIV pour le remercier de lui avoir adressé « une personne de cette qualité et de ce mérite, qui s'était très dignement acquittée de sa commission ». Il donna à Croissy son portrait enrichi de diamants.

[1] *Benoît Oxenstiern*, comte de Kexholm et de Wasa, sénateur de Suède, président du Tribunal de Wismar, d'une branche différente de celle du grand chancelier, né à Moerby le 16 juillet 1623, gouverneur de Pologne et de Livonie, remplit les fonctions de plénipotentiaire à Nimeguen (1676-1679). Là, il marqua son hostilité à la France, qu'il accusait des échecs de son pays; il s'irritait qu'elle lui imposât, pour la défendre, des négociations auxquelles elle n'eût point part. Et déjà il donnait le signal d'un rapprochement avec l'Empereur. En 1680, il obtint de Charles XI la disgrâce de Lagardie, le grand chancelier, dévoué à la France et agent de la noblesse contre la royauté. Il fut chargé alors des fonctions de chancelier, qu'il garda jusqu'en 1690 : à cette époque, Sten Bielke, d'abord ennemi comme lui de Lagardie et de la France, se rapprocha de Louis XIV et, reconstituant le parti français, le ramena au pouvoir.

[2] Le manuscrit [B] porte : *dès* l'année.

[3] *François Paul de Lisola*, fils d'un officier anobli de Franche-Comté, le marquis de Grana, né à Salins le 22 août 1613, fut forcé par l'Espagne de chercher du service à Vienne (H. Reynald, *Rev. hist.*, mars-avril 1885). Sa connaissance du droit public fit de lui un diplomate, résidant d'abord à Londres jusqu'en 1645. De là, il passa en Pologne, où il eut un très grand rôle, comme chef d'une ligue allemande redoutable pour la Suède, qui fut sauvée par Louis XIV à Oliva. (Voir PRIBRAM, *Berichte Franz, v. Lisola, 1655-1660*,

aussi d'avoir été employé durant tout le cours de la dernière guerre contre la France, tant aux traités de Cologne que par deux envois en Angleterre, un aux Etats généraux, et ensuite auxdits traités de Nimeguen[1]. Ce qui porta aussi le marquis de Croissy de le faire entendre ici, à Berlin, au nom du Roi, par le comte de Rebenac[2], et même de l'insinuer à Paris à M. de Dépense[3] ou à M. Ilgen[4] que M. de Meinders y avoit laissé comme secrétaire correspondant[5], et en donnant pour

Vienne, 1887). Envoyé de l'Autriche à Madrid, en 1665, Lisola devint l'âme des révoltes et des coalitions européennes contre la France : il la combattit par la diplomatie et par la plume. Ses pamphlets : *le Bouclier d'État et de Justice*, 1667; *Dialogue sur les droits de la reine*, 1668; *la Politique du temps*, 1671-1672; *Dénouement des intrigues du temps*, 1672; *la Sauce au Verjus*, 1674, ont déterminé en Europe des courants d'opinion. Il mourut le 19 décembre 1674, à Vienne, membre du Conseil aulique.

[1] Sur cette époque de la diplomatie de Spanheim, consulter l'*Introduction*, p. 16 et 17.

[2] *Le roi à Rebenac (Aff. Ét., Brandeb.,* t. XV, 29 mars 1680) : « Il lui ordonne de conférer avec Meinders sur la confiance qu'on peut avoir à Berlin en Spanheim, récemment entré *au service de la cour*. La France préférerait ne pas lui confier les traités secrets. »

[3] Louis de Beauveau, marquis *d'Espense* en Champagne, réfugié français, passé au service du Brandebourg en 1678 et aussitôt envoyé en mission spéciale à Paris « *privato nomine* », puis de nouveau en 1679 jusqu'au 24 mai 1680 (Puffendorf, XVI, 76-83). Dans un mémoire de lui, conservé aux Affaires étrangères (Brand., t. XV), sur la confiance qu'il faut donner à Spanheim, Croissy a mis de sa main : « a toujours été mal intentionné ».

[4] *Ilgen* (Heinrich Rüdiger), né à Minden, vers 1650, patroné par Leibniz, qui le connut dans sa ville natale où il revint après de longs voyages. Il devint, en 1678, secrétaire de Franz de Meinders, envoyé de Brandebourg en France, qui l'emmena à Paris. Il y resta après son départ comme chargé d'affaires jusqu'à la fin de 1679. Spanheim le remplaça, quand il retourna à Berlin comme *Geheimsecretär*. Il devint, en 1699, le principal ministre du premier roi de Prusse et mourut en 1750 (Droysen, *Preuss. Politik*, IV, 1, 319; IV, 2. — Isaacsohn, *Geschichte des preussischen Beamthenthums*, II, 295; — Cosmar et Klaproth, *Geschichte der preussischen Geheimstaatsrathe*, p. 393-394.)

[5] *Franz v. Meinders*, né en 1630, mort en 1690. D'abord secrétaire du comte Georges-Frédéric de Waldeck, principal ministre du Grand Electeur en 1655, il était devenu *Geheimrath* en 1672, après une ambassade en France (1667), où il revint encore en 1673. En 1678, il alla à Nimègue (juillet-août 1678), et vint alors à Paris à deux reprises en 1679. A partir du 29 mai, il procéda à l'alliance du Brandebourg et de la France (25 octobre 1679). (Voir Puffendorf, *Hist. du Grand Électeur*, XVII, 66, 76, 77, 80. — Isaacsohn, *ouv. cité;* Droysen, *Gesch. der preuss. Politik*, III, 3, 2e éd., p. 454.) Après 1679 et à la mort de Schwerin, il fut l'un des chefs, avec Fuchs, de la diplomatie prussienne. (Voir *lettre du Roi à Rebenac* (4 juillet 1680 : *Aff. ét., Brandeb.*, t. XV).

motif de me juger peu propre à contribuer aux liaisons et à la confiance réciproque du Roi et de Son Altesse Electorale, comme un Ministre connu pour avoir été attaché jusque-là au service et nourri dans les maximes d'un prince qu'on jugeoit peu affectionné à la France, et pour lequel, en effet, on avoit inspiré au Roi beaucoup d'éloignement et de haine. C'est dont je ne fus averti que depuis mon arrivée en France, par la part que M. de Fuchs[1], qui m'avoit notifié les premières intentions de feu Son Altesse Electorale pour mondit emploi, crut à propos de m'en donner, et pour m'y régler au besoin. Je crus, après tout, n'en devoir faire aucun semblant à la cour de France, ou à M. de Croissy en particulier (surtout vu qu'on ne m'en fit rien paroître), moins avoir besoin de faire aucune apologie sur mon sujet, et me contenter d'aller mon droit chemin, comme j'avois toujours fait, qui est de faire mon devoir et me conformer aux ordres et aux intentions de mes maîtres autant qu'elles m'étoient connues. Comme c'est la conduite que je tins dans l'acquit de mondit emploi en France, et à laquelle je me suis uniquement attaché, sans y porter ni intérêt, ni prévention particulière, j'ose dire aussi qu'on m'y rendit la justice due[2], et que j'en tirai occasion de trouver à ladite cour, et auprès de M. de Croissy en particulier, toute la créance et, s'il m'est permis d'ajouter, toute la considération

---

[1] *Paul v. Fuchs*, né à Stettin, 1640, mort en août 1704. Après de très fortes études de droit dans les universités de Greifswald, Iéna, Leyden, il fut appelé comme avocat auprès de la *Hof und Kammergericht*, puis comme professeur à Duisburg. *Geheimsecretär* en 1670, *Hofrath* en 1679, il devint, comme *Geheimrath*, le principal collaborateur du Grand Électeur pour toutes les matières d'administration et les Affaires étrangères. Son influence, déjà très grande, valut à Spanheim, dont il appréciait la compétence juridique, d'être employé par la cour de Berlin. Il ressort d'ailleurs de la correspondance de Rebenac que c'était plutôt Meinders que Fuchs qui entretint une correspondance secrète avec Spanheim pour lui révéler ce que la France voulait lui cacher *(Affaires étrangères, Brandebourg,* mars 1686. — Droysen, *Pr. Politik*, III, 3, IV, I).

[2] Dès le mois de janvier 1681, Louis XIV écrivait à Rebenac « qu'il était absolument satisfait de Spanheim et revenu de ses préventions ». Rebenac, de son côté, constatait que ses relations étaient toujours sincères et exactes. (8 février 1681) *(Affaires étrangères, Brandebourg,* t. XIV).

qu'on pouvoit avoir pour un fidèle et désintéressé ministre de son maître. Aussi Dieu m'y fit[1] la grâce de la maintenir et d'en sortir à honneur parmi toutes les révolutions différentes qui ne purent qu'arriver durant le cours de mondit emploi, et malgré même toute la chaleur et le zèle avec lequel je puis dire que j'embrassois, de moi-même ou sur les ordres que j'en recevois, toutes les occasions qui se présentoient de combattre ouvertement la conduite de la France, et au contraire de soutenir hautement celle de feu Son Altesse Electorale de glorieuse mémoire, ou de Son Altesse Electorale aujourd'hui régnante. Ce que je n'ai pu me dispenser de toucher en cet endroit, et de le finir en même temps par la réflexion que j'ai toujours connu en M. de Croissy, parmi les inégalités de son procédé et la différence des conjonctures, un véritable penchant pour les intérêts de la sérénissime maison électorale, pour entretenir ou affermir des liaisons de la cour de France avec elle, et pour en détourner, autant qu'il dépendait de lui, la rupture ou ce qui pouvoit donner de justes chagrins à la cour électorale, comme dans l'affaire du paiement des subsides[2], dans les vexations passées de la principauté d'Orange[3], dans l'affaire

---

[1] Manuscrit [B] : me fit.

[2] Ce fut un des premiers soins de Spanheim de réclamer, dès le 21 mai 1680, le paiement des subsides promis à l'Electeur par un article séparé du traité de Saint-Germain : 300.000 écus, dont trois trimestres au 21 avril étaient dus (Spanheim, Correspondance : Arch. de Berlin, 1er vol., fol. 42). La France tardait à les acquitter, faute d'argent : les trimestres arriérés furent payés par le banquier Formont, en juillet. Mais en septembre, Spanheim dut faire de nouvelles instance pour le terme échu du 21 juillet (Ibid., fol. 144). Au mois de janvier 1681, un nouveau traité secret promit un subside de 60.000 écus payable par trimestre. Enfin, en 1683, on étudia un troisième traité, où Louis XIV promettait 300.000 écus de *subsides dits d'action*, payables seulement quand le Brandebourg aurait agi. L'ambassadeur de France à Berlin disait le 27 mars : « Il est toujours à craindre qu'on ne soit satisfait de tirer de l'argent sans se mettre en peine d'agir, et qu'après qu'on se verra en bon état par votre moyen, on ne demande de nouvelles conditions » (*Aff. ét., Brandebourg*, t. 15). Spanheim exigea énergiquement le paiement immédiat en mai 1683. Il eut de fortes prises avec Croissy, qui finit par céder. Ce fut proprement *l'affaire des subsides*. (Joret *Pierre et Nicolas Formont*, Paris, 1890; G. Pagès, *les Frères Formont* (Revue Hist. t. XLVI, 1891).

[3] De 1660 à 1663, Louis XIV occupa Orange, puis le restitua en 1668, puis

du comte de Sohre[1], et, en dernier lieu, dans celle de l'exac-

le reprit en 1673 et le rendit à Nimègue, mais plus que provisoirement. En 1682, les troupes françaises occupèrent Orange, sous prétexte que la duchesse de Nemours avait intenté un procès pour ce fief au Stathouder Guillaume, Louis XIV l'annexait et démolissait les remparts (Puffendorf, *Hist. du Grand Electeur*, XVIII, 78-108). Le Grand Électeur, marié à une princesse d'Orange, réclama, au nom de ses fils, Frédéric et Louis, héritiers du prince dépossédé. Spanheim porta la requête à Croissy : celui-ci déclara que le prince Guillaume avait manqué à sa promesse de démanteler Orange après la paix qui lui avait rendu la ville, que le domaine utile de cette principauté appartenait à la maison de Longueville, qu'enfin l'électeur en Prusse ne supporterait pas au milieu de ses possessions une ville fortifiée de ce genre. En novembre 1683, le Grand Électeur, après avoir insisté auprès du roi d'Angleterre, fit encore intervenir Spanheim. Croissy lui répondit que les droits du fils de l'électeur seraient respectés, mais qu'il y avait encore des Nassau dont il fallait tenir compte. Cette réponse dilatoire détermina le Grand Électeur à céder. Il donna ordre à Spanheim de n'en plus parler, comme « étant des droits trop peu importants » : c'est ce qu'indique le mot *vexations*.

[1] Consulter Lachesnaye Dubois, *Dict. de la noblesse*; Saint-Simon, éd. de Boislisle, IV, 320; Dangeau, V, 141; de Sourches, II, 182; *Gazette de Hollande*, 1690, p. 639; *Instructions d'Espagne*, t. I, p.385. Ce comte de Solre, et non de Sohre, *Philippe-Emmanuel-Ferdinand*, comte de Buren, créé prince par l'Empereur en 1676, avait été longtemps au service des Habsbourg. Il était le représentant d'une des principales branches de la maison flamande de Croy, qui descendait de cette grande famille par Jean de Croy-Renti, fils puîné de Jacques de Croy, tué à Azincourt. Ce comte était né en 1641. Il mourut en 1718. Il avait entamé, et son père peut-être déjà, un procès contre la maison d'Orange. Sa grand-mère, qui était de la maison de Lalaing, alliée aux Egmont et aux Horn, lui avait, disait-il, transmis des droits sur le comté de Buren en Gueldre, sur la principauté de Meurs, dans le pays de Clèves, que Guillaume le Taciturne avait occupés du chef de sa femme, Anne d'Egmont, la dernière héritière des comtes de Buren. Ses fils, les stathouders Maurice et Frédéric-Henri, et de même leurs successeurs, étant d'un autre lit, n'y avaient pas droit. Le comte de Solre avait, contre Maurice de Nassau, repris les titres de comte de Buren, et intenté un procès à la cour de Brabant, à Malines, réclamant les terres ou une indemnité de 10 millions.

Le Conseil de Hollande avait immédiatement évoqué l'affaire à la Haye. Le comte de Solre avait protesté et décliné le Tribunal hollandais par remontrances du 29 mars 1658 et du 7 décembre 1661. Il avait bien de la peine à soutenir son droit, parce que l'électeur de Brandebourg, en partie souverain du duché de Clèves depuis 1666, réclamait de son côté ces baronnies.

Le comte de Solre vint alors chercher appui auprès de Louis XIV, heureux d'accueillir une victime du prince d'Orange. Le roi de France chargea ses envoyés à Madrid, Feuquières, Le Vasseur (1685-1688) de défendre les intérêts du comte de Solre.

Malgré cela, la Cour de Malines se déclarait en mai 1688 incompétente, et l'électeur de Brandebourg se préparait à s'entendre à la Haye avec G. d'Orange. Alors Louis XIV menaça de saisir les biens des sujets espagnols. Après tous ces

tion des contributions du pays de Clèves[1]. Mais c'est dont il n'étoit pas le maître, ou même n'en étoit informé que lorsqu'il n'y avoit plus de remède. Après tout il n'en sera pas moins ardent dans les conjonctures des affaires présentes et de toute espérance perdue de détacher Son Altesse Electorale d'un engagement aussi juste et aussi indispensable que celui où elle est entrée ; je veux dire à pousser, avec le Conseil du Roi, à toutes les mesures qui peuvent être les plus contraires aux intérêts de Son Altesse Electorale et de sa Sérénissime Maison.

DE MONSIEUR [LE] PELETIER

Je n'aurai pas de quoi m'arrêter de même sur les deux autres Ministres d'Etat qui restent, et dont il n'y avoit même qu'un qui en occupât le poste durant mon séjour en France et à mon départ, à savoir : M. [le] Peletier. Il n'y fut aussi appelé, comme je l'ai déjà remarqué ci-dessus[2], qu'après la mort de M. Colbert, sur la fin de l'an 1683, et pour lui succéder dans les deux emplois de contrôleur général des finances et de Ministre d'Etat. J'ai touché aussi qu'il en fut uniquement redevable au chancelier [le] Tellier, dont il étoit parent et l'ami intime, et qui se reposoit aussi sur lui du soin de ses affaires particulières[3] ; aussi lui avoit-il procuré, assez longtemps auparavant, la charge lucra-

---

procès, le comte de Solre n'eut d'autre ressource que de faire fortune en France. Il leva un régiment, devint en 1688 chevalier des ordres, puis lieutenant général. A la mort de Guillaume d'Orange, le Brandebourg acquit Meurs et Buren.

[1] A la fin de décembre 1688, les troupes de Louis XIV étaient entrées dans le duché de Clèves et y avaient levé 850.000 livres de contribution (de Sourches, II, p. 317). L'électeur, qui n'était pas encore en guerre déclarée avec Louis XIV et n'avait pas rappelé Spanheim, protesta à Paris et à Ratisbonne. Et Louis XIV ramena ses troupes, quoique depuis le mois d'août l'électeur fût en secret l'allié de Guillaume d'Orange. (*Relation*, p. 352 note 2.)

[2] Page 300 note 1 et p. 316.

[3] « Il continue, dit Saint-Simon, d'être l'arbitre des affaires de la famille, à laquelle il demeura parfaitement attaché » (de Boislisle, IV, 262).

tive de prévôt des marchands de Paris, qui lui fut même redonnée une seconde fois par le Roi, qui en dispose, et dont il s'étoit acquitté avec une approbation fort entière et fort générale[1]. Ce qui aussi[2] lui avoit donné lieu d'être connu de Sa Majesté, d'en avoir eu souvent audience suivant les occasions que cette charge en donne, et d'en être considéré pour un homme de probité, d'ordre, de beaucoup d'exactitude et de régularité dans sa conduite. Ce furent aussi les motifs dont le chancelier [le] Tellier sut se prévaloir pour le recommander au Roi[3] comme un personnage propre à succéder à M. Colbert dans la direction[4] des finances. Et ce qui lui réussit d'autant plus qu'il n'y avoit que deux ou trois personnes qui, suivant la voix publique, pussent être sur les rangs pour pouvoir remplir un pareil poste, et qui y avoient leurs exclusions : le maréchal de Bellefonds[5], pour être cru trop opiniâtre et trop entêté de ses avis, et d'ailleurs qui vivoit en quelque défiance avec le marquis de Louvois; M. Pussort, le plus ancien du

[1] Le prévôt des marchands était élu pour deux ans par le conseil de ville, mais, en réalité, nommé par le Roi qui « *disposait* » de la charge. Quoique l'usage fût de ne désigner la même personne que deux fois, le Roi voulut que Claude le Peletier fût nommé et renouvelé quatre fois. Il resta ainsi huit ans en charge : 1668-1676. Cela devint après lui une règle (voir Saint-Simon, éd. de Boislisle, II, p. 62, note 4 ; IV, p. 259, note 2). — Cette charge était lucrative, en effet: 40.000 ou 50.000 livres (Dangeau, VII, 246 ; XI, p. 1). Sur l'approbation qu'il reçut du public dans ces fonctions, voir le Mercure (1683, p. 347-363). Un quai construit sous son administration par l'architecte Bullet reçut son nom (Saint-Simon, IV, 259).

[2] *Aussi*, supprimé dans le manuscrit [*B*].

[3] « Il était homme de bien et fort scrupuleux », dit Choisy (éd. Lescure, II, 200). Choisy raconte que ce furent ces qualités qui le désignèrent à Louis XIV. Mais il raconte, en citant ses sources, que Le Tellier, au lieu de le recommander fortement, aurait fait observer au Roi *qu'il n'était pas assez dur*. « Puisqu'il est fidèle et appliqué, répondit Louis XIV, je le fais contrôleur général. » L'anecdote de Choisy prouve simplement que Le Tellier avait beaucoup d'adresse pour présenter un candidat. Saint-Simon dit comme Spanheim : « Les Le Tellier mirent tout leur crédit à lui faire donner cette place, qu'il craignit plus qu'il n'en eut de joie. » (Éd. de Boislisle, IV, 126 ; *Mémoires de l'abbé Le Gendre*, p. 132 ; *la Vie de Le Peletier*, en français par Claude Fleury, en latin par J. Boivin, ses amis.)

[4] *Direction et conduite* : manuscrit [*B*].

[5] Ci-dessus, *Relation*, p. 105, 106, 107.

Conseil royal des finances, comme parent et créature de feu
M. Colbert, et d'ailleurs peu agréable au Roi[1] ; et M. de Gourville, réputé assez généralement le plus habile à remplir ce
poste, mais aussi qui avoit été des créatures du surintendant
Foucquet et étoit actuellement le directeur de toute la maison,
des affaires et finances du prince de Condé, qu'il avoit entièrement rétablies[2]. En sorte que le chancelier [le] Tellier trouva
par là l'ouverture favorable pour faire tomber le choix sur
M. [le] Peletier, quoique jusque-là il n'eût eu aucune part
dans l'administration des finances[3] : ce qui fit aussi croire
assez généralement que quelque habileté ou intégrité qu'il eût
témoignée en d'autres emplois de judicature ou de police,

[1] *Henri Pussort*, né en 1615, mort le 18 février 1697, frère de la mère de Colbert, conseiller d'État en 1664, membre du Conseil des Finances le 25 avril 1672. Il était, le 5 mars 1691, le doyen du Conseil d'Etat. Dans une addition au journal de Dangeau (I, 242), Saint-Simon dit, comme Spanheim, qu'on songea à lui comme chancelier en 1685 : « Il avait le premier vol au Conseil et aux commissions extraordinaires, mais dur et glorieux à l'excès, trop porté pour les Colbert, qui avec lui eussent emporté toute la balance. » Son portrait par Saint-Simon (éd. 1873, IV, p. 13), dans la *Vie de Lamoignon*, par Gaillard (p. 30) ; son surnom enfin de Pussort *le fiscal* (*Annales de la cour*, I, 203) expliquent l'opposition du roi.

[2] *Gourville* (Jean-Hérault de), né à la Rochefoucauld le 11 juillet 1625, l'auteur des Mémoires si connus dont la Société de l'Histoire de France vient de publier une nouvelle édition. Sa fortune se fit tout entière par les Condé : il ne fut pas une créature de Fouquet. Saint-Simon dit plus exactement : « Par son esprit, par son grand sens, les amis considérables qu'il s'était faits, il était devenu un personnage ; l'intimité des ministres l'y maintint Celle de M. Fouquet l'enrichit à l'excès. » Il s'enfuit après la disgrâce de Fouquet, revint en France « à l'hôtel de Condé, où il était plus maître de tout que les deux princes de Condé qui eurent en lui toute confiance ». (Voir Allaire, *La Bruyère*, p. 112 et 438.) Sa compétence en matière de finances prouvée par ses mémoires, les relations qu'il eut par Condé avec les princes d'Allemagne (*Correspondance de Sophie de Hanovre*, p. 129 et 131) le désignèrent à Louis XIV pour des missions à Brunswick. En 1681, il avait obtenu ses lettres de grâce. Colbert faisait de lui le plus grand cas. Songea-t-on à lui pour sa succession ? Il ne faut pas oublier que Spanheim l'a beaucoup connu et a pris peut-être son désir pour une réalité. (Saint-Simon, éd. de Boislisle, XI, p. 124 et les notes.)

[3] « J'espère que vos lumières et votre application contribueront beaucoup à me donner les moyens de m'acquitter d'une partie de mes devoirs en tâchant de répondre à *l'honneur imprévu et non mérité que m'a fait le Roi* », écrivait Le Peletier aux intendants en prenant sa charge *(Bib. nat. fds Fr.*, 8824, f° 94, et Saint-Simon, éd. de Boislisle, IV, 261).

comme de conseiller au parlement, ensuite de président aux enquêtes[1], puis de prévôt des marchands, comme j'ai dit, et en dernier lieu de conseiller d'Etat, que cependant il auroit de la peine à fournir à ce qui étoit requis pour un emploi aussi important, et d'ailleurs aussi différent de tous ceux qu'il avoit exercés jusque-là. Ce qui aussi se justifia en quelque sorte par l'événement, puisqu'en effet on trouva que les affaires des finances se faisoient avec plus de lenteur, d'irrésolution et d'embarras, quoique d'ailleurs avec moins de dureté et de rigueur, que sous la précédente direction de feu M. Colbert[2]. Ce qui a donné lieu dans la suite, et depuis mon départ de France, de faire passer cette charge en d'autres mains, comme je le dirai en parlant des finances[3]. Quant au poste de ministre d'Etat, qu'on a laissé à M. [le] Peletier, on peut dire aussi qu'il n'y a apporté, pour le[4] remplir, que beaucoup de droiture et d'intégrité, c'est-à-dire autant qu'elle[5] a pu demeurer compatible avec ses attachements, ou, pour mieux dire, sa

[1] Voici ses charges : né en 1632, conseiller au Parlement, au Grand Conseil 1652, puis président de la quatrième Chambre des enquêtes, 1662; prévôt des marchands, 1668-1676; conseiller d'Etat, semestre en 1673, ordinaire en 1678.

[2] « Il était obligé de se décharger d'un poids trop pesant sur M. de Pontchartrain, qui était un bien autre génie », dit Choisy (éd. Lescure, II, 201). Louvois disait : « notre contrôleur trouve le monde bien grand » (note de Luynes au journal de Dangeau, IV, 191). Saint-Simon cite (IV, 263) une anecdote qui prouve le mépris des courtisans. Gourville, avec qui il s'épanchait (*Mémoires*, p. 579), connaissait ses embarras, ses hésitations, qui tenaient peut-être à son incompétence, mais aussi à sa bonté et à ses scrupules (voir *Correspondance des contrôleurs généraux*, éd. de Boislisle, t. I, notamment une lettre à Bâville du 2 septembre 1689, et enfin le travail de Pierre Clément sur *l'Administration des finances de 1683 à 1689* (Paris, 1848).

[3] Selon Saint-Simon, ce fut le Peletier qui insista, à la veille de la guerre de 1689, pour être relevé de sa charge (éd. de Boislisle, IV, 263). Gourville confirme ce récit (p. 509 et 590). Ce qui le prouve, c'est que Louis XIV le conserva après sa retraite (20 septembre 1689), en grand crédit, en confiance intime : Saint-Simon, et les notes de M. de Boislisle (IV, 263 et suivantes).

[4] « *La* », dans les manuscrits [A] et [B].

[5] *Sic*, au singulier, dans le manuscrit [A]. — (Voir le travail de Pierre Clément, déjà cité). Saint-Simon dit (éd. de Boislisle, IV, 261, note 2) : « au contrôle, il fut parfaitement reconnaissant pour ses bienfaiteurs et vécut toujours avec M. de Barbezieux dans une sorte de dépendance ».

dépendance de la famille [le] Tellier, à qui il en avoit toute l'obligation, et ainsi de M. de Louvois, depuis la mort du chancelier son père. Aussi, comme il n'avoit passé par aucun emploi qui l'eût instruit jusque-là des affaires publiques, ni en aucun département qui y eût du rapport, il n'a pu guère briller dans ce poste, ni y prendre autre part que celle qui pouvoit avoir quelque relation avec les finances. Je dois au reste lui rendre ce témoignage que je l'ai toujours trouvé fort honnête, civil et obligeant dans les audiences que j'ai pu quelquefois en prendre pour lui recommander le paiement des subsides [1], ou même des intérêts des particuliers dont j'étois chargé par des ordres de feu Son Altesse Electorale, comme dans ceux d'un baron de Plotho, son vassal du [2] pays de Magdebourg, au sujet d'une prétention de neuf à dix mille livres de rente dues par le Roi à sa famille, que feu M. Colbert avoit trouvé bon d'annuler peu d'années avant sa mort. J'eus même le bonheur d'y réussir contre l'opinion de tout le monde, et d'en obtenir un décret du Roi en bonne forme, par lequel il se constituoit débiteur des sommes prétendues par ledit Plotho, et même des intérêts échus depuis que M. de Colbert en avoit annulé la prétention, et ce qui ensemble montoit à cent quatre-vingt-six mille livres de France [3]. En quoi je fus aidé particulièrement par M. [le]

---

[1] *Les Etats au comptant* de l'administration de Le Peletier, publiés par Clément *(Ibid.*, p. 291), donnent, en 1685 : « Au porteur de l'ordonnance du 1ᵉʳ septembre, le sieur Spanheim pour ce qui est échu de subsides de Sa Majesté à l'électeur de Brandebourg : 70.500 livres ; — autre ordonnance au porteur (p. 292) : 62.000 livres ; — au porteur de l'ordonnance du 1ᵉʳ janvier 1686, Spanheim, pour l'électeur de Brandebourg : 62.000 livres. »

[2] *Au* : manuscrit [*B*].

[3] Voici, d'après l'arrêt du Conseil conservé aux Archives de Paris *(Arch. nat.*; E 570ᴮ 18 octobre 1687), quelle était cette affaire : Un certain baron, Otto Edels de Plotho, du pays de Magdebourg, avait levé, en 1569, pour le service de Charles IX, un régiment de cavalerie. Il s'était distingué à Moncontour. En 1586, Henri III, reconnaissant que le baron n'avait pas été remboursé de ses frais, aliéna pour 80.000 écus de rentes sur l'Hôtel de Ville, les assigna sur les gabelles à l'effet de payer les colonels allemands, et Plotho entre autres, à qui était dû 27.000 livres de rente. Mais il ne les paya pas cependant et déclara seulement que les intérêts de la créance lui seraient versés au denier 12. En 1596, la dette fut réduite à 20.000 l. par un

Peletier-Souzy, frère dudit contrôleur général et ministre d'Etat, que j'avois connu familièrement aux traités de Bréda, en 1667, et depuis dans mes envois passés en France, lequel fut nommé commissaire en cette affaire dudit baron Plotho, et qui d'ailleurs est intendant des finances et conseiller d'Etat[1].

DU MARQUIS DE SEIGNELAY

De l'établissement de ce ministre.

Le marquis de Seignelay est le dernier ministre d'État dont il reste à parler, mais dont j'ai d'autant moins à dire qu'il n'a été honoré de cet emploi que depuis mon départ de France

remboursement partiel. En 1614, la créance fut réduite à 18.000 livres environ, pour payer avec la différence deux officiers qui avaient servi sous ses ordres. Mais jusqu'à sa mort, il reçut les intérêts intégralement et transmit son droit à son neveu Gaspard de Plotho qui le transmit, à son tour, à son neveu Wolfgang de Plotho. Ce dernier servit la France encore comme capitaine de cavalerie, de 1624 à 1665. Quand il mourut, la rente dont il avait toujours été payé, passa en héritage à ses cinq fils, Melchior, Dauphin, Gebhard, Joachim-Frédéric et Werner. C'étaient aussi cinq officiers de l'armée française, qui furent naturalisés en juillet 1660 et en août 1661 (Arch. nat., P. 2688). En 1671, l'aîné était mort; mais ses frères avaient continué de se partager la rente jusqu'en 1681 où Colbert cessa de la payer, sans doute parce que les titulaires étaient retournés en Prusse. Ils réclamèrent, et le roi leur fit droit, sur le rapport de Lepelletier de Souzy, du remboursement du principal, 134 000 livres, ou tout au moins par échéances, et en outre du paiement de 43.000 livres pour les six années où ils avaient été lésés, payables en six termes égaux.
[1] Claude le Peletier avait deux frères, 1° *Jérôme le Peletier*, conseiller au Parlement, conseiller d'État semestre, prévôt de Pignans en Provence; 2° *Michel le Peletier*, sieur de Souzy, avocat du roi au Châtelet (1660), conseiller au Parlement (1666), intendant de Lille en juin 1668. Dans l'intervalle, en 1667, à Bréda, il avait fait partie de la suite de Courtin, comme le père la Chaise, encore laïque, et beaucoup de jeunes gens de grande famille. C'est ainsi que Spanheim l'avait connu en mai 1667 (Gourville, *Mémoires*, p. 513). En 1684, son frère se fit adjoindre comme intendant des Finances. Il était, depuis 1683, conseiller d'État semestre. Soit que son frère voulût, selon Saint-Simon, lui épargner les tentations (IV, 264), soit qu'il fût jaloux de lui, comme le disent de Sourches (I, 130) et le *Recueil Maurepas* (t. VI, p. 353), il lui adjoignit par exception Pontchartrain comme troisième intendant, désigné comme son successeur. Il était, dit un édit royal de février 1690, « recommandable pour son application, sa capacité, son désintéressement ». « Il avait, dit Saint-Simon, plus de lumière et de monde que son frère » (Boislisle, IV, 264, note 3). Voir son portrait dans le recueil Maurepas, déjà cité.

et peu de mois en çà[1]. J'ai d'ailleurs touché déjà[2], en parlant
de feu M. Colbert son père, qu'il exerçoit de son vivant et
en survivance la charge de secrétaire d'État, et qui avoit pour
son département la maison du roi, Paris et l'Ile-de-France,
les pays d'Orléans et de Blois[3], et d'ailleurs les affaires de la
marine et du commerce[4]. Et comme il y avoit été dressé de
bonne heure par un si bon maître, et qui n'épargnoit ni
soin, ni rigueur au besoin, pour lui donner lieu de s'en instruire et de s'y appliquer[5], aussi faisoit-il presque toute la
fonction des charges susdites dans les dernières années de la
vie du père et à sa mort[6]. Ce qui lui donna lieu aussi de prétendre, malgré son âge encore peu avancé, de succéder à sondit
père dans la charge de ministre d'État et d'en faire la demande
au Roi dans la première audience qu'il en eut après le décès
de M. Colbert. Mais sur quoi Sa Majesté se contenta de lui en
donner des espérances pour l'avenir, et du reste en lui laissant
l'exercice des emplois et fonctions susmentionnées attachées
à celles du secrétariat d'État qu'il avoit, et entr'autres celles de
la direction du commerce et de la marine. Ce qui, à l'égard de

[1] Le 4 octobre 1689.
[2] *Relation*, page 321.
[3] Voyez ci-après, p. 403.
[4] Dès le mois de février 1669, Seignelay avait été associé, comme survivancier, à la charge de secrétaire d'État de la marine, de la maison royale et du
commerce maritime. Le 23 mars 1672, il avait la signature pour la marine, Il
était devenu, le 6 septembre 1683, seul titulaire de ce département, dont
les attributions sont bien celles qu'indique ici Spanheim (*État de la France,
1689*, t. II, p. 265).
[5] Voir l'*Instruction de Colbert pour son fils*, dès 1671 : « Mon fils doit bien
penser et faire souvent réflexion sur ce qu'aurait été sa naissance, si Dieu
n'avait pas béni mon travail, et si ce travail n'avait pas été extrême » (Clément,
Colbert, I, p. 3). Cette éducation de Seignelay par Colbert se juge tout
entière par leur correspondance qui a été conservée. Voici une de ses lettres
de 1676 : « Je n'ai rien à vous dire sur ces dépêches autrement bien que
ce que vous avez fait jusqu'à présent. Pour dire la vérité, je commence
à me reconnaître. » (Clément, II, p. 470.) Voir aussi une lettre adressée
par Colbert à Louis XIV, le 10 mai 1672, dans le même sens.
[6] Au moins toute la partie active. Il dirigeait sur place les travaux de Brest,
Toulon (1676-77), Dunkerque (1678-1680). En 1680, Seignelay accompagna
Louis XIV à Dunkerque, afin de lui présenter, pour ainsi dire, l'œuvre de son
père (Lettres de Louis XIV à Colbert, juillet 1680).

ces deux derniers postes, arriva contre l'opinion de la plupart du monde, qui ne le jugeoit pas capable de remplir seul un si important emploi, ou qui se persuadait que M. de Louvois, qui sembloit alors tirer toute la faveur, partagée jusque-là entre la famille [le] Tellier et la famille Colbert, ne manqueroit pas d'en d'être revêtu [1]. Les amis et créatures de la famille Colbert, ou d'ailleurs ceux qui étoient jaloux du trop de pouvoir de la famille [le] Tellier et en craignoient les suites, comme encore un reste de considération de la part du Roi pour la mémoire et les services du père, joint à celle de ne point mettre tout entièrement [2] dans une même main ou dans une même famille, ne purent que concourir à soutenir M. de Seignelay dans lesdits postes. Il s'accommoda même aux conjonctures et aux conseils de ses amis pour y demander l'appui de M. de Louvois, et d'ailleurs pour prendre un air moins fier et une conduite moins hautaine et plus réfléchie qu'il n'avoit fait jusque-là [3]. Ce qui, dans la suite, se trouva appuyé du crédit de Mme de Maintenon, de l'intérêt qu'elle crut d'y avoir (comme il a déjà été touché ci-dessus en parlant d'elle [4]) à maintenir la famille

[1] Sur la situation de Seignelay à la mort de Colbert et ses démarches, voir p. 315, note 2, et notamment la lettre de Mme de Maintenon à Mme de Saint-Géran, écrite le 10 septembre 1683 (Colbert était mort le 6), que nous avons citée. C'est évidemment l'impression toute fraîche et mauvaise des sollicitations, de l'audience de Seignelay et de son échec. On la retrouve dans la lettre assez sèche par laquelle le roi, le 12 septembre, informait Mme Colbert « que la mémoire de son mari serait une forte recommandation pour tous les siens ». Il les maintint dans leurs emplois pour ce motif, comme dit Spanheim dans la phrase suivante, mais ne les éleva pas, comme Seignelay l'eût souhaité.

[2] *Entièrement* dans le manuscrit [*B*] est supprimé.

[3] *Mémoires de Sourches*, septembre 1686, t. I. : « Les ministres de France paraissaient dans la plus belle union. M. Louvois avait donné à dîner à M. de Seignelay à Meudon, et M. de Seignelay lui en avait donné à Sceaux. Mais toutes ces belles apparences ne trompaient personne, et l'on savait certainement qu'il existait une inimitié cachée entre les Colbert et les le Tellier, et que s'ils ne la témoignaient pas ouvertement, c'était par l'apréhension qu'ils avaient de déplaire au roi (il leur avait recommandé de bien vivre ensemble). »

[4] *Relation*, p. 91. Cette faveur de Mme de Maintenon se déclara peu à peu. En 1696, dans le passage précédent, de Sourches dit qu'alors Mme de Maintenon était raccommodée avec Louvois, et *tenait la balance égale entre lui et Seignelay*, quoique dans le cœur elle penchât pour les Colbert. En 1689, elle s'était déclarée davantage, et mit Seignelay au ministère (4 octobre 1689).

Colbert, et en particulier M. de Seignelay dans le poste où il se trouvoit. Il s'y joignit durant quelque temps un bruit de cour, comme si quelque inclination du Roi pour Mme de Seignelay, jeune et assez belle dame, et de l'illustre maison de Matignon en Normandie, y eût aussi[1] bonne part ; aussi se trouvoit-t-elle de toutes les parties de plaisir et des fêtes de la cour, et entre autres des bals et des ballets, où elle paroissoit avec beaucoup de magnificence. Ce bruit cependant, ou le préjugé qu'on prit de quelque penchant du Roi pour cette dame, et même de quelque commerce avec elle par l'intrigue de Mme de Maintenon, se dissipa dans la suite, soit qu'en effet il n'eût aucun fondement véritable, comme il y a plus lieu de le croire, ou que l'intrigue ne fut pas de durée et n'eut même point de suite[2]. Quoi qu'il en soit, M. de Seignelay, contre la créance assez générale, conserva son poste susdit, et entre autres celui aussi important que de la direction entière et indépendante de tout autre que du Roi, savoir : des affaires de la marine et de tout ce qui en dépend, comme armements et équipages dans les deux mers de l'Océan et de la Méditerranée, intendance sur les ports et places maritimes, outre celle surtout le commerce et les compagnies établies à cet effet, dont il étoit le chef et le président. En sorte que même, dans l'été de l'année 1684, et ainsi la suivante après la mort de M. Colbert, il se mit sur la flotte qui alla bombarder Gênes, et y donnoit les ordres bien plus que M. de Quesne, qui en avoit la conduite, d'ailleurs le plus ancien et le plus expérimenté général de mer en France[3]. Le crédit même de M. de Seignelay auprès du Roi

---

[1] *Encore*, manuscrit [B].

[2] Sur la seconde Mme Seignelay, voir p. 218 et p. 321, note 4 : « C'était une grande femme bien faite, avec une grande mine et de grands restes de beauté », dit Saint-Simon (éd. de Boislisle, III, 8). De ce bruit de cour que les autres contemporains n'ont guère enregistré et que Spanheim repousse, la trace est demeurée comme à l'ordinaire dans le *Chansonnier* (manuscrit français, 12691, p. 190) et dans les *lettres de Mme Dunoyer* (édition 1720, t. I, p. 150).

[3] Saint-Simon, *Parallèle*, p. 221 : « Il s'était mis en tête d'être maréchal de France et, pour y parvenir, de commander des flottes. Dans ces idées, il aigrit si bien le roi sur quelques mécontentements assez marqués qu'il avait reçus

parut s'établir de plus en plus et balancer en quelque sorte celui de M. de Louvois. Il sembloit aussi que Mme de Maintenon ne perdoit aucune occasion de l'entretenir et de l'augmenter. A quoi on attribua la fête magnifique qu'il fit au Roi et à toute la cour dans sa belle maison de campagne à Sceaux, à deux petites lieues de Versailles, et où on vit, avec choix et avec profusion tout ensemble, tout ce qui peut contribuer au plaisir, à l'agrément, ou à la surprise même des sens, en abondance, en délicatesse et en rareté de viandes ou de liqueurs exquises, de fruits nouveaux ou hors de saison, et la plupart de tout cela qu'on avoit eu soin de faire venir à grands frais, et par des courriers exprès, des endroits de la France les plus éloignés[1]. A quoi se joignit la beauté des concerts et d'un petit opéra en musique fait exprès pour cette fête, d'ailleurs la structure des cabinets et des illuminations extraordinaires, faites avec un art extrême dans les jardins, les grottes et du long des canaux qu'on voit en ce beau lieu ; et[2] enfin en tout ce que l'invention,

des Génois, qu'on arma une flotte que Seignelay monta et commanda. » — « Il était général en tout, hors qu'il ne donnait pas le mot (Mme de Lafayette, *Mémoires*, p. 643). Voir encore la lettre de Mme de Sévigné à ce propos (*Lettres*, IX, p. 128). L'affaire de Gênes fut du printemps 1684 (avril-mai), entreprise pour punir les Génois de s'être alliés à l'Espagne en 1683, et pour fournir à Seignelay l'équivalent du siège de Luxembourg honorable pour Louvois. Duquesne avait deux fois bombardé Alger, en 1682-1683, sans grand succès. Il dut servir avec le ministre et en marqua un vif mécontentement. Ce fut la dernière fois qu'il servit. En 1685, il se retira (Guérin, *Histoire maritime*, t. III; Rousset, *Louvois*, t. III, p. 273 et suivantes).

[1] Voltaire, *Siècle de Louis XIV* (édition Bourgeois, p. 509). Ce fut à l'occasion du mariage de M. le Duc avec Mlle de Nantes. Le *Mercure galant* (juillet 1686) donne le compte rendu complet de cette fête. Il parle des *pavillons* que Seignelay fit visiter au roi, « le *pavillon de l'Aurore* peint par Lebrun, de douze ouvertures en y comptant celles des portes, avec deux enfoncements qui se regardent et qui enferment chacun trois croisées. Dans l'un, toutes sortes d'eaux glacées, de confitures sèches, de fruits aussi beaux que rares pour la saison. Dans l'autre, ce que la France a de plus habiles maîtres pour les instruments et de quoi faire entendre une symphonie douce et proportionnée à l'étendue de ce lieu. » Après la visite des pavillons, le roi rentra au château où un concert était préparé dans l'Orangerie. On y entendit des vers de Racine mis en musique par Lulli : l'*Idylle de Sceaux ou de la Paix*. Enfin on se mit à table, dans des bosquets garnis d'orangers et de treilles illuminées. Et ce fut un festin splendide.

[2] Pour la description de Sceaux, consulter surtout Advielle, *Histoire du*

soutenue par la dépense, put contribuer à la beauté, et[1] à la singularité, et à la variété tout ensemble du divertissement d'un jour, et qui en coûta, à ce qu'on tient, plus de cent mille livres à M. de Seignelay. Aussi s'en fallut-il beaucoup que la fête que M. de Louvois avoit donnée un peu auparavant au Roi et à la cour dans son beau lieu de Meudon, qui est entre Sceaux et Versailles, en approchât, soit qu'il ne crût pas nécessaire de s'en donner la peine et ne se souciât pas de[2] faire de la dépense, ou qu'il ne crût pas d'en avoir besoin, ni même à propos de le faire. D'ailleurs, M. de Seignelay trouva encore un autre endroit pour appuyer sa faveur et sa considération auprès du Roi : c'est d'appuyer dans le ressort de son département de secrétaire d'État, comme entre autres de Paris, qui en étoit (suivant qu'il a été marqué ci-dessus[3]), l'affaire des prétendues conversions des gens de la Religion, et y contribuer tout ce qui pouvoit dépendre de ses ordres. En quoi il est allé aussi loin qu'il a pu pour y faire signer les personnes de la Religion qui étoient connues et établies à Paris, et à n'y rien épargner, ou d'ailleurs pour prendre les informations dues de celles qui s'y étoient cachées[4]. J'en puis même parler au

château de Sceaux, 1883. Philippe Quinaut a décrit les merveilles du château dans un poème imprimé en 1813, chez de Bure. — Madame, dans deux lettres du 5 décembre 1700 et du 26 octobre 1704, a décrit particulièrement les jardins, qui étaient ornés de statues, d'orangers, le canal, où flottaient un vaisseau et un bateau. — « *Pour plus de 100 000 francs* », dit Saint-Simon (Éd. de Boislisle, VII, 222). Le duc du Maine acheta cette belle et délicieuse maison.

[1] *Et* supprimé dans le manuscrit [B].
[2] Ce « *de* » nécessaire au sens se trouve dans le manuscrit [B]. Il a été omis dans le manuscrit [A]. — L'histoire de ces deux fêtes a été contée par Dangeau également (16 juillet 1685). Ce fut un duel de magnificence entre Louvois et Seignelay. Seignelay avait annoncé trois semaines à l'avance la fête au roi. Louvois voulut le prévenir. Il emmena le roi et les dames à Meudon, le 30 juin, et offrit à Louis XIV de voir en *particulier* la fête et les jardins qu'il trouva charmants. La fête eut lieu le lundi, mais elle fut gâtée par la pluie. Celle de Sceaux, du consentement de tous les courtisans, dit Dangeau, fut la plus belle fête qu'on eût jamais donnée au roi (Rousset, *Louvois*, III, 302). Quant à la dépense, il suffit de noter qu'en mourant Seignelay laissa 5 millions de dettes (Mme de Sévigné, *Lettres*, IX, 583).
[3] Voir la *Relation*, p. 383 et *l'État de la France*, 1683, II, p. 265.
[4] Ce rôle attribué à Seignelay par Spanheim modifie l'idée qu'on se fait, avec

sujet de ce qu'il s'avisa, un jour que je me trouvois à l'antichambre du Roi et qu'il y étoit, de m'y aborder pour me dire qu'il se croyoit obligé de me donner à entendre de savoir de bon lieu[1] qu'il y avoit un grand nombre de gens de la Religion

Voltaire et Saint-Simon, des responsabilités dans la persécution des protestants. « Seignelay, dit Saint-Simon (éd. 1873, XII, 108), ne faisait guère que poindre. Louvois s'applaudit d'être le principal exécuteur. » Spanheim a vu de près les choses; protestant, il les a suivies. Il a montré la participation très grande de Seignelay aux violences. Elle apparaît dans le fait qu'il a contresigné, avant la mort de le Tellier, à partir du 21 juillet 1683, près de soixante-dix édits de détail (Edits et arrêts concernant la religion réformée, Paris, 1885, in-12). C'est lui que Louis XIV charge, dès le mois de septembre 1684, de faire tenir les arrêts aux autres secrétaires d'Etat pour qu'ils en fassent faire l'expédition dans leurs provinces (Depping, Correspond. administrative, IV, 373). Le fait mérite d'être relevé : car il y avait un secrétaire d'Etat chargé par son office des *affaires des prétendus Réformés*, M. de Châteauneuf. De plus, dans son département, Seignelay s'est mis à l'œuvre de très bonne heure pour convertir. Dès le 1er mai 1683, il s'est entendu avec Pellisson et avec le lieutenant criminel, la Reynie, dont les manuscrits relatifs à la Révocation (*Manuscrits français*, 7050) forment 6 vol. in-f° à la Bib. nat. Alors il donne l'ordre, ou de faire démolir les temples (voir *Correspond. administrative*, IV, 344), surtout de *faire signer*, d'obtenir de gré ou par pression, ou par achat, des abjurations. Pour toutes les violences employées depuis 1683, voir *Corresp. admin.*, IV, pp. 343 à 473. Ce recueil contient un mémoire de la conférence tenue sur l'ordre de Seignelay, chez le procureur général, le 20 novembre 1685 (IV, p. 881), pour la conversion des protestants de Paris avec une formule d'acte d'abjuration. Un moment même, Seignelay songea à pousser encore plus les choses avec le lieutenant civil, Camus (décembre 1685) « *pour se mettre sur le pinacle* » (de Sourches, I, 343). La Reynie se fâcha (*Corr. adm.*, IV, 887). Son zèle s'efforçait en outre de saisir à Paris les réformés qui avaient fui les provinces pour échapper aux dragons de Louvois : *Ordonnance du 15 octobre 1685*, prise par la Reynie, sur son ordre, contre les gens de la Religion prétendue Réformée non habitués dans la ville de Paris : 1000 livres d'amende pour ceux qui se cachent ou qui cachent, dans les quatre jours (voir la lettre de Seignelay, dans la *Corresp. administrative*, IV, 345, 349). La vérité, en somme, est dans ces mots du marquis de Sourches (I, 343) : « Les affaires de la religion étant les seules qui donnassent alors quelque mouvement aux ministres, ceux de chaque faction essayaient de s'en attirer le soin et le détail. »

[1] L'éclat dont il est question ici a dû se produire au milieu de 1686. Le 22 octobre 1685, Spanheim demandait à l'Electeur, son maître, et par lui à la France, puisqu'il n'y avait plus de culte public protestant, l'autorisation de faire célébrer le culte par un ministre chez lui, pour ses domestiques et les étrangers de passage. Cela lui fut accordé dès le mois de novembre, d'abord sans difficulté par Croissy, « qui improuvait les sévérités contre les protestants » (Correspondance de Spanheim, t. II, *Arch. de Prusse*). Mais au début de janvier 1686, Seignelay écrivait à la Reynie (*Correspond. administrative*, IV, 352) : « Le roi étant informé qu'il s'assemble un grand nombre de bourgeois nouveaux

qui étoient réfugiés en cachette dans ma maison de Paris, et que la marquise de Villarnou (femme du frère aîné de M. Ossone[1]) y étoit morte peu de jours auparavant, et enterrée dans un tel endroit, et à une telle heure, qu'il nomma. Il tira même là-dessus de sa poche l'avis de tout cela qui lui étoit mandé de Paris, et où en effet on nommoit diverses personnes qui étoient actuellement[2] chez moi, comme, entre autres, le père et la mère de M. Falaiseau, envoyé en Suède, et plusieurs autres[3]. A quoi il ajouta, comme si on en étoit aussi informé,

catholiques dans les maisons des envoyés de Brandebourg et de Danemark, Sa Majesté m'ordonne de vous dire que son intention est que nous prenions des mesures pour les faire arrêter, voulant que le procès soit fait aux coupables, afin d'acquérir par ce moyen la preuve que ces ministres donnent retraite dans leurs maisons aux sujets de Sa Majesté pour y faire l'exercice de la Religion P. R. » On commençait donc à surveiller Spanheim. Au mois d'avril 1686, Mme de Villarnou, dont il fut question dans l'entretien de Spanheim et de Seignelay, était à la Bastille. Pour en sortir, elle *signa* et se réfugia chez Spanheim où elle mourut. Les réclamations de Seignelay précédèrent de quelques jours l'envoi d'une lettre à la Reynie, du 20 novembre 1686 (IV, 456) : « Faire arrêter toutes les personnes qui vont au prêche chez l'envoyé de Brandebourg, en observant, ainsi que vous le proposez, de ne les faire arrêter que quand ils se seront éloignés de la maison. »

[1] Philippe de Jaucourt, sieur de Villarnou ou Villarnou, baron de la Frette-sur-Seine, mort en 1669, avait eu trois fils : 1° Jean-Philippe, marquis de Villarnou qui avait d'abord accepté d'être commissaire pour l'exécution des édits en Poitou, en 1679. Il est probable que sa femme, plus opiniâtre protestante, résista : elle fut enfermée à la Bastille, en 1686 (*Corresp. Admin.*, IV, 394); ses filles furent placées aux Nouvelles Catholiques. Malade, elle abjura pour sortir de prison et vint mourir chez Spanheim. Son mari passa en Hollande, en 1687, où on le trouve commandant d'une compagnie à la Haye. 2° Paul, sieur de Rouvray, passa en Prusse et fut tué à Nerwinden. 3° Louis-François, marquis d'Ausson, après avoir servi sous Condé, en Hollande, était allé combattre les Turcs en Morée (1684), quand il revint, au moment de la Révocation. Il quitta la France et se mit, en Prusse, au service du prince Philippe. Il y mourut en 1727. Spanheim l'y a connu, et c'est pour cette raison que dans sa Relation il indique ici à l'Electeur ce marquis pour établir l'identité de Mme de Villarnou, sa belle-sœur.

[2] Actuellement *retirées* : manuscrit [B].

[3] Pierre de Falaiseau, né en 1649, de Jacques de Falaiseau, avocat à Paris, avait quitté la France dès 1682, pour entrer au service de l'Electeur de Brandebourg, qui l'installa comme chargé d'affaires à Londres. Il passa en Suède au même titre, en 1685, puis en Danemark, 1692-98, puis en Espagne. Il paraît alors avoir quitté le service prussien, et alla mourir en Angleterre. Ses parents étaient, en 1685, très âgés quand on les persécuta, dès le mois de novembre 1683 (*Corr. adm.*, IV, 363). Le 12 janvier 1686 (*ibid.*, IV, 352), la dame de Fa-

que ma maison étoit toute pleine de hardes de réfugiés, et que je pouvois bien croire que le Roi ne l'approuveroit pas quand il le sauroit. Je lui dis là-dessus ce que je devois et en coupant court, puisque, comme il n'étoit point alors ministre d'État, et moins des affaires étrangères, je n'étois nullement obligé de lui rendre compte de mes actions, ni lui en droit de m'en demander raison. Aussi en demeurai-je là que ces prétendus avis étoient bien outrés et exagérés en toutes manières ; que je ne disconvenois pas, et qu'aucun chrétien n'auroit refusé de donner retraite à une personne mourante, d'un nom et qualité connue comme la marquise de Villarnou, pour lui donner lieu de mourir en repos, moins de lui refuser les devoirs de l'enterrement ; qu'il y avoit véritablement quelque peu de hardes chez moi depuis assez longtemps, qui appartenoient à des François passés, au service de Son Altesse Electorale il y avoit déjà quelques années, et avec permission et de bons passeports du Roi [1] ; qu'après tout, je n'étois nullement en peine de rendre bon compte de ma conduite là où il écherroit, et sur laquelle on n'avoit eu jusque-là aucune prise ; comme d'ailleurs je me croyois en droit de m'attendre à tous les égards dus à un ministre de mon caractère, et de plus, d'un prince allié de Sa Majesté. Cependant, et pour le dire en passant, cet avis me servit pour y prendre mes mesures et m'y

laisseau fut mise en liberté, ayant abjuré, et fut placée aux Nouvelles Catholiques.

[1] Dès 1680, aussitôt après son arrivée, Spanheim, recevait l'ordre de l'Electeur signé du 28 août de procurer des passeports pour la sortie et l'affranchissement en douane des hardes des familles de la Religion qui voudraient venir *s'habituer* dans ses Etats. Il exécuta l'ordre et ne trouva pas d'abord beaucoup de difficultés (Corresp. de Spanheim, *Archives de Prusse*, 1ᵉʳ vol., f° 32). Les demandes vers la fin de l'année s'accrurent « par les craintes et défiances qui redoublaient parmi les gens de la religion ». Spanheim transmettait à son maître les noms des réformés qui voulaient s'exiler. La Cour de France commença à s'inquiéter et, le 18 mai 1682 *(Ibid.* f° 189), paraissait un arrêt qui interdisait aux gens de mer et de métier, sous peine de galères, de quitter la France (Arrêts, *Recueil cité*, p. 112). Tout espoir d'obtenir des passeports fut perdu. Spanheim conseilla aux réformés qui étaient près des frontières de *défiler clandestinement.* Il est probable qu'il gardait alors leurs hardes, plus difficiles à passer en secret.

précautionner sur ce que je crus bien que M. de Croissy ne pourroit que m'en dire dans la suite sur l'information qu'on ne manqueroit pas de lui[1] donner, comme il arriva quelques jours après, et que j'avois prévenu là-dessus ce qu'il y avoit alors à faire[2]. Je n'en toucherai pas ici un plus grand détail, et qu'on peut voir au besoin dans mes relations de ce temps-là, où j'en rendois compte.

D'ailleurs, bien que ce que j'ai touché jusques ici de M. de Seignelay pût suffire pour en faire connaître le caractère, je ne laisserai pas d'ajouter ce qui contribuera à en donner une juste idée. Sur quoi je dirai qu'il est assez bien fait de sa personne, mais d'ailleurs avec un air qui marque de la fierté, de la rudesse et de la présomption. Aussi n'est-elle pas moindre dans les manières, qui sont également brusques et hautaines, quoiqu'à la mort de M. Colbert son père et dans la crainte de son abaissement, il tâcha quelque temps de se contraindre et de garder un peu plus de ménagement qu'il n'avoit fait jusque-là[3]. Mais cette contrainte ne dura guère, et il y revint bientôt à son naturel, à mesure qu'il se vit en état de se maintenir et de se mettre bien auprès du Roi. Et à quoi il se laissa d'autant plus aller que, ayant été *tenu fort court*, comme on parle, par feu M. Colbert son père, jusques à en être souvent maltraité de coups aussi bien que de paroles, quelque marié et actuellement en charge qu'il fût, il se trouvoit plus en liberté, après sa mort, de donner

Caractère de M. de Seignelay.

---

[1] « *En* » *:* manuscrit [*B*].

[2] Après les réclamations des envoyés protestants et de Spanheim à Croissy, formulées au nom du droit des gens, on voit Seignelay, le 8 septembre 1687, s'adresser, non plus à ces envoyés quand il les soupçonne d'encourager et de réunir les Réformés, mais à Colbert de Croissy pour qu'il leur fasse tenir les observations du roi *(Correspondance administrative*, IV, 408).

[3] Tous les contemporains signalent la fierté et la vanité de Seignelay, par exemple Mlle de Montpensier, qui pourtant l'appréciait : « Il faisait des honnêtetés fièrement » *(Mémoires*, IV, 514-516). Saint-Simon, pour le caractériser, emploie le mot « *audacieux* » (éd. de Boislisle, XI, 15). « Il osait tout », dit Voltaire (édition Bourgeois, p. 353).

essor à son génie et à son humeur. Ce n'est pas d'ailleurs qu'après avoir été porté à la débauche et à une vie assez libertine dans sa plus grande jeunesse, il ne s'en fût corrigé d'assez bonne heure, et jeté même dans une assez grande dévotion [1]; mais, si elle put contribuer à le tenir éloigné du vice, elle n'eut pas le pouvoir de lui adoucir l'humeur, la rendre plus souple, moins hautaine et plus traitable [2]. D'ailleurs, il avoit naturellement de l'esprit, et on n'avoit rien oublié, par les soins de feu M. Colbert, pour le cultiver, pour lui donner toutes les lumières qui pouvoient le former et l'instruire pour remplir dignement les postes où il étoit destiné [3]. Le bonheur même qu'il avoit eu d'y être avancé de bonne heure, aussi bien que l'exemple de la crainte du même M. Colbert, l'ayant porté à y joindre l'attachement et l'application, il n'avoit pu qu'en acquérir assez de force et de routine pour satisfaire aux devoirs et aux obligations de sa charge [4]. On put croire même

[1] Les contemporains et Louvois accusaient souvent Seignelay de masquer sous les dehors de la dévotion une conduite toujours licencieuse : voir le *Recueil Maurepas*, les Chansons du temps, dans le *Chansonnier*, t. VI, et celle-ci de 1688, p. 263 :

    Seignelay fait bien du fracas.
    Il est fort magnifique.
    On sait de sa dévotion
    Le très pieux manège,
    C'est par là que la Maintenon
    Près de vous *le protège*.

[2] Lettre de Mme de Maintenon à Mme de Saint-Géran, l'amie de Seignelay : « Il réussira, s'il ne prend les choses avec trop de hauteur. Le roi n'aurait pas de meilleur serviteur, s'il pouvait se détacher un peu de son tempérament. Il en convient lui-même, et cependant il ne se corrige pas » (*Correspondance générale*, II, p. 7, 1688).

[3] Saint-Simon, qui n'est pas tendre aux secrétaires d'État, bourgeois parvenus et fastueux, fait le même portrait de Seignelay : « Seignelay, plus en chef qu'en survivance par les occupations de son père aux finances, était, quoique jeune, extrêmement capable, fort instruit, avec beaucoup d'esprit, une ambition extrême, avec de la valeur, et audacieux au dernier point. » (*Parallèle*, p. 221) : c'est l'opinion que Voltaire a recueillie aussi auprès des contemporains (édit. Bourgeois, p. 238).

[4] L'administration de Seignelay, à la Marine, n'a fait encore l'objet d'aucune étude et en vaudrait la peine : ce fut à cette époque qu'avec Petit-Renau et Tourville, et sous l'impulsion de Seignelay, furent réalisés des progrès décisifs dans la construction et l'armement des flottes. C'est Seignelay qui a organisé

qu'il s'y fût rendu, sinon plus habile, au moins plus commode, si l'obligation de se ménager par l'intérêt de sa fortune et par la crainte de la perdre eût duré plus longtemps[1]. Mais comme d'un côté la mort du père et deux mariages avantageux pour les biens et pour la naissance lui avoient laissé de grands établissements en charges, en terres et seigneuries, en maisons et jardins superbes[2], en argent comptant et en rentes, et qui l'avoient rendu un des plus riches particuliers du royaume, et des plus heureux du côté de tous ces avantages qu'on appelle *de la fortune*[3], et d'autre part qu'il se vit appuyé par la faveur de la cour, aussi ne put-il que se laisser éblouir par tous ces endroits et en tirer matière de suivre le penchant d'un naturel hautain et brusque, et d'un esprit qui ne manque ni de vues, ni de vivacité, ni de lumières, mais d'ailleurs peu docile, peu traitable, en un mot fort vain et fort emporté. Ce dernier caractère le rendoit redoutable à ses propres commis, qui ne

le corps et la constitution du personnel (ordonnance du 15 avril 1689). Aux Colonies, on lui dut le Code noir (1685), le concours qu'il donna à La Salle, malgré ses bureaux, pour la colonisation de la Louisiane, l'établissement d'une colonie à la Guinée (1685). Consulter, aux Archives, les *Ordres du roi*, les dossiers *Renau*, *Tourville*.

[1] On voit, par une anecdote de Choisy (édition Lescure, II, 32), que Seignelay ne se ménageait guère : « Cette année 1690 me fut heureuse, aurait dit Louis XIV. Je fus défait de trois hommes que je ne pouvais plus souffrir, Louvois, Seignelay, La Feuillade. »

[2] Les charges ont été énumérées plus haut. La Marine rapportait 55.000 livres, 60.000 avec le titre de ministre. Quant aux seigneuries et aux biens, Seignelay hérita de son père, par droit d'aînesse, des propriétés les plus belles : *Seignelay* et *Sceaux*. La baronnie de Seignelay, la plus importante du comté d'Auxerre, qui donnait accès aux états de la province, avait été achetée par Colbert en 1657, puis embellie. Levau fut chargé du château, et Lenôtre des jardins. Colbert, en l'embellissant, avait veillé à l'utile : il établit une manufacture dans le bourg, il avait fait relever tous les fiefs, obtenu le droit de justice et de pêche sur l'Yonne. De même, quand il eut acquis le domaine de Sceaux aux de Tresmes, et l'eut embelli de toutes les manières, il avait eu soin d'y faire porter le marché de Poissy (1667) et il usa de son pouvoir auprès des intendants pour y faire venir les marchands de province. (Voir Clément, *Colbert*, II, p. 449, 453). Colbert avait en outre laissé à Seignelay 2 millions environ, en rentes constituées. Le second mariage de Seignelay avec Mlle de Matignon lui procura enfin 75.000 livres de rente.

[3] A sa mort, après l'acquit d'une dette de 5 millions, la fortune de Seignelay était évaluée par Mme de Sévigné à 400.000 livres de rente *(Lettres*, IX, p. 583).

pouvoient lui parler qu'en tremblant, comme je l'ai ouï dire plus d'une fois à ceux de M. de Croissy, son oncle, et assez incommode aux François et aux étrangers qui avoient ou à faire ou à traiter avec lui. Il n'y gardoit pas même les bienséances requises pour les traitements et pour les manières avec les Ministres publics, ambassadeurs ou autres qui, par la nature des affaires ou de commerces maritimes dont il étoit question, pouvoient avoir lieu, de fois à autres, de lui en parler ou d'en vouloir conférer avec lui. J'en puis parler, non seulement pour en avoir ouï plaindre assez souvent de ces Ministres publics, comme de Portugal, de Hollande, de Gênes ou autres, et même de Savoie, mais aussi pour l'avoir éprouvé en quelque sorte dans l'affaire de la prise du navire de la Compagnie Africaine de feu Son Altesse Electorale par des vaisseaux de la Compagnie françoise de Sénégal, dans l'année 1685 : je veux dire dans les conférences que j'en eus avec lui, comme une affaire dépendant uniquement de son département, et à qui j'étois renvoyé par M. de Croissy, son oncle, et au sujet de toutes les préventions de la part dudit M. de Seignelay, et qu'il en avoit données au Roi et au Conseil, que j'eus à combattre. Ce ne fut même que malgré lui, qui étoit étrangement aheurté au contraire et en faveur de cette prise, quoi qu'on lui en pût remontrer, et ainsi uniquement par les bons offices de M. de Croissy, que j'obtins enfin quelque compensation en argent pour la prise du navire susdit, et que je fis acquitter à M. Raulé, suivant les ordres de feu Son Altesse Electorale[1]. J'ajouterai seulement que j'en fus

---

[1] Cette affaire a donné lieu à une longue et épineuse négociation de Spanheim avec la cour de France. Le Grand Électeur avait constitué en 1681 une compagnie africaine de commerce en Guinée, dont le siège était à Embden, et dont Puffendorf a raconté l'histoire (chap. xviii, § 32). Elle porta ombrage à la compagnie française des Indes occidentales qui réclama, et empêcha. En 1683, malgré tout, la compagnie fonda des comptoirs à Taccara, Accada et Anta (Schmoller, *Preussische Colonisation in* xvii° et xviii° *Jahr.*, Berlin 1886). A la fin de l'année 1680, Spanheim avait déjà demandé par prudence à Croissy des passeports pour deux capitaines marchands des navires « Wappen v. Brandebourg » et « der Morian », au service de la Prusse, Mariate et Ioris Barthelson,

persuadé que la réputation où est M. de Seignelay d'avoir naturellement peu de considération pour les puissances étrangères, pour ne pas dire du mépris, n'est pas mal fondée, et que ses conseils, où il aura à en donner, comme il le peut avoir à présent en qualité de ministre d'Etat, ne porteront guère, quand il y en auroit lieu, à garder pour lesdites puissances les égards et les ménagements requis. Au reste, outre les acheminements susmentionnés pour le poste susdit de ministre d'Etat, par la faveur de Mme de Maintenon et par son emploi de la direction des affaires de la Marine, il ne peut qu'y avoir été aidé particulièrement par les conjonctures présentes de la guerre avec la Hollande, et surtout des affaires d'Angleterre et d'Irlande. Comme [ce] sont celles-là et leurs suites qui tiennent le plus à cœur à la cour de France et qu'on y juge lui importer le plus, aussi ne peuvent-elles que donner d'autant plus de part à M. de Seignelay d'y être employé comme en des affaires de son département, et ainsi à servir de convénience, ou de nécessité même, à assister aux délibérations qu'il échoit d'y prendre de fois à autres dans le Conseil du Ministère [1].

C'est aussi par où finit ce que j'avois à dire, ou de ce Conseil

« qui allaient faire à Angola un commerce innocent » (ordre de la Cour, juin 1680, 9 septembre 1680, Arch. de Prusse, Spanheim, I, f. 114). Croissy refusa. Le traité de 1681, dans lequel la France penchait à favoriser le commerce de la Prusse contre les Hollandais, permit depuis lors (1681-1682) à la compagnie africaine de continuer ses opérations. Elle ne rencontra jusqu'en 1685 que l'hostilité des Hollandais avec qui le Grand Electeur fit enfin un traité d'accommodement, 8 mars 1685, et même d'alliance offensive et défensive pour les colonies : alors, de nouveau, ce fut la France qui fit saisir, en 1685, le vaisseau dont il est ici question.

[1] Il s'agit de l'expédition d'Irlande du 17 mars 1689 destinée à installer Jacques II à Dublin et à l'y défendre, et de la grande entreprise organisée de Toulon et de Brest avec Tourville, Chateau-Renaut, d'Estrées, considérée comme un trait hardi de Seignelay, qui voulait grouper dans l'Océan toutes les flottes françaises contre les Anglais et les bloquer, eux et leur roi, dans leur île. Seignelay, après avoir tout préparé avec une merveilleuse activité, s'embarqua sur le vaisseau de Tourville. Mais le projet fut déjoué par les amiraux anglais qui évitèrent la bataille (juin-octobre 1689). Le 5 octobre Seignelay entrait comme ministre d'État au Conseil. Il reprenait son projet le 23 juin 1690 (Guérin, Histoire maritime de la France, t. III, ch. XIII).

en général, ou des Ministres en particulier qui le composoient durant mon dernier séjour et emploi en France, ou qui le composent encore à présent. Sur quoi aussi il y a d'autant plus de sujet de s'arrêter et d'en dire ce que j'en savais ou d'ailleurs ce que j'en puis juger, que l'intérêt ou la destinée des affaires de l'Europe et surtout les conjonctures présentes, ou en particulier celles que Son Altesse Electorale y peut avoir ou y peut prendre à l'avenir, y ont beaucoup de part. Comme la même chose n'a pas lieu à l'égard des autres Conseils où Sa Majesté ne laisse pas d'intervenir, on pourra aussi y passer plus légèrement, comme sont le Conseil royal des finances, celui des dépêches et celui de conscience.

DU CONSEIL ROYAL DES FINANCES

De l'établissement du conseil royal.

Le Conseil royal des finances se tient ordinairement devant le Roi deux fois la semaine, le mardi et le vendredi matin, depuis dix heures jusques à douze[1]. Il fut établi l'année 1661, dans le changement et la réforme générale qui se fit alors dans l'administration des finances depuis la disgrâce de M. Fouquet, et avec la suppression de la charge de surintendant des finances, et dans le dessein de[2] connoître et de régler ce qui

---

[1] Le *mardi* et le *samedi*, non le *vendredi* (*Etat de la France*, I, 219). Spanheim a raison de dire : *ordinairement*. Car il y avait des séances extraordinaires : d'Ormesson en cite une le *jeudi* 18 mars 1666 (*Journal*, II, 478). De même, il arrivait que le roi, « outre le Conseil qu'il tenait à son ordinaire le matin, tînt conseil encore l'après-dînée ». (Dangeau, X, 481; de Sourches, VII, 264, 285. — 1702-1705.)

Il fut *établi* en 1661, dans la forme que Spanheim lui a vu et qui dura jusqu'en 1689. Cela est vrai, mais il existait un conseil des finances déjà, dont MM. Valois (*Inventaire des arrêts du conseil d'Etat*, Introd., t. Ier) et de Boislisle (*Saint-Simon*, VI, 477, 487) ont fait l'histoire. Ce Conseil, réorganisé en 1661, le fut très peu de temps après la chute de Fouquet et pour remplacer la surintendance, « dont le roi voulut s'acquitter lui-même avec plus de précaution ». (*Mémoires*, édition Dreyss, II, 528 529). — (Discours d'ouverture rédigé par Colbert: *Lettres de Colbert*, édition Clément, II, p. ccii). Louis XIV raconte dans le même passage qu'il appela le Conseil, *Conseil Royal* tout court, ainsi que dit Spanheim rigoureusement informé.

[2] Les mots « *et dans le dessein de* », qui se trouvaient dans le manuscrit [B]

dépendoit jusque-là de la décision seule et de l'exécution dudit surintendant. En sorte que l'établissement de ce Conseil eut en vue de pourvoir aux abus qui s'étoient glissés par là dans ladite administration des finances, et surtout au pouvoir absolu et indépendant que les surintendants y exerçoient. Au sujet de quoi on attacha audit Conseil la connoissance des recettes générales, fermes, domaines, affaires extraordinaires et autres recettes de toute nature, des changements à y faire, d'en arrêter et signer les comptes, comme aussi de résoudre des brevets de taille, des arrêts d'impositions, de quelque nature qu'elles fussent, des affiches des baux de fermes, des traités pour arrêts et prêts, des comptes et rôles de l'Epargne. Ce qui résulte des lettres patentes de la création dudit Conseil royal des finances, données à Fontainebleau le 15 septembre 1661[1].

D'où il paroît aussi que le Conseil y fut restreint au chancelier, quand il y seroit appelé[2], d'ailleurs d'un chef du Conseil sous l'autorité et en présence de Sa Majesté, et de trois conseillers d'Etat, parmi lesquels étoit compris le contrôleur géné-

Du chef et des membres du Conseil royal

avaient sans doute été omis dans la copie du manuscrit [A] : Spanheim les a rétablis en marge de sa main.
[1] Les manuscrits [A] et [B] donnent par erreur *1666* (Isambert, *Anciennes Lois françaises*, XVIII, 9 et l'*Etat de la France*, 1663, t. II, p. 482). L'énumération de Spanheim est entièrement conforme à ces textes qu'il a eus sous les yeux. Voir encore Dreyss, *Mémoires de Louis XIV*, Introd. — la *Relation* du Vénitien Grimani (1664, *Relazioni, Francia*, III, 85-86), enfin et surtout de Boislisle *(Saint-Simon*, VI, 488).
[2] Le chancelier était chef né de tous les Conseils et y siégeait après le roi. Seul il voulait y être traité de Monsieur (Dangeau, VII, 148; d'Ormesson, II, 336). Un règlement du 10 avril 1674, publié par M. de Boislisle (VI, 489, note 3) stipula même que le Conseil royal se tiendrait chez le chancelier et serait présidé par lui, le roi se réservant certaines décisions et surveillant le tout. Au-dessous de lui, en plus, un chef spécial de ce Conseil dont la première commission à Villeroy a été également publiée par M. de Boislisle (*Id., ibid.*, note 5). Il présidait à défaut du Chancelier (Saint-Simon, VI, 220). Enfin trois conseillers d'Etat pour qui c'était un grand honneur et une certitude d'avenir d'y être appelé : *c'étoient de petits dieux* (Daguesseau *Œuvres*, VIII, 71), on leur donnait parfois le titre de directeurs (Saint-Simon, éd. de Boislisle, VI, 178). Le petit nombre de membres admis au Conseil Royal avait pour objet le *Secret* des *Finances* auquel le roi tenait essentiellement, et sous peine d'exclusion (Colbert, *Lettres*, p. cci).

ral des finances. En sorte que, quand je vins en France, dans mon dernier emploi, en 1680, ledit Conseil royal étoit composé du chancelier [le] Tellier, du duc de Villeroy, comme chef dudit Conseil, de M. Colbert, comme contrôleur général, de M. Pussort, son parent, et de M. Boucherat[1]. M. Colbert étant mort en 1683, M. [le] Peletier, qui lui succéda dans la charge de contrôleur général, remplit aussi sa place dans ledit Conseil[2], comme M. Boucherat y prit celle du chancelier [le] Tellier après sa mort, arrivée en 1685[3], et le duc de Beauvillier celle du duc de Villeroy, comme il a été touché ci-dessus[4]. Aussi, à mon départ de France, ledit Conseil royal se trouvoit encore rempli par le chancelier Boucherat, le duc de Beauvillier, M. [le] Peletier, M. Pussort susdit et M. d'Argouges, qui a été ci-devant premier président au parlement de Bretagne, en place de M. Boucherat, élevé à la charge de

---

[1] *Relation*, plus haut, p. 375, note 1 : sa commission fut du 25 avril 1672 (*Archives nat.*, O^k 16, f. 295).

Louis Boucherat, né le 19 août 1616, conseiller au Parlement (1641), maître des requêtes (1643-1653), intendant à Paris, en Champagne (1665), en Picardie, en Languedoc, etc , conseiller d'État (1662), entra, après une longue carrière administrative, au *Conseil royal*, le 5 mai 1681, à 65 ans. Pour cette nomination Bussy, *Correspondance*, V, 271 ; Saint-Simon, édition de Boislisle, VI, 250-251. Ils attribuent sa fortune aux services qu'il rendit à Turenne, comme Gourville à Condé. Cela est confirmé par les lettres de Colbert (II, 56 ; VII, 216). Il s'était attaché aussi avec perspicacité à la fortune de Colbert (d'Ormesson, II, 484), quand il le vit tout-puissant, et à la mort surtout de Turenne.

[2] Mais il dut prendre des lettres spéciales de commission en forme (7 septembre 1683). M. de Boislisle les a publiées (*Correspondance des contrôleurs généraux*, I, Appendice, p. 542).

[3] Il fut fait chancelier le jour de la Toussaint 1685 (*Arch. nat.*, O^k 274, f. 19, v.). Sur cette nomination et sur le personnage à qui Spanheim n'a consacré (il faut noter cette lacune) aucun article, consulter surtout Dangeau (I, 177, 183), de Sourches (I, 323) et Saint-Simon (éd de Boislisle, VI, 252). Tous les contemporains sont unanimes à critiquer la nullité, l'ignorance et la fatuité de Boucherat, dont les Louvois firent la fortune pour avoir un instrument, et qui plut à Mme de Maintenon par sa dévotion.

[4] Voir p. 92, note 1, et p. 96, note 3. La date est du 6 décembre 1685 (Dangeau, I, 262, 263 ; de Sourches, I, 338 ; Mme de Sévigné, *Lettres*, VII, 488).

chancelier[1]. Et comme, depuis mon départ de France, arrivé au commencement de l'année dernière 1689, la charge de contrôleur général, qu'avoit M. [le] Peletier, a été donnée à M. de Pontchartrain, ci-devant premier président au parlement susdit de Bretagne[2], il n'y a pas lieu de douter qu'en conséquence de cette charge il n'ait aussi été admis dans ledit Conseil royal des finances. A quoi je dois encore ajouter que le Dauphin, peu d'années avant mon départ de France, eut aussi pouvoir d'entrer dans ledit Conseil, mais, après tout, où il se trouvoit assez rarement[3].

Je dois remarquer ici que, jusques à mondit départ de France, il y avoit deux intendants des finances[4], à savoir : M. Le Peletier de Souzy, frère du contrôleur général, et

Des intendants des finances.

---

[1] François d'Argouges, conseiller au grand conseil (1645), intendant des finances d'Anne d'Autriche, maître des requêtes, premier président du parlement de Bretagne (1691), conseiller d'Etat et du Conseil royal (1685), mort à 73 ans, en 1695, ami de la Rochefoucauld. Son fils, Jean-Pierre d'Argouges, né en 1647, avait épousé Françoise, fille de le Peletier (Saint-Simon, éd. de Boislisle, IV, 272).

[2] Sur la famille Phélipeaux de Pontchartrain, voir Saint-Simon (éd. de Boislisle, VI, 268 et les notes). Consulter pour le portrait du contrôleur, le même volume, p. 275. Saint-Simon raconte sa nomination de premier président au parlement de Bretagne (ibid., p, 277). Il explique l'importance de cette charge pour les finances et le commerce maritime. Les *Remarques sur la Cour de France*, qui ne sont pas, comme nous l'avons dit, de Spanheim, publiées par M. Schefer (p. 416), disent qu'il fut proposé pour cette place par M. d'Argouges qui la quittait (28 juin 1677). Sur l'administration de Pontchartrain en Bretagne, voir Saint-Simon (éd. de Boislisle, III, 287; IV, 16; VI, 278). Le 25 avril 1687, il fut nommé intendant des finances par Le Peletier, qui se reposait sur lui de tout et lui fit donner sa charge de contrôleur général (*Relation*, p. 376; note 2). Sa lettre de provision, qui lui procura l'accès au Conseil royal, est du 20 septembre 1689, postérieure au départ de Spanheim (de Boislisle, *Corresp. des contrôleurs généraux*, t. I, appendice, p. 558).

[3] En avril 1682 (Bib. Nat. *Manuscrit français*, 10265, f° 11). Mais il n'y eut voix délibérative qu'en juillet 1688 (Dangeau, I, 152). Sur son indifférence, voir plus haut le chapitre consacré au Dauphin (p. 116, note 4).

[4] Sur leur rôle et leur caractère, voir Saint-Simon (éd. de Boislisle, IV, p. 387). — De 1687 à 1689, il y en eut trois, par le fait que Pontchartrain fut nommé intendant en *surnombre* par Le Peletier. En principe, il n'y en avait que deux : pour le premier, *Relation*, p. 378, note I. Le deuxième, François Le

M. de Breteuil, maître des requêtes, qui avoient chacun leur département différent et distingué de celui du contrôleur général ; mais on apprend depuis peu, par les avis publics, que le nombre desdits intendants a été augmenté, aussi bien que de plusieurs autres charges[1], et dans la seule vue d'en tirer des sommes d'argent considérables au profit du Roi, par la vénalité des charges, qui est reçue, comme on sait, en France.

Après quoi, je ne toucherai pas ici le détail des finances du Roi, ou à y faire les réflexions dont il y aura lieu de parler dans un autre endroit de cette relation, pour ne m'éloigner pas ici du sujet des Conseils honorés de la présence de Sa Majesté.

DU CONSEIL DES DÉPÊCHES

De ceux qui assistent au conseil des dépêches.

Le Conseil des dépêches est encore de ce nombre, et qui se

Tonnelier de Breteuil, d'une grande famille d'administrateurs et d'intendants (Saint-Simon, Édition 1873, VI, 38), né le 1er septembre 1638, fut conseiller au Parlement (1661), maître des requêtes en 1671, intendant de Picardie (1674), de Flandre (1683), et en 1684, nommé intendant des finances, conseiller d'État semestre en janvier 1685, et ordinaire en janvier 1697, par la faveur de Mme de Maintenon, mort en 1705.

[1] Un édit du 25 février 1690 créa quatre offices d'intendant des finances (Dangeau, III, 67, *Mercure*, février 1690), au lieu de deux. Ces charges coûtèrent aux titulaires quatre cent mille livres, et en rapportaient quarante mille. C'était une mesure fiscale, comme cette autre création dont parle de Sourches (23 février 1690) d'un premier président et de huit présidents à mortier en titre au Grand Conseil, « *le tout pour avoir de l'argent* » (III, 198). On voit par ces mêmes Mémoires, combien le roi, en décembre 1689, était à court d'argent. Il fit porter à la fonte son mobilier d'or, remania les monnaies, autorisa la loterie ou tontine. — Les titulaires des charges nouvelles d'intendant furent : Fleuriau d'Armenonville qui eut dans son département les domaines du roi et les communautés (Dangeau, *ibid.*) ; Chamillart, dont cela fit la fortune, qui eut les aides, les octrois, le grand Conseil, la Cour des aides, Navarre et Béarn (Saint-Simon, éd. de Boislisle, IV, 297) ; Louis-Urbain Lefèvre de Caumartin, qui fit toutes les finances sous Pontchartrain (*Ibid.*, II, 194), enfin un certain Heudebert *du Buisson*, procureur général à l'Arsenal. Il avait reçu les gabelles avec les généralités de Montpellier, Lyon et Toulouse. En 1701, Chamillart créa, pour un million, deux charges nouvelles de *Directeur des finances* (800.000 livres) (Saint-Simon, édition 1873, IX, 23), dont les autres intendants ne furent plus que les collaborateurs. En 1703, Desmarets supprima ces deux charges.

tient aussi dans l'appartement de Sa Majesté et devant elle[1]. Il ne s'assemble qu'une fois dans la quinzaine, au jour de lundi, et où ont pouvoir ou droit d'assister : le Dauphin, le duc d'Orléans, frère du Roi, le chancelier, les quatre secrétaires d'État, et ceux qui sont reçus en survivance en leurs charges[2].

Les affaires dont il se traite en ce Conseil sont celles du dedans du royaume et de ses provinces, dont les secrétaires d'État font leur rapport suivant leur département différent, tiennent registre des résolutions qu'on y prend, et en font faire ensuite les expéditions requises[3]. Sur quoi il est à remarquer que ce rapport s'y fait debout par les secrétaires d'État[4], et dans l'ordre de leur réception à ladite charge[5], sans égard à celle qui s'y trouve jointe en quelques-uns d'entre eux de ministre d'État, mais dont le rang ou la fonction n'a pas lieu dans ledit Conseil[6].

[1] Pour l'histoire et les attributions de ce Conseil, voir de Boislisle (*Saint-Simon*, V, 464). Il est essentiellement, avec le Conseil des finances auquel on le réunit parfois, le Conseil d'administration de l'ancienne monarchie. Son nom lui vient de ce qu'on y lit les *dépêches* expédiées des provinces, ou de ce que les décisions s'y prennent sous forme de *dépêches* expédiées par les secrétaires d'État (Chéruel, *Administr. française*, II, 385 : règlement de 1630. — Guyot, *Répertoire de jurisprudence*, IV, p. 488).

[2] « En la chambre du roi, dit l'*État de la France* (II, 253) que suit Spanheim, de quinze jours en quinze jours, le *lundi*, où assistent, avec le roi, Monseigneur le Dauphin, Monsieur, le chancelier, M. le duc de Beauvillier, MM. les quatre secrétaires d'État et le contrôleur général. »

[3] Il n'y avait, bien entendu, que les affaires très importantes que les secrétaires d'État portassent ainsi au Conseil que présidait le roi. La plupart étaient traitées entre chaque chef de département et le roi directement; et même les autres n'étaient discutées que pour la forme (voir les remarques de Villars, *Mémoires*, p. 248, et les plaintes fréquentes de Saint-Simon, notamment dans sa Lettre au roi de 1712, *Écrits inédits*, IV, 37, et II, 282). C'est ce qui fit que le Conseil des Dépêches, qui se tenait au début du règne deux fois la semaine, se fit plus rare, toutes les quinzaines, et plus rare encore à la fin du règne.

[4] « Leurs fonctions de *rapporteurs debout* au Conseil des dépêches, dit Saint-Simon à propos des secrétaires d'État, devant le roi et les ministres assis, sont semblables à celles des maîtres des requêtes, au Conseil des parties devant le chancelier. » (*Écrits inédits*, II, 349.) — De Luynes (*Mémoires*, III, 427), l'abbé Hénault (*Abrégé chron.*, année 1682), confirment l'existence de cette coutume abrogée de leur temps.

[5] Par les *Lettres patentes* du 8 août 1617.

[6] Spanheim indique très justement que le rang de ministre d'État ne per-

Des quatre secrétaires d'État.

Ces quatre secrétaires d'État, et qui ont chacun leur département différent, étoient, quand je vins en France en 1680 : M. de Louvois, M. Colbert, M. de Châteauneuf et M. de Croissy, outre M. de Seignelay, qui en exerçoit déjà la charge en survivance de M. Colbert son père, et en remplit seul le poste après sa mort. Le marquis de Barbesieux, fils de M. de Louvois, et le marquis de Torcy, fils de M. de Croissy[1], ne peuvent aussi que s'y trouver comme étant reçus à exercer en survivance les charges de secrétaires d'État de leursdits pères, et ce que le dernier n'a obtenu, comme il a été dit, que depuis mon départ de France.

Du département du secrétariat de M. de Louvois.

Le secrétariat d'État de M. de Louvois[2] n'a pas seulement en son département les affaires de la guerre, de l'artillerie, des fortifications, des bâtiments et maisons royales, tout autant de cas qui ne sont pas du ressort du Conseil des dépêches, mais comprend encore quelques provinces de France et Pays conquis dont les affaires viennent audit Conseil, comme le Poitou, le Lyonnois, le Roussillon, la Lorraine, les trois évêchés : Metz, Toul et Verdun, l'Alsace, les places conquises de Flandres, Artois, du Hainaut, et Pignerol et Casal en Italie[3].

---

mettait pas aux secrétaires d'État de s'asseoir au Conseil des Dépêches. Cela est confirmé par un récit de Dangeau (X, 504), où l'on trouve Torcy et Chamillart debout à ce Conseil, assis à tous les autres. Seuls étaient assis les fils de France, le duc chef des finances, parce qu'il était duc et pair; le chancelier, parce que le Tellier, vieux et infirme, avait obtenu par un *placet* un siège. Chamillart brigua la même faveur et ne l'eut pas (Dangeau, XII, 53).

[1] Louis-François-Marie le Tellier, marquis de Barbesieux (c'est sa signature), né le 23 juin 1668, secrétaire d'État de la guerre en survivance depuis le 13 novembre 1685. — Jean-Baptiste Colbert, marquis de Torcy et de Sablé, né le 14 septembre 1665, reçu secrétaire d'État en survivance de son père, Croissy, le 25 septembre 1689 (*Arch. nat.*, O1, 274, f° 31).

[2] Il faut bien noter que Spanheim ne reprend pas ici par une répétition stérile l'étude des secrétaires d'État. Il étudie leur département dans leurs rapports avec le Conseil des dépêches, c'est-à-dire la part d'administration *provinciale* qui leur était confiée, à côté de leurs fonctions d'État étudiées plus haut. Car les secrétaires d'État n'avaient le droit de venir rapporter à ce Conseil que s'ils avaient un département de provinces (de Luynes, *Mémoires*, VIII, 89).

[3] L'*État de la France* (1689, II, p. 264) donne, en outre, la Marche, la Franche-Comté et Luxembourg.

Le secrétariat d'Etat de M. de Seignelay, outre la marine, le commerce, les fortifications des places maritimes, la maison du roi, les haras et les pensions, comprend encore, comme j'ai déjà dit en parlant de lui[1], Paris, l'Ile-de-France, Soissons[2], les pays d'Orléans et de Blois, dont les affaires se rapportent et se résolvent au Conseil susdit des dépêches, et dont il est chargé de faire l'expédition.

Du département du secrétariat de M. de Seignelay

Le secrétariat d'État de M. de Châteauneuf s'étend sur plusieurs provinces de France, comme la Normandie, la Picardie, le haut et le bas Languedoc, la Guyenne, la Bourgogne, Bresse, Bugey et ce qui en dépend[3], la Touraine, Anjou, le Maine, le Bourbonnois, Nivernois, l'Auvergne[4], et d'ailleurs comprenoit dans son département les affaires générales de la religion réformée en France, et dont il faisoit aussi rapport dans ledit Conseil des dépêches[5]. C'étoient aussi ces dernières affaires qui n'ont pu manquer de lui donner bien de l'occupation depuis la persécution suscitée aux gens de la Religion en France, et surtout avant qu'elle fût portée aux dernières extrémités, à savoir dans le temps de tous les différends qui se trouvoient sur les partages des commissaires de l'une et de l'autre religion touchant la conservation ou la démolition des temples dont ils avoient à connoître, et pour être décidés en explication de l'édit de Nantes[6]. A quoi se joignoient les plaintes et requêtes des provin-

Du secrétariat de M. de Chateauneuf

---

[1] Page 383. Ce renvoi : « *comme j'ai déjà dit en parlant de lui* », qui figurait au manuscrit [B], avait sans doute été omis à la lecture du manuscrit [A] par le copiste : Spanheim l'a rétabli en marge, de sa main.

[2] Le Soissonnais *jusqu'à Noyon*, dit l'*Etat de la France* (II, 265) et, en outre, toutes les colonies étrangères.

[3] Valromey et Gex (*Etat de la France*, II, 266).

[4] Spanheim omet Brouage, pays d'Aunis, ville et gouvernement de la Rochelle, de Ré et d'Oléron.

[5] Par exception, Spanheim place ici son étude sur le secrétariat de Châteauneuf, qu'il n'a pas jointe aux études précédentes sur Louvois, Colbert, le Tellier. C'est que son département étant le plus important au point de vue des affaires provinciales, et le plus chargé, il était plus logique de le réserver et de le placer ici.

[6] L'article 8 de l'édit de Nantes permettait aux réformés de faire et de

ces entières ou des particuliers de la Religion, sur les griefs et les vexations qui leur étoient faites au préjudice de l'édit susdit et avant qu'il fût aboli comme il arriva en octobre 1685 [1]. Le marquis de Châteauneuf, qui s'appelle en son nom Phélypeaux de la Vrillière, ne manqua pas, en pareilles affaires, de s'y conformer aux intentions du Roi, qui alloient à la ruine et à la destruction totale de la religion réformée en France, comme il ne parut que trop par la suite, et ainsi à se conduire là-dessus dans ses rapports aux Conseils sur les cas susdits et dans les résolutions qu'il étoit question d'y prendre[2]. Le ménagement même qu'on y apporta durant quelque temps, et pour aller par degrés à ce grand but que le Roi s'en étoit proposé, ne dura guère, et ne laissoit pas de faire entrevoir ce qu'on en devoit attendre dans la suite[3]. D'ailleurs [4], outre que M. de Châteauneuf étoit fils d'un père qui, dans l'exercice de la même charge et quoiqu'en d'autres temps et conjonctures, avoit témoigné beaucoup de dureté pour les gens et affaires de la Religion

continuer l'exercice de leur culte publiquement en toutes les villes où il avait été rétabli de même qu'en l'année 1596 et 1597. C'était ce qu'on appelait *l'exercice dit de possession.* Il donna lieu à des réclamations de part et d'autre. Le 18 juillet 1656, la Royauté institua des *Commissaires* mi-parties pour chaque province, l'un catholique, l'autre protestant, pour examiner chaque question sur place. Ils se mirent à l'œuvre dès 1661. Tout leur travail aboutit pour eux-mêmes à de nouveaux débats Il y eut toujours entre eux *partages,* et pour trancher ces partages des *rapports au Conseil* qui sont conservés à la Bibliothèque nationale (Imprimés L D, 176). En vingt ans, le nombre des temples fut réduit de 360 à 60 ou 70 ou plus. (Voir la *dernière requête des protestants* : *Rev. historique,* janvier 1885).

[1] Pour l'exposé général et la portée de ces griefs, consulter le document cité dans la note précédente ainsi que Puaux et Sabatier, *Etudes sur la Révocation,* Paris, 1885 ou, pour plus de détails, Benoît, *Histoire de l'édit de Nantes,* Delft, 1695.

[2] Balthazar Phélipeaux, marquis de Châteauneuf et de Taulay, comte de Saint-Florentin, seigneur de la Vrillière, d'abord conseiller d'église au Parlement, reçut, en 1669, la survivance de son père, M. de la Vrillière. Ce fut en 1677 seulement qu'il fit la charge de son père et le remplaça au Conseil.

[3] Sur son rôle, moins important même à ce point de vue que celui de Louvois et de Seignelay, consulter Benoît (*Ouv. cité,* p. 200, 311, 865, 868). C'est lui qui paraît avoir inspiré, rédigé surtout les arrêts mêmes de la Révocation, que les autres faisaient exécuter.

[4] Le mot « *d'ailleurs* » est rayé dans le manuscrit [B].

en France [1], d'ailleurs il étoit bon courtisan, et qui avoit en vue de s'avancer dans la faveur du Roi et de parvenir au poste de ministre d'État, comme d'autres ses confrères dans la charge de secrétaire d'État, et ce qui néanmoins ne lui a pas réussi jusques ici. On lui donne cependant la louange qu'il est celui de tous les secrétaires d'État qui rapporte le mieux au Conseil les affaires dont il est chargé et qui sont de son département [2]. Ce fut encore dans le même dessein de se pousser au ministère qu'il chercha de s'allier avec la famille Colbert du vivant encore de feu M. Colbert, comme la jugeant alors la plus appuyée dans la faveur du Roi, en donnant en mariage sa nièce, riche héritière [3], au troisième fils de M. Colbert, qu'on appeloit M. de Blainville, et qui avoit déjà en survivance la charge de surintendant des bâtiments, qui fut donnée à M. de Louvois après la mort de M. Colbert, et est à présent grand maître des cérémonies. Au reste, M. de Châteauneuf a tous les dehors d'un personnage civil, modéré et honnête, et qui

[1] Saint-Simon en donne la raison : « cette charge était importante lorsque les Huguenots étaient un corps armé avec qui il fallait compter » (édit. de Boislisle, IV, 254).

[2] De Sourches, dans ses *Mémoires* (I, 17), dit ceci qui confirme le témoignage de Spanheim : « Il avait beaucoup d'esprit et rapportait admirablement bien une affaire dans le Conseil. Mais comme son département n'avait pas autant de relation avec les affaires d'État que ceux des trois autres, il ne lui attirait pas autant de considération, et il avait même besoin de les ménager pour se maintenir. On trouvait à redire qu'il leur témoignât autant de soumission, parce qu'ils étaient ministres et qu'il ne l'était pas. » Saint-Simon l'a peint comme une nullité, mais à tort : « De son génie, de sa personne, il n'existait pas » (IV, 255). C'est un propos de cour recueilli par les Chansonniers (*Manuscrit français* 12689, f° 497 *bis*) De Sourches, enfin, affirme que, s'il ne fut pas ministre, c'est que le roi lui en voulait d'avoir mal voté dans l'affaire de Rome, en 1688 (II, 135). Il paraît bien en somme avoir été, comme le dit Benoît dans l'*Histoire de l'édit de Nantes*, l'homme des jésuites.

[3] Gabrielle de Rochechouart, fille de Marie Phélipeaux de la Vrillière, sœur de Châteauneuf, et de Jean-Claude, comte de Tonnay-Charente, était fort riche parce qu'elle avait perdu sa mère en 1681, son père en 1673, quand elle épousa, le 25 juillet 1682, Blainville dont il a été parlé ci-dessus (p. 315, note 3 ; p. 321, note 4). La fortune venait surtout de la mère, fille du célèbre financier de la Fronde, Particelli d'Emeri ; mais cette pauvre femme avait apporté aussi à la famille Colbert l'héritage de la folie qui était dans la famille Particelli. Elle vécut presque toute sa vie enfermée (Saint-Simon, éd. de Boislisle, XIII, 310).

affecte peu de hauteur dans ses manières, hors les occasions où il se croit obligé ou autorisé par le Roi d'en agir autrement[1].

Du secrétariat du marquis de Croissy.

Le marquis de Croissy, comme secrétaire d'État, a dans son département, outre celui des affaires étrangères qui regardent le Conseil du Ministère et dont il a été assez parlé, celles de diverses provinces de France et dont il est obligé de faire rapport dans le Conseil des dépêches et d'en procurer l'expédition. Ces provinces sont la Champagne et Brie, la Bretagne, le Dauphiné, la Provence, le Berry, le Limousin, l'Angoumois, la Saintonge, le Navarrois, le Béarn, le Bigorre et la principauté de Sedan. Ce qui ne peut aussi que redoubler les occupations de ce ministre, les audiences qu'il lui échoit de donner sur de pareilles affaires du dedans du royaume, les informations ou dépêches qu'il en reçoit, et les résolutions qu'il est question d'en faire expédier dans son bureau en suite de celles qui en peuvent avoir été prises dans le Conseil des dépêches et sur son rapport. Il est vrai qu'il arrive de fois à autres que, par la nature des affaires ou exécutions militaires qui s'y trouvent jointes, M. de Louvois, par le département qu'il a de la guerre, s'attire celles des provinces ou des lieux qui sont d'ailleurs du département de M. de Croissy, et sans même qu'on lui en donne aucune part. Ce que j'ai vu arriver, entre autres, dans les affaires de la principauté d'Orange, qui, par sa situation et autant que la France s'en mêloit, étoit une dépendance de celle de la Provence, qui étoit du département de M. de Croissy. Cependant, dès que le Roi prit le dessein d'y user de la même rigueur qu'envers ses sujets de la Religion et d'y employer, par le conseil de M. de Louvois, des gens de guerre pour en venir à bout

---

[1] « Châteauneuf, comme un bon bourgeois,
   Mène une douce vie.
   On ne lui demande sa voix
   Que par cérémonie, »

dit le Chansonnier. — « Fort peu de chose, dit Saint-Simon (éd. de Boislisle, VII, p. 142), bon homme et servant bien ses amis. »

et faire embrasser la religion romaine aux habitants de la ville et de la principauté d'Orange, et se saisir de ceux qui y apporteroient de l'obstacle, sans y garder plus aucun égard aux droits de souveraineté, la chose fut résolue et exécutée par l'envoi à Orange du marquis de Tessé avec deux régiments de dragons, et suivie de l'emprisonnement des ministres de ladite principauté, et, peu de temps après, du président Lubières, par les ordres seuls de M. de Louvois, concertés, comme on peut croire, avec le Roi, sans aucun su ou participation préalable avec le marquis de Croissy [1]. J'en puis parler comme l'ayant pu connoître à fond dès que je fus averti par des lettres, et même des exprès d'Orange, de ces procédures violentes et injustes [2], et que là-dessus je pris occasion de m'en informer au bureau de M. de Croissy, de lui en porter mes plaintes et d'en demander ou presser la réparation. Aussi, quoiqu'il en parût presque aussi surpris que je l'avois été en l'apprenant [3], qu'il s'y trouvât même aucunement choqué par la part ou la connois-

---

[1] Nous avons dit plus haut les violences exercées, en 1680 et 1682, contre la ville d'Orange. Le 23 octobre 1685, les dragons arrivèrent à Orange, sous la conduite de M. de Tessé, commandant à Grenoble. Le 25, ils emprisonnèrent les ministres Gondran, Chion, Petit, et Aumet, ministre de la petite ville de Courtheson (Benoît, *Édit de Nantes*, t IV, p. 919). Les prisonniers ensuite furent menés à Pierre en Seize, à Lyon, et ne se rétractèrent pas. Le gouverneur d'Orange, Jacques Pineton de Chambrun, fut épargné parce qu'il promit de se *réunir*, et demanda le droit de se faire opérer de la pierre à Lyon. On le lui accorda, et il en profita pour se sauver. Le président du Parlement d'Orange, Lubières qui, pour éviter ces violences, avait consenti à expulser les protestants français (août 1685) de la principauté, essaya une timide révolte et fut emprisonné à son tour. Voici ce que M. de Tessé écrivait le 13 novembre à Louvois (*Dépôt de la guerre*, 795) : « Dans une même journée, la ville d'Orange s'est convertie, et l'État a pris la même délibération et Messieurs du Parlement ont pris le même dessein, vingt-quatre heures après. Tout cela s'est fait doucement, sans désordres ni violences. Il n'y a que M. de Chambrun, patriarche du pays, qui continue de ne point entendre raison. M. le Président, qui aspirait à l'honneur du martyr, fût devenu mahométan si je l'eusse souhaité. »

[2] Tessé dit en effet dans la même lettre : « Vous ne sauriez croire combien tous ces gens se sont infatués du prince d'Orange, de son autorité, de la Hollande, de l'Angleterre et des protestants d'Allemagne. »

[3] Les ordres avaient été envoyés, en effet, directement par Louvois à M. de Grignan, gouverneur de Provence, le 6 octobre, et surtout pour l'exécution,

sance qu'il auroit dû en avoir comme de [1] choses qui se passoient en des lieux de son département ou qu'on en faisoit dépendre, et qu'il y eût au moins souhaité plus de modération, cependant il n'eut[2] pas le crédit d'en arrêter le cours ou d'y apporter du remède, ni enfin de procurer la liberté des ministres ou du président d'Orange, quelque rapport qu'il fît au Conseil de toutes les remontrances que je lui en faisois, et en ne dissimulant pas, dans les occasions, qu'il n'en étoit pas le maître, mais M. de Louvois[3]. Ce dernier n'y fut pas plus traitable quand je pris le parti de lui en parler, comme j'ai fait à plus d'une reprise, et où il m'y renvoyoit même à M. de Croissy, quoiqu'en effet ce fût lui seul, de notoriété connue, qui eût engagé cette affaire si avant, qui aussi non seulement a fait arrêter les prisonniers susdits à Orange, mais les avoit fait transporter et retenir à Lyon, lieu de son département particulier[4], et ainsi le seul qui pouvoit y apporter le remède.

DU CONSEIL DE CONSCIENCE

De la nature du Conseil de conscience.

Il n'en est pas du Conseil de conscience comme des trois autres dont j'ai parlé jusqu'ici. Je veux dire que ce n'est pas un Conseil réglé ni établi par patentes ou par commissions, et dépendance expresse de la charge de ceux qui y assistent[5]. C'est un choix

---

le 14 octobre, à Philippe-Auguste le Hardi de la Trousse, parent de Louvois et le principal directeur des Dragonnades en Dauphiné (*Dépôt de la guerre*, 750, 756. — De Sourches, I, 307). Ce fut lui qui opéra avec Bâville plus tard en Languedoc (Benoît, *Histoire de l'édit de Nantes*, t. IV, 989, 994).

[1] « *Des choses* » dans le manuscrit [*B*].

[2] « *N'en eut pas* » dans les manuscrits [*A*] et [*B*].

[3] En 1695, au dire de Benoît (*Histoire de l'édit de Nantes* p. 921), ils étaient encore en prison.

[4] Voir plus haut, p. 402, le département de Louvois.

[5] L'Etat de la France, en effet, ne le donne pas en 1689 dans la liste des *Conseils du Roy et des personnes d'Etat* (II, 253). Choisy indique cependant que Louis XIV l'établit au début du règne, avec le père Annat, son confesseur, Péréfixe évêque de Rodez, et le grand Aumônier pour examiner les candidatures à la feuille des bénéfices, jusque-là abandonnées au confesseur (éd. Lescure, I,

que le Roi a fait de son confesseur, le Père la Chaize, et le plus souvent encore de l'archevêque de Paris, pour conférer avec eux à un certain jour de la semaine, et à quoi il a destiné le samedi, des affaires de la religion, ou d'ailleurs des matières de dévotion et qui peuvent intéresser sa conscience, ou enfin de collations de bénéfices[2]. C'est aussi à ce sujet que le Père la Chaize a coutume de se rendre de Paris à Versailles tous les vendredis après midi.

Comme l'affaire de la Religion, savoir : de n'en avoir qu'une dans le royaume, et par conséquent d'en extirper la religion réformée, est[3] de tous les desseins du Roi, celui qu'il s'étoit le plus fortement imprimé il y a longues années, auquel il étoit disposé de tout sacrifier plutôt que d'en démordre, et pour lequel on n'attendoit que des conjonctures favorables, qu'on crut enfin d'en avoir trouvé par le rétablissement d'une paix aussi avantageuse à la France que celle qu'on venoit de conclure à Nimeguen et ensuite à Paris, aussi est-ce dans ce Conseil de conscience que les projets en furent proposés et débattus, et dont Sa Majesté crut ne pouvoir mieux se confier qu'aux deux ecclésiastiques susdits, l'archevêque de Paris et le Père la Chaize[4]. Et comme ce prélat et ce Père, quoique d'ailleurs, de génie, de conduite et d'habileté qui eussent peu

---

115). Peu à peu, il se réduisit au confesseur et à l'archevêque de Paris (Saint-Simon, éd. de Boislisle, II, p. 199, note 1, et p. 348), et bientôt au confesseur seul de nouveau comme autrefois (*Etat de la France*, 1698, t. III, p. 31). Fénelon s'en plaignit au roi et demanda le retour à la situation de 1661 (*Œuvres*, XXIV, p. 142).

[2] Le *Vendredi*, dit l'*Etat de la France* (I, p. 219) lorsqu'il énumère les occupations du roi. (Consulter en outre Saint-Simon, éd. de Boislisle, II, 199, note 1 et 7. Appendice, *Ibid.*, p. 408-409.) Ce qui est vrai, c'est que les nominations arrêtées dans cette conférence étaient proclamées les veilles de communion du Roi ou les samedis qui précédaient certaines fêtes (Saint-Simon, éd. de Boislisle, IV, 349, note 2).

[3] « *Et* » au lieu de « *est* » dans le manuscrit [*B*].

[4] On en discutait aussi au Conseil des dépêches (Dangeau, VII, 107). Mais on voit qu'à partir de 1684, avant la Révocation, tous les lundis après dîner, un conseil spécial se tint pour les affaires de la Religion réformée. Le roi n'y assistait pas. Mais on lui rendait compte (Dangeau, *Journal*, I, 89).

de rapport ensemble[1] ne laissèrent pas de s'accommoder là-dessus aux volontés du Roi et de concourir, quoique par de différentes vues, au même but, et ainsi d'avoir eu la meilleure part dans ces funestes conseils dévoués à la ruine de la religion réformée en France[2], et par là à la persécution de ceux qui en faisoient profession, il est à propos de toucher ici quelque chose du caractère de l'un et de l'autre de ces deux ecclésiastiques.

DE L'ARCHEVÊQUE DE PARIS

Caractère de l'archevêque

L'archevêque de Paris, qui est de l'illustre maison de Harlay, a tous les avantages qu'on peut tirer du côté d'une heureuse naissance, des agréments extérieurs de la personne, des qualités de l'esprit, de la réputation de l'éloquence et du savoir, de la dignité du poste, et enfin de la confiance et des bonnes grâces de son roi[3]. Il avoit été assez longtemps archevêque de Rouen, et, dans cet emploi, y avoit donné les preuves d'un naturel doux, traitable, bienfaisant, et même

---

[1] Pour comprendre cette phrase, il faut lire : « quoique [*gens*] de génie qui eussent peu de rapports ». Les manuscrits [A] et [B] donnent : *qui eussent*.

[2] Spanheim confirme ici l'opinion des protestants persécutés, qui attribuèrent à l'instigation du clergé et du confesseur leurs souffrances. Et cette opinion est confirmée par une anecdote tirée des Procès-verbaux de 1685. Le dimanche 15, Harlay, archevêque de Paris, raconta que le roi lui avait témoigné en présence du père la Chaise (au Conseil du vendredi) son désir que l'Assemblée « prît deux ou trois jours pour examiner les moyens de confirmer dans leur foi les nouveaux convertis ».

[3] Dans la bouche d'un protestant, ce portrait est singulièrement impartial. — *François de Harlay*, de la grande famille des magistrats, mais de la branche de Chanvallon, né en 1625, docteur en Sorbonne, abbé de Jumièges en 1650, créé duc et pair en 1674, était de grande naissance. « Cet archevêque, dit Saint-Simon, à force d'être bien avec le roi, de présider les Assemblées du clergé avec toute l'autorité et les grâces qu'on lui a connues, etc. » (éd. de Boislisle, II, 198). « Son profond savoir, dit-il plus loin (p. 349, 350), l'éloquence et la facilité de ses sermons, l'excellent choix des sujets, et l'habile conduite de son diocèse, etc. ». — Les *Mémoires* de l'abbé Legendre, son secrétaire, en revanche (p. 198-200), forment un panégyrique parfois excessif. — Son portrait peint par La Fare a été gravé par Duflos.

assez commode envers les gens de la Religion, qui avoient eu souvent occasion de se louer de son procédé et de ses manières[1]. Ayant été appelé de là, par le Roi, à l'archevêché de Paris, qui vint à vaquer dans l'année 1670[2], il y eut pour son premier but de s'insinuer dans la bienveillance particulière de Sa Majesté, et n'eut pas de peine à y réussir. Aussi avoit-il toutes les qualités propres à surprendre et à[3] gagner l'inclination de son Roi : un abord avantageux, une humeur commode, un esprit doux, flatteur et insinuant, des lumières et du savoir plus qu'il n'en falloit pour imposer à un prince peu éclairé du côté de la pénétration dans les matières ou dans les mystères de la religion [4].

Ce fut dans cette vue qu'il prit le parti d'appuyer le droit de la régale contre les prétentions de la cour de Rome, qu'il y engagea même bien avant la cour de France, pour s'y rendre dans la suite d'autant plus nécessaire et en soutenir ou les droits ou l'engagement[5]. Il crut de même avantageux à ses vues de s'entendre avec les Jésuites, de se lier d'amitié ou d'intérêt avec le Père la Chaize, confesseur de Sa Majesté, et par conséquent

De son engagement contre le Pape.

---

[1] Archevêque de Rouen à vingt-six ans, en 1651, transféré au siège de Paris, en mars 1671.
[2] Hardouin de Péréfixe, selon la *Gazette* et la *Gallia Christiana*, selon son épitaphe même, ne mourut que le 1ᵉʳ janvier 1671, au matin.
[3] « à » n'est pas dans le manuscrit [B].
[4] Cela correspond tout à fait au portrait de Saint-Simon : « Cet esprit étendu, juste, solide et toutefois fleuri qui, pour la partie du gouvernement, en faisait un grand évêque, et pour celle du monde, un grand seigneur fort aimable et un courtisan parfait, quoique fort noblement » (éd. de Boislisle, II, 349). Il craignait les jésuites (Daguesseau, *Œuvres*, XIII, 362).
[5] Il est assez difficile de dire s'il a précisément poussé à la rupture avec Rome. On en a plusieurs témoignages, de son panégyriste, l'abbé Legendre qui l'appelle « un *pape d'en deçà des monts* ». L'abbé le Dieu, secrétaire de Bossuet, dans son journal (I, 8) dit aussi « qu'il ne faisait que flatter la cour, écouter les ministres et suivre à l'aveugle leurs volontés ». Il est certain, d'autre part, que l'Assemblée restreinte, ou *Petite Assemblée*, où se préparèrent les décrets de 1682, se tint chez M. de Harlay au mois de mai 1681. Mais, d'après les décisions mêmes de cette Assemblée, il semble bien que Harlay ait cherché un compromis plutôt qu'une rupture.

de se déclarer contre les Jansénistes. En effet, il ne garda guère de mesure à les chagriner, à les mettre mal dans l'esprit du Roi, comme des esprits de faction et de cabale, et à exiger avec rigueur des directeurs ou des filles de Port-Royal, leurs élèves, la souscription du Formulaire[1]. D'où vient qu'à mesure que le différend de la régale s'échauffa entre la cour de France et la cour de Rome, et que les Jansénistes se déclaroient hautement des ennemis de la régale et des régalistes, et ainsi en faveur du pape et de son pouvoir en cette matière, il en prit occasion de les rendre d'autant plus suspects au Roi, et de les pousser à bout. C'est aussi ce qui enveloppa M. de Pomponne, neveu du célèbre M. Arnauld, chef des Jansénistes, dans la même disgrâce[2]. Après quoi, il ne resta plus à l'archevêque de Paris, sous prétexte de défendre les droits de la couronne et la doctrine de l'église gallicane, que de s'attacher à combattre les prérogatives et le pouvoir des papes, non seulement dans l'affaire susdite de la régale, mais dans celle de leur prétendue infaillibilité, supériorité sur les conciles et sur le temporel des rois. Ce fut aussi le but de la députation du clergé de France, qui se tint à Paris en 1681, où cet archevêque, de même que dans celle qui s'y étoit tenue l'année précédente sur l'affaire de la régale, étoit à la tête de ces assemblées et des décisions qui s'y prirent tant pour soutenir le droit contesté de la régale, que

---

[1] Cela lui fut d'autant plus facile qu'après la signature de la *paix de Clément IX* (1667), les jansénistes parurent se reconstituer autour de Mme de Longueville, l'héroïne de la Fronde. Quand elle mourut, la persécution reprit (1679). Harlay ne fit pas de nouveau signer le *formulaire*. Il l'étoit. Mais il imposa aux religieuses des confesseurs, leur interdit de prendre des novices. Leur nombre était tombé, entre 1680 et 1703, de 73 à 26 (Sainte-Beuve, *Hist. de Port-Royal*, IV, § 153).

[2] Arnauld écrivit, en effet, en 1681, un livre sur la *Régale*, où il soutenait intrépidement le droit du clergé et du pape. Il avait auparavant refusé au roi une déclaration contre les évêques de Pamiers et d'Alet qui, jansénistes, résistaient depuis 1673 aux édits du roi sur la régale. Entre ces deux dates, il était parti, en 1680, pour la Hollande. Et ce fut vers cette époque que Pomponne fut disgracié, mais aussi pour d'autres causes et un peu avant la fin de 1679. (Voir ci-dessus, p. 337, 357).

pour les quatre propositions qu'on arrêta dans la dernière [1], sur le pouvoir susdit des papes dans le spirituel et dans le temporel.

Cette conduite de l'archevêque, qu'on considéroit le promoteur et le premier mobile de toutes ces résolutions, surtout celle qu'il fit contre les Jansénistes, lui attira de leur part des libelles qui se répandirent dans Paris et par toute la France, où il étoit cruellement attaqué du côté des mœurs et des désordres de sa vie[2]. On y rappeloit plusieurs circonstances de commerces scandaleux qu'il auroit tenus, durant qu'il étoit archevêque de Rouen, avec des abbesses de Pontoise et d'Andely, et qu'il entretenoit, depuis qu'il étoit archevêque de Paris, avec une présidente de Bretonvilliers et autres maîtresses qu'il faisoit venir à sa belle maison de Conflans, proche de Paris[3]. On n'y décrioit pas moins sa conduite à faire exiler, ou tenir dans les cachots, ou condamner même à mort des docteurs

Des imputations faites à l'archevêque.

[1] « *Dans la dernière* ». Ces mots qui se trouvaient dans le manuscrit [B] avaient été sans doute omis à la lecture du manuscrit [A]. Spanheim les a rétablis de sa main en marge. — Il s'agit de la *petite Assemblée* du mois de mai 1681, moins violente, en réalité, que ne le dit ici Spanheim.

[2] Spanheim, on le voit, est très indulgent. Les reproches adressés au prélat pour ses mœurs n'étaient pas seulement un acte ou une vengeance de parti. Saint-Simon parle couramment (éd. de Boislisle, II, 349) « de ses *mœurs galantes* ». La Bruyère y fait allusion dans son chapitre de l'homme (*Caractères*, édition Servois, II, p. 300). Enfin, dans sa célèbre lettre au roi de 1693, Fénelon dit audacieusement : « Vous avez un archevêque corrompu, scandaleux, incorrigible, et nul prélat vertueux n'est traité aussi bien que lui » (*OEuvres*, édit. Renouard, 1825, p. 24).

[3] Spanheim ne cite pas la plus connue, la duchesse de Lesdiguières « *sa bonne amie*, dit Saint-Simon (éd. de Boislisle II, 350), qu'il voyait tous les jours de sa vie à Paris ou à Conflans où il avait un château délicieux ». Le château de *Conflans-l'Archevêque*, au confluent de la Marne et de la Seine, acquis par les archevêques de Paris depuis 1672, était d'un goût excellent (Piganiol de la Force, *Nouv. Description de Paris*, édit. 1742, VIII, 169-173). — La présidente de Bretonvilliers était la femme de Bénigne le Ragois de Bretonvilliers, maître et président de la Chambre des comptes (1624-1700), propriétaire du bel hôtel de la pointe de l'île Notre-Dame (Jal, *Dictionn. historique: Bretonvilliers*. — Sur les relations de Mgr de Paris et de Mme de Bretonvilliers consulter Bussy-Rabutin (*Lettres de 1675*, éd. Charpentier, III, 50-52).

catholiques qui n'étoient coupables d'autres crimes que de déplaire aux Jésuites, d'avoir attaqué leur morale ou soutenu les droits du pape dans l'affaire de la régale[1] ou dans celle des religieuses Urbanistes[2]. La voix publique y ajoutoit les vues de cet archevêque à se prévaloir de la division de la cour et de l'église gallicane avec celle de Rome, pour donner lieu à la convocation d'un concile national en France, et à y être déclaré patriarche[3].

De la part qu'il a eue dans les affaires de la Religion.

Parmi tout cela, ce même archevêque en entreprit avec d'autant plus de chaleur de complaire au Roi dans l'affaire de l'extirpation de la religion réformée en France, qu'il voyoit faire le premier des soins de Sa Majesté, et ainsi pour s'en attirer tout le gré ; d'ailleurs, pour en signaler son zèle pour la religion catholique, à mesure qu'il étoit à la tête du parti contre l'autorité du pape et contre les droits prétendus par la cour de Rome. C'est avec ce même esprit et ces vues, qui procédoient plus de son attachement à la cour et à la faveur, et ainsi de sa complaisance et son intérêt, que d'un emportement de zèle (ce[4] qui n'est pas de son caractère) ou d'une forte prévention contre la même religion réformée[5], qu'il embrassa toutes les voies, ou qu'il s'y accommoda, qui pouvoient contribuer au but susdit de Sa Majesté. Aussi ne s'y mit-il guère en peine de justifier les voies

---

[1] En marge de cette phrase, on trouve dans les manuscrits [A] et [B] ces mots : « Le vicaire général de Pamiers, condamné à mort par le parlement de Toulouse pour l'affaire de la régale. »

[2] Voyez ci-dessous, p. 420.

[3] Sur ces ambitions consulter le *Journal de l'abbé Le Dieu* (I, 8) et les *Mémoires de l'abbé Legendre* qui l'appelle déjà « le pape d'en deçà des monts ».

[4] Le mot « ce » n'est pas dans le manuscrit [B].

[5] Il est certain qu'étant à la tête d'un bureau composé de plusieurs conseillers d'État, qui se tenait à l'Archevêché et préparait le travail pour le Conseil de conscience auquel il assistait tous les vendredis, l'archevêque de Paris dut collaborer aux mesures contre les protestants, mais sans passion, comme l'indique très impartialement Spanheim (Moréri, *Dictionnaire* : article Harlay). Il exerçait une sorte de direction sur le clergé de France, lui transmettait les désirs du roi, apportait ses vœux : ce fut son rôle toute sa vie. — (Procès-verbaux de l'Assemblée de 1685, déjà cités.)

ou les moyens qu'on y employoit, ou de se mettre lui-même à couvert du reproche de mauvaise foi qu'il y a fait paroître en plusieurs rencontres. Ce ne fut même que pour lui ôter tout l'honneur des prétendues conversions et du succès de cette grande affaire que M. de Louvois[1] (avec lequel cet archevêque, plus attaché à la famille Colbert, avoit peu de liaison) fut l'auteur du conseil d'y employer la voie des dragons et du logement des gens de guerre, et ainsi pour s'en attirer tout le mérite, et en diminuer celui de ce prélat, qui d'ailleurs étoit regardé avec jalousie par l'archevêque de Reims, frère de ce ministre.

Cependant l'archevêque de Paris n'en conserva pas moins les bonnes grâces et la confiance de Sa Majesté. Il en avoit même reçu, avant cela, des marques d'éclat et de distinction particulière, l'archevêché de Paris ayant [été] érigé en sa faveur en duché et pairie dès l'an 1674[2]. Aussi les bruits qui se renouvelèrent peu de temps avant mon départ de France, et qui furent portés jusques au Roi, au désavantage de ce prélat et au sujet de la continuation de son commerce, à sa maison de Conflans, avec une demoiselle qui avoit coutume de s'y rendre, n'ont pas été capables, comme on s'y attendoit, de lui ôter la bienveillance et la considération de Sa Majesté. Ce qui est même d'autant plus extraordinaire vu d'ailleurs la sévérité et l'éloignement du Roi à l'égard des ecclésiastiques d'une vie licencieuse

Du maintien de l'Archevêque dans les bonnes grâces du Roi.

---

[1] Cette explication des dragonnades est importante : il semble bien que le système ait été conseillé à l'origine par Marillac à Louvois, et qu'il ait d'abord été blâmé et abandonné par l'ordre de Louis XIV, puis repris avec une sorte de fièvre sous l'impulsion des Le Tellier. Les lettres de Louvois à son frère Maurice le Tellier, l'archevêque, semblent établir la version de Spanheim (Rousset, *Louvois*, III, 450-475, et notamment 476). Mais surtout l'explication est celle que donne Choisy, très renseigné sur l'Église (éd. *Lescure*, I, 175).

[2] Toute cette phrase qui se trouve dans le manuscrit [B] aura été omise par le copiste du manuscrit [A]. Elle a été ajoutée par Spanheim et de sa main sur ce manuscrit. — Ce fut au mois d'avril 1674 que la seigneurie de Saint-Cloud, dépendant de l'archevêché, fut érigée en duché-pairie (Legendre, *Mémoires*, p. 126). Cela procurait à l'Archevêque l'entrée du Louvre en carrosse : on lui fit cet honneur parce qu'il était humiliant pour M. de Paris de voir que l'évêque de Noyon, duc et pair, lui fît sentir par cette dignité une sorte de supériorité (Saint-Simon, éd. de Boislisle II, 198).

et qui se trouvent suspects ou décriés par les mœurs. En sorte qu'on ne peut qu'attribuer sa conduite à l'égard de cet archevêque qu'à *l'étoile*, comme on parle, de ce prélat, ou qu'à la forte préoccupation dont il est prévenu en sa faveur, ou aux secours et services considérables qu'il en a tirés pour l'acheminement et l'exécution de son dessein favori, savoir : de l'extirpation de la religion réformée en France, ou au peu de foi même qu'il ajoute à tout ce qui se dit au désavantage de ce prélat, au penchant du Roi à croire que la malignité ou l'envie contre ce même prélat y a bonne part, ou à toutes les autres bonnes et belles qualités de cet archevêque, qui, comme nous avons déjà vu, ont en effet de quoi surprendre et de quoi imposer, ou enfin à la vue du Roi de soutenir et ne[1] pas démentir la bonne opinion et la considération qu'il a témoigné jusques ici d'en avoir et d'en faire. Quoi qu'il en soit, on peut encore juger de cette fermeté du Roi en faveur de ce prélat par les derniers avis publics de France[2], qui portent qu'il est nommé par Sa Majesté pour être cardinal à la première promotion qui se fera pour les couronnes. Et comme d'ailleurs la haine ou les ressentiments contre la cour de Rome ont cessé en France par la mort du dernier pape et par l'élection d'un autre réputé plus favorable ou moins contraire aux intérêts de cette couronne, et qu'on se croit obligé de ménager, ou même de gagner à l'occasion de

---

[1] « *De* » dans le manuscrit [*B*]. — Ces bruits ont été rapportés par Saint-Simon, (éd. de Boislisle I, 349), exploités par les ennemis de Harlay, et au témoignage de l'abbé Legendre (p. 126), ils finirent par produire leur effet sur le roi et sur le clergé. C'est aussi l'avis de Daguesseau (*Œuvres*, XIII, 162). Dès 1684 la faveur de Harlay diminuait. Il n'était plus consulté sur la distribution des bénéfices. Dangeau raconte (I, p. 9), que dès le mois d'avril 1684, le bureau d'affaires, qui se tenait à l'Archevêché de Paris, fut supprimé et remplacé par un bureau confié au rival de Harlay, l'archevêque de Reims. M*me* de Maintenon, mécontente, dit-on, de ce qu'il avait blâmé son mariage, lui substituait peu à peu Godet des Marais (Saint-Simon, VII, p. 179). Quand il mourut, en 1695, il était presque en disgrâce (Saint-Simon, III, 349).

[2] 10 mars 1690. La promotion fut retardée par la mauvaise volonté et la mort d'Alexandre VIII (février 1691). Elle était à la veille de se faire quand Harlay mourut (août 1695).

conjonctures de la guerre présente[1], il ne faut pas douter que ce même archevêque, ne change là-dessus et en vue de son chapeau de conduite et n'embrasse tous les partis, ou ne s'en rende même auteur pour en avoir plus de gré, qui pourront adoucir, modérer, ou réparer même en quelque sorte les griefs de la cour de Rome, soit dans l'affaire de la régale, soit dans celle des quatre propositions contre l'autorité et l'infaillibilité du pape. La conduite que la France a déjà tenue dans celle de la franchise des quartiers, et à y renoncer aussi solennellement après l'avoir soutenue avec tant de chaleur comme un des droits indispensables de la monarchie, en peut, dis-je, servir d'un assez grand préjugé[2]. Outre que ce même archevêque ne pourra que s'y appuyer au besoin de l'exemple de ses grands ennemis les Jansénistes, qui, après avoir combattu avec tant de force le pouvoir et l'autorité des papes dans l'affaire des cinq proposi-

[1] Le pape Innocent XI, Odescalchi, ennemi entêté de Louis XIV, mourut le 11 août 1689. Il eut pour successeur le pape Alexandre VIII, Ottoboni, sous-doyen du sacré collège, élu le 6 octobre 1689. Avec de Sourches (III, 176), Spanheim le considère comme plus favorable à la France. Dès 1687, Louis XIV, il est vrai, écrivait à Lavardin *(Instructions de Rome*, I, 349) « qu'il avait manifesté une violente animosité dans l'affaire de la Régale, qu'il était dur, double et avare ». Son élection n'était donc pas, semble-t-il, un succès pour la France. Mais d'autre part, l'on peut dire qu'Alexandre VIII n'était pas au moins de la faction espagnole *(Inst. du duc de Chaulnes, allant à Rome* 1689), et qu'il avait promis à M. de Chaulnes, son ami, qui s'était porté son garant, des accommodements pour avoir la voix de la France (Saint-Simon, édition 1873, VIII, p. 272 ; de Sourches, III, 165 ; *Mémoires de Coulanges*, p. 200). Il est vrai que, dès la fin de 1689, le désaccord reprenait entre le pape et la France sur la question de l'infaillibilité (de Sourches, III, 192) : au mois d'août 1690, le pape condamnait les quatre propositions de nouveau.

[2] Après la mort d'Innocent XI, les cardinaux avaient nommé gouverneur de Rome son neveu, avec recommandation de ne pas souffrir les franchises. Le nouvel ambassadeur, le duc de Chaulnes dut céder sans y paraître. Il n'alla pas loger à l'ambassade de France, mais chez le cardinal d'Estrées, afin de n'avoir pas droit aux prérogatives que la France réclamait (de Sourches, III, 153, 163). Puis le roi lui-même donna le signal des concessions : il rendit le Comtat, abandonna les franchises. Bientôt même il rappela le cardinal d'Estrées, qui s'était fait détester pour ses violences, et de Chaulnes lui-même, et, jusqu'en 1706 il ne mit plus d'ambassadeur à Rome (Daguesseau, *Œuvres*, XIII, 418). Sur la tendance du roi à fléchir, consulter Voltaire, *Siècle de Louis XIV* (édition Rébelliau, p. 635).

tions, prirent après le parti de la soutenir hautement dans l'affaire de la régale, et d'attribuer même au pape, au préjudice de tant de déclarations contraires de leur part, la plénitude de toute la puissance ecclésiastique[1].

DU PÈRE LA CHAIZE

Caractère du Père La Chaize.

Le Père la Chaize a fait trop parler de lui dans le monde, et a eu en effet trop de part dans l'affaire de la Religion, de même que dans les différends passés de la France avec la cour de Rome, pour n'en rien dire. On sait assez qu'il est jésuite et confesseur du Roi. J'ajouterai qu'il est Lyonnois, de bonne et ancienne famille, et qui, jusques à ce qu'il avoit été élevé à ce poste de confesseur du Roi, avoit fait paroître un esprit doux, traitable et modéré[2]. On peut même dire que c'étoit là son caractère naturel, et dont son air et son extérieur pouvoit même donner quelque préjugé[3]. D'ailleurs, il n'avoit ni le

---

[1] En marge dans les manuscrits [A] et [B] ces mots : « Cela se lit dans la lettre du vicaire général de Pamiers, grand janséniste. » — Lorsque l'évêque de Pamiers était mort en 1680, après avoir résisté à la régale, des religieux jansénistes prirent possession de l'évêché, nommèrent un grand vicaire, dom Cerle, malgré le métropolitain, le parlement de Toulouse et le roi. Bien que condamné en effigie, et même à mort par contumace, ce grand vicaire lutta soutenu par le pape, qui excommuniait les grands vicaires nommés par l'archevêque de Toulouse : « Les jansénistes prenaient pour la première fois le parti du pape. » (Voltaire, *Siècle de Louis XIV*, édition Rébelliau, p. 628.)

[2] François d'Aix, né au château d'Aix en Forez, le 25 août 1624, n'était pas à proprement parler, lyonnais. Mais on sait qu'il avoit un frère, le comte de la Chaise, qui fut longtemps écuyer de l'archevêque de Lyon avant de devenir à la Cour capitaine des gardes de la porte (Saint-Simon, éd. de Boislisle, I, 47, 48). Après s'être distingué dans des emplois de professeur, et dans ceux de recteur de Grenoble et de Lyon, il était devenu provincial du Lyonnais. Son père aurait été riche, s'il n'avait eu une douzaine d'enfants (Saint-Simon, édition 1873, VI, p. 234). Enfin, il faut ajouter que le Forez était compris dans le gouvernement du Lyonnais, et que le château d'Aix était dans la montagne aux limites des deux pays. — Pour peindre son caractère, Saint-Simon emploie les mêmes expressions et il n'était certes pas ami des jésuites (*ibid.*, p. 235). Daguesseau (*Œuvres*, XIII, 162) l'appelle un *confesseur doux*

[3] Son portrait, gravé par Trouvain, dans Émile Bourgeois, *le Grand Siècle*, (p. 413), présente en effet une figure fine, distinguée et douce.

génie ni l'esprit fort élevé, ni beaucoup de science, ni le don de la prédication, ni enfin aucun talent éminent ou qui lui attirât une considération particulière dans son ordre[1]. Cependant, comme il eut occasion d'être adjoint au dernier confesseur du Roi, le Père Ferrier, et par là de se faire connoître de Sa Majesté[2], il en fut aussi choisi pour remplir le poste de son confesseur dès qu'il vint à vaquer par la mort dudit Père. Il y a même lieu de croire que la portée d'un esprit qui paroissoit avoir, comme j'ai dit, de la douceur, de la retenue, de la modération, et ainsi moins de hauteur, d'artifice ou de présomption que n'en ont souvent des Pères de cet ordre, y eut bonne part.

Des engagements du Père contre les jansénistes et le défunt pape.

Aussi seroit-il peut-être toujours demeuré dans cette assiette, si d'un côté l'esprit ou l'intérêt de la Société, et de l'autre la nature et les obligations de son poste, ne lui avoient fait prendre d'autres mesures. Par le premier, il lui fallut entrer dans le parti d'abattre et de ruiner les Jansénistes, les ennemis jurés des Jésuites, et qui ne perdoient aucune occasion de décrier la morale et la doctrine de ces Pères. Et comme ces mêmes Jansénistes se trouvèrent dans la suite les partisans déclarés contre le droit de la régale, prétendue du côté de la cour, et devinrent les avocats du pape et de son autorité dans cette affaire contre les procédures du Conseil du roi ou les parlements, cela ne put aussi que faire prendre le parti contraire aux Jésuites,

---

[1] « Il était dit Saint-Simon (ibid.), d'un esprit médiocre, sa fortune dans l'ordre vint des relations de famille. » Il était petit-neveu du père Cotton, le confesseur de Henri IV, né à Néronde (Forez) tout près d'Aix. Le frère de son père, le père d'Aix, l'avait pris avec lui et le poussa. Il dut beaucoup aussi aux Villeroi, protecteurs-nés de la noblesse lyonnaise, qui l'amenèrent à la cour. « Il était jusqu'à une sorte de dépendance vis-à vis d'eux », dit Saint-Simon.

[2] Le père Ferrier, associé dès 1662 au père Annat, qui bientôt, trouvant le poids trop pesant, se retira et mourut simple religieux (Choisy, édition Lescure, I, 115), lui avait succédé de bonne heure. Il avait une autorité très grande ; ce fut lui qui fit nommer Harlay à l'archevêché de Paris, et jusqu'à sa mort fut chargé de la feuille des bénéfices (1675) (Choisy, I, 110). Il avait auprès de lui le père Parure, neveu du père Annat, et le père de la Chaise qui lui succéda en 1674 (Jal, *Dictionnaire historique* : *La Chaise*).

et par conséquent porter le Père la Chaize à les y appuyer de tout son crédit. A quoi contribuoit d'ailleurs le peu de penchant que le défunt pape témoignoit pour les Pères de la Société, et au contraire l'estime et la considération qu'il faisoit paroître pour les Jansénistes, surtout depuis qu'ils [s']étoient déclarés pour son droit et pour son pouvoir dans l'affaire susdite de la régale. Il s'y joignit encore dans la suite une affaire ou deux, comme celles des religieuses Urbanistes à Toulouse et celles de l'abbaye de Charonne, proche de Paris, où les Jésuites, et ainsi le Père la Chaize, se rendirent autant que parties contre les bulles ou brefs du défunt pape[1]. Tout cela engagea insensiblement le Père la Chaize dans les intérêts opposés à ceux du défunt pape et de la cour de Rome, tant par l'intérêt susdit de la Société, et surtout des jésuites françois, que d'ailleurs par les attachements de son poste auprès du Roi, et ainsi par ses ménagements ou son penchant à s'y conformer aux volontés de la cour.

De la part que le Père a eue dans les affaires de la Religion.

C'est aussi par ce même esprit, joint à celui en général de la Compagnie, qu'il entra sans peine dans les engage-

[1] Au mois de novembre 1676, Louis XIV avait revendiqué le droit de nommer au gouvernement des maisons religieuses *urbanistes*, autrement dites de Sainte-Claire, *clarisses* ou religieuses de *Longchamps*, qui jusque-là était électif et triennal (Gérin, *Histoire de l'Assemblée de 1682*, p. 418) : ce fut un côté particulier de la lutte engagée entre le roi, l'archevêque de Toulouse et les évêchés de Pamiers et d'Alet où ces communautés de filles étaient nombreuses. En France, il y en avait 23 en tout. Innocent XI, sollicité de donner des bulles aux nouvelles abbesses créées par le roi, refusa formellement, par un bref du 19 juillet 1679, ces bulles. Il s'obstina jusqu'à sa mort dans cette attitude (*Instr. Rome*, I, p. 329). Louis XIV et l'archevêque de Paris alors, par riposte, avaient annulé pour cause de mauvaise administration l'élection des religieuses augustines de Charonne, et placé, comme supérieure, une religieuse de Cîteaux. Malgré les religieuses, l'archevêque l'installa en brisant les portes (7 novembre 1680). Le pape Innocent XI, à son tour, avait cassé l'arrêt conforme de M. de Paris par une bulle du 7 août 1680. Une décision du Parlement déclara la procédure du pape abusive et interdit la bulle en France (24 septembre 1680). (Voltaire, *Siècle de Louis XIV*, édition Bourgeois, p. 678.) La « *Petite Assemblée* » de mai 1681, a son tour, déclara que « sans entrer au fond », on devait blâmer Rome « d'avoir procédé sans entendre M. de Paris, sur la relation des religieuses révoltées ».

ments du Roi à détruire la religion réformée dans son
royaume, pour n'y souffrir plus que la catholique-romaine,
et d'autant plus qu'il pouvoit mieux juger que tout autre
de la forte prévention que Sa Majesté s'en étoit faite. Je
laisse à part les motifs que j'ai touchés ci-dessus[1] en parlant du Roi, savoir : d'une dévotion aveugle ou peu éclairée,
et d'ailleurs des fausses vues de s'en faire un mérite devant
Dieu, aussi bien que devant l'Eglise romaine, capable d'expier
les désordres passés et assez connus de sa vie. Ce sont au moins
des motifs que la qualité de confesseur ne pouvoit que donner
lieu au Père la Chaize, ou de fortifier, ou de détruire. L'expérience n'a que trop fait voir qu'il n'a pas balancé à prendre
le premier parti, et ainsi qu'il a eu en effet grand'part à toutes
les délibérations qui s'en sont faites et toutes les mesures
qu'on trouva à propos d'y prendre dans ce Conseil de conscience pour y aller véritablement par degrés, mais cependant
avec un ferme dessein d'en consommer tôt ou tard l'ouvrage.
Aussi n'a-t-on pas ignoré ou les engagements que ce Père y a
fait prendre à ceux qui pouvoient avoir besoin de son crédit
ou de son appui auprès du Roi, ou les déguisements qu'il
tâchoit d'apporter de fois à autre sur les rapports des faits
capables d'exciter ou l'horreur ou la compassion de Sa Majesté,
ou les promesses et les menaces dont il se servoit envers les
personnes de la Religion pour les porter à l'abjurer, suivant
qu'il croyoit les uns ou les autres plus capables de les y induire.
On y peut joindre les correspondances qu'il entretenoit dans
cette même vue par tout le royaume, les distributions des
récompenses ou des bénéfices dont il se chargeoit, ou dont il
pouvoit disposer par les facilités que son poste auprès du Roi
lui en donnoit, et la dureté enfin qu'il a fait paroître dans
toutes les suites de cette conduite, et à l'égard de tant de
misérables sujets du Roi de l'un ou de l'autre sexe, je veux dire

[1] *Relation*, pages 95, 96 et 97.

de ceux qu'on[1] a condamnés ou à des cachots, ou aux galères, ou à des transports dans les îles de l'Amérique, ou même à mort, et quelques-uns à des morts même les plus cruelles, ou pour être demeurés fermes dans la profession de leur religion, ou pour s'être repentis de l'avoir abandonnée trop légèrement, ou pour avoir assisté aux exercices défendus de la même religion, ou enfin pour n'avoir pu s'accommoder de la violence qu'on leur faisoit dans un état de mourant, ou réputé pour tel, à prendre l'hostie. Tous ces faits et toutes ces circonstances susdites ne sont que trop palpables pour ne charger le Père la Chaize d'une bonne partie[2] de toute la mauvaise foi, de toute la violence et de toute l'inhumanité qui s'y trouve. Il en paroit même d'autant plus responsable qu'il avoit plus de moyens en main pour en détourner, ou au moins pour adoucir les résolutions ou les effets les plus funestes : maître comme il étoit de la conscience du Roi, et d'un roi d'ailleurs qui n'étoit naturellement ni tyran, ni cruel, ni injuste, ni malfaisant, qui ne doute qu'il auroit pu, sans lui faire même abandonner le gros du dessein, le porter à y tenir une autre conduite, à épargner au moins le sang et la vie de ses bons et fidèles sujets, et tous ces autres traitements barbares, impies, comme entr'autres celui des communions forcées, qu'on leur a fait souffrir? Ce qui sans doute paroîtra d'autant plus étrange quand on réfléchira sur ce que j'ai avancé d'abord du caractère du Père la Chaize, qui sembloit ne point promettre de si terribles effets ; c'est-à-dire que la bonté apparente ou la douceur même du naturel n'est pas à l'épreuve de la prévention de l'esprit, des maximes de la Société, en particulier de sa haine et de sa malignité contre la religion réformée et ceux qui en font profession, de son intérêt à les détruire et à en profiter, et enfin de la complai-

---

[1] « *Je veux dire de ceux qu'on a* », ces mots avaient été oubliés dans le manuscrit [A]. Spanheim les a rétablis en marge de sa main.

[2] Les mots « *d'une bonne partie* », qui se trouvent au manuscrit [B], ont été rétablis en marge par Spanheim dans le manuscrit [A].

sance et des ménagements d'un confesseur jésuite et courtisan[1].

Après quoi, je n'ajouterai rien de particulier du crédit de ce Père, sinon qu'on peut aisément juger qu'il est grand et bien établi auprès du Roi en tout ce qui regarde les affaires ecclésiastiques, ou qui peuvent avoir rapport à la religion et intéresser sa conscience. Cependant on peut dire que ce qui contribue le plus à ce crédit et à la considération qu'on a généralement pour ce Père à la cour de France[2], est la collation des bénéfices, dont le Roi se rapporte ordinairement à lui, quand il y en a de vacants en France, comme archevêchés, évêchés, abbayes, canonicats et autres bénéfices de moindre importance. Aussi est-ce une chose comme établie de longue main, et déjà dans les règnes passés, hors les temps du pouvoir absolu d'un premier ministre comme étoient les cardinaux de Richelieu et Mazarin[3], qu'il n'appartient qu'aux Pères confesseurs des rois de se mêler de cette collation des bénéfices, d'en proposer au Roi les vacances et les sujets propres à les remplir, et ce qui se fait d'ordinaire en quatre saisons de l'année[4]. C'est

Du crédit du Père dans la collation des bénéfices.

---

[1] Voltaire, dans le *Siècle de Louis XIV* (éd. Bourgeois, p. 275), a recueilli contre le père La Chaise les plaintes et les rancunes des protestants dont Spanheim s'est évidemment inspiré. Lorsqu'on lit l'*Histoire de l'édit de Nantes*, de Benoit, on y voit que les Réformés rendaient les jésuites, le père La Chaise et Louvois en particulier responsables de la persécution. De son côté Choisy, renseigné par le monde ecclésiastique, dit que le père La Chaise poussait le roi aux conversions, « proposait toujours la démolition de quelques temples » (édition Lescure, I, 175).

[2] Les mots « à la Cour de France » ont été ajoutés par Spanheim, en marge du manuscrit [A]. Ils se trouvent au manuscrit [B].

[3] Ce fut Mazarin qui jusqu'à sa mort signa la feuille des bénéfices (Choisy, édition Lescure, I, 109).

[4] C'était en effet l'usage jusqu'en 1661, comme nous l'avons vu, où le roi établit le Conseil de conscience. En 1671, le père Ferrier était ainsi associé à l'archevêque de Paris qui était consulté et avait d'ailleurs été placé par lui à ce poste. A la mort du père Ferrier, le père La Chaise peu à peu reprit la feuille pour lui seul. Vers 1685, il avait exclu Harlay : « ils allaient tous deux séparément à l'audience des vendredis ». Le Père ne montrait plus à personne la feuille des bénéfices, dit Choisy (I, 185) (Saint-Simon, éd. de Boislisle, II, 348 ; édition 1873, XII, 138). Il est probable, comme le dit ce dernier, que les

là ce privilège qui attire une foule de clients auprès du Père la Chaize, tant du rang des ecclésiastiques de tous ordres, que de leurs parents ou amis qui s'intéressent pour leurs avancements : d'où vient aussi qu'il donne audience deux fois la semaine dans la maison professe des Jésuites à Paris, où il loge, et que son antichambre y est ordinairement remplie en ce temps-là d'un grand nombre même de prélats ou autres de ces prétendants susdits, surtout vers le temps que la collation des bénéfices vacants a coutume d'avoir lieu[1]. Et comme ce même Père a le pouvoir de se choisir un autre Père jésuite pour son adjoint ou assistant, dont il se sert pour l'accompagner quand il se rend en cour, d'ailleurs pour l'expédition des dépêches ou des réponses qu'il a à faire et au dedans et au dehors du royaume[2], enfin pour le soulager là où il y a lieu de le faire, aussi ne manque-t on pas de s'adresser audit Père et d'en mendier la faveur et les bons offices auprès du Père la Chaize. Durant les dernières années de mon séjour en France, c'étoit le Père Verjus qui avoit cet emploi, frère du comte de Crécy qui a été autrefois ici, à Berlin, avec lui, et lequel[3] Père j'ai connu en bien des endroits, comme aux traités de Bréda en 1667[4], où il étoit en habit séculier à la suite

mœurs de l'archevêque, et, d'autre part, le soin du père La Chaise de bien choisir (Saint-Simon, édition 1873, VI, 235) avaient procuré à l'un cette disgrâce, à l'autre ce crédit. La collation se faisait le *samedi saint*, la veille de la *Pentecôte*, l'*Assomption*, la *Toussaint*, et *Noël*, tous les trimestres.

[1] Sur ces sollicitations, auxquelles le roi cherchait à mettre ordre, voir Dangeau (II, 57 ; IV, 229) ; et les *Mémoires de Louis XIV* (édition Dreyss, II, 486).

[2] Sur ces *assistants*, *Relation*, p. 419, note 2. — Les expéditions, c'étaient surtout, une fois que la feuille était arrêtée, les négociations avec le Saint-Siège pour l'agrément des choix du roi.

[3] Les mots « *et lequel* », omis dans le manuscrit [A], ont été ajoutés par Spanheim, en marge de ce manuscrit. Ils se trouvent dans le manuscrit [B].

[4] Antoine Verjus, né le 22 janvier 1632, fils d'un bailli de Joigny, était entré dans les ordres dès 1652 et avait suivi son frère aîné, *Louis Verjus* comte de *Crécy*, secrétaire des commandements de la reine du Portugal, avec qui il résida à Lisbonne jusqu'en 1669 (voir son discours pour la naissance de la reine du Portugal, 1668). Ce n'est donc pas lui que Spanheim a pu voir en laïque, en 1667, à Bréda, ni à la suite de Courtin plénipotentiaire de la France. C'était

de l'ambassadeur de France, M. Courtin, depuis à Cologne, et ailleurs[1].

Au reste, je finirai ce que j'avois à dire du Père la Chaize en ajoutant que comme d'ailleurs il fait profession de belles-lettres, surtout d'être curieux de médailles antiques, et dont il a un assez beau cabinet[2], que cela m'a donné lieu de le voir assez souvent dans les assemblées qui se faisoient chez le duc d'Aumont et dont j'ai fait mention ci-dessus[3] en parlant de ce duc. Je puis dire même que cette considération sans doute de la même curiosité le portoit à se montrer fort honnête et fort civil en mon endroit, et dans ces mêmes assemblées ou quand je le trouvois par hasard à Versailles dans les appartements du Roi, et même dans une ou deux rencontres où j'eus besoin de son crédit et que je fus sollicité de l'employer. L'une fut en faveur d'un abbé catholique romain de mes anciens amis, que j'avois connu autrefois dans le service palatin, où il étoit employé, quoique catholique, pour les dépêches françoises, et d'ailleurs avec la qualité de gentilhomme de la cour, et dont je fus requis de parler au Père la Chaize, dont il savoit que j'étois

De la curiosité du Père pour les antiquités.

l'abbé de Villiers qui suivait Courtin (Gourville, *Mémoires*, p. 513). De plus, nous avons des Lettres de Chapelain à Verjus son ami, de la fin d'octobre 1666, adressées à Lisbonne (*Recueil Tamisey de Laroque*, t. II, p. 486). Spanheim l'aura plutôt rencontré en Allemagne, quand il suivit, dans ses missions à Berlin, à Hanovre, son frère rentré au service de Louis XIV. Nommé procureur général des missions du Levant, l'abbé de Verjus engageait de nombreuses et courtoises controverses avec les protestants, avec le baron Schwerin, premier ministre du grand Electeur, ou avec de Grote, ministre du duc de Hanovre. Saint-Simon parle toujours de lui comme de l'intime ami du père la Chaise (éd. de Boislisle, II, 243).

[1] Les quatre dernières lignes manquent dans le texte de Dohm.
[2] Choisy dans les *Mémoires*: « le Père aimait fort les médailles et prétendait s'y connaître. Il prit ce prétexte pour être presque toujours avec le roi » (édition Lescure, I, 185). Le fait est que Vaillant, le célèbre numismate, lui a dédié son *Histoire des rois de Syrie par les médailles*, et Spon, d'autre part, sa *Relation de mes voyages*. En 1701, Louis XIV le fit entrer à l'Académie des inscriptions réorganisée, pour l'étude des antiquités, avec le cercle d'érudits qui s'était formé chez le duc d'Aumont (*Mémoires de l'Académie*, t. I, p. 373, *Journal de Trévoux*, août 1709).
[3] *Relation*, pages 262, 263.

connu par les endroits susdits, pour lui procurer un meilleur bénéfice qu'il n'avoit[1]. Sur quoi je dirai, en passant, que ce même abbé, le remerciant de l'octroi du bénéfice que j'avois demandé pour lui, le Père lui dit qu'il lui feroit avoir un évêché s'il pouvoit me faire catholique[2]. L'autre rencontre fut, et ce qui réussit peu de temps après, pour tirer des cachots par son crédit un gentilhomme françois de la religion, de mes parents du côté maternel, et qui n'y étoit mis que sur le soupçon d'avoir voulu sortir du royaume après avoir été contraint de signer, et qui continuoit à tenir ferme dans le cachot à ne vouloir faire aucun acte de catholique-romain[3]. En sorte que ce que j'ai touché ci-dessus du Père la Chaize trouvera d'autant plus de créance, qu'en mon particulier j'ai eu sujet de me louer de ses manières et de ses honnêtetés dans les occasions qui s'en sont présentées.

[1] Peut-être l'abbé *Benech de Cautenac*, secrétaire du prince palatin, Charles-Louis, de qui la princesse palatine disait que « l'habit ne faisait pas le moine » (*Correspondance de Sophie de Hanovre*, p. 178). Il avait publié en France des poésies si légères en 1661-1662 que le président Lamoignon en interdit l'édition : ce fut sans doute pour ces raisons et des affaires de mœurs qu'il passa en Allemagne vers 1666, où il parut d'abord en aventurier (*Lettre de Sophie de Hanovre*, p. 106, 20 juillet 1666). Il plut par ses manières aimables de vivre et d'écrire (*ibid.*, p. 157, 1671). Il fut à Heidelberg gentilhomme de la Chambre et, grâce au Palatin, qui l'envoya en mission auprès de sa fille en 1678, se remit en grâce en France (1678, *Ibid.*, p. 327). Il songeait à écrire l'histoire de son maître (*Ibid.*, p. 389, 1679) quand celui-ci mourut. Cantenac revint alors sans doute en France, où on le trouve, dans ses derniers jours, chanoine à l'église métropolitaine de Bordeaux, peut-être un de ces bénéfices que lui procura Spanheim. Ses poésies, *Satires nouvelles*, qui sont probablement de 1675, ont été publiées à Amsterdam sans date.

[2] On voit le P. la Chaise chargeant l'abbé Nicaise de convertir l'érudit Spon (*Lettres inédites à la Biblioth. nation.*, I, p. 153). Huet raconte dans ses Mémoires une anecdote du même genre qui permet de juger la réalité de ce trait: Un juif, habile numismate, lui apportait des médailles. Il les vendait le plus cher possible. Pour prendre sa revanche de ce que lui coûtait sa passion, il le convertit (*Mémoires*, trad. Nisard, p. 203).

[3] Voir *Introduction* de la Relation, p. 3 et 22 : c'était sans doute un certain *Simon du Port*, de Saintonge, qui figure sur la liste des protestants persécutés depuis 1681, publiée par Benoit (*Histoire de l'édit*, V, p. 1020). Il était de la famille maternelle de Spanheim.

DES CARDINAUX ET QUELQUES AUTRES PRÉLATS DE LA COUR DE FRANCE.

Après avoir parlé de l'archevêque de Paris et du Père la Chaize comme les directeurs et les arbitres du Conseil de conscience et des affaires de la religion en France, il y auroit lieu de parler d'autres ecclésiastiques de France qui y sont les plus distingués et méritent quelque considération particulière par leur dignité, par leur rang et par leur mérite.

Sur quoi je dirai que des ecclésiastiques qui, par leur charge, approchent le plus de la personne du Roi, on doit mettre en premier lieu le grand aumônier, qui fait les cérémonies et les fonctions les plus éclatantes, comme de marcher au côté du Roi aux processions et lui donner la communion, d'assister aux festins royaux, de baptiser le Dauphin ou les enfants de France, d'avoir l'intendance sur la maison, les officiers ecclésiastiques et la chapelle du Roi, sur les hôpitaux, sur l'Université de Paris, les collèges et autres, et enfin de donner le certificat du serment de fidélité que les archevêques ont coutume de prêter au Roi. Il est d'ailleurs, en vertu de sa charge, commandeur-né des ordres du Roi et reçoit les informations qu'on fait de la vie et des mœurs des chevaliers de l'Ordre[1]. Comme le cardinal de Bouillon est revêtu de cette importante charge[2] et est présentement à Rome[3], je n'ai rien ici à ajouter

Du grand aumônier de France.

---

[1] Sur les fonctions de cette charge, voir *État de la France*, 1690, I, p. 17. — Oroux, *Histoire ecclésiastique de la cour de France*, t. II. — Dumont, Supplément au *Corps diplomatique* t. IV. Une grande discussion était alors engagée pour savoir si cette grande charge était ou non office de la couronne (Dangeau, VII, 370, et Saint-Simon, *Ecrits inédits*, VII, 156 ; *Mémoires*, éd. de Boislisle, VII, 196).

[2] Par provisions du 10 décembre 1671 (Baluze en donne le texte : *Histoire de la maison d'Auvergne*, II, 844).

[3] Choisy (éd. Lescure II, 175) et *Relation* (p. 250, note 1), sur la rentrée en grâce du cardinal en août 1689. — Le début de la phrase, depuis « *comme le cardinal* » omis dans le manuscrit [B], a été rétabli en marge par Spanheim et de sa main.

à ce que j'en ai déjà dit ci-dessus[1] en parlant de la maison de Bouillon.

Du premier aumônier.

Le premier aumônier supplée presqu'à toutes les fonctions du grand aumônier[2]. C'est l'évêque d'Orléans[3], petit-fils du feu chancelier Séguier, qui est un prélat doux, honnête, civil, modéré, fort bien en cour et auprès du Roi par ces mêmes endroits, d'ailleurs sans être autant distingué par le savoir ou par des qualités éclatantes du côté de l'esprit.

DES CARDINAUX FRANÇOIS.

D'ailleurs, comme les cardinaux tiennent le premier rang parmi les ecclésiastiques, il y en a aujourd'hui quatre françois, outre le cardinal de Bouillon susdit, savoir : les cardinaux de Bonsy, d'Estrées, le Camus et Fourbin, de la dernière promotion.

---

[1] *Relation*, page 249 et suivantes.
[2] Sur la charge de premier aumônier, consulter l'*Etat de la France* (1690, t I, p. 24) et Saint-Simon (éd. de Boislisle, III, 80; IV, 119), de Luynes (*Mémoires*, II, 286; VIII, p. 469, 470; IX, 37, 38), enfin *le Corps diplomatique* de Dumont (t. IV, 436, 438).
[3] Pierre du Cambout de Coislin, fils cadet de César, marquis de Coislin, et de Marie Séguier fille du chancelier, né en 1635, abbé de Jumièges (1641), de Saint-Victor (1643), premier aumônier du roi en 1658, évêque d'Orléans en 1666. Il avait espéré la charge de grand aumônier quand M. de Bouillon y fut nommé par l'influence de Turenne. « C'était un homme dit Saint-Simon, de moyenne taille, gros, court, entassé, un nez fort, aquilin, de beaux yeux avec un air de candeur, de bénignité, de vertu, qui captivait en le voyant. Sa modestie, sa simplicité, l'uniformité de sa vie, son assiduité dans son diocèse lui assurèrent l'estime universelle » (éd. de Boislisle, II, 355-357). L'abbé le Gendre parle de « son génie médiocre, de son peu de capacité, de son grand cœur » (*Mémoires*, p. 199, 200). Il devint cardinal en 1697 et grand aumônier en 1700 à la disgrâce de Bouillon, cessa en 1697 ses fonctions de premier aumônier, les laissant à son neveu, l'évêque de Metz, qui les avait en survivance depuis 1682 (Saint-Simon, éd. de Boislisle, IV, 119-123). C'est pour cette raison sans doute que Schott, le secrétaire de Spanheim, a supprimé le paragraphe qui le concernait dans son manuscrit rédigé en 1697 et que Dohm n'a pu le donner dans son édition.

Le cardinal de Bonzy, grand aumônier de la feue reine et archevêque-primat de Narbonne[1], est originaire d'une famille noble de Florence et dont un de ses ancêtres vint en France à la suite de la reine Catherine de Médicis et s'y établit[2]. Il a été connu assez longtemps sous le nom d'évêque de Béziers, et, durant qu'il en portoit la qualité, fut nommé par le feu grand-duc de Florence pour son ambassadeur extraordinaire au mariage de la princesse d'Orléans (qui est la grande-duchesse d'aujourd'hui[3]) avec le prince de Toscane, son fils. Aussi fut-il nommé ensuite par le Roi pour conduire à Florence ladite princesse, et où je le vis en 1661[4]. Il fut ensuite ambassadeur à Venise, et où il se trouvoit à mon retour d'Italie par ladite ville, au commencement de l'année 1663[5]. Il fut envoyé en

Du cardinal de Bonsy.

[1] La première charge de la maison de la reine, l'unique « qui chez la reine ait le titre de grand » (Saint-Simon, XI, 135) — (*Etat de la France*, 1676, I, p. 346). Bonzi eut cette charge en 1670. Comme il demeura évêque de Béziers de 1659 à 1669, et ne fut que quatre ans archevêque de Toulouse (1669-1673), il resta connu sous le nom d'évêque de Béziers longtemps. L'*archevêque de Narbonne*, président des états du Languedoc, avait une grande autorité dans la province.

[2] Voir la notice très complète de Saint-Simon sur les Bonzi, une des premières familles de Florence, dont le premier, l'abbé de Terracine, fit le mariage de Catherine de Médicis et vint avec elle et d'autres Italiens. L'évêché de Béziers appartint à six d'entre eux, d'oncle à neveu. Un Bonzi fut déjà grand aumônier de Marie de Médicis (Saint-Simon, éd. de Boislisle, XI, 134 et suiv.)

[3] Sur cette princesse et son mariage, *Relation*, p. 169 à 171 et les notes. — Pierre Bonsy ou Bonzi, élevé en France pour l'Eglise, auprès de son oncle, Thomas Bonzi, évêque de Béziers, s'en alla faire le gentilhomme, puis reprit le collet à Florence (Mme Dunoyer *Lettres*, XI). Le grand-duc Cosme le fit alors gentilhomme de sa chambre, et son résident en France (*Gazette*, 1658, p. 144). Il représenta le grand-duc aux négociations de Fontarabie, et renoua avec la France par Mazarin à qui il plut (Saint-Simon, éd. de Boislisle, XI, 136). Il négocia le mariage du fils de son maître avec la seconde fille de Gaston, en décembre 1660. Depuis 1659 évêque de Béziers, il était passé au service de la France.

[4] Mission extraordinaire qui dura du 23 avril jusqu'au mois de septembre 1661 (Louis XIV, *OEuvres*, édition *Grimoard*, V, 27). Sa correspondance avec Fouquet donne le récit en partie de l'étrange mariage qu'il avait négocié. Il signa au contrat. (Jal, *Dictionnaire historique*, p. 854. — Chéruel, *Mémoires de Fouquet*, II, 146, 156). — Sur la présence de Spanheim aux fêtes de ce mariage, voir l'*Introduction*.

[5] De la fin de 1662, au début de 1665, pour négocier l'expédition contre les Turcs (voir notre *Introduction* p. 6, et la *Correspondance* de *Sophie de Hanovre*, édition Bodemann, p. 75).

Pologne quelque temps après, dans la même qualité, s'y trouva au temps de l'élection du dernier roi Michel[1], et, en dernier lieu, a été ambassadeur en Espagne[2]. Au retour de tous ces emplois, il eut en vue et se flatta même quelque temps d'être employé dans le poste du ministère. Aussi n'oublia-t-il rien de ce qu'il crut y pouvoir contribuer, et ainsi à s'attacher à la cour en vertu de sa charge de grand aumônier de la Reine dont il avoit été revêtu. Cependant cette vue susdite lui manqua par l'opposition qu'on y apporta sous main de la part des ministres, qui ne crurent pas d'y trouver leur compte[3]. Ce qui le porta à quitter la cour et à aller résider en Languedoc, où étoit l'archevêché de Narbonne qu'on lui avoit donné, et dont le poste étoit d'autant plus considérable qu'il y est joint la qualité de primat et de président-né des états de Languedoc[4], qui ont coutume de s'assembler une fois par année[5]. C'est aussi en

[1] Bonzi a eu deux ambassades en Pologne, que Saint-Simon a bien distinguées (éd. de Boislisle, XI, 135 et 566). Une première pour empêcher le roi Casimir V d'abdiquer ou de se retirer avant qu'un prince français, le fils du grand Condé, fût assuré d'être élu *(Instructions de Pologne,* I, p. 51, et p. 83, note 3). C'était le 26 décembre 1664. Il resta en Pologne jusqu'en juillet 1668, réussissant à empêcher l'abdication du roi qui l'aimait et le proposait, en 1666, au cardinalat, travaillant pour les Condé, tant que la mort de la reine, une Française, n'eût pas découragé Louis XIV, qui l'autorisa en 1668 à accepter l'élection du duc de Neubourg. Mais, brusquement, Louis XIV se ravisa encore et, à peine revenu, Bonzi reçut une seconde mission (octobre 1668, *Instructions,* I, p. 89). Il partit en avril 1669, et arriva pour voir l'élection de Michel Wiesnowiecki (19 juin 1669).

[2] Manuscrit [*B*] : « a estre ». — Bonzi avait été désigné pour l'Espagne au retour de sa première mission de Pologne (juin 1668). Le roi ayant besoin de le renvoyer à Varsovie, on envoya le marquis de Villars à Madrid pour un an (16 septembre 1668) et Bonzi, devenu archevêque de Toulouse, ne partit qu'en décembre 1669 *(Instructions, d'Espagne,* t. I, p. 215, et 228). Il y resta jusqu'au 27 mai 1671 (Legrelle, *Histoire de la Succession d'Espagne* I, 189).

[3] Sur cette candidature, voir Mme de Maintenon, *lettre au maréchal d'Albret* du 3 septembre 1671, et Olivier d'Ormesson, *Journal,* II, 613.

[4] A Toulouse d'abord *(Gazette,* 1672, p. 144) ; puis en octobre 1673, à Narbonne. Cet archevêché rapportait 80.000 livres. Bonzi avait en outre près de 40.000 livres d'abbayes.

[5] « Bonsy, dit Saint-Simon (éd. de Boislisle III, 326) avait été longtemps roi du Languedoc par l'autorité de sa place, son crédit à la cour et l'amour de la province. » « M. de Verneuil, gouverneur, n'y existait pas » (éd. de Boislisle XI, 14).

vertu de cette fonction et du service qu'on en peut tirer, particulièrement pour le don gratuit qu'on a coutume d'y faire au Roi, qu'il a eu l'occasion de continuer à faire valoir son zèle et son attachement pour la cour[1]. Aussi ne manque-t-il pas d'y faire de fréquents voyages. Cependant, malgré son extraction italienne, sa qualité de cardinal[2] et sa complaisance pour les volontés de la cour, il ne s'est montré ni cruel, ni fort échauffé à en exécuter les ordres ou les intentions dans la persécution des gens de la religion, et tâcha même de la détourner dans la province de Languedoc par les remontrances qu'il fit au roi de la ruine qui en arriveroit à cette province. Mais à quoi il trouva le roi inflexible. Il n'a pas laissé depuis de témoigner aux occasions de voir à regret les extrémités où on y portoit les affaires et la rigueur avec laquelle on y procédoit[3]. Ce qu'on peut attribuer à un tempérament et un génie qu'il a, plus porté à jouir des plaisirs et des commodités de la vie, et à ne s'embarrasser pas beaucoup des points de doctrine ou des scrupules de conscience, qu'à se faire une affaire des matières de religion et de contraindre les gens à s'y soumettre par force et par de mauvais traitements[4]. Aussi ne se mettoit-il guère en peine de déguiser le commerce qu'il entretenoit, de notoriété connue dans sa province, avec une demoiselle de Montpellier (où il faisoit son séjour ordinaire) qui ne marquoit pas une vie régulière, une humeur fort austère[5]. D'ailleurs, la portée de son

---

[1] Il s'y faisait remarquer par ses manières de grand seigneur, son luxe, sa galanterie (*Correspondances de Bussy-Rabutin*, II, 87).

[2] Proposé en 1672, nommé en 1676.

[3] Jusqu'en 1685, il fut d'accord avec l'intendant d'Aguesseau et son clergé l'évêque de Saint-Pons, pour résister aux violents, à Louvois par exemple (Rousset, *Louvois*, III, 455). Mais il fut alors en lutte avec Bâville, l'intendant qui se servit justement de la religion pour détruire son autorité dans la province où il était jusque-là adoré.

[4] Son portrait dans Saint-Simon (éd. de Boislisle, XI, 139).

[5] *Jeanne de Gévaudan*, mariée à *François de la Tude, comte de Ganges*, lieutenant général du roi, gouverneur de Carcassonne (1685-1698). « Cet amour, dit Saint-Simon, était fort utile au mari. Le scandale était très réel » (Saint-Simon, éd. de Boislisle, XI, 142). Le prélat avait en effet marié la demoiselle au

esprit étoit plus tournée pour l'intrigue du cabinet, et avec plus de penchant et d'adresse pour s'insinuer dans la faveur et dans les affaires que pour en supporter la fatigue et en remplir tous les devoirs[1]. Enfin, comme il est revenu de ces vues qu'il a eues autrefois pour le ministère, il brille moins à la cour, quand il y vient, qu'il n'a fait du temps passé, et apparemment n'y acquerra pas à l'avenir, ou n'y briguera pas même plus de considération qu'il n'en a présentement. Aussi lui a-t-on rendu de mauvais offices auprès du Roi, et entr'autres sur le sujet de la vie un peu licencieuse de ce cardinal[2].

Du cardinal d'Estrées.

Le cardinal d'ESTRÉES, frère du feu duc d'Estrées mort ambassadeur à Rome et du maréchal de ce nom[3], a été toujours absent à Rome durant mon dernier séjour en France, au moins d'où il en partit bientôt après mon arrivée en 1680[4], et n'y est retourné que depuis un mois ou deux en çà, après l'élection du dernier Pape[5]. En sorte que je n'en puis rien dire de particu-

comte de Ganges qui en était amoureux (mai 1689) (*Lettres de Mme Dunoyer*, édition 1738, I, 18 et 21, etc. — Dangeau, II, 391). Bonzi les combla de biens tous deux, le mari et la femme.

[1] « Délié et habile à louvoyer », dit Coulanges (*Mémoires*, p. 144-145), et aussi « un des plus adroits courtisans du royaume », dans Gaillard, *Généalogies (Cabinet historique,* t. IV, partie 1re, p. 187).

[2] D'après Saint-Simon, ce fut l'œuvre de Bâville, qui profita du scandale de cette vie et de la vieillesse de Bonzi, pour le desservir auprès du roi à partir de 1689 (éd. de Boislisle, IX, 144-145).

[3] César d'Estrées, né le 12 février 1628, évêque de Laon, pair de France depuis 1653, cardinal en 1672 par le Portugal, frère de François Annibal II, duc d'Estrées, qui fut ambassadeur à Rome au mois de mai 1671, et n'y parut que précédé par lui (mai 1671 — 26 janvier 1672). Il resta à Rome avec ce frère jusqu'à sa mort (1687). Le troisième frère était le vice-amiral, *maréchal* comte Jean d'Estrées (voir p. 487). — La correspondance des deux frères, conservée aux Affaires étrangères, a été employée par Michaud pour son livre sur *Louis XIV et Innocent XI* (Charpentier, 4 vol., 1882). En outre, la Bibliothèque nationale conserve un recueil des *Négociations* de César d'Estrées.

[4] En 1676-1677, le cardinal d'Estrées avait été envoyé à la Cour de Bavière pour négocier avec l'électeur une alliance politique et le mariage du Dauphin (*Instructions de Bavière*, p. 56). Il suivit cette affaire jusqu'à sa conclusion, à la fin de 1679, et ne rentra en France qu'en janvier 1680.

[5] Retourné à Rome en 1680, d'Estrées y devint camerlingue du sacré Collège, et fit les affaires de la France en même temps qu'il avait la plus

lier et que sur la voix publique ou le rapport de ceux qui le connoissent et qui en peuvent juger. Ce que j'en pus reconnoître pour l'avoir vu à mon arrivée en cour, c'est qu'il est d'une taille et d'une mine avantageuse, que celle-ci marque de l'esprit, et de la fierté au besoin [1]. Aussi, suivant ce qu'on en dit et ce qu'on en sait, sa mine n'est point trompeuse à ces deux égards, et ce qui a assez paru et éclaté durant tous les démêlés qu'il a eus à soutenir à Rome, et sous le défunt pape, pour les intérêts de la cour de France : en premier lieu, dans l'affaire de la régale, qui fit le sujet de son envoi [2], et ensuite dans celle de la franchise des quartiers [3], après au sujet de la dernière élection de Cologne, des contestations qui survinrent là-dessus, et du parti que le feu pape y prit contre le cardinal de Fürstenberg en faveur du prince Clément de Bavière, et enfin de la guerre entamée partie à ce sujet de la part de la France, et des déclarations ou manifestes au nom du Roi qui en furent adressés là-dessus à ce cardinal et mis au jour [4]. Ce n'est pas ici le lieu de toucher ce qui regarde les cas ou différends susdits. Il suffit de remarquer, à l'égard de ce cardinal, qu'on tombe d'accord généralement qu'il a un esprit vif, fort et

grande autorité auprès du Saint Siège. Mais il compromit cette autorité dans les démêlés de Rome et de la France. On parlait de le rappeler quand Innocent XI mourut. Il resta pour l'élection du successeur (août-septembre 1689), parut aussi désagréable à Alexandre VIII et revint le 18 février 1690 (de Sourches, III, 197).

[1] Voir un très beau portrait et de nombreuses anecdotes du Cardinal dans Saint-Simon (édition 1873, t. X, p. 348, 349). On pensait à lui comme au premier ministre du futur règne (*Remarques de la cour de France*, édition Schefer, p 390 et p. 418).

[2] Même note dans Saint-Simon : « Il retourna à Rome pour l'affaire de la Régale » (Ed. 1873, X, 351). C'est à son retour à Rome, en 1681, que Saint-Simon et Spanheim font ici allusion.

[3] Sur cette affaire et les négociations de d'Estrées en 1686-1687, voir *Relation*, p. 364, note 2.

[4] Pour l'affaire de Cologne, *Relation* p. 250, note 1 ; p. 252, note 1 ; p. 364, note 2. Le manifeste dont il est ici question est celui du 25 septembre 1689, par lequel Louis XIV offrait de laisser nommer Clément de Bavière coadjuteur à Cologne, si le Pape et l'Empereur y laissaient Furstenberg comme électeur-évêque. (*Relation*, p. 366 note 1.)

pénétrant, qu'il est même fort éclairé, rempli de belles connoissances, et d'un savoir peu commun dans la littérature et dans les matières de théologie[1]. Il s'étoit servi pour celle-ci du célèbre Launoy[2], docteur de Sorbonne[3], qui étoit son pensionnaire, d'ailleurs connu par la variété, la doctrine et la hardiesse de ses productions. Aussi a-t-il le double talent qui est de s'exprimer avec beaucoup de facilité, d'agrément et de justesse, et d'écrire avec ces mêmes avantages, non seulement en françois ou en italien, mais encore en latin. Aussi, j'ai vu souvent de ses lettres latines fort bien écrites, qu'il écrivoit de Rome, de fois à autres, à un conseiller du parlement de Paris qui étoit de ses amis particuliers et avec lequel il entretenoit commerce, quoique celui-là fût alors réformé. D'ailleurs, comme il a été fait cardinal à la nomination de la feue reine de Portugal, dont il étoit proche parent[4], et qu'il y avoit accompagné cette reine[5],

[1] Voir le portrait déjà cité dans Saint-Simon, et ce qu'il dit du plaisir de ce cardinal, après la retraite, à vivre en son abbaye de Saint-Germain-des-Prés, avec trois ou quatre moines savants qui avouaient qu'ils apprenaient beaucoup de lui (éd. 1873, X, p. 352). Sa bibliothèque, passée en 1714 à l'abbé d'Estrées, forma un des principaux fonds, quand celui-ci mourut, de la Bibliothèque de Saint-Germain-des-Prés (*Essai sur les bibliothèques de Paris*, Paris, Belin, 1782, p. 345). Consulter aussi ce que le savant Huet dit dans ses Mémoires (p. 248) du cardinal d'Estrées: « la meilleure partie de lui-même », et encore la lettre de compliments de l'archevêque le Tellier pour sa nomination à Saint-Germain (de Broglie, *Mabillon*, II, 351).

[2] Jean de Launoy, né en 1703, au Val-de-Size dans la Manche, mort à Paris, en 1678: « critique audacieux et intrépide », dit Voltaire (*Catalogue des écrivains français*, édition Rébelliau, p. 792). Sa science a contribué à faire justice des légendes de saints apocryphes. On l'appelait *le dénicheur de saints*. Il a beaucoup publié d'ouvrages sur la discipline et la théologie, une histoire du collège de Navarre (1677), un livre sur les écoles pendant et après Charlemagne (1692). Il fut un vrai précurseur des bénédictins. Auprès du Cardinal, il était le *docteur*, comme on disait alors, que pensionnaient tous les grands prélats.

[3] « *En Sorbonne* », manuscrit [B].

[4] Sur cette princesse, morte en 1683, et ses mariages, *Relation*, p. 197, note 1; p 220, note 2. Isabelle de Savoie Nemours était, par sa mère, Mlle de Vendôme, la petite-fille de Gabrielle d'Estrées Le cardinal d'Estrées et son frère, le duc, étaient les deux neveux de Gabrielle d'Estrées par leur père, François Annibal, le maréchal, mort en 1670.

[5] Cette mission de César d'Estrées doit se placer de 1663 à 1668: ce fut le temps où Isabelle fut mariée à Alphonse VI qui devint fou, puis, en 1668, à

il y ménagea durant quelque temps les intérêts et affaires de la couronne de France. Il fut ensuite envoyé à la cour de Bavière durant la guerre passée et la vie du feu électeur et l'électrice défunte, y resta environ deux ans et y réussit à faire tenir cette cour-là dans une si exacte neutralité, qu'elle refusa même de donner sa quote-part aux troupes de l'Empire, malgré les obligations précises qui en résultoient par les délibérations de la diète de Ratisbonne, et des députations expresses qui en furent faites à Munich de la part du collège électoral. Je laisse à part les traverses et les contradictions qu'on apportoit, dans ce temps-là, de la part des ministres de Bavière, dans les mêmes délibérations de la diète, au sujet ou en suite même de la déclaration et des engagements de guerre de la part de l'Empire contre la France [1]. Ce cardinal, après son retour en France et à l'occasion du différend qui y survint avec la cour de Rome dans l'affaire de la régale et de quelques brefs que le défunt pape lui en adressa, fut envoyé à Rome comme celui qu'on réputoit le plus propre et le plus capable pour [2] sa dignité, par son esprit, par sa fermeté et par son savoir, d'y soutenir les droits de la

son frère Don Pedro, régent du royaume. César d'Estrées avait contribué à ce double mariage : en récompense, le régent Don Pedro le proposa au cardinalat, en 1669 (*Instr. du duc de Chaulnes : Instructions de Rome*, p. 241). Le 6 mai 1671, César d'Estrées, dont la promotion avait été retardée par la mort de Clément IX, prit le parti d'aller lui-même solliciter de son successeur Clément X le chapeau, l'obtint *in petto* en 1671, officiellement en 1672. En 1676, il fut nommé protecteur à Rome du Portugal (*Instructions de Rome*, p. 246).

[1] Six mois après l'élection d'Innocent XI (21 septembre 1676), donc au mois de mars 1677, le cardinal d'Estrées passait à Munich (Saint-Simon édition 1873, X, p. 530) « *pour le mariage du Dauphin* », ajoute-t-il. Et il a raison. Afin de déterminer la Bavière à rester neutre, à refuser « tout ce qui se résolvait depuis 1674 à la diète de Ratisbonne, sous l'autorité de l'Empereur », « à n'accorder aucune assistance, quartiers ni passage aux troupes confédérées, » peut-être à déclarer avec la Suède et le Hanovre la guerre à Léopold Ier, Louis XIV tentait l'Electeur et surtout l'Electrice par l'espérance d'un brillant mariage pour leur fille. Son envoyé, de Vitry mena les deux négociations ; il fut rappelé sur sa demande, en février 1675. Le successeur, la Haye-Vantelet (1675-1679 ne fut pas initié au secret matrimonial. On jugea nécessaire d'affermir la neutralité de la Bavière par une nouvelle promesse de mariage. Ce fut l'objet spécial de la mission du cardinal d'Estrées (*Instructions de Bavière*, p. 49 et surtout 55).

[2] « *Par sa dignité* », manuscrit [B].

cour de France, et d'y appuyer au besoin le duc d'Estrées, son frère, qui étoit déjà depuis quelques années ambassadeur à Rome[1]. Mais, comme les dispositions du défunt pape se trouvèrent fort opposées à y relâcher de son droit prétendu, qu'il arriva même des incidents les uns après les autres, comme dans le différend des religieuses de la Charonne[2], ensuite la grande affaire de la franchise des quartiers[3], qui aigrirent de plus en plus le pape et ses créatures contre la cour de France, mais encore de les voir augmenter de plus en plus, et de passer même à la cour de Rome pour y avoir donné lieu par trop d'ardeur et de hauteur qu'il y avoit fait paroître, et pour avoir porté la cour de France à s'y engager trop avant[4]. Aussi, ceux qui ne peuvent lui refuser le juste éloge d'un esprit fort éclairé, ferme, entreprenant, et enfin d'une habileté peu commune, ne disconviennent pas qu'il pouvoit avoir dans les occasions moins d'ardeur et de fierté, plus de souplesse et de ménagement[5].

Du cardinal Camus

Je ne dirai rien de particulier du cardinal CAMUS, tant pour l'avoir ni vu ni pratiqué durant tout le temps de mon séjour en France, que de ce qu'en effet il s'est tenu et se tient renfermé dans son diocèse de Grenoble, dont il est évêque et qui est la capitale, comme on sait, du Dauphiné. Il est d'une famille de robe de Paris, considérable par la richesse et par les emplois de prévôt des marchands, de lieutenant civil et de président aux enquêtes qu'elle a eus ou qu'elle possède encore aujourd'hui[6]. J'ajouterai seulement, à l'égard de ce prélat,

---

[1] François Annibal II, duc d'Estrées, lieutenant général, désigné pour l'ambassade de Rome dès le mois de mai 1671. Il y arriva en janvier 1672 et y resta jusqu'à sa mort (1687). C'était un esprit médiocre, qui avait besoin du concours de son frère *(Instructions de Rome,* p. 246).

[2] Voir plus haut, p. 420 note 1.

[3] Voir plus haut, p. 417, note 3, note 4.

[4] Phrase mal construite : *il eut le déplaisir* de les voir augmenter, etc.

[5] Consulter Michaud, *Louis XIV et Innocent XI*, 1882, 4 vol.

[6] La famille *le Camus* était une grande famille parisienne alliée aux Le Tellier et aux Colbert, qui ne compta pas d'ailleurs de prévôt des marchands. Une branche fut celle de Martin le Camus, conseiller au Parlement de Paris,

qu'il se fit considérer et distinguer par son esprit et par son savoir, mais d'ailleurs par une vie peu réglée, n'étant encore que l'abbé Camus; qu'il s'en corrigea ensuite et embrassa même une vie austère, religieuse et toute appliquée aux fonctions d'un véritable ecclésiastique[1]; que c'est par où surtout il se rendit recommandable depuis sa promotion à l'évêché de Grenoble, et en y faisant hautement profession d'une morale sévère fort opposée à celle des nouveaux casuistes, ou d'ailleurs à la conduite et aux maximes des *évêques de cour*, qu'on appelle[2]. Ce fut aussi la réputation de cette grande intégrité et de cet éloignement des intérêts de la cour, en un mot celle de sa morale et de sa doctrine, qui penchoit[3] plus du côté des Jansénistes que des Jésuites, qui porta

---

dont le fils Antoine le Camus, mort en 1620, président à mortier, seigneur de Jambeville, fut un des principaux conseillers de Henri IV. Il ne laissa qu'une fille. L'autre vint de Nicolas le Camus, marié à Marie Colbert, conseiller du roi en 1622, mort en 1648. Son fils, Nicolas le Camus fut marié à Marie Le Tellier, intendant d'armée, mort en 1637. Ses petits fils furent : 1° *Etienne le Camus*, l'abbé, né en 1632, mort en 1717; 2° *Jean le Camus*, seigneur de Beaumais et du Port, né en 1631, d'abord maître des requêtes, puis intendant d'Auvergne au temps des grands jours, à partir de 1671 lieutenant civil au Châtelet jusqu'à sa mort, 1710; c'était un très gros personnage, qui eut son tombeau-mausolée aux Blancs-Manteaux, œuvre de Simon Mazières (le buste encore à Versailles; le dessin de l'ensemble par Millière, *Blancs-Manteaux*, pl. II). Il était très glorieux (Saint-Simon, édition 1873, VIII, 105); 3° *Nicolas le Camus*, seigneur de la Grange, conseiller au grand Conseil, procureur général (1654), puis premier président de la Cour des aides, en 1672. L'évêque était fort riche, fit de magnifiques fondations dans son diocèse (*Gazette d'Amsterdam*, Extr., LIV) et laissa en mourant 100.000 livres de rente (Moreri, *Camus*).

[1] Ses dérèglements et sa conversion furent parmi les plus célèbres du XVIIe siècle (Sainte-Beuve, *Port-Royal*). Il semble que ce changement de vie dû à un éclat trop fort, fut achevé par l'influence des chartreux, chez qui il se retira de longues années en oraison (Choisy, *Mémoires*, éd. Lescure, II, 171; Saint-Simon, édition 1873, t. V, p. 341). Il était, avant sa retraite, aumônier du roi depuis septembre 1658, et comme tel parut en joyeuse compagnie au mariage du roi, en 1660 (sa *Vie*, par l'abbé Bellet 1886).

[2] Sa promotion date de la fin de 1671. « Un des grands prélats du siècle par sa pénitence et ses vertus » (de Sourches, I, 440). Sur sa conduite dans son diocèse on trouve une anecdote dans Choisy, bien jolie (II, 95). L'évêque de Valence, dont il y est question, faisait avec lui un parfait contraste comme *évêue de cour*.

[3] Le manuscrit [B] donnait : *qui portait*. Spanheim a corrigé de sa main sur le manuscrit [A], afin d'éviter la répétition.

le défunt pape à le faire cardinal de son propre mouvement et sans la participation même ou l'agrément de la cour de France, comme il se pratique d'ordinaire à l'égard de la création des cardinaux nationanx [1] : d'où il arriva aussi que cette élection, faite d'ailleurs au fort des démêlés entre le défunt pape et la cour de France, surprit assez celle-ci ; qu'on eut de la peine à porter le Roi d'y acquiescer [2], et qu'après tout, en permettant à ce nouveau cardinal d'en prendre la qualité en considération de ses parents, qui en firent d'abord leur soumission en cour, on ne laissa pas de lui ordonner en même temps de ne venir point se présenter devant le Roi et de rester dans son diocèse. Ce qu'il a fait aussi jusques ici, et sans même avoir eu la permission, après la mort du défunt pape, de se rendre à Rome avec les autres cardinaux françois, pour s'y trouver au conclave et y concourir à l'élection d'un nouveau pape [3]. Au reste, on rend ce témoignage à ce prélat qu'il n'a pas marqué tant d'aigreur, d'animosité et de cruauté que plusieurs de ses confrères, et entre autres son voisin, l'évêque de Valence, dans la persécution des gens de la Religion de sa ville et de son diocèse, et qu'il y a apporté autant de modération qu'on en pouvoit attendre en de pareilles conjonctures. Il se déclara même,

[1] Ce fut l'ordre des Chartreux qui provoqua cette nomination en octobre 1686, alors que Louis XIV sollicitait de Rome l'élection de l'évêque de Beauvais, Forbin Janson (voir la note suivante, et de Sourches, I, 441).

[2] On fut extrêmement surpris en France. « On croit que le roi ne fut pas content », dit de Sourches (I, 441). Saint-Simon (éd. de Boislisle, VII, 15) et Choisy (*Mémoires*, édition Lescure, II, 16) racontent que ce qui déplut au roi, ce fut qu'avant de venir à Versailles, l'évêque prit la barrette des mains de l'abbé Servien, camérier du pape, qui passait par Grenoble, sans l'attendre du roi. Le père Léonard dit au contraire (Manuscrit français 1026, f° 169, 172) que le roi trouva l'évêque digne de cette faveur pontificale, et répondit très correctement à la notification qu'il lui en fit. L'abbé Legendre assure que le pardon de Louis XIV fut l'œuvre de ses frères (*Mémoires*, p. 73). Mais bientôt l'archevêque Harlay et les jésuites excitèrent Louis XIV et lui firent fermer la cour (Bellet, ouv. cité, ch. XIII et XIV).

[3] Il n'eut pas le droit d'aller, en effet, à l'élection d'Alexandre VIII (Bellet, p. 292; *Mémoires de Coulanges*, p. 60; Saint-Simon, éd. de Boislisle, VII, 16, 2 août-octobre 1689). Plus tard il put cependant aller aux conclaves de 1691 (Innocent XII) et de 1700 (Saint-Simon, édition de Boislisle, VII, 245). Louis XIV lui pardonne pour ses vertus.

par une lettre qui a été rendue publique, contre les communions forcées auxquelles on vouloit obliger les nouveaux convertis [1].

Le cardinal FOURBIN [2] est l'évêque de Beauvais qui vient d'être élevé à cette dignité dans la promotion qui a été faite par le nouveau pape [3]. Il en est redevable à ses emplois passés en Pologne, où, en qualité d'ambassadeur de France, il contribua à l'élection du roi d'aujourd'hui [4], et en obtint pour récompense la promesse de la nomination de ladite couronne au cardinalat. Mais, comme, d'un côté, les différends suivis de la cour polonoise avec celle de France, et ensuite de celle-ci avec le défunt pape, en retardèrent l'effet, il n'a cependant jamais perdu de vue le dessein de n'y rien négliger de son côté et de se prévaloir de toutes les conjonctures qui pourroient y donner lieu [5]. Et comme c'est un des évêques de cour

Du cardinal Fourbin

---

[1] Voltaire dit qu'il faut lui attribuer les premières conversions par argent (*Siècle de Louis XIV*, éd. Bourgeois, p. 629). La correspondance de Louvois avec le Camus et Tessé (mai-juin 1696) au sujet des Dragonnades (Rousset, *Louvois*, III, 494) confirme l'éloge de Spanheim. De Sourches dit que sa lettre à ses curés fit grand bruit et mauvais effet à la cour, 7 juin 1687 (II, 60).

[2] Toussaint de Forbin-Janson, fils de Gaspard de Forbin-Janson, qui fut successivement évêque de Digne (1655), de Marseille (1668) et de Beauvais (1679).

[3] Le 23 février 1690, à la présentation du roi de Pologne, Jean Sobieski.

[4] Sa mission est du 30 mars 1674 (*Instructions de Pologne*, I, p. 119). Le roi de Pologne, Michel Wiesnowiecki était mort le 13 novembre 1673. L'évêque de Marseille avait pour mission de faire échouer surtout la candidature de Charles V de Lorraine et seulement, à la rigueur, de reprendre la candidature de Condé.
Arrivé à Dantzig le 1ᵉʳ mai 1674, parce qu'il avait été retardé par une tempête, il n'eut que le temps de pousser au trône (21 mai 1674) le candidat national, Jean III Sobieski. Celui-ci n'eut pas plus tôt reçu la couronne qu'il proposa au Saint-Siège l'envoyé de France pour le chapeau. Clément X agréa la proposition. La nomination devait se faire, lorsque le pape tarda en 1675, puis mourut le 22 juillet 1676. Louis XIV s'en plaignit tout de suite auprès du nouveau pape, Innocent XI (*Instr. de Rome*, I, p. 280).

[5] Innocent XI, de très bonne heure hostile au roi de France, fut trop heureux d'avoir un refus à lui faire. Il prit prétexte du refroidissement qui s'était marqué vers 1677, entre la France et la Pologne pour des motifs particuliers à la reine Marie Casimir de la Grange d'Arquien. Forbin-Janson avait été envoyé une deuxième fois, en 1680, pour améliorer cette situation, mais il s'y prit de telle

qui a joint à beaucoup d'esprit et beaucoup d'habileté [1] un grand attachement aux volontés du Roi et à lui faire sa cour, et une grande assiduité à l'égard des ministres, il a su aussi engager bien avant et le Roi et les ministres à faire de son intérêt particulier, savoir de sa promotion à la dignité de cardinal, un intérêt de la couronne. Ce que j'ai pu assez reconnoître durant mon séjour en France, et les diverses occasions que j'y ai eues d'y voir ce ministre comme un courtisan fort assidu, adroit et appliqué à son affaire [2]. En sorte qu'il ne faut pas douter, et comme l'événement l'a assez fait voir, qu'il n'ait eu le crédit de faire de sa promotion un des points recommandés à l'ambassadeur de France et aux cardinaux chargés des intérêts de cette couronne dans le dernier conclave, et pour en tirer parole du nouveau pape avant que de lui donner leurs suffrages [3]. Et comme il se voit à présent au comble de ses vœux après tant de fâcheux incidents qui ont retardé assez longtemps et ont

manière, en conspirant avec le parti français pour agir par l'intrigue et la force sur les diètes, que les Polonais poussèrent leur roi dans les bras de l'Autriche (1684) (Salvandy, *Hist. de Sobieski*).

[1] « Il avait, dit Saint-Simon (édition 1873, X, p. 71), une sagacité qui ajoutait beaucoup à la finesse de son esprit qui était grande, en sorte qu'il n'a jamais pu être trompé, même à Rome. » Voir le même éloge dans un écrit inédit du même auteur (édit. de Boislisle, IV, 50).

[2] Saint-Simon ne donne pas du tout la même impression sur le cardinal, quoiqu'il le montre aussi très habile et très bon courtisan. Mais il le présente surtout comme un homme de cœur et de devoir, très attaché sept mois de l'année à son diocèse, très fidèle à ses amis (éd 1873, X, p. 11-12). Il faut dire que Saint-Simon l'aimait beaucoup, et parce qu'il avait été l'ami de son père et à cause des égards qu'il avait pour la pairie. Mais on doit pourtant relever un passage curieux d'une instruction pour une ambassade en Pologne où Louis XIV semble s'excuser d'enlever l'évêque à son diocèse (*Instructions de Pologne*, I, p. 173); une anecdote également recueillie par Dangeau : le roi disait à Condé (VI, 187) : « M. de Beauvais est demeuré sept ans en Pologne sans aucune inquiétude et a été ravi quand je l'en ai rappelé. Voilà comme il faudrait que l'on fît dans les emplois éloignés. » Tout cela prouve que le prélat plaisait à Louis XIV par sa façon de s'attacher à toutes les fonctions, quelles qu'elles fussent. « Il avait très utilement et très dignement servi », dit ailleurs Saint-Simon (éd. de Boislisle, IV, 73). C'est la note juste.

[3] Voir en effet des recommandations très pressantes à ce sujet dans les instructions de Lavardin et dans celles du duc de Chaunes (1687-1689, *Instructions de Rome*, t. I).

pensé même lui enlever ce chapeau de cardinal, il ne faut pas douter qu'il ne se serve à présent de son élévation pour s'insinuer plus avant dans la faveur et dans les intrigues de la cour et pour faire valoir son poste[1]. C'étoit déjà dans cette vue de s'y pousser et pour faire sa cour aux Jésuites, et entre autres au Père confesseur, qu'il se déclara un des plus grands ennemis des Jansénistes, durant la contestation de ces deux partis[2]. Au reste, je me souviens que, dès la première fois que je le vis durant les traités de Nimeguen, où il passa en revenant de sa première ambassade en Pologne[3], et depuis son retour de la seconde que j'ai eu occasion de le voir assez souvent à la cour de France et chez M. de Croissy[4], il me parloit toujours avantageusement des intérêts de feu Son Altesse Électorale et des occasions qu'il avoit eues, durant ses emplois en Pologne, d'y prendre part[5]. Au reste, il est d'une noble et ancienne famille

[1] Spanheim ne savait pas encore qu'en 1691, le pape, mécontent du cardinal d'Estrées, allait réclamer Forbin-Janson pour remplir sa place à la fin de 1691 et qu'il resta six ans à Rome auprès du pape Alexandre VIII avec un plein succès (Erizzo, *Relazioni Francia*, t. III, 594). Dès le mois de juillet 1691, Forbin avait accommodé le différend entre la France et Rome (Saint-Simon, éd. de Boislisle, IV, 73, 275).

[2] Saint-Simon dit le contraire : « impénétrable au crédit et aux artifices des jésuites » (1873, X, 12). Voir l'écrit inédit publié par M. de Boislisle (*Mémoires de Saint-Simon*, IV, 509) : « Les jésuites n'avaient jamais été à leur aise avec lui. » Saint-Simon dit d'ailleurs (Éd. de Boislisle, VIII, 100): « Il vivait bien avec eux, mais sans penser en rien comme eux. » — On ne voit pas trop à quoi Spanheim fait allusion : car du temps du père la Chaise, la persécution contre les jansénistes ne fut que contre ceux qui s'opposaient à la régale, et pour défendre à Port-Royal de se recruter. Et c'était justement l'époque des missions de Forbin-Janson en Pologne (1674-1684).

[3] Première mission, 1674-1676.

[4] Deuxième mission, 1680-1683.

[5] Les électeurs de Brandebourg avaient en Pologne des intérêts variés : tout d'abord le maintien de leur souveraineté dans la Prusse ducale, que la Pologne, après l'avoir accordée à Welhau (1657), espérait toujours leur reprendre ; des prétentions sur la ville d'Elbing que les Polonais n'avaient eu, à ce même titre, le droit de garder, qu'en versant 400.000 thalers jamais payés. Un moment, la Prusse eut d'autres intérêts encore, par le mariage de Louis de Brandebourg, fils du grand électeur, mort en 1687, avec l'héritière des Radziwill, propriétaire de grands biens en Lithuanie. Les fils de Brandebourg apprenaient enfin le polonais, comme pour marquer l'intérêt que la Prusse avait dans ce pays. Forbin-Janson n'avait pas toujours servi ces intérêts, car il fut l'auteur

de Provence, étoit encore évêque de Marseille durant sa première ambassade en Pologne, après avoir été auparavant évêque de Digne, et, en dernier lieu, évêque et comte de Beauvais, et pair de France en cette qualité[1].

DE QUELQUES AUTRES PRÉLATS FRANÇOIS

De l'archevêque de Reims.

Après ces cardinaux françois et l'archevêque de Paris, dont j'ai assez parlé, le prélat le plus considérable à la cour et en passe, suivant les avis de France, d'avoir aussi le chapeau de cardinal à la nomination du roi Jacques, est l'ARCHEVÊQUE DE REIMS, en cette qualité premier duc et pair de France[2], et d'ailleurs maître de la chapelle du Roi[3]. Il est fils, comme on sait, du feu chancelier [le] Tellier et frère de M. de Louvois[4]. Cet avantage de sa naissance est aussi sans doute celui qui a le plus de part à son élévation. Au moins on ne l'attribueroit pas aisément aux préjugés qu'on peut[5] tirer d'un extérieur peu capable de prévenir en sa faveur. Il est véritablement grand de taille, et avec tout l'embonpoint d'un homme bien nourri, mais d'ailleurs avec un air rude, grossier, et des manières qui y ont beaucoup de rapport[6]. Cependant, comme la considération et les services du père ne purent que procurer de bonne heure des bénéfices considérables à ce second fils, destiné aux emplois de

---

d'un traité conclu à Jaworow entre la France et la Pologne, en 1675, pour la reprise de la Prusse ducale par les Polonais (*Instr. Pologne*, I, 141). En 1683, le grand Electeur n'était pas rassuré sur ces projets qui furent repris en 1689 (*Arch. de Prusse, Corr. de Spanheim.* — Farges, *Instructions de Pologne*, I, 181).

[1] Voir plus haut, p. 415 note 2 ; 439 note 2.

[2] Les six pairs ecclésiastiques étaient les premiers pairs de France, et l'archevêque de Reims, le premier des six (*Etat de la France*, t. II, p. 1).

[3] *Maître de la chapelle de musique*, depuis 1666, est le titre exact. Car la chapelle en général appartenait au grand aumônier et au premier aumônier (*Etat de la France*, 1676, t. I, p. 27).

[4] *Relation*, page 264, note 6.

[5] « Put » dans le manuscrit [*B*].

[6] « Rustre et haut au dernier point, avec de l'esprit, un composé fort extraordinaire. » (Saint-Simon, édition 1873, VII, 281.)

l'Église [1], il n'épargna rien aussi pour le faire instruire dans les connoissances qui y étoient requises. Ce fils ne s'y rendit pas mal habile, et étudia par degrés jusques à être promu docteur en théologie de la Sorbonne [2]. La faveur et les postes du père et du frère ne purent d'ailleurs que concourir à en procurer de plus avantageux à celui-ci que la qualité qu'il portoit d'abbé le Tellier [3], et ainsi à le faire déclarer coadjuteur de l'archevêque de Reims, un des premiers et plus considérables bénéfices de France par les revenus, par le droit de sacrer les rois et par le rang qu'il donne de premier duc et pair de France. Il en remplit aussi le poste dès la mort de l'archevêque [4], mais en ne laissant pas de rester plus en cour que de résider en son diocèse [5].

La faveur de l'archevêque de Paris, dont le caractère étoit assez différent du sien et pour le tour d'esprit et pour les

De sa conduite à l'égard des Jansénistes et du pape.

---

[1] Abbé de Lagny, de Saint-Etienne de Caen, et de Breteuil.

[2] Choisy raconte (éd. Lescure, II, 133) une histoire de ses propres études en Sorbonne, où fut mêlé l'abbé le Tellier « servi par ses docteurs », cherchant à briller dans une soutenance contre lui. Le Tellier fut reçu docteur au début d'août 1659. Il avait dédié ses thèses à Mazarin qui écrivait au père : « On m'écrit de Paris qu'il a fait merveilles et je n'en suis pas surpris, sachant bien qu'il a étudié avec l'application nécessaire » (Rousset, *Louvois*, I, p. 13). Sur le soin que le Tellier prit de son éducation, consulter la vie manuscrite de celui-ci par Le Peletier (Bibliothèque nationale, manuscrit 2431, Supp. Fr.)

[3] Cette intrigue des Le Tellier pour avancer l'abbé a été racontée par d'Ormesson, familier de la maison (*Journal*, II, 545). L'abbé de la Rivière, le familier de Gaston d'Orléans, leur offrit d'abord la coadjutorerie de Langres, avec son évêché-pairie. Le jeune abbé était nommé le 8 juillet 1668, agréé par le roi, lorsque brusquement l'archevêque de Reims, Antoine Barberini, vint offrir son archevêché, le premier du royaume. L'affaire fut faite en un instant, et l'abbé aussitôt installé. Peu de temps après (11 novembre 1668), il fut créé archevêque de Naziance *in partibus*. « Tout le monde considéra cette grâce, dit d'Ormesson, comme trop considérable pour M. l'abbé le Tellier, son âge, et que c'était un effet de la bonne fortune de M. le Tellier et de la puissance que ces trois ministres ont sur le roi. » Turenne surtout, qui voulait jouer au premier ministre, en fut irrité et demanda en dédommagement le chapeau pour son neveu, le cardinal de Bouillon (d'Ormesson, *Journal*, II, 546). Voir aussi Saint-Simon (éd. de Boislisle, V, 281-283) et Choisy (II, 134-135).

[4] En 1671.

[5] Saint-Simon (édition 1873, V, 281) le dépeint comme « grand aumônier, assez résidant chaque année, gouvernant et visitant son diocèse, avec cela fort de la cour et lié avec les plus doctes de l'épiscopat. »

manières, comme on peut assez juger de ce que j'en ai dit ci-dessus[1], et qui s'étoit appuyé du crédit des Jésuites, ne put que donner du penchant à l'archevêque de Reims pour le parti de leurs ennemis les Jansénistes, et le porter à garder quelques ménagements avec eux, sans oser cependant se rendre ouvertement leur protecteur[2]. L'affaire de la régale étant venue ensuite sur le tapis, les démêlés accrus là-dessus entre[3] le défunt pape et la cour de France, et qui avoient le même archevêque de Paris en tête, il tâcha, dans les assemblées du clergé qui s'en tinrent à Paris, et depuis, d'y chercher des tempéraments qui, sans offenser la cour, pussent choquer moins celle de Rome, ou même y être reçus, et s'en faire un mérite auprès du pape. Mais, comme tout cela n'eut point d'effet par l'inflexibilité et la prévention du pape dans le droit et dans le fait en question, et d'ailleurs par les décisions qui survinrent de la députation du clergé de France dans l'affaire des quatre propositions contre l'infaillibilité et le pouvoir des papes, et à quoi l'archevêque de Reims, qui y avoit assisté, n'avoit pu que se conformer[4], joint au différend qui arriva encore entre les deux cours pour la franchise des quartiers, il se vit par là hors de toutes les mesures de garder, pour ses vues particulières et en haine de l'archevêque de Paris[5], quelque ménagement avec le défunt pape.

De quelques bruits sur sa conduite.

Sa faveur, malgré celle de M. de Louvois son frère, n'en

---

[1] *Relation*, p. 411 et 412.

[2] « Janséniste de nom, ennemi des jésuites », c'est la même note dans Saint-Simon (édition 1873, V, p. 281).

[3] *Contre*, dans le manuscrit [A], est une faute de lecture faite par le copiste sur le manuscrit [B] qui donnait le véritable terme nécessaire au sens : *entre*.

[4] L'abbé Legendre, qui était de l'intimité de Harlay, raconte que ce prélat, sachant le désir de le Tellier de ménager la cour de Rome, eut l'habileté de le charger, au début de l'Assemblée de 1682, du rapport sur la Régale, comme Bossuet, du rapport sur les quatre propositions pour les brouiller tous les deux avec le Saint-Siège (*Mémoires*, p. 47).

[5] Quand Harlay-Chanvallon fut mort, en 1695, l'archevêque de Reims vit ses vœux comblés : il présida les assemblées du clergé. Les jésuites eurent lieu alors d'être contents de lui (Dangeau, VII, 35 ; père Léonard, manuscrit 243, vol. 1er, p. 151). Il les déchargea du don gratuit.

paroissoit pas plus grande auprès du Roi, qui ne se trouvoit aucun penchant pour l'humeur, le génie ou les manières de cet archevêque[1]. A quoi se joignit le bruit qui se répandit en premier lieu d'un commerce peu honnête, et dont il a été parlé ci-dessus, avec la duchesse d'Aumont, femme de son beau-frère, et quelque temps après avec sa propre nièce, fille de ce duc et d'une sienne sœur, et mariée au marquis de Créquy, fille du feu maréchal de ce nom[2]. Cette dernière affaire, qui fut accompagnée d'un emportement de jalousie de cet archevêque contre sa même nièce, ayant fait par là de l'éclat, elle donna lieu aussi au Roi, qui en fut averti, d'en témoigner du mécontentement contre ce prélat, et à celui-ci de s'éloigner pour quelque temps de la cour et se retirer en son archevêché à Reims[3]. Depuis son retour, il garda le poste et la considération que son rang et la faveur du frère lui donne à la cour, mais d'ailleurs sans y avoir plus de part dans la confiance ou dans l'inclination de Sa Majesté. Aussi n'est-il pas fait pour s'y attirer une approbation générale, ni d'humeur à s'y faire distinguer du côté de la dépense et des manières[4]. Il ne laisse pas d'avoir son mérite, d'être suffisamment instruit des matières de la doctrine et de la discipline de l'église romaine, capable d'en parler avec fondement et avec connoissance quand il en est question[5]. Aussi entretenoit-il auprès de lui un doc-

[1] On cite de lui des mots peu obligeants, peu respectueux qui devaient déplaire à Louis XIV. La fameuse critique de Jacques II, « qui perdit trois royaumes pour une messe », serait de lui (Voltaire, *Siècle de Louis XIV*, éd. Bourgeois, p. 250). On lui attribuait d'autres mots analogues sur la mort de Turenne (*Ibid.*, p. 203) et sur le même Jacques II (Saint-Simon, éd. de Boislisle, VII, 165).
[2] Sur ces personnages et les amours de M. de Reims, voir la *Relation* p. 265 et les notes 1 et 2. Pour la première histoire, il faut lire : deuxième femme de son beau-frère, le duc d'Aumont, qui avait épousé en premières noces une sœur de l'archevêque et en deuxièmes, Mlle de Toucy-La Mothe, « une grande dévote à directeurs » (Saint-Simon, édition 1873, VIII, 230).
[3] *Relation*, page 265, note 2.
[4] Son avarice était célèbre. « Magnifique et toutefois avare », dit Saint-Simon (édition 1873, VII, p. 281).
[5] « Quoique M. de Reims eût peu étudié, il ne laissait pas d'avoir beaucoup appris en des conférences fréquentes avec des gens habiles qui étaient à sa

teur de Sorbonne, nommé Faure, qui passoit pour un des plus habiles qu'il y eût en France dans les matières de l'antiquité ecclésiastique et des canons, d'ailleurs dans la connoissance générale des livres, et ainsi qui, par tous ces endroits, ne pouvoit être que d'un grand secours à ce prélat dans les rencontres[1]. Et comme j'ai vu fraîchement des avis de Paris dans les gazettes [2], qui parlent de la mort de ce docteur que j'avois eu occasion de voir et de connoître durant mon dernier séjour en France, on peut croire que la perte en aura été sensible à son patron et son bienfaiteur.

De l'évêque de Meaux.

Il y a encore un prélat en cour distingué par son mérite, par son savoir et par ses emplois, connu au dehors par ses ouvrages. C'est l'ÉVÊQUE DE MEAUX, ci-devant évêque de Condom et précepteur du Dauphin, et à présent premier aumônier de Madame la Dauphine [3]. Ce fut aussi peu avant qu'il fût choisi pour instruire le Dauphin, qu'il composa le livre de l'*Exposition de la*

---

solde » (Legendre, *Mémoires*, p. 48). Même note dans Moréri *(Le Tellier)*, presque dans les mêmes termes que ceux de Spanheim.

[1] Antoine Faure, docteur de l'archevêché de Reims, prévôt et théologal de Reims, principal du collège Saint-Michel, et enfin vicaire général de l'archevêché de Reims (père Léonard, Archives nationales, M. 762, f. 31 ; Saint-Simon, éd. de Boislisle, I, 63). A propos de sa mort (30 octobre 1689), Michel Germain écrit à Mabillon, dont Faure était l'ami, le 5 décembre 1689 : « Nous avons fait une perte incomparable. La faculté de théologie n'avait pas une tête de sa force, ni qui possédât si à fond la science ecclésiastique, c'est-à-dire les conciles, les Pères, la tradition, l'histoire et la critique de l'Eglise, sans parler des autres connaissances. Il avait amassé une très rare et très nombreuse bibliothèque, où l'on trouve des livres fort rares qui ne sont point ailleurs. » (Valéry, *Corresp. inédite de Mabillon*, 1846, t. II, p. 200.) Le Tellier avait également constitué une fort belle bibliothèque, très riche en manuscrits que Mabillon et Michel Germain lui avaient procurés au cours de leurs missions payées par lui en Italie. Il la légua, en 1710, aux chanoines de Sainte-Geneviève (Saint-Simon, édition 1873, VII, p. 282).

[2] « *Dans les gazettes* », a été ajouté en marge par Spanheim sur sa minute (manuscrit *A*). Se trouvait dans le manuscrit [*B*].

[3] Jacques-Bénigne Bossuet, né à Dijon, le 27 septembre 1627; chanoine de Metz, en 1640; docteur en théologie, 1652; évêque de Condom, 1669; précepteur du Dauphin, 1670; premier aumônier de la Dauphine, 1680; évêque de Meaux, 1681.

foi catholique[1] qui a fait assez de bruit en France par quelques prétendues conversions, et entre autres celle de M. Turenne, qu'on attribua à la lecture de ce petit ouvrage [2] et au dehors, parmi les protestants, par les diverses réfutations qu'on en a faites [3]. Comme tout le but de ce livre ne tendoit qu'à plâtrer la doctrine de l'église romaine par tous les adoucissements qu'il crut d'y pouvoir apporter, ce même livre ne put aussi que servir de prétexte aux *conversions*, comme on parle en France, de ceux qui avoient déjà pris le dessein d'embrasser la religion romaine et ne cherchoient plus que des prétextes et des couleurs pour ce changement [4]. Cependant un succès apparent de cet ouvrage attira les applaudissements de la cour à son auteur. Il s'étoit d'ailleurs rendu recommandable à la cour (et ce qui avoit aussi fait la planche de sa promotion à son premier évêché de Condom) par le don de la prédication, n'étant encore que

---

[1] Les expressions de Spanheim sont rigoureusement exactes. Ce fut en 1668, avant d'être appelé près du Dauphin, que Bossuet commença d'écrire l'*Exposition de la foi catholique*, qui ne parut qu'en 1671. Elle eut en France de très nombreuses éditions. « Le monde s'entêta de ce livre », dit Jurieu. Les convertisseurs qui s'en servaient s'appelaient des *Condomistes*. Sur le succès de ce livre que Spanheim essaie d'atténuer, consulter la très complète bibliographie de Rébelliau : *Bossuet historien du protestantisme* (p. 296, note 2).

[2] Il avait déjà fait des conversions à Metz, celle des frères Veil notamment. Les plus célèbres à Paris furent celles de Dangeau, en 1665 ; de Turenne, en 1668 ; du comte de Lorges, en 1669. (Floquet, *Etudes sur la vie de Bossuet*, t. III.)

[3] Sur ces réfutations si nombreuses, il suffit de renvoyer aux listes excellentes de Rébelliau (ouvrage cité, dans notre note 1 : p. 77, note 3 ; p. 296, note 1), et de Floquet *(Bossuet, précepteur du Dauphin*, p. 289, 372). Le plus intéressant ici est de relever une réfutation de Spanheim contre l'édition de 1679 : « *Specimen Scripturarum ad libellum nuperum Episcopi Condomensis* » (1681).

[4] La critique de Spanheim résume le principal reproche que les protestants aient adressé à Bossuet et à son œuvre, d'avoir atténué, *plâtré* la doctrine catholique : « *fraude pieuse* » destinée à prouver qu'entre le catholicisme et le protestantisme la distance était faible, qu'il était facile et nécessaire de la combler (par exemple, Bastide, *Deuxième Réponse au livre de M. de Condom, 1680*, p. 12, 22, 24, 85, 110 ; Bayle *(Lettre de 1688)* cité par Floquet, p. 846 ; Jurieu, *Préservatif contre le changement de religion* (1682) et la *Suite* de 1683.) — Voir d'autre part l'*Avertissement de Bossuet* à la deuxième édition (édition Lechat, t. XIII, p. 24-26). Bossuet a été accusé de la même fraude par les jésuites d'ailleurs et par Harlay (Floquet, *Bossuet précepteur du Dauphin*, p. 293, 326, 330).

l'abbé Bossuet, comme il s'appelle de son nom, et que je l'ai vu dans ce temps-là, dans mes envois passés en France, 1666 et 1668[1], comme aussi par la régularité de la vie et des mœurs[2], et par l'ardeur même d'un zèle qu'il faisoit paroître à reprendre hardiment les vices de la cour et des courtisans sans distinction de personne[3]. Son assiduité qu'il apporta ensuite à instruire le Dauphin durant qu'il fut chargé de ce soin n'auroit pu aussi être plus grande[4].

De sa conduite dans les affaires de la religion

En sorte qu'ayant une réputation bien établie en cour, et auprès du Roi en particulier, par tous ces endroits, ce prélat ne chercha encore qu'à l'augmenter davantage dans la grande affaire de la conversion des gens de la Religion, d'affecter là-dessus des conférences, comme avec le feu ministre Claude, de faire et d'en publier ensuite des triomphes imaginaires sur le changement suivi de la dame[5] qui avoit servi de sujet ou de prétexte à la conférence[6]. Il ne s'attacha pas avec un zèle

[1] Les souvenirs de Spanheim sont très précis. Fixé à Paris en 1659, Bossuet prêche aux Minimes (1660), aux Carmélites (1661), débute par un carême à la cour ; en 1662, il prêche un avent à Saint-Thomas du Louvre ; en 1666, il a fait un carême à la cour. C'est la grande époque des *Sermons*. Point d'oraison funèbre encore célèbre que celle d'Anne d'Autriche, en 1667, de cette princesse qui, l'ayant entendu à Metz, en 1658, l'avait amené et soutenu à la cour.

[2] Il est très remarquable de noter qu'avant que Denis, mauvais prêtre de Meaux, eût publié, en 1712, ses calomnies contre Bossuet recueillies par Voltaire (*Siècle de Louis XIV*, édition Bourgeois, p. 626), personne parmi ses adversaires, même protestants, ne doutait de la valeur de sa vie morale (Floquet, *Études sur Bossuet*, I, 555-575).

[3] Rébelliau, *Bossuet*, 1899, p. 36 à 51, pour cette prédication morale.

[4] *Relation*, p. 113, 114, et les notes.

[5] En marge, dans les manuscrits [A] et [B] : « *C'était M*^{lle} *de Duras, sœur du maréchal duc de ce nom et de la comtesse de Roye, qui porta depuis le nom de M*^{me} *Durafort et fut dame d'atour de la duchesse d'Orléans.* » Cette note peut servir à dater le manuscrit de Spanheim : Marie Durfort de Duras ou de Durasfort, née en 1648, dame d'atour de la Dauphine depuis 1678, mourut le 13 mai 1689, à Saint-Cloud, d'une maladie extraordinaire (de Sourches, III, 89). Spanheim ne connaissait pas cette mort. De Sourches dit d'elle : « A cause de sa charge, elle s'appelait Mme Durasfort, quoiqu'elle fût fille. Elle avait beaucoup de mérite » (I, 277).

[6] L'histoire de Mlle de Duras est un des épisodes importants de la polémique de Bossuet avec les protestants. Elle était fille de la sœur de Turenne, Élisabeth de la Tour d'Auvergne, mariée au duc Gui Aldonce de Duras, mort

moins ardent à redoubler ses soins et son application pour procurer et avancer les prétendues conversions à mesure que l'autorité de la cour s'y engageoit plus avant, et sans conserver plus d'égard ou de mesure dans les moyens qu'elle y employait[1]. Aussi il ne se contenta pas de continuer à plaider ou à pallier la doctrine de l'église romaine par ses écrits, ce qui pouvoit être licite à un ecclésiastique romain, mais eut même la complaisance où la bassesse d'y nier ou de déguiser hautement des faits d'ailleurs aussi notoires et palpables que ceux des traitements cruels et des barbaries qu'on employa pour opérer les susdites conversions[2]. C'est encore dans cette même vue de

---

protestant en 1665. Malgré la conversion de Turenne et de ses deux fils, les ducs de Duras et de Lorges, la sœur du maréchal était restée obstinément fidèle à la foi protestante, dans laquelle elle mourut le 1ᵉʳ décembre 1685 (le Père Anselme, *Histoire des officiers de la couronne*, IV, 539; V, 737) Elle avait longtemps défendu ses filles contre le danger des conversions : l'ainée, Isabelle, mariée au comte de Roye avec qui elle partit pour l'exil en 1685 ; la cadette, Marie, lorsque celle-ci, par la propagande du duc et la duchesse de Richelieu (Louis XIV, *Œuvres*, édition *Grimoard*, V, 494), était entrée en relations avec Bossuet et lui proposa une conférence avec le ministre protestant, Claude. Alors Mˡˡᵉ de Duras eut avec Bossuet deux entrevues, chez la comtesse de Roye sa sœur le 28 février 1678, puis chez Bossuet le 1ᵉʳ mars. Quand ils l'apprirent, les ministres de Charenton virent le danger d'une conférence à laquelle on attribuerait une conversion déjà fort avancée, et qui ferait du bruit. Ils essayèrent d'empêcher Claude, mais celui-ci avait promis et tint parole. La conférence eut lieu à l'hôtel de Roye, et Marie de Duras abjura le 22 mars 1678 entre les mains de Bossuet *(Gazette de France, 26 mars)*. Ce fut un grave échec pour les pasteurs : outre les journaux, Bossuet publia la *Relation de cette conférence* *(Œuvres, édition de Versailles*, t. XXIII, p. 240-293), en 1682, pour répondre aux protestants qui disaient cette conversion imaginaire. Claude, à son tour, répondit (1683). Et ce fut un thème parmi les écrivains protestants, Spanheim comme Benoît *(Histoire de l'édit de Nantes*, V, 713), de traiter cette dispute de demi-supercherie « de prétexte » (Floquet, *Bossuet, précepteur du Dauphin*, p. 382).

[1] Tous les polémistes protestants d'alors sont d'avis que Bossuet a attendu les mesures de la cour pour poursuivre les conversions avec ardeur dans son diocèse de Meaux, par politique : voir, par exemple, P. Frotté, *Journal réédité par Ch. Read* (1864); Jurieu, Basnage, également cités par Rébelliau dans son livre : *Bossuet historien du protestantisme* (p. 303, note 2). On trouvera la discussion de cette question, très précise dans le même ouvrage, p. 303 à 307.

[2] C'est la grande critique également des protestants, appuyés sur *La lettre pastorale* de Bossuet *aux nouveaux convertis de son diocèse*, 24 mars 1686 : « aucun de vous, disait Bossuet, n'a souffert de violences ni dans sa per-

rendre odieuse la doctrine de la religion protestante et des premiers réformateurs, *luthériens* ou *calvinistes*, comme il les appelle, qu'il entreprit et publia un assez gros ouvrage, et dont il voulut me régaler [1], où il prétend étaler les variations des protestants dans la doctrine, et auquel on vient de publier une solide réponse en Hollande [2], outre ce qu'un gentilhomme allemand, M. de Seckendorf, en a écrit pour la défense de Luther et des luthériens [3].

Des vues de ce prélat pour son avancement.

Cependant, comme tout ce que je viens de dire de ce prélat le fait regarder à la cour de France comme un des illustres avocats de l'Eglise et de la religion catholique et lui attire une considération particulière par tous les endroits que j'en ai touchés [4], aussi est-il un des prélats françois qui a le plus en vue, et croit même l'avoir assez mérité, savoir de prétendre au chapeau de cardinal. C'est aussi dans cet esprit qu'il a tâché, autant qu'il a pu sans offenser sa cour, de ménager le défunt pape et la cour de Rome durant tout le cours des dif-

sonne, ni dans ses biens », M. Rébelliau a essayé de décharger Bossuet de ces violences (p. 302-303), sans y réussir complètement.

[1] L'*Histoire des Variations* (mai 1688). Spanheim, pour juger cet ouvrage, prend le ton des gazetiers protestants qui affectèrent de traiter avec dédain « les *injures* et les *calomnies* de Bossuet » (voir la *Bibliothèque historique*, de Leclerc, publiée à Amsterdam). Déjà, cependant, Spanheim se préoccupait de la réfutation. C'est absolument la phrase de Jurieu, écrivant *(Lettre pastorale*, 15 novembre 1688) : « Ce livre ne mérite aucune réponse. Cependant j'espère qu'on en fera une. »

[2] Allusion au livre de Basnage : *Histoire de la religion des Eglises réformées*, Rotterdam, *1690*, 2 vol., in-12.

[3] Le baron Guy *Louis de Seckendorf*, juriste, politique, théologien, ancien conseiller des ducs de Saxe, et plus tard chancelier de l'Université de Halle, avait commencé à faire paraître, en 1687, une édition traduite et corrigée de l'*Histoire du luthéranisme* du père Mainbourg : *Commentarius historicus et apologeticus de Lutheranismo*. Il profita de la suite de son ouvrage (3 parties, Leipzig, 1687, 1691) pour réfuter du même coup l'*Histoire des Variations*.

[4] C'est à peu près l'expression de Massillon qui appelle Bossuet « un évêque au milieu de la cour » *(Oraison funèbre du Dauphin*, 1711). Ce n'est pas l'expression injuste de Jurieu dans sa huitième lettre pastorale : « *un de ces évêques de cour* dont le métier n'est pas d'étudier ».

férends et des démêlés passés [1]. D'ailleurs, comme il a paru, jusqu'à mon départ de France, assez indépendant des Jésuites, plus attaché à l'archevêque de Reims qu'à celui de Paris, et dans la prévention même de ne pas être ennemi des Jansénistes, on ne peut pas répondre si ces considérations ne pourront point apporter quelque obstacle à sa promotion, ou contribuer au moins à le [2] retarder. D'ailleurs, il avoit eu déjà le bonheur de voir amélioré [3] son poste et sa condition par la gratification que le Roi lui a fait durant mon dernier séjour en France, d'un évêché beaucoup plus riche et au voisinage de Paris, savoir : celui de Meaux, en place de celui de Condom, qui en étoit bien éloigné et de moindres revenus, et qu'il avoit auparavant. C'est par où aussi, et par sa charge de premier aumônier de Mme la Dauphine, qu'il se vit en état de continuer ses attachements à la cour après qu'il n'y tenoit plus par son poste susdit de précepteur du Dauphin [4].

Au reste, on lui doit accorder le mérite ou les qualités d'un esprit vif, net et ardent, d'une imagination prompte et féconde, de beaucoup d'éloquence pour la chaire, d'une facilité, d'une clarté et d'une justesse assez grande d'expression et de tour dans ses ouvrages. Il parut même avoir de la modération, de l'honnêteté et du ménagement dans les premiers qu'il mit au jour sur les matières de religion qui étoient contestées

Caractère de cet évêque et de ses œuvres.

---

[1] Sur le rôle de Bossuet à l'Assemblée de 1682, rôle de modérateur en effet, qu'on peut expliquer par des motifs plus élevés que le désir du chapeau, consulter Floquet, *Études sur Bossuet* (III, 550 à 568). Son discours sur l'*Unité de l'Église* n'est pas seulement une précaution, c'est une doctrine (Rébelliau, *Bossuet*, p. 137-143).

[2] *Sic*, dans les manuscrits [A] et [B].

[3] *Mélioré*, dans les manuscrits [A] et [B].

[4] Spanheim a très bien noté que la véritable faveur de Bossuet commençait seulement vers l'époque où il vint en France, vers 1680. Encore comme il l'indique bien, cette faveur à la cour, n'était pas, ne fut jamais égale à sa réputation. Du cardinalat il ne fut jamais question, pas même d'un grand archevêché (Brunetière, *Grande Encyclopédie*, t. VII, 471, et Rébelliau, *Bossuet*, Paris, 1899).

entre les deux partis. Il n'en usa pas de même dans ceux qu'il publia ensuite, dans le temps des conversions forcées et depuis l'abolition de l'édit de Nantes, et surtout dans celui susmentionné des variations qu'il attribuoit aux protestants. En sorte qu'on ne peut qu'y apercevoir un grand air de confiance dans la manière et dans le tour qu'il y donne, une hardiesse et une présomption égale répandue dans tout le corps de l'ouvrage, et tout l'emportement même d'un auteur qui ne se croit plus en droit de garder aucunes mesures avec le parti qu'il combat et qu'il juge aux abois par l'état où la force venoit de le réduire en France. Le savoir même de ce prélat n'est pas d'une aussi grande étendue qu'il voudroit qu'on crût à l'air qu'il se donne dans ses discours et dans ses livres, et est plus fondé sur la beauté et sur le tour de l'esprit, et sur quelque application particulière aux matières de religion les plus débattues entre les deux partis, que sur une connoissance profonde de l'antiquité sacrée ou profane et des langues originelles qui en traitent [1]. Après tout, on ne peut lui refuser l'éloge d'une vie et d'une conduite plus réglée et plus ecclésiastique, et ainsi d'une réputation plus établie du côté des mœurs que celle de ces deux autres archevêques de cour ou de quelques-uns des cardinaux mêmes dont je viens de parler.

Au reste, ce sont là les prélats et les ecclésiastiques qui brillent le plus à la cour de France et y sont les plus considérés ; qui ont aussi le plus de part, ou dans la confiance, ou dans l'estime et l'approbation du Roi, ou dans la direction des affaires de la religion et de l'Eglise.

Du clergé de de France.

Après quoi il n'est pas nécessaire de parler ici du clergé de France en général, du nombre de dix-huit archevêchés et de

---

[1] Le livre tout entier de Rébelliau, *Bossuet historien du protestantisme*, est une discussion de ce jugement de Spanheim, qui paraît s'être inspiré des opinions des controversistes protestants.

cent sept évêchés, d'une quantité beaucoup plus grande comme de sept à huit cents abbayes, toutes de la nomination du Roi, dont il est composé ; et d'ailleurs des grands prieurs et chevaliers de Malte, qui sont aussi du corps de ce clergé, ou d'ailleurs de ses revenus, qui comprennent plus de la moitié[1] de ceux du royaume ou enfin de ses assemblées qui sont ou ordinaires et se font de cinq en cinq ans, ou extraordinaires suivant le besoin et les conjonctures[2].

Je me contenterai seulement de faire là-dessus deux ou trois remarques. L'une qui est le pouvoir du Roi de nommer aux bénéfices, qui fait un des plus beaux droits de sa couronne et lui met en main de quoi donner non seulement des récompenses considérables à ceux qu'il juge à propos d'en gratifier, mais de récompenser même par là, dans les enfants, les services que les pères lui rendent dans les affaires du gouvernement de l'Etat,

De la collation des bénéfices

---

[1] Le manuscrit [A] portait d'abord « *les deux tiers* », rayé ensuite et ainsi corrigé.
La liste exacte des bénéfices et évêchés, antérieure à 1697, se trouve dans un manuscrit de la Bibliothèque nationale de France, *Fonds français 15.382*. Les chiffres de Spanheim sont au-dessous de la réalité : Dès *1639, un État abrégé de l'Eglise de France*, certifié véritable à cette date par l'Assemblée du clergé, donne 15 archevêchés, 112 évêchés, 112.000 cures, 1450 abbayes, 12 ou 13.000 prieurés, 256 commanderies de Malte. Toutes ces abbayes n'étaient pas bénéfices du roi. De même Spanheim se trompe pour le chiffre du rapport entre les revenus du clergé et ceux du royaume. En 1639 le même mémoire accuse 92.000.000 écus, soit 270.000.000 livres tournois ; les revenus du roi, beaucoup plus tard n'étaient encore que de 120.000.000 livres (Mallet, *Comptes rendus de l'administration des finances, passim*). Voici en outre un document anglais : *Mémoires sur les finances en 1700*, manuscrits Clairambaut, cité par Boislisle (*Saint-Simon*, VII, 516), qui dit : « Tout le revenu de la France se montait à 1.100 millions de livres tournois. Le clergé et les cloîtres possèdent presque le quart de cet immense revenu, c'est-à-dire 268 millions de livres tournois. Le roi jouit un peu plus de la neuvième partie, c'est-à-dire 125 millions de livres tournois. » Ce sont bien les mêmes chiffres à peu près que ceux du mémoire de 1639. Ce qu'il y a de curieux, c'est que Spanheim ait hésité entre la moitié et les deux tiers. Il a voulu être impartial, précis ; il a réduit son chiffre, mais pas assez. Le chiffre donné par le mémoire anglais paraît être le vrai : le *quart des revenus du Royaume*.

[2] Ces assemblées extraordinaires se tenaient, sans convocations envoyées en province, entre les prélats présents à Paris, réunis aux *agents généraux* du clergé, ordinairement chez l'archevêque de Paris : on en a un type dans la *petite assemblée* de 1681 qui prépara la grande assemblée de 1682.

des finances, de la justice ou de la guerre, ou d'ailleurs dans les services domestiques et de cour auprès de sa personne, et ce, sans qu'il sorte rien de ses trésors et de son Épargne. Ce qui attire d'ordinaire et attache à la cour de France une foule de jeunes ecclésiastiques ou de prétendants aux bénéfices [1]. On sait d'ailleurs que c'est seulement depuis le concordat entre le pape Léon X et François Ier que ce droit du Roi de nommer aux bénéfices a eu cours en France, au lieu que, par la sanction pragmatique, qui y avoit lieu jusque là, le droit des élections demeuroit aux chapitres. Je dirai quelque chose ci-après, en parlant des intérêts de la cour de France avec celle de Rome [2], du droit de régale, qui a tant fait de bruit depuis quelque temps et qui regarde la disposition du temporel de certains évêchés durant la vacance de [3] siège et la collation de bénéfices dans ce même intervalle. L'autre remarque est qu'il y a trois ou quatre abbayes en France, de collation royale, qui valent mieux qu'aucun évêché, comme l'abbaye de Saint-Germain-des-Prés dans Paris, qu'on tient de quatre-vingt mille livres de rentes et qui a été donnée depuis [4] au cardinal de Fürstenberg;

---

[1] Comparer ce mot de la Bruyère (De la cour, édition Servois-Rébelliau, p. 214) : « L'on y remarque des hommes avides qui se revêtent de toutes les conditions pour en avoir les avantages : gouvernements, charges, bénéfices tout leur convient. Ils se sont si bien ajustés que par leur état ils deviennent capables de toutes ces grâces : ils sont *amphibies*. Ils vivent de l'Eglise et de l'épée et auront le secret d'y joindre la robe. Si vous demandez : que font ces gens à la cour ? Ils reçoivent et envient tous ceux à qui l'on donne » On retrouve les mêmes termes dans Saint-Simon, dans un portrait de Saint-Romain : « *amphibie* de beaucoup de mérite, conseiller d'épée, avec des abbayes sans être d'Eglise ».

[2] Les mots « *ci-après, en parlant des intérêts*, etc. », ont été ajoutés au manuscrit [A] en marge par Spanheim. Ils figuraient dans le manuscrit [B] et avaient sans doute été omis par le copiste.

[3] « *Du Siège* » : manuscrit [B]. — L'explication du droit de Régale par Spanheim est aussi précise que possible : il n'y manque que l'exception pour les évêchés qui l'ont racheté (Edit du 18 avril 1673 et Déclaration de janvier 1682).

[4] En 1688 : aussi le manuscrit [B] donnait-il avec raison « *depuis peu* ». L'abbaye de Saint-Germain-des-Prés, que Furstenberg agrandit des bâtiments actuels, valait en réalité près du double parce qu'il y avait une grande différence entre le revenu réel et la valeur nominale attribuée aux bénéfices (Taine, *Ancien Régime*, p. 539).

l'abbaye de Saint-Denis, à deux lieues de Paris, qu'on fait monter à cent vingt mille livres de rentes, dont les revenus ont été donnés, depuis deux ou trois années en çà, et avec la permission du défunt pape, qui en accorda la bulle pour l'entretien de la maison de Saint-Cyr, proche de Versailles, et dont il a été parlé ci-dessus, dans l'article de Mme de Maintenon[1]. La troisième abbaye dont je veux parler est celle de Cluny, dans le duché de Bourgogne, qui a de fort grands revenus et des droits très considérables [2], et est possédée par le cardinal de Bouillon, auquel aussi elle a servi de retraite durant sa disgrâce [3]. Ce même cardinal jouit encore des revenus d'une autre des plus riches abbayes de France, qui est celle de Saint-Vast à Arras[4]. Au reste, toutes ces abbayes susdites sont de la fondation de l'ordre des Bénédictins.

Après quoi, je ne m'arrêterai point ici davantage sur ce qui regarde le clergé de France, puisque ce n'est nullement mon dessein de faire un état général de ce royaume, ni de ramasser ce qui s'en trouve dans les livres publics qui en parlent. Il me suffit de réfléchir sur ce qui est de la constitution présente de la cour de France, et de tout ce qui mérite d'en être remarqué

---

[1] Voir p. 89, note 3 ; p. 90, notes 1 et 2. Le mémoire *sur la Généralité de Paris* (*Mémoires des intendants*, édition de Boislisle, p. 50) dit que le dernier des abbés, le cardinal de Retz, avait pour revenu de sa manse abbatiale cédée à Saint-Cyr, en 1686, 100.000 livres de rente (ce qui valait certainement plus de 120.000 livres). — La bulle du pape Innocent XII est du 23 février 1690 (de Sourches, III, 188).

[2] *L'abbaye de Cluny*, qui est chef d'ordre ou de congrégation, a 65.000 livres de revenus pour les religieux et 40.000 pour l'abbé, dit Boulainvilliers, d'après les *Mémoires des intendants* (*Etat de la France*, édition de Londres, 1752, t. IV, p. 178). Il faut compter au double le revenu réel.

[3] J'ai déjà eu occasion de m'expliquer sur cette retraite du cardinal de Bouillon, qui se fit non à Cluny, mais à Tournus, dans sa première disgrâce, celle de 1685, la seule dont Spanheim ait pu ici parler (voir p. 249, note 3).

[4] Dans le même livre de Boulainvilliers (II, 153), Saint-Vaast est présentée comme plus riche que Cluny : « l'abbé en tire 50.000 livres (soit 100.000), toutes charges acquittées. La maison possède en tout 130.000 livres de rente (260.000). L'église et l'abbaye sont bien bâties. La bibliothèque bien remplie ». — Le mot *Saint-Vaast* a été supprimé dans le manuscrit [B]. Il figure dans [A].

à l'égard de ceux qui y ont le plus de part dans le temporel ou dans le spirituel, ou dans les deux tout ensemble, et ce qui a fait aussi le sujet de ce que j'en ai touché jusques ici dans le cours de cette relation. Il ne reste plus que d'y ajouter encore quelques réflexions sur ses finances ou revenus, sur ses forces par mer et par terre, enfin sur ses intérêts et sur sa situation présente.

DES FINANCES OU DES REVENUS ET DES DÉPENSES DU ROI

J'ai parlé ci-dessus[1] du Conseil royal des finances, du sujet et du but de son établissement, de même que du contrôleur général des finances, qui, en cette qualité, en a la première et principale direction, attachée autrefois[2], et avec plus de pouvoir et d'indépendance, à la qualité de surintendant. J'ai touché d'ailleurs, en parlant de M. Colbert[3], le rétablissement qu'il apporta dans les finances, à en retrancher la confusion, les désordres et la dissipation qui s'y étoient glissés par le luxe, les abus ou la malversation des directeurs des finances, des trésoriers de l'Epargne, ou en général des *gens d'affaires*, comme on les appelle en France. A quoi il faut joindre le soin qu'il eut à y apporter un nouvel ordre et une application particulière pour la destination ou le ménage des fonds qui devoient fournir aux plaisirs ou à la disposition du Roi, à l'entretien ou à l'embellissement des maisons royales, et aux besoins ou à la prospérité de l'Etat.

Les principaux moyens qu'on y employa furent : 1° de ne

---

[1] Pages 396 et suivantes.
[2] Le manuscrit [A] porte : « et qui étoit attaché autrefois ». Nous adoptons la leçon du manuscrit [B] qui nous paraît plus claire « autrefois attachée ». Spanheim croyait évidemment être plus correct, en reliant cette phrase au *contrôleur général*.
[3] Pages 305 et suivantes.

mettre l'administration des finances, pour la recette et pour la
dépense, qu'entre les mains de peu de personnes affidées et
capables d'en rendre bon compte ; 2° de tenir un registre exact,
tant de la recette que de la dépense, qui servît tout ensemble et
de frein pour empêcher la surprise et la confusion qui autrement s'y seroient pu glisser, et de règle sûre pour y prendre
ses mesures ; 3° de retrancher les emprunts qui se faisoient à
gros intérêts par les gens d'affaires pour le compte du Roi, ou
d'ailleurs l'aliénation de ses domaines, et dont l'un ne pouvoit
que charger à la longue les trésors du Roi, au lieu de les ménager, et l'autre en diminuer les fonds ; 4° de retrancher de
même les pensions et les charges inutiles, ou diminuer celles-là
suivant les occurrences ; 5° de convertir au profit du Roi
divers usages reçus ou établis, et dont les sommes qu'on en
tiroit se détournoient pour le profit seul des particuliers,
comme il se pratiqua [1] dans les affaires du commerce et de
divers établissements ou règlements nouveaux qu'on en fit ;
6° l'introduction de divers nouveaux droits qui contribuassent
à augmenter les revenus royaux, sans aller à la charge du
pauvre peuple, comme sur le papier marqué [2], sur le marc d'argent que les orfèvres mettent en œuvre, sur l'entrée du vin
dans Paris [3], sur le retranchement ou extinction au besoin des
rentes sur l'hôtel de ville, en faisant rendre le capital dû aux
particuliers ou en diminuant notablement les intérêts ; et en
dernier lieu : 7° par la confiscation, taxation ou adjudication au

[1] Le manuscrit [A] a omis « se » devant « pratiqua ». Le manuscrit [B] portait d'abord *comme dans les affaires de commerce*. Pour plus de clarté, Spanheim ajouta sur ce manuscrit [B] en interligne *comme il pratiqua*. Et c'est en faisant sans doute cette addition rapidement qu'il l'a faite incomplète. Le manuscrit [A] a reproduit la faute.
[2] Nous disons aujourd'hui le *papier timbré*. (*Edits du 22 avril 1673 et 17 octobre 1673 ; Lettres de Colbert* du 11 juin 1674.) Sur les protestations que souleva cet impôt et ses vicissitudes, voir Clément, *Colbert* (I, p. 204, 207.)
[3] Ce droit et les entrées des vins *(édit de 1681)* à Paris (6.300.000 livres), ainsi que le *Seigneuriage* ou droit de la marque d'or et d'argent *(édit de 1672)* « constituaient une ferme dite *des entrées de Paris* ou *Aides*, augmen-
tées par Colbert, qui diminuait les tailles en recourant aux aides (voir de Bois-
lisle, *Mémoires des intendants*, I, p. 485 et suivantes).

Roi des biens meubles ou immeubles, ou, en tout cas, des grandes sommes sur les personnes qui avoient eu part dans l'administration passée des finances, dans la garde ou distribution du trésor de l'Épargne ou en général dans les *partis* et dans les *affaires*, comme on les appelle en France [1].

<small>Des revenus ordinaires du Roi.</small>

A l'égard des revenus royaux qui font le fonds ordinaire des finances, et de la manière qu'il se trouvent établis en France, on les peut considérer en quatre ou cinq articles principaux, et qu'on a fait monter jusques à cent et dix millions de livres par année, savoir : les cinq grosses fermes, les aides et entrées, la gabelle, les tailles et les domaines. Outre lesquels il y a encore d'autres droits ou fermes dont le Roi tire annuellement des sommes considérables, comme des parties casuelles, des droits seigneuriaux, des fermes du fer et du papier, du marc d'or, et pareils, et avec quoi on a prétendu que les revenus du Roi sont montés jusques à cent et vingt millions de livres par année, et, depuis la diminution de quelques millions de taille, après la paix de Nimeguen, et sur quelques autres impôts, à cent et seize millions de livres annuels [2].

Les fermes des trois premiers articles, savoir : les cinq grosses fermes, les aides et entrées et la gabelle, sont appelées les *fermes unies* parce que les baux ou fermes s'en font conjointement pour les fermiers généraux et se renouvellent ordinairement de cinq en cinq ans [3]. C'est-à-dire ils s'examinent et se

---

[1] Tout ce tableau du programme financier de Colbert, que nous avons déjà étudié dans les détails (*Relation*, p. 306-308), a ceci de curieux et de remarquable, qu'il est conforme au programme que Colbert traçait de ses réformes, le 1ᵉʳ octobre 1659, avant de remplacer Fouquet (Lavisse, *Colbert avant le ministère* : *Rev. de Paris*, 15 octobre 1896)

[2] C'est en effet, à peu près le chiffre indiqué par Mallet, *Comptes rendus de l'administration des finances*, p. 212, 286, 315, 343. Mallet, premier commis de Desmaretz, avait eu entre les mains les chiffres du contrôle général. C'est une des meilleures sources pour les connaître. La date qu'il indique, 1683, est, environ, celle de Spanheim. Un mémoire de 1692 (de Boislisle, *Mémoires des intendants*, I, p. 484) donne 127.851.401 livres, exactement.

[3] Spanheim se trompe sur la durée du bail, *six ans* et non cinq ans : 1680, 1685, 1691, 1697. Ce qui peut expliquer son erreur, c'est qu'il y eut au moment

résolvent en premier lieu dans le Conseil Royal, se publient ensuite et donnent lieu [1] aux enchères qui s'y font, et enfin sont adjugés et arrêtés dans le Conseil des finances pour la somme dont les fermiers généraux sont convenus d'en payer annuellement au Roi. Ils montoient ensemble à quarante-neuf millions annuels de livres par les derniers baux de ferme qu'on en a faits, savoir [2] : ceux des cinq grosses fermes arrêtées pour quinze millions, des aides et entrées pour dix-neuf millions, et des gabelles pour autres quinze millions de livres [3].

Les cinq grosses fermes comprennent les droits d'entrée en France et de sortie hors du royaume [4] qui se prennent aux

de la modification des fermes une première période plus courte, une demi-période *(Arch. du Contr. gén.*, G⁷ 1142). Cette modification, bien indiquée par Spanheim, a été capitale. L'adjudicataire, Jean Fauconnet, prit à bail les gabelles, les aides et droits joints, les douanes et cinq grosses fermes. Il y joignit, en 1682, les gabelles du Lyonnais, Provence et Dauphiné; en 1683, celles du Languedoc et Roussillon, en tout pour 57 millions environ, souscrits par un certain nombre de fermiers qui s'appelèrent *fermiers généraux*. Ce nom apparaît alors. En 1685, les fermes dites unies se divisèrent encore : Berthelot et vingt fermiers prirent, pour 36 millions, avec Domergue comme prête-nom, les gabelles et les cinq grosses fermes. Delpech et douze autres, les aides et domaines, pour 27 millions. Au renouvellement de 1691, les quarante fermiers, sous le nom de Pointeau, s'*unirent* définitivement. L'institution des *fermiers généraux* qui en bloc désormais affermaient ou mettaient en régie les droits particuliers, était faite (de Boislisle, *Mémoires des intendants*, I, 546, note 1).

[1] Ce membre de phrase, très utile au sens général de la phrase, depuis « *dans le Conseil royal* jusqu'à *donne lieu* », se trouve dans le manuscrit [*B*] où il forme une ligne entière que le copiste du manuscrit [*A*] a omise. Nous le rétablissons : Spanheim l'aurait certainement rétabli sur son manuscrit, comme il avait réparé plus haut d'autres lacunes.

[2] 63 millions, d'après les beaux de 1685.

[3] Il y avait, depuis 1685, comme nous l'avons dit, deux baux, celui de *Domergue-Berthelot* pour les cinq grosses fermes (11 millions) et les gabelles (25 millions), total : 36 millions; celui de *Delpech-Charrière*, pour les aides et domaines : **27** millions (de Boislisle, *ouvr. cité*, I, 546, note 1) : pour l'ensemble, 63 millions.

[4] La définition de Spanheim n'est juste qu'en ce qui le concerne ; les droits de douane qui le frappaient comme étranger rentraient dans les *cinq grosses fermes*. Mais elle donne du tout une idée très incomplète. Les *cinq grosses fermes* comprenaient aussi les droits ou traites établis par le tarif de 1664, dans les provinces qui n'étaient pas restées *étrangères* : Normandie, Poitou, Maine, Aunis, Picardie, Perche, Champagne, Berry, Nivernais, Bourgogne,

douanes de toutes sortes de denrées, hardes ou marchandises, et dont personne en France, ni le Roi même ou ce qui regarde sa maison, n'est exempt. C'est-à-dire que les fermiers généraux, ou officiers des douanes sous eux, décomptent sur ce qu'ils ont à donner au Roi par leurs baux de fermes tout ce qui est affranchi de ces droits d'entrée et de sortie hors du royaume par ordre exprès du Roi, et le mettent sur son compte[1]. Ce qui se pratique entre autres à l'égard des franchises qu'on a coutume d'octroyer pour la première entrée et la sortie des hardes ou effets appartenant aux ministres publics, mais ce qui ne s'étend pas plus loin que pour l'affranchissement des droits d'entrée qu'ils auroient à payer à leur arrivée en France de même qu'à leur départ, et nullement pour tout ce qu'ils pourroient faire venir pour leur usage durant le temps de leur séjour en France, et dont il leur faut payer les droits comme les sujets du Roi[2]. En sorte qu'à cet égard les ministres publics en France ont bien moins de privilèges que dans la plupart des autres cours de l'Europe, où ils sont francs ordinairement de tous droits d'entrée et d'accise durant leur séjour et pour leur usage ou consomption, ou au moins à qui on paye une certaine somme d'argent, comme depuis quelques années en Espagne et même en Angleterre[3], quoique beaucoup plus modique en celle-ci, pour leur tenir compte des droits d'entrée ou d'accise

---

Bourbonnais, Beaujolais, Touraine, Bresse, Anjou, Ile-de-France. L'énumération exacte de ces droits se trouve dans Clément *(Colbert,* I, p. 201, note 1). Spanheim se corrigera plus loin, p. 461, note 5

[1] Cette opération figure au compte des fermiers, sous le nom d'*indemnité pour les passeports* : une moyenne de 200.000 livres par an *(Papiers du Contrôle général,* G⁷ 1142).

[2] « A l'égard des douanes, écrit Albéroni, on est en France : c'est tout dire, on fouille M. de Vendôme, quand il revient en France, jusque dans le coffre de sa chaise » *(Lettres d'Albéroni,* édition Bourgeois, p. 66).

[3] En marge, l'auteur du manuscrit [C] a inséré une seconde rédaction, mais sans corriger, dans le texte, la première : « *Et en Espagne, mais non à présent en Angleterre.* » C'est la preuve que l'auteur de ce manuscrit [C] est Louis-Frédéric Bonet, successeur de Spanheim, qui eut à régler ces droits à son tour et écrivit en note : *mais non à présent,* c'est-à-dire après 1710 (voir Spanheim, *Relation,* édition Schefer, p. 285, note 1).

qu'il leur arrive de payer durant ce temps susdit de séjour et pour leur besoins. Il est d'ailleurs requis en France que ces[1] passeports de franchise de ces droits d'entrée ou de sortie, qui se donnent de la part du Roi, soient marqués en haut du nom de *visé* par le contrôleur général des finances, pour avoir leur validité auprès des officiers des douanes. A l'égard de ces droits d'entrée et de sortie, ils se prennent suivant la qualité ou la valeur diverse des denrées, et du différent pied là-dessus, de trois, quatre, cinq, ou même six pour cent, que les douaniers ont pouvoir d'en prendre, et suivant l'estimation qu'ils font eux-mêmes de la valeur desdites denrées. Le linge, par exemple, les dentelles ou points de France, les tapisseries de haute lisse, la vaisselle d'argent, sont les denrées qui payent le plus de droits[2]. Et, à l'égard de la vaisselle d'argent, il n'est pas même permis d'en transporter hors de France en payant les droits sans une permission expresse du Roi[3]. Cette exaction de ces droits d'entrée et de sortie et des douanes établies à ce sujet regarde particulièrement les provinces de Normandie, Picardie, Champagne et Bourgogne. En d'autres provinces du royaume, comme Bretagne, Poitou[4], Saintonge, Guyenne, Languedoc, Provence, Dauphiné, et depuis en Lorraine, ces droits d'entrée et de sortie se payent, sous le nom de *traite foraine*, dans les bureaux établis à ce sujet et qui font aussi partie des cinq grosses fermes[5]. Au reste, on ne doit pas douter que ces mêmes droits d'entrée et de sortie ou de traite foraine ne

---

[1] Manuscrit [B] : « *les* » passeports.
[2] Les dentelles de Flandre figurent comme un produit spécial dans les comptes des fermiers. A elles seules, elles donnaient 50.000 livres de droit annuel (même texte qu'à la page précédente, 460, note 1).
[3] Edit du 18 novembre 1687.
[4] Erreur : le Poitou n'est pas compris dans les provinces *étrangères* qui sont ici énumérées.
[5] Les traites foraines étaient levées sous des formes très différentes dans les Provinces des cinq grosses fermes *réputées étrangères* ou *d'étranger effectif* (Lorraine, Alsace, Marseille). L'administration était la même que dans les provinces *non étrangères* ; les procédés très différents. On trouvera l'énumération de ces droits dans Boiteau (*Etat de la France*, p. 375, note 1).

462 RELATION DE LA COUR DE FRANCE

soient considérablement diminués et ne diminuent de plus en plus depuis la guerre présente et durant la défense du commerce avec la France qu'on a faite en Angleterre, dans les Provinces-Unies, dans les Pays-Bas espagnols et autres pays du roi catholique, et dans l'Empire [1].

De la ferme des aides.

La ferme des aides et entrées [2] regarde les droits qu'on lève pour le Roi sur toutes denrées et marchandises qui se font dans le royaume, hors le sel. On y a joint les entrées de vin dans Paris, qui payent jusques à dix-huit et vingt livres de France pour droit d'entrée par chaque muid de vin, qui est d'environ trois cents pintes de Paris [3]. Ces droits d'aides et d'entrées joints ensemble font ordinairement quelques millions annuels de livres plus que les cinq grosses fermes dont je viens de parler, et ont monté, dans les derniers baux de fermes, jusques à dix-neuf millions de livres par année [4].

La *gabelle* se dit de l'impôt sur le sel, que les fermiers des gabelles sont obligés d'acheter dans les salines à un certain prix, d'y acquitter les droits du Roi, et de le faire mettre à leurs frais [5] dans les greniers à sel établis par le Roi, d'où ensuite ils le font vendre au peuple [6]. Ce qui est le plus rude, c'est

[1] C'est pour cette raison que le bail des fermes, fixé à 63 millions au temps de paix, était considéré comme réduit à 61 en temps de guerre (*État du revenu du roi de 1692* dans de Boislisle, *Mémoires des intendants*, I, p. 485).

[2] Le titre officiel est : *Ferme des aides et droits joints*. Nous avons déjà eu l'occasion de les indiquer (p. 457, notes 2 et 3) en partie. On en trouvera tout le détail dans un *Mémoire sur les aides*, rédigé par un commis du Contrôle général, publié par M. de Boislisle (*ibidem*, I, p. 491). Quant aux entrées dans Paris, le détail précis de ce qu'elles sont et rapportent en 1692, d'après le bail de 1691, s'élève à 13 millions (*ibid.*, p. 499).

[3] Le chiffre de Spanheim est inférieur à la réalité. Sur 212.343 muids de vin entrés à Paris en 1692 (Boislisle, I, 501), les fermiers perçurent 5 millions 600 000 livres (*ibid.*, p. 499), soit 24 livres par muid. Le muid valait exactement 288 pintes et aujourd'hui, 268 litres 26.

[4] Ce rapport des Aides aux Fermes est inexact. Les aides furent affermés, en 1685, à Delpech pour 21 millions. Les cinq grosses fermes, à 11 millions seulement (de Boislisle, *ibidem*, I, 546, note 1).

[5] « Fins » dans le manuscrit [*B*].

[6] Dans la généralité de Paris, par exemple, les fermiers faisaient venir le sel

qu'outre le prix bien haut du sel, par l'impôt que le Roi lève de chaque minot[1] de sel et qu'on est obligé d'acheter dans les greniers du Roi, le peuple, dans les provinces de France voisines aux salines, est de[2] plus contraint de prendre une certaine quantité de sel, qu'on leur taxe suivant qu'on juge qu'ils en peuvent consommer, et qu'on appelle le *sel d'impôt*[3]. En d'autres provinces de France, on en est quitte pour acheter ce sel dans les greniers du Roi, autant qu'on veut, au prix qui en est taxé par minot. Il y a cependant quelques provinces qui ont racheté ce droit sous Henri II, comme le Poitou, la Saintonge, le pays d'Aunis, l'Angoumois, le Limousin, le Périgord, et s'appellent à cet égard les *pays franc-salé*[4]. Les pays conquis jouissent aussi de la même exemption, savoir : de ne payer

de Brouage, par le Hâvre et Saint-Valéry-en-Caux : là, il était mis dans des dépôts « suivant les ordonnances des gabelles », et de là, dirigé par rivière dans les vingt-cinq greniers à sel de la généralité *(Mémoires de l'intendant de Paris,* dans de Boislisle, I, p. 280, et du Crot, *Traité des aides et gabelles,* Paris, 1636 et 1666). Ces greniers avaient un nombreux personnel, officiers, mesureurs du sel. Il y avait en outre des regrattiers pour la vente au détail.

[1] Manuscrits [A] et [B] en marge : « *Le minot de sel fait cent livres de sel.* » L'impôt du roi compris, celui des officiers ensuite, le sel se vendait à Paris, pays de grande gabelle, en 1697 : 45 livres, 3 sous, 6 deniers (de Boislisle, *ibid.* I, 281). Sur les excès de cet impôt, voir Vauban, *la Dîme royale* (édition Guillaumin, 1851, p. 89).

[2] « *Le plus* », dans le manuscrit [B].

[3] *État de la France* (1698, III, 416) : « Le sel se distribue ou par *impôt* ou *volontairement.* Ceux qui demeurent dans l'étendue des *greniers d'impôt* qui sont sur les frontières du royaume ou proches du *franc salé* d'où l'on peut apporter du sel (pays de salines) sont obligés de prendre une quantité de sel proportionnée à leur famille. » Et c'étaient des pays de *grande gabelle,* c'est-à-dire où le sel, c'est-à-dire l'impôt était le plus cher. Sel d'impôt en 1684, 3 millions, 700.000 ; sel libre en 1684, 15 millions. — Spanheim ne nomme pas les pays de *petite gabelle* (Lyonnais, Provence, Dauphiné, Languedoc, Roussillon) où le sel était à moitié prix *(Mémoires des intendants,* Boislisle, I, p. 280), ni les *gabelles de salines.*

[4] Spanheim confond ici les provinces *rédimées* (c'est-à-dire Poitou, Saintonge, Aunis, Angoumois, Périgord, Limousin et Guyenne) avec les provinces dites *franches* ou de *franc salé* (Bretagne, Boulonnais, Arles, Béarn, Navarre et Labour, îles de Ré et d'Oléron et parties de l'Aunis, Poitou et Saintonge) : c'était à ces dernières qu'étaient assimilés les pays conquis sur l'Espagne, Artois, Flandre, Franche-Comté. L'Alsace et la Lorraine étaient pays *dits de salines* (voir la carte des Gabelles dans le Compte rendu de Necker au roi, *Œuvres,* 1786, in-4, III, 102).

point l'impôt du sel qu'ils prennent, comme l'Alsace, la Franche-Comté, les villes ou pays pris sur les Espagnols dans les Pays-Bas. Cependant la ferme de la gabelle du sel susdite ne laisse pas de monter bien haut, et jusques à quinze millions de livres par année[1].

Voilà pour ce qui regarde les *fermes unies*, qu'on appelle, ou dont on fait conjointement les baux de fermes aux fermiers généraux en France, qui en tiennent compte au Trésor royal pour la somme portée par lesdits baux, et lesquels ont été arrêtés à l'enchère. Les derniers étoient, comme j'ai dit, de quarante-neuf millions par année[2].

Des tailles et du taillon. Les tailles sont la plus grande imposition qui se lève en France pour soutenir les charges de l'État, et, par conséquent, le plus grand revenu du Roi. Aussi les a-t-on fait monter jusques à cinquante-huit millions de livres par année, ou plus de dix-neuf millions d'écus, suivant la recette des trésoriers généraux de France, qui les reçoivent et qui en tiennent compte au Trésor royal[3]. Ces tailles sont des capitations, ou contributions personnelles, qui se lèvent sur tous les habitants roturiers des villes non franches, bourgs et villages, suivant la cotisation ou le rôle des tailles qui s'en fait sur les lieux par

[1] D'après le bail de de 1685, 17 millions 500.000 livres adjugées à Berthelot (de Boislisle, *Ibid.*, I, p. 546, n. 1).

[2] Voir p. 459, note 3. Les gabelles étaient réglées par l'ordonnance la plus récente de 1680.

[3] Le chiffre de Spanheim au premier abord paraît exagéré. En 1692, année de guerre, les revenus du roi, en tailles proprement dites, c'est-à-dire dans les pays d'élection, étaient de 36 millions 840.000 liv. tournois. Mais Spanheim a voulu y joindre : 1° les *dons des pays d'États* avec le taillon, soit 6 millions 577.270 liv. t. ; enfin 2° les *recettes des pays conquis* (Alsace et Lorraine, Flandre et Franche-Comté) : 3 millions 823.000 liv. t. Le total, 47 millions 236.270 liv. t., est encore de 10 millions inférieur à son chiffre. On peut cependant retrouver ce chiffre, si l'on ajoute encore ce que le budget royal appelle les *ustensiles des gens de guerre*, *frais d'entretien des troupes en quartier d'hiver*, qui se percevaient en même temps que la taille : 9 millions. Comme Spanheim l'y ajoute lui-même (p. 466), son total est sensiblement exact : 56 millions, 246 000 liv. t. (voir *Revenu du roi pour 1692*, Papiers du Contrôle général G⁷ 1127, dans de Boislisle, I, p. 484).

les élus établis à cette fin dans les dix-sept généralités de France. Il n'y a d'exempt de payer les tailles que les ecclésiastiques, les nobles, les officiers de la maison du Roi, ceux des cours souveraines, des sièges présidiaux, bailliages, élections et pareils, comme aussi les secrétaires du roi, les bourgeois de Paris et autres villes franches du royaume. D'ailleurs, il n'y a que trois provinces en France, Dauphiné, Languedoc et Provence, où les tailles sont *réelles*, et ainsi où elles se lèvent sur les biens roturiers, quoique possédés par des gentilshommes, et où les roturiers n'en payent point pour les terres nobles qu'ils possèdent[1]. A quoi il faut ajouter qu'il y a trois autres provinces, comme la Bretagne, le Languedoc et le duché de Bourgogne, outre les pays conquis, comme la Franche-Comté, qui sont *pays d'États*, comme on les appelle, et ainsi qui, par un droit particulier qu'ils se sont conservé, au lieu de l'imposition des tailles, payent un don gratuit que le Roi leur fait demander dans leurs assemblées, où elles en ordonnent elles-mêmes, en réglant la somme, et elles la font lever ensuite et payer[2]. Entre

---

[1] « Les tailles *personnelles* sont plus rigoureuses ; elles sont imposées sur les personnes », dit un intendant de Paris, en 1698 (de Boislisle, *Mémoires des intendants*, I, p. 255). Ce fonctionnaire aurait pu ajouter : à cause de l'arbitraire avec lequel les élus procédaient à la répartition et à l'exemption (Boisguillebert, *le Détail de la France*, 1695, et Vauban, *la Dîme royale*). Colbert s'était préparé, avec d'Aguesseau, à établir partout la taille *réelle* (1680) quand il mourut.

[2] Spanheim se trompe ici assez gravement : il y avait plus de trois provinces qui s'acquittaient de l'impôt sous forme de *don gratuit*, ayant gardé l'apparence d'un vote de l'impôt. C'étaient encore la Provence, le Bigorre, la Navarre, le comté de Foix et le Béarn. Quant aux *pays conquis*, tous n'étaient pas *pays d'États*. C'était bien le cas de l'*Artois*, de la *Flandre wallonne ;* mais la *Franche-Comté*, que cite ici Spanheim, après avoir été annexée en 1674, fut frappée d'une contribution ordinaire de 800.000 liv. t. qui était répartie par l'intendant entre les bailliages, sans aucun élu (Boulainvilliers, *Etat de la France*, 1752, IV, p. 276). De même l'*Alsace*, pays conquis *(Ibid.*, p. 407), était, avant la conquête, un pays d'Etat : Louis XIV y établit un revenu fixe *ou subvention* et différents droits, le tout pour 1 million, 402 634 liv. t. que percevaient trois bureaux de finances, à Strasbourg, Brisach et Landau. Et de même en Lorraine aussi. Sur ces pays d'Etats, consulter Thomas, *la Bourgogne sous Louis XIV*, Paris 1844, 8° ; Mathieu, *l'Ancien Régime en Lorraine*, Nancy, 1879, 8° ; Legrand, *Sénac de Meilhan et l'intendance de Hainault*

ces trois provinces d'État susdites, le Languedoc, comme la plus riche et la plus peuplée, est celle qui contribue le plus et dont le dongratuit est annuel; il alloit ci-devant à quinze cent ou dix-huit cent mille livres, et, depuis quelques années, va ordinairement à deux millions de livres, et même au delà[1]. On comprend d'ailleurs sous la taille, et qui en sont comme autant de parties, ce qu'on appelle en France le *taillon*, qui s'exige de la même manière et des mêmes sortes de personnes, pour fournir à la solde des gens de guerre; on y peut joindre la *subsistance*, qui est un droit établi pour contribuer à la subsistance des soldats en quartier d'hiver[2]. Au reste, comme ces tailles s'exigent par contrainte quand il y a lieu, et avec la dernière rigueur, par les collecteurs des tailles qui en sont chargés en chaque paroisse, pour en porter ensuite les deniers aux receveurs des tailles, il ne [se] peut que cela ne fasse bien des misérables, et qu'on n'en entende plaindre les pauvres gens de la campagne, qui se voient souvent réduits, surtout dans les mauvaises saisons, à payer plus qu'ils n'ont vaillant[3]. Depuis la paix de Nimeguen, le Roi avoit soulagé son peuple de la diminution d'environ deux ou trois millions de tailles, mais ce qui.

Paris, 1868; Marchand, *Études sur l'administration de Lebret en Provence, 1689-1704,* Paris, 1889.

[1] Le manuscrit [B] disait seulement: « Le *don gratuit est annuel et va ordinairement à deux millions de livres.* » C'est Spanheim qui, dans le manuscrit [A], en marge, a fait cette addition, pour préciser davantage l'augmentation de cet impôt. En 1691, 3 millions de livres *(revenu du roi de 1692,* dans de Boislisle, *Mémoires des intendants,* I, 485). Pour l'histoire administrative du Languedoc, consulter l'étude de M. Monin, *Essai sur l'intendance de Lamoignon de Basville,* Paris, 1874, in-8, et Don Vaissette, *Histoire du Languedoc,* continuée par E. Roschach (t. XIII de la nouvelle édition, in-4, Toulouse, 1892).

[2] Ce droit, dont nous avons parlé déjà, s'appelle parfois: *ustensiles des gens de guerre,* ou *subsistances et logements,* ou encore *quartier d'hiver* (voir de Boislisle, *Mémoires des intendants,* t. I, p. 165 à 167 et aussi *Correspondance des contrôleurs généraux avec les intendants,* Paris, 1874, t. I, sur les réclamations auxquelles cette charge donnait lieu).

[3] Sur la misère du bas peuple à cette époque, voir *l'État des élections de Paris* par l'intendant Ménars (Boislisle, *Mém. des intend.,* I, p. 700), le *Mémoire des commissaires sur la misère des peuples* dans l'Orléanais en 1687 *(Ibid.,* p. 781), ou un autre mémoire de 1698 *(Ibid.,* p. 150). Voir aussi Boisguillebert, *Détail de la France,* 2ᵉ partie, ch. xiii.

après tout, se trouvoit bien au-dessous du besoin du pauvre peuple[1].

Les domaines du Roi se mettent aussi à ferme, et dont les revenus qu'on en tire sont beaucoup moindres que ceux des articles précédents et ne passent guère la somme de trois millions de livres par année[2].

Les parties casuelles regardent les deniers provenant de la vente des offices et de la recette de ce droit annuel ou *paulette* que payent au trésorier desdites parties casuelles les officiers de justice ou des finances, pour conserver leur charge après leur mort à leurs veuves ou à leurs héritiers, et avoir la dispense de quarante jours qu'il faut avoir survécu à la résignation qu'ils en peuvent faire durant leur vie[3]. Autrement, au cas qu'ils meurent sans avoir résigné leur office et payé ce droit annuel de paulette, le profit de leur charge ne revient pas à leurs héritiers, mais au Roi, et entre ainsi dans les deniers des parties casuelles. Il y a quelques années qu'on établit des baux de paulette pour neuf années, moyennant un prêt au Roi de ceux à qui on les accordoit. Ce droit, pour le dire en passant, porte ce nom de *paulette*[4] d'un nommé Paulet, qui fut le pre-

---

[1] Les tailles qui étaient de 41 millions en 1679 furent réduites en 1682 à 35 millions, mais les *tailles d'élections* seules (Mallet, ouvrage cité, p. 212, 286).

[2] Ce chiffre n'est pas exact : d'après le bail de Delpech et Charrière (Boislisle, *Mémoires des intendants*, 1, p. 546) les domaines étaient affermés 6 millions de liv. t. Pour le détail des domaines du roi, on peut voir en quoi il consistait et ce qu'il rapportait dans la généralité de Paris (de Boislisle, *Ibidem*, 1, p. 255), et combien « *étaient engagés et sans rapports* » : c'est ce qui explique le chiffre relativement faible du fermage, calculé sur le revenu probable.

[3] Il faut bien remarquer que Spanheim distingue les parties *casuelles ordinaires*, celles dont il parle ici, de celles dont il parlera plus loin à l'*extraordinaire*. Ici il s'agit de la vente ou transmission des offices créés antérieurement devenus *ordinaires*, plus loin des offices créés par besoins nouveaux, ou *extraordinaires*.

[4] Le manuscrit [B] portait seulement : on *établit des baux de paulette d'un nommé Paulet*. Spanheim dans le manuscrit [A] pour plus de précision a complété ainsi. Ce n'étaient pas les baux qui constituaient la Paulette. L'invention de Paulet, secrétaire du roi, fut d'avoir, en 1604, supprimé, moyennant un *droit annuel* payé au début de chaque année, équivalent au soixantième de la

mier inventeur et traitant de ce droit, établi par édit de 1604.

Les droits seigneuriaux, qui comprennent ceux des cens, lods et ventes, les francs-fiefs ou la taxe sur les roturiers, communautés et gens de mainmorte pour l'indemnité des fiefs qu'ils tiennent, et qui se prend sur le pied de leurs revenus de trois ou de six semaines[1].

Il y a des fermes de fer et de papier, et ce pour la marque qu'on y met, d'où vient qu'on appelle la première, en France, *marque de fer*[2].

Le *papier timbré* ou *marqué* se dit de celui qui est marqué d'une marque royale, et sur lequel seul il est permis d'écrire les actes et expéditions de justice; les fermes qui se font des droits qu'on en tire rapportent aussi considérablement au Roi[3].

Le *marc d'or* se dit du droit qu'on lève pour le Roi sur tous les offices de France à chaque changement de titulature, et qui

---

charge, la clause inscrite autrefois dans les concessions d'offices « *pourvu que le résignant vive 40 jours après la date des présentes* ». Cette condition empêchait les charges de passer d'un titulaire, le jour de sa mort, à un autre officier par contrat privé, ou à son fils et héritier. La supprimer, c'était permettre la transmission à la mort du titulaire comme un bien de famille. L'explication de Spanheim est très satisfaisante et très précise. Ce droit fut renouvelé de 9 ans en 9 ans. C'est pour cela que le roi, anticipant sur les revenus annuels, put passer des baux à neuf années avec des financiers qui lui avançaient la somme. Colbert n'avait presque point pratiqué ce système qu'il blâmait (*Revue rétrospective*, IV, 260), mais à sa mort, Le Peletier l'afferma, en l'étendant (1684) à tous les titulaires d'office.

[1] On ne voit pas, sinon parce que c'étaient des droits dits *casuels*, pourquoi Spanheim énumère à part ces revenus qui faisaient partie du *Domaine du Roi* en tant que seigneur (voir la définition du *Domaine* dans le Mémoire de l'Intendant de Paris, Boislisle, *Mémoires des intendants*, I, p. 250 et plus loin p. 256). Les fermiers généraux dans la sous-ferme du domaine se sont réservé les droits seigneuriaux de quintes, requintes, lods et ventes, etc.

[2] De même, les droits de la *marque de fer* était une sorte de droit domanial créé en 1626, que l'Ordonnance des Aides en 1680 avait rattaché comme une sous-ferme au bail des aides.

[3] Voir plus haut, p. 457, note 2. On l'appelait aussi droit de *formule*. Il se percevait au lieu de fabrication indiqué, à Paris, dans les moulins de Paris, et à Tours (de Boislisle, *Mémoires*, I, 497) et était baillé par les fermiers généraux à des sous-fermiers. Il rapportait, pour Paris, 528.000 liv. t. et pour l'ensemble 595.000 liv. t. (*Ibid.*, p. 547). C'était en effet plus d'un demi-million.

a été établi sous Henri III au lieu d'un droit qu'on prenoit pour la prestation du serment.

Il y a encore le droit de *contrôle*, qui a été établi en France depuis quelques années, du vivant de feu M. Colbert, et se lève pour le Roi à raison de deux livres pour chaque marc de vaisselle d'argent travaillé par les orfèvres, et qu'ils sont tenus de payer pour le contrôle ou la marque qu'on y met[1].

On laisse à part d'autres droits et dont il seroit difficile de faire ici le dénombrement, qui sont reçus en France et qui entrent aussi dans les revenus du Roi[2].

Mais, outre ces fonds des revenus ordinaires et établis, qui ont apporté au Roi, comme j'ai déjà dit ci-dessus, jusques à cent vingt millions de livres par année, il y a encore d'autres fonds ou ressources extraordinaires à quoi on a recours dans les besoins de l'État, et surtout dans les conjonctures des guerres, et dont le Roi ne peut que tirer des sommes considérables pour y subvenir, comme :

1. Les constitutions de rente qui se font par ordre et pour compte du Roi sur les rentes de l'hôtel de ville de Paris[3], et

Des fonds et ressources extraordinaires des finances

---

[1] Pour ces deux droits, Spanheim d'abord a évidemment, comme étranger, été embarrassé par deux noms très semblables : le *marc d'or* et la *marque d'or*. L'un et l'autre sont des droits seigneuriaux : le premier avait été établi au temps de Louis XI. Doublé en 1684, il rapportait 160.000 liv. t. aux fermiers des aides qui l'exploitaient. L'autre, la *marque*, ou *contrôle des objets d'or et d'argent* dans toutes les villes du royaume, rapportait 269.000 liv. t. et était également donné à des sous-fermiers (voir *État des sous-fermes d'aides*, dans de Boislisle, *Mém. des int.*, I, p. 497, 499).

[2] Tous ces droits étaient des *droits joints aux aides*, comme on disait alors. Parmi les revenus du roi ordinaires et importants, plus importants que ceux-là, Spanheim omet : 1° les *revenus des postes* : 2 millions 900.000 liv. t.; 2° les *eaux et forêts*, 2 millions 600.000. Ce sont d'ailleurs les seules omissions (voir *Revenus du roi en 1692, Papiers du contrôle général*, G⁷ 1127).

[3] Pour bien se rendre compte de cette opération d'emprunt, il faut se reporter à l'édit royal de 1662 (15 septembre) publié par Chéruel (*Administration monarchique en France*, II, 179). A côté de rentes sur l'hôtel de ville de Paris créées par François Iᵉʳ, en 1522, les rois de France avaient aliéné des droits sur les tailles, gabelles et fermes « qui se prélevaient sur le peuple ». Louis XIII, en 1632, « prit résolution de supprimer entièrement ces aliénations et de les convertir en rentes sur l'hôtel de notre bonne ville de Paris », dont il assigna

dont on s'avisa aussi d'en faire dès l'entreprise du siège dernier de Philipsbourg, en automne 1688, par l'emprunt de dix millions de livres[1]. On n'a pas manqué depuis, et suivant le besoin, de passer à un plus grand emprunt, et pour lequel on a trouvé jusqu'ici les fonds dans les bourses des particuliers de Paris, qui prenoient ces occasions de tirer bon intérêt de l'argent qu'ils ont dans leurs coffres[2].

II. La création de nouveaux offices et les deniers qui se tirent de ceux qui en sont pourvus. C'est encore un des moyens dont on ne manque presque jamais en France de se servir dans les besoins extraordinaires de l'État, et ce qui aussi y a donné lieu à la vénalité des charges. Aussi vient-on déjà de le mettre en pratique par la création de plusieurs officiers, comme de nouveaux intendants des finances, d'un premier président et autres présidents au Grand Conseil, et pareils[3], et dont on ne pourra

les fonds sur les mêmes tailles; lesdites constitutions furent réglées sur le pied du denier quatorze (7,15/00). De 1662 à 1664 la royauté supprima, on le sait, toutes les rentes qui s'étaient ajoutées à celles-là depuis 1639. C'était une manière de consolider et d'éteindre sa dette. Colbert dut cependant faire des emprunts, mais par petites sommes : 200.000 liv. t. en 1672 au denier dix-huit (5,55/00); en 1675, en 1679 un million au denier quatorze (6,25/00). En 1680, la dette était de 10 millions 500 000 liv. t. que Colbert atténua en faisant une conversion au denier vingt (5/00) au moyen de la *Caisse des emprunts*. Le ministre Le Peletier liquida cette caisse de 1683 à 1685, à un intérêt de 5 livr. 50. — Voir une lettre curieuse de Mme de Maintenon à son frère (1er mars 1684) : « L'avis de M. le contrôleur serait de placer votre argent sur la ville au denier 18. Il croit ce parti meilleur que la caisse des emprunts. »

[1] Un emprunt de 500.000 livres (Isambert, *Anciennes Lois françaises*; comparer un mémoire de le Peletier dans de Boislisle (*Correspondance des contrôleurs généraux*, I, 557).

[2] En juillet 1689, création de 500 000 livres de rentes; en novembre de 1 million 400.000 livres (Isambert, t. XX, p. 86, 87; de Sourches, III, 179.) L'intérêt était en moyenne du denier 15 : 7/00 environ (voir Forbonnais, *Administration des finances*, édition in-4, II, p. 46, 109, et l'abbé Legendre. *Mémoires*, p. 117).

[3] *Relation*, p. 400, note 1 ; Forbonnais, ouvrage cité. Pour les plaintes des gens du temps contre ces créations d'offices, consulter particulièrement Boisguillebert, *Détail de la France*, 1695, et la circulaire aux intendants du 31 octobre 1694, où Pontchartrain lui-même propose une capitation pour « remplacer les affaires extraordinaires dont une partie tourne au profit des traitants qui, outre cela, font une infinité de frais et de vexations dans le recouvrement » (de Boislisle, *Mémoires des intendants*, I, p. 558).

que tirer des sommes très considérables, de même que de celles qu'on demande à tous les officiers du Châtelet de Paris, avec menace autrement d'en diminuer la juridiction et par là l'autorité et les revenus de la charge[1]. On peut y ajouter la création qu'on vient de faire d'un certain nombre de conducteurs de barques à Paris, avec des privilèges qui y sont attachés, et moyennant les droits qui en reviendront au Roi [2].

III. Le don gratuit que les grandes et bonnes villes du royaume font au Roi en de pareils besoins, et comme aussi les villes de Paris, Lyon, viennent déjà de le pratiquer[3].

IV. Le don gratuit du clergé de France, que le Roi a coutume de lui faire demander à proportion des besoins qui y donnent lieu, et aussi lequel don, vu les biens immenses qui sont possédés par ledit clergé, monte ordinairement à plusieurs millions de livres[4]. Les derniers dons gratuits de cette nature ont été de cinq à six millions[5], et, comme le clergé de France doit bientôt être assemblé pour y pourvoir; il ne faut pas douter qu'on n'en prétende et exige du côté de la cour un don beaucoup plus fort et proportionné aux conjonctures du besoin présent du Roi et de l'État. Aussi vient-on déjà d'apprendre

---

[1] « Le roi crée des augmentations de gages pour les gens de justice » (12 juillet 1689, de Sourches, III, 124). Le Chatelet fut le premier qui donna l'exemple. Le Parlement de Dijon donna 400.000 livres.

[2] Isambert *(Anciennes Lois françaises,* t. XX, p 72, 75, 85); de Boislisle *(Correspondance des contrôleurs généraux* t. I. 705, 734. 738) ; *Journal de Dangeau* (XV, 177, 178 (addition).

[3] Toulouse fut la première qui donna 500.000 écus : Paris donna ensuite 100.000 écus; Poitiers 50.000 écus et le reste à proportion : « secours qui venait fort à propos » (11 mars 1689, de Sourches, III, 53).

[4] « Une autre ressource fut de demander au clergé un don appelé gratuit, parce qu'autrefois il était libre, mais qu'on exige présentement comme s'il ne l'était pas *(Mémoires de l'abbé Legendre,* p. 118). Il est passé en coutume, de ce que les rois ont demandé du secours, que de cinq ans en cinq ans le clergé tienne une Assemblée et qu'on y fasse don au roi selon les besoins de l'Etat. » Et l'abbé ajoute : « Les gens du monde sont prévenus de cette idée que le clergé a des biens immenses. »

[5] Depuis l'Assemblée de Nantes (1641), le don gratuit était, en effet, de 5 millions 500.000 livres mais pour cinq ans : 1 million 100.000 livres par an par conséquent.

que, du côté de la cour, on prétend que ce don de l'assemblée du clergé ira à onze ou douze millions de livres[1].

V. Le rehaussement du prix des monnoies ou des espèces d'or et d'argent qui ont cours en France, et la fabrique de nouvelles espèces de cette sorte sur ce nouveau pied, en place des vieilles[2] : ce qu'on vient aussi d'y pratiquer par ordre du Roi, et dont on ne pourra que tirer des sommes immenses.

VI. De même l'argenterie du Roi, de la maison royale, celle des particuliers à Paris et du superflu des églises, qui a été ou doit être portée par ordre du Roi à la Monnoie, pour la fondre et en faire de l'argent monnoyé. Ce qui, au cas qu'il s'exécute ou ait été exécuté suivant l'ordre qui en ait été donné, ne peut encore que produire des sommes immenses, et pour

---

[1] Voir sur cette Assemblée qui se tint, en effet, au mois de mai 1690, l'abbé Legendre, secrétaire de Harlay, qui en a fait de près toute l'histoire. « De longtemps, dit-il, le roi n'avait eu un plus grand besoin de secours, parce que depuis longtemps il n'avait eu d'ennemis plus formidables » (Mémoires, p. 116). Le grand objet d'une Assemblée, c'est le don gratuit, mais avant qu'elle ne commence, ce don est ordinairement réglé entre le ministre, le futur président et le receveur du clergé (Ibid., p. 102). Cette fois, laisse entendre Legendre, la résistance fut forte, parce qu'on demandait 12 millions : c'est le chiffre donné par Spanheim qui fut voté. En effet, pour une année, sur le budget royal de 1692 le chiffre du don gratuit figure pour 3.400.000. L. t. (de Boislisle. Mémoires des intendants, I, p. 485).

[2] Colbert lui-même avait donné l'exemple, en 1674, pour les besoins de la guerre de Hollande, d'altérer encore comme sous les règnes antérieurs les monnaies, en fabriquant à un alliage de bas aloi des pièces de 4 sols qui, comparées au titre des espèces d'argent, ne furent en cours ensuite que pour 3 sols 6 deniers (ord. du 8 avril 1674 et du 29 avril 1679: Clément Colbert, I, 385, 389. Le Blanc, Traité historique des monnaies, 1690, p. 393, 397). En décembre 1689, Pontchartrain ayant succédé à Le Pelletier avait entrepris, sous prétexte de refonte des vieilles espèces, une opération de monnayage encore plus hardie : il haussa le prix du louis d'or de 9 à 12 livres 10 sols, les écus à 3 livres 3 sols. L'opération devait durer quatre ans et porter sur près de 470 millions. Mais ce fut un profit dangereux, parce que les étrangers se mirent à accaparer le numéraire. Et le 7 février 1693, pour le ramener, Pontchartrain fut obligé de diminuer considérablement la valeur du louis d'or à 11 livres et 1/2. — Sur cette affaire, consulter aux Affaires étrangères dans le Fonds France (991, fol. 201; 1023, fol. 80) les Mémoires de Desmarets (III, 182), et de Boislisle (Mémoires de Saint-Simon, VII, 576). « Le roi, dit de Sourches, y gagnait 18 sols par pistole, à proportion sur les autres monnaies, ce qui faisait un fonds de 30 millions au moins. »

donner lieu au Roi de s'en pouvoir servir dans le besoin[1].

VII. Des impôts extraordinaires qu'on a déjà commencé de mettre, suivant les avis publics de Paris, sur diverses denrées, comme sur le bois, en accordant aux vendeurs de bois, à Paris, de prendre cinq sols de plus par chaque *voie de bois*, comme on parle en France, et moyennant quoi ils s'engagent de payer comptant au Roi quatorze cent mille livres. *Item,* sur les chapeaux, savoir avec obligation aux chapeliers de payer au Roi dix sols pour vente de chaque chapeau de castor, cinq sols pour autres chapeaux de moindre prix, et deux sols et demi pour les communs, ce qui ne pourra encore que faire une somme considérable, vu les grandes manufactures et le débit qu'on en fait à Paris, et qui se transporte par tout le royaume et dans les pays étrangers, lorsque le commerce n'y est pas défendu[2]. On parle aussi d'augmenter l'impôt qu'il y a déjà sur le papier timbré : et ce qui ne pourra qu'augmenter considérablement la ferme qui s'en paye au Roi[3].

VIII. On peut mettre aussi en compte les facilités ou les secours extraordinaires que le Roi ne peut que tirer en temps de guerre de la promptitude de la noblesse françoise et autres

---

[1] Cette opération de la même époque, qui porta exclusivement sur les meubles du Roi et des particuliers obligés à ne conserver chez eux que des objets ne dépassant pas un certain poids, fut beaucoup moins fructueuse qu'on ne le croyait. Mme de Sévigné (11 décembre 1680) disait : « cela a fait beaucoup de millions »; dans une autre lettre du 21 décembre, elle disait que le mobilier royal avait rapporté 6 millions. Ce mobilier ne procura que 2.500 000 livres (Louis XIV, *OEuvres*, VI, 507). Encore fallait-il tenir compte de la perte de la main-d'œuvre quand il s'agissait d'œuvres de Ballin, par exemple : « La fonte des meubles d'argent, disait Desmarets en 1693, a fait connaître qu'on s'était grossièrement trompé dans l'estimation. »

[2] Ces différentes taxes et d'autres encore, de 1689 (octobre) ou 1690, furent annexées à la ferme des aides dont les sous-fermiers traitèrent ensuite avec les vendeurs de bois, avec les vendeurs de chapeaux. De même, il y eut un droit nouveau sur le courtage du vin et des boissons, en octobre 1689 ; un nouveau *pié-fourché* ou double droit sur la vente du bétail aux marchés. C'étaient des contributions qui portaient, en somme, sur les corporations de commerce.

[3] Le manuscrit [B], à la fin de ce paragraphe, ajoutait : « On ne manquera même pas de multiplier ces sortes d'impôts qui ne pourront, après tout, que tourner à la charge du peuple. »

particuliers à lever des compagnies et des régiments sans qu'il en coûte presque rien, ou fort peu, au Roi, et dans la seule vue de lui faire valoir leur zèle et leur courage, et de se pousser par là aux emplois militaires. On ne voit guère jusqu'ici que cela se pratique ailleurs, et moins avec un pareil concours ou empressement qu'on l'a vu en France jusqu'ici[1].

IX. Enfin, on peut ajouter ici, en dernier lieu, le retranchement des dépenses superflues en luxe, en fêtes, en bâtiments, en tables, en équipage, en pensions : à quoi on ne manque guère, en France, de songer ou de prévoir en des conjonctures fâcheuses de guerre, tant pour en diminuer les dépenses du Roi à cet égard, que d'ailleurs celles des particuliers, par les règlements qu'on en fait. Et ce qu'on vient aussi de pratiquer au sujet de ceux qu'on a donnés fraîchement, suivant les derniers avis de France, à l'égard du train et des tables des officiers et généraux d'armée[2].

En sorte que, par tous ces endroits susdits, on peut assez reconnoître, si la France n'a pas dans son enceinte des mines d'or et d'argent, que cependant elle a dans son sein de quoi fournir abondamment pour la subsistance et pour la splendeur du Roi et de la monarchie, et d'ailleurs qu'elle a de grandes ressources pour se soutenir au besoin et pour suppléer aux nécessités de l'État. Ce qu'on peut attribuer :

[1] Ce que Spanheim considère comme un avantage pour la France avait de graves inconvénients. La création constante de nouveaux corps à la tête desquels se plaçaient de tout jeunes colonels, presque des enfants (Lettre de Mme de Sévigné à sa fille, du 22 janvier 1690) ruinait les familles en achats, et le roi en entretien. Ils étaient ensuite mal commandés, d'un mauvais service à la guerre (Lettre de Louvois, 14 nov. 1688, *Dépôt de la guerre*, 827). Un régiment coûtait entre 25 et 30.000 livres à constituer. Il arriva qu'au début de la guerre de 1688, le roi fit appel, le 31 août, pour lever des compagnies aux gentilshommes et leur fournit une somme de 5000 livres pour les y aider (*Journal inédit de Foucault*, fol. 69).

[2] Sur les efforts de Louvois pour réduire le luxe et la paresse des officiers, consulter Roussel, *Louvois* (III, p. 289-295). Depuis le mois d'août 1689, le maréchal de Duras se plaignait de ses officiers, que Louvois connaissait bien par les propres fautes de son fils Courtenvaux (*Ibid.*, IV, 230). La présence du Dauphin à cette armée d'Allemagne, en 1690, ne modifia rien aux habitudes des officiers, malgré la volonté du roi.

1º A la forme de son gouvernement, surtout au point où il est établi sous ce règne, qui d'un côté rend le Roi maître des finances de son royaume et d'y lever de sa pure autorité tels impôts qu'il lui plaît, et d'autre part y a établi et entretient le bon ordre dans l'administration des mêmes finances. Ce qui ne se trouve pas dans la plupart des autres royaumes, comme en Angleterre, en Espagne, et ailleurs ;

2º A la situation avantageuse du royaume de France, soit par les commodités qu'elle tire des deux mers sur lesquelles elle a autant de ports et de côtes, soit par la nature de son climat tempéré ;

3º A la fertilité du royaume, abondant en tout ce qui peut contribuer à la commodité de la vie, et pour y attirer le commerce et l'argent des pays étrangers ;

4º A la multitude, à l'industrie et au travail de ses habitants : ce qui tout ensemble, et vu la quantité de villes, bourgs et villages habités qu'on y voit, ne peut qu'y faire une grande consomption, d'ailleurs y a établi et entretient toute sorte de manufactures, enfin en bannit l'oisiveté et ne laisse aucun coin de terre qui peut être cultivé en friche : ce qu'on ne trouvera pas de même dans les royaumes voisins, comme en Angleterre, en Espagne et ailleurs, hors peut-être dans les provinces du Pays-Bas[1].

Cependant il faut aussi tomber d'accord que si les revenus du Roi ou les moyens de les augmenter dans le besoin et quand il lui plaît sont grands et extraordinaires, qu'aussi les dépenses sous ce règne ne sont pas moindres, ou plutôt ont été excessives auprès de celles des règnes passés, et, ce qui plus est, au

Dépenses du Roi.

---

[1] Il est curieux de rapprocher de ce témoignage de Spanheim les premières pages du *Détail de la France*, écrites par Boisguillebert vers 1697 (édit. 1697, p. 4) : « la France est le plus riche royaume du monde », et aussitôt il montre qu'elle pourrait l'être beaucoup plus, comme Vauban dans *la Dîme royale* (édit. 1851, p. 45-47).

fort même des temps de paix. Il ne faut que réfléchir là-dessus sur celles qui se sont faites :

I. En bâtiments et entretien des maisons royales, et d'où même on peut juger par le seul Versailles, qui, pour le château, les jardins, orangeries, surtout les eaux et fontaines, les conduits sous terre, les machines qu'il a fallu employer, coûte au Roi plus de quatre-vingts millions de livres[1].

II. En ameublements superbes, de grand prix et de toute sorte, qu'on a fait faire ou acheté pour compte du Roi[2], comme en argenterie, en lits et tapisseries, en tableaux et portraits, en joyaux et pierreries, en autres bijoux et curiosités de valeur: ce qui tout ensemble n'a pu qu'aller à des sommes immenses, et dont on est aisément persuadé quand on a occasion de le voir, comme je l'ai eue assez souvent ;

III. En entretien des tables, écuries et offices de la maison du Roi; en payement de gages et de pensions, tant de personnes royales que d'officiers, domestiques ou autres. C'est en quoi on a aussi beaucoup enchéri sous ce règne, pour en faire éclater tout ensemble le bon ordre et la magnificence ;

IV. Et pareillement en gratifications ou à des maîtresses, ou à des favoris, ou à des créatures, en fêtes fréquentes, et autres dépenses extraordinaires pour le divertissement ou pour la splendeur de la cour de France[3] ;

V. En fortifications et entretien de places, de forts et de citadelles qu'on a faits sous ce règne, et surtout depuis vingt-deux ou vingt-trois années en çà, au nombre de plus de quarante, sans y rien épargner pour la sûreté, la force et

---

[1] Nous avons eu déjà l'occasion de discuter ce chiffre, p. 73, note 1.

[2] Pour vérifier à distance le luxe royal dont Spanheim a été témoin, il faut étudier au Musée de Versailles (Attique du Midi) la série des cartons de Lebrun : *les Châteaux royaux*.

[3] Le paiement des pensions et gratifications se faisait sur les *États au comptant*, dont on trouve une liste établie pour l'année 1685, d'après les Archives nationales (K. 120, n° 12), dans le livre de Clément, *le Gouvernement de Louis XIV, de 1683 à 1689* (Paris, 1848), p. 271.

l'embellissement ; les sommes qu'on n'a pu qu'y employer, et ce qu'on n'a point de peine à croire quand on voit ces mêmes places, sont incroyables[1]. On peut même juger par le seul Dunkerquen, dont les ouvrages prodigieux qu'on y a faits, soit pour la fortification de la place, soit pour la sûreté ou la commodité du port, et y dompter, pour ainsi dire, les inconvénients ou les défauts de la nature qui s'y opposoient, montent, à ce qu'on assure, à plus de douze millions de livres[2] ;

VI. En achat du même Dunquerken, qui coûta au Roi trois millions de livres[3] ; d'ailleurs celui de Casal, dont on paya deux millions au duc de Mantoue[4], pour ne point parler des sommes qu'on a employées en France pour le rachat des domaines du Roi qu'on avoit aliénés[5], ou pour rembourser les capitaux empruntés dans la guerre passée et en diminuer

[1] Voir la correspondance de Louvois avec Vauban et le roi où, par exemple, Louvois, le 28 octobre 1678, signale à Louis XIV les grosses dépenses dans lesquelles la construction de tant de nouvelles places l'engage. (Rousset, *Louvois* III, 340.) Il est vrai que les dépenses de la guerre étaient en partie payées par les contributions de guerre *(Ibid.*, p. 341).

[2] Les travaux de Dunkerque, « le plus grand et le plus beau dessin de fortifications du monde », disait Vauban de son œuvre (14 octobre 1668, *Dépôt de la guerre*, 228), furent faits de 1667 à 1670. A cette époque, Vauban demandait deux millions « *pour parfaire Dunkerque, la ville et le port* ». Le roi les lui donna en décembre 1668 et 1669.

[3] Cette négociation, du mois d'août 1662, « fut conduite si heureusement, écrivait Colbert à la fin de l'année 1662, qu'elle fut conclue moyennant cinq millions de livres, et, quoique cette somme parût prodigieuse, Sa Majesté trouva la somme qu'elle avait promise. Ce traité et son exécution ont donné de l'étonnement à toute l'Europe, et peut-être qu'aucune action n'a tant augmenté le respect du nom de Votre Majesté : aussi n'a-t-elle point d'exemple dans tous les siècles passés ». (Bibliothèque nationale, *manuscrit Français* n° 3695. — Chéruel, *Administration monarchique*, II, p. 191.)

[4] Traité signé, le 8 juillet 1681, entre l'abbé Morel, résident de France à Mantoue, et le duc de Mantoue « gueux, dépensier et grand joueur, très heureux d'avoir une bonne somme d'argent », écrivait Villars, de Turin, dès le 1er avril 1677. A cette époque, en 1677, les intrigues de Mattioli, agent du duc, avaient fait échouer cette négociation. Elle fut reprise et conclue moyennant 100.000 pistoles d'Espagne payables à l'entrée des Français dans la citadelle (Rousset, *Louvois*, III, p. 102, 139). Le prix ne fut que d'un million : la pistole valait 10 livres.

[5] Ces rachats de domaines, aliénés en 1672, ne furent pas faits uniquement sur des fonds disponibles, mais avec l'argent des emprunts que Colbert fit de 1680 à 1683, en trois années, au taux de 5 à 5 1/2.

les rentes de l'hôtel de ville, comme il se fit après la paix [de] Nimeguen, en 1680, par la réduction que M. Colbert trouva lieu d'en faire[1] ;

VII. Dans l'entretien des forces de terre ou de celles de mer, en troupes et armées, vaisseaux de guerre, galères, arsenaux, et tout l'équipage ou allestement requis pour la construction ou pour l'entretien des uns ou des autres. Ce qui n'a pu, entr'autres, que requérir et consumer des sommes immenses, surtout dans les conjonctures des guerres faites sous ce règne et depuis la mort du cardinal Mazarin. C'est aussi dont on peut tirer un assez grand préjugé de ce que, dans la guerre passée contre la Hollande, l'Empire et l'Espagne, et qui finit par les traités de Nimeguen et ceux qui suivirent bientôt après à Paris, les seules dépenses de l'extraordinaire des guerres de terre, qui comprend l'entretien de toutes les troupes (hors celles de la maison du Roi) et armées par terre, et ce qui peut y être requis en munitions, artillerie et autres frais, alloient à soixante millions de livres par année, et qu'il étoit question que feu M. Colbert fournît à M. de Louvois, qui en avoit la recette et la dépense[2].

VIII. A quoi on peut ajouter les dépenses en subsides et alliances avec des puissances étrangères, partie connues, partie secrètes, comme celles qui passoient en Angleterre sous le feu

[1] L'opération complète a été très nettement exposée par Clément (*Histoire de Colbert*, I, p. 168). En 1680, après Nimègue, l'Etat devait 10 millions de rentes au taux de 6 1/2 à 8 o/o. Colbert ouvrit un emprunt à 5 o/o, au denier 20 pour rembourser ces rentes : sur le taux de 6,67 les rentes antérieures à 1673 ; les autres, postérieures, à leur taux réel. L'emprunt au denier 20 réussit fort bien ; mais les rentiers qui touchaient un intérêt supérieur au taux nouveau ne se pressèrent pas d'être remboursés. Colbert décréta alors le remboursement obligatoire de tous les titres, sous peine de déchéance au 31 décembre 1683. Il prit d'ailleurs ses mesures, comme il ressort de ses lettres (*Ibid.*, p. 170), pour que le Trésor pût faire face au remboursement. C'était là une *réduction* importante d'intérêts ; nous dirions : une conversion.

[2] On trouve dans un mémoire de Colbert de 1680 que, par suite de la guerre, les dépenses royales s'étaient élevées, de 1672 à 1678, de 110 à 120 millions : par conséquent, de 10 millions par année et non pas de 60 millions, 60 millions en tout pour six années de (Clément, *Colbert*, I, p. 203, note 2).

roi[1] et sous le roi Jacques, ou d'ailleurs en correspondances secrètes qu'on peut croire que la France ne manquoit pas d'entretenir ailleurs et en plus d'un endroit.

Ce qui tout ensemble, surtout sous un règne aussi fastueux et où on s'efforçoit en toutes rencontres de faire éclater le bon ordre, la pompe et la magnificence, n'a pu que consumer annuellement les plus clairs et plus certains revenus de la couronne, quelque grands qu'ils fussent, et vider, pour ainsi dire, le Trésor royal. Je toucherai dans la suite la conséquence d'autant plus grande qu'on en peut tirer dans la conjoncture de la guerre présente.

DES FORCES DU ROI PAR MER ET PAR TERRE

Les forces de la France se peuvent considérer, en premier lieu, dans ses avantages, que j'ai déjà touchés en partie dans l'article précédent; je veux dire de sa situation favorable, d'un côté avec plusieurs ports considérables sur les deux mers, de l'autre par le nombre et la qualité de ses forteresses sur les frontières et à toutes les avenues du royaume; d'ailleurs, de la multitude ou du courage de ses habitants, de la quantité surtout et de la valeur de sa noblesse, de la soumission et de la dépendance des grands, des cours souveraines et des peuples, du pouvoir absolu du Roi, de la subordination dans le gouvernement de l'État et dans le commandement des armées, enfin des finances et des revenus royaux, et des moyens mêmes ou des ressources aussi considérables à les augmenter au besoin que celles dont je viens de parler un peu auparavant.

Avantages des forces de la France par terre et par mer.

DES FORCES DE MER

A l'égard des forces de mer, pour commencer par celles-là,

---

[1] Charles II (Mignet, *Négociations relatives à la succession d'Espagne*, t. IV).

on peut dire qu'elles avoient été assez négligées sous les règnes passés, et même sous la minorité de celui-ci jusques à la mort du cardinal Mazarin et au ministère de feu M. Colbert [1]. Ce dernier prit un soin particulier par la direction qui lui fut donnée des affaires de la mer, et à quoi il s'attacha dans la vue d'en rétablir le commerce et de rendre les forces de la France aussi considérables du côté de la mer qu'elles l'étoient de celui de la terre[2], et ainsi à se prévaloir de tous les grands avantages et des facilités qui s'y trouvoient, comme :

De la situation avantageuse et des ports de France sur les deux mers.

En premier lieu, dans la situation que je viens déjà de toucher, savoir : d'une longue étendue de côtes sur l'Océan et sur la mer Méditerranée, et vu les bons et divers ports qu'elle a sur l'un et sur l'autre. Par la première, savoir ladite étendue des côtes sur les deux mers, la France a également la facilité et la commodité de l'abord et du transport de toutes les denrées ou du pays ou étrangères, et des navires qui en peuvent être chargés, et ainsi tout ce qui peut contribuer pour l'entretien du commerce en temps de paix, ou pour être toujours en état de donner bien de l'occupation à ses ennemis en temps de guerre. Et par l'autre, savoir : par ses divers ports qu'elle a, et quelques-uns d'entre eux très bons ou très forts, sur l'une et sur l'autre mer, ou enfin de difficile abord pour y faire des

---

[1] Cette assertion n'est pas absolument juste en ce qui concerne Richelieu qui a nettement indiqué les nécessités pour la France d'une marine de guerre, d'après la disposition de ses côtes et pour leur sûreté *(Préambule de la création de la charge de grand maître de la navigation,* octobre 1626, et le *Testament politique,* chapitre IX, section 6).

[2] Ce fut par degrés que Colbert eut la direction totale des affaires de la mer, qui appartenait d'abord à de Lionne. D'abord, en 1664, quand fut créé et inauguré le Conseil de commerce, Colbert eut l'occasion d'exposer ses idées sur la marine marchande et militaire (Depping, *Correspondance administrative,* t. III, p. xxvi et suivantes). En décembre 1665, par une lettre circulaire aux intendants de marine, Louis XIV donna l'ordre d'obéir à Colbert, intendant et contrôleur, ayant le département de la marine (Guérin, **Histoire maritime de la France,** III, 167). Puis vint un règlement du 11 mai 1669 qui confirmait à Colbert le soin de la marine. Ce fut enfin le 7 mars 1669 que Colbert devint exclusivement secrétaire d'Etat de toute la marine *(ibid.,* p. 195). Car la même année fut supprimée la charge de grand maître de la navigation (11 novembre 1669).

descentes. Calais est de ce dernier rang, de même que Dieppe et le Havre, qui ont une mauvaise rade, ou sans abri et capable seulement de contenir de petits bâtiments, hors le bassin à écluse qu'on a fait à ce Havre, qui peut contenir quinze ou seize vaisseaux, de soixante pièces de canon chacun [1]. La Rochelle est un bon port, mais pour les bâtiments médiocres. Rochefort, qui est à quelque distance de la mer, est incommode pour entrer et pour sortir [2]. Les deux meilleurs ports qu'il y a sur la côte de Bretagne sont Blavet où le Port-Louis, qui sert de retraite aux vaisseaux des Indes orientales [3],

[1] « Je vous prie, écrivait Colbert à Vauban attaché surtout aux travaux de Dunkerque, toutes les fois que vous vous trouverez dans les villes maritimes, d'examiner les moyens de bonifier leurs ports ou d'en faire de nouveaux capables de recevoir de plus grands vaisseaux. Comme le roi n'a presque aucun port dans la Manche pour y recevoir des vaisseaux, vous jugerez facilement l'avantage que vous procurerez à son service » (février 1678). Et à ce moment Vauban proposait, pour éviter les ensablements perpétuels de Calais, de prolonger la jetée de 10 à 140 mètres, jusqu'à la basse mer, avec un système de quatre écluses à travers le port (Guérin, *Histoire maritime*, III, 338). — Au Havre, les travaux furent fréquents : en 1666, Colbert y entreprit une écluse de chasse contre la vase et les galets, puis un grand bassin, dit le *Bassin du roi*, parce qu'il était réservé à la marine royale. Il était en état de recevoir 25 à 30 bâtiments de guerre (*Ibid.*, III, 154). Mais des sinistres continuèrent dans la rade, si bien que Colbert écrivait le 19 novembre 1670 : « Que le roi se verrait forcé d'abandonner et de ne plus faire aucune dépense. » Bientôt, en effet, le Havre fut sacrifié à Brest : « le Havre est inutile par la difficulté de son port », écrivait Seignelay, le 30 septembre 1673. Ce fut à Brest que porta alors tout l'effort, quoique en février 1678, Colbert ordonnât encore à Duquesne de faire à Dieppe et à Honfleur « les travaux nécessaires pour être certain du nombre de ses vaisseaux qui pourraient s'y retirer en sûreté, tant de la mer que des ennemis ».

[2] Spanheim, par cette note assez sèche, ne donne pas une idée de ce port, la principale création de Colbert, « qui devait être dans sa pensée un second Saardam de Hollande », commencé en 1663, après un essai stérile à Tonnay-Charente : c'était sans doute un port d'accès assez difficile que Rochefort, puisque les vaisseaux, pour entrer, devaient se débarrasser de leurs canons à l'île d'Aix ; mais, protégé par les fortifications élevées dans les îles, il était destiné à devenir un arsenal de premier ordre : « notre arsenal de marine », disait encore Colbert à Colbert du Terron, le 25 octobre 1670.

[3] Les établissements de Blavet au xvii° siècle, *le Blavet*, comme on disait, étaient, à la fin du règne de Louis XIII, une forteresse sur le plateau à l'est de l'estuaire, que fermait d'autre part à l'ouest le fort de Kernevel. Ils avaient été alors abandonnés : la Compagnie de Madagascar s'y établit en 1656, donnant au plateau oriental le nom de Port-Louis, qu'il conserva lorsque Colbert y établit

et Brest[1]. Tous ces ports sont sur l'Océan, de même que Toulon et Marseille sur la Méditerranée. D'ailleurs, de tous les ports de France, Dunquerken peut être le plus remarquable pour les prodigieux ouvrages qu'on y a faits, par les esplanades des montagnes et des dunes, par des écluses, par la ville et la citadelle, revêtues de brique jusques au haut du parapet, par des tours sur un banc de sable pour la défense de la rade, enfin tant par les fortifications de la place que pour le havre[2], et dont on fait monter la dépense qu'on y a faite, comme j'ai dit un peu auparavant[3], jusques à douze millions de livres. Cependant Toulon et Brest, l'un sur la Méditerranée et l'autre sur l'Océan, sont[4] les plus sûrs, les plus grands et les plus commodes pour y servir de retraite et de magasin aux vaisseaux de guerre, comme Marseille aux galères[5]. Brest surtout, outre

la Compagnie des Indes orientales. Mais à cette époque, vers 1666, cette compagnie, ayant besoin de chantiers, les établit par permission spéciale, plus haut dans les terres, au débouché du Scorff dans le Blavet. Cela s'appela l'*Orient*, et à partir de 1672, la marine de guerre s'y installa. En janvier 1690, le port *de l'Orient* remplaçait déjà les deux autres, comme port de guerre.

[1] « De tout le Ponant, Brest est le mieux assis pour toutes les actions de la marine et le plus en sûreté », écrivait Seignelay, le 30 septembre 1673 (Clément, *Colbert*, I, p. 418). Pour les travaux entrepris de 1665 à 1679, consultez Levot, *Histoire de Brest*, p. 125 à 176, p. 318, et la médaille : *Tutela classium Bresti portus*, frappée en 1681.

[2] On dirait que Spanheim décrit Dunkerque presque comme s'il l'avait vue. Peut-être prit-il part au voyage que la cour y fit en juillet 1680. Les travaux y avaient été accomplis, surtout de 1672 à 1680, par trente mille ouvriers. Les *esplanades*, c'était tout le terrain de dunes et de hauteurs nivelé entre la ville et les fortifications ; les *écluses*, c'étaient les chasses produites par les canaux de Bergues et de la Nivère, qui devaient creuser le port et le défendre contre les sables. On perfectionna la citadelle, on acheva le *fort Louis*. Les *tours*, pour la défense de la rade, c'étaient les *jetées* fortifiées, établies sur le *Risban* de Dunkerque.

[3] Ci-dessus, p. 477.

[4] Le manuscrit [*B*] ajoute : « *sont les ports les plus sûrs.* » en interligne. — Sur les travaux de *Toulon*, consultez la *Correspondance administrative de Colbert*, t. III : lettres du mois d'octobre 1669, et de 1677.

[5] A Marseille, ce fut l'œuvre, en effet, de Nicolas Arnoul, *intendant général des Galères*, du 16 avril 1665 à 1673. Il transforma et agrandit le port malgré les Marseillais (Depping, *Correspondance administrative*, t. III, 7 août 1666, 2 novembre 1669, 31 octobre 1671. *Lettres et instructions de Colbert*, II, p. 2, p. 619, p. 810.

une grande baie environnée de rochers, propre à mouiller plusieurs centaines de vaisseaux, passe pour avoir un des meilleurs havres du monde, avec un grand fond d'eau, à y pouvoir ranger au besoin, plus d'une centaine des plus grands vaisseaux, tous armés et équipés, et de plus à l'abri entre deux collines et en sûreté de tout vent. Je ne parle pas du nouveau port, dit d'Ambleteuse, qu'on fait depuis quelques années entre Calais et Boulogne, qui pourra contenir dix à douze grands vaisseaux de guerre [1]. La baie de Toulon n'est guère moins grande que celle de Brest, mais le havre, quoiqu'on l'ait agrandi, plus petit et capable de contenir quatre-vingts vaisseaux ou environ.

En second lieu, par le nombre et la qualité des vaisseaux de guerre et des galères que le Roi a fait construire, ou qu'il a actuellement dans ses ports dont je viens de parler. On fait le compte en France que le Roi a cent cinquante vaisseaux de guerre [2]; mais la vérité est, autant que je l'ai pu savoir, que le nombre des *vaisseaux de ligne*, qu'on appelle, ou des trois rangs (hors les nouveaux peut-être qu'on peut avoir fait construire depuis peu) ne va tout au plus qu'au nombre de cent [3]. C'est-à-dire dont il y a trois entre autres de la première grandeur, savoir, de la charge de cent vingt pièces de canon, et qu'on appelle *le Soleil-Royal, le Royal-Louis* et le *Souve-*

Du nombre des vaisseaux de guerre et des galères du Roi.

---

[1] Ambleteuse, au nord de Boulogne ; Wissant, au sud de Calais, furent visités par Louis XIV, en 1680, pendant son voyage à Dunkerque. Des travaux y furent décidés : on voulait, à Ambleteuse, creuser le port par la chasse d'un grand étang ; on avait commencé la construction des jetées. Tout fut abandonné par la difficulté que l'on rencontra à obtenir des eaux de l'étang une chasse suffisante. Des batteries furent du moins installées sur les deux points.

[2] L'*Etat de la flotte*, présenté au roi en 1689, compte deux cent dix-neuf vaisseaux classés (Guérin, ouvrage cité, III, 349).

[3] Spanheim a raison, s'il ne compte comme vaisseaux de guerre que les vaisseaux des *trois premiers rangs*. Il n'y en avait même que 80 à cette époque : 12 du premier rang (de 80 à 120 canons), 28 de deuxième rang (64 à 76 canons), 40 du troisième rang (50 à 62 canons). Mais des vaisseaux de 48 canons (4ᵉ rang) et même de 36 (5ᵉ rang) étaient encore de bons vaisseaux de guerre (*Etat de la flotte*, 1689).

rain ¹. On tient qu'il y a environ trente vaisseaux du second rang, savoir, depuis soixante-dix à quatre-vingt-dix pièces de canon; et du troisième rang, de cinquante ou près de là jusques à soixante-dix pièces de canon, environ soixante vaisseaux. Quand je partis de France il y a un an passé, on y faisoit le compte que la flotte qu'on mettroit en mer au printemps suivant seroit de soixante à soixante-dix de ces vaisseaux. Il semble aussi qu'il n'y en a eu guère moins en mer ². Pour les galères, on en compte trente ou environ à Marseille³. Outre cela, il y a quinze galères qu'on s'est avisé, depuis le commencement de la guerre présente, de faire bâtir à Bordeaux et à Rochefort, pour s'opposer aux descentes et empêcher le transport à terre des ennemis. Et ce au sujet des débarquements qu'il seroit question d'en faire hors des vaisseaux de guerre en d'autres plus petits bâtiments, pour les faire aborder à terre, et à quoi on prétend que lesdites galères pourroient apporter bien de l'obstacle. Aussi ceux qui enten-

¹ Le *Royal-Louis* et le *Souverain* étaient en effet des vaisseaux de premier rang, œuvres du constructeur Rodolphe. Mais ils n'étaient pas les premiers de la flotte, le *Royal-Louis* ayant été baissé de 120 à 104 canons; le *Souverain* à 80 canons. La tête de la flotte était occupée alors par le *Soleil-Royal*, construit par d'Hubac à 120 canons « bon de voile et de bouline »; le *Terrible*, du même (construit à Dunkerque), 110 canons; le *Royal-Dauphin*, construit à Toulon, par Pommet, « le côté droit trop chargé », 110 canons; le *Sceptre*, œuvre de Coulomb, « un peu haut d'arrière », 90 canons; le *Triomphant* et le *Tonnant*, autant environ.

² Dangeau donne, pour cette flotte que commandait Tourville à Béveziers (1690), 82 vaisseaux, dont 34 des deux premiers rangs, 4946 canons et 30.000 hommes d'équipages (III, p. 164 et 167). — Il y eut en tout 9 vaisseaux du premier rang, 13 du second, ce qui faisait 22 et non 34; 38 du troisième rang, ce qui ferait 60 vaisseaux des trois premiers rangs; le chiffre de Spanheim est plus exact que celui de Dangeau. On joignit à cette flotte 10 vaisseaux, en outre, de quatrième rang, et une dizaine de petits vaisseaux qui faisaient un total de 92 vaisseaux. Mais Spanheim ne comptait que les vaisseaux des trois premiers rangs (la liste très détaillée de cette escadre a été donnée par Guérin, ouv. cité, III, p. 449).

³ Les galères constituaient une petite flotte à rames et à voiles, montées par des condamnés et dont l'objet spécial était, *dans la Méditerranée*, de défendre le commerce contre les pirates. Elles se tenaient le long des côtes dans les petits ports comme à Antibes ou à Fréjus (*Archives de la Chambre de commerce de Marseille*, AA, 140; BB, 83; Guérin, *Histoire maritime de la France*, II, 447, d'après les manuscrits de Barras de la Penne).

dent la marine et à qui j'en ai ouï parler depuis ma sortie de France, croient qu'en effet l'usage de ces galères seroit fort propre aux fins auxquelles on les destine [1]. Je ne dois pas oublier ici les galiotes, qui sont de petites galères chargées chacune d'un mortier à en tirer des bombes, dont les François se servent encore sur la Méditerranée [2].

En troisième lieu, par la facilité et les dispositions qu'il y a de faire les équipages et allestements de vaisseaux ou de galères, particulièrement à l'égard de toute l'application, la vigilance et le bon ordre qu'on y peut apporter [3] par le soin des intendants, des trésoriers et des contrôleurs de marine [4], et par la direction de M. de Seignelay, qui en a la surintendance. On y peut ajouter ce qui regarde de bons pilotes, des mariniers en général, des soldats et de bons officiers pour les commander. Ce dernier peut d'autant moins manquer qu'il y a des écoles établies dans tous les havres de France, et qu'on y

Des équipages, des écoles et des provisions pour la marine.

---

[1] Sur ces constructions, consulter les manuscrits de *Barras de la Penne*, à la Bibliothèque nationale : il rapporte le fait des 15 galères construites à Rochefort, en 1689, en l'espace de trois mois. « C'étaient, dit de Sourches (III, 120, 16 juillet 1689), des bateaux à rames et à voiles, destinées à remorquer les grands vaisseaux hors du port, quand le vent serait contraire. »

[2] Sur l'invention et l'usage des galiotes, par Château-Renault contre Alger, en 1682, voir Guérin (*Hist. maritime*, t. III, 371).

[3] Ordonnances sur l'approvisionnement des vaisseaux (Isambert, *Anc. lois franç.* t. XVIII, p. 367, 370, 371, XIX, p 5). Ordonnances sur les revues et la discipline *(Ibid.,* XIX, 157, 118, 137, 408). Ordonnances sur la visite des vaisseaux par les intendants de marine *(Ibid.,* XIX, p. 163).

[4] Les officiers d'administration étaient : un *intendant général de la marine* et *des armées navales,* « qui a seul l'autorité sur les officiers, mariniers et matelots de toutes les provinces maritimes, ordonne les fonds, examine tout ce qui concerne l'action des forces maritimes, conseiller du Roi » : M. *d'Usson de Bonrepaus. Puis cinq intendants de la marine* dans chacun des arsenaux : à Rochefort, *M. Bégon;* à Brest, *M. de Champy;* à Dunkerque, *M. Patoulet;* au Havre, *M. de Louvigny;* à Toulon, *le marquis de Vauvré,* « dirigent et ordonnent les fonds de tout ce qui est nécessaire au radoub et à l'armement de la flotte. » Dans les mêmes ports, cinq *contrôleurs* et des *commissaires.* Enfin, un *trésorier général* de la marine, *M. Lubert;* un inspecteur des constructions, *M. de Langeron;* un secrétaire général *(Etat de la France,* t. II, p. 241-243). D'autre part, à Marseille, dont l'organisation est spéciale, un *intendant des galères, M. du Fargis,* et un trésorier.

appelle des écoles de *construction*, de *pilotage*, et de *canonnage*, pour y vaquer à tout ce qui y est requis à la construction des vaisseaux et des galères, pour instruire les pilotes, et pour exercer les canoniers à tirer au prix dans un certain jour de la semaine [1]. Outre le soin qu'on y a encore de faire apprendre à naviguer aux officiers, comme à Rochefort et à Brest, en des vaisseaux qu'on appeloit à ce sujet l'*école flottante* [2]. Quant aux matelots, il y a quelques années qu'on en avoit enrôlé quarante mille depuis Bayonne jusques à Dunquerken, c'est-à-dire dans toute l'étendue des côtes de France sur l'Océan, et douze mille sur les côtes de la Méditerranée, de Languedoc et de Provence [3]. Cependant on peut douter, et quand ce nombre seroit encore sur pied, qu'il y ait parmi cela un nombre suffisant de bons matelots, et ainsi qui pourroient faire faute dans la conjoncture de la guerre présente, surtout à l'occasion du grand nombre des matelots de la Religion qui ont déserté au sujet de la persécution, particulièrement en Poitou et vers

---

[1] Création des écoles gratuites dites *de pilotes*, sous la direction d'un pilote hydrographe, qui date de l'époque de Richelieu; Spanheim donne exactement l'idée de ces écoles régionales.

[2] Colbert créa en 1670 (*Journal d'Ol. d'Ormesson*), puis, par décret du 22 juin 1682, réorganisa à Toulon, Rochefort et Brest, trois compagnies de gardes de la marine, recrutées dans la noblesse. Ces jeunes gens recevaient, à bord d'un vaisseau, sur une *école flottante* (nom qui, aujourd'hui encore, est attaché à une de nos écoles navales, celle des matelots), des leçons de mathématiques, de géographie, d'hydrographie. Le maître charpentier du port leur expliquait la construction; ils suivaient des exercices de tir au canon. Puis après trois ans ils étaient embarqués sur la flotte où ils servaient comme de simples matelots. Devenus officiers, enseignes ou lieutenants, ils étaient encore astreints à suivre des cours d'hydrographie et de constructions maritimes, avant de passer capitaines (Isambert, XIX, 238, 242.)

[3] Spanheim parle ici de *l'inscription maritime*, instituée par ordonnance du 22 septembre 1668 : elle établissait un *rôle général* des marins répartis en trois ou cinq classes et destinés à servir tous les trois ou cinq ans. Ce service n'était pas assuré, quoiqu'on comptât soixante mille inscrits. Et Colbert, préoccupé du mauvais vouloir qu'il rencontrait, songeait en 1670-74 déjà à lever 2000 hommes, ou matelots fixes dans chaque centre (Lettres de Colbert, 26 nov. 1669, 26 mai 1674 dans les *Lettres et instructions de Colbert*; Crisenoy, *le Personnel de la marine sous Colbert*; enfin *l'État de la France*, II. 245).

les côtes de la Rochelle et de l'île de Ré[1]. Je ne mets pas ici en compte les provisions de bouche en chairs, biscuits et eaux-de-vie, dont on ne manque point en France pour n'en pouvoir fournir suffisamment les vaisseaux, et d'où même les autres puissances voisines et maritimes avoient coutume de tirer leurs provisions, comme des eaux-de-vie susdites. A quoi je pourrois joindre qu'il y a une fonderie à Rochefort et une à Toulon, et qui fournissent chacune tous les ans environ cent pièces de canon. A l'égard du bois pour la construction des vaisseaux, quoiqu'on n'en manque point en France, il est constant qu'on qu'on ne laissoit pas d'en tirer de Norveguen, et particulièrement pour les gros mâts, de même que du chanvre[2] pour les gros câbles.

En quatrième lieu, par le mérite et la valeur de bons généraux ou officiers de mer. On ne peut pas mettre l'amiral de France en ce rang[3], qui est un jeune seigneur de neuf à dix ans,

Des généraux ou officiers de marine en France.

---

[1] « *Retz* », dans le manuscrit [A]. — C'est évidemment cette préoccupation qui a déterminé Colbert à proposer au roi l'édit du 18 mai 1682, antérieur à la Révocation, défendant aux gens de mer « qui, par esprit de cabale, se retirent avec leurs familles de notre royaume par des résolutions contraires à leur salut, à leurs intérêts, à la fidélité qu'ils nous doivent », de le faire sous peine des galères à perpétuité. Vauban déclarait, dans un mémoire de 1688 adressé à Louvois, que la France avait perdu 9000 matelots (Rulhière, *Eclaircissements sur la révocation de l'édit de Nantes*). Les textes les plus sûrs sont les rapports des intendants de 1698 : celui de la Rochelle « où la population a diminué d'un tiers » (Bibliothèque nationale, *fonds Mortemart*, n° 96); celui de Bordeaux signale le départ de 30.000 protestants (*ibid.*, 98); celui de Caen (*ibid.*, 95) et de Rouen, 180.000 environ : ces émigrés appartenaient surtout aux classes où se recrutait la marine. En Picardie (n° 99), on comptait 2700 familles de marins sur les 3000 qui s'étaient enfuies (Weiss, *Histoire des réfugiés*, t. I, p. 107 et suivantes).

[2] Le manuscrit [B] ajoute « *chanvre de Riga* ».

[3] La charge d'*amiral* avait été rétablie le 12 novembre 1669, en faveur d'un fils de France, le duc de Vermandois, un enfant aussi. Les lettres patentes citées dans l'*Etat de la France* (1689, II, 236), avaient restreint ses pouvoirs à la justice et au commandement d'armée. Le roi se réservait, à lui et à Colbert, toutes les nominations, toute l'administration de la marine. Le comte de Toulouse, Louis-Alexandre de Bourbon, fils légitimé de la Montespan, né le 6 juin 1678, en fut pourvu au mois de novembre 1683. Spanheim se trompe de près de deux ans sur son âge.

savoir le comte de Toulouse, fils du Roi et de Mme de Montespan. Mais on peut bien y mettre le vice-amiral, qui est le maréchal d'Estrées, qui entend la mer et a beaucoup de valeur quoiqu'on ne s'en serve jusques ici, dans cette guerre, que pour la défense des côtes [1]. Il y a ensuite des lieutenants généraux des armées navales [2], parmi lesquels il y avoit feu M. du Quesne, personnage de la Religion, et dans la profession de laquelle on l'a laissé vivre et mourir en France après avoir essayé en vain de le faire changer, et où il est décédé, il y a environ trois ans, âgé de près de quatre-vingts années [3]. Il avoit servi dans sa jeunesse dans les flottes suédoises, et ensuite longues années dans celles de France, où il s'étoit acquis une grande expérience et beaucoup de réputation, en sorte qu'il

[1] Jean, comte d'Estrées, né en 1624, frère des ducs et cardinal d'Estrées (Relation, p. 432) : après avoir pris tous ses grades dans l'armée de terre, lieutenant général au siège d'Arras (1654), il étudia la marine, les mathématiques, visita depuis 1659 les ports étrangers, et, en 1669, fut alors chargé d'une escadre qu'il mena en Amérique. En novembre 1669, il fut pourvu d'une des deux charges de vice-amiral établies à cette époque, avec Duquesne sous ses ordres, comme guide et maître, un rude maître parfois. Il combattit sans cesse, entre 1672 et 1678, contre les Hollandais, et fut nommé, après la paix, maréchal de France (24 mars 1684). En 1685, il alla bombarder Tripoli, et alors, ayant obtenu pour son fils, *Victor-Marie comte d'Estrées*, plus jeune, plus actif, qui commandait l'arrière-garde sous Tourville à Béveziers, la survivance du vice-amiralat, il n'eut plus jusqu'à sa mort (1707) de service à la mer. La défense des côtes lui fut confiée dans la région de l'Aunis, Saintonge et Poitou (Saint-Simon, éd. de Boislisle, I, 130) avec « le titre vain, dit Saint-Simon (éd. 1873, V, 258) de *vice-roi d'Amérique* » (1686). En janvier 1689, on l'envoya défendre la Bretagne (de Sourches, III, 26).

[2] Trois lieutenants généraux, en 1689 : le chevalier de Tourville, le comte de Château-Renault, le marquis d'Amfreville *(État de la France, 1689,* II, 240), et six chefs d'escadre « qui commandent en leur absence » : MM. Gabaret, le chevalier de Béthune, de Villette-Murcé, Forant, le chevalier de Nesmond, le chevalier de Flacourt.

[3] Il mourut le 2 février 1688, âgé de soixante-dix-huit ans. Il était né à Dieppe, en 1610, et avait commencé son service auprès de Richelieu et de Sourdis, capitaine à vingt-six ans (1636) du Neptune. Il ne servit la Suède que trois ans (1644-1647), puis il arma, en 1653, une escadre à ses frais. En 1663, il reprit son service régulièrement. Tout le monde se plaignait de son caractère *épineux*; mais, en général, on le disait « *excellent navigateur,* le plus *expert en la marine*». Sa gloire fut consacrée par ses victoires sur Ruyter (*Lettre de Colbert,* du 27 février 1676, sur la victoire du Stromboli ; Jal, *Vie de Duquesne,* 2 vol. in-8°).

passoit pour un des premiers hommes de mer de l'Europe. Il s'étoit surtout signalé par les victoires navales qu'il remporta en Sicile dans la dernière guerre, et où le fameux amiral Ruyter fut tué, et ensuite par son expédition au Levant, devant Chios et au voisinage de Constantinople[1]; sans parler à présent du premier bombardement d'Alger[2] et de celui de Gênes, où il se brouilla avec M. de Seignelay[3] qui étoit sur la flotte, et depuis il n'a plus servi. Ceux qui ont aujourd'hui le plus de réputation dans la marine, et dans la confiance dudit marquis de Seignelay, et ainsi sont les plus employés en qualité de lieutenants généraux ou de chefs d'escadre[4], sont : le chevalier de Tourville, qui, hors le vice-amiral maréchal d'Estrées, auroit le commandement de toute la flotte[5]; le marquis d'Amfreville, qui vient de conduire le convoi de France en Irlande et est neveu du maréchal de Bellefonds[6]; le sieur Gabaret[7], fils

---

[1] Expédition contre les pirates tripolitains qui, après avoir capturé des navires français, s'étaient retirés à Chio. L'aga ayant pris parti pour eux, Duquesne bombarda la ville (Gazette, 1681, p. 517, 548).

[2] Le premier bombardement d'Alger, du 12 juillet au 12 septembre 1682, où l'on fit pour la première fois emploi des galiotes de Château-Renault et qui ne fut pas suffisant (Gazette, 1682, p. 667), puisqu'il y en eut un second en 1683 (ibid., 1683, 573) (Jal, Vie de Duquesne, II, 485; et la médaille : Algeria fulminata).

[3] Relation, p. 385, note 3, et Rousset (Louvois, III, 273).

[4] « Le roi, dit Dangeau (13 février 1692), tint conseil avec M. de Pontchartrain, M. de Tourville, le chevalier de Château-Renault, MM. d'Amfreville et Gabaret, sur ce que la flotte devait entreprendre cette année. »

[5] Anne Hilarion de Cotentin, né à Paris, en 1642, chevalier (de Malte) de Tourville depuis 1656, embarqué en 1661, sur la recommandation du duc de la Rochefoucauld son parent, dans la marine de Malte, passé, en 1665, au service de Venise, capitaine de vaisseau en France en 1669; vice-amiral du Levant, le 9 octobre 1689. Dangeau (III, 13) dit qu'il commandait en chef l'armée navale de 1690, comme second vice-amiral.

[6] D'Amfreville, né à Honfleur, mort en 1692 : après quelque service dans l'armée de terre, capitaine de la Perle, en 1665, avec le duc de Beaufort; chef d'escadre en 1683; lieutenant général en juin 1688 (Dangeau, II, 147). Son père, comte d'Amfreville, premier président au Parlement de Rouen, lieutenant général de l'amirauté de France, avait épousé une demoiselle Gigault, sœur du maréchal de Bellefonds.

[7] Les Gabaret furent toute une famille de marins ; Guérin dans son Histoire maritime (IV, 466) en compte quatorze. Le père, dont il est question ici, déjà célèbre, fut Mathurin Gabaret, collaborateur de Richelieu comme Duquesne,

d'un père célèbre déjà dans le service de mer, et le chevalier de Château-Renault[1]. Quant aux galères, la charge de général des galères est demeurée vacante jusqu'ici depuis la mort du duc de Vivonne, frère de Mme de Montespan, qui en étoit revêtu, et celle du duc de Mortemart, son fils, gendre de feu M. Colbert, et qui en exerçoit déjà la charge en survivance. Celui-ci mourut en 1687, et le père l'année suivante, en 1688[2].

mort lieutenant général (septembre 1671). Le fils *Jean*, qui se signala avec son père, associé à Beaufort dans ses guerres contre les Barbaresques (1666-1668), était capitaine de vaisseau dès 1655, fut fait chef d'escadre en 1673 et joua un grand rôle à la bataille d'Agosta où fut tué Ruyter. On lui fit attendre cependant la lieutenance générale. En 1688, l'attente lui fut adoucie par une pension de 1000 écus (Dangeau, II, 152). Étant le plus ancien chef d'escadre, il conduisit, avec d'Amfreville, l'expédition d'Irlande et, en octobre 1690, il devint enfin lieutenant général. Son fils, en 1691, était chef d'escadre (Dangeau, III, 271). — Son cadet, *Louis*, le seroit devenu, s'il n'avait été tué en 1676. Jean Gabaret mourut, lui, le 25 mars 1697 *(Gazette,* p. 167).

[1] François-Louis Rousselet, d'abord marquis, puis *comte de Château-Renault*, né en Bretagne en 1637, entré dans l'armée de terre où il servit sous Turenne aux Dunes, puis dans la marine comme enseigne en 1661, chef d'escadre en 1673, pour ses campagnes contre les Barbaresques (1654-1671). Il était le chef et le représentant de la jeune marine qui, en 1683, transforma la construction et le mode d'armement des navires (Guérin, III, p. 503). Ses opérations de 1689 à la baie de Bantry, ou celles de 1690 pour rejoindre Tourville à Béveziers, furent de tous points remarquables.

[2] Louis-Victor duc de Rochechouart, duc de Mortemart, maréchal *duc de Vivonne*, maréchal de camp en 1664 ; après de nombreuses campagnes il avait eu, par la démission du marquis de Créquy, la charge de *général des galères*, et secourut Candie au service de l'Église. Son rôle le plus marquant fut l'expédition de Sicile, où il avait été envoyé comme vice-roi, sans secours suffisants. Ce rôle a été très justement apprécié par Rousset *(Louvois,* II, p. 389 et suiv.). Vivonne fut alors rappelé assez brutalement, le 2 janvier 1678, dans son gouvernement de Champagne qu'il avait eu en 1674. Il demeura avec son brevet de maréchal obtenu le 30 juillet 1675, et en outre avec celui de duc et pair qu'on lui conféra au retour. Tout le temps qu'il eut cette charge de général des galères, il n'y eut pas de vice-amiral du Levant. — Le fils, Louis de Rochechouart, *duc de Mortemart,* dont il a été question à propos de Colbert son beau-père (p. 321, note 3), né en décembre 1664, devint en 1679 général des galères en survivance, quoique tout jeune : il fut formé par Colbert, qui fit auprès de lui office d'éducateur et presque de père (Clément, *Colbert,* II, p. 471). Il donnait de belles espérances, quand il mourut le 3 avril 1688, après une campagne avec Tourville à Tripoli (racontée par Dangeau, 1686, I, 299). Son père lui survécut quelques mois, jusqu'au 15 septembre 1688. La charge fut donnée au duc du Maine, le 21 septembre 1688 *(État de la France,* 1689, II, p. 245) en même temps que la charge de vice-amiral du Levant était rétablie en faveur de Tourville (1er novembre 1689). Spanheim ignorait ce dernier détail.

Je ne parle pas à présent des capers[1] françois ou vaisseaux corsaires que des particuliers eurent permission de mettre en mer contre les Hollandois, et y furent même invités par les facilités qu'on leur en donnoit de la part du Roi ; le tout avant même la déclaration de la guerre, qui fut publiée contre les Etats vers la fin de l'an 1688[2]. Le nombre n'a pu depuis qu'en augmenter, et à proportion des prises que ceux qui étoient déjà sur pied ont eu occasion de faire sur les Hollandois, et depuis sur les Anglois. Aussi le nombre de ces prises n'a pu qu'être assez grand et considérable, vu le grand commerce de ces deux nations maritimes, et ainsi la grande quantité de vaisseaux qu'ils ne peuvent qu'avoir en mer, et par là être exposés à être surpris par ces capers françois, à moins de convoi et de bonne escorte. Ce qui ne devient pas égal pour donner un même avantage sur les vaisseaux françois à leurs ennemis, vu que ceux-là ont un commerce par mer beaucoup moindre, qui n'a pu même que diminuer extrêmement depuis la défense qui en a été faite par les Anglois, Hollandois et les Espagnols[3]. Outre

Des Capers François et de leurs avantages.

[1] Le manuscrit [C] écrit : « capres » dans sa table des matières. C'est la forme française et vieillie du mot hollandais *Kapers* (de *Kapen*, faire la piraterie) ; « j'ai été pris par un *capre* ». (Littré). — *Kaper* signifiait tout bâtiment de corsaires, d'abord ceux des Hollandais qui poursuivaient la marine espagnole, puis les français qui de Dunkerque pillèrent au milieu du XVIIe siècle les Hollandais ou les Espagnols indistinctement (d'Aubin, *Dictionnaire de Marine*, Amsterdam 1736, aux mots : *armateur* ou *capre*).

[2] Spanheim parle ici comme Voltaire (*Siècle de Louis XIV*, édition Bourgeois, p. 282) des croisières célèbres des Dunkerquois (Jean Bart), des Malouins (Duguay-Trouin), des Nantais (Vié et Cassard). La guerre de la ligue d'Augsbourg fut en effet la grande époque de la course, où l'on prétend qu'Anglais et Hollandais perdirent près de 5000 bâtiments, pour plus de 800 millions de livres (voir la *Gazette de France*, qui relate régulièrement les prises, années 1689-1690. Guérin a publié sur la Course un projet très curieux de Jean Bart : *Histoire maritime*, IV, 479). Les facilités que Spanheim a l'air de reprocher au roi et qui étaient alors dans l'usage, c'étaient : d'une part les *lettres de marque* qui, de la part du roi, autorisaient les prises en réservant un dixième à l'amiral ; très souvent même la fourniture par le roi aux entrepreneurs de courses de petits vaisseaux de l'Etat désarmés, « interrompus », qu'ils avitaillaient ; enfin les honneurs accordés aux corsaires les plus célèbres, à Jean Bart dès 1675, et plus tard à Duguay-Trouin et à Cassard.

[3] De Sourches, le 5 octobre 1688 (II, 238), donnait toute l'organisation de la course et indiquait l'argent que les courtisans fournirent à MM. de Langeron

encore que le commerce est présentement comme fermé en France par les ordres du Roi, qui ne permettent plus à aucun vaisseau de sortir en mer sans permission, ce qui n'a pas empêché pourtant que les vaisseaux ou capers des alliés n'aient fait aussi quelques prises considérables sur les François, comme entre autres, dernièrement, celle de deux navires de leur compagnie d'Orient, et richement chargés, qui, ne sachant pas la rupture entre la France et les Etats, furent pris par des vaisseaux de la compagnie hollandoise au cap de Bonne-Espérance, et de là conduits en Zélande.

DES FORCES DE TERRE

Avantages des forces de la France par terre.

A l'égard des forces de la France par terre, outre ce qui en est assez connu au public, on les peut même assez recueillir de ce que j'ai déjà touché dans les articles précédents à l'égard de ses finances, ou revenus, de sa situation avantageuse, du nombre de ses forteresses, du bon ordre du gouvernement, et de la soumission, de la dépendance ou de la valeur de sa noblesse et de ses peuples. Cependant, pour en avoir une plus juste et distincte idée, on peut considérer en effet ces forces de terre :

1. Dans ses revenus et moyens pour les mettre sur pied et pour les entretenir.

En premier lieu, dans ses grands revenus et les sources susmentionnées de ses finances, qui ne peuvent que l'être en même temps de toutes les dispositions, préparatifs et moyens pour mettre sur pied et pour entretenir les forces requises pour soutenir l'Etat ou pour attaquer[1] au besoin, d'autant plus que tous ces mêmes avantages ne se trouvent ni aussi abondants, ni aussi faciles, ni aussi prompts auprès de ses ennemis.

et d'Erlingue détachés de la marine royale comme *armateurs* ou *capres*. Mais le roi, le 6 octobre, désavoua ses courtisans et ne permit la course que *sourdement*, aux Malouins et aux Dunkerquois. Les courtisans continuèrent malgré tout à s'y intéresser, comme il ressort d'une prise dans la Méditerranée, racontée par de Sourches (III, 24) ou d'un autre succès des Dunkerquois relaté par le même auteur (III, 133, août 1689).

[1] « *L'attaquer* », dans les manuscrits [A] et [B].

En second lieu, dans l'avantage que j'ai déjà remarqué de sa situation qui tient, comme on sait, toutes les provinces et tous ses Etats unis, attachés les uns aux autres, et ainsi en état de se secourir mutuellement ou de recevoir aisément du secours au besoin. Cet avantage s'est rendu même d'autant plus considérable par les pays et les places dont la France s'est mise en possession, non seulement par les guerres passées contre l'Espagne de 1667, et celle qui suivit depuis, l'an 1672, par l'acquisition de plusieurs belles et fortes places dans les Pays-Bas, et d'ailleurs de toute la Franche-Comté, mais encore, depuis la paix de Nimeguen, par la prise ou acquisition des trois importantes places telles que Luxembourg, Strasbourg et Casal. Aussi les regardoit-on en France comme les trois clefs qui pouvoient fermer l'entrée dans le royaume du côté des Pays-Bas, de l'Italie et de l'Empire, rompre les communications et les secours des armées de ces mêmes puissances, et au contraire donner à la France des passages libres et proches pour les attaquer au besoin.

2. Dans sa situation.

En troisième lieu, par ses forteresses qu'elle a pris à tâche de faire construire depuis vingt-deux ou vingt-trois ans en çà, et les conquêtes susdites faites dans le Pays-Bas espagnol, dans la guerre de l'an 1667 et depuis. On peut compter entre celles-là, comme les plus considérables par les fortifications des villes mêmes et de leurs citadelles, celles de Cambray, de Valenciennes, de Tournay, de Lille, de Menin, de Dunquerken, d'Aire, de Saint-Omer ; du côté des Suisses et du haut Rhin, la citadelle de Besançon dans le comté de Bourgogne, Huninghen et le fort vis-à-vis de l'autre côté du Rhin ; d'ailleurs, Fribourg, Brisach, Schletstatt, Strasbourg, le fort du Kehl, le fort Louis et Philippsbourg, depuis sa dernière prise ; Mont-Royal, vers la Moselle, et le fort Saint-Louis sur la Saar. Elle avoit bien le dessein, depuis l'affaire dernière de l'élection de Cologne, de prendre occasion de s'assurer de même du bas Rhin, et, à ce sujet, de prendre poste, comme elle avoit fait,

3. Dans le nombre et la qualité de ses forteresses.

dans les places de cet archevêché, Bonn, Nuys, Kaiserswerth Rhinberghe[1], mais que les glorieuses conquêtes des armes de Son Altesse Electorale et de la dernière campagne lui ont heureusement enlevées, et qui ont affranchi par là tout le bas Rhin de ce fâcheux joug[2]. A quoi on peut ajouter le succès avantageux que les armes impériales ont aussi remporté par la prise de Mayence[3].

4. Dans les moyens pratiqués pour empêcher les entrées en France.

En quatrième lieu, par les exécutions violentes et plus que barbares, que le Conseil du Roi n'a point fait scrupule de pratiquer par incendies, saccagements et démolition totale de villes, de forteresses, de châteaux, de bourgs et de villages situés sur le Neckre, le haut Rhin, le Mein et la Moselle, et qu'il continue encore tous les jours[4], pour en fermer par là les passages

[1] Spanheim, diplomate du Brandebourg, met ici tout à fait en lumière les motifs qui poussèrent Louvois à faire de l'élection de Cologne *un casus belli*: c'étaient la crainte d'une guerre imminente avec l'Allemagne, que Croissy avait fait tous ses efforts pour retarder *(Relation,* p. 365, note 2) et le désir de se fortifier contre une attaque venue du bas Rhin. Dès le 25 août 1687, treize jours après la défaite de Mohacz qui rendait à l'Empire sa liberté contre la France, Louvois écrivait à Vauban : « Cette nouvelle fait juger à propos de pourvoir à donner la dernière perfection à la frontière du côté de l'Allemagne » (Rousset, *Louvois,* IV, 63). Au mois d'octobre 1688, les troupes françaises, commandées par Sourdis et d'Asfeld, s'emparèrent de Bonn, Neuss (que Spanheim appelle *Nuys),* Kaiserswerth et Rheinberg *(Rhinberge)* : Bonn, sur la rive gauche, la plus au sud, Neuss (rive gauche aussi, sur l'Erft, plus au nord) et Kayserswerth (rive droite), toutes les deux autour de Dusseldorf, Rheinsberg enfin (rive gauche), forteresse de l'Electeur de Cologne, enclavée dans les possessions prussiennes de Clèves, presque en face de la Lippe. Le prince de Waldeck crut d'abord que les Français voulaient envahir la Hollande et assiéger Maestricht. Mais il constata, dès le 12 février 1689, que Louis XIV voulait simplement y organiser une forte défensive (Dr Muller, *Willhelm III von Oranien und George Friedrich von Waldeck,* la Haye 1880 t. II, p. 124 et surtout p. 134).

[2] Pour cette campagne, voir p. 352, note 2 et le livre du Dr Muller cité dans la note précédente. Prise de Kaiserwerth par les Prussiens (26 juin 1689); de Bonn, le 13 octobre, après une héroïque résistance de d'Asfeld (Rousset, *Louvois,* IV. 224-244, pour toute cette campagne).

[3] Le siège de Mayence par le duc de Lorraine, général de l'Empereur, du 17 juillet au 11 septembre 1689. D'Huxelles fut obligé de se rendre, quoique l'Electeur de Brandebourg, au lieu d'aider les Impériaux, se fût obstiné au siège de Bonn (Rousset, *ibid.,* p. 236).

[4] Ces mots « *et qu'il continue encore tous les jours* », qui figuraient dans le

ou rendre aux alliés les marches et les entrées en France impraticables, les réduire enfin à ne pouvoir prendre leurs quartiers et tirer leur subsistance du côté de l'Empire que dans leurs propres pays, et assez éloignés même des frontières de la France[1]. En quoi, le Conseil du Roi ou du ministre de la guerre a eu encore en vue d'en tirer l'avantage que la souffrance par là de ces mêmes pays et la division pour les quartiers entre les princes armés de l'Empire ne pourroit, à son avis, qu'en procurer et donner même lieu, au besoin, de s'en prévaloir. Après tout, comme cette même conduite de la France que je viens d'alléguer est également injuste, cruelle et fort opposée à toutes les lois et la pratique[2] d'une juste guerre, d'ailleurs de l'humanité et du christianisme, on peut dire aussi qu'elle mérite autant de blâme et d'horreur[3] que ceux qui en sont les auteurs prétendent d'en tirer d'avantage et de sûreté, et que les autres moyens susmentionnés, et dont j'aurai encore à parler, pourroient leur être licites ou permis.

En cinquième lieu, vu la grande facilité qu'il y a en France pour la levée des troupes, à cause de la fréquence et de la mi-

5. Dans la facilité pour les levées de troupes.

manuscrit [B], ont été omis par le copiste du manuscrit [A] et rétablis en marge par Spanheim et de sa main.

[1] En somme, l'incendie du Palatinat dont Spanheim a bien expliqué les causes. On les trouve très nettement développées dans un mémoire de Chamlay, du 27 octobre, et dans un autre du 6 novembre 1688 (*Dépôt de la Guerre*, 827) : « Ruinez, démolissez et mettez-vous par là en état d'être absolument maîtres du Rhin. » Ceci fait, Chamlay ne voyait pas comment l'Empereur s'y prendrait alors pour entamer le Rhin : au mois de décembre, après quelques hésitations, Louis XIV se rendit aux raisons de Chamlay, présentées, appuyées par Louvois (Rousset, IV, 160, 164).

[2] « *Et la pratique* ». Ces mots omis par le copiste du manuscrit ont été rétablis par Spanheim en interligne.

[3] Pour juger de la valeur des reproches de Spanheim, serviteur de prince allemand, il suffit de relire la lettre adressée à Louvois, le 21 mai 1689, par le maréchal de Duras chargé de l'exécution : « La douleur de détruire des villes aussi considérables que Worms et Spire, m'a porté de représenter à Sa Majesté le mauvais effet qu'une pareille désolation pourrait faire dans le monde pour sa réputation et sa gloire : c'est un parti fort fâcheux, qui donne à toute l'Europe des impressions d'aversion terrible. » (Rousset, *Louvois*, IV, 181). Ce n'est pas, sans doute, le langage irrité de Jurieu, l'auteur des *Soupirs de la France, esclave* (13e mémoire). Mais il n'en est que plus significatif.

sère même des peuples, qui se voient réduits, par l'exaction des tailles et des gabelles, et à présent par la ruine du commerce, à embrasser le parti des armes et à se laisser enrôler pour se tirer de leurs misères et trouver de quoi subsister. A quoi contribue encore le génie de la nation, assez inquiet et porté au changement et aux nouveautés, d'ailleurs qui ne manque pas de courage, et de l'autre, le nombre, l'ambition ou la valeur de la noblesse françoise, qui se pique naturellement de suivre la profession des armes et de chercher à s'y distinguer et à s'y avancer. Ce qui ne se trouve pas imprimé aussi avant, ni aussi généralement, ni peut-être avec autant d'émulation, dans l'esprit et dans les vues de la noblesse des autres royaumes ou États, sans que je prétende rien diminuer par là de la valeur et du courage qu'on y trouve dans ceux de la noblesse qui s'y adonnent aux armes[1]. Ce que je veux dire seulement, c'est que, par la coutume, par l'éducation[2] ou par la différente situation du gouvernement, le métier des armes n'y est pas si fort attaché et comme indispensable à la noblesse ainsi qu'il l'est en France, et à y employer même toutes leurs facultés et au delà, dans l'attente ou dans l'espérance d'un avancement ou d'une récompense qui souvent ne laisse pas de leur manquer.

6. Dans le nombre et valeur de ses généraux et officiers.

En sixième lieu, par le nombre et la qualité de bons officiers, et ensuite de bons généraux qu'on a vus en France jusques ici[3], et qui résulte particulièrement de ce que je viens de dire de l'application aux armes de la noblesse ou autre jeunesse françoise, dès qu'elles sont en état de porter les armes[4]. Et à quoi

---

[1] De Sourches, à propos d'une levée de compagnies de dragons pour laquelle on se précipitait chez de Saint-Pouenge, dit : « Tant il est vrai que de tous les royaumes du monde, il n'y en a aucun où les peuples s'empressent de servir le Roi, comme la France » (III, 26).

[2] « Par l'éducation » se trouve dans le manuscrit [B]; avait été omis dans le manuscrit [A]; a été rétabli en marge par Spanheim.

[3] « Qu'on a vus en France jusques ici » : même observation.

[4] A comparer le pamphlet contemporain : *la Conduite de la France depuis*

n'a pu encore que contribuer le grand soin qu'on a pris en France, sous ce règne, de plusieurs établissements et règlements beaux et utiles qui n'ont eu pour but que l'apprentissage en temps de paix et l'exercice de l'art militaire, le maintien de la discipline, le travail presque continel des troupes, et par là l'éloignement de l'oisiveté, de la débauche et du relâchement dans le devoir. Il n'est pas nécessaire de parler ici en détail de ces règlements ou usages introduits pour l'apprentissage ou l'exercice des officiers et des soldats, qu'on a rendus publics, qui sont d'ailleurs assez connus, et que leurs voisins ou autres ont tâché d'imiter et d'introduire dans leurs troupes[1]. Il suffit de remarquer qu'il n'y a point de place en France où il y ait garnison où cette école de l'art militaire ne se pratique avec un grand soin et une grande exactitude, où il n'y ait des officiers qui en sont particulièrement chargés. C'est dans cette même vue qu'on y a introduit, depuis dix ou douze ans en çà, l'établissement des compagnies des cadets, qui sont autant de jeunes gentilshommes qui y étoient entretenus et élevés dans tous les exercices militaires, et pour en faire comme une pépinière de jeunes officiers[2]. A quoi on peut joindre les revues fréquentes des troupes, tantôt particulières de certains corps, comme des troupes de la maison du Roi ou autres ; tantôt plus générales, comme celles qui donnèrent occasion au voyage du Roi en 1683, et dont il se fit une revue de douze mille chevaux vers la Saône, à quelques lieues de Dijon[3], et une autre de vingt

---

la paix de Nimègue, et la *Réponse* (1683) inspirée par Louvois, notamment aux pages 69, 78 ces mots : « Il n'y a pas d'endroit où l'on puisse espérer faire plus tôt fortune. »

[1] Rousset, *Louvois*, III, p. 287, p. 325 et les notes.

[2] Institution des cadets, du 12 juin 1682, en deux compagnies, à Metz et à Tournai, et bientôt en neuf à Cambrai, Valenciennes, Charlemont, Longwy, Strasbourg, Brisach et Besançon. On plaçait même dans les Cadets des gens de naissance assez basse (Lettres de Louvois des 5 octobre et 27 décembre 1682, *Dépôt de la guerre*, 681, 683). L'institution fut abandonnée par la France, en 1692, alors que l'électeur de Brandebourg l'installait dans ses Etats.

[3] L'histoire de ces deux camps, dans la *Relation* p. 86, note 4; dans le pamphlet célèbre, *la Conduite de la France depuis la paix de Nimègue*, p. 124, 127; enfin dans les lettres de Louvois à son père, écrites de Bourgogne (juin

mille à vingt-deux mille [hommes] d'infanterie vers la Saar, au dehors de Bockenheim[1]. Je vis l'une et l'autre de ces revues, ayant eu ordre de suivre le Roi dans ce voyage.

7. Dans le bon ordre pour la subsistance des troupes.

En septième lieu, par le bon et grand ordre qu'il y a en France pour l'entretien et la subsistance des troupes, par la régularité des payements, quoiqu'ils soient d'ailleurs assez médiocres[2], par l'érection des magasins[3], par les provisions de bouche, comme du pain de munition[4], par celles requises pour les malades ou pour les blessés, ou enfin par la distribution du fourrage. Ce qui n'a garde de manquer, par le soin particulier de divers officiers qui en sont chargés, comme intendants d'armée, commissaires, trésoriers, receveurs, payeurs de troupes et pareils, et qui en sont responsables au ministre des affaires de la guerre, c'est-à-dire à M. de Louvois, qui n'est pas d'humeur à leur pardonner aucun manquement. A quoi on

---

1683) et de Lorraine (juillet) *(Dépôt de la guerre,* 694, 695), qui nous montrent à cette date Louis XIV inspectant ses forteresses, faisant manœuvrer devant lui ses cadets et ses troupes. Ces camps étaient en outre destinés à intimider l'Espagne, et faits pour l'obliger, sans guerre, à accepter les *Réunions* et l'arbitrage de l'Angleterre dans ses différends avec la France (Rousset, *Louvois,* III, 236).

[1] Bockenheim, en français *Bouquenon.*

[2] Par ordonnance du 6 février 1670, la solde, désormais invariable et à échéances régulières, fut de 5 sous par jour pour le mousquetaire ; 5 sous 6 deniers pour le piquier ; 7 sous pour le caporal ; 8 sous pour le sergent. Dans la cavalerie, 15 sous pour chaque maître ; 11 sous pour les dragons. Le paiement devait se faire régulièrement tous les dix jours, par les soins du capitaine. En campagne, le roi fournissait le pain et le fromage ; on retenait alors 1 sou aux fantassins, 8 sous aux cavaliers. Le capitaine touchait 75 livres par mois en temps de paix, 150 livres en guerre tous les 45 jours. En temps de paix, il recevait chaque jour pour rétablir sa compagnie, du pays où il était en quartier, 5 livres par compagnie : c'était l'*ustensile* (ord. du 25 octobre 1674 et du 1er février 1675).

[3] Dans toutes les places frontières, avec des grains pour six mois et des farines pour deux, par des traités passés avec les munitionnaires Jacquier et Berthelot (Rousset, *Louvois,* I, p. 249, 250).

[4] « Souvenez-vous, écrit Louvois au baron d'Asfeld, que les troupes du roi ne sont pas accoutumées à manger du pain de seigle pur, non plus que d'aussi mauvais que celui qu'on donne aux troupes des princes d'Allemagne », 8 juin 1688. *(Dépôt de la guerre,* 818.)

peut encore ajouter le même soin et les mêmes précautions qu'on a pour le transport de l'artillerie et pour tout ce qui peut y être requis.

En huitième lieu, par le secret des opérations militaires, qui ne se détermine que dans le cabinet de Sa Majesté ou au Conseil du Ministère, ne se confie ensuite qu'à ceux qui doivent être chargés de l'exécution, et quelquefois même sur le point seulement qu'ils y doivent mettre la main. Ajoutez l'autorité du gouvernement, la soumission et l'obéissance aveugle qu'on lui rend, et par là la subordination dans le commandement, la dépendance entière, ou des troupes à l'égard des officiers, ou des officiers à l'égard du général, et du général aux volontés de la cour ou du ministre de la guerre.

8. Dans le secret des opérations de la guerre.

Après ces réflexions générales et particulières sur l'état des forces par terre de la France et ce qui y a contribué jusques ici, on peut considérer les troupes dont elles sont composées et qui peuvent être sur pied.

Sur quoi je ne puis que remarquer, en premier lieu, qu'il n'est pas aisé d'en savoir le nombre au juste, surtout depuis la conjoncture de la guerre présente et vu les levées plus ou moins grandes qu'on peut avoir faites, et l'incertitude du succès qu'elles peuvent avoir. Outre qu'on en grossit aisément le nombre en France, pour le faire répandre au dehors et en donner de la terreur ou en déconcerter, si on peut, par là les mesures des puissances avec qui elle est en guerre[1]. C'est ainsi

Des troupes de France par terre.

---

[1] C'est bien là, en effet, l'esprit d'une lettre de Louvois à d'Asfeld (8 septembre 1688) (*Dépôt de la guerre*, 818) : « Je commence à douter que le prince d'Orange pense bien sérieusement à faire un camp. Et je suis bien trompé, s'il ne va être embarrassé quand il apprendra que le roi a résolu de lever jusqu'à 40.000 hommes de pied et 18 000 chevaux, outre les 125.000 hommes de pied et les 24.000 chevaux que Sa Majesté a toujours eus dans la paix. » Cela fait un total de 207.000 hommes, d'après Louvois lui-même. Il y comptait évidemment les troupes des frontières ou des côtes. Car on voit, le 28 septembre, les deux compagnies de mousquetaires chargées de la défense de Cherbourg

qu'avant mon départ de France, et au commencement de l'an passé 1689, on y faisoit le compte que le Roi auroit effectivement sur pied plus de trois cent mille hommes, y compris ceux qui étoient dans les garnisons ou destinés à garder les côtes ; et ce n'étoient pas seulement les ministres et les courtisans qui l'assuroient, mais d'autres qui pouvoient être plus désintéressés, en parler de meilleure foi, et qui croyoient même le bien savoir. En sorte que, suivant ce compte, on y faisoit état que le Roi en mettroit cent cinquante mille (et ainsi la moitié de ces trois cent mille hommes) en campagne, dont il feroit trois armées capitales, qui ne manqueroient pas d'agir offensivement, de prendre des places et de faire bien du ravage. Cependant l'événement n'y a pas répondu, en a paru même bien éloigné, puisqu'on a vu que deux armées considérables de France en campagne : celle dans l'Empire, commandée par le maréchal de Duras, et l'autre dans les Pays-Bas, par le maréchal d'Humières, et qui, après tout, lorsqu'elles ont été les plus fortes, n'ont pas eu la réputation d'avoir chacune au delà de trente mille à quarante mille hommes tout au plus. On ne met pas en compte le petit corps volant commandé par le marquis de Boufflers[1]. D'ailleurs, bien loin d'avoir agi offensive-

(de Sourches, II, 237). De Sourches dit aussi (II, 224), 8 septembre 1688 : « On sut que le roi levait en tout 40.000 hommes et 10.000 chevaux, ce qui devait faire trembler le reste de l'Europe dans laquelle il n'y avait pas de roi qui pût se vanter d'avoir jamais eu à la fois autant de troupes dans son royaume, que le roi en levait une seule fois pour servir de recrues à son armée. » Enfin, de Sourches, le 15 décembre 1688, dit que le roi se proposait d'avoir 300.000 hommes. Il explique très bien la répartition : un tiers pour servir, un tiers pour les garnisons, un tiers pour les provinces frontières et les côtes. Mais il exagère, comme les courtisans : Spanheim a raison.

1. « *Boufleurs* », dans les manuscrits [A] et [B]. — Ces calculs de Spanheim sont en général justes. Le gros de l'armée d'Allemagne comprenait, sous le maréchal de Duras, 32 bataillons d'infanterie, à 12 compagnies chacune de 50 hommes effectifs : 20.000 hommes et 17 000 chevaux ; le marquis de Boufflers était à Metz avec 3000 chevaux, M. de Monclar à Mont-Royal avec 7500 hommes d'infanterie ; le marquis d'Uxelles, à Mayence, avec 8000 hommes et 1000 chevaux ; le baron de Monclar, en Alsace ; Catinat, à Luxembourg, et d'Asfeld, à Bonn, avec 3 ou 4000 hommes chacun. Cela faisait, pour le Rhin, près de 70.000 hommes. En Flandre, le maréchal d'Humières avait, au 15 avril 1689 (*Dépôt de la guerre*, 864) : 16.000 hommes d'infanterie (25 bataillons) et

ment ou pris des places, elles en ont vu enlever de très considérables, et gardées même par des corps d'armée, mais cependant qui sont tombées au pouvoir de leurs ennemis par des sièges réglés, sans que les armées de France aient même fait mine de les vouloir secourir [1]. Pour le Roussillon et du côté de Catalogne, le duc de Noailles y a eu un corps, qu'on n'a jugé être que de huit mille à dix mille hommes, et aussi qui n'a pas eu grand succès de ce côté là contre les Espagnols, mais plutôt y a eu du désavantage [2].

DES TROUPES OU ARMÉES DU ROI

Mais, pour en venir à quelque détail des troupes que le Roi pouvoit avoir sur pied, on les peut considérer :

En premier lieu, dans la cavalerie, les dragons et l'infanterie qui composent les forces ou armées de France par terre.

10.000 cavaliers (77 escadrons à 140 cavaliers). Un corps détaché sur la Lys avec Calvo : 3900 hommes d'infanterie (6 bataillons) et 3000 cavaliers (22 escadrons) : en tout, 33.000 hommes. Le chiffre de Spanheim est exact pour l'armée de Flandre; il ne l'est pas absolument pour celle du Rhin, parce qu'il faut tenir compte des garnisons. Il l'est au contraire pour les corps de Boufflers et de Noailles, lequel avait en Catalogne 9 bataillons d'infanterie et 2000 cavaliers, environ 9000 hommes. C'était dans l'ensemble, 100 000 hommes, la moitié de l'effectif français, calculé par Louvois sans les gardes des côtes et des frontières qui prenaient autant que l'armée en campagne et que les garnisons.

[1] Cela n'est pas absolument juste. Louvois avait d'abord formé le projet de rester sur une forte défensive, espérant que l'ennemi ne pourrait pas vivre le long du Rhin dévasté, que des différends ne manqueraient point de survenir entre les princes allemands, qu'ils seraient impuissants à entretenir des troupes sans subsides. (Lettre de Louvois, 15 avril 1689, *Dépôt de la guerre*, 864.) Ainsi Louis XIV conserverait son armée, qu'il hésitait depuis huit ans à risquer dans une guerre contre l'Empire. Mais, quand Louvois vit les Allemands s'obstiner aux sièges de Bonn et de Mayence, non sans effort, il décida Louis XIV à réunir 50.000 hommes et à lancer Duras contre les Impériaux, pour dégager Mayence (31 août 1689). Duras hésita, évidemment de peur de déplaire au roi, et se mit en mouvement trop tard. Il fit une campagne inutile.

[2] Ici également Spanheim est mal renseigné. En juin, le duc de Noailles prit, en cinq jours, la place de Campredon pour occuper le Lampourdan, et quand, au mois de septembre, le duc de Villa-Hermosa voulut la reprendre, Noailles en fit sauter les fortifications tout à son aise, à sa barbe (Dangeau, 12 septembre 1689).

En second lieu, dans les forces extraordinaires que le Roi peut mettre sur pied dans le besoin, comme celles : 1° du ban et de l'arrière-ban ; 2° des milices du royaume.

Quant au premier, il comprend les véritables forces de terre, et dont les armées du Roi et les garnisons des places frontières se trouvent composées, savoir : cavalerie, dragons et infanterie.

DE LA CAVALERIE ET DES DRAGONS

Des troupes de la maison du Roi.

La cavalerie de France doit être considérée :

I. En premier lieu *dans la maison du Roi*, qui se dit proprement en France des troupes à cheval de la garde du Roi et consiste :

1° Dans les quatre compagnies des gardes du corps ; chacune compagnie d'environ trois cents maîtres[1], et qu'on compte, avec les officiers, majors, lieutenants, enseignes, aides-majors, exempts, brigadiers, faire environ treize cents hommes.

Elles sont commandées par les quatre capitaines des gardes du corps, dont il a été parlé ci-dessus[2], et qui servent par quartier, savoir : le duc de Noailles, qui commande la première compagnie ; le maréchal duc de Duras, le maréchal duc de Luxembourg et le maréchal de Lorge. J'en toucherai encore quelque chose en détail en parlant des généraux françois ; j'ajouterai seulement ici que le capitaine des gardes qui est en quartier marche toujours immédiatement après le Roi et le plus près de sa personne, en quelque part qu'il aille[3].

---

[1] *Maître*, synonyme de cavalier au xviie siècle. Ce terme indique la supériorité de la cavalerie sur l'infanterie. Deux circulaires règlent la composition des 4 compagnies : la 1re, du 30 septembre 1664, à 400 maîtres ; celle du 1er septembre 1676, à 400 maîtres. Ces compagnies comptaient 4 capitaines, chaque capitaine commandant à 4 brigades, 8 lieutenants, 1 major reçu lieutenant, 8 enseignes, 48 exempts, 2 aides majors, 32 brigadiers et autant de sous-brigadiers, avec cela 26 trompettes et 5 timbaliers, près de 1800 hommes en tout. *Etat de la France* (1689, I, p, 293).

[2] *Relation*, p. 267.

[3] *Etat de la France*, II, 324 : fonctions et prérogatives du capitaine des gardes.

2° Dans la compagnie des gens d'armes[1] du Roi, qui est de deux cent vingt maîtres sans les officiers ; elle est commandée par le prince de Soubise-Rohan[2], qui en est capitaine-lieutenant, et le Roi capitaine[3].

3° Dans la compagnie des chevau-légers de [la] garde du Roi, qui est de même de deux cent vingt maîtres sans les officiers ; le Roi en est aussi capitaine, et le duc de Chevreuse, gendre de feu M. Colbert, la commande en qualité de même de capitaine-lieutenant[4].

4° Les deux compagnies de mousquetaires ; la première, qu'on appelle celle des mousquetaires *blancs* parce que tous leurs chevaux doivent être de ce poil, est de deux cent cinquante maîtres, et commandée par M. de Maupertuis[5].

La seconde compagnie, des mousquetaires *noirs* à cause de leurs chevaux de ce poil, est de même de deux cent cinquante maîtres, et commandée par M. de Jonvelle[6].

[1] Le titre exact était : *gens d'armes de la garde du Roi* pour les distinguer d'autres gens d'armes qui, à l'armée, font presque partie de la maison du roi, qui en est aussi le capitaine. « Ils ne sont pas cependant pour la garde de sa personne », dit *l'Etat de la France* (II, 384).

[2] *Relation*, p. 255, note 1. — *Etat de la France* (1687, I, p. 579) : le roi touche 820 livres par quartier qu'il abandonne au capitaine-lieutenant.

[3] Il faut ajouter 2 sous-lieutenants, 3 enseignes, 3 guidons, 2 maréchaux des logis, 1 commissaire, 8 brigadiers, 8 sous-brigadiers, 1 major, 4 trompettes, 1 timbalier : au total, 254 personnes.

[4] Ici Spanheim a bien marqué que ce sont les chevau-légers *de la garde*. — Même état major : 2 cornettes et 4 porte-étendard en plus : 258 personnes. Ces deux compagnies s'appelaient les *troupes rouges*.

[5] Ou « les *grands mousquetaires* » exclusivement formés de jeunes nobles, comptés dans l'infanterie jusqu'en 1665, et encore dans l'*Etat de la France*, en 1689, depuis dans la cavalerie (voir Saint-Simon, éd. de Boislisle, I, appendice VII). — Le capitaine-lieutenant était Louis de Melieu, marquis de Maupertuis, cornette de cette compagnie (1667), puis enseigne (1672), sous-lieutenant (1673), et enfin capitaine (1684). En même temps, le roi le nomma brigadier (1678), maréchal de camp (août 1688), lieutenant général (30 mars 1693). Sa valeur, sa fidélité l'avaient fait aimer du roi. Saint-Simon, qui débuta sous ses ordres, en 1691, l'a bien et favorablement jugé (éd. de Boislisle, I, 30).

[6] *Janville*, dans les manuscrits [A] et [B]. Le titre, dans l'*Etat de la France* (II, 1689), est M. de Hautefaye, marquis de Janvelle ; et c'est ainsi qu'on écrit généralement son nom, qui est pourtant de Jonvelle. Il avait alors soixante dix-huit ans et servit encore dans la guerre, où il mourut devant Mons (Saint-Simon, éd. de Boislisle, I, 40). Il était déjà colonel en 1652, mais se retarda

Voilà ce qui regarde les troupes à cheval de la maison du Roi, et qui font environ deux mille trois cents chevaux [1].

Il y a outre cela une compagnie de grenadiers à cheval qu'on a jointe aux troupes de la maison [2].

De la gendarmerie.

II. Dans la *gendarmerie*, qu'on appelle [3], composée :

1° De la compagnie des gens d'armes écossois, commandée ci-devant en France par le duc de Yorck, à présent roi Jacques, mais cette compagnie n'est plus sur pied [4] ;

2° Des compagnies des gens d'armes anglois [5], bourguignons [6], flamands [7], gens d'armes de la Reine, du Dauphin, d'Anjou, d'Orléans [8] ;

3° Des chevau-légers de la Reine, du Dauphin, d'Orléans, de Bourgogne, de Flandre.

---

pour avoir servi dans la Fronde les Princes. En 1667, il rentra comme enseigne à la première des mousquetaires, passa (1670) sous-lieutenant à la seconde, et en devint capitaine en 1674. Il fut fait lieutenant général en 1688 (Lepipre de Neuville, *Abrégé de la maison du roi*, II, 206, 208). — Les deux compagnies de mousquetaires allaient parfois jusqu'à 300 hommes et plus, avec l'état-major et le service qui contenaient 32 personnes.

[1] 2976 exactement, tout près de 3000 avec l'état-major et le service.

[2] Les *grenadiers* à cheval ou à pied avaient été institués en 1676. Ils faisaient alternativement les deux services. *L'Etat de la France* donne leur capitaine-lieutenant, en 1689, M. de Riotort (II, p. 198). Ils portèrent jusqu'en 1692 l'habit rouge des gendarmes de la garde, et revêtirent, à cette date, l'uniforme bleu des gardes du corps.

[3] La *gendarmerie* était dans l'armée une sorte de noblesse parce qu'elle représentait la vieille cavalerie féodale avec armes complètes, dit *l'Etat de la France* (II, 202) : cuirasse, cuissards et brassards. Elle se plaçait comme un corps d'élite tout près des cavaliers de la garde du roi, dont on la distinguait en l'appelant la *petite gendarmerie*. La première compagnie passait avant les mousquetaires. Elle était commandée par le roi, le dauphin et la reine, avec des capitaines-lieutenants qui avaient le pas sur tous les maîtres de camp de cavalerie. Les compagnies ont souvent varié, supprimées ou créées successivement.

[4] Très provisoirement, car le marquis de Nesle, en 1714 (Saint-Simon, édition 1873, X, 184), la revendait après l'avoir achetée 200.000 livres, à l'âge de vingt-six ans, et *l'Etat de la France* la donne en 1689 (II, 199). Il est vrai qu'il est toujours en retard.

[5] Créées en 1667 : capitaine, *le Roi*.

[6] Créées en 1668 et devenues, après avoir été d'abord chevau-légers, gendarmes de Bourgogne (1674).

[7] Créée le 11 novembre 1673.

[8] Ces quatre compagnies dataient de 1662, 1666, 1669, 1689.

III. Dans les *régiments* de la *cavalerie légère*, qu'on appelle, dont il y avoit quarante régiments en France avant la guerre présente [1], les uns au nombre de douze et chacun de douze compagnies [2], et les autres chacun à neuf compagnies. On faisoit alors le compte que toute cette cavalerie légère ne montoit guère plus qu'à quinze mille chevaux, c'est-à-dire sans les troupes susdites de la maison du Roi, la gendarmerie et les dragons. Peu avant le dernier siège de Philipsbourg, on donna des patentes pour la levée de divers régiments nouveaux de cavalerie : ce qu'on redoubla bientôt après et qu'on aura continué depuis [3]. Aussi faisoit-on état, à mon départ de France, d'avoir cinquante mille à soixante mille chevaux, y compris la maison du Roi et les dragons [4]. Il est difficile de savoir à présent s'il y en a autant sur pied. On aura eu au moins plus de peine à trouver les chevaux que les hommes depuis que la France n'en [5] peut plus tirer de l'Empire ou d'autres pays voisins, hors peut-être de la Suisse. D'ailleurs il est constant que la cavalerie françoise susdite, qui étoit déjà sur pied avant la guerre présente, n'étoit pas en réputation, hors

Des régiments de cavalerie légère.

---

[1] La phrase n'est pas très nette : il est vrai qu'il n'y avait, en 1686, que 50 régiments sur pied. Mais en 1678, par exemple, pendant la guerre de Hollande, il y en avait eu 90, dont après la paix de Nimègue on licencia les effectifs. La phrase serait plus claire si Spanheim avait dit : « depuis la paix de 1678 ».

[2] Ce paragraphe est obscur : cela veut dire qu'il y avait 12 régiments privilégiés, qui étaient de 12 compagnies, les autres n'en ayant que 9. Ces 12 étaient les plus qualifiés : le colonel *général*, le *maître de camp général*, le *commissaire général*, les *huit du Roi* (*royal*, *du Roi*, *royal étranger*, *cuirassiers du Roi*, *Royal-cravates*, *Roussillon*, *Piémont*, *Allemand*), enfin le *régiment de Tilladet*.

[3] *L'Etat de la France* dit plus exactement (II, p. 218) : *régiments remis sur pied en 1688*, et en nomme 52, outre les 24 qui existaient à l'ouverture de la guerre Ce n'étaient pas des régiments *nouveaux*, mais *rétablis*. De Sourches explique cela très bien, donne la date (6 décembre 1688) et le nom des colonels (II, 301). Il apprend encore qu'en octobre 1689 (III, 163) on fit 6 nouveaux régiments de cavalerie et il donne le nom des colonels. Cela faisait en tout 82 régiments, 894 compagnies de 50 chevaux : environ 45.000 cavaliers.

[4] Les dragons étaient, depuis octobre 1689, de 31 régiments avec 264 compagnies de 50 chevaux, 13.000 cavaliers environ. Avec les 1500 hommes de la gendarmerie, 3000 de la maison du roi, c'était en tout plus de 60.000 chevaux.

[5] « *N'en* », dans le manuscrit (*B*).

quelques régiments et les troupes de la maison du Roi, d'être à beaucoup près si bonne que l'infanterie françoise, à cause des vieux corps qu'il y a[1].

Au reste, le colonel général de la cavalerie, savoir : hors les troupes de la maison du Roi, est le comte d'Auvergne, frère du duc de Bouillon, et dont il a été parlé ci-dessus[2]. Le mestre de camp général étoit le baron de Montclar, qui commandoit en Alsace, et qui vient d'y mourir à ce qu'on apprend par les avis de France[3]. Le commissaire général, le marquis de Villars fils, qui a fait les campagnes passées en Hongrie à la suite de l'électeur de Bavière, et à qui le comte de Montrevel[4] résigna la charge susdite pour la somme de 150.000 livres, sur la fin de l'année 1688.

---

[1] Ce n'était pas l'avis des Français, ni surtout des courtisans. Mme de Sévigné écrivait à sa fille, le 8 avril 1671 : « M. d'Ambres est fort content d'être hors de l'infanterie, c'est-à-dire de *l'hôpital*. »

[2] *Relation*, p. 252, 253.

[3] « *Joseph de Pons, baron de Montclar, mort au commencement d'avril 1690.* » Cette indication a été ajoutée après coup en marge dans le manuscrit [A]. Ce fut exactement le 11 avril 1690 (de Sourches, III, 226).— Né en 1625, entré au service en 1652, Monclar avait gagné ses plus beaux grades dans la guerre de Hollande, qui le fit lieutenant général (1677), maître de camp de la cavalerie légère (6 octobre 1679) et bientôt *grand bailli d'Haguenau* (1679). A ce titre, il fut commandant général pour toute l'Alsace en l'absence des gouverneurs titulaires, le duc de la Meilleraye et le marquis d'Antin (*Etat de la France*, 1689, II, 452). Son successeur à la tête de la cavalerie fut M. Rosen (Saint-Simon, éd. de Boislisle, XI, 33).

[4] *Montrevil*, dans les manuscrits [A] et [B].— Claude-Louis-Hector, marquis de Villars (plus tard le maréchal), né en 1653, maître de camp de cavalerie du régiment d'Anjou. En 1674, il avait été détourné de l'armée pour la diplomatie, à l'exemple de son père, ambassadeur en Espagne de 1672 à 1679 (Saint-Simon, éd de Boislisle, II, 77). En janvier 1687, Louis XIV l'envoya, sous prétexte d'une mission de condoléances, à la cour de Vienne, puis à Munich, pour décider l'électeur Maximilien II, presque brouillé avec son beau-père, l'Empereur, à revenir à la France (*Instructions de Bavière*, p. 80). Cet électeur prenait part, en 1687, à la campagne contre les Turcs qui aboutit à la grande victoire de Mohacz. Villars l'y suivit, mais au mois de juillet 1688, l'Empereur mécontent de son influence, lui interdit de venir auprès de Maximilien jusqu'en Hongrie. C'est alors qu'en septembre, Villars, revenu à la cour, acheta la charge de commissaire général. Le roi, qui tenait absolument à détacher de la Ligue le prince de Bavière, fit repartir Villars encore, à son grand dépit, pour Munich, où l'Electeur revenait après la prise glorieuse de Belgrade (*Instructions de Bavière*, p. 94, 95; de Sourches, II, 228, 231). Ce fut à la faveur de

Les dragons, à mon départ de France, consistoient en treize régiments, qui pouvoient faire cinq mille à six mille dragons, et qui étoient en réputation d'être un des meilleurs corps des troupes des armées de France[1]. Le marquis de Boufflers en est colonel général, et le comte de Tessé mestre de camp général[2].

DE L'INFANTERIE FRANÇOISE

Quant à l'infanterie françoise, on doit mettre en premier lieu :

1° Le régiment des gardes françoises, qui est composé de trente compagnies, chacune sur le pied de cent hommes sans les officiers, et ainsi de trois mille hommes sans lesdits officiers, savoir : capitaines, lieutenants, sous-lieutenants, enseignes et sergents[3].

Le colonel de ce régiment est le maréchal duc de la Feuillade, dont il a déjà été parlé dans la première partie de cette relation[4] ; le lieutenant-colonel, M. Rubentel, maréchal de

Des dragons.

Louvois que Villars dut, le 16 août 1688, d'acheter « *très jeune* » la charge de Montrevel, 50,000 écus (de Sourches, II, 202). — Nicolas de la Baume, marquis de Montrevel, né en 1645, mort en 1716, maréchal de France, puis lieutenant général en 1693, commandant du Languedoc, fut fait alors maréchal de camp.

[1] Les dragons ou mousquetaires à cheval, peu nombreux en 1669 (deux régiments), furent développés à partir de cette date pour tous les services qu'ils rendaient, pour l'aisance qu'ils apportaient dans leur évolution du cheval à pied, tantôt comme infanterie, tantôt pour les reconnaissances et les escarmouches. En 1669, on leur donnait déjà un état-major général (17 mai). (*Dépôt de la guerre*, 2330). De 1673 à 1678, ils furent portés à 14 régiments. En 1688, le roi ajouta 50 compagnies franches qui formèrent bientôt 7 nouveaux régiments (octobre 1689, de Sourches, III, 163) : en tout à peu près 13.000 hommes (*Etat de la France*, II, 222).

[2] Pour Boufflers, voir plus loin, p. 535. — Quant à Tessé, il s'était illustré à la tête de ses dragons contre les protestants, en Dauphiné et en Languedoc (*Relation* p. 407, note 1). En 1684, la charge de mestre de camp avait été créée pour lui : il succéda à Boufflers, comme colonel général, le 1ᵉʳ février 1692 (Daniel, *Milice française*, I, 232).

[3] *Relation*, p. 108, note 1.

[4] *Relation*, p. 107, 108, note 1. — Le régiment des gardes françaises et les Suisses après, étaient pour l'infanterie ce que la gendarmerie était

camp[1] ; et major, M. d'Artagnan, qui commande la compagnie colonelle[2].

2° Le régiment des gardes suisses est composé de dix compagnies, chaque compagnie de [3] *deux cents hommes* et

dans la cavalerie. Ils n'étaient pas de la *Maison du Roi*, mais ils s'en rapprochaient fort, étant très au-dessus des régiments ordinaires. On les appelait les *Gardes*, ce qui pourrait même les faire confondre avec les *gardes du corps*. Leurs officiers avaient le hausse-col doré et une surpaie, les capitaines avaient titre de colonel depuis 1691. Leur effectif était de 124 hommes (de Sourches, III, 195); les compagnies, au nombre de trente-deux, logées dans les faubourgs de Paris, avaient chacune : capitaine, lieutenant, sous-lieutenant, enseigne. Il y avait pour l'ensemble : 1 major, 4 aides-majors, 4 sous-aides-majors, 1 commissaire *de la conduite*, 4 autres commissaires, 2 maréchaux des logis, 2 prévôts, 1 médecin, apothicaire, 1 chapelain, 3 trésoriers-généraux, 6 contrôleurs, bref tout un état-major, comme pour un corps d'élite.

[1] « Rubentel, dit Saint-Simon, était un homme de peu, qui à force d'acheter et de longueur de temps devint lieutenant-colonel du régiment des gardes. Il était fort entendu pour l'infanterie, fort brave, une grande valeur et un grand désintéressement, vivant fort noblement à l'armée, où il était employé comme lieutenant général. Il était fort riche, mais avare, épineux et fort volontiers chagrin », si brutal qu'il se fit congédier par le roi en 1696. Il était toujours très mal avec ses colonels (Saint-Simon, éd. de Boislisle, III, 322 ; Dangeau, VI, p. 47, 53 ; de Sourches, II, 206. — Lepipre de Neuville *Abrégé chronologique de la maison du Roi* (manuscrit), III, 74-75). Rubentel était capitaine aux gardes depuis 1652, lieutenant-colonel depuis le 5 octobre 1681, lieutenant général en 1688 (25 août).

[2] D'Artagnan (Pierre de Montesquiou, comte), cousin du fameux Charles de Castelmore, comte d'Artagnan dont Dumas a utilisé pour ses Trois Mousquetaires, les Mémoires ou roman publié en 1700 par Courtils de Sandraz. Né en 1640, il était entré aux gardes depuis 1668 et faisait les fonctions de major du régiment depuis 1676. La faveur royale s'attacha à lui, quand il fut en 1683 major général de l'armée de Flandre, poste qu'il remplit encore à la guerre de 1691. Il fut ainsi nommé brigadier le 25 août (1688), au grand dépit de capitaines plus anciens ; puis lieutenant général (1696), enfin maréchal de Montesquiou (1709) (Jal, *Dictionnaire critique*, p. 73). De Sourches (II, 211) dit de lui : « homme de mérite et de bon esprit ». Ce furent surtout ses qualités d'administrateur qui firent sa fortune, plus que son rang. Il était au mieux avec les généraux, mieux encore avec le roi, qui le nomma en 1693 gouverneur d'Arras, lieutenant général d'Artois (Saint-Simon, éd. de Boislisle, III, 258). Il ne commandait pas d'ailleurs la compagnie colonelle, qui appartint depuis 1686 jusqu'en 1705 à Antoine du Château de la Barre (*État de la France*, I, 390 ; Saint-Simon, éd. de Boislisle XIII, 118).

[3] Un blanc dans les manuscrits [A] et [B]. Spanheim a laissé ce chiffre en blanc, par ce qu'il ignorait l'importance d'une augmentation qui venait d'être faite dans les compagnies suisses : elles avaient été portées, le 15 décembre 1688, de 10 à 12 : chaque compagnie avait 200 hommes (Zurlauben, *Histoire*

dont il y a huit compagnies de Suisses et deux des Grisons[1].

Le colonel général des Suisses et Grisons est le duc du Maine, fils légitime du Roi et de Mme de Montespan, et duquel il a aussi été parlé ci-dessus [2] dans l'article des ENFANTS LÉGITIMÉS DE FRANCE.

Le colonel du régiment susdit des gardes suisses est le lieutenant général Stoup, qui a encore un autre régiment qui porte son nom[3].

3° Outre ces deux régiments susdits des gardes, il y avoit en France, avant les nouvelles levées et l'engagement de la guerre présente, et ainsi en ces dernières années de paix, environ cent régiments d'infanterie sur pied[4], parmi lesquels il y avoit six régiments suisses, un régiment de bombardiers[5], un autre de fusiliers, dont le grand maître de l'artillerie est

---

militaire des Suisses au service de France (1751-1763). « Les compagnies étaient de 200 hommes », dit de Sourches (III, 195).

[1] Les compagnies suisses étaient réparties par cantons ; les *Grisons* à part comme alliés des Suisses *(État de la France*, I, 402). C'était un corps d'élite avec privilège de justice et état-major, qu'il ne faut d'ailleurs pas confondre avec les *Cent-Suisses* de la garde du roi, pas plus qu'on ne doit confondre les gardes françaises avec les gardes du corps *(Ibid.)*.

[2] Relation, p. 209, note 2.

[3] Stoppa (Pierre), originaire de Chiavenna (Grisons), lieutenant de la compagnie suisse de son oncle (1648), capitaine en 1652, avait levé un régiment suisse en 1671. Il devint brigadier en 1672, colonel des gardes suisses le 1ᵉʳ octobre 1685, quoiqu'il conservât d'autre part son régiment levé en 1671 ; mort en 1701 (Saint-Simon, éd. de Boislisle, VIII, 35, de Sourches, VI. 323. — Saint-Simon dit : « *communément appelé Stoub* » (édition 1873, t. XX, p. 76). Moreri dit : « *Stappa* »; d'autres, « *Stoupp* ». Saint-Simon affirme que, « tant qu'il vécut, M. du Maine ne put rien faire aux Suisses et ne fit aucune chose » (éd. de Boislisle, VIII, 35). Il s'était fort enrichi et avait toute la confiance du roi (Rousset, *Louvois*, I, 333-335, 394, 443). En 1689, le roi avait adjoint à Stoppa un lieutenant colonel, M. Reynold *(État de la France*, II, 204).

[4] Exactement : 98, selon *l'État de la France* (1689 II, 204, 209).

[5] Les régiments suisses étaient : M. de Sorbec, Greder père et Greder fils, Phipfer, Stoppa l'aîné, Stoppa le cadet. Il y avait aussi un régiment italien (Royal Italien), un régiment Wallon (Famechon). — Le régiment de bombardiers avait été créé le 31 août 1684, consolidant l'institution de deux compagnies franches essayée en 1676 (*Louvois*, Rousset, I, 239). Ce fut un des premiers régiments d'artillerie organisés à part, sous les ordres supérieurs du grand maître, en réalité par un officier de talent, M. Dumetz, maréchal de camp en 1676 (Daniel, *Histoire de la milice française*, II, 280).

toujours le colonel, qui est aujourd'hui le maréchal d'Humières[1].

Le nombre de tous ces régiments consistoit, partie en des vieux corps ou anciens régiments, comme ceux qui portoient le nom des provinces de Picardie, Champagne, Bourgogne, Maine, Navarre, Bourbonnois, Auvergne, Piémont, Alsace, etc., qui étoient les plus estimés, et plusieurs autres, qui étoient tous demeurés sur pied depuis la paix de Nimeguen et avoient servi dans la guerre qui la précéda[2]. Il y avoit environ trente régiments, ou peu au delà, qui avoient été créés depuis et dans les années 1683, 1684 et 1685 [3].

Au reste, tous ces cent régiments susdits n'ont pas un nombre égal de compagnies [4], le régiment du Roi, commandé par M. de

[1] Les fusiliers, quoiqu'ils eussent leur rang dans l'infanterie, et parfois en fissent le service, étaient en réalité des servants d'artillerie. Ils ne figuraient dans aucune brigade; ils étaient partout où se portait le canon qu'ils devaient aider, servir et garder. Ils formaient autant de détachements qu'il y avait de batteries. Deux compagnies furent constituées en mai 1671, portées en 1672 à 13; bientôt il y en eut avant la fin de la guerre de Hollande tout un régiment. Spanheim ne dit pas assez nettement que d'Humières était colonel des bombardiers et des fusiliers, des uns et des autres. Les lieutenants-colonels, M. de Vigny et M. de Montigny, avaient également d'ailleurs des commissions de colonel (Daniel, *Histoire de la milice*, II, 281).

[2] Une ordonnance du 26 mars 1670 réglait le rang des régiments : 1° Gardes françaises; 2° Suisses; 3° Picardie; 4° Piémont; 5° Champagne; 6° Navarre; 7° Normandie; 8° La Marine; 9° Rambure; 10° Castelnau; 11° Auvergne; 12° Sault; 13° Bandeville; 14° Saint-Vallier; 15° Douglas; 16° *du Roi*, ci-devant Lorraine.

Le régiment du roi ne venait donc que le 16° des régiments ordinaires. En 1672 le roi lui fit gagner (5 janvier 1672) deux rangs et le mit à la place de Saint-Vallier. Les 6 premiers régiments étaient dits par honneur *les Vieux*, les 6 suivants *les Petits Vieux*, et les Seize dans l'ensemble, les *Anciens* (Rousset, *Louvois*, I, 223, 224).

[3] Aucun en 1683; 3, en février 1684; 7, le 30 août 1684; 6, le 4 septembre 1684; 14, le 5 septembre 1684; Beaujolais, le 17 juin 1685; Ponthieu, en septembre 1685 (*Etat de la France*, 1689, II, 209, 214).

[4] L'*Etat de la France* dit très exactement (II, 214) : chaque bataillon est composé de quinze compagnies et d'une de grenadiers; mais les régiments ont plus ou moins de compagnies. Le chiffre avait été élevé de 12 à 15 par ordre de Louvois du 27 octobre 1670 (*Dépôt de la guerre*, 248), et à 16, par ordre du 2 janvier 1671 (*Ibidem*, 252). On peut à peu près calculer que le régiment du roi étant de près de 3500 hommes et l'infanterie pour les 98 régiments au pied de paix de 80.000 hommes, cela faisait 1568 compagnies de 45 à 50 hommes d'effectif, en moyenne.

Montchevreuil, en ayant soixante-sept [1] : il étoit difficile de pouvoir dire précisément le nombre à quoi montoit tout ce corps d'infanterie qui étoit actuellement sur pied en France au temps du dernier siège de Philipsbourg et avant toutes les nouvelles levées qu'on avoit commencé d'en ordonner un peu auparavant [2], et qu'on a continuées depuis. On peut recueillir après tout que le nombre des troupes d'infanterie qui étoit alors sur pied, et avant l'engagement de la guerre présente, ne passoit point celui de quatre-vingt mille hommes, quoiqu'on en fît en France le nombre beaucoup plus grand, et ainsi y compris toutes celles qui étoient dans les garnisons des places frontières. A l'égard des nouvelles levées qu'on avoit déjà ordonnées dès l'été de l'année 1688, qu'arriva l'affaire de l'élection de Cologne, et qu'on continua et redoubla depuis, vers le temps du siège de Philipsbourg, à mesure du dessein qu'on prit d'engager ledit siège et des suites qu'il pourroit avoir ou de l'effet des armements qu'on faisoit en Hollande pour le dessein de l'Angleterre, il est difficile de pouvoir juger à quoi toutes ces nouvelles levées en France, et qu'on aura toujours continuées depuis à proportion du besoin, auront pu monter. A mon départ de France, on y faisoit état d'avoir plus de deux cent mille hommes d'infanterie à mettre cette année en campagne et dans les places frontières, sans les milices du pays : ce qui n'a pas néanmoins paru jusques ici comme j'ai déjà été remarqué un peu auparavant [3].

---

[1] Le Régiment du roi, qu'il faut avoir bien soin de ne pas confondre avec le *Royal* que commandait Créqui. Le colonel, Jean-Baptiste de Mornai-Montchevreuil, major de ce régiment depuis 1673, colonel en 1678, brigadier en 1683, maréchal de camp en 1688, lieutenant général le 29 juillet 1693, tué à Nerwinden. « Il était, dit de Sourches (II, 210), devenu par les degrés colonel de ce régiment, ».

[2] L'*Etat de la France* indique pour octobre 1688 la création de quatre régiments nouveaux : Bouffers, Catinat, Mérode et Poitiers (II, 214).

[3] Voir plus haut (p. 500, note 1) les chiffres donnés par Louvois et de Sourches : 165.000 hommes d'infanterie, mais sans les milices. La différence du chiffre de Spanheim et des autres dépend peut-être de ce que les milices et forces extraordinaires sont ou non comptées.

Au reste, la charge de colonel général de l'infanterie françoise, qui avoit été possédée par le duc d'Epernon et qui étoit d'une grande autorité, fut supprimée après sa mort, qui arriva en 1661[1].

DES FORCES EXTRAORDINAIRES

A l'égard du second article susmentionné, ou des forces extraordinaires de la France, comme dans le ban et l'arrière-ban ou dans les milices du royaume, on peut dire :

Dans le ban et l'arrière-ban.

Que, quant au ban et arrière-ban, on sait assez qu'il se dit de la convocation de la noblesse françoise pour aller à la guerre là où le Roi la destine, qui[2] étoit plus en usage en France dans les siècles passés que dans celui-ci, à raison des besoins plus pressants et de péril où l'État se trouvoit exposé, ou par les guerres civiles, ou par l'entrée des ennemis dans [le] royaume. En sorte qu'on fut assez surpris, dans la guerre passée, de voir en France la convocation du ban et arrière-ban après[3] le *Te Deum* qu'on y venoit de chanter pour la bataille de Seneffe, et dans le temps que feu Son Altesse Électorale, de glorieuse mémoire, se trouvoit en Alsace avec son armée et celle des autres alliés. D'ailleurs, on ne vit aucun effet considérable de ce ban et arrière-ban et dont même une partie fut fort maltraitée par les troupes lorraines et le baron Mercy, qui les commandoit.[4] Il y a quelque lieu de croire que le corps

---

[1] Sur cette charge, son importance, sa supression, consulter Roussel (*Louvois*, I, 175). La date exacte est : *juillet 1661*.

[2] « Que cela », dans le manuscrit [*A*].

[3] « Pour » en surcharge dans le manuscrit [*B*].

[4] La bataille de Seneffe se donna le 11 août 1674. Comme Spanheim, sous l'impression même de l'événement, Mme de Sévigné écrivait le 5 septembre : « Nous avons tant perdu à cette victoire que sans le *Te Deum* et quelques drapeaux portés à Notre-Dame, nous croirions avoir perdu le combat. » La convocation du ban et de l'arrière ban se fit le 17 août. Il n'y eut guère que deux affaires où la noblesse prit part, et des escarmouches plutôt qu'elle supporta fort mal, à Metz, entre Lunéville et Blémont (*Lettres de Turenne et Créqui* à Le Tellier 9 et 13 novembre 1674, *Dépôt de la guerre*, 414) et enfin à Longwy. Elle ne se mesura même pas avec des partis lorrains. — Le baron de Mercy dont il s'agit ici était

qu'on en pourra faire présentement en France ne sera pas non plus redoutable, parce que la noblesse guerrière et propre à porter les armes se trouve déjà la plupart dans les emplois militaires et dans les troupes, partie vu que celle qui reste au logis n'y est guère propre, ou par l'âge, ou par les infirmités, ou par le méchant état où elle se trouve, à soutenir les frais ou les fatigues d'une campagne[1]. Aussi y a-t-il lieu de croire qu'on ne s'en servira que pour le dedans du royaume et que pour la défense des côtes où ladite noblesse se trouve située, et où encore on aura beaucoup d'égard à ne s'y fier pas aux nouveaux convertis d'entre la noblesse, au moins à la plus grande part[2].

On peut dire à peu près la même chose des milices ou des habitants des villes et paysans de la campagne qu'on peut mettre sur pied, dans la même vue de garder les côtes, et d'ailleurs d'être mises en garnison dans les places les moins exposées aux ennemis et comme hors d'attaque, pour en tirer au besoin les troupes levées et aguerries[3]. Aussi en prit-on

Des milices.

---

le fils du général qui avait battu Turenne à Marienthal. Celui-ci demeura au service du duc Charles de Lorraine, puis passa avec lui au service de l'Autriche où son fils Claude-Florimond, né en 1666 le suivit et devint comte d'Empire.

[1] « L'arrière-ban, écrivait Vauban le 28 août, ne pouvant être formé que de noblesse fort gueuse, ne pourra être que très mal équipé. Et qui va sans équipage à l'armée est bientôt accablé de misère et de maladie » (à Louvois 28 août 1674. *Dépôt de la guerre*, 406). De Sourches donne la date, que Spanheim semble ignorer, de cette nouvelle convocation : le 11 mars 1689 « conformément aux règlements de Louis XIII ».

[2] C'était le conseil même de Vauban, sur l'usage à faire de l'arrière-ban : « Ce serait bien fait de mettre ces mal équipés dans les places et en tirer autant de garnisons pour aller servir à l'armée ». Louvois n'entendit pas le conseil en 1674 (Roussel, *Louvois*, II, p 91, 94) et s'en repentit. En 1690 de Sourches disait « que la précaution lui paraissait fort bonne pour empêcher d'entreprendre quelque chose sur les côtes de France » (III, 52). Le ban et l'arrière-ban pouvaient fournir 10 000 chevaux environ La moitié des nobles établis dans les provinces à 100 lieues de la frontière servait pour deux mois, l'autre moitié, par roulements, pour deux mois aussi.

[3] C'est le texte même du règlement du 29 novembre 1688 ordonnant la levée, pour le 1er janvier 1689, de trente régiments de milice d'infanterie (25.000 hommes) : « pour marcher aux lieux où Sa Majesté le jugerait à propos pour la défense de ses places tant militaires que maritimes » (Dangeau, 9 dé-

déjà le dessein avant mon départ de France, et dans l'incertitude où on y étoit encore des vues du grand armement de mer en Hollande, dans l'automne 1688, et pour s'y précautionner au besoin contre les descentes, dans la suite du succès des affaires en Angleterre. En sorte qu'on faisoit dès lors état d'avoir cinquante mille hommes sur pied des dites milices, qu'on en fit déjà la répartition dans les provinces maritimes, comme la Normandie, la Bretagne et la Guyenne, et même avec les expédients qui pouvoient y être le moins à charge au peuple, et qu'on ordonna des officiers pour dresser ces milices et pour les instruire. Ce qu'on a aussi continué depuis, autant que j'ai pu remarquer par les avis publics, et même qu'on s'y servoit, entre autres, des officiers ou soldats retirés et entretenus dans les Invalides de Paris, et qui étoient encore en état de pouvoir fournir à de pareilles fonctions. Enfin, comme on met tout en œuvre dans le péril et dans le besoin, il faut croire aussi que la France s'y règlera dans l'usage de ces deux moyens susdits, savoir du ban et de l'arrière-ban, et des milices.

DES GÉNÉRAUX FRANÇOIS

Mais, comme il ne suffit pas d'avoir de grosses armées sur pied, si elles ne sont bien conduites et bien commandées, et que la considération de bons généraux ne contribue guère moins à la force d'un État, on peut réfléchir en passant sur ceux qui, par leurs charges et emplois en France, sont aujourd'hui en état de remplir ce poste, ou dont le Roi s'y peut servir.

Des chefs des armées en France.

Sur quoi, il n'est pas besoin d'alléguer que la première charge de l'épée et de la couronne, savoir celle de connétable

cembre 1688). De Sourches, (15 octobre II, 307) donne aussi 25.000 hommes : « un homme par village ». Consulter, pour connaître cette organisation des milices, Rousset *(Louvois,* III, 322). — On sait que les soldats ordinaires méprisaient les miliciens et les traitaient de « *paisans* » « et autres injures de cette nature » (Rousset, *Louvois,* 1er septembre 1689 ; *Dépôt de la guerre,* 845).

ou de chef suprême des armées de France, a été supprimée sous le règne passé, en 1627, après la mort du duc de Lesdiguières, qui en étoit revêtu[1]; en sorte qu'il n'y a depuis que les maréchaux de France qui, par leur charge, sont appelés à commander en chef les armées du Roi, hors des rencontres où il y a des fils de France, comme le Dauphin ou le duc d'Orléans, ou de[s] princes du sang qui sont jugés dignes d'en avoir le commandement, comme le feu prince de Condé, et quelquefois des princes étrangers et de maisons souveraines, mais sujets du Roi, comme le feu comte d'Harcourt.[2] Je ne parle pas de quelques ecclésiastiques à qui cet honneur a été déféré, comme le cardinal de la Valette, sous le ministère du cardinal de Richelieu[3].

A l'égard du Dauphin, après l'apprentissage qu'on lui a fait faire au dernier siège de Philipsbourg[4], on parle qu'il doit commander cette campagne l'armée de France dans l'Empire[5]. En ce cas-là, au lieu du frère aîné, savoir : le maréchal duc de

Du Dauphin.

---

[1] Spanheim emprunte ce titre à l'*Etat de la France* (II, 160), qui fait sommairement l'historique de la charge de connétable et de sa suppression par arrêt du 13 mars 1627. Le dernier connétable fut bien en effet le grand maréchal, François de Bonne, duc de Lesdiguières, qui eut cette charge en abjurant (1622) et mourut le 28 septembre 1626. L'*Etat de la France* ajoute que « le plus ancien maréchal fait la charge, et peut porter à ses armes l'épée nue de connétable et le bâton de maréchal » (II, 160).

[2] Henri de Lorraine, comte d'Harcourt, dit *le Cadet à la perle* (1601-1666), avait commandé en chef à Turin (1640) et contre les Espagnols à Llorens (1645). (Voir p. 234, note 2).

[3] Louis de Nogaret d'Epernon, cardinal de la Valette (1593 — septembre 1639), troisième fils du duc d'Epernon, destiné de bonne heure à l'Église, pourvu de l'archevêché de Toulouse, dont il se démit (1626) sans avoir reçu les ordres d'ailleurs. Dès 1621 il avait servi à l'armée : après avoir suivi Richelieu, il accompagna Bernard de Saxe-Weimar en Allemagne (1635) ; il commanda en chef l'armée de Picardie (1637), puis celle d'Italie (1638).

[4] Sur le Dauphin au siège de Philippsbourg, voir p. 121, note 2.

[5] « Le 10 mars le Roi déclara une grande nouvelle, qui fut que Monseigneur allait commander en personne l'armée d'Allemagne, et que Sa Majesté y envoyait avec lui les troupes de sa maison, le marquis de Beringhen (neveu de Louvois), et tout un état-major » (de Sourches, III, 202. 240). Le Dauphin ne partit d'ailleurs que le 17 mai, après la mort de la Dauphine.

Duras, qui commandoit sous lui l'armée devant Philipsbourg, il y aura le maréchal de Lorge, son cadet, qui est destiné à cet emploi[1], c'est-à-dire que le Dauphin ne fait que prêter son nom et son autorité aux ordres que le maréchal qui commande l'armée y donne sous lui[2]. Aussi, jusques ici, peut-on plus parler de la générosité et du bon cœur de ce prince que d'aucune expérience dans les armes.

Du duc d'Orléans.

Le duc d'Orléans, frère unique du Roi, dans la guerre passée, commanda une armée au siège de Saint-Omer et à la bataille de Mont Cassel qui s'y donna, et ainsi remporta la gloire de l'heureux succès et du siège et de la bataille, quoiqu'il eût sous lui le maréchal d'Humières et autres généraux, à qui l'honneur sans doute en étoit dû[3]. Aussi n'est-il pas, ce semble, trop partagé des qualités guerrières à l'égard de l'autorité, de la vigilance, de la fatigue et de l'application que veut le poste de commander une armée.

Des princes du sang.

A l'égard des princes du sang, il n'y en a point aujourd'hui en état d'avoir un pareil commandement. Ce n'est pas que le prince de Condé d'à présent n'ait témoigné beaucoup de valeur et d'application à la guerre dans quelques campagnes qu'il a

---

[1] Dès le 12 octobre 1689, le duc de Duras avait passé son commandement à son frère, le maréchal de Lorges. Celui-ci, qui commandait en Guyenne pour le comte de Toulouse (*Etat de la France*, II, 417) avait été rappelé le 13 septembre de Bordeaux en diligence, pour conduire de Flandre à l'armée d'Allemagne un fort détachement qui lui permit d'aider son frère à sauver Mayence et Bonn. Il arriva trop tard (Rousset, *Louvois*, IV, 237). Sur les deux frères voir plus loin, pp 521 à 526.

[2] De Lorges ne commanda pas si absolument que le croit Spanheim. Le Dauphin lui résistait, sur les conseils qu'il recevait de son entourage composé de parents et de familiers de Louvois : Beringhen, Saint-Pouenge et surtout Chamlay. Dans la pensée de Louvois, de Lorges devait recevoir les avis de Chamlay. Sur cette situation, voir une lettre curieuse de Louvois à Béringhen (20 juin 1690. *Dépôt de la guerre*, 821).

[3] Voir plus haut p. 142, note 3. On retrouve ici les mêmes réserves qu'à la page 142 sur la valeur militaire et les qualités de commandement du duc d'Orléans. Sur le rôle de d'Humières, voir une lettre significative de Louvois (Rousset, II, 294).

faites sous le feu prince son père, en Flandres et dans la Franche-Comté, ainsi qu'il en a été parlé dans la première partie de cette relation [1]. Mais, comme il n'a jamais commandé en chef jusques ici [2], qu'aussi, par cette raison ou autres, il n'a pas continué le métier de la guerre dans les dernières campagnes, qu'il n'est pas d'ailleurs dans une assez grande confiance auprès du Roi, il n'y a point d'apparence qu'on le voie à la tête d'une armée durant la guerre présente. Pour les deux autres [3] princes du sang, le duc de Bourbon, fils du prince susdit, et le prince de Conti, son gendre, ils sont encore assez jeunes pour apprendre le métier et se contenter en tout cas du poste de maréchaux de camp, qu'on vient en effet de leur donner, suivant les avis publics [4], dans l'armée qu'on doit employer cette année en Allemagne.

Quant aux princes étrangers, comme de la maison de Lorraine ou autres, il n'y en a point non plus en France qui soit aujourd'hui en passe de commander une armée. Celui d'entre eux qui entend le mieux la guerre et y a le plus servi par le passé, est le prince de Lislebonne [5], mais qui n'a jamais eu un plus grand poste que de lieutenant général, outre qu'il a été hors de service durant la guerre passée, qu'il n'est pas trop bien en cour, et qu'on l'emploiera encore moins depuis que le prince de Commercy, son fils, est demeuré attaché au service de l'Empereur et a même porté les armes, la campagne passée,

Des princes étrangers.

---

[1] *Relation*, p. 186 et notes 3 et 4 particulièrement.

[2] C'est une erreur de Spanheim, déjà rectifiée plus haut, *Relation*, p. 187, note 1.

[3] Les « *autres deux* » : manuscrit [*B*].

[4] Sur le duc de Bourbon, fils du prince de Condé, âgé alors de vingt-deux ans, *Relation*, pp. 193 et 194. — Sur le prince de Conti, *Ibidem*, p. 70, p. 99 note 3, et le chapitre tout entier que Spanheim lui a consacré, pp. 195-198. Ce prince était plus âgé de quatre ans que son beau-frère et avait déjà « fait merveille » à la guerre, en Hongrie et en 1688, devant Philippsbourg *(Relation*, p. 198). Leur promotion comme maréchaux de camp fut du 3 avril 1690 (de Sourches III, 221). Elle les désigna pour l'armée d'Allemagne.

[5] Sur ce prince, *Relation*, p. 230, note 2 et p. 231 et 232.

contre la France et au siège de Mayence[1]. Pour le comte de Soissons, qui est l'aîné en France des princes de la maison de Savoie, il est encore assez nouveau dans le métier pour se trouver assez honoré de l'emploi qu'on vient aussi de lui donner, de maréchal de camp dans l'armée qu'on a destinée pour l'Allemagne[2].

<small>Des maréchaux de France</small>

En sorte qu'il n'y a aujourd'hui que les maréchaux de France a qui le Roi pût et voulût confier le commandement de grosses armées durant cette guerre. Encore, de sept maréchaux qu'il y a aujourd'hui, il y en a deux, savoir : le maréchal duc de la Feuillade[3] et le maréchal d'Estrées, qui, jusques ici, n'ont jamais commandé en chef des armées royales par terre, et qui aussi n'y seront pas aisément employés : le premier, pour avoir plus la réputation de bravoure, d'intrépidité et de hardiesse, que de conduite, de modération et d'expérience consommée dans le métier ; et l'autre, pour avoir jusques ici fait plus le général par mer que par terre[4].

<small>Du maréchal de Bellefonds</small>

Des autres cinq maréchaux qui restent, le plus capable peut-être et le plus entendu au rapport des gens du métier, et surtout dans l'infanterie, est celui qui est aujourd'hui le plus ancien des maréchaux vivants, savoir : le maréchal de Bellefonds. Aussi commanda-t-il l'armée dans la guerre passée de Hollande, dans les années 1673 et 1674, et dans la Catalogne, en 1684. Mais, après tout, j'ai déjà touché ci-dessus, en parlant de lui

---

[1] Sur celui-ci, *Relation*, p. 233, notes 1 et 2.

[2] Sur ce prince, « *Monsieur le Comte* », frère du Prince Eugène, *Relation*, p. 223 et 224 et les notes. Sa promotion comme maréchal de camp est du 3 avril 1690 (de Sourches, III, 221).

[3] Sur la Feuillade, *Relation*, pp. 107, 108, 109 et les notes. Voir aussi, dans une lettre de Vauban à Louvois (Rousset, *Louvois*, IV, 137), un jugement très dur sur la Feuillade Brouillé avec Louvois, il ne servit plus jusqu'en 1690. En 1691 il avait été désigné alors pour suivre le roi en Flandre, quand il mourut en septembre 1691.

[4] Sur le *maréchal d'Estrées*, *Relation*, p. 488, note 1 : il ne servait plus, même sur mer.

dans la première partie de cette relation [1], les obstacles qui s'opposeront désormais à le voir aisément à la tête d'une armée, comme la prévention qu'on a de son entêtement et opiniâtreté à suivre ses avis, de son peu de docilité à s'y conformer entièrement aux ordres de la cour et aux intentions du ministre de la guerre, d'ailleurs d'être peu agréable aux troupes, pour ne pas dire d'une dévotion peu compatible avec toute la conduite qu'on tient dans la guerre présente.

Du maréchal d'Humières.

Le maréchal d'Humières, qui le suit dans le rang et est de même création que lui, savoir : de l'an 1668 [2], est assez connu par les divers commandements d'armée qu'il a eus dans la guerre passée et qu'il a eus encore en Flandres cette dernière campagne [3]. C'est à quoi aussi ne pouvoit [4] que contribuer, d'un côté son attachement à la cour, et en particulier à M. de Louvois [5], joint à son humeur commode et docile, et de l'autre, son poste de gouverneur des villes et pays conquis dans le Pays-Bas [6]. Cependant, suivant les derniers avis publics, il doit rester cette année en son gouvernement à Lille, sans avoir le commandement de Flandres, qui est destiné au duc de Luxembourg [7], et en échange se contenter de l'honneur d'avoir été fait duc et pair, avec le brevet de la même dignité après lui pour son nouveau gendre, le fils puîné du duc d'Aumont [8]. Ce changement à l'égard du

---

[1] *Relation*, p. 105, 106 note 1, et p. 107.

[2] *État de la France*, 1689, II, 167, 169.

[3] Savoir en 1689, en Flandre. Pour cette campagne, voir *Relation*, p. 256, note 1, et p. 336, note 1.

[4] « *Pourrait* » dans le manuscrit [B].

[5] Pour ces rapports de Louvois et d'Humières, consulter la *Relation*, p. 334, note 1 et p. 335. Voir surtout le très joli portrait du maréchal par Saint-Simon : « très bon courtisan, un homme que tout le monde aimait » (édit. de Boislisle, II, 175-176).

[6] « Il avait, dit Saint-Simon, le gouvernement général de Flandre et de Lille où il tenait comme une cour. » *(Ibid.)* Le titre de sa charge était : *gouverneur des nouvelles conquêtes de Flandre* et de Lille (*État de la France*, II, 1689, p. 437. — *Relation*, p. 276).

[7] De Sourches (3 avril 1690, III, 221). Au mois de juillet 1690, il fut de nouveau chargé de mener une armée au secours de Luxembourg.

[8] Lettres d'avril 1690 enregistrées au Parlement le 28, réunissant les terres

commandement de l'armée ne peut venir que de ce que sa conduite dans la campagne passée, et surtout dans l'affaire (de Valcourt)[1], n'a pas trop plu à la cour; qu'on ne le croit pas assez alerte, ni assez agissant, ni assez entreprenant où il en est besoin, et dans une grosse affaire, ni où il peut avoir une forte armée d'ennemis en tête. Et en effet ç'a été plutôt la faveur de la cour et la complaisance de feu M. de Turenne pour Mme d'Humières, qui lui procura le bâton de maréchal, que pour s'être dès lors fort signalé ou distingué dans la guerre[2]. Le grand ménagement qu'il a continué depuis d'avoir pour la cour, et en

d'Humières et de Mouchy, château situé à deux lieues de Compiègne, que le maréchal avait fait reconstruire en partie aux frais de Louis XIV. Ainsi fut constitué le duché-pairie d'Humières, avec permission donnée au maréchal de substituer au titre le mari de sa troisième fille, Anne-Louise Julie de Crevant, demoiselle d'Humières « belle comme le jour, qu'il aimait passionément », Louis François d'Aumont, marquis d'Humières, colonel du régiment d'Humières. Le mariage eut lieu dans ces conditions le 15 mai 1690. Le maréchal avait perdu son fils unique, mort sans enfants, le 13 mai 1684, au siège de Luxembourg. Sa fille aînée Marie-Thérèse avait épousé le prince d'Isenghien: elle était princesse et avait le tabouret. La seconde, Anne-Louise, veuve de Vassé, avait été obligée, se trouvant enceinte, d'épouser son amant, M. de Surville (Dangeau, II, 36, Saint-Simon, éd. de Boislisle, II, 175). — Quant au dernier fils du duc d'Aumont qui continua la famille d'Aumont, consulter la *Relation*, p. 264, note 2.

[1] Spanheim a laissé le nom en blanc dans les manuscrits [A] et [B]. Il s'agit du combat de Valcourt (24-25 août 1689). Le maréchal d'Humières avait fait attaquer dans la plaine des fourrageurs dont quatre escadrons eurent aisément raison. Il crut porter au prince de Waldeck un coup décisif en prenant à l'ennemi la place de Valcourt « dont les murailles étaient ruinées » (lettre de d'Humières à Louvois, 26 août, *Dépôt de la guerre*, 888). Humières avait été mal renseigné: la place était en état de défense, garnie de troupes Le maréchal dut battre en retraite avec une perte de vingt-quatre officiers et d'un millier d'hommes. « Le roi en a été très mortifié », écrivait Louvois, d'autant plus que d'Humières ne put prendre sa revanche (de Sourches, III, 144. Roussel, *Louvois*, IV, 218-220). L'affaire était d'ailleurs très petite, comme il ressort de la correspondance de Waldeck avec Guillaume III (Muller, *ouvrage cité*, II, p. 172-173). Mais le public s'en empara (*Chansonnier*, manuscrit français 12689, p. 509, 513, 587, 605). Louvois lui évita une disgrâce définitive.

[2] Spanheim ajoute ici à ce qu'il a dit plus haut (p. 334) un détail important pour expliquer la fortune de d'Humières, la faveur de Turenne. La maréchale d'Humières, Louise-Antoinette de la Châtre s'était mariée le 8 mars 1653. Elle était la fille d'Edme de la Châtre, l'auteur des *Mémoires*, qui avait été un des meilleurs compagnons d'armes de Turenne, blessé à Nordlingen, mort à Philippsbourg (1645).

particulier pour M. de Louvois, et le manège de la maréchale d'Humières ont contribué dans la suite à appuyer son crédit[1], et à lui procurer même, non seulement le gouvernement des pays conquis en Flandres et autres du Pays-Bas espagnol[2], mais encore la charge de grand maître d'artillerie, qui lui fut conférée par le Roi en 1685, lorsque l'emploi en vint à vaquer par la mort du duc du[3] Lude[4].

Le maréchal duc de Duras, qui le suit et ainsi[5] est aujourd'hui[6] le troisième en rang des maréchaux de France, a commandé, comme on sait, l'année passée et la précédente, l'armée du Roi en Allemagne : la première sous le nom et avec la présence du Dauphin, au siège de Philipsbourg, et l'autre sans le Dauphin, la campagne dernière[7], sinon que, sur la fin de la même campagne et dès le commencement de l'hiver, le maréchal de Lorge, son frère, fut envoyé pour le relever et commander en sa place[8]. Aussi, apprend-on par les derniers avis de France

Du maréchal de Duras.

---

[1] La maréchale d'Humières était dame du palais de la Reine. « C'était une précieuse » (Saint-Simon, éd. de Boislisle, II, 180). Le roi lui fit, à la mort de son mari, la faveur exceptionnelle d'une pension de 20.000 livres.

[2] Il échangea le gouvernement du Bourbonnais, qu'il avait depuis 1660, contre celui des Flandres en 1668.

[3] « De », dans le manuscrit [A].

[4] Le duc de Lude (Henri de Daillon) ami de Mme de Sévigné, maréchal de camp (1668), avait été nommé grand maître de l'artillerie lorsque Louvois avait obligé le duc de Mazarin à se démettre de cette charge qu'il était incapable de remplir (1669). Avec le nouveau titulaire, doux et traitable, Louvois avait d'autre part l'espoir, comme il le fit, d'empiéter pour organiser à son gré (Daniel, *Milice française*, II, 375). Quand il mourut, le 30 août 1685, d'Humières était en mission auprès de Jacques II, qu'il était allé, de la part du roi, féliciter de la défaite (juillet 1685) de Monmouth, son rival. En son absence, Louvois qui le savait aussi docile que du Lude, prépara sa nomination. Elle se fit à son retour, le 16 septembre 1685 (Saint-Simon, éd. de Boislisle, II, 176 ; Dangeau, I, 202, 207, 221, 222).

[5] « *Le suit et ainsi* », se trouvaient dans le manuscrit [B], avaient été omis dans le manuscrit [A], y ont été rétablis de la main de Spanheim en interligne.

[6] Spanheim a raison de dire : *aujourd'hui*. Car, avant l'émigration de Schomberg, il n'était que le quatrième. L'*État de la France* (1689, II, p. 171) cite encore Schomberg à son rang, mais ne donne pas de notice.

[7] Ces deux campagnes furent, 1° du 25 septembre au 14 novembre 1688 (Rousset, IV, 117, 147), 2° de mai à octobre 1689 (*Ibid.*, p. 221, 244).

[8] *Relation*, p. 516 (au mois de novembre, le 12 : de Sourches, III, 173).

qu'il ne commandera pas cette année et qu'il restera auprès du Roi à faire seul la fonction de capitaine des gardes du corps, les trois autres capitaines des gardes étant destinés, cette campagne, à commander chacun une armée, le maréchal duc de Luxembourg en Flandres, le maréchal de Lorge susdit en Allemagne et le duc de Noailles en Roussillon[1]. Ce changement à l'égard du maréchal de Duras, et qui met en sa place son frère puîné pour le commandement susdit de l'armée en Allemagne, après avoir eu deux campagnes de suite, ne peut pas lui être avantageux et ne donner un assez grand préjugé que le Roi n'aura pas été trop satisfait de sa conduite dans la dernière campagne, et qu'on en attendoit plus de conduite, et apparemment plus de résolution et de vigueur, soit pour secourir Mayence, soit pour en détourner le siège[2]. A moins qu'on ne veuille croire que l'indisposition dudit maréchal n'y ait donné part, puisqu'il a été même obligé, suivant les avis de France, de subir depuis peu la grande opération, par une incommodité pareille à celle que le Roi a eue[3]. D'ailleurs, quoique ledit maréchal ne manque ni de valeur, ni d'expérience même dans la guerre, si est-ce qu'on ne l'avoit pas vu jusques ici, et avant ces deux dernières campagnes, à la tête d'une grosse affaire et d'un commandement en chef d'une armée royale, hors l'emploi qui lui en fut donné d'abord après la mort de M. de Turenne, en 1675[4], mais qu'il ne garda pas même longtemps, le feu

---

[1] Sur ces fonctions et les titulaires, *Relation*, p. 267, note 1. — Sur les commandements d'armée, en 1690, consulter de Sourches (III, 220, 3 avril).

[2] Cette présomption de Spanheim est fondée et justifiée par les récriminations de Louvois. Le maréchal, d'ailleurs, avait une excuse, les premiers ordres et le désir du roi de rester sur la défensive *(Relation, p. 494, note 1), peut-être aussi sa santé.

[3] « *Par une incommodité* », etc., qui se trouvaient dans le manuscrit [*B*] ayant été omis dans le manuscrit [*A*], ont été rétablis par Spanheim en marge. Dangeau mentionne également cette maladie. En 1691, le duc de Duras suivit le roi à l'armée, mais ne servit plus autrement : « Se trouvant dans la plus haute fortune, dit Saint-Simon (édition 1873, XII, 294), il envoya tout promener. »

[4] « Il avait fort brillé en chef, à la guerre de Hollande », dit Saint-Simon, qui d'autre part déclare qu'à la tête d'une armée il n'eut ni grandes occasions, ni

prince de Condé ayant été envoyé pour la commander et pour s'opposer à l'armée impériale, qui étoit alors sous la conduite du général-lieutenant Montecuculi. Au reste, ce maréchal a appris ce qu'il sait dans la guerre, en premier lieu auprès du même prince de Condé, auquel il s'étoit attaché durant les guerres civiles, l'avoit suivi parmi les Espagnols, et y avoit commandé dans la cavalerie[1] ; et ensuite, et depuis le retour de ce prince en France, il avoit continué de servir dans la campagne de Lille, en 1667, et depuis dans la guerre passée contre la Hollande. D'ailleurs, par son changement de religion, il obtint de la cour la charge de capitaine des gardes du corps et la qualité et le brevet de duc[2], eut ensuite le bâton de maréchal de France, en 1675, et, en dernier lieu, le gouvernement de la Franche-Comté[3]. Et comme tous ces emplois susdits à

grande application (éd. 1873, XII, 294). En 1673, on l'avait adjoint à Turenne pour remplacer Chamilly, mort à Maseyck le 8 octobre 1672 (Rousset, I, p. 403). Le 29 juillet 1675 Duras, étant en Franche-Comté où il était resté comme gouverneur à la suite de la conquête pour l'achever et l'assurer, avait été appelé par le roi en Alsace, à la mort de Turenne, en même temps que fait maréchal au grand dépit de Créqui (voir sa lettre du 3 août à Louvois: Rousset, *Louvois*, II, 175) Mais ce commandement fut si court, si provisoire, que le même jour Condé recevait l'ordre de quitter la Flandre pour l'Alsace *(Ibid.*, p. 171), et qu'il y fut le 20 août.

[1] Henri Jacques de Durfort, duc de Duras, né en 1626; à partir de 1689, le *maréchal de Duras*. Il avait suivi M. le Prince auquel il s'était attaché plutôt par complaisance pour ses oncles, MM. de Bouillon et Turenne. Saint-Simon dit du maréchal de Lorges, son beau-père (éd. de Boislisle, X, 326), qu'avec le duc de Duras il était allé aux Pays-Bas se mettre et se perfectionner sous M. de Turenne. Dès 1650, les deux frères en effet étaient allés servir Turenne à Stenay, avec Bouteville et d'autres. En 1651, ils passèrent à Condé, en Flandre, puis dans l'armée espagnole, furent décrétés de prise de corps en mars 1653 (*Gazette*, p. 330; le duc d'Aumale, *Histoire des princes de Condé*, IV, 49, 336, 746, 748). Ils reparurent à la Cour le 10 avril 1656 : on leur pardonna donc, avant le retour de Condé, grâce à Turenne.

[2] Il était maistre de camp à la campagne de 1667 en Flandre, où Turenne l'employa contre Dendermonde (31 juillet). Puis, au mois d'août, il passa en Franche-Comté avec Condé. Peu de temps après, il devint lieutenant général. Ce fut en 1671 qu'il eut la charge de capitaine des gardes. Fils d'une sœur de Turenne, il abjura le protestantisme avec lui, comme ses deux frères aussi, MM. de Lorges et de Ranzan, le 6 février 1669, comme sa sœur également dont il a été parlé ci-dessus, p. 448, note 5.

[3] Le roi lui avait donné en mai 1668 un brevet de duc pour faciliter son mariage avec Mlle de Ventadour. Peut-être fut-ce à l'époque de ce mariage qu'il

la guerre, avant qu'avoir été fait maréchal, étoient dans la cavalerie, aussi dit-on que feu M. de Turenne, son oncle le jugeoit plus propre à commander un corps de dix mille à douze mille chevaux, qu'à commander en chef une grosse armée et fournir à tout le détail d'un si grand emploi[1].

Du maréchal de Lorge.

A l'égard de son frère puîné, le maréchal de Lorge[2], il paroît que la cour en fait un jugement plus avantageux, puisqu'elle lui a confié en sa place le commandement de l'armée en Allemagne[3]. Il s'étoit attaché dès sa jeunesse auprès de M. de Turenne, son oncle, avoit servi sous lui dans les campagnes de la guerre passée, et entre autres en Allemagne, et y étoit actuellement quand ce grand capitaine fut tué d'un coup de canon. Aussi le grand mérite de sondit neveu fut la belle retraite, après la mort de l'oncle, qu'il fit faire à l'armée de France à la vue de l'armée impériale commandée par un chef aussi expérimenté que le général Montecuculi[4]. Le service important qu'il

se convertit. Il aurait, en ce cas, été le premier de la famille à le faire. La conversion de Turenne fut d'octobre 1668. Il fut fait gouverneur de Franche-Comté en 1674, et maréchal après, en 1675.

[1] Le jugement est analogue à celui de Saint-Simon (éd. 1873, XII, 293) dans le portrait très complet qu'il a laissé du maréchal : « Il était le meilleur officier que le roi ait eu, et le plus brillant pour mener une aile et un gros corps séparé. » Saint-Simon raconte plus loin que jusqu'à quatre-vingts ans il n'y avait personne comme lui pour dresser et monter un cheval difficile. Le Roi l'avait chargé d'apprendre l'équitation aux princes, ses enfants.

[2] Guy de Durfort, comte de Lorges, né le 22 août 1630, à Duras, fils de Guy marquis de Duras, qui avait épousé une sœur de Turenne et mourut en 1665, était entré au service comme officier de cavalerie sous les ordres de son oncle dès 1644. Après avoir, comme son frère Duras, suivi Turenne et Condé dans la Fronde (1650), il était rentré en France en 1656 et devint mestre de camp de cavalerie (1er janvier 1657), lieutenant général à la veille de la guerre de Hollande (1672), après avoir abjuré en 1669 comme son oncle Turenne : « Il y eut les premiers commandements », dit Saint-Simon, son gendre (éd. de Boislisle, X, 331). La disgrâce des maréchaux jaloux de Turenne fit sa fortune. En 1674, il était déjà au premier rang en Flandre, puis servit sous Turenne en Alsace (1675).

[3] Il faut voir plus haut, p. 516, note 2, avec quelle réserve et quelles lisières lui fut donné ce commandement.

[4] « Je ne rougirai point de dire, écrit Saint-Simon, que toute l'Europe admira et célébra le combat et la savante retraite d'Altenheim et la gloire de M. de Lor-

rendit par là à la France parut au Roi assez considérable pour
le récompenser de la charge de capitaine des gardes du corps,
et bientôt après du bâton de maréchal de France ; et ainsi par
où il se vit presque en même temps honoré de ces deux grandes
charges aussi bien que l'étoit déjà son aîné[1]. Cependant, comme il se trouva par là plus élevé en emploi et en dignité qu'il
n'étoit avantagé du côté du bien, il crut être en droit d'y pourvoir par un mariage, quoiqu'assez inégal, qu'il fit avec la fille
du principal receveur ou fermier général Frémont, moyennant
une pension de cinquante mille livres de rente qu'elle lui portoit pour dot, et d'ailleurs, l'obligation d'être entretenu avec ses
domestiques, durant quelques années, dans la maison du beaupère[2]. Au reste, quoiqu'avec un génie assez borné, il a toujours

« ges qui y commandait en chef, en même temps qu'elle retentit de la mort
« de M. de Turenne. » (Ld. de Boislisle, X, 331.) L'armée française avait été
découragée par la mort du grand maréchal. Les officiers, décidés à la retraite,
« d'un commun accord » chargèrent, le 27 juillet, le duc de Lorges, comme
neveu de Turenne, de la conduire. De Lorges garda son sang-froid, ne commença la retraite qu'après un combat d'artillerie de deux jours (27-29) qui lui
permit de s'organiser. Quand ses troupes arrivèrent au Rhin, pour le franchir
à Altenheim le 1ᵉʳ août, Montecuculli les attaqua. Mais l'armée était en bon
ordre. « De Lorges avait toujours le même sang-froid. Il fit bien voir qu'il était
parent de l'incomparable Turenne », tint tête, eut un cheval tué sous lui, força
l'ennemi à reculer et passa le Rhin désormais sans obstacle *(Gazette*, 1675,
p. 616 ; Pellisson, *Lettres historiques*, II, 386 ; Feuquières, *Mémoires*, III, 225-
241 ; Deschamps, *Mémoires des dernières campagnes de Turenne* (1678) ;
Beaurain, même ouvrage (1782) ; Rousset, *Louvois*, II, p. 161-170).

[1] La récompense ne fut pas aussi immédiate que le pense et le dit Spanheim.
Le roi, le 31 juillet 1675, donnait huit bâtons de maréchaux. De Lorges n'en
eut pas. On ne lui laissa même pas la direction provisoire de l'armée qu'il
avait sauvée. Il dut la remettre à son frère aîné (voir p 522, note 4). On peut
dire, d'ailleurs, que quand le roi et Louvois faisaient les promotions, ils ne
connaissaient pas encore Altenheim (Rousset, II, 170). De Lorges, irrité, faillit
se mettre en révolte, puis s'arrêta à temps sur cette pente dangereuse, et
quand il revint après la campagne, il eut un bon accueil et les faveurs du Roi,
le bâton le 10 mars 1676, et le 23 mai la charge de capitaine des gardes, vacante
par la mort du maréchal de Rochefort (Saint-Simon, éd. de Boislisle, X,
336-340 ; Mᵐᵉ de Sévigné, *Lettres*, IV, 368-494 ; Louis XIV, *Œuvres*, V, 552).

[2] Saint-Simon est souvent revenu sur ce mariage de son beau-père, d'un noble
avec une bourgeoise dont il avait en somme épousé la fille, lui, si fier de sa
noblesse. Il en a donné comme excuse la même explication que Spanheim :
« il dut se résoudre à un mariage étrangement inégal, dans lequel il trouvait
des ressources dont il ne pouvait se passer pour le présent » (éd. de Boislisle,

pris grand soin à se maintenir dans l'estime et la considération que le Roi avoit témoigné d'en faire¹. Ce qui joint à l'expérience qu'il s'est acquise dans la profession des armes et dans une si bonne école que celle de feu M. de Turenne, son oncle, et à en suivre la méthode et les maximes, surtout à savoir se camper avec avantage et ménager toutes les occasions à incommoder l'ennemi, d'ailleurs à la connoissance qu'il a du pays, pour y avoir servi dans la guerre passée sous ledit M. de Turenne², ce qui, dis-je, n'aura pu que porter le Roi à lui confier le commandement le plus important dans la guerre présente, qui est celui de l'armée qu'on prétend opposer en Allemagne aux armées et aux forces de l'Empereur et de l'Empire ³.

Du maréchal duc de Luxembourg.

Le maréchal duc de Luxembourg, et aussi un des quatre capitaines des gardes du corps⁴, est le dernier maréchal dont il échoit ici de parler, et qui précède de quelques mois le maré-

II, 262; X, 348). Le père de la maréchale de Lorges, Geneviève de Frémont, née en 1658, était un certain Nicolas de Frémont, trésorier de France en Provence (1644), intéressé aux fermes de 1653 à 1687, qui devint en même temps secrétaire du roi en 1655 et alors grand audiencier de France. « C'était un grand financier », dit Saint-Simon, dont Colbert avait souvent employé les ressources. Et même, si l'on en croit les contemporains, ce serait Colbert (voir son *testament politique*, p. 356), qui aurait moyenné ce mariage pour permettre au duc de Lorges, trop pauvre, de soutenir sa nouvelle dignité. Le fait est que le duc eut le bâton le 10 mars et se maria le 19. Avec la dot d'un million, de Lorges acheta la charge de capitaine des gardes et la terre de Quintin érigée plus tard en duché (Saint-Simon, éd. de Boislisle, V, 31, note 4; X, 338. — *Lettre de Bussy*, dans Mᵐᵉ de Sévigné, *Correspondance*, t. VIII, 26). Le duc de Lorges habita d'abord l'hôtel des Frémont, une superbe demeure rue Neuve-Saint Augustin avec des jardins jusqu'au boulevard, puis il l'occupa seul en 1687, quand son beau-père s'en fit construire un autre contigu (Saint-Simon, édit. de Boislisle, II, 272, note 2).
¹ Voir la lettre du roi à Duras du 12 juin 1676 (Louis XIV, Œuvres, éd. Grimoard, V, 552)
² « *Pour y avoir servi* », omis dans le manuscrit [A], rétabli par Spanheim et de sa main. — Pour les services du maréchal de 1676 à 1689, voir Saint-Simon (éd. de Boislisle, X, 352, 355); de Sourches (I, 57), et l'oraison funèbre du maréchal par le père Anselme (17 novembre 1703) ainsi qu'un article du *Mercure* (1702, p. 289-309).
³ Pouvoirs du 19 avril 1690 pour commander sous Monseigneur. — En 1691 (27 avril) il commanda seul, et le 30 avril 1692, également en Allemagne.
⁴ *Relation*, p. 267, note 1.

chal de Lorge en date de réception à cette dignité [1]. Ce duc est, comme on sait, de l'illustre maison de Montmorency et fils posthume du comte de Bouteville qui fut décapité en Grève en 1628, à raison des divers duels qu'il avoit faits, et le dernier même dans la place Royale à Paris, au mépris des défenses expresses du feu roi [2]. Son fils porta dans sa jeunesse ce même nom de comte de Bouteville, s'attacha dans les guerres civiles au feu prince de Condé, comme ayant l'honneur de lui être parent assez proche du côté de la mère dudit prince, qui étoit aussi de la maison de Montmorency, le suivit en Flandre dans le parti des Espagnols, où ce prince se jeta, et y servit sous lui, et dans la cavalerie, contre la France [3]. Depuis le retour et le rétablissement de ce prince par la paix des Pyrénées, et ainsi de tous les seigneurs françois qui l'avoient suivi, ce comte de Bouteville se vit bientôt après duc et pair de France de Piney-Luxembourg, par son mariage avec l'héritière de ce duché, de la maison de Clermont-Tallard, et ainsi en a depuis porté le nom de duc de Luxembourg [4]. Il acheta ensuite, avec l'agrément du Roi, la

---

[1] Luxembourg, maréchal le 30 juillet 1675; de Lorges, maréchal le 10 mars 1676 (Mme de Sévigné, *Lettres*, IV, 368, 494).

[2] Sur ce Bouteville, tige des Luxembourg, voir plus haut p. 241, note 2, Spanheim n'a pas pu arriver à fixer la date précise de son exécution. Dans le passage consacré plus haut à sa fille, duchesse de Châtillon, il dit 1629, ici 1628. La date est exactement : 22 juin 1627.

[3] Sur la carrière de François-Henri de Montmorency, comte de Bouteville, né posthume le 7 janvier 1628, consulter les *Mémoires pour servir à l'histoire du maréchal du Luxembourg* (1758). Entré au service sous les ordres du duc d'Enghien en 1643, dont on disait sa sœur la duchesse de Châtillon « la fidèle amante » *(Relation*, p. 241, 242 et les notes; Saint-Simon, éd. de Boislisle, II, 33), le comte de Bouteville fut entraîné par sa sœur dans la révolte de Condé : « sa valeur, ses mœurs, son activité, tout était en lui pour plaire au prince » (Saint-Simon, *Ibid.*, II, 40). Il fut décrété de prise de corps en mars 1650 *(Gazette*, p. 330). Il revint en France avec Condé après la paix des Pyrénées, au début de 1660, et devint alors lieutenant général.

[4] Si on en croit Saint-Simon, ce fut Condé et Mme de Châtillon qui négocièrent ce mariage avec Madeleine-Charlotte-Bonne-Thérèse de Clermont, née en 1641 d'un second lit de la duchesse de Luxembourg-Piney, qui s'était remariée en secondes noces au comte de *Clermont-Tonnerre* et non Tallard, comme dit Spanheim. Il ne sait pas que les Clermont avaient vendu en 1600 leur marquisat de Tallard. Étant l'unique héritière de son père, duc de Piney, mort sans enfant mâle en 1616, la duchesse de Luxembourg pouvait donner

charge de capitaine des gardes du corps qui vint à vaquer par la disgrâce et la prison du comte de Lauzun[1], et fut fait peu de temps après maréchal de France dans la création qui s'en fit de huit à la fois, en 1675, et durant le cours de la guerre passée, savoir, outre ce duc : les maréchaux d'Estrades, Navailles, Schönberg, Duras, Vivonne, [la] Feuillade et Rochefort, et dont il n'y a plus aujourd'hui que trois en vie ou au service de la France : les ducs de Duras, la Feuillade, et le duc susdit de Luxembourg[2]. A l'égard de ce dernier, il ne s'est fait que trop connoître dans la guerre passée de Hollande et durant le poste qu'il eut de commander à Utrecht et les conquêtes de France, par toutes les cruautés, pillages et incendies qu'il y a exercés et qui auroient eu de terribles suites[3], si son expédition entre-

la pairie à ses enfants : mais Madeleine-Charlotte, qu'épousa François de Bouteville, ne venait qu'en troisième rang après ses frères et sœurs du premier lit: Henri, duc de Piney, fou et enfermé; Marie-Charlotte, faible d'esprit aussi et nonne. On fit signer à ces deux pauvres êtres, par l'ordre de Condé, une renonciation à la pairie (mars 1661) Et c'est ainsi que le comte de Bouteville en se mariant prit les armes de Luxembourg (17 mars 1661), et fut reçu au Parlement comme duc et pair de Piney. Le contrat a été publié par le père Anselme (IV, 579), et toute la généalogie des Luxembourg, comme l'histoire du mariage, racontée longuement par Saint-Simon (éd. de Boislisle, II, 24, 43).

[1] Le 11 février 1673. La disgrâce de Lauzun était pas mal antérieure, puisqu'il fut arrêté et conduit à Pignerol en novembre 1671 (voir p. 102, note 3). Il semble bien que Louis XIV n'ait pas voulu en donner trop tôt le déplaisir à sa cousine, Mlle de Montpensier (*Mémoires*, IV, 335). Ce fut sur les instances de Luxembourg, qui servait en Hollande, qu'il se décida à remplacer Lauzun dans cette charge (Rousset, *Louvois*, I, p. 387).

[2] Promotion du 30 juillet 1675 à la mort de Turenne : « En voilà huit bien comptés » disait Mme de Sévigné (III, 538) en nommant les mêmes que Spanheim, ceux que Bussy appelait les « maréchaux à la douzaine », et Mme Cornuel (La Fare, p 283): la « monnaie de M. de Turenne ». — D'Estrades (Godefroi) était mort le 26 février 1686 ; Philippe de *Navailles*, le 5 février 1684 ; Vivonne (Louis Victor de), le 15 septembre 1688 ; Rochefort (le maréchal de), en mai 1676. Quant à Schomberg il vivait, mais il n'était plus depuis la Révocation au service du roi. Il mourut d'ailleurs le 11 juillet 1690.

[3] Lorsque Louis XIV revint de Hollande, la paix manquée, il laissa le commandement de l'armée à Turenne et celui de la province d'Utrecht à Luxembourg avec une petite armée (1er août 1672 : Rousset, *Louvois*, I, 391). Luxembourg n'avait pas *tous les pays conquis*, mais Utrecht seulement, quoiqu'il eût voulu le gouvernement général et le demandât encore le 4 octobre (lettre à Louvois, *Dépôt de la guerre*, 270). Sa tâche, tracée par Louvois le 27 août, était

prise au milieu de l'hiver pour aller passer jusques à la Haye
et la mettre à feu et à sang n'eût été miraculeusement arrêtée
par le dégel qui survint[1]. En suite de l'évacuation faite par la
France des places et provinces prises sur les Hollandois[2], il eut
le commandement de l'armée de France en 1676, et durant le
siège de Philipsbourg, pour aller secourir cette place[3]. Ce qui

de faire vivre en sécurité l'armée dans la province d'Utrecht, en attendant
que les canaux gelés permissent, avec l'hiver, une entreprise sur Amsterdam.
Alors, pour faire subsister ses troupes et intimider les habitants, Luxembourg fit brûler les villages, les bestiaux, les habitants même : « Jamais accès
de fièvre n'ont été si réglés que notre coutume de brûler, de deux jours l'un,
ceux qui sont assez sots pour nous y obliger », écrivait-il le 8 novembre (*Dépôt
de la guerre*, 280). Et là-dessus, en outre, les soldats, les officiers de piller à
leur aise.

[1] Le 27 décembre 1672 enfin, profitant de l'hiver, Luxembourg avec
10 000 hommes partait d'Utrecht pour Amsterdam, brûlait deux mille maisons
à Bodegrave, à Swammerdam, et des vaisseaux. Mais surpris par le dégel, il
fut obligé de rétrograder dès le début de janvier 1673. Ces violences qui
produisirent une triste impression en Europe ont été reproduites dans une
série d'estampes hollandaises de Peter de Hoogh, fort belles (Bib. nat. ;
Estampes : *Histoire de France*, 46, 47 ; Em. Bourgeois, *Le Grand Siècle*,
p. 262 ; enfin Rousset, I, p. 412). Les violences continuèrent en 1673, jusqu'à
ce que Condé vint de mars à juillet 1673 prendre le commandement. Bientôt, vers la fin de l'année, les Français se retiraient pillant encore et brûlant toujours.

[2] L'évacuation commença par Utrecht, puis par les places de l'Yssel et du Lech
aussitôt après la rupture avec l'Espagne. Les ordres furent envoyés à Luxembourg de ramener ses troupes le 21 octobre 1673 (*Dépôt de la guerre*, 317).
Puis ce fut le maréchal de Bellefonds qu'on chargea, et, quand il eut refusé,
le duc de Lorges, d'opérer la retraite (mars 1674). Luxembourg fut investi
d'un commandement subalterne dans l'armée de Condé en Flandre et faillit
comme Bellefonds se révolter (juillet 1674, Rousset, *Louvois*, I, p. 10, 13,
p. 31, 37). Il se soumit pour éviter une disgrâce et resta dans cette condition
jusqu'en 1676 (voir *Mémoires pour servir à l'histoire du maréchal de Luxembourg*).

[3] L'armée d'Allemagne, forte de 20 bataillons et de 100 escadrons, destinée
à Luxembourg le 21 février 1676, n'était qu'une armée secondaire dont le rôle
était de couvrir l'Alsace Louis XIV, son frère et cinq maréchaux allaient
tenter une grande opération en Flandre. Cependant le 5 mai 1676, Louvois
examinait avec Luxembourg (15 mai 1676, *Dépôt de la guerre*, 508) si
l'on ne pourrait pas procurer au roi l'honneur de débloquer Philippsbourg
défendue par Dufay, assiégée par le duc Charles de Lorraine et le prince de
Bade depuis le 10 mai. Le 16 mai, Louis XIV, qui resta décidément en Flandre,
avait envoyé 8.000 hommes de renforts à Luxembourg. Le maréchal hésita
deux mois, craignant de déplaire au roi s'il risquait son armée (Lettre du
26 juillet 1676, *Dépôt de la guerre*, 508). Le roi se consola de la perte de la

ne lui réussit pas et lui attira aussi, à son retour, bien des pasquinades en France, et des chansons qui s'en chantoient sur le Pont-Neuf. Comme il s'étoit mis fort avant dans les bonnes grâces de M. Louvois et détaché du prince de Condé, malgré ses anciennes dépendances et l'honneur d'une parenté assez proche avec lui, il ne laissa pas, nonobstant ce peu de succès et ces vaudevilles [1], d'être continué dans l'emploi et chargé du commandement de l'armée du Roi en Flandre [2]. Et comme on tenoit Mons bloqué, en 1678, et que le prince d'Orange, aujourd'hui roi d'Angleterre, se trouvoit à la tête de l'armée des alliés pour secourir cette place, cela donna lieu à la bataille qui se fit proche de Mons, et où le prince susdit eut le plus d'avantage [3]. La paix qui fut publiée en même temps, et qui

ville, mais les courtisans raillèrent le maréchal (Lettres de Mme de Sévigné, 5 août 1676). Voir les plaintes de Louvois, 25 août (Roussel, II, p. 264) : « *on me daube étrangement* » ; les railleries des courtisans gagnèrent bientôt le public.

[1] Les mots « *nonobstant ce peu de succès et ces vaudevilles* », qui se trouvaient dans le manuscrit [B], ont été omis par le manuscrit [A], et rétablis en marge par Spanheim.

[2] Du 1er mars au 20 avril, Louis XIV était allé assister en Flandre à la prise de Valenciennes et Cambrai, tandis que son frère assiégeait Saint-Omer. Luxembourg avait servi sous le roi d'abord, puis contribué à la victoire de Monsieur à Cassel (10 avril 1677). Le roi, ayant alors promis au roi d'Angleterre, qui était médiateur entre lui et l'Espagne, de ne plus attaquer les Pays-Bas espagnols, revint à Versailles et laissa l'armée sous les ordres de Luxembourg et sur la défensive (Roussel, II, 323).

[3] Les Espagnols n'ayant pas fait la paix en 1677, pour l'obtenir Louis XIV dirigea lui-même une attaque générale de nouveau sur les Pays-Bas. Il s'en alla avec quatre maréchaux, dont Luxembourg, assiéger et prendre Gand et Ypres (9 et 16 mars 1678, Roussel, II, 487, 492). Et aussitôt le 7 avril il repartit, laissant, comme en 1677, le commandement à Luxembourg. Le roi attendait l'effet de ses conquêtes aux Pays-Bas sur les diplomates, à qui il donnait ainsi jusqu'au 10 mai un mois de trêve. Au mois de juillet, les intrigues européennes retardant toujours la paix, Luxembourg reçut de nombreux renforts, l'ordre d'attaquer le prince de d'Orange, s'il voulait délivrer Mons investie depuis le mois de mars (9 et 10 juillet; 2 août, *Dépôt de la guerre*, 601). Brusquement Luxembourg reçut l'avis, le 14 août, que la paix avait été signée à Nimègue le 13 août. Les armées étaient en présence à Saint-Denis près de Mons. Comme s'il n'eût rien su de la paix, le prince d'Orange attaqua le 14. La bataille fut indécise après une lutte opiniâtre (Roussel, II, 520, 528). La paix fut proclamée le 16 et le prince d'Orange affirma qu'il l'ignorait : Spanheim glisse à dessein sur le dernier fait.

venoit d'être conclue à Nimeguen entre le Roi et les États, y compris les Espagnols, en arrêta les suites. L'année suivante, ledit duc de Luxembourg, qui s'étoit depuis brouillé avec M. de Louvois, se vit tout d'un coup mis à la Bastille, et de là transféré au bois de Vincennes, sur une accusation de sortilège et d'empoisonnement. Ce fut à l'occasion qui se présenta alors à Paris des procès de ces mêmes crimes, et des personnes qui en étoient ou accusées ou convaincues, et en vertu d'une commission expresse donnée de la part du Roi à des juges délégués[1] pour en connoître et pour en juger[2]. Il ne put, là-dessus, que courre divers bruits désavantageux au sujet et en suite de la détention de ce duc, qu'on jugeoit généralement perdu sans ressource[3]. Les choses étoient encore dans cet état quand je vins en France en avril 1680, et où le prince de Condé, quoiqu'il eût sujet d'être peu satisfait du procédé de ce duc envers lui, n'avoit pas laissé, en considération du parentage, de solliciter pour lui les juges, de même que sa sœur, la duchesse de Meckelbourg. Enfin il fut déclaré absous, tiré de prison bientôt après, et rétabli dans l'exercice de sa charge de capitaine des gardes du corps[4]. Ce qu'on en a pu savoir en revient là

---

[1] Ce furent la Filastre et le Sage qui dénoncèrent, au mois de septembre 1679, le maréchal et ses relations avec la Voisin. Au mois de janvier 1680, menacé de comparaître devant la Chambre de justice de l'Arsenal, Luxembourg, le 24, après un entretien avec le Roi et le père la Chaise, alla se constituer prisonnier à la Bastille (Mme de Sévigné, *Lettre du 26 janvier* 1680). Sur ces procès en général, consulter : Clément, *la Police sous Louis XIV*; Funck-Brentano, *le Drame des poisons*, Hachette, 1899, p. 130 et suiv. Sur le procès de Luxembourg en particulier, Roussel, *Louvois*, II, p. 566, 571.

[2] « *Pour en juger* ». Cette fin de la phrase rayée dans le manuscrit [*B*].

[3] Voir Mme de Sévigné, *Lettres*, t. VI, p. 218, 225, etc. Elle écrivait le 7 février 1680 : « On ne parle plus de M. de Luxembourg. » Il était au secret, peut-être perdu. Cependant, le 10 avril, le gouverneur de la Bastille reçut l'ordre « de le faire promener deux heures par jour sur la terrasse de la Bastille » *(Dépôt de la guerre*, 640).

[4] Il fut déclaré absous. Mais alors, relâché le 29 mai, il reçut du roi l'ordre du 18 mai, transmis par Louvois le 28 mai 1680 *(Dépôt de la guerre*, 642), de s'éloigner de Paris et de la cour. Louvois paraît l'avoir défendu. Il lui procura au mois de juin 1681 *(Lettre de Mme de Sévigné*, 24 juin 1681) le droit de reprendre ses fonctions auprès du roi.

que, sans être d'ailleurs coupable d'empoisonnement ou de sortilège pour se défaire de son prochain, comme beaucoup d'autres personnes qui en furent convaincues ou exécutées, il étoit vrai cependant qu'il auroit consulté une de ces empoisonneuses, ou qui se mêloient de sortilèges, pour savoir par où il pourroit se conserver ou acquérir plus de part dans l'amitié du Roi et se faire aimer des dames[1]. Ce qui auroit été considéré par la cour et par les juges pour une grande foiblesse de ce duc, plutôt que pour un crime digne de disgrâce ou de mort. Quoi qu'il en soit, on le vit rentrer dans l'exercice de sa charge susdite auprès du Roi et en faire la fonction à son tour. Il n'en parut pas pourtant mieux remis avec M. de Louvois. En sorte qu'il prit le parti de s'attacher à la famille Colbert, et, dans la suite, d'en rechercher même l'alliance par le mariage qu'il mit en premier lieu sur le tapis du prince de Tingry, son fils aîné, avec la fille de M. de Croissy, et qu'il lui fit proposer par le marquis de Feuquière[2], son parent et frère aîné du comte de

[1] La note de Spanheim est très juste : la Chambre de l'Arsenal déclara le 14 mai 1681, que c'était l'intendant du maréchal, lequel fut d'ailleurs condamné aux galères, qui avait demandé à la Voisin son concours criminel (Clément, *la Police sous Louis XIV*, 207, 208 ; *Mémoires pour servir à l'histoire du maréchal* 1758, p. 36, 88). Il parut cependant établi que Luxembourg s'était mêlé de « diableries » (Saint-Simon, éd. de Boislisle, II, 44, et la note 6 de M. de Boislisle). Ce qu'il aurait souhaité « ce serait de faire oublier à Louis XIV la faute qu'il a faite à Philippsbourg » (Lettre de Louvois, octobre 1679, Dépôt de la guerre. 625).

[2] « *Feuquières* » dans le manuscrit [B].—Le fils aîné du maréchal de Luxembourg, Charles-François-Frédéric né en 1662, titré d'abord prince de Tingry, puis à partir de 1688, duc de Beaufort-Montmorency, était encore très jeune au moment où son père négociait ainsi son mariage. Il avait débuté à l'armée en 1688, servi aux sièges de Courtrai, Furnes, Luxembourg sans emploi (de Sourches, II, 221), puis devant Mannheim et Franckenthal en 1688 ; il était à l'affaire de Valcourt en 1689 (Lachesnaye-Dubois, *Dictionnaire de la noblesse*, XIV, 39, 45). Ce fut en 1685 qu'il fut question de lui faire épouser Marie-Françoise de Colbert Croissy, fille aînée du ministre, née en 1668 « très laide, dit Saint-Simon (éd. de Boislisle, III, 35), fort désireuse d'être princesse, ayant d'ailleurs infiniment d'esprit et de grâce à l'esprit ». Elle était si difficile à marier qu'outre cette première tentative, deux autres échouèrent avec le comte d'Estrées et le comte de Tillières. Elle « monta en graine » et finit par épouser un gentilhomme d'Auvergne « tout simple et peu connu ». Le négociateur de cette première tentative était évidemment, non le *marquis de Feuquières*

Rébenac[1]. Mais, en même temps, il fit traiter par M. de Seignelay, et à l'insu de M. de Croissy et de M. de Feuquière, pour la fille du duc et duchesse de Chevreuse, qui étoit fille de feu M. Colbert, et ainsi nièce dudit M. de Seignelay, et que ce prince de Tingry, son fils, épousa bientôt après[2]. En quoi le duc son père n'avoit pu qu'avoir en vue de s'appuyer au besoin par cette alliance, non seulement de la famille Colbert, mais

(Isaac de Pas), l'ambassadeur de France en Suède (1672), qui était parti le 1er février 1685 pour Madrid, où il mourut en 1688 (*Instructions d'Espagne*, I, p. 337), mais son fils aîné, *Antoine de Pas*, né en 1648, brigadier d'infanterie le 25 août 1688 : « un des meilleurs, dit De Sourches, que le roi eût pu faire, et qui méritait mieux par sa valeur et ses services » (II, 211). Bientôt en effet il devint maréchal de camp (1689), lieutenant général (1693). C'est l'auteur des *Maximes de la guerre*.

[1] Ce frère cadet était le comte *François de Pas* de Rebenac, né en 1649, qui fut ambassadeur de France à Berlin de 1680 à 1688, tandis que Spanheim représentait le Brandebourg à Paris. Ils s'étaient vus tous deux à Berlin en 1684, ou à Paris quand Rébenac revint, en avril 1688, pour remplacer son père en Espagne (*Instructions d'Espagne*, I, p. 361 ; *Instr. de Prusse*, p. 213). C'est de lui sans doute que Spanheim tient ce propos.

Ces deux Feuquières étaient en effet parents de Luxembourg par leur mère Anne-Louise de Grammont, « une très jolie femme » dit de Sourches, que leur père avait épousée le 26 juin 1647 et qui était cousine germaine du maréchal. Voici au surplus la généalogie d'après La Chesnaye Dubois (*Dict. de la noblesse*, XV, 485).

Louis de Montmorency Bouteville et Charlotte-Clotilde, comtesse de Luxe, amiral de Henri IV.

Claude de Montmorency Bouteville mariée en 2ᵉ noces, 29 mars 1618, à Antoine II, duc et pair de Gramont.	François de Montmorency Bouteville tué en duel 1627.		et Angélique de Vienne.
Anne-Louise de Gramont mariée le 26 juin 1647, à Isaac de Pas, marquis de Feuquières.	le comte de Luxe, né en 1626, plus tard le maréchal de Luxembourg.		par son mariage avec la duchesse de Luxembourg (1661).
Antoine de Pas, marquis de Feuquières, brigadier d'infanterie, né en 1648.	François de Pas, comte de Rebenac, né en 1649.		1º le prince de Tingry né en 1652.

[2] Le 28 août 1686, le prince de Tingry épousa Anne-Marie d'Albert de Chevreuse, petite-fille de Colbert (voir Jal, *Dict. critique*). De Sourches dit (I, 483) : « le mariage avait été incertain un an ». Et le roi n'accorda pas à Luxembourg, qui le souhaitait pour son fils, la survivance de la capitainerie des gardes. Mais plus tard, en 1690 il donna au prince de Tingry le gouvernement de Normandie, à la mort de Montausier (17 mai 1690), parce qu'il était le gendre du duc de Chevreuse.

même de Mme de Maintenon, auprès de qui la duchesse de Chevreuse étoit fort bien[1]. On en vit aussi bientôt des marques par le gouvernement de Champagne, qui vint à vaquer par la mort du maréchal de Vivonne, et que le Roi donna au duc de Luxembourg peu après ce mariage[2]. On peut même croire que cette considération aura eu quelque part au commandement que le Roi vient de lui donner de l'armée qui doit servir en Flandre cette campagne. Ce n'est pas que d'ailleurs il ne pût être le plus propre, entre les maréchaux vivants, à remplir ce poste, tant par la connoissance particulière qu'il a du pays, pour y avoir servi longtemps du côté de l'Espagne à la suite du prince de Condé, et depuis dans les armées du Roi et à les commander durant la guerre dernière, que d'ailleurs pour avoir beaucoup de créance parmi les officiers[3] et parmi les troupes, et au reste beaucoup de valeur, de courage et d'intrépidité à entreprendre et à exécuter des résolutions hardies et vigoureuses. Ce n'est pas aussi qu'il ne puisse être plus habile pour l'action que pour le conseil, pour exécuter que pour résoudre ; que d'ailleurs il n'ait du penchant à la paresse et beaucoup pour les plaisirs, et qu'enfin il ne puisse manquer au besoin dans la conduite et dans le ménagement d'une grosse affaire. D'ailleurs, il faut avouer que sa réputation n'est pas trop bien établie du côté de la probité, des vertus morales et chrétiennes, de la bonne foi, de la franchise, du désintéressement. Il ne s'est même guère soucié jusques ici d'en sauver les apparences ou de déguiser ses inclinations, outre que tout lui devient licite pour parvenir à son but, ainsi que sa conduite en bien des rencontres, et celle, entre autres, susmentionnée du sujet de sa prison, ne l'a que trop fait voir. En sorte qu'on peut dire, sans lui faire tort, que

[1] C'est ce que dit exactement de Sourches quand il annonce le mariage pour la première fois : 12 novembre 1685 (I, p. 328).

[2] Le duc de Vivonne était mort le 15 septembre 1688. De son héritage le duc du Maine eut les Galères (de Sourches, II, 229) et Luxembourg le gouvernement de Champagne (État de la France, 1689, II, p. 424). Son fils eut la Normandie, l'année suivante.

[3] Voir Mlle de Montpensier, *Mémoires*, IV, 528.

le défaut de sa taille n'est pas celui qui lui fait le plus de tort.

DES LIEUTENANTS GÉNÉRAUX QUI COMMANDENT DES ARMÉES

Après ces maréchaux de France, le Roi a encore quelques autres généraux qui, bien que jusques ici d'un ordre inférieur, comme de lieutenants généraux, ne laissent pas d'être destinés à commander en chef des corps d'armées ou des armées même dans la guerre présente, témoin le duc de Noailles, qui en doit commander cette campagne et l'a déjà fait l'année passée, en Catalogne, le marquis de Boufflers sur la Moselle, et le lieutenant général Catinat en Italie.

Pour le duc de Noailles, outre sa qualité de lieutenant général dans les armées du Roi, celle qu'il a d'ailleurs de capitaine des gardes du corps de la première compagnie, de commandant dans la province de Languedoc sous le duc de Maine[1], mais surtout de gouverneur du comté de Roussillon, l'a mis en passe de commander l'armée du Roi[2]. Aussi lui confiera t-on plus aisément ce poste, où l'on ne croit pas avoir beaucoup à craindre ou à risquer, qu'un autre plus important et plus dangereux. D'ailleurs, tout dévot qu'il est ou qu'il veut paroître, il n'en est pas moins attaché aux intérêts et aux volontés de la cour, et aussi plus en réputation d'un courtisan soumis et assidu que d'un grand et expérimenté capitaine[3].

Du duc de Noailles

---

[1] « De Maine », dans les manuscrits [A] et [B].
[2] *Anne-Jules d'Ayen*, né le 4 février 1650, pourvu dès 1561, comme duc d'Ayen, de la première compagnie des gardes du corps en survivance de son père, maréchal de camp en 1677, à la fin de la guerre de Hollande où il avait suivi le roi. En 1678, duc et pair de Noailles, gouverneur de Perpignan et du Roussillon; en 1682, gouverneur du Languedoc; en 1681, lieutenant général; en 1693, après avoir commandé les armées de Catalogne, maréchal; vice-roi de Catalogne, en 1694.
[3] Saint-Simon a fait du maréchal le même portrait, qu'on pourrait croire chargé par haine de l'auteur contre Noailles (éd. 1873, VI, 165), mais qui se trouve ainsi confirmé par Spanheim et l'est aussi par de Sourches (I, p. 109).

Du marquis de Boufflers.

Le marquis de Boufflers, qui doit commander cette campagne un corps d'armée considérable sur la Moselle, est un gentilhomme du Dauphiné qui, en peu d'années, a eu le bonheur de se tirer du pair des officiers de son rang et de son âge, et d'être avancé presque tout à coup à des postes de faveur, de confiance et de distinction [1]. C'est ainsi qu'il se vit presque en même temps lieutenant général et général des dragons [2]; que, dans la revue générale de la cavalerie de France qui se fit sur la Saône, auprès de Dijon, en 1683, il eut l'honneur d'y donner les ordres à toute cette cavalerie et d'être chargé du soin de cette revue, quoique, dans l'ordre, cela appartînt au comte d'Auvergne comme colonel général de la cavalerie françoise [3]. Il fut fait gouverneur du Luxembourg, dont le poste vint à vaquer par la mort du marquis de Lambert [4], et, après celle du maréchal de Créquy, qui suivit bientôt après, fut honoré d'un gouvernement de provinces, et aussi important que celui de la Lorraine et du duché de Luxembourg, qui y demeura joint, c'est-à-dire d'un emploi dont il n'y avoit point de prince, de duc ou de maréchal en France qui ne l'eût pris à honneur [5].

[1] *Charles-Louis*, chevalier, puis marquis de *Boufflers*, né le 10 janvier 1644, avait débuté comme cadet aux gardes françaises, en 1663, à Gigeri. Sa fortune vint de la mort de son aîné qui lui laissa le marquisat et la lieutenance générale de l'Ile de France, en 1672. Elle se confirma par l'organisation nouvelle du corps des dragons dont il fut fait brigadier général en 1675, colonel général le 26 août 1678. Ce fut le 20 avril 1690 qu'il reçut le commandement de l'armée de la Moselle. Saint-Simon, qui note aussi ce rapide avancement, l'attribue à Mme de Maintenon, à qui Boufflers aurait plu en lui demandant la main de sa nièce, Mlle de Villette (addit. à Dangeau, XXVI: Saint-Simon, éd. de Boislisle, I, p. 359).

[2] Lieutenant général depuis le 15 octobre 1681.

[3] Sur cette revue, *Relation* p. 86, note 4; p. 497, note 3. Sur le comte d'Auvergne et ses fonctions sans cesse diminuées, *Ibidem*, p. 252, note 2, et Saint-Simon (éd. de Boislisle, I, 131. note 5).

[4] Le 1er août 1686, mourut le marquis de Lambert (Henri), né le 3 novembre 1631, lieutenant général depuis 1682, gouverneur du Luxembourg depuis la prise de cette ville, en 1684. On crut que Louvois faisait nommer Boufflers à sa place pour l'éloigner de la cour. Il venait de se distinguer en dirigeant les dragonnades en Guyenne où il commandait les troupes du roi et en Béarn (de Sourches, I, 296, 428; Rousset, *Louvois*, III, 465).

[5] Le maréchal de Créqui mourut le 4 février 1687 (de Sourches, II, 23). Le roi donna, le 22 juillet 1687, le gouvernement de *Lorraine* et celui de *Luxem-*

Après quoi, il y a moins lieu de s'étonner si, dès l'engagement de la guerre présente et du siège de Philipsbourg, il eut ordre de s'avancer vers Mayence avec un corps de cavalerie et de dragons, pour ruiner le pont sur le Rhin et tenter la voie si cet électeur pourroit être porté à recevoir garnison françoise dans la citadelle. Ce qui, ayant eu plus de succès qu'on ne s'étoit attendu à la cour de France, comme j'en puis parler pour en avoir depuis ouï assez raisonner et avant mon départ[1], n'a pu aussi qu'être suivi des commandements qu'il a eus, dès la campagne passée, sur la Moselle et vers Mont-Royal, et de celui plus grand encore qu'on lui destine pour cette année, savoir : pour l'y mettre à la tête d'une armée complète[2]. Tout ce grand et assez subit avancement de ce général, et à des postes comme celui susmentionné de gouverneur en chef de la Lorraine et du duché de Luxembourg, et qui ne s'étoit donné

---

bourg joints, à M. de Boufflers qui avait la protection de Mme de Maintenon : « ce qui donna un extrême chagrin aux maréchaux qui étaient officiers généraux quand Boufflers était encore à l'Académie » (de Sourches, II, 68). Catinat eut le gouvernement de la ville même de Luxembourg à la place de Casal et la lieutenance générale de la province (de Sourches, II, 68).

[1] Le 25 septembre 1688, Boufflers, avec 10 bataillons et deux mille chevaux, avait été dirigé sur Kaiserslautern pour assurer dans le Palatinat cisrhénan la défense du Rhin. Il avait pris Worms, Bingen, Altzey, Kreutznach, Baccarach. Boufflers eut à négocier avec les électeurs : pour ne pas effaroucher le patriotisme allemand, « il les engagea par la douceur et les bons traitements à mériter les bonnes grâces du roi », mais il sut les y contraindre aussi « par la sévérité et la rigueur ». (Lettre à Louvois du 5 octobre 1688, *Dépôt de la guerre*, 825.) Les discussions auxquelles Spanheim fait allusion avaient lieu entre Louvois et ses auxiliaires. Chamlay se « demandait si on aurait l'alliance des électeurs et leurs places sans l'emploi de la force, et si la force ne contribuerait pas à les tenir à l'Empereur » (lettre à Louvois, du 15 octobre 1688, *Dépôt de la guerre*, 825). L'électeur de Mayence prit peur et reçut à Mayence une garnison française. On le sut en France le 21 octobre 1688. C'était, dit de Sourches (II, 250), « une nouvelle fort importante ».

[2] Dans la campagne de 1689, Boufflers était chargé, avec des détachements postés dans l'électorat de Trèves, d'empêcher que l'armée d'Alsace (Duras) ne fût tournée par la Moselle. Mont-Royal avait été construit et fortifié dans le comté de Sponheim et dans une boucle de la Moselle, en 1688, à onze lieues au-dessous de Trèves, de façon à fermer cette route aux Allemands. Le 25 août 1689, Boufflers en sortit pour chasser les Impériaux qui étaient venus s'installer tout auprès, à Kocheim (*Lettre de Mme de Sévigné*, 11 septembre 1689 ; Rousset, *Louvois*, IV, 230).

jusque-là qu'à des maréchaux de France, n'avoit pas manqué de lui attirer de la jalousie. On peut dire cependant que si l'*étoile*, comme on parle, dudit marquis de Boufflers et la faveur particulière de M. de Louvois y avoit la meilleure part, que ce n'est pas après tout sans raisons, ni sans mérite dudit général. Outre les agréments extérieurs de sa personne et les dehors d'un courtisan souple, docile et adroit, il a la réputation d'être d'une vigilance et d'une application incroyable à s'acquitter des devoirs de sa charge ou des postes et des commissions qui lui sont confiées. Il dort peu ou presque point, passe les nuits la plupart à songer à son affaire, à rendre compte par lettres à M. de Louvois ou au Roi même, suivant le besoin, de tout le détail dont il croit à propos de les instruire, et emploie les journées, sans se donner de relâche, à mettre en exécution tout ce qu'il échoit de faire ou d'entreprendre[1]. En sorte que, vigilant, actif, laborieux, appliqué comme il est, il ne doit pas être fort étrange s'il a eu le bonheur de se tirer de pair d'avec ses égaux, de gagner la confiance et l'estime particulière du ministre de la guerre, et même celle du Roi, auquel on a su faire valoir toutes ses bonnes qualités[2]. Ce qui ne pourra, à moins de quelques malheureux succès, et où il pût y avoir de sa faute, que le pousser encore plus loin et lui procurer le bâton de maréchal dans la première promotion qui s'en pourra faire[3].

Du sieur Catinat.

Je n'ai rien à dire de particulier du sieur Catinat, qui est destiné à commander cette campagne l'armée d'Italie, sinon qu'il a été capitaine aux gardes, qu'il fut fait depuis brigadier d'infanterie[4], et qu'on lui donna le commandement en Italie

[1] Voir le même éloge dans la Gazette d'Amsterdam (17 octobre 1695 *Extraordinaire*, LXXXIII).
[2] Saint-Simon (éd. 1873, IX, 92, 95) à propos de sa mort (1711) et de sa disgrâce.
[3] 27 mars 1693 (Saint-Simon, éd. de Boislisle, I, 114. Pinard, *Chronologie militaire*, III, 66, 113).
[4] Nicolas Catinat, né le 1ᵉʳ septembre 1637, s'étant distingué au siège de Lille, à trente ans, fut fait capitaine, puis lieutenant aux gardes (gardes

des troupes françoises et de la citadelle de Casal dès que la place fut remise ou vendue à la France par le duc de Mantoue, dans l'année 1681. Il fut fait maréchal de camp quelque temps après, et ensuite lieutenant général dans la dernière promotion qui se fit des oficiers généraux peu avant le siège de Philipsbourg, en 1688[1], et où il fut employé, et s'y distingua dans une ou deux rencontres, et les plus vigoureuses qui s'y passèrent[2]. Aussi en ai-je ouï parler, durant mon séjour en France, comme d'un officier de valeur[3], hardi et entreprenant. Ce qui joint au poste qu'il a déjà eu ci-devant de commander à Casal, aura donné lieu de l'y renvoyer et à lui confier même le commandement de l'armée qu'on prétend d'avoir cette campagne dans ces quartiers d'Italie[4].

A l'égard des autres officiers généraux qui sont en considération en France et destinés la plupart à servir cette campagne dans les armées de Sa Majesté ou à la garde des places frontières, on peut dire que ceux qui ont la réputation d'être des plus entendus dans le métier sont : dans la cavalerie, depuis

Des autres officiers généraux de considération.

---

françaises) *(Etat de la France*, 1679, I, 238). Il devint alors major général de l'armée, brigadier en 1677 et gouverneur des places conquises, Longwy, Tournai, Condé qu'il échangea, en 1680, contre Casal. Il était alors, depuis 1680, maréchal de camp, et non en 1681.

[1] Le 25 août 1688 (de Sourches, II, 206). Depuis 1687, Catinat était lieutenant général de la province et de la ville de Luxembourg *(Etat de la France*, II, 460).

[2] Voir les lettres de Louvois à Catinat adressées à Philippsbourg, qui témoignent de son estime et de celle du roi (Rousset, *Louvois*, IV, 126 : 12 octobre, 23 octobre 1688) à propos d'une blessure qu'il a failli recevoir (de Sourches, II, 248). De Sourches donne le détail d'une de ces rencontres *(ibid.*, II, 254).

[3] D'accord avec ce passage, le beau portrait de Catinat dans une lettre du comte de Tessé (16 septembre 1695 : Rousset, *Louvois* IV, 528) et celui de Saint-Simon (éd. 1873, IX, 189).

[4] Le 20 mars 1690, Catinat avait été envoyé dans les Alpes sous prétexte de soumettre l'insurrection des vallées vaudoises, en réalité pour occuper le Piémont et empêcher les entreprises du duc de Savoie, qu'on savait, depuis le 13 mars, en négociations avec l'Empereur *(Dépôt de la guerre*, 1006 ; Rousset, IV, 292). Le 19 avril 1690, Catinat avait marché sur Turin, et la guerre avait éclaté (juin 1689). Une belle victoire à Staffarde en signala le début, 21 août 1689. Catinat disposait de dix mille hommes environ.

la mort du marquis de Montclar, qui commandait[1] en Alsace ; le comte de Choiseul, qui a commandé les troupes de feu l'électeur de Cologne à la réduction de la ville de Liège, il y a cinq ou six ans[2] ; M. Rose[3], livonien, et M. Dauger, un *nouveau converti*, comme on parle[4] ; dans l'infanterie, le marquis de Joyeuse[5], le comte de Maulévrier[6], frère de M. de

---

[1] Le manuscrit [A] porte : « le *marquis de Montclar qui commande* ». Spanheim n'a pas eu le temps ou a oublié de reporter sur sa minute cette correction essentielle faite sur la *Relation* même (Manusc. B) à la fin d'avril et par suite de la mort de ce marquis. — Joseph Pons de Guimera, né en Catalogne, baron de Montclar, général de cavalerie, maréchal de camp en 1675, lieutenant général en 1677, maître de camp général de la cavalerie, 1679, avait beaucoup servi en Alsace, sous Créqui, à la fin de la guerre de Hollande (Bussy, *Mémoires*, édit. Lalanne, III, 374 ; *Gazette, 1677*, p. 779). Ce qui fit le désigner à la paix pour commander les troupes d'Alsace et occuper Strasbourg en 1681 (Legrelle, *Louis XIV et Strasbourg*). Ce fut lui qui commença les sièges de Phillippsbourg et de Manheim, mais il mourut le 3 avril 1690 (de Sourches, III, 226).

[2] Claude, comte de Choiseul, né le 1er janvier 1632, lieutenant général depuis 1676, gouverneur de Saint-Omer en 1686 ; était passé après la guerre de Hollande au service de l'électeur de Cologne, par suite de différends avec Louvois. En 1684, l'électeur de Cologne, pour détruire les libertés municipales des Liégeois, envoya Choiseul et sa petite armée, obtint le concours de Schomberg et de ses troupes qui avaient pris Luxembourg, pour restaurer à Liège son autorité (Dangeau, 30 août 1684). Choiseul revint en France en 1688 et fut fait maréchal en 1693 (Saint-Simon, éd. de Boislisle I, 117 ; VIII, 212 ; Mme de Sévigné, X, 491).

[3] Conrad, marquis de Rosen, né en Courlande (1628), entré au service de la France sous les auspices de son oncle, ancien lieutenant de Bernard de Saxe-Weimar, dont il épousa la fille ; mestre de camp, 1669 ; brigadier de cavalerie, 1674 ; maréchal de camp, 1677 ; lieutenant général, le 25 août 1688 ; mestre de camp général de cavalerie à la mort de Montclar, possesseur de deux comtés en Alsace (Saint-Simon, éd. de Boislisle, II, 142 ; de Sourches, II, 207).

[4] Guy Aldonce Dauger, né à Villars en Champagne, protestant, qui fit ses premières armes auprès de Turenne (1645-1651), devenu grâce à lui maître de camp de cavalerie (1667), puis brigadier (1675). Maréchal de camp en 1683, il abjura, au moment de la Révocation, pour devenir gouverneur de Mézières et lieutenant général en 1688. Il fut tué au combat de Leuse, le 19 septembre 1691. Sa fille, mariée en 1683 à Philippe Duhan de Jandun fut la mère de Charles Duhan de Jandun, le précepteur du grand Frédéric (Haag, *France protestante*).

[5] Jean Armand, marquis de Joyeuse, mestre de camp (cavalerie), 1650 ; brigadier, 1658 ; maréchal de camp, 1672 ; lieutenant général depuis 1677 ; gouverneur de Nancy, 1685 ; chevalier des ordres, 1688 ; maréchal enfin le 7 mars 1693 (Saint-Simon, éd. de Boislisle, I, p. 114) : un des meilleurs officiers de cavalerie (de Sourches, II, 233).

[6] « *Montlevrier* », dans les manuscrits [A] et [B]. — Edouard-Philippe Colbert,

Croissy, le marquis de la Trousse[1], M. Calvo[2], le duc de Villeroy[3], le marquis d'Huxelles[4], le prince de Birkenfeld, qui n'est point sur la liste de ceux qui doivent servir cette campagne[5],

frère du grand Colbert, *chevalier de Vandières*, puis *comte de Maulevrier*, capitaine aux gardes (1662), brigadier de cavalerie (1668), maréchal de camp (24 février 1669), lieutenant général (le 26 février 1676), gouverneur de Tournai (1682), chevalier des ordres (1688). « Il avait beaucoup de réputation à la guerre et la méritait. » (Saint-Simon, éd. de Boislisle, I, 120 ; Pinard, *Chronologie militaire*, IV, 261, 263.) Il mourut de dépit de n'être pas fait maréchal (Dangeau IV, 299), le 21 mai 1693.

[1] Philippe-Auguste le Hardi, marquis de la Trousse depuis le mois d'août 1651, capitaine lieutenant des gendarmes.— Dauphin, lieutenant général depuis 1677, l'un des principaux agents de Louvois dans la persécution des protestants (1686) en Dauphiné et en Languedoc (de Sourches, I, 382). M. Rousset a complètement exposé le rôle qu'il joua comme exécuteur des volontés de Louvois pour mettre la main sur la Savoie de 1682 à 1684 *(Louvois*, III, 150, 207) En mars 1689, il ne fit pas campagne ; on le chargea de la défense des côtes en Aunis et Poitou, à la place du maréchal d'Estrées appelé en Bretagne (de Sourches, III, 55). La maladie l'avait mis hors de service. Il fut même remplacé par M. de Revel en Aunis, en 1690, et, le 16 mai de la même année, il vendit sa charge de capitaine lieutenant à Soyecourt (de Sourches, III, 237). Il avait été gouverneur de Mézières (1689), puis d'Ypres, enfin chevalier des ordres.

[2] François, comte de Calvo Gualbés, né à Barcelone en 1627, colonel de cavalerie en 1654, brigadier au retour de la campagne de Saint-Gothard (1667), inspecteur de cavalerie en 1671, maréchal de camp après Seneff (1675), s'illustra par sa défense de Maestricht (juillet 1676). Il devint à la suite gouverneur d'Aire, lieutenant général au mois d'août 1676, chevalier des ordres en 1688. Il commandait l'aile gauche de Luxembourg, en 1690. Il mourut, fort regretté du roi, le 29 mai 1690, à Deynze sur la Lys. Spanheim n'en était pas encore informé.

[3] François de Neuville, marquis puis duc de Villeroi, né le 7 avril 1644, colonel d'infanterie (1664), brigadier (1672), maréchal de camp (1674), lieutenant général (1677), gouverneur de Lyon à la place de son père (1685). Il allait alors commencer par le maréchalat (1693) et le commandement d'une armée (1695), une carrière de général fertile en disgrâces.

[4] Nicolas de Laye du Blé, marquis d'Huxelles, né en 1652 et destiné d'abord à l'Eglise. Quand son frère aîné fut mort, il devint gouverneur de Châlon-sur-Saône en 1669, entra dans l'armée, devint colonel du *Dauphin Régiment* (1674), brigadier en 1677, maréchal de camp en 1683. Il fut fait lieutenant général à la veille de la guerre de 1688. Adroit à faire sa fortune, et brave, il se fit valoir par son courage au siège de Philippsbourg où il fut blessé, par sa belle défense de Mayence en 1689, et devint gouverneur de Luxembourg, puis de l'Alsace, à la mort de Montclar, au grand dépit d'officiers plus anciens, comme Chamilly (de Sourches, I, 253 ; II, 198, 226).

[5] « *Qui n'est point sur la liste de ceux qui doivent servir cette année* ». Ces mots ont été omis d'abord, puis rétablis dans le manuscrit [A]. Ils se trouvent dans le manuscrit [B]. L'hésitation de l'auteur vient de ce que Christian II, comte palatin du Rhin, prince de Birkenfeld (dans le Hundsrück), hésita, après avoir été désigné en 1688, à faire campagne contre les princes alle-

Magalotti, gouverneur de Valenciennes [1], le comte de Chamilly, gouverneur de Strasbourg [2]. Et parmi lesquels, et ceux dont je viens de parler un peu auparavant, ceux qui semblent le plus en passe d'avoir part à la première promotion qui se fera des maréchaux de France ou d'y entrer en considération, sont, autant que j'en puis juger, le duc de Noailles, le duc de Villeroy, le marquis de Boufflers, le comte de Choiseul, le marquis de la Trousse, et peut-être le marquis de Tilladet, ou même le marquis d'Huxelles. Le premier de ces deux derniers, comme proche parent de M. de Louvois, et pour en tirer occasion que sa charge de capitaine des cent Suisses de la garde du Roi demeure tout entière au marquis de Courtenvaux, son associé dans ledit emploi et fils aîné de ce ministre ; l'autre, par la faveur pareillement et à la recommandation du même ministre [3]. Après tout, et à l'égard de cette

---

mands. Né en 1637, il était entré au service de la France en levant un régiment en Alsace où il avait des biens, le *Royal Allemand*. Il était devenu lieutenant général le 25 août 1688. Il venait peu à la cour; protestant, il laissa son régiment à son fils Christian III (1690). (Saint-Simon, éd. de Boislisle, XIV, 10; de Sourches, II, 207.)

[1] Bardo de Bardi, Comte de Magalotti par sa mère (voir Saint-Simon, éd. de Boislisle I, 258; éd. 1873, XII, 452), d'origine florentine, né en 1630, mort en 1705, entré comme page en 1641 chez Richelieu, puis, avec Mazarin, dans le régiment des gardes dont il fut capitaine, naturalisé en 1673, lieutenant-colonel des gardes (1675); colonel, depuis 1671, du *Royal Italien*; maréchal de camp en 1672; lieutenant général en 1676. Il fit, au siège de Valenciennes, une action d'éclat qui lui en valut le gouvernement (18 mars 1677).

[2] Noël Bouton de Chamilly, né le 6 avril 1656, fils cadet d'un général qui avait fait son éducation en Hollande, et avec Condé dans la Fronde (1598-1663) (Saint-Simon, éd. de Boislisle, XI, 10). Mestre de camp de cavalerie (1667), brigadier (1673), gouverneur de Grave (1674), il s'était illustré en défendant cette ville, et devint alors maréchal de camp (1675), lieutenant général en 1678, gouverneur de Fribourg (1679). La mort de Condé, l'hostilité de Louvois lui firent tort. Il eut le gouvernement de Strasbourg en 1685, mais il n'eut pas l'Alsace qu'il espérait en 1690, et attendit ensuite, jusqu'en 1703, son bâton de maréchal. — Il ne faut pas le confondre avec son frère aîné, Erard de Chamilly, déjà lieutenant général, né en 1630 et qui mourut en 1672, à la veille d'être maréchal (voir Pierre Palliot, *Histoire des comtes de Chamilly*, 1665; Beauvois, *les Chamilly*, 1885-1886. Saint-Simon, éd. de Boislisle, II, 152 ; X, 398; XI, p. 10 surtout).

[3] La promotion que prévoyait Spanheim eut lieu le 27 mars 1693 (Saint-Simon, éd. de Boislisle, I, 114). Elle comprit Choiseul, Villeroi, Joyeuse, Noailles,

promotion, qui ne manque jamais d'avoir bien des prétendants, les divers événements de cette campagne et de la suite de cette guerre, et l'occasion qui en pourra arriver aux uns de s'y faire valoir et d'y faire des actions d'éclat et de distinction, à d'autres de n'avoir pas le même succès ou d'y payer de leur vie, tout cela, dis-je, ne pourra qu'y apporter au besoin des changements considérables et faire place à d'autres qui en paroissent aujourd'hui plus éloignés.

CONSIDÉRATIONS SUR LA SITUATION PRÉSENTE

DES AFFAIRES DE FRANCE ET DES ALLIÉS EN GUERRE CONTRE ELLE[1]

Ce que j'ai remarqué jusques ici, dans tout le cours de cette relation, et particulièrement dans cette seconde partie, des Conseils, des ministres, des finances et des forces de la France par mer et par terre, peut aucunement fournir de justes idées de la situation de ses affaires et de ce qu'on en doit croire ou attendre dans la conjoncture de la guerre présente. Ce qui ne m'empêchera pas néanmoins de faire ici quelques réflexions

---

Boufflers et Catinat, Tourville pour la marine. Spanheim ne s'est trompé que pour trois, les parents et les favoris de Louvois, Tilladet, la Trousse et d'Huxelles : leur fortune souffrit de l'absence du ministre tout-puissant qui mourut dans l'intervalle. Pour la charge de Courtenvaux, voir *Relation*, p. 274 note 2, et de Sourches (19 avril 1688, II, p. 156).

[1] Ce chapitre de Spanheim, divisé en neuf articles, est à la fois une conclusion, comme un résumé des observations qu'il a recueillies au cours de son travail sur l'état de la France en 1690, enfin une suite de prévisions sur la guerre engagée entre Louis XIV et l'Europe. La conclusion vaut exactement ce que valent les observations le plus souvent justes, fines et précises sur lesquelles elle est appuyée. A ce titre, elle demeure, comme la *Relation* tout entière, un document historique de premier ordre qui, par bien des points éclaire d'une façon nouvelle les rapports de Louis XIV avec l'Europe, la situation de son royaume, enfin la nature de la guerre engagée contre l'une aux dépens de l'autre, en 1690. La discussion et l'examen de cette conclusion ferait double emploi avec ce que nous avons joint de preuves ou de critiques

particulières sur les avantages ou sur les suites que le parti des alliés contre la France peut tirer de ces éclaircissements susdits, ou de ce qu'on y peut encore ajouter pour y prendre plus sûrement ses mesures, et surtout ce qui devra servir à faire connoître que, si la France est en effet un ennemi redoutable et qu'il n'est pas aisé de vaincre, elle n'est pas après tout invincible. Sur quoi, je m'arrêterai aux considérations suivantes :

Des conjonctures différentes de la guerre présente et des guerres passées avec la France.

La première, à l'égard de la nature et de l'engagement de la guerre présente, qui se trouve assez différent de celui des guerres passées sous ce règne et depuis que le Roi gouverne par lui-même. Témoin la première de cette sorte, qui fut en 1667, pour se rendre maître des meilleures villes de Flandre sous prétexte des droits de la Reine, comme il arriva. Et ce qui ne pouvoit guère lui manquer dans une guerre entreprise, non seulement au fort d'une paix aussi solennelle que celle des Pyrénées, mais d'ailleurs dans un pays voisin, attaqué à l'impourvu, dénué de[1] troupes, d'argent et d'alliances pour le soutenir, en outre avec les premiers généraux de l'Europe en tête, la présence du Roi, et ses trésors remplis par les soins de feu M. Colbert. La situation n'étoit guère différente à l'égard de la guerre qu'on entreprit contre les Hollandais en 1672, soit du côté des généraux et des forces de la France, soit de celui des associés avec elle dans cette guerre, l'Angleterre, la Suède, l'électeur de Cologne et l'évêque de Münster, qu'elle avoit su ménager et y engager avant que de l'entreprendre, soit à l'égard des mesures prises avec la cour impériale par le traité secret qui avoit été conclu l'année auparavant avec le ministre de France[2], soit enfin à l'égard de l'ennemi, qu'on attaquoit

aux faits recueillis et commentés par Spanheim. Quant aux prévisions de l'auteur, dont quelques-unes marquent la sagacité et l'étendue de son jugement, et se sont réalisées, elles n'ont qu'un intérêt relatif et comme rétrospectif pour l'histoire. C'est, si l'on peut dire, la partie transitoire de son œuvre.

[1] Le manuscrit [A] porte par erreur : « des » troupes.

[2] Il s'agit du traité de partage de la monarchie espagnole, signé non en

en même temps par mer et par terre, avec toutes les forces de
la France et celles de ses alliés, mais, qui plus est, un ennemi
qui se trouvoit divisé au dedans par les différents partis dans le
gouvernement, affoibli par l'oppression du prince d'Orange[1], et
soutenu par des généraux peu accrédités, par des troupes peu
aguerries et par des places mal pourvues de ce qui étoit requis
pour leur défense. La campagne contre les Espagnols de l'an
1684, qui fut suivie du siège et de la prise de Luxembourg, et
qui n'avoit que ce but-là, ne pouvoit manquer non plus de
réussir par les mêmes raisons ou à peu près pareilles, soit de
l'état ou de la foiblesse des Espagnols dans le Pays-Bas, soit
des divisions suscitées et fomentées en Hollande par les intrigues de la France entre le prince d'Orange et la ville d'Amsterdam, soit de l'état alors de la guerre contre les Turcs, que
l'Empereur avoit sur les bras et qui avoient été sur le point de
lui enlever Vienne l'année précédente, soit d'ailleurs pour
n'avoir rien à craindre du côté de l'Angleterre en ce temps-là.
A quoi on peut encore ajouter, eu égard aux alliés que la
France avoit alors dans le Nord ou dans l'Empire, qui, sans
approuver cette expédition ou y avoir aucune part, étoient
partie en état de s'en prévaloir pour leurs fins, comme le roi de
Danemarck à l'égard du Holstein et du Sleswig, dont il prit le
temps de se mettre en possession[2], partie n'avoient autre vue,

---

1671, mais le 20 janvier 1668 à Vienne, par l'intermédiaire de Gremonville,
entre Louis XIV et Léopold Ier. Le passage de Spanheim est une preuve de
plus à ajouter aux preuves fournies déjà par M. Legrelle (*Succession d'Espagne*,
I, 144, note 2) que les contemporains ont connu cette négociation. Mais la
plupart se sont trompés sur la date : Voltaire *(Siècle de Louis XIV*, édit.
Bourgeois, p. 140), dit 1667, et Spanheim 1671.

[1] Dans cette phrase, Spanheim veut évidemment dire que l'état d'oppression où le gouvernement républicain avait tenu le prince d'Orange fut, en
1672, pour ce gouvernement une cause de faiblesse.

[2] Le roi de Danemark, Christian V, s'alliant à Louis XIV contre la Suède à
qui il voulait prendre ses provinces du sud, avait commencé contre elle la
guerre, en s'assurant d'abord de la personne et des forteresses de son beau-
frère Christian-Albert de Gottorp, duc de Sleswig-Holstein, toujours prêt à
s'allier aux Suédois contre lui (1675). Le traité de Lund (1679) avait remis le
duc de Sleswig-Holstein en possession de ses Etats : en 1684, Christian V prit
occasion de certaines difficultés avec son beau-frère pour l'expulser encore du

comme feu Son Altesse Électorale de glorieuse mémoire, que d'arrêter de bonne heure les suites funestes de cette guerre et des progrès de la France, comme il arriva par le traité de trêve qui suivit bientôt après. Il n'est pas difficile de reconnoître que non seulement tout cela ne se trouve point dans la guerre présente que la France a engagée en premier lieu contre l'Empire, et ensuite contre les Hollandois et les Espagnols, au préjudice des traités publics, mais même, et (ce qui est ici le plus à considérer), dans un temps que la France n'avoit aucun des avantages susdits en l'entreprenant, et au contraire point d'alliés ou d'apparence d'en faire, point de préparatifs disposés à cet effet de longue main ou suffisants pour l'entreprise d'une si grande affaire, point de conjonctures favorables pour s'y engager, et qui n'y fussent même opposées, soit du côté de l'état et des forces sur pied et aguerries des ennemis qu'elle attaquoit, soit du côté des grands et heureux succès des armées de l'Empereur contre le Turc et de ses conquêtes dans la Hongrie[1], soit du côté de la situation des affaires d'Angleterre et des grands préparatifs en Hollande pour y donner lieu à la mémorable révolution qui y est arrivée. Ajoutez[2] : eu égard à l'état de la France au dedans, affoiblie et par la diminution et par la ruine du commerce qui ne pourroit qu'en suivre, et par la retraite hors du royaume des gens de la Religion, et par le peu de confiance dans ceux qui y étoient restés, ou les *nouveaux convertis*, comme on les appelle, et enfin par la conjoncture des démêlés avec la cour de Rome et avec le défunt pape, qui étoit alors plein de vie et de ressentiment contre la France. D'où il résultoit, aussi, savoir des manifestes publiés contre le pape et la

---

Sleswig : mais en 1688, les signataires de la ligue d'Augsbourg intervinrent et obligèrent à Altona (1689) le roi de Danemark à lâcher sa proie une fois de plus, (Allen, *Histoire du Danemark*, traduction Beauvois, 1879, t. II, p. 119-124).

[1] Allusion à la victoire décisive remportée à Mohacz par les Impériaux le 12 août 1687. Elle fut suivie d'une déclaration importante de la Diète de Presbourg qui eut pour objet et pour effet de rendre la couronne de Hongrie héréditaire dans la maison d'Autriche.

[2] « *Ajoutez encore* », dans le manuscrit [*B*].

cour de Rome, et en même temps de la déclaration et de la première démarche de cette guerre contre l'Empereur par le siège de Philipsbourg, d'ailleurs des traitements plus que barbares qui ont suivi immédiatement contre les princes et États catholiques-romains et même ecclésiastiques, et, d'autre part, des menaces, saisies et déclarations de guerre contre les Hollandois, et bientôt après contre les Espagnols ; il en résultoit, dis-je, un engagement des catholiques et des protestants dans la même querelle et à les obliger de se lier, comme il est arrivé[1], d'intérêts, de forces et de conseils contre la France, et de s'y associer même avec le plus grand et le plus redoutable ennemi que le roi de France croit d'avoir, et qu'il a en effet, qui est le roi d'Angleterre d'aujourd'hui. Et ainsi d'où on laisse à juger s'il y a eu, je ne dirai pas de la justice, de l'équité et de la bonne foi (dont on ne se met guère en peine en France, et passera même condamnation au besoin), dans cette conduite qu'on a fait tenir au Roi à engager cette guerre, mais bien s'il y a eu de la prudence, de la sûreté et de la convénience à l'engager et à l'entreprendre comme on a fait. Surtout y a-t-il lieu de réfléchir qu'une situation aussi différente de l'état des guerres passées entreprises par ce roi depuis qu'il gouverne, d'avec celle de la guerre présente, en doit aussi faire attendre des succès et des événements assez opposés. On en peut même déjà prendre un assez grand préjugé de ceux de la campagne passée, et qu'on peut dire la première de cette guerre où la France ait eu des ennemis en tête, et qui lui ont enlevé des places considérables, défendues par des grands corps de leurs[2] meilleures troupes, et sans même qu'elle en ait osé tenter le secours.

[1] Le 12 mai 1689, alliance de l'Empereur et des États généraux de Hollande signée à Vienne par Hop, envoyé de Hollande, Kœnigsegg et Strattmann ministres de Léopold 1er (Dumont, *Corps diplomatique*, VII, p. 227-230). — Accession de Guillaume III comme roi d'Angleterre en dehors de ses ministres, 9 sept. 1689 (Dumont, *ibidem*, VII, 241) et de l'Espagne le 6 juin 1690 (*ibid.*, t. VII, 2e partie, p. 267).
[2] *Sic* dans les manuscrits [A] et [B] : au lieu de *ses*.

Fausses vues de la France dans l'engagement de cette guerre.

La seconde considération, c'est qu'en effet ce n'étoit pas la vue du Roi, ou même du ministre qui l'y a porté, de s'attirer une si grande guerre et [1] autant d'ennemis à la fois sur les bras. Il crut ou se flatta, quoique mal à propos, comme il a paru, qu'on en seroit quitte à meilleur marché ; que la proposition portée par le manifeste publié en même temps du siège de Philipsbourg, savoir avec les offres d'évacuer la place et de la remettre à l'évêque de Spire après l'avoir prise et démolie, et de rendre Fribourg à l'Empereur, place de son ancien patrimoine, trouveroit d'autant plus de lieu auprès du Conseil de Vienne que la guerre contre le Turc n'étoit pas finie ; qu'ainsi l'Empereur trouveroit plus d'avantage à la continuer et à achever les conquêtes qu'il lui restoit encore à faire, qu'à hasarder de perdre celles qu'il avoit déjà faites en tournant ses armes contre la France pour des intérêts plus éloignés, plus incertains à l'égard du succès, et au fond moins de sa convénience [2] ; que, par ce moyen, on pourroit porter les choses à convertir la trêve en paix avec l'Empire, et après quoi on auroit les mains libres à veiller aux affaires d'Angleterre, à la conduite à cet égard des Hollandois et du prince d'Orange, et dont le roi Jacques, en ce temps-là (je veux dire du dessein formé du siège de Philipsbourg)[3], faisoit espérer une meilleure issue, qu'en

---

[1] « *Et* » est remplacé par « *ni* » dans le manuscrit [*B*].

[2] Le 13 septembre 1688, Louvois écrivait à Lagrange, intendant d'Alsace: « Sa Majesté a résolu de faire proposer à l'Empire de rendre Philipsbourg rasé à l'évêque de Spire, son légitime possesseur, et Fribourg aussi rasé à l'Empereur, si tout l'Empire veut convertir la trêve en une paix solide *(Dépôt de la guerre*, 824). Le 25 avril 1689, le même Louvois écrivait à l'archevêque de Reims : « Les Turcs font merveille ; ils ne veulent plus la paix, et toutes les lettres de Vienne disent que M. de Lorraine ne viendra pas sur le Rhin » *(Dépôt de la guerre*, 846). La même espérance se retrouve dans de Sourches (III, 63) : « Les envoyés du Grand Seigneur qui étaient à Vienne se sont excusés de conclure une paix ou une trêve avec l'Empereur, qui a envoyé contre-ordre à ses régiments qui marchaient sur le Rhin » (31 mars). Plus loin encore, III, 72 : « le marquis de Béthune, qui gouverne le roi de Pologne, le pousse à traverser la paix de l'Empereur et des Turcs » (12 avril). Les conférences de Vienne avec les envoyés du Sultan, en effet, n'aboutirent pas, mais Léopold Ier n'en continua pas moins cette double guerre (Krones, *Geschichte Œsterreichs*, III, 671).

[3] Vers le 28 septembre 1688, Jacques II, qui était encore roi d'Angleterre,

tout cas, et que le transport se fît sur les côtes d'Angleterre des forces que les Hollandois et le prince d'Orange sembloient préparer à ce sujet[1], il ne pourroit servir qu'à y faire consumer les principales forces maritimes et les meilleures troupes par terre que les Hollandois eussent alors sur pied[2]. Et à l'égard des Espagnols, on se flattoit que le crédit de la reine d'Espagne, alors pleine de vie[3], les propositions et les offres que les ministres de France tâchoient de ménager en ladite cour par son canal, trouveroient lieu à endormir la cour de Madrid, ou même à la porter à s'y entendre. Tant il est vrai qu'on n'envisageoit point alors à la cour de France, comme on auroit eu d'ailleurs assez de sujet, toutes les suites de cet engagement de guerre où on entroit par le siège de Philipsbourg, et qu'on croyoit au contraire en tirer l'avantage d'une paix, pour ainsi dire forcée, avec l'Empereur et l'Empire; de détourner même pour l'avenir les orages qu'on en pouvoit craindre devoir[4] tomber un jour sur la France et sur les frontières, au sujet des

informait Louis XIV que les Hollandais lui faisaient la proposition de ne rien entreprendre contre lui, s'il se déclarait contre la France. Et il l'assurait de sa fidélité qui devait lui coûter sa couronne (de Sourches, II, 235). Mais au mois d'octobre, il fléchissait pour la garder, et peut-être les Anglais l'auraient-ils forcé à la guerre (Roussel, Louvois, IV, 104).

[1] Les avis en parvinrent en France vers le 21 septembre 1688, comme il ressort des lettres de Louvois à d'Humières, à l'archevêque de Reims (Roussel, Louvois, IV, 103-104).

[2] C'était l'opinion très nette de Chamlay, qui de Philippsbourg, le 11 octobre 1688, avant que Jacques II ne fût détrôné (15 nov.), conseillait à Louis XIV de lui former bien vite un parti capable de résister à Guillaume III, et de réfléchir « aux avantages qu'il peut tirer de l'occupation de M. le prince d'Orange en Angleterre et de son absence de Hollande : c'est le moyen sûr pour parvenir à une paix solide. Je suis persuadé que vous avez fait ces raisonnements dès le moment que le dessein du duc d'Orange est venu à votre connaissance » (Dépôt de la guerre, 825). Spanheim a donc très nettement connu les espérances des Français, leur désir de la paix, leurs calculs pour l'obtenir qui se trouvèrent en défaut.

[3] Marie-Louise d'Orléans, morte le 12 février 1689 : sur les services que Louis XIV attendait d'elle en 1688, et sur les propositions qu'il fit par son canal à l'Espagne, consulter Morel Fatio et Léonardon, Instructions d'Espagne (I, p. 381 et p. 393 : Mission de M. de Rébenac et Mémoire très secret, juin-juillet 1688).

[4] « A devoir », dans les manuscrits [A] et [B].

infractions passées de la trêve et d'autres griefs qu'on seroit en droit de lui reprocher[1]; que d'ailleurs le public en seroit détrompé que la France ne fût pas en état, comme des ministres de l'Empereur l'auroient publié et qu'on s'y fondoit à la cour de Rome, savoir de mettre des forces considérables sur pied, ni d'oser rien entreprendre de vigoureux dans la méchante situation des affaires du dedans du royaume et de la santé même du Roi. Ce qui fait voir après tout combien il plaît aux ressorts de la Providence de confondre les vues de la fausse politique ou d'une fausse gloire, puisque, pour éviter une guerre éloignée, incertaine, que mille accidents ou circonstances pouvoient détourner, on en a cependant engagé, ou plutôt précipité une de gaieté de cœur contre tant de puissances qui se trouvoient armées[2], et ainsi en exposant par là les conquêtes passées et toute la gloire de ce règne au hasard de cette même guerre, je ne dirai pas seulement injuste et cruelle, mais je dirai, comme on vient de voir, mal entreprise et mal concertée.

Des dispositions du roi et des suites qu'elles peuvent avoir.

La troisième considération s'arrêtera sur la personne du Roi, dont on peut assez juger par ce que j'en ai dit en parlant de lui : je veux dire que son génie n'est pas naturellement martial, qu'il fait plus la guerre par hauteur ou par prévention que par choix ou par inclination, qu'aussi la guerre ne s'accommode

---

[1] Spanheim analyse ici très exactement la pensée de Louvois, l'auteur principal de la guerre. Au début, dès le 23 juillet 1688, il présentait l'affaire de Cologne et la querelle avec le pape comme une mesure urgente pour prévenir à temps une ligue de toute l'Europe et empêcher la guerre. Au début de la campagne de 1689, le 15 avril, il écrivait encore au maréchal d'Humières : « Sa Majesté estime que dans la multitude d'ennemis qui se sont joints pour lui faire la guerre, il n'est pas de sa prudence de faire aucune entreprise et qu'il suffit d'empêcher que les ennemis n'en fassent, et de conserver son armée » (*Dépôt de la guerre*, 864; Rousset, *Louvois*, IV, pp. 78-88; pp. 174-175).

[2] Les craintes et la conclusion que tire Spanheim de cette guerre mal engagée sont exprimées dans une lettre même de Louvois au contrôleur général, du 1er août 1688 : « la Pologne contre soi, avec toute l'Allemagne sans exception, tout cela réduiroit les choses en moins bon état qu'elles n'étaient en 1674. » (Rousset, *Louvois*, IV, p. 83).

guère, ni avec sa constitution présente, ni avec ses attachements connus, ni avec l'état du dedans de son royaume, ni avec ses vues les plus chères d'y consommer son ouvrage favori; savoir d'y affermir l'*extirpation totale de l'hérésie*, comme on parle en France. A quoi on peut ajouter qu'il est peu accoutumé, vu les succès passés et heureux de son règne, à en soutenir les disgrâces ou à risquer beaucoup dans ses entreprises ; qu'aussi ne s'est-il engagé depuis qu'il gouverne, comme nous venons déjà de voir un peu auparavant, que dans la vue des événements et des conquêtes qu'il pouvoit juger comme infaillibles, soit par les mesures prises, soit par les conjonctures. En sorte qu'il ne faut pas douter que, fier d'ailleurs et sensible outre mesure à la gloire, un revers de fortune ne fût capable de le toucher vivement, de déconcerter même ses mesures présentes, son repos, sa grandeur, sa gloire, son état, et avoir des suites avantageuses au parti des alliés, et qu'ainsi il n'en arrivât à son égard comme de ces gens forts et robustes qui, après avoir joui toute leur vie d'une santé parfaite, sont accablés de la première maladie qui les attaque. Et ce qui donne d'autant plus lieu à le croire, c'est que l'assiette de son âme a plus de roideur et de dureté, pour ainsi dire, que de véritable fermeté, que cette fermeté s'amollit à la vue du péril ou des disgrâces, et qu'au travers des dehors d'un grand roi on s'aperçoit du foible de l'homme. Ce qui, après tout, ne laisse pas d'être accompagné en même temps d'un grand entêtement pour les choses qu'il se propose, et surtout où il croit que sa gloire et son honneur peuvent être aucunement engagés, et à quoi aussi il est capable de sacrifier ses véritables intérêts. Je ne parle pas à présent des révolutions qui pourroient arriver dans la cour et dans l'État au cas que le Roi vînt à manquer durant le cours de la guerre présente. Je me contenterai seulement de dire qu'on a quelque sujet de croire que les affaires du gouvernement ne pourroient que changer de face et tomber en d'autres mains, et par là donner lieu apparemment à une autre conduite et à d'autres maximes, ou, en tout cas, en causer plus d'embarras et d'irrésolution dans les affaires de la France suivant la situation où elle pourroient se trouver.

Des vues et dispositions différentes des ministres du roi dans cette guerre.

La quatrième considération doit réfléchir sur ses ministres, dont je ne retoucherai pas ici en détail la portée et le caractère après ce que j'en ai représenté assez amplement ci-dessus. Je me contenterai seulement de remarquer qu'ils ont plus de talent et d'habitude à soutenir de bonnes affaires qu'à en redresser de mauvaises ; que d'ailleurs ce Conseil du Ministère demeure encore partagé entre deux différents partis, et ainsi qui ne peuvent qu'y avoir de différentes vues ; qu'ils ne peuvent même qu'en avoir ou de trop vastes ou de trop intéressées par des égards particuliers à leur poste ; qu'il ne peut surtout y avoir de véritable intelligence entre le ministre qui a la direction de la guerre par terre, et celui qui l'a par mer ; que tout cela ne peut qu'embarrasser au besoin les résolutions, et quelquefois, par des ressorts cachés, en accrocher l'exécution ; que le premier de ces deux ministres, et qui a eu jusques ici le plus de part dans le crédit et dans la confiance du Roi et dans la direction générale des affaires hors même de son département, a une tête plus propre à engager une guerre qu'à la conseiller, ou à la soutenir plutôt par la force et par la violence que par la solidité des vues et des ménagements à y employer. D'ailleurs, comme sa santé a eu diverses atteintes fâcheuses depuis quelques années en çà, qu'elles ne pourroient que redoubler par le peu de ménagement qu'il y apporte, et surtout par la nature et l'importance des affaires dont il doit être nécessairement accablé dans une conjoncture pareille à celle de la guerre présente, on peut dire aussi que sa perte, si elle arrivoit dans une telle situation, ne pourroit que faire faute et embarrasser beaucoup l'état de la guerre en France. Elle ne pourroit surtout que faire une peine extrême au Roi, qui se repose entièrement sur lui du conseil et du détail des opérations de la guerre et de tout ce qui peut y être requis à l'égard ou des personnes ou des

moyens qu'on y emploie, et qui d'ailleurs n'est guère d'humeur
à s'en rapporter de même à tout autre avec lequel il n'auroit
pas la même habitude, ni en qui il ne prendroit pas la même
créance [1]. A l'égard de l'autre ministre, qui a le département
de la mer, et qui n'est pas le moins important de la guerre
présente, on peut dire sans lui faire tort qu'il est plus propre à
s'y gouverner dans le calme que dans l'orage ; qu'il y a véritablement de l'application et du zèle dans sa conduite, mais
aussi bien de l'emportement et de la présomption [2]. Quant au
ministre des affaires étrangères, elles ne peuvent pas lui donner
beaucoup d'occupation dans la guerre présente, hors celle de
ménager et de gagner, si on peut, le nouveau pape, de tenter la
même chose auprès des deux couronnes du Nord et de la cour
et république de Pologne [3] ; on y peut joindre hardiment le Turc
après ce qu'on sait des mesures que la France a prises pour le
porter à continuer la guerre avec l'Empereur. D'ailleurs,
comme ce ministre, et par son penchant, et par la nature de
son poste, et par celle de ses indispositions assez fréquentes de
goutte, et par son peu de rapport avec les vues et les intérêts
de M. de Louvois, a eu peu de part à engager cette guerre, il y a
lieu de croire qu'il voit les suites de cet engagement avec peine

---

[1] Louvois allait, en effet, bientôt mourir, le 16 juillet 1691, d'excès de
travail et de soucis dus à cette guerre mal engagée et pénible à soutenir.
(Dangeau, 17 juillet 1691 ; Mme de Sévigné, Lettre du 26 juillet 1691 à Coulanges ; Lettre du roi au maréchal de Lorges et à Boufflers, 23-24 juillet 1691,
au *Dépôt de la guerre*, 1033 : « Mes affaires n'en iront pas plus mal »). Avec
cette volonté de ne pas se laisser abattre, Louis XIV rappelait aussitôt
d'Allemagne Chamlay, qui, avec Saint-Pouenge dressé et formé par Louvois
et dans la confiance intime du roi, lui permit de soutenir le poids de la guerre
(Rousset *Louvois*, IV, 507-508).

[2] Seignelay mourut aussi au début de la guerre, le 3 novembre 1690 ;
Spanheim ne pouvait pas prévoir cette mort prématurée.

[3] Pour saisir cette œuvre diplomatique, il faut noter les missions du marquis de Béthune aidé par du Teil en Pologne (janvier 1689), pour détourner
Sobieski de la guerre avec les Turcs et le jeter sur le Brandebourg et
l'Empire — du même marquis de Béthune à Stockholm (18 oct. 1690), pour
déterminer la Suède et le Danemark à imposer au besoin par les armes leur
médiation à l'Empire. Voir surtout les *Instructions* tracées par Croissy à ces
agents *(Pologne, I, 180, 190 ; Suède, p. 151, 164)*.

et avec chagrin[1], et que, s'il n'étoit d'ailleurs aussi bon François et sujet du Roi qu'il est, il ne seroit pas fâché que des mauvais succès pussent faire des affaires au ministre susdit de la guerre et attirer sur lui le blâme d'y avoir donné lieu.

Des finances et des manquements qui y peuvent arriver.

La cinquième considération regarde les finances et dont on a déjà vu ci-dessus que quelque grandes et considérables qu'elles fussent, soit dans les revenus fixes et ordinaires du Roi et de la couronne, soit dans les moyens extraordinaires qu'on y emploie dans le besoin, qu'après tout à peine peuvent-elles, ou ont-elles pu suffire aux dépenses immenses qui ont été causées, [tant] d'un côté par les bâtiments, le luxe, le faste, les fêtes, les pensions de la cour et maison royale, et sous le présent règne en particulier, que, d'autre part, par l'entretien de grosses armées sur pied et les fortifications de tant de places et de citadelles ou autres ouvrages entrepris et achevés avec des frais incroyables. On peut juger de la vérité de ce dernier article par le nombre de tant de millions employés seulement, comme il a été dit ci-dessus[2], pour la fortification et pour le havre de Dunquerken. Outre que, si le pouvoir du Roi ou la forme du gouvernement présent porte, ainsi qu'il a aussi été remarqué, tout l'argent qu'on tire dans les trésors du Roi,

---

[1] Dès le mois d'octobre 1691, Croissy cherchait les moyens de rétablir la paix par la médiation de la Suède *(Instructions de Suède*, p. 153). Il négociait en outre avec l'électeur de Saxe et avait fait tous ses efforts pour éviter de rompre avec le duc de Savoie (Rousset, *Louvois*, IV, 285, 472). Enfin la mort d'Innocent XI, l'évacuation du comtat Venaissin offerte à Alexandre VIII comme don de joyeux avènement, l'abandon des franchises, l'habileté du duc de Chaulnes, choisi à dessein par Croissy, préparaient dès 1690 un rapprochement entre Louis XIV et le Saint-Siège, après que leur rupture avait provoqué la guerre et encouragé la coalition. Dès 1695, Croissy était si malade que le roi pensa à une association de son fils, Torcy, avec Pomponne l'ancien ministre des affaires étrangères rentré en grâce, pour qu'il pût servir au fils de Croissy de mentor, et même à un mariage du jeune secrétaire d'État avec la fille de Pomponne (Dangeau, V, p. 281, 444). La mort de Croissy (28 juillet 1696) décida les choses (Saint-Simon, éd. de Boislisle, III, 139-144) comme le Roi les avait préparées.

[2] P. 477 et 482.

aussi a-t-il notablement diminué l'abondance des particuliers et appauvri le royaume. En sorte qu'il y a peu même de grands seigneurs en France qui soient à leur aise ou qui jouissent de grands biens, et qui ne subsistent aujourd'hui la plupart que des revenus de leurs charges et des bienfaits du Roi. Je ne parle pas à présent du commun peuple, et surtout de celui de la campagne, qui est fort pauvre et misérable et épuisé par les tailles, par les gabelles, par les exactions ou par les logements et les passages des gens de guerre. A quoi on peut ajouter que l'affaire de la persécution des gens de la Religion en France n'a pu encore que contribuer considérablement à appauvrir le royaume, à ruiner le négoce, à affoiblir le commerce, à diminuer les revenus, surtout dans les provinces maritimes ou d'ailleurs qui étoient les plus remplies des gens de la Religion, comme en Normandie, en Poitou, en Aunis, Languedoc, Guyenne et autres, et ce par la retraite d'un grand nombre de bons et fidèles sujets du Roi, par la perte de gens habiles en toutes sortes de professions, pour la guerre, pour la marine, pour les manufactures, pour les métiers, par le transport de grandes sommes d'argent qu'ils ont portées hors du royaume, par la misère, la défiance, la contrainte des gens de la Religion ou *nouveaux convertis*, comme on les appelle, restés en France sans y être satisfaits de leur condition, et plutôt avec des vues qui y sont bien opposées[1]. Mais à quoi ne peuvent[2] surtout que contribuer, je veux dire aux dépenses prodigieuses de ce règne, les conjonctures de la guerre présente et la conduite que la France y a tenue à se faire autant d'ennemis de toutes les puissances presque de l'Europe. Et ainsi ce qui en résulte nécessairement ou en a suivi, d'un côté des frais immenses qui sont indispensablement requis pour soutenir la guerre qu'elle a

---

[1] Voir la lettre de Louvois précédemment citée du 15 août 1688 au contrôleur général sur le danger des *nouveaux convertis* (Rousset, *Louvois*, IV, 83) et toute la *Correspondance administrative sous Louis XIV* (Documents inédits, IV, p. 416, 522.

[2] « *Peut* », au singulier dans les manuscrits [A] et [B].

engagée pas mer et par terre contre les nations les mieux armées ou les plus redoutables dans l'un et dans l'autre élément. Ce qui ne peut que requérir des sommes et minières d'argent incroyables pour fournir à la longue à l'équipage et à l'entretien des grosses armées en campagne, d'un grand nombre de places à garder, de grandes flottes sur les deux mers et des secours à faire passer de fois à autre, au cas que cela vînt à durer, en Irlande[1], et, d'autre part, la diminution considérable des sources des finances ou revenus du Roi en France, qui ne peut que suivre de la défense du commerce avec les puissances voisines, et avec un préjudice aussi palpable, tant pour les particuliers du royaume à l'égard de la vente et du transport de leurs denrées hors de France, comme des vins, des laines, des toiles, des grains, des fruits, des manufactures de toutes sortes, et de l'entretien du commerce et du négoce du dedans, qu'à l'égard du Roi, au sujet des droits d'entrée et de sortie hors du royaume, du maintien au dedans des établissements du commerce et des manufactures, et aussi des grands droits qu'il en tire. Et ce encore sans toucher au besoin des denrées qu'il y faut avoir des pays étrangers, et surtout de l'or et de l'argent qu'on y tire par le commerce en Espagne et le retour à Cadix[2] des galions qui en sont chargés, et en quoi le Conseil de Madrid pourroit prendre d'autres mesures qu'on n'a pas prises dans les guerres passées. En sorte qu'on peut recueillir que les sources des finances ou des revenus du Roi et de la couronne, quelque abondantes qu'elles soient, ne peuvent que tarir peu à peu, ou au moins diminuer considérablement au cas d'une continuation de quelques années de la guerre présente, les charges de l'État

---

[1] Rousset, dans son histoire de Louvois (IV, 442, note 2) a publié un état, de la main de Louvois, des dépenses supplémentaires nécessitées par l'entretien de l'armée pendant l'année 1691 seulement.

[2] Dans le manuscrit [A] on lisait d'abord: « le retour des flottes du Pérou ». La correction a été faite en marge de la main de Spanheim. La dernière partie de la phrase, depuis *et en quoi le conseil,* est une addition du manuscrit [A] au texte primitif conservé dans le manuscrit [B].

s'augmenter, le moyen d'y fournir s'épuiser, et les particuliers
du royaume s'appauvrir de plus en plus, surtout au cas que les
succès d'une ou deux campagnes ne répondissent pas aux
grands efforts qu'on fait du côté de la France par terre et par
mer, que ses ennemis vinssent à avoir de l'avantage sur elle,
que l'affaire d'Irlande se terminât bientôt, comme il y a lieu
d'espérer, en faveur du Roi d'Angleterre, que, par là et par la
jonction des forces maritimes de l'Angleterre et de la Hollande,
les François vinssent comme à être bannis de la mer, et qu'on
pût enfin disposer les deux couronnes du Nord à se passer du
commerce de France.

La sixième considération peut avoir lieu au sujet des forces
de mer dont il a été parlé ci-dessus, et d'où on peut assez
recueillir qu'en effet elles ne sont point à mépriser eu égard à
l'avantage de la situation des ports, du nombre et de la qualité
des vaisseaux, de la valeur et de l'expérience des officiers,
capitaines, soldats, ou des généraux à les commander, et surtout
du bon ordre et du grand soin qu'on y apporte. En sorte que
ces mêmes avantages de la marine n'ont jamais été en France,
ni à beaucoup près, au point où on les a mis sous ce règne et
où on s'efforce extraordinairement de les porter de plus en plus.
Cependant il n'y a pas moins lieu de réfléchir :

1° Qu'à l'égard de la construction des vaisseaux, la France
n'a pas suffisamment de quoi fournir à tout ce qui est requis ;
qu'elle a besoin, comme il a déjà été remarqué, du transport
de bois de Norwegen, surtout pour les gros mâts, du chanvre
qu'elle tire de Riga et par la mer Baltique pour les gros câbles,
et des bonnes toiles d'Hollande pour d'autres usages ; qu'ainsi,
le transport pouvant lui en manquer ou se rendre plus difficile
dans la conjoncture de la guerre présente, la France ne pourroit pas, avec la même facilité que l'Angleterre ou la
Hollande, fournir à la longue de nouveaux vaisseaux et réparer
la perte de ceux qui viendroient à manquer.

2° Qu'on peut dire la même chose à l'égard de l'armement

Des forces de la France par mer, et en quoi elles peuvent servir.

maritime, comme, entre autres, de canons de fer, que la France a tirés de Suède jusques ici, puisque, bien qu'il y ait beaucoup de forges et de mines de fer dans le royaume, on a trouvé cependant que le canon n'en vaut rien. En sorte que plus de mille canons faits en France par un fondeur qu'on y avoit fait venir de Suède, n'y servent que de montre dans les havres, sans que personne en veuille embarquer ; et, à l'égard des canons de fonte, on sait que le métal doit être porté pareillement en France. Quant à la poudre, quelque quantité qu'on en fasse, ou quelque grands magasins qu'on en ait dans le royaume, on a de la peine d'en avoir assez pour y fournir à ce qui y est requis pour les vaisseaux sans le secours de celles qu'on a tirées des pays étrangers, et surtout vu le salpêtre, dont le meilleur, comme on sait, et pour la poudre à canon, vient des Indes orientales. Aussi me souviens-je d'avoir ouï dire, et peu de temps avant mon départ de France, à un des intendants de marine, qui venoit de Brest et qui en rendoit compte, en ma présence et sans me connoître, au premier commis de M. de Croissy, savoir que l'on hâtoit en diligence l'équipage des vaisseaux de guerre à Brest et qui n'auroient faute de rien, hors qu'ils pourroient bien manquer de poudre, au moins qu'on auroit assez de peine d'y fournir.

3º Qu'il ne pourra qu'en arriver de même à l'égard[1] de bons pilotes et de matelots, surtout depuis, comme il a déjà été remarqué, la grande désertion qui s'en est faite sur les côtes de Poitou et de la Rochelle de ceux de la Religion, et que la persécution a chassé la plupart en Angleterre. C'est une perte qu'on regrettoit déjà fort en France assez longtemps avant la guerre présente ou qu'on la prévît, et qu'on auroit de la peine, à ce qu'on y avouoit dès lors, de réparer. Il n'en est pas de même non plus des puissances voisines et maritimes avec qui la France est aujourd'hui en guerre, et qui sont en

---

[1] « A l'égard ». Ces mots, nécessaires au sens, se trouvent ajoutés en interligne dans les manuscrits [A] et [B].

état à ne point manquer ni des uns ni des autres, savoir ni de bons pilotes, ni de bons matelots.

4° Qu'à l'égard des bons officiers ou généraux par mer, il semble que la France ne manque en effet ni de bons lieutenants généraux, ni de bons chefs d'escadre pour commander des convois et des détachements de flotte, non plus que de bons capitaines de vaisseaux. Que cependant, à l'égard du commandement en chef d'une flotte capitale, ceux qui sont aujourd'hui sur les rangs en France à y être employés n'ont pas, ce semble, hors le seul maréchal d'Estrées, toute l'expérience, l'autorité et la considération, même dans la marine, qui peut être requise. On ne parle point de l'amiral [1], qui n'est qu'un enfant de neuf à dix ans. Pour ce maréchal, bien qu'il ne manque point des avantages susdits et qu'il n'y ait même que lui présentement en France, et depuis la mort de M. du Quesne, dont il a été parlé ci-dessus [2], qui en ait commandé en chef, ou d'ailleurs qui soit revêtu jusques ici de la qualité de vice amiral de France, il semble cependant que, soit par la vue qu'il n'a pas été trop heureux dans ses commandements passés, ou pour s'être rendu moins agréable à M. de Seignelay, quoique, durant mon séjour en France, il fût bien avec lui et fort attaché à la famille Colbert, ou par autre raison, on n'a pas dessein de lui faire commander la flotte que la France pourra mettre en mer cette campagne, et qu'on se contente de s'en servir sur terre pour la sûreté des côtes de Bretagne. En sorte que ce commandement, à défaut dudit maréchal, regarde le chevalier de Tourville, qui n'a commandé jusques ici que des escadres de vaisseaux et des convois et ne paroît élevé au poste où on le destine que par la faveur particulière de M. de Seignelay [3] ; et ce qui ne sera pas même sans

---

[1] En marge dans les manuscrits [A] et [B] : « *Le jeune comte de Toulouse.* » Voir ci-dessus p. 487.

[2] P. 487-488.

[3] Sur la valeur de Tourville, Spanheim, qui ne connaît pas encore sa brillante victoire du cap Béveziers, se fait l'écho des doutes injustes du parti qui à la cour entourait Louvois, hostile à Tourville parce que Seignelay le protégeait

quelque jalousie ou émulation d'autres officiers généraux dans la marine, qui ne sont pas accoutumés d'obéir audit de Tourville ou se croient ses égaux, et ce qui [1] donna lieu, dès l'an passé, à M. de Seignelay, de vouloir monter sur la flotte pour les accorder par sa présence et par sa direction [2]. Après tout, c'est un inconvénient qui se ne surmonte pas aisément, qui se réveille dans les occasions, et peut avoir, dans les rencontres, des suites fâcheuses pour la France et avantageuses pour les alliés. Il s'en faut toujours beaucoup qu'il y ait aujourd'hui en France un général dans la marine de la considération, de l'expérience et de la réputation de feu M. du Quesne, et surtout pour être à la tête d'une affaire capitale [3].

5° Qu'il résulte de tout ce que dessus que la France aura moins de ressource à l'égard des bâtiments, équipages, matelots, pilotes, généraux, à se remettre d'un combat naval qu'elle pourroit perdre, que non pas les alliés et puissances maritimes avec qui elle est présentement en guerre : ce qui l'obligera apparemment à se tenir sur la défensive du côté de la mer, aussi bien qu'elle fait jusques ici du côté de la terre, et à ménager ses forces maritimes le plus qu'elle pourra. Surtout elle continuera de prendre, comme elle fait, toutes les précautions possibles pour éviter ou empêcher une descente de ses ennemis en France. Que cela, vu la grande étendue de ses côtes qu'elle a à garder sur les deux mers, ne peut que lui causer bien des embarras, de la diversion et de la dépense, et

---

(Rousset *Louvois*, IV, 420). En réalité, les campagnes de l'amiral qui avait été depuis 1676 à l'école de Duquesne (Dussieux, *Nos Marins*, 1888, p. 134-138; Dangeau, II, 409, III; 13, 51, 53, 58), l'expérience qu'il y avait acquise, avaient autant que la faveur de Seignelay déterminé sa fortune.

[1] Le manuscrit [A] portait primitivement : « *que cela* », au lieu de « *ce qui* ».

[2] Ceci est encore une erreur : quand Seignelay (voir plus haut p. 395 note 1) alla prendre le commandement de la flotte de Brest, ce n'était pas pour accorder Tourville et les autres marins. Tourville pendant tout l'été de 1689 commanda la flotte dans la Méditerranée (Dangeau, II, 409).

[3] C'est le sens de la lettre que Louvois, toujours jaloux de Seignelay, écrivait à Chamlay le 23 juin 1689 : « Si, entre nous, Ruyter commandait notre flotte, il n'y a rien de bon et d'avantageux que je n'en espérasse » *(Dépôt de la Guerre*, 936).

ce qui ne manqueroit pas de redoubler au cas que l'affaire d'Irlande vînt à être heureusement terminée par le roi d'Angleterre régnant[1].

6° Qu'on peut encore juger de l'embarras que les affaires de la mer peuvent donner à la France par la conduite qu'elle vient de tenir à l'égard des Algériens, qui est de faire, et d'acheter même une paix honteuse avec des corsaires qu'elle avoit voulu humilier et même anéantir ces années dernières. Et ainsi ce qui, ayant si peu de rapport avec la hauteur et les traitements dont elle s'étoit servie jusques ici à leur endroit, marque assez le besoin qu'elle croit d'avoir de mettre tout en œuvre pour se soutenir du côté de la mer et y diminuer le nombre de ses ennemis[2].

La septième considération ne peut que réfléchir sur les forces de la terre, et ainsi sur les troupes, les généraux et les places fortes dont il a été parlé ci-dessus en quoi elles consistent. Quant aux troupes, il est constant en premier lieu 1° que le nombre de celles qui étoient sur pied quand la France a engagé cette guerre et entrepris le siège de Philipsbourg, étoient beaucoup inférieures en nombre à ce qu'elle en pourroit avoir besoin pour la garde de ses places et pour mettre en campagne contre ses ennemis, et qu'ainsi il a fallu avoir recours à de nouvelles levées, et en grand nombre, qui pussent y suppléer; que, dans ce besoin, et assez pressant par la nécessité où on s'y étoit mis du côté de la France, et à proportion des ennemis qu'on s'attiroit sur les bras, on n'a pu avoir égard au

Des forces de terre avec des réflexions sur les troupes de France.

---

[1] Cette prévision de Spanheim s'est réalisée, mais plus tard, vers la fin de la guerre. Ce fut en 1695 seulement que Louis XIV renonça à mettre une flotte à la mer, faute d'argent surtout, fit descendre à terre les troupes de la flotte et en forma des bataillons pour la défense des côtes. Tourville fut envoyé dans la Méditerranée, puis à la Rochelle; Langeron à Brest; Relingue à Dunkerque (Dangeau, IV, 163, 9 mars 1695 ; V, 303 ; V, 387, 398).

[2] Après le bombardement énergique d'Alger par le maréchal d'Estrées, du 1er au 16 juillet 1688 *(Gazette*, p. 384, 525), le dey Hadji Hussein accueillit un agent que lui envoya, le 12 avril 1689, l'intendant de la marine de Toulon

choix des hommes qu'on levoit, mais bien s'est-on vu obligé [1] de prendre et enrôler indifféremment, et souvent par force et par surprise, tout ce qu'on trouvoit ; qu'ainsi il ne peut qu'y avoir un grand nombre de méchantes troupes parmi toutes ces nouvelles levées faites de cette manière, et d'ailleurs qu'on n'a pas le temps de dresser avant que de s'en servir ; qu'on pourra même trouver dans la suite assez de peine à continuer de faire des levées et de fournir aux recrues, surtout depuis qu'on est réduit à ne pouvoir tirer du monde des pays étrangers, ni même de la Suisse[2]. 2° En second lieu, qu'on aura surtout de la peine à trouver assez de chevaux pour monter la cavalerie qu'on lève, remonter celle qui est sur pied, ou fournir à la longue à celle qui est d'ailleurs requise pour le transport de l'artillerie et des provisions ; que cet inconvénient se rendra d'autant plus difficile au cas que, du côté des Pays-Bas et de l'Allemagne, on prenne et observe toutes les mesures et précautions requises pour empêcher les passages et le transport des chevaux en France, et, entre autres, par la Suisse et la Franche-Comté. A quoi il faut ajouter que ces deux inconvénients que

M. de Vauvré, un certain Sorhainde. Bientôt un négociateur officiel lui fut adressé : Guillaume Marcel, commissaire des armées navales. Ses instructions, 12 septembre 1689, sont conservées aux Affaires Étrangères (*Alger*, t. XV, 264). La négociation aboutit au traité du 24 septembre 1689 (Testot, *Recueil des traités*, n° 394).

C'était le renouvellement du traité conclu en 1684 par Tourville avec quelques clauses en faveur des captifs. C'était si peu une paix honteuse qu'elle provoqua une révolte des janissaires et qu'Hadji Hussein fut renversé le 12 octobre 1689. (Plantet, *Correspondance des deys d'Alger*, I, 163, 174.)

[1] « *Bien s'est-on vu obligé* » : ces mots omis dans le manuscrit [*A*] d'abord, quoiqu'ils fussent dans le manuscrit [*B*], ont été rétablis en marge, de la main de Spanheim.

[2] Cette remarque de Spanheim est justifiée par une lettre de Louvois du 13 avril 1690 à la Reynie (*Dépôt de la guerre*, 946) et par une circulaire très peu postérieure, aux gouverneurs et intendants des provinces (14 février 1691). Le ministre y déclare qu'il s'est fait des violences considérables dans les provinces par les officiers des troupes pour faire des levées et prendre les gens sur les grands chemins, aux foires et aux marchés. Il veut les prévenir (*Dépôt de la guerre*, 1023). Ces hommes enrôlés de force, mal équipés avaient en effet fourni dès le début de la guerre de nombreux malades (*Etat de l'armée* en septembre 1689 dans Rousset, *Louvois*, IV, 233.)

je viens d'alléguer touchant la difficulté des nouvelles levées, ou d'hommes ou de chevaux, n'ont pas lieu et ne sont pas également à craindre à l'égard des alliés qui sont aujourd'hui en guerre contre la France, mais qu'outre qu'ils sont plusieurs à s'y pouvoir prêter la main, leurs pays ont suffisamment de quoi leur en fournir, et en sont même, pour ainsi dire, des abondantes et inépuisables pépinières. 3° En troisième lieu, qu'à l'égard des troupes qui étoient déjà sur pied en France au commencement de la guerre présente, il est constant qu'elles n'étoient pas déjà d'une même bonté ni réputation ; qu'il n'y avoit guère que les troupes de la maison du Roi ou les *vieux corps*, qu'on appelle, et qui consistent dans les régiments qui portent le nom ordinairement ou des personnes royales ou des provinces de France, sur qui on comptât particulièrement, ou en qui on pût prendre créance pour une grosse affaire. 4° Que surtout, en quatrième lieu, et de l'aveu des François mêmes, la cavalerie françoise, hors celle de la maison du Roi et quelque peu de vieux régiments, n'étoit pas sur un bon pied, étoit d'ailleurs en assez petit nombre, et avoit bien déchu de la réputation et de la valeur de la cavalerie françoise des temps passés [1]. Ce qui venoit en partie de la grande réduction qu'on fit de la cavalerie après les traités de Nimeguen et la paix faite en 1679, partie de ce que, par les ordres de la cour, on fit divers et fréquents changements et transports de compagnies ou d'officiers de cavalerie en d'autres corps, et que par là on affoiblit la confiance mutuelle et qui est requise entre les officiers et les troupes, partie encore [2] par les vues qu'on eut, dans les recrues ou nouvelles levées qu'il [3] fut question de faire depuis la paix susdite, et par les ordres encore de la cour ou du

---

[1] Voir les plaintes du maréchal de Duras sur sa cavalerie, dès le mois de juillet 1689 *(Dépôt de la guerre,* 877 ; Roussel, *Louvois,* IV, 223).

[2] Le manuscrit [B] remplaçait ces mots « *partie encore* » par : « *A quoi il faut encore ajouter par les vues* ». La phrase ainsi coupée ne se balançait plus par les mots « *qui venait en partie de ce que... partie encore par les vues* » : c'est une correction très juste du manuscrit [A].

[3] *Qui,* dans les manuscrits [A] et [B].

ministre de la guerre, à y avoir plus d'égard à la taille et à la montre extérieure qu'à la bonté et au service des hommes et des chevaux qu'on levoit et qu'on étoit obligé de prendre ou de changer même sur ce pied-là[1]. En sorte que, dans l'état où est aujourd'hui la cavalerie françoise, il est certain qu'on ne la tient pas en France, à beaucoup près, si bonne, et à proportion, que l'infanterie : que cela paroît aussi dans la plupart des partis et des rencontres avec les ennemis. En échange, la cavalerie allemande, et surtout celle des troupes impériales, y est fort estimée, et redoutée même comme aguerrie par le continuel exercice et pleine de confiance par ses grands et heureux succès remportés contre le Turc, d'ailleurs en réputation de ne donner ni ne demander point de quartier. Tellement que tout cela contribuera à faire éviter du côté de la France un combat avec les armées allemandes et à n'y venir qu'à l'extrémité, à moins[2] que, du côté de l'armée de France, elle ne se trouvât ou ne se crût fort avantagée du côté du nombre et du poste[3]. 5° A quoi je puis ajouter en cinquième lieu les désertions fréquentes des troupes françoises, qui ne peuvent qu'affoiblir beaucoup leurs troupes et en déconcerter souvent les mesures[4]. Comme elles viennent ou du peu de paye qu'on leur donne, ou du travail continuel où on les oblige, ou de la persécution pour la Religion à l'égard des nouveaux convertis, ou enfin de l'inquiétude ordinaire de la nation, et que ces mêmes raisons subsisteront, il y a aussi lieu de croire que le nombre des

---

[1] Le maréchal de Lorges, qui commanda en août 1690 sur le Rhin, écrivait à Louvois : « Pour la cavalerie, c'est le grand nombre de nouveaux cavaliers qui n'ont vu d'autre guerre que celle-ci qui fait qu'ils n'ont pas soin de leurs chevaux, et la haine que la plupart ont contre leurs officiers, lesquels sont ravis de perdre leurs dits chevaux, pour faire enrager leurs capitaines et qu'il leur en coûte » (*Dépôt de la guerre*, 975).

[2] « Ou à moins », dans les manuscrits [A] et [B].

[3] « Pour donner des batailles et aller chercher l'ennemi partout », écrit Louvois au maréchal de Lorges, en même temps que Spanheim fait sa Relation, le 14 avril 1690, « je crois que vous comprenez bien que cela ne convient pas « dans l'état présent des choses » (*Dépôt de la guerre*, 936).

[4] Les bataillons perdaient en moyenne, au bout d'un an, 300 hommes sur 800, par désertion ou maladie (Rousset, *Louvois*, IV, 435).

déserteurs ne diminuera pas dans la suite, et même qu'il ne pourroit que s'augmenter à proportion des facilités qu'on en donnera du côté des alliés et des avantages qu'ils pourront remporter sur la France.

Quant aux généraux, c'est en quoi la France, aujourd'hui, est d'une condition bien différente de celle où elle se trouvoit jusques ici sous ce règne et dans les guerres passées. Elle y avoit alors, et de l'aveu même de ses ennemis, les premiers capitaines de l'Europe pour la guerre de campagne ou pour celle de siège. Il se trouva même dans la dernière guerre, qu'outre le prince de Condé et M. de Turenne, à qui la voix publique en donnoit le prix, les maréchaux de Créquy et de Schönberg eurent occasion de s'y distinguer par des actions de conduite, de valeur et d'éclat, c'est-à-dire le premier dans les deux dernières campagnes après sa défaite et sa prison à Trèves, et l'autre à la levée du siège à Maestricht ; au lieu qu'il se trouve aujourd'hui que ces quatre généraux manquent à la France par la mort des trois premiers, et que le quatrième est même bien avant dans le parti de ses ennemis. En sorte que des gens sensés, en France, et capables d'en bien juger avouoient eux-mêmes, avant mon départ de France, de n'y savoir aujourd'hui aucun général qui ait tout ce qu'il faut pour commander une armée de trente mille hommes. Il paroît même qu'on y est maintenant réduit au choix du duc de Luxembourg et du maréchal de Lorge, dont il a été assez parlé ci-dessus[1]. Il semble, Dieu merci ! que cette considération doit diminuer beaucoup des préjugés qui faisoient pour la France dans les guerres passées, ou qui en donnoient une idée fâcheuse à ses ennemis. D'autant plus qu'ils ne manquent point

Sur ses généraux.

---

[1] Spanheim est ici fort injuste pour Luxembourg qu'il cite avec mépris, pour Catinat qu'il oublie totalement. Leurs victoires prouvèrent que Louis XIV avait des généraux capables encore de commander en chef. Le mot de Voltaire au début du chapitre xvii du *Siècle de Louis XIV* (édit. Bourgeois, p. 285) est plus juste : « la France était un corps puissant et robuste, fatigué d'une longue résistance et épuisé par ses victoires. »

de chefs et de généraux capables de soutenir la gloire des armes et l'intérêt des alliés dans la guerre présente, et qui viennent même d'en donner déjà des preuves contre la France dans la campagne passée. Je ne m'arrêterai pas ici à les nommer, ni à en faire l'éloge en détail, non plus que de la juste réputation que leurs grands exploits dans la Hongrie et contre l'ennemi commun de la chrétienté en ont si justement acquise aux principaux d'entre eux.

Sur les places fortes.

Pour les places fortes, on peut bien dire que c'est en quoi la France met aujourd'hui sa plus grande confiance, et aussi faut-il avouer que c'est là son endroit le plus fort et le plus capable de faire de la peine aux alliés. Ces places ne gardent pas seulement de tous côtés les frontières de la France, mais il s'en trouve même bien avant, et dans le cœur, pour ainsi dire, du pays de ses ennemis. Je laisse à part ici toutes ces grandes et belles villes et citadelles, en Flandres, dans le Hainaut, l'Artois, dont la France étoit ou est demeurée en possession avant et par les traités de Nimeguen, et où elle a fait faire des fortifications si belles, si régulières et si achevées. Je ne toucherai ici, en passant, que celles dont elle s'est emparée ou qu'elle a fait construire depuis ces mêmes traités, comme Strasbourg, le fort de Kehl, Huninghen sur le Rhin, le fort Saint-Louis sur la Saar, d'autre part Luxembourg et Casal en Italie, ou qu'elle a fait faire encore depuis au préjudice de la trêve et contre les traités de Westphalie, comme le fort vis-à-vis de Huninghen, le fort Louis et Mont-Royal sur la Moselle, et, en dernier lieu, par la prise de Philipsbourg[1]. Je ne doute pas même que, quelque injuste qu'en ait été le projet et l'exécution, M. de Louvois ne s'applaudisse aujourd'hui d'en avoir été l'auteur et le promoteur, comme ayant par là taillé bien de la besogne aux alliés, et dans leur propre pays, et mis autant de barrières à leur empêcher ou leur disputer l'entrée en

[1] La fin de la phrase depuis « *fort Louis* », qui était dans le manuscrit [B], omise dans le manuscrit [A], a été rétablie en marge par Spanheim et de sa main.

France[1]. Mais, comme les ressorts de la Providence divine sont bien différents de ceux de la politique du monde et ont coutume même de la confondre, surtout quand elle est aussi injuste et violente que celle dont je viens de parler, il y a lieu aussi, à cet égard, d'en attendre et d'en espérer des effets conformes en faveur des alliés. Déjà il lui a plu de bénir leurs armes, et en particulier celles de Son Altesse Electorale, à enlever, dans la première campagne qu'on a faite l'an passé, toutes les places fortes que la France occupoit sur le bas Rhin, comme Nuys Kaiserswerth, Rhinberghen, et Bonn en dernier lieu, sans parler de Mayence sur le haut Rhin, quoique l'une et l'autre de ces deux dernières places fussent gardées par des corps d'armées, et des meilleures troupes que la France ait sur pied. Tout cela ne peut être qu'un bon augure pour attendre des succès non moins avantageux de la campagne prochaine, outre qu'on ne jugera pas peut-être nécessaire, du côté des alliés, de s'embarrasser du siège de plusieurs places qui pourroient emporter beaucoup de temps et consumer bien du monde, qu'on se contentera apparemment d'ôter à la France, du côté de l'Empire, Mont-Royal et Trèves sur la Moselle, et, si on peut ou y voit jour, Philipsbourg, Huninghen et son fort vis-à-vis : le tout pour délivrer les pays du même Empire du joug et des ravages de la France, et au besoin se faire un passage d'autant plus avantageux et plus sûr pour y entrer. Ce que je touche en passant, sans prétendre de régler ici les opérations de la campagne prochaine ou des suivantes, qui dépendent même souvent des conjonctures imprévues qu'on peut tirer de la conduite de son ennemi. Outre que je m'en rapporte aux gens du métier ou aux ministres, qui sont instruits et autorisés pour en délibérer et pour en résoudre[2].

[1] Spanheim a bien pénétré ce plan de Louvois tel qu'il ressort d'une de ses lettres adressées à Vauban treize jours après Mohacz. Au moment où il craint sur le Rhin une attaque de l'Empereur libre et vainqueur des Turcs, il écrit : « La nouvelle que le roi vient d'avoir de la défaite des Turcs lui fait juger à propos de pourvoir à la dernière perfection à sa frontière du côté de l'Allemagne » (Rousset, *Louvois*, IV, p. 65).

[2] Un congrès de la Ligue se réunit au début de l'année 1690 à la Haye : le

Avantages des alliés dans la guerre présente.

Aussi la huitième et la dernière considération sera que tout ce que je viens de dire ne doit pas empêcher qu'il ne faille regarder la France comme un ennemi redoutable et réfléchir sur les avantages qu'elle a même sur les alliés par le nombre et la qualité de ses places fortes dont je viens de parler, par la situation, par l'union et la dépendance de ses forces, par la subordination à un même maître, un même Conseil, par l'autorité établie de son gouvernement, par les mesures et les précautions pour l'entretien et la subsistance des troupes, et enfin par le but auquel il semble qu'elle prétend de se tenir dans la continuation de cette guerre, savoir : sur la défensive, et ainsi par les avantages et les facilités plus grandes qu'elle y peut trouver, vu les considérations susdites, que si elle avoit en vue de faire de grandes conquêtes sur les alliés. D'où il résulte aussi combien il leur importe de ne rien négliger de tout ce qui peut contribuer au but qu'on y doit chercher de leur côté, qui est de s'affranchir une fois du joug de la France ou du danger d'y tomber, se mettre à couvert de toute inquiétude, de violence et de mauvaise foi de son gouvernement, enfin de la faire rentrer dans son devoir et de la renfermer dans ses véritables bornes. C'est à quoi sans doute la conjoncture ne parut jamais plus belle, comme on peut assez recueillir de ce que j'en ai touché dans les réflexions précédentes, et si on se sert comme

---

comte de Berka pour l'Autriche, le marquis de Castanaga pour l'Espagne, le prince de Waldeck pour la Hollande et Guillaume III discutèrent les plans de campagne. Trois armées, l'une sous Waldeck en Flandre avec les contingents anglais, hollandais, espagnols et des troupes allemandes au service de la Hollande; l'autre sur le haut Rhin avec les Impériaux, des contingents de Saxe et Bavière sous le commandement de l'électeur de Bavière; une troisième sous le prince de Lorraine dans la vallée de la Moselle, devaient tenter un triple effort pour forcer les frontières de la France. C'était le vœu ardent de Guillaume III, qui de Londres inspirait ces projets (voir sa correspondance avec le prince de Waldeck dans Muller, ouv. cité, II, p. 207 à 219). Mais les délibérations furent si longues, que les Français eurent le temps d'organiser une forte défensive : de Lorges passa le Rhin et empêcha les Allemands de s'approcher d'Huningue (août-septembre 1690). Waldeck se fit battre à Fleurus; l'électeur de Brandebourg enfin fut obligé, au mois de juillet 1690, de quitter la Moselle pour venir avec 12.000 hommes soutenir Waldeck aux Pays-Bas (Rousset, *Louvois*, IV, 430-436).

il faut de cette conjoncture, ainsi qu'il y a lieu de l'attendre. La France y a attaqué la première, et de gaieté de cœur, toutes les puissances avec qui elle est aujourd'hui en guerre, catholiques-romains et protestants, l'Empereur, l'Empire, l'Espagne, les Provinces-Unies et l'Angleterre, sans parler du pape défunt et de la cour de Rome. Elle a attaqué même, non seulement d'une manière également indigne et atroce, mais dans le temps que ces mêmes puissances se trouvoient avec de grosses armées et de bonnes flottes sur pied. Elle les a jointes[1] d'un même intérêt par cette agression, et ainsi les a engagées à la société des mêmes conseils et à la jonction des mêmes forces, sans que la diversité des religions y pût apporter de l'obstacle. Il se trouve même que des plus anciens, des plus voisins et des plus constants alliés de la France, comme les cantons protestants[2] et, suivant les derniers avis de France, le duc de Savoie, *branlent au manche*, comme on parle[3], et prennent ou ont pris déjà des

---

[1] « *Joint* » dans les manuscrits [*A*] et [*B*].

[2] Au mois de février 1689, Louis XIV, qui avait voulu faire des levées en Suisse, avait rencontré la résistance des cantons protestants, excités par Guillaume d'Orange. Grâce aux habiles négociations de Stoppa, lorsque les deux diètes, catholiques et protestants se réunirent, la France regagna du terrain : il fut convenu, en présence même de l'ambassadeur impérial, que Louis XIV aurait le droit de lever des troupes en Suisse, et cela sans préjudicier à la neutralité que les cantons s'engageaient à maintenir, surtout dans les villes forestières, avec une garde payée moitié par l'Empereur, moitié par le Roi (12 avril 1689, de Sourches, III, 72. — Traité du 7 mai 1689, Dumont, VII, 2, p. 228). Cependant, une fois cette décision prise, les protestants continuèrent à marquer de l'hostilité à la France. Leurs députés cantonaux restèrent en séance jusqu'au 3 juin 1689 (de Sourches, III, 99) et intriguèrent au début de 1690 ; le canton de Zurich, gagné par les agents de Guillaume III, rappela les officiers et soldats au service de la France, qui obéirent (6 février 1690, de Sourches, III, 195). On pouvait craindre que les autres ne suivissent son exemple. Cependant la ville de Berne se prononça énergiquement pour la France, le 30 mars. Et puis, surtout, l'agent de Guillaume III manquait d'argent (de Sourches, III, 217).

[3] Depuis le mois de septembre 1689, les agents de Louis XIV lui signalaient, soit d'Arcy de Turin, soit Chamlay des bords du Rhin, les agissements du duc de Savoie, ses intrigues avec l'électeur de Bavière et le prince d'Orange (d'Arcy au roi, 22 septembre 1689, Chamlay à Louvois 26 septembre : Rousset, *Louvois*, IV, 286). On savait qu'il armait. Pour le surveiller et déjouer ses intrigues, Louis XIV envoya un autre ambassadeur (janvier 1690), M. de Rébenac, et un général de premier ordre, Catinat, qui reçut l'ordre de tra-

mesures peu agréables à cette couronne et fort opposées à ses intérêts[1].

<small>Réflexions sur la conduite des alliés durant cette guerre.</small>

Tout cela ensemble ne peut que raisonnablement faire espérer des suites conformes à une situation pareille des affaires publiques et de celles des alliés en particulier, surtout si on s'attache de leur côté avec une fermeté et une application égale :

I. A ne se laisser point surprendre ou diviser par de faux ou vains prétextes de religion dont la France ou ses partisans, au sujet de la révolution d'Angleterre, tâchent de plus en plus de couvrir leur jeu auprès des catholiques-romains. Et à quoi il semble que la conjoncture ou la facilité du nouveau pape donne plus de jour et d'ouverture que sous le défunt, qui n'avoit point donné dans ce piège. Aussi en voit-on déjà des marques assez évidentes dans la conduite du nonce en Suisse et dans celle des cantons catholiques romains. En sorte qu'il paroît beaucoup plus nécessaire d'y réfléchir de plus en plus du côté des alliés protestants, et de prévenir ou de détruire par leur conduite et par leurs ministres les vues ou les suites d'une pareille intrigue. Il semble même assez à propos que ce leurre

---

verser le Piémont pour attaquer le Milanais. Le 13 mars 1690, Louis XIV apprit que Victor-Amédée offrait à la coalition un subside de 100.000 pistoles. Le 19 avril, Catinat recevait l'ordre de marcher sur Turin (*Dépôt de la guerre*, 217) et d'exiger que le duc envoyât au roi une bonne partie de ses troupes. Le 14 avril, le duc était entré en négociations avec Vienne et Madrid pour s'unir à la ligue : ce fut un fait accompli le 4 juin 1690.

[1] Il est assez curieux de relever dans une dépêche de Rébenac, notre envoyé à Turin (12 mars 1690 : Affaires Etrangères, *Savoie*, t. XCII), que le duc de Savoie persuadait ses ministres de faire la guerre à Louis XIV par des motifs assez analogues à ceux que Spanheim expose ici à son maître l'Electeur, pour l'encourager à la soutenir : « Vous ne connaissez pas la France, moi seul je la connais. On peut avec sûreté se faire valoir présentement avec elle. Les Suisses ne tarderont pas à se déclarer. Les Espagnols avec une armée formidable vont délivrer l'Italie des Français. » — « On croit, concluait Rébenac, ici les forces de Votre Majesté infiniment au-dessous de ce qu'elles sont : on se persuade même qu'elle a pris la résolution de se tenir, la campagne prochaine, sur la défensive. »

de la France, comme il n'est pas difficile, fût mis en son vrai jour, et que, par la plume ou sous le nom d'un catholique-romain, on prévînt ou détrompât les bigots et les esprits foibles capables de donner dans ce panneau, au moins de s'en laisser ébranler, ou même de tâcher à en ébranler d'autres[1].

II. A être et demeurer liés ensemble par une évidence constante et reconnue de même intérêt, ou plutôt de même nécessité à ne s'en point détacher, et ainsi à prévenir et à détourner avec soin tout ce qui pourroit altérer cette bonne union et ferme intelligence ou causer la moindre défiance entre lesdits alliés, ou diminuer entre eux une communication sincère et confidente des vues qui doivent aller à un même but. D'autant plus que la France ou ses émissaires ne perdent aucune occasion d'en faire naître ou d'en fomenter sous main, d'y employer même la ruse et l'artifice quand ils n'auront pas lieu de le faire ouvertement. Et auquel sujet il paroît requis qu'il y ait des ministres également habiles et bien intentionnés dans les cours des principaux alliés, de la part de leurs associés, et qui sachent au besoin pénétrer les conseils, démêler les intrigues, éclaircir les scrupules et ménager les esprits et les conjonctures[2].

[1] Pour ce rapprochement du pape Alexandre VIII et de Louis XIV, qui fut l'œuvre de Colbert de Croissy et de son ambassadeur, le duc de Chaulnes, à partir d'octobre 1689, sa valeur et son utilité sont établies par les inquiétudes qu'il inspirait en 1690 à Spanheim. Spanheim, d'ailleurs, est en communion d'idées ou même de termes avec l'auteur des *Soupirs de la France esclave*, avec Jurieu, qui écrivait en 1689 (12e mémoire) : « Alexandre VIII est sorti entièrement de son véritable intérêt en rentrant en alliance avec le roi. S'il n'est pas encore tout à fait engagé, il ne sauroit prendre un meilleur conseil que celui de ne pas passer plus avant. Quand il continuerait à se laisser flatter par la France et entreprendroit de porter les princes catholiques à se détacher de la ligue, ils ne devraient pas l'en croire. » C'était surtout auprès de l'Espagne que l'action du nouveau pape se faisait sentir. (Muller, ouvr. cité, II, p. 192.) — « Avec la mort du pape et du duc de Lorraine, disait Léopold Ier, la bénédiction de Dieu s'est retirée de moi »(Puffendorf, *De rebus gestis Frederici III*, XXXVI, p. 247).

[2] C'était précisément cet espoir qui portait Louis XIV et Louvois à rester depuis un an sur la défensive : « Il y a lieu d'espérer, écrivait ce dernier à d'Humières, que les différends qui ne manqueront pas d'éclater entre les princes et l'impuissance pour la plupart d'entretenir leurs troupes sans subsides contribueront fort à séparer la ligue qui s'est formée contre Sa Majesté. » (15 avril 1691, *Dépôt de la Guerre*, 864).

III. A éviter pour ce sujet, et avec soin, tout ce qui pourroit faire naître de la division et du mécontentement entre les alliés, soit à l'égard des quartiers et de la subsistance des troupes, soit pour le commandement ou le partage des armées, soit par la jalousie et la concurrence des chefs, soit par la nature des opérations[1] : écueil qu'il importe d'autant plus d'éviter qu'il a été souvent et peut devenir aisément fatal aux ligues et aux résolutions d'ailleurs les mieux concertées, qu'on s'y peut même d'autant plus aheurter dans un grand nombre d'alliés à peu près égaux en puissance, en dignité ou en caractère, et qu'enfin c'est un piège où la France et ceux qui la gouvernent sous le Roi, ou qui ont engagé la guerre, ont mis une bonne partie de leur confiance. J'en puis parler avec fondement comme ayant eu assez d'occasions de le reconnoître durant mon séjour en France, et surtout depuis la campagne du siège de Philipsbourg, qui précéda de quelques mois mon départ.

IV. A concerter mûrement et avec ces précautions susdites, d'ailleurs avec celle du secret, s'il se peut, les opérations de la campagne, mais en sorte qu'elles ne soient point trop reculées ni affoiblies par le retardement, et qu'ainsi la France n'en puisse tirer avantage de prévenir, d'embarrasser, ou de déconcerter même les mesures qu'on auroit pu prendre ou concerter à agir contre elle. Et ce qui paroît même d'autant plus requis à l'égard des alliés, qu'ils peuvent être séparés ou éloignés les uns des autres, qu'ainsi il leur faut plus de temps qu'à la France à unir leur Conseil et à ramasser leurs[2] forces, que d'ailleurs ils doivent avoir le but d'attaquer pendant que la

---

[1] Ce fut le principal effort de Guillaume d'Orange dès le début de la guerre : et, par sa correspondance avec son confident, le prince de Waldeck, on voit que l'effort fut très considérable (Müller, *Wilhelm v. Oranien*, la Haye, 1873, t. II). Le règlement des quartiers d'hiver les occupa tous les deux près de deux mois (p. 185-192). L'Espagne discutait avec les princes allemands qui vouloient prendre les meilleures places des Pays-Bas. La Hollande refusait l'argent que ces mêmes princes voulaient lui extorquer : « Tout va en confusion », disait Guillaume d'Orange, dès le mois d'octobre 1689 (*ibidem*, p. 193).

[2] « Leur », ici encore, est au singulier, dans les manuscrits [A] et [B].

France se peut tenir, comme on a déjà remarqué[1], à celui de se défendre, et là-dessus n'est pas réduite à en attendre ou recevoir de loin les moyens et les secours[2].

V. A s'attacher plus, s'il m'est permis de dire, du côté des alliés, et autant que la situation des lieux et des affaires le peut permettre, à faire une guerre de campagne que de siège; à attaquer la France avec plus d'une grosse armée, par plus d'un endroit, et, s'il se peut, par mer et par terre en même temps, et ainsi par des descentes, s'il y a lieu d'en faire[3], ou, en tout cas, par des approches des côtes et ports de France, et au besoin par des combats de mer aussi bien que de terre. A quoi je n'ai pas besoin d'ajouter les ménagements ou les intelligences qu'on peut avoir ou pris ou à prendre avec les gens de la Religion dans le royaume, et les facilités par là qu'on en peut trouver, non seulement pour les opérations de mer, mais aussi pour celles[4] de terre, au cas qu'il y ait besoin d'en faire ou par le Milanois, ou par la Suisse et par la Franche-Comté, pour se faire par là des passages dans les vallées du Piémont et les provinces voisines du Dauphiné, du Vivarez et du Languedoc[5]. Ce n'est pas

---

[1] « *Comme on a déjà remarqué* ». Ce membre de phrase qui se trouvait dans le manuscrit [*B*] a été rétabli en marge par Spanheim dans le manuscrit [*A*], qui l'avait omis.

[2] Sur ces retards dans les délibérations du plan de campagne, voir les plaintes de Guillaume d'Orange dans le même ouvrage de Müller : Lettres de Guillaume d'Orange, 6 décembre 1689 (II, p. 196); du prince de Waldeck, 13 décembre (II, p. 199), du 6 février 1690 (II, p. 207); de Guillaume, du 17 février 1690 (II, p. 212), du 24 février (*ibid.*, p. 215), du 28 février (II, p. 217). Consulter également Pribram, *Oesterreich und Preussen seit 1683*, Prag, 1887 (p. 46, 47, 51, 57, 69).

[3] Ce conseil de Spanheim était le vœu le plus ardent de Guillaume III : à son confident le prince de Waldeck il écrivait le 14 février 1690 (*ibid.*, II, p. 210) : « Je puis vous dire que, si je suivais la raison et mes inclinations, je ne ferais cet hiver en Irlande qu'une guerre défensive, en employant toute ma force pour faire ma descente en France. Mais la constitution de ces Royaumes et du peuple est tel que c'est une nécessité absolue que je me gouverne selon son humeur. » — « Je suis au désespoir, écrit-il encore le 24 février, quand je songe que je pourrai si peu être utile au public quand je serai en Irlande. I l me faudra compter tout ce temps-là comme ma mort. » (*Ibidem*, II, 215.)

[4] « *Celui* », dans les manuscrits [*A*] et [*B*].

[5] Au mois de septembre 1689, des troupes véritables de réfugiés protestant

qu'une telle entreprise ne veuille beaucoup de conduite, de ménagement, de résolution ; avoir à la tête des gens d'expérience, de valeur, et accrédités dans le parti ; d'ailleurs, n'ait besoin d'être appuyée sous main du côté des Espagnols dans le Milanois, et au besoin des Grisons ; surtout qu'il ne soit à propos qu'une telle expédition se trouve secondée des conjonctures favorables, comme celles de puissantes diversions par mer et par terre, du côté des alliés, contre la France. Autrement, il est à craindre que l'entreprise[1] susdite qu'on pourroit tenter, et dans l'expérience ou la vue d'y être secondé des nouveaux convertis ou persécutés pour la Religion en France et de les soulager, n'eût des suites qui leur seroient fatales et qui ne feroient que hâter et précipiter leur ruine totale.

VI. Il est aisé surtout à comprendre combien il importeroit à tout le parti desdits alliés de détacher les Suisses des engagements de neutralité qu'ils ont pris avec la France, de se prévaloir des dispositions favorables qui se trouvent déjà du côté des cantons protestants par la levée de quatre mille hommes accordée au roi d'Angleterre malgré toute l'opposition et les grandes offres de l'ambassadeur de France, et ainsi des ressentiments que la même couronne ne pourra manquer d'en garder et d'en faire éclater au besoin contre les mêmes cantons, surtout contre ceux qui sont les plus exposés. Aussi peut-on considérer par tous ces endroits ce traité conclu avec le roi d'Angleterre, et qui apparemment ne pourra manquer d'en être ratifié, comme une planche faite à de plus forts engagements des mêmes cantons protestants avec les alliés, si on ménage bien, comme il

---

venaient d'Allemagne, traversaient la Suisse, gagnaient le Dauphiné par la Savoie et appuyaient les Vaudois en révolte depuis 1685, et les protestants qui s'étaient réfugiés dans leurs vallées. Ils attaquaient le Dauphiné (dépêche de d'Arcy de Turin, 4 et 9 septembre 1688, Aff. étr., *Savoie*, t. XC). Dans l'hiver de 1689, le projet fut formé, avec la complicité du duc de Savoie et sous l'impulsion de l'Espagne maîtresse du Milanais, de faire des vallées vaudoises un centre d'opérations, où l'on aurait appelé tous les réfugiés à agir contre la France. Ce fut pour prévenir ce dessein que Louis XIV envoya Catinat en Savoie, avec l'ordre d'attaquer le Milanais (20 mars 1690).

[1] Le manuscrit [A] donnait d'abord « *diversion* », qui a été rayé.

n'en faut pas douter, toutes les conjonctures et les personnes d'entre eux qui y peuvent le plus contribuer. Quant aux cantons catholiques-romains, la chose ne paroît pas aussi aisée, d'un côté par la bigoterie assez grossière, surtout des *petits cantons*, qu'on appelle, et qui se trouve même fomentée par le nonce du nouveau pape, d'autre part par la circonstance assez essentielle parmi cette nation, savoir de l'argent et des pensions de France qui n'y sont pas épargnés, et qui s'y répandent en plus grande quantité qu'on n'est en état ou en humeur de faire du côté de l'Empereur ou de l'Espagne. Je ne parle point de la jalousie que la France et ses partisans parmi ces cantons ne manquent pas d'y vouloir réveiller et de faire valoir, s'entend : du danger de la puissance et du voisinage d'une maison[1] qui en a prétendu assez longtemps la souveraineté. C'est de quoi sans doute il n'est pas difficile de les guérir, quand ils ne devroient pas l'être suffisamment par la disposition même des traités de Münster et par toutes les autres considérations assez palpables du voisinage et du pouvoir bien plus à craindre de la part de la France, surtout depuis la conquête de la Franche-Comté. Pour ne rien dire des traitements et des refus non mérités ni attendus que des députés des mêmes cantons catholiques-romains, aussi bien que ceux des cantons protestants, ont remportés de la cour de France durant mon séjour en ladite cour, peu avant même l'engagement de la guerre présente. Après tout, il y a assez lieu de croire ou de craindre que ces ressentiments ou ces considérations ne l'emporteront pas aisément sur l'intérêt de quelques particuliers de leurs corps et qui gouvernent ces petits cantons, et ainsi tant que les louis d'or y auront plus de cours que les pistoles d'Espagne ou que les guinées[2].

VII. Une observation exacte et rigoureuse de la défense du

---

[1] En marge des manuscrits [A] et [B] : « maison d'Autriche ».

[2] De Sourches, III, 217, 30 mars 1690 : « Le roi venait de payer aux Suisses généralement tout ce qu'il leur devait. Mais l'envoyé du prince d'Orange qui avait séduit les habitants du canton de Zurich ne pouvait guère faire de mal dans les autres, parce qu'il n'avait pas d'argent. »

commerce avec la France, suivant qu'elle a déjà été arrêtée et qu'elle subsiste, dès les commencements de la guerre présente, du côté de l'Empereur et de l'Empire, des Provinces-Unies, des États et pays du roi d'Espagne et de l'Angleterre. Après quoi, ce seroit sans doute un coup de partie si on pouvoit porter les deux couronnes du Nord à s'y conformer; mais ce qui sera, ce semble, assez difficile, vu l'intérêt contraire qu'elles y peuvent avoir, à moins de les y engager par d'autres avantages que ces mêmes couronnes pussent trouver avec les alliés. Quoi qu'il en soit, le dommage qui revient à la France de la défense du commerce avec les alliés susdits qui sont en guerre avec elle, ne peut qu'être très grand et avoir même des suites fort avantageuses à leur égard et fort préjudiciables à la France. On en peut d'autant plus juger que, dans la guerre passée contre la Hollande, le projet d'une pareille défense fut souvent mis sur le tapis comme un des plus assurés moyens de mettre la France à la raison, sans qu'il eût lieu cependant ni dans les Provinces-Unies, ni dans les pays et États du roi d'Espagne.

VIII. De terminer, s'il se peut, du côté de l'Empereur, la guerre avec le Turc par une paix sûre et avantageuse, et qui, en établissant les conquêtes de l'Empereur contre l'ennemi de la chrétienté, le mette plus en état de tourner toutes ses forces contre l'ennemi commun des princes ou états chrétiens qui sont aujourd'hui en guerre avec la France et qu'elle a attaqués[1]. La prise de Canischa[2], jointe à l'extrémité, à ce qu'on apprend,

[1] Sur ce point Spanheim est assez mal renseigné : depuis qu'au printemps de 1689, l'Empereur avoit repoussé la paix que les Turcs lui offraient, en réclamant l'évacuation de la Moldavie, de la Valachie et de la Serbie, l'abandon de Tekeli et des places que les Turcs gardaient encore (Jenö-Gyula, Grossvardein et Temesvar), les Turcs s'étaient réorganisés pour une guerre décisive sous la direction d'un nouveau grand vizir, Mustapha Kupruli. Ils avaient repris des positions importantes ; Pristina, Novi-bazar, Zwornik. A grand'peine, le général Veterani avait défendu Nisch. Avec l'aide de Tekeli et de Brancovan, qui s'était soumis à eux de nouveau, les Turcs comptaient occuper la Transylvanie. Au mois de février 1690, le margrave Louis de Bade réclamait de l'Empereur des renforts pour couvrir une frontière si large et si menacée. (Krones, *Geschichte Oesterreichs*, III, 671, 676; Wagner, *Historia Leopoldi magni*, II, 147).

[2] Kanizsa ou Kanizsa-Nagy (la grande), aux frontières de la Styrie, de la

du Grand-Varadin[1] et à la suite des désordres et du méchant état des affaires de la cour ottomane, semblent frayer le chemin à cette paix et lever par avance les seuls obstacles qui auroient pu l'accrocher. Outre qu'à l'égard des alliés de l'Empereur en cette guerre, l'acte de la diète présente de Pologne qui a été remis *ad acta* et laisse le pouvoir absolu au Roi de faire la paix avec le Turc quand et comment il voudra, marque assez l'intention de ladite cour et république[2]. Et pour celle de Venise, la prise de Naples-de-Malvasie, au cas qu'elle se trouve confirmée, lui assurant la conquête entière de la Morée, la met par là en droit d'en conserver la possession par la paix qu'il seroit question de faire avec le Turc[3]. Ce qui n'est pas un

Croatie et de la Hongrie (sud-ouest du lac Balaton), était l'une des forteresses qui défendaient la Croatie turque. Elle fut prise, le 13 avril 1690, par le comte Adam Batthiany. Cette conquête n'était qu'une faible compensation aux pertes que les Autrichiens faisaient alors en Serbie.

[1] *Grossvardein*, ou *Nagy-Varad*, ville pourvue d'une grande forteresse sur les deux rives du Kerœs, au centre de la Hongrie, occupée par les Turcs depuis 1663, parut en 1690 prête à leur être reprise par le margrave de Bade, lorsque en juillet le grand vizir trouva le moyen d'y introduire des munitions et des provisions. Le siège fut levé en octobre, et la résistance des Turcs se prolongea jusqu'en 1692 (de Sourches, III, 328).

[2] La diète de Pologne, comme on sait, avait enlevé au roi le droit de faire la paix ou la guerre. Mais le roi avait le droit de la convoquer, et il y avait des cas où, au lieu d'en référer aux diétines qui les avaient nommés, les nonces à la diète avaient le pouvoir de tenir compte des faits et de remettre au roi le soin des négociations. C'était alors une décision *ad acta*. La paix que Sobieski se trouvait maître ainsi de conclure avec les Turcs n'était d'ailleurs nullement conforme aux intérêts de la cour de Vienne. Elle lui était recommandée par notre agent, le marquis de Béthune, qui se concertait avec l'ambassadeur de France à Constantinople pour réconcilier Turcs et Polonais, et pour permettre ainsi aux Ottomans, délivrés sur le Dniéper, de porter tous leurs efforts contre l'Empereur sur le Danube et en Hongrie (*Instructions de Baluze dans les Instructions de Pologne*, I, p. 192-195). La conséquence de la paix entre Sobieski et les Turcs devait être de prolonger la guerre en Hongrie, en délivrant les Turcs d'un de leurs adversaires au moins. (*Etat de la Pologne avec un abrégé de son droit public*, 1770, in-12). Béthune parut à la veille d'obtenir, à Varsovie, ce résultat en avril 1690 ; mais à la fin de l'année, Léopold Ier mariait le fils aîné du roi de Pologne, Jacques Sobieski, à sa belle-sœur Hedwige de Neubourg et, par ce mariage, reprenait de l'influence à Varsovie. Il déterminait alors Sobieski à reprendre la guerre contre les Turcs (juillet 1691) (Salvandy, *Histoire de Sobieski*, II, 368).

[3] C'était la fin des conquêtes du doge Morosini, *le Péloponnésien*. Il avait depuis 1684 conquis Patras, Corinthe, Lépante en 1687. En 1688 il était allé

petit avantage que cette république aura tiré de cette guerre, surtout dans la situation de ses autres États et îles voisines qu'elle possède déjà sur lesdites mers.

IX. Que la réduction de l'Irlande, qu'il faut attendre de l'expédition prochaine du roi d'Angleterre en ce royaume avec les forces de terre qu'il y a déjà envoyées ou qu'il y doit amener, puisse donner lieu à tourner toutes les forces maritimes de l'Angleterre et de la Hollande contre la France et achever de mettre le roi susdit dans une sûre et paisible possession de ces trois royaumes. Il n'est pas besoin de réfléchir combien cette réduction de l'Irlande importe, non seulement au même roi, mais à la cause commune et à tous ses alliés, ni de[1] toucher ici les grands avantages qu'elle ne peut que tirer après soi dans la continuation de la guerre présente, et au contraire les inconvénients palpables qui ne pourroient que suivre au cas que cette même réduction n'eût pas lieu et que le roi Jacques vînt à s'affermir dans ce royaume et se voir par là en état de fomenter les rebelles ou les malintentionnés en Angleterre et en Ecosse. D'autant plus que, moyennant cette réduction, il n'y auroit plus lieu, ce me semble, de douter que les deux flottes angloises et hollandoises, ou jointes ensemble, ou au cas qu'elles voulussent agir séparément, n'en fussent plus en état de demeurer maîtres[2] de la mer, de porter la terreur dans les provinces maritimes de France, d'y essayer ou d'y faire

---

mettre le siège devant Négrepont, livrant de rudes combats aux Turcs qui ravitaillaient la ville par mer (de Sourches, octobre 1688, II, 259), mais il avait dû en 1689 lever le siège. Il se replia alors sur la Morée, où les Vénitiens avaient installé depuis 1686 un gouvernement dont la capitale était Argos. En 1689, Morosini s'efforça d'achever la conquête de la péninsule par l'occupation de Napoli di Malvasia (Nauplie) assiégée depuis 1686, s'en empara enfin. Les Vénitiens alors y construisirent des fortifications redoutables qu'on y voit encore.

[1] « à », dans les manuscrits [A] et [B].

[2] Sic, dans [A] et [B]. Le vœu de Spanheim se réalisa par la victoire d'Aghrim, la reddition de Limerick (juillet, octobre 1691). (London Gazette, 4 janvier 1692, et Macaulay, Guillaume III, II, p. 307-327). Le 24 mai 1693, les Français éprouvaient, par l'effort combiné des flottes anglaises et hollandaises, un désastre à la Hogue qui était une première menace pour leurs côtes.

des descentes, d'y être soutenues et renforcées au besoin de toutes les forces de l'Angleterre et de la présence de ses meilleurs chefs ; et ainsi, ce qui ne pourrait, par tous ces endroits, qu'animer les alliés, en augmenter même d'autant plus aisément le nombre, comme des deux couronnes du Nord ou des Suisses, en tout cas en maintenir d'autant mieux, parmi les confédérés qui sont déjà en action, l'union et la confiance, les deux points les plus importants de la guerre présente.

X. En dernier lieu, à avoir l'œil et à prendre les précautions requises à ce que la France ne tire avantage des deux morts qui viennent d'arriver sur le point que j'allois finir cette relation, savoir de Madame la Dauphine[1] et du duc de Lorraine. A l'égard de la première, on doit s'attendre que, du côté de la France, on ne manquera point de leurrer plusieurs cours de l'Europe où il y a de jeunes princesses d'un mariage avec le Dauphin. On a su déjà que les ministres de France en Pologne n'avoient pas même attendu la mort de la Dauphine pour flatter cette cour que la princesse de Pologne[2], qu'on dit être

---

[1] Marie-Anne-Christine-Victoire de Bavière, morte le 20 avril 1690 (*Relation*, p. 124 et suivantes). Sur sa mort et ses obsèques, consulter de Sourches, III, 228-231 et le récit de Saint-Simon (éd. de Boislisle, I, 508).

[2] Thérèse-Charlotte-Casimire (dite Cunégonde) Sobieski était née le 3 mars 1676. Filleule du roi d'Angleterre et de la reine de France elle était en 1690 âgée de 24 ans. Elle pouvait être un parti pour le Dauphin. L'idée de ce mariage était venue à notre envoyé en Pologne, le marquis de Béthune qui faisait tous ses efforts en 1689-1690 pour rattacher la Pologne aux intérêts de la France. Béthune avait épousé une sœur de la reine de Pologne, Marie-Louise de la Grange d'Arquien, dame d'atour de la reine en 1669. Il espérait par cette perspective de mariage pour sa nièce et sa belle-sœur gagner la cour de Varsovie et compléter le succès qu'il venait de remporter à la Diète de Grodno, en détournant les Polonais de continuer la guerre contre les Turcs avec l'Empereur. On lui avait adjoint comme envoyé, depuis le mois de janvier 1680, le sieur du Teil, conseiller au Parlement. Mais il échoua ; et à la suite d'une dispute très violente avec l'ambassadeur d'Autriche, le comte de Thun, il dut quitter Varsovie pour Stockholm en 1691. (Salvandy, *Histoire de Sobieski*, II, 365 ; *Instructions de Suède*, p. 151 ; Pomponne, *Mémoires*, II, 438, 472.) La princesse Sobieski épousa, le 15 août 1694, Maximilien-Marie-Emmanuel, électeur de Bavière, qui avait épousé en premières noces une archiduchesse d'Autriche morte en 1692. Cet électeur se trouvait être l'un des meilleurs généraux de l'Empereur en Hongrie et sur le Rhin.

belle et bien élevée, en pourroit remplir la place. Après quoi, il ne faut pas douter qu'ils n'en redoublent à présent leurs insinuations et leurs pratiques pour en tirer occasion de rompre le mariage du prince de Pologne avec la princesse palatine de Neubourg [1], affoiblir ou changer au besoin les bonnes intentions de la cour polonoise, et l'engager, s'ils peuvent, en des mesures préjudiciables aux intérêts des alliés et surtout à ceux de Son Altesse Electorale [2]. En ce cas-là, je suis fort persuadé que la cour de Pologne en seroit la dupe, ne voyant encore aucune apparence que celle de France, qui n'a pas cru jusques ici le marquis d'Arquien, père de la Reine, d'assez bonne maison pour en faire un duc et pair de France, malgré toutes les vives et pressantes sollicitations du roi et de la reine de Pologne [3], voulût faire épouser sa petite-fille au Dauphin, et qu'ainsi, de la fille d'un roi électif et d'une reine qui n'ont autre avantage de naissance, l'un que d'être né gentilhomme polonois, et l'autre demoiselle françoise, on en voulût faire une

[1] Le prince de Pologne, c'est *Jacques-Louis Sobieski*, prince royal, né le 2 novembre 1667, que sa mère voulait exclure de la succession de Pologne, au profit de ses cadets et qui s'appuyait contre elle sur l'Autriche. Au moment où Léopold Ier vit la France près de lui retirer l'alliance polonaise, il offrit au prince royal la main de sa belle-sœur *Hedwige-Elisabeth-Amélie* de Bavière-Neubourg née en 1673, fille du palatin Philippe-Guillaume, qui lui avait donné sa première fille, l'impératrice *Eléonore-Thérèse* née en 1655. Ce mariage se fit le 25 mars 1691, et le grand Sobieski fit encore campagne contre les Turcs cette année-là. Au mois d'août 1692 il signait cependant un traité avec Louis XIV en vue de la paix. (Salvandy, *ibid.*; Saint-Simon, éd. de Boislisle, III, 305 ; *Instructions de Pologne*, I, 196, 300.)

[2] Ces derniers mots sont une allusion aux projets que la cour de France formait depuis 1688 d'une entreprise avec la Pologne contre la Prusse ducale (Instructions de du Teil. *Instructions de Pologne*, I, p. 180, 190).

[3] Saint-Simon a fait (éd. 1873, V, 287), à propos de la mort de cette princesse, l'histoire de son père, Henri La Grange, marquis d'Arquien, né à Calais en 1613, d'une demoiselle d'Ancienviller et d'un capitaine de la Porte, lieutenant royal de Metz, gouverneur de Calais, Gien et Sancerre, lieutenant-colonel du régiment des gardes. Il devint par la protection de la comtesse de Béthune dont il était le parent, colonel du régiment de Monsieur, capitaine des Cent-Suisses. Il eut la chance, étant allé en Pologne pour établir sa fille, de la marier au futur roi Jean Sobieski, alors grand maréchal de Pologne. Il rêvait d'être duc et pair : sa fille y travailla depuis que son mari fut roi, et se brouilla pour le refus du roi (Choisy, *Mémoires* p. 497, éd. Petitot), qui ne trouvait pas le

reine future de France, et qui y auroit autant de parents et
de parentes dans le royaume d'une condition privée, ordinaire
et bien éloignée du trône. En sorte qu'il n'y auroit, à mon avis,
que le seul cas d'une grande révolution qui arrivât, et d'une
nécessité bien pressante des affaires de France, qui pût porter
cette cour-là à passer par-dessus toutes les considérations susdites pour faire épouser la princesse de Pologne au Dauphin.
A quoi se pourroit alors joindre celles que, le Dauphin ayant
déjà trois jeunes princes, et les prétendus héritiers à la couronne, il y auroit d'autant moins d'apparence que les enfants
qui viendroient à naître d'un mariage du Dauphin avec la princesse de Pologne y pussent avoir part, et qu'ainsi la dignité de
la couronne se trouveroit moins intéressée ou ravilie par ce
mariage, outre l'exemple qu'on ne manqueroit pas de faire
valoir en pareil cas, savoir du mariage du dauphin de France
Henri II avec Catherine de Médicis, qui tiroit son plus grand
lustre d'être nièce du pape Clément VII, et d'ailleurs n'avoit
autre avantage de naissance que d'être fille d'une maison
noble et marchande (suivant la coutume du lieu) de la ville de
Florence, et laquelle maison n'étoit pas encore en droit ou en
possession de la souveraineté de sa patrie. D'ailleurs, comme
il y a eu encore depuis une autre reine de France de la même
maison de Médicis, la grand'mère du roi régnant, et qu'elle
s'est fort illustrée en titres, en dignité, en pouvoir et en mariages avec les maisons d'Autriche, de France, de Bavière et de
Lorraine, il y a lieu aussi de croire que la princesse de Toscane qui est à marier[1], qu'on dit être belle, bien faite, et qui

marquis d'Arquien digne du titre *(Instructions de Pologne*, I, 160). La reine essaya
encore, lorsque la France eut besoin d'elle pour éloigner Sobieski de la Ligue
d'Augsbourg à partir de 1688 : Louis XIV se fit toujours prier, et lui promit cependant des avantages pour sa famille. (Instructions d'Esneval 1692,
Instr. de Pologne, I, p. 203) et finit par tenir parole. Il fit le marquis d'Arquien chevalier du Saint-Esprit le 1ᵉʳ janvier 1694 (Saint-Simon, éd. de
Boislisle, I, 303), au moment où il prenait les ordres sacrés avec l'intention
de devenir cardinal, ce qu'il devint le 12 novembre 1695 à la présentation
de Sobieski Après la mort de celui-ci, le père et la fille se retirèrent à Rome.
Le cardinal y mourut le 24 mai 1707.

[1] Elle était la troisième enfant de la grande duchesse de Toscane et de Cosme

est déjà de la maison de France du côté de la Grande-Duchesse sa mère, ne manquera pas d'être mise sur les rangs et d'être même des plus considérées pour en faire une Dauphine. Il n'y a peut-être que l'infante de Portugal[1] qui pourra y apporter du contre-poids, et en qui, outre les avantages de la naissance, de la beauté et de l'esprit, suivant les bruits publics, se rencontrent encore ceux d'être seule héritière de tous les effets de la feue reine sa mère, et d'ailleurs d'avoir son droit incontestable à la succession, à la couronne et aux Etats du Portugal, en cas que l'infant, né du second mariage du roi son père, vînt à mourir ou n'eût point d'autres frères mâles après lui et qui lui survécussent. Outre l'avantage présent que la France ne manqueroit pas de vouloir tirer de cette alliance pour engager le Portugal dans ses intérêts et en profiter contre l'Espagne. Je ne parle pas maintenant d'une princesse de Neubourg, et me rapporte si l'Electeur son père ne pourroit point avoir en vue qu'une des deux princesses qui lui restent à marier pût deve-

III de Médicis. L'aîné était un fils, né en 1663, mort sans enfants avant son père. Le second, Jean-Gaston, né en 1671 marié à une duchesse de Saxe-Lauenbourg succéda à Cosme III en 1723. Avec lui s'éteignit la famille des Médicis en 1737. Cette princesse enfin, née en 1673, épousa en 1691 Jean-Guillaume-Joseph de Bavière-Neubourg, qui avait succédé à son père Philippe-Guillaume électeur palatin depuis 1685. Il était veuf depuis 1689, d'une première femme, archiduchesse d'Autriche, sœur de Léopold Ier, quand il obtint l'électorat le 2 septembre 1690. Il se remaria pour avoir des héritiers qu'il n'eut pas. A sa mort (1716) sa veuve se retira à Florence (Saint-Simon, édition 1873, XVII, 265) auprès de son père qui vécut jusqu'en 1723.

[1] Isabelle, fille de Marie-Elisabeth de Nemours et de don Pedro II, devenu roi de Portugal par la mort d'Alphonse VI qui n'avait pas laissé d'héritiers, était née, fille unique, à Lisbonne le 6 janvier 1669. Jusqu'à la mort de sa mère (janvier 1684) et avant le second mariage de son père qui eut lieu à la fin de 1687 avec une fille du palatin Philippe-Guillaume, jusqu'à la naissance enfin d'un enfant mâle de ce mariage, Jean (1688), Isabelle demeura la principale héritière du Portugal. La diplomatie française s'occupa depuis 1681 de son mariage, pour empêcher les Habsbourg de Vienne et de Madrid d'en faire une arme contre la France. On crut en 1682 réussir à la marier au duc de Savoie son cousin, mais il refusa au dernier moment. En 1687, ce fut le prince de la Roche-sur-Yon. Le duc de Modène, le prince de Parme, un Neubourg se disputaient sa main, quand elle mourut (25 octobre 1690). (*Instructions du Portugal* pp. 143, 155, 183; *Instructions d'Espagne*, I, 288.)

nir dauphine, et par là, un jour, reine de France, et ainsi pour se voir, par un rare et unique bonheur, père en même temps d'une impératrice, d'une reine d'Espagne, d'une reine de Portugal, d'une reine un jour de Pologne (si le mariage qui en est sur le tapis et la succession du prince de Pologne a lieu), et enfin d'une future reine de France, pour ne parler pas maintenant d'une duchesse de Parme[1]. Mais, outre qu'on dit que les deux princesses de Neubourg qui restent à marier, y compris celle qu'on destinoit au prince de Pologne, n'ont aucun avantage de beauté, et que la cadette doit être encore d'un trop bas âge, je laisse à juger si les conjonctures et les dispositions même de la cour de France pourroient donner lieu aux vues d'un pareil mariage, savoir du Dauphin avec une de ces deux princesses, et d'ailleurs si, au cas que ladite Cour y inclinât, il pourroit contribuer à consolider toutes les plaies faites récemment, et qui continuent tous les jours, à cette maison électorale, et, en un mot, la dédommager de la ruine et désolation entière de son électorat. Après tout, comme les résolutions de la Cour de France se conforment assez aux conjonctures et aux besoins de ses affaires, il est constant d'ailleurs qu'elle n'a rien tant en vue que de diviser les alliés, et surtout de détacher ou de gagner les puissances catholiques-romaines, pour n'avoir plus en tête que le roi d'Angleterre et ses alliés protestants. Et vu que l'ouverture ou la négociation d'un

---

[1] Philippe-Guillaume de Neubourg, électeur palatin depuis 1685, mort le 25 septembre 1690, avait eu dix-sept enfants, parmi lesquels le prince Jean-Guillaume qui lui succéda dans l'électorat et fut, en 1696, candidat au trône de Pologne; né le 19 avril 1658; Philippe-Charles, palatin de Neubourg, né le 4 novembre 1661, marié à une princesse Radziwill (1688); *Éléonore-Madeleine de Bavière*, née le 6 janvier 1655, mariée le 14 décembre 1676 à l'empereur Léopold 1er, morte le 17 février 1720; *Hedwige-Elisabeth-Amélie*, née le 18 juillet 1673, fiancée dès 1690, mariée le 25 mars 1691 à Jacques Sobieski, morte le 10 août 1722; *Marie-Anne*, née le 28 octobre 1667, mariée le 28 août 1689, à Charles II, roi d'Espagne, morte le 16 juillet 1740; *Dorothée-Sophie*, née le 5 juillet 1670, mariée le 3 avril 1690, à Odoard, fils et héritier de Ranuce II, prince de Parme, remariée après la mort de celui-ci (1693), à son beau-frère François II; *Marie-Joseph-Isabelle* de Neubourg, mariée en 1687, à don Pedro II, roi de Portugal.

mariage du Dauphin avec une princesse de Neubourg pourroit y donner quelque jour, ou au moins l'en flatter, et d'y pouvoir disposer l'Empereur et le roi d'Espagne, comme deux futurs beaux-frères du Dauphin, par l'entremise du nouveau pape, il pourroit bien arriver que ladite Cour de France en laisseroit entamer la proposition au présent pape, quand même elle n'auroit pas un véritable dessein de l'accomplir[1]. Mais, après tout, comme on n'en parle ici que par conjectures et qu'on n'en est pas moins persuadé de la fermeté et des intérêts opposés de l'Empereur et de l'Espagne à ne se détacher point des alliés et à ne prendre pas aisément *le change*, comme on dit, par le leurre d'une pareille alliance, il y a lieu de croire que de semblables vues, quand effectivement on pourroit en avoir du côté de la France ou même de l'électeur palatin, n'auront point d'effet, ou au moins point de suites préjudiciables à la cause commune, et en particulier au bien de l'Empire.

Il faut espérer la même chose de l'autre mort funeste qui vient d'arriver, savoir : celle du duc de Lorraine. On ne peut nier de vrai qu'elle ne soit d'un contre-temps fâcheux pour l'Empereur et ses alliés ; qu'on ne perde par là un général de poids, prudent, sage, vaillant et heureux par les glorieux succès de la guerre en Hongrie, et déjà par ceux de la campagne passée contre la France, d'ailleurs accrédité dans les troupes et dans le parti, et enfin qui y avoit joint à la qualité d'un grand capitaine celle d'un généreux prince engagé bien avant dans le parti contre la France par sa naissance et par son pro-

---

[1] Spanheim dit avec raison que ce n'est là qu'une conjecture. Le Dauphin sans doute était veuf depuis le 20 avril 1690, mais il n'était pas question de le remarier, surtout alors que la France était en guerre avec toute l'Europe. Cinq ans plus tard, selon toute vraisemblance, il se remaria, mais à son gré et d'après l'exemple de son père, avec Marie-Emilie Joly de Choin (*Lettres de Louis XIV et du Dauphin à M*^{me} *de Maintenon*, Didot, 1822. Saint-Simon, *Additions au Journal de Dangeau* (V, 63 ; XI, 354), et *Mémoires* (édition 1873, VIII, 263-264). *Lettres de la Palatine*, édition Charpentier, I, 176, II, 98). Mais on ne pouvait, en 1690, soupçonner cet événement, puisqu'en 1693 encore il y avait un projet de mariage entre Mlle Choin et le marquis de Clermont-Roussillon (Saint-Simon, éd. de Boislisle, II, p. 186-190).

pre et puissant intérêt, et avec un droit, comme on sait, aussi clair et aussi légitime à recouvrer la Lorraine, dont il étoit aussi injustement dépouillé. En sorte qu'il semble avoir été enlevé, comme un autre Moïse, à la veille ou dans l'espérance prochaine de rentrer dans le pays et l'héritage de ses pères. Aussi peut-on aisément croire que la France, par ces mêmes considérations susdites, se flattera de tirer de grands avantages de cette mort, et il ne faut pas douter qu'elle ne la compte même, comme autrefois Tibère la mort de Germanicus, entre une des plus grandes prospérités de ce règne, et surtout dans les conjonctures de la guerre présente[1]. Après tout, les héritiers ou princes mâles que ce duc a laissés après lui, l'intérêt public et domestique de l'Empereur à conserver leurs droits[2], celui des autres alliés, et de tout l'Empire en particulier, à les appuyer, d'ailleurs le nombre des chefs et des généraux de réputation et de valeur qui se trouvent au service et à la tête même des armées de l'Empereur ou de l'Empire, ne pourront que soutenir, Dieu aidant, avec succès la gloire de leurs armes[3].

[1] Le duc Charles de Lorraine mourut le 27 avril 1690. Cette mort fit bien en France l'impression que pensait Spanheim : « C'est la plus grande perte que puissent faire les ennemis du roi, et ils s'en apercevront avant qu'il soit deux mois, étant impossible qu'un autre que lui puisse concilier les esprits des alliés de l'Empereur, qui se mangent les yeux devant que la moitié de la campagne soit passée » (Louvois à l'archevêque de Reims, 4 mai 1690, *Dépôt de la Guerre*, 918).

[2] C'étaient d'abord Léopold-Joseph-Charles-Dominique de Lorraine, né à Inspruck le 11 septembre 1679, chevalier de la Toison d'or en 1690, rétabli comme fils aîné dans ses Etats par la paix de Ryswick (1697) et réconcilié avec la France par son mariage avec une fille du duc d'Orléans ; puis le cadet Charles-Joseph, évêque d'Osnabrück, en 1701, en septembre 1710 coadjuteur de l'archevêque de Trêves, baron d'Orgbreigt, en février 1711, à la mort du titulaire, archevêque de Trêves par l'appui de l'Autriche (Saint-Simon, Edition 1873, VIII, 132, 172). En outre, François de Lorraine, abbé de Stavelo et de Malmédy, né en 1689, mort en 1715.

[3] Après Charles V de Lorraine, il faut nommer le margrave Louis de Bade, son rival ; l'électeur de Bavière, gendre de l'Empereur ; le prince Eugène de Savoie, qui allait prendre, en 1696, le commandement contre les Turcs ; l'électeur Charles-Auguste Ier de Saxe ; les généraux italiens Veterani, Caprara, Caraffa ; les allemands, Guy de Stahremberg, Heissler ; les hongrois Palffy, Bathiany, Lad. Csaky ; le Français Rabutin.

Surtout au cas, dont j'ai parlé ci-dessus, qu'il y eut lieu de faire la paix avec le Turc, et ainsi d'employer uniquement contre la France les généraux de l'Empereur qui pourroient autrement être destinés ou partagés à commander ses armées en Hongrie ; et ainsi ce qui semble redoubler la convénience visible qu'il y auroit pour tous les alliés à voir finir au plus tôt cette guerre avec le Turc. Après tout, il n'y a qu'à réfléchir en cette occasion sur l'exemple de la France dans la guerre passée, qui, après la mort de M. de Turenne, sur lequel il paroissoit qu'elle se reposoit uniquement de tout le succès de ses armes dans l'Empire et contre tant d'alliés qu'elle y avoit eus sur les bras, n'a pas laissé, dis-je, non seulement de s'y soutenir et d'empêcher les entrées, ou à prendre poste en France, et même dans la Lorraine à ce même duc, quoiqu'à la tête d'une armée de quarante mille hommes, mais encore eut le bonheur de prendre une place importante et du patrimoine de l'Empereur, comme Fribourg, et de finir par là heureusement la campagne et la guerre. En sorte qu'il y a lieu d'espérer qu'à plus[1] forte raison la Providence divine ne permettra pas que la mort de ce vaillant prince apporte aucun préjudice considérable à la cause commune, et en particulier du côté de l'Allemagne et de ses généreux défenseurs, ni retarde ou affoiblisse aucunement les opérations de la campagne prochaine, ni ainsi que la France en tire les avantages dont elle se peut vainement flatter.

[1] « *A la plus forte raison* », dans le manuscrit [B].

APPENDICE

RELATION DE LA COUR D'ANGLETERRE
Du mois d'août 1704

Le 7 août 1704, le roi de Prusse Frédéric Ier adressait à Ezéchiel Spanheim, alors son envoyé à Londres, l'ordre de lui envoyer un tableau de la cour d'Angleterre où il résidait depuis quatre années. La demande était conçue dans les termes les plus flatteurs : « Comme nous désirons avoir des indications précises sur la reine d'Angleterre, sa personne, son naturel et ses qualités, et qu'autrefois vous avez composé pour nous les envoyer des portraits fort bien tracés du roi de France et des principaux personnages de sa maison et de sa cour, voudriez-vous, encore une fois, nous faire un croquis de ladite reine [1] ? » Docile à cet ordre, autant que satisfait de ce témoignage avantageux, Spanheim se mit immédiatement à l'ouvrage, « avec zèle et promptitude [2] ». Et, dans les premiers jours d'octobre, il envoyait à Berlin une Relation de la cour d'Angleterre, que son souverain voulait bien « ne pas trouver inférieure à sa précédente Relation de la cour de France [3] ».

Cet opuscule, retrouvé aux archives de Berlin par M. R. Doebner, et publié par lui en 1887 [4], nous a paru, pour le même motif, devoir être joint à l'édition nouvelle que nous donnons de la première Relation. Il est, comme celle-ci, d'une impartialité, d'une vérité très remarquables dans un ouvrage contemporain. Spanheim a voulu faire encore « naïf et

---

[1] Lettre du roi à Spanheim, 7 août 1704 *(Arch. de Prusse)*.
[2] Lettre de Spanheim au roi, 22 août 1704 *(ibidem)*.
[3] Lettre du roi à Spanheim, 10 octobre 1704 *(ibidem)*.
[4] *Historical Review*, 1887, p. 757 et suivantes.

ressemblant[1] », être « aussi exact, fidèle et sincère » qu'en 1690[2]. Et il y a réussi une seconde fois par la même méthode.

Le nouveau tableau ne diffère du précédent que par la quantité. Il est beaucoup moins étendu, et ne se compose guère que de trente et une pages de manuscrit. M. Doebner a même pensé qu'il avait pu être écourté par une lacune accidentelle. Cette lacune, relative aux rapports de la reine Anne avec les ambassadeurs étrangers, que Spanheim annonce dans son plan au début et qui ne figureraient pas dans le texte, me paraît une conjecture mal fondée[3]. Ces rapports sont indiqués sommairement dans les deux derniers paragraphes de la Relation, qui est courte, mais me semble ainsi complète.

Il ne faut pas oublier que ce tableau est l'œuvre d'un mois au plus. Et puis, c'était la peinture d'un règne qui commençait à peine : la reine Anne était montée sur le trône au début de 1703. Lorsque Spanheim parlait de Louis XIV et de sa cour en 1690, il avait à exposer trente années au moins de guerre, de diplomatie, d'administration. Pour la reine Anne en 1704, le cadre était bien plus étroit. Et par les détails nombreux et curieux que Spanheim a donnés sur cette princesse avant l'avènement, près de la moitié de son récit, on voit aisément comme il a dû faire effort pour le remplir. Ainsi conçue d'ailleurs, et composée des faits et de souvenirs personnels sur l'Angleterre dans la deuxième partie du xviie siècle, la seconde Relation de Spanheim correspond mieux encore à la première: il nous a paru d'autant plus nécessaire de les réunir toutes deux.

Notre tâche d'éditeur nous a été singulièrement facilitée par le soin que M. Doebner a mis à reconnaître et à éditer ce manuscrit, qu'il avait le mérite de faire connaître le premier au public. Nous reproduisons les variantes d'un texte aussi scrupuleusement établi par le premier éditeur. Nous n'ajouterons que quelques notices nécessaires à l'intelligence de ce texte.

E. B.

---

[1] *Relation de la cour d'Angleterre*, p. 589.
[2] *Relation de la cour de France*, p. 59.
[3] *Hist. Review*, p. 758.

PORTRAIT DE LA REINE D'ANGLETERRE

Vostre Majesté m'ayant ordonné de luy faire le portrait de la Reine d'Angleterre aujourd'huy régnante, le plus naïf et le plus ressemblant qu'il se pourroit, je ne puis que tascher à m'en acquitter avec toute l'attention et la soumission requise. Ce qui ne pourra que donner lieu à la représenter dans la constitution de sa personne ; dans ses qualités et ses inclinations, et ainsi[1] le véritable caractère de son esprit ; dans sa conduite domestique, ou à l'égard du gouvernement et des affaires ; dans la considération de ses Ministres, à qui Elle s'en rapporte le plus[2], et qui ont le plus de part à sa confiance et à son estime ; ou des Dames, en qui Elle a le plus de créance ; enfin dans ce qui peut regarder l'estat présent de sa cour, et particulièrement par rapport aux Ministres étrangers qui y sont envoyés. Il y a quelques autres circonstances à l'égard de sa naissance, de son âge et de son estat précédent en qualité de princesse de Dannemarc, qu'il sera à propos de toucher icy par avance et sommairement.

DE LA REINE D'ANGLETERRE, AVANT SON AVÈNEMENT A LA COURONNE DE SA NAISSANCE ET DE LA DUCHESSE D'YORK, SA MÈRE

La Reine d'Angleterre aujourd'huy régnante, est née le 26 février en 1666, suivant le calendrier d'Angleterre, qui ne commence l'année qu'au 25 mars, ou en 1667, suivant le calendrier de delà de la mer[3]. Elle est fille, comme on scait, du feu roy Jacques II, alors duc

---

[1] « *Ainsi* » ajouté par Spanheim.
[2] Spanheim a mis ici : « *le plus* » au lieu de « *davantage* ».
[3] La reine Anne est née au palais de Saint-James, à Londres, le 6 février 1665.

d'Yorck, appelée la princesse Anne, et sœur cadette de son aisnée, la princesse Marie, ensuite princesse d'Orange, et depuis reine d'Angleterre avec le feu roy Guillaume son époux. Leur mère était feu la duchesse d'York, Anne Hyde, première femme de ce duc, fille du chancelier d'Angleterre Clarendon, que ce mesme duc frère du roy Charles II avait épousée secrètement, durant leur retraite dans les pays étrangers, du vivant de Cromwel. Il déclara son mariage après le rétablissement du dit roy son frère sur le throne d'Angleterre, en l'année 1660. Quant au chancelier d'Angleterre, comte Clarendon, père de la duchesse, il étoit né d'une condition de simple gentilhomme, appelé Henry Heyden, docteur aux lois de sa profession, et qui sous le règne de Charles I s'estoit attaché au parti de la Cour, dans le long Parlement qu'il y eut, et en soutint les intérêts dans la Chambre des Communes, dont il estoit membre. Comme il suivit Charles II, alors prince de Gales, dans sa retraite, hors d'Angleterre, il y demeura attaché à sa personne et à son service, et comme son principal Conseiller, en fut déclaré chancelier. Après le rétablissement dudit Charles II sur le throne, il fut conservé ou établi dans ladite charge de chancelier d'Angleterre; créé mylord baron en la mesme année 1660 et comte l'année suivante 1661 [1]. Le mariage de sa fille avec le duc d'Yorck, le présomptif héritier de la couronne [2], vu le peu d'apparence que le roy Charles II vint à avoir

[1] Edward Hyde, fils de Henry Hyde, de Dinton dans le Wiltshire, né le 18 février 1608, entré au collège Magdalen Hall de l'université d'Oxford dont il devint gradué en 1626, d'abord destiné à l'Eglise, puis mêlé au mouvement des lettres de son temps, en 1633 aborda le barreau et fut nommé en décembre 1634 garde des manuscrits et rôles de la cour des plaids communs. Ses succès le désignaient à l'attention publique et pour la politique. Déjà il avait été fort remarqué de Laud, le champion de l'Eglise anglicane. Cependant lorsqu'il débuta, ce fut en adversaire de la royauté, à qui il reprochait ses atteintes au droit, et même au long Parlement où il représentait Saltash, il combattit Strafford. Ce ne fut que peu après, vers 1642, qu'il soutint la royauté, pour défendre surtout par elle l'Eglise anglicane. Alors il devint le 22 février 1643 conseiller de Charles Ier, son chancelier de l'Echiquier, puis lorsque la Révolution éclata, depuis 1645, le principal conseiller, le guide et comme le tuteur de son fils le prince de Galles, qu'il accompagna à Jersey d'abord, puis en France (1648). Il fut, par ses négociations et son activité, le principal auteur de sa restauration en 1660. Le 3 novembre 1660 il fut créé pair et baron Hyde de Hindon et, le 20 avril 1661, vicomte de Cornbury et comte de Clarendon.

[2] Le mariage secret du duc d'York avec Anne Hyde, avait eu lieu à Worcester House, résidence des Clarendon, le 3 septembre 1660. Il devint public dès le

des enfans de la reine, son épouse et encore vivante en Portugal [1], et ainsi à pouvoir devenir reine d'Angleterre, ne manqua pas d'attirer l'envie et le blâme contre ledit chancelier. A quoy servit de prétexte ou de fondement le mariage du Roy avec une princesse catholique romaine et stérile, comme estant [2] procuré à dessein d'en favoriser l'élévation de sa fille à la qualité susdite de reine [3]; et ensuite la vente de Dunkerque à la France, pour quatre millions de livres de France et qu'on attribuoit aux conseils dudit Chancelier, comme alors le premier et le plus accrédité ministre du roy Charles II [4]. Le dit Roy s'étant dégousté dans la suite de ce ministre, et entr'autres ayant sçeu qu'il auroit sous main porté une dame [5] que

mois de décembre de la même année. Clarendon affirmait que le jour où le roi lui parla des engagements pris par son frère, il avait osé proposer d'envoyer sa fille à la Tour *(Continuation de la vie de Clarendon*, I, 371, 404). Ce qui est certain, c'est que, s'il eût voulu ainsi préparer le trône à ses enfants, il ne se serait pas empressé de marier Charles II peu de temps après, le 8 mai 1661. Ses ennemis prétendirent qu'il connaissait la stérilité de la reine Catherine de Portugal, mais ils ne disaient pas comment (Reresby, *Mémoires*, édition Cartwright. — Pepys, 22 février 1664). Et ce mariage paraît avoir eu pour objet surtout d'équilibrer par une belle dot le budget royal encore très précaire.

[1] Catherine de Bragance, fille du roi Jean de Portugal, née en 1638, à la mort de son mari (1685), s'était retirée à Somerset House, puis à sa résidence de campagne de Hammersmith où elle avait fondé un couvent de filles. Elle rendit encore le service à son beau-frère d'affirmer publiquement que le prince de Galles, né le 10 juin 1688, dont on contestait la légitimité, était bien le fils de Marie de Modène. A la révolution, elle voulut tout de suite partir, mais elle resta retenue par des difficultés avec lord Clarendon, son premier chambellan, puis par la courtoisie de Guillaume. Mais en 1693 l'opinion publique, excitée contre tout ce qui tenait aux Stuarts catholiques, l'obligea à retourner à Lisbonne. Elle y retrouva un rôle actif par la régence qu'elle eut, de 1703 à 1705, de son frère Pedro. Elle resserra les liens de l'Angleterre et du Portugal et mourut dans ces fonctions le 31 décembre 1705, à soixante-sept ans.

[2] « *estant* » ajouté par Spanheim.

[3] Voir page précédente, note 2.

[4] Clarendon était-il l'auteur de ce traité de vente du 27 octobre 1662 qui le rendit si impopulaire qu'on appelait dès lors son hôtel à Londres : « *Dunkirk House* »? Il s'en est défendu, et l'attribuait au duc de Southampton *(Continuation*, III, 455). En tout cas, il a conduit et conclu la négociation, qui avait le même objet que le mariage portugais, reconstituer les finances de la royauté restaurée.

[5] En note, en marge, de la main de Spanheim : « *C'estoit une demoiselle nommée Marie Sheart et qui est morte seulement? icy à Londres depuis peu de moys en ça.* »

La véritable cause du renvoi de Clarendon a été donnée par Charles II

le roy aimait, à préférer le parti d'épouser secrètement le duc de Richemont, un des premiers seigneurs du royaume, à celuy d'estre sa maistresse, il abandonna ledit chancelier à la haine ou envie de ses ennemis. Ce qui donna lieu à ce ministre de chercher sa seureté hors du royaume, et à se retirer en France, où il est mort [1]. Il laissa deux fils en Angleterre, tous deux encore en vie : l'un qui porte son titre de comte de Clarendon ; et l'autre celui de comte de Rochester, à quoy il a esté élevé par le feu roy Charles en 1682 [2].

Pour la duchesse d'Yorck, mère de la feue reine Marie et de la reine Anne régnante, elle mourut sans avoir laissé d'autres enfans

lui-même dans une lettre à Ormond. « La vérité est que son humeur était devenue à moi-même et à tout le monde si insupportable qu'il était impossible de vivre avec lui et avec le Parlement. » *(Original Letters*, 2ᵉ série, IV, 39.) Charles II voulait éviter les conflits que la politique absolutiste de Clarendon pouvait entraîner. Il lui reprit les sceaux, le 30 août 1667. Les deux personnages dont il s'agit ici sont le duc et la duchesse de Richmond, Charles Stuart, né en 1640, à Londres, de Georges Stuart, neuvième seigneur d'Aubigny, devenu en 1645 duc de Lichtfield, puis duc de Richmond et de Lennox à la mort de son cousin Esmé Stuart (10 août 1660). C'était un royaliste fougueux, qui profita de sa faveur pour devenir chambellan et grand amiral d'Ecosse, lord lieutenant de Dorset (1661) et, le 4 mai 1668, lieutenant et vice-amiral des ports. Il mourut tout jeune en 1672. Son mariage (mai 1667) avec la belle Françoise-Thérèse Stewart, élevée depuis 1649 en France, auprès d'Henriette de France, demoiselle d'honneur de la reine et que Charles II paraît avoir aimée vraiment, ne nuisit pas à sa fortune. Les mauvaises langues d'ailleurs prétendirent que, par la complaisance du mari, elle avait été moins rebelle aux avances du roi, après le mariage qu'avant. C'est une des héroïnes principales d'Hamilton dans ses *Mémoires de Grammont*.

Elle mourut catholique romaine, à Londres, le 15 octobre 1702 (Leslie et S. Lee, *Dictionary of national biography*).

[1] Les ennemis de Clarendon, lord Seymour en particulier, profitant de l'abandon du roi, le 6 novembre 1667, l'accusaient devant le Parlement de trahison ; ses amis et son gendre lui conseillèrent la fuite. Il partit, le 29 novembre, vers Calais. Louis XIV en décembre l'éloigna de France. Il s'en alla à Avignon, vécut quelques années à Montpellier, et vint mourir à Rouen en décembre 1674, après un exil de sept années qu'il employa à rédiger ses mémoires, ses défenses, et une importante *Histoire de la rébellion*.

[2] Ses fils étaient : Henri, comte de Clarendon, né en 1638, mort en 1709, premier chambellan de la reine Catherine, trésorier et intendant de ses revenus, et le duc Laurence de Rochester, né en 1642, mort en 1711 : presque toute sa vie, sous Charles II, se passa en missions diplomatiques. Il figura à Nimègue en 1678, puis fut lié aux principaux chefs des torys de 1682 à 1688, devint en 1685 lord trésorier. Mais il déplut à Jacques II en refusant de se convertir, se rallia à Guillaume III, et devint, en 1700, lord lieutenant d'Irlande. Il fut conservé dans cette charge par la reine Anne sa nièce.

ni ainsi aucun fils masle. Elle se déclara catholique romaine au lict de sa mort, y ayant esté portée comme on peut croire, par le duc son époux ; et qui, depuis qu'il s'est retiré en France et peu de tems avant sa mort, y fit imprimer les circonstances de cette déclaration de feu la dite duchesse son épouse, de mesme que[1] celle du feu roy Charles II son frère, faite pareillement avant sa mort.[2]

DE L'ÉDUCATION DE CETTE PRINCESSE ET DE SON MARIAGE AVEC LE PRINCE DE DANEMARC

La princesse Anne fut élevée avec la princesse Marie son aisnée au Cokpit, qui est considéré comme une partie de Whitehall, regardant sur le parc S. Jemes, et dans le mesme appartement qui m'y fut assigné à mon défrayement, ensuite de mon entrée publique à Londres, en qualité d'ambassadeur extraordinaire de V. Majesté[3]. L'éducation de ces deux princesses se fit avec peu de pompe et sous la conduite de leurs gouvernantes[4]. J'y eus l'honneur d'en avoir audience, en mon premier envoy en Angleterre en 1675[5] de la part de feu l'électeur Palatin Charles-Louys. La princesse Marie estant mariée l'année 1677 avec le prince d'Orange son cousin germain, et depuis roy d'Angleterre Guillaume III, la princesse Anne resta au Cokpit jusques en 1683[6], qu'elle fust mariée avec le prince

---

[1] « *que* » ajouté par Spanheim.
[2] La duchesse d'Yorck mourut le 31 mars 1671, laissant deux filles, seules vivantes des huit enfants qu'elle avait eus en onze années. Burnet note que dès 1669 on la vit cesser toute relation avec l'Eglise anglicane. Ce fut en août 1670 que, pour disputer son mari à des influences rivales, elle se convertit. Sa conversion, quoique connue du roi Charles II, et de son frère Rochester, fut tenue secrète jusqu'à ce qu'en 1686, Jacques publiât deux papiers relatifs à cette conversion et à celle de Charles II. Le père Maimbourg les a publiés dans son *Histoire du calvinisme* (Burnet, I, 567, 568 ; Rochester, *Méditations; Correspondance des lords Glocester et Clarendon*, 1828, II, 647).
[3] 1702.
[4] La gouvernante de la princesse Anne était lady Françoise Villiers, veuve du colonel Edouard Villiers et fille du duc de Suffolk, une protestante choisie avec soin sur l'ordre de Charles II, qui tenait à ce que sa nièce demeurât protestante.
[5] Spanheim a corrigé ici semble-t-il « *1685* » en « *1675* ».
[6] 7 Août.

Georges de Danemarc. Ce mariage fut mis sur le tapis et négotié par la France, qui était alors dans une grande liaison avec le Dannemarc, de même[1] qu'avec le duc d'Yorck. Comme j'estois alors envoyé de la part de feu Sa Sérénissimité électorale de glorieuse mémoire en ladite Cour de France, je me souviens que feu le Marquis de Croissy, alors ministre et secrétaire d'Estat des Affaires étrangères, en fit confidence à l'envoyé de Dannemarc, qui est encore en la dite Cour, M. de Meyercroon[2]. Sur quoy je dirai, comme j'avois esté renvoyé en Angleterre en 1678 et où je restai jusques au commencement de 1680 que je fus envoyé en France de la part de feu Sa Sérénissimité électorale (après avoir esté substitué par ses ordres au Comte alors baron de Schwerin, son envoyé en Angleterre), aussi durant mon dit séjour à Londres plusieurs y avaient en vue de marier la dite princesse Anne avec le prince d'Hanovre l'aisné, aujourd'huy électeur de Brunswic[3], d'ailleurs fils d'une princesse du sang d'Angleterre, et appellée depuis à la succession à la couronne. Et comme on sçavoit que j'avois l'honneur d'estre en quelque commerce de lettres avec la dite Sérénissime princesse sa mère, je fus requis de quelques personnes de considération en la cour d'Angleterre, de luy écrire, et à ce que le Prince son fils fut envoyé en Angleterre à ce sujet pour s'y faire connoistre. Et sur ce que je pris une fois la liberté de luy toucher quelque chose en passant, dans une de mes lettres, de ce qu'on m'en insinuoit à Londres, la dite Altesse, aujourd'huy électrice de Brunswic me fit connoistre par sa réponse, qu'on n'y estoit guères disposé à Hanovre, et entr'autres veu la naissance de la princesse Anne du costé de sa mere, née d'une famille fort médiocre[4]. Aussi ce mesme prince, son fils, que j'eus l'honneur

---

[1] « De même ... York », note marginale de Spanheim.

[2] Le prince Georges de Danemark était le frère du roi régnant de Danemark Christian V. Il plut à la cour d'Angleterre (Hatton, *Correspond.*, II, 31), quand il y vint pour épouser la princesse Anne, le 19 juillet 1683, à Withehall. Mais il déplut aux Anglais « parce qu'il était, dit Burnet, proposé par la France » et qu'on craignait qu'il ne se convertit au catholicisme. Le mariage se fit par les soins de l'évêque de Londres dans la chapelle de Saint-James, le 28 juillet 1683.

[3] George-Louis, plus tard le roi George I" d'Angleterre.

[4] La duchesse de Brunswick-Luneburg, Sophie, mariée, en 1658, à Ernest-Auguste qui devint, en 1679, duc, puis, en 1692, électeur de Hanovre, était la fille de l'électeur palatin Frédéric V et d'Elisabeth Stuart, fille de Jacques I" d'Angleterre. — Georges-Louis, prince de Hanovre, son fils aîné, né en 1660,

de trouver à Paris à mon arrivée en 1680, estant passé de là en Angleterre, sur la fin de la mesme année, y témoigna peu d'attention à un mariage avec la dite princesse[1], et en partit en sorte qu'on jugeoit bien qu'il n'auroit pas lieu ; et ce que la dite princesse Anne, à ce qui m'a été dit plus d'une fois et d'assez bon lieu, n'auroit pas oublié. Ce qui après tout donna occasion à la Cour de France de songer en suite à l'établissement de cette princesse, et pour au besoin en traverser en Angleterre les prétentions ou le parti que le prince d'Orange, mari de la princesse aisnée, pourroit y avoir, et contre lequel on estoit fort prévenu en la dite Cour. La princesse Anne, depuis son mariage, vécut en grande concorde et union avec le prince son époux. Il s'y trouva mesme quelque conformité d'humeur, à aimer plustôt le particulier et la retraite, que le grand monde et les divertissements d'éclat. Lors que je fus envoyé en Angleterre en 1685 à faire les compliments au roy Jaques son pere, sur son avènement à la Couronne, elle avoit pour sa dame d'honneur la comtesse de Clarendon, dame de mérite et de vertu et femme du frère aisné de feu la duchesse sa mère[2].

DE LA NAISSANCE DU DUC DE GLOCESTER SON FILS.

Cette princesse vint à estre plusieurs fois enceinte, mais sans porter ses enfants à terme, et ainsi à faire des fausses couches jusques au nombre de quatorze. Ce ne fut qu'au mois de juillet de l'année 1689, et ainsi après la révolution, qu'elle accoucha à Hamptoncourt, d'un prince en 1689 resté en vie, appelé du nom

---

était destiné à recueillir l'héritage entier des Brunswick, « Miss Heyd, comme disait sa mère, n'était pas pour lui d'assez belle maison » (20 juin 1679). Le piquant, ce fut qu'après avoir refusé pour lui la main d'une fille de la duchesse d'Yorck, Sophie de Hanovre fut obligé de consentir, en 1682, à son mariage avec Sophie-Dorothée, fille d'une union plus que bizarre du duc Georges-Guillaume de Hanovre, son beau-frère, et de la marquise d'Olbreuse.

[1] Le 14 novembre 1679, le prince de Hanovre était envoyé par ses parents avec une suite de quatre gentilshommes en France « pour y rendre ses hommages à sa cousine la duchesse d'Orléans » et y apprendre les belles manières : « Il était trop timide et sérieux pour son âge », disait sa mère, qui nous a donné des nouvelles de ce voyage (*Corresp. de Sophie de Hanovre*, édit. Bodemann, p. 388, 397, 408, 420).

[2] Voir plus haut, p. 592, note 2.

de duc de Glocester et qui a vescu jusques à l'année 1700[1], qu'il mourut à Windsor, âgé de onze années et quelques mois[2].

DE LA RÉVOLUTION ARRIVÉE EN ANGLETERRE ET DU PARTI QU'ELLE PRIT AVEC LE PRINCE SON ÉPOUX.

La reine d'Angleterre, épouse du roi Jacques, catholique romaine et née princesse de la maison du duc de Modène, en Italie, se trouvait aussi sans enfant jusques à la mesme année 1688, qu'on la publia enceinte, et estant venue à terme d'accoucher, d'estre heureusement délivrée d'un prince, appellé suivant la coutume des héritiers de la couronne, du nom de prince de Galles. Je n'entrerai pas icy dans la discussion de la vérité, ou supposition de cette naissance; ce qui ne regarde pas le sujet dont Votre Majesté m'a commandé de luy rendre compte. Je dirai seulement par rapport à la princesse de Danemarc, que s'estant trouvée aux bains de Bath au temps de la naissance véritable ou prétendue de ce prince de Galles, elle fut prévenue qu'il y avait du mystère et du manège dans la naissance de ce prétendu frère, et contribua à affermir la princesse d'Orange sa sœur dans la mesme créance[3]. En sorte que

---

[1] Le manuscrit porte « *1670* ».

[2] Le 1er juin 1684, la princesse Anne eut une fille, Marie; le 12 mai 1686, une autre, Anne-Sophie, qui moururent presque en même temps, en février 1687. Le 24 juillet 1689, elle donna naissance à un fils, Guillaume, duc de Glocester, qui mourut le 29 juillet 1700. Elle eut encore, le 19 avril 1690, une fille, Marie, qui ne vécut que quelques heures.

[3] Marie-Béatrice-Eléonore de Modène, née le 5 octobre 1658, fille unique d'Alfonse IV, duc de Modène, mariée le 21 novembre 1673 au duc d'Yorck, veuf de sa première femme. Elle eut, le 16 janvier 1675, une fille, Catherine-Laure qui mourut le 3 octobre; le 28 août 1676, une seconde fille, Isabelle, qui mourut le 26 mars 1680; un fils aîné, Charles, né en 1677, et mort presque aussitôt; deux autres filles, en 1678 et en 1682, mortes aussi. Le 10 juin 1688, elle donnait la vie à Jacques-François-Édouard-Stuart, dont la venue fut pour les Anglais protestants une déception : ce fut alors parmi eux, un doute général sur la naissance de cet enfant, auquel la princesse Anne ne dut peut-être pas avoir été étrangère, en effet. Il semble qu'elle soit allée prendre les eaux de Bath pour ne pas assister à la délivrance de sa belle-mère. Était-ce parce qu'elle était brouillée avec elle, ou par un plan formé? Ce qui est certain, c'est qu'elle fut pendant tout cet été en correspondance avec la princesse d'Orange à ce sujet, et refusa d'assister au Conseil qui se tint en octobre, à la demande de la reine, pour

dès l'arrivée du prince d'Orange en Angleterre, en novembre 1688, elle prit le parti de se laisser enlever par l'évesque de Londres, qui avait esté autrefois capitaine de cavalerie et peu affectionné au roy Jacques, et que le prince de Danemarc prit aussi celuy de[1] quitter le Roy son beau père et se rendre vers le prince d'Oranges[2].

La Révolution d'Angleterre étant ensuite arrivée, par la retraite du roy Jacques en France précédé déjà auparavant de celuy de son épouse et du prétendu prince de Galles ; et le prince d'Orange et la princesse Marie son épouse déclarés roy et reine d'Angleterre, en février 1689, la dite princesse passa de la Haye où elle estait restée jusques là en Angleterre. Ce qui donna lieu à l'entrevue des deux sœurs qui ne s'estoit pas fait[3] depuis douze années, qui fut celle du mariage de la princesse d'Orange en 1677.

D'UNE DÉSUNION ARRIVÉE ENTRE LE FEU ROI ET REINE D'ANGLETERRE ET ENTRE LADITE PRINCESSE

Le prince et la princesse de Danemarc vécurent depuis dans une assez grande dépendance du nouveau roy et reine jusques à une désunion, qui arriva entre les deux sœurs, à l'occasion de la dame d'honneur de la princesse. C'estoit la comtesse, aujourd'huy duchesse de Marlborough, dont il y aura lieu de parler cy-après. Je me contenterai de dire icy que cette dame avant son mariage avoit esté fille

---

établir la légitimité de cet enfant (Ellis, *Original Letters*, 2e série, IV, 119 ; Dalrymple, *Mémoires*, II, 167-175; Clarke, *Life of James II*, II, 161-162 ; Burnet, enfin, qui a surtout présenté les doutes des protestants). Pour l'histoire de cette reine, consulter surtout la marquise Campana di Cavelli : *les Derniers Stuarts à Saint-Germain*, 2 vol. 1871.

[1] « *Celuy* », mis par Spanheim au lieu de : « *le parti* ».

[2] Ce récit est conforme à celui de la duchesse de Malborough *(Account of her Conduct*, publié par R.-N Hooke), qui assistait la princesse et lui aurait transmis la première l'avis que les nobles Ormond, Drumlanrig, Grafton, Churchill et son mari le prince Georges avaient abandonné, le 24, le roi Jacques pour aller retrouver le prince d'Orange à Sherburne. Le 25, elle s'enfuyait avec l'évêque de Londres qui avait été déposé par Jacques II et habitait dans une maison voisine de Suffolk Street. En réalité, il résulte de notices de Burnet et d'une lettre de Dalrymphe du 18 novembre 1688 que le prince et la princesse de Danemark étaient décidés à rejoindre tous deux le prince d'Orange dès qu'ils le pourraient.

[3] Corrigé ainsi par Spanheim au lieu de « *s'étoient pas veues* ».

d'honneur de la princesse et pris dès lors un grand ascendant sur son esprit ; qu'ayant épousé ensuite mylord Churchill, aujourd'hui duc de Marlborough, qui estoit en grande faveur du roy Jaques, tant par son mérite, que pour estre frère de la maîtresse de ce roy[1], elle fut faite première dame d'honneur de la dite princesse[2]. Ce qui ayant augmenté sa considération et son crédit sur l'esprit de sa maistresse, en sorte qu'il paraissoit qu'elle s'en laissoit entièrement gouverner, donna lieu au roy et à la reine qui le[3] voyoient avec déplaisir et en craignirent les suites, de désirer de la princesse, qu'elle congediast sa dite dame d'honneur, et en prît une autre à sa place. Mais quelque insistance qui luy en fût faite de leur part, elle ne voulut point y donner lieu et préféra de s'exposer à leur disgrâce et à tout le ressentiment qu'ils en auroient. Ce qui alla aussi si loin, qu'on osta les gardes à la dite princesse, qu'elle se crut obligée d'abandonner son logement à la maison royale de Saint-James, et de se loger avec[4] le Prince son époux dans une maison particulière, et occupée aujourd'huy par le duc de Devonshire. Elle[5] demeura aussi quelque temps dans une maison de campagne, à quelques milles de Londres, qu'on appelle Sion, et qui appartient au duc de Sommerset[6]. Cette désunion dura deux

[1] Après « Roy », le manuscrit porte : « et duquel il y aura lieu de parler dans la suite ».

[2] John Churchill, né en 1650, page du duc d'Yorck, enseigne de ses gardes depuis 1667, très protégé par lui sans qu'on puisse affirmer, comme Spanheim le fait ici, que sa sœur Arabella ait été alors la maîtresse du duc. Quoiqu'il fût connu pour un homme à bonnes fortunes et déjà en vue, ce fut certainement son mariage qui le poussa. Il s'éprit de Sarah, seconde fille, née à Saint-Albans, le 29 mai 1660, de Richard Jennings de Sandrige qui avait marié son aînée à sir Georges Hamilton, frère de l'auteur des *Mémoires de Grammont*, et voulait pour la cadette, déjà placée auprès de la duchesse d'Yorck, un riche mariage. Les parents et la duchesse d'Yorck elle-même détournaient la jeune fille, mais deux ans de cour assidue la décidèrent (1678). Dès le 21 décembre 1682, Churchill était créé baron d'Aymouth en Ecosse, et sa femme, au mariage de la princesse Anne, nommée dame d'honneur. Elle devint sa confidente unique : l'amitié supprimait les distances. Elles se nommaient entre elles miss Morley, miss Freemann. De 1683 à 1688, elles constituèrent à Londres une petite cour énergiquement protestante qui prépara le succès de Guillaume d'Orange.

[3] « Le », au lieu de « la ».

[4] « Avec le prince son époux », ajouté par Spanheim.

[5] « Elle... Sommerset », note marginale de Spanheim.

[6] La cause de cette querelle fut certainement que, par l'intermédiaire des Malborough, à partir de 1691, la reine Anne était rentrée en relations avec Jacques II. Les torys étaient mécontents des Hollandais que Guillaume III

années entières, sans que les deux sœurs, la reine quoyque demeurant à Londres, et la princesse se soient vues depuis, ni mesme à la maladie de la reine dont elle mourut. Ce qui estoit arrivé, depuis que la Reine estant allé visiter la princesse sa sœur, attaquée [1] d'une assez grande maladie, en suite d'une fausse couche, et luy parlant encore d'oster la comtesse de Marlborough d'auprès d'elle, la princesse luy auroit dit que si la reine ne venoit la voir que pour luy parler contre la dite dame, elle pourroit se dispenser de revenir une autre fois, et en se tournant [2] en mesme temps, à ce qu'on ajoute, de l'autre costé de son lict.

DE SA CONDUITE DEPUIS LA MORT DE LA REINE SA SOEUR ET JUSQUES A CELLE DU FEU ROY.

Après la mort de la reine arrivée en 1695 [3], le Prince et la Princesse eurent permission du feu roy de reprendre leur logement au palais de Saint-James. Ils y ont vécu jusques à sa mort [4], dans une grande tranquillité, sans beaucoup d'éclat, avec une cour assez médiocre, et sans avoir ni prétendre quelque part dans le gouverne-

---

favorisait. Quoique créé duc de Cumberland, le prince de Danemark se trouvait négligé. La princesse, en décembre 1691, envoyait une lettre d'excuses à son père en France (Macpherson, *History*, I, 680-682 ; Macaulay, ch. XVIII). Au mois de mai 1692, Malborough, suspect d'avoir conspiré, fut envoyé à la Tour, Dès le mois de février 1692, la reine donnait l'ordre à sa sœur de renvoyer sa favorite, lui interdisant la cour. Anne défendit lady Churchill et, pour faire un éclat, l'emmena à sa maison de campagne de Sion sur la Tamise. La brouille dura deux années pleines, sans que la princesse Anne, ni le roi voulussent jamais céder. La petite cour rebelle habitait alors à Londres Berkeley House : un appartement y était réservé à la favorite et à son mari.

[1] « *Dans une* », Corrigé ainsi.
[2] « *Trouvant* », corrigé ainsi par Spanheim.
[3] La reine Marie mourut, le 28 décembre 1694, de la petite vérole. Lady Malborough affirme qu'à la première nouvelle de la maladie, sa sœur aurait manifesté le désir de la voir, mais qu'elle ne reçut que de froids remerciements.
[4] Spanheim a ainsi corrigé « *la mort du feu Roy* ». — La réconciliation se fit alors par les soins de l'archevêque de Canterbury : la princesse retrouva sa garde d'honneur, son logement à Withehall, un traitement royal, et eut une maison composée de la maison de la reine en partie. Elle engageait de son côté ses amis à soutenir dans les élections les candidats agréables au roi. Le duc et la duchesse de Malborough furent admis à la cour dès le 29 mars 1695. Mais il semble que, systématiquement, la princesse se soit tenue à l'écart et le plus souvent possible à Windsor, à Twickenham.

ment, ou en avoir aucune dans la confidence du feu roy, qui visitoit rarement la princesse, et ne donnoit aussi gueres lieu au prince de l'entretenir. Il est difficile, s'il m'est permis de dire, avec tout le respect deu à la mémoire du feu roy, de donner bonne raison de cette froideur et indifférence, dont on voyoit qu'il usoit en leur endroit ; quoyque ladite Princesse sa belle-sœur deut hériter de [1] ses trois couronnes après sa mort, que la constitution infirme du mesme roy faisoit [2] craindre que cela n'arrivast bien tost ; et ainsi ce qui auroit pû ce semble donner lieu à en témoigner plus de considération [3] et dailleurs veu que la dite Princesse et le Prince vivoient [4] dans une espèce de retraite, quoy que dans une grande ville, et avec une conduite qui ne pouvoit pas donner le moindre ombrage. Il y eut une occasion en la dernière année de la mort du roy, qui pût contribuer à cette froideur. C'est qu'ayant esté adverti, que la princesse auroit receu une lettre du roy Jacques son père, sans en parler ou la produire, il l'alla trouver pour lui demander à la voir. Ce qu'elle auroit évité, en avouant de l'avoir reçue, mais de l'avoir bruslé. Le feu roy auroit aussi parlé, et en des termes assez forts, à la comtesse de Marlborough, dont la sœur, duchesse de Tirconnel [5] (qui a eu permission, sous ce règne, de retourner en Irlande, et vient d'en faire un tour icy à Londres), estoit alors dame d'honneur à Saint-Germain de la reine épouse du roy Jacques [6]. Le prince de Danemarc estant venu à Kinsington pour voir le roy dans les derniers jours de sa maladie, et qu'on craignoit ce qui en arriva ; à peine luy donna-t-on lieu d'entrer dans la chambre du roy, et luy

[1] « *De* », note marginale de Spanheim.
[2] « *Faisoit* », correction de Spanheim.
[3] Guillaume III considérait le duc de Glocester comme son héritier, l'installa comme tel à Windsor, lui donna pour gouverneur le duc de Malborough, l'évêque de Salisbury comme précepteur, et même le choisit comme colonel de son régiment hollandais.
[4] « *Vivoient* », correction de Spanheim au lieu de « *vécussent* ».
[5] « *Qui.. Londres* » et « *Tirconnel* », corrigés par Spanheim.—Lady Tirconnel, Françoise, sœur aînée de la duchesse de Malborough, qui avait épousé en secondes noces Richard Talbot, créé par Jacques II duc de Tirconnel et qui lui resta toujours fidèle.
[6] Il semble bien que cette histoire, dont l'héroïne principale aurait été en réalité Mme Oglethorpe, ait été mise en circulation par les agents de la famille de Hanovre, qui se posaient plus que jamais depuis 1701 en champions du protestantisme, et pour faire tort aux Stuarts, les héritiers naturels de la princesse Anne (Clarke, *Histoire de Jacques II*, II, 601-602).

faisant connoistre qu'il feroit bien de n'y gueres rester ; en sorte qu'il ne fit presque qu'y entrer, et sortir. Pour la princesse, elle témoigna aussi d'avoir dessein de se rendre à Kinsington, et en tout cas qu'elle resteroit dans l'antichambre.

DE SON AVÈNEMENT A LA COURONNE

La mort du feu Roy, arrivée[1] en effet au dit Kinsington, un dimanche matin 8/19 mars 1702, donna lieu à voir la princesse de Dannemarc, reconnue en mesme temps Reine des Trois-Royaumes ; proclamée telle solennellement par la ville de Londres dès le mesme jour après midy ; et complimentée en cette qualité de la part des deux Chambres du Parlement, qui s'estoient là dessus assemblées extraordinairement le mesme jour, et du Maire et des Échevins de la ville de Londres[2].

Je n'ay pû que toucher en premier lieu et sommairement les circonstances susdites, quoy que d'ailleurs assez connues qui regardent la personne de la reine, en qualité de princesse Anne et ensuite de Princesse du Dannemarc, avant son avènement à la couronne. Il s'agit maintenant de la considérer depuis qu'elle est montée sur le throne des Trois-Royaumes, abandonnés par le feu roy Jacques II, son père. Et, à ce sujet, il y aura lieu de réfléchir sur les considérations que j'ay alléguées dès l'entrée de cet écrit ; à sçavoir, de la constitution de sa personne, de ses qualités et inclinations, et ainsi du véritable caractère de son esprit et de son naturel ; de sa conduite dans le domestique, et à l'égard du gouvernement et des affaires ; des ministres, ou d'ailleurs des dames qui ont le plus de part en sa confidence et[3] en son amitié, et ainsi les plus accréditées et autorisées auprès d'elle, enfin de l'estat présent de sa cour, particulièrement par rapport aux Ministres étrangers qui y sont envoyés.

---

[1] Correction de Spanheim au lieu de « *estant en effet arrivée* ».
[2] Ce fut le 23 avril 1702 que la reine Anne fut solennellement couronnée reine d'Angleterre.
[3] « *Et* » ajouté par Spanheim.

DE LA CONSTITUTION DE SA PERSONNE [1]

La reine seroit d'assez belle taille, hors qu'elle est accompagnée de trop d'embonpoint; bien prise au reste en sa personne; les cheveux noirs, les yeux bleuds, le nez, la bouche, la gorge, les bras et les mains belles. Le teint du visage est souvent brouillé, et accompagné de quelques boutons. Son air est naturellement sérieux, mais d'ailleurs qu'elle prend à tasche de rendre affable et gracieux envers les personnes qui ont l'honneur de l'aborder, ou qu'elle honore de son entretien; et en quoy elle conserve tous les différens égards que le rang ou le mérite des personnes peut demander. Elle est fort propre en ses ajustements, quoy que sans affectation, recherchant plus la bienséance et le bon goust, que l'éclat et l'ostentation[2]. Aussi ne porte elles pas d'autres joyaux sur elle, hors des occasions extraordinaires de cérémonie, que ceux qui accompagnent le S. Georges, qu'elle porte attaché à un ruban bleu au haut de son corps de jupe, et comme en place d'agraphe de diamans. Sa coiffure est fort naturelle, et son maintien agréable. Son tempérament paroist assez robuste, hors le malheur qu'elle a eu de faire tant de fausses couches; et depuis quelques années elle se trouve sujette à des atteintes de goute à la main et aux genoux[3], quoy que sans grande douleur, et qui l'obligent seulement à garder la chambre. Elle y a cherché du soulagement ces deux années passées par l'usage des eaux chaudes de Bath, qu'elle y est allée boire vers l'automne, et dont elle a creu s'estre bien trouvée. Elle est sobre d'ailleurs dans son manger et dans sa boisson, bien qu'on ait débité quelque fois dans les pays étrangers et à tort, comme si elle avoit du penchant à des excès à boire, et qui auroient contribué à ses fausses couches et à ses atteintes de goute. Enfin, il y a lieu de juger par sa constitution, qu'elle peut remplir une longue carrière, avant que de donner lieu à un successeur; à moins que ses accès de goute devinssent plus fréquens et plus fâcheux qu'ils n'ont été jusques icy.

---

[1] Ce titre n'est pas dans Spanheim.
[2] Le portrait de la reine Anne par Kneller à Windsor et les jugements de Smolet (II, 279), de Burnet (V, 2) et de Coxe (III, 127).
[3] Au lieu de « *pieds* » qui est ainsi corrigé.

DE SES QUALITÉS ET INCLINATIONS

A l'égard de ses qualités personnelles et de ses inclinations on peut dire qu'elle a naturellement dans l'âme de la bonté, de la douceur, de la retenue, de la franchise et de l'honnesteté, si on peut se servir de ce dernier mot, en parlant [1] d'une grande reine. Je [2] dois ajouter qu'en premier lieu, elle a beaucoup d'attachement à la religion ; à assister régulièrement tous les jours aux exercices de dévotion de l'église anglicane ; et à communier tous les premiers dimanches de chaque mois. Qu'ainsi elle est ennemie de toute profanation et de libertinage en matière de religion ou autrement ; qu'elle n'est pas moins bonne femme que bonne chrestienne, ayant toujours vécu, comme il a déjà esté remarqué, dans une grande union avec le Prince son époux ; et qui continue avec la mesme force et sur le mesme pied, que lorsqu'elle n'étoit que Princesse, gardant [3] toujours pour lui les mesmes égards ; en sorte qu'ils sont comme inséparables et se trouvent toujours dans un mesme lieu. C'est dont elle a encore donné des marques depuis qu'elle est reine, assez éclatantes et assez publiques, en faisant donner la charge de grand amiral, la plus considérable en Angleterre, et surtout dans le temps d'une grande guerre et d'aussi grosses flottes sur pied, d'ailleurs en portant le Parlement à luy assigner une aussi grosse pension, que celle de 100.000 livres sterling annuels, en cas qu'il vienne à survivre à la reine. On peut juger que la conformité d'humeur et d'inclination à aimer plus le particulier et la retraite, que le grand monde, y contribue [4]. Aussi n'y a-t-il que certains jours dans la semaine, où la reine à coustume de se rendre

---

[1] Correction de Spanheim au lieu de « à l'égard ».
[2] « *Je dois ajouter qu'en* », note marginale de Spanheim, au lieu de « *Qu'en* ».
[3] « *Gardant... égards* », note marginale de Spanheim.
[4] La reine Anne à son avènement auraît, d'après Burnet (V. 56) et Coxe (I, 155), voulu associer son mari à la couronne. Les Anglais ne le voulurent pas. Elle ne put pas même lui obtenir le commandement de Flandre. Il reçut seulement le titre de « *généralissime des forces de Sa Majesté* » et l'office de grand amiral, en avril 1702. Avant la fin de la même année, malgré la résistance des lords et surtout de Sunderland, on lui garantit 100.000 livres de pension annuelle et on lui donna la charge très lucrative de gardien des Cinq Ports et de constable de Douvres.

visible, et de tenir cercle ; et au reste [1] ne donne gueres lieu aux spectacles et aux divertissements publics de danse, de musique, ou de comédie qu'en des jours extraordinaires, et qui y sont destinés par la coutume. Elle a aimé autrefois la danse et la musique, dansoit elle-même avec beaucoup de justesse ; mais y a renoncé depuis qu'elle a commencé à grossir et à avoir des atteintes de goutte. Les divertissements d'ailleurs se sont rendus moins fréquens à sa Cour, et n'estant encore que princesse de Dannemarc, depuis la mort du duc de Glocester son fils, et qui devait estre son successeur à la couronne [2]. En sorte que ces divertissemens ordinaires icy à Londres se réduisent au jeu de la bassette, à quoy elle donne lieu les soirées destinées à tenir cercle.

Ce que je viens de dire fait au reste que, pour une cour telle que celle d'Angleterre, et dans une aussi grande ville et remplie, surtout l'hyver, de personnes de qualité des deux sexes, comme de mylords, pairs [3] ou pairesses du royaume, elle ne répond pas, quand on la voit, à l'attente des étrangers, ni à l'inclination de la nation, qui voudroit la voir ordinairement plus grosse, et où il y eût plus d'éclat et de divertissements. A quoy [4] contribue d'ailleurs le séjour que la reine fait tout l'esté, et partie de l'automne à Windsor, où la cour est fort petite, hors le mercredi avant disner, et particulièrement le dimanche qui est jour du Conseil du cabinet, et ainsi que les ministres, qui en sont, ont coustume de s'y rendre. Ce sont d'ailleurs les deux jours que les dames de qualité de Londres, ou du voisinage, ou autres personnes, qui ont quelque relation ou affaires en cour, prennent pour s'y rendre et s'y faire voir. La reine de son costé n'y prend gueres d'autre divertissement que celuy de la promenade, et de la chasse dans la forest de Windsor, et d'ailleurs, comme j'ay dit, celuy du jeu de la bassette.

[1] « *Au reste* », correction de Spanheim, au lieu de « *que d'ailleurs elle* ».
[2] Voir plus haut, p. 596.
[3] « *Pairs ou pairesses du Royaume* », ajouté par Spanheim.
[4] « *A quoy le... que la Reine* » correction de Spanheim, qui remplace : « *Ce que... au séjour qu'Elle* ».

DU CARACTÈRE DE SON ESPRIT

On peut déjà aucunement juger, par ce que dessus.[1], que le véritable caractère de l'esprit de la Reine, est plutôt de l'avoir porté à la justice, à l'équité, à la douceur, aux égards et ménagemens requis, où il en faut avoir, envers les mylords et dames de la Nation, ou des Ministres étrangers ; que d'avoir un tour brillant, qui aime à se produire, et se faire valoir par la conversation, et des entretiens soustenus, et de quelque durée[2]. D'où on peut recueillir, qu'elle parle peu et avec ménagement, d'ailleurs avec agrément et bienséance. Qu'au reste elle a de la docilité, pour se conformer aux advis des personnes éclairées, et en qui elle a de la confiance ; et d'autre part de la fermeté dans ses inclinations, envers les personnes qui en sont honorées, et en qui elle a pris quelque créance particulière. Que cela se peut déjà assez reconnoistre, de ce qui a esté touché cy-dessus, estant princesse de Danemarc, sur le sujet de la comtesse à présent duchesse de Marlborough sa dame d'honneur, et de laquelle[3] il y aura lieu encore de parler dans la suite.

Ce[4] caractère de l'esprit et du naturel de la Reine paroist également dans sa conduite domestique, aussi bien que dans celle à l'égard du gouvernement et des affaires. Comme il a déjà esté remarqué qu'elle se plaist davantage dans le particulier, que dans le grand monde, cela fait aussi qu'elle ne se communique guère familièrement qu'avec les personnes qu'elle a à son service, et près de sa personne, et qui sont de trois sortes : ses dames d'honneur, ses filles d'honneur et ses femmes de chambre qui, suivant la coutume d'Angleterre, sont des filles ou femmes (y en ayant des deux sortes en cette[5] fonction) de bonne maison, et bien apparentées. Mais c'est dont il sera parlé cy-après.

---

[1] « *Que dessus* » correction de Spanheim qui remplace : « *que je viens de dire* ».

[2] « *Durée* » au lieu de : « *dureté* » qui n'avait pas de sens.

[3] « *De laquelle* » correction de Spanheim, au lieu de : « *dont* ».

[4] « *Ce... de la Reine* », Spanheim, au lieu de : « *C'est aussi ce qui* ».

[5] « *En cette fonction* », note marginale de Spanheim.

DE SES OCCUPATIONS, DE SON CONSEIL DU CABINET ET DE SES PRINCIPAUX MINISTRES

Cette mesme inclination de la reine fait qu'elle passe la plus-part du tems parmi son domestique, hors[1] celuy qu'elle est obligée de donner aux affaires du dedans ou du dehors de ses royaumes, à l'entretien de l'un ou de l'autre de ses ministres et aux conseils qui se tiennent devant elle. C'est a quoy elle s'occupe aussi souvent et autant de fois que le besoin des affaires le requièrent. Il est vray, et surtout durant le séjour qu'elle fait à Windsor, que hors[2] les cas qui surviennent à la traverse, il ne se tient guères de conseil de cabinet devant elle, que les dimanches au soir. Il y a mesme quelquefois des dimanches que par le retard des ordinaires de delà la mer, ou autre raison, qu'il ne s'en tient mesme point au dit jour. Les séances de[3] ce conseil sont ordinairement plus fréquentes dans le temps de la teneur d'un Parlement, veu les incidens qui y surviennent et qui ne peuvent qu'y donner lieu. Il n'intervient d'ailleurs à ce conseil, que les ministres, qui y sont appelés par la reine et qui, lors qu'ils sont tous en ville ou au voisinage, se réduisent à l'archevesque de Cantorbéry[4]; au garde des sceaux[5]; au grand thrésorier d'Angleterre, mylord Godolphin[6];

---

[1] « Hors » ajouté par Spanheim en interligne.
[2] « Que hors » correction de Spanheim, au lieu de : « hors ».
[3] « De ce Conseil », correction de Spanheim, au lieu de : « en. »
[4] Thomas Tenison, né à Cottenham dans le Cambridgeshire le 29 septembre 1636, élève et gradué de Cambridge, chapelain du roi Charles II, « nommé à la recommandation de la reine Marie », évêque de Lincoln en 1691, et enfin archevêque de Canterbury. Mais, comme il était un des partisans les plus énergiques de la maison de Hanovre et que, protestant cultivé et lettré, il était depuis longtemps en correspondance avec Sophie de Hanovre, il n'eut pas la faveur de la reine Anne. Il mourut le 14 décembre 1715.
[5] Sir Nathan Wright, chancelier et garde des sceaux du parti tory, sacrifié aux exigences des whigs en 1705.
[6] Sidney Godolphin, né à Godolphin Hall (Cornouailles) en 1645 d'une famille dévouée à la royauté, d'abord page de Charles II, membre du Parlement dès 1668, en 1679 commissaire de la Trésorerie, rallié contre Jacques II au prince d'Orange, et l'un des chefs de son parti par haine du catholicisme; premier commissaire de l'Echiquier, 15 nov. 1690, et, le 29 mai 1702, appelé par la reine Anne à diriger avec Malborough, ancien tory comme lui, son premier ministère dans la charge de « Lord Haut Trésorier », mort le 15 septembre 1712.

au comte de Pembrock, président du conseil, à sçavoir du Conseil privé qu'on appelle Grand Conseil[1]; au duc de Normanby, garde des sceaux privés[2]; au duc de Sommerset, grand escuyer[3]; au duc de Marlborough, quand il est en Angleterre; au duc d'Ormond, quand il est à Londres, comme viceroy d'Irlande[4]; au comte de Rochester, qui a esté son prédécesseur en cet employ[5], mais qui affecte depuis plus d'un an en ça de ne s'y point trouver; et aux deux secrétaires d'Etat, aujourd'huy le chevalier Hedges[6], et l'orateur de la Chambre des Communes, Robert Harley[7]. C'est

---

[1] Thomas Herbert, huitième comte de Pembroke, né en 1656, depuis 1683 lieutenant du roi dans le Wiltshire, lord de l'amirauté en 1690, en 1692 garde du sceau privé, plénipotentiaire à Ryswick en 1697, en 1701 grand amiral, charge qu'il abandonna au mari de la reine pour devenir alors, en juillet 1702, président du Conseil privé, Il redevint grand amiral à la mort du prince Georges, le 29 novembre 1708. C'était un homme cultivé, mathématicien distingué, président de la Royal Society, mort dans la retraite en 1733.

[2] John Sheffield, troisième duc de Mulgrave, puis duc de Buckingham et Normamby, né fils unique en 1648, exilé de la cour et de ses emplois en 1682, pour avoir fait la cour à la princesse Anne, rentré en grâce et très en faveur sous Jacques II, lord chambellan en 1685, et pourtant très docile au nouveau gouvernement, créé en 1694 membre du conseil privé et marquis de Normamby, le 21 avril lord du sceau privé et duc de Normamby, mort en 1721, ami de la poésie et des poètes, de Pope particulièrement.

[3] Charles Seymour, sixième duc de Somerset, né en 1662, qui dut sa fortune à ce qu'il épousa, en 1682, Elisabeth Percy, l'unique héritière des Percy de Northumberland, gentilhomme de la Chambre en 1683, et chancelier de l'Université de Cambridge (en 1689). Guillaume III l'avait traité assez froidement La reine Anne, reconnaissante de ce qu'il l'avait suivie dans sa disgrâce en 1692, le fit grand écuyer en 1702, commissaire pour l'union avec l'Ecosse en 1706. Il mourut en 1722.

[4] James Butler, deuxième duc d'Ormond, né à Dublin Castle le 29 juin 1665, élevé en Irlande et en France, marié le 15 juillet 1682, à Anne, fille de lord Lawrence Hyde, plus tard duc de Rochester. Très mal avec Jacques II, il avait suivi le prince de Danemark dans le parti du duc d'Orange et le servit très loyalement. En 1703, il obtint la charge de vice roi d'Irlande que son beau-père venait de résigner. Il mourut en 1745 seulement.

[5] Voir plus haut, p. 592, note 2.

[6] Hedges (sir Charles), fils d'Henry Hedge du Wiltshire, avocat, après avoir pris ses grades à Oxford en 1673, devint juge de la cour d'amirauté le 1er juin 1689, membre du Parlement en 1701 pour Douvres, puis pour Malmesbury et fut inscrit au parti tory. Ce fut l'influence de Rochester qui le fit nommer secrétaire d'Etat et conseiller privé, le 5 novembre 1700. D'avril à mai 1704, il fut seul secrétaire jusqu'à ce qu'on eût donné un successeur à l'autre secrétaire, le duc de Nottingham disgracié à cette époque. Il mourut en 1714. Il avait été remplacé en 1706, au secrétariat d'Etat, par Sunderland.

[7] Harley (Robert), fils aîné (1661) de sir Edward Harley, en mars 1689. Haut

dans ce Conseil qu'on traite les affaires secrètes, soit du dedans, soit du dehors du royaume ; qu'il se fait ¹ la déclaration des charges ou changements des officiers de la couronne, ou de la maison de la Reine ; du choix des ministres au dehors, de leurs Instructions et des rapports qu'ils peuvent avoir fait par leurs lettres aux deux Secrétaires d'Estat, suivant leur deux différents départements, et ainsi en général des traités, des alliances, des mémoires ou remontrances faites de la part des ministres étrangers en cette cour ; enfin, avant et durant le temps de la convocation d'un Parlement, à digérer les cas et les affaires qu'on y doit proposer, appuier ou détourner de la part de la Cour. Il arrive quelque fois, suivant les occurences et les affaires, qu'il n'y a qu'une partie de ces ministres susdits, et les plus affidés qui sont appelés au dit Conseil ². D'ailleurs il y a bien des affaires, et surtout celles qui peuvent regarder le dedans de la Cour, la disposition des charges, les ménagements entre les deux partis des Thorys et des Wights, les grâces et les bienfaits de la Reine dont elle ne se rapporte qu'à ses ministres les plus considérés et les plus accrédités, comme sont le Grand Thrésorier mylord Godolphin et le duc de Marlborough, lorsqu'il est en Angleterre.

Sur quoy et au sujet de ces deux partis, qui font assez de bruit et au dedans et au dehors de l'Angleterre, je dois remarquer qu'ils se fomentèrent et avec peu de ménagement l'un envers l'autre sous le règne du feu Roy Guillaume. Que le nom de Thorys, qui s'estoit donné aux partisans les plus zélés de l'Eglise Anglicane et pour l'affermissement de l'autorité royale en Angleterre, se communiqua ensuite à ceux d'entre eux qu'on crut peu affectionnés à la personne et à l'administration du feu Roy, qui mettoient en doute la validité de son droit et avènement à la Couronne, et d'ailleurs étoient peu enclins, et à entrer dans tous les engagemens qui tendoient à toute exclusion du pretendu Prince de Galles, ou à s'intéresser aussi avant

---

shériff du comté de Herford, membre du parlement en 1690, speaker des Communes le 10 février 1701. La disgrâce du parti que dirigeait le duc de Nottingham contre Malborough et à laquelle il contribua, lui procura, le 27 avril 1704, l'office de conseiller privé, le 27 mai celui de secrétaire d'Etat du département du Nord. Il mourut duc d'Oxford, en 1724, après avoir joué un des premiers rôles dans la révolution de 1710, aux côtés de Bolingbroke.

¹ « *Qu'il se fait* » ajouté par Spanheim.
² Correction au lieu de : « *auxdits Conseils* ».

dans les guerres de delà la mer. Le parti des Wights d'autre part, estoit celuy en général qui avoit eu le plus de...[1]

DE MYLORD GODOLPHIN, GRAND THRESORIER D'ANGLETERRE ET LE CARACTÈRE DE SA PERSONNE.

Mylord Godolphin est d'une bonne et ancienne famille d'Angleterre, quoy que le premier Mylord de ce nom. Il se fit déjà connoitre et distinguer par son mérite sous le règne de Charles II; et depuis sous celuy du Roy Jacques, sous lequel il fut fait Mylord Baron et Pair du Royaume. Il fut employé sous son Règne dans l'administration des Finances, en qualité de Commissaire de l'Echiquier, comme on les appelle en Angleterre, et par la grande et particulière habileté qu'il y fit paroistre, fust continué dans cette mesme fonction sous le feu roy Guillaume, et mesme établi le chef ou le premier des commissaires de l'Echiquier. Ce qui a lieu, lors qu'il n'y a point de Grand Thrésorier d'Angleterre, comme il n'y en a point eu durant tout le règne dudit roy, et qu'en ce cas là, l'administration des finances est mise en commission de quelques personnes à qui on en donne le soin, et parmi lesquels il y en a un, qui en est établi le chef, et ainsi en cette qualité a[2] la principale direction, mais au reste sans avoir le rang, les appointements[3], ni la considération de Mylord Thresorier, ni aussi en porter le nom. Ce ne fut que deux ou trois mois avant la mort du feu roy, qu'ayant résolu de casser le Parlement, qui devoit se rassembler dans ce mesme mois de décembre, et composé la plus grande partie du parti des Thorys, le dit mylord Godolphin, pour ne pas devenir suspect au mesme parti, et dont il a toujours esté, vint résigner au feu roy sa commission de chef de l'Echiquier, et sans la vouloir garder, quelque instance que le Roy luy en fit.

La reine peu de temps après son avènement à la couronne le déclara Grand Thrésorier d'Angleterre, qui est considérée pour la

---

[1] *Sic.* une lacune.
[2] Ms. « à ».
[3] Correction au lieu de « *appartemens* ».

plus grande charge de la cour et du Royaume, et luy donne aussi le premier rang après l'archevesque de Cantorbery, et le Chancelier ou Garde des Sceaux, et tire ordinairement après soy la considération de premier ministre, bien que sans en porter le titre. Il n'y eut que le comte de Rochester, frère comme il a esté dit de feu la duchesse d'Yorck mère de la reine, qui avoit déjà exercé cette charge dans les premières années du règne du feu roy Jaques II, et qui s'attendoit de rentrer dans cette importante charge, lequel en conçeut un déplaisir sensible, et s'est abstenu depuis de prendre part aux affaires. Ce choix eut d'ailleurs l'approbation générale et mesme du parti des Wights, aussi bien que des Thorys; veu la grande habileté connue du dit Mylord, joint à son grand désintéressement, pour l'exercice de la dite charge, et la réputation établie que personne n'en estoit plus capable que luy. Ce qui a aussi esté confirmé jusques icy par le bon estat où il a mis les finances de la reine; trouvé moyen de fournir aux dépenses extraordinaires, à quoy les conjonctures publiques durant la présente guerre, surtout l'alliance avec le Portugal et ses suites, les assistances d'argent à l'Empereur, aux deux Cercles de Franconie et de Suabe, et [1] autres ont donné lieu, et avoir encore des fonds de reste au bout de l'année. En sorte que le caractère de Mylord Godolphin est d'avoir une grande exactitude et application pour l'exercice de cette importante charge : d'éviter à ce sujet ce qui pourroit l'en distraire ; et ainsi à ne paroistre pas d'entrer dans le détail des autres affaires de la Cour et du gouvernement, quelque bonne part d'ailleurs qu'il y ait par son crédit, et par sa confidence et liaison avec le duc et la duchesse de Marlborough, et par là ne donner guères lieu à estre visité des ministres étrangers, ni [2] s'en entretenir avec eux. Il est [3] ennemi de tout faste et de toute parade extérieure en son domestique, en son train, et en toute sa conduite, et peut estre jusques à l'excès, dans le haut poste où il se trouve, et bien que le premier en [4] rang par sa charge, entre les Pairs séculiers du royaume, se contentant jusques icy de la dernière qualité des Mylords, qui est celle de baron, et ayant consenti avec

---

[1] « *Et... l'année* » note marginale de Spanheim. Voir Cobbett, *Parliamentary History* (VI, 453).
[2] « *Ni* », correction de Spanheim.
[3] « *Il est* », correction de Spanheim, au lieu de « *Aussi est-il* ».
[4] « *En* », addition de Spanheim.

peine à estre fait, comme il vient de l'estre depuis quelques semaines, Chevalier de la Jarretière [1]. Il parle peu et avec beaucoup de retenue. Après tout il ne laisse pas de conserver une passion, qu'il a toujours eue pour le jeu; et ainsi d'y donner les heures d'après disner ou du soir, qu'il en peut trouver le loisir. Il aime aussi beaucoup le divertissement des courses de chevaux, qui se font en Angleterre avec plus d'attachement et de dépense qu'ailleurs, et ne manque jamais de se trouver à celles qui se font deux fois l'année en printemps et en automne, à Neumarcket [2]. Il [3] est lié particulièrement d'une ancienne et étroite amitié, comme [4] il a déjà esté remarqué, avec le duc et la duchesse de Marlborough [5] depuis de longues années, et qui s'est augmentée par le mariage de son fils aisné avec la fille aisnée de ce duc. En sorte que le duc de Marlborough se trouvant sans fils masle, depuis la mort de celuy qu'il avoit il y aura un an et demi passé, on croit que son titre et dignité de duc pourra passer après sa mort à son gendre, fils aisné du Mylord Godolphin [6]. C'est d'ailleurs cette mesme liaison, qui peut estre n'a pas peu contribué à mettre ce mylord dans la confidence particulière de la reine et à la charge de Grand Thresorier d'Angleterre plustôt que le comte de Rochester, son oncle maternel, et qui y aspiroit, comme il a esté dit cy-dessus. Au reste ce mylord est du nombre des Thorys modérés, fort porté d'ailleurs à la poursuite de la guerre présente, avec vigueur [7]; au maintien des Alliances faites à ce sujet, et à la soutenir.

DU DUC DE MARLBOROUGH, DU DEGRÉ DE SON ÉLÉVATION ET DU CARACTÈRE DE SA PERSONNE.

Quant au duc de Marlborough, il a déjà l'honneur d'estre connu

---

[1] Pour la carrière politique et le caractère de Godolphin, consulter le livre de Elliott : *The life of Earl of Godolphin*, Londres, 1888.
[2] Parmi ses passions, Swift (*Histoire de la reine Anne*, traduction d'Amsterdam, 1755 p. 22) signale aussi l'amour et le badinage.
[3] Correction de Spanheim au lieu de « au reste il ».
[4] « Comme... remarqué », addition de Spanheim.
[5] Swift, dans son *Histoire de la reine Anne*, parle de « la passion de Godolphin pour la duchesse » (*ibidem*).
[6] En 1698, Francis Godolphin, fils aîné du duc, plus tard duc de Godolphin, épousa Henrietta Churchill, fille aînée du duc de Malborough.
[7] « Avec vigueur », note marginale de Spanheim.

personnellement de Votre Majesté, pour me pouvoir dispenser d'en faire icy le portrait [1]; outre que les grandes et glorieuses actions de cette campagne, qu'il vient de faire vers le Danube, contribuent à en faire les plus beaux traits. Je dirai seulement, que sa famille est Churchill; qu'il est fils d'un père de ce nom, qui estoit chevalier Baronnet et qui fut envoyé en Dannemarc sous les règnes passés; que son grand-père du costé maternel estoit un des frères cadets du premier duc de Buckingham, favori du Roy Jacques I, et par où ledit mylord se trouve proche allié de tous ceux de la famillle des Villers, dont estoit ce duc. Mylord Pembrock président du Conseil m'a dit que sa grand'mère du costé maternel estoit sœur du grand-père du duc de Marlborough et ainsi sœur pareillement du duc susdit de Buckingham, élevé[2] à cette dignité par la faveur du Roy Jacques I. D'où il résulte, que le duc de Marlborough n'est pas véritablement d'une extraction de famille de Mylord d'Angleterre, mais après tout n'est pas d'une naissance aussi obscure que ses envieux ou ses ennemis le veulent faire croire par deça[3]. Il naquit véritablement sans beaucoup de biens de fortune et, à ce qu'on prétend, fut redevable de la première qu'il eut, à l'inclination pour luy de la duchesse de Cleveland maistresse du feu Roy Charles II, et dont il aurait eu une gratification de 10 000 mille livres sterling, qui font plus de 50.000 escus de France. Il prit le parti des armes dès sa première jeunesse, et fut lieutenant dans les Gardes du Roy susdit Charles. Sa sœur Churchill estant devenue en suite la maistresse du duc d'Yorck, depuis Roy Jacques II, et dont il eut deux fils le duc de Berwich, qui commande aujourd'huy en Espagne[4], et le duc d'Albemarle, comme on l'appeloit à Saint-Germain et à la Cour de France, décédé au commencement de cette guerre en 1701[5] et une fille présentement à Londres, cela contribua à avancer ledit duc de

---

[1] Coxe, *Life of Malborough*, et Lesly, *Dictionary of national biography*.
[2] « *Elevé... Jacques I* », note marginale de Spanheim.
[3] « *Par deça* », correction de Spanheim au lieu de « *icy en Angleterre* ».
[4] James Fitzjames, fils du duc d'Yorck et d'Arabella Churchill, créé par son père duc de Berwick et pair d'Angleterre en 1687, volontaire au service de la France en 1691, lieutenant général le 31 mars 1693, commandant des troupes françaises en Espagne en 1704, et grand d'Espagne la même année.
[5] Henri Fitzjames, duc d'Albemarle, devenu en France chef d'escadre et lieutenant général des armées navales (1698-1702), mort d'une chute de cheval le 17 décembre 1702.

Marlborough son frère. En sorte qu'il fut fait baron mylord d'Angleterre, en suite de l'avènement du duc d'Yorck à la couronne sous le nom de Jacques II, en fut envoyé en France, y faire des compliments, durant mon séjour précédent en ladite Cour, en 1685, et se trouvoit fort avant dans les bonnes grâces de ce Roy. Ce qui n'empêcha pas que vers le temps de la Révolution et en suite de l'arrivée du prince d'Orange en Angleterre, en novembre 1688, ce mylord voyant que le Roy Jacques s'étoit opiniâtré à prendre un méchant parti contre la religion et l'interest de la Nation, et qu'il alloit estre abandonné de son armée, ne prit aussi celuy de le quitter et de passer du costé du prince d'Orange, qui dans les premières créations qu'il fit, dès qu'il fut déclaré Roy d'Angleterre, donna qualité de comte au dit mylord, qui n'avoit eu jusques là, que celle de baron d'Angleterre, et d'ailleurs celle d'un des gentilhommes de la Chambre. Aussi servit-il dans les premières campagnes [1] qu'ils se firent [2] au Pais Bas, en suite de ladite Révolution, et y fut dès lors fort estimé par le prince de Waldeck [3], particulièrement pour son bon sens et habileté, qu'il fit paroistre dans les Conseils de guerre. Estant de retour en Angleterre, il se fit rapport au feu Roy de quelques discours désavantageux de sa personne et de son gouvernement, que ce Mylord auroit tenu, et qui le touchèrent si fort, qu'il luy osta sa charge de gentilhomme de la Chambre, et l'envoya à la Tour. Le Roy mesme doit avoir dit dans ce temps-là que s'il n'estoit que gentilhomme, il faudroit qu'il se vit l'épée à la main avec ce mylord. Il sortit de la Tour quelque temps après, mais sans rentrer dans sa charge auprès du Roy, ni dans sa faveur. Ce qui fit que ce mylord ne continua pas de servir dans les campagnes suivantes, et qu'il resta en Angleterre, où d'ailleurs luy et la duchesse, sa femme, dame d'honneur de la princesse de Dannemarc, aujourd'huy Reine, tenoient auprès d'elle le premier rang de crédit et de faveur. Le duc de Glocester fils unique de ladite princesse, et son successeur après elle à la Couronne, ayant esté tiré des mains des femmes, mylord Marlborough luy fut donné pour gouverneur, du vivant du feu Roy ; mais ce qui ne fut pas de longue durée, par

---

[1] Le manuscrit porte « *campagne* ».
[2] « *Firent* », correction de Spanheim au lieu de « *fit* ».
[3] George-Frédéric, prince de Waldeck.

la mort de ce jeune prince survenue, comme il a esté dit cy-dessus [1], en 1700. En 1701, la guerre ayant esté résolue contre la France et l'Espagne, et à ce sujet, à conclure les alliances qui estoient sur le tapis, avec les Etats Généraux, l'Empereur et autres puissances; mylord Marlborough fut nommé du choix et consentement du feu Roy, pour commander les troupes destinées à passer de delà la mer, au secours des États, et en mesme tems pour l'Ambassadeur et plénipotentiaire d'Angleterre aux dits États et pour les traités qu'il écherroit de faire conjointement avec eux, au sujet de la guerre présente. Comme ce choix se fit durant la teneur du Parlement en esté l'année 1701, que je me trouvois en Angleterre envoyé au feu Roy, je puis aussi remarquer que le parti des Wights n'en fut gueres satisfait; et ce dans la prévention que ce Mylord estoit un des zelés Thorys, ainsi peu affectionné au parti de la guerre, et d'ailleurs n'en auroit pas continué le mestier depuis plusieurs années en ça. La suite a assez fait voir que leurs préjugés ou craintes là-dessus étaient assez mal fondées et a justifié amplement le choix qu'en fit le feu Roy. Aussi peut-on juger que deux motifs concoururent à l'y porter : l'un son juste discernement, qui luy avoit fait remarquer, et d'ailleurs sans aucune prévention en sa faveur, comme on peut juger par ce que dessus, les bonnes qualités de ce Mylord du costé de l'esprit de la conduite, du génie pour la guerre, et pour le ménagement des affaires, et ainsi pour n'en voir pas de plus propre parmi les Mylords Anglois à remplir dignement ces deux postes. L'autre motif, que cela contribuoit à la confiance du parti des Thorys, et à les engager d'autant plus dans les mesures à prendre au sujet de la grande guerre où on alloit entrer. A quoy se pouvoit joindre encore la deue considération, veu la santé infirme du feu Roy, et qui ne pouvoit pas luy promettre une longue vie, ni ainsi autant que cette mesme guerre pouvoit durer, que [2] par le choix de ce Mylord, pour remplir également ces deux fonctions de Général des troupes d'Angleterre, et de Ministre pour la négociation des Alliances, et veu tout l'honneur et les grands avantages qui lui en revenoient, on engageoit indirectement la Princesse de Danemarc, qui devoit succéder au feu Roy, au soustien après sa mort des

---

[1] P. 596.
[2] « Que », addition de Spanheim.

mêmes intérêts et engagements dans la guerre présente ; et ce vu ce qui estoit connu et public du grand crédit et pouvoir de ce Mylord et de la Comtesse sa femme sur l'esprit de ladite Princesse.

L'événement a aussi amplement justifié tout ce que je viens d'en dire, et au delà mesme de ce qu'on en pouvoit attendre. Votre Majesté en est suffisamment instruite, aussi bien que des qualités personnelles et du caractère d'esprit de ce Mylord qui, pour n'avoir pas d'ailleurs esté cultivé par de grands avantages du costé de sa naissance, ou de l'éducation, ne se trouve pas moins judicieux, solide, adroit, ferme et affable en mesme temps ; soutenu d'ailleurs par un dehors avantageux et une belle prestence, comme on parle. J'ay pû remarquer dans le cours de la négociation avec luy des Traités[1] d'Alliance des 5ooo hommes de Votre Majesté, que pour une personne qui n'avoit pas esté nourrie d'ailleurs dans les affaires publiques, et ne commençait que d'y entrer, qu'il avoit un discernement fort juste, une manière insinuante, qui alloit à son but, sans presque paroistre de le faire, et en soutenant son advis avec beaucoup de ménagement et de circonspection. Il a au reste l'inclination portée naturellement à l'épargne, plutôt qu'à la dépense ; laquelle inclination, si l'on en croit particulièrement ses envieux iroit à l'excès, le rendroit trop intéressé, et le seul défaut que l'on trouveroit à lui reprocher. Il a fait une perte irréparable dans une grande élévation et haute fortune où il se trouve, d'avoir perdu, comme il a esté dit cy-dessus, un fils unique très agréable et bien fait de sa personne, de grande espérance, et qui devoit hériter après luy de sa nouvelle qualité de Duc, et des grands biens qu'il n'auroit pû que luy laisser. Il a d'ailleurs quatre filles en vie, toutes belles[2] dont il en a trois de mariées : l'aisnée, comme il a esté dit, au fils de Mylord Godolphin ; l'autre au Comte[3] de Sunderland ; la troisième au Comte Bridgewater, qui a esté à Berlin, il y a deux ans passés ; la quatrième est promise à Mylord Montalmar, fils unique du Comte de Montaigu, un des plus

---

[1] Traité entre l'Angleterre, la Prusse et les États généraux, Londres, 9-19 janvier 1702 ; la Haye, 3o décembre 1701.

[2] « Correction, au lieu de « *bien faites* ».

[3] « *Comte... troisième au* », addition de Spanheim. — Charles Spencer, comte de Sunderland, l'un des principaux chefs du parti whig, et surtout le champion des princes hanovriens, dut à son alliance avec Malborough d'être envoyé comme ambassadeur à Vienne, en 1705, puis appelé au secrétariat d'Etat (décembre 1705), à la place de Sir Hedges.

riches Seigneurs d'Angleterre. Je n'ay pas besoin d'ajouter, que ce Duc est aussi entièrement porté pour soutenir la guerre presente et les Alliances qui s'y rapportent, après toutes les grandes et éclatantes preuves qu'il vient encore d'en donner.

DE LA DUCHESSE DE MARLBOROUGH ET DE SON CRÉDIT.

La duchesse de Marlborough, sa femme, est d'une extraction assez médiocre; fut mise cependant pour fille d'honneur auprès de la princesse Anne, depuis princesse de Danemarc, et aujourd'huy Reine, et s'insinua si bien dans son esprit qu'elle en devint bien tost la favorite, et ensuite sa dame d'honneur sous le règne du roy Jaques, après son mariage avec mylord Churchill, aujourd'huy duc de Marlborough. Ce qui augmenta dans la suite, et s'affermit en sorte que tout le crédit du feu roy et de la reine, sœur de la princesse, ne pust pas l'obliger à éloigner sa dite dame d'honneur; et qu'elle aima mieux, comme il a esté dit cy-dessus[1], essuyer toute leur disgrace durant deux années de suite, que d'y donner lieu. C'est dans le mesme poste de crédit et de considération auprès de la reine, où cette dame se trouve encore aujourd'huy, et dans la fonction de sa première dame d'honneur, d'ailleurs qui garde la bourse privée. Elle passe d'ailleurs dans l'esprit de la nation, pour avoir la première et la plus grande part dans la distribution des grâces, bienfaits et charges dont la reine dispose, et pour n'y négliger pas ses intérêts particuliers. Ce qui tout ensemble ne peut que lui attirer l'envie, et luy imputer mesme beaucoup de choses à ce sujet, qui peuvent estre mal fondées. En sorte qu'on prétendoit mesme que cette grande faveur et pouvoir du duc et de la duchesse auprès de la reine, suivant l'esprit et l'humanité de la nation, ne manqueroit pas de donner lieu à les attaquer dans un prochain parlement, ainsi qu'on a veu qu'il s'est pratiqué en pareil cas, sous les règnes passés. Mais après tout il y a lieu de croire que ces grandes et glorieuses victoires vers le Danube et la dernière entr'autres vers Hochstet[2], remportées par la conduite et la valeur du duc de Marlborough, et qui font autant d'honneur au règne de la reine et à la nation,

[1] Voir plus haut, p. 600, 601.
[2] 13 août 1704.

convertiront de pareilles intentions en des remerciements et en des éloges du mesme duc ; fermeront la bouche à ses envieux et à ses ennemis ; et contribueront à affermir son crédit et sa considération dans l'esprit de là reine et de la nation.

On peut juger de ce que dessus de la disposition présente de la cour de la reine, par rapport à sa royale personne ; à celles en qui elle a le plus confiance ; et ainsi à ce qui regarde sa conduite particulière et celle à l'égard du gouvernement et de la nation, ou ses alliances au dehors. Il est constant qu'en toutes rencontres la dite reine témoigne beaucoup de considération pour vostre Majesté, et en use d'une manière fort obligeante envers son ambassadeur en cette cour, et les personnes qui luy appartiennent, lors qu'elles ont l'honneur de lui faire leur cour.

Au reste, les ministres étrangers, pour le cours ordinaire des négociations qu'ils peuvent avoir à traiter par deçà, pour les affaires publiques et intérêts de leurs Princes [1], ont à s'adresser au secrétaire d'Estat de leur département.

---

[1] Spanheim a écrit « *Principaux* ».

INDEX ANALYTIQUE

DES PERSONNAGES ET DES LIEUX[1]

Académie des beaux-arts, p. 308.
Académie française, p. 308.
Académie des inscriptions, ses origines, p. 262 et 263, note 1.
Académie des sciences, p. 309.
Aire, place forte, p. 493.
Aix-la-Chapelle (paix d'), p. 356.
ALBEMARLE (duc d'), fils naturel de Jacques II, p. 612, note 5*.
Albret (duché d'), aux Bouillon, p. 245.
ALBRET (César Phébus maréchal d'), sa veuve (erreur de Spanheim : sa bru), p. 238, note 2.
Alençon, p. 173.
ALENÇON (Mlle d'), voir : duchesse de GUISE.
ALEXANDRE VII, pape : l'affaire des Corses, p. 125.
ALEXANDRE VIII ; son élection, p. 250, note 1, 438, 583.
Alger (bombardement d'), p. 489. — Paix avec la France, p. 561.
Allemagne : Paix de 1679, p. 357, 358. — Guerre de 1688, p. 59, 134, 135, 339, 435, 522, 546, 548, 549, 525, 569, 586. — Ses causes, p. 361. — Armée d'A. en 1675, p. 177. — Mission de Torcy en A., p. 371. — Armée d'A. en 1689 et 1690, p. 500, 564.
Alsace, p. 354, 512, 540. — Les réunions et le Conseil souverain d'A., p. 359, note 2. — Dépend de Louvois, p. 402. — La Gabelle d'A., p. 464.
Ambleteuse, nouveau port, p. 483.
AMFREVILLE (marquis d'), p. 489, note 6*.
Amsterdam, p. 545.
Anet (fêtes et château d'), p. 123.
Anglais, leur lutte maritime avec la France, p. 491, 576, 578.
Angleterre, Spanheim en Angleterre, p. 313, 593, 594, 595. — L'Angleterre en 1684, p. 545. — Guerre et révolution de 1688, p. 59, 198, 395, 479, 511, 546, 548, 570, 596 et 597.
ANGLETERRE (roi d'), voir : CHARLES II. — JACQUES II. — Prince d'ORANGE (Guillaume III).
ANGLETERRE (Catherine de Bragance, reine d'), son mariage avec Charles II, sa vie, p. 591, note 3*.
ANGLETERRE (Marie-Béatrice-Eléonore de Modène, reine d'), femme de Jacques II. Sa vie, p. 596, note 1*. — Naissance de son fils en 1688, p. 595. — Sa fuite en France, p. 103, 597, protégée par Lauzun, p. 168. — Sa cour à Saint-Germain, p. 600.
ANGLETERRE (Marie, reine d'), femme de Guillaume III, p. 590, 592, 593, 595, 596, 597, 598, 599.
ANGLETERRE (Anne, reine d'), fille de Jacques II. Sa vie, p. 589 et sui-

---

[1] *Nota*. — Les noms de personnes sont en petites capitales ; les noms de lieux en italiques. Les chiffres suivis d'un astérisque (*) indiquent des renvois à des notices ou notes biographiques de l'éditeur sur les personnages.

vantes. — Sa famille. p. 590 à 593. — Son éducation, p. 593. — Son mariage : princesse de Danemark, p. 594, 595. — Au moment de la Révolution, p. 596, 597. — Sa brouille avec la reine Marie, p. 598, 599, et les causes, p. 600, 601. — Son avènement, p. 601. — Son portrait, p. 602. — Ses qualités, p. 603 à 686. — Son gouvernement et ses ministres, p. 606 et suivantes. — Sa faveur pour Sarah Jennings, p. 616.

Angoumois (gouvernement de l'), aux Montausier, puis au duc d'Uzès, p 268, 269. — Dépend de Croissy, p. 406. — Pays de franc-salé, p. 463.

Anjou (gouvernement d'), aux Lorrains d'Armagnac, p. 234. — Dépend de Châteauneuf, p. 403.

ANJOU (Philippe, duc d'), fils de la Dauphine, p. 128. — Sa gouvernante, p. 136. — Jugement de sa mère, p. 137 — Son portrait, p. 138, 139.

ANTIN (marquis d'), menin du Dauphin, p. 79.

ARGOUGES (François d'), premier président au parlement de Bretagne : sa fortune, ses charges, p 399, note 1*.

ARMAGNAC (branche lorraine d'), voir : comte d'HARCOURT et de BRIONNE, chevalier et abbé DE LORRAINE, comte de MARSAN.

ARMAGNAC (Louis, comte d'), M. LE GRAND, fils du comte d'Harcourt. Grand écuyer de France, p. 143, 234, 259. — Sa faveur auprès de Monsieur, p. 143. — Son portrait, p. 234, note 3, p. 235, note 1*. — Ses filles, voir : CADAVAL et VALENTINOIS, p. 236. — Ses frères : chevalier de Lorraine, abbé d'Harcourt, comte de Marsan, p. 237. — Reçoit l'Ordre, p. 238. — Sa table splendide, p. 286. — Ses allures de grand seigneur, p. 293.

ARMAGNAC (Catherine de Neuville-Villeroi, comtesse d'), femme du précédent, son éloge, p. 235, note 3*.

ARNAULD (Antoine), p. 412.

ARPAJON (duchesse d'), dame d'honneur de la Dauphine, p. 120. — Table qu'elle tient, p. 286.

ARQUIEN (Henri la Grange, marquis d'), sa carrière, sa fortune, p. 580, note 2*.

Artois (gouvernement d'), aux Elbeuf, p. 228 — Dépend de Louvois, p. 402, 566.

AUBIGNY (Théodore Agrippa d'), sa vie, ses ouvrages, p. 82; sa religion, p. 92.

AUBIGNY (Constant d), fils du précédent père de Mme de Maintenon, p. 82. — Ses aventures, p. 83.

AUBIGNY (Charles d'), frère de Mme de Maintenon, p 88, note 3*.

AUBUSSON (Pierre d'), grand maître de Malte, p. 110, note 2*.

Augsbourg. (Ligue en 1686), p. 364, note 2.

AUMONT (Antoine. maréchal et duc d'), p. 262, note 1*.

AUMONT (Louis-Marie-Victor, marquis de VILLEQUIER, puis duc d'), fils du précédent, ses titres, sa mort (1669). p. 262, note 1*, 519. — Ses deux mariages, p. 264 et les notes. — Tient des assemblées savantes, p. 263, 425. — Difficultés avec son fils, p. 265 (voir ce fils : VILLEQUIER).

AUMONT (Madeleine LE TELLIER et Mlle DE TOUCY, duchesses d'), femmes du précédent. Voir ces deux noms.

AUMONT (Louis-François d'), deuxième fils du précédent, p. 519, note 8*. — Marquis, puis duc d'Humières par son mariage, p. 519.

AUMONT (Marie-Madeleine - Elisabeth Faré), sœur du précédent, marquise de Beringhen, p. 264, note 3*.

AUMONT (Charlotte Faré d'), autre sœur, marquise de Créquy, p. 264, note 3*. — Ses intrigues avec l'archevêque de Reims, p. 265, note 2, p. 445.

Aunis, protestants fugitifs, p. 555.

AUSSON (Louis-François de Jaucourt, marquis d'), officier protestant au service du Brandebourg, p. 389, note 1*.

Auvergne (comté d'), cédée aux Bouillon, p. 245. — Province d'Auvergne, p. 403.

AUVERGNE (Frédéric-Maurice de la

Tour, comte d'), frère du cardinal de Bouillon, p. 252, note 2*. — Son mariage, ses charges et prétentions, p. 252, 253. — Son rang dans l'Ordre, p. 258.— Colonel général, p. 506;536.
Auvergne (Henriette-Françoise de Hohenzollern, comtesse d'), sa généalogie, p. 252, note 3*. — Ses biens, son mariage, p. 252.
Avesnes, acquis en 1659, p. 181.

Bade (Ferdinand, marquis de), p. 204.
Bade (marquise de), femme du précédent, fille de la princesse de Carignan, morte en 1687, p. 204.
Bade (Louis, prince de), fils des précédents, général autrichien, p. 204.
Baluze (Etienne), bibliothécaire de Colbert, p. 310.
Barbezieux (Louis le Tellier, marquis de), quatrième enfant de Louvois, secrétaire d'Etat, p. 348, note 4*, p. 402.
Barèges(bains, eaux de), pp. 62, 63, 208.
Balbazès (don Spinola Doria, marquis de Los), plénipotentiaire à Nimègue, ambassadeur en France pour le mariage de Marie-Louise d'Orléans, p. 154*.
Bastille (la), la grande Mademoiselle et Louis XIV, p. 165. — Prison, p. 531.
Bath (bains de), en Angleterre, p. 596, 602.
Bavière, p. 135, 313, 337, 435.
Bavière (cour de), p. 125.
Bavière (Henriette-Adélaïde de Savoie, électrice de), née en Piémont, mère du prince suivant et de la Dauphine de France, p. 130.
Bavière (Maximilien Emmanuel II, électeur de), marie sa sœur au Dauphin, p. 124, 357. — Projet de mariage avec Mademoiselle, p. 124. — Défend contre Créqui ses droits de préséance, p. 125.
Bavière (Joseph-Clément, duc de), évêque de Freisingen et de Ratisbonne, puis archevêque de Cologne, frère du précédent, p. 135, note 2*, p. 433. — Projet de mariage avec la petite Mademoiselle, p. 160.

Bavière (Maximilien-Philippe, duc de), administrateur du Duché pendant la minorité de son neveu, Maximilien-Emmanuel, p. 125.
Bayonne, p. 486.
Béarn et Bigorre, p. 406.
Beaufort (duchesse de), voir : Gabrielle d'Estrées.
Beaufort (duc de), petit-fils de Gabrielle d'Estrées, tue son beau-frère en duel, p. 220, note 2. — Grand seigneur d'autrefois, p. 293.
Beauvais (Forbin Janson, évêque de), p. 442.
Beauvillier (Paul, duc de), fils du duc de Saint-Aignan, p. 261. — Sa carrière, p. 92, note 1*. — Ses charges, p. 92, 94, 96, note 3, p. 107, 261, 269, 398. — Sa dévotion. p. 96, 261.
Beauvillier (Henriette-Louise Colbert duchesse de), amie de Mme de Maintenon, p. 92, note 1*, p. 261 et 321.
Bellefonds (Bernardin Gigault, marquis et maréchal de), ses origines, sa faveur, sa retraite, p. 105, 106*, 107, 518, 519.— Premier écuyer de la Dauphine, p. 275. — Son neveu, p. 489.
Bellefonds (Louis Gigault, marquis de), fils du précédent, ses charges, p. 275, note 1*.
Bergeret (Jean-Louis), premier commis de Croissy, p. 360, note 2* p. 558. — Secrétaire du cabinet du roi, p. 370.
Berg-op-Zoom (seigneurie de), au comte d'Auvergne. p. 252.
Beringhen (Jacques-Louis, marquis de), premier écuyer du roi, p. 264, 275.
Beringhen (Marie-Madeleine d'Aumont, marquise de), femme du précédent, p. 264.
Berry (gouvernement du), aux Soubise, p. 255. — Dépend de Croissy, p. 406.
Berry (Charles, duc de), troisième fils de la Dauphine, p. 128. — Sa gouvernante, p. 136. — Jugement de sa mère, p. 136. — Son portrait, p. 139. — Favori de sa mère, p. 139.
Berwick (James Fitzjames, duc de), sa naissance, p. 612.
Besançon, place forte, p. 493.
Besola (Mlle), femme de chambre favo-

rite de la Dauphine, p. 130. — Sa conduite. p. 131, 132.

Bevron ou Beuvron (François, marquis de), attaché à Madame, p 150.

Bevron ou Beuvron (Charles d'Harcourt, chevalier de), capitaine des gardes de Monsieur, frère du précédent, p. 150, note 2 *.

Béziers (évêque de), voir : Bonzi.

Bézières, chirurgien de Paris, opère le roi, p. 62, 63.

Bezzola (Mlle de), voir : Besola.

Bielke (comte Sten), envoyé de Suède à Paris en 1682, p. 361, note 2 *.

Bignon (le Président Thierry), président au grand Conseil, fondateur de l'Académie des inscriptions, p. 263, note 1, et 264.

Bingen, bataille entre les troupes lorraines et palatines (1668), p. 231, note 3.

Birkenfeld (Christian II, prince de), lieutenant général de l'armée française, p. 541, note 5 *.

Blainville (Jules Armand Colbert, marquis d'Ormoy et de Blainville), obtient et perd la surintendance des bâtiments, p. 315, note 3 *, p. 321, 337, 405.

Blainville (Gabrielle de Rochechouart marquise de), petite-fille de Particelli d'Emeri, folle, p. 321, note 4 * et 405, note 3.

Blavet ou Port-Louis, port, p. 481.

Blois (gouvernement de), p. 403.

Blois (Marie-Anne de Bourbon, Mlle de), fille de la Vallière, voir : princesse Marie-Anne de Conti.

Blois (Françoise-Marie de Bourbon, Mlle de), fille de la Montespan, p. 211; prit ce titre en 1680, p. 203, note 2.

Bockenheim (Bouquenon), sur la Saar, p. 498.

Bonn, place du Rhin, p. 494, 567.

Bonzi (Pierre de), ses origines, p. 429. note 2 et 3 *. — Protégé des Médicis, p. 429. — Ses missions diplomatiques, p. 430. — Ses évêchés et sa puissance en Languedoc, p. 430. — Son portrait, ses mœurs, p. 431,
432. — Cardinal à l'élection d'Alexandre VIII, p. 250, note 2 *.

Bossuet (Jacques - Bénigne, l'abbé), évêque de Condom, p. 112. — Précepteur du Dauphin, p. 113, note 1, p. 446, 447, 448. — Autres charges, p. 446, note 3 *, 451. — Ses ouvrages et ses conversions, p 447. — La conférence avec Claude, p. 448. — Ses mœurs, p. 448. — *Histoire des Variations*, p. 449. — Ses vues pour le cardinalat, p. 450. — Son labeur, p. 451. — Evêque de Meaux, p. 451.

Boucherat (Louis), chancelier de France, n'est pas ministre d'Etat, p. 300. — Conseiller des Finances. p. 398. — Chancelier, p. 398, note 1 *.

Boufflers (Charles-Louis, chevalier et marquis de), sa carrière, p 536, note 1 *. — Commande à Metz, p. 500. — Colonel général de dragons, p. 507-536. — A Luxembourg et en Lorraine, p. 536. — Commandant en chef, p. 535, 537. — Maréchal, p. 542.

Bouillon (maison de) ou de la Tourd'Auvergne, son rang dans l'Ordre, p. 258. — Ses privilèges, p. 244, 245. — Ses armes, p. 245, note 1. — Inférieure aux Princes étrangers, p. 257. — Voir : Turenne, Auvergne.

Bouillon (souveraineté de), p. 245, 247.

Bouillon (Henri de la Tour-d'Auvergne, duc de), beau-frère de Guillaume le Taciturne, p. 245, note 2 *, et 247.

Bouillon (Frédéric-Maurice de la Tourd'Auvergne, duc de), fils du précédent, frère de Turenne, cède Sedan à Louis XIV, p. 245, note 2 *. — Sa mort, ses enfants, p. 246, 247.

Bouillon (Godefroy-Frédéric-Maurice de la Tour-d'Auvergne, duc de), fils du précédent, grand chambellan, p. 246, note 1 * et 259; table qu'il tient, p. 285. — Son portrait, p. 247. — Souverain de Bouillon (1679), p 247. — Brouillé par sa femme et son frère avec Louis XIV, p. 248 et la note 1. — Son frère, cardinal, p. 249. — L'autre, comte d'Auvergne, p. 252.

Bouillon (Marie-Anne-Mancini, duchesse de), femme du précédent, son

esprit, ses disgrâces, p. 247 et 248, note 1*.
BOUILLON (Emmanuel-Théodore de la Tour-d'Auvergne, cardinal de), frère du précédent, ses titres, p. 249, 427, note 1*. — Ses vices et sa hauteur l'exilent de la cour, p. 249, note 2. — Son séjour à Rome (1688), p. 250, 427. — Ses qualités, p. 251. — Son échec à Liège et Cologne, p. 251, 252 et les notes. — Son frère, comte d'Auvergne; ses abbayes, p. 455.
Boulogne, travaux du port, p 483.
BOURBON (Louis III de Bourbon-Condé, duc de) : MONSIEUR LE DUC, son portrait, p. 193, note 3*. — Sa médiocrité, p. 194. — A la guerre, p. 517.
BOURBON (Mlle de Nantes, duchesse de), fille de la Montespan, p. 194-207. — Son portrait, p. 194-195, note 1*. — p. 211.
BOURBON (Mlle de), sœur du duc de Bourbon. Voir : Marie-Thérèse, princesse de CONTI.
Bourbonnais, p. 403.
Bourgogne (gouvernement de) aux Condés, p. 181. — Dépend de Châteauneuf, p. 403. — Seigneuries de Louvois, p. 349. — Duché de B., p. 249, 455. — Douanes de B., p. 461. — États de B., p. 465.
BOURGOGNE (duc de), son portrait, p. 136. — Audience qu'il donne à Spanheim, p. 137. — Ses sentiments pour le Brandebourg, p. 138. — Son gouverneur, p. 92-96, 269. — Sa mère, p. 128, 136. — Jugement qu'elle porte sur lui, p. 137. — Berry lui ressemble, p. 139. — Respecté du duc d'Anjou, p. 139.
BOUTEVILLE (François-Henri de Montmorency), sa généalogie, p. 241, note 2*. — Son supplice, ses enfants, p. 241 et 243, 527.
Brabant hollandais, p. 252.
BRANDEBOURG (Son Altesse Électorale le Grand Electeur de), p. 125 — Projet de mariage avec la Grande Mademoiselle, p. 165. — Reçoit Croissy à Clèves (1666), p 355, et Croissy lui reste attaché, p. 371. —

Combat la France en Alsace, p. 512. — Paix de Paris avec Louis XIV (1679), p. 359. — Médiateur à Ratisbonne, p. 362, 546; allié de Louis XIV (1683), p. 362. — Ordres donnés à Spanheim, fidèlement exécutés, p. 374, 375 : de venir en France (1680), p. 372, 59; de visiter Condé, p. 176; de réconcilier le duc et la duchesse de Mecklembourg, p. 243; de s'opposer aux Réunions, p. 361. — Autres ordres, p. 375, 376; de recouvrer la créance Plotho, p. 381, note 3; de protéger des réfugiés protestants, p. 390, note 1; de réclamer en faveur de ses compagnies coloniales, p. 394, note 1; de régler la question de Clèves, en 1688, p. 352, note 2; p. 377, note 1. — Récit de sa mort, p. 352.
BRANDEBOURG (Son Altesse Électorale Frédéric III de), plus tard roi, p. 591, 133, 134. — Détesté du duc de Bourgogne, p. 138. — Ses droits sur Neuchâtel, p. 219, note 1; p. 375-377. — Ses intérêts en 1689, p. 396. — Sa campagne du Rhin, p 352, note 2, p. 494, 567. — Ses intérêts en Pologne, p. 580, note 1. — Le roi envoie (1702) Spanheim en Angleterre, p. 593.
Bréda, traité de 1667, p. 382, 424.
Bresse et Bugey, p. 403.
Brest, rade, port et travaux. p. 482, 483. — Ecole de marine, p. 486. — Intendant, p. 558.
Bretagne (gouvernement et province), dépend de Croissy, p 406. — Douanes, p. 461. — Pays d'Etats, p. 465.
BRETEUIL (Louis le Tonelier, baron de), diplomate, lecteur du roi, p. 278, note 5*.
BRETEUIL (François le Tonnelier de), intendant des finances, frère du précédent, p. 399, note 4* et 400.
BRETONVILLIERS (la présidente le Ragois de), ses relations avec M. de Harlay, p. 413, note 3*.
BREZÉ (maréchal de), beau-frère du cardinal Richelieu, p. 180.
BRIDGEWATER (comte de), envoyé d'An-

gleterre en Prusse, p. 615. Sa femme, fille de Malborough. *Ibid.*
BRIONNE (Henri de Lorraine, comte de), fils du comte d'Armagnac, grand écuyer en survivance, p. 235, note 4*. — Reçoit l'Ordre, p. 238.
Brisach, place forte, p. 493.
BRUNSWICK-LUNEBOURG (maison de), Paix avec Louis XIV (1679), p. 359. — Alliance avec Guillaume, III, p. 362. Voir : ducs D'HANOVRE.
Bude, prise par les Autrichiens (1686), p. 204.

CADAVAL (Nuno Alvarez, duc de), premier ministre de Portugal p. 234, note 1*.
CADAVAL (Marguerite de Lorraine-Armagnac, duchesse de), fille du comte d'Armagnac, p. 236, note 1*, femme du précédent.
Cadix, port et galions, p. 556.
Calais, travaux du port, p. 481, 483.
CALVO (François, comte de), lieutenant général, p. 541, note 2*.
Cambrai, place forte, p. 493.
CAMUS (Etienne le), évêque de Grenoble. Sa famille, p. 436, note 5*. — Ses qualités, p. 437. — Cardinal, malgré le roi, p. 438 439. — Indulgent aux protestants, p. 439, note 1.
CANDALLE (Henri de Nogaret, duc de), fils du duc d'Epernon, p. 293.
Candie, siège de 1668, p. 109.
Canischa (Hongrie), p 576.
CANTENAC (Benech, abbé de), poète français, ministre de l'électeur palatin, p 426, note 1
CANTORBÉRY (Thomas Tenison, archevêque de), sa vie, ses charges, p. 606, note 4*. — Son rang, p. 610.
CARIGNAN (Thomas de Savoie, prince de), petit-fils de Philippe II, p. 221, fils de Charles-Emmanuel Ier, duc de Savoie, p. 204. — Sa vie, p. 206, 221, note 1*. — Ses enfants, p. 204, 206. — Grand maître de la maison du roi, p. 221. — Sa mort (1656), p. 221.
CARIGNAN (Marie de Bourbon-Soissons, princesse de), Mlle de Soissons, femme du précédent, petite-fille de Louis Ier de Condé, p. 175, note 1*, p. 203. — Son mariage, p. 176, 204. — Ses enfants, p. 204, 206. Son portrait, p. 204. — Ses aventures, p. 205, 221. — Déshérite son petit-fils, M. le Comte, p. 223, note 3.
CARIGNAN (Emmanuel-Philibert, prince de), fils aîné des précédents, p. 204. — Son portrait, p. 222, note 1*.
CARIGNAN (marquise de Scandiano, princesse de), son mariage avec le prince précédent, p 222, note 1.
Casal, p. 234, 402. — Achat par Louis XIV, p. 477, 493, 539, 566.
Catalogne, p. 354, 501, 518.
CATINAT (Nicolas de), sa carrière, p. 538, note 4*. — Ses charges, 539 — Commande en chef, p. 535, 539.
CAVOYE (Louis-Oger, marquis de), grand maréchal des logis, p. 275, note 4*.
CAYLUS (marquis de), p. 89.
CAYLUS (Mlle de la Vilette-Mursay, marquise de), convertie, p. 89*.
CHABOT (maison de), voir : ROHAN.
Châlons-sur-Marne, p. 125.
CHAMARANDE (M. de), premier maître d'hôtel de la Dauphine, p. 285, note 1.
CHAMILLY (Noël Bouton de), lieutenant général, p. 542, note 2*.
Champagne et Brie (gouvernement de), au comte de Soissons, p. 222. — A Vivonne, puis à Luxembourg, p. 533. — Dépend de Croissy, p. 406. — Seigneuries de Louvois, p. 349. — Douanes de Ch., p. 461.
CHANCELIER (le chancelier de France), p. 401, sa place au Conseil, voir : SÉGUIER (Pierre). — LE TELLIER (Michel). — BOUCHERAT (Louis).
Chantilly, les fêtes de Ch., p. 123. — Condé à Chantilly, p. 176, 213.
Charenton (bataille de), pendant la Fronde (1652), p. 241.
CHARLES Ier, roi d'Angleterre, son règne, p. 590. — Sa fille, p. 144.
CHARLES II, roi d'Angleterre, son règne, p. 609. — En guerre et en paix avec la Hollande (1670-1673), p. 357, 544. — Subsides de la France, p. 479. — Sa vie avant et pendant la Restaura-

tion, ses ministres, p. 590, 591. — Sa conversion, p. 592, 593. — Ses maitresses, p. 612.

CHARLES-LOUIS, électeur palatin, p. 68. — Ses guerres et ses négociations avec Charles IV de Lorraine, p. 231, 232. — Marie et force sa fille à se convertir, p. 144, 145. — A préparé la ruine du Palatinat, p. 153, 154. — Difficultés de cérémonial avec Monsieur, p. 157. — Envoie Spanheim en Toscane (1661), p. 169, puis en mission en France et auprès de Condé, p. 179. — Beau-frère d'Anne de Gonzague, p. 182. — Sa sœur, p. 193. — Envoie Spanheim à Paris négocier ou rompre le mariage de son fils (1668), p. 240, 297. — L'envoie en Angleterre (1675), p. 593.

CHARLES, prince électoral, puis électeur palatin, mort en 1685, p. 147. — Négociations de son mariage avec une fille d'Anne de Gonzague, p. 240.

Charonne (abbaye de), p. 420, note 1.

CHARTRES (Philippe, duc de), sa naissance, p. 149. — Son portrait, p. 157*. — Son éducation, son éloge, p. 158, 159. — Destiné à la princesse de Conti, p. 203, note 2.

CHARTRES (Mlle de) ou la petite Mademoiselle, p. 162. — Sa naissance, p. 149, note 3. — Son portrait, p. 159, note 1*. — Son esprit, p. 160. — Projet de mariage avec un prince de Bavière, p. 160; avec Joseph, roi des Romains, p. 161. — Plus tard, duchesse de Lorraine.

CHATEAUNEUF (Balthazar Phélipeaux, marquis de), comte de Saint-Florentin, seigneur de la Vrillière, secrétaire d'État: son département, p. 403. — Ses origines, p. 404, note 2*. — N'est pas ministre, p. 405. — Ses qualités, son portrait, p. 405, 406 et les notes.

CHATEAU-RENAULT (Jean-Louis Rousselet, chevalier de), p. 490, note 1*.

Châtellerault (duché de), héritage des Montpensier, p. 163.

Châtillon (duché de), p. 241.

CHATILLON (Gaspard IV de Coligny, duc

de), ami de Condé, son mariage, sa mort, p. 241, note 2*.

CHATILLON (duchesse de), femme du précédent, voir : duchesse de MECKLEMBOURG.

CHAULNES (duc de), ambassadeur à Cologne (1673), p. 184 et à Rome.

CHAUVET (Jérémie), protestant, lieutenant de Schomberg, général du Palatinat, p. 231, note 3*.

CHEVREAU (Urbain), neveu de Saumaise, p. 208. — Convertit Madame au catholicisme, p. 146, note 1. — Précepteur du duc du Maine, p. 209, note 1*.

CHEVREUSE (Claude de Lorraine, duc de), sa vie, sa mort, p. 227, note 3*.

CHEVREUSE (Marie de Rohan-Montbazon, veuve du connétable de Luynes, duchesse de), femme du précédent, p. 227, note 3*.

CHEVREUSE (Charles-Honoré d'Albert de Luynes, duc et chef de la deuxième maison de), fils de la précédente, sa fortune depuis 1663, p. 227, note 3*, p. 503, 533.

CHEVREUSE (Jeanne-Marie Colbert, duchesse de), fille de Colbert, son mariage avec le précédent, p. 321, amie de Mme de Maintenon, p. 92, note 1*, p. 534. — Sa fille, p. 533.

CHEVREUSE (Anne-Marie d'Albert de), fille des précédents. Voir TINGRY.

Chios, p. 489.

CHOISEUL (Claude, comte de), lieutenant général, p. 540, note 2*. — Maréchal, p. 542.

CHURCHILL (Arabella), sœur de Marlborough, maîtresse de Jacques II, p. 612.

CLARENDON (chancelier), voir : Edward HEYDEN.

CLARENDON (Henri Hyde, comte de), fils du précédent, ses charges, p. 592, note 2*.

CLARENDON (comtesse de), femme du précédent, p. 595.

CLAUDE, ministre protestant et Bossuet, p. 448.

CLEVELAND (duchesse de), maîtresse de Charles II d'Angleterre, p. 612.

Clèves (pays de), p. 352, note 2. —

Traité de 1666, p. 355, note 2, p. 377, note 1.
Cluny (abbaye de), p. 249, 455.
Coblenz, p. 331.
Colbert (famille), p. 299, 300, 321, 338, 351, 384, 405, 415, 532, 533. — Pour les frères de Colbert, voir : Croissy, et Maulevrier; pour les filles de Colbert, voir: Duchesses de Chevreuse, Mortemart, Beauvillier ; pour les fils de Colbert, voir : Seignelay, archevêque de Rouen, Blainville, Antoine-Martin Colbert, Louis Colbert.
Colbert (Nicolas), sœur de Vandières, père du ministre, p. 322. — Ses origines, p. 322, note 1*.
Colbert (Jean-Baptiste), sa généalogie, p. 322. — Prétentions à la noblesse, p. 322, 323. — Doit sa fortune à Mazarin, p. 303, 304. — Renverse Fouquet et les traitants, p. 304, 318, note 1. — Ordre qu'il met dans les finances, p. 285, 305, 306, 319, 455.
— Son administration financière, p. 456, 457, 469. — Son œuvre commerciale et industrielle, p. 307. — Relève la marine, p. 480 et suivantes. — Protège les arts, p. 308, 309. — Libéralités aux savants, p. 311. — Ses charges, p. 297, 305, 402. — Ministre d'Etat, p. 297, 299, 325. — Son génie, p. 324. — Son éloge, p. 316. — Son portrait, p. 317, note 1. — Son autorité et les causes, p. 318. — Ressources qu'il procure au roi, p. 311, 312, 319, 320, 455 ; pour les guerres, p. 312, 478, 544. — Sa puissance de travail, p. 318, 319. — Economies, p. 381. — Réduction des rentes en 1680, p. 478. — Sa supériorité dans la paix, 312, 313, atténuée par la guerre, ibid. — Ses défauts, p. 320, 380, 381. — Désire être chancelier, p. 323, 324, — Fait l'intérim aux affaires étrangères données à son frère, p. 313, 314. — Fait renvoyer Pomponne, p. 356, 357. — Recherché par Châteauneuf, p. 405. — Sa dureté pour les siens, p. 320, 383, 391, 392.
— Néglige les bâtiments, p. 338. —
Meurt, p. 303, 314, 315, 320, 377. —

— Impopulaire, p. 316, 320. — Sa famille, qui lui doit tout, p. 321, 490, 504 ; déchue à sa mort, p. 91, 315, 316, 337, 391 ; relevée par Mme de Maintenon, p. 91, 261, 337, 385, 386.
— Candidats à sa succession, p. 107, 378, 379. — Partage de ses charges, p. 300, 398.
Colbert (Antoine-Martin), chevalier de Malte, fils du ministre; sa réception dans l'Ordre, p. 323, note 1*.
Colbert (Louis), comte de Linières, garde de la bibliothèque du roi, p. 310.
Cologne : Charles de Lorraine s'y retire en 1674, p. 232. — Cologne, en 1671, p. 146, 331. — En 1673, p. 373. — Occupé en 1688, p. 366.— L'électeur de Cologne, p. 540, 544. — L'élection de Cologne en 1688, p. 134, 251, note 4, 339, 493, 511. — Rôles de Croissy et de Louvois, p. 365, 366. — Rôle de d'Estrées, p. 433.
Colonne (connétable), voir : Olympe Mancini.
Commercy (Charles-François de Lorraine, prince de), fils du prince de Lislebonne (voir ce nom), p. 232. — Abandonne et combat la France pour l'Autriche, p. 233, note 2*, 517, 518.
Commercy (Thérèse de Lorraine, princesse de), fille du prince de Lislebonne, p. 233, note 1*.
Condé (Charlotte de Montmorency, princesse de), mère du grand Condé, p. 527.
Condé (le prince de), le grand Condé, marié à la fille du maréchal de Brézé, p. 180, 190, 527 ; ses relations avec elle, p. 190, 191. — Ses relations avec l'Espagne, p. 185, 523, 527. — Son amitié pour Châtillon, p. 241, note 2, et Boutteville, p. 527. — Sa situation à la paix des Pyrénées, p. 180, 525. — Son gouvernement de Bourgogne, p. 181. — Cède sa charge de grand maître à son fils, p. 181, 182. — Ses vues sur la Pologne, p. 182, 183. — Consent au mariage de son petit-fils avec Mlle de Nantes, p. 194 — Ses entrées chez le roi, p. 279.

— Grand seigneur du vieux temps, p. 293. — Ennemi de Lauzun, p. 102. Ses réceptions à Chantilly, p. 123, 176, 213. — Son grand écuyer, p. 151. — Son fils, p. 175. — Sa vie, ses campagnes, son esprit, p. 177, 178, 565. — Campagne de 1675, p. 523 Sauve Luxembourg, 531. — Son dernier voyage à la cour, sa mort, p. 178. Recueille le prince de Conti, p. 195. — Obtient son pardon du Roi, p. 179, 196. — Regretté de Louis XIV, p. 179. A reçu Spanheim en 1668, p. 179. — En 1680, p. 176. — Jugé par lui, p. 179. — Son amitié avec le duc de Verneuil, p. 213. — Gourville, son intendant, p. 379.

Condé (Claire-Clémence de Maillé Brézé, princesse de), femme du précédent, nièce de [Richelieu, p. 190. — Après sa mort, délaissée par Condé, p. 190. — Aventure qui la fit enfermer, p. 191. — Dureté de son fils, p. 191.

Condé (Henri-Jules de Bourbon, duc d'Enghien, puis prince de), fils des précédents, rentré en grâce avec son père, p. 180. Ses charges à la paix des Pyrénées, p. 181. — Son mariage, p. 182; ses relations avec sa femme, p. 192. — Sa candidature au trône de Pologne, p. 182, 183. — Son portrait, p. 184, 185. — Ses campagnes avec son père, p. 185, 547. — Son éducation, ses talents, p. 187. — Son caractère, p. 188. — Sa situation à la cour, p. 189. — Ses entrées chez le roi, p. 279. — Sa fortune, p. 292. — Ses enfants, p. 190, 198 et 200. — Marie son fils à Mlle de Nantes, p. 194; et sa fille au prince de Conti, p. 196, 198. — Grand maître de la maison du Roi, p. 259. — Table tenue par lui, p. 285. — Ne commande pas aux armées, p. 515, 517.

Condé (Anne, palatine de Bavière, princesse de), femme du précédent, héritière de Pologne, p. 182, note 2*, 192. — Ses relations avec Madame; ses qualités, p. 192. — Ses sœurs, p. 192, 193 : notamment la duchesse de Hanovre, p. 239.

Conflans-l'Archevêque, près Paris, p. 413, 415.

Conseil (le) : heures où il se tient, p. 281, 64.

Conseil de Conscience, son institution et sa composition, p. 408.

Conseil des Dépêches, p. 141, 295, 400 à 402.

Conseil Royal des Finances, p. 298; son institution, p. 396. — Sa composition, p. 397, 398, 456. — Son rôle dans les fermes, p. 459.

Conseil du Ministère ou secret, p. 295, 303, 395, 396. — Règle les opérations de guerre, p. 499. — Divisé en deux partis (1689), p. 552.

Conti (Armand de Bourbon, prince de), emprisonné pendant la Fronde, p. 177. — Sa dévotion, p. 98, 99. — Sa mort (1666), p. 175, note 1*.

Conti (Anne Martinozzi, princesse de), femme du précédent, p. 195.

Conti (Louis-Armand, prince de), fils aîné du précédent, ses campagnes en Flandre, p. 207. — Son mariage, p. 200. — Ses campagnes, son courage en Hongrie, p. 198. — Sa mort, p. 99, note 3, 175, note 1, p. 195, 202.

Conti (Marie-Anne de Bourbon, princesse de), Mlle de Blois, fille de la Vallière, femme du précédent, p. 206. — Mariée en 1680, p. 200. — Veuve en 1685, p. 123, note 1*, 195, notes 2 et 3, 202. — Son portrait, son caractère, p. 200, 201. — Sa bonne conduite, p. 288. — Très liée avec le Dauphin, p. 202, note 1. — Partis qu'on lui destine, p. 202, 203. — Héritière de son frère, le duc de Vermandois, très riche, p. 203, 207.

Conti (François-Louis II de Bourbon, en 1685 prince de), frère du précédent, d'abord prince de la Roche-sur-Yon. — Campagne en Flandre, p. 207. — Ses débauches, p. 70, 99, note 3, p.175. — Ses lettres contre le roi et Mme de Maintenon, p. 105, 196, note 2. — Son exil en Hongrie (1685), p. 198. — En disgrâce, p.195. — Condé obtient son pardon du Roi, p. 178, 195, 196. — Projet de mariage en Portugal,

p. 197. — Epouse la petite-fille du grand Condé, p. 196. — Son portrait, p. 198. — Au siège de Philippsbourg, p. 198, 517.
Conti (Marie-Thérèse de Bourbon, princesse de), Mlle de Bourbon, femme du précédent, son portrait, p. 198, note 2*, 199. — Destinée à don Pedro de Portugal, puis au fils de Sobieski roi de Pologne, p. 199. — Son mariage, p. 196, 199. — Son affection pour son mari, p. 199, 200.
Corses (l'affaire des), p. 125.
Cour (la), sa nature : habitudes et plaisirs des courtisans en France, p. 282, 283, 290, 294.
Courtenvaux (Michel-François le Tellier, marquis de), fils de Louvois, p. 274, note 2*, 348, 542.
Courtin (Honoré), diplomate, p. 356, note 2*, 424, note 4, p. 425.
Courtrai, exécution militaire ordonnée par Louis XIV, p. 207.
Crécy (comte de), voir : Verjus (Louis).
Créqui (François, maréchal de), p. 119, 264, 565. — Protégé par Louvois, p. 334. — Sa mort, p. 335, 445, 536.
Créqui (Charles de Blanchefort de Bonne, prince de Poix, lieutenant général, duc et pair de), cadet du précédent, son ambassade à Rome, p. 125. — Sa mission en Bavière pour le mariage du Dauphin, p. 125. — Sa fille unique, duchesse de la Trémoille *(voir ce nom)*. — Premier gentilhomme de la Chambre, sa mort, p. 259, note 1, 265.
Créqui (François-Joseph, marquis, puis duc), fils du maréchal; ses débauches et intrigues avec le Dauphin, p. 119, note 3, p. 120, note 1. — Son mariage, p. 264, note 1*, p. 445.
Créqui (Charlotte Fare d'Aumont, marquise de), voir : Aumont. Ses intrigues avec l'archevêque de Reims, p. 265, note 2, p. 445.
Croissy (Charles Colbert, marquis de), sa fortune, p. 354, note 1*, 355, 356, 357, 358; due à son frère, p. 322, 329, 351, 353, 356. — Ses rapports avec lui, p. 319. — Sa mission à Clèves (1666), p. 355 et 371. — Son ambassade de Bavière, p. 124, 313, note 4, 351. — Comment il en revient en 1680, pour être ministre et secrétaire d'État, p. 299, note 3, 301, 313, 314, 327, 337, 351, 357, 358, 402. — Sa diplomatie et les Réunions, p. 314, p. 358 à 363, note 3. — Sa politique pacifique, p. 364 à 365 ; défavorable à la guerre de 1688, p. 339, 365, note 2, p. 366, 367, 553 ; qui favorise Louvois, p. 362, 554. — Son manifeste en 1688, p. 366, 367. — Hostile d'abord à Spanheim depuis 1679, p. 372 à 375. — Ses relations avec lui, p. 375, 391, 394 ; plutôt bonnes, p. 394, 594. — D'abord seul intermédiaire et agent du roi aux affaires étrangères, p. 351 à 353. — Puis débordé par Louvois, p. 366, 367, 369, 407. — Jours de réception, p. 286. — Son département intérieur, p. 406. — Ses sentiments pour le Brandebourg, p. 371 à 373, 375. — Allié au Danemark, p. 594. — N'aime pas la Suède, p. 372. — Sa diplomatie en 1690, p. 553, 554, note 1. — Son portrait, p. 367, note 1, 368, 369, 370. — Mal jugé, p. 369. — Sa santé, p. 369. — Sa fille, p. 532.
Croissy (Marie-Françoise de Colbert), fille du précédent, p 532, note 2*.
Crussol (demoiselle de), marquise d'Antin, son mariage, p. 79.

Danemark, p. 370.
Danemark (roi de) : Christian V. — Paix et alliance avec la France (1679-1681), p. 359, 362, 594. — En guerre avec la Suède (1684), p. 545.
Danemark (prince de), Georges, frère du précédent, son mariage, p. 594, 597, 598. — Ses charges, p. 603, note 5.
Danemark (princesse de), femme du précédent, voir : reine Anne d'Angleterre.
Dangeau (Philippe de Courcillon, marquis de), ses charges, p. 270, note 4*. — Son portrait, ses mariages, p. 271, 272. — Opéré comme Louis XIV, p. 273. — Son frère, p. 278.

DANGEAU (marquise de) : 1° Anne-Françoise Morin, p. 271, note 4 ; 2° Sophie comtesse de LEWENSTEIN, voir ce nom.
DANGEAU (abbé de), frère du précédent, lecteur du roi, p. 278, note 5*.
DANGER (Guy Aldonce), lieutenant général, p. 540, note 4*.
DAUPHIN (Louis de France), son portrait, p. 111, 123, 124. — Son gouverneur, p. 267 à 269. — Sa gouvernante, p. 136. — Son éducation, p. 111 à 114, 267. — Sa paresse et indifférence, p. 115, 116, note 4, 124. — Son mariage, p. 125, 357. — Ses relations avec la Dauphine, p. 117, 122. — La Dauphine l'ennuie, p. 130. — Ses amours, p. 117 à 120 et p. 289. — Son goût pour la chasse, p. 120, 124. — Sa campagne de Philippsbourg, p. 121, 122, 198, 515. — Le prince de Conti l'y suit, p. 198. — Ses favoris, p. 123, 214. — Commande en Allemagne (1690), p. 515, 516, 521. — Ses enfants, p. 136. — Le duc d'Anjou lui ressemble, p. 138. — Le Dauphin et Marie-Louise d'Orléans, p. 154. — Il épouse Anne d'Orléans, pour le duc de Savoie, p. 156. — Ses relations avec les familles d'Orléans, p. 174. — Son intimité avec la princesse de Conti, p. 202, note 1. — Charges de sa maison, p. 275. — N'assiste pas d'abord au Conseil, p. 116, 301 ; y entre, p. 399, note 3. — Veuf, projets pour le remarier, p. 579 à 584.
DAUPHINE DE FRANCE (Marie-Anne-Christine de Bavière), son âge, p. 124. — Son mariage, p. 124, 313, 357. — Son portrait, p. 125-128. — Sa vertu, p. 288. — Ses enfants, p. 128, 137 et suivantes. — Ses maladies, sa retraite, p. 229, 292. — Ses dames d'atours, p. 85, 87. — Son premier écuyer, p. 106, 275, 117. — Son chevalier d'honneur, p. 270. — Ses filles d'honneur, p. 271 ; supprimées p. 118, 119, 289. — Sa dame d'honneur, p. 120. — Son premier maître d'hôtel, p. 285. — Son premier aumônier, p. 451. — Ses femmes de chambre, p. 120, 122. — La première de ces femmes, la Bessola, p. 130, 132. — Ses sentiments pour les princes allemands, p. 133, 134. — Sa conduite dans l'affaire de Cologne, p. 134, 135. — Son respect pour le roi, p. 136. — Son attachement pour le Dauphin, p. 136. — Son jugement sur ses enfants, p. 136. — Fête que lui offre le duc d'Orléans, p. 147. — Ses rapports avec Madame, p. 153. — Anecdote avec Mlle de Chartres, p. 160. — Droits des d'Orléans auprès d'elle, p. 174. — Ses démêlés avec les Dangeau, p. 271, 272. — Sa mort, p. 579.
Dauphiné (gouvernement du), p. 108, 436, 536, voir : LESDIGUIÈRES et LA FEUILLADE. — Dépend de Croissy, 406. — Douanes, p. 461. — Taille réelle, p. 465. — Menacé par l'ennemi en 1691, p. 573.
D'ESPENSE (Louis de Beauveau, marquis), envoyé de Brandebourg, à Paris, p. 373, note 3*.
Deux-Ponts (duché de), les Réunions, p. 361.
Dieppe, le port, p. 481.
DIGNE (évêque de), p. 442.
Dijon, p. 179, 497, 536.
Dombes (principauté des), p. 103. — Héritage des Montpensier, p. 163. — Cédée au duc du Maine, p. 167, 209.
Douvres (traité de), p. 357.
Dunkerquen, vendu par Charles II, 591. — Acheté, fortifié, p. 477, 482, 486, 493, 554.
DUQUESNE (Abraham), p. 385, note 2, p. 488, note 3*. — Ses campagnes, p. 489. — Son éloge, p. 559, 560.
DURAS (Jacques-Henri de Durasfort, duc et maréchal de), sa carrière, p. 523, note 1*. — Sa conversion, ses emplois, p. 523. — Capitaine des gardes du corps, p. 267, 502, 523. — Maréchal, p. 528. — Avec le Dauphin, au siège de Philippsbourg, p. 121 et 515. — Commande sur le Rhin (1689), p. 500, 521. — Malade, se retire du service, p. 522. — Ses mérites, p. 524.
DURAS ou DURASFORT (Marie, dame de), sœur du précédent, convertie par Bossuet, p. 448, note 5*.

ÉDOUARD, prince palatin du Rhin, mari d'Anne de Gonzague, frère de Charles-Louis, électeur, p. 145, 182. — Mari d'Anne de Gonzague, p. 182. — Sa sœur, p. 193. — Sa fille, duchesse de Hanovre, p. 239.

ELBEUF (branche lorraine d'), p. 228 à 234, voir : HARCOURT, LISLEBONNE et COMMERCY.

ELBEUF (Charles II, duc d'), fondateur de la branche d'Elbeuf, p. 234, note 2.

ELBEUF (Charles III de Lorraine, duc d'), ses titres, sa vie, p. 228, note 1*, 229. — Son neveu, prince d'Harcourt, p. 229. — Son frère, prince de Lislebonne, p. 230.

ELBEUF (Anne-Elisabeth de Lannoy, première duchesse d'), morte en 1654, femme du précédent, p. 228, note 2*.

ELBEUF (Anne-Elisabeth de Lorraine, M¹¹ᵉ d'), princesse de Vaudémont, fille des précédents, aimée de Louis XIV, p. 76, note 1*, p. 228.

ELBEUF (Elisabeth de la Tour d'Auvergne, deuxième duchesse d'), son mariage avec le duc d'Elbeuf, veuf, p. 228 et la note 2*.

ELBEUF (Henri de Lorraine, prince, puis duc d'), fils de Charles III d'Elbeuf et de la précédente, héritier de ses charges, p. 228, note 2 et 3*, p. 229

ELBEUF (Françoise de Navailles, troisième duchesse d'), mariée à Charles III (1685), veuf une deuxième fois, p. 228, note 2.

EMBRUN (Georges d'Aubusson, archevêque d'), ambassadeur en Espagne, p. 110, note 3*.

EMPEREUR (Léopold 1ᵉʳ, l'), son élection en 1657, p. 354. — Mademoiselle voulait l'épouser, p. 165. — En guerre avec Louis XIV, p. 161, 177, 312. — Paix avec la France, p. 357, 358. — Ses envoyés à Paris, p. 161, 361 ; à Madrid, p. 361, 373. — Brouillé avec Croissy, p. 168. — Le prince Eugène son général, p. 224, 518. — Autres généraux, p. 585. — Ses armées, p. 198, 564, 585. — Ses ministres, p. 550. — Ses guerres contre les Turcs, p. 545, 546, 548, 576, 577,

585. — Sa guerre contre la France en 1688, p. 553, 569, 576.

Empire, voir : *Allemagne*.

ENGHIEN (ducs d'), voir : les deux princes de CONDÉ.

ENGHIEN (Anne-Louise de Bourbon, M¹¹ᵉ d'), ou M¹¹ᵉ de Condé, petite-fille du grand Condé, p. 200, note 1*.

Epargne (l'), trésoriers, surintendants ; leur luxe réduit, p. 284, 285, 304, 456, 458. — Les comptes, p. 397, 454.

EPERNON (duc d'), gouverneur de Guyenne, 1651, p. 181. — Grand seigneur d'autrefois, p. 293. — Dernier colonel général d'infanterie, p. 512.

Espagne (succession d'), p. 544, note 2.

ESPAGNE (reine d'), Marie-Louise d'Orléans, fille aînée de Monsieur, p. 154*. — Son mariage, ses correspondances avec la France, sa mort, p. 155. — Son influence à Madrid, p. 156, 549. — Sa dame d'atour, M¹¹ᵉ de Grancey, p. 143.

ESPAGNE (reine d'), Marie-Anne de Neubourg, p. 582, note 2*.

ESTRADES (duc et maréchal d'), p. 528.

ESTRÉES (Gabrielle d'), duchesse de Beaufort, p. 213, 434, note 3.

ESTRÉES (François-Annibal I, maréchal d'), né en 1573, mort le 15 mai 1670, p. 276, 432.

ESTRÉES (François-Annibal II, duc d'), fils aîné du précédent, ambassadeur à Rome (janvier 1672), p. 432, note 3*, p. 436, note 1*. — Mort à Rome le 30 janvier 1687.

ESTRÉES (César d'), évêque de Laon, cardinal, frère du précédent, sa famille et sa vie, p. 432, note 3*, son portrait, p. 433 et les notes, 434. — Ses négociations en Bavière, p. 435. — Sa négociation à Rome (1686), p. 364 ; et autres, p. 433, 434. — Y a échoué, p. 436.

ESTRÉES (Jean, comte et maréchal d'), second frère du précédent, p. 432, 488, note 1*, 489, 518. — Ne sert plus, p. 559.

Etats généraux, voir : *Provinces-Unies*.

Eu (comté d'), héritage des Montpensier, p. 163. — Cédé au duc du Maine, p. 167.

Evreux (comté d'), cédé aux Bouillon, p. 245.

FALAISEAU (Jacques de), avocat protestant, p. 389.
FALAISEAU (dame de), femme du précédent, protestante, p. 389, note 3.
FALAISEAU (Pierre de), fils des précédents, envoyé de Prusse en Suède, p. 389, note 3*.
FAURE (Antoine), docteur de Sorbonne, p. 446, note 1*.
FERRIER (père), confesseur du roi, p. 419, note 2.
FEUQUIÈRES (Antoine de Pas, marquis de), sa parenté avec Luxembourg, p. 532, note 2*, p. 533, voir : RÉBENAC.
Flandre, guerres de Flandre en 1667, p. 545, 185, 230, 312, 356, 493, 517, en 1676, p. 530 ; en 1684, p. 545 ; en 1689, p. 256, 312, 335, 522, 534.
Flandre conquise (gouvernement de la), villes occupées en 1667-1672, p. 493, 566, au maréchal d'Humières, p. 276, 519, 521. — Dépend de Louvois, p. 402. — Les gabelles, p. 464.
Florence, p. 169, 171, 172, 173, 429.
Fontainebleau, p. 63, 81, 176, 178, 201, 314.
FONTANGES (Marie-Angélique de Scoraille, duchesse de), sa famille, sa beauté, p. 81. — Sa mort, p. 82.
Forges (eaux de), p. 365.
Fort Louis, p. 493, 566.
FOUQUET, sa fortune, sa disgrâce, p. 65, 304. — Ordre rétabli après lui, p. 285, 305, 397. — Gourville, compromis avec lui, p. 379.
FOURBIN ou FORBIN JANSON (Toussaint de), évêque de Marseille et Beauvais, ses origines, p. 439, note 2*. Cardinal, p. 439, 440. — Ses missions diplomatiques, p. 439, note 4, p. 441, 442. — Son portrait, p. 440, 441.
FRANCE (roi de), voir : LOUIS XIV.
FRANCE (Marie-Thérèse, reine de), sa piété, p. 288. — Sa mort, p. 132, 270, 292. — Ses droits sur la Flandre, p. 186, 544. — Son chevalier d'honneur, la Viéville, p. 270. — Son premier maître d'hôtel, p. 285. — Son grand aumônier, p. 430. — Aimait les fêtes, le spectacle ; p. 292.
FRANCE (enfants de), voir : ANJOU, BOURGOGNE, BERRY.
Francfort, élection de 1657, p. 354.
Franche-Comté, conquise (février 1668), p. 177, p. 186, 493, 517, 575. — Les gabelles de Franche-Comté, p. 464. — Pays d'Etats, p. 465. — Gouvernement du maréchal de Duras, p. 523. — Les passages, p. 562, 573.
Franconie, ravagée, p. 339.
FRÉMONT (Nicolas), banquier, p. 525, note 2*.
Fribourg, victoire de Condé, p. 190. — Place forte occupée (1674), p. 493, 586. — La France offre la restitution en 1688, p. 548.
FUCHS (Paul von), ministre du grand Electeur, p. 374, note 1*.
FURSTENBERG (Guillaume Egon de), évêque de Strasbourg, coadjuteur de Cologne, sa personne, sa famille, p. 135, note 2* et p. 250, note 3*. — Au conclave de 1688, p. 250. — Sa candidature à Cologne et à Liège, p. 251 et 252 et les notes, p. 339, 365, 366, 433. — Son conflit avec la Dauphine au sujet de sa nièce, p. 271, 272. — Abbé de Saint-Germain, p. 454.

GABARET (Mathurin), lieutenant général, p. 489, note 7*.
GABARET (Jean), fils du précédent, p. 489, note 7*.
GALLES (prince de), fils de Jacques II d'Angleterre, voir : JACQUES III.
Gemersheim, médiation française entre Charles IV de Lorraine et l'électeur palatin, p. 231, note 2.
Gênes, république : son domaine, p. 256, — Bombardée, p. 385, 489.
GESVRES (Léon Potier, comte de Sceaux, duc de), premier gentilhomme de la Chambre, p. 265, note 3*. — Son portrait, p. 266, note 1.
GESVRES (Bernard-François Potier, marquis de), ses charges, son portrait, p. 366, note 2*.
Girone, siège de 1684, p. 107.

GLOCESTER (William, duc de), fils de la reine Anne, sa naissance, p. 595, 600.
— Sa mort, p. 596, 604, 613.
GODOLPHIN (Sidney), grand trésorier d'Angleterre, sa vie, ses charges, p. 606, note 6* et aussi p. 609 à 611.
GODOLPHIN (Francis), fils du précédent, gendre de Marlborough, p. 611, 613.
GONZAGUE (Anne de Nevers), princesse palatine, négocie le mariage du duc d'Orléans avec sa nièce Charlotte, fille du Palatin, p. 145. — Marie sa fille au prince de Condé, p. 182*. — Education donnée à ses filles, p. 193. — Recueille sa fille, duchesse veuve de Hanovre, p. 239.
GOURVILLE (Jean Hérault de), confident de Fouquet et Condé, p. 379, note 2*.
GRAMONT (Antoine III, duc et maréchal de), ambassadeur en Allemagne, p. 354, p. 76. — Oncle de Lauzun, p. 100-101. — Son fils aîné, p. 144. — grand seigneur d'autrefois, p. 293.
GRAMONT (Antoine-Charles, duc de), fils du maréchal, son portrait, p. 276, note 1*.
GRAMONT (Catherine-Charlotte de), princesse de Monaco, aimée de Louis XIV, p. 76, p. 100, note 1*, p. 257. — Sa légèreté, p. 77. — Maltraitée par Lauzun, p. 100, p. 257.
GRAMONT (Philibert comte de), quatrième fils du maréchal, mort le 30 janvier 1707, marié à Elisabeth Hamilton : ses filles, Claude-Charlotte et Marie-Elisabeth, auprès de la Dauphine, p. 119.
GRANCEY-MEDAVY (maréchal de), p. 143.
GRANCEY (Mlle de), dame d'atour de Mademoiselle, maîtresse du chevalier de Lorraine, p. 143, note 4*.
GRIMALDI (maison), de Gênes, voir MONACO, p. 256, note 2.
GROOT (de), premier ministre du duc de Hanovre, p. 240.
Gross-Varadin (Hongrie), p. 577.
GUÉMÉNÉ (maison de), branche de la maison de Rohan, p. 254, particulièrement note 4.
GUICHE (Armand de Gramont, comte de), fils aîné du maréchal de Gramont ;

ses intrigues avec Henriette d'Angleterre, p. 144.
GUISE (les), p. 225. Voir princes de LORRAINE.
GUISE (Henri II de Lorraine, duc de), fait l'expédition de Naples, meurt en 1664, p. 174, note 1*. — Grand seigneur du vieux temps, p. 293.
GUISE (Mlle de), sœur du précédent, la dernière des Guise, p. 227, note 2*.
GUISE (Louis-Joseph de Lorraine, duc de), son mariage, sa mort en 1671, p. 174, notes 1 et 2, p. 226, note 1*.
GUISE (Elisabeth d'Orléans, duchesse de), Mlle d'Alençon, femme du précédent, fille de Gaston d'Orléans, p. 172-173. — Son portrait, sa dévotion, p. 173, 226, note 3, et 227. — Son mariage, p. 166-174, et ses prérogatives, p. 174.
GUISE (François-Joseph, dernier duc de), fils des précédents, mort en 1675, p. 174, note 2*; 226, note 3.
GUISE (abbesse de), voir : Françoise-Renée de LORRAINE.
Guyenne (gouvernement de), au comte de Toulouse, p. 210. — Dépend de Châteauneuf, p. 403. — Douanes, p. 461. — Protestants fugitifs, p. 555.

Hainaut, p. 402, 566.
Hambourg, nouvelles de H., p. 274.
HANOVRE (Jean-Frédéric de Brunswick-Zell, duc de), son duché, p. 239, note 3. — Négociation de son mariage, p. 240. — Mort en 1679, p. 192, note 5*. — Ses filles, p. 240.
HANOVRE (Bénédicte-Henriette, palatine de Bavière, duchesse de), femme du précédent, fille d'Anne de Gonzague, p. 182, note 2*. — Destinée d'abord au prince électoral palatin Charles, p. 240. — Histoire de son mariage, p. 240. — Revenue veuve en France, p. 192, 239.
HANOVRE (Henriette-Marie de), fille de la duchesse de Hanovre, petite-fille d'Anne de Gonzague, morte en 1686, p. 239, note 3*.
HANOVRE (Ernest-Auguste de Brunswick), duc en 1679, p. 594, note 5. —

Alliée de Guillaume III, p. 362. — Electeur, p. 594.
Hanovre (Sophie de Brunswick), femme du précédent, sœur de l'électeur palatin ; sur ses relations avec Spanheim, l'*Introduction*, passim, et p. 594.
Hanovre (Georges-Louis de Brunswick, prince de), fils ainé des précédents ; projets de mariage, p. 594-595. — Ses voyages, p. 595.
Harcourt (Henri de Lorraine, comte d'), frère cadet de Charles II d'Elbeuf, (voir ce nom), chef de la branche d'Armagnac — Ses campagnes, son rôle dans la Fronde, p. 234, note 2*, 515.
Harcourt (François de Lorraine, comte d'), frère de Charles III d'Elbeuf (1623-1694), p. 229, note 2*.
Harcourt (Alphonse-Henri-Charles, comte de Montlaur, prince d'), fils du précédent, p. 229, note 2*. — Son portrait ; sa vie aventureuse, p. 230.
Harcourt (Marie-Françoise de Brancas, princesse d'), femme du précédent ; p. 230, note 1*.
Harcourt (Charles, abbé de), p. 237, note 1*, fils du comte Henri d'Harcourt.
Harlay (maison de), p. 410.
Harlay (François de), archevêque de Paris, voir ce mot.
Harley (Robert), secrétaire d'Etat de la reine Anne, p. 607, note 7*.
Haro (don Luis de), p. 180.
Hedges (sir Charles), secrétaire d'Etat de la reine Anne, p. 607, note 6*.
Heidelberg, souvenirs du séjour de Spanheim, p. 147. — Sa destruction, p. 122, 151, 154.
Heilbronn : Le *Laudum* ou sentence arbitrale, prononcée par la France dans la guerre du Palatinat et de la Lorraine, p. 231, note 2.
Henri IV, ses maitresses, p. 212, 213. — Ses enfants légitimés, p. 209, 212 à 219.
Hesse-Cassel (Emilie, princesse de), fille du landgrave Guillaume V, princesse de Tarente, p. 259, note 1*.

Hesse-Cassel (Charlotte, princesse de), fille du landgrave Guillaume V, p. 259, note 1*, femme de l'électeur palatin Charles-Louis, p. 259
Heyden ou Hyde (Edward), comte de Clarendon, chancelier d'Angleterre.— — Sa vie, ses charges, p. 590, note 1*. — Son ministère, p. 591. — Son exil, p. 592 593.
Hollande : Guerres de H. : p. 106, 177, 184, 186, 312, 331, 332, 345, 357, 395, 450, 518, 523, 528, 544. Imprimés de H. : p. 144. Voir *Provinces-Unies*.
Holstein, p. 545.
Hongrie, expéditions de 1663, p. 108. — De 1684-1685, p. 198, 348. — De 1686-1689, p. 204, 233, 364. — De 1690, p. 546, 566, 584, 585.
Hongrie (roi de), voir : Joseph Ier.
Huet, évêque d'Avranches, auprès du Dauphin, p. 112, 113.
Humières (Louis de Crevant, duc d'), à la bataille de Cassel, 516.— Au combat de Valcourt (1689), p. 256, 500, 519.— Son gouvernement, p. 276. — Protégé de Louvois, p. 334, 335, 519. — Grand maitre de l'artillerie, p.510. — Maréchal, p. 519. — Sa famille, p. 519, 520, 521.
Humières (Louise-Antoinette de la Châtre, maréchale d'), femme du précédent, son amitié avec Turenne, p. 520, note 3*, 521. — Leurs filles, p. 519, note 8.
Huninghen, place forte, p. 493, 566, 567.
Huxelles (Nicolas de Laye du Blé, marquis d'), lieutenant général, p.541, note 4*. — Sera maréchal, p. 542.

Ilgen (Heinrich Rüdiger), ministre du Grand Électeur, p. 373, note 4*.
Impératrice (Eléonore-Madeleine de Bavière Neubourg), femme de Léopold Ier, p. 582, note 2*.
Impératrice (Whilhelmine-Amélie de Hanovre), petite-fille de Anne de Gonzague, femme de Joseph Ier, p. 239, note 3*.
Innocent XI (pape), p. 98, 569. — Sa mort, p. 250, 546. — Bossuet le ménage, p. 450.

Irlande, guerre et expédition de 1690 : p. 103, 395, 489, 556, 557, 561, 578.

JACQUES II (le roi), son premier mariage avec Anne Hyde, p. 590, note 2. — Ses déclarations catholiques, p. 593. — Allié de la France (1683), p. 594. — Son avènement, p. 595, 610, 612. — Sa deuxième femme, p, 596. — Chassé d'Angleterre, p. 597, 613. — Ses rapports avec Lauzun, p. 103, 357. — Subsides français, p. 479. — Sa compagnie écossaise, p. 504. — Ses efforts en Irlande, p 578. — Ses relations avec la reine Anne, p. 600, 601. — Sa maîtresse et ses enfants naturels, p. 612. — Divers, p. 598, 98, 548, 609.
JACQUES III, prince de Galles, sa naissance, p. 596, note 1*. — Sauvé par Lauzun, p. 103, 168. — Exclu du trône, p. 608.
JANSÉNISTES, p. 412, 413, 417, 419, 420, 437, 444, 451.
JONVELLE (de Hautefaye, marquis de), capitaine de mousquetaires, p. 503, note 3*.
JOSEPH Ier, roi de Hongrie (1687), p. 160*. — Projet de mariage avec la petite Mademoiselle, p. 161. — Roi des Romains (janvier 1690), p. 161, 193. — Empereur.
JOYEUSE (Jean-Armand, marquis de), lieutenant général, p. 540, note 5*.
Juliers, cédé au duc de Neubourg (1659), p. 181.

Kaiserswerth, place du Rhin, p. 494, 567.
Kehl, fort, p. 493, 566.
KOLB-WARTENBERG (Mlle de), gouvernante de Madame, p. 147, parente de Spanheim.

LA CHAISE (François d'Aix, père), sa famille, p. 418, note 2*. — Sa fortune, p. 419. — Hostile aux Jansénistes, p. 419, 420. — Son portrait, p. 419, 422. — Témoin du mariage secret de Louis XIV, p. 87, 88. — Comme confesseur, complice de la Révocation, p. 409, 410, 421, 423. — Maître des bénéfices, p. 423, 424. — Jour où il va à Versailles, p. 409. — Sa maison à Paris, p. 424. — Ses relations avec Spanheim par les médailles, p. 425-426.
LA FERTÉ (Madeleine d'Angennes de la Loupe, maréchale de), maîtresse du duc de Longueville, p. 216, note 2*. — Son fils adultérin, *ibid*. — Sa sœur, Mme d'Olonne, p. 188, note 5.
LA FEUILLADE (François d'Aubusson, duc de), d'abord duc de Roannez, p. 107. — Colonel des gardes françaises, p. 107, 507. — Gouverneur du Dauphiné, p. 108 et 259. — Maréchal, p. 528. — Ses campagnes, ses flatteries, p. 109. — Sa table à la cour, p. 286. — Ses défauts à la guerre, p. 518.
LA FORCE (Jacques Nompar, duc et pair de), protestant persécuté, p. 118, note 1*.
LA FORCE (Suzanne de Beringhen, duchesse de), persécutée pour sa religion, p. 118, note 1*.
LA FORCE (Marie-Anne de Caumont de), comtesse du Roure, convertie, protégée du roi, fille d'honneur de la Dauphine, p. 118 et 119, note 1*. — Son mariage en Languedoc, p. 120.
La Haye, p. 597. — Prise en 1673, p. 529. — Traité d'association ou ligue (1681), p. 363, note 1.
LAMBERT (Henri, marquis de), lieutenant général, p. 536, note 4*.
LA MOTHE (la maréchale de), gouvernante du Dauphin, p. 76, 111*, 264. — Gouvernante de ses enfants, p. 136. — Connue de Spanheim, p. 138. — Sa fille, Mlle de Toucy (voir ce nom). — Sa table à la cour, p. 286.
Languedoc (gouvernement du), au duc de Verneuil, puis au duc du Maine, p. 209. — Protestants fugitifs, p. 555.
Languedoc, p. 403, 430, 461, 486, 535, 573. — Les tailles, p. 465. — Pays d'États, p. 465. — Le don gratuit, p. 466.
LA ROCHEFOUCAULD (François VI, duc de), auteur des *Mémoires*, p. 103.
LA ROCHEFOUCAULD (François VII, duc de), amène Fontanges au roi, p. 81.

— Ses charges et sa familiarité avec Louis XIV, p. 104, 259. — Marie son fils à la fille de Louvois, p. 105, 348. — Sa table à la cour, p. 286.

LA ROCHE-GUYON (François VIII de la Rochefoucauld, prince de), marié à Elisabeth Le Tellier, p. 105*, 348. — Ses lettres contre le roi et la cour, sa disgrâce, p. 105.

LA ROCHE-GUYON (Elisabeth Le Tellier, princesse de), son mariage, p. 105, note 2*.

LA ROCHE-SUR-YON (prince de), voir : François II, PRINCE DE CONTI.

La Rochelle, le port, p. 481. — Protestants fugitifs, p. 487, 558.

LA SALLE (Louis de Caillebot, marquis de), maître de la garde-robe, chevalier de l'Ordre, p. 275, note 7*.

LA TRÉMOILLE (maison de), ses origines, sa fortune, son rang, p. 260, 261 et les notes.

LA TRÉMOILLE (Charles, Belgique-Hollande, duc de Thouars, prince de Tarente, duc de), fils du prince de Tarente, p. 259. — Son mariage, p. 259. — Premier gentilhomme de la Chambre, p. 259, note 1*. — Son rang dans l'Ordre, son portrait, p. 261.

LA TROUSSE (Philippe le Hardi, marquis de), sa carrière militaire, p. 541, note 1*. p. 383, 542.

LAUZUN (marquis de Puyguilhem, comte de), sa parenté avec les Gramont, p. 100 et 257. — Ses origines, son caractère, sa faveur, ses brouilles avec Louvois et Mme de Montespan, p. 101. — Son mariage, sa prison, p. 102, 167, 528. — Sa délivrance, p. 103, 210. — Aide Jacques II à se sauver, p. 103, 168. — Sa brouille avec Mademoiselle, p. 168.

LAVAL (maison de), son histoire ; se fond avec celle de la Trémoille, p. 260, note 1.

LA VALETTE (Louis de Nogaret d'Epernon cardinal), son rôle militaire, p. 515, note 3.

LA VALLIÈRE (Mlle de), duchesse de Vaujours ; son portrait, p. 77. — Amour du roi, p. 77. — Ses titres, p. 78. — Ses enfants, sa retraite, p. 78. — Son fils, Vermandois, p. 69. — Sa fille, princesse de Conti, p. 123, 195, 200. — Ses enfants légitimés, p. 206, 207. — Intrigues de la comtesse de Soissons et de Vardes contre elle, p. 222, note 3.

LA VIÉVILLE (Charles, duc de), chevalier de la reine, p. 269.

LA VRILLIÈRE (Louis Phélypeaux de), secrétaire d'Etat, p. 404, voir : CHATEAUNEUF, son fils.

LA VRILLIÈRE (duchesse de), née Particelli d'Emeri, femme du secrétaire d'Etat, p. 405, note 2*.

LA VRILLIÈRE (Marie Phélipeaux de la), comtesse de Tonnay-Charente, fille des précédents, p. 405, note 2*. Sa fille, comtesse de Blainville (Charles), voir ce nom.

LEBRUN : p. 308, note 1.

Le Havre, le port, p. 481.

LÉOPOLD (archiduc), gouverneur des Pays-Bas, ses intrigues avec Mlle de Montpensier, p. 163, note 5*.

LÉOPOLD Ier, neveu du précédent, EMPEREUR : voir ce mot.

LE PELETIER (Claude), parent et confident des Le Tellier, p. 300, 315, 377 note 3, 381. — Par eux prévôt des marchands, p. 378, note 1*. — Puis en 1683, contrôleur et ministre d'Etat, p. 300, 301, 315, 327, 377, note 3 ; 398. — Se retire du contrôle, y est insuffisant, p. 380, note 2, p. 398. — Son portrait, p. 380 à 381.

LE PELETIER (Michel), sieur de Souzy, frère du précédent, intendant des finances, p. 382, note 4*, 399.

LESDIGUIÈRES (François de Bonne, maréchal et duc de), sa mort, p. 515.

LESDIGUIÈRES (François de Créqui, duc de), son gouvernement, sa mort, p. 108, note 2*. — Grand seigneur d'autrefois, p. 293.

LE TELLIER (maison), p. 273, 299, 314, 324, note 1*, 337, 339, 381, 384. Voir : LE TELLIER, LOUVOIS, COURTENVAUX, BARBEZIEUX, TILLADET, LE PELETIER, SOUVRÉ.

Le Tellier (Michel), chancelier, sa famille, p. 324, note 1. — Premiers emplois, p. 325. — Créature d'Anne d'Autriche et de Mazarin, p. 325. — Son portrait, ses qualités de chancelier, p. 326, note 1*. — Son autorité sur le roi, p. 327. — Sa part dans la Révocation, p. 327. — Ministre d'Etat, p. 297, 299, 314, 325. — Ses qualités de secrétaire d'Etat de la guerre, p. 330, note 1*. — Fait la fortune de Le Peletier, p. 377, 378, 379, et de son fils archevêque de Reims, p. 442, 443. — Sa mort, p. 300. — Sa succession convoitée par Colbert, p. 323. — Ses enfants, p. 264, 298. — Louvois, son fils, p. 328. — Différence de leur caractère, p. 329. — Services qu'il lui rend, p. 330, 340, 344. — Le réconcilie avec Turenne, p. 334, note 1. — Son héritage, p. 349.

Le Tellier (Charles-Maurice), frère de Louvois, archevêque de Reims, p. 264, note 6*. — Ses mœurs, p. 265, 443. — Sa richesse, p. 350. — Son portrait, p. 442, 445. — Ses connaissances, p. 443, 445. — Jaloux de Harlay, p. 415, 443, 444. — Ses charges, p. 442, 443. — Déplaît au roi, p. 445. — Ses relations avec Bossuet, p. 451.

Le Tellier (Madeleine Fare), sœur de Louvois, duchesse d'Aumont, p. 264, note 1*. — Morte, p. 350.

Levenstein (Sophie-Marie de Bavière, comtesse de), marquise de Dangeau, sa généalogie, p. 271, note 5*. — Ses démêlés avec la Dauphine pour le nom de *Bavière*, p. 272. — Ses qualités, p. 273.

Liège (principauté et électorat de), p. 245, 251 note 4, p. 252, 365, 366, 540.

Lille, siège de 1667, p. 230, 523. — Fortifiée, p. 493.

Limousin (gouvernement du), au comte d'Auvergne, p. 252. — Dépend de Croissy, p. 406. — Pays de francsalé, p. 463.

Lislebonne (François-Marie de Lorraine, prince de), frère de Charles III d'Elbeuf, général de Charles IV de Lorraine, en guerre avec le Palatinat, en relation avec Spanheim, p. 230 à 232. — Sa femme, ses enfants, p. 233, 234. — Lieutenant général, 517.

Lislebonne (Anne de Lorraine-Cantecroix, princesse de), fille naturelle de Ch. IV de Lorraine, p. 230, note 2*, p. 232.

Lislebonne (Béatrix de Lorraine, Mlle de), fille des précédents, p. 233, note 1*.

Lisola (François-Paul, marquis de Grana, baron de), ennemi de Louis XIV, p. 372, note 3*.

Livry (Louis Sanguin, marquis de), premier maitre d'hôtel, p. 275, note 2*. — Table qu'il tient, p. 285.

Lobkowitz (comte de), ambassadeur d'Autriche en France, p. 161*. — Fête qu'il donne à Paris, p. 204.

Lobkowitz (comtesse de), propose un mariage à la duchesse d'Orléans pour sa fille, p. 161.

Londres, p. 593, 594, 598, 599, 600, 601, 607.

Londres (évêque de), p. 597.

Longueville (Henri II d'Orléans, duc de), son origine, prince bâtard par Dunois, p. 215, note 1. — Général et diplomate, p. 215, note 2*. — Emprisonné avec Condé, p. 177. — Sa mort, p. 213. — Sa première femme et sa fille, p. 215, note 3. — Ses fils du second lit, p. 215 à 216. — Grand seigneur du vieux temps, p. 293.

Longueville (Louise de Bourbon-Soissons, duchesse de), première femme du précédent : sa fille, p. 215, note 2*.

Longueville (Anne-Geneviève de Bourbon-Condé, deuxième duchesse de), deuxième femme du précédent, sœur du grand Condé, p. 184. — Ses fils, p. 215 à 216. — Son mariage, p. 215, note 3*.

Longueville (Jean-Louis-Charles, comte de Dunois, duc, puis abbé de), fils ainé de la précédente, p. 215, note 3*. — Oratorien, renonce à son titre et à ses biens, p. 217, note 1 et 2.

Longueville (Charles-Paris, comte de Saint-Pol, puis duc de), fils cadet de la précédente, p. 215, note 3*. — Tué au passage du Rhin, p. 184, 216. — Sa candidature au trône de Pologne, p 184, 216. — Son fils naturel, p. 216.

LONGUEVILLE (Marie d'Orléans-), sœur d'un premier lit des précédents : voir DUCHESSE de NEMOURS.

LONGUEVILLE (chevalier de), fils adultérin du dernier duc de Longueville : mort en 1692, p. 216, note 2*.

LORGES (Guy de Durasfort, comte et maréchal de), sa carrière, p. 524, note 3*. — Capitaine des gardes du corps, p. 267, 502, 525. — Sa retraite d'Allemagne, 525. — Son mariage, p. 525. — Lieutenant général en Guyenne, puis gouverneur de Lorraine, p. 210, note 4. — Maréchal, p. 527. — Appelé à commander en Allemagne, p. 516, 521, 522, 524, note 3 ; 526. — Ses mérites, p. 565.

LORGES (Geneviève Frémont, maréchale de), son mariage, p. 525, note 2.

LORRAINE (duché de), occupé par la France en 1662 et depuis, p. 225, 232, note 1, 536, 537, 586. — Les Réunions en Lorraine, p. 359. — Les douanes, p. 461. — Prétentions des ducs, p. 584.

LORRAINE (Charles IV, duc de), ses relations avec la France, p. 225, note 2*. — En guerre avec le Palatinat pour le Wildfang (1666-1668), p. 231. — Chassé de ses États par Louis XIV, p. 232.

LORRAINE (Charles V, prince, puis duc de), neveu du précédent, candidat au trône de Pologne, p. 183. — Dépouillé par la France, p. 225, 584. — Ses guerres contre Turenne, p. 585, 586. — Combat les Turcs, p. 233 note 2, 584. — Accueille le prince de Commercy, p. 233. — Sa mort, p. 579, et 584 à 586.

LORRAINE (princes de la *maison française de*), p. 224, 237, 293. Leur rang, p. 261. — Leur rôle militaire, p. 517. Voir : GUISE, HARCOURT, LISLEBONNE, COMMERCY, ELBEUF, ARMAGNAC, BRIONNE, MARSAN.

LORRAINE (Philippe, chevalier de), fils du comte d'Harcourt, p. 237. — Son portrait, p. 143, note 3*. — Sa faveur au Palais Royal, p. 143, 237. — Crimes dont on l'accuse, p. 144. — Reproches et pardon du roi, p. 237, note 3. — Reçoit l'Ordre, p. 238.

LORRAINE (François-Armand, abbé de), fils du comte d'Armagnac, p. 235, note 4*, p. 237.

LORRAINE (Marguerite de), deuxième duchesse d'*Orléans*: voir ce nom.

LORRAINE (Françoise-Renée de), abbesse de Guise et de Montmartre, sœur de la précédente, p. 172.

LOUIS XIV. — Son âge, sa naissance, p. 60. — Son genre de vie, p. 61. — Ses maladies, p. 61 à 65. — Plus grand que Monsieur, p. 140. — Son naturel grave, p. 67. — Connaissances bornées, p. 67, 70. — Son défaut d'instruction, p. 67, 70. — Ses qualités de goût, de style, de jugement, p. 68. — Sa générosité, p. 73. — Son équité, p. 69. — Son avarice, p. 69, 73. — Génie de deuxième ordre, p. 71. — Peu martial, p. 550. — Entêté, p. 71, 551. — Jaloux du mérite, p. 72. — Son orgueil encouragé par les flatteries, p. 93. — Causes de ses excès, p. 95, 551. — Sa grandeur, p. 69. — Sa générosité, p. 73.

La journée du roi, p. 277, 282. — Son lever antérieur à celui de Monsieur, p. 140. — Ordre et tables de sa maison, p. 284, 286. — Ses repas en famille, p. 141. — Sa santé ébranlée en 1686, p. 65. — Sa fermeté dans la maladie, p. 63, 70 ; non dans les revers, p. 551. — Tristesse du règne en 1688, p. 288, 289, 291, 292.

Les lecteurs, p. 277. — La bibliothèque du roi, p. 308. — Ses capitaines des gardes du corps, p. 266 ; des Cent-Suisses, p. 273. — Son grand chambellan, p. 275. — Son premier maître d'hôtel, p. 285. — Ses grand aumônier et aumônier, p. 427, 428. — Ses secrétaires du cabinet, p. 360, note 2, 371. — Autres charges, p. 275. — Son cabinet des médailles, p. 212, 213, note 1, 309.

Son gouvernement en 1660, p. 65. —

Ses relations avec Fouquet, p. 65, 304. — L'ordre de ses finances, p 66. — Il ne veut plus de premier ministre, p. 66, 297. — Son assiduité aux Conseils, au travail, p 66, 72. — Son secret, p. 66, 68. — Sa méthode de gouvernement, p. 301, 302. — Maître de lui, p. 68, 70. — Conseils où il assiste, p. 294 et suivantes ; finances, p. 397 ; dépêches, p. 401. — Distribue les bénéfices, p. 423, 453. — Au conseil de Conscience, p. 409, 410. 414, 415. — Il ne se laisse pas gouverner par ses maîtresses, p. 67 ; mais par ses ministres, p. 72.

Son mariage, mort de la Reine, p. 75, 87. — Ses enfants, p. 75, note 4, p. 110 à 136. — Ses petits-enfants, p. 136 et suivantes. — Sa fille naturelle, Mlle de Conti, p. 123. 195. — Marie Mlle de Nantes, p. 194. — Ses relations avec Monsieur, p. 142 ; et Madame, p. 148, 153. — Aime Mlle de Chartres, p. 161. — Sa rancune contre la Grande Mademoiselle, p. 165. — Situation des princes d'Orléans, 174. — Punit et absout le prince de Conti, p. 179, 196. — Ses sentiments pour le grand Condé, p. 178, 179. — Abaisse les Lorrains, p. 225, 226. — Ses relations avec le prince de Lislebonne, p. 230, 232. — Avec le comte d'Armagnac, p. 235. — Déteste le chevalier de Lorraine et Brionne, p. 237, 238. — Favorise le duc de Bouillon, p. 246, 247, note 1, — Irrité contre les autres Bouillon, 248, note 1. — Ses démêlés avec le cardinal, p. 249, 251. — Avec le comte d'Auvergne, 253. — Brouillé avec le duc de Modène, p. 222.

Son autorité sur les grands, p. 66, 67. — Les fait vivre et comment, p. 292, note 4, 293. — Ducs et princes à sa cour, p. 244, note 1. — Il défend les duels, p. 66, 287. — Affluence et respect des courtisans, p. 282, 284, 290, 291. — Les princes qui servent à l'étranger blâmés, p. 198, 233, note 2. — Le luxe, p. 476, 554. — Les fêtes à Marly, à Saint-Cyr, p. 291, 292. —

Fêtes qu'on lui donne, p. 387. — Dépenses de Versailles et autres, p. 73, 476 ; soutenues par Colbert, 311, 316, 319. — Faveur de Mlle de Théobon, p. 150 ; de De Lorges, p. 525 ; de Boufflers, p. 538. — Pardonne à Luxembourg, p. 534. — N'est pas aimé du peuple, p 73, 74.

Ses amours, p. 74 à 93, 225, 257, 289, 476. — Sa colère contre de Vardes et Olympe Mancini, p. 222. — A peut-être aimé Mme de Seignelay, p. 385. — Son mariage secret, p. 87, 292. — Faveurs à Saint-Cyr, p. 90. — Ses amitiés, p. 99 à 109 ; pour Dangeau, 171, 173. — Brouillé avec Lauzun, 103, 167.

Sa dévotion sincère, peu éclairée, p. 95, 96, 97, 288. — Ses exercices religieux, p. 95. — Ses confesseurs, p. 97, 419, 421. — Déteste les mauvais prêtres, p. 416, 432, 445 ; l'archevêque de Reims, p. 445. — Aime les bons, p. 428. — Favorable à Bossuet, p. 451 ; à Harlay, p. 411. — Disgracie le cardinal le Camus, p. 438. — Proscrit la débauche à la cour, p. 69, 288, note 1*. — Sévère aux princes débauchés, p. 70, 196, 207. — L'affaire des poisons, p. 531. — Déteste les Jansénistes, p. 412, 420. Croisade de Hongrie, p. 108. — La Révocation, son grand projet et les motifs, p. 97, 404. 409, 414, 415, 421. Ses effets, p. 555. — Préparée par Châteauneuf, p. 404, 407. — Persécution à Orange, p. 406. — Ses démêlés avec Rome, p. 98, 411, 412, 417, 433, 436, 438, 444, 454.

Ses ministres principaux, p. 297, 299, 325. — Crédit de le Tellier, p. 325, 327 ; de Louvois, p. 298, 325, 326, 337, 338, 341 ; établi comment, p. 329, 337, 340. — Autorité de Colbert, p. 317, note 2. — La brusquerie de Louvois lui déplaît, p. 344. Puis les fautes de Colbert, p. 314, 320. — Peu touché de sa mort ; son opinion sur Croissy modifiée par Louvois, p. 350, 351, 369. — Équilibre entre les Colbert et les le Tellier, p. 299, 300, 338 ; rompu : Seignelay peu favorisé, p. 315, note 2, 337,

383 ; rentre en grâce et comment, p. 91, 385, 386, 387. — Poussé par Louvois à la guerre en 1672, p. 332 ; en 1688, p. 312, 336, 345, 365, 366, 367, 552, 553. — Comment il choisit Le Peletier, p. 378, note 3, 379. — Guerres injustes, cruelles, p. 98, 99. — Leurs effets ruineux, p. 474.
Raillé par les jeunes courtisans, p. 105, 196. — Sa statue, place des Victoires, p. 109, 110. — Pensions aux savants, p. 311. — Ses voyages militaires, p. 86, 497.
Louvois (François-Michel le Tellier, marquis de), fils du chancelier le Tellier, p. 328. — Son âge, p. 329, note 2*. — Ses titres, p. 330, note 1. — Secrétaire d'État par son père, 325, 329, 330, 402. — Sa faveur, p. 326 ; et ses causes, p. 329, 340, 302. Éducation de son père, p. 329, note 3, 340, 344. — Intérim des affaires étrangères, p. 330, 331. — Brouillé avec Lauzun, p. 100. — Ministre d'État (1672), p. 298, 299, 300, 301. — Son commissariat des guerres, p. 108. — Supérieur aux généraux, p. 333 à 335, 499. — Brouillé avec Condé, 333 ; surtout avec Turenne, 333, 334 ; avec le maréchal de Bellefonds, p. 108. — Généraux, ses créatures, p. 334, 335, 520, 537. — Son département, p. 402. — Ses commis, p. 341, note 1. — Son administration excellente, p. 342, 343, 498. — Maître absolu de la guerre, p. 336, 341, 499. — Son rôle dans la guerre de Hollande, p. 331. — Ses fautes, p. 332, 345. — Renverse Pomponne, p. 336. — Contre Colbert et Croissy désire la guerre, p. 312, 336, 362. — Exige de l'argent, p. 478. — Il y suit le Roi, p. 332. — En principe, ne connaît pas les affaires étrangères, p. 351, 352. — Son crédit balancé par Colbert après 1678, p. 314. — Accru en 1683, p. 328, 337. — Se sert de Le Peletier, p. 381. — Son rôle dans la grande opération, p. 62, 63. — Combattu par M*me* de Maintenon, p. 91, 338, 384, 385, 386. — Surintendant des bâtiments, p. 337, 405. — Y excelle, p. 338. — S'en démet, p. 348. — Rival heureux de Croissy, p. 367, 369, 552, 553, 554. — Seul cause de la guerre de 1688, p. 339, 369, 566. — Tout-puissant, p. 339, 552. — Dans l'affaire d'Orange, p. 407, 408. — Son portrait, p. 328, 329. — Ses bonnes qualités, p. 340, 343. — Ses défauts, p. 344. — Jugement de Spanheim, p. 346. — Sa santé, p. 347, 365, 552. — Fêtes données au roi, 387. — Les Dragonnades, p. 407, 415. — Sa sœur Madeleine, p. 264, 350. — Son frère, archevêque de Reims, p. 265, 350. Il soutient sa fortune, p. 442, 444. — Son cousin Tilladet, p. 273, 348, 542. — Ses fils, Courtenvaux, p. 274, 348. — Barbezieux, p. 274, 348. — De Souvré, p. 348. — Ses filles, p. 348. — Raillé par son gendre La Rocheguyon, p. 105 et 348. — Ses maisons et ses biens, p. 349, 350.
Louvre, l'entrée au, p. 174.
Lubières (de), président du Parlement d'Orange persécuté, p. 407, note 1.
Lude (Henri de Daillon, duc du), sa mort, p. 521, note 4*.
Luxembourg, à la France (1684), p. 363, 335, 493, 536, 537, 545, 566.
Luxembourg (François-Henry de Montmorency Bouteville, duc et maréchal de), sa carrière et sa famille, 527, note 3*. — Ses relations avec Condé. 527, 530, 534. — Son mariage et ses charges, p. 527. — Duc et pair, 527. — Capitaine des gardes du corps, p. 267, 502, 526, 528. — Sa campagne et ses crimes en Hollande, p. 529. — Poussé par Louvois, 334, 530. — Brouillé et réconcilié avec Louvois, p. 334, 335, 530, 532. — Héritier de sa sœur, duchesse de Mecklembourg, p. 243, note 1. — Leurs relations, p. 531. — Ses enfants, p. 243, note 1*, 532, 533. — Commande en chef en Flandre (1690), p. 519, 522, 534 — Compromis dans l'affaire des poisons, p. 531, 532. — Ses qualités militaires, 534 ; médiocres, p. 565.
Luxembourg (Madeleine-Charlotte-Bonne de Clermont-Tonnerre, duchesse de), p. 527, note 4*.

Luxembourg (hôtel du), séjour des filles de Gaston d'Orléans, p. 172. — 174. — Les entrées au Luxembourg, p. 174.
Luynes (connétable de), favori de Louis XIII, p. 100.
Lyon p. 471.
Lyonnais, p. 402. — Dépend de Louvois, p. 408.
Lyonne (Hugues de), ses ambassades en Allemagne, p. 354. — Ministre d'Etat, p. 297, 325. — Sa mort, p. 298, 330.

Madame, voir : duchesse D'ORLÉANS.
Mademoiselle (la grande), voir : MONTPENSIER.
Mademoiselle, voir : duchesse de SAVOIE.
Mademoiselle (la petite), voir : Mlle DE CHARTRES.
Madrid, p. 154, 549.
Maëstricht, le siège, p. 565.
Magalotti (Bardo de Bardi, comte de), lieutenant général, p. 542, note 1*.
Mailly (Louis, comte de) p. 89.
Mailly (Mlle de Sainte-Hermine, comtesse de), convertie, p. 89.
Maine (le duc du), fils de la Montespan, p. 85, 208. — Ses infirmités, p. 208. — Son éducation, p. 208. — Ses charges, p. 209, 509, 535. — Protégé par Mme de Maintenon, p. 210. — Doté par Mlle de Montpensier, p. 103, 167.
Maine (province du), p. 403.
Maintenon (aqueduc de), p. 73.
Maintenon (Françoise d'Aubigny, marquise de), sa famille, p. 82, 88, 89. — Son mariage avec Scarron, p. 83. — Sa misère : chargée d'élever les enfants de Mme de Montespan, p. 84, 210. — Remarquée du roi, p. 84. — Dame d'atour de la Dauphine, p. 85. — Liaison avec le roi établie, p. 85, 86. — Motifs de cette liaison, p. 86. — Elle est des voyages du roi (1683), p. 86. — Son mariage secret, p. 87, 88. — Les motifs, p. 88. — Connaît la grande opération, 62, 63. — Elle fonde Saint-Cyr, p. 89, 90. — Elle divertit le roi, p 91 ; par intérêt, p. 291. — Elle le moralise, p. 288. — Sa situation politique entre Louvois et Colbert, p. 91, 338, 384, 385, 386, 534. — Son intrigue avec les Seignelay, p. 385, 395. — Sa part dans la Révocation, p. 92. — Raillée par les jeunes courtisans, p. 105, 195. — Protège le duc du Maine, p. 210 ; et la marquise de Dangeau, p. 273.
Malte (ordre de), p. 453.
Mancini (Marie), ou la connétable Colonna : son amour pour Louis XIV, p. 74, 248.
Mancini (Olympe), comtesse de Soissons, p. 206, 248. — Son mariage, ses intrigues contre la Vallière, p. 222. — Exilée en Espagne avec son fils, p. 222, 224. — Ses crimes, p. 222, note 3*.
Mancini (Marie-Anne), duchesse de Bouillon, p. 248.
Mancini (Hortense), duchesse de Mazarin, p. 248.
Manheim, sa destruction, p. 122.
Mansfeld (Henri - François, comte de), ambassadeur de l'Empereur en France et en Espagne, p. 361, note 1*.
Mantoue (duc de), en 1682, p. 278, note 5. — Vend Casal, p. 477, 539.
Marcillac (prince de), voir : LA ROCHEFOUCAULD.
Marlborough (John Churchill duc de), sa généalogie, p. 612. — Sa fortune, p. 598, note 2*. — Brouillé avec Guillaume III, p. 599, 600, 613. — Favori de la reine Anne, p. 607. — Lié à Godolphin, p. 611. — Sa carrière, sa fortune, ses mérites, p. 611 à 615. — Ses enfants, p. 615. — Vainqueur à Hochstett, p. 616.
Marlborough (Sarah Jennings, duchesse de), p. 597. — Sa fortune et sa vie, p. 598, note 2*. — Brouillée avec Guillaume III, p. 599, 600, 613. — Soutenue par la reine Anne, *ibid.*, et 605, 616. — Protège Godolphin, p. 610, 611. — Sa faveur près de la reine Anne, p. 616.
Marsan (comte de), fils du comte d'Harcourt, p. 237, note 1*. — Ses campagnes et sa vie, p. 238, noté 1. — Son mariage, *ibid.*, note 2.

Marsan (Marie d'Albret, princesse de Pons, puis comtesse de), son mariage, p. 238.
Marseille (évêque de), p. 442.
Marseille (port de), p. 482. — Siège des Galères, p. 484.
Matignon (maison de), p 218. — Voir : Seignelay (marquise de).
Maubuisson (Louise-Hollandine de Bavière, abbesse de), sœur des princes palatins, Edouard et Charles-Louis, janséniste, p. 193, note 2*.
Maulevrier (Edouard-Philippe Colbert, chevalier de Vandières, comte de), frère de Colbert, sa carrière militaire, p. 540, note 6*.
Maupertuis (Louis de Melieu, marquis de), sa vie ; ses charges, p. 503, note 2*.
Mayence (siège en 1689), p. 224, note 2, p. 233, 494, 518, 522, 537, 567.
Mazarin (cardinal), sa diplomatie à l'élection de Léopold Ier, p. 354. — Emploie et recommande Colbert, p. 303, 304. — Conseils donnés au roi contre Fouquet, p. 65, 304. — Ignorance où il le laisse, p. 67. — Etat de la France à sa mort, p. 70, 297. — Sa nièce Marie Mancini et l'amour du Roi, p. 74. — Traité avec Condé, p. 180, 181. — Sa nièce Martinozzi, p. 195. Sa nièce Olympe Mancini, p. 206. — Sa nièce Marie-Anne Mancini, p. 248.
Mazarin (duchesse de), voir : Hortense Mancini.
Meaux (Bossuet, évêque de), voir : Bossuet.
Mecklembourg (Christian-Louis, duc de), ses aventures ; Son mariage, p. 242, notes 2* et 3.
Mecklembourg (Elisabeth Angélique de Montmorency-Bouteville, duchesse de Châtillon, puis de), sa généalogie, p. 241, note 2*. — Duchesse de Châtillon ; sa conduite pendant la Fronde, p. 241. — Son second mariage ; sa brouille et sa réconciliation avec son mari. — Sa beauté, p. 242, note 1*, 243. — Sœur du maréchal de Luxembourg, p. 243.

Meinders (Franz von), principal ministre du Grand Electeur, p. 373, note 5*.
Menin, place forte, p. 493.
Mercoeur (Louis, duc de Vendôme en 1665, d'abord duc de), petit-fils de Gabrielle d'Estrées, fils de César de Vendôme, p. 213, note 3*. — Plus tard, en 1667, cardinal de Vendôme, p. 213.
Mercy (baron), général autrichien, p. 512, note 4*.
Messine, expédition de 1677, p. 109.
Metz, conversion de Madame, p. 146. — Croissy et Bergeret au Parlement de Metz, p. 354, 360 — Les Réunions à Metz, p. 359. — Dépend de Louvois, p. 402.
Meudon (baronnie de), à Louvois, p. 349, note 3. — Fête qu'il y donne, p. 387, note 2.
Meyercroon (de), envoyé du Danemark en France, p. 594.
Milanais, p. 573, 574.
Modène (François II d'Este, duc de), projet de mariage de son fils avec la princesse de Conti, p. 202. — Brouillé avec Louis XIV par le mariage du prince de Carignan, p. 222. — Sa sœur reine d'Angleterre, p. 596.
Modène (duc de), fils du précédent. — Projet de mariage avec la princesse de Conti, p. 202. — Epouse Charlotte-Félicité, petite-fille d'Anne de Gonzague (1695), p. 240, note 3.
Modène (Charlotte-Félicité, duchesse de), fille de la duchesse de Hanovre, petite-fille d'Anne de Gonzague, p. 239, note 3*.
Monaco (maison Grimaldi de), ses privilèges, p. 244. — Etablie en France, p. 256, note 4. — Inférieure aux princes étrangers, p. 257.
Monaco (forteresse et pays de), à Gênes, puis à la France, p. 256.
Monaco (Honoré II Grimaldi, prince de), établi en France, p. 256, note 3*.
Monaco (Louis Grimaldi, prince de), duc de Valentinois, petit-fils du précédent, p. 256, note 5*. — Son mariage, p. 76, 100, note 1, p. 256, 257.

— Obligé de prendre son rang dans l'Ordre, p. 258, notes 2 et 3.
Monaco (Catherine-Charlotte de Gramont, princesse de), femme du précédent, voir : Gramont.
Monaco (Antoine Grimaldi), duc de Valentinois, fils des précédents, voir ce nom.
Mons, siège et bataille, p. 530.
Monsieur, voir : Orléans (duc d').
Montaigu (comte de), marie son fils à une fille de Marlborough, p. 612.
Montalmar (mylord), gendre de Marlborough, p. 615.
Montauban (maison de), p. 254, note 4, voir : Rohan-Soubise.
Montausier (Charles, marquis, puis duc de), ses origines, p. 111. — Son portrait, p. 111, 112, 268, 269. — Éducation du Dauphin, p. 113, 114, 267. — Décide la collection des Classiques, p. 113. — Ses relations avec Spanheim, p. 113, 267, 268. — Sa fille, p. 269. — Sa petite-fille, p. 79. — Sa table à la cour, p. 286.
Montausier (Julie-Françoise de Sainte-Maure), duchesse d'Uzès, fille du précédent, son mariage, p. 79, note 1, et 269. — Confidente de Mme de Montespan, p. 111.
Mont-Cassel, bataille, p. 142, 516.
Montchevreuil, voir : Mornai-Montchevreuil.
Montclar (Joseph de Pons, baron de), ses charges, sa mort, p. 506, note 3*, p. 540, note 1*.
Montecuculli (général-lieutenant de), en 1675, contre Turenne, p. 177 et Condé, 523, 525.
Montespan (marquis de), p. 79.
Montespan (Mlle de Mortemart, marquise de), sa famille, p. 78, 79. — Son portrait, p. 77. — Elle remplace la Vallière, p. 78. — Irritation du mari, p. 79. — L'esprit de la marquise; ses charges, p. 79. — Sa hauteur, ses emportements, p. 80. — Sa retraite, p. 80. — Accusée d'avoir empoisonné Fontanges, p. 81. — Secourt Mme de Maintenon, p. 84. — Remplacée par elle, p. 85, reste à la cour, p. 289. — Sa jalousie, p. 87. — Ennemie de Lauzun, p. 100. — Lui refuse la charge de grand maître de l'artillerie, p. 102, note 2. — Le fait enfermer, p. 102. — Fortune de son fils, le duc du Maine, p. 103, 167, 509. — Sa fille, Mlle de Nantes, p. 194. — Ses enfants légitimés, p. 206 et surtout p. 207 à 212 ; 289. — Son fils, le comte de Toulouse, p. 488. — Son frère, de Vivonne, p. 490.
Montmartre (monastère de), son abbesse, p. 172, note 3*.
Montmorency (maison de), voir : Bouteville et Mecklembourg.
Montpellier, p. 431.
Montpensier (duché de), p. 163.
Montpensier (Henri de Bourbon, duc de), grand-père de la Grande Mademoiselle, p. 162.
Montpensier (Mlle de), la Grande Mademoiselle, sa richesse, son portrait, p. 163 à 169. — Intrigues et projet de mariage avec l'archiduc Léopold, p. 163. — Son rôle dans la Fronde, p. 164, 165. — Ses rêves de mariage, p. 165, 166. — Ses retraites et sa société à Eu et Saint-Fargeau, p. 166. — Ses sentiments pour la maison de Brandebourg, p. 168. — Son hôtel du Luxembourg, p. 172. — Son mariage avec Lauzun, p. 102, 167. — Cède des biens pour le réaliser, p. 103, 167, 209. — Le dote richement, souffre de son humeur et se sépare, p. 168.
Montrevel (Nicolas de la Baume, comte de), p. 506, note 4*.
Mont-Royal, p. 493, 537, 566, 567.
Morée (la), à Venise, p. 577.
Mornay-Monchevreuil (Jean-Baptiste, marquis de), p. 89, colonel du régiment du Roi, p. 511, note 1*.
Mornay-Monchevreuil (marquise de), amie de Mme de Maintenon, p. 89.
Mornay (marquis de), fils aîné des précédents, p. 89.
Mornay-Monchevreuil (Françoise-Renée de Coetquen, marquise de), convertie, p. 89.
Mortemart (duc de), premier gentilhom-

me, gouverneur de Paris et de l'Ile-de-France, père de la Montespan, p. 78
Mortemart (Louis de Rochechouart duc de), petit-fils du précédent, fils du maréchal de Vivonne, p. 321, note 3* et 498, note 2.
Mortemart (Marie-Anne Colbert, duchesse de), son mariage avec le précédent, p. 321, note 3*.
Munich, p. 124, 130, 357, 435.
Munster (Bernard von Galen, l'évêque de), p. 355, note 2*, 544.

Nancy, résidence du duc de Lorraine, p. 232.
Nantes (Mlle de), fille de la Montespan, voir : duchesse de Bourbon.
Nantes (révocation de l'édit de), p. 327, 452.
Napoli di Malvasia (Morée), p. 577.
Narbonne (évêque de), voir Bonzi.
Navailles (duc de), gouverneur du duc de Chartres, p. 158, note 3. — Mort en 1684. p. 158, *Ibid*. et 228. Maréchal en 1675, p. 528.
Navarre, administrée par Croissy, p. 406.
Négrepont (siège de), p. 230.
Nemours (duché et maison de), son origine, son extension, p. 219, 221.
Nemours (Philippe de Savoie, comte de Genevois, premier duc de), sa généalogie, p. 220, note 1*. — Oncle de François Ier.
Nemours (Charles-Amédée de Savoie, duc de), marié à Elisabeth de Vendôme, tué en duel (1652), p. 220, note 2. — Ses filles. Voir : duchesse de Savoie et reine de Portugal.
Nemours (duchesse de), voir : Elisabeth de Vendome
Nemours (Henri de Savoie, dernier duc de), frère cadet du précédent, p. 220. Marié à Marie de Longueville (1657), p. 220. — Sa vie, p. 220, note 2*. — Sa mort, p. 215, note 3, p. 221.
Nemours (Marie de Longueville, duchesse de), femme du précédent, p. 220. — Ses parents, p. 215, note 3*. — Souveraine de Neuchâtel en 1694, *ibid*.

Neubourg (Philippe-Guillaume, duc de), acquiert Juliers (1659), p. 181. — Candidat au trône de Pologne (1669), p. 182, 183. — Electeur palatin en 1685, p 582, note 1*. — Ses enfants, p. 579, 582, 583.
Neubourg (Hedwige-Elisabeth-Amélie de Bavière), fille du précédent, mariée à Jacques Sobieski, p. 579, note 3*, 582, note 2, 583.
Neubourg (Dorothée-Sophie), autre fille, duchesse de Parme, p. 582, note 2*.
Neuchâtel (comté de), la succession et les prétendants, p. 217, note 2 ; p. 218, note 1, et 219, note 1.
Nevers (princesse de), voir : Anne de Gonzague.
Nimègue, ambassades et traité (1678) ; p. 124, 154, 247, 313, 332, 334, 336, 345, 354, 357, 358, 360, 372, 409, 441, 466, 478, 493, 510, 531, 563, 566.
Nivernais (province de), p. 403.
Noailles (Anne Jules d'Ayen, duc de), sa carrière, p. 535, note 2*. — Capitaine des gardes du roi, p. 209, 267, 502, 535. — Lieutenant général en Languedoc, p. 209, 535. — Commande en Catalogne, p. 501, 522, 535. — Maréchal, 542.
Nordlinguen, victoire de Condé, p 190.
Normamby (John-Sheffield, duc de Mulgrave, puis de), ministre de la reine Anne, p. 607, note 2*.
Normandie (gouvernement de), à Montausier, p. 267, 268, 269. — Dépend de Châteauneuf, p. 403. — Douanes de N., p. 461. — Protestants, p. 555.
Norveguen (Norvège), p. 487, 557.
Nuys (Neuss), place du Rhin, 494, 567.

Olonne (Catherine-Henriette d'Angennes de la Loupe, comtesse d'), maîtresse du prince de Condé, p. 188, note 5*.
Orange (principauté d'), rattachée à la Provence, p. 406. — Héritage de Guillaume III, p. 218, 219. — Objet des réclamations du Brandebourg, p. 375, note 1. — Persécutions de Croissy et de Louvois, dragonnades, p. 406, 408.

Orange (ministres protestants d'), p. 407. — (Président d'), voir LUBIÈRES.
ORANGE (princes et maison d'), héritiers d'Orange, de Neuchâtel, et de Franche-Comté, p. 218, note 1.
ORANGE (Guillaume III, prince d'), p. 362 et 363, note 1, 530, 545, 547, 548, 549, 557, 561, 574, 578, 583, 590, 593, 595, 596, 597, 598, 599, 600. — Sa mort, 601, 609, 613, 614.
ORANGE (Marie, princesse d'), femme du précédent, voir : Marie, reine d'ANGLETERRE.
ORLÉANS (évêque d'), Pierre du Cambout de Coislin, aumônier du roi, son portrait, p. 428, note 3*.
Orléans (gouvernement d'), p. 403.
ORLÉANS (première maison d'), les Longueville, héritiers de Dunois, neveu de Charles VI, p. 215.
ORLÉANS (les princes d'), leurs droits et privilèges particuliers, p. 174, note 4.
ORLÉANS (Gaston duc d'), oncle de Louis XIV, ses enfants, p. 162. — Ses mariages, 162, note 1*. — Sa mort, p. 163. — Sa cour de Blois, p. 169.
ORLÉANS (Mlle de Montpensier, duchesse d'), première femme de Gaston, morte en 1627, p. 162, note 3*. — Ses biens, p. 163.
ORLÉANS (Marguerite de Lorraine, deuxième duchesse d'), deuxième femme de Gaston d'Orléans, p. 162, note 1*. — Ses enfants, p. 162, note 1, p. 169, 173. — Leur séjour à Blois, p. 170, note 1*.
ORLÉANS (Philippe, duc d'), son portrait, p. 140. — Ses manières, ses occupations, p. 140, 141. — Son esprit, p. 141. — Exclu des affaires, p. 141 ; et des Conseils, p. 301. — Entre à celui des dépêches, p. 401. — Ses châteaux, p. 142. — Aimé des Parisiens, p. 142. — Ses campagnes, p. 142, 515, 516. — Ennemi de Lauzun, p. 102. — Sa fille mariée en Savoie, p. 124. — Ses vices et ses favoris, le Chevalier de Lorraine, p. 142, 143, 237. — Pensionne les princes Lorrains, p. 226.
— Accusé d'avoir fait empoisonner sa femme, p. 144. — La Grande Mademoiselle eût voulu l'épouser, p. 165. — Son premier mariage, p. 144. — Jaloux de Madame, p. 144. — Son second mariage et les formalités avec l'électeur, p. 145 et suivantes, p. 157 ; négocié par Anne de Gonzague, p. 145. — Offre une fête à la Dauphine, p. 147. — Son chagrin de la mort de sa fille, reine d'Espagne, p. 155. — Marie sa fille Anne d'Orléans au duc de Savoie. — Difficultés de cérémonial, p. 157. — Son affection pour son fils, p. 159. — Son souci de marier Mlle de Chartres, p. 161. — Consentirait à marier le duc de Chartres à Mlle de Blois, p. 203, note 2.
ORLÉANS (Henriette d'Angleterre, première duchesse d'), son mariage, p. 144. — Sa diplomatie à Douvres, p. 357. — Son portrait, sa mort, *ibid.*
ORLÉANS (Charlotte-Elisabeth, deuxième duchesse d'), négociations de son mariage, p. 145. — Sa conversion, p. 146. — Son portrait, p. 147. — Ses relations avec Spanheim, p. 147, 148. — Sa conduite avec son mari et en France, p. 87, 149, 150. — Ses reproches au Dauphin sur la ruine du Palatinat, p. 122. — Sa douleur, p. 151, 152. — Sa favorite, p. 150. — Injustices dont elle souffre, p. 150, 151. — Ses relations avec la Dauphine, p. 153. — Cause de la ruine de son pays, p. 153, 154. — Ses enfants, p. 149, 157 et suivantes. — Sa vertu par indifférence, p. 288, 292. — Son amour pour la chasse, p. 148, 292. — Ses relations avec Louis XIV, p. 148, 150. — Ses lettres avec la reine d'Espagne, 155. — Son chagrin de la mort de cette reine, p. 155. — Son affection pour son fils, p. 159. — Préoccupée du mariage de sa fille en Autriche, p. 161 ; et en général, p. 160, note 4. — Ses relations avec sa cousine, princesse de Condé, p. 192. — Disposée au mariage de son fils

avec Mlle de Blois, p. 203. — Sa mère, Charlotte, princesse de Hesse Cassel, p. 259, note 1.

ORLÉANS (Marie-Louise d'), fille aînée de Monsieur, voir : reine d'ESPAGNE.

ORLÉANS (Jean d'), fils de Gaston, mort jeune, p. 162.

ORLÉANS (Françoise-Madeleine d'), fille de Gaston, voir : SAVOIE.

ORLÉANS (Anne d'), fille de Monsieur, duchesse de Savoie, voir : SAVOIE.

ORMOND (James Butler, deuxième duc d'), ministre de la reine Anne, p. 607, note 4*.

OSSONE, voir : AUSSON.

OXENSTIERN (Benoit), comte de Kexholm et Wasa, premier ministre de Suède, p. 372, note 1*.

Palais-Royal, séjour du duc d'Orléans, p. 142.

Palatinat, Ravagé par les troupes lorraines 1666-1668, p. 231. — Incendié en 1688, p. 151, 154, 339, 345, 494, 495, 547.

PALATINE (la), voir : Anne de GONZAGUE.

PALATINS (princes électeurs), voir : CHARLES-LOUIS, CHARLES, ÉDOUARD.

PALATINE (électrice), voir : princesse de HESSE-CASSEL.

Paris, p. 62, 63, 136, 142, 172, 205, 240, 241, 242, 265, 315, 319, 320, 322, 349, 356, 409, 413, 455, 473, 527, 531. — Gouvernement de Paris et de l'Ile-de-France (aux de Gesvres), p. 265. — Dépend de Seignelay, p. 403. — Guerre de Paris (Fronde), p. 241. — Parlement de Paris, p. 354. — Traité de Paris (Montmartre) avec la Lorraine, p. 225. — Traité de Paris avec le Brandebourg (1679), p. 359. — Avis de Paris, p. 274, 389, 473. — Prévôt des marchands, p. 277, note 1. — Bourgeois, leurs privilèges, p. 465. — Droits d'entrée dans *Paris*, 462. — Rentes sur l'hôtel de ville, 469.

Parisiens, p. 142, 316, 319, 470, 472.

PARIS (archevêque de), François de Harlay-Chanvallon : sa fortune et son portrait, p. 410, note 3*, p. 411. — Décide au Conseil de conscience la Révocation, p. 409, 414, 415. — Ses relations avec les Jésuites, p. 411 et les Jansénistes, p. 412. — Soutient le roi contre Rome, p. 411, 412. — Se rapproche de Rome pour le chapeau, p. 416, 417. — Ses mœurs, p. 413, 414. — Duc et pair, p. 415. — Ses relations avec l'archevêque de Reims, 443, 444. — Témoin du mariage secret de Louis XIV, p. 87. — Ses relations avec Bossuet, p. 451.

PARME (duchesse de), voir : Dorothée-Sophie de NEUBOURG.

PAULET, financier et la Paulette, p. 467.

PAULMIER (Jean de), abbé d'Horchagras, au service des Longueville et du duc de Chaulnes, p. 183, note 1*, p. 184.

Pays-Bas espagnols, ravagés par Louvois (1683), p. 345, 462, 545. — Armée française en 1689, p. 500. Voir : FLANDRE.

PEMBROKE (Thomas-Herbert, 8e comte de), ministre de la reine Anne, p. 607, note 1*. — Cause avec Spanheim, p. 612.

Périgord, pays de franc salé, p. 463.

PHELYPEAUX (famille), voir : PONTCHARTRAIN, LA VRILLIÈRE, CHATEAUNEUF.

Philippsbourg, siège de 1676, p 529. — Siège de 1688, p 122, 198, 339, 348, 366, 505, 511, 515, 516, 521, 537, 539, 547, 548, 549, 561, 566, 567, 572. — Fortifiée par Vauban, p. 493.

Picardie (gouvernement de), aux Elbeuf, p. 228, note 3*. — Dépend de Châteauneuf, p. 403. — Douanes, p. 461.

Piémont, p. 573.

Pignerol, p. 102, 167, 402.

PLOTHO (Dauphin, Gebhard, Joachim, Frédéric et Werner, barons de), Nobles de Brandebourg, p. 381, note 3*.

Poitou (gouvernement et province de), au duc de la Viéville, p. 269. — Rattaché à Louvois, p. 402. — Croissy, intendant, p. 354. — Douanes du P., p. 461. — Exempt de gabelles, p. 463. — Protestants fugitifs, p. 486, 555, 558.

POLIGNAC (Scipion-Gaspard, marquis

de), colonel du régiment d'Aunis, p. 118, note 2*. — Son mariage, sa famille, *Ibid.*

Pologne, Pologne en 1660, p. 354, note 2, 355, 430. — Election de Pologne (1668-1669), p. 183. — Autre intrigue (1671), p. 184, 216, 439. — Pologne en 1690, p. 553, 577, 580.

POLOGNE (Jean-Casimir, roi de), sa femme, p. 556. — Son abdication : abbé de Saint-Germain-des-Prés, p. 182.

POLOGNE (Michel, roi de), voir WIE-NOWIECKI.

POLOGNE (roi d'aujourd'hui), voir : Jean SOBIESKI.

POLOGNE (prince de), voir : Jacques SOBIESKI.

POLOGNE (reine de), Marie-Louise de Gonzague, p. 182. — Son autorité, p. 356. — Sa mort, p. 192.

POLOGNE (reine de), Marie de la Grange d'Arquien. — Sa famille, p. 580. — Mariée à Sobieski, p. 540.

POLOGNE (princesse de), voir : Thérèse SOBIESKI.

POMPONNE (Arnaud de), ambassadeur en Suède, p. 330, note 3. — Ministre d'Etat, p. 298, 299, 330. — Modéré avec les Hollandais, p. 332. — Sa disgrâce, p. 299, note 3, 357, 358, due à Colbert, p. 313 ; ou à Louvois, p. 336, note 2, 337. — Sa négligence, p. 370. — Janséniste, p. 412.

PONTCHARTRAIN (Phelipeaux de), sa fortune ; contrôleur général, p 380, note 2*, 399, note 2.

Pont-Neuf, chansons, p. 530.

Port-Royal, p. 412.

PORTUGAL (don Pedro, régent, puis roi en 1683 de), veuf d'Isabelle de Nemours (déc. 1683), remarié à Marie-Sophie de Neubourg, p. 197, note 1*.
— Auparavant, on a songé pour lui à Mlle de Bourbon, p. 199, note 1.

PORTUGAL (Isabelle de Savoie de Nemours, reine de), Mlle d'Aumale, première femme du précédent, p. 197. Sa généalogie, p. 220, note 2*, 434, note 3. — Sa mort, p. 197, note 1*, 199, 370.

PORTUGAL (reine de), Marie-Joseph-Isabelle, deuxième femme du précédent), p. 197, note 1, 582, note 2*.

PORTUGAL (Isabelle, infante de), fille de la précédente et de don Pedro, roi de Portugal, née en 1669, destinée au prince de Conti, p. 197, note 1*. — Autre projet de mariage, p. 582, note 1*. — Morte le 25 octobre 1690.

PORTUGAL (Jean, infant de), fils de don Pedro II, d'un autre lit, p. 582, note 1*; né en 1688.

Potsdam, mort du Grand Electeur, p. 133.

PRIEUR (le Grand), voir : VENDOME (Philippe de).

Princes du sang, leur condition, leurs entrées chez le Roi, p. 278, 279.

Princes Etrangers (les), p. 219, 244, 257, voir : SAVOIE, NEMOURS, LORRAINE.

Princes français, leurs privilèges, p. 244. — Inférieurs aux princes étrangers, p. 257, voir : MONACO, ROHAN, BOUILLON.

Provence (gouvernement de), p. 402, 486. — Aux Vendôme, p. 213. — Les abbayes des Bouillon, p. 249 — Intendance de Croissy, p. 354. — Dépend de son secrétariat, p. 406. — Douanes, p. 461. — Tailles, p. 465.

Provinces-Unies. Paix avec l'évêque de Munster, p. 355. — Possèdent Bergop-Zoom, p. 252. — Sauvées en 1673, par les excès de Louvois, p. 332. — Leurs relations avec Charles II (1670-1673), p. 357. — Paix avec la France (1679), p. 357, 358. — Mission de Spanheim, p. 373. — Leur état intérieur (1684), p. 545. — Rupture commerciale et politique avec la France (1688), p. 59, 462, 546, 547, 548, 549, 561, 576. — Leur commerce ruiné par la course, p. 491. — Leurs flottes alliées à l'Angleterre, p. 557, 578.

PRUSSE (roi de), voir : Altesse électorale, Frédéric III de BRANDEBOURG.

PUSSORT (Henri), oncle de Colbert : ses charges, p. 379, note 1*, 398.

Pyrénées (paix des), p. 177, 185, 527, 544. — Ses négociateurs, p. 180, 181. — Conditions pour la Lorraine, p. 225.

RAMBURES (Mlle de), marquise de Polignac, ses amours avec le Dauphin, p. 117. — Son mariage, p. 117.
Ratisbonne (trêve) : p. 362, 363, 364, 546. — (diète) : p. 371, 435.
RAULÉ, agent du Brandebourg, p. 394.
Ré (île de), protestants, p. 487.
RÉBENAC (François de Pas-Feuquières, comte de), envoyé de France à Berlin (1680), p. 362, note 1*, 373. — Sa famille, p. 533, note 1.
REIMS (archevêque de), voir : Charles-Maurice LE TELLIER.
Reims (ville de), p. 322.
Réunions (les), œuvre de Croissy, p. 314. — Leur origine, p. 359, note 2. — Leur histoire, p. 360, 361. — Croissy y tient, p. 363, 364.
Rhin (le passage du), p. 177, 184.
Rhin (haut et bas), places fortes, p. 339, 366, 493, 494, 567.
Rhinberge (Rheinberg), place du Rhin, p. 494, 567.
Rhodes, p. 110.
RICHELIEU (Jean-Armand du Plessis Vignerod, duc de), chevalier de la Dauphine, p. 270. — Ses titres, son portrait, p. 270, note 1*.
RICHELIEU (Anne Poussart de Fors du Vigean, duchesse de), femme du précédent, d'abord comtesse d'Albret, dame d'honneur de la Dauphine, sa mort, p. 270, note 2*.
RICHEMONT OU RICHMOND (Georges Stuart d'Aubigny, duc de), sa fortune, son mariage, p. 591, note 7*.
RICHEMONT (Françoise-Thérèse Stewart, duchesse de), sa femme, p. 591, note 7*, p. 592.
Riga, chanvre de, p. 557.
ROTHELIN (maison de), p. 217, note 3, 218.
ROANNEZ (Charlotte Gouffier, duchesse de), puis duchesse de la Feuillade, ses biens, son mariage, p. 107, note 3*.
Rochefort, le port, p. 481. — École de marine, p. 486. — Fonderie, p. 487.
ROCHEFORT (Louis-Pierre-Armand, marquis et maréchal de), sa promotion, p. 528.

ROCHEFORT (Madeleine de Laval, maréchale de), dame d'atours de la Dauphine, p. 85.
ROCHESTER (Lawrence Hyde, comte de), fils cadet de Clarendon, sa fortune, p. 592, note 2*, p. 607, 610, 611.
ROHAN (maison de), ses origines et relations royales, p. 253, note 2.— Ses privilèges, p. 244. — Inférieure aux princes étrangers, p. 257. — Ses deux branches : Rohan-Chabot, Guéméné ou Montbazon, p. 76, 254, note 1. — Déclaration du roi pour son rang dans l'Ordre, p. 258. Voir : GUÉMÉNÉ, MONTBAZON, SOUBISE et ROHAN-CHABOT.
ROHAN-CHABOT (maison de), p. 254, note 1.
ROHAN-MONTBAZON (maison de), p. 76, 254, note 4, voir : SOUBISE.
ROHAN (Henri, duc de), ses exploits, p. 254, note 1.
ROHAN (Marguerite, princesse de Léon, duchesse de Chabot), fille du précédent, p. 254, note 3*. — Sa fille, p. 76, 255.
ROHAN (Henri de Chabot, seigneur de Sainte-Aulnaye, duc de), gendre du précédent, mort en 1655, p. 254, note 3*. — Beau-père du prince de Soubise, p. 76 et 255.
ROHAN (Louis, prince et duc de Chabot), fils des précédents, p. 254, note 3*.
ROHAN (chevalier de), grand veneur, sa révolte et son supplice, p. 104, note 3*.
Roi (le), voir : LOUIS XIV.
ROME (cour de), négociations de Croissy et d'Estrées (1687) avec elle, p. 364 et 366, 433 à 435 — Ses démêlés avec Louis XIV, p. 98, 250, note 1, p. 411, 414, 418, 436, 438, 546, 550, 569. — Démêlés apaisés, p. 417.
ROSE ou ROSEN (Conrad, marquis de), lieutenant général, p. 540, note 3*.
ROUEN (Jacques-Nicolas Colbert, archevêque de), fils de Colbert, p. 321, note 5 — Voir aussi Harlay, archevêque de Paris, p. 410, 413.
ROURE (Pierre Scipion, comte de), lieutenant-général de Languedoc, p. 120, note 1*.
ROURE (Louis Scipion, marquis de), fils

du précédent, capitaine des Chevau-légers, son mariage, p. 120, note 1*.
Roussille (comte de), père de la duchesse de Fontanges, p. 81.
Roussillon (le), p. 402, 501, 522, 535.
Rubentel, officier général, p. 507, 508, note 1*.
Ruyter (l'amiral), p. 489.

Saint-Aignan (duc de), père de Beauvilliers, p. 261. — Cède le gouvernement de Touraine, p. 270.
Saint-Antoine (faubourg), le combat pendant la Fronde, p. 165.
Saint-Cloud, château et fêtes, p. 142. — Mort de Madame, p. 144. — Fête offerte en 1680 à la Dauphine, p. 147.
Saint-Cyr (maison de), sa fondation, p. 89. — Son organisation, p. 90, 455.
Saint-Denis (abbaye de), suppression de la manse abbatiale (1686), p. 90, 455.
Saint-Germain, p. 81, 125, 176, 600, 612.
Saint-Germain-des-Prés (abbaye de), p. 454.
Saint-Gothard (bataille de), p. 109.
Saint-Louis (Saar), fort, p. 493, 566.
Saint-Omer, place forte, p. 493, 516.
Saintonge (province de), dépend de Croissy, p. 406. — Douanes, p. 461. — Exempte de gabelles, p. 483.
Saint-Romain (Melchior de Senevas, marquis ou abbé de), ambassadeur en Portugal, p. 197, note 1*.
Saint-Saens (chevalier de), grand écuyer de Condé, p. 151.
Saint-Siège, voir : Rome.
Saint-Vaast (abbaye), p. 455.
Salm (Charles-Théodore, prince de), conseiller de l'empereur Léopold Ier, gouverneur de son fils, p. 193, note 2*.
Salm (Marie-Louise, palatine de Bavière, princesse de), fille d'Anne de Gonzague, p. 182, note 2*. — D'abord destinée au duc de Hanovre, p. 240. — Mariée malgré elle, p. 193.
Saône, revue royale, p. 497, 536.
Saumaise, p. 208.
Savoie (Philippe, duc de), à la fin du XVe siècle, p. 219 et 220, note 1.

Savoie (Charles III, duc de), oncle de François Ier, p. 220, note 1.
Savoie (Charles Emmanuel Ier, duc de), p. 204. — Gendre de Philippe II, p. 221.
Savoie (Victor Amédée Ier, duc de), fils du précédent, sa famille, p. 204. — Ses querelles avec Louis XIII, p. 205, note 1. — Mort en 1638, ibid.
Savoie (Thomas de), deuxième fils du précédent, voir : prince de Carignan.
Savoie (Charles Emmanuel II, duc de), fils de Victor-Amédée Ier. Mlle de Montpensier voulait l'épouser, p. 165. — Marié à une autre fille de Gaston d'Orléans, p. 162, note 1, p. 205, note 1, p. 220, note 2
Savoie (Victor Amédée II, duc de), fils du précédent, marié en 1684 à Anne d'Orléans, p. 124, 156, 157, 165. — En guerre avec Louis XIV (1691), p. 569.
Savoie (Eugène, prince abbé de), fils d'Olympe Mancini, frère de M. le comte de Soissons (voir ce nom), p. 224, note 2*.
Savoie (Philippe, prince et chevalier de), fils d'Olympe Mancini, frère de M. le comte de Soissons (voir ce nom), p. 224, note 2*.
Savoie (Catherine d'Espagne, duchesse de), fille de Philippe II, mariée en 1585 à Charles-Emmanuel Ier, p. 221.
Savoie (Françoise-Madeleine d'Orléans, duchesse de), fille de Gaston, mariée à Charles-Emmanuel II, morte en 1664, p. 162, note 1*.
Savoie (Marie-Jeanne-Baptiste de Nemours, duchesse de). Madame Royale, deuxième femme du duc Charles-Emmanuel II, p. 220, note 2*.
Savoie (Anne d'Orléans, duchesse de), Mlle de Valois ; projet en 1679 pour son mariage avec l'électeur de Bavière, p. 125, note 2*. — Son mariage en 1684, p. 156, 160, 165. — Difficultés de cérémonial, p. 157.
Scarron, p. 83, 84.
Sceaux, château et fêtes de Seignelay, p. 386 et les notes.
Schletstatt, place forte, p. 493.

DES PERSONNAGES ET DES LIEUX 649

Schwerin (baron de), envoyé de Brandebourg en Angleterre, p. 594.
Schomberg (maréchal de), p. 333, 565. — Sa promotion (1675) p. 528.
Seckendorf, publiciste protestant, p. 450.
Sedan (bataille de), ou de la Marfée, p. 176.
Sedan (souveraineté de), cédée au roi de France par les Bouillon, p. 245, note 2. — Dépend de Croissy, p. 406.
Séguier (Pierre), chancelier de France, p. 212, 428.
Séguier (Charlotte), fille du Chancelier, voir : duchesse de Verneuil.
Séguier (Marie), autre fille, mariée à César, marquis de Coislin, p. 428, note 3. — Son fils cadet, évêque d'Orléans, voir ce mot.
Seignelay (marquis de), fils aîné de Colbert, p. 321, 382. — Élevé durement par son père, p. 320, 383, 392, 393. — Préparé à lui succéder, p. 383. — Hérite de ses grands biens, p. 322, 393. — De la bibliothèque paternelle, p. 310. — De la charge de la marine, p. 321, 383, 402. — Provinces de son département, p. 403. — D'abord négligé par Louis XIV en 1683, p. 315, 321, 337, 383. — Puis protégé par Mme de Maintenon, p. 91, 384, 386. — Ministre d'État, p. 91, 218, 300, 301, 327. — Ses deux mariages, p. 321, note 4*, 393. — Sa conduite avec Louvois, p. 384. — Bombardement de Gênes, p. 385. — Se brouille avec Duquesne, p. 489. — Sa faveur et son faste, p. 386, 387. — Ardent contre les protestants, p. 387, 390. — Favorise Tourville, p. 559. — S'embarque en 1689, p. 560. — Son portrait, p. 391, 392. — Sa richesse, p. 393, 394. — Très hautain avec les ministres étrangers et Spanheim, p. 394, 395, 553. — Pousse à la guerre de 1688 et en profite, p. 395. — Soins qu'il donne à la marine : ses réformes, p. 485 et suivantes, 553. — Marie sa nièce de Chevreuse, p. 533.
Seignelay (Mlle d'Alègre, première marquise de), son mariage, p. 321, note 4.

Seignelay (Catherine-Thérèse de Matignon, deuxième marquise de), son mariage, son portrait, p. 321, note 4*, 385. — Ses droits sur Neuchâtel, p. 217, note 3, 218. — Peut-être aimée du roi, p. 385, note 2.
Seneff (bataille de), p. 177, 186, 512.
Sicile, p. 489.
Sleswig, p. 545.
Sobieski (Jean III), roi de Pologne, p. 199. — Son élection, p. 439, note 4. — Combat les Turcs, p. 577. — Sa femme, p. 580.
Sobieski (Jacques-Louis), fils du roi Sobieski, p. 199. — Projets de mariage pour lui en 1691, p. 579, note 3*, 580, 583.
Sobieski (Thérèse-Charlotte-Casimire), princesse de Pologne, projets de mariage, p 579, note 2*; 581.
Sohre ou Soire (Philippe-Emmanuel, comte de Bureu et de), prince flamand au service de l'Empereur, p. 376, note 1*.
Soissons (gouvernement de), p. 403.
Soissons (Louis, comte de), M. le Comte, petit-fils de Louis Ier de Condé, tué à la Marfée, p. 176, 203.
Soissons (Eugène-Maurice, comte de), neveu du précédent, fils du prince Thomas de Carignan, p. 203, note 4*, 204, 205, 221, 222. — Marié à Olympe Mancini, p. 206, 222. — Ses enfants, p. 203, note 4 ; 206, 223. — Colonel général des Suisses, mort en 1674, p. 209, note 2 ; 222.
Soissons (Louis-Thomas, comte de), fils du précédent, p. 206. — Marié contre le gré de sa grand'mère, princesse de Carignan, déshérité, chevalier du Saint-Esprit, p. 223. — A l'armée, p. 518.
Soissons (Olympe Mancini, comtesse de), sa mère. Voir : Mancini.
Soissons (Uranie de la Cropte-Beauvais, comtesse de), son mariage avec Louis-Thomas, M. le Comte, p. 223, note 3*.
Sommerset (Charles Seymour, sixième duc de), ministre de la reine Anne, p. 607, note 3*.

Sorbonne (la), p. 251.

Souabe ravagée (1688), p. 339.

SOUBISE (François de Rohan-Montbazon, comte de Rochefort, prince de), ses charges, son portrait, son mariage, p. 76, 503, 254, note 4*; 255, notes 1 et 2. — Refuse d'être égalé aux ducs et pairs, p 258.

SOUBISE (Anne de Rohan-Chabot, princesse de), femme du précédent : ses titres, son portrait, p. 255, notes 2 et 3. — Aimée de Louis XIV, p. 76*. note 3.

SOUBISE (Louis, prince de Rohan), leur fils, sa mort, p. 255, 256, note 1*.

SOURCHES (Louis-François du Bouchet, marquis de), grand prévôt de l'hôtel, p. 275, note 3* et les notes de l'édition présente, *passim*.

SOUVRÉ (Louis-Nicolas le Tellier, marquis de), fils de Louvois, ses charges, p. 349, note 1*.

SPANHEIM (Ezéchiel), sa famille française, p. 426, note 3. — Envoyé par son maître en Toscane (1661), p. 169. Missions en France en 1666-1668, p. 68, 179, 297, 356. — Ministres qu'il a vus, p. 297. — En 1680, p. 176, 372. — Suit le roi en voyage (1683-1684), p. 86, 498. — Ses relations avec Huet et le duc de Montausier, p. 113. — A Rome, en relation avec Créqui, p. 125. — Son premier compliment à la Dauphine (1680), p. 125. — Autre audience, p. 133. — Ses premières audiences à Saint-Germain, p. 125. — Ses relations avec la dauphine et les princesses allemandes, p. 133, 134. — Son audience de congé auprès des enfants de France, p. 137, 138. — Son amitié avec Mme de la Mothe, p. 138. — Envoyé à Bréda (1667), p. 382. — Envoyé à Cologne (1671), p. 146, 373. — Ses relations avec Madame dans le Palatinat et en France, p. 147, 148. — Précepteur du prince électoral palatin, p. 147. — Négocie son mariage, p. 240. — La femme de Spanheim, p. 147, note 2. — Blâme la conversion politique de Madame, p. 146, 153, 154. — Ses relations avec Mlle de Montpensier, p. 168. — — Ses audiences du prince de Condé à Dijon (1668), à Saint-Germain (1680), p. 179, 176. — Son éloge de ce prince, p. 179. — Ses relations avec le duc de Verneuil, amateur d'antiquités, p. 212. — Avec le duc d'Aumont, p 262, 425. — Avec le père La Chaise, p. 425, 426. — Son rôle dans la guerre de Lorraine et du Palatinat (1666-1668), p. 231. — Réconcilie le duc de Mecklembourg avec sa femme, p. 243. — Ses réceptions chez le roi, p. 280. — Fréquente la table de M. de Livry, p. 285, 286. — Envoyé en Hollande (1673), p. 373. — Ses deux envois en Angleterre en 1675 et 1679, p. 313, 373, 593 ; à Nimègue par l'électeur palatin, p. 372, 373, 441. — En Angleterre par le Brandebourg (1678), p. 595. — Spanheim et Louvois, p. 347, 348, 351 à 356. — Spanheim, Courtin et Verjus, p. 356, 357. — Sp. et Bergeret, p. 360, 558. — Spanheim et Croissy depuis 1679, p. 356, note 2 ; 367, 372, 373, 374, 375, 407, 594. — Il veut empêcher les Réunions, p. 361 ; puis la guerre de 1688, p. 367. — Ses relations avec l'Isola à Nimègue (1679), p. 372. — Ses relations avec les ministres de Berlin, p. 373, 374. — Portée de sa mission en France, p. 374, 375. — Objet de sa Relation, p. 59, 60. — Ses rapports avec les le Peletier, p. 381, 382. — Avec Seignelay, p. 388, 394, 395. — Sa maison de Paris refuge des protestants, p. 389, 390. — Il défend ceux d'Orange, p. 407, 408. — En relation avec le cardinal Forbin, p. 440, 441 ; avec le savant Faure, p. 446 ; avec Bossuet, p. 449, 450. — En mission à Londres (1685), p. 595. — Son départ de France, p. 571.

SPIRE (évêque de), p. 548.

STOUP (Pierre-Stoppa), colonel des gardes suisses, p. 509, note 3*.

Strasbourg à la France, p. 493, 566. — — Gouverneur, 542.

Suède déplaît à Croissy, p. 372. — Hostile depuis 1681 à Louis XIV, p. 361,

note 3; 363, note 1. — Mission de Torcy, p. 371, 389, 544. — Ses bois et fers, p. 558.
Suisses et Grisons: leur colonel général, le duc du Maine, p. 209-509. — Leurs troupes en France, p. 568-509. — Cantons protestants et catholiques en 1690, p. 569, 570, 574, 575, 579.
Sully (duchesse douairière de). Voir: duchesse de Verneuil.
Sunderland (Charles Spencer, comte de), secrétaire d'Etat de la reine Anne; et sa femme, p. 615, note 3*.

Taborda (Salvador), envoyé du Portugal en France (1684), p. 199, note 1.
Tarente (Henri-Charles, prince de), sa généalogie, p. 260. — Notice, p. 259, note 1*. — Son fils, duc de la Trémoille (voir ce nom).
Tarente (Emilie de Hesse-Cassel, princesse de), femme du précédent, voir: Hesse-Cassel.
Tessé (René de Froullay, comte de), ses dragons, p. 407, 507.
Théobon (Lydie de Rochefort de), marquise de Beuvron, fille d'honneur de Madame, p. 150, note 1*.
Tilladet (Jean-Baptiste Cassagnet, marquis de), neveu du chancelier le Tellier, ses charges, p. 273, 274, note 1*, 348, 542.
Tilladet (Jean-Marie-Marca de), oratorien, différent du précédent, p. 274, note 3*.
Tingry (Charles-François-Frédéric, prince de), fils de Luxembourg; son mariage, p. 532, note 2*, 533.
Tingry (Anne-Marie d'Albert de Chevreuse, princesse de), p. 533, note 2*.
Tirconnel (Françoise Jennings, duchesse de), à Saint-Germain, p. 600, note 5*.
Torcy (Jean-Baptiste Colbert, marquis de), poussé par son père. Ses envois, p. 370, note 3*, 371. — Chargé de marier Mlle de Bourbon en Portugal, p. 199, note 1. — Secrétaire d'Etat en survivance, p. 371. 402.
Toscane (Ferdinand II, grand-duc de), p. 169 et 170, note 2*. — Sa conduite avec son fils et sa belle-fille, p. 170, 171. — Protège Bonzi, p. 429.
Toscane (Vittoria de la Rovère, grande duchesse de Toscane), gouverne son fils Cosme III, p. 170.
Toscane (Cosme III, en 1670 grand-duc de), son portrait, son éducation, p. 170, note 2*; ses aventures conjugales, p. 171, 429. — Ses voyages, p. 171, note 2. — Ses enfants, p. 173, 581, note 1*. — Sa mort, *ibid*.
Toscane (Marguerite-Louise, grande duchesse de), fille du second lit de Gaston, p. 162, note 1*. — Sa mère, p. 169. — Son mariage, p. 166, 169, 429. — Son séjour à Florence, p. 169. — Son caractère, son éducation à Blois, aventures de son mariage, p. 169 à 171. — Revient en France: comment elle y vit, p. 172. — Abandonne ses enfants, p. 172, 581. — Sa piété, p. 172, 173. — Rarement à Versailles, p. 172.
Toscane (Ferdinand de Médicis, prince de), fils des précédents, son mariage, p. 172, note 2*, 581, note 1.
Toscane (Yolande-Béatrice de Bavière, princesse de), femme du précédent. — Son mariage en 1688, p. 172, note 2*.
Toscane (princesse de), sœur du précédent, née en 1673, son mariage, p. 581, note 1.
Toscane (princesse de), sœur et belle-sœur des précédents, électrice palatine en 1691, p. 172, note 2*.
Toucy (Françoise-Angélique de la Motte-Houdancourt, marquise de), duchesse d'Aumont: mariée en deuxièmes noces au duc d'Aumont, p. 264. — Aimée de Louis XIV, p. 76, note 2*, et de l'archevêque de Reims, p. 265, 445, note 2.
Toul (évêché de), les Réunions, p 359. — Dépend de Louvois, p. 402.
Toulon, gouvernement du port, p. 213. — Travaux du port, p. 482, 483.
Toulouse (Louis-Alexandre comte de). fils de la Montespan, p. 210, note 1*. — Grand amiral, p. 210, 488, 559. — Ses charges, son portrait, p. 211.

Touraine (gouvernement de), aux Saint-Aignan, puis à Dangeau, dépend de Châteauneuf, p. 403.
Tournay, place forte, p. 493.
TOURVILLE (Anne-Hilarion de Cotentin, chevalier de), p. 489, note 5*. — Poussé par Seignelay, 559, 560.
Trèves (archevêque électeur de), allié de Louis XIV, p. 331, note 2. — Son électorat ravagé, p. 339, 565, 567.
Turcs, leurs guerres contre l'Autriche, p. 545, 546, 548, 564. — Encouragées par la France, p. 553. — Comment, en 1690, les terminer, p. 576, 577, 585.
TURENNE (Henri de la Tour-d'Auvergne, maréchal de), frère du duc de Bouillon, p. 245, 247, 106, 565. — Sa conversion, p. 447. — Grand seigneur d'autrefois, p. 293. — Ses brouilles avec Louvois, p. 333, 334. — Sa campagne de 1674, p. 585, 586. — Protège d'Humières, p. 520. — Sa mort, ses successeurs, p. 177, 522, 525. — Son jugement sur Duras, p. 524. — A formé de Lorges, p. 526.
Turin, p. 234.

Urbanistes (religieuses), de la congrégation des Clarisses, p. 414, 420, note 1.
Utrecht (négociations, en 1672), p. 332. Prise d'Utrecht, p. 528.
UZÈS (Emmanuel II, comte de Crussol, duc d'Uzès), son mariage avec Mlle de Montausier, p. 79, note 1*, p. 269. — Premier pair du royaume, p. 269.

Valenciennes, place forte, p. 493. — Son gouverneur, p. 542.
VALENTINOIS (Antoine Grimaldi, prince de), fils de Louis de Monaco, p. 236, note 2*. — Son mariage, p. 257, note 2*.
VALENTINOIS (Marie de Lorraine, princesse de), son père, comte d'Armagnac, p. 235. — Sa beauté, son mariage (1688), p. 236, note 2* p. 257.
VALOIS (duc de), fils aîné du deuxième mariage de Monsieur, sa mort en 1676, p. 149, note 1*.

Valteline, p. 254.
VARDES (François-René, marquis de), capitaine des Cent-Suisses, intrigue contre la Vallière, p. 222, note 3*.
VAUBAN (l'intendant), au siège de Philippsbourg, p. 121.
VAUDEMONT (princesse de), voir : Anne-Elisabeth, demoiselle D'ELBEUF.
VAUJOURS (duchesse de), voir : LA VALLIÈRE.
VENDOME (César de Bourbon duc de), fils de Henri IV et de Gabrielle d'Estrées, p. 213, note 3*. — Mort en 1665, *Ibid.*
VENDOME (cardinal duc de), fils du précédent, voir : duc de MERCOEUR.
VENDOME (Elisabeth de), sœur du précédent, p. 220, note 2*. — Son mari duc de Nemours, ses filles, p. 220, note 2.
VENDOME (Louis-Joseph de Bourbon, duc de), fils du précédent, p. 213. — Sa généalogie, p. 213. — Ses charges, p. 213, note 4*. — Son genre de vie, p. 214. — Son rang, p. 214 — Sa faveur auprès du Dauphin, p. 123, 214. Ses fêtes d'Anet, p. 123. — Querelle de préséance, avec M. *le Comte* (de Soissons), p. 224.
VENDOME (Philippe de, chevalier, puis grand prieur de Malte), sa généalogie, p. 213. — Ses titres, p. 214, note 1*. — Son genre de vie, p. 214, note 2. — Familier du Dauphin, p. 123, 214.
Vénitiens (les), leur guerre contre les Turcs, p. 229, note 2 et 230 ; heureuse, p. 577.
Verdun (évêché de), les Réunions, p. 359. — Dépend de Louvois, p. 402.
VERJUS (Louis de), comte de Crécy, diplomate ; ses emplois, p. 424, note 4*.
VERJUS (Antoine, le père), confesseur adjoint de Louis XIV, p. 424, note 4*.
VERMANDOIS (Louis de Bourbon, comte de), fils de La Vallière, p. 206. — Débauché, p. 69, note 1*. — Son portrait, ses charges, sa mort, p. 207, note 2, p. 210. — Grand amiral, p. 207, 210.

Verneuil, château et terre, p. 213, note 2*.
Verneuil (Catherine-Henriette de Balzac, marquise de), maitresse de Henri IV, p. 212.
Verneuil (Henri de Bourbon, duc de), fils de la précédente et de Henri IV, p. 212, note 1*. — Sa vie, son mariage, sa connaissance de l'antiquité, ses relations avec Spanheim, p. 212. — Son château, p. 213. — Sa mort en 1682, p. 209, 212.
Verneuil (Charlotte Seguier, duchesse de Sully, puis en 1668 de), p. 212. note 2*.
Versailles, p. 62, 63, 81, 103, 110, 136, 156, 168, 173, 176, 178, 286, 349, 386, 455.
Versailles (château, eaux et jardins de), leur prix, p. 73, 89, 314, 337, 476. — Fêtes de Versailles au temps de la La Vallière, p. 77. — Le roi y est opéré, p. 63, 64. — Appartement de Mme de Montespan, p. 81. — Appartement de Mme de Maintenon, p. 85. — Appartement de la Dauphine et de sa femme de chambre, p. 132. — Chapelle de Versailles, p. 272, 64. — La police de Versailles, p. 287, note 1.
Vexin (Louis-César de Bourbon, comte de), fils de la Montespan. — Sa mort, p. 211, note 2*.
Victoire (place de la), statue de Louis XIV, p. 110.
Vienne, p. 161, 224, 371, 545.
Villarnou (Jean-Philippe de Jaucourt, marquis de), baron de la Frette, officier protestant au service de la Hollande, p. 389, note 1*.
Villarnou (marquise de), protestante persécutée, p. 389, 390.
Villars (Claude-Louis-Hector, marquis de), sa fortune, p. 506, note 1*.
Villequier (Louis-Marie-Victor, marquis de), plus tard duc d'Aumont, voir ce nom.
Villequier (Louis d'Aumont, marquis de), fils du précédent, p. 264, note 2*. — Brouillé avec sa belle-mère, p. 265.
Villeroy (Nicolas de Neuville, maréchal, duc de), chef du Conseil des finances, p. 96, 398. — Ministre d'Etat, p. 298. — Sa mort, p. 107. — Sa fille, p. 235, note 3. — Son fils, p. 275.
Villeroi (François de Neuville, duc de), fils du précédent, p. 235. — Son portrait, ses charges, p. 275, note 2*, 541, 542.
Vincennes, château et prison, p. 242, 531.
Vivarais, p. 573.
Vivonne (Louis Victor de Mortemart, maréchal, duc de), général des galères, p. 79. — Maréchal, 528. — Sa carrière, sa mort, p. 490, note 2*, 534.

Waldeck (Georges Frédéric, prince de), lieutenant de Guillaume III, p. 256, 613.
Wiesnowiecki (Michel Koribut de), roi de Pologne, p. 183, note 2*, 184, 216, note 1, 429.

York (Jacques duc d'), voir : Jacques II.
York (Anne Hyde, duchesse d'), sa première femme, p. 590, 691. — Morte catholique, p. 592, 593. — Ses enfants, p. 610.

Zélande, p. 492.
Zell, paix de Zell (1679), p. 459.
Zollern (princesse de), voir : comtesse d'Auvergne.

TABLE DES MATIÈRES

INTRODUCTION. I. Biographie de Spanheim. . . . 1 à 30
II. La Relation de la Cour de France. 30 à 42
III. Les manuscrits. . . . . . . 42 à 57

PREMIÈRE PARTIE :

RELATION DE LA COUR DE FRANCE, FAITE AU COMMENCEMENT DE L'ANNÉE 1690. 59 à 293

    Préface . . . . 59 à 60

DU ROI . . . . 60 à 110
    De la constitution du roi 60
    De ses maladies 61
    De ses qualités personnelles 65
    De ses bonnes qualités . . . . 66 à 70
    De ses mauvaises qualités 70
    Des amours du roi pour la nièce du cardinal Mazarin 74
    Pour autres dames de la cour de France . . . 75
    Pour Mlle de la Vallière 77
    Pour Mme de Montespan 78
    Pour Mlle de Fontanges 81
    Pour Mme de Maintenon 82
    De l'établissement de la maison de Saint-Cyr par Mme de Maintenon 89
    De la démesurée passion du roi pour la gloire . 93
    De la dévotion du Roi et de ses effets . . . 95
    Des favoris ou seigneurs les plus accrédités auprès du roi 99

Du comte de Lauzun. 100
Du duc de la Rochefoucauld 103
Du maréchal de Bellefonds. 105
Du duc et maréchal de la Feuillade 107

FAMILLE ROYALE . . . . 110 à 175

 Du Dauphin . . . . 110 à 124
 De la Dauphine . . . . 124 à 136
  Des enfants de France 136
 Du duc d'Orléans, frère du Roi. 139
 De Madame seconde femme du duc d'Orléans, de son
  mariage 144
 Des enfants du duc d'Orléans . . . . . . 154 à 162
  De la feue reine d'Espagne. 154
  De la duchesse de Savoie 156
  Du duc de Chartres 157
  Mademoiselle 159
 Des princesses filles du feu duc d'Orléans . . 162 à 174
  De la grande Mademoiselle 162
  De la grande-duchesse de Toscane 169
  De la duchesse de Guise 173

DES PRINCES ET PRINCESSES DU SANG ET DES
 ENFANTS DU ROI LÉGITIMÉS. . . . . 175 à 219

 Du feu Prince de Condé. 176
 Du prince de Condé vivant. 179
 De la princesse de Condé, mère 190
 De la princesse de Condé d'aujourd'hui. . . . 191
 Du duc de Bourbon. 193
 De la duchesse de Bourbon. 194
 Du prince de Conti 195
 De la princesse de Conti. 198
 De la princesse de Conti, veuve 200
 De la princesse de Carignan 203
 Des enfants légitimés du roi. . . . . 206 à 212
  Duc de Vermandois 206
  Des enfants légitimés du roi et de Mme de Montespan. 207
  Le duc du Maine 208
  Le Comte de Toulouse 210
 Des enfants légitimés et descendants de Henri IV. 212 à 214

TABLE DES MATIÈRES 657

Le duc de Verneuil 212
Les Vendôme 213
Les ducs de Longueville 215

DES PRINCES ÉTRANGERS ET AUTRES GRANDS
 SEIGNEURS DE LA COUR DE FRANCE. 219 à 275
 Des princes de Savoie en France. . . . . . 219 à 224
  Des ducs de Nemours 220
  Du prince Thomas de Savoie ou de Carignan. 221
  Des comtes de Soissons, descendants du prince
   Thomas 222
 Des princes de la maison de Lorraine. . . . 224 à 238
  De la branche du duc de Guise. 226
  De la branche lorraine d'Elbeuf 228
  De la branche lorraine d'Armagnac. . . . 234
 Des princesses françaises mariées a des princes
  souverains . . . . 238 à 244
  De la duchesse douairière de Hanover . . . 239
  De la duchesse de Meckelbourg.. 241
 D'autres maisons en France qui ont rang de princes
  (prérogatives des princes en la cour de France). 244 à 259
  De la maison de Bouillon 245
  Du duc de Bouillon 246
  Du cardinal de Bouillon. 249
  Du comte d'Auvergne 252
  De la maison de Rohan. 253
  Et de ses deux branches, Chabot-Rohan et Mont-
   bazon 254
  Du prince de Monaco 256
  Des premiers gentilshommes de la chambre. . 259 à 266
  Des capitaines des gardes du corps. . . . 266
  Des gouverneurs du Dauphin ou duc de Bour-
   gogne 267
  Des chevaliers d'honneur de la Reine, ou de la
   Dauphine 269
  De la charge de capitaine des Cent-Suisses. . 273
  D'autres charges considérables de la Cour. . 275

RÉFLEXIONS GÉNÉRALES SUR LA COUR DE
 FRANCE . . . . 277 à 293
 Des diverses entrées au lever du Roi . . . 277

Univ. de Lyon. — Bourgeois.   42

De la soumission et affluence des courtisans . . 282
De l'ordre et de l'économie dans la dépense, et
  des tables de la Cour. 284
Du bon ordre dans la police, et de la régularité
  présente des dames de la Cour. 286
De la contrainte et autres ménagements présents
  de la Cour de France. 290

DEUXIÈME PARTIE :

RELATION DE LA COUR DE FRANCE, ACHEVÉE SUR LA FIN D'AVRIL . . . . 294 à 586

DES CONSEILS ET DES MINISTRES D'ÉTAT ET D'ÉGLISE . . . . 294 à 456

DU CONSEIL DU MINISTÈRE ET DES MINISTRES EN GÉNÉRAL. . . . . 295 à 303

De la nature du Conseil du ministère 296
Des ministres d'État depuis la mort du cardinal
  de Mazarin 296
Des ministres d'État depuis mon dernier emploi
  en France 299
Du petit nombre des ministres d'État et pourquoi 301

DES MINISTRES D'ÉTAT EN PARTICULIER . . . . . 303 à 327

De M. Colbert, de sa conduite dans le règlement
  des finances et autres établissements. . . . 303
Le véritable caractère de M. Colbert. 316
Du faible ou de la vanité de M. Colbert . . . 322
Du feu chancelier le Tellier 324

DES QUATRE MINISTRES D'ÉTAT. . . . . 327 à 396

Du marquis de Louvois. 328
De l'établissement et de la conduite de M. de
  Louvois 328
Des bonnes qualités de M. de Louvois 339
Des mauvaises qualités de M. de Louvois . . . 343
De la constitution, enfants, et biens de M. de
  Louvois 346
Du marquis de Croissy, de son département des
  Affaires étrangères. 350
De ses emplois précédents. 353

De sa conduite et de ses vues dans son emploi.	358
Son véritable caractère	367
De ses sentiments à l'égard de la Sérénissime maison Électorale.	371
De M. le Peletier.	377
Du marquis de Seignelay, et de l'établissement de ce ministre	382
Caractère de M. de Seignelay	391
DU CONSEIL ROYAL DES FINANCES	396 à 400
De l'établissement du Conseil royal	396
Du chef et des membres du Conseil royal . . .	397
Des intendants des finances	399
DU CONSEIL DES DÉPÊCHES	400 à 408
De ceux qui assistent au Conseil des dépêches .	400
Des quatre secrétaires d'État	402
Du département du secrétariat de M. de Louvois	402
Du département du secrétariat de M. de Seignelay.	403
Du secrétariat de M. de Châteauneuf	403
Du secrétariat du marquis de Croissy	406
DU CONSEIL DE CONSCIENCE	408 à 426
De la nature du Conseil de conscience . . .	408
Caractère de l'archevêque de Paris	410
De son engagement contre le Pape	411
Des imputations faites à l'archevêque	413
De la part qu'il a eue dans les affaires de la religion	414
Du maintien de l'archevêque dans les bonnes grâces du Roi	415
Caractère du Père la Chaize	418
Des engagements du Père contre les jansénistes et le défunt pape	419
De la part qu'il a eue dans les affaires de la religion	420
Du crédit du Père dans la collation des bénéfices.	423
De la curiosité du Père pour les antiquités . .	425
DES CARDINAUX ET QUELQUES AUTRES PRÉLATS DE LA COUR DE FRANCE	427 à 432
Du grand aumônier de France	427
Du premier aumônier	428
Des cardinaux français : du cardinal de Bonsy .	429 à 430
Du cardinal d'Estrées	432

Du cardinal Camus 436
Du cardinal Fourbin 439
De quelques autres prélats français : de l'archevêque de Reims 442
De sa conduite à l'égard des jansénistes et du Pape. 443
De quelques bruits sur sa conduite 444
De l'évêque de Meaux 446
De sa conduite dans les affaires de la Religion. . 448
Des vues de ce prélat pour son avancement . . 450
Caractère de cet évêque et de ses œuvres . . . 451
DU CLERGÉ DE FRANCE . . . . 452 à 456
De la collation des bénéfices 453

DES FINANCES OU DES REVENUS ET DES DÉPENSES DU ROI. . . . . 456 à 479

DES REVENUS ORDINAIRES DU ROI . . . . 458 à 469
De la ferme des aides. 462
Des tailles et du taillon 464
DES FONDS ET RESSOURCES EXTRAORDINAIRES DES FINANCES 469 à 475
DÉPENSES DU ROI. . . . . 475 à 479

DES FORCES DU ROI PAR TERRE ET PAR MER . 479 à 543

Avantages des forces de la France par terre et par mer 479
DES FORCES DE MER . . . . 479 à 494
De la situation avantageuse, et des ports de France sur les deux mers 480
Du nombre des vaisseaux de guerre et des galères du Roi. 483
Des équipages, des écoles et des provisions pour la marine. 485
Des généraux ou officiers de marine en France . 487
Des capers français et de leurs avantages . . . 491
DES FORCES DE TERRE : AVANTAGES DES FORCES DE FRANCE PAR TERRE. 492
1° Dans ses revenus et moyens pour les mettre sur pied et pour les entretenir 492
2° Dans sa situation 493
3° Dans le nombre et la qualité de ses forteresses 493
4° Dans les moyens pratiqués pour empêcher les entrées en France 494

5° Dans la facilité pour les levées de troupes	495
6° Dans le nombre et la valeur de ses généraux et officiers	496
7° Dans le bon ordre pour la subsistance des troupes	498
8° Dans le secret des opérations de la guerre	499
DES TROUPES DE FRANCE PAR TERRE	499
DES TROUPES OU ARMÉES DU ROI	501 à 514
I. De la cavalerie et des dragons	502 à 507
1° Des troupes de la maison du Roi	504
2° De la gendarmerie	505
3° Des régiments de cavalerie légère	505
4° Des dragons	507
II. De l'infanterie française	507 à 512
III. Des forces extraordinaires	512 à 514
Dans le ban et l'arrière-ban	512
Des milices	513
DES GÉNÉRAUX FRANÇAIS	514 à 543
Des chefs des armées en France	514
Du Dauphin	515
Du duc d'Orléans	516
Des princes du sang	516
Des princes étrangers	517
Des maréchaux de France	518
Du maréchal de Bellefonds	518
Du maréchal d'Humières	519
Du maréchal de Duras	521
Du maréchal de Lorge	524
Du maréchal duc de Luxembourg	526
Des lieutenants généraux qui commandent des armées	535
Du duc de Noailles	535
Du marquis de Boufflers	536
Du sieur Catinat	538
Des autres officiers généraux de considération	539

CONSIDÉRATIONS SUR LA SITUATION PRÉSENTE DES AFFAIRES DE FRANCE ET DES ALLIÉS EN GUERRE CONTRE ELLE   543 à 586

I. Des conjonctures différentes de la guerre présente et des guerres passées avec la France	544

II. Fausses vues de la France dans l'engagement
de cette guerre 548
III. Des dispositions du roi et des suites qu'elles
peuvent avoir 550
IV. Des vues et dispositions différentes des ministres du roi dans cette guerre. 552
V. Des finances et des manquements qui y peuvent arriver 554
VI. Des forces de la France par mer et en quoi
elles peuvent servir 557
VII. Des forces de terre avec des réflexions sur
les troupes de France 561
Des forces de terre avec des réflexions sur ses
généraux 565
Des forces de terre avec des réflexions sur les
places fortes 566
VIII. Avantages des alliés dans la guerre présente. 568
Réflexions sur la conduite des alliés durant cette
guerre . . . . 570 à 586

APPENDICE :

RELATION DE LA COUR D'ANGLETERRE EN 1704   587 à 617

INTRODUCTION 587
PORTRAIT DE LA REINE D'ANGLETERRE. 589

De la reine d'Angleterre avant son avènement à
la couronne, de sa naissance, et de la duchesse
d'York, sa mère 589
De l'éducation de cette princesse et de son ma-
riage avec le prince de Danemark. . . . 593
De la naissance du duc de Glocester, son fils . 595
De la révolution arrivée en Angleterre et du
parti qu'elle prit avec le prince son époux. . 596
D'une désunion arrivée entre le feu roy et reine
d'Angleterre et entre ladite princesse . . . 597
De sa conduite depuis la mort de la reine sa
sœur et jusques à celle du feu roy 599
De son avènement à la couronne 601
De la constitution de sa personne. 602

TABLE DES MATIÈRES

De ses qualités et inclinations.	603
Du caractère de son esprit.	605
DE SES OCCUPATIONS, DE SON CONSEIL DE CABINET ET DE SES PRINCIPAUX MINISTRES	606
De mylord Godolphin grand thrésorier d'Angleterre et le caractère de sa personne. . .	609
Du duc de Marlborough, du degré de son élévation et du caractère de sa personne. . . .	611
De la duchessse de Marlborough et de son crédit.	616

INDEX ANALYTIQUE DES PERSONNES ET DES LIEUX CITÉS DANS LES DEUX RELATIONS. . 619

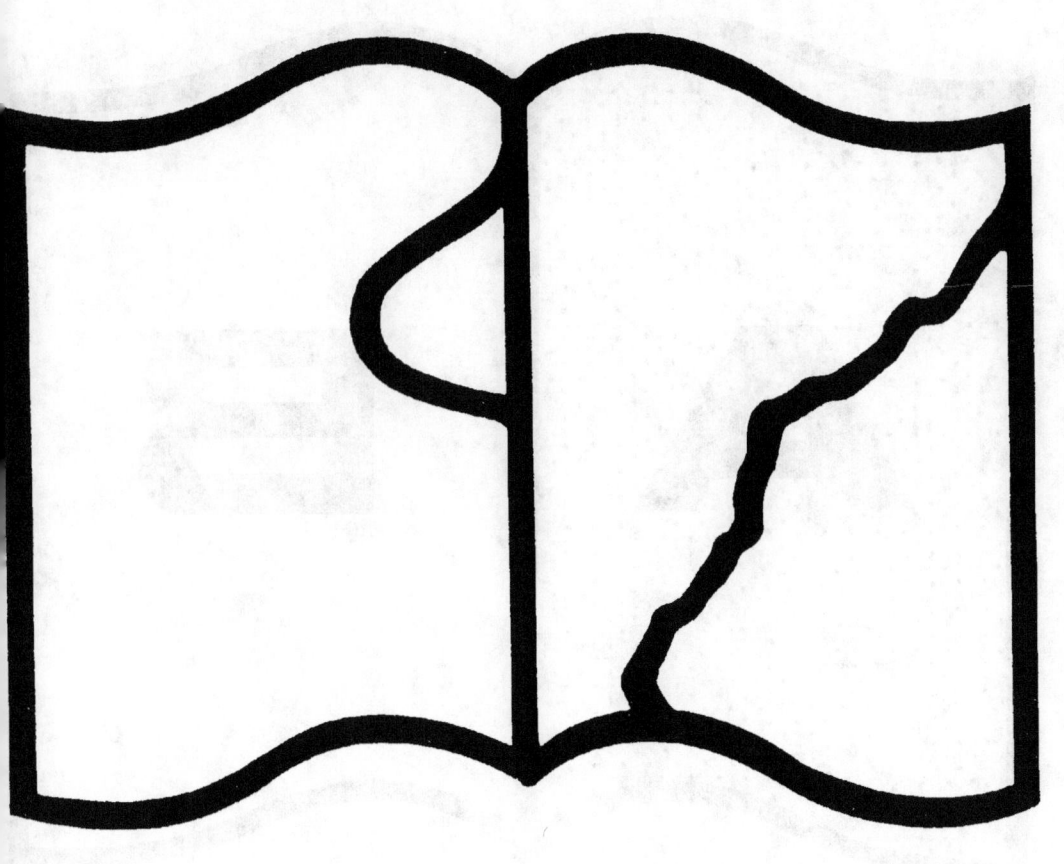

Texte détérioré — reliure défectueuse

NF Z 43-120-11

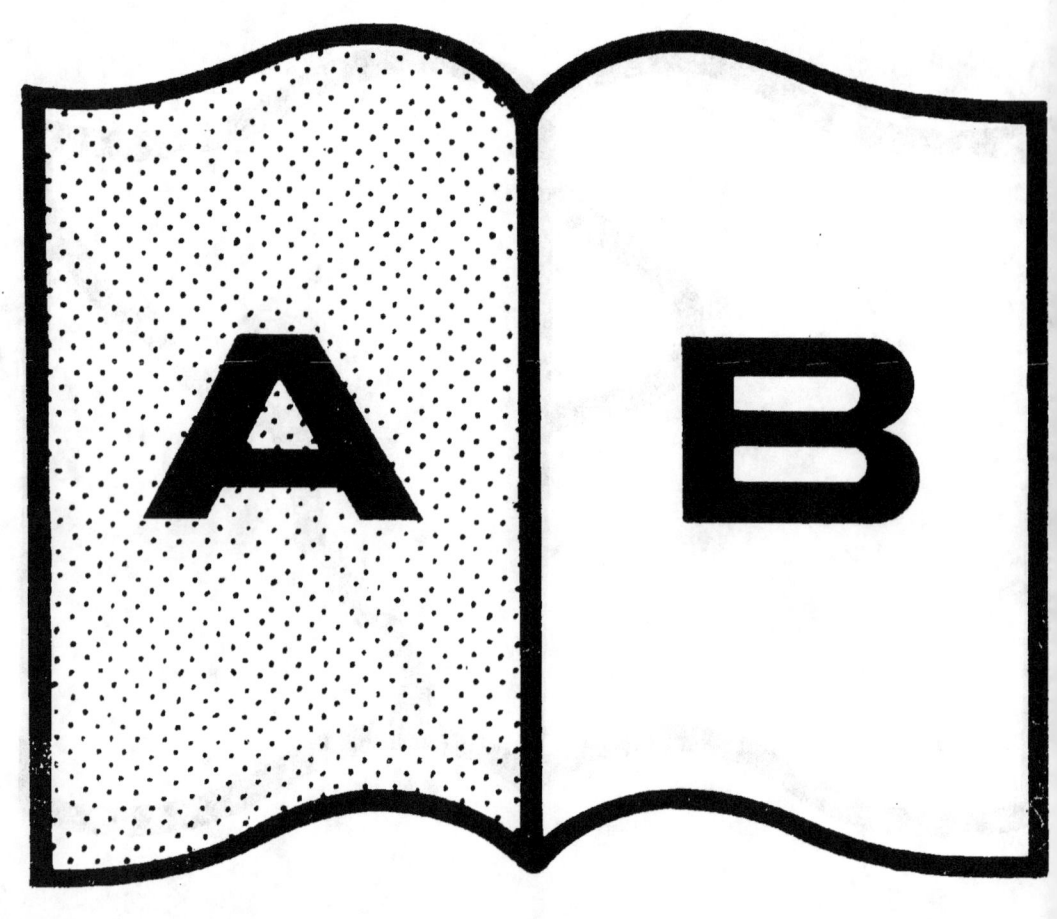

Contraste insuffisant

NF Z 43-120-14